아랍어
문법
학습의
길잡이

종합
아랍어
문법

구문편

이병학 지음

문예림

종합 아랍어 문법 02 구문편

초판 1쇄 발행 2014년 6월 5일
2판 1쇄 발행 2019년 9월 30일
2판 1쇄 발행 2019년 10월 8일

지은이 이병학
펴낸이 서덕일
펴낸곳 도서출판 문예림

출판등록 1962.7.12 (제406-1962-1호)
주소 경기도 파주시 회동길 366 3층 (10881)
전화 (02)499-1281~2 **팩스** (02)499-1283
대표전자우편 info@moonyelim.com **통합홈페이지** www.moonyelim.com
카카오톡 ("도서출판 문예림" 검색 후 추가)

디지털노마드의 시대, 문예림은 Remote work(원격근무)를 시행하고 있습니다.
우리는 세계 곳곳에 있는 집필진과 원하는 장소와 시간에 자유롭게 일합니다.
문의 사항은 카카오톡 또는 이메일로 말씀해주시면 답변드리겠습니다.

ISBN 978-89-7482-808-0(13790)

잘못된 책이나 파본은 교환해 드립니다.
본 책은 저작권법에 의해 보호를 받는 저작물이므로 무단 전재와 복제를 금합니다.
저자와 협의에 따라 인지는 생략합니다.

개정판 서문

더욱 쉬워지고 정확해지고 풍부해졌습니다. 이제는 여러분도 할 수 있습니다!!

아랍어 격언에 '아랍어는 바다이다(اللُّغَةُ الْعَرَبِيَّةُ بَحْرٌ)'라는 말이 있다. 정말 아랍어는 넓고 풍부하다. 공부하면 할수록 그 방대함을 실감한다.

필자는 '종합 아랍어 문법' 초판을 낸 뒤 아랍어 연구를 계속하였다. 교정할 것도 보였고 추가할 것도 눈에 들어왔다. 오랜 기간 심혈을 기울여 작업했음에도 불구하고 연구하면 할수록 새로운 것을 발견하였다.

아랍어 문법의 처음부터 끝까지 다시 연구를 진행했다. 아랍어 원서를 다시 보며 쟁점이 되는 내용을 현지의 아랍어 교사와 토론하였다. 그리고 필자가 운영하는 '이병학 아랍어 교실'에서 그 내용을 직접 가르치며 정리하고 다듬었다.

개정판에서는 해설이 더 쉽고 정확해졌고 주제가 보강되었으며 예문도 더 많이 추가되었다. 번역과 해설에 있었던 한글 오자와 탈자도 교정하였다. 어형론과 구문론에서 독창적인 연구도 계속되어 다른 문법책에서 볼 수 없는 특징적인 설명이나 도표도 늘었다. 고전 아랍어에 대한 예문도 많아졌다.

많은 아랍어 학도들이 초판 책으로 공부하고 있다는 이야기를 듣는다. 책을 사용한 사람들로부터 좋은 교재를 만들어주어서 고맙다는 인사도 접한다. 필자가 운영하는 아랍어 교실에서 배운 학생들이 "아랍어 문장이 읽힌다", "구문이 보인다", "큰 도움이 된다"라는 말을 한다. 그동안의 노력의 결실이라 여겨져 뿌듯하고 감사하는 마음이다.

필자가 이집트에 온 지 어언 20 년이 지났다. 아랍어 알파벳 하나 모르고 이곳에 와서 좌충우돌 언어를 배우던 때가 엊그제 같다. 그러던 사람이 구어체 아랍어(암미야)와 문어체 아랍어(푸스하)를 연구하여 여러 책을 내었고, 마침내 아랍어 문법 전체를 종합 정리한 책의 개정판까지 내게 되었다. 주님의 인도하심(إِرْشَادُ الله)에 감사드린다.

그동안 공부한 것을 생각하면 이제 제법 높은 산에 오른듯 한데 위를 쳐다보면 아직 갈 길이 멀다. 아랍어 분야에서의 학문의 길은 참 멀고 험하다. 겸손히 그 길을 갈 것을 다짐한다.

'종합 아랍어 문법'으로 인해 한국인의 아랍어 학습에 새 지평이 열렸다고 확신한다. 여러분도 도전해 보라! 아랍어를 통해 남들이 경험하지 못한 새로운 세상을 경험할 것이다.

개정 작업을 하며 이슈와 질문이 생길 때 마다 답을 해 준 친구 **Mukhtar** 와 **Mustafa** 와 **Peter** 에게 감사하고, 몇 가지 중요한 용어 번역을 조언해 주신 **공일주** 교수님과 마지막 글자 교정 작업을 도와 준 **권규빈**님께 감사드린다. 늘 정성껏 뒷바라지 해 주는 사랑하는 **아내**에게 감사한다.

2019 년 6 월   카이로 마디에서   저자 이병학

서문

슈크란 릴레(شكرا لله)!! ('하나님께 감사를!!' 이란 표현)
부족한 사람이 '종합 아랍어 문법'을 저술하게 되어 우리 주님께 무한한 영광과 감사를 드린다.
17년 전 이집트에 처음 올 때 아랍어에 대해 일자무식이었던 사람이 현대 표준 아랍어(Modern Standard Arabic, 이후 MSA로 표기) 문법을 종합 정리한 책을 내게 되다니... 아무리 생각해도 신기할 따름이다.

필자는 이집트 사람을 섬기기 위해 이 땅에 왔다. 섬기기 위해서는 그들과 의사소통해야 했고 그들의 언어를 배워야 했다. 먼저는 그들의 모국어인 구어체 아랍어(암미야)를 배웠다. 길거리에서 가게에서 찻집에서 닥치는 대로 단어와 문장을 습득하였다. 그들과 친구가 되어 가깝게 대화하며 교정과 암기를 반복하였다. 개인교수와 공부하기도 하고 영어로 된 교재들을 활용하기도 하였다. 그렇게 부단히 노력한 결과 2005년에 '이집트 구어체 아랍어 사전(이병학, 여종연 공저)'을 내게 되었고, 2007년엔 구어체(암미야) 회화와 문법이 정리된 '이집트 구어체 아랍어 회화 사전(이병학, 여종연 공저)'을 집필할 수 있었다.

필자는 처음 아랍어 공부를 시작할 때부터 목표를 높게 잡았다. 생활회화 정도를 구사하는 것이 아니라, 아랍어를 통해 글을 읽고, 교양 있는 사람들의 용어로 대화와 토론을 하며, 아랍어로 글을 쓰는 단계까지 목표로 삼았다. 아랍어는 한국인이 구사하기에 가장 어려운 언어 중 하나이기에 그 과정이 결코 쉽지 않았다. 그래도 우보천리(牛步千里)의 자세로 묵묵하게 고개를 숙이기로 작정하였다.

구어체 아랍어(암미야)를 어느 정도 구사할 무렵 현대 표준 아랍어(MSA) 공부를 병행하기 시작했다. 알렉산드리아 대학에서 기본적인 현대 표준 아랍어(MSA)를 공부하였다. 나중에는 카이로에 있는 다르 콤보니(Dar Comboni)에서 아랍어 문법의 체계를 잡을 수 있었다. 그 이후에도 개인교수와 함께 계속해서 공부하고 연구하였다. 그 결과 2011년 '아랍어 신문, 당신도 읽을 수 있다' 와 '시사.미디어 아랍어 소사전' 을 집필할 수 있었다.

이 두 책을 집필한 이후까지도 필자가 현대 표준 아랍어(MSA) 문법에 대한 책을 낼 수 있다고는 생각하지 못했다. 방대하고 난해한 푸스하(문어체 아랍어) 문법을 필자가 어떻게 정리할 수 있단 말인가? 그것은 불가능한 일처럼 느껴졌다.

그러던 어느 날 아랍어 신문 읽기에 대한 강의를 준비하며 생각이 달라졌다. 필자가 신문 읽기를 위한 아랍어 구문론 강의안을 만든 이후 '이와 같은 방식으로 아랍어 문법 전체를 정리할 수 있겠구나!' 하는 생각을 하게 되었다. 그래서 본격적으로 아랍어 문법을 정리하는 작업을 시작하였고 3년 가까운 산고의 시간을 보낸 이후 드디어 책이 완성되었다.

이 책 내용의 근간은 필자가 공부한 다르 콤보니 학교의 문법 교재 ' الطريق إلى اللغة العربية ' 1권과 2권, 그리고 아랍 권에서 대중적으로 사용하고 있는 문법책인 'ملخّص قواعد اللغة العربية' (저자 فؤاد نعمة)이다. 전자는 외국인이 아랍어 문법을 쉽게 공부하도록 예문과 해설이 좋은 책이다. 특히 아랍 사람을 위한 문법책이 아니라 외국인을 위한 문법책으로, 외국인이 아랍어 문법의 구조와 특징을 아랍어 원어 문법 용어와 해설을 통해 공부할 수 있게 한 교재이다. 후자는 아랍 사람을 위한 문법 교재로 이집트 현지인들에게 대표적인 문법책 중의 하나이다. 설명과 예문이 지나치게 간결한 면이 있긴 하지만 아랍어 문법의 구성 전체를 한눈에 보며 내용을 공부하기에 좋은 교재이다. 필자의 책의 골격은 이 두 책에서 비롯되었다. 또한 이 책 제Ⅱ권의 '여러 가지 접속사에 대해'에 기록된 예들은 'The Connectors in Modern Standard Arabic'을 많이 참고하였다. 이 세 책 이외에도 집필 시에 참고하며 내용을 인용한 원서들이 많이 있는데 참고도서 목록에 기록되어 있다.

필자가 아랍어 문법 용어들을 한국어로 번역하고 한글로 설명함에 있어 주로 참고한 한글 책들은 '아랍어의 이해'(공일주, 문예림), '종합 아랍어'(이두선·이규철, 송산출판사)와 '완벽 아랍어'(송경숙, 삼지사)이다. 또한 '종합 아랍어'와 '완벽 아랍어'에 나와 있는 예문 중 일부도 가져와서 사용하였다.

그 외도 알파벳과 음가, 동사변화 부분을 작업하며 '기초 아랍어'(아랍어 교재 편찬 위원회, 단국대학교 출판부)와 '알기 쉬운 아랍어 기초 문법'(김종도, 명지출판사) 등의 책을 참고 및 인용하였고, 단어의 각주는 '현대아한사전'(이종택, 중동글방)의 내용을 주로 인용하였다.

온고지신(溫故知新)이라 하지 않던가! 이러한 책들을 집필한 선배 연구자들이 있었기에 필자같이 부족한 사람이 아랍어 문법책을 내게 되었다. 선배분들께 심심한 감사를 드린다.

위의 책들과 함께 필자에게 가장 중요한 공헌을 한 사람은 필자의 친구이자 아랍어 교사인 **Mukhtar Sayed**이다. 그는 필자가 공부한 '다르 콤보니' 학교의 아랍어 교사였고, 몇 년 전부터는 Cairo American University 의 외국인을 위한 아랍어 교육 센터에서 강사를 하고 있다. 필자는 이 책 대부분의 내용을 그와 함께 작업하였다. 필자가 공부하며 정리하는 대부분의 문법 내용에 대해 그와 의견을 나누며 일일이 묻고 확인하였다. 이 책의 많은 예문 가운데 상당수가 그에 의해 작성되었고 전체 아랍어 문장들의 철자 교정이 그에 의해 이루어졌다. 지면을 통해 그에게 심심한 감사를 드린다.

또한 필자의 문서 사역을 돕고 있는 **Peter Wisa**에게도 감사한다. 그는 현대 표준 아랍어(MSA)를 잘 이해하는 이집트 젊은이다. 그는 여러 가지 예문 작성을 도왔고 필자가 정리하는 문장들의 현대적 사용 여부에 대한 확인 작업에 도움을 주었으며, 책 전체를 교정하는 일도 도왔다.

책 집필에 도움을 준 한국 분들도 있다. 이 책 교정 작업을 함께 해 주신 **박요한, 문에스더, 최용근, 이연숙** 님께 감사를 드린다. 특별히 전체 내용을 정독하며 한글 부분을 교정해 주신 **이연숙** 님께 큰 감사를 드린다. 또한 아랍어 용어 번역과 서문 내용에 대해 조언해 주신 **공일주** 박사님께 심심한 감사를 드린다. 방대한 책의 출판을 기꺼이 허락해 주시고 책 편집에 대해 조언을 해 주신 **서덕일** 사장님께도 감사를 드린다.

오늘도 머나먼 이국땅에 살고 있는 자식들을 위해 불철주야 기도로 지원하고 계시는 **부모님**께 지면을 빌어 감사와 사랑을 드린다. 마지막으로 필자가 작업에 파묻혀 있는 동안 묵묵하게 뒷바라지를 해 준 사랑하는 **아내**와, 아빠 역할을 제대로 못 해줬음에도 불구하고 어여쁘게 자라난 세 딸 **하영, 하빔, 하나**에게 감사와 사랑의 마음을 전한다.

2014 년 4 월 카이로 마디에서　　　　　　　　　　　　　　　　　저자 이병학

이 책의 특징

필자는 그동안 아랍어 문장의 원리를 깨닫고 정리하기 위해 부단히 노력해 왔다. 여러 아랍어 원서들과 시중에 나와 있는 문법책들 그리고 아랍어 교사 등을 통해 흩어져 있던 아랍어의 원리들을 정리할 수 있었다. 수없이 질문하고 찾고 연구함을 통해 기존의 문법책에서 다루고 있지 않는 내용 까지도 이해하기 쉽게 정리할 수 있었다. 이 책은 다음과 같은 특징들이 있다.

1. 책의 구성과 문법적인 설명이 전통적인 아랍어 문법 방식으로 되어 있다.

전통적으로 아랍어 문법은 두 분야로 구성되어 있다. 즉 아랍어 단어들의 형태를 다루는 어형론(الصَّرْف, Morphology) 부분과, 아랍어 문장들의 구조를 다루는 구문론(النَّحْو, Syntax) 부분이 그것이다. 전자가 어근과 패턴을 중심으로 낱말의 구조를 다룬다면 후자는 문장에 사용된 단어들의 기능과 격변화 그리고 그 의미를 중심으로 문장의 구조를 다룬다고 할 수 있다.

또한 아랍어의 품사는 세 가지이다. 명사, 동사, 불변사가 그것이다. 필자는 이러한 아랍어 문법의 두 분야와 세 가지 품사에 착안하여 제 I 권에서는 어형과 품사를 다루고 제 II 권에서는 구문을 다룬다.

이 책은 그 구성뿐만 아니라 용어의 사용과 설명 방식이 아랍 현지의 강단에서 가르치는 그대로이다. 문법 용어들에 대해 한글 용어와 함께 원어 표기를 충실히 하였고, 격변화 등에 대해서도 원어로 표기 하였으며, 문법 설명도 원어적인 원래의 의미를 우선적으로 설명하려고 노력하였다.

2. 아랍어 문법 대부분의 주제를 다루고 있다.

이 책은 아랍어 원서 문법책에서 다루고 있는 대부분의 문법 내용들 폭넓게 다루고 있다. 복잡한 문법내용을 일목요연하게 정리하고 있기에 아랍어 문법의 숲 전체를 조망하며 구체적인 내용을 하나하나 공부할 수 있다. 아랍어를 공부하다 질문이 생길 때나 취약한 부분을 발견하였을 때 목차에서 그것을 찾아 공부하기에 좋은 종합 참고서이다.

3 초급부터 고급까지를 다루고 있다.

이 책은 아랍어 알파벳을 배우는 사람부터 고급 아랍어 구사자까지 아랍어 공부에 필요한 모든 내용을 수록하고 있다. 제 I 권의 시작 부분은 초보자를 고려하여 아주 자세하게 설명을 하였고 갈수록 난이도가 높아지게 하였다. 처음부터 끝까지 일관성 있게 저술되어 있기에 기초를 배우더라도 아랍어 전체의 숲을 보아가며 공부할 수 있는 책이다. 아랍어를 어느 정도 공부한 학도들의 경우 문법 전체를 처음부터 다시 정리할 수 있고, 본인이 모르는 부분이나 어려운 부분들을 공부할 수 있다.

4. 예문이 아주 풍부하다.

효과적인 언어 학습은 문법 설명을 읽어서 되는 것이 아니라 적합한 예문들을 통해 문법을 이해하고 다른 문장에서 그것을 적용하므로 가능한 것이다. 따라서 문법 교육에 있어 적합한 예문들을 다양하게 제시하는 것은 아주 중요하다. 이 책에서는 수많은 어휘와 예문들이 용법에 따라,

변화형태에 따라, 그 격변화에 따라 기록되어 있다. 한두 개의 예문이 아니라 적어도 5~6배수 이상의 복수 응용 예문을 제시하여 다양한 상황에서의 문법적인 활용이 가능하도록 하였다. 뿐만 아니라 모든 예문을 일일이 한글로 번역하여 문장의 정확한 의미를 파악하도록 하였다.

5. 해설이 자세하다.

문법은 언어에 대한 체계를 세운 것이다. 그 체계의 이면에는 원리가 있기 마련이다. 규칙적인 것이든 불규칙적인 것이든 원칙은 있기 마련이다. 원리를 알면 문법 체계가 보이고 체계를 알게 되면 정복이 가까운 것이다. 대부분의 경우 긴 해설보다 적확한 예문을 먼저 제시하고 그것과 더불어 자세한 설명을 시도하였다.

6. 예리한 비교와 분석이 많다.

이 책에는 유사점이 있는 내용이나 이해하기 어려운 내용을 비교하고 분석하는 수많은 도표가 있다. 비교를 통해 정확함과 예리함에 이른다. 수많은 비교 예문, 분석 예문, 그리고 문장전환 예문들이 크게 도움 될 것이다.

7. 모음부호를 충실히 표기하였다.

아랍어 문법은 모음부호의 예술이라 할 수 있다. 아랍어를 배우는 외국인의 입장에서 모음부호는 잠수부의 생명줄과 같이 절대적인 것이며 초보 운전자의 주행 내비게이션(navigation)과 같이 유용한 것이다. 아랍어의 모든 문법적인 내용이 모음부호에 표기되기에 아랍어 학습자는 모음부호를 익혀 사용할 수 있어야 한다. 이 책의 모든 아랍어 예문에는 모음부호가 표기되어 있다.

8. 고전 아랍어와 구어체 아랍어(암미야)에 대해서도 배려하고 있다.

아랍어는 크게 문어체 아랍어(푸스하)와 구어체 아랍어(암미야)로 나눌 수 있고, 다르게는 고전 아랍어(Classical Arabic)와 현대 표준 아랍어(MSA) 그리고 구어체 아랍어(암미야)로도 나눌 수 있다. (이 책 Ⅰ권 서문 부분에 있는 '아랍어의 양층 현상에 대해'를 보라.) 이 책은 현대 표준 아랍어(MSA)의 문법을 다룬 책이다. 그러나 필요한 경우 고전 아랍어와 구어체 아랍어(암미야)에 대한 설명도 첨가하여 종합적인 아랍어 이해가 가능하도록 하였다.

9. 도표와 컬러를 사용하였다.

이 책은 도표를 중심으로 내용을 편집하였다. 아랍어 문자는 한글 문자와 표기 방식이 다르기 때문에 도표로 표기될 때 눈에 잘 들어온다. 셀 수 없이 많은 예문들이 모두 도표에 정리되어 있다. 또한 격변화 등 문법적인 세밀한 차이들을 다른 색깔로 표기하여 그 변화의 핵심을 한눈에 파악하게 하였다. 복잡한 변화들의 핵심을 단번에 파악할 수 있다.

10. 어려운 단어에 대한 각주를 기록하였다.

이 책 Ⅰ권 초반부에는 아랍어 입문자들의 수준을 고려해 어려운 단어에 대한 각주를 기록하였다. 제Ⅱ권에서도 간혹 각주를 기록한 것을 볼 수 있다.

كلمات الشكر

كان هناك مشاركان مهمان في هذا العمل:
الأستاذ مختار سيد (Mukhtar Sayed)، مدرس للغة العربية بالجامعة الأمريكية، وهو صديقي ومعلمي، وقد قام بتقديم الاستشارة اللغوية لهذا المشروع من أوله إلى آخره، وكتب أمثلة كثيرة وتشكيلها، وقد قام أيضًا بالمراجعة اللغوية لكل الكتاب.
الأستاذ بيتر ويصا (Peter Wissa)، وهو صديقي، وقد قام بكتابة أمثلة كثيرة، وعمل مراجعة لغوية جانبية لكل الكتاب.
أعبّر عن شكري العميق لمساهمتهما العظيمة من أجل هذا المشروع.

بيونج هاك لي

일러두기

1. 이 책의 내용은 아랍어의 양층 현상인 '푸스하(الفُصْحَى)' 와 '암미야(العَامِيَّة)' 가운데서 '푸스하(الفُصْحَى)' 분야이며, 그 가운데서도 '현대 표준 아랍어(Modern Standard Arabic)'의 문법 내용을 다룬다. (아랍어의 양층 현상에 대해서는 이 책 서두에서 자세히 설명하고 있다.)
2. 이 책에서 '푸스하(الفُصْحَى)'는 '푸스하' 혹은 '푸스하(문어체 아랍어)'로 표기하며, '암미야(العَامِيَّة)'는 '암미야' 혹은 '암미야(구어체 아랍어)로 표기하도록 한다.
또한 '푸스하(الفُصْحَى)'의 경우 사용되는 분야에 따라 '고전 아랍어(Classical Arabic)', '현대 표준 아랍어(MSA)'로 구분하여 표기하기도 한다.
3. 이 책에서 문법 용어의 사용과 그 설명을 원어 문법책 방식 그대로 하기 위해 노력하였다. 아랍어 문법 용어들을 한국어로 번역할 때 기존에 번역되어 있는 것들을 존중하여 그대로 사용하되, 일부 적합하지 않다고 생각하는 것들은 각주에 설명을 첨가하였고, 아직 번역되지 않은 용어들은 필자가 원어의 의미를 최대한 살려서 번역하였다. 또한 번역된 문법 용어 바로 옆에는 아랍어 원어 문법 용어를 표기하였다.
4. 이 책에서 아랍어 문장들을 번역할 때 의역보다는 문법에 충실한 직역을 하도록 노력하였다.
또한 직역하는 데 어려움이 있는 문장들의 경우 그 밑에 영어 번역을 추가하였다.
5. 아랍어 용어 가운데 'الله'는 이슬람과 기독교의 신에 대한 용어이다. 두 종교에서 같은 용어를 사용하고 있지만 무슬림들과 기독교인들이 가지고 있는 'الله' 에 대한 신의 속성(attribute)은 다르다. 따라서 이 책에서는 꾸란의 구절을 번역할 때는 이 용어를 '알라신'으로 번역하였고, 성경의 구절을 번역할 때는 '하나님'으로 번역하였다.
6. 이 책은 현대 표준 아랍어(MSA) 문법을 다루고 있지만, 간혹 암미야(구어체 아랍어)에 대한 정보가 포함되어 있다. 특히 '(ع)' 기호를 사용할 경우 이집트 암미야(이집트 구어체 아랍어)에 대한 예문 혹은 설명을 추가한 것이다.
7. 이 책의 내용이 방대하여 내용 교정에 어려움이 있었고 시간도 오래 걸렸다. 최선을 다하여 교정하였음에도 불구하고 모음부호 표기나 문장들의 한글 의미 번역 등에서 정확하지 않은 부분이 발견될 수 있다. 그런 부분이 있을 경우 그 책임은 모두 저자에게 있으며, 앞으로 교정해 나갈 것임을 밝힌다.
8. 이 책 각주의 명사나 형용사, 그리고 동사의 표기 방식은 다음과 같다.

설명	각주 표기
명사의 복수/ 명사의 단수 مَدْرَسَةٌ/مَدَارِسُ	학교 مَدْرَسَةٌ/مَدَارِسُ
형용사의 복수/ 형용사의 단수 حُرٌّ/أَحْرَارٌ	자유로운 حُرٌّ/أَحْرَارٌ
각주 표기	(..에게 ..을) 주다(to give) أَعْطَى/يُعْطِي ه ، أَوْ هـ لـ ه - إِعْطَاءٌ
설명	미완료형 3인칭 남성 단수/ 완료형 3인칭 남성 단수 أَعْطَى/يُعْطِي
	동명사 단어 إِعْطَاءٌ ، '혹은(or)' أَوْ - 사물 목적어 هـ ، 사람 목적어 ه

참고도서
아랍어 도서 및 인터넷 사이트

الطريق إلى اللغة العربية السنة الأولى والسنة الثانية، دار كومبوني للدراسات العربية القاهرة
ملخَّص قواعد اللغة العربية، فؤاد نعمة
النحو الواضح في قواعد اللغة العربية 1 & 2، علي الجارم ومصطفى أمين
سَهْلَوَيْهِ في قواعد العربية للأجانب، أحمد خورشيد
النحو الكافي، أيمن أمين عبد الغني
النحو الأساسي، د. محمد حماسة عبد اللطيف
الموجز في قواعد اللغة العربية، سعيد أفغاني
شرح ابن عقيل، علي ألفية ابن مالك
دروس في اللغة العربية   http://www.schoolarabia.net
اللغة العربية، د. مسعد محمد زياد   http://www.drmosad.com
موضوع   http://www.mawdoo3.com
http://reefnet.gov.sy/content/arabic/Arabic_Proficiency/Arabic_Proficiency_Index.htm
أدوات الربط، أحمد طاهر حسنين وناريمان نائلي الوراقي
معجم الإعراب والإملاء، د. إميل بديع يعقوب
معجم قواعد اللغة العربية في جداول ولوحات، د. جورج متري عبد المسيح
معجم التصريف المرئي للفعل العربي
معجم الأسماء، إيمان بقاعي
قواعد اللغة العربية، عارف أحمد الحجاوى
المعجم العربي الأساسي، لاروس

영어 도서

Elementary Modern Standard Arabic, University of Michigan, 1975
Modern Standard Arabic Grammar, Azza Hassanein, The American University in Cairo Press
A Dictionary of Egyptian Arabic, El-Said Badawi & Martin Hinds, Librairie Du Liban
The Arabic Alphabet, Nicholas Awde & Putros Samano, the American University in Cairo Press
Wikipedia Encyclopedia   http://en.wikipedia.org/wiki/Arabic_language

한글 도서

아랍어의 이해, 공일주, 문예림, 2011
종합 아랍어, 이두선.이규철, 1998
완벽 아랍어, 송경숙, 삼지사, 1999
아랍어 문법 – 통사편, 이두선, 2005, 한국 외국어 대학교 출판부
알기쉬운 아랍어 기초 문법, 김종도, 2009
기초 아랍어, 아랍어 교재 편찬 위원회, 단국대학교 출판부
아랍어 신문 당신도 읽을 수 있다, 이병학, 문예림, 2011
이집트 구어체 아랍어 회화사전, 이병학, 문예림, 2007
시시.미디어 아랍어 소사전, 이병학, 문예림, 2011
아랍어 양층 언어 현상에 대한 재고찰(논문), 윤은경

종합 아랍어 문법 제Ⅱ권 - 구문편 -   목차

개정판 서문	3
서문	4
이 책의 특징	6
كلمات الشكر	8
일러두기	9
참고도서	10
목차	11
종합 아랍어 문법 제Ⅱ권을 시작하며	25
제 1 과 예비학습 – 아랍어 격변화(الإعراب) 요약	27
1. 명사의 격변화	29
1) 격변화 명사(الاسْمُ الْمُعْرَبُ)와 그 격변화 형태	29
2) 불격변화 명사(الاسْمُ الْمَبْنِيُّ)에 대해	33
3) 문장에 사용된 명사의 기능과 격변화 도표	34
2. 동사의 격변화 – 문장에 사용된 동사의 격변화 도표	35
제 2 과 명사문에 대해	37
1. 주어(الْمُبْتَدَأ) 부분의 여러 가지 형태	38
1) 주어 부분에 '보통명사 + 수식어' 조합이 온 경우	39
2) 주어 부분에 연결형(الإضافة)이 온 경우	39
3) 주어 부분에 대용어(الْبَدَل) 구(句)가 온 경우	40
4) 주어 부분에 '명사 + 유사문장(شِبْهُ الْجُمْلَة)' 조합이 온 경우	40
5) 주어 부분에 문장이 온 경우	41
2. 술어(الْخَبَر) 부분의 여러 가지 형태	42
1) 술어 부분에 단어(كَلِمَة)가 오는 형태	42
2) 술어 부분에 유사문장(شِبْهُ الْجُمْلَة)이 오는 형태	46
3) 술어 부분에 문장(الْجُمْلَة)이 오는 형태	49
3. 비한정 명사(نَكِرَة)가 주어(الْمُبْتَدَأ)로 사용되는 명사문	63
1) 술어(الْخَبَر)로 사용된 유사문장(شِبْهُ الْجُمْلَة)이 주어(الْمُبْتَدَأ)보다 선행하는 경우	63
2) 비한정 명사 앞에 의문불변사(حَرْفُ اسْتِفْهَام)나 부정어(نَفْي)가 오는 경우	64
3) 주어로 사용된 كُلّ의 경우 - 모양은 비한정이지만 의미는 한정인 문장	65
4) 한정적 비한정 명사(نَكِرَة مُحَدَّدَة)가 주어(الْمُبْتَدَأ)로 사용되는 경우	66
5) 대등접속사(حَرْفُ الْعَطْف)로 연결된 비한정 명사가 주어로 사용되는 경우	68
4. 주어와 술어 둘 다 한정명사(الْمُبْتَدَأ وَالْخَبَرُ مَعْرِفَتَان)를 사용하는 경우	69
1) 화자와 청자가 알고 있는 내용에 대한 것 – 영어의 the 의 의미	69
2) 이상적인 것(الْمِثَالِيَّة)을 의미하는 경우	70
3) 배타적 제한(الْحَصْر)의 의미를 가지는 경우 – 주어와 술어가 대칭구조를 이룰 때	71
5. 명사문의 문장 순서(تَرْتِيب الْجُمْلَة)	73
1) 반드시 주어가 술어보다 먼저 와야 할 경우	73
2) 반드시 술어가 주어보다 먼저 와야 할 경우	77
제 3 과 무효화 불변사(إنَّ وَأَخَوَاتُهَا الْحُرُوفُ النَّاسِخَةُ)와 무효화 명사문에 대해	81
1. 무효화 불변사의 종류	83
2. 무효화 불변사와 무효화 명사문의 용법	84
1) إنَّ 의 경우	84

2) أَنَّ 의 경우	84
3) كَأَنَّ 의 경우	86
4) لٰكِنَّ 의 경우	87
5) لَيْتَ 의 경우	88
6) لَعَلَّ 의 경우	88
7) 종류부정문("لَا" النَّافِيَة لِلْجِنْس)을 만드는 لَا 의 경우	90

제 4 과 무효화 동사(كَانَ وَأَخَوَاتُهَا, الأَفْعَال النَّاسِخَة)와 무효화 명사문에 대해 93
  1. كَانَ/ يَكُونُ 동사 96
    심화학습 – 일반동사(كَانَ التَّامَّة)로서의 كَانَ/ يَكُونُ 에 대해 103
  2. صَارَ/ يَصِيرُ 동사 104
  3. 여러 가지 '되다(to become)' 의미의 동사들(전환을 의미) 106
    أَصْبَحَ/ يُصْبِحُ، أَضْحَى/ يُضْحِي، غَدَا/ يَغْدُو، أَمْسَى/ يُمْسِي، بَاتَ/ يَبِيتُ 106
  4. ظَلَّ/ يَظَلُّ 동사 107
  5. مَا زَالَ/ لَا يَزَالُ 동사 108
  6. مَا دَامَ 동사 109
  7. لَيْسَ 동사 110

제 5 과 동사문에 대해 115
  1. 동사문의 구성요건 116
  2. 동사문(الجُمْلَة الفِعْلِيَّة)인가? 명사문(الجُمْلَة الاسْمِيَّة)인가? 117
  3. 동사문에 사용되는 유사문장(شِبْهُ الجُمْلَة)에 대해 118
  4. 동사문의 문장 순서 119
    1) 일반적인 어순 119
    2) 목적어의 위치 변화 120
    3) 주어(الفَاعِل)의 위치 변화 121
    4) 부사가 동사보다 먼저 오는 경우 121
    5) 반드시 주어(الفَاعِل)가 목적어(المَفْعُول بِهِ)보다 먼저 와야 하는 경우 122
    6) 반드시 목적어가 주어보다 먼저 와야 하는 경우 124
    7) 반드시 목적어가 동사보다 먼저 와야 하는 경우 124
  5. 동사가 목적절을 취하는 경우 125
  6. 목적어를 두 개 취하는 동사(الفِعْل المُتَعَدِّي لِمَفْعُولَيْن) 126
    1) 제 1 목적어와 제 2 목적어가 주어와 술어의 관계일 경우 126
      (1) 생각과 확신의 동사(أَفْعَال الظَّنّ وَاليَقِين) 126
      (2) 전환동사(أَفْعَال التَّحْوِيل) 131
    2) 제 1 목적어와 제 2 목적어가 주어와 술어의 관계가 아닌 경우 133
      (1) 수여동사 및 수여동사와 같은 구조를 가진 동사들 133
      (2) 사역동사 136
  7. 동사문 요소들의 한정형태에 대해 139
  8. 목적격을 취하는 여러 가지 경우들(المَنْصُوبَات) 140
  9. 명사문과 동사문의 사용 141
    1) 반드시 명사문을 사용해야 하는 경우 141
    2) 반드시 동사문을 사용해야 하는 경우 142
  10. 명사문과 동사문의 전환 143

제 6 과 연결형에 대해 II 145
  1. 한정형태의 연결형과 비한정 형태의 연결형 146
  2. 연결형 조합을 전치사로 분리할 경우 148

3. 세 단어 이상의 연결형 ... 152
4. وَ (حَرْفُ الْعَطْفِ)과 대등접속사 ... 153
5. 연결형과 수식어(النَّعْتُ) ... 155
6. 연결형과 지시대명사(اِسْمُ الْإِشَارَةِ) ... 159
7. 전연결어(الْمُضَافُ)로 사용되는 단어들 ... 161
   1) 항상 전연결어로 사용되는 단어들 ... 162
      (1) ذُو / ذَاتُ ... 162
      (2) سِوَى ... 163
      (3) وَحْدَ ... 163
      (4) حَوَالَيْ ... 164
      (5) كِلَا/كِلْتَا ... 164
      (6) عِنْدَ ... 164
      (7) لَدَى ... 164
   2) 전연결어로 많이 사용되는 단어들 ... 165
      (1) كُلُّ ... 165
      (2) بَعْضُ ... 165
      (3) أَيُّ ... 165
      (4) عِدَّةُ ... 165
      (5) غَيْرُ ... 166
8. 형용사 연결형(الْإِضَافَةُ الْوَصْفِيَّةُ)에 대해 ... 167
   1) 형용사 연결형 단어들 ... 168
   2) 형용사 연결형의 용법 ... 172
   3) 형용사 연결형의 문장에서의 기능 ... 174
   4) 그외 형용사 연결형의 참고사항들 ... 176
   5) 형용사 연결형이 사용된 신문 기사 ... 177
9. 후연결어에 문장이 온 경우(جُمْلَةُ الْمُضَافِ إِلَيْهِ) ... 178
   1) 시간의 부사나 장소의 부사 뒤에 후연결어로 문장이 오는 경우 ... 178
   2) 후연결어에 مَنْ 혹은 مَا 가 이끄는 관계대명사 절이 오는 경우 ... 179

제7과 후속어(التَّوَابِعُ) I – 수식어(النَّعْتُ)에 대해 ... 181
  심화학습 – 후속어(التَّوَابِعُ)에 대해 ... 182
1. 단어가 수식어(النَّعْتُ)로 사용되는 경우 ... 183
   1) 수식어(النَّعْتُ)와 대등접속사(حَرْفُ الْعَطْفِ) ... 184
   2) 여러개의 수식어가 이어서 올 때 ... 184
   3) 수식어와 연결형 ... 186
   4) 형용사 연결형(الْإِضَافَةُ الْوَصْفِيَّةُ)이 수식어로 사용되는 경우 ... 186
   5) 지시대명사가 수식어(النَّعْتُ)로 사용되는 경우 ... 187
   6) 보통명사나 동명사가 수식어(النَّعْتُ)로 사용되는 경우 ... 187
2. 유사문장이 수식어로 사용되는 경우 ... 188
3. 문장(節, Sentence)이 수식어(النَّعْتُ)로 사용되는 경우 ... 190
   1) 수식절(جُمْلَةُ النَّعْتُ)의 경우 ... 190
   2) 관계대명사절의 경우 ... 190
4. 문장에서 수식어(النَّعْتُ)의 수식 순서 ... 191

제8과 후속어(التَّوَابِعُ) II – 대용어(الْبَدَلُ)에 대해 ... 193

  1. '직위(혹은 호칭) + 고유명사(사람이나 사물의 이름)'의 구조를 가진 대용어 ... 194
  2. '지시대명사 + الـ 보통명사'의 구조를 가진 대용어 ... 196
  3. 전체의 일부를 나타내는 대용어 (بَدَلُ الْبَعْضِ مِنَ الْكُلِّ) ... 200
  4. 내포된 것을 나타내는 대용어 (بَدَلُ الْاِشْتِمَالِ) ... 203
  ** بَعْضٌ 의 여러 가지 용법 ... 205
제 9 과 후속어(التَّوَابِعُ) III – 강조어(التَّوْكِيدُ)에 대해 ... 209
  1. 문자적인 강조(التَّوْكِيدُ اللَّفْظِيُّ) ... 210
  2. 의미적인 강조(التَّوْكِيدُ الْمَعْنَوِيُّ) ... 210
   1) '자신' 혹은 '같은'의 의미로 사용되는 강조어 ... 211
    (1) نَفْسٌ 의 경우 ... 211
    (2) عَيْنٌ 의 경우 ... 213
    (3) ذَاتٌ 의 경우 ... 213
   2) '전체' 혹은 '대부분'의 의미로 사용되는 강조어 ... 215
    (1) كُلٌّ 의 경우 ... 215
    (2) جَمِيعٌ 의 경우 ... 217
    (3) كَافَّةٌ 의 경우 ... 218
    (4) عَامَّةٌ 의 경우 ... 218
  3. 강조어(التَّوْكِيدُ) 관련 여러 가지 단어들의 용법 ... 219
   1) كُلٌّ 의 용법 ... 219
   2) كِلَا '양쪽 모두의'의 용법 ... 224
   3) جَمِيعٌ 의 용법 ... 226
   4) عَامَّةٌ 의 용법 ... 228
   5) كَافَّةٌ 의 용법 ... 229
   6) نَفْسٌ 의 용법 ... 230
  심화학습 – 아랍어 문장에서 강조의 의미를 가지는 경우들 ... 232
제 10 과 후속어(التَّوَابِعُ) IV – 접속명사(الاِسْمُ الْمَعْطُوفُ)와 대등접속사(حَرْفُ الْعَطْفِ)에 대해 ... 235
  1. 대등접속사(حَرْفُ الْعَطْفِ)의 종류 ... 237
   1) وَ 의 용법 ... 238
   2) فَ 의 용법 ... 239
   3) ثُمَّ 의 용법 ... 240
   4) أَوْ 의 용법 ... 241
   5) أَمْ 의 용법 ... 241
   6) لَا 의 용법 ... 242
   7) لَكِنْ 의 용법 ... 243
   8) بَلْ 의 용법 ... 244
   9) حَتَّى 의 용법 ... 246
  2. 여러 가지 접속사들의 비교 ... 247
제 11 과 관계대명사와 관계종속절 & 수식절(جُمْلَةُ النَّعْتِ)에 대해 ... 251
  A. 관계대명사(الاِسْمُ الْمَوْصُولُ)와 관계종속절에 대해 ... 252
   1. 관계대명사(الاِسْمُ الْمَوْصُولُ)의 종류 ... 252
   2. 관계대명사 الَّذِي 의 용법 ... 253

3. 관계대명사 مَنْ과 مَا의 용법 263
4. الَّذِي 와 مَنْ(혹은 مَا)의 비교 271
5. 관계대명사 문장의 시제에 대해 273
6. 신문에서의 예들 273
B. 수식절(جُمْلَةُ النَّعْتِ)에 대해 275
1. 관계종속절과 수식절(جُمْلَةُ النَّعْتِ)의 비교 275
2. 수식절(جُمْلَةُ النَّعْتِ)의 문장구조 277
3. 수식절(جُمْلَةُ النَّعْتِ)에서 연결의 인칭대명사의 사용 278
4. 수식절(جُمْلَةُ النَّعْتِ)에 사용된 선행명사의 문장에서의 기능 281
5. 수식어(النَّعْتُ الْمُفْرَدُ)를 수식절(جُمْلَةُ النَّعْتِ)로 전환하기 282
6. 수식절(جُمْلَةُ النَّعْتِ)의 시제에 대해 283
7. 수식절(جُمْلَةُ النَّعْتِ)이 사용된 신문 기사 284

제 12 과 여러 가지 목적격(الْمَنْصُوبَاتُ)에 대해 I - 시간의 부사(ظَرْفُ الزَّمَانِ)와 장소의 부사(ظَرْفُ الْمَكَانِ) 287
심화학습 – 여러 가지 목적격(الْمَنْصُوبَاتُ)에 대해 288
1. 시간의 부사(ظَرْفُ الزَّمَانِ)와 장소의 부사(ظَرْفُ الْمَكَانِ)의 개념 289
2. 시간의 부사(ظَرْفُ الزَّمَانِ) 290
1) 시간의 부사로 사용되는 단어들 290
2) 시간의 부사 단어들의 예문들 292
3) 한정형태에 따른 시간의 부사의 의미 차이 296
4) 연고형용사(النَّسَبُ) 형태의 시간의 부사 298
5) 시간의 의미를 가진 전치사구와 시간의 부사 299
6) 시간의 부사 뒤에 مَا를 사용할 경우 300
7) 그외 여러 가지 시간의 부사 단어들 301
8) 쌍수나 복수 부사가 사용된 경우 302
9) يَوْم의 다양한 의미 302
10) 시간의 부사인가? 보통명사인가? (الظَّرْفُ الْمُتَصَرِّفُ وَغَيْرُ الْمُتَصَرِّفِ) 303
3. 장소의 부사(ظَرْفُ مَكَانٍ) 304
1) 장소의 부사로 사용되는 단어들 304
2) 장소의 부사 단어들의 예문들 306
3) 장소의 부사 인가? 보통명사인가? (الظَّرْفُ الْمُتَصَرِّفُ وَغَيْرُ الْمُتَصَرِّفِ) 309
4. 불격변화(مَبْنِيٌّ) 부사 310
5. 부(副) 부사(نَائِبُ ظَرْفٍ) 용법에 대해 315
6. 부사 뒤에 문장이 오는 경우 318
7. 그외 참고사항들 322
심화학습 – 아랍어에서 부사적인 의미를 가진 여러 경우들 324

제 13 과 여러 가지 목적격(الْمَنْصُوبَاتُ)에 대해 II – 상태목적어(الْحَالُ), 상태구, 상태절 329
1. 상태목적어(الْحَالُ الْكَلِمَةُ) 331
1) 파생명사(الْحَالُ الْمُشْتَقَّةُ)가 상태목적어로 사용되는 경우 331
2) 불완전 파생명사(الْحَالُ الْجَامِدَةُ)가 상태목적어로 사용되는 경우 338
3) 그외 고려사항들과 비교 343
2. 상태구(الْحَالُ شِبْهُ الْجُمْلَةِ)에 대해 346
1) 전치사구가 상태를 묘사하는 경우 346
2) 부사구가 상태를 묘사하는 경우 347

3. 상태절(الْحَالُ الْجُمْلَةُ)에 대해 – 상태가 문장으로 표기된 경우 348
   1) 상태절이 주절에 있는 상태주체의 상태를 묘사하는 경우 348
     (1) 상태절에 명사문이 오는 경우 349
     (2) 상태절에 현재 시제의 동사문이 오는 경우 351
     (3) 상태절에 과거 시제의 동사문이 오는 경우 353
   2) 상태절이 주절 동작의 배경이 되는 경우 355
     (1) 상태절에 상태접속사만 사용되는 경우 356
     (2) 상태절에 연결의 인칭대명사만 사용되는 경우 356
     (3) 상태절에 상태접속사와 연결의 인칭대명사 둘 다 사용되는 경우 357
   3) 부정 상태절에 대해 360

제 14 과 여러 가지 목적격(الْمَنْصُوبَاتُ)에 대해 Ⅲ - 동족목적어(الْمَفْعُولُ الْمُطْلَقُ) 361
 1. 동족목적어(الْمَفْعُولُ الْمُطْلَقُ)의 용법과 의미 362
   1) 동사의 동작을 강조하는 경우 (لِتَأْكِيدِ الْفِعْلِ) 362
   2) 동작을 묘사하는 경우 (لِبَيَانِ نَوْعِ الْفِعْلِ) 363
   3) 동작이 일어난 횟수를 이야기 할 때 (لِبَيَانِ عَدَدِ الْفِعْلِ) 364
 2. 부(副)동족목적어 (النَّائِبُ عَنِ الْمَفْعُولِ الْمُطْلَقِ) 366
 3. 동사가 생략된 동족목적어 (مَفْعُولٌ مُطْلَقٌ لِفِعْلٍ مَحْذُوفٍ) 문장 شُكْرًا - عَفْوًا - عُذْرًا - طَبْعًا 등등 373
 4. 파생명사의 동작을 강조하는 동족목적어와 부동족목적어 375
   1) 동족목적어가 파생명사의 동작을 강조하는 경우 375
   2) 부(副)동족목적어(النَّائِبُ عَنِ الْمَفْعُولِ الْمُطْلَقِ)가 동명사의 동작을 강조하는 경우 376

제 15 과 여러 가지 목적격(الْمَنْصُوبَاتُ)에 대해 Ⅳ – 명시목적어(التَّمْيِيزُ) 379
 1. 명시목적어(التَّمْيِيزُ)의 종류 380
   1) 피명시어가 표기되는 명시목적어 문장 (التَّمْيِيزُ الْمَلْفُوظُ) 380
     (1) 도량형을 나타내는 단어 (كِيلُو / لِتْر / طِن / ...) 뒤에 오는 보통명사 381
     (3) 숫자 11-99를 셀 때 그 숫자 뒤에 오는 보통명사 382
     (2) 의문사 كَمْ 뒤에 오는 보통명사 383
   2) 피명시어가 표기되지 않는 명시목적어 문장 (التَّمْيِيزُ الْمَلْحُوظُ) 384
     (1) 보통명사(/동명사/ 연고형용사)가 명시목적어로 사용된 경우 384
     (2) 비교급 혹은 최상급 문장에서 - 우선급 명사 (اِسْمُ التَّفْضِيلِ) 뒤에서 386
     (3) 감탄문 (أُسْلُوبُ التَّعَجُّبِ) 문장에서 – 감탄동사 (فِعْلُ التَّعَجُّبِ) 뒤에서 387
 2. 명시목적어 문장의 전환 388
 3. 고려사항들 389

제 16 과 여러 가지 목적격(الْمَنْصُوبَاتُ)에 대해 Ⅴ - 이유목적어 (الْمَفْعُولُ لِأَجْلِهِ) 393
 1. 이유목적어 (الْمَفْعُولُ لِأَجْلِهِ)의 개념 394
 2. 이유목적어 (الْمَفْعُولُ لِأَجْلِهِ) 단어들과 예문들 395
   1) 전치사와 함께 사용되는 이유목적어 395
   2) 전치사가 탈락된 이유목적어 400
   3) 연결형 구조의 이유목적어 400
 3. 이유목적어 문장의 전환 401
 4. 여러 가지 고려사항들 402
 5. 신문에 사용된 이유목적어의 예 403
 6. 동사 자리에 동사 대신 파생명사가 사용된 경우 404

제 17 과 여러 가지 목적격(الْمَنْصُوبَاتُ)에 대해 Ⅵ - 동반목적어 (الْمَفْعُولُ مَعَهُ) 405
 1. 동반목적어 (الْمَفْعُولُ مَعَهُ)의 개념 406
 2. 동반목적어 (الْمَفْعُولُ مَعَهُ) 문장의 의미 407

1) 시간적인 동반의 의미	407
2) 공간적인 동반의 의미	408
3) 동참의 의미	408
3. 동사 자리에 파생명사 등 다른 단어의 사용	409
4. 동반목적어 문장의 전환	411
5. 여러 가지 다른 문장들과의 비교	413

제 18 과 여러 가지 목적격(اَلْمَنْصُوبَاتُ)에 대해 VII – 호격대상과 호격문에 대해　417

1. 호격사(حَرْفُ النِّدَاءِ)의 사용에 대해	418
2. 호격문의 형태	419
1) 호격대상(اَلْمُنَادَى)이 목적격(مَنْصُوبٌ) 격변화를 하는 경우	419
2) 호격 대상이 불격변화 주격 기호를 취하는 경우 (مَبْنِيٌّ عَلَى مَا يُرْفَعُ بِهِ فِي مَحَلِّ نَصْبٍ)	423
3. 호격사가 생략된 여러 가지 호격문 표현	426
4. 감탄(اَلتَّعَجُّبُ)이나 주의(اَلتَّنْبِيهُ)의 의미로 사용된 호격문	427

제 19 과 여러 가지 목적격(اَلْمَنْصُوبَاتُ)에 대해 VIII – 감탄의 대상과 감탄문에 대해　429

1. 감탄사 مَا 를 사용하는 감탄문	430
1) 감탄문의 문장 어순	430
2) 감탄문의 구분	431
3) 명시목적어(اَلتَّمْيِيزُ)가 사용된 감탄문	437
2. أَفْعِلْ بِـ 형태의 감탄동사를 사용하는 감탄문	438
3. 감탄의 의미를 가진 كَمْ الْخَبَرِيَّةُ 이 사용된 문장	439
4. 의문문과 호격문에서의 감탄문장	440

제 20 과 여러 가지 목적격(اَلْمَنْصُوبَاتُ)에 대해 IX – 예외명사와 예외문에 대해　443

1. 예외사 إِلَّا 의 사용에 대해	444
1) 긍정 예외문(اَلْأُسْلُوبُ التَّامُّ الْمُثْبَتُ)	444
2) 부정 예외문(اَلْأُسْلُوبُ التَّامُّ الْمَنْفِيُّ)	445
3) 결여된 부정 예외구문(اَلْأُسْلُوبُ النَّاقِصُ الْمَنْفِيُّ)	446
2. 다른 예외사(أَدَاةُ الِاسْتِثْنَاءِ)의 사용	447
1) 예외사 سِوَى 와 غَيْرُ	447
2) حَاشَا ، خَلَا ، عَدَا 의 경우	449
3) بِاسْتِثْنَاءِ 를 사용한 예외문	449
심화학습 – 배타적 제한(اَلْقَصْرُ) 혹은 (اَلْحَصْرُ) 문장에 대해	450

제 21 과 여러 가지 소유격(اَلْمَجْرُورَاتُ)에 대해　455

심화학습 – 여러 가지 소유격(اَلْمَجْرُورَاتُ)에 대해	456
1. 전치사(حَرْفُ الْجَرِّ)에 대해	457
1) 문장 형태와 전치사의 사용	457
2) 여러 가지 전치사의 종류와 그 의미	461
(1) 전치사 مِنْ 의 의미	461
(2) 전치사 إِلَى 의 의미	463
(3) 전치사 فِي 의 의미	464
(4) 전치사 عَنْ 의 의미	465
(5) 전치사 عَلَى 의 의미	468
(6) 전치사 بِـ 의 의미	470
(7) 전치사 لِـ 의 의미	473

(8) 전치사 كَ 의 의미 477
(9) 전치사 حَتَّى 의 의미 478
(10) 전치사 مُنْذُ 혹은 مُذْ 의 의미 479
2. 추가 전치사(حَرْفُ الْجَرِّ الزَّائِدُ)에 대해 480
1) مِنْ 의 경우 480
2) بِـ 의 경우 481
3) كَـ 의 경우 481
4) رُبَّ 의 경우 482
3. 전치사 뒤에 문장이 올 경우 483
1) 전치사 뒤에 평서문이 오는 경우 483
2) 전치사 뒤에 의문문이 오는 경우 488
4. 후연결어(الْمُضَافُ إِلَيْهِ)에 대해 492
1) 후연결어가 단어인 경우 492
2) 후연결어가 문장인 경우 493
심화학습 – 비유(التَّشْبِيهِ)의 표현들에 대해 494
제 22 과 한정명사 접두어 'الـ'의 용법에 대해 499
1. 한정명사 접두어 'الـ'의 여러 가지 용법과 의미에 대해 500
2. 특수적인 의미(Special Meaning)인가? 일반적인 의미(General Meaning)인가? .. 507
제 23 과 존재문장과 소유문장에 대해 509
1. 존재를 의미하는 문장 510
1) 비한정 주어가 후행하는 명사문 510
2) 명사문 앞에 هُنَاكَ 를 사용하여 511
3) يُوجَدُ 란 수동형 동사를 사용하여 513
2. 소유를 의미하는 문장 514
1) 부동산의 소유를 표현하는 경우 514
2) 동산의 소유를 표현하는 경우 515
3) 지니고 있는 물건에 대해 표현하는 경우 516
4) 가족관계를 표현하는 경우 517
5) 추상명사(الاسْمُ الْمَعْنَوِيُّ)에 대한 소유의 표현 518
제 24 과 명령문에 대해 519
1. 일반적인 명령문 520
2. 간접명령문(لَامُ الْأَمْرِ) – لِـ + 단축법 동사 520
3. 부정명령문("لَا" النَّاهِيَةُ) 524
4. 동사성 명사(اسْمُ الْفِعْلِ)를 사용한 명령문 525
제 25 과 의문문(جُمْلَةُ الِاسْتِفْهَامِ)에 대해 527
1. 의문불변사(حَرْفُ الِاسْتِفْهَامِ)를 사용하는 의문문 – أَ, هَلْ 528
2. 의문대명사(اسْمُ الِاسْتِفْهَامِ)를 사용하는 의문문 - مَنْ, مَتَى, مَا, أَيْنَ, مَاذَا, كَيْفَ, كَمْ, أَيٌّ (أَيَّةٌ), لِمَاذَا, لِمَ 531
3. 여러 가지 의문문의 고려사항 537
4. 의문사를 사용하지 않는 의문문 544
제 26 과 여러 가지 부정어와 부정문에 대해(Negation) 545
1. 단어를 부정하는 부정어(نَفْيُ الْكَلِمَةِ) 546
1) 형용사를 부정하는 غَيْرُ 546
2) 동명사를 부정하는 عَدَمُ 550
3) 동명사(혹은 명사)를 부정하는 عَدِيمُ 551

4) 단어 앞에 لاَ 를 붙이는 경우 553
　2. 동사문을 부정하는 부정어 554
　　　1) 현재 시제를 부정하는 لاَ (حَرْفُ نَفْيٍ) 554
　　　2) 과거 시제에 대한 부정 لَمْ 555
　　　3) 미래 시제에 대한 부정 لَنْ 555
　　　4) 동사문을 부정하는 مَا النَّافِيَةُ 556
　　　5) 부정 명령의 لاَ (لاَ النَّاهِيَةُ) 557
　3. 명사문을 부정하는 부정어(نَفْيُ الْجُمْلَةِ الإِسْمِيَّةِ) 558
　　　1) 명사문을 부정하는 لَيْسَ 558
　　　2) 명사문을 부정하는 مَا 559
　　　3) 종류부정의 لاَ (لاَ النَّافِيَةُ لِلْجِنْسِ) 562
　　　4) لَيْسَ 용법의 لاَ (لاَ النَّافِيَةُ الْعَامِلَةُ عَمَلَ لَيْسَ) 563
　　　5) لَيْسَ 용법의 إِنْ (إِنْ النَّافِيَةُ الْعَامِلَةُ عَمَلَ لَيْسَ) 563
　4. 그외 특별한 부정어와 부정문의 경우들 566
제 27 과 문장의 시제 (الزَّمَنُ فِي الْجُمْلَةِ)에 대해 569
　1. 동사가 사용된 문장의 시제 (زَمَنُ الْفِعْلِ) 570
　　　1) 현재시제(الْفِعْلُ الْمُضَارِعُ) 571
　　　2) 과거시제(الْفِعْلُ الْمَاضِي) 573
　　　3) 미래시제(الْفِعْلُ الْمُسْتَقْبَلُ) 578
　2. 동사가 사용되지 않은 명사문의 시제 580
　　　1) 명사문의 현재시제와 과거시제 580
　　　2) 명사문의 미래시제 581
　3. 분사가 사용된 문장의 시제 583
　　　1) 능동분사 문장의 시제 583
　　　2) 수동분사 문장의 시제 586
제 28 과 유사 무효화 동사(كَادَ وَأَخَوَاتُهَا)와 유사 무효화 명사문에 대해 587
　1. 임박동사(أَفْعَالُ الْمُقَارَبَةِ) 589
　　　1) كَادَ/ يَكَادُ 동사 589
　　　2) أَوْشَكَ/ يُوشِكُ 동사 590
　　　3) 임박동사의 예문들 591
　2. 소망동사 – عَسَى (أَفْعَالُ الرَّجَاءِ) 동사 593
　3. 시작동사 طَفِقَ, أَخَذَ, شَرَعَ, بَدَأَ – (أَفْعَالُ الشُّرُوعِ) 동사 595
제 29 과 풀어쓴 동명사(الْمَصْدَرُ الْمُؤَوَّلُ)에 대해 599
　1. 풀어쓴 동명사를 이끄는 불변사의 종류 600
　2. 일반 동명사 문장(الْمَصْدَرُ الصَّرِيحُ)과 풀어쓴 동명사 문장(الْمَصْدَرُ الْمُؤَوَّلُ)의 의미 차이 ... 602
　3. 풀어쓴 동명사(الْمَصْدَرُ الْمُؤَوَّلُ)의 문장에서의 기능 603
　　　1) أَنْ이 이끄는 풀어쓴 동명사 603
　　　2) أَنَّ가 이끄는 풀어쓴 동명사 605
　4. أَنْ을 사용할까? أَنَّ를 사용할까? 606
　　　1) أَنْ을 취하는 동사 606
　　　2) أَنَّ를 취하는 동사 609
　　　3) أَنْ형태와 أَنَّ형태 둘 다 취할 수 있는 동사 612
　5. 동사가 사용되지 않은 명사문에서의 풀어쓴 동명사 614

6. 부정어가 사용된 풀어쓴 동명사 –أَلاَّ 의 사용에 대해	622
7. 비인칭 동사(Impersonal Verb)와 함께 사용되는 풀어쓴 동명사	623
8. 'أَنْ + 명사문' 형태의 풀어쓴 동명사 문장을 일반 동명사(الْمَصْدَرُ الْمُؤَوَّلُ) 문장으로 바꾸기	626
제 30 과 비교급과 최상급 문장에 대해	629
1. 비교급(Comparative) 문장에 대해	630
1) 비교급 문장에서 우선급 명사가 사용되는 기능	630
2) 특별한 형태의 비교급 문장	634
3) مِنْ 뒤에 문장이 오는 경우	635
2. 최상급(Superlative) 문장에 대해	636
1) 우선급 명사(اسْمُ التَّفْضِيلِ)에 정관사 'الـ' 을 붙여 최상급을 만드는 경우	636
2) 우선급 명사(اسْمُ التَّفْضِيلِ) 뒤에 후연결어(مُضَافٌ إِلَيْهِ)가 와서 최상급의 의미가 되는 경우	637
3) 최상급 문장에서 우선급 명사가 사용되는 기능	643
4) 우선급 명사(اسْمُ التَّفْضِيلِ) 뒤에 문장이 후연결어로 오는 경우	646
5) 최상급 의미를 가진 유사형용사	647
3. 명시목적어(التَّمْيِيزُ)가 사용된 비교급 혹은 최상급	648
1) 비교급 문장에 명시목적어가 사용된 경우	648
2) 최상급 문장에 명시목적어가 사용된 경우	651
3) 비교급 문장을 명시목적어 구문으로 전환	653
제 31 과 수동태(الْمَبْنِيُّ لِلْمَجْهُولِ)에 대해 Ⅱ	655
1. 수동태 문장(الْمَبْنِيُّ لِلْمَجْهُولِ)의 의미	656
2. 수동태 문장의 주어(نَائِبُ الْفَاعِلِ)의 종류	660
3. 목적어를 두 개 가지는 동사의 수동태	664
1) 수여동사를 수동태 문장으로 만들 경우	664
2) 생각과 확신의 동사와 전환동사 문장을 수동태로 만들기	666
4. 수동태 문장의 비인칭 동사(Impersonal Verb) 용법	667
1) '자동사 + 전치사' 구(句)가 사용된 경우들	667
2) '자동사 + 부사' 구(句)가 사용된 경우들	675
5. 신문에서 수동태가 사용된 예들	677
6. 수동적인 의미를 부여하는 'تَمَّ/يَتِمُّ + 동명사'	678
제 32과 조건문(أُسْلُوبُ الشَّرْطِ)에 대해	679
1. 조건사의 종류와 조건문에 대해	680
1) 조건절과 조건 결과절에 단축법 동사가 사용되는 조건사(أَدَوَاتُ الشَّرْطِ الْجَازِمَةُ)	681
(1) 조건사 إِنْ 의 예문	682
(2) 조건사 مَنْ 의 예문	684
(3) 조건사 مَا 의 예문	684
(4) 조건사 أَيٌّ 의 예문	685
(5) 조건사 مَتَى 의 예문	685
(6) 조건사 أَيَّانَ 의 예문	686
(7) 조건사 أَيْنَمَا 의 예문	686
(8) 조건사 حَيْثُمَا 의 예문	686
(9) 조건사 أَنَّى 의 예문	687
(10) 조건사 كَيْفَمَا 의 예문	687
(11) 조건사 مَهْمَا 의 예문	687
2) 조건절과 조건 결과절에 단축법 동사가 사용될 수 없는 조건사(أَدَوَاتُ الشَّرْطِ غَيْرُ الْجَازِمَةِ)	689

(1) 조건사 إذَا 의 예문	690
(2) 조건사 لَمَّا 의 예문	690
(3) 조건사 كُلَّمَا 의 예문	691
3) 가정법(الشَّرْطُ الاِفْتِرَاضِيُ)을 이끄는 조건사	693
(1) 가정법을 이끄는 조건사 (حَرْفُ امْتِنَاعٍ لاِمْتِنَاعٍ) لَوْ	693
(2) 가정법을 이끄는 조건사 إِنْ	696
(3) 가정법 문장의 부정	697
a. 조건절의 동사를 부정하는 가정법 문장 – لَوْ لَمْ	697
b. 어떤 것이 존재하지 않음을 가정하는 가정법 문장 – لَوْلاَ 의 사용에 대해	698
4) أَمَّا 가 이끄는 조건문	701
5) 조건문의 고려사항	703
(1) إذَا 와 إِنْ 과 لَوْ 의 비교	703
(2) 조건절에 명사문이 오는 경우	705
2. 조건 결과절에 대해 – 조건 결과절에 사용하는 فَ 와 لَـ 에 대해	706
1) 조건 결과절에 사용되는 (الفَاءُ الرَّابِطَةُ لِجَوَابِ الشَّرْطِ) فَـ 에 대해	706
2) 조건 결과절에 사용되는 (لاَمُ الْجَوَابِ) لَـ 에 대해	709
3. 다른 형태의 조건문	710
1) 조건절(جُمْلَةُ الشَّرْطِ)이 생략된 조건문 - وَإِلاَّ 가 사용된 조건문	710
2) 조건 결과절(جَوَابُ الشَّرْطِ)이 생략된 조건문	711
3) 조건절과 조건 결과절 둘 다 생략된 조건문	711
4) 요청문(أُسْلُوبُ الطَّلَبِ)이 사용된 조건문	712
4. 조건문과 관련한 추가적인 내용	714
1) إذَا 의 여러 가지 용법에 대해	714
2) لَوْ 의 여러 가지 용법에 대해	715
3) لَوْلاَ 의 여러 가지 용법에 대해	717
4) 조건문 문장과 의문문 문장의 비교	718
5) 조건문(اِسْمُ الشَّرْطِ) 문장과 관계대명사(الاِسْمُ الْمَوْصُولُ) 문장의 비교	718
제33과 동명사와 파생명사의 동사적 용법(الْعَامِلُ عَمَلَ فِعْلِهِ)에 대해	721
1. 동명사의 동사적 용법(الْمَصْدَرُ الْعَامِلُ عَمَلَ فِعْلِهِ)	722
1) 동명사가 자체의 의미상 주어(فَاعِلٌ)와 목적어(مَفْعُولٌ بِهِ)를 취하는 경우	722
2) 비한정 형태의 동명사가 목적어를 취하는 경우	730
3) 형용사 연결형의 후연결어에 동명사가 오는 경우	731
2. 능동분사의 동사적 용법(اِسْمُ الْفَاعِلِ الْعَامِلُ عَمَلَ فِعْلِهِ)	732
1) 능동분사가 자체의 목적어를 취하는 경우	732
2) 능동분사가 두 개의 목적어를 취하는 경우	745
3) 능동분사가 자체의 주어(الفَاعِلُ)와 목적어(الْمَفْعُولُ بِهِ)를 취하는 경우	747
4) 능동분사가 자체의 주어(الفَاعِلُ)를 취하는 경우	748
3. 유사형용사(الصِّفَةُ الْمُشَبَّهَةُ)의 동사적 용법	749
4. 과장형용사(صِيغَةُ الْمُبَالَغَةِ)의 동사적 용법	751
1) 과장형용사가 자체의 목적어를 취하는 경우	751
2) 과장형용사가 자체의 주어를 취하는 경우	751
5. 수동분사의 동사적 용법(اِسْمُ الْمَفْعُولِ الْعَامِلُ عَمَلَ فِعْلِهِ)	752
1) 수동분사가 자체의 주어(نَائِبٌ فَاعِلٍ لِاِسْمِ الْمَفْعُولِ)를 취하는 경우	752

2) 수동분사가 자체의 제 2 목적어를 취하는 경우(مَفْعُولٌ بِهِ ثَانٍ لِاسْمِ الْمَفْعُولِ) ... 762
제 34과 연결형에 대해 III - 음가적 연결형(الْإِضَافَةُ اللَّفْظِيَّةُ)에 대해 ... 773
   1. 음가적 연결형(الْإِضَافَةُ اللَّفْظِيَّةُ)의 개념 ... 774
   2. 음가적 연결형(الْإِضَافَةُ اللَّفْظِيَّةُ)의 종류 ... 775
     1) 전연결어가 유사형용사(الصِّفَةُ الْمُشَبَّهَةُ)인 경우 ... 775
     2) 전연결어가 과장형용사(صِيغَةُ الْمُبَالَغَةِ)인 경우 ... 776
     3) 전연결어가 수동분사(اسْمُ الْمَفْعُولِ)인 경우 ... 777
     4) 전연결어가 연고형용사(النِّسَبُ)인 경우 ... 779
     5) 전연결어가 능동분사(اسْمُ الْفَاعِلِ)인 경우 ... 781
   3. 음가적 연결형의 문장에서의 기능 ... 786
   4. 음가적 연결형의 성과 수의 일치 ... 788
   5. 음가적 연결형의 한정형태 일치에 대해 – 전연결어에 الـ 이 붙는 경우 ... 789
제35과 관계적 수식어(نَعْتٌ سَبَبِيٌّ)에 대해 ... 791
   1. 관계적 수식어(النَّعْتُ السَّبَبِيُّ)의 개념 ... 792
   2. 관계적 수식어(النَّعْتُ السَّبَبِيُّ)의 격변화 ... 796
   3. 관계적 수식어 단어의 유형들 ... 799
   4. 관계적 수식어 문장의 전환 ... 801
   5. 연결의 인칭대명사가 후연결어에 붙는 관계적 수식어 ... 805
제 36과. 맹세문(أُسْلُوبُ الْقَسَمِ)에 대해 ... 807
   1. 맹세문의 종류 ... 809
   2. 맹세문을 강조하기 위한 용법 ... 811
   3. 맹세문과 조건문이 결합될 때 ... 812
   4. 맹세에 대한 여러 표현들 ... 813
   5. 꾸란의 맹세문 ... 814
제 37과 기타 독특한 아랍어 문장들에 대해 ... 815
   A. 칭찬과 비난의 문장(أُسْلُوبُ الْمَدْحِ وَالذَّمِّ)에 대해 - نِعْمَ 와 بِئْسَ 의 사용에 대해 ... 816
     1. 칭찬과 비난 문장의 특징 ... 816
     2. 칭찬과 비난 문장의 종류 ... 817
     3. لَا حَبَّذَا 와 حَبَّذَا 도 동일한 용법으로 사용된다 ... 819
   B. 선동과 경고의 문장(أُسْلُوبُ الْإِغْرَاءِ وَالتَّحْذِيرِ)에 대해 ... 820
     1. 선동과 경고의 문장의 구성 ... 820
     2. 선동과 경고의 문장의 종류 ... 821
     3. 목적격 독립 인칭대명사를 사용한 경고의 문장 ... 822
   C. 구체화 문장(أُسْلُوبُ الْاِخْتِصَاصِ)에 대해 ... 823
   D. 구조요청문(أُسْلُوبُ الْاِسْتِغَاثَةِ)에 대해 ... 825
   E. 권유와 책망의 문장(أَدَوَاتُ التَّحْضِيضِ أَوِ التَّوْبِيخِ)에 대해 - هَلَّا 와 أَلَّا 의 사용에 대해 ... 826
제 38과 아랍어 절(節)의 종류와 그 격변화에 대해 ... 827
   1. 절(節)이 가상의 격변화를 하는 경우 (الْجُمَلُ الَّتِي لَهَا مَحَلٌّ مِنَ الْإِعْرَابِ) ... 828
   2. 절(節)이 가상의 격변화를 하지 않는 경우 (الْجُمَلُ الَّتِي لَا مَحَلَّ لَهَا مِنَ الْإِعْرَابِ) ... 833
제 39과 여러 가지 접속사(أَدَوَاتُ الرَّبْطِ)에 대해 ... 839
   1. 대등접속사(حَرْفُ الْعَطْفِ) ... 840
   2. 무효화 불변사(إِنَّ وَأَخَوَاتُهَا) ... 843
   3. 역접 접속사(Adversative Particle) ... 844

- 4. 상태접속사 (وَاوُ الْحَالِ) 845
- 5. 무효화 동사 (كَانَ وَأَخَوَاتُهَا) 가운데 مَا دَامَ 846
- 6. 관계대명사 (الاِسْمُ الْمَوْصُولُ) 847
- 7. 시간의 부사구와 시간의 부사절을 이끄는 접속사 849
- 8. 장소의 부사절을 이끄는 접속사 862
- 9. 연관성을 표현하는 접속사 866
- 10. 추가의 의미를 표현하는 접속사 867
- 11. 비유(التَّشْبِيهِ)의 의미를 표현하는 접속사 870
- 12. 종속의 의미(التَّبَعِيَّةُ)를 표현하는 접속사 (according to, on the basis of) ... 873
- 13. 원인(السَّبَبُ)을 나타내는 접속사 875
- 14. 결과(النَّتِيجَةُ)를 나타내는 접속사 880
- 15. 목적(الْغَرَضُ أَوِ الْهَدَفُ)을 나타내는 접속사 886
- 16. 근시작 구문을 이끄는 접속사 892
- 17. 양보 구문 접속사 896
- 18. 조건 접속사(أَدَوَاتُ الشَّرْطِ) 899
- 19. 선택의 접속사 907
- 20. 의무의 접속사 911
- 21. 양편을 구분하는 접속사 914
- 22. 양쪽의 정도를 비교하는 표현 915
- 23. ...하는 만큼 많이 (as much as) 915
- 24. 주의집중을 위한 문장 표현 916

제 40 과 여러 가지 다른 용법으로 사용되는 단어들 917
- 1. وَ 의 용법에 대해 918
- 2. فَ 의 용법에 대해 920
- 3. مَا 의 용법에 대해 923
- 4. لاَ 의 용법에 대해 927
- 5. قَدْ 의 용법에 대해 929
- 6. حَتَّى 의 용법에 대해 931
- 7. لِـ 의 용법에 대해 935
- 8. لَوْ 의 용법에 대해 937
- 9. إِذَا 의 용법에 대해 937
- 10. لَوْلاَ 의 용법에 대해 937
- 11. إِذْ 의 용법에 대해 937
- 12. حَيْثُ 의 용법에 대해 937
- 13. كَمَا 의 용법에 내해 937
- 14. بَعْضُ 의 용법에 대해 937
- 15. كُلُّ 의 용법에 대해 937
- 16. كِلاَ 의 용법에 대해 937
- 17. جَمِيعٌ 의 용법에 대해 938
- 18. عَامَّةٌ 의 용법에 대해 938
- 19. كَافَّةٌ 의 용법에 대해 938
- 20. نَفْسٌ 의 용법에 대해 938
- 21. مِثْلُ 의 용법에 대해 938

22. إِذَنْ 과 إِذَا 의 용법에 대해 938
23. نِعْمَ 와 بِئْسَ 의 용법에 대해 938
24. لَا حَبَّذَا 와 حَبَّذَا 의 용법에 대해 938
25. أَلَا 와 هَلَّا 의 용법에 대해 938

색인(한글 알파벳 순) 939
색인(아랍어 알파벳 순) 944

종합 아랍어 문법 제Ⅱ권을 시작하며

아랍어 문법은 두 분야로 구성되어 있다. 단어의 어근과 패턴을 중심으로 단어의 형태와 그 의미를 다루는 어형론(الصَّرْف, Morphology) 부분과, 격변화(الإعْرَاب)에 기초하여 문장에 사용된 단어의 기능과 문장의 구조와 의미를 다루는 구문론(النَّحْو, Syntax) 부분이 있다. 전자가 단어의 구조를 다룬다면 후자는 문장의 구조를 다룬다. 우리는 제Ⅰ권에서 아랍어 품사와 어형론을 공부하였다. 이제 제Ⅱ권에서는 아랍어 구문론을 본격적으로 공부하고자 한다. 이 책에서는 아랍어 문장의 구문 형태와 문장에서 단어와 구(句) 그리고 절(節)들의 문법적인 기능, 그리고 그 의미를 다루고 있다.

이 책에서 우리는 아랍어 문장 전체를 보는 시각을 연습해 나갈 것이다. 문장 전체를 보고 이해하기 위해 문장에 있는 각 단어와 구(句) 그리고 절(節)들의 문법적인 기능을 알아야 한다. 그러기 위해 요구되는 것이 있는데, 그것은 아랍어의 독특한 특징이라 할 수 있는 격변화(الإعْرَاب)를 파악하는 것이다. 아랍어 단어는 문장에서 사용되는 기능에 따라 격변화하는데, 그 격변화 내용과 그 표지 기호들을 숙지하고 있어야 한다. 이 책 제1과에서는 이 책 전체를 공부하기 위한 예비학습으로 명사의 격변화와 동사의 격변화의 핵심을 요약 정리하고 있다. 이 부분을 먼저 숙달하기 바란다. 이제 시작해 보자.

제 1과 예비학습 – 아랍어 격변화(الإعراب) 요약

1. 명사의 격변화
    1) 격변화 명사(الاسْمُ الْمُعْرَبُ)와 그 격변화 형태
    2) 불격변화 명사(الاسْمُ الْمَبْنِيُّ)에 대해
    3) 문장에 사용된 명사의 기능과 격변화 도표
2. 동사의 격변화 - 문장에 사용된 동사의 격변화 도표

제1과 예비학습 - 아랍어 격변화(الإعْرَاب) 요약 - '격변화를 알면 문법이 보인다.'

아랍어 문장에서 사용된 단어의 기능에 따라 단어의 어미 모음 혹은 어미 자음이 변화하는 것을 격변화(الإعْرَاب) 라 한다.[1] 기능의 변화에 따라 어미 모음 혹은 어미 자음이 변화하는 단어를 '격변화 (مُعْرَب) 단어'라고 하고, 어미 모음 혹은 어미 자음이 변화하지 않는 단어를 '불격변화(مَبْنِي) 단어' 라고 한다. 일반적으로 아랍어의 품사 세 가지 가운데 대부분의 명사(اسْم)와 동사의 미완료형(فِعْلٌ مُضَارِعٌ)은 격변화가 있는 격변화(مُعْرَب) 단어이며, 불변사(حَرْف)와 동사의 완료형(فِعْلٌ مَاضٍ)은 격변화가 없는 불격변화(مَبْنِي) 단어이다.(이 책 I권 13 과에 나오는 '심화학습 - 격변화(الْمُعْرَب) 단어와 불격변화(الْمَبْنِي) 단어' 부분을 보라.)

명사의 격변화에는 주격(مَرْفُوع)과, 목적격(مَنْصُوب) 그리고 소유격(مَجْرُور)이 있고, 미완료형 동사의 격변화에는 직설법(مَرْفُوع), 접속법(مَنْصُوب), 그리고 단축법(مَجْزُوم)이 있다.[2]

아랍어의 격변화(الإعْرَاب)는 아랍어만의 고유한 특징이다. '격변화'라는 단어에 해당되는 아랍어는 'إِعْرَاب'인데 이 단어의 어근은 ع - ر - ب 으로서 '아랍어(Arabic)'라는 단어인 'عَرَبِي'와 같은 어근이다. 따라서 아랍어의 격변화(الإعْرَاب)는 아랍어가 아랍어다워지기 위해 필요한 문법적 특징이라 해도 틀린 말이 아니다.

아랍어의 격변화(الإعْرَاب)는 아랍어 문법의 마스터키(masterkey)와 같다. 다양한 문법적인 변화의 내용이 격변화에 고스란히 나타난다. 때문에 격변화 기호를 정확히 알고 이해하고 있으면 그 문법적인 내용도 자연스럽게 파악할 수 있다. 이 예비학습 부분에서 명사와 동사가 격변화 할 때의 격변화 형태가 어떠한지 확실히 익히도록 하자. 격변화를 알면 문법이 보인다.

---

[1] 여기서 '격변화'로 번역한 'إِعْرَاب'의 아랍어 문법적인 의미는 두 가지 내용을 포함한다. 먼저는 문장에 사용된 단어의 문법적 기능을 파악하는 것이고, 다음으로는 그 문법적 기능에 따라 변화하는 단어의 어미 모음 혹은 어미 자음을 파악하여 단어를 분해하는 것이다. 따라서 아랍어의 격변화를 다룰 때 문장에서의 단어의 기능과 그 격변화 형태를 동시에 생각하여야 한다.

[2] 기존의 문법책에서는 동사의 격변화를 '서법 변화'라고 번역하고 있는데, 아랍어 문법에서 이것을 '명사의 격변화'를 지칭하는 용어인 'إِعْرَاب'로 동일하게 사용하기 때문에 그 번역을 '동사의 격변화'라 할 수 있다.

아랍어 명사의 격변화 용어와 동사의 격변화 용어의 번역에 한계가 있다. 우리말로 명사 격변화를 '주격', '목적격', '소유격'으로 주로 번역하고, 동사 격변화(혹은 서법 변화)를 '직설법', '접속법', '단축법'으로 주로 번역하는데 이 용어들은 아랍어 격변화의 원래 의미를 그대로 전달하는 데 한계가 있다.

명사 격변화에서 '주격'이란 말은 주어와 관련된 용어에 사용된다는 의미이고, '목적격'은 목적어와 관련된 용어에 사용된다는 의미이며, '소유격'은 소유적인 표현을 할 때 사용된다는 의미이다. 그런데 아랍어에서 주어가 아닌 단어가 주격으로 사용되는 경우가 있고(예를 들어 술어), 목적어가 아닌 단어가 목적격으로 사용되는 경우가 많으며(예를 들어 무효화 불변사 문장의 주어), 소유의 의미가 아닌 단어가 소유격으로 사용되는 경우가 많다(예를들어 전치사 뒤의 소유격 명사). 따라서 우리말의 '주격', '목적격', '소유격'이란 용어가 아랍어 명사 격변화의 모든 내용을 포괄할 수 있는 용어가 아닌 것을 알 수 있다.

동사 격변화(혹은 서법 변화)도 마찬가지이다. '직설법'이란 무엇을 직접 구술한다는 의미가 포함되어 있고, '접속법'이란 앞뒤의 단어가 서로 연결된다는 의미가 강하며, '단축법'이란 뭔가를 줄인다는 의미가 강하다. 그러나 아랍어의 동사 격변화는 미완료형 동사 앞에 오는 불변사에 따라 미완료형 동사 어미에 붙는 모음부호나 자음이 변화하는 것을 말한다. 사용되는 불변사의 종류에 따라 그 격변화와 문장의 의미가 달라지는 것이지 거기에서 '접속법' 자체의 일관된 특징이나 '단축법' 자체의 일관된 특징을 찾을 수 있는 것이 아니다.

이러한 이유로 격변화 용어를 사용할 때 가장 바람직한 방법은 아랍어 격변화의 원래 용어를 그대로 사용하는 것이다. 즉 명사의 경우 그 격변화를 '마르푸으(مَرْفُوع)', '만숩(مَنْصُوب)', '마즈루르(مَجْرُور)'으로 부르고, 동사의 경우 그 격변화를 '마르푸으(مَرْفُوع)', '만숩(مَنْصُوب)', '마즈줌(مَجْزُوم)' 으로 부르는 것이다.

이 책에서는 격변화를 표시할 때 기존의 한글 번역을 사용하고 그 뒤의 괄호 안에 아랍어 격변화 용어를 함께 적고 있다.

1. 명사의 격변화

명사를 격변화에 따라 구분하면 격변화 하는 명사와 격변화 하지 않는 명사로 구분된다. 격변화 하는 명사를 '격변화 명사'(اِسْمٌ مُعْرَبٌ) 라고 하며 대부분의 명사가 이에 해당한다. 또한 격변화 하지 않는 명사도 있는데 이를 '불격변화 명사'(اِسْمٌ مَبْنِيٌّ)'라 한다.

1) 격변화 명사(الاِسْمُ الْمُعْرَبُ)와 그 격변화 형태

대부분의 명사가 격변화를 하는데 그 종류는 세 가지이다. 즉 주격(مَرْفُوعٌ)과 소유격(مَجْرُورٌ), 그리고 목적격(مَنْصُوبٌ)이 그것이다. 격변화를 함에 따라 그 변화의 표지가 각 명사의 어미에 표기된다.

(1) 기본적인 격변화 형태

a. 단수 명사 격변화(남성과 여성)

		주격 (مَرْفُوعٌ)	목적격 (مَنْصُوبٌ)	소유격 (مَجْرُورٌ)
비한정명사 (النَّكِرَةُ)	표식 모음 부호	ٌ	* ًا or ً	ٍ
	발음 음가	- un (담마 + n)	- an (파트하 + n)	- in (카스라 + n)
	표식 용어	탄원 담마 (تَنْوِينُ الضَّمِّ)	탄원 파트하 (تَنْوِينُ الْفَتْحِ)	탄원 카스라 (تَنْوِينُ الْكَسْرِ)
한정명사 (الْمَعْرِفَةُ)	표식 모음 부호	ُ	َ	ِ
	발음 음가	- u	- a	- i
	표식 용어	담마 (ضَمَّةٌ)	파트하 (فَتْحَةٌ)	카스라 (كَسْرَةٌ)

→ 위의 비한정명사의 경우 어미에 모두 'n'이 붙었는데 아랍어에서 이것을 탄원(التَّنْوِينُ)이라고 한다.

→ 비한정 명사에 목적격이 올 경우 단어에 따라 탄원 파트하에 'ا'이 붙는 경우와 'ا'이 붙지 않는 경우 둘로 나뉜다. (예 مُدَرِّسًا 과 مُدَرِّسَةً) 끝음절에 'ة'가 올 경우와 끝음절에 'اء'(맘두드 명사)가 올 경우, 그리고 'ى'(막수르 명사)가 올 경우 'ا'이 붙지 않는다.

→ 2격 명사(مَمْنُوعٌ مِنَ الصَّرْفِ)가 비한정형태로 사용될 경우 주격과 목적격과 소유격에 탄원이 붙지 않으며, 소유격 표지가 카스라가 아닌 파트하이다.

→ 맘두드 명사(الاِسْمُ الْمَمْدُودُ)와 막수르 명사(الاِسْمُ الْمَقْصُورُ) 그리고 2격 명사(مَمْنُوعٌ مِنَ الصَّرْفِ)에 대해서는 이 책 Ⅰ권에서 공부하도록 하자.

b. 쌍수(Dual) 명사 격변화(남성과 여성)

	주격 (مَرْفُوعٌ)	목적격 (مَنْصُوبٌ)	소유격 (مَجْرُورٌ)
비한정명사(النَّكِرَةُ)	ـَانِ	ـَيْنِ	ـَيْنِ
한정명사(الْمَعْرِفَةُ)	ـَانِ	ـَيْنِ	ـَيْنِ

c-1. 규칙적으로 변화하는 남성 복수(Plural) 명사 격변화

	주격 (مَرْفُوعٌ)	목적격 (مَنْصُوبٌ)	소유격 (مَجْرُورٌ)
비한정명사(النَّكِرَةُ)	ـُونَ	ـِينَ	ـِينَ
한정명사(الْمَعْرِفَةُ)	ـُونَ	ـِينَ	ـِينَ

c-2. 규칙적으로 변화하는 여성 복수(Plural) 명사 격변화

	주격 (مَرْفُوعٌ)	목적격 (مَنْصُوبٌ)	소유격 (مَجْرُورٌ)
비한정명사(النَّكِرَة)	ـَاتٌ	ـَاتٍ	ـَاتٍ
한정명사(الْمَعْرِفَة)	ـَاتُ	ـَاتِ	ـَاتِ

→ 불규칙적으로 변화하는 복수명사는 단수명사의 격변화와 같다.

(2) 단어들의 예

아래는 명사가 비한정형으로 사용될 때와 한정형으로 사용될 때의 예이다.

a. 남성 단수 명사

		주격 (مَرْفُوعٌ)	목적격 (مَنْصُوبٌ)	소유격 (مَجْرُورٌ)
비한정	남자 선생님	مُدَرِّسٌ	مُدَرِّسًا (مُدَرِّسَ ×)	مُدَرِّسٍ
한정	그 남자 선생님	الْمُدَرِّسُ	الْمُدَرِّسَ	الْمُدَرِّسِ

b. 여성 단수 명사 (테마르부타(تَاءٌ مَرْبُوطَةٌ)로 끝나는 여성 명사)

		주격 (مَرْفُوعٌ)	목적격 (مَنْصُوبٌ)	소유격 (مَجْرُورٌ)
비한정	여자 선생님	مُدَرِّسَةٌ	مُدَرِّسَةً (مُدَرِّسَةًا ×)	مُدَرِّسَةٍ
한정	그 여자 선생님	الْمُدَرِّسَةُ	الْمُدَرِّسَةَ	الْمُدَرِّسَةِ

c. 남성 쌍수 명사의 격변화

		주격 (مَرْفُوعٌ)	목적격 (مَنْصُوبٌ)	소유격 (مَجْرُورٌ)
비한정	두 남자 선생님	مُدَرِّسَانِ	مُدَرِّسَيْنِ	مُدَرِّسَيْنِ
한정	그 두 남자 선생님	الْمُدَرِّسَانِ	الْمُدَرِّسَيْنِ	الْمُدَرِّسَيْنِ

d. 여성 쌍수 명사의 격변화

		주격 (مَرْفُوعٌ)	목적격 (مَنْصُوبٌ)	소유격 (مَجْرُورٌ)
비한정	두 여자 선생님	مُدَرِّسَتَانِ	مُدَرِّسَتَيْنِ	مُدَرِّسَتَيْنِ
한정	그 두 여자 선생님	الْمُدَرِّسَتَانِ	الْمُدَرِّسَتَيْنِ	الْمُدَرِّسَتَيْنِ

e. 규칙적으로 변화하는 남성 복수 명사의 격변화

		주격 (مَرْفُوعٌ)	목적격 (مَنْصُوبٌ)	소유격 (مَجْرُورٌ)
비한정	남자 선생님들	مُدَرِّسُونَ	مُدَرِّسِينَ	مُدَرِّسِينَ
한정	그 남자 선생님들	الْمُدَرِّسُونَ	الْمُدَرِّسِينَ	الْمُدَرِّسِينَ

f. 규칙적으로 변화하는 여성 복수 명사의 격변화

		주격 (مَرْفُوعٌ)	목적격 (مَنْصُوبٌ)	소유격 (مَجْرُورٌ)
비한정	여자 선생님들	مُدَرِّسَاتٌ	مُدَرِّسَاتٍ	مُدَرِّسَاتٍ
한정	그 여자 선생님들	الْمُدَرِّسَاتُ	الْمُدَرِّسَاتِ	الْمُدَرِّسَاتِ

g. 불규칙 복수 명사의 격변화 (دَرْسٌ/دُرُوسٌ 의 경우)

		주격 (مَرْفُوعٌ)	목적격 (مَنْصُوبٌ)	소유격 (مَجْرُورٌ)
비한정	레슨들(lessons)	دُرُوسٌ	دُرُوسًا (دُرُوسَ ×)	دُرُوسٍ
한정	그 레슨(lessons)	الدُّرُوسُ	الدُّرُوسَ	الدُّرُوسِ

→ 주격을 취하는 대표적인 문장의 기능은 명사문의 주어(مُبْتَدَأٌ), 동사문의 주어(فَاعِلٌ), 명사문의 술어(خَبَرٌ)이다.
→ 목적격을 취하는 대표적인 문장의 기능은 동사의 목적어(مَفْعُولٌ بِهِ)이다.
→ 소유격을 취하는 대표적인 문장의 기능은 전치사 뒤에 온 소유격 명사(اِسْمٌ مَجْرُورٌ)와, 연결형 꼴의 후연결어(مُضَافٌ إِلَيْهِ)이다.
→ 이외에도 주격과 소유격 그리고 목적격을 취하는 여러 가지 문장의 기능들이 있다.
→ 이렇게 문장에 사용되는 단어들이 문장에서의 기능에 따라 격변화를 달리하는 것에 대해 공부하는 것이 아랍어 문법 공부의 중요한 목표이다. 여기에 대한 기본적인 이해는 이 책 Ⅰ권 10 과 '아랍어의 기본적인 문장에 대해'에서 다루었고, 이 책 제Ⅰ권과 제Ⅱ권 전체를 통해 계속 공부해 나갈 것이다.
→ 아랍어 사전에서는 단어들이 주격으로 표기된다.

** 문장에서의 기본적인 격변화의 예들

(1) 주격(مَرْفُوعٌ)을 취하는 경우

아래의 푸른색으로 표시된 단어들은 모두 문장에서 주어(مُبْتَدَأٌ)로 사용되었다.

남성 단수	그 교실에 한 남선생님이 있다.	فِي الْفَصْلِ مُدَرِّسٌ.
여성 단수	그 교실에 한 여선생님이 있다.	فِي الْفَصْلِ مُدَرِّسَةٌ.
남성 쌍수	그 교실에 두 남선생님이 있다.	فِي الْفَصْلِ مُدَرِّسَانِ.
여성 쌍수	그 교실에 두 여선생님이 있다.	فِي الْفَصْلِ مُدَرِّسَتَانِ.
남성 복수	그 교실에 남선생님들이 있다.	فِي الْفَصْلِ مُدَرِّسُونَ.
여성 복수	그 교실에 여선생님들이 있다.	فِي الْفَصْلِ مُدَرِّسَاتٌ.

(2) 목적격(مَنْصُوبٌ)을 취하는 경우

아래의 푸른색으로 표시된 단어들은 모두 문장에서 목적어(مَفْعُولٌ بِهِ)로 사용되었다.

남성 단수	나는 거리에서 한 남선생님을 보았다.	رَأَيْتُ مُدَرِّسًا فِي الشَّارِعِ.
여성 단수	나는 거리에서 한 여선생님을 보았다.	رَأَيْتُ مُدَرِّسَةً فِي الشَّارِعِ.
남성 쌍수	나는 거리에서 두 남선생님을 보았다.	رَأَيْتُ مُدَرِّسَيْنِ فِي الشَّارِعِ.
여성 쌍수	나는 거리에서 두 여선생님을 보았다.	رَأَيْتُ مُدَرِّسَتَيْنِ فِي الشَّارِعِ.
남성 복수	나는 거리에서 남선생님들을 보았다.	رَأَيْتُ مُدَرِّسِينَ فِي الشَّارِعِ.
여성 복수	나는 거리에서 여선생님들을 보았다.	رَأَيْتُ مُدَرِّسَاتٍ فِي الشَّارِعِ.

(3) 소유격(مَجْرُورٌ)을 취하는 경우

아래의 푸른색으로 표시된 단어들은 모두 문장에서 소유격 명사(اسْمٌ مَجْرُورٌ)로 사용되었다.

남성 단수	나는 그 학교에서 한 남선생님과 인사했다.	سَلَّمْتُ عَلَى مُدَرِّسٍ فِي الْمَدْرَسَةِ.
여성 단수	나는 그 학교에서 한 여선생님과 인사했다.	سَلَّمْتُ عَلَى مُدَرِّسَةٍ فِي الْمَدْرَسَةِ.
남성 쌍수	나는 그 학교에서 두 남선생님과 인사했다.	سَلَّمْتُ عَلَى مُدَرِّسَيْنِ فِي الْمَدْرَسَةِ.
여성 쌍수	나는 그 학교에서 두 여선생님과 인사했다.	سَلَّمْتُ عَلَى مُدَرِّسَتَيْنِ فِي الْمَدْرَسَةِ.
남성 복수	나는 그 학교에서 남선생님들과 인사했다.	سَلَّمْتُ عَلَى مُدَرِّسِينَ فِي الْمَدْرَسَةِ.
여성 복수	나는 그 학교에서 여선생님들과 인사했다.	سَلَّمْتُ عَلَى مُدَرِّسَاتٍ فِي الْمَدْرَسَةِ.

아랍어에서 대부분의 명사가 위의 기본적인 격변화 예들과 같이 격변화한다. 위의 격변화 방식이 아닌 예외적인 경우들이 2격 명사(مَمْنُوعٌ مِنَ الصَّرْفِ)와 다섯 명사(الْأَسْمَاءُ الْخَمْسَةُ), 막수르 명사(الاسْمُ الْمَقْصُورُ), 만꾸스 명사(الاسْمُ الْمَنْقُوصُ), 맘두드 명사(الاسْمُ الْمَمْدُودُ)인데 이에 대해서는 이 책 제 I 권에서 공부하도록 하라.

제1과 예비학습 – 아랍어 격변화 요약

2) 불격변화 명사(اَلْاِسْمُ الْمَبْنِيُّ)에 대해

명사 가운데는 격변화 하지 않는 '불격변화 명사(اِسْمٌ مَبْنِيٌّ)'도 있다. 이러한 단어들은 격변화 명사에 비해 숫자가 많지 않다. 따라서 그 종류를 파악하고 있으면 편리하다. 아래의 불격변화 명사 대부분은 이 책 제Ⅰ권에서 공부하였고 제Ⅱ권에서 더 자세하게 공부할 내용이다. 아래에서 불격변화 명사의 종류를 익히도록 하자. (제 1 권의 '심화학습 – 격변화 단어와 불격변화 단어'를 참고하라)

불격변화 명사 (اَلْأَسْمَاءُ الْمَبْنِيَّةُ)	
인칭대명사 (اَلضَّمِيرُ)	هُوَ، هِيَ، أَنْتَ، أَنْتِ، أَنَا، نَحْنُ ...
지시대명사 (اِسْمُ الْإِشَارَةِ)	هَذَا *، هَذِهِ *، هَؤُلَاءِ، ذَلِكَ، تِلْكَ ...
관계대명사 (اَلْاِسْمُ الْمَوْصُولُ)	اَلَّذِي *، اَلَّتِي *، اَلَّذِينَ، اَللَّاتِي ... مَنْ، مَا
의문대명사 (اِسْمُ الْاِسْتِفْهَامِ)	مَتَى، أَيْنَ، مَنْ، كَيْفَ، مَاذَا، مَا، كَمْ، ...
조건명사 (اِسْمُ الشَّرْطِ)	إِذَا، مَنْ، مَا، مَتَى، مَهْمَا، كُلَّمَا، لَمَّا ...
불격변화 부사 (اَلظَّرْفُ الْمَبْنِيُّ)	أَمْسِ، اَلْآنَ، مُنْذُ، قَطُّ، هُنَا، حَيْثُ، هُنَاكَ ...
숫자 12를 제외한 11-19	أَحَدَ عَشَرَ، ثَلَاثَةَ عَشَرَ، أَرْبَعَةَ عَشَرَ ...

→ 위의 단어들이 문장에서 사용될 때 격변화 하지만 명사로서 여러 가지 기능으로 사용되는 것은 마찬가지이다. 따라서 위의 단어들이 문장에서 사용될 때 그 기능에 따라 주격의 역할을 할 때는 '주격 자리에 있다(فِي مَحَلِّ رَفْعٍ)'고 하고, 소유격의 역할을 할 때는 '소유격 자리에 있다(فِي مَحَلِّ جَرٍّ)'고 하며, 목적격의 역할을 할 때는 '목적격 자리에 있다(فِي مَحَلِّ نَصْبٍ)'고 표현한다.

→ 위의 *에서 지시대명사 هَذَا 와 هَذِهِ 그리고 관계대명사 اَلَّذِي 와 اَلَّتِي 의 쌍수는 격변화를 하는 격변화 명사이다. (هَذَانِ، هَاتَانِ، اَللَّذَانِ، اَللَّتَانِ) 이 책 제Ⅰ권 '지시대명사 & 의문대명사 & 관계대명사'를 보라.

** 불격변화 명사(اَلْأَسْمَاءُ الْمَبْنِيَّةُ)의 어미 모음부호에 대해

여러 가지 불격변화(مَبْنِيٌّ) 명사들의 어미 모음부호에 주목해 보자. 여러 불격변화 명사들은 그 어미에 붙은 모음부호에 따라 아래의 네 가지로 구분된다.

①	어미 모음부호가 수쿤 상태로 불격변화 하는 명사 (مَبْنِيٌّ عَلَى السُّكُونِ)	كَمْ، مَنْ، إِذْ، مَتَى، مَا، أَنَا، هَذَا، اَلَّذِي، اَلَّتِي..*
②	어미 모음부호가 파트하 모음 상태로 불격변화 하는 명사 (مَبْنِيٌّ عَلَى الْفَتْحِ)	هُوَ، هِيَ، أَنْتَ، أَيْنَ، كَيْفَ ...
③	어미 모음부호가 담마 모음 상태로 불격변화 하는 명사 (مَبْنِيٌّ عَلَى الضَّمِّ)	نَحْنُ، مُنْذُ، قَطُّ، حَيْثُ ...
④	어미 모음부호가 카스라 모음 상태로 불격변화 하는 명사 (مَبْنِيٌّ عَلَى الْكَسْرِ)	أَنْتِ، هَذِهِ، هَؤُلَاءِ، أَمْسِ ...

→ 위의 * 표에서 اَلَّذِي، أَنَا، مَا، مَتَى 등 끝자음이 ا 과 ى (알리프 막수라 اَلِفٌ مَقْصُورَةٌ) 그리고 ي 일 경우 어미 모음부호를 수쿤으로 간주하는데(مَبْنِيٌّ عَلَى السُّكُونِ), 이는 이 자리에 표기되지 않은 수쿤이 있는 것으로 보기 때문이다.

3) 문장에 사용된 명사의 기능과 격변화 도표

아래의 도표는 아랍어 문장에 사용된 명사가 그 기능에 따라 어떤 격을 갖는지를 한눈에 표시한 도표이다. 아래에서 명사가 문장에서 어떤 기능(역할)을 하는지를 먼저 보고, 각각의 기능이 어떤 격변화를 취하는지를 확인하며, 그것의 격변화 표지가 무엇인지 확인하라.

			주격 (مَرْفُوع) 표지	목적격 (مَنْصُوب) 표지	소유격 (مَجْرُور) 표지
단수		한정 명사	ـُ	ـَ	ـِ
		비한정 명사	ـٌ	ـً or ـً	ـٍ
쌍수			ـَانِ	ـَيْنِ	ـَيْنِ
복수	규칙 복수	남성 복수	ـُونَ	ـِينَ	ـِينَ
		여성 복수 한정 명사	ـَاتُ	ـَاتِ	ـَاتِ
		여성 복수 비한정 명사	ـَاتٌ	ـَاتٍ	ـَاتٍ
	불규칙 복수	한정명사	ـُ	ـَ	ـِ
		비한정 명사	ـٌ	ـً or ـً	ـٍ
명사의 기능 (문장요소에 사용된 명사들의 기능)			명사문의 주어(الْمُبْتَدَأ) 명사문의 술어(الْخَبَر) 동사문의 주어(الْفَاعِل) 수동태 문장의 주어 (نَائِبُ الْفَاعِل) 무효화 동사 문장의 주어 (إِسْمُ كَانَ) 무효화 불변사 문장의 술어 (خَبَرُ إِنَّ) 주격 자리에 온 후속어(수식어, 접속명사, 강조어, 대용어) (التَّابِعُ لِلِاسْمِ الْمَرْفُوع - النَّعْتُ، الْمَعْطُوفُ، التَّوْكِيدُ، الْبَدَلُ)	목적어(الْمَفْعُولُ بِهِ)(제1목적어) 제2목적어 (الْمَفْعُولُ بِهِ الثَّانِي) 무효화 불변사 문장의 주어(إِسْمُ إِنَّ) 무효화 동사 문장의 술어(خَبَرُ كَانَ) 시간의 부사 & 장소의 부사 (ظَرْفُ الزَّمَانِ وَظَرْفُ الْمَكَانِ) 상태목적어(الْحَال) 절대목적어(الْمَفْعُولُ الْمُطْلَق) 명시목적어(التَّمْيِيز) 이유목적어(الْمَفْعُولُ لِأَجْلِهِ) 동반목적어(الْمَفْعُولُ مَعَهُ) 호격대상(الْمُنَادَى) 감탄대상(الْمُتَعَجَّبُ مِنْهُ) 예외명사(الْمُسْتَثْنَى) 목적격 자리에 온 후속어(수식어, 접속명사, 강조어, 대용어) (التَّابِعُ لِلِاسْمِ الْمَنْصُوب - النَّعْتُ، الْمَعْطُوفُ، التَّوْكِيدُ، الْبَدَلُ)	소유격 명사(الِاسْمُ الْمَجْرُور) 후연결어(الْمُضَافُ إِلَيْهِ) 소유격 자리에 온 후속어 (수식어, 접속명사, 강조어, 대용어) (التَّابِعُ لِلِاسْمِ الْمَجْرُور - النَّعْتُ، الْمَعْطُوفُ، التَّوْكِيدُ، الْبَدَلُ)

→ 2 격 명사(مَمْنُوع مِنَ الصَّرْف)와 다섯 명사(الْأَسْمَاءُ الْخَمْسَة), 막수르(الِاسْمُ الْمَقْصُور) 명사, 만꾸스 명사(الِاسْمُ الْمَنْقُوص), 맘두드 명사(الِاسْمُ الْمَمْدُود)는 위의 격변화 표지의 예외가 되는 명사이다. 이 책 제 I 권에서 공부하도록 하라.

→ 앞으로 위의 도표에 나오는 여러가지 문장요소를 하나씩 공부해 나간다. 각 문장요소 용어의 의미와 문장에서의 기능, 그리고 그 격변화 형태를 알아가는 것이 아랍어 문법 공부의 가장 중요한 과정이라 하겠다.

2. 동사의 격변화 - 문장에 사용된 동사의 격변화 도표

동사의 경우 미완료형(الْفِعْلُ الْمُضَارِعُ)의 대부분의 인칭은 격변화(مُعْرَبٌ)를 하고, 완료형(الْفِعْلُ الْمَاضِي)에서는 격변화를 하지 않는다(مَبْنِيٌّ). 따라서 동사의 격변화는 미완료형에만 해당된다. 동사의 격변화는 미완료형 동사 앞에 오는 불변사에 따라 미완료형 동사의 어미에 붙는 모음부호나 자음이 변화하는 것을 말한다. 아랍어 동사의 격변화는 직설법(مَرْفُوعٌ)과 접속법(مَنْصُوبٌ)과 단축법(مَجْزُومٌ)이 있다. 아래에서 동사의 격변화를 يَدْرُسُ 라는 동사를 예로 사용하여 정리하고 있다. 동사들이 어떤 경우에 직설법과 접속법과 단축법의 형태를 취하는지, 그 격변화의 형태는 어떠한지를 파악하도록 하자.

			직설법 (مَرْفُوعٌ) 표지	접속법 (مَنْصُوبٌ) 표지	단축법 (مَجْزُومٌ) 표지
인칭대명사가 هُوَ, هِيَ, أَنَا, أَنْتَ, نَحْنُ 일 경우	هُوَ	그는	يَدْرُسُ	يَدْرُسَ	يَدْرُسْ
	هِيَ	그녀는	تَدْرُسُ	تَدْرُسَ	تَدْرُسْ
	أَنْتَ	당신은	تَدْرُسُ	تَدْرُسَ	تَدْرُسْ
	أَنَا	나는	أَدْرُسُ	أَدْرُسَ	أَدْرُسْ
	نَحْنُ	우리는	نَدْرُسُ	نَدْرُسَ	نَدْرُسْ
			법표지 – 담마 (عَلَامَةُ الرَّفْعِ – الضَّمَّةُ)	법표지 – 파트하 (عَلَامَةُ النَّصْبِ – الْفَتْحَةُ)	법표지 – 수쿤, 말약동사의 경우 약자음 탈락 (عَلَامَةُ الْجَزْمِ – السُّكُونُ، لِلْفِعْلِ النَّاقِصِ – حَذْفُ حَرْفِ الْعِلَّةِ)
인칭대명사가 هُمَا, هُمْ, أَنْتِ, أَنْتُمَا, أَنْتُمْ 일 경우 (다섯 동사 الْأَفْعَالُ الْخَمْسَةُ 의 경우)	هُمَا	그들 둘은	يَدْرُسَانِ	يَدْرُسَا	يَدْرُسَا
			تَدْرُسَانِ	تَدْرُسَا	تَدْرُسَا
	هُمْ	그들은	يَدْرُسُونَ	يَدْرُسُوا *	يَدْرُسُوا *
	أَنْتِ	당신은(f.)	تَدْرُسِينَ	تَدْرُسِي	تَدْرُسِي
	أَنْتُمَا	당신 둘은	تَدْرُسَانِ	تَدْرُسَا	تَدْرُسَا
	أَنْتُمْ	당신들은	تَدْرُسُونَ	تَدْرُسُوا *	تَدْرُسُوا *
			법표지 – ن 붙음 (عَلَامَةُ الرَّفْعِ – ثُبُوتُ "ن")	법표지 – ن 탈락 (عَلَامَةُ النَّصْبِ – حَذْفُ "ن")	법표지 – ن 탈락 (عَلَامَةُ الْجَزْمِ – حَذْفُ "ن")
사용되는 경우			현재 시제와 현재 부정 시제를 나타내는 미완료 동사에 사용됨	아래의 불변사 뒤에 오는 미완료형 동사에 사용됨 · 미래부정 لَنْ · 풀어쓴 동명사 أَنْ لِـ، كَيْ، لِكَيْ، حَتَّى فَـ، إِذَنْ، لِـ	아래의 불변사 뒤에 오는 미완료형 동사에 사용됨 · 과거부정 لَمْ · 부정명령 ("لَا" النَّاهِيَةُ) لَا · 간접명령 (لَامُ الْأَمْرِ) لِـ · 조건 불변사 (حَرْفُ الشَّرْطِ) إِنْ

종합 아랍어 문법 II

→ 앞 페이지의 أَنْتُمَا, أَنْتُمْ, هُمَا, هُمْ, أَنْتِ 인칭에 사용되는 동사를 '다섯 동사'(الأَفْعَالُ الْخَمْسَةُ)라 한다.
→ 앞 페이지에서 * 표는 접속법과 단축법의 أَنْتُمْ 과 هُمْ 에 해당되는 경우이다. 이 경우 동사에는 ن 이 생략된 뒤 ا 이 붙는다. (الأَلِفُ الْفَارِقَةُ)

** 문장에서의 동사의 격변화의 예들

1. 직설법(مَرْفُوع) 격변화 예들

나는 학교에 간다. (현재시제)	أَذْهَبُ إِلَى الْمَدْرَسَةِ.
그들(m.)은 지금 교실 밖으로 나가지 않는다. (현재부정)	لَا يَخْرُجُونَ مِنَ الْفَصْلِ الآنَ.

1. 접속법(مَنْصُوب) 격변화 예들

나는 바다에 가지 않을 것이다. (미래부정)	لَنْ أَذْهَبَ إِلَى الْبَحْرِ.
나는 노래하는 것을 아주 좋아한다. (غَنَّى/يُغَنِّي) (풀어쓴 동명사를 이끎)	أُحِبُّ أَنْ أُغَنِّيَ كَثِيرًا.
그들은 행복하게 살기위해 열심히 노력한다. (목적을 나타냄) (اِجْتَهَدَ/يَجْتَهِدُ)	يَجْتَهِدُونَ لِيَعِيشُوا سُعَدَاءَ.

2. 단축법(مَجْزُوم) 격변화 예들

나는 어떤 것도 훔치지 않았다. (과거부정)	لَمْ أَسْرِقْ أَيَّ شَيْءٍ.
너희들(m.)은 지금 교실 밖으로 나가지 마라. (부정명령)	لَا تَخْرُجُوا مِنَ الْفَصْلِ الآنَ.
애들아, 우리 영화관에 가자. (간접명령)(제안)	يَا أَوْلَادُ، لِنَذْهَبْ إِلَى السِّينِمَا.

→ 동사의 격변화에 대해서는 이 책 제 I 권 '동사의 격변화 – 동사의 서법 변화'에서 공부하라.

** 아래는 인칭대명사가 هُنَّ 와 أَنْتُنَّ 인 경우의 동사의 변화이다. 앞의 격변화와 달리 불격변화(مَبْنِي)이다.

인칭대명사가 هُنَّ, أَنْتُنَّ 인 경우 (불격변화)(مَبْنِي)이다			
	직설법(مَرْفُوع)	접속법(مَنْصُوب)	단축법(مَجْزُوم)
인칭대 명사가 هُنَّ, أَنْتُنَّ 인 경우	هُنَّ يَدْرُسْنَ	يَدْرُسْنَ	يَدْرُسْنَ
	أَنْتُنَّ تَدْرُسْنَ	تَدْرُسْنَ	تَدْرُسْنَ
	직설법과 접속법과 단축법에서 격변화 모양이 동일하다. 그래서 불격변화(مَبْنِي)이다.		

→ 동사의 인칭변화(تَصْرِيفُ الْفِعْلِ)와 동사의 격변화(إِعْرَابُ الْفِعْلِ)를 구분하자. 동사의 인칭변화는 주어의 인칭에 따라 동사의 어두 혹은 어미가 변화하는 것으로 동사의 완료형과 미완료형 모두 인칭변화가 있다. 이에비해 동사의 격변화(إِعْرَابُ الْفِعْلِ)는 미완료형 동사 앞에 오는 불변사에 따라 미완료형 동사의 어미에 붙는 모음부호나 자음이 변화하는 것을 말한다. 미완료형 동사는 أَنْتُنَّ 와 هُنَّ 를 제외한 모든 인칭에서 격변화(مُعْرَب)하지만 완료형 동사는 모든 인칭에서 불격변화(مَبْنِي)이다.

제 2 과 명사문(الْجُمْلَةُ الاسْمِيَّةُ)에 대해

1. 주어(الْمُبْتَدَأُ) 부분의 여러가지 형태
2. 술어(الْخَبَرُ) 부분의 여러가지 형태
3. 비한정 명사(نَكِرَةٌ)가 주어(الْمُبْتَدَأُ)로 사용되는 명사문
4. 주어와 술어 둘 다 한정명사(الْمُبْتَدَأُ وَالْخَبَرُ مَعْرِفَتَانِ)를 사용하는 경우
5. 명사문의 문장 순서(تَرْتِيبُ الْجُمْلَةِ)

제 2과 명사문(الجُمْلَةُ الاسْمِيَّةُ)에 대해

아랍어 문장의 종류는 크게 두 가지이다. 명사문(الجُمْلَةُ الاسْمِيَّةُ)과 동사문(الجُمْلَةُ الفِعْلِيَّةُ)이 그것이다. 간단히 말해 명사문은 명사로 시작되는 문장이고 동사문은 동사로 시작되는 문장이다.

명사문은 주어(مُبْتَدَأٌ)와 술어(خَبَرٌ)로 구성되어 있다. 따라서 명사문을 정의하면 '주어(مُبْتَدَأٌ)와 술어(خَبَرٌ)로 구성된 문장'이라 할 수 있다.

우리는 명사문의 기본적인 내용을 제 I 권에서 공부하였다. 여기서는 주어 부분의 여러 가지 형태, 술어 부분의 여러 가지 형태, 비한정 명사가 주어로 사용되는 명사문, 주어와 술어 둘 다 한정명사가 오는 명사문, 그리고 명사문의 문장순서에 대해 심화학습을 하고자 한다.

명사문의 구성요건

A. 주어(مُبْتَدَأٌ) – 화자가 정의하거나 설명하고자 하는 단어

B. 술어(خَبَرٌ) – 주어로 사용된 명사를 정의하거나 설명하는 내용

주어와 술어는 성(性)·수(數)·격(格)의 일치를 이루며, 둘 다 항상 주격을 취한다.

명사문(الجُمْلَةُ الاسْمِيَّةُ)	← 술어(الخَبَرُ) + 주어(الْمُبْتَدَأُ) ←
	B A
	의미 : A는 B이다.
그 소년은 똑똑하다.	الصَّبِيُّ ذَكِيٌّ. b + a
그 소녀는 아름답다.	الصَّبِيَّةُ جَمِيلَةٌ. b + a
	a – 주어(الْمُبْتَدَأُ) b – 술어(الْخَبَرُ)

→ 주어(مُبْتَدَأٌ)와 술어(خَبَرٌ) 부분에 한 단어 이상 사용되거나 문장이 사용될 경우 각각을 '주부'와 '술부'라 칭할 수도 있다. 그럴 경우 명사문은 주부와 술부로 구성된 문장이라 할 수도 있다.

1. 주어(مُبْتَدَأٌ) 부분의 여러 가지 형태

명사문의 주어(مُبْتَدَأٌ)는 화자가 정의하거나 설명하고자 하는 단어를 말한다. 주어 부분에는 대개 한정형태의 명사가 사용되지만 비한정형태의 명사가 허용되는 경우도 있다. 또한 주어 부분은 명사 한 단어로 구성될 수도 있고 두 단어 이상의 조합형 즉 구(句)로 구성될 수도 있으며, 문장으로 구성될 수도 있다.

우리는 이 책 제 I 권의 '아랍어의 기본적인 문장에 대해' 부분에서 명사문에 사용된 주어의 기본적인 형태를 공부하였다. 즉 주어 부분에 ال이 붙은 보통명사, 고유명사, 인칭대명사, 지시대명사 등이 올 수 있다고 배웠다. 이 경우들은 모두 주어가 한정형태의 명사 한 단어(كَلِمَةٌ)로 구성된 경우들이다. 여기서는 주어 부분에 한정형태로 사용된 두 단어 이상의 조합형이 오거나, 주어 부분에 문장이 오는 경우를 공부하도록 한다.

1) 주어 부분에 '보통명사 + 수식어' 조합이 온 경우

주어 부분에 '명사 + 수식어' 형태가 왔다.

그 깨끗한 집은 아름답다.	البَيْتُ النَّظِيفُ جَمِيلٌ. 술어 + 주어
그 새로운 자동차는 비싸다.	السَّيَّارَةُ الْجَدِيدَةُ غَالِيَةٌ.
그 키 큰 남자는 부지런하다.	الرَّجُلُ الطَّوِيلُ مُجْتَهِدٌ.
그 (피부가) 하얀 여자는 매력적이다.	الْمَرْأَةُ الْبَيْضَاءُ جَذَّابَةٌ.
그 똑똑한 두 학생은 우등생들이다.	الطَّالِبَانِ الذَّكِيَّانِ مُتَفَوِّقَانِ.
그 부지런한 노동자들은 숙련되어 있다(skillful). (عَامِلٌ/عُمَّالٌ)	الْعُمَّالُ الْمُجْتَهِدُونَ بَارِعُونَ.

→ 위의 빨간색 표시 단어들은 형용사들로서 명사를 수식하는 역할을 하기에 수식어(نَعْتٌ)라 한다. 이러한 수식어는 피수식 명사(مَنْعُوتٌ)(파란색 표시)와 성과 수와 격, 그리고 한정형태의 일치를 이루어야 한다.

→ 위에서 수식어로 사용된 단어들은 의미적으로 형용사(صِفَةٌ)이다. 우리는 이 책 제I권에서 형용사로 사용될 수 있는 단어는 연고형용사(النَّسَبُ), 유사형용사(الصِّفَةُ الْمُشَبَّهَةُ), 과장형용사(صِيغَةُ الْمُبَالَغَةِ), 능동분사(اسْمُ الْفَاعِلِ), 수동분사(اسْمُ الْمَفْعُولِ)가 있는 것을 배웠다. 이 단어들은 품사적으로 명사(اسْمٌ)이며, 구문론에서 수식어로 사용될 때는 نَعْتٌ라 한다. → 위 문장들의 주어(مُبْتَدَأٌ)를 엄밀하게 말하면 '보통명사 + 수식어' 두 단어가 아니라 수식어 앞에 있는 보통명사 한 단어이다. 그 뒤의 단어는 수식어(نَعْتٌ)이다. 이 경우 '보통명사 + 수식어' 전체가 주어 부분에 있다고 이해하면 된다. 아래의 연결형이나 대용어 구(句)가 주어로 사용된 문장도 마찬가지 원리이다.

2) 주어 부분에 연결형(الْإِضَافَةُ)이 온 경우

연결형(الْإِضَافَةُ)이란 두 명사가 조합되어 뒤의 명사가 앞의 명사를 소유 등의 의미로 제한하는 경우를 말한다. 아래 문장에서 주어 부분에 사용된 연결형을 확인하고, 연결형의 구체적인 내용에 대해서는 이 책 제I권과 제II권의 '연결형에 대해' 부분에서 공부하라.

그 집의 (그) 방은 작다.	غُرْفَةُ الْبَيْتِ صَغِيرَةٌ. 술어 + 주어
그 선생님의 (그) 자동차는 비싸다.	سَيَّارَةُ الْمُدَرِّسِ غَالِيَةٌ.
그 학생의 (그) 책은 그 책상 위에 있다.	كِتَابُ الطَّالِبِ عَلَى الْمَكْتَبِ.
그 사업가는 솜씨가 좋다.	رَجُلُ الْأَعْمَالِ مَاهِرٌ.
그 학교의 (그) 학생들은 똑똑하다. (ذَكِيٌّ/أَذْكِيَاءُ 2격 명사)	طُلَّابُ الْمَدْرَسَةِ أَذْكِيَاءُ.

→ 아랍어 문법에서 위 문장들의 주어(مُبْتَدَأٌ)는 엄밀하게 말해 전연결어 한 단어이다. 즉 이 문장을 분해할 때 연결형의 전연결어만 주어(مُبْتَدَأٌ)라 하고 그 뒤에 온 단어는 후연결어(مُضَافٌ إِلَيْهِ)라 한다.

3) 주어 부분에 대용어(الْبَدَل) 구(句)가 온 경우

대용어(الْبَدَل) 구(句)는 지시대명사 뒤에 الـ 가 붙은 보통명사가 오는 경우(즉 지시대명사 + الـ 한정명사의 조합), 혹은 지위나 호칭을 나타내는 한정명사(الـ이 붙음) 이후에 고유명사(사람이나 사물의 이름)가 오는 경우로서 '호칭 + 이름'이나 '직위 + 이름'의 조합을 말한다. (자세한 내용은 '후속어(التَّوَابِع) II - 대용어(الْبَدَل)에 대해'를 보라.) 명사문의 주어 부분에 이 대용어 구(句)가 올 수 있다.

이 시(poetry)는 아름답다. (지시대명사 هذَا + 한정명사 الشِّعْرُ)	هذَا الشِّعْرُ جَمِيلٌ. 술어 + 주어
이 자동차는 빠르다.	هذِهِ السَّيَّارَةُ سَرِيعَةٌ.
이 사람들은 겸손하다.	هؤُلاَءِ النَّاسُ مُتَوَاضِعُونَ.
싸미르 교수는 노련하다.	الأُسْتَاذُ سَمِيرٌ مَاهِرٌ.
내 아들 무함마드는 마음씨가 좋다.	ابْنِي مُحَمَّدٌ طَيِّبٌ.
무바락 대통령은 이집트의 통치자이다.	الرَّئِيسُ مُبَارَكٌ حَاكِمٌ فِي مِصْرَ.

➔ 위의 첫 세 문장은 '지시대명사 + الـ 한정명사'의 대용어 구이고, 나중 세 문장은 '호칭(혹은 지위) + 이름'의 대용어 구이다. ➔ 아랍어 문법에서 위 문장들의 주어(مُبْتَدَأ)는 엄밀하게 말해 대용어 구(句)의 두 단어 가운데 앞 단어이다. 뒤의 단어는 대용어(بَدَل)로 분해한다. '피대용어 + 대용어' 전체가 주어 부분에 있다고 이해하면 된다.

4) 주어 부분에 '명사 + 유사문장(شِبْهَ الْجُمْلَة)' 조합이 온 경우

유사문장은 전치사 뒤에 명사(소유격 명사)가 오든지, 부사 뒤에 명사(후연결어)가 와서 명사문과 유사한 문장이 될 때를 말한다. 아래에서 주어 부분에 사용된 유사문장(빨간색 표시)을 확인하라. 유사문장에 대해서는 이 책 제 I 권의 '아랍어의 기본적인 문장에 대해' 부분에서 공부하였다.

그 교실에 있는 그 학생은 똑똑하다.	الطَّالِبُ فِي الْفَصْلِ ذَكِيٌّ. 술어 + 주어
그 회사에 있는 그 사장(director)은 부자이다.	الْمُدِيرُ بِالشَّرِكَةِ غَنِيٌّ.
그 책상위에 있는 그 펜들은 일을 하는데 유용하다.	الأَقْلاَمُ عَلَى الْمَكْتَبِ مُفِيدَةٌ لِلْعَمَلِ.
그녀가 가지고 있는 그 돈들은 많다.	النُّقُودُ مَعَهَا كَثِيرَةٌ.*
그 집 앞에 있는 그 자동차는 새것이다.	السَّيَّارَةُ أَمَامَ الْمَنْزِلِ جَدِيدَةٌ.
내 친구 집에 있는 그 텔레비전은 아주 비싸다. (عِنْدَ 는 장소의 부사이다)	التِّلْفَازُ عِنْدَ صَدِيقِي غَالٍ جِدًّا.

➔ 위의 첫 세 문장은 전치사가 이끄는 유사문장이며, 나중의 세 문장은 부사가 이끄는 유사문장이다.
➔ 위의 유사문장들은 상태를 묘사하는 상태구(الْحَالُ شِبْهَ الْجُمْلَة)이다. 이 책 '상태목적어, 상태구, 상태절'을 보라.
➔ * 문장에 사용된 مَعَ 는 부사이다. 일반적으로 아랍어 문법에서 مَعَ 를 부사로 취급한다.
➔ 아랍어 문법에서 위 문장들의 주어(مُبْتَدَأ)는 엄밀하게 말해 유사문장 앞의 명사 한 단어이다. 그 뒤에 유사문장이 왔다. '명사 + 유사문장' 전체가 주어 부분에 있다고 이해하면 된다.

5) 주어 부분에 문장이 온 경우

다음은 주어 부분에 단어나 구(句)가 온 것이 아니라 절(節, 문장)이 온 경우이다.

(1) 주어 부분에 풀어쓴 동명사(اَلْمَصْدَرُ الْمُؤَوَّل)가 오는 경우

풀어쓴 동명사(اَلْمَصْدَرُ الْمُؤَوَّل)는 동명사를 풀어서 문장으로 만든 것으로 영어의 that 절과 비슷한 경우라 하겠다. 아래에서는 풀어쓴 동명사 أَنْ 과 مَا 가 사용되었다. 자세한 내용은 이 책 제Ⅱ권 '풀어쓴 동명사에 대해' 부분에서 공부할 수 있다.

내가 일하는 것은 쉽다.	أَنْ أَعْمَلَ سَهْلٌ. 술어 + 주어
당신이 사람들을 사랑하는 것은 아름답다.	أَنْ تُحِبَّ النَّاسَ جَمِيلٌ.
당신이 많이 읽는 것은 중요하다.	أَنْ تَقْرَأَ كَثِيرًا مُهِمٌّ.
당신이 말하는 것은 어렵다.	مَا تَقُولُ صَعْبٌ.

(2) 주어 부분에 인용문(اِسْمٌ مَبْنِيٌّ عَلَى الْحِكَايَة)이 오는 경우

"하늘에 계신 우리 아버지"는 기도이다. (이 인용구는 성경의 주기도문 구절이다.)	"أَبَانَا الَّذِي فِي السَّمَاوَاتِ" صَلَاةٌ. 술어 + 주어
"يَدْرُسُ"는 동사이다.	"يَدْرُسُ" فِعْلٌ.

** 한편 주어 부분에 오는 인용문은 항상 문장만 오는 것이 아니라 인용구(句)도 올 수 있다. 아래와 같이 사람 이름, 책의 제목 등이 주어로 오는 경우도 같은 형태로 본다.

나집 마흐푸즈는 유명한 작가이다.	نَجِيب مَحْفُوظ كَاتِبٌ مَشْهُورٌ.
천일야화는 흥미로운 책이다.	أَلْف لَيْلَة وَلَيْلَة كِتَابٌ مُمْتِعٌ.

→ 인용구(اِسْمٌ مَبْنِيٌّ عَلَى الْحِكَايَة)를 표기할 때는 어미 자음에 타쉬킬 표기를 하지 않는다. 타쉬킬을 표기하게 되면 일반 고유명사가 된다.

** 주어 부분에 관계대명사 절이 오는 경우

다음은 '관계대명사 + 관계종속절'이 주어(مُبْتَدَأ) 부분에 온 경우이다. 문장을 쉽게 이해하기 위해 '관계대명사 + 관계종속절'을 주어라고 말할 수 있으나, 아랍어 문장 분해에서는 الَّذِي 한 단어만을 명사문의 주어(مُبْتَدَأ)라고 하며, 그 뒤에 따라 붙는 문장(혹은 유사문장)을 관계종속절이라 한다.

책상 위에 있는 것이 내 책이다.	الَّذِي عَلَى الْمَكْتَبِ كِتَابِي. 술어 + 관계종속절 + 주어
나를 사랑하는 자는 내 아버지가 그를 사랑한다.(성경)	الَّذِي يُحِبُّنِي يُحِبُّهُ أَبِي.

2. 술어(الْخَبَر) 부분의 여러가지 형태

명사문에서 술어(خَبَر)는 주어로 사용된 명사를 정의하거나 설명하기 위해 사용된 것이다. 명사문의 술어 부분에는 아랍어 문장의 구성요소에 따라 단어(كَلِمَة)가 오거나, 유사문장(شِبْهُ الْجُمْلَة)이 오거나, 혹은 문장(الْجُمْلَة, 즉 절(節))이 올 수 있다.

1) 술어 부분에 단어(كَلِمَة)가 오는 형태

술어 부분에 단어(كَلِمَة)가 온 경우는 술어에 명사(اسْم)가 온 경우이다. 즉 술어에 보통명사나 고유명사가 올 수도 있고, 형용사적인 의미를 가지고 있는 능동분사, 수동분사, 유사형용사, 과장형용사, 연고형용사가 올 수도 있다. 또한 술어 부분에 온 명사는 그 뒤에 수식어를 취할 수도 있고 연결형 조합이 되어 그 뒤에 후연결어를 취할 수도 있다. 또한 술어 부분에 불격변화 명사(مَبْنِيّ)인 관계대명사가 올 수도 있으며, 술어가 한 개 이상 올 수도 있다.

술어 부분에 단어가 오는 경우 비한정 형태가 많이 사용되지만 한정형태도 사용된다. 이 때 비한정 형태가 오면 부정관사적인 의미(a, an)가 되고, 한정형태가 오면 대개 정관사적인 의미(the)가 된다.

(1) 술어 부분에 명사 한 단어가 오는 경우

싸미르는 학생이다. (Samir is a student.) (술어에 보통명사가 왔다.)	سَمِيرٌ طَالِبٌ.
이 사람은 사미라이다. (This is Samira.) (술어에 سَمِيرَة 는 고유명사이며, 2격명사)	هَذِهِ سَمِيرَةُ.
모나는 간호사이다. (술어에 보통명사가 왔다.)	مُنَى مُمَرِّضَةٌ.
그 선생님은 부지런하다. (The teacher is diligent.)(مُجْتَهِد) - 능동분사)	الْمُدَرِّسُ مُجْتَهِدٌ.
그 젊은 여자는 똑똑하다. (The young woman is intelligent.) (ذَكِيّ – 유사형용사)	الْفَتَاةُ ذَكِيَّةٌ.
그 두 소년은 게으르다. (كَسُول – 과장형용사)	الْوَلَدَانِ كَسُولَانِ.

→ 위의 주어와 술어는 성과 수, 그리고 격에서 일치해야 한다. 격은 주어와 술어 모두 주격(مَرْفُوع)이다.

→ 위의 나중 세 문장에는 술어 부분에 형용사(صِفَة)가 왔다. 아랍어에서 형용사는 위에서처럼 능동분사(اسْمُ الْفَاعِل), 유사형용사(الصِّفَةُ الْمُشَبَّهَة), 과장형용사(صِيغَةُ الْمُبَالَغَة), 연고형용사(النَّسَب), 그리고 수동분사(اسْمُ الْمَفْعُول)가 있다. 이런 단어들의 의미는 형용사적인 의미이지만 그 품사는 명사(اسْم)인 것을 이 책 제 I 권에서 공부하였다.

** 아래의 문장과 비교하라.

아래는 술어에 한정명사가 온 경우이다. 주어와 술어에 한정명사가 올 경우 대개 주어와 술어 사이에 분리의 인칭대명사(ضَمِير الْفَصْل)를 사용한다. 분리의 인칭대명사는 문장에서 주어와 술어의 구분이 모호한 문장에서 주어와 술어의 구분을 명확히 하기 위해 중간에 추가하는 인칭대명사를 말한다. 분리의 인칭대명사에 대해서는 이 책 제 I 권의 '인칭대명사' 부분에서 공부하였다.

싸미르가 (바로) 그 학생이다. (Samir is the student.)	سَمِيرٌ هُوَ الطَّالِبُ.
이것이 (바로) 그 그림이다. (This is the picture.)	هَذِهِ هِيَ الصُّورَةُ.

제2과 명사문에 대해

(2) 술어 부분에 '보통명사 + 수식어(نَعْت)' 조합이 오는 경우

이것은 좋은 음식이다. (This is a good food.)	هَذَا طَعَامٌ جَيِّدٌ. 술어 + 주어	
모나는 새로운 여학생이다. (Mona is a new student.)	مُنَى طَالِبَةٌ جَدِيدَةٌ.	

→ 위 문장을 분해할 때 술어는 보통명사 한 단어(빨간색 단어)이다. 그 뒤 글자(파란색)는 술어로 사용된 명사를 수식하는 수식어(نَعْت)이다. (이해를 쉽게 하기 위해 '보통명사 + 수식어' 전체를 술어로 표기했다.)

→ 수식어(파란색)는 피수식 명사(مَنْعُوت)(빨간색)와 성과 수, 그리고 격의 일치를 이루어야 한다.

다른 예들

그녀는 아름다운 선생님이다. (앞의 피수식 명사가 여성이기에 수식하는 수식어도 여성)	هِيَ مُدَرِّسَةٌ جَمِيلَةٌ.
이집트는 위대한 나라이다.	مِصْرُ دَوْلَةٌ عَظِيمَةٌ.
싸미르는 근면하고 활동적인 학생이다. (명사를 수식하는 수식어가 2개 이상 오는 것도 가능하다)	سَمِيرٌ طَالِبٌ مُجْتَهِدٌ نَشِيطٌ.

** 아래의 두 문장을 비교하라.

이것은 좋은 음식이다. (This is a good food.)	هَذَا طَعَامٌ جَيِّدٌ. 술어 + 주어
이 음식은 좋다. (This food is good.)	هَذَا الطَّعَامُ جَيِّدٌ. 술어 + 주어

→ 위의 첫 번째 문장에서 طَعَامٌ이 술어이며, جَيِّدٌ는 طَعَامٌ를 수식하는 수식어(نَعْت)이다.

→ 위의 두 번째 문장의 주어는 '지시대명사 + 한정명사' 대용어(الْبَدَل) 구 조합이다. 이 책 '후속어(التَّوَابِع) Ⅱ - 대용어(الْبَدَل)에 대해' 부분에서 공부하라.

** 아래의 두 문장을 비교하라.

이것은 좋은 음식이다. (This is a good food.)	هَذَا طَعَامٌ جَيِّدٌ. 술어 + 주어
이것이 그 좋은 음식이다. (This is the good food.)	هَذَا هُوَ الطَّعَامُ الْجَيِّدُ. 술어 + 분리의 인칭대명사 + 주어

→ 위의 첫 번째 문장은 술어가 비한정 형태이고, 두 번째 문장은 술어가 한정형태이다. 일반적으로 술어가 비한정 명사인 경우 부정관사의 의미(a, an)로 해석을 하고, 술어가 한정명사인 경우 정관사의 의미(the)로 해석한다. 명사문의 술어는 비한정 형태로 사용되는 경우도 많지만 이와같이 의미상 한정형태가 필요한 경우 한정형태를 사용한다. 이럴 경우 분리의 인칭대명사를 사용해 준다.

술어가 한정형태의 문장에 대해서는 '주어와 술어 둘 다 한정명사를 사용하는 경우'에서 자세하게 공부한다.

(3) 술어 부분에 연결형(الْإِضَافَة)이 오는 경우

그는 그 센터의 원장이다. (He is the director of the center)	هُوَ مُدِيرُ الْمَرْكَزِ. 술어 + 주어
그 학생은 그 선생의 친구이다. (The student is the friend of the teacher.)	الطَّالِبُ صَدِيقُ الْمُدَرِّسِ.

→ 위 두 문장을 분해할 때 술어는 연결형의 전연결어(مُضَاف)인 مُدِير 와 صَدِيق 한 단어이다. 그 뒤의 단어는 후연결어(مُضَاف إِلَيْهِ)이다. (편의상 연결형 전체를 술어로 표기했다.)

→ 이 예문들에 사용된 연결형이 한정형태의 연결형이므로 주어와 술어가 모두 한정형태인 문장이다. 주어와 술어가 한정형태인 문장에 대해서는 곧 공부하게 된다.

다른 예문들

너희들은 세상의 빛이다. (You are the light of the world.)	أَنْتُمْ نُورُ الْعَالَمِ.
그는 공화국 대통령이다. (He is the president of the republic.)	هُوَ رَئِيسُ الْجُمْهُورِيَّةِ.
진리는 우리의 친구이다. (The truth is our friend.)	الْحَقُّ صَدِيقُنَا.
이것은 그 한국인 의사의 자동차이다. (This is the car of the Korean doctor.)	هَذِهِ سَيَّارَةُ الدُّكْتُورِ الْكُورِيِّ.

→ 세 번째 문장의 صَدِيقُنَا 는 소유격 접미인칭대명사가 후연결어로 붙은 경우이다.

→ 네 번째 문장의 الْكُورِيِّ 는 그 앞의 الدُّكْتُور 를 수식하는 수식어이다.

(4) 술어 부분에 관계대명사(불격변화 명사 اسْمٌ مَبْنِيٌّ)가 오는 경우

지금까지 술어로 사용된 단어들은 모두 격변화를 일으키는 격변화 명사(اسْمٌ مُعْرَبٌ)이었다. 다음은 술어 부분에 관계대명사가 온 문장의 형태이다. 관계대명사는 불격변화 명사(اسْمٌ مَبْنِيٌّ)이다.

그가 내 음식을 먹은 (그)자이다.	هُوَ الَّذِي أَكَلَ طَعَامِي. 관계종속절 + 술어 + 주어
그녀는 내가 사랑한 (그) 사람이다.	هِيَ الَّتِي أَحْبَبْتُهَا.
당신이 나를 도와주고 있는 사람이다.	أَنْتَ مَنْ تُسَاعِدُنِي. (أَوْ يُسَاعِدُنِي)
이것이 우리가 요청했던 (그)것이다.	هَذَا مَا طَلَبْنَاهُ.

→ 위에서 '관계대명사 + 관계종속절' 전체를 술어라 할 수도 있다. 그렇게 볼 경우 술어 부분에 문장이 오는 명사문 형태라고 말할 수 있다. 그러나 아랍어 문법에서 위의 문장을 분해할때 관계대명사 한 단어만을 술어(خَبَر)라 하고, 그 뒤의 문장은 관계종속절(جُمْلَةُ الصِّلَةِ)이라 한다.

→ 위의 관계대명사 문장들은 관계대명사의 명사적 용법으로 사용된 경우이다.

→ 이 책 '관계대명사와 수식절에 대해' 를 보라.

(5) 술어가 여러 개인 경우

다음과 같이 한 문장에 여러개의 술어를 사용할 수도 있다.

석류는 달고 시다.	الرُّمَّانُ حُلْوٌ حَامِضٌ.
	제2술어 + 제1술어 + 주어
나일강은 관대하고 충성스러우며 선으로 가득차있다. (술어가 3개인 경우)	النِّيلُ سَخِيٌّ وَفِيٌّ فَيَّاضٌ بِالْخَيْرِ.
내 학교는 깨끗하고 아름답고 개발되어 있다.	مَدْرَسَتِي نَظِيفَةٌ جَمِيلَةٌ مُتَطَوِّرَةٌ.
내 형(남동생)은 경건하고 하나님을 사랑한다.	أَخِي تَقِيٌّ مُحِبٌّ لِله.

위의 문장을 다음과 같이 대등관계 접속사 وَ 로 연결할 경우 그 의미가 동일하게 된다. 그러나 이 경우 وَ 이후의 단어는 더 이상 술어가 되지 않고 대등접속사 뒤에 온 접속명사(اسْمٌ مَعْطُوفٌ)가 된다.

석류는 달고 시다.	الرُّمَّانُ حُلْوٌ وَحَامِضٌ.
나일강은 관대하고 충성스러우며 선으로 가득차있다.	النِّيلُ سَخِيٌّ وَوَفِيٌّ وَفَيَّاضٌ بِالْخَيْرِ.

→ 접속명사에 대한 자세한 내용은 이 책 제Ⅱ권 '후속어 Ⅳ – 접속명사와 대등접속사에 대해'를 보라.

** 아래 문장의 경우 술어로 사용된 명사 뒤에 수식어가 여러 개 온 문장으로 위의 문장들과는 구별된다.

싸미르는 근면하고 활동적인 학생이다. (명사 طَالِبٌ 을 수식하는 수식어가 2개 왔다.)	سَمِيرٌ طَالِبٌ مُجْتَهِدٌ نَشِيطٌ.

2) 술어 부분에 유사문장(شِبْهُ الْجُمْلَةِ)이 오는 형태

유사문장(شِبْهُ الْجُمْلَةِ)은 문장과 비슷하지만 문장은 아니라는 의미에서 붙여진 이름이다. 유사문장에는 두 가지 종류가 있는데 먼저는 '전치사(حَرْفُ الْجَرِّ) + 소유격 명사(الاِسْمُ الْمَجْرُورُ)'의 조합이 그것이고, 두번째는 '시간의 부사나(ظَرْفُ الزَّمَانِ) 장소의 부사(ظَرْفُ الْمَكَانِ) + 후연결어(الْمُضَافُ إِلَيْهِ)'의 조합이 그것이다.

(1) 유사문장(شِبْهُ الْجُمْلَةِ)이 전치사 구(전치사 + 소유격 명사)로 구성된 문장

술어로 사용된 유사문장이 '전치사 + 소유격 명사'의 전치사구로 구성된 문장이다.

우리는 (그) 집에 있다.	نَحْنُ فِي الْبَيْتِ. 술어 + 주어
그 책은 그 책상 위에 있다.	الْكِتَابُ عَلَى الْمَكْتَبِ.
그 선물은 내 친구를 위한 것이다.	الْهَدِيَّةُ لِصَدِيقِي.
그 테러가 미국 중심부에서 있다(있었다). (혹은 미국 중심부에서 있은 그 테러, 신문제목일 경우)	الْإِرْهَابُ فِي عُمْقِ الْوِلَايَاتِ الْمُتَّحِدَةِ.

→ 전치사 뒤에 오는 명사를 소유격 명사(اِسْمٌ مَجْرُورٌ)라 하며 항상 소유격을 취한다. 위 문장들에서 전치사 뒤에 사용된 명사들에 카스라(الْكَسْرَةُ) 모음 (ِ) 즉 'i' 모음이 찍힌 것을 확인하라.

** 아래의 세 문장을 비교하라.

그 학생이 (그) 교실에 있다. (The boy is in the class.) (명사문)	الطَّالِبُ فِي الْفَصْلِ.
(그) 교실에 있는 한 학생 (A boy in the class) (명사구)	طَالِبٌ فِي الْفَصْلِ
(그) 교실에 한 학생이 있다.(There is a boy in the class.)(유사문장인 술어가 주어 앞에 온 명사문)	فِي الْفَصْلِ طَالِبٌ. 주어 + 술어

(그) 테러가 미국에서 있다(있었다) (The terror is in the United States.) 혹은 미국 중심부에서 있은 그 테러(신문 제목일 경우)	الْإِرْهَابُ فِي الْوِلَايَاتِ الْمُتَّحِدَةِ.*
명사문. 여기서 테러는 일반적인 테러이거나 화자나 청자가 지정하는 특정한 테러.	
미국에서의 한 테러 (A Terror in the United States)	إِرْهَابٌ فِي الْوِلَايَاتِ الْمُتَّحِدَةِ
명사구. 여기서 발생한 테러는 아직 사람들이 모르는 불특정한 테러. 새로운 테러가 발생했을 때의 신문제목	
미국에서 한 테러가 있다. (There is a terror in the United States.)	فِي الْوِلَايَاتِ الْمُتَّحِدَةِ إِرْهَابٌ.
유사문장인 술어가 주어 앞에 온 명사문. 여기서의 테러도 사람들이 모르는 불특정한 테러	

→술어가 주어보다 먼저오는 명사문('술어 + 주어'의 순서)에 대해서는 곧 공부하게 된다.

→ * 표 문장은 구조상 명사문이 될 수 있지만 신문 기사제목으로 사용될 경우 구(句)로 해석되는 경향이 있다.

** 다음 문장을 비교하라.

①	나의 가방 안에 있는 책들(books in my suitcase)	كُتُبٌ فِي حَقِيبَتِي
②	그 책들은 나의 가방 안에 있다. (문장)	الْكُتُبُ فِي حَقِيبَتِي. 술어 + 주어
③	나의 가방 안에 있는 책들은 비싸다. (문장)	كُتُبٌ فِي حَقِيبَتِي غَالِيَةٌ. 술어 + 주어
④	내 가방에 책들이 있다. (문장)	فِي حَقِيبَتِي كُتُبٌ. 주어 + 술어

→ 위의 ①은 구(句, phrase)이며 ②는 문장(sentence)이다.
→ 위의 ③은 비한정 명사인 كُتُبٌ 뒤에 유사문장이 와서 '명사 + 유사문장'의 구(句)가 되었고, 이것이 주어로 사용되었다. 문장이다. 이와같이 비한정 명사가 주어로 사용되는 명사문에 대해서는 곧 공부하게 된다.
→ 위의 ④는 주어와 술어가 도치되어 '술어 + 주어' 의 순서가 된 문장이다.

(2) 유사문장(شِبْهُ الْجُمْلَةِ)이 부사구(부사 + 후연결어)로 구성된 문장

술어로 사용된 유사문장이 장소의 부사구(ظَرْفُ مَكَانٍ) 혹은 시간의 부사구(ظَرْفُ زَمَانٍ)로 구성된 문장이다.

a. 유사문장이 장소의 부사(ظَرْفُ مَكَانٍ)구로 구성된 문장

내 차는 그 건물 앞에 있다.	سَيَّارَتِي أَمَامَ الْعِمَارَةِ. 술어 + 주어
그 등(lamp)은 그 테이블 위에 있다.	اللَّمْبَةُ فَوْقَ الْمَائِدَةِ.
그 자동차는 거기에 있다.	السَّيَّارَةُ هُنَاكَ.

→ 아랍어에서 부사(ظَرْفٌ)는 장소의 부사(ظَرْفُ مَكَانٍ)와 시간의 부사(ظَرْفُ زَمَانٍ) 두 가지가 있다. 부사는 항상 목적격을 취한다. 때문에 위의 문장에서 أَمَامَ 와 فَوْقَ 의 끝모음으로 파트하(الْفَتْحَةُ) (ﹷ) 즉 'a' 모음이 왔다.
→ 위에서 장소의 부사 أَمَامَ 와 فَوْقَ 뒤에 오는 명사에 소유격 모음 부호인 카스라(الْكَسْرَةُ) 모음 (ﹻ)이 표기되어 있다. 여기서의 소유격 모음표기는 이 명사가 소유격 명사(اسْمٌ مَجْرُورٌ)이기에 붙은 것이 아니라 이 명사가 후연결어(الْمُضَافُ إِلَيْهِ)이기 때문에 붙었다. 즉 '장소의 부사 + 명사' 혹은 '시간의 부사 + 명사'의 조합은 연결형(الْإِضَافَةُ) 조합이다. 반면 '전치사 + 명사' 조합에서 전치사 뒤에 온 명사는 '소유격 명사'(اسْمٌ مَجْرُورٌ)라 한다.
→ 앞에서 명사문의 술어는 항상 주격을 취한다고 배웠다. 그렇다면 이 문장의 술어에 붙여진 목적격은 어떻게 이해를 해야할까? 여기서 목적격이 붙는 것은 이 단어들이 장소의 부사(혹은 시간의 부사)이기 때문이다. 이 단어들이 목적격을 취하지만 이 단어들은 술어의 역할을 하며 따라서 '주격 자리에 있다'(فِي مَحَلِّ رَفْعٍ)고 한다.
→ هُنَاكَ 가 한 단어로 구성되어 있지만 아랍어 문법에서 유사문장(شِبْهُ الْجُمْلَةِ)이라 한다. 이와 같이 아랍어 문법에서 유사문장은 시간의 부사나 장소의 부사 한 단어로도 가능하다.

b. 유사문장이 시간의 부사(ظَرْفُ زَمَانٍ)구로 구성된 문장

그 시험은 한 주 이후에 있다.	الإِمْتِحَانُ بَعْدَ أُسْبُوعٍ. 술어 + 주어
그 모임은 7시와 9시 사이에 있다.	الاِجْتِمَاعُ بَيْنَ السَّاعَةِ السَّابِعَةِ وَالتَّاسِعَةِ.
내 생일이 내일이다.	عِيدُ مِيلَادِي غَدًا.

→ 위에서 بَعْدَ 와 بَيْنَ 그리고 غَدًا 은 시간의 부사이다. 따라서 목적격을 취하였다.

→ 위에서 시간의 부사 بَعْدَ 와 بَيْنَ 뒤에 온 단어에 소유격 모음 부호인 카스라 모음 (ِ)이 표기된 것은 이 명사가 후연결어(الْمُضَافُ إِلَيْهِ)이기 때문이다.

→ 여기서도 술어가 부사이기에 목적격을 취하긴 하지만 이 술어는 '주격 자리에 있다(فِي مَحَلِّ رَفْعٍ)'고 표현한다

→ غَدًا 이 한 단어로 구성되어 있지만 아랍어 문법에서 유사문장(شِبْهُ الْجُمْلَةِ)이라 한다. 이와 같이 아랍어 문법에서 유사문장은 시간의 부사나 장소의 부사 한 단어로도 가능하다.

** 술어 부분에 유사문장이 오는 문장들의 경우 그 격변화는 어떻게 될까?

원래 술어는 주격(مَرْفُوعٌ)을 취한다는 것을 배웠다. 따라서 술어 부분에 유사문장이 오더라도 그 자리는 주격 자리이다. 이러한 이유로 인해 이 유사문장을 '주격 자리에 있다(فِي مَحَلِّ رَفْعٍ)'고 표현한다.

3) 술어 부분에 문장(الجُمْلَة)이 오는 형태

명사문 가운데 술어 부분에 문장이 오는 경우는 술어 부분에 명사문이 오는 경우와 동사문이 오는 경우, 그리고 풀어쓴 동명사가 오는 경우 세 가지이다.

(1) 술어 부분에 명사문(الجُمْلَة الاسْمِيَّة)이 오는 형태

술어 부분에 명사문이 온 문장이다. 즉 술어가 명사로 시작되는 문장이다. 이 형태의 문장에는 술어에 일반적인 명사문이 오는 경우와, 술어에 유사문장이 선행하는 명사문이 오는 경우가 있다. 이 두 가지 문장에서 술어 부분에 반드시 연결의 인칭대명사(ضَمِير الرَّبْط)가 사용된다.

이런 형태의 문장은 우리에게 아주 낯선 문장이다. 그러나 아랍어에서 너무나 자연스러운 문장이고 많이 사용되므로 꼭 익혀두도록 하자.

a. 술어 부분에 일반적인 명사문이 오는 경우

문장 전체가 명사문인 문장의 술어 부분에 일반적인 명사문이 오는 경우이다.

그 선생님은 나이가 많다.	المُدَرِّسُ سِنُّهُ كَبِيرٌ. (مُبْتَدَأ) + (خَبَر) 술어 + 주어

위 문장의 술어 부분을 따로 떼어서 보면 아래와 같은 명사문이 된다.

그의 나이는 많다.	سِنُّهُ كَبِيرٌ. (مُبْتَدَأ) 술어 + 주어

→ 이와 같이 술어 부분을 떼어서 보았을 때 이 술어 문장은 '주어(مُبْتَدَأ) + 술어(خَبَر)'의 구조를 갖춘 명사문임을 알 수 있다. 따라서 المُدَرِّسُ سِنُّهُ كَبِيرٌ 문장 안에 두 개의 명사문이 존재한다.

→ 위 문장의 سِنّ 에 붙은 인칭대명사(소유격 접미 인칭대명사) هُ 가 연결의 인칭대명사(ضَمِير الرَّبْط)이다. 명사문에서 연결의 인칭대명사는 그 앞의 주어(مُبْتَدَأ)의 성과 수가 일치해야 하는데 이 문장에서는 المُدَرِّس 와 성과 수가 일치한다. (3인칭 남성 단수)

다른 예를 보자.

그 젊은 여자는 머리카락이 길다.	الفَتَاةُ شَعْرُهَا طَوِيلٌ. 술어 + 주어

위 문장의 술어 부분을 따로 떼어서 보면 아래와 같은 명사문이 된다.

그녀의 머리카락은 길다.	شَعْرُهَا طَوِيلٌ. 술어 + 주어

→ 위 문장의 شَعْر 에 붙은 인칭대명사(소유격 접미 인칭대명사) هَا 가 연결의 인칭대명사(ضَمِير الرَّبْط)이다. 명사문에서 연결의 인칭대명사는 그 앞의 주어(مُبْتَدَأ)의 성과 수가 일치해야 하는데 이 문장에서는 الفَتَاة 와 성과 수가 일치한다. (3인칭 여성 단수)

종합 아랍어 문법 II

다른 예문들

أَنَا اسْمِي سَمِيرٌ.	나는 이름이 싸미르이다.
هِيَ اسْمُهَا سَمِيرَةٌ.	그녀는 이름이 싸미라이다.
هَذَا سِعْرُهُ غَالٍ.	이것은 가격이 비싸다.
هَذِهِ الْفَتَاةُ أَبُوهَا مُحْتَرَمٌ. *	이 젊은 여자는 아버지가 존경받는 사람이다.
الْفَرِيقُ أَدَاؤُهُ جَيِّدٌ.	그 팀은 수행능력이 좋다.
هَذَا الْمَعْهَدُ مُدَرِّسُوهُ أَذْكِيَاءُ. *	이 학원은 선생님들이 똑똑하다.
الْمَدْرَسَةُ مُسْتَوَاهَا مُنْخَفِضٌ.	그 학교는 수준이 낮다. (مُسْتَوَى + هَا)
هَذِهِ الشَّرِكَةُ مُوَظَّفُوهَا يَعْمَلُونَ بِجِدٍّ. *	이 회사는 직원들이 열심히 일한다.
هَذِهِ الْجَامِعَةُ طُلَّابُهَا يَدْرُسُونَ جَيِّدًا. *	이 대학은 학생들이 공부를 잘 한다.

→ 위 문장에서 파란색으로 표기된 부분이 연결의 인칭대명사이다. 이 연결의 인칭대명사와 그 앞의 주어(مُبْتَدَأ)와의 성과 수의 일치를 확인하라.

→ * 표시 문장들의 주어는 '지시대명사 + 한정명사'의 구조이다. 이런 구조를 대용어(الْبَدَل)라 한다.

→ 마지막 두 문장은 술어로 사용된 문장의 술어에 동사문이 왔다. (يَعْمَلُونَ ... , يَدْرُسُونَ ...)

b. 술어 부분에 유사문장(شِبْهُ الْجُمْلَة)이 선행하는 명사문이 오는 문장

문장 전체가 명사문인 문장의 술어 부분에 유사문장이 선행하는 명사문이 오는 경우이다.

مِصْرُ لَهَا تَارِيخٌ عَظِيمٌ. (مُبْتَدَأٌ) + (خَبَرٌ) 주어 + 술어	이집트는 위대한 역사를 가지고 있다.

위 문장의 술어 부분을 따로 떼어서 보면 아래와 같은 명사문이 된다. 즉 아래의 문장은 술어로 사용된 유사문장이 선행하고 주어로 사용된 비한정 명사는 나중에 오는 구조이다.

لَهَا تَارِيخٌ عَظِيمٌ. (خَبَرٌ) 술어 + (مُبْتَدَأٌ) 주어	그녀(혹은 그것)는 위대한 역사를 가지고 있다.

→ لَهَا가 유사문장이고 비한정 주어가 유사문장 뒤에 온 명사문이다.

→ 위 문장의 لَهَا에 붙은 인칭대명사(소유격 접미 인칭대명사) هَا 가 연결의 인칭대명사(ضَمِيرُ الرَّبْطِ)로서 앞의 주어인 مِصْرُ를 가리키며 그것과 성과 수의 일치를 이룬다.

→ 유사문장이 선행하는 명사문에 대해서는 곧 자세히 다룬다.

우리는 이 책 제Ⅰ권에서 유사문장(شِبْهُ الْجُمْلَةِ)에 대해 배우며 유사문장의 두 가지 종류를 배웠다. 즉 유사문장은 전치사(حَرْفُ الْجَرِّ)뒤에 소유격 명사가 오는 형태와, 부사(시간의 부사(ظَرْفُ زَمَانٍ) 혹은 장소의 부사(ظَرْفُ مَكَانٍ)) 뒤에 후연결어(명사)가 오는 형태가 있다고 하였다. 이와같이 술어에 유사문장이 선행하는 명사문이 오는 경우도 전치사가 이끄는 유사문장이 사용된 경우와 부사가 이끄는 유사문장이 사용된 경우로 나뉜다.

b-1 전치사가 이끄는 유사문장이 사용된 경우의 문장

사우디 아라비아는 천연자원들이 있다. (유사문장에 전치사 فِي 가 왔다.)	السَّعُودِيَّةُ فِيهَا مَوَارِدُ طَبِيعِيَّةٌ.
그 책상은 (그 위에) 많은 책들이 있다. (유사문장에 전치사 عَلَى 가 왔다.)	الْمَكْتَبُ عَلَيْهِ كُتُبٌ كَثِيرَةٌ.
그 자동차는 특별한 사양들을 가지고 있다. (유사문장에 전치사 لِـ 이 왔다.)	السَّيَّارَةُ لَهَا مُوَاصَفَاتٌ خَاصَّةٌ.

b-2 부사가 이끄는 유사문장이 사용된 경우의 문장

그 파티는 그 이전에 모임이 있다. (유사문장에 시간의 부사 قَبْلَ 가 왔다.)	الْحَفْلَةُ قَبْلَهَا اجْتِمَاعٌ.
그 대학은 그 앞에 많은 서점들이 있다. (유사문장에 장소의 부사 أَمَامَ 가 왔다.)	الْجَامِعَةُ أَمَامَهَا مَكْتَبَاتٌ كَثِيرَةٌ.
그 여자는 세명의 딸이 있다. (유사문장에 장소의 부사 عِنْدَ 가 왔다.)	الْمَرْأَةُ عِنْدَهَا ثَلَاثُ بَنَاتٍ.
그 소년은 많은 장난감을 가지고 있다. (유사문장에 장소의 부사 لَدَى 가 왔다.)(لُعْبَةٌ/لُعَبٌ)	الْوَلَدُ لَدَيْهِ لُعَبٌ كَثِيرَةٌ.
그 남자는 한 비싼 자동차를 가지고 있다. (유사문장에 부사 مَعَ 가 왔다.)	الرَّجُلُ مَعَهُ سَيَّارَةٌ غَالِيَةٌ.

** 앞의 a. 와 b. 의 문장전환   ** (이해가 어려울 경우 그냥 넘어가고 나중에 다시 공부하자)

앞에서 술어에 동사문이 사용된 명사문의 여러가지 표현방법을 살펴보았고 문장전환에 대해서도 살펴보았다. 술어에 명사문이 온 경우도 동일한 방법으로 문장전환에 대해서 생각할 수 있다. 아래의 ①은 일반적인 명사문이고 그것을 술어에 명사문이 사용된 명사문으로 전환한 것이 아래의 ②이다.

아래의 ①과 ② 문장의 의미의 차이점이 있을까? 아래에서 명사문의 주어(مُبْتَدأ)가 달라졌다. 따라서 화자가 말하고자 하는 주된 내용(주체) 혹은 강조점이 달라진다고 할 수 있다. 그러나 두 문장을 실제 사용함에 있어 의미 차이는 거의 없다고 할 수 있다.

a. 술어 부분에 일반적인 명사문이 오는 경우

①	그 선생님의 나이는 많다.	سِنُّ الْمُدَرِّسِ كَبِيرٌ.
②		الْمُدَرِّسُ سِنُهُ كَبِيرٌ.
①	그 젊은 여자의 머리카락은 길다.	شَعْرُ الْفَتَاةِ طَوِيلٌ.
②		الْفَتَاةُ شَعْرُهَا طَوِيلٌ.
①	이 회사의 직원들은 열심히 일한다.	مُوَظَّفُو هَذِهِ الشَّرِكَةِ يَعْمَلُونَ بِجِدٍّ.
②		هَذِهِ الشَّرِكَةُ مُوَظَّفُوهَا يَعْمَلُونَ بِجِدٍّ.

b. 술어 부분에 유사문장(شِبْهُ الْجُمْلَةِ)이 선행하는 명사문이 오는 문장

아래의 ①은 유사문장이 선행하고 비한정 주어가 후행하는 문장이다. ② 문장은 주어로 시작하며, 술어에 유사문장이 선행하는 명사문이 온 문장이다. 여기서도 명사문의 주어(مُبْتَدأ)가 달라지기에 문장의 주체 혹은 강조점이 달라진다고 할 수 있다. 그러나 실제적인 의미 차이는 거의 없다.

①	이집트는 위대한 역사를 가지고 있다.	لِمِصْرَ تَارِيخٌ عَظِيمٌ.
②		مِصْرُ لَهَا تَارِيخٌ عَظِيمٌ.
①	그 책상 위에 많은 책들이 있다.	عَلَى الْمَكْتَبِ كُتُبٌ كَثِيرَةٌ.
②		الْمَكْتَبُ عَلَيْهِ كُتُبٌ كَثِيرَةٌ.
①	그 파티 이전에 모임이 있다.	قَبْلَ الْحَفْلَةِ اجْتِمَاعٌ.
②		الْحَفْلَةُ قَبْلَهَا اجْتِمَاعٌ.
①	그 대학 앞에 많은 서점들이 있다.	أَمَامَ الْجَامِعَةِ مَكْتَبَاتٌ كَثِيرَةٌ.
②		الْجَامِعَةُ أَمَامَهَا مَكْتَبَاتٌ كَثِيرَةٌ.

→ 이와같은 방법으로 앞의 a. 와 b. 의 여러 문장들을 전환할 수 있다.

(2) 술어 부분에 동사문(الْجُمْلَةُ الْفِعْلِيَّةُ)이 오는 형태

술어 부분에 동사문이 오는 경우를 술어에 사용된 연결의 인칭대명사(ضَمِيرُ الرَّبْطِ)의 위치에 따라 다섯 가지로 나눌 수 있다. 이 다섯 종류의 술어에 반드시 연결의 인칭대명사가 사용된다.(연결의 인칭대명사에 대해서는 Ⅰ권 '인칭대명사'를 보라). 다음 다섯 종류 가운데 a. 문장은 일반적인 문장이며 b., c., d., e. 문장은 문학적인 표현이나 수사학적 표현 등에 사용되는 것이다. 처음 공부하는 학도에게는 어려운 문장이지만 아랍어 실력 향상을 위해 잘 이해하고 사용할 수 있도록 하자.

a. 술어에 사용된 동사의 주어(فَاعِل)가 연결의 인칭대명사인 경우

이 형태의 문장은 외국인에게 익숙한 문장 구조이다. 유의할 것은 이 문장에 동사가 사용되었다 해서 동사문이 아니란 사실이다. 이 문장이 명사로 시작하고 있으므로(다시 말해 주어(مُبْتَدَأ) + 술어(خَبَر)의 구조이므로) 이 문장은 명사문이다. 그러나 이 문장의 술어는 동사로 시작되는 동사문이며, 그 동사의 주어(فَاعِل)가 연결의 인칭대명사로서 그 앞의 주어(مُبْتَدَأ)을 가리킨다.

모나는 아랍어를 공부한다.(Mona studies Arabic.) (تَدْرُسُ의 감추어진 주어 هِيَ 가 연결의 인칭대명사로서 명사문의 주어 مُنَى를 가리킨다.)	مُنَى تَدْرُسُ اللُّغَةَ الْعَرَبِيَّةَ. 술어(خَبَر) + 주어(مُبْتَدَأ)

위 문장의 술어만 따로 떼어서 보게 되면 아래와 같은 동사문임을 알 수 있다. 따라서 위의 문장을 술어 부분에 동사문이 오는 명사문이라 하는 것이다.

그녀는 아랍어를 공부한다. (이 문장의 주어(فَاعِل)인 هِيَ 는 동사 تَدْرُسُ에 감추어져 있다.)	تَدْرُسُ اللُّغَةَ الْعَرَبِيَّةَ. 목적어 + 동사

위 문장의 주어와 술어의 일치에 대한 설명

위 문장의 주어(مُبْتَدَأ)와 술어(خَبَر)의 일치에 관해 두 가지로 설명할 수 있다. 먼저는 쉬운 방식으로 영어 문법에서 설명하는 방식과, 두 번째는 어렵게 느껴지지만 아랍어 문법에서 설명하는 방식이다.

Ⅰ. 쉬운 방식의 설명을 보자. 술어(خَبَر) 부분의 동사인 تَدْرُسُ의 성과 수는 그 앞 명사문의 주어(مُبْتَدَأ)인 مُنَى 의 성과 수와 일치한다. 즉 명사문의 주어(مُبْتَدَأ)인 مُنَى 가 3인칭 여성 단수이기 때문에 동사인 تَدْرُسُ도 3인칭 여성 단수로 사용되었다.

Ⅱ. 아랍어 문법에서 설명하는 방식이다. 술어(خَبَر)에 사용된 동사 تَدْرُسُ의 주어(فَاعِل)는 감추어져 있다.(ضَمِيرٌ مُسْتَتِرٌ) 그 감추어져 있는 주어가 هِيَ 이다(تَقْدِيرُهُ هِيَ). 이 감추어져 있는 주어 هِيَ가 연결의 인칭대명사(ضَمِيرُ الرَّبْطِ)로서 앞의 명사문의 주어(مُبْتَدَأ)인 مُنَى를 가리키며 그것과 성과 수의 일치를 이룬다.

→ 위의 Ⅱ.의 설명이 아랍어 문장을 이해하는 관건이다. 이 방식으로 문장을 이해하도록 하자.

다른 예문들

사랑은 기적들을 만든다.	الْحُبُّ يَفْعَلُ الْمُعْجِزَاتِ.
그 학생은 그 단원을 기록했다.	الطَّالِبُ كَتَبَ الدَّرْسَ.

السَّيَّارَةُ تَسِيرُ بِسُرْعَةٍ.	그 자동차는 빨리 간다.	
الْوَلَدَانِ لَعِبَا فِي مَدْرَسَتِهِمَا.	그 두 소년은 그들의 학교에서 놀았다.	
الْمُدَرِّسُونَ يُحِبُّونَ طُلَّابَهُمْ جِدًّا.	그 선생님들은 그들의 학생들을 아주 사랑한다.	
الْمُهَنْدِسَاتُ كَتَبْنَ رَسَائِلَ كَثِيرَةً.	그 여자 기술자(engineer)들은 많은 편지들을 썼다.	

→ 위의 첫 세 문장들에서 술어 부분에 사용된 동사는 그것의 주어(فَاعِل)로 사용된 인칭대명사가 감추어져 있다(ضَمِيرٌ مُسْتَتِرٌ). 이 감추어진 인칭대명사가 연결의 인칭대명사(ضَمِيرُ الرَّبْط)로서 그 앞의 주어(مُبْتَدَأ)를 가리키며 그것과 성과 수의 일치를 이룬다.

→ 위의 나중 세 문장들에서 술어 부분에 사용된 동사는 그것의 주어(فَاعِل)로 사용된 인칭대명사가 나타난다(ضَمِيرٌ ظَاهِرٌ). 여기에서의 주어(فَاعِل)는 주격 접미 인칭대명사(ضَمَائِرُ الرَّفْعِ الْمُتَّصِلَة)로서 파란색으로 표기된 것이다. 이 나타난 인칭대명사가 연결의 인칭대명사(ضَمِيرُ الرَّبْط)로서 앞의 주어(مُبْتَدَأ)를 가리키며 그것과 성과 수의 일치를 이룬다. 제 I 권 '인칭대명사' 부분에서 주격 접미 인칭대명사에 대해 공부하라.

** 아래는 인칭대명사(ضَمِير)가 주어(مُبْتَدَأ)로 사용되고 동사문이 술어로 사용된 명사문 예들이다.

아래와 같이 주어가 인칭대명사이고 그 뒤에 동사가 온 문장들도 술어에 동사문이 온 명사문이다.

هُوَ ذَهَبَ إِلَى الْمَدْرَسَةِ.	그는 (그) 학교에 갔다. (완료형 3인칭 남성 단수)	
هِيَ طَبَخَتِ الطَّعَامَ.	그녀는 그 음식을 요리했다. (완료형 3인칭 여성 단수)	
هُمَا يَلْعَبَانِ كُرَةَ الْقَدَمِ.	그들 둘은(m.) 축구를 하고 있다. (미완료형 3인칭 남성 쌍수)	
هُمَا تَطْبُخَانِ الطَّعَامَ.	그들 둘은(f.) (그) 음식을 요리한다. (미완료형 3인칭 여성 쌍수)	
هُمْ عَادُوا إِلَى الْبَيْتِ.	그들은 집에 돌아왔다. (완료형 3인칭 남성 복수)	
هُنَّ يَرْجِعْنَ إِلَى الْبَيْتِ.	그들은(f.) 집으로 돌아간다. (미완료형 3인칭 여성 복수)	
أَنْتَ انْتَظَرْتَ صَدِيقَكَ.	당신은 당신의 친구를 기다렸다. (완료형 2인칭 남성 단수)	
أَنْتِ تَأْكُلِينَ أَكْلًا قَلِيلًا.	당신은(f.) 음식을 조금 먹는다. (미완료형 2인칭 여성 단수)	
أَنْتُمَا دَرَسْتُمَا اللُّغَةَ الْعَرَبِيَّةَ جَيِّدًا.	당신 둘은 아랍어를 잘 공부하였다. (완료형 2인칭 남녀 쌍수)	
أَنْتُمْ كَلَّمْتُمْ أَصْدِقَاءَكُمْ مِنْ أَجْلِي.	당신들은 당신들의 친구들에게 나를 위해 이야기했다. (완료형 2인칭 남성 복수)	
أَنْتُنَّ ذَهَبْتُنَّ إِلَى أَسْوَانَ.	당신들은(f.) 아스완에 갔다. (완료형 2인칭 여성 복수)(أَسْوَان - 2격명사)	
أَنَا أَفْرَحُ جِدًّا.	나는 매우 기뻐한다. (미완료형 1인칭 남녀 단수)	
نَحْنُ نَجْلِسُ عَلَى الْكَرَاسِيِّ.	우리는 그 걸상들에 앉아있다. (미완료형 1인칭 남녀 복수)	

→ 위의 문장들에 주어로 사용된 인칭대명사는 주격 독립 인칭대명사(ضَمَائِرُ الرَّفْعِ الْمُنْفَصِلَة)이다.

→ 위에서 파란색 표기는 주격 접미 인칭대명사(ضَمَائِرُ الرَّفْعِ الْمُتَّصِلَة)이다.

b. 술어에 사용된 동사의 목적어가 연결의 인칭대명사인 경우 (*이해가 어려울 경우 나중에 공부하자)

술어 부분에 동사문이 오는 또 다른 경우이다. 이 경우는 한국어나 영어에 없는 어순이므로 좀 어렵게 느껴지지만 정상적인 아랍어 명사문이다.

아래의 문장에서는 술어에 사용된 동사의 목적어(파란색 부분)가 연결의 인칭대명사(ضَمِيرُ الرَّبْطِ)로 사용되어 앞에 온 주어(مُبْتَدَأ)와 성과 수의 일치를 이루는 경우이다.

그 단원은 그 학생이 기록했다. (The student wrote the lesson.)	الدَّرْسُ كَتَبَهُ الطَّالِبُ. 술어 (خَبَرٌ) + 주어 (مُبْتَدَأ)

→위 문장의 경우 술어 부분 문장이 동사문이며, 그 문장의 목적어가 동사에 접미된 인칭대명사(목적격 접미 인칭대명사, ضَمَائِرُ النَّصْبِ الْمُتَّصِلَة)로 사용되었다. 그리고 동사의 주어(فَاعِل, 위의 문장에서 الطَّالِبُ)는 목적어 (위의 문장에서 هُ) 뒤에 왔다. 이 경우 동사에 접미된 인칭대명사 هُ 가 연결의 인칭대명사(ضَمِيرُ الرَّبْطِ)로서 앞의 주어(مُبْتَدَأ) الدَّرْسُ 를 가리키며 이것과 성과 수의 일치를 이룬다.

위 문장을 이해하기 위해 술어 부분을 따로 떼어서 보면 아래와 같은 동사문이 된다.

그 학생이 그것을 기록했다.	كَتَبَ + هُ + الطَّالِبُ. 주어 (فَاعِل) + 목적어 + 동사

→이 문장에서 동사의 목적어는 목적격 접미 인칭대명사(ضَمَائِرُ النَّصْبِ الْمُتَّصِلَة)이다. 동사에 목적격 접미 인칭대명사가 붙을 경우 동사의 주어(فَاعِل)가 목적어 뒤에 온다. 자세한 내용은 이 책 '동사문에 대해' 부분에서 공부하라.

** 위의 본 문장에서 동사 كَتَبَ 의 주어(فَاعِل)는 الدَّرْسُ 가 아니라 الطَّالِبُ 이다. 즉 كَتَبَ 가 3 인칭 남성 단수인 것은 الدَّرْسُ 때문이 아니라 그 뒤의 الطَّالِبُ 가 3 인칭 남성 단수이기 때문이다. 아래의 문장들과 비교해 보자.

그 단원은 그 여학생이 기록했다.	الدَّرْسُ كَتَبَتْهُ الطَّالِبَةُ.
그 단원은 그 학생들이 기록했다. (동사문의 경우 그 주어(فَاعِل)가 복수이지만 동사는 단수)	الدَّرْسُ كَتَبَهُ الطُّلَّابُ.

다른 예들

이 음식은 내 엄마가 요리했다.	هَذَا الْأَكْلُ طَبَخَتْهُ أُمِّي.
이 그림은 싸미라가 그렸다.	هَذِهِ الصُّورَةُ رَسَمَتْهَا سَمِيرَةُ.
그 뉴스는 무함마드가 읽었다. (라디오 아나운서가 '낭독에는 무함마드였습니다'라고 할 때)	الْأَخْبَارُ قَرَأَهَا مُحَمَّدٌ.
그 소설은 그 작가가 저술했다.	الرِّوَايَةُ أَلَّفَهَا الْكَاتِبُ.
그 학생들은 그 선생님 자신이 가르친다.	الطُّلَّابُ يُعَلِّمُهُمُ الْمُدَرِّسُ نَفْسُهُ.

** 위의 설명에서 명사문의 주어는 مُبْتَدَأ 라 하고 동사(혹은 동사문)의 주어는 فَاعِل 이라 한다. 같은 '주어'라는 단어이지만 명사문의 주어인지 동사(동사문)의 주어인지 구분해야 한다.

c. 술어에 사용된 동사의 주어(فَاعِل)의 후연결어가 연결의 인칭대명사인 경우 (*이해가 어려울 경우 나중에 공부하자)

술어 부분에 동사문이 오는 세 번째 경우이다. 이 경우도 한국어나 영어에 없는 어순이고 어렵게 느껴지는 어순이지만 정상적인 아랍어 명사문이다. 아래의 문장에서 술어에 사용된 동사의 주어(فَاعِل)의 후연결어(مُضَاف إِلَيْهِ, 파란색 부분)가 연결의 인칭대명사(ضَمِير الرَّبْط)로 사용되었다. 이 연결의 인칭대명사가 앞에 온 주어(مُبْتَدَأ)와 성과 수의 일치를 이룬다.

그 어머니의 아기가 잠잔다. (그 어머니는 그녀의 아들이 잠잔다.) (نَامَ/يَنَامُ)	الأُمُّ يَنَامُ طِفْلُهَا. (مُبْتَدَأ) 주어 + (خَبَر) 술어

→위 문장의 경우 술어 부분 문장이 동사문이며, 그 문장의 주어(فَاعِل)(طِفْلُهَا)가 동사와 분리된 명사이고, 그 주어의 후연결어로 인칭대명사(소유격 접미 인칭대명사, ضَمَائِر الْجَرِّ الْمُتَّصِلَة) هَا 가 사용되었다. 이 경우 주어(فَاعِل)에 접미된 인칭대명사 هَا 는 연결의 인칭대명사(ضَمِير الرَّبْط)로서 그 앞의 명사문의 주어(مُبْتَدَأ)인 الأُمُّ 를 가리키며 그것과 성과 수의 일치를 이룬다. 즉 الأُمُّ 와 يَنَامُ 가 일치하는 것이 아니라 الأُمُّ 는 연결의 인칭대명사 هَا 와 일치하고, يَنَامُ 는 그 뒤의 동사문의 주어(فَاعِل)인 طِفْلُهَا 의 طِفْل 과 일치한다.

술어에 사용된 동사 يَنَامُ 는 그 뒤에 온 동사의 주어(فَاعِل)인 طِفْلُهَا 의 طِفْل 과 일치한다. 다음을 보자.

그녀의 아기가 잠잔다.	يَنَامُ طِفْلُهَا. 동사 + (فَاعِل) 주어

아래의 다른 예를 보자. 이 문장에서도 연결의 인칭대명사 هَا 는 그 앞의 주어(مُبْتَدَأ)와 일치한다.

이 어머니의 아들은 그 빌딩에 들어간다. (이 어머니는 그녀의 아들이 빌딩에 들어간다)	هَذِهِ الأُمُّ يَدْخُلُ ابْنُهَا الْعِمَارَةَ. (مُبْتَدَأ) 주어 + (خَبَر) 술어

→위 문장의 경우 술어 부분에 타동사 يَدْخُلُ 가 왔고 따라서 그 뒤에 목적어가 사용되었다.
→술어 부분의 동사 يَدْخُلُ 는 그 뒤의 주어(فَاعِل) ابْنُهَا 의 ابْن 과 일치한다.

위 문장을 이해하기 위해 술어 부분을 따로 떼어서 보면 아래와 같은 동사문이 된다.

그녀의 아들은 그 빌딩에 들어간다.	يَدْخُلُ ابْنُ + هَا الْعِمَارَةَ. 동사 + 주어(فَاعِل) + 목적어

더 많은 예들

그 나무의 가지들이 자란다.(그 나무는 그 가지들이 자란다.) (غُصْن/غُصُون) (نَمَا/يَنْمُو) (사물복수 여성 단수 취급)	الشَّجَرَةُ تَنْمُو غُصُونُهَا.
심장의 박동이 고동친다. (دَقَّ/يَدُقُّ)	الْقَلْبُ يَدُقُّ نَبْضُهُ.
이 빌딩의 높이가 늘어난다. (ازْدَادَ/يَزْدَادُ)	هَذِهِ الْعِمَارَةُ يَزْدَادُ ارْتِفَاعُهَا.
이 어머니의 아기가 그 의사를 쳐다보았다.	هَذِهِ الأُمُّ نَظَرَ طِفْلُهَا إِلَى الدُّكْتُورِ.
그 독수리의 새끼들이 그 나무 위에 앉아있다.	النَّسْرُ تَجْلِسُ فِرَاخُهُ فَوْقَ الشَّجَرَةِ.

그 농부의 소는 쟁기로 땅을 갈고 있다. (The farmer's ox is plowing the land.)	الْفَلَّاحُ يَحْرُثُ ثَوْرُهُ الْأَرْضَ.
그 교수의 딸은 그 음식을 먹는다/먹고 있다. (The professor's daughter is eating the food.)	الْأُسْتَاذُ تَأْكُلُ ابْنَتُهُ الطَّعَامَ.
그 아이들의 아버지는 아이들의 우수함을 좋아한다. (The Children's father loves their superiority.)	الْأَطْفَالُ يُحِبُّ أَبُوهُمْ تَفَوُّقَهُمْ.
그 여학생의 아버지가 그녀의 선생님께 감사한다.	الطَّالِبَةُ يَشْكُرُ أَبُوهَا مُدَرِّسَهَا.

→위의 마지막 네 문장은 술어에 사용된 동사가 타동사로서 목적어를 가지고 있다. 그에 비해 그 앞의 예문들은 술어에 사용된 동사가 자동사로서 목적어를 가지고 있지 않다. 각각의 문장에서 주어와 술어가 어떻게 구분되는지 확인하고, 술어 부분의 동사와 그 주어(فَاعِل), 그리고 연결의 인칭대명사를 확인하라.

d. 술어에 사용된 목적어(مَفْعُول بِهِ)의 후연결어가 연결의 인칭대명사인 경우 (*이해가 어려울 경우 나중에 공부하자)

술어 부분에 동사문이 오는 네 번째 경우이다. 이 경우도 한국어나 영어에 없는 어순이고 어렵게 느껴지는 어순이지만 정상적인 아랍어 명사문이다. 아래의 문장에서 술어에 사용된 동사의 목적어(مَفْعُول بِهِ)의 후연결어(مُضَاف إِلَيْهِ), 파란색 부분)가 연결의 인칭대명사(ضَمِير الرَّبْط)로 사용되었다. 이 연결의 인칭대명사가 앞에 온 주어(مُبْتَدَأ)와 성과 수의 일치를 이룬다.

그 책은 내가 출판을 원한다. (나는 그 책의 출판을 원한다.)	الْكِتَابُ أُرِيدُ نَشْرَهُ. 술어 (خَبَر) + 주어 (مُبْتَدَأ)

→위 문장도 술어 부분 문장이 동사문이다. 이 동사문에 사용된 동사는 타동사이며 동사와 분리된 목적어(مَفْعُول بِهِ)를 취했다. 이 분리된 목적어에 후연결어로 인칭대명사(소유격 접미 인칭대명사, ضَمَائِر الْجَرّ الْمُتَّصِلَة)가 사용되었다. 동사의 주어(فَاعِل)는 동사에 감추어져(مُسْتَتِر) 있다(여기서는 أَنَا). 이 목적어에 접미된 인칭대명사 هُ가 연결의 인칭대명사(ضَمِير الرَّبْط)로서 앞의 주어(مُبْتَدَأ)인 الْكِتَاب를 가리키며 이것과 성과 수의 일치를 이룬다. 즉 الْكِتَاب와 أُرِيدُ가 일치하는 것이 아니라 الْكِتَاب는 연결의 인칭대명사 هُ와 한다.

위 문장을 이해하기 위해 술어 부분을 따로 떼어서 보면 아래와 같은 동사문이 된다.

나는 그것을 출판하길 원한다.	أُرِيدُ نَشْرَ + هُ. 목적어 + 동사

아래의 다른 예를 보자.

이 책은 그 학생이 그 제목을 기록했다.	هَذَا الْكِتَابُ كَتَبَ عُنْوَانَهُ الطَّالِبُ. 술어 (خَبَر) + 주어 (مُبْتَدَأ)

→이 문장에서 연결의 인칭대명사 هُ는 그 앞의 주어(مُبْتَدَأ)인 هَذَا الْكِتَاب 와 일치한다.

술어에 사용된 동사 كَتَبَ는 그 뒤에 온 동사의 주어(فَاعِل)인 الطَّالِب 와 일치한다. 다음을 보자.

그 학생이 그 제목을 기록했다.	كَتَبَ عُنْوَانَ + هُ الطَّالِبُ. 주어 (فَاعِل) + 목적어 + 동사

종합 아랍어 문법 II

더 많은 예들

아스완은 관광객들이 방문하길 좋아한다.	أَسْوَانُ يُحِبُّ السَّائِحُونَ زِيَارَتَهَا.
아이폰은 젊은이들이 구입을 선호한다.	الآيفُونَ يُفَضِّلُ الشَّبَابُ شِرَاءَهُ.
큰 집들은 부인들이 살길 희망한다.	الْبُيُوتُ الْكَبِيرَةُ تَتَمَنَّى الزَّوْجَاتُ سَكَنَهَا.
그 전쟁은 그 두 나라 사이의 합의가 그것(전쟁)의 문제들을 멈추었다.	الْحَرْبُ أَنْهَى مَشَاكِلَهَا الاتِّفَاقُ بَيْنَ الْبَلَدَيْنِ.
아랍어는 내가 공부하길 원한다.	اللُّغَةُ الْعَرَبِيَّةُ أُرِيدُ دِرَاسَتَهَا.
이 도시는 그 기술자들이 그 기초들을 설계했다.	هَذِهِ الْمَدِينَةُ صَمَّمَ أَسَاسَاتِهَا الْمُهَنْدِسُونَ.
화성은 인류가 20년 뒤에 그 표면에 도착할 것이다.	كَوْكَبُ الْمِرِّيخِ سَيَصِلُ أَرْضَهُ بَشَرٌ بَعْدَ عِشْرِينَ سَنَةً.

e. 술어에 사용된 유사문장(شِبْهُ الْجُمْلَةِ) 부분에 연결의 인칭대명사가 오는 경우 (*이해가 어려울 경우 나중에 공부하자)

술어 부분에 동사문이 오는 다섯 번째 경우이다. 이 경우도 한국어나 영어에 없는 어순이고 어렵게 느껴지지지만 정상적인 아랍어 명사문이다. 두 가지 종류가 있다.

e-1 술어에 사용된 부사의 후연결어가 연결의 인칭대명사인 경우

아래의 문장에서 술어에 사용된 부사의 후연결어가 연결의 인칭대명사(ضَمِيرُ الرَّبْطِ)로 사용되었다. 이 연결의 인칭대명사가 앞에 온 주어(مُبْتَدَأ)와 성과 수의 일치를 이룬다.

그 나무들 위에 새들이 앉아있다. (그 나무들은 그 위에 새들이 앉아있다.) (وَقَفَ/يَقِفُ)	الأَشْجَارُ تَقِفُ فَوْقَهَا الطُّيُورُ. (خَبَرٌ) + (مُبْتَدَأٌ) 술어 주어

→ 위 문장의 경우 술어 부분 문장이 동사문이며, 그 동사문에 사용된 유사문장(여기서는 부사)인 فَوْقَ ((ظَرْفٌ))에 연결의 인칭대명사가 왔다. 이 부사(ظَرْفٌ)의 후연결어(مُضَافٌ إِلَيْهِ)로 사용된 هَا 가 연결의 인칭대명사(ضَمِيرُ الرَّبْطِ)로서 앞의 주어(مُبْتَدَأٌ)인 الأَشْجَارُ 를 가리키며 이것과 성과 수의 일치를 이룬다(사물복수는 단수 취급). الأَشْجَارُ 와 تَقِفُ 가 일치하는 것이 아니라 الأَشْجَارُ 는 연결의 인칭대명사 هَا 와 일치하고, تَقِفُ 는 그 뒤의 주어(فَاعِلٌ)인 الطُّيُورُ 와 일치한다(사물복수).

위 문장을 이해하기 위해 술어 부분을 따로 떼어서 보면 아래와 같은 동사문이 된다.

그것 위에 그 새들이 앉아있다.	تَقِفُ فَوْقَهَا الطُّيُورُ. 주어 (فَاعِلٌ) + 부사구 + 동사

더 많은 예들

이 건물은 그 아래에서 그 아이들이 놀았다.	هَذَا الْمَنْزِلُ لَعِبَ تَحْتَهُ الأَطْفَالُ.
그 등대의 방향으로 그 배들이 오고 있다.	الْمَنَارَةُ تَجِيءُ نَاحِيَتَهَا السُّفُنُ.
그 담 주위로 그 보초들이 돌고 있다.	السُّورُ يَدُورُ حَوْلَهُ الْحُرَّاسُ.

제2과 명사문에 대해

아침 식사 이전에 그 아이들은 운동을 한다.	الْإِفْطَارُ يَلْعَبُ الْأَوْلَادُ قَبْلَهُ الرِّيَاضَةَ.
그 정류장에서 사람들이 버스를 기다린다.	الْمَحَطَّةُ يَنْتَظِرُ النَّاسُ عِنْدَهَا الْأُتُوبِيسَ.
새벽 이후 나는 일을 위해 움직인다.	الْفَجْرُ أَتَحَرَّكُ بَعْدَهُ لِلْعَمَلِ.
	النَّصْرُ وَالْفَتْحُ دَخَلَ بَعْدَهُمَا الْأَفْوَاجُ فِي الْإِسْلَامِ.
승리와 정복전쟁 이후 많은 무리의 사람들이 이슬람에 귀의했다. (فَوْجٌ/ أَفْوَاجٌ)	
그 작가는 내가 어제 그의 아들과 함께 이야기했다.	الْكَاتِبُ تَكَلَّمْتُ مَعَ ابْنِهِ أَمْسِ.
그 지역은 내가 그 광장 앞에서 살고 있다.	الْمِنْطَقَةُ أَعِيشُ أَمَامَ مَيْدَانِهَا.

→ 마지막 두 문장은 부사 뒤의 후연결어에 접미한 후연결어에 연결의 인칭대명사가 온 문장이다.

e-2 술어에 사용된 전치사의 소유격 명사가 연결의 인칭대명사인 경우

아래의 문장에서 전치사 إِلَى 의 소유격명사(اسْمٌ مَجْرُورٌ)로 사용된 هَا 는 연결의 인칭대명사로서 그 앞의 주어(مُبْتَدَأٌ)인 الْبِنْتُ 를 가리키며 이것과 성과 수의 일치를 이룬다.

무함마드는 어제 그 여자 아이에게 주의깊게 들었다. (그 여자 아이는, 무함마드가 어제 그녀에게서 주의깊게 들었다.)	الْبِنْتُ اسْتَمَعَ إِلَيْهَا مُحَمَّدٌ أَمْسِ.
	(مُبْتَدَأٌ) 주어 + (خَبَرٌ) 술어

술어에 사용된 동사 اسْتَمَعَ 는 그 뒤에 온 동사의 주어(فَاعِلٌ)인 مُحَمَّدٌ 과 일치한다. 다음을 보자.

무함마드는 어제 그녀에게서 주의깊게 들었다.	اسْتَمَعَ إِلَيْهَا مُحَمَّدٌ أَمْسِ.
	부사+주어+전치사구+ 동사

더 많은 예들

그 여자 디렉터는 그 컵으로 커피를 마셨다. (그 컵은 그 여자 디렉터가 그것으로 커피를 마셨다.)	الْكُوبُ تَشْرَبُ الْمُدِيرَةُ فِيهِ الْقَهْوَةَ.
저녁에 그 일꾼들은 저녁 식사를 한다.	الْمَسَاءُ يَتَنَاوَلُ الْعُمَّالُ فِيهِ الْعَشَاءَ.
그 테이블 위에 나는 그 음식을 놓았다.	الطَّاوِلَةُ وَضَعْتُ عَلَيْهَا الطَّعَامَ.
그 정원에서 그 학생은 그의 단원들을 공부한다.	الْحَدِيقَةُ يُذَاكِرُ فِيهَا الطَّالِبُ دُرُوسَهُ.
나는 나의 아내에 대해서 많이 말한다.	زَوْجَتِي أَتَكَلَّمُ عَنْهَا كَثِيرًا.
대통령은 그의 어깨에 수많은 과제들이 놓여있다. (مُهِمَّةٌ/ مَهَامُّ)	الرَّئِيسُ تَقَعُ عَلَى كَاهِلِهِ مَهَامُّ كَثِيرَةٌ.
그 여자는 내가 그녀의 아파트에 살고 있다.	الْمَرْأَةُ أَسْكُنُ فِي شَقَّتِهَا.
자유는 혁명이 출현하도록 도왔다.	الْحُرِّيَّةُ سَاعَدَتْ عَلَى ظُهُورِهَا الثَّوْرَةُ.

→ 마지막 세 문장은 소유격 명사에 접미한 후연결어에 연결의 인칭대명사가 온 문장이다.

** 앞의 b., c., d. 그리고 e. 의 문장전환   ** (이해가 어려울 경우 그냥 넘어가고 나중에 다시 공부하자)

앞의 b. 와 c. 와 d. 그리고 e. 의 문장들의 경우 문장의 주어(مُبتَدأ)와 술어에 사용된 동사의 주어(فَاعِل)가 달라서 문장이 쉽지 않다. 이런 문장들이 어디에서 왔는지 아래에서 살펴보자. 아래의 ①은 일반적으로 많이 사용하는 명사문이고, 그것을 b.와 c.와 d.와 e. 형태의 문장으로 전환한 것이 아래의 ②의 각각의 문장이다. 아래 ①의 왼쪽은 동사문이고 오른쪽은 명사문이다.

①과 ②문장의 차이점은 무엇일까? 아래의 명사문 각 문장에서 첫 단어인 주어(مُبتَدأ)가 달라지는 것을 확인하라. 주어는 화자가 말하고자 하는 주된 내용(주체)이다. 따라서 두 문장의 차이점은 화자가 말하고자 하는 주체가 달라져 문장의 강조점이 달라진다고 할 수 있다

	동사문(*동사문에 대해서는 곧 공부한다)	명사문
①	كَتَبَ الطَّالِبُ الدَّرْسَ.	الطَّالِبُ كَتَبَ الدَّرْسَ.
	그 학생은 그 단원을 기록했다.(الطَّالِبُ 가 주체)	
②	그 단원은 그 학생이 기록했다.(الدَّرْسُ 가 주체)	الدَّرْسُ كَتَبَهُ الطَّالِبُ.
①	تَنْمُو غُصُونُ الشَّجَرَةِ.	غُصُونُ الشَّجَرَةِ تَنْمُو.
	그 나무의 **가지들**이 자란다. (غُصُون 가 주체)	
②	그 나무는 그 가지들이 자란다. (الشَّجَرَةُ 가 주체)	الشَّجَرَةُ تَنْمُو غُصُونُهَا.
①	أُرِيدُ نَشْرَ الْكِتَابِ.	أَنَا أُرِيدُ نَشْرَ الْكِتَابِ.
	나는 그 책의 출판을 원한다.(나 가 주체)	
②	그 책은 내가 출판을 원한다.	الْكِتَابُ أُرِيدُ نَشْرَهُ.
①	تَقِفُ الطُّيُورُ فَوْقَ الْأَشْجَارِ.	الطُّيُورُ تَقِفُ فَوْقَ الْأَشْجَارِ.
	그 새들은 그 나무들 위에 앉아있다.(الطُّيُور 가 주체)	
②	그 나무들은 그 위에 새들이 앉아있다.(الْأَشْجَار 가 주체)	الْأَشْجَارُ تَقِفُ فَوْقَهَا الطُّيُورُ.

문장전환의 더 많은 예들
b. 술어에 사용된 동사의 목적어가 연결의 인칭대명사인 경우

① 일반적인 문장	② 전환된 문장
أُمِّي طَبَخَتْ هَذَا الْأَكْلَ.	هَذَا الْأَكْلُ طَبَخَتْهُ أُمِّي.
내 엄마는 이 음식을 요리했다.	이 음식은 내 엄마가 요리했다.
سَمِيرَةُ رَسَمَتْ هَذِهِ الصُّورَةَ.	هَذِهِ الصُّورَةُ رَسَمَتْهَا سَمِيرَةُ.
싸미라는 이 그림을 그렸다.	이 그림은 싸미라가 그렸다.
مُحَمَّدٌ قَرَأَ الْأَخْبَارَ.	الْأَخْبَارُ قَرَأَهَا مُحَمَّدٌ.
무함마드는 그 뉴스를 읽었다.	그 뉴스는 무함마드가 읽었다.
الْمُدَرِّسُ نَفْسُهُ يُعَلِّمُ الطُّلَّابَ.	الطُّلَّابُ يُعَلِّمُهُمُ الْمُدَرِّسُ نَفْسُهُ.
그 선생님 자신이 그 학생들을 가르친다.	그 학생들은 그 선생님 자신이 가르친다.

제2과 명사문에 대해

c. 술어에 사용된 동사의 주어(فَاعِل)에 연결의 인칭대명사가 붙은 경우

① 일반적인 문장	② 전환된 문장
نَبْضُ الْقَلْبِ يَدُقُّ.	الْقَلْبُ يَدُقُّ نَبْضُهُ.
심장의 박동이 고동친다.	그 심장은 그 박동이 고동친다
ارْتِفَاعُ هَذِهِ الْعِمَارَةِ يَزْدَادُ.	هَذِهِ الْعِمَارَةُ يَزْدَادُ ارْتِفَاعُهَا.
이 빌딩의 높이가 늘어난다.	이 빌딩은 그 높이가 늘어난다.
فِرَاخُ النَّسْرِ تَجْلِسُ فَوْقَ الشَّجَرَةِ.	النَّسْرُ تَجْلِسُ فِرَاخُهُ فَوْقَ الشَّجَرَةِ.
그 독수리의 새끼들이 그 나무 위에 앉아있다.	그 독수리는 그 새끼들이 그 나무 위에 앉아있다.
ثَوْرُ الْفَلَّاحِ يَحْرِثُ الْأَرْضَ.	الْفَلَّاحُ يَحْرِثُ ثَوْرُهُ الْأَرْضَ.
그 농부의 소는 쟁기로 땅을 갈고 있다.	그 농부는 그의 소가 쟁기로 땅을 갈고 있다.

d. 술어에 사용된 목적어(مَفْعُولٌ بِهِ)에 연결의 인칭대명사가 붙은 경우

① 일반적인 문장	② 전환된 문장
الطَّالِبُ كَتَبَ عُنْوَانَ هَذَا الْكِتَابِ.	هَذَا الْكِتَابُ كَتَبَ عُنْوَانَهُ الطَّالِبُ.
그 학생은 이 책의 제목을 기록했다.	이 책은 그 학생이 그 제목을 기록했다.
السَّائِحُونَ يُحِبُّونَ زِيَارَةَ أَسْوَانَ.	أَسْوَانُ يُحِبُّ السَّائِحُونَ زِيَارَتَهَا.
관광객들은 아스완 방문을 좋아한다.	아스완은 관광객들이 방문하길 좋아한다.
الشَّبَابُ يُفَضِّلُ شِرَاءَ الْآيْفُونِ.	الْآيْفُونُ يُفَضِّلُ الشَّبَابُ شِرَاءَهُ.
젊은이들은 아이폰을 구입하는 것을 선호한다.	아이폰은 젊은이들이 구입을 선호한다.
الزَّوْجَاتُ يَتَمَنَّيْنَ سَكَنَ الْبُيُوتِ الْكَبِيرَةِ.	الْبُيُوتُ الْكَبِيرَةُ تَتَمَنَّى الزَّوْجَاتُ سَكَنَهَا.
부인들은 큰 집들에서 거주하는 것을 희망한다.	큰 집들은 부인들이 살길 희망한다.

e. 술어에 사용된 유사문장(شِبْهُ الْجُمْلَةِ) 부분에 연결의 인칭대명사가 사용되는 경우

① 일반적인 문장	② 전환된 문장
الْأَطْفَالُ لَعِبُوا تَحْتَ الْمَنْزِلِ.	هَذَا الْمَنْزِلُ لَعِبَ تَحْتَهُ الْأَطْفَالُ.
그 아이들은 이 건물 아래에서 놀았다.	이 건물은 그 아래에서 그 아이들이 놀았다.
الْمُدِيرَةُ تَشْرَبُ فِي الْكُوبِ الْقَهْوَةَ.	الْكُوبُ تَشْرَبُ الْمُدِيرَةُ فِيهِ الْقَهْوَةَ.
그 여자 디렉터는 그 컵으로 커피를 마셨다.	그 컵은 그 여자 디렉터가 그것으로 커피를 마셨다.
الْحُرَّاسُ يَدُورُونَ حَوْلَ السُّورِ.	السُّورُ يَدُورُ حَوْلَهُ الْحُرَّاسُ.
그 보초들은 그 담 주위를 돌고 있다.	그 담은 그 주위로 그 보초들이 돌고 있다.
النَّاسُ يَنْتَظِرُونَ عِنْدَ مَحَطَّةِ الْأُتُوبِيسِ.	الْمَحَطَّةُ يَنْتَظِرُ النَّاسُ عِنْدَهَا الْأُتُوبِيسَ.
사람들은 그 정류장에서 버스를 기다린다.	그 정류장에서 사람들이 버스를 기다린다.

→ 위의 b. c. d. e. 예들의 ①에 명사문이 기록되어 있다. 이것을 동사문으로 전환해도 같은 의미이다.

(3) 술어 부분에 풀어쓴 동명사(مَصْدَرٌ مُؤَوَّلٌ)가 오는 형태

풀어쓴 동명사(مَصْدَرٌ مُؤَوَّلٌ)는 동명사를 풀어서 문장으로 만든 것으로 영어의 that 절과 비슷한 경우라 하겠다. 자세한 내용은 이 책의 '풀어쓴 동명사에 대해' 부분을 참고하라.

사랑은 당신이 사람들을 돕는 것이다.	الْحُبُّ أَنْ تُسَاعِدَ النَّاسَ.
	술어 + 주어
내 말의 의미는 당신이 미쳤다는 것이다.	مَعْنَى كَلَامِي أَنَّكَ مَجْنُونٌ.

→ 위의 첫 번째 문장에서 술어에 أَنْ 이라는 불변사 뒤에 '동사문'이 온 것과, 두 번째 문장에서 أَنَّ 라는 불변사 뒤에 '명사문'이 온 것을 구분하라. 풀어쓴 동명사 문장도 이렇게 종류가 다르다.

다른 예들

총명함은 당신이 사람들의 말을 이해하는 것이다.	الذَّكَاءُ أَنْ تَفْهَمَ كَلَامَ النَّاسِ.
사랑은 당신이 용서하는 것이다. (분리의 대명사 هِيَ 를 사용하지 않아도 의미는 같다.)	الْمَحَبَّةُ هِيَ أَنْ تَغْفِرَ.
창의력은 당신이 새로운 것을 가져오는 것이다.	الْإِبْدَاعُ أَنْ تَأْتِيَ بِشَيْءٍ جَدِيدٍ.
그의 목표는 그가 큰 회사에서 일하는 것이다.	هَدَفُهُ أَنْ يَعْمَلَ فِي شَرِكَةٍ كَبِيرَةٍ.
그의 생각은 그녀가 아름답다는 것이다.	رَأْيُهُ أَنَّهَا جَمِيلَةٌ.

→ 풀어쓴 동명사가 술어(خَبَر)로 사용된 문장에 대한 더 많은 예를 이 책 제Ⅱ권 '풀어쓴 동명사에 대해' 부분에서 공부할 수 있다.

3. 비한정 명사(النَّكِرَة)가 주어(الْمُبْتَدَأ)로 사용되는 명사문

일반적으로 명사문에 사용되는 주어(مُبْتَدَأ)는 한정명사(مَعْرِفَة)이다. 한정명사는 정관사가 붙은 보통명사, 고유명사, 지시대명사, 인칭대명사, 한정형태의 연결형 등이다.

| ① | 그 교사는 (그) 학교에서 일한다. | الْمُدَرِّسُ يَعْمَلُ فِي الْمَدْرَسَةِ. (o) |
| ② | 주어가 비한정 명사이기에 문장이 될 수 없음 | مُدَرِّسٌ يَعْمَلُ فِي الْمَدْرَسَةِ. (×) |

위의 ① 문장에서와 같이 명사문의 주어는 보통 한정명사(مَعْرِفَة)의 형태로 사용되며, 그것이 ②와 같이 비한정 명사로 사용될 경우 문장이 성립되지 않는다. 그러나 아랍어에서 비한정 명사가 주어(مُبْتَدَأ)로 사용되어 문장이 성립되는 경우도 있다. 다음의 다섯 가지 경우를 공부하자.

1) 술어(الْخَبَر)로 사용된 유사문장(شِبْهُ الْجُمْلَة)이 주어(الْمُبْتَدَأ)보다 선행하는 경우

문장에서 술어로 사용된 유사문장이 주어로 사용된 명사보다 선행하는 경우 주어는 반드시 비한정 명사가 사용된다. 이때 이 문장의 의미는 유사문장에 사용되는 전치사나 부사의 의미에 따라 '…가 있다(there is)' 혹은 '가지고 있다(to have)' 의 의미가 된다.

(1) 전치사가 이끄는 유사문장이 술어로 사용된 경우

그 교실에 한 학생이 있다. (There is a student in the class.) (طَالِبٌ فِي الْفَصْلِ. (×) 라고 하면 문장이 될 수 없음)	فِي الْفَصْلِ طَالِبٌ. 주어 + 술어(خَبَر)
우리 집에 남자들이 있다. (There are men in our house.)	فِي بَيْتِنَا رِجَالٌ.
그 책상 위에 많은 책들이 있다. (There are many books on the desk.)	عَلَى الْمَكْتَبِ كُتُبٌ كَثِيرَةٌ.
이집트는 위대한 역사를 가지고 있다. (Egypt has a great history.)	لِمِصْرَ تَارِيخٌ عَظِيمٌ.

(2) 부사가 이끄는 유사문장이 술어로 사용된 경우

나에게 한 생각이 있다. (I have a thought.)	عِنْدِي فِكْرَةٌ. 주어 + 술어(خَبَر)
나에게 돈이 있다. (지금 돈을 지니고 있는 경우) (I have money with me.)	مَعِي نُقُودٌ.
그녀에게 한 대의 자동차가 있다. (그녀는 한 대의 자동차를 가지고 있다.) (She has a car.)	لَدَيْهَا سَيَّارَةٌ.
그 시험이후에 한 파티가 있다. (There is a party after the test.)	بَعْدَ الِامْتِحَانِ حَفْلَةٌ.
대통령 궁 앞에서 시위들이 있다. (There are demonstrations in front of the presidential palace.)	أَمَامَ الْقَصْرِ الرِّئَاسِيِّ مُظَاهَرَاتٌ.

→ 위에서 '…가 있다(there is)'의 의미와 '가지고 있다(to have)' 의 의미를 구분하라.
→ 위에서 '가지고 있다(to have)'의 의미를 가지고 있는 유사문장은 전치사 لِ 과 부사 لَدَى, مَعَ, عِنْدَ 이 사용된 문장이다. 이에 대해서는 이 책 '존재문장과 소유문장에 대해' 부분에서 공부하라.

2) 비한정 명사 앞에 의문불변사(حَرْفُ اسْتِفْهَام)나 부정어(نَفْي)가 오는 경우

의문불변사 هَلْ 이나 أ 가 사용된 문장이나, 부정어 مَا 가 사용된 문장에서 비한정 명사가 주어로 사용될 수 있다.

(1) 의문불변사(حَرْفُ اسْتِفْهَام)가 사용된 경우

의문불변사 هَلْ 이나 أ 가 사용될 때 비한정 명사가 주어로 사용될 수 있다. 이 때의 의미는 'Is there…'의 의미가 된다.

비한정 명사가 주어로 사용될 경우 어순은 술어가 먼저오고 주어가 그 뒤에 와야 한다.	طَالِبٌ فِي الْفَصْلِ؟ (×) 술어 + 주어

그러나 아래와 같이 비한정 주어 앞에 의문불변사가 오면 문장이 가능해 진다.

그 교실에 한 학생이 있는가? (Is there a student in the class?)	هَلْ طَالِبٌ فِي الْفَصْلِ؟ * 술어 + 주어

다른 문장들

노력없는 지식이 있는가? (Is there any knowledge without diligence?)	هَلْ مَعْرِفَةٌ دُونَ اجْتِهَادٍ؟
어리석은 선생이 있는가? (Is there any ignorant teacher?)	هَلْ مُدَرِّسٌ جَاهِلٌ؟
어떤 신(god)이 알라신(the God)과 함께 할 수 있는가? (Is there any god with God?)	أَإِلَهٌ مَعَ اللهِ؟
그 책상 위에 한 책이 있는가? (Is there any book on the desk?)	أَكِتَابٌ عَلَى الْمَكْتَبِ؟ *

→ 의문불변사(حَرْفُ اسْتِفْهَام)는 هَلْ 과 أ 가 있다. 위의 문장에서 هَلْ 대신에 أ를 사용하여 똑같은 의미로 사용할 수 있다. 의문불변사는 위의 문장들과 같이 항상 문장의 맨 처음에 온다. 의문불변사에 대해서는 이 책의 '의문문에 대해' 부분에서 확인하도록 하라.

** 한편 의문불변사가 사용된 문장에서 주어가 아래와 같이 한정형태로 올 수도 있다. 위에서 예로 들었던 문장을 주어가 한정형태로 오는 문장으로 만들 수 있다. 그럴 경우 의미는 'is there…?'의 의미가 아니라 아래와 같은 의미가 된다.

그 학생이 그 교실에 있는가? (Is the student in the class?)	هَلِ الطَّالِبُ فِي الْفَصْلِ؟
그 책이 그 책상 위에 있는가? (Is the book on the desk?)	أَلْكِتَابُ عَلَى الْمَكْتَبِ؟ (= أَ + الْكِتَابُ)

** 한편 위의 * 표가 있는 문장의 경우 아래와 같이 표현해도 주어가 비한정인 문장이 된다. 그러나 주어와 술어의 위치가 바뀌어 술어가 앞선 문장이 된다.

그 교실에 한 학생이 있는가? (Is there a student in the class?)	هَلْ فِي الْفَصْلِ طَالِبٌ ؟
그 책상 위에 한 책이 있는가? (Is there any book on the desk?)	أَعَلَى الْمَكْتَبِ كِتَابٌ ؟

(2) 명사문의 부정어(نَفْي)로 'مَا'가 사용된 경우

명사문을 부정하기 위해 부정어 مَا 가 사용되는 문장에서 보통명사가 주어로 사용되어 그 의미가 'There is no …'가 될 경우 그 주어는 반드시 비한정 형태로 사용된다.

그 교실에 한 학생도 없다. (There is no student in the class.)	مَا طَالِبٌ فِي الْفَصْلِ. * 술어 + 주어
노력없는 지식은 없다. (There is no knowledge without diligence.)	مَا مَعْرِفَةٌ دُونَ اجْتِهَادٍ.
어리석은 교사는 없다. (There is no ignorant teacher.)	مَا مُدَرِّسٌ جَاهِلٌ.

** 한편 위의 문장을 주어가 한정형태인 문장으로 할 경우 그 의미는 아래와 같다.

그 학생이 그 교실에 없다. (The student is not in the class.)	مَا الطَّالِبُ فِي الْفَصْلِ.
그 교사는 무지하지 않다. (The teacher is not ignorant.)	مَا الْمُدَرِّسُ جَاهِلٌ.

→ 부정어 'مَا'의 용법에 대해서 이 책 '여러가지 부정어와 부정문에 대해' 부분에서 공부하라.

** 한편 위의 * 표가 있는 문장은 아래와 같이 표현해도 주어가 비한정인 문장이 된다. (طَالِبٌ이 주어)

그 교실에 한 학생도 없다. (There is no student in the class.)	مَا فِي الْفَصْلِ طَالِبٌ.

3) 주어로 사용된 كُلُّ 의 경우 – 모양은 비한정이지만 의미는 한정인 문장

아래의 경우 주어로 사용된 단어가 كُلُّ 이다. 여기서 كُلُّ 은 그 모양이 비한정이지만 실제로 كُلُّ 뒤에 إِنْسَان 나 شَخْص 혹은 شَيْء 등이 생략되어 그 의미가 각각 '모든 인간(every human being)' 이나 '모든 사람(every person' 혹은 '모든 것(every thing)'의 의미를 가진다. 따라서 이어서 공부하게 되는 '비한정 형태의 연결형(مُضَاف إِلَيْهِ نَكِرَة)이 사용되는 경우'와 같이 실제적으로는 한정의 의미가 되는 경우이다.

모든 사람(every human being)은 음악을 좋아한다. (모든 사람 (كُلُّ إِنْسَانٍ)의 의미)	كُلٌّ يُحِبُّ الْمُوسِيقَى. 술어 + 주어
모두는 일을 해야 한다. (모든 인간 (كُلُّ إِنْسَانٍ)의 의미)(يَجِبُ عَلَى هـ أَنْ..)해야 한다....)	كُلٌّ يَجِبُ أَنْ يَعْمَلَ.
모두는 자신의 행위들에 대해 책임이 있다. (모든 인간 (كُلُّ إِنْسَانٍ)의 의미)	كُلٌّ مَسْؤُولٌ عَنْ أَفْعَالِهِ.
모두는 그의 라일라(لَيْلَى여자이름)를 위해 노래한다. (아랍 격언) (모든 사람 (كُلُّ شَخْصٍ)의 의미)	كُلٌّ يُغَنِّي لِلَيْلَاهُ.
모두(every student)는 숙제를 해야 한다. (모든 학생 (كُلُّ طَالِبٍ)의 의미)	كُلٌّ يَجِبُ أَنْ يَكْتُبَ الْوَاجِبَ.
모든 나라는 방문하는 것이 가능하다. (모든 나라 (كُلُّ بَلَدٍ)의 의미)	كُلٌّ يُمْكِنُ زِيَارَتُهُ.
모든 것에는 물이 있다. (모든 사물 (كُلُّ شَيْءٍ)의 의미)	كُلٌّ فِيهِ مَاءٌ.

→ 위에서 كُلُّ 가 의미하는 것이 사람인지 사물인지 혹은 다른 무엇인지에 대해서는 문맥에서 파악된다.

종합 아랍어 문법 II

4) 한정적 비한정 명사(نَكِرَةٌ مُحَدَّدَةٌ)가 주어(مُبْتَدَأٌ)로 사용되는 경우

한정적 비한정명사(نَكِرَةٌ مُحَدَّدَةٌ)란 비한정 명사가 다른 단어에 의해 꾸밈을 받아 의미적인 한정이 되는 경우를 말한다. 즉 아래와 같이 비한정 명사 뒤에 수식어(نَعْتٌ)가 와서 앞의 비한정 명사를 수식하는 경우, 혹은 비한정 명사 뒤에 비한정 후연결어가 와서 비한정 형태의 연결형이 되는 경우, 또는 비한정 명사 뒤에 유사문장이 와서 앞의 비한정 명사를 수식하는 경우가 그것이다. 이런 경우 형태적으로는 비한정이지만 그 뒤에 뒤따라오는 다른 단어(혹은 유사문장)가 앞의 비한정 명사를 수식하여 의미적인 한정을 이루는 경우라 할 수 있다. 이러한 문장은 속담이나 문학작품, 신문기사의 제목 등에서 사용된다.

(1) 수식어(نَعْتٌ)가 비한정 명사를 수식하는 경우

주어로 사용된 비한정 명사 뒤에 수식어가 와서 앞의 비한정 명사를 수식하는 경우이다.

한 유능한 선생님이 그 학교에서 일한다.(A clever teacher is working in the school.) * (= يَعْمَلُ مُدَرِّسٌ مَاهِرٌ فِي الْمَدْرَسَةِ.)	مُدَرِّسٌ مَاهِرٌ يَعْمَلُ فِي الْمَدْرَسَةِ.
한 게으른 학생이 그 시험에 떨어졌다. (= رَسَبَ طَالِبٌ كَسُولٌ فِي الاِمْتِحَانِ.)*	طَالِبٌ كَسُولٌ رَسَبَ فِي الاِمْتِحَانِ.
한 노란 꽃이 시들었다. *(= ذَبَلَتْ زَهْرَةٌ صَفْرَاءُ.)	زَهْرَةٌ صَفْرَاءُ ذَبَلَتْ.
친구 같은 개는 개같은 친구보다 낫다. (아랍 속담) (여기서 두번째 كَلْبٌ 는 수식어로 사용되었다.)	كَلْبٌ صَدِيقٌ خَيْرٌ[1] مِنْ صَدِيقٍ كَلْبٍ.
이집트 법원, 앗쌀렘 98호 페리 선박 소유주의 무죄를 선고하다(신문 기사 제목)	مَحْكَمَةٌ مِصْرِيَّةٌ تُبَرِّئُ[2] مَالِكَ الْعَبَّارَةِ السَّلَام 98
내가 그 지진들로 인해 집없는 사람들을 보았을 때 인간적인 감정이 나에게 넘쳐났다.	عَاطِفَةٌ إِنْسَانِيَّةٌ غَمَرَتْنِي حِينَ رَأَيْتُ مُشَرَّدِي الزَّلَازِلِ.
악하고 음란한 세대가 표적을 구한다. (성경 마태복음16:4)	جِيلٌ شِرِّيرٌ فَاسِقٌ يَلْتَمِسُ آيَةً.

→ 위에서 파란색으로 표기된 단어들이 그 앞의 비한정 명사를 수식하는 수식어이다.

→ 위에서 * 표가 있는 작은 글씨의 문장들은 명사문이 아니라 동사로 시작하는 동사문이다. 이 문장들이 더 일반적이고 많이 사용되는 문장이라 할 수 있다. 동사문에 대해서는 곧 공부한다.

(2) 비한정 형태의 연결형(مُضَافٌ إِلَيْهِ نَكِرَةٌ)이 사용되는 경우

주어로 사용된 비한정 명사 뒤에 비한정 형태의 후연결어가 와서 의미를 한정 시키는 경우이다.

한 선생님의 한 자동차가 그 문 앞에 멈춰있다. (A teacher's car is standing in front of the door.)	سَيَّارَةُ مُدَرِّسٍ وَاقِفَةٌ أَمَامَ الْبَابِ.
한 대학생이 한 젊은 여자를 때렸다. (= ضَرَبَ طَالِبُ جَامِعَةٍ فَتَاةً.)*	طَالِبُ جَامِعَةٍ ضَرَبَ فَتَاةً.

---

[1] خَيْرٌ مِنْ = أَفْضَلُ مِنْ ...보다 나은(better than)　خَيْرٌ 선한(good) ; 선함　خَيِّرٌ 좋은, 선량한, 착한, 호의적인

[2] بَرَّأَ/يُبَرِّئُ ه مِنْ ... 를 무죄로 인정하다　تَبَرَّأَ - بَرِئَ/يَبْرَأُ مِنْ ... 죄없이 되다, 면죄되다

제2과 명사문에 대해

한 대학교수가 그 모임에 참석했다. (= حَضَرَ أُسْتَاذُ جَامِعَةٍ الاِجْتِمَاعَ.)*	أُسْتَاذُ جَامِعَةٍ حَضَرَ الاِجْتِمَاعَ.
동정을 구하는(구걸하는) 한 사람이 보도에 앉아 있다.	طَالِبُ إِحْسَانٍ جَالِسٌ عَلَى الرَّصِيفِ.
한 장관의 한 자동차가 여기를 지날 것이다. (= سَتَمُرُّ سَيَّارَةُ وَزِيرٍ مِنْ هُنَا.)*	سَيَّارَةُ وَزِيرٍ سَتَمُرُّ مِنْ هُنَا.
한 경찰 장교가 한 마이크로버스 운전수를 죽이다. (신문 기사 제목)	ضَابِطُ شُرْطَةٍ يَقْتُلُ سَائِقَ مَيكُرُوبَاص.

→ 위의 * 표가 있는 문장(괄호안의 문장)들이 더 일반적이고 많이 사용되는 문장이다.
→ 위에서 * 표가 있는 문장들은 명사문이 아니라 동사로 시작하는 동사문이다. 이에 대해서는 곧 공부한다.

** 한정형태의 연결형과 비한정형태의 연결형 의미 비교

한 장관의 한 자동차가 여기를 지날 것이다. (여러 명의 장관들 가운데 어느 장관인지 모를 경우)	سَيَّارَةُ وَزِيرٍ سَتَمُرُّ مِنْ هُنَا.
그 장관의 그 자동차가 여기를 지날 것이다. (화자나 청자가 그 장관이 누구인지 알고 있을 경우, 혹은 장관이 한 사람 밖에 없을 경우. 예를들어 내무부 직원이 سَيَّارَةُ الْوَزِيرِ 라고 하면 자신들의 내무부 장관의 자동차란 말이 된다.)	سَيَّارَةُ الْوَزِيرِ سَتَمُرُّ مِنْ هُنَا.

→ 연결형의 자세한 의미 차이에 대해서는 이 책 '연결형에 대해' 부분에서 확인하라.

(3) 유사문장(شِبْهُ الْجُمْلَةِ)이 비한정 명사를 수식하는 경우

주어로 사용된 비한정 명사 뒤에 유사문장이 와서 앞의 비한정 명사를 수식하는 경우이다. (아래의 파란색 표기들은 유사문장들이다.)

그 집 앞에 있는 한 자동차는 움직인다.	سَيَّارَةٌ أَمَامَ الْبَيْتِ تَتَحَرَّكُ. 술어 + 주어
나의 책상 위에 있는 책들이 읽기를 기다리고 있다.	كُتُبٌ فَوْقَ مَكْتَبِي تَنْتَظِرُ الْقِرَاءَةَ.
한국에서 온 학생들은 부지런하다.	طُلَّابٌ مِنْ كُورِيَا مُجْتَهِدُونَ.
관대한 사람들 중 한 사람이 우리 집에 있다. (كَرِيمٍ/كِرَامٍ) (= عِنْدَنَا رَجُلٌ مِنَ الْكِرَامِ.)*	رَجُلٌ مِنَ الْكِرَامِ عِنْدَنَا.
عُصْفُورٌ فِي الْيَدِ خَيْرٌ مِنْ عَشَرَةٍ عَلَى الشَّجَرَةِ. 손에 있는 한 마리 참새가 나무에 있는 10마리 참새보다 낫다. (아랍 속담)	
مَسْؤُولٌ فِي الْأَزْهَرِ يُؤَيِّدُ حَظْرَ النِّقَابِ فِي فَرَنْسَا. 알아즈하르의 한 책임자, 프랑스에서의 니깝을 금지하는 것을 지지하다. (신문 기사 제목)	

→위의 경우들은 유사문장이 수식어로 사용된 경우이다. 여기에 대해서는 이 책 '수식어에 대해' 부분을 보자.

** 아래의 문장의 의미를 비교하자.

알아즈하르의 책임자가 여러명 있고, 그 중의 한 명이 니깝 착용 금지를 지지하는 경우	مَسْؤُولٌ فِي الْأَزْهَرِ يُؤَيِّدُ حَظْرَ النِّقَابِ فِي فَرَنْسَا.
알아즈하르의 책임자가 한 사람밖에 없을 경우, 혹은 다른 사람이 알고 있는 그 책임자일 경우	الْمَسْؤُولُ فِي الْأَزْهَرِ يُؤَيِّدُ حَظْرَ النِّقَابِ فِي فَرَنْسَا.

종합 아랍어 문법 II

** 아래 문장들을 비교하자.

아래 세 문장은 모두 문장 구조상 명사문이다. 그러나 실제 사용에 있어서 다른 점이 있다.

①		(일반적인 문장에서 많이 사용되지 않음)	مُدَرِّسٌ مَاهِرٌ فِي الْمَدْرَسَةِ.
②		그 학교에 한 유능한 선생님이 있다. (There is a clever teacher in the school.)	فِي الْمَدْرَسَةِ مُدَرِّسٌ مَاهِرٌ.
③		한 유능한 선생님이 그 학교에서 일한다.	مُدَرِّسٌ مَاهِرٌ يَعْمَلُ فِي الْمَدْرَسَةِ.
①		(일반적인 문장에서 많이 사용되지 않음)	سَيَّارَةُ مُدَرِّسٍ أَمَامَ الْبَابِ.
②		그 문 앞에 한 선생님의 한 자동차가 있다. (There is a teacher's car in front of the door.)	أَمَامَ الْبَابِ سَيَّارَةُ مُدَرِّسٍ.
③		한 선생님의 자동차가 그 문 앞에 서 있다.	سَيَّارَةُ مُدَرِّسٍ وَاقِفَةٌ أَمَامَ الْبَابِ.

→①은 구조상 한정적 비한정 명사가 주어로 사용된 명사문이라 할 수 있다. 그러나 아랍 사람들은 같은 의미의 문장을 ②로 표현한다. ①은 신문기사제목에 주로 사용되며 일반적으로는 많이 사용되지 않는다. ②는 유사문장인 술어가 먼저 오고 비한정 주어가 뒤에 온 명사문으로 많이 사용되는 형태이다. 이에비해 ③에서는 각각 동사(يَعْمَلُ)와 능동분사(وَاقِفَةٌ)가 술부에 사용되면서 안정된 술부가 되었다.

** 아래는 ①의 방식이 신문기사제목에 사용된 예이다.

콥틱 교회에 가해진 유혈공격 (신문제목이기에 구(句)로 해석하는 것이 낫다)	هُجُومٌ دَمَوِيٌّ عَلَى الْكَنِيسَةِ الْقِبْطِيَّةِ.
일본에서의 파괴적 지진 (신문제목이기에 구(句)로 해석하는 것이 낫다)	زِلْزَالٌ مُدَمِّرٌ فِي الْيَابَانِ.

5) 대등접속사(حَرْفُ الْعَطْفِ)로 연결된 비한정 명사가 주어로 사용되는 경우

아래와 같이 비한정 형태의 단어가 대등접속사(حَرْفُ الْعَطْفِ)와 و 나 أَوْ 혹은 لَا 와 연결될 때 그 두 단어가 주어가 될 수 있다. 대등접속사에 대해서는 이 책 '접속명사(الْاِسْمُ الْمَعْطُوفُ)와 대등접속사(حَرْفُ الْعَطْفِ)에 대해' 부분에서 공부하라.

한 소년과 한 소녀가 그 자동차에 있다. (= فِي السَّيَّارَةِ صَبِيٌّ وَصَبِيَّةٌ.)	صَبِيٌّ وَصَبِيَّةٌ فِي السَّيَّارَةِ.
한 책과 한 펜이 그 책상 위에 있다. (= عَلَى الْمَكْتَبِ كِتَابٌ وَقَلَمٌ.)	كِتَابٌ وَقَلَمٌ عَلَى الْمَكْتَبِ.
한 한국 사람과 한 미국 사람이 아랍어를 공부한다.	كُورِيٌّ وَأَمْرِيكِيٌّ يَدْرُسَانِ اللُّغَةَ الْعَرَبِيَّةَ.
한 소년 혹은 한 소녀가 그 자동차에 있다. (= فِي السَّيَّارَةِ صَبِيٌّ أَوْ صَبِيَّةٌ.)	صَبِيٌّ أَوْ صَبِيَّةٌ فِي السَّيَّارَةِ.
한 책 혹은 한 펜이 그 책상 위에 있다. (= عَلَى الْمَكْتَبِ كِتَابٌ أَوْ قَلَمٌ.)	كِتَابٌ أَوْ قَلَمٌ عَلَى الْمَكْتَبِ.
한 소녀가 아니라 한 소년이 그 자동차에 있다. (= فِي السَّيَّارَةِ وَلَدٌ لَا بِنْتٌ.)	وَلَدٌ لَا بِنْتٌ فِي السَّيَّارَةِ.
내 아버지는 한 자전거가 아니라 한 자동차를 구입했다.	سَيَّارَةً لَا دَرَّاجَةً اشْتَرَاهَا أَبِي.

→위의 괄호안에 작은 글자로 기록된 문장이 더 일반적이고 많이 사용되는 문장이다. 이럴 경우 술어(خَبَرٌ)로 사용된 유사문장이 주어(مُبْتَدَأٌ)보다 선행하는 명사문이 된다.

제 2과 명사문에 대해

4. 주어와 술어 둘 다 한정명사(الْمُبْتَدأ وَالْخَبَر مَعْرِفَتَان)를 사용하는 경우

지금까지는 주로 주어가 한정형태이고 술어가 비한정 형태의 문장을 공부했다. 여기서는 주어와 술어 둘 다 한정형태인 경우를 공부한다. 주어와 술어가 한정형태인 문장의 의미에 대해서는 아랍어 구문론(النَّحْو)에서 다루어지기보다 주로 아랍어 수사학(الْبَلَاغَة)에서 다루어진다.

주어와 술어가 한정형태인 문장의 의미는 세 가지로 나눌 수 있다. 먼저는 화자와 청자가 알고 있는 내용에 대한 것(영어의 일반적인 the 의 의미)에 대한 의미이고, 두 번째는 이상적인 것(الْمِثَالِيَّة)에 대한 의미이며, 세 번째는 배타적 제한(الْحَصْر)의 의미이다.

1) 화자와 청자가 알고 있는 내용에 대한 것 – 영어의 The 의 의미

아랍어 명사문의 가장 일반적인 형태는 주어가 한정형태이고 술어가 비한정 형태이다.

싸미르는 학생이다. (Samir is a student.)	سَمِيرٌ طَالِبٌ. 술어 + 주어
이것은 자동차이다. (This is a car.)	هَذِهِ سَيَّارَةٌ.

위의 두 문장의 술어에 الـ 을 추가해 보자. 그러면 아래와 같이 주어와 술어가 한정형태인 문장이 된다. 이 때 주어와 술어를 쉽게 구분하기 위해 분리의 인칭대명사(ضَمِير الْفَصْل)를 주로 사용한다.

싸미르는 (바로) 그 학생이다. (Samir is the student.)	سَمِيرٌ هُوَ الطَّالِبُ. 술어 + 주어
이것이 (바로) 그 자동차이다. (This is the car.)	هَذِهِ هِيَ السَّيَّارَةُ.

위의 문장에 사용된 الـ 의 의미는 영어의 정관사 the 와 흡사하다. 즉 대화를 하고 있는 사람들에게 이미 언급되었거나 서로 알고 있는 내용에 대해 말하는 경우이다.

이 경우의 문장은 아래와 같이 관계대명사를 사용하여 문장을 계속할 수 있는 경우이다. 즉 화자와 청자는 그 뒤에 특정한 관계종속절 문장이 올 것을 기대하고 있는 상황이다.

싸미르는 (*내가 어제 만난) 그 학생이다.	سَمِيرٌ هُوَ الطَّالِبُ (الَّذِي قَابَلْتُهُ أَمْسِ*).
이것이 (*내 친구가 말한) 그 자동차이다.	هَذِهِ هِيَ السَّيَّارَةُ (الَّتِي تَحَدَّثَ عَنْهَا صَدِيقِي*).

→ 위의 * 부분은 관계종속절(관계대명사 이후의 문장)의 한 예이다.

다른 예들

알리가 (바로) 그 노동자이다.	عَلِيٌّ هُوَ الْعَامِلُ.
모나가 (바로) 그 의사이다.	مُنَى هِيَ الطَّبِيبَةُ.
그들이 (바로) 그 선수들이다.	هَؤُلَاءِ هُمُ اللَّاعِبُونَ.
그녀들이 (바로) 그 부인들이다.	هَؤُلَاءِ هُنَّ الزَّوْجَاتُ.

2) 이상적인 것(الْمِثَالِيَّة)을 의미하는 경우

아래는 주어가 한정형태이고 술어가 비한정 형태의 문장이다. 아래의 술어에 보통명사가 사용되었다.

싸미르는 학생이다. (Samir is a student.)	سَمِيرٌ طَالِبٌ. 술어 + 주어
이것은 자동차이다. (This is a car.)	هَذِهِ سَيَّارَةٌ.

위 문장의 술어에 ال 을 추가해 보자. 그러면 주어와 술어 둘 다 한정형태가 되어 아래와 같은 이상적인 것(الْمِثَالِيَّة)을 의미하는 문장이 될 수 있다.

싸미르야말로 최고의(이상적인) 학생이다. (Samir is how a student should be.)	سَمِيرٌ هُوَ الطَّالِبُ. 술어 + 주어
이것이야말로 최고의(이상적인) 자동차이다. (This is how a car should be.)	هَذِهِ هِيَ السَّيَّارَةُ.

→위의 첫 번째 문장의 경우 교사가 싸미르를 지칭하며 '싸미르야말로 최고의 학생이야!'라고 칭찬할 때 사용하는 표현이다. 위의 두 번째 문장의 경우 어떤 사람이 고급차를 구입했다고 가정하자. 그 자동차를 타고 나서 그것에 매료되어 '그래! 이것이야말로 최고의 자동차야'라고 할 수 있다. 이때의 의미는 자동차들 가운데 이것이 가장 이상적이거나 최고의 것이란 의미이다.
→이러한 이상적인 의미의 문장은 문맥 가운데서 정확한 의미가 파악된다.
→위 문장의 경우 앞의 '화자와 청자가 알고 있는 내용에 대한 것'의 의미도 가능하다.

다른 예들

이것이야말로 최고의 이야기이다. (최고의 이야기 혹은 이상적인 이야기라는 의미)	هَذِهِ هِيَ الْقِصَّةُ.
나기브 마흐푸즈야말로 작가이다. (최고의 작가란 의미)	نَجِيب مَحْفُوظ هو الْكَاتِبُ.
세익스피어야말로 (최고의) 문학가이다.	شَكْسبِير هُوَ الْأَدِيبُ.
메시야말로 (축구) 선수이다. (최구의 선수라는 의미)	مِسِّي هُوَ اللَّاعِبُ.
레오나르도 다빈치야말로 (최고의) 화가이다.	لِيونَارِدو دافنشي هُوَ الرَّسَّامُ.

→위의 문장들의 경우 앞의 '화자와 청자가 알고 있는 내용에 대한 것'의 의미도 가능하다.

3) 배타적 제한(الْحَصْر)의 의미를 가지는 경우 – 주어와 술어가 대칭구조를 이룰 때

주어와 술어가 한정형태인 문장은 배타적 제한(الْحَصْر) 혹은 (الْقَصْر)의 의미를 가질 수 있다. 배타적 제한이란 주어의 의미가 오직 술어에만 제한되는 의미를 말하며 (혹은 주어의 의미가 오직 술어에만 해당되는) '오직(only)' 혹은 '곧'으로 번역할 수 있다.

삶은 오직 사랑이다. (삶에 있어서 사랑외에는 다른 것은 없다.)	الْحَيَاةُ هِيَ الْحُبُّ. 술어 + 주어
종교는 오직 처신하는 것이다. (처신하는 것 이외에 다른 것은 없다.)	الدِّينُ هُوَ الْمُعَامَلَةُ.

위 문장의 형태적 특징은 주어와 술어 양쪽에 الـ 이 붙어서 양쪽이 대칭(مُتَسَاوِيَانِ فِي التَّعْرِيفِ)을 이룬다는 것이다. 즉 주어와 술어 양쪽이 대칭이 되는 문장(مُتَسَاوِيَانِ فِي التَّعْرِيفِ)의 경우 배타적 제한의 의미를 가진다. (즉 주어에도 الـ 이 붙은 한 단어가 사용되었고 술어에도 الـ 이 붙은 한 단어가 사용되었다)

이러한 배타적 제한의 의미를 가진 문장에서는 주어와 술어의 성(性)의 일치를 고려하지 않는다. 하지만 문장에서 주어와 술어 사이에 배타적 제한의 의미가 있는지를 고려해야 한다. 즉 아무 명사나 사용하는 것이 아니라 주어와 술어 사이에 의미상 배타적 제한의 의미가 성립되는지 살펴보아야 한다.

물은 곧 생명이다.	الْمَاءُ هُوَ الْحَيَاةُ.
생명은 곧 물이다. (사용되지 않음 ×) (문법적으로 틀리지 않았으나 의미가 통하지 않음)	الْحَيَاةُ هِيَ الْمَاءُ. (غَيْرُ مُسْتَخْدَمَةٍ ×)

다른 예들

기독교는 오직 사랑이다.	الْمَسِيحِيَّةُ هِيَ الْحُبُّ.
이슬람만이 오직 해법이다.	الْإِسْلَامُ هُوَ الْحَلُّ.
교육이 오직 출구(해법)이다.	التَّعْلِيمُ هُوَ الْمَخْرَجُ.
민주주의 만이 오직 희망이다.	الدِّيمُقْرَاطِيَّةُ هِيَ الْأَمَلُ.
가장 나은 학생은 오직 가장 똑똑한 학생이다. (주어와 술어가 연결형 꼴로 대칭을 이룸)	أَحْسَنُ الطُّلَّابِ أَذْكَى الطُّلَّابِ. *
가장 나은 사람들은 사람들을 더 사랑하는 사람들이다. (The best people are the ones who love people more.)	أَفْضَلُ النَّاسِ أَحَبُّهُمْ[1] لِلنَّاسِ. *

→ 위의 * 문장의 경우 주어와 술어가 연결형 꼴로 대칭을 이룬 경우이다.

---

[1] اللُّغَةُ الْعَرَبِيَّةُ أَحَبُّ إِلَيَّ مِنَ اللُّغَةِ الْإِنْجِلِيزِيَّةِ. 아랍어는 영어보다 내가 더 사랑한다.(우선급 명사)
أَنَا أُحِبُّ اللُّغَةَ الْعَرَبِيَّةَ أَكْثَرَ مِنَ اللُّغَةِ الْإِنْجِلِيزِيَّةِ. 나는 영어보다 아랍어를 더 사랑한다.(동사)

분리의 인칭대명사가 사용되지 않은 경우

한편 앞의 배타적 제한 의미의 문장들은 아래와 같이 분리의 인칭대명사 없이 사용될 수도 있다. 이 경우 주어(مُبْتَدَأ)와 술어(خَبَر)의 구분이 없어 문장이 어렵게 느껴지지만 많이 사용되는 문장이다.

삶은 오직 사랑이다.		الْحَيَاةُ الْحُبُّ.
물은 곧 생명이다.		الْمَاءُ الْحَيَاةُ.
종교는 오직 처신하는 것이다. (처신하는 것 이외에 다른 것은 없다.)		الدِّينُ الْمُعَامَلَةُ.
기독교는 오직 사랑이다.		الْمَسِيحِيَّةُ الْحُبُّ.
이슬람만이 오직 해법이다.		الْإِسْلَامُ الْحَلُّ.
교육이 출구(해법)이다.		التَّعْلِيمُ الْمَخْرَجُ.
민주주의 만이 오직 희망이다.		الدِّيمُقْرَاطِيَّةُ الْأَمَلُ.

주어와 술어가 대칭구조가 아니지만 배타적 제한의 의미를 가지는 경우

다음의 예문들은 주어와 술어가 대칭구조(مُتَسَاوِيَانِ فِي التَّعْرِيفِ)가 아니지만 의미적으로 배타적 제한의 의미를 취하는 경우이다. 대칭구조가 아닌 문장이 배타적 제한의 의미를 가지는 것은 문맥에서 결정된다.

내가 오직 길이다.(성경 요한복음 14:6) (I am the only way.)	أَنَا هُوَ الطَّرِيقُ.
그(알라신)는 압도하는 존재이다.(꾸란 6:18) (He is the irresistible.)	هُوَ الْقَاهِرُ.

→ 위 문장에서는 주어에 인칭대명사가 사용되었고 술어에 ـلا 이 붙은 한 단어가 사용되었다.

배타적 제한의 의미는 문맥에서 최종 결정된다고 볼 수 있다. 이 주제는 아랍어 수사학(الْبَلَاغَة)에서 다루어진다. 이 책 '심화학습 – 배타적 제한(الْحَصْر 혹은 الْقَصْر) 문장에 대해'에서 다른 예들을 보라.

5. 명사문의 문장 순서 (تَرْتِيبُ الْجُمْلَةِ)

일반적인 명사문의 문장 순서는 주어가 먼저 오고 그 뒤에 술어가 오는 것이다. 이러한 문장들 가운데는 주어와 술어가 바뀌어도 문장이 성립되는 경우도 있다. 또한 문장에 따라서는 반드시 주어가 술어보다 먼저 와야 문장이 성립되는 경우도 있고, 반드시 술어가 주어보다 먼저 와야 문장이 성립되는 경우도 있다. 이러한 여러가지 경우들을 살펴보자.

이 시는 아름답다.	هَذَا الشِّعْرُ جَمِيلٌ. 술어 + 주어

그러나 술어의 내용을 강조하기 위해 아래와 같이 주어보다 술어가 먼저 오는 문장도 허용된다.

아름답구나, 이 시는. (아름답다는 것을 강조) (문학적 표현으로 사용된다. 일반적인 순서는 아니다.)	جَمِيلٌ هَذَا الشِّعْرُ. 주어 + 술어

아래와 같은 문장은 '금지'란 의미를 강조하기 위해 술어가 먼저 온 경우로서 순서를 바꾸는 것이 허용된다.

흡연 금지 ('금지'란 말을 먼저 사용하여 금지된 것을 강조한다)	مَمْنُوعٌ التَّدْخِينُ. 주어 + 술어

이와같이 일반적인 명사문은 주어가 먼저 오고 술어가 나중에 온다. 또한 문학적인 표현 등에서 의미의 강조를 위해 술어가 먼저 오는 것이 허용되기도 한다. 그러나 다음의 경우들은 반드시 주어가 술어보다 먼저 오거나 반드시 술어가 주어보다 먼저와야 하는 경우이다.

1) 반드시 주어가 술어보다 먼저 와야하는 경우

(1) 술어(الْخَبَر)에 문장이 올 경우

명사문의 술어(خَبَر)에 명사문이나 동사문이 올 경우 그 문장의 주어(مُبْتَدَأ 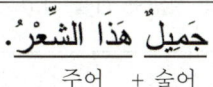)는 항상 술어보다 먼저 와야 한다. 아래의 예들을 보자.

a. 술어가 명사문일 때

그 시인의 시는 아름답다.	الشَّاعِرُ قَصِيدَتُهُ جَمِيلَةٌ. 술어 + 주어

이 문장의 술어가 주어보다 먼저 오게 되면 문장이 성립되지 않는다.

문장이 성립되지 않음	قَصِيدَتُهُ جَمِيلَةٌ الشَّاعِرُ (×)

따라서 명사문의 술어(خَبَر)가 명사문일때 그 주어는 항상 술어보다 먼저 와야 한다.

다른 예들

그 자동차의 색깔은 아름답다.	السَّيَّارَةُ لَوْنُهَا جَمِيلٌ.
우리의 자동차는 새것이다.	نَحْنُ سَيَّارَتُنَا جَدِيدَةٌ.
그 아이들의 아버지는 의사이다.	الأَطْفَالُ أَبُوهُمْ طَبِيبٌ.

b. 술어가 동사문일 때

다음과 같이 술어가 동사문일 경우 반드시 주어가 술어보다 먼저 와야 한다.

그 시인은 시를 적었다.	الشَّاعِرُ كَتَبَ الْقَصِيدَةَ.[1] 술어 + 주어

이 문장의 술어를 주어보다 먼저오게 하면 다음과 같이 된다.

그 시인은 시를 적었다. (이 문장은 명사문이 아니라 동사문이 되었다)	كَتَبَ الْقَصِيدَةَ الشَّاعِرُ. 주어 + 목적어 + 동사

이 문장을 아래와 같이 바꾸면 더 일반적인 문장이 된다.

그 시인은 시를 적었다. (이 문장도 명사문이 아니라 동사문이다)	كَتَبَ الشَّاعِرُ الْقَصِيدَةَ. 목적어 + 주어 + 동사

그러나 위의 두 문장은 더 이상 명사문이 아니라 동사문이 되어버린다. 왜냐하면 문장이 동사로 시작되었기 때문이다. 따라서 명사문의 술어(خَبَر)가 동사문인 경우 반드시 주어(مُبْتَدَأ)가 먼저 와야 명사문이 성립된다.

다른 예들

그 소년들은 그 음식을 먹었다.	الصِّبْيَانُ[2] أَكَلُوا الطَّعَامَ.
그 소녀는 그 공원에서 놀고 있다.	الصَّبِيَّةُ تَلْعَبُ فِي الْحَدِيقَةِ.
그 두 교사는 말한다.	الْمُدَرِّسَانِ يَتَكَلَّمَانِ.

---

[1] قَصِيدَةٌ/ قَصَائِدُ 시 한편(poem) شِعْرٌ/ أَشْعَارٌ 시 (poetry) (총칭으로서의)
[2] صَبِيٌّ/ صِبْيَانٌ، صُبْيَانٌ 소년 صَبِيَّانِ 두 소년 صِبْيَانٌ أَو صُبْيَانٌ 소년들

(2) 주어와 술어가 배타적 제한(الحَصْر)의 의미를 가질 경우

앞에서 우리는 주어와 술어가 배타적 제한의 의미로 사용되는 문장에 대해 공부하였다. 주어와 술어가 대칭구조를 이루어 배타적 제한의 의미를 가질 경우 반드시 주어가 술어보다 먼저 와야 한다. 만일 주어와 술어를 뒤바꿀 경우 아래의 ② 문장과 같이 그 의미가 완전히 뒤바뀌거나 의미가 통하지 않는 문장이 된다.

①	삶은 오직 사랑이다. (삶의 중요성을 표현) الحَيَاةُ 가 주어이다)	الحَيَاةُ هِيَ الحُبُّ.
②	사랑은 오직 삶이다. (사랑의 중요성을 표현) الحُبُّ 가 주어이다)	الحُبُّ هُوَ الحَيَاةُ.

→ '삶은 오직 사랑이다'란 문장의 의미를 위해서는 ①과 같이 الحَيَاةُ 가 반드시 주어로 사용되어야 한다.

①	민주주의만이 희망이다.	الدِّيمُقْرَاطِيَّةُ هِيَ الأَمَلُ.
②	희망은 민주주의 뿐이다. (사용되지 않음) (문법적으로 틀리지 않았으나 의미가 통하지 않음)	الأَمَلُ هُوَ الدِّيمُقْرَاطِيَّةُ. (غَيْرُ مُسْتَخْدَمَةٍ)

①	종교는 오직 처신하는 것이다.	الدِّينُ هُوَ المُعَامَلَةُ.
②	처신하는 것은 오직 종교이다. (사용되지 않음) (문법적으로 틀리지 않았으나 의미가 통하지 않음)	المُعَامَلَةُ هِيَ الدِّينُ. (غَيْرُ مُسْتَخْدَمَةٍ)

따라서 주어와 술어가 대칭구조를 이루어 'A는 오직 B이다'라는 문장을 만들려고 할 경우 반드시 A가 주어로 사용되어져야 한다.

(3) 의문대명사(اسْمُ اسْتِفْهَامٍ)가 주어로 사용되는 경우

의문대명사가 사용된 의문문은 반드시 의문대명사로 문장을 시작한다. 아래의 문장을 보면 의문대명사가 의문문의 주어로 사용된 것을 알 수 있다. 따라서 이 경우 주어는 술어보다 항상 먼저 와야 한다.

누가 이 시를 기록하였습니까?	مَنْ كَتَبَ هَذِهِ القَصِيدَةَ؟ 술어 + 주어
어제 무엇이 당신과 함께 있었습니까? (무엇을 가지고 있었습니까?)	مَاذَا كَانَ مَعَكَ أَمْسِ؟
교실에 누가 있습니까?	مَنْ فِي الفَصْلِ؟
이름이 아흐마드인 사람이 누구입니까?	مَنِ اسْمُهُ أَحْمَدُ؟
집이 카이로에 있는 사람이 누구입니까?	مَنْ بَيْتُهُ فِي القَاهِرَةِ؟

→ 위의 문장들의 주어와 술어를 구분하는 방법은 이 질문들의 답을 말해 보는 것이다. 즉 مَنْ كَتَبَ هَذِهِ القَصِيدَةَ 의 답을 مُحَمَّدٌ 이라고 한다면, 주어인 مَنْ 과 호응하는 مُحَمَّدٌ كَتَبَ هَذِهِ القَصِيدَةَ 가 주어가 되는 것을 알 수 있다.

→ 의문대명사가 문장에서 주어나 술어 혹은 목적어 등의 어떤 기능으로 사용되는지에 대해서는 이 책 '의문문에 대해' 부분에서 확인하라.

(4) 술어에 사용된 소유격 접미 인칭 대명사가 그 앞의 주어를 지칭하는 경우

무함마드는 그의 집에 있다. (인칭대명사 ه 는 앞의 مُحَمَّدٌ 를 가리킴)	مُحَمَّدٌ فِي بَيْتِهِ. 술어 + 주어	
그 여자 아이는 그녀의 엄마 앞에 있다. (인칭대명사 ها 는 앞의 الطِّفْلَةَ 를 가리킴)	الطِّفْلَةُ أَمَامَ أُمِّهَا. 술어 + 주어	

후연결어로 사용된 소유격 접미 인칭대명사(ضَمَائِرُ الْجَرِّ الْمُتَّصِلَةِ)는 항상 그 앞에 있는 단어를 지칭한다. 여기서는 술어에 사용된 소유격 접미 인칭대명사가 주어를 지칭하므로 반드시 주어가 먼저 오고 술어가 그 뒤에 와야 한다.

한편 아래와 같이 소유격 접미 인칭대명사가 붙은 명사가 문장에서 먼저 사용되면 소유격 접미 인칭대명사가 지칭할 수 있는 대상이 없어지게 되므로 이런 문장은 성립되지 않는다.

문장이 성립되지 않음	فِي بَيْتِهِ مُحَمَّدٌ (×)

다른 예들

그 학생은 그의 학교 앞에 있다.	الطَّالِبُ أَمَامَ مَدْرَسَتِهِ.
그 여자 교사는 그녀의 교실 안에 있다.	الْمُدَرِّسَةُ دَاخِلَ فَصْلِهَا.
그 소년들은 그들의 아버지와 함께 있다.	الصِّبْيَانُ مَعَ أَبِيهِمْ.
그 소녀들은 그녀들의 자동차 안에 있다.	الصَّبَايَا[1] فِي سَيَّارَتِهِنَّ.

---

[1] صَبِيَّةٌ/صَبَايَا 소녀   صِبْيَانٌ أَو صُبْيَانٌ 소년들

2) 반드시 술어가 주어보다 먼저 와야 할 경우

일반적인 명사문에서는 주어가 먼저 오고 그 뒤에 술어가 온다. 그러나 아래의 문장들에서는 반드시 술어가 주어보다 먼저와야 한다.

(1) 술어가 유사문장(شِبْهُ الْجُمْلَةِ)이고 주어가 비한정 명사일 경우

우리는 앞에서 술어로 사용된 유사문장(شِبْهُ الْجُمْلَةِ)이 문장에서 먼저 사용되고 그 뒤에 주어인 비한정 명사가 나중에 오는 문장에 대해서 공부하였다. 그 경우 주어로 비한정 명사가 사용되고, 그 의미는 '..이 있다(there is)' 혹은 '..을 가지고 있다(to have)'가 된다고 하였다. 이와같은 문장을 만들기 위해서는 반드시 술어가 먼저와야 하고 주어가 나중에 와야한다.

바다에 물고기들이 있다. (There are fish in the sea. 정해지지 않은 물고기들)	فِي الْبَحْرِ سَمَكٌ. 주어 + 술어

→ 위의 문장에서 술어가 주어보다 먼저 사용되어 정상적인 문장이 되었다. 이는 술어가 유사문장이고, 주어가 비한정 명사일 경우에만 해당된다.

다른 예들

우리 집에 손님들이 있다. (We have guests.)	عِنْدَنَا ضُيُوفٌ.
우리 집에 한 남자가 있다.	فِي بَيْتِنَا رَجُلٌ.
그 책상 위에 펜들이 있다.	عَلَى الْمَكْتَبِ أَقْلَامٌ.

** 위의 문장들과 아래의 문장들과의 의미상 차이를 확인하라.

아래의 ①은 술어가 유사문장이고 주어가 비한정 명사인 명사문이고, ②는 주어가 한정명사인 일반적인 명사문이다.

①	바다에 물고기들이 있다. (There are fish in the sea. 정해지지 않은 물고기들)	فِي الْبَحْرِ سَمَكٌ.
②	그 물고기들이 바다에 있다. (The fish are in the sea. 정해진 물고기들)	السَّمَكُ فِي الْبَحْرِ.
①	우리 집에 손님들이 있다. (정해지지 않은 여러 손님들)	عِنْدَنَا ضُيُوفٌ.
②	그 손님들이 우리 집에있다. (정해진 그 손님들)	الضُّيُوفُ عِنْدَنَا.

(2) 주어에 결합된 소유격 접미 인칭대명사가 선행된 술어의 특정 단어를 지칭하는 경우

아래는 술어에 유사문장이 왔고 주어에 소유격 접미 인칭대명사(ضَمَائِرُ الْجَرِّ الْمُتَّصِلَةِ)가 붙은 한정형태의 명사가 왔다. 이 때 이 인칭대명사는 그 앞에 사용된 술어를 가리킨다. 이 경우 앞의 특정 단어를 지칭해야 하기에 반드시 술어가 먼저 오고 주어가 뒤에 와야 한다.

모든 국가는 자신의 시를 가지고 있다. (Every nation has its poetry.)	لِكُلِّ أُمَّةٍ شِعْرُهَا. 주어 + 술어

다른 예들

삶에는 그것(만)의 아름다움이 있다. (Life has its beauty.)	لِلْحَيَاةِ جَمَالُهَا.
영혼에는 그것(만)의 연습이 있다. (Sprit has its exercise.)	لِلرُّوحِ رِيَاضَتُهَا.
필요에는 그것(만)의 법칙들이 있다. (Necesisty has its rules.)	لِلضَّرُورَةِ أَحْكَامُهَا.
평화에는 그것(만)의 책임들이 있다. (Peace has its responsibilities.)	لِلسَّلَامِ تَبِعَاتُهُ.[1]

** 아래의 세 문장을 비교하라.

모든 국가는 자신의 시를 가지고 있다. (Every nation has its poetry.)	لِكُلِّ أُمَّةٍ شِعْرُهَا.
모든 국가는 시들을 가지고 있다. (Every nation has poems.)	لِكُلِّ أُمَّةٍ أَشْعَارٌ.[2]
시는 모든 국가를 위한 것이다. (Poetry is for every nation.)	الشِّعْرُ لِكُلِّ أُمَّةٍ.

(3) 의문대명사(اسْمُ الْاِسْتِفْهَامِ)가 술어로 사용될 경우

의문문은 의문대명사(혹은 의문불변사)로 문장을 시작하여야 한다. 그런데 아래의 문장에서 사용된 의문대명사는 의문문의 술어로 사용되었다. 따라서 이 경우 술어는 주어보다 항상 먼저 와야 한다.

당신은 누구입니까?	مَنْ أَنْتَ؟ 주어 + 술어
당신의 이름이 무엇입니까?	مَا اسْمُكَ؟
그 시의 제목이 무엇입니까?	مَا عُنْوَانُ الْقَصِيدَةِ؟

→ 위의 문장들의 주어와 술어를 구분하는 방법은 이 질문들의 답을 말해 보는 것이다. 즉 مَنْ أَنْتَ؟ 의 답을 أَنَا مُدَرِّسٌ 이라고 한다면, 주어인 أَنَا 와 호응하는 أَنْتَ 는 주어이고, 술어인 مُدَرِّسٌ 와 호응하는 مَنْ 은 술어이다.

→ 의문대명사가 문장에서 주어나 술어 혹은 목적어 등의 어떤 기능으로 사용되는지에 대해서는 이 책 '의문문에 대해' 부분에서 공부하라.

---

[1] تَبِعَةٌ /-اتٌ 책임(responsibility)

[2] شِعْرٌ/ أَشْعَارٌ 시(poetry)

** 주어와 술어 일치의 예외적인 경우

지금까지 명사문을 공부하며 주어와 술어는 성(性)과 수(數)와 격(格)에서 일치해야 함을 배웠다. 아래의 예문에서 주어와 술어는 성(性)과 수(數)와 격(格)이 일치함을 알 수 있다.

그 학생은 부지런하다. (남성 단수 주격)	الطَّالِبُ مُجْتَهِدٌ.
그 두 학생은 부지런하다. (남성 쌍수 주격)	الطَّالِبَانِ مُجْتَهِدَانِ.
그 학생들은 부지런하다. (남성 복수 주격)	الطُّلَّابُ مُجْتَهِدُونَ.

→ 위의 문장에서 술어에 형용사 단어가 온 것을 확인하자.

그런데 이러한 주어와 술어의 일치 원칙에서 예외적인 경우가 있다. 아래의 예들과 같이 술어에 형용사가 아닌 명사 단어가 오고, 그 의미가 비유의 의미이거나 배타적 제한의 의미인 경우, 혹은 특정한 단어가 생략된 경우가 그것이다. 이럴 때 주어와 술어의 성(性)이 일치하지 않거나 주어와 술어의 수(數)가 일치하지 않는 경우가 발생한다.

1) 비유의 의미를 가진 경우

삶은 전쟁이다. (삶은 전쟁과 같이 어렵다는 의미)	الْحَيَاةُ جِهَادٌ.
아랍어는 바다이다. (아랍어는 바다와 같이 내용이 많다는 의미)	اللُّغَةُ الْعَرَبِيَّةُ بَحْرٌ.
대통령 궁은 도시이다. (대통령 궁은 도시와 같이 크다는 의미)	قَصْرُ الرَّئِيسِ مَدِينَةٌ.
이 소식은 사실이다.	هَذَا الْخَبَرُ حَقِيقَةٌ.

2) 배타적 제한 문장 (الْقَصْرُ 혹은 الْحَصْرُ)

삶은 오직 사랑이다.	الْحَيَاةُ هِيَ الْحُبُّ.
민주주의 만이 희망이다.	الدِّيمُقْرَاطِيَّةُ هِيَ الْأَمَلُ.
종교는 오직 처신하는 것이다.	الدِّينُ الْمُعَامَلَةُ.
물은 곧 생명이다.	الْمَاءُ الْحَيَاةُ.

3) 특정 단어가 생략된 경우

이 배는 2층이다. (2층으로 구성되어 있다. مَكُوَّنَةٌ مِنْ 생략)	هَذِهِ السَّفِينَةُ دَوْرَانِ.
이 이야기는 두 부분이다. (두 부분으로 구성되어 있다. مَكُوَّنَةٌ مِنْ 생략)	هَذِهِ الْقِصَّةُ فَصْلَانِ.
이 집은 3층이다. (3층으로 구성되어 있다. مَكُوَّنٌ مِنْ 생략)	هَذَا الْبَيْتُ ثَلَاثَةُ طَوَابِقَ.

→ 위의 문장에서는 주어와 술어의 수(數)가 일치하지 않는다.

제 3 과 무효화 불변사(الْحُرُوفُ النَّاسِخَةُ)와 무효화 명사문에 대해

1. 무효화 불변사의 종류
2. 무효화 불변사와 무효화 명사문의 용법
   1) إِنَّ 의 경우
   2) أَنَّ 의 경우
   3) كَأَنَّ 의 경우
   4) لَكِنَّ 의 경우
   5) لَيْتَ 의 경우
   6) لَعَلَّ 의 경우
   7) 종류부정문(لَا" النَّافِيَةُ لِلْجِنْسِ")을 만드는 لَا 의 경우

제 3과 무효화 불변사(الْحُرُوفُ النَّاسِخَةُ)와 무효화 명사문에 대해(الْجُمْلَةُ الاسْمِيَّةُ الْمَنْسُوخَةُ)

무효화 불변사(الْحَرْفُ النَّاسِخُ)란 그 뒤에 오는 문장을 명사문으로 만드는 단어로서, 그 명사문의 주어가 목적격을 취하고 술어가 주격을 취하는 불변사이다. 이 불변사는 그 앞 문장의 성격을 무효화시키고 그 뒤의 문장을 자신에게 맞는 새로운 문장을 오게 하기에 '무효화 불변사'라 하였다. 무효화 불변사 뒤에는 명사문이 오며, 그 주어는 목적격을 취하고 술어는 주격을 취한다. 이러한 무효화 불변사가 사용된 문장을 '무효화 불변사 문장' 혹은 '무효화 명사문'(الْجُمْلَةُ الاسْمِيَّةُ الْمَنْسُوخَةُ)이라 한다.

아래의 예를 보자. 아래는 무효화 불변사 إِنَّ 와 أَنَّ 를 사용한 무효화 명사문이다.

	إِنَّ الْعِلْمَ نُورٌ.
참으로 지식은 빛이다.	c + b + a
	a - 무효화 불변사 (حَرْفٌ نَاسِخٌ) b - 주어 (اسْمُ إِنَّ) c - 술어 (خَبَرُ إِنَّ)

	أَعْرِفُ أَنَّ الْبَحْرَ كَبِيرٌ.
나는 바다가 크다는 것을 안다.	c + b + a
	a - 무효화 불변사 (حَرْفٌ نَاسِخٌ) b - 주어 (اسْمُ أَنَّ) c - 술어 (خَبَرُ أَنَّ)

→ 위의 첫 번째 문장은 명사문의 의미를 강조하기 위해서 사용하는 إِنَّ 라는 불변사를 사용한 문장이다. 명사문의 의미를 강조하는 إِنَّ 라는 무효화 불변사를 사용하게 되면 그 뒤에는 무효화 명사문이 와야 한다. 즉 무효화 불변사 إِنَّ 뒤의 문장에 명사문이 오며, 그 주어는 목적격을 취하고 술어는 주격을 취한다.

→ 위의 두 번째 문장도 같은 원리이다. عَرَفَ/يَعْرِفُ 동사는 타동사이기에 목적어를 취해야 하겠는데 단어가 아닌 문장이 목적어로 올 경우가 있다. 이럴 경우 عَرَفَ 는 أَنَّ 라는 무효화 불변사를 취하며 그 뒤에 목적절이 오게 된다. أَنَّ 를 사용한 목적절을 만들게 되면 أَنَّ 이후 부터는 무효화 명사문이 와야 한다. 즉 무효화 불변사 أَنَّ 뒤의 문장에 명사문이 와야 하며, 그 주어는 목적격 술어는 주격을 취하는 것이다.

이와같이 무효화 불변사 이후의 문장은 반드시 명사문의 구조를 가지며, 그 명사문의 주어는 목적격을 취하고 술어는 주격을 취한다. 이러한 문장을 무효화 명사문(الْجُمْلَةُ الاسْمِيَّةُ الْمَنْسُوخَةُ)이라 한다.

한편 아랍어 문법에서 무효화 불변사 뒤에 오는 명사문의 주어와 술어를 مُبْتَدَأٌ 과 خَبَرٌ 이라 부르지 않고 그 문장에서 사용된 무효화 불변사를 사용하여 이름을 부른다. 즉 إِنَّ 가 사용되었으면 각각 اسْمُ إِنَّ 와 خَبَرُ إِنَّ 라고 하고, أَنَّ 가 사용되었으면 각각 اسْمُ أَنَّ 와 خَبَرُ أَنَّ 라고 하며, لَيْتَ 가 사용되었으면 각각 اسْمُ لَيْتَ 와 خَبَرُ لَيْتَ 로 부른다. (위의 도표 분해를 보라.)

다음에서 무효화 불변사의 종류를 먼저 살펴보고, 그 다음 각각의 무효화 불변사가 사용된 무효화 명사문에 대해 공부하도록 하자.

1. 무효화 불변사(اَلْحَرْفُ النَّاسِخُ)의 종류

아래에서 무효화 불변사(اَلْحَرْفُ النَّاسِخُ)의 종류를 나열하고 있다. 각각의 무효화 불변사의 용법과 의미에 대해서 익히도록 하자. (아래의 무효화 불변사를 إِنَّ وَأَخَوَاتُهَا 라고도 한다.)

무효화 불변사(اَلْحَرْفُ النَّاسِخُ) * إِنَّ وَأَخَوَاتُهَا 라고도 한다.

	의미	용법	무효화 불변사
①	참으로(indeed)	문장의 맨 처음에 와서 문장 전체의 의미를 강조(لِلتَّوْكِيدِ)	إِنَّ
	영어의 that 절	'قَالَ/ يَقُولُ' 동사 뒤에 사용 (…라고 말하다(to say that…)	
②	영어의 that 절	동사 혹은 명사구 뒤에 사용되어 양쪽을 연결(الرَّبْطُ)하는 역할을 함. 풀어쓴 동명사(اَلْمَصْدَرُ الْمُؤَوَّلُ) 문장을 이끈다	أَنَّ
③	..와 같다	비유(لِلتَّشْبِيهِ)의 의미 – '..같은(like)'의 의미, 혹은 '마치 ..하는 것 처럼 ..하다(as if 가정법)'의 의미	كَأَنَّ
④	그러나, 하지만 (but, however)	앞의 내용과 반대되는 의미이거나 수정하는 의미. 즉 역접(لِلِاسْتِدْرَاكِ) 접속사. 문장과 문장을 연결	لَكِنَّ
⑤	..하면 좋을텐데(to wish), ..했으면 좋았을 텐데...	실현이 불가능하거나 실현이 어렵다고 생각하는 것을 소망(لِلتَّمَنِّي) ; 가정법의 의미	لَيْتَ
⑥	아마도(maybe) ; ..하길 바란다(to hope)	부정확한 추측 ; 실현가능한 기대 혹은 소망 (لِلرَّجَاءِ)	لَعَلَّ
⑦	..가운데서 ..한 사람은 없다, ..가운데서 ..한 경우는 없다	종류부정 (لَا النَّافِيَةُ لِلْجِنْسِ)	لَا

예문들

참으로 그녀는(혹은 그것은) 아름답다.	إِنَّهَا جَمِيلَةٌ. *
참으로 이집트는 위대하다.	إِنَّ مِصْرَ عَظِيمَةٌ.
당신은 금과 같다.	كَأَنَّكَ ذَهَبٌ. *
그 길은 넓지만 복잡하다.	اَلشَّارِعُ وَاسِعٌ لَكِنَّهُ مُزْدَحِمٌ. *
카메라를 가지고 참석했다면 좋았을 것을... (이미 카메라를 가지고 오지 않았기 때문에)	لَيْتَنِي حَضَرْتُ وَمَعِي الْكَامِيرَا. *

→ * 표가 있는 예문들에서 무효화 불변사 뒤에 사용되는 의미상 주어가 접미 인칭대명사 형태를 취하였다. 이때 사용되는 인칭대명사는 목적격 접미 인칭대명사(ضَمَائِرُ النَّصْبِ الْمُتَّصِلَةُ)이다. 자세한 내용은 제 I 권 인칭대명사 부분에서 확인하라.

2. 무효화 불변사와 무효화 명사문의 용법

1) إِنَّ 의 경우

إِنَّ 는 문장의 맨 처음에 와서 문장 전체의 의미를 강조하거나, قَالَ 동사 뒤에 와서 목적절을 이끈다.

참으로 (확실히) 카이로는 크다.	إِنَّ الْقَاهِرَةَ كَبِيرَةٌ.
참으로 (확실히) 하나님은 살아 계시다.	إِنَّ اللهَ حَيٌّ.
참으로 (확실히) 그 문이 열려있다.	إِنَّ الْبَابَ مَفْتُوحٌ.
참으로 (확실히) 그 음식이 준비되어있다.	إِنَّ الطَّعَامَ جَاهِزٌ.
참으로 (확실히) 당신은 관대하다.	إِنَّكَ كَرِيمٌ.
참으로 (확실히) 그 교실에 한 학생이 있다. (주어)인 طَالِبًا 이 비한정이므로 술어 뒤에 옴	إِنَّ فِي الْفَصْلِ طَالِبًا. (إِنَّ طَالِبًا فِي الْفَصْلِ ×)
(그) 대통령은 그의 백성이 위대하다고 말했다.	قَالَ الرَّئِيسُ إِنَّ شَعْبَهُ عَظِيمٌ.
그는 그가 하나님의 종이라고 말한다.	يَقُولُ إِنَّهُ عَبْدُ اللهِ.
나는 당신에게 당신이 아름답다고 말했다.	قُلْتُ لَكَ إِنَّكَ جَمِيلٌ.

2) أَنَّ 의 경우

무효화 불변사 أَنَّ 는 그 뒤에 명사문을 이끈다. 이 때 أَنَّ 가 이끄는 목적절을 아랍어 문법에서 풀어쓴 동명사(الْمَصْدَرُ الْمُؤَوَّلُ)절이라고 한다. 풀어쓴 동명사절에 대한 자세한 설명은 이 책 '풀어쓴 동명사에 대해' 부분에서 볼 수 있다.

나는 그 시험이 쉽다는 것을 안다.	أَعْرِفُ أَنَّ الِامْتِحَانَ سَهْلٌ.
나는 시장이 중요한 장소란 것을 안다.	أَعْلَمُ أَنَّ السُّوقَ مَكَانٌ مُهِمٌّ.
나는 아이들이 달콤한 것을 좋아하는 것을 이해한다.	أَفْهَمُ أَنَّ الْأَطْفَالَ يُحِبُّونَ الْحَلْوَى.
나는 성공이 쉬운것이라 간주했다.	ظَنَنْتُ أَنَّ النَّجَاحَ سَهْلٌ.
(그) 텔레비젼은 대통령의 상태가 안정적이라고 발표했다.	أَعْلَنَ التِّلِفِزْيُونُ أَنَّ حَالَةَ الرَّئِيسِ مُسْتَقِرَّةٌ.

** لِأَنَّ 의 경우

전치사 لِ 이 무효화 불변사 أَنَّ 와 결합(لِ + أَنَّ) 하여서 لِأَنَّ 형태로 사용된 경우. 그 의미는 '왜냐하면(because)'라는 이유의 의미가 된다. أَنَّ 가 무효화 불변사이기에 그 뒤의 주어에 목적격이 온다.

그녀는 아랍어를 공부하는데 왜냐하면 그녀가 그것을 좋아하기 때문이다.	تَدْرُسُ اللُّغَةَ الْعَرَبِيَّةَ لِأَنَّهَا تُحِبُّهَا.
그녀는 여행을 떠났는데 왜냐하면 여기는 일할 기회들이 적기 때문이다.	سَافَرَتْ لِأَنَّ فُرَصَ الْعَمَلِ هُنَا قَلِيلَةٌ.

제3과 무효화 불변사와 무효화 명사문에 대해

** أَنْ 뒤에 비인칭 동사가 올 경우 - 가인칭대명사(ضَمِيرُ الشَّأْنِ)의 사용에 대해

비인칭 동사(Impersonal Verb)란 문장에 사용된 동사가 인칭변화를 하지 않고 3인칭 남성 단수로만 사용되는 것을 말한다. يُوجَدُ 나 يَجِبُ 혹은 يُمْكِنُ 등의 동사들을 말하는 것으로 이 경우 항상 3인칭 남성 단수로 문장을 시작한다. 다음은 يَجِبُ 이 사용된 예문이다. (제 I 권 '동사의 일치' 부분을 보라)

이집트 사람들은 바뀌어야 한다. (비인칭 동사가 사용된 문장)	يَجِبُ عَلَى الْمِصْرِيِّينَ أَنْ يَتَغَيَّرُوا.

그렇다면 이 문장이 무효화 불변사 أَنَّ 뒤에 올 경우는 어떻게 해야할까? 이 문장이 무효화 불변사 أَنَّ 뒤에 올 경우 아래와 같이 أَنَّ 뒤에 가인칭대명사(ضَمِيرُ الشَّأْنِ)를 사용한다.

هَلْ تَرَى أَنَّهُ يَجِبُ عَلَى الْمِصْرِيِّينَ أَنْ يَتَغَيَّرُوا؟
당신은 이집트 사람들이 바뀌어야 한다고 생각하십니까?

앞에서 أَنَّ 는 무효화 불변사이기에 그 뒤에는 반드시 명사문이 와야 한다고 했다. 따라서 أَنَّ 뒤에 접미인칭대명사 هُ 를 붙여 무효화 명사문의 주어(اِسْمُ أَنَّ)를 만들어 준다. 이때 이 접미인칭대명사 هُ 는 뒤에 명사문이 오는 것을 암시해 주는 역할을 하는 것으로 가인칭대명사(ضَمِيرُ الشَّأْنِ)라고 한다. 이 때의 가인칭대명사는 항상 남성꼴인 هُ 를 사용하며 여성꼴 هَا 는 사용되지 않는다. (즉 أَنَّهَا ... يَجِبُ 꼴은 사용되지 않는다.)

다른 예문들 (**가인칭대명사(ضَمِيرُ الشَّأْنِ)에 대해서는 이 책 제 I 권 '인칭대명사' 부분을 보라.)

أَعْلَمُ أَنَّهُ يُوجَدُ فِي اللُّغَةِ الْكُورِيَّةِ شَيْءٌ مِثْلُ هَذَا.
한국어에 이와 같은 것이 있다는 것을 나는 알고 있다.
يَعْرِفُ أَنَّهُ لاَ يُمْكِنُ دُخُولُ الْفَصْلِ بَعْدَ الْمُدَرِّسِ.
(그) 선생님 이후에 교실에 들어가는 것이 불가능하다는 것을 그는 안다.

** إِنَّ 와 أَنَّ 와 أَنْ 그리고 إِنْ 의 차이

①	إِنَّ	무효화 불변사(حَرْفٌ نَاسِخٌ)이다. 주로 두 가지 용도로 사용된다. 먼저는 문장 맨처음에 사용되어 문장의 의미를 강조할 때 사용되고, 두 번째는 قَالَ 동사와 함께 사용되어 قَالَ إِنَّ ... '...라고 말하다(to say that...)'의 의미로 사용된다. إِنَّ 뒤에 반드시 명사문이 온다. ** 이 책 '여러가지 접속사들에 대해' 부분에서 إِذْ 와 إِنَّ 구문에도 사용된다.
②	أَنَّ	무효화 불변사(حَرْفٌ نَاسِخٌ)이다. أَعْلَنَ 나 عَرَفَ 등의 정보나 생각과 관련된 동사들이 목적절을 필요로 할 경우에 أَنَّ 을 사용한다. 무효화 불변사로서 그 뒤에 명사문이 와야 한다. أَنَّ 이하를 '풀어쓴 동명사(مَصْدَرٌ مُؤَوَّلٌ)절'이라 하기도 한다.
③	أَنْ	풀어쓴 동명사(مَصْدَرٌ مُؤَوَّلٌ)에 사용되는 불변사(حَرْفٌ مَصْدَرِيٌّ)이다. 동사와 함께 사용되어 풀어쓴 동명사절을 이끈다. أَنْ 뒤에는 반드시 동사문이 오며 동사는 미완료 접속법(مَنْصُوبٌ) 동사가 사용된다.
④	إِنْ	조건사(أَدَاةُ شَرْطٍ)이다. 조건절과 조건 결과절에 미완료 단축법 동사가 올 수 있다. 일반적인 조건문에 사용되며 그 의미는 '만일 ... 하면 ...하다(if)'의 의미이다.

→ أَنَّ 과 أَنْ 에 대해서는 이 책 '풀어쓴 동명사에 대해' 부분을, إِنْ 에 대해서는 이 책 '조건문에 대해' 부분을 보라.

예문

①	(그) 대통령은 그의 백성이 위대하다고 말했다.	قَالَ الرَّئِيسُ إِنَّ شَعْبَهُ عَظِيمٌ.
②	나는 (그) 시험이 쉽다는 것을 안다.	أَعْرِفُ أَنَّ الاِمْتِحَانَ سَهْلٌ.
③	나는 나의 집으로 가길 원한다.	أُرِيدُ أَنْ أَذْهَبَ إِلَى بَيْتِي.
④	만일 당신들이 노력한다면 당신들은 성공할 것이다.	إِنْ تَجْتَهِدُوا تَنْجَحُوا.

3) كَأَنَّ 의 경우

비유(التَّشْبِيهِ)의 의미로 사용되는 무효화 불변사이다. 두 가지 의미로 사용되는데 문장의 서두나 중간에 와서 '..같은(like)'의 비유의 의미로 사용되거나, 두 문장의 중간에 와서 두 문장을 연결하는 접속사로 사용되어 '마치 ..하는 것 처럼 ..하다(as if)'의 의미를 가진다. 후자는 단순한 비유의 의미로 사용되기도 하고 현재 사실에 반대되는 가정법의 의미를 가지기도 한다.

a. '..같은(like)'의 의미

무함마드는 사자 같다.	كَأَنَّ مُحَمَّدًا أَسَدٌ.
나일강은 바다와 같다.	كَأَنَّ نَهْرَ النِّيلِ بَحْرٌ.
(그) 젊은 여자는 달과 같다.	كَأَنَّ الْفَتَاةَ قَمَرٌ.
(그) 젊은 여자는 달과 같다.	الْفَتَاةُ كَأَنَّهَا قَمَرٌ.

→ 위의 마지막 문장에서 كَأَنَّ 는 문장 중간에 사용되었지만 문장과 문장을 연결하는 접속사는 아니다.

b. '마치 ..하는 것 처럼 ..하다(as if)'의 의미

이 때는 반드시 كَأَنَّ 이전에도 문장이고 이후에도 문장이 와야 한다. 문장과 문장을 연결하는 접속사로 사용되었다. 이 경우 단순한 비유의 의미로 사용되기도 하고 현재 사실에 반대되는 가정법의 의미를 가지기도 한다.

너는 이해하는 것처럼 대답한다. (실제로는 이해하지 못함)	أَنْتَ تُجِيبُ كَأَنَّكَ فَاهِمٌ.
그녀는 마치 달처럼 아름답다.	هِيَ جَمِيلَةٌ كَأَنَّهَا قَمَرٌ.
날씨가 우리가 여름에 있는 것처럼 덥다. (실제로는 여름에 있지 않음)	الْجَوُّ حَارٌّ كَأَنَّنَا فِي الصَّيْفِ.
그는 마치 그것을 공부한 것처럼 그 단원을 읽는다. (실제로는 공부하지 않았음)	هُوَ يَقْرَأُ الدَّرْسَ كَأَنَّهُ دَرَسَهُ.
그녀는 마치 공주인것처럼 걷는다.	هِيَ تَمْشِي كَأَنَّهَا أَمِيرَةٌ.

4) لَكِنَّ 의 경우

لَكِنَّ 는 앞에 오는 내용과 반대되는 의미이거나 수정하는 의미(الاسْتِدْرَاك)로 사용된다. 즉 역접의 의미인 '그러나', '하지만'의 의미를 가진다. لَكِنَّ 는 문장의 시작에 올 수 없고, 문장 중간에 오며, 문장과 문장을 연결한다.

나는 한국 사람이지만 무함마드는 이집트 사람이다.	أَنَا كُورِيٌّ لَكِنَّ مُحَمَّدًا مِصْرِيٌّ.
그 책은 작지만 유용하다. (لَكِنَّ 에 붙은 인칭대명사 ه 가 목적격 자리에 있다.)	الْكِتَابُ صَغِيرٌ لَكِنَّهُ مُفِيدٌ.
그들은 강도들이지만 유머러스한 사람들이다.	هُمْ لُصُوصٌ لَكِنَّهُمْ ظُرَفَاءُ.
	صَحِيحٌ أَنَّ السُّوقَ مَكَانٌ لِلتِّجَارَةِ، لَكِنَّ السُّوقَ مَكَانٌ لِلثَّقَافَةِ أَيْضًا.
시장은 교역을 위한 공간이 맞지만, 시장은 또한 문화를 위한 공간이다.	

** لَكِنَّ 와 لَكِنْ 의 비교

لَكِنَّ 는 무효화 불변사이고 لَكِنْ 은 대등접속사(حَرْفُ عَطْفٍ)이다. 현대 표준 아랍어에서 둘은 동일한 의미로 사용되지만 그 문장의 구조와 격변화가 다르다. 아래에서 그 내용을 공부하자.

①	그는 강도이지만 유머러스한 사람이다.	هُوَ لِصٌّ لَكِنَّهُ ظَرِيفٌ.
②		هُوَ لِصٌّ لَكِنْ ظَرِيفٌ.

①	이 책은 작다 그러나 그 효용성은 크다.	هَذَا الْكِتَابُ صَغِيرٌ وَلَكِنَّ نَفْعَهُ كَبِيرٌ.
②		هَذَا الْكِتَابُ صَغِيرٌ وَلَكِنْ نَفْعُهُ كَبِيرٌ.

→ ①에서 لَكِنَّ 는 무효화 불변사이므로 그 뒤에 반드시 명사문이 와야 하고, 그 명사문의 주어는 목적격을 취하고 술어는 주격을 취해야 한다. لَكِنَّ 에 붙은 인칭대명사 ه 는 لَكِنَّ 이후의 주어(اسْمُ لَكِنَّ)로 사용되었고, 목적격 자리에 있다고 한다. (مَبْنِيٌّ فِي مَحَلِّ نَصْبٍ)
이에비해 ②의 لَكِنْ 은 대등 접속사이므로 앞에 온 단어나 유사문장, 혹은 앞의 문장과 대등관계를 이룬다. لِصٌّ 와 ظَرِيفٌ 의 한정형태와 격이 일치한다. 대등접속사는 나중에 '접속명사와 대등접속사' 부분에서 공부한다.

한편 위의 문장을 아래와 같이 대등접속사 و를 사용한 문장으로 바꾸어도 그 의미는 같다.

①	그는 강도이지만 유머러스한 사람이다.	هُوَ لِصٌّ وَلَكِنَّهُ ظَرِيفٌ.
②		هُوَ لِصٌّ وَلَكِنْ ظَرِيفٌ.

5) لَيْتَ 의 경우

لَيْتَ 는 실현 불가능하거나 실현이 어렵다고 느끼는 일에 대해 '..하면 좋을텐데..' 혹은 '..했으면 좋았을 텐데'라고 말하는 의미(التَّمَنِّي)이다. 문장의 시제는 현재 시제도 가능하고 과거 시제도 가능하다. 그 의미는 불가능한 상황에 어떤것을 바라는 의미이고, 문장의 시제가 과거일 경우 실제 이루어지기 어려운 가정(افْتِرَاض)의 의미를 나타낸다. 이때 실현되기 어려운 일을 바라는 주체는 문맥에서 결정되지만 아래의 예들에서는 그것이 '나'인 경우 (I wish ...)로 해석하였다.

a. 현재 시제

무함마드가 물고기라면 얼마나 좋을까...(실제는 그것이 불가능)(I wish Mohammad would be a fish.)	لَيْتَ مُحَمَّدًا سَمَكَةٌ.
내가 그를 위해 죽으면 좋을 텐데.(죽는 것은 어렵거나 불가능함)(I wish I would die for him.)	لَيْتَنِي أَمُوتُ لِأَجْلِهِ.
그녀가 여기에 있으면 좋을텐데. (그녀가 멀리 떠나 이곳에 없는 상황)(I wish she would be here.)	لَيْتَهَا تَكُونُ هُنَا.
그 열쇠가 있으면 좋을텐데... (얼마나 좋을까) (열쇠를 잃어버린 상황에서)(I wish the key is existing)	لَيْتَ الْمِفْتَاحَ مَوْجُودٌ.
그 오렌지가 익으면 좋을텐데...(참 좋을텐데) (오렌지가 익을 철이 아닐 때)	لَيْتَ الْبُرْتُقَالَ نَاضِجٌ.

b. 과거시제

내가 그를 위해 죽었다면 참 좋았을 텐데... (I wish I would have died for him.)	لَيْتَنِي مُتُّ لِأَجْلِهِ.
그가 여기에 있었으면 참 좋았을 텐데... (I wish he were here!)	لَيْتَهُ كَانَ هُنَا.
내가 카메라를 가지고 참석했다면 참 좋았을 것을... (이미 참석하였기에 바뀌는 것이 불가능함)	لَيْتَنِي حَضَرْتُ وَمَعِي الْكَامِيرَا.
그녀가 너무 늦기 전에 왔다면 참 좋았을 것을 ... (실제로 그녀는 늦게 왔음)	لَيْتَهَا جَاءَتْ قَبْلَ فَوَاتِ[1] الأَوَانِ.
이교도가 말하길, 차라리 내가 흙이었다면 좋았을 것을... (꾸란 78:40) (I wish I were dust.)	"وَيَقُولُ الْكَافِرُ : يَا لَيْتَنِي كُنْتُ تُرَابًا"!

6) لَعَلَّ 의 경우

لَعَلَّ 는 두 가지의 의미를 가질 수 있다. 먼저는 불확실한 추측(아마도 perhaps, maybe)의 의미이고, 두 번째는 미래의 실현 가능한 것에 대한 기대 혹은 소망(..하길 바란다 to hope)의 의미(الرَّجَاءُ 혹은 التَّرَجِّي)로 사용된다. 두 가지 의미중 어떤 의미로 사용되는지는 문맥에서 결정된다. 또한 두 번째 의미의 경우 기대하는 주체가 누구인지도 문맥에서 결정된다.

아마도 내일 기후가 좋을 것이다. (혹은 내일 기후가 좋아지길 바란다.)	لَعَلَّ الْجَوَّ جَمِيلٌ غَدًا.
아마도 그 설명이 분명할 것이다. (혹은 그 설명이 분명하길 바란다.)	لَعَلَّ الشَّرْحَ وَاضِحٌ.
아마도 그는 학생이다.(Maybe he is a student.) (혹은 그가 학생이길 바란다)	لَعَلَّهُ طَالِبٌ.

---

[1] قَبْلَ فَوَاتِ الأَوَانِ 너무 늦기 전에(before it is too late)

아마도 그녀는 집에 있을 것이다. (혹은 그녀가 집에 있길 바란다)	لَعَلَّهَا مَوْجُودَةٌ فِي الْبَيْتِ.
아마도 그들 두 사람은 아랍어를 공부했을 것이다. (혹은 그들 두 사람이 아랍어를 공부했길 바란다)	لَعَلَّهُمَا دَرَسَا اللُّغَةَ الْعَرَبِيَّةَ.
아마도 집에 친구들이 있을 것이다. (혹은 집에 친구들이 있길 바란다)	لَعَلَّ فِي الْبَيْتِ أَصْدِقَاءَ.
아마도 그 여행이 즐거울 것이다.(Perhaps the trip is enjoyable.) (혹은 그 여행이 즐겁길 바란다)	لَعَلَّ الرِّحْلَةَ مُمْتِعَةٌ.
아마도 오늘 사람들이 토마토들을 많이 살 것이다. (혹은 오늘 사람들이 토마토들을 사 주길 바란다.)	لَعَلَّ النَّاسَ تَشْتَرِي الطَّمَاطِمَ الْيَوْمَ.
아마도 오늘 우리 팀이 승리할 것이다. (혹은 오늘 우리 팀이 승리하길 바란다.)	لَعَلَّ فَرِيقَنَا يَفُوزُ الْيَوْمَ.
아마도 그 꿈이 성취될 것이다 (혹은 그 꿈이 성취되길 바란다.)	لَعَلَّ الْحُلْمَ يَتَحَقَّقُ.
내가 열심히 공부했는데 그래서 내가 합격하길 바란다.	ذَاكَرْتُ جَيِّدًا وَلَعَلَّنِي أَنْجَحُ. *

** لَيْتَ 와 لَعَلَّ 의 비교

일반적으로 لَيْتَ 는 실현 불가능하거나 실현이 어렵다고 느끼는 것을 소망하는 의미로 사용되고, لَعَلَّ 는 실현 가능하다고 느끼는 것을 기대하는 의미로 사용된다. 아래를 비교하라.

아버지가 집에 있으면 참 좋을텐데 …(아버지가 돌아가셔서 안계실 때, 아주 멀리 가셨을 때 이 표현 가능함)	①	لَيْتَ أَبِي فِي الْبَيْتِ.
아버지가 집에 계시길 … (가능한 기대, 아버지가 오늘 집에 있길 기대하는 경우)	②	لَعَلَّ أَبِي فِي الْبَيْتِ.
돈이 제 시간에 도착하면 참 좋을텐데 … (돈이 제 시간에 도착하기 불가능할 경우)	①	لَيْتَ النُّقُودَ تَصِلُ فِي الْمِيعَادِ.
돈이 제 시간에 도착해 있길… (돈이 제 시간에 도착하는 것이 가능한 경우)	②	لَعَلَّ النُّقُودَ تَصِلُ فِي الْمِيعَادِ.
그 환자가 치료되면 참 좋을텐데… (치료되기 어려운 병이 걸렸을 경우)	①	لَيْتَ الْمَرِيضَ يُشْفَى.
그 환자가 치료되길 희망한다. (가벼운 병이 걸린 경우)	②	لَعَلَّ الْمَرِيضَ يُشْفَى.
수박이 시장에 있으면 참 좋을텐데… (수박 철이 아닐 때, 겨울에)	①	لَيْتَ الْبَطِّيخَ مَوْجُودٌ فِي السُّوقِ.
수박이 시장에 있기를 … (수박 철일 때, 여름에)	②	لَعَلَّ الْبَطِّيخَ مَوْجُودٌ فِي السُّوقِ.
당신이 죽으면 참 좋을텐데… (예 : 아주 싫어하는 사람에게)	①	لَيْتَكَ تَمُوتُ.
(죽는 일이므로 이렇게는 사용되지 않는다.)	②	لَعَلَّكَ تَمُوتُ. (×)

→ 위에서 동일한 문장인데 لَيْتَ 나 لَعَلَّ 의 결합 여부에 따라 그 의미가 달라지는 것을 본다. 이처럼 لَيْتَ 나 لَعَلَّ 의 사용은 문맥의 상황에 따라 달라진다고 할 수 있다.

종합 아랍어 문법 II

7) 종류부정문(لَا النَّافِيَةُ لِلْجِنْسِ)을 만드는 لَا 의 경우

종류부정문이란 주어로 사용되는 명사의 종류 전체를 부정하는 문장을 말한다. 그래서 의미가 '..가운데서 ..한 사람은 없다' 혹은 '..가운데서 ..한 경우는 없다'의 의미가 된다.

(아기 가운데) 이성적인 아기는 없다.	لَا طِفْلَ عَاقِلٌ. c + b + a
a - 무효화 불변사(حَرْفٌ نَاسِخٌ) b - 주어(اِسْمُ لَا النَّافِيَةِ لِلْجِنْسِ) c - 술어(خَبَرُ لَا النَّافِيَةِ لِلْجِنْسِ)	

→ 위 문장에서 주어인 '아기(طِفْل)'란 종류 전체가운데에서 '이성적인 아기는 없다'는 의미가 된다.

이 때 사용되는 부정어인 ' لَا '를 종류부정문(لَا النَّافِيَةُ لِلْجِنْسِ)의 ' لَا ' 라 하며, 부정어 ' لَا ' 뒤에 반드시 명사문이 온다. 또한 ' لَا ' 뒤에 오는 주어(اِسْمُ لَا النَّافِيَةِ لِلْجِنْسِ)는 반드시 목적격이 오되, 탄원이 없는 비한정명사의 목적격이 오며, 연결형이 주어로 사용될 경우 그 후연결어가 비한정 형태이어야 한다.

** 종류부정문(لَا النَّافِيَةُ لِلْجِنْسِ)을 만드는 원칙

(1) 주어가 탄원이 없는 비한정 형태의 목적격을 취해야 한다. 주어가 연결형인 경우 비한정 연결형을 취하며 역시 목적격을 취한다.

a. 주어가 비한정 형태의 목적격을 취해야 한다.

(시험 가운데) 쉬운 시험은 없다.	لَا امْتِحَانَ سَهْلٌ.
(주어에 탄원 형태가 왔기에 틀림 ×)	لَا امْتِحَانًا سَهْلٌ. (×)
(주어가 한정형태이기에 틀림 ×)	لَا الِامْتِحَانَ سَهْلٌ. (×)
두 형제가 (형제라면) 원수인 경우는 없다. (إِخْوَةٌ /أَخٌ)	لَا أَخَوَيْنِ عَدُوَّانِ.
(주어가 주격형태이기에 틀림 ×)	لَا أَخَوَانِ عَدُوَّانِ. (×)
(주어가 한정형태이기에 틀림 ×)	لَا الْأَخَوَيْنِ عَدُوَّانِ. (×)

b. 주어가 연결형인 경우 비한정 형태의 연결형을 취하며 역시 목적격을 취한다.

지식(정보)을 구하는 사람이 게으른 경우는 없다.	لَا طَالِبَ مَعْرِفَةٍ كَسْلَانٌ.
(후연결어가 한정꼴이기기에 틀림 ×)	لَا طَالِبَ الْمَعْرِفَةِ كَسْلَانٌ. (×)
지방을 먹는 사람이 날씬한 사람은 없다.	لَا آكِلَ دَسَمٍ نَحِيفٌ.

(2) 주어와 술어의 순서가 바뀌지 말아야 한다.

일하기 전에는 결혼이 없다. (직장이 있어야 결혼 한다는 말)	لَا زَوَاجَ قَبْلَ الْعَمَلِ.
(술어 부분이 먼저 왔다 ×)	لَا قَبْلَ الْعَمَلِ زَوَاجَ. (×)

(3) لاَ 앞에 전치사(حَرْفُ جَرٍّ)가 없어야 한다.

그것에 대해 (어떤 종류의) 의심도 없다	لاَ شَكَّ فِي ذَلِكَ.
(문장이 아니다. ×)	بِلاَ شَكَّ فِي ذَلِكَ. (×)

** 한편 아래의 بِلاَ شَكَّ 가 사용된 문장은 종류부정문이 아니라 전치사 بِ 뒤에 소유격 명사(اسْمٌ مَجْرُورٌ)가 온 경우이다.

의심의 여지 없이 사랑은 관계의 기초이다.	بِلاَ شَكٍّ الْمَحَبَّةُ أَسَاسُ الْعَلاَقَةِ.

여러가지 종류부정문 예들

부지런한 자 가운데 실패하는 사람은 없다.	لاَ مُجْتَهِدَ فَاشِلٌ.
배고픈 사람 가운데 이성적인 사람은 없다.	لاَ جَائِعَ عَاقِلٌ.
거리 가운데 깨끗한 거리는 없다.	لاَ شَارِعَ نَظِيفٌ.
남자 가운데 친절한 남자는 없다.	لاَ رَجُلَ طَيِّبٌ.
이 방에는 아무도 없다.	لاَ أَحَدَ فِي هَذِهِ الْغُرْفَةِ.
알라신 외에 신은 없다.	لاَ إِلَهَ إِلاَّ اللهُ.
당신과 나 사이에 아무 것도 없다.(아무 문제도 없다)	لاَ شَيْءَ بَيْنِي وَبَيْنَكَ.
오늘날 세계에 평화란 없다.	لاَ سَلاَمَ فِي الْعَالَمِ الْيَوْمَ.
정의 없이는 진보도 없다.(정의 없는 진보는 없다.)	لاَ تَقَدُّمَ دُونَ الْعَدَالَةِ.
자유 없이는 미래도 없다.	لاَ مُسْتَقْبَلَ دُونَ حُرِّيَّةٍ.
나라들 가운데 국경이 없는 나라는 없다.	لاَ دَوْلَةَ بِلاَ حُدُودٍ.
믿음 가운데 행위가 없는 믿음은 없다.	لاَ إِيمَانَ بِلاَ أَعْمَالٍ.
학생들치고 아랍어를 좋아하는 학생은 없다.	لاَ طُلاَّبَ يُحِبُّونَ اللُّغَةَ الْعَرَبِيَّةَ.
아무도 인종주의자를 좋아하지 않는다.	لاَ أَحَدَ يُحِبُّ الْعُنْصُرِيَّةَ.
오늘날 세상에 진정한 사랑은 없다. (حَقِيقِيَّةً 는 مَحَبَّةً 를 수식하는 수식어로 목적격이다.)	لاَ مَحَبَّةَ حَقِيقِيَّةً فِي الْعَالَمِ الْيَوْمَ.
세상의 언어 가운데 쉬운 언어는 없다.	لاَ لُغَةَ فِي الْعَالَمِ سَهْلَةٌ.
나라의 대통령 가운데 편안하게 지내는 사람은 없다.	لاَ رَئِيسَ بَلَدٍ مُرْتَاحٌ.
한 여자를 사랑하는 사람 가운데 그녀를 완전히 이해하는 사람은 없다.	لاَ مُحِبَّ بِنْتٍ يَفْهَمُهَا تَمَامًا.

** 아래를 비교하라.

그의 책에서 아이디어가 새로운 것은 없다. No idea is new in his book. (종류부정문 문장. جَدِيدَةٌ 이 술어이다.)	لَا فِكْرَةَ جَدِيدَةٌ فِي كِتَابِهِ. 술어 + 주어
그의 책에서 새로운 아이디어는 없다. There is no new idea in his book. (종류부정문 문장. فِي كِتَابِهِ 가 술어. جَدِيدَةً 이 فِكْرَةَ 를 수식하는 수식어)	لَا فِكْرَةَ جَدِيدَةً فِي كِتَابِهِ. 술어 + 주어

** 무효화 불변사(إِنَّ وَأَخَوَاتُهَا) 뒤의 주어에 인칭대명사가 오는 경우

무효화 불변사가 사용된 무효화 명사문의 주어에 인칭대명사가 올 경우 목적격 접미 인칭대명사(ضَمَائِرُ النَّصْبِ الْمُتَّصِلَةُ)가 사용된다. 자세한 내용은 이 책 제 I 권 '인칭대명사'에서 공부하라.

무효화 불변사				إِنَّ	أَنَّ	لٰكِنَّ	لَيْتَ	لَعَلَّ
의미				참으로(indeed) ; 영어의 that 절	영어의 that 절	그러나, 하지만	..하면 좋을 텐데,..했으면 좋았을 텐데...(to wish)	아마도(maybe) ; ..하길 바란다(to hope)
3인칭	남성 단수	هُوَ		إِنَّهُ	أَنَّهُ	لٰكِنَّهُ	لَيْتَهُ	لَعَلَّهُ
	여성 단수	هِيَ		إِنَّهَا	أَنَّهَا	لٰكِنَّهَا	لَيْتَهَا	لَعَلَّهَا
	남녀 쌍수	هُمَا		إِنَّهُمَا	أَنَّهُمَا	لٰكِنَّهُمَا	لَيْتَهُمَا	لَعَلَّهُمَا
	남성 복수	هُمْ		إِنَّهُمْ	أَنَّهُمْ	لٰكِنَّهُمْ	لَيْتَهُمْ	لَعَلَّهُمْ
	여성 복수	هُنَّ		إِنَّهُنَّ	أَنَّهُنَّ	لٰكِنَّهُنَّ	لَيْتَهُنَّ	لَعَلَّهُنَّ
2인칭	남성 단수	أَنْتَ		إِنَّكَ	أَنَّكَ	لٰكِنَّكَ	لَيْتَكَ	لَعَلَّكَ
	여성 단수	أَنْتِ		إِنَّكِ	أَنَّكِ	لٰكِنَّكِ	لَيْتَكِ	لَعَلَّكِ
	남녀 쌍수	أَنْتُمَا		إِنَّكُمَا	أَنَّكُمَا	لٰكِنَّكُمَا	لَيْتَكُمَا	لَعَلَّكُمَا
	남성 복수	أَنْتُمْ		إِنَّكُمْ	أَنَّكُمْ	لٰكِنَّكُمْ	لَيْتَكُمْ	لَعَلَّكُمْ
	여성 복수	أَنْتُنَّ		إِنَّكُنَّ	أَنَّكُنَّ	لٰكِنَّكُنَّ	لَيْتَكُنَّ	لَعَلَّكُنَّ
1인칭	남녀 단수	أَنَا		إِنَّنِي ، إِنِّي *	أَنَّنِي ، أَنِّي *	لٰكِنَّنِي ، لٰكِنِّي *	لَيْتَنِي ، لَيْتِي *	لَعَلَّنِي ، لَعَلِّي *
	남녀 쌍수·복수	نَحْنُ		إِنَّنَا	أَنَّنَا	لٰكِنَّنَا	لَيْتَنَا	لَعَلَّنَا

위의 * 표가 있는 경우는 두 가지가 다 가능하다. 예) لَعَلَّنِي 와 لَعَلِّي

나는 시험에 합격하길 바란다. (I hope)	لَعَلَّنِي أَنْجَحُ فِي الْاِمْتِحَانِ.
나는 어느날 한국을 여행하길 바란다.(I hope)	لَعَلِّي أَزُورُ كُورِيَا يَوْمًا مَا.

제 4 과 무효화 동사(الأفعال النّاسخة)와 무효화 명사문에 대해

1. كَانَ/ يَكُونُ 동사
   심화학습 – 일반동사(كَانَ التّامّةُ)로서의 كَانَ/ يَكُونُ 에 대해
2. صَارَ/ يَصِيرُ 동사
3. 여러가지 '되다(to become)' 의미의 동사들(전환을 의미)
   أَصْبَحَ/ يُصْبِحُ، أَضْحَى/ يُضْحِي، غَدَا/ يَغْدُو، أَمْسَى/ يُمْسِي، بَاتَ/ يَبِيتُ
4. ظَلَّ/ يَظَلُّ 동사
5. مَا زَالَ/ لَا يَزَالُ 동사
6. مَا دَامَ 동사
7. لَيْسَ 동사

제 4과 무효화 동사(الأَفْعَالُ النَّاسِخَةُ)와 무효화 명사문에 대해

무효화 동사(الفِعْلُ النَّاسِخُ 혹은 كَانَ وَأَخَوَاتُهَا)란[1] 그 뒤에 오는 문장을 명사문으로 만드는 동사로서, 그 명사문의 주어는 주격을 취하지만 술어가 목적격을 취하는 동사이다. 이 동사는 기존 문장의 성격을 무효화시키고 자신에게 맞는 새로운 문장(즉 명사문)을 오게 하기에 '무효화 동사'라 하였다. 무효화 동사 뒤에는 명사문이 오며, 그 주어는 주격을 취하고 술어는 목적격을 취한다. 이러한 무효화 동사가 사용된 문장을 '무효화 동사 문장' 혹은 '무효화 명사문(الجُمْلَةُ الاسْمِيَّةُ المَنْسُوخَةُ)'이라 한다.

아래는 일반적인 명사문을 과거시제로 만들기 위해 무효화 동사 كَانَ 를 사용하는 경우의 예이다.

일반적인 명사문 (الجُمْلَةُ الاسْمِيَّةُ)	무효화 명사문 (الجُمْلَةُ الاسْمِيَّةُ المَنْسُوخَةُ)
مُحَمَّدٌ طَالِبٌ.	كَانَ مُحَمَّدٌ طَالِبًا.
술어 + 주어	술어 + 주어
무함마드는 학생이다.	무함마드는 학생이었다.
مُحَمَّدٌ 는 주어(اسْمُ كَانَ)이고, طَالِبٌ 은 술어(خَبَرُ كَانَ)이다. طَالِبًا 에 목적격이 왔다.		

일반적인 명사문을 과거시제로 만들 경우 كَانَ 동사를 사용한다. 이때 كَانَ 동사는 무효화 동사이므로 그 뒤에 오는 문장은 반드시 주어와 술어로 구성된 명사문이 와야하며, 그 주어(اسْمُ كَانَ)는 반드시 주격을 취하고, 술어(خَبَرُ كَانَ)는 반드시 목적격을 취해야 한다.

다음은 무효화 동사 لَيْسَ, صَارَ 그리고 أَصْبَحَ 가 사용된 무효화 명사문 예문이다.

일반적인 명사문 (الجُمْلَةُ الاسْمِيَّةُ)	무효화 명사문 (الجُمْلَةُ الاسْمِيَّةُ المَنْسُوخَةُ)
الطَّالِبُ كَسُولٌ.	لَيْسَ الطَّالِبُ كَسُولًا.
그 학생은 게으르다	그 학생은 게으르지 않다.
لَيْسَ 가 사용된 뒤에 명사문이 왔다. الطَّالِبُ 는 주어(اسْمُ لَيْسَ)이고, كَسُولًا 은 술어(خَبَرُ لَيْسَ)이다. كَسُولًا 에 목적격이 왔다.	
المَاءُ سَائِلٌ.	صَارَ المَاءُ ثَلْجًا.
물은 액체이다	물이 얼음이 되었다.
صَارَ 가 사용된 뒤에 명사문이 왔다. المَاءُ 는 주어(اسْمُ صَارَ)이고, ثَلْجًا 은 술어(خَبَرُ صَارَ)이다. ثَلْجًا 에 목적격이 왔다.	
الجَوُّ سَيِّئٌ.	أَصْبَحَ الجَوُّ جَمِيلًا.
기후가 나쁘다	기후가 좋게 되었다.
أَصْبَحَ 가 사용된 뒤에 명사문이 왔다. الجَوُّ 는 주어(اسْمُ أَصْبَحَ)이고, جَمِيلًا 은 술어(خَبَرُ أَصْبَحَ)이다. جَمِيلًا 에 목적격이 왔다.	

이와같이 무효화 동사 이후의 문장은 반드시 명사문의 구조를 가지며, 그 명사문의 주어는 주격을 취하고 술어는 목적격을 취한다. 무효화 동사의 종류와 각각의 동사 용법에 대해서 공부해 보자.

---

[1] 우리는 이 책 제Ⅰ권의 동사 부분에서 '심화학습 - 동사의 구분'을 공부하며 '8. 동사문 구성 여부에 따른 구분 - 완전동사(الأَفْعَالُ التَّامَّةُ)와 불완전 동사(الأَفْعَالُ النَّاقِصَةُ)'에 대해 공부하였다. 무효화 동사는 그 불완전 동사 중의 하나이다. 불완전 동사란 동사문의 일반적인 구조를 이루지 못하고 동사 뒤에 명사문(الجُمْلَةُ الاسْمِيَّةُ)을 취해 완전한 의미의 문장을 만드는 동사를 말한다. 무효화 동사가 사용된 문장을 '무효화 명사문(الجُمْلَةُ الاسْمِيَّةُ المَنْسُوخَةُ)'이라 한다

제4과 무효화 동사와 무효화 명사문에 대해

무효화 동사(الأفعالُ النّاسخةُ)의 종류 * كان وأخواتُها 라고도 한다.	
용법	무효화 동사
① 명사문의 시제를 규정하거나, 명사문의 격변화 표지를 표기하기 위해, 혹은 명사문을 명령문으로 만들 경우 사용한다. (즉 명사문의 시제를 과거나 미래, 미래 부정, 과거 부정 등으로 나타낼 때 사용된다. 또한 동사가 사용되지 않는 명사문에 접속법 불변사나 단축법 불변사의 격변화 표지를 표기하기 위해 사용된다.) (كَانَ 는 과거 시제를 나타내고, يَكُونُ 는 미래 불변사 سَـ 혹은 سَوْفَ 와 함께 사용되어 미래 시제를, لَنْ 과 함께 사용되어 미래 부정시제를, لَمْ 과 함께 사용되어 과거 부정시제를 나타낸다.)	كَانَ/ يَكُونُ
② 전환을 의미 (..이 되다(to become), ...로 바뀌다) 완료형과 미완료 형태가 모두 사용된다.	صَارَ/ يَصِيرُ
③ ..이 되다(to become) (원래 이 단어들의 의미는 각각 '아침이 되다', '점심이 되다', '저녁이 되다' 등 시간과 관련된 의미이었지만 지금은 모두 صَارَ 와 같은 의미로 사용된다. 완료형과 미완료 형태가 모두 사용된다.)	أَصْبَحَ/ يُصْبِحُ، أَضْحَى/ يُضْحِي، غَدَا/ يَغْدُو، أَمْسَى/ يُمْسِي، بَاتَ/ يَبِيتُ
④ (상황 등이)..이 계속되다(to last) (완료형과 미완료 형태가 모두 사용. ظَلَّ 는 어떤 동작이나 상태가 과거에 계속되는 것을 의미하며, يَظَلُّ 동작이나 상태가 현재에 계속되는 것을 의미한다.)	ظَلَّ/ يَظَلُّ
⑤ 아직도 ..하다, 여전히 ..하다(아직 끝나지 않음) (완료형과 미완료형 형태 둘 다 같은 의미. 과거로 부터 현재까지 동작이나 상태가 계속됨을 의미한다. 명령형은 사용되지 않는다.)	مَا زَالَ/ لَا يَزَالُ (أَوْ مَازَالَ/ لَايَزَالُ) (أَوْ لَمْ يَزَلْ، أَوْ مَا يَزَالُ)
⑥ ...하는 한 ..하다(as long as) (미완료형과 명령형은 사용되지 않고 완료형만 사용된다. 절과 절을 연결하는 접속사 형태로 사용되며 문장의 처음이나 중간에 올 수 있다)	(أَوْ مَا دَامَ) مَادَامَ
⑦ ..이 아니다 (not) (명사문을 부정하는 부정어. 미완료형과 명령형 형태는 사용되지 않는다. 형태는 완료형이지만 의미는 과거 시제가 아닌 현재 시제의 부정이다.)	لَيْسَ

→ 위의 무효화 동사 뒤에 사용된 주어를 مُبْتَدَأ 로 부르지 않고 그 문장에서 사용된 무효화 동사에 따라 각각 اِسْمُ كَانَ 혹은 اِسْمُ صَارَ 혹은 اِسْمُ أَصْبَحَ ... 등등으로 부르며, 술어는 خَبَرُ كَانَ 혹은 خَبَرُ صَارَ 혹은 خَبَرُ أَصْبَحَ 등등으로 부른다

1. كَانَ/ يَكُونُ 동사

무효화 동사로 사용된 كَانَ/ يَكُونُ 는 명사문의 시제를 규정하는 역할을 하거나 격변화 표지(접속법과 단축법)를 표기하는 역할을 하며, 단어 자체에 특별한 의미는 없다.

كَانَ 는 명사문의 시제를 과거로 규정하거나, 동사가 사용된 명사문의 시제를 과거진행 혹은 과거습관 등으로 만드는 역할을 한다.

يَكُونُ 는 명사문을 미래 시제나 미래 부정 시제, 혹은 과거 부정 시제 등으로 규정할 경우에 사용한다. 즉 명사문을 미래 시제로 만들 경우 يَكُونُ 가 미래 불변사 سَـ 혹은 سَوْفَ 와 함께 사용되며, 명사문의 시제를 미래 부정 시제로 만들 경우 يَكُونُ 가 접속법 불변사 لَنْ 과 함께 사용되고, 명사문의 시제를 과거 부정 시제로 만들 경우 يَكُونُ 가 단축법 접속사 لَمْ 과 함께 사용된다.

또한 يَكُونُ 는 이러한 명사문의 시제 규정 뿐만 아니라 동사가 사용되지 않은 명사문에 접속법(مَنْصُوب) 불변사가 사용되거나 다른 단축법(مَجْزُوم) 불변사가 사용될 경우 그 격변화 표지를 표기하기 위해 사용된다. 뿐만아니라 명사문이 명령문 형태로 사용될 경우에도 사용된다.

(كَانَ 와 يَكُونُ 가 시제 규정을 위해 사용되는 경우에 대해서는 이 책 '문장의 시제에 대해'를 보자.)

1) كَانَ/ يَكُونُ 동사의 인칭과 격변화

كَانَ/ يَكُونُ 는 약동사로서 간약동사(الْفِعْلُ الْأَجْوَفُ)의 변화를 한다. (중간자음에 و 가 오는 동사의 변화)

			완료형 الْفِعْلُ الْمَاضِي	미완료형 الْفِعْلُ الْمُضَارِعُ			명령형 فِعْلُ الْأَمْرِ
				직설법 (مَرْفُوع)	접속법 (مَنْصُوب)	단축법 (مَجْزُوم)	
3인칭	남성단수	هُوَ	كَانَ	يَكُونُ	يَكُونَ	يَكُنْ	
	여성단수	هِيَ	كَانَتْ	تَكُونُ	تَكُونَ	تَكُنْ	
	남성쌍수	هُمَا	كَانَا	يَكُونَانِ	يَكُونَا	يَكُونَا	
	여성쌍수	هُمَا	كَانَتَا	تَكُونَانِ	تَكُونَا	تَكُونَا	
	남성복수	هُمْ	كَانُوا	يَكُونُونَ	يَكُونُوا	يَكُونُوا	
	여성복수	هُنَّ	كُنَّ	يَكُنَّ	يَكُنَّ	يَكُنَّ	
2인칭	남성단수	أَنْتَ	كُنْتَ	تَكُونُ	تَكُونَ	تَكُنْ	كُنْ
	여성단수	أَنْتِ	كُنْتِ	تَكُونِينَ	تَكُونِي	تَكُونِي	كُونِي
	남녀쌍수	أَنْتُمَا	كُنْتُمَا	تَكُونَانِ	تَكُونَا	تَكُونَا	كُونَا
	남성복수	أَنْتُمْ	كُنْتُمْ	تَكُونُونَ	تَكُونُوا	تَكُونُوا	كُونُوا
	여성복수	أَنْتُنَّ	كُنْتُنَّ	تَكُنَّ	تَكُنَّ	تَكُنَّ	كُنَّ
1인칭	남녀단수	أَنَا	كُنْتُ	أَكُونُ	أَكُونَ	أَكُنْ	
	남녀쌍수·복수	نَحْنُ	كُنَّا	نَكُونُ	نَكُونَ	نَكُنْ	

2) 문장에서의 인칭변화의 예

(1) 주어가 보통명사인 명사문에 كَانَ 동사가 사용되는 경우

아래는 주어(مُبْتَدَأ)가 보통명사(이 문장에서는 الطِّفْل)인 명사문에 كَانَ 가 사용되어 시제가 과거로 바뀐 예이다. 이 경우 كَانَ 의 사용에 따라 두 가지 문장이 가능하다. 즉 ① 문장과 같이 كَانَ 동사가 먼저 사용되어 무효화 명사문(الجُمْلَةُ الاسْمِيَّةُ الْمَنْسُوخَة)이 되는 경우와, ② 문장과 같이 원래 명사문의 주어를 그대로 사용하고 그 뒤에 كَانَ 를 술어로 사용하여 술어가 무효화 명사문이 되는 경우가 그것이다. ① 형태에서는 문장에 كَانَ 동사가 먼저 왔기 때문에 그 뒤에는 주어(اسْمُ كَانَ)와 술어(خَبَرُ كَانَ)가 와야 한다. 이 때 كَانَ 동사는 주어(اسْمُ كَانَ)의 성(性)에 따라 3인칭 남성 단수 형태와 3인칭 여성 단수 형태로만 변화한다. 그러나 ② 형태의 문장에서는 주어가 보통명사이기에 주어(مُبْتَدَأ)의 성(性)과 수(數)에 따라 كَانَ 동사가 성과 수의 변화를 한다. (인칭은 모두 3인칭이다.)

주어가 보통명사인 명사문	كَانَ 동사가 사용된 무효화 명사문	
	① 무효화 명사문 (الجُمْلَةُ الاسْمِيَّةُ الْمَنْسُوخَة)	② 술어가 무효화 명사문 (الجُمْلَةُ الاسْمِيَّةُ)
الطِّفْلُ نَائِمٌ.	كَانَ الطِّفْلُ نَائِمًا.	الطِّفْلُ كَانَ نَائِمًا.
그 아기는 잠을 잔다.	그 아기는 잠을 자고 있었다.	
الطِّفْلَةُ نَائِمَةٌ.	كَانَتِ الطِّفْلَةُ نَائِمَةً.	الطِّفْلَةُ كَانَتْ نَائِمَةً.
그 여자 아기는 잠을 잔다.	그 여자 아기는 잠을 자고 있었다.	
الطِّفْلَانِ نَائِمَانِ.	كَانَ الطِّفْلَانِ نَائِمَيْنِ.	الطِّفْلَانِ كَانَا نَائِمَيْنِ.
그 두 아기들은 잠을 잔다.	그 두 아기들은 잠을 자고 있었다.	
الطِّفْلَتَانِ نَائِمَتَانِ.	كَانَتِ الطِّفْلَتَانِ نَائِمَتَيْنِ.	الطِّفْلَتَانِ كَانَتَا نَائِمَتَيْنِ.
그 두 여자 아기들은 잠을 잔다.	그 두 여자 아기들은 잠을 자고 있었다.	
الأَطْفَالُ نَائِمُونَ.	كَانَ الأَطْفَالُ نَائِمِينَ.	الأَطْفَالُ كَانُوا نَائِمِينَ.
그 아기들은 잠을 잔다.	그 아기들은 잠을 자고 있었다.	
الطِّفْلَاتُ نَائِمَاتٌ.	كَانَتِ الطِّفْلَاتُ نَائِمَاتٍ.	الطِّفْلَاتُ كُنَّ نَائِمَاتٍ.
그 여자 아기들은 잠을 잔다.	그 여자 아기들은 잠을 자고 있었다.	

→ 위의 ① 문장을 '동사문'이라 하지 않고 무효화 명사문(الجُمْلَةُ الاسْمِيَّةُ الْمَنْسُوخَة)이라 한다.
→ 위의 ①과 ② 문장들에서 كَانَ 동사 뒤의 술어(خَبَرُ كَانَ)에 목적격이 온 것을 확인하라.

** 다음의 문장을 분석해 보자.
앞에서 사용된 술어가 무효화 명사문인 문장을 분석해 보자.

그 아기는 잠을 자고 있었다.	الطِّفْلُ كَانَ نَائِمًا. 술어 + 주어(مُبْتَدَأ)

→ 위의 주어(مُبْتَدَأ)는 الطِّفْلُ 이고 술어(خَبَر)는 كَانَ نَائِمًا 이다. 즉 이 문장은 술어에 무효화 명사문(الْجُمْلَةُ الاسْمِيَّةُ الْمَنْسُوخَةُ)이 온 명사문이다. (술어가 كَانَ 로 시작되었기에 술어를 동사문이라 하지 않고 술어를 무효화 명사문이라 한다.)

→ 술어로 사용된 كَانَ نَائِمًا 를 다시 분석하면 주어(اِسْم كَانَ)인 هُوَ 가 كَانَ 에 감추어져 있으며(مُسْتَتِر), 그것의 술어(خَبَر كَانَ)는 نَائِمًا 이다. 이 هُوَ 가 연결의 인칭대명사로서 앞의 الطِّفْلُ 를 받는다.

(2) 주어가 인칭대명사인 명사문에 كَانَ 동사가 사용되는 경우

아래는 주어(مُبْتَدَأ)가 인칭대명사인 명사문에 كَانَ 가 사용되어 시제가 과거로 바뀐 예이다. 이 경우도 무효화 명사문 형태와 술어가 무효화 명사문 형태 두 가지로 바꿀 수 있다. 이 문장이 앞에 나온 주어가 보통명사인 명사 문장과 다른 것은 ①의 무효화 명사문 형태의 문장에서도 كَانَ 동사에 감추어져 있는 주어(اِسْم كَانَ)에 따라 كَانَ 동사가 인칭과 성(性)과 수(數)의 변화를 한다는 것이다.

주어가 인칭대명사인 명사문	كَانَ 동사가 사용된 무효화 명사문	
	① 무효화 명사문 (الْجُمْلَةُ الاسْمِيَّةُ الْمَنْسُوخَةُ)	② 술어가 무효화 명사문 (الْجُمْلَةُ الاسْمِيَّةُ)
هُوَ طَالِبٌ. 그는 학생이다.	كَانَ طَالِبًا. 그는 학생이었다.	هُوَ كَانَ طَالِبًا. 그는 학생이었다.
هِيَ طَالِبَةٌ. 그녀는 학생이다.	كَانَتْ طَالِبَةً. 그녀는 학생이었다.	هِيَ كَانَتْ طَالِبَةً. 그녀는 학생이었다.
هُمَا طَالِبَانِ. 그들 둘은 학생이다.	كَانَا طَالِبَيْنِ. 그들 둘은 학생이었다.	هُمَا كَانَا طَالِبَيْنِ. 그들 둘은 학생이었다.
هُمَا طَالِبَتَانِ. 그들 둘(f.)은 학생이다.	كَانَتَا طَالِبَتَيْنِ. 그들 둘(f.)은 학생이었다.	هُمَا كَانَتَا طَالِبَتَيْنِ. 그들 둘(f.)은 학생이었다.
هُمْ طُلَّابٌ. 그들은 학생들이다.	كَانُوا طُلَّابًا. 그들은 학생들이었다.	هُمْ كَانُوا طُلَّابًا. 그들은 학생들이었다.
هُنَّ طَالِبَاتٌ. 그녀들은 학생들이다.	كُنَّ طَالِبَاتٍ. 그녀들은 학생들이었다.	هُنَّ كُنَّ طَالِبَاتٍ. 그녀들은 학생들이었다.
أَنْتَ طَالِبٌ. 당신은 학생이다.	كُنْتَ طَالِبًا. 당신은 학생이었다.	أَنْتَ كُنْتَ طَالِبًا. 당신은 학생이었다.
أَنْتِ طَالِبَةٌ. 당신(f.)은 학생이다.	كُنْتِ طَالِبَةً. 당신(f.)은 학생이었다.	أَنْتِ كُنْتِ طَالِبَةً. 당신(f.)은 학생이었다.

제4과 무효화 동사와 무효화 명사문에 대해

أَنْتُمَا طَالِبَانِ/ طَالِبَتَانِ.	كُنْتُمَا طَالِبَيْنِ/ طَالِبَتَيْنِ.	أَنْتُمَا كُنْتُمَا طَالِبَيْنِ/ طَالِبَتَيْنِ.
당신들 둘은 학생이다.(남성, 여성)	당신 둘은 학생이었다.(쌍수 남성, 쌍수 여성)	
أَنْتُمْ طُلَّابٌ.	كُنْتُمْ طُلَّابًا.	أَنْتُمْ كُنْتُمْ طُلَّابًا.
당신들은 학생들이다.	당신들은 학생들이었다.	
أَنْتُنَّ طَالِبَاتٌ.	كُنْتُنَّ طَالِبَاتٍ.	أَنْتُنَّ كُنْتُنَّ طَالِبَاتٍ.
당신들(f.)은 학생이다.	당신들(f.)은 학생이었다.	
أَنَا طَالِبٌ/ طَالِبَةٌ.	كُنْتُ طَالِبًا/ طَالِبَةً.	أَنَا كُنْتُ طَالِبًا/ طَالِبَةً.
나는 학생이다.(남성, 여성)	나는 학생이었다.(단수 남성, 단수 여성)	
نَحْنُ طَالِبَانِ/ طَالِبَتَانِ.	كُنَّا طَالِبَيْنِ/ طَالِبَتَيْنِ.	نَحْنُ كُنَّا طَالِبَيْنِ/ طَالِبَتَيْنِ.
우리 둘은 학생들이다.(쌍수)	우리 둘은 학생들이었다.(쌍수 남성, 쌍수 여성)	
نَحْنُ طُلَّابٌ.	كُنَّا طُلَّابًا.	نَحْنُ كُنَّا طُلَّابًا.
우리들은 학생들이다.(복수)	우리들은 학생들이었다.(복수)	

** 무효화 명사문의 술어의 형태에 대해

다음 예문에서 무효화 동사가 사용된 무효화 명사문의 술어의 형태에 대해 살펴보자. 밑줄은 무효화 동사 كَانَ 가 사용된 무효화 명사문의 술어를 표시한 것이다. 이와같이 무효화 동사가 사용된 무효화 명사문의 술어는 한 단어(مُفْرَدٌ)가 사용되거나 유사문장(شِبْهُ الْجُمْلَةِ)이 사용되거나 문장(جُمْلَةٌ 동사문 혹은 명사문)이 사용될 수 있다. 이러한 내용은 앞의 '명사문에 대해'에서 배운 명사문의 구조와 동일함을 확인하라.

①	그 남자는 부자였다. (술어에 한 단어가 사용될 때)	كَانَ الرَّجُلُ غَنِيًّا.
②	그 친구는 집에 있었다. (술어에 유사문장이 사용될 때)	كَانَ الصَّدِيقُ فِي الْبَيْتِ.
③	그 학생은 아랍어를 공부하고 있었다. (술어에 동사문이 사용될 때)	كَانَ الطَّالِبُ يُذَاكِرُ اللُّغَةَ الْعَرَبِيَّةَ.
	그 학생은 그의 기억력이 좋았다. (술어에 명사문이 사용될 때)	كَانَ الطَّالِبُ ذَاكِرَتُهُ قَوِيَّةٌ.

→위의 문장에서 밑줄 부분이 술어(خَبَرُ كَانَ)이다. 위의 ②의 경우 유사문장이 술어로 사용되어 이 유사문장이 목적격 자리(فِي مَحَلِّ نَصْبٍ)에 있고, ③의 경우 문장이 술어로 사용되어 이 문장이 목적격 자리(فِي مَحَلِّ نَصْبٍ)에 있다.

3) كَانَ 의 용법

(1) 일반적인 무효화 명사문 (الْجُمْلَةُ الْمَنْسُوخَةُ)

동사가 사용되지 않은 명사문에 사용되어 그 시제를 과거로 만든다.

그 선생님이 참석하고 있었다.	كَانَ الْمُعَلِّمُ حَاضِرًا.
경기가 열리는 날 날씨가 좋았다.	كَانَ الْجَوُّ جَمِيلاً يَوْمَ الْمُبَارَاةِ.
모나가 서 있었는데, 지금은 앉아있다.	كَانَتْ مُنَى وَاقِفَةً لَكِنْ جَالِسَةٌ الْآنَ.

(2) 술어에 동사문이 사용된 무효화 명사문

아래는 무효화 동사 كَانَ 가 사용된 문장의 술어(خَبَرُ كَانَ)에 동사문이 사용된 문장이다. 이 경우 그 시제적인 의미가 과거진행(Past Continuous) 혹은 과거습관(Past Habitual)의 의미가 된다. 자세한 내용은 이 책 '문장의 시제에 대해' 부분을 참고하라.

a. 주어인 인칭대명사가 동사에 내포된 경우

(이전에는) 그가 뛰고 있었는데 지금은 그가 걷고 있다.	كَانَ يَجْرِي لَكِنْ يَمْشِي الْآنَ.
그들이 휴일일 때 그들은 클럽에 가곤 했다.	كَانُوا يَذْهَبُونَ إِلَى النَّادِي عِنْدَمَا كَانُوا فِي إِجَازَةٍ.
두 시간 전에 그들 둘은 아랍어를 공부하고 있었다.	قَبْلَ سَاعَتَيْنِ كَانَا يُذَاكِرَانِ اللُّغَةَ الْعَرَبِيَّةَ.
내가 그 아이들을 보았을 때 그들은 축구를 하고 있었다.	لَمَّا رَأَيْتُ الْأَطْفَالَ كَانُوا يَلْعَبُونَ كُرَةَ الْقَدَمِ.

b. 주어가 보통명사인 경우

매일 그 여학생은 아랍어를 공부하곤 했다.	كَانَتِ الطَّالِبَةُ تُذَاكِرُ اللُّغَةَ الْعَرَبِيَّةَ كُلَّ يَوْمٍ.
그 선생님이 교실에 도착했을 때 그 두 학생은 아랍어를 공부하고 있었다.	كَانَ الطَّالِبَانِ يُذَاكِرَانِ اللُّغَةَ الْعَرَبِيَّةَ عِنْدَمَا وَصَلَ مُدَرِّسُهُمَا لِلْفَصْلِ.
학교 (수업) 이후에 그들은 공을 차고 있었다. 학교 (수업) 이후에 그들은 공을 차곤 했다.	بَعْدَ الْمَدْرَسَةِ كَانَ الْأَطْفَالُ يَلْعَبُونَ كُرَةَ الْقَدَمِ.

** 아래를 비교하라.

아래에서 보듯이 무효화 동사 문장의 의미상 주어(아래 문장에서 الطَّالِبَةُ)는 ①에서와 같이 무효화 동사 바로 뒤에 와서 무효화 명사문의 주어(اسْمُ كَانَ)가 되거나, ③에서와 같이 문장의 맨 처음에 와서 명사문의 주어(مُبْتَدَأٌ)가 된다.

①		كَانَتِ الطَّالِبَةُ تُذَاكِرُ اللُّغَةَ الْعَرَبِيَّةَ. (o)
②	그 여학생은 아랍어를 공부하고 있었다. 그 여학생은 아랍어를 공부하곤 했다.	كَانَتْ تُذَاكِرُ الطَّالِبَةُ اللُّغَةَ الْعَرَبِيَّةَ. (×)
③		الطَّالِبَةُ كَانَتْ تُذَاكِرُ اللُّغَةَ الْعَرَبِيَّةَ. (o)

4) يَكُونُ 의 용법

يَكُونُ 는 동사가 사용되지 않은 명사문의 시제를 미래로 표현할 경우나, 동사가 사용되지 않은 명사문에 접속법(مَنْصُوب)이나 단축법(مَجْزُوم) 불변사가 올 경우, 혹은 명령문으로 표현할 경우, عِنْدَمَا 등이 이끄는 부사절에 사용된다. (يَكُونُ 가 직설법, 접속법, 단축법 가운데 어떤 형태인지 주의하라)

싸미르는 의사이다.(Samir is a doctor.) (이 명사문이 현재 시제로 사용될 경우 يَكُونُ 를 사용하지 않는다.) (* 문장은 사용되지 않음)	(o) سَمِيرٌ طَبِيبٌ.
	سَمِيرٌ يَكُونُ طَبِيبًا.* (غَيْرُ مُسْتَخْدَم) 사용안함
싸미르는 의사가 될 것이다. (미래 시제) (이 명사문을 미래 시제로 표현할 경우 'سَـ + يَكُونُ' 를 사용한다.)	(o) سَيَكُونُ سَمِيرٌ طَبِيبًا. (أو سَمِيرٌ سَيَكُونُ طَبِيبًا.)
싸미르는 의사가 되지 않을 것이다. (미래 부정 시제) (동사가 사용되지 않은 명사문에 접속법 불변사(여기서는 لَنْ)가 사용될 경우 يَكُونُ 의 접속법 형태를 사용한다.)	(o) لَنْ يَكُونَ سَمِيرٌ طَبِيبًا.(أو سَمِيرٌ لَنْ يَكُونَ طَبِيبًا.)
싸미르는 의사가 아니었다. (과거 부정 시제) (동사가 사용되지 않은 명사문에 단축법 불변사(여기서는 لَمْ)가 사용될 경우 يَكُونُ 의 단축법 형태를 사용한다.)	(o) لَمْ يَكُنْ سَمِيرٌ طَبِيبًا.(أو سَمِيرٌ لَمْ يَكُنْ طَبِيبًا.)

(1) 미래 시제에 사용된 경우
명사문을 미래 시제로 표현할 경우 سَـ 혹은 سَوْفَ 와 함께 يَكُونُ 를 사용한다. 이 때 يَكُونُ 는 직설법(مَرْفُوع)을 취한다.

그 소년은 의사가 될 것이다.	سَيَكُونُ (أوْ سَوْفَ يَكُونُ) الصَّبِيُّ دُكْتُورًا.
그 젊은 여자는 판사가 될 것이다.	سَتَكُونُ (أوْ سَوْفَ تَكُونُ) الْفَتَاةُ قَاضِيَةً.

(2) 접속법(مَنْصُوب)에 사용된 경우
يَكُونُ 는 동사가 사용되지 않은 명사문에 접속법 불변사가 올 경우에 사용된다. 이 때 يَكُونُ 는 접속법(مَنْصُوب) 형태를 취한다. 접속법 불변사에 대해서는 이 책 I권 '동사의 격변화' 부분을 보라.

그 소년은 의사(박사)가 되지 않을 것이다. (미래부정)	لَنْ يَكُونَ الْوَلَدُ دُكْتُورًا.
그 젊은 여자는 판사가 되지 않을 것이다. (미래부정)	لَنْ تَكُونَ الْفَتَاةُ قَاضِيَةً.
나는 의사가 되길 원한다. (현재 시제)(أنَا طَبِيبٌ.)	أُرِيدُ أَنْ أَكُونَ طَبِيبًا.
당신들이 행복하게 되기 위해서는 겸손해져야 한다.	لِتَكُونُوا سُعَدَاءَ يَجِبُ أَنْ تَتَوَاضَعُوا.
당신(f.)이 성공하기 위해 당신의 실수들로 부터 배워라.	حَتَّى تَكُونِي نَاجِحَةً تَعَلَّمِي مِنْ أَخْطَائِكِ.
당신이 선한 사람이 되는 것이 악한 사람이 되는 것보다 낫다.	أَنْ تَكُونَ خَيْرًا[1] أَفْضَلُ مِنْ أَنْ تَكُونَ شِرِّيرًا.

---

[1] خَيِّرٌ 좋은, 선량한, 착한, 호의적인   أَفْضَلُ مِنْ = خَيْرٌ مِنْ ..보다 나은(better than)   خَيْرٌ 선한(good) ; 선함

(3) 단축법(مَجْزُوم)에 사용된 경우

يَكُونُ 는 동사가 사용되지 않은 명사문에 단축법 불변사가 올 경우 사용된다. 이 때 يَكُونُ 는 단축법(مَجْزُوم) 형태를 취한다. 단축법 불변사에 대해서는 이 책 I권 '동사의 격변화' 부분을 보라.

그 남자는 운전수가 아니었다. (과거부정)	لَمْ يَكُنِ الرَّجُلُ سَائِقًا.
마리암은 학생이 아니었다. (과거부정)	لَمْ تَكُنْ مَرْيَمُ طَالِبَةً.
실패자가 되지 마라. (부정명령문(لَا النَّاهِيَة))	لَا تَكُنْ فَاشِلًا.
부지런한 학생이 되라. (간접명령문(لَامُ الأَمْرِ))	لِـتَكُنْ طَالِبًا مُجْتَهِدًا.

→ 위의 부정명령문과 간접명령문에 대해서는 이 책 '명령문에 대해' 부분에서 공부하라.

(4) 명령문에 사용될 경우

يَكُونُ 는 동사가 사용되지 않은 명사문을 명령문으로 만들 경우에도 사용된다. 이 때 يَكُونُ 는 명령동사 형태를 취한다.

당신은 당신 삶에서 정직하십시오. (Be honest in your life.)	كُنْ أَمِينًا فِي حَيَاتِكَ.
당신(f.)은 예의(good manners)를 갖추십시오.	كُونِي حَسَنَةَ الْخُلُقِ.
당신들 둘은 부지런하십시오.	كُونَا مُجْتَهِدَيْنِ.
당신들은 한 손이 되도록 하십시오.(연합하란 의미) (주어가 أَنْتُمْ 일 경우의 명령 형태)	كُونُوا يَدًا وَاحِدَةً.

(5) بَيْنَمَا , عِنْدَمَا 등이 이끄는 부사절 문장에 사용되는 경우 - 직설법으로 사용

위에서 명사문이 현재 시제(مَرْفُوع)에 사용되는 경우 يَكُونُ 를 사용하지 않는다고 하였다. 그런데 같은 구조의 명사문이 بَيْنَمَا , عِنْدَمَا 등이 이끄는 부사절에 사용되는 경우 직설법 يَكُونُ 를 사용해 주어야 한다. 왜냐하면 (بَيْنَ + مَا) بَيْنَمَا 와 (عِنْدَ + مَا) عِنْدَمَا 등의 مَا 뒤에는 동사문이 와야하기 때문이다.

내 아이들이 잠을 자는 동안 나는 모든 집안 일들을 끝낸다.	بَيْنَمَا يَكُونُ أَطْفَالِي نَائِمِينَ، أُنْهِي كُلَّ أَعْمَالِ الْبَيْتِ.
우리가 집에 있는 동안에 우리는 텔레비전을 본다.	نُشَاهِدُ التِّلْفَازَ عِنْدَمَا نَكُونُ فِي الْمَنْزِلِ.
그가 시험에 대해 준비되어 있기 이전에 많이 공부한다.	يُذَاكِرُ كَثِيرًا قَبْلَ مَا يَكُونُ مُسْتَعِدًّا لِلِامْتِحَانِ.

→ 부사절 문장에 대해서는 이 책 '여러가지 목적격에 대해 I - 시간의 부사와 장소의 부사에 대해' 부분을 보라.

** 아래 문장에서는 곧 이어 배우는 일반동사(كَانَ التَّامَّة)로서의 كَانَ/يَكُونُ 이 사용되었다.

당신의 보물이 있는 곳에 당신의 마음도 있다. (성경구절) (존재를 의미)	حَيْثُ يَكُونُ كَنْزُكَ هُنَاكَ يَكُونُ قَلْبُكَ أَيْضًا.
그들은 홍해가 어디에 있는지 모른다.	لَا يَعْرِفُونَ أَيْنَ يَكُونُ الْبَحْرُ الْأَحْمَرُ.

제4과 무효화 동사와 무효화 명사문에 대해

심화학습 – 일반동사(كَانَ التَّامَّةُ)로서의 كَانَ/ يَكُونُ 에 대해

كَانَ/ يَكُونُ 동사는 두 가지 종류가 있다. 먼저는 지금까지 배운대로 무효화 동사(كَانَ النَّاسِخَةُ)로서의 كَانَ/ يَكُونُ 동사가 있고, 다른 하나는 일반동사로서의 كَانَ/ يَكُونُ 가 있는데 이 두 번째 경우를 '완전동사(كَانَ التَّامَّةُ)'라 한다.

앞에서 우리는 무효화 동사로서의 كَانَ/ يَكُونُ 가 특별한 의미를 가지지 않은 채 시제를 규정하거나, 격변화 표지(접속법과 단축법)를 표기하기 위해 사용된다고 하였다. 일종의 조동사라고 할 수 있다. 여기에 비해 일반동사로서의 كَانَ/ يَكُونُ 는 '존재하다'(to exsist)나 وُجِدَ '일어나다'(to happen) حَدَثَ' 혹은 '살다'(to be) 라는 의미의 자동사로 사용되며, 완료형의 경우 과거 시제의 의미를 가지고, 미완료형의 경우 현재 시제의 의미를 가진다. 다음의 예를 보자.

인간이 존재했고 그래서 사랑이 존재했다.	كَانَ الْإِنْسَانُ فَكَانَ الْحُبُّ. (فِعْلٌ) 동사 + (فَاعِلٌ) 주어

→ 위의 문장에 사용된 كَانَ 는 무효화 동사(الْفِعْلُ النَّاسِخُ)가 아닌 완전동사(الْفِعْلُ التَّامُّ)이다. 완전동사와 무효화 동사의 구분은 이 책 제 I 권 동사 부분의 '동사문 구성 여부에 따른 구분'(الْأَقْسَامُ مِنْ حَيْثُ التَّمَامُ وَالنُّقْصَانُ)'을 보라.

→ 위의 문장은 무효화 명사문(الْجُمْلَةُ الاسْمِيَّةُ الْمَنْسُوخَةُ)이 아니라 كَانَ 완전동사(كَانَ التَّامَّةُ)가 사용된 동사문 문장이다. كَانَ 완전동사는 목적어를 취하지 않으며 따라서 자동사이다.

다른 예들

하나님이 계셨고 그에게는 어떤 것도 함께 있지 않았다.	كَانَ اللهُ وَلَا شَيْءٌ مَعَهُ.
아침이 있었고(존재했고) 저녁이 있었고(존재했으며) 첫째날이었다(존재했다). (성경 창세기)	كَانَ صَبَاحٌ وَكَانَ مَسَاءٌ وَكَانَ يَوْمٌ أَوَّلُ.
있었던(발생했던) 일에 대해 내가 너에게 이야기할게. (to happen, حَدَثَ 의 의미) (عَمَّا = عَنْ مَا)	سَأَحْكِي لَكَ عَمَّا كَانَ.
내가 그에게 "나는 여행을 떠날 것이다"라고 말했고, 그대로 여행이 일어났다(happened).	قُلْتُ لَهُ : "سَأُسَافِرُ" وَقَدْ كَانَ.
두 친구가 만나서 서로 얼싸 안았다(حَدَثَ 의 의미).	الْتَقَى الصَّدِيقَانِ فَكَانَ الْعِنَاقُ.

사느냐 죽느냐 이것이 문제로다.(To be or not to be…)	أَكُونُ أَوْ لَا أَكُونُ تِلْكَ هِيَ الْقَضِيَّةُ.
나는 내 친구들이 어디에 있는지 모른다. (to exsist)	لَا أَعْرِفُ أَيْنَ يَكُونُ أَصْدِقَائِي.
내가 여행을 할 때 내가 어디에서 있을지(머물지)를 결정하지 않을 것이다. (to exsist)	عِنْدَمَا أُسَافِرُ لَنْ أُقَرِّرَ أَيْنَ سَأَكُونُ.
당신이 집에 있을 때 나에게 전화를 해. (to exsist)	حِينَ تَكُونُ فِي الْمَنْزِلِ اتَّصِلْ بِي.

→ 위의 문장들에서 كَانَ/ يَكُونُ 뒤에 주격으로 사용된 단어는 무효화 동사의 주어(اسْمُ كَانَ)가 아니고 '동사문의 주어(فَاعِلٌ)'이다. 왜냐하면 كَانَ 가 일반동사로 사용되었기 때문이다.

** 아래 두 문장을 구별하라.

| ① | 인간이 존재했고 그래서 사랑이 존재했다. | كَانَ الْإِنْسَانُ فَكَانَ الْحُبُّ. |
| ② | 인간은 선했고 그래서 그의 사랑도 진실했다.
(여기서는 무효화 동사(كَانَ النَّاسِخَة)로 사용되었다.) | كَانَ الْإِنْسَانُ خَيِّرٌ فَكَانَ حُبُّهُ حَقِيقِيٌّ. (×)
كَانَ الْإِنْسَانُ خَيِّرًا فَكَانَ حُبُّهُ حَقِيقِيًّا. (o) |

→ 위의 ① 문장은 완전동사(كَانَ التَّامَّة) كَانَ 가 사용된 동사문(الْجُمْلَةُ الْفِعْلِيَّة)이다. 자동사 كَانَ 뒤에 동사문의 주어(فَاعِل)가 왔다.

→ 이에 비해 ② 문장은 무효화 동사(كَانَ النَّاسِخَة) كَانَ 가 사용된 무효화 명사문(الْجُمْلَةُ الِاسْمِيَّةُ الْمَنْسُوخَة)이다. 무효화 동사 كَانَ 뒤에 명사문(الْجُمْلَةُ الِاسْمِيَّة)이 왔으며 그 주어(اسْم كَانَ)에 주격이 왔고 술어(خَبَر كَانَ)에 목적격이 왔다.

2. صَارَ/ يَصِيرُ 동사

صَارَ/ يَصِيرُ 동사는 '...이 되다, ...으로 바뀌다(to become)' 등의 전환을 의미하며, 그 변화 형태는 약동사의 간약동사(الْفِعْلُ الْأَجْوَف) 변화를 한다. (중간자음에 ي 가 오는 동사의 변화)

1) صَارَ/ يَصِيرُ 동사의 인칭과 격변화

			완료형 الْفِعْلُ الْمَاضِي	미완료형 الْفِعْلُ الْمُضَارِعُ			명령형 (فِعْلُ الْأَمْر)
				직설법 (مَرْفُوعٌ)	접속법 (مَنْصُوبٌ)	단축법 (مَجْزُومٌ)	
3인칭	남성단수	هُوَ	صَارَ	يَصِيرُ	يَصِيرَ	يَصِرْ	
	여성단수	هِيَ	صَارَتْ	تَصِيرُ	تَصِيرَ	تَصِرْ	
	남성쌍수	هُمَا	صَارَا	يَصِيرَانِ	يَصِيرَا	يَصِيرَا	
	여성쌍수	هُمَا	صَارَتَا	تَصِيرَانِ	تَصِيرَا	تَصِيرَا	
	남성복수	هُمْ	صَارُوا	يَصِيرُونَ	يَصِيرُوا	يَصِيرُوا	
	여성복수	هُنَّ	صِرْنَ	يَصِرْنَ	يَصِرْنَ	يَصِرْنَ	
2인칭	남성단수	أَنْتَ	صِرْتَ	تَصِيرُ	تَصِيرَ	تَصِرْ	صِرْ
	여성단수	أَنْتِ	صِرْتِ	تَصِيرِينَ	تَصِيرِي	تَصِيرِي	صِيرِي
	남녀쌍수	أَنْتُمَا	صِرْتُمَا	تَصِيرَانِ	تَصِيرَا	تَصِيرَا	صِيرَا
	남성복수	أَنْتُمْ	صِرْتُمْ	تَصِيرُونَ	تَصِيرُوا	تَصِيرُوا	صِيرُوا
	여성복수	أَنْتُنَّ	صِرْتُنَّ	تَصِرْنَ	تَصِرْنَ	تَصِرْنَ	صِرْنَ
1인칭	남녀단수	أَنَا	صِرْتُ	أَصِيرُ	أَصِيرَ	أَصِرْ	
	남녀쌍수·복수	نَحْنُ	صِرْنَا	نَصِيرُ	نَصِيرَ	نَصِرْ	

2) 예문들

그는 새롭게 되었다. (주어 هُوَ 가 صَارَ 에 감추어져 있다.)	صَارَ جَدِيدًا.
면화가 직물이 되었다.(직물로 바뀌었다)	صَارَ الْقُطْنُ نَسِيجًا.
슬픔이 기쁨이 되었다.(기쁨으로 바뀌었다) (명사문의 술어가 무효화 명사문)	الْحُزْنُ صَارَ فَرَحًا.
그 여학생이 여의사가 되었다.	صَارَتِ الطَّالِبَةُ طَبِيبَةً.
그들은 의사들이 되었다.	صَارُوا أَطِبَّاءَ.
바닷물이 정화되어 식용으로 적합하게 되었다.	كُرِّرَ[1] مَاءُ الْبَحْرِ فَصَارَ صَالِحًا لِلشُّرْبِ.

부지런한 사람은 다른 사람들에게 모범이 된다.	يَصِيرُ الْمُجْتَهِدُ قُدْوَةً لِلْآخَرِينَ.
당신은 성공하기 위해 부지런한 학습자가 되어야 한다.	يَجِبُ أَنْ تَصِيرَ دَارِسًا مُجْتَهِدًا كَيْ تَنْجَحَ.
당신이 만일 기술이 좋은 사람이 되지 않으면 승진하지 못할 것이다. (조건문이다.)	إِنْ لَمْ تَصِرْ بَارِعًا لَنْ تَتَرَقَّى.
만수르는 그 회사의 사장이 될 것이다.	سَوْفَ يَصِيرُ مَنْصُورٌ مُدِيرَ الشَّرِكَةِ.

→위의 예문들에서 صَارَ /يَصِيرُ 동사 뒤에 온 문장이 명사문이며, 그 명사문에 주어(اسْمُ صَارَ)와 술어(خَبَرُ صَارَ)가 사용되었고, 그 술어(خَبَرُ صَارَ)가 목적격임을 확인하라.

→위의 예문들에서 صَارَ /يَصِيرُ 의 의미는 전환의 의미(...이 되다, ...으로 바뀌다(to become))로 사용된 것을 확인하라.

→위의 예문들에는 무효화 동사로 시작하는 무효화 명사문(الْجُمْلَةُ الاسْمِيَّةُ الْمَنْسُوخَةُ)이 사용되었다.

---

[1] كَرَّرَ / يُكَرِّرُ هـ - تَكْرِيرٌ ...을 정화.정유.정수하다(to refine)   كَرَّرَ / يُكَرِّرُ هـ - تَكْرَارٌ ...을 반복하다

3. 여러가지 '되다(to become)' 의미의 동사들 (전환을 의미)

아래 단어들의 원래 의미는 각각 '아침이 되다', '점심이 되다', '저녁이 되다' 등 시간과 관련된 의미이었지만 지금은 모두가 صَارَ 와 같은 의미인 '..이 되다(to become)'로 사용된다.

현재 사용되는 의미	원래의 의미	동사들
..이 되다(to become) (전환을 의미)	아침이 되다	أَصْبَحَ / يُصْبِحُ
	점심이 되다	غَدَا / يَغْدُو
	저녁이 되다	أَمْسَى / يُمْسِي
	하룻밤을 보내다	بَاتَ / يَبِيتُ
	..이 되다 ; ..하기 시작하다	أَضْحَى / يُضْحِي

예문들

	기후가 온화하게 되었다.	أَصْبَحَ الْجَوُّ مُعْتَدِلاً.
	그 지식이 퍼지게 될 것이다.	سَيُصْبِحُ الْعِلْمُ مُنْتَشِرًا.
	그 나무가 열매맺게 되었다. (명사문의 술어가 무효화 명사문)	الشَّجَرَةُ أَصْبَحَتْ مُثْمِرَةً.
	베두인들의 천막들이 도시들이 되었다.	غَدَتْ خِيَامُ الْبَدْوِ مُدُنًا.
	하늘이 비가 오게 될 것이다. (명사문의 술어가 무효화 명사문)	السَّمَاءُ سَتُمْسِي مُمْطِرَةً.
	그는 빵굽는 사람이 되었다.	أَمْسَى خَبَّازًا.
	그 별이 빛나게 되었다.	بَاتَ النَّجْمُ لَامِعًا.
	두바이가 상업을 위한 센터가 되었다. (명사문의 술어가 무효화 명사문)	دُبَيّ بَاتَتْ مَرْكَزًا لِلتِّجَارَةِ.
	그들은 축구 선수들이 되길 원한다.	يُرِيدُونَ أَنْ يَبِيتُوا لَاعِبِينَ لِكُرَةِ الْقَدَمِ.
	그 기술자들은 그들의 일을 신경쓰게 되었다.	أَضْحَى الْمُهَنْدِسُونَ مُهْتَمِّينَ بِعَمَلِهِمْ.
	그 학생들은 기술자(engineer)들이 될 것이다.	سَيُضْحِي الطُّلَّابُ مُهَنْدِسِينَ.

→ 위의 각각의 예문에서 무효화 동사 뒤에 온 문장이 명사문이며, 그 명사문에 주어와 술어가 사용되었고, 그 술어가 목적격임을 확인하라.

→ 위에서 '..이 되다' 의미의 동사들이 많이 있는데 그 가운데 صَارَ / يَصِيرُ 동사와 أَصْبَحَ / يُصْبِحُ 동사가 가장 많이 사용된다.

→ 위의 예문들에는 무효화 동사로 시작하는 무효화 명사문(الْجُمْلَةُ الاسْمِيَّةُ الْمَنْسُوخَةُ)이 사용되었다.

제4과 무효화 동사와 무효화 명사문에 대해

** 한편 아래 문장에서와 같이 صَارَ 나 أَصْبَحَ 등의 '..이 되다'의 의미를 가진 동사 뒤에 동사가 오는 것도 가능하다. 이 경우의 문장은 صَارَ 나 أَصْبَحَ 문장의 술어(خَبَرُ صَارَ)에 동사문이 온 경우이다. 이 때 동사는 현재시제만 가능하다.

칼리드는 삶을 사랑하게 되었다.	صَارَ خَالِدٌ <u>يُحِبُّ الْحَيَاةَ</u>.
그녀는 아랍어를 공부하게 되었다.	صَارَتْ <u>تَدْرُسُ اللُّغَةَ الْعَرَبِيَّةَ</u>.
모나는 많이 공부하게 되었다.	أَصْبَحَتْ مُنَى <u>تُذَاكِرُ كَثِيرًا</u>.
그들은 상업에 종사하게 되었다.	أَصْبَحُوا <u>يَعْمَلُونَ فِي التِّجَارَةِ</u>.

→ 위의 밑줄 부분이 술어이다.

4. ظَلَّ / يَظَلُّ 동사

이 동사는 완료형 형태 혹은 미완료형 형태 모두 사용된다. 의미는 동작이나 상태가 '계속되다(to last)'의 의미인데 ظَلَّ 는 과거에 계속되었음을 의미하고, يَظَلُّ 는 현재에 계속되고 있음을 의미한다.

그 판사들은 계속 정의로왔다.	ظَلَّ الْقُضَاةُ عَادِلِينَ.
상업은 계속 아랍 사람들의 손들에 있었다. (술어(خَبَرُ ظَلَّ)에 유사문장이 왔다)	ظَلَّتِ التِّجَارَةُ فِي أَيْدِي الْعَرَبِ.
그 학생은 그가 하는 공부에 계속 집중하고 있다. (명사문의 술어가 무효화 명사문)	الطَّالِبُ يَظَلُّ مُرَكِّزًا عَلَى دِرَاسَتِهِ.
그는 사막에서 베두인으로 남았다.	ظَلَّ بَدَوِيًّا فِي الصَّحْرَاءِ.
내 친구는 나를 기다리며 계속해서 서 있었다. (명사문의 술어가 무효화 명사문)	صَدِيقِي ظَلَّ وَاقِفًا فِي انْتِظَارِي.
그 소년은 그가 있는 곳에 계속해서 앉아 있다.	يَظَلُّ الْوَلَدُ جَالِسًا فِي مَكَانِهِ.
비가 계속해서 많이 왔다.	ظَلَّ الْمَطَرُ غَزِيرًا.
무크타르는 약을 복용 할때까지 잘 놀았다. (술어(خَبَرُ ظَلَّ)에 동사문이 왔다.)	ظَلَّ مُخْتَارٌ يَلْعَبُ جَيِّدًا حَتَّى تَنَاوُلِ الدَّوَاءِ.
모나는 계속해서 자살을 원했다.	ظَلَّتْ مُنَى تُرِيدُ الاِنْتِحَارَ.
그 여자들은 계속 달을 언급했다. (술어(خَبَرُ ظَلَّ)에 동사문이 왔다.)	ظَلِلْنَ يَذْكُرْنَ الْقَمَرَ.
나는 저녁까지 계속 말했다. (술어(خَبَرُ ظَلَّ)에 동사문이 왔다.)	ظَلِلْتُ أَتَكَلَّمُ حَتَّى الْمَسَاءِ.
그는 그의 레슨들을 계속해서 복습하고 있다. (술어(خَبَرُ ظَلَّ)에 동사문이 왔다.)	يَظَلُّ يُرَاجِعُ دُرُوسَهُ.

→ 마지막 세 문장은 ظَلَّ 뒤의 술어에 동사문이 온 문장이다. 즉 'ظَلَّ + 미완료형 동사' 형태의 문장이다.
→ 위의 각각의 예문에서 무효화 동사 뒤에 온 문장이 명사문이며, 그 명사문에 주어와 술어가 사용되었고, 그 술어가 목적격임을 확인하라.

5. مَا زَالَ/ لاَ يَزَالُ 동사 - 여전히 ..하다 (لَمْ يَزَلْ 혹은 مَا يَزَلْ 가능)

형태적으로 مَا زَالَ 는 완료형 형태이고, لاَ يَزَالُ 는 미완료형 형태이다. 그러나 실제 사용에 있어서 두 형태는 모두 어떤 동작이나 상태가 과거로부터 현재까지 계속되는 것을 의미하여 '여전히 ..하다'의 의미를 가진다. 종종 مَازَالَ/لاَيَزَالُ 와 같이 부정어와 그 뒤의 زَالَ 가 간격이 없이 붙은 형태를 사용하기도 한다. 또한 과거부정 형태인 لَمْ يَزَلْ 이나 مَا يَزَلْ 가 사용되기도 한다. 이 동사의 경우 완료형 형태와 미완료형 형태로는 사용되지만 명령형 형태로는 사용되지 않는다.

무효화 명사문

그는 아직 살아 있다.	مَا زَالَ/ لاَ يَزَالُ حَيًّا.
여전히 나의 할아버지는 아프시다.	مَا زَالَ/ لاَ يَزَالُ جَدِّي مَرِيضًا.
평화는 여전이 사랑받는 소망이다.	مَا زَالَ/ لاَ يَزَالُ السَّلاَمُ أَمَلاً مُحَبَّبًا.
여전히 (그) 농부는 (그) 일군이 필요하다. (خَبَرُ مَا زَالَ)에 동사문이 왔다.)	مَا زَالَ/ لاَ يَزَالُ الْفَلاَّحُ يَحْتَاجُ الْعَامِلَ.
여전히 그 사람들은 서로 싸운다. (خَبَرُ مَا زَالَ)에 동사문이 왔다.)	مَا زَالَ/ لاَ يَزَالُ النَّاسُ يَتَحَارَبُونَ.
칼리드는 종종 그의 가족을 방문하곤 한다. (술어에 동사문이 옴)(반복적인 발생)	مَا زَالَ/ لاَ يَزَالُ خَالِدٌ يَزُورُ أُسْرَتَهُ مِنْ وَقْتٍ إِلَى آخَرَ.

명사문의 술어가 무효화 명사문

그 소년은 여전히 기뻐한다.	الْوَلَدُ مَا زَالَ/ لاَ يَزَالُ سَعِيدًا.
그 소녀는 여전히 잠을 잔다.	الْبِنْتُ مَا زَالَتْ/ لاَ تَزَالُ نَائِمَةً.
그 두 목수는 여전히 일을 한다.	النَّجَّارَانِ مَا زَالاَ/ لاَ يَزَالاَنِ يَعْمَلاَنِ.
그 두 여자 선생님은 여전히 교실에 있다.	الْمُدَرِّسَتَانِ مَا زَالَتَا/ لاَ تَزَالاَنِ فِي الْفَصْلِ.
그 사람들은 여전히 농성 중이다.	النَّاسُ مَا زَالُوا/ لاَ يَزَالُونَ مُعْتَصِمِينَ.
그 여학생들은 여전히 놀고 있다.	الطَّالِبَاتُ مَا زِلْنَ/ لاَ يَزَلْنَ يَلْعَبْنَ.

→위에서 주어의 성수 변화에 따른 무효화 동사의 변화를 확인하라. (مَا زَالَ/لاَ يَزَالُ 는 간약동사의 변화이다. 이 책 제Ⅰ권 '약동사 변화'에서 확인하라.)

** 동사에 따라 مَا زَالَ/ لاَ يَزَالُ 뒤에 미완료형 동사가 오면 과거부터 현재까지의 습관(Habitual)을 나타내며, 능동분사가 올 경우 과거부터 현재까지의 동작의 진행(Continuous)을 나타낼 수 있다.

①	무함마드는 여전히 그 클럽에 가곤 한다. (Habitual) (반복적인 발생)	مَا زَالَ مُحَمَّدٌ يَذْهَبُ إِلَى النَّادِي.
②	무함마드는 여전히 그 클럽에 가고 있는 중이다. (Continuous) (동작의 계속됨)	مَا زَالَ مُحَمَّدٌ ذَاهِبًا إِلَى النَّادِي.
①	나는 한국 여행을 하곤 한다. (Habitual) (반복적인 발생)	مَا زِلْتُ أُسَافِرُ إِلَى كُورِيَا.
②	나는 여전히 한국을 여행 중이다. (Continuous) (동작의 계속됨)	مَا زِلْتُ مُسَافِرًا إِلَى كُورِيَا.

제4과 무효화 동사와 무효화 명사문에 대해

** 동사에 따라 반복적인 발생과 동작의 계속됨이 모두 미완료형 동사 형태로 사용되기도 한다.

여전히 그 아이들이 공을 차고 있다. (동작의 계속됨)	مَا زَالَ الْأَطْفَالُ يَلْعَبُونَ كُرَةَ الْقَدَمِ.
여전히 그 아이들은 매일 공을 찬다. (반복적인 발생)	مَا زَالَ الْأَطْفَالُ يَلْعَبُونَ كُرَةَ الْقَدَمِ كُلَّ يَوْمٍ.

6. مَا دَامَ 동사 - ..하는 한(as long as)

원래 دَامَ 는 '계속 ..하다'의 의미를 가진 동사인데 مَا 와 دَامَ 두 단어가 조합되어 مَا دَامَ 형태로 사용되면 절(節)과 절(節)을 연결하는 접속사가 된다. مَا دَامَ 는 접속사로서 문장의 처음이나 중간에 사용되며, '..하는 한(as long as)'의 의미로 사용된다. 완료형 형태만 사용되고 미완료형 형태와 명령형 형태는 사용되지 않는다.

교통신호가 빨간색인 한 거리를 건너지 말아라.	لَا تَعْبُرِ الشَّارِعَ مَا دَامَتِ الْإِشَارَةُ حَمْرَاءَ.
날씨가 기온이 아주 높은 한 나는 거리로 나가지 않는다.	لَا أَخْرُجُ إِلَى الشَّارِعِ مَا دَامَ الْجَوُّ شَدِيدَ الْحَرَارَةِ.
당신이 노력하는 한 절망하지 말아라. (مَا دُمْتَ 가 2인칭 남성 단수 꼴. 술어에 동사문.)	لَا تُحْبَطْ مَا دُمْتَ تَجْتَهِدُ.
인간이 일하는 한 삶은 변화한다. (술어(خَبَرُ مَا دَامَ)에 동사문이 왔다)	مَا دَامَ الْإِنْسَانُ يَعْمَلُ، الْحَيَاةُ تَتَغَيَّرُ.
비가 내리는 한 사람들은 산책하지 않는다. (술어(خَبَرُ مَا دَامَ)에 동사문이 왔다)	مَا دَامَ الْمَطَرُ يَنْزِلُ، النَّاسُ لَا يَتَنَزَّهُونَ.
그 교수가 있는 한 나는 그 대학에 갈 것이다.	مَا دَامَ الْأُسْتَاذُ مَوْجُودًا، سَأَذْهَبُ إِلَى الْجَامِعَةِ.
그가 나에게 내가 사는 한 기도와 자선을 할 것을 충고 했다. (꾸란 구절)	أَوْصَانِي بِالصَّلَاةِ وَالزَّكَاةِ مَا دُمْتُ حَيًّا.

→ 위에서 주어의 성수 변화에 따른 무효화 동사의 변화를 확인하라. مَا دَامَ 는 간약동사의 변화이다. 이 책 제Ⅰ권 '약동사 변화'에서 확인하라.)

7. لَيْسَ 동사

명사문을 부정하는 데 사용되는 부정어이다. لَيْسَ 동사는 미완료형과 명령형 형태는 사용되지 않고 완료형 형태로만 사용된다. لَيْسَ 동사의 형태는 완료형 형태이지만 그 시제적인 의미가 과거시제가 아니라 현재 시제의 명사문을 부정하는 의미이다.

1) لَيْسَ의 완료형 인칭변화

무효화 동사(كَانَ وَأَخَوَاتُهَا) لَيْسَ는 완료형 형태만 사용되고 미완료형 형태는 사용되지 않는다.

	단수(مُفْرَدٌ)		쌍수(مُثَنَّى)		복수(جَمْعٌ)	
3인칭	هُوَ	لَيْسَ	هُمَا	لَيْسَا	هُمْ	لَيْسُوا
	هِيَ	لَيْسَتْ	هُمَا	لَيْسَتَا	هُنَّ	لَسْنَ
2인칭	أَنْتَ	لَسْتَ	أَنْتُمَا	لَسْتُمَا	أَنْتُمْ	لَسْتُمْ
	أَنْتِ	لَسْتِ			أَنْتُنَّ	لَسْتُنَّ
1인칭	أَنَا	لَسْتُ	نَحْنُ	لَسْنَا	نَحْنُ	لَسْنَا

2) 문장에서의 인칭변화의 예

(1) 주어가 보통명사인 명사문에 لَيْسَ 동사가 사용되는 경우

아래는 주어(مُبْتَدَأٌ)가 보통명사인 명사문에 لَيْسَ가 사용되어 명사문을 부정한 경우이다. 이 경우 لَيْسَ 의 사용에 따라 두 가지 문장이 가능하다. 즉 ① 문장과 같이 لَيْسَ 동사가 먼저 사용되어 무효화 명사문(الْجُمْلَةُ الْاِسْمِيَّةُ الْمَنْسُوخَةُ)이 되는 경우와, ② 문장과 같이 원래 명사문의 주어를 그대로 사용하고 그 뒤에 لَيْسَ를 술어로 사용하여 술어가 무효화 명사문이 되는 경우가 그것이다. ① 형태에서는 문장에 لَيْسَ 동사가 먼저 왔기 때문에 그 뒤에는 주어(اِسْمُ لَيْسَ)와 술어(خَبَرُ لَيْسَ)가 와야 한다. 이 때 لَيْسَ 동사는 주어(اِسْمُ لَيْسَ)의 성(性)에 따라 3인칭 남성 단수 형태와 3인칭 여성 단수 형태로만 변화한다. 그러나 ② 형태의 문장에서는 주어가 보통명사이기에 주어(مُبْتَدَأٌ)의 성(性)과 수(數)에 따라 لَيْسَ 동사가 성과 수의 변화를 한다. (인칭은 모두 3인칭이다.)

주어가 보통명사인 명사문	لَيْسَ 동사가 사용된 무효화 명사문	
	① 무효화 명사문 (الْجُمْلَةُ الْاِسْمِيَّةُ الْمَنْسُوخَةُ)	② 술어가 무효화 명사문 (الْجُمْلَةُ الْاِسْمِيَّةُ)
الطَّالِبُ مِنْ كُورِيَا.	لَيْسَ الطَّالِبُ مِنْ كُورِيَا.	الطَّالِبُ لَيْسَ مِنْ كُورِيَا.
그 학생은 한국 출신이다.	그 학생은 한국 출신이 아니다.	

제4과 무효화 동사와 무효화 명사문에 대해

الطَّالِبَةُ مِنْ كُورِيَا.	لَيْسَتِ الطَّالِبَةُ مِنْ كُورِيَا.	الطَّالِبَةُ لَيْسَتْ مِنْ كُورِيَا.
그 여학생은 한국 출신이다.	그 여학생은 한국 출신이 아니다.	
الْمُدِيرَانِ صَادِقَانِ.	لَيْسَ الْمُدِيرَانِ صَادِقَيْنِ.	الْمُدِيرَانِ لَيْسَا صَادِقَيْنِ.
그 두 사장은 진실하다.	그 두 사장은 진실하지 않다.	
الْمُدِيرَتَانِ صَادِقَتَانِ.	لَيْسَتِ الْمُدِيرَتَانِ صَادِقَتَيْنِ.	الْمُدِيرَتَانِ لَيْسَتَا صَادِقَتَيْنِ.
그 두 여사장은 진실하다.	그 두 여사장은 진실하지 않다.	
الْمُدَرِّسُونَ مُجْتَهِدُونَ.	لَيْسَ الْمُدَرِّسُونَ مُجْتَهِدِينَ.	الْمُدَرِّسُونَ لَيْسُوا مُجْتَهِدِينَ.
그 선생님들은 부지런하다.	그 선생님들은 부지런하지 않다.	
الْمُدَرِّسَاتُ مُجْتَهِدَاتٌ.	لَيْسَتِ الْمُدَرِّسَاتُ مُجْتَهِدَاتٍ.	الْمُدَرِّسَاتُ لَسْنَ مُجْتَهِدَاتٍ.
그 여선생님들은 부지런하다.	그 여선생님들은 부지런하지 않다.	

(2) 주어가 인칭대명사인 명사문에 لَيْسَ 동사가 사용되는 경우

아래는 주어(مُبْتَدَأ)가 인칭대명사인 명사문에 لَيْسَ 가 사용되어 명사문을 부정한 경우이다. 이 경우도 무효화 명사문 형태와 술어가 무효화 명사문 형태 두 가지로 바꿀 수 있다. 이 문장이 앞에 나온 주어가 보통명사인 명사 문장과 다른 것은 ①의 무효화 명사문 형태의 문장들에서도 لَيْسَ 동사에 감추어져 있는 주어(اسْم لَيْسَ)에 따라 لَيْسَ 동사가 인칭과 성(性)과 수(數)의 변화를 한다는 것이다.

주어가 인칭대명사인 명사문	لَيْسَ 동사가 사용된 무효화 명사문	
	① 무효화 명사문 (الْجُمْلَةُ الاِسْمِيَّةُ الْمَنْسُوخَةُ)	② 술어가 무효화 명사문 (الْجُمْلَةُ الاِسْمِيَّةُ)
هُوَ مِنَ الْقَاهِرَةِ.	لَيْسَ مِنَ الْقَاهِرَةِ.	هُوَ لَيْسَ مِنَ الْقَاهِرَةِ.
그는 카이로 출신이다.	그는 카이로 출신이 아니다.	
هِيَ مُدَرِّسَةٌ جَدِيدَةٌ.	لَيْسَتْ مُدَرِّسَةً جَدِيدَةً.	هِيَ لَيْسَتْ مُدَرِّسَةً جَدِيدَةً.
그녀는 새로운 선생님이다.	그녀는 새로운 선생님이 아니다.	
هُمَا مِصْرِيَّانِ.	لَيْسَا مِصْرِيَّيْنِ.	هُمَا لَيْسَا مِصْرِيَّيْنِ.
그들 둘은 이집트 사람이다.	그들 둘은 이집트 사람이 아니다.	
هُمَا مِصْرِيَّتَانِ.	لَيْسَتَا مِصْرِيَّتَيْنِ.	هُمَا لَيْسَتَا مِصْرِيَّتَيْنِ.
그녀들 둘(f.)은 이집트 사람이다.	그녀들 둘(f.)은 이집트 사람이 아니다.	
هُمْ طُلَّابٌ جُدُدٌ.	لَيْسُوا طُلَّابًا جُدُدًا.	هُمْ لَيْسُوا طُلَّابًا جُدُدًا.
그들은 새로운 학생들이다.	그들은 새로운 학생들이 아니다.	
هُنَّ طَالِبَاتٌ جَدِيدَاتٌ.	لَسْنَ طَالِبَاتٍ جَدِيدَاتٍ.	هُنَّ لَسْنَ طَالِبَاتٍ جَدِيدَاتٍ.
그녀들은 새로운 학생들이다.	그녀들은 새로운 학생들이 아니다.	
أَنْتَ مِنَ الْقَاهِرَةِ.	لَسْتَ مِنَ الْقَاهِرَةِ.	أَنْتَ لَسْتَ مِنَ الْقَاهِرَةِ.
당신은 카이로 출신이다.	당신은 카이로 출신이 아니다.	

أَنْتِ مُدَرِّسَةٌ جَدِيدَةٌ.	لَسْتِ مُدَرِّسَةً جَدِيدَةً.	أَنْتِ لَسْتِ مُدَرِّسَةً جَدِيدَةً.
당신(f.)은 새로운 선생님이다.	당신(f.)은 새로운 선생님이 아니다.	
أَنْتُمَا مِصْرِيَّانِ/ مِصْرِيَّتَانِ.	لَسْتُمَا مِصْرِيَّيْنِ/ مِصْرِيَّتَيْنِ.	أَنْتُمَا لَسْتُمَا مِصْرِيَّيْنِ/ مِصْرِيَّتَيْنِ.
당신 둘은 이집트 사람이다.	당신 둘은 이집트 사람이 아니다.(쌍수 남성, 쌍수 여성)	
أَنْتُمْ طُلَّابٌ جُدُدٌ.	لَسْتُمْ طُلَّابًا جُدُدًا.	أَنْتُمْ لَسْتُمْ طُلَّابًا جُدُدًا.
당신들은 새로운 학생들이다.	당신들은 새로운 학생들이 아니다.	
أَنْتُنَّ طَالِبَاتٌ جَدِيدَاتٌ.	لَسْتُنَّ طَالِبَاتٍ جَدِيدَاتٍ.	أَنْتُنَّ لَسْتُنَّ طَالِبَاتٍ جَدِيدَاتٍ.
당신(f.)들은 새로운 학생들이다.	당신(f.)들은 새로운 학생들이 아니다.	
أَنَا طَالِبٌ/ طَالِبَةٌ.	لَسْتُ طَالِبًا/ طَالِبَةً.	أَنَا لَسْتُ طَالِبًا/ طَالِبَةً.
나는 학생이다.	나는 학생이 아니다.	
نَحْنُ طَالِبَانِ/ طَالِبَتَانِ.	لَسْنَا طَالِبَيْنِ/ طَالِبَتَيْنِ.	نَحْنُ لَسْنَا طَالِبَيْنِ/ طَالِبَتَيْنِ.
우리 둘은 학생들이다.(쌍수)	우리 둘은 학생들이 아니다.(쌍수 남성, 쌍수 여성)	
نَحْنُ طُلَّابٌ.	لَسْنَا طُلَّابًا.	نَحْنُ لَسْنَا طُلَّابًا.
우리들은 학생들이다.(복수)	우리들은 학생들이 아니다.(복수)	

** 강조의 인칭대명사(ضَمِيرُ التَّوْكِيدِ)를 사용할 경우

위의 ① 무효화 명사문 형태에서 아래와 같이 인칭대명사를 لَيْسَ 동사 뒤에 사용할 경우 이 인칭대명사는 주어(اسْمُ لَيْسَ)가 아닌 강조의 인칭대명사(ضَمِيرُ التَّوْكِيدِ)가 된다.

그는 카이로 출신이 아니다.	لَيْسَ هُوَ مِنَ الْقَاهِرَةِ.
그녀는 새로운 선생님이 아니다.	لَيْسَتْ هِيَ مُدَرِّسَةً جَدِيدَةً.
당신이 여기서 사장이 아니다. 내가 사장이다.	لَسْتَ أَنْتَ الْمُدِيرَ هُنَا بَلْ أَنَا.

3) 여러가지 예문들

لَيْسَ مُحَمَّدٌ طَالِبًا.	무함마드는 학생이 아니다.
لَيْسَ النَّجَاحُ سَهْلاً.	성공이 쉽지 않다.
لَسْتُ سَعِيدًا.	나는 기쁘지 않다.
مُنَى لَيْسَتْ طَبِيبَةً.	모나는 의사가 아니다. (술어가 무효화 명사문)
لَيْسُوا مِصْرِيِّينَ.	그들은 이집트 사람이 아니다. (주어가 هُمْ 일 경우 لَيْسُوا가 된다.)
لَيْسَ صَدِيقِي مِنْ كُورِيَا.	내 친구는 한국 출신이 아니다. (술어에 유사문장이 왔다.)
لَيْسَ قَمَرُ الْمَدِينَةِ كَقَمَرِ الصَّحْرَاءِ.	도시의 달은 사막의 달과 같지 않다. (술어(خَبَرُ لَيْسَ)에 كَ로 시작하는 유사문장이 왔다.)
لَيْسَ الْمُوَظَّفُ يَقْرَأُ الْجَرِيدَةَ.	그 직원은 신문을 읽지 않는다. (술어(خَبَرُ لَيْسَ)에 동사문이 왔다. 미완료형 동사)
لَيْسَ الطَّالِبُ ذَاكِرَتُهُ قَوِيَّةً.	그 학생은 그의 기억력이 좋지 않다. (술어에 명사문이 왔다.)

→ 위의 각각의 예문에서 무효화 동사 뒤에 온 문장이 명사문이며, 그 명사문에 주어와 술어가 사용되었고, 그 술어가 목적격임을 확인하라.

** 다음을 비교하라.

①	나는 계속해서 서있었다.	ظَلِلْتُ وَاقِفًا.
②	나는 선채로 남아있었다.	بَقِيتُ وَاقِفًا.

→ 위의 ①문장에서는 무효화 동사 ظَلَّ 가 사용된 문장이다. 따라서 وَاقِفًا 은 무효화 동사의 술어(خَبَرُ ظَلَّ)이다. 반면에 ② 문장에 사용된 بَقِيَ/يَبْقَى 동사는 무효화 동사가 아니라 '..하는 채로 남아 있다'는 의미를 가진 일반동사이다. 이 문장에서 وَاقِفًا 은 상태목적어(حَالَ)로 사용된 것이다. 상태목적어에 대해서는 나중에 공부하게 된다.

제 5 과 동사문(الْجُمْلَةُ الْفِعْلِيَّةُ)에 대해

1. 동사문의 구성요건
2. 동사문(الْجُمْلَةُ الْفِعْلِيَّةُ)인가? 명사문(الْجُمْلَةُ الاسْمِيَّةُ)인가?
3. 동사문에 사용되는 유사문장(شِبْهُ الْجُمْلَةِ)에 대해
4. 동사문의 문장순서
5. 동사가 목적절을 취하는 경우
6. 목적어를 두 개 취하는 동사(الْفِعْلُ الْمُتَعَدِّي لِمَفْعُولَيْنِ)
7. 목적어를 세 개 취하는 동사(الْفِعْلُ الْمُتَعَدِّي لِثَلاثَةِ مَفَاعِيل)
8. 동사문 요소들의 한정형태에 대해
9. 목적격을 취하는 여러가지 경우들(الْمَنْصُوبَاتُ)
10. 명사문과 동사문의 사용
11. 명사문과 동사문의 전환

제 5 과 동사문(الْجُمْلَةُ الْفِعْلِيَّةُ)에 대해

아랍어 문장의 종류는 크게 두 가지이다. 명사문(الْجُمْلَةُ الاسْمِيَّةُ)과 동사문(الْجُمْلَةُ الْفِعْلِيَّةُ)이 그것이다. 지금까지 명사문의 구조를 가진 문장을 공부하였다. 이제 동사문을 공부해 보자.

동사문은 동사로 시작되는 문장이다. 우리는 제 I 권에서 동사문의 기본적인 구성요건과 동사의 인칭변화와 격변화 등에 대해서 공부하였다. 여기서 동사문에 대해 더 구체적으로 공부해 보자.

1. 동사문의 구성요건

동사문은 목적어의 유무에 따라 아래와 같이 두 종류로 나눌 수 있다. 동사가 목적어를 취하지 않는 자동사 문장과 동사가 목적어를 취하는 타동사 문장이 그것이다. 각각의 문장 구성 요건을 살펴보자.

동사문(الْجُمْلَةُ الْفِعْلِيَّةُ) – 자동사문	← 주어 (الْفَاعِلُ) + 동사 (الْفِعْلُ) ←
동사문(الْجُمْلَةُ الْفِعْلِيَّةُ) – 타동사문	← 목적어 (الْمَفْعُولُ بِهِ) + 주어 (الْفَاعِلُ) + 동사 (الْفِعْلُ) ←

A. 동사(الْفِعْلُ) – 주어의 동작을 묘사한다. (동사가 상태동사인 경우 주어의 상태를 묘사한다.) 동사는 완료형 혹은 미완료형을 취함을 통해 시제를 규정한다. 목적어가 필요없는 동사를 자동사(الْفِعْلُ اللَّازِمُ)라 하며 목적어가 필요한 동사를 타동사(الْفِعْلُ الْمُتَعَدِّي)라 한다.

B. 주어(الْفَاعِلُ) – 동사 동작의 주체이다. (동사가 상태동사인 경우 동사의 상태의 주체이다.) 여러 가지 종류의 명사가 주어로 사용될 수 있으며 **항상 주격 형태를 취한다**. 동사문의 주어(فَاعِلٌ)로 사용된 명사는 한정형태의 명사나 비한정 형태의 명사 둘 다 사용될 수 있다.

C. 목적어(الْمَفْعُولُ بِهِ) – 동사 동작의 객체이다. 여러 가지 종류의 명사가 목적어로 사용될 수 있으며 **항상 목적격을 취한다**. 목적어로 사용되는 명사도 한정형태 명사 혹은 비한정형태의 명사 둘 다 사용될 수 있다.

a. 자동사 문장의 예

그 교사가 왔다. (←주어 + 동사←)	جَاءَ الْمُدَرِّسُ.
그 아이가 기뻐한다. (←주어 + 동사←)	يَفْرَحُ الطِّفْلُ.
그 소식이 퍼졌다. (←주어 + 동사←)	انْتَشَرَ الْخَبَرُ.

b. 타동사 문장의 예

무함마드는 음식을 먹었다. (←목적어 + 주어 + 동사←)	أَكَلَ مُحَمَّدٌ طَعَامًا.
그녀는 택시를 탔다. (주어는 동사에 내포된 인칭대명사 هِيَ 이다.)	رَكِبَتْ تَاكْسِيًا.
나는 홍차를 마신다. (주어는 동사에 내포된 인칭대명사 أَنَا 이다.)	أَشْرَبُ الشَّايَ.

** 한 단어로 구성된 문장

한편 다음과 같이 한 단어로도 문장을 만들 수 있다. 모양은 하나의 동사이지만 이 동사 안에 주어(فَاعِل)와 시제에 대한 정보가 존재하기 때문에 형태적으로는 문장이다.

그는 기뻐한다. (3인칭 남성 단수, 미완료형) (주어(فَاعِل)인 هُوَ 가 '감추어져 있다(مُسْتَتِر)'고 한다.)	يَفْرَحُ.
그들이 잠을 잤다. (3인칭 남성 복수, 완료형) (주격 접미 인칭대명사 وَ 가 주어(فَاعِل)이다.)	نَامُوا.

아래는 한 단어로 구성된 것 처럼 보이지만 그 안에 동사와 주어와 목적어가 포함되어 있는 문장이다.

나는 그것을 기록했다. (1인칭 남성 단수, 완료형) (ه 가 동사의 목적어로 사용됨. 목적격 접미 인칭대명사)	كَتَبْتُهُ.
그가 나에게 말했다. (3인칭 남성 단수, 완료형) (ني 가 동사의 목적어로 사용됨. 목적격 접미 인칭대명사)	كَلَّمَنِي.

2. 동사문(الْجُمْلَةُ الْفِعْلِيَّةُ)인가? 명사문(الْجُمْلَةُ الاسميَّةُ)인가?

①	그 선생님이 오신다	يَأْتِي الْمُدَرِّسُ. 주어(فَاعِل) + 동사

** 위의 문장을 아래와 같이 명사가 먼저 오는 문장으로 바꾸면 어떻게 될까?

②	그 선생님이 오신다	الْمُدَرِّسُ يَأْتِي. 술어(خَبَر) + 주어(مُبْتَدَأ)

→ 위 두 문장의 의미는 같다. 그러나 ① 문장은 동사가 먼저 오고 그 뒤에 주어(فَاعِل)가 와서 동사문을 이루고 있고, ② 문장은 동사 보다 주어(مُبْتَدَأ)로 사용된 명사가 먼저 와서 명사문을 이루고 있다. (동사문의 주어를 아랍어로 فَاعِل 이라 하고, 명사문의 주어를 مُبْتَدَأ 라 한다.) 따라서 동사문에서 주어(فَاعِل)는 동사보다 앞에 올 수 없고 동사 뒤에 오거나 동사 안에 숨어있다(مُسْتَتِر).

	명사문(الْجُمْلَةُ الاسميَّةُ)	동사문(الْجُمْلَةُ الْفِعْلِيَّةُ)
그 아이는 잠잤다.	الطِّفْلُ نَامَ.	نَامَ الطِّفْلُ.
무함마드는 기뻐한다.	مُحَمَّدٌ يَفْرَحُ.	يَفْرَحُ مُحَمَّدٌ.

** 동사문과 명사문의 차이

위의 문장에서 동사문과 명사문의 의미 차이를 거의 느끼지 못할 것이다. 일반적으로 명사문은 주체(مُبْتَدَأ)의 정체(正體, Identity)에 강조점이 있고, 동사문은 동사의 동작에 강조점이 있다. (상태동사인 경우 동사의 상태에 강조점이 있다)
일반적으로 아랍어 문장에서 동사문과 명사문 모두가 사용된다. 그러나 특정한 문장 상황이나 문법 구문에서 동사문이 요구되거나 명사문이 요구되는 경우가 있다. 뉴스를 전하는 신문 기사의 첫 문장은 주로 동사문이 사용되며, 구어체 아랍어(암미야)에서는 명사문이 많이 사용된다.

3. 동사문에 사용되는 유사문장(شِبْهُ الْجُمْلَةِ)에 대해

우리는 명사문을 다루며 유사문장에 대해서 배웠다. 유사문장은 명사문과 동사문 모두에 사용된다. 아래의 ②문장은 ①문장에 유사문장이 추가된 문장이다. 이와 같이 유사문장은 동사문에 시간이나 장소 등의 보조적인 의미를 부여한다.

①	그 교사가 왔다.	جَاءَ الْمُدَرِّسُ.
②	그 교사가 집으로 부터 왔다.	جَاءَ الْمُدَرِّسُ مِنَ الْبَيْتِ.
①	나는 홍차를 마시고 있다.	أَشْرَبُ الشَّايَ.
②	나는 홍차를 빨리 마시고 있다.(빨리 마신다.)	أَشْرَبُ الشَّايَ بِسُرْعَةٍ.

유사문장(شِبْهُ الْجُمْلَةِ)은 '전치사 + 소유격 명사'와 '시간 혹은 장소의 부사 + 후연결어'로 나뉜다.

1) '전치사 + 소유격 명사' 문장

그는 (그) 학교로 부터 왔다. (전치사 مِنْ 뒤에 소유격 명사(اسْمٌ مَجْرُورٌ)가 왔다.)	جَاءَ مِنَ الْمَدْرَسَةِ.
그 소년이 그 의자에 앉아있다. (전치사 عَلَى 뒤에 소유격 명사(اسْمٌ مَجْرُورٌ)가 왔다.)	يَجْلِسُ الصَّبِيُّ عَلَى الْكُرْسِيِّ.
(그) 대통령은 카이로로 돌아왔다. (전치사 إِلَى 뒤에 소유격 명사(اسْمٌ مَجْرُورٌ)가 왔다.)	رَجَعَ الرَّئِيسُ إِلَى الْقَاهِرَةِ.

** 아래는 '전치사 + 소유격 명사' 형식의 문장에 사용된 동사와 전치사가 '동사 + 전치사' 숙어로 사용되는 문장들이다. 이와같이 자동사가 특정 전치사와 함께 사용되어 특정한 의미를 가지는 경우들이 많다. 여기에 대해서는 이 책 '여러가지 소유격에 대해'에서 공부하도록 하자.

나는 선생님들을 쳐다보았다. (نَظَرَ/يَنْظُرُ إِلَى 는 '..를 쳐다보다' 의미의 숙어)	نَظَرْتُ إِلَى مُدَرِّسِينَ.
그녀는 그 학생과 인사했다. (سَلَّمَ/يُسَلِّمُ عَلَى 는 '..와 인사하다' 의미의 숙어)	سَلَّمَتْ عَلَى الطَّالِبِ.
나는 내 친구를 환영했다. (رَحَّبَ/يُرَحِّبُ بـ 는 '..를 환영하다' 의미의 숙어)	رَحَّبْتُ بِصَدِيقِي.

2) '부사 + 후연결어' 문장

나는 잠자기 전에 책을 읽는다. (시간의 부사 قَبْلَ 뒤에 후연결어(مُضَافٌ إِلَيْهِ)가 왔다.)	أَقْرَأُ كِتَابًا قَبْلَ النَّوْمِ.
나는 목요일에 나의 친구를 방문할 것이다. (시간의 부사 يَوْمَ 뒤에 후연결어(مُضَافٌ إِلَيْهِ)가 왔다.)	سَأَزُورُ صَدِيقِي يَوْمَ الْخَمِيسِ.
그 택시는 그 건물 앞에서 멈추었다. (장소의 부사 أَمَامَ 뒤에 후연결어(مُضَافٌ إِلَيْهِ)가 왔다.)	وَقَفَ التَّاكْسِيُّ أَمَامَ الْعِمَارَةِ.
나는 카이로 북쪽에 산다. (장소의 부사 شَمَالَ 뒤에 후연결어(مُضَافٌ إِلَيْهِ)가 왔다.)	أَسْكُنُ شَمَالَ الْقَاهِرَةِ.

→ 여러가지 부사에 대해서는 이 책 '여러가지 목적격에 대해'에서 공부하도록 하자.

4. 동사문의 문장순서

동사로 시작하는 동사문의 여러가지 문장 순서에 대해서 살펴보자.

1) 일반적인 어순

지금까지 우리는 동사문의 일반적인 형태를 공부해 왔다. 아래의 문장들에서도 동사문의 일반적인 어순을 볼 수 있다.

그 아이가 잠을 잤다.	نَامَ الطِّفْلُ.
'자동사 + 주어' 의 순서를 가진 문장	
그 아이가 기쁘게 잠을 잤다.	نَامَ الطِّفْلُ سَعِيدًا.
'자동사 + 주어 + 상태목적어(حَال)' 의 순서를 가진 문장 (상태목적어에 대해서는 나중에 구체적으로 다룬다.)	
그 시인은 시를 적었다.	كَتَبَ الشَّاعِرُ الْقَصِيدَةَ.
'타동사 + 주어 + 목적어' 의 순서를 가진 문장	
그들은 하나님께 감사를 올려드린다.	يَرْفَعُونَ الشُّكْرَ إِلَى الله.
동사문에 전치사가 이끄는 유사문장이 함께 사용된 문장. '타동사 + 주어 + 목적어 + 유사문장'	

** 위의 문장을 아래와 같이 사용할 수도 있다. 그러나 아래의 문장은 위의 문장과 의미는 같지만 명사로 문장을 시작하였기에 더 이상 동사문이 아닌 명사문이다.

그 아이가 잠을 잤다.	الطِّفْلُ نَامَ.
그 시인은 시를 적었다.	الشَّاعِرُ كَتَبَ الْقَصِيدَةَ.

** 동사문의 주어가 동사에 내포되어 있을 경우

위의 문장을 아래와 같이 사용하여도 문장이 성립되며 그 주어는 동사에 내포되어 있다.

그가 잠을 잤다. (주어인 인칭대명사 هُوَ 가 동사에 감추어져 있다(مُسْتَتِر).)	نَامَ.
그가 그 시를 적었다. (주어인 인칭대명사 هُوَ 가 동사에 감추어져 있다(مُسْتَتِر).)	كَتَبَ الْقَصِيدَةَ.
그들은 하나님께 감사를 올려드렸다. (동사의 어미에 있는 و 가 인칭대명사로서 주어이다.)	يَرْفَعُونَ الشُّكْرَ إِلَى الله.

→ 이러한 인칭대명사를 주격 접미 인칭대명사(ضَمَائِرُ الرَّفْعِ الْمُتَّصِلَةُ)라 한다. 이 책 제 I 권에서 공부하라.

2) 목적어의 위치 변화

목적어가 있는 타동사 사용 문장에서 목적어는 아래와 같이 어순을 달리하기도 한다. 즉 목적어가 동사 다음 주어 앞에 오기도 하고, 목적어가 문장의 맨 처음에 오기도 한다. 이 경우 목적어가 중요하다고 생각하여 강조하는 경우이다. 일반적인 어순은 아니지만 허용되는 어순이다. (괄호안의 문장이 일반적이고 많이 사용되는 문장이다.)

그 시인은 그 시 한편을 적었다.	كَتَبَ الْقَصِيدَةَ[1] الشَّاعِرُ. (= كَتَبَ الشَّاعِرُ الْقَصِيدَةَ.)
	목적어가 동사 뒤 주어 앞에 왔다.

내가 너희들에게 진실을 말한다.	الْحَقَّ أَقُولُ لَكُمْ. (= أَقُولُ لَكُمُ الْحَقَّ.)
우리는 모든 장소에서 평화를 원한다.	السَّلَامَ نُرِيدُ فِي كُلِّ مَكَانٍ. (= نُرِيدُ السَّلَامَ فِي كُلِّ مَكَانٍ.)
그들은 하나님께 감사를 올려 드린다.	الشُّكْرَ يَرْفَعُونَ إِلَى اللهِ. (= يَرْفَعُونَ الشُّكْرَ إِلَى اللهِ.)

→ 위의 세 문장의 경우 목적어가 문장의 맨 처음에 왔다.
→ 이와같이 목적어를 강조하는 문장은 시 등의 현대 문학 아랍어에서 주로 사용된다.

모음부호 표기가 없는 일반적인 문장에서 그 의미를 명확하게 하기 위해서 아래와 같이 목적격 부호를 단어의 끝에 표기해 주어 목적어임을 표시한다.

그들은 하나님께 감사를 올려 드린다.	الشكرَ يرفعون إلى الله.
그 학생은 숙제를 기록했다.	الواجبَ كتب الطالب.

** 아래의 문장을 비교하라.

①	그 학생이 그 단원을 기록했다. (일반적인 동사문이다.)	كَتَبَ الطَّالِبُ الدَّرْسَ. 목적어 + 주어 + 동사
②	그 학생이 그 단원을 기록했다. (목적어를 문두에 두어 강조한 경우이다. 흔하게 사용되는 문장이 아니다.)	الدَّرْسَ كَتَبَ الطَّالِبُ. 주어 + 동사 + 목적어
③	그 단원은 그 학생이 기록했다. (술어 부분에 동사문이 오는 명사문이다. كَتَبَهُ의 목적어 ه는 앞의 الدَّرْس를 가리킨다.)	الدَّرْسُ كَتَبَهُ الطَّالِبُ. 술어(الْخَبَر) + 주어

---

[1] 한 편의 시 (poem) قَصِيدَةٌ / قَصَائِدُ

3) 주어(فَاعِل)의 위치 변화

동사문의 주어는 동사에 내포되거나 아니면 동사 바로 뒤에 오기도 하지만, 아래와 같이 동사문의 주어가 목적어 이후에 오는 것도 가능하고, 유사문장 이후에 오는 것도 가능하다.

a. 주어(فَاعِل)가 동사에 접미된 목적어 뒤에 오는 경우

그 학생은 그것을 기록했다.	كَتَبَهَا الطَّالِبُ.
그 선생님(f.)이 그에게 말했다. (The teacher talked to him.)	كَلَّمَتْهُ الْمُدَرِّسَةُ.
내 여동생(누나)의 드레스가 내 마음에 들었다.	أَعْجَبَنِي فُسْتَانُ أُخْتِي.

→ 목적어가 동사에 접미된 목적격 접미 인칭대명사(ضَمَائِرُ النَّصْبِ الْمُتَّصِلَةُ)이다. 따라서 주어는 목적어 뒤로 간다.

b. 주어(فَاعِل)가 '동사 + 전치사' 구(句) 뒤에 오는 경우 (유사문장 뒤에 오는 경우)

내 형(남동생)은 나에게 나의 펜을 돌려주었다.	أَعَادَ لِي أَخِي قَلَمِي. (=أَعَادَ أَخِي لِي قَلَمِي.)
내 친구는 나에게 호의(favor)를 요청했다.	طَلَبَ مِنِّي صَدِيقِي مَعْرُوفًا.
그 가족의 수장이 그 모임에 참석했다.	جَاءَ إِلَى الِاجْتِمَاعِ كَبِيرُ الْعَائِلَةِ.
이 집에 한 겁장이가 산다.	يَعِيشُ فِي هَذَا الْبَيْتِ جَبَانٌ.

→ 동사가 전치사와 함께 사용된 경우이다. 이 경우 주어(فَاعِل)는 동사 바로 뒤에 올 수도 있고 전치사 뒤에 올 수도 있다. '동사 + 전치사'의 조합이 강한 경우 주어는 전치사 뒤에 오는 것이 좋고, 그 조합이 약할 경우 주어는 동사 바로 뒤에 오는 것이 좋다.

4) 부사가 동사보다 먼저 오는 경우

다음과 같이 부사 혹은 유사문장이 동사보다 먼저 오는 문장도 동사문이다. 이와같은 문장에 사용된 부사 혹은 유사문장은 동사의 발생 시점이나 발생 장소를 구체화하는 의미로 사용된 것이다.

오늘 나는 내 친구의 방문을 기대한다.	الْيَوْمَ أَتَوَقَّعُ زِيَارَةَ صَدِيقِي.
여름에 우리는 바다로 여행할 것이다.	فِي الصَّيْفِ نُسَافِرُ إِلَى الْبَحْرِ.
그 집 앞에 그 자동차가 서 있다.	أَمَامَ الْبَيْتِ تَقِفُ السَّيَّارَةُ.

** 시간이나 장소를 표현하는 부사는 문장에서 위치를 달리해도 그 의미는 같다.

الْيَوْمَ أَتَوَقَّعُ زِيَارَةَ صَدِيقِي. = أَتَوَقَّعُ زِيَارَةَ صَدِيقِي الْيَوْمَ. = أَتَوَقَّعُ الْيَوْمَ زِيَارَةَ صَدِيقِي.

فِي الصَّيْفِ نُسَافِرُ إِلَى الْبَحْرِ. = نُسَافِرُ إِلَى الْبَحْرِ فِي الصَّيْفِ. = نُسَافِرُ فِي الصَّيْفِ إِلَى الْبَحْرِ.

أَمَامَ الْبَيْتِ تَقِفُ السَّيَّارَةُ. = تَقِفُ السَّيَّارَةُ أَمَامَ الْبَيْتِ. = تَقِفُ أَمَامَ الْبَيْتِ السَّيَّارَةُ.

5) 반드시 주어(الفَاعِل)가 목적어(المَفْعُول بِه)보다 먼저 와야 하는 경우

(1) 동사문의 주어와 목적어가 모두 인칭대명사일 때

주어(فَاعِل)로 사용된 인칭대명사가 동사에 나타나고(ضَمِيرٌ ظَاهِرٌ), 목적어가 접미 인칭대명사(ضَمَائِرُ النَّصْبِ المُتَّصِلَة)일 경우 문장의 주어는 목적어보다 항상 먼저 온다.

그들이 그것을 지킨다.	يَحْفَظُونَهُ.
위 동사 어미의 و 는 هُم 에 해당하는 주격 접미 인칭대명사(ضَمِيرُ الرَّفْعِ المُتَّصِل)로서 주어이다. 목적어는 هـ 이다. 아랍어로 هُم يَحْفَظُهُ 과 같은 문장은 존재하지 않는다.	
그들이 그것을 달았다.	عَلَّقُوهَا.
여기서도 주어는 인칭대명사 و 이고(주격 접미 인칭대명사(ضَمِيرُ الرَّفْعِ المُتَّصِل)), 목적어는 هَا 이다. 아랍어로 هُم عَلَّقَهَا 라는 문장은 사용하지 않는다.	
나는 너에게 들었다.	سَمِعْتُكَ.
여기서 주어는 인칭대명사 تُ 이고(주격 접미 인칭대명사(ضَمِيرُ الرَّفْعِ المُتَّصِل)), 목적어는 كَ 이다. أَنَا سَمِعْتُكَ 라는 문장은 주어를 강조하기 위해서는 사용가능하지만 일반적으로는 사용하지 않는다.	

** 주어가 인칭대명사가 아닌 일반 명사일 경우

목적어가 인칭대명사이지만 주어는 일반 명사일 경우 주어는 목적어 뒤에 온다.

그 선생님들이 그것을 지킨다.	يَحْفَظُهَا المُدَرِّسُونَ.
이 동사문의 주어는 인칭대명사가 아니라 المُدَرِّسُونَ 이다. 목적어는 هَا 이다. 때문에 여기서는 주어가 목적어 뒤에 왔다.	

주어가 목적어 보다 나중에 온 다른 예들이다.

그 학생은 그것을 기록했다.	كَتَبَهُ الطَّالِبُ.
나의 어머니는 그것을 요리했다.	طَبَخَتْهُ أُمِّي.

→ 조금 이후에 다룰 '반드시 목적어가 주어보다 먼저 와야 하는 구문'에서 더 많은 예들을 보도록 하자.

(2) 주어와 목적어의 글자 모양(글자와 모음부호)이 똑같을 때

아래와 같이 주어와 목적어 단어들의 모양이 비슷할 경우 혼돈을 방지하기 위해 주어를 먼저 사용하고 그 뒤에 목적어를 사용한다.(아래에서 빨간색이 주어이고 파란색이 목적어이다)

무사는 에이사에게 감사했다.	شَكَرَ مُوسَى عِيسَى.
مُوسَى 와 عِيسَى 의 끝 두 철자와 모음부호가 같다.	
사랑은 그 젊은이를 기쁘게 했다.	أَسْعَدَ الْهَوَى الْفَتَى.
الْفَتَى 와 الْهَوَى 의 끝 두 철자와 모음부호가 같다.	

قَابَلَ رِيكَارْدُو سْتِيفِنِ.	리카르도는 스티븐을 만났다.
ستيفن 와 ريكاردو 둘다 외래어 이름이다.	

→ 위의 문장에서 주어와 목적어의 모양(자음과 모음부호)이 똑같다. 따라서 주어와 목적어를 순서적으로 기록하지 않을 경우 주어와 목적어의 순서가 뒤바뀌게 된다.

아래의 경우를 보자

أَكَلَ الْفَتَى الْكُمِّثْرَى.	그 젊은이는 그 배를 먹었다.

이 경우는 주어(الْفَتَى)와 목적어(الْكُمِّثْرَى) 꼴은 같은 꼴이지만 하나는 사람이고 하나는 과일이름이라 순서를 뒤바꾸어도 뜻을 알 수 있다. (배가 사람을 먹지 못하기 때문에) 그러나 위와 같이 주어가 목적어보다 먼저 오는 것이 일반적인 문장이다.

(3) 목적어에 소유격 접미 인칭대명사가 붙었고, 그 인칭대명사가 선행하는 주어를 가르킬 때
목적어의 후연결어로 사용된 소유격 접미 인칭대명사가 그 앞에 사용된 주어(فَاعِلٌ)를 가리킬 때이다.

قَرَأَ الطَّالِبُ كِتَابَهُ. (قَرَأَ كِتَابَهُ الطَّالِبُ. ×)	그 학생은 그의 책을 읽었다.
يَبْدَأُ الشَّاعِرُ قَصِيدَتَهُ. (يَبْدَأُ قَصِيدَتَهُ الشَّاعِرُ. ×)	그 시인은 그의 시 귀절을 시작하고 있다.
دَخَلَتِ الطَّالِبَةُ بَيْتَهَا. (دَخَلَتِ بَيْتَهَا الطَّالِبَةُ. ×)	그 여학생은 그녀의 집에 들어갔다.
يُحِبُّ النَّاسُ أَبْنَاءَهُمْ. (يُحِبُّ أَبْنَاءَهُمْ النَّاسُ. ×)	그 사람들은 그들의 아들들을 사랑한다.

→후연결어로 사용된 소유격 접미 인칭대명사(ضَمَائِرُ الْجَرِّ الْمُتَّصِلَةُ)는 항상 그 앞에 있는 단어를 지칭해야 한다. 즉 소유격 접미사로 사용된 인칭대명사는 그 단어 뒤에 오는 명사를 가르킬 수는 없다. 따라서 소유격 인칭대명사가 붙어 있는 단어가 동사의 목적어이고, 그 인칭대명사가 지칭하는 명사가 그 앞에 오는 주어이므로, 주어가 목적어 보다 앞에 와야 한다.

6) 반드시 목적어가 주어(الْفَاعِل)보다 먼저 와야 하는 경우

아래에서 주어(الْفَاعِل)와 동사, 그리고 목적어의 어순을 주의하여 살펴보라. 주어(الْفَاعِل)가 목적어 뒤에 오기 때문에 생소할 수 있지만 정상적이며 많이 사용되는 문장이다.

(1) 동사문의 목적어가 목적격 접미 인칭대명사(ضَمَائِرُ النَّصْبِ الْمُتَّصِلَة)이고 주어가 일반 명사일 때

동사문의 목적어가 목적격 접미 인칭대명사이기에 동사에 붙어서 사용된다. 그리고 그 뒤의 주어가 인칭대명사가 아닌 일반 명사이기 때문에 반드시 목적어가 먼저 오고 주어는 그 뒤에 온다.

그 학생은 그것을 기록했다.	كَتَبَهُ الطَّالِبُ.
무함마드가 나를 때렸다.	ضَرَبَنِي مُحَمَّدٌ.
그것의 소유주(주인)가 그것을 말했다. (여기서 '그것'을 어떤 특정 문장이나 구절로 생각하면 문장이 이해된다.)	قَالَهَا صَاحِبُهَا.
나의 아버지는 나를 잃어버렸다.	أَضَاعَنِي أَبِي.
그 여자 아나운서가 그것을 읽었다.	قَرَأَتْهُ الْمُذِيعَةُ.
그 일꾼들이 그것을 생산했다.	صَنَعَهَا الْعُمَّالُ.

(2) 주어에 붙은 접미 인칭 대명사가 선행하는 목적어를 가리킬 때

동사 뒤에 일반명사가 목적어로 사용되고 그 뒤에 사용된 주어(فَاعِل)에 소유격 접미 인칭대명사가 붙어 그 앞의 목적어를 가리킬 때이다.

그 시인의 아버지가 그 시인을 쫓아내었다.	طَرَدَ الشَّاعِرَ أَبُوهُ.
그 학생의 선생님이 그 학생에게 감사했다.	شَكَرَ الطَّالِبَ مُدَرِّسُهُ.
그 고양이의 호기심이 그 고양이를 죽였다.	قَتَلَ الْقِطَّةَ فُضُولُهَا.

→ 이 규칙도 약간의 예외는 있다. 시나 꾸란 구절 등에서 음절의 변화에 따라 소유격 접미 인칭대명사가 붙은 단어의 위치가 달라지는 경우도 있다.

7) 반드시 목적어가 동사보다 먼저 와야 하는 경우

의문 대명사는 항상 문장의 처음에 와야 한다. 그런데 아래 문장에 사용된 의문 대명사들은 동사의 목적어의 역할을 하는 것이다. 즉 아래의 의문문들은 동사의 목적어에 대해서 질문하는 문장이다. 그러므로 목적어의 기능을 하는 의문대명사가 가장 먼저오고 그 다음에 동사가 온다.

당신은 무엇을 마시나요?	مَاذَا تَشْرَبُ؟
당신은 누구를 좋아하나요?	مَنْ تُحِبُّ؟
당신은 몇 권의 책을 읽었나요?	كَمْ كِتَابًا قَرَأْتَ؟

5. 동사가 목적절을 취하는 경우

동사 뒤의 목적어 자리에 단어가 아니라 절(節)이 온 경우이다. 아래에서 أَنْ 와 أَنَّ 이하는 풀어쓴 동명사(مَصْدَر مُؤَوَّل) 구문으로서 문장에서 목적절로 사용되었다. أَنْ 뒤에는 미완료형 접속법이 오고, أَنَّ 나 إِنَّ 뒤에는 명사문이 온다. 풀어쓴 동명사에 관해서는 이 책 '풀어쓴 동명사에 대해' 부분에서 공부하도록 하라. 또한 무효화 불변사 أَنَّ 와 إِنَّ 에 관해서는 이 책 '무효화 불변사' 부분에서 공부하도록 하라.

نُرِيدُ أَنْ نَزُورَ أَسْوَانَ.	우리는 아스완을 방문하길 원한다.
أُحِبُّ أَنْ أَدْرُسَ.	나는 공부하는 것을 좋아한다.
أَعْرِفُ أَنَّكُمْ مَجَانِينُ.	나는 너희들이 미친 것을 안다.
أَرَى أَنَّ الْحَيَاةَ سَهْلَةٌ.	나는 삶이 쉽다고 생각한다.

→ أَسْوَانَ 는 2격 명사이다.

신문에서 목적절이 온 예들

قَالَ الْأَمِينُ الْعَامُّ لِلْأُمَمِ الْمُتَّحِدَةِ بَان كِي مُون إِنَّهُ يَشْعُرُ بِـ"الْحُزْنِ الْعَمِيقِ".
반기문 유엔 사무총장은 깊은 슬픔을 느낀다고 말했다.

أَعْلَنَ الرَّئِيسُ الْمِصْرِيُّ حُسْنِي مُبَارَك أَنَّهُ سَيُكْمِلُ وِلَايَتَهُ الرِّئَاسِيَّةَ الْحَالِيَّةَ.
이집트 대통령 호스니 무바라크는 그의 현 대통령 통치(임기)를 계속할 것이라고 발표했다.

أَكَّدَ وَزِيرُ التَّرْبِيَةِ وَالتَّعْلِيمِ الْمِصْرِيُّ أَنَّ ارْتِدَاءَ[1] النِّقَابِ مَحْظُورٌ عَلَى الطَّالِبَاتِ دَاخِلَ الْمَدَارِسِ.
이집트 교육부 장관은 학교 안에서 니깝을 착용하는 것이 여학생들에게 금지되어 있다고 강조했다.

---

[1] اِرْتَدَى/يَرْتَدِي هـ ― اِرْتِدَاءُ 옷을 입다

6. 목적어를 두 개 취하는 동사 (الْفِعْلُ الْمُتَعَدِّي لِمَفْعُولَيْنِ)

앞에서 우리는 동사문의 두 가지 종류를 살펴보았다. 즉 목적어를 취하지 않는 자동사(فِعْل لَازِم)로 이루어진 자동사 문장과, 목적어를 취하는 타동사(فِعْل مُتَعَدٍّ)로 이루어진 타동사 문장이 그것이다. 타동사 문장은 동사가 취하는 목적어의 숫자에 따라 목적어를 한 개 취하는 동사, 목적어를 두 개 취하는 동사로 나뉜다. 목적어를 두 개 취하는 동사가 사용된 문장의 어순은 아래와 같다.

제2 목적어 (مَفْعُولٌ بِهِ ثَانٍ) + 제 1 목적어 (مَفْعُولٌ بِهِ أَوَّلُ) + 주어 (الْفَاعِلُ) + 동사 (الْفِعْلُ) ←

두 개의 목적어를 취하는 동사를 제 1 목적어와 제 2 목적어의 상관관계에 따라 제 1 목적어와 제 2 목적어가 주어(مُبْتَدَأ)와 술어(خَبَر)의 관계를 이루는 경우와, 그렇지 않은 경우로 나눌 수 있다.

1) 제 1 목적어와 제 2 목적어가 주어와 술어의 관계인 경우

제 1 목적어와 제 2 목적어가 주어와 술어의 관계를 이루는 동사는 생각과 확신의 동사(أَفْعَالُ الظَّنِّ وَالْيَقِينِ)와 전환동사(أَفْعَالُ التَّحْوِيلِ)가 있다. 이 때 제 1 목적어와 제 2 목적어는 의미상 주어와 술어의 관계를 이룬다. 따라서 제 1 목적어와 제 2 목적어는 성과 수와 격의 일치 원리를 고려해야 하며(두 단어는 모두 목적어이기에 목적격을 취함), 제 1 목적어는 주어의 역할을 하기에 한정형태를 취한다.

(1) 생각과 확신의 동사 (أَفْعَالُ الظَّنِّ وَالْيَقِينِ)

이 종류의 동사는 그 의미가 'A를 B라고 생각하다', 'A를 B라고 여기다', 'A를 B라고 간주하다' 등의 생각이나 확신과 관련된 동사이다. 아래의 동사들은 두 개의 목적어(A 와 B)를 가지며, 목적어로 사용된 두 단어들은 목적격을 취한다. 또한 제 1 목적어와 제 2 목적어의 의미의 상관관계가 앞의 것은 주어(مُبْتَدَأ), 뒤의 것은 술어(خَبَر)의 관계이다. 아래를 보자.

나는 그 남자가 자고 있다고 생각했다.	ظَنَنْتُ الرَّجُلَ نَائِمًا. a A B
a – 동사 A – 제1목적어 (مَفْعُولٌ بِهِ أَوَّلُ) B – 제2목적어 (مَفْعُولٌ بِهِ ثَانٍ) 문장의 주어가 동사에 내포되어 있다. 제1목적어와 제2목적어가 주어와 술어의 관계이며 목적격을 취했다.	
그 남자는 잠을 자고 있다. (제1목적어와 제2목적어는 의미적으로 주어와 술어의 관계를 가진다.)	الرَّجُلُ نَائِمٌ 술어 + 주어

다른 예이다.

내 친구는 (그) 시험이 쉽다고 생각한다.	يَحْسَبُ صَدِيقِي الاِمْتِحَانَ سَهْلًا. a b A B
a – 동사 b – 주어 (فَاعِل) A – 제1목적어 (مَفْعُولٌ بِهِ أَوَّلُ) B – 제2목적어 (مَفْعُولٌ بِهِ ثَانٍ) 제1목적어와 제2목적어가 주어와 술어의 관계이며 목적격을 취했다.	
그 시험은 쉽다. (제1목적어와 제2목적어의 의미의 상관관계가 주어와 술어의 관계를 가진다.)	الاِمْتِحَانُ سَهْلٌ. 술어 + 주어

→ 위의 예들에서 제 1 목적어는 한정형태를 취하였고, 제 2 목적어는 비한정 형태를 취하였다.

a. 생각과 확신의 동사의 종류

①	A를 B라고 생각하다, 여기다(to think, suppose)	ظَنَّ – هـ هـ أَوْ هـ هـ / يَظُنُّ – ظَنٌّ
②	A를 B라고 생각하다, 여기다(to consider)	حَسِبَ/ يَحْسَبُ(أَوْ يَحْسِبُ) هـ هـ أَوْ هـ هـ – حِسْبَانٌ
③	A를 B라고 생각하다, ..을 ..라 믿다	اِعْتَقَدَ/ يَعْتَقِدُ هـ هـ – اِعْتِقَادٌ
④	A를 B로 여기다, 간주하다(to consider)	اِعْتَبَرَ/ يَعْتَبِرُ هـ هـ – اِعْتِبَارٌ
⑤	A를 B로 여기다, 간주하다(to consider)	عَدَّ/ يَعُدُّ هـ هـ أَوْ هـ هـ – عَدٌّ
⑥	A를 B로 여기다, 간주하다(to regard)	رَأَى/ يَرَى هـ هـ أَوْ هـ هـ – رَأْيٌ
⑦	A를 B라고 주장.단언하다(주로 사실 여부가 아직 밝혀지지 않는 내용에 대해)	زَعَمَ/ يَزْعُمُ هـ هـ أَوْ هـ هـ – زَعْمٌ
⑧	A를 B로 여기다, 간주하다(to consider, regard)	وَجَدَ/ يَجِدُ هـ هـ أَوْ هـ هـ – وُجُودٌ
⑨	A가 B란 것을 알다. (주로 다른 사람이 가르쳐 주어서, 공부 등을 통해)	عَلِمَ/ يَعْلَمُ هـ هـ أَوْ هـ هـ – عِلْمٌ
⑩	A가 B란 것을 알다(주로 스스로 깨우치는 것)	عَرَفَ/ يَعْرِفُ هـ هـ أَوْ هـ هـ – مَعْرِفَةٌ

b. 예문들

①	나는 그 남자가 자고 있다고 생각했다.	ظَنَنْتُ الرَّجُلَ نَائِمًا.
	그들은 아랍 사람들이 무식하다고 생각한다. (제1목적어와 제2목적어가 남성 복수이다)	يَظُنُّونَ الْعَرَبَ جَاهِلِينَ.
②	내 친구는 (그) 시험이 쉽다고 생각하고 있다.	يَحْسَبُ (أَوْ يَحْسِبُ) صَدِيقِي الْاِمْتِحَانَ سَهْلًا.
	사람들은 대통령궁이 도시라고 생각한다. (제2목적어가 보통명사이기에 제1목적어와 제2목적어의 성이 일치하지 않아도 된다.)	يَحْسَبُ (أَوْ يَحْسِبُ) النَّاسُ قَصْرَ الرَّئِيسِ مَدِينَةً.
③	나는 삶이 어렵다고 생각했다. (제1목적어와 제2목적어가 여성 단수이다)	اِعْتَقَدْتُ الْحَيَاةَ صَعْبَةً.
	나는 이집트 혁명을 성공적이라고 생각한다. (제1목적어와 제2목적어가 여성 단수이다)	أَعْتَقِدُ الثَّوْرَةَ الْمِصْرِيَّةَ نَاجِحَةً.
	그는 이슬람을 종교로 믿었다.	اِعْتَقَدَ الْإِسْلَامَ دِينًا.
④	그들은 싸미르를 위대한 지도자로 여겼다.	اِعْتَبَرُوا سَمِيرًا قَائِدًا عَظِيمًا.
	나는 그 여자를 윤리적으로 가장 뛰어난 학생이라고 여긴다.(إِخْلَاصًا 은 명시목적어이다.)	أَعْتَبِرُهَا أَكْثَرَ طَالِبَةٍ إِخْلَاصًا.
⑤	그 선생님은 그 학생들을 미치광이라고 간주했다. (제1목적어와 제2목적어가 남성 복수이다)	عَدَّ الْمُدَرِّسُ الطُّلَّابَ مَجَانِينَ.
	나는 이집트를 전략적인 국가라고 간주했다. (제2목적어가 보통명사이다.)	عَدَدْتُ مِصْرَ بَلَدًا إِسْتِرَاتِيجِيًّا.
⑥	우리는 그 젊은 여자가 슬픈 것으로 간주했다. (제1목적어와 제2목적어가 여성 단수이다)	رَأَيْنَا الْفَتَاةَ حَزِينَةً.

⑦		나는 이집트에서 여름이 더운 것으로 간주한다.	أَرَى الصَّيْفَ حَارًّا فِي مِصْرَ.
		나는 그 젊은 여자를 아름답다고 간주했다. (제1목적어와 제2목적어가 여성 단수이다)	رَأَيْتُ الْفَتَاةَ جَمِيلَةً.
		한 학생이 그 시험이 어렵다고 주장했다.	زَعَمَ طَالِبٌ الِامْتِحَانَ صَعْبًا.
		내 친구는 아마존 강이 가장 긴 강이라고 주장했다.	زَعَمَ صَدِيقِي نَهْرَ الْأَمَازُون أَطْوَلَ نَهْرٍ.
⑧		나는 그의 말을 진실하다고 간주하였다.	وَجَدْتُ كَلَامَهُ صَادِقًا.
		그 걷는 사람은 그 길이 어렵다고 간주하였다.	وَجَدَ السَّائِرُ الطَّرِيقَ صَعْبًا.
⑨		나는 그 선생님이 총명하다는 것을 알았다.	عَلِمْتُ الْمُدَرِّسَ ذَكِيًّا.
		당신은 삶이 투쟁이라는 것을 안다. (제2목적어가 보통명사이다.)	تَعْلَمُ الْحَيَاةَ جِهَادًا.
		그 사람들은 그 소식이 사실이다는 것을 알았다. (제2목적어가 보통명사이다.)	عَلِمَ النَّاسُ الْخَبَرَ حَقِيقَةً.
⑩		나는 그 선생님이 총명하다는 것을 알았다.	عَرَفْتُ الْمُدَرِّسَ ذَكِيًّا.
		그 소년은 사랑이 중요하다는 것을 안다.	يَعْرِفُ الصَّبِيُّ الْحُبَّ مُهِمًّا.

c. 제 2 목적어 자리에 유사문장이 온 경우

생각과 확신의 동사들 구문에서 제 2 목적어 자리에 유사문장이 올 수 있다. 이 때도 제 1 목적어와 그 뒤에 온 유사문장과의 관계가 주어(مُبْتَدَأ)와 술어(خَبَر)의 관계를 가진다. 이 유사문장은 제 2 목적어 자리에 왔으므로 목적격 자리에 있다고 표현한다(فِي مَحَلِّ نَصْبٍ).

c-1 유사문장에 '전치사 + 소유격 명사'가 온 경우

나는 그 학생들이 그 교실에 있다고 생각한다.	أَظُنُّ الطُّلَّابَ فِي الْفَصْلِ.
그들은 그를 그 이집트인들 중의 한 사람으로 여겼다.	اعْتَبَرُوهُ مِنَ الْمِصْرِيِّينَ.
그들은 그를 가장 위대한 문인중의 하나로 여겼다.	اعْتَبَرُوهُ مِنْ أَعْظَمِ الْأُدَبَاءِ[1].
	عَدَدْنَا الرَّئِيسَ جَمَالَ عَبْدَ النَّاصِرِ مِنْ أَعْظَمِ الْقَادَةِ[2] الْعَرَبِ.
우리는 개맬 압드 나스르 대통령을 가장 위대한 아랍 지도자 중의 한 사람으로 여겼다.	

c-2 유사문장에 '부사 + 후연결어'가 온 경우

나는 그 학생들이 학교 바깥에 있다고 생각한다.	أَظُنُّ الطُّلَّابَ خَارِجَ الْمَدْرَسَةِ.
나는 당신이 집안에 있다고 생각했다.	حَسِبْتُكَ دَاخِلَ الْبَيْتِ.

---

[1] أَدِيبٌ / أُدَبَاءُ 작가(writer)

[2] قَائِدٌ / قَادَةٌ أَوْ قُوَّادٌ 지도자(leader)

제 5 과 동사문에 대해

d. 제 2 목적어 자리에 문장이 온 경우

생각과 확신의 동사 구문에서 제 2 목적어 자리에 문장이 올 수 있다. 이 때도 제 1 목적어와 그 뒤에 온 문장과의 관계가 주어(مُبْتَدَأ)와 술어(خَبَر)의 관계를 가진다. 제 2 목적어 자리에 온 문장은 목적격 자리에 있다고 표현한다 (فِي مَحَلِّ نَصْبٍ).

그는 그 아기가 잠자고 있다고 여긴다.	يَظُنُّ الطِّفْلَ يَنَامُ.
그 사람들은 그 부자가 행복하게 산다고 생각한다.	يَظُنُّ النَّاسُ الْغَنِيَّ يَعِيشُ سَعِيدًا.
나는 이집트가 더 좋아지고 발전하고 있다고 간주했다.	عَدَدْتُ مِصْرَ تَتَحَسَّنُ وَتَتَقَدَّمُ.
그들은 싸미르가 그 팀을 위대하게 이끈다고 여긴다.	اعْتَبَرُوا سَمِيرًا يَقُودُ الْفَرِيقَ عَظِيمًا.

→ 곧 배우게 되는 전환동사와 수여동사 경우 제 2 목적어에 문장이 올 수 없다.

e. 생각과 확신의 동사는 그 문장을 أَنَّ 가 이끄는 문장으로 바꿀 수 있다.

지금까지 배운 생각과 확신의 동사 문장은 아래와 같이 أَنَّ 가 이끄는 풀어쓴 동명사 문장(مَصْدَر مُؤَوَّل)으로 바꿀 수 있다. 이 때 생각과 확신의 동사의 제 1 목적어는 أَنَّ 이후의 주어(اِسْم أَنَّ)가 되고, 제 2 목적어는 أَنَّ 이후의 술어(خَبَر أَنَّ)가 된다.

목적어가 두 개 사용된 문장	أَنَّ 가 이끄는 풀어쓴 동명사 문장
ظَنَنْتُ الرَّجُلَ نَائِمًا.	ظَنَنْتُ أَنَّ الرَّجُلَ نَائِمٌ.
나는 그 남자가 잠을 자고 있다고 생각했다.	
يَحْسَبُ صَدِيقِي الاِمْتِحَانَ سَهْلًا.	يَحْسَبُ صَدِيقِي أَنَّ الاِمْتِحَانَ سَهْلٌ.
내 친구는 시험이 쉽다고 생각하고 있다.	
اعْتَقَدْتُ الْحَيَاةَ صَعْبَةً.	اعْتَقَدْتُ أَنَّ الْحَيَاةَ صَعْبَةٌ.
나는 삶이 어렵다고 생각했다.	
نَرَى الْمُدَرِّسَ سَعِيدًا.	نَرَى أَنَّ الْمُدَرِّسَ سَعِيدٌ.
우리는 그 선생님이 행복하다고 간주한다.	
اعْتَبَرُوا سَمِيرًا قَائِدًا عَظِيمًا.	اعْتَبَرُوا أَنَّ سَمِيرًا قَائِدٌ عَظِيمٌ.
그들은 싸미르를 위대한 지도자로 여겼다.	
عَدَّ الْمُدَرِّسُ الطُّلَّابَ مَجَانِينَ.	عَدَّ الْمُدَرِّسُ أَنَّ الطُّلَّابَ مَجَانِينُ.
그 선생님은 그 학생들을 미치광이라고 간주했다.	
زَعَمَ طَالِبٌ الاِمْتِحَانَ صَعْبًا.	زَعَمَ طَالِبٌ أَنَّ الاِمْتِحَانَ صَعْبٌ.
한 학생이 그 시험이 어렵다고 주장했다.	

→ 위의 أَنَّ 가 이끄는 풀어쓴 동명사 문장에서 주어(اِسْم أَنَّ)와 술어(خَبَر أَنَّ)의 격변화에 유념하라.

→ 현대 표준 아랍어에서 위의 두 가지 형태의 문장 가운데 أَنَّ 가 이끄는 풀어쓴 동명사 문장을 더 많이 사용한다. 풀어쓴 동명사에 대해서는 이 책 '풀어쓴 동명사에 대해' 부분에서 공부하라.

f. 생각과 확신의 동사의 일차적인 의미

한편 지금까지 배운 생각과 확신의 동사 가운데는 일차적인 의미가 따로 있는 단어들이 있다. 예를들어 حَسِبَ / يَحْسِبُ 동사가 حَسَبَ / يَحْسُبُ 로 사용될 경우 '..을 세다, 계산하다'의 의미가 되며, 이 의미로 더 많이 사용된다. 아래의 도표에서 일차적인 의미가 있는 동사들을 그 생각과 확신의 동사와 함께 따로 정리하였다. 각각 단어의 의미를 비교해 보자.

②	..을 세다, 계산하다(to calculate)	حَسَبَ / يَحْسُبُ هـ - حِسَابٌ
	..을 ..라고 생각하다, 여기다(to consider)	حَسِبَ / يَحْسِبُ(أَوْ يَحْسَبُ) ه هـ أَوْ هـ هـ - حِسْبَانٌ
⑤	..을 세다(to count)	عَدَّ / يَعُدُّ هـ - عَدٌّ
	..을 ..으로 여기다, 간주하다(to consider)	عَدَّ / يَعُدُّ ه هـ أَوْ هـ هـ - عَدٌّ
⑥	..을 보다(to see)	رَأَى / يَرَى هـ - رُؤْيَةٌ
	..을 ..로 여기다, 간주하다(to regard)	رَأَى / يَرَى ه هـ أَوْ هـ هـ - رَأْيٌ
⑧	..을 찾다, 발견하다(to find)	وَجَدَ / يَجِدُ هـ - وَجْدٌ
	..을 ..으로 여기다, 간주하다(to consider, regard)	وَجَدَ / يَجِدُ ه هـ أَوْ هـ هـ - وُجُودٌ
⑨	..을 알다(to know) (주로 다른 사람이 가르쳐 주어서, 공부 등을 통해)	عَلِمَ / يَعْلَمُ هـ - عِلْمٌ
	..이 ..란 것을 알다. (주로 다른 사람이 가르쳐 주어서, 공부 등을 통해)	عَلِمَ / يَعْلَمُ هـ أَوْ هـ هـ - عِلْمٌ
⑩	..을 알다(to know), 인식하다(주로 스스로 깨우치는 것)	عَرَفَ / يَعْرِفُ هـ - مَعْرِفَةٌ
	..이 ..란 것을 알다(주로 스스로 깨우치는 것)	عَرَفَ / يَعْرِفُ هـ أَوْ هـ هـ - مَعْرِفَةٌ

예문들

②	반드시 당신은 당신이 번 것을 계산해야 한다.	يَجِبُ أَنْ تَحْسُبَ مَا كَسَبْتَ.
⑤	그 직원은 그 고객을 위해 돈을 세었다.	الْمُوَظَّفُ عَدَّ النُّقُودَ لِلْعَمِيلِ.
⑥	나는 그 공원에서 아름다운 새들을 보고 있다.	أَرَى طُيُورًا جَمِيلَةً فِي الْحَدِيقَةِ.
⑧	내 여동생(누나)은 그 거리에서 1파운드를 발견했다.	وَجَدَتْ أُخْتِي جُنَيْهًا فِي الشَّارِعِ.
⑨	나는 나의 친구들이 어디에 있는지 모른다.	لَا أَعْلَمُ أَيْنَ أَصْدِقَائِي.
⑩	당신은 진리를 아십니까?	هَلْ تَعْرِفُ الْحَقِيقَةَ؟

→ 위의 예문에 사용된 동사들은 생각과 확신의 의미가 아니라 각각의 동사의 일차적인 의미로 사용된 경우이다. 이러한 의미로 더 많이 사용된다.

(2) 전환동사 (أَفْعَالُ التَّحْوِيلِ)

이 종류의 동사는 'A를 B로 바꾸다', 'A를 B로 만들다' 등 전환의 의미가 있는 동사이다. 즉 '제 1 목적어를 제 2 목적어로 바꾸다'의 의미가 된다. 이 동사도 두 개의 목적어(A 와 B)를 취하며, 목적어로 사용된 두 단어들은 목적격을 취한다. 또한 여기서도 생각과 확신의 동사처럼 제 1 목적어와 제 2 목적어는 의미상 주어와 술어의 관계를 이룬다. 따라서 제 1 목적어와 제 2 목적어는 성과 수와 격의 일치 원리를 고려해야 하며(두 단어는 모두 목적어이기에 목적격을 취한다), 제 1 목적어는 주어의 역할을 하기에 한정형태를 취한다. 아래의 예를 보자.

그 빵굽는 사람은 그 반죽을 빵으로 만들었다.	جَعَلَ الْخَبَّازُ الْعَجِينَ خُبْزًا. B + A + b + a
a – 동사 b – 주어(فَاعِل) A – 제1목적어(مَفْعُول بِهِ أَوَّل) B – 제2목적어(مَفْعُول بِهِ ثَانٍ) 제1목적어와 제2목적어가 주어와 술어의 관계이며 목적격을 취했다.	

a. 전환동사의 종류

①	A를 B로 바꾸다, A를 B로 만들다 (이전의 상태는 모름)	جَعَلَ / يَجْعَلُ هـ أَوْ هـ هـ
②	A를 B로 바꾸다, A를 B로 만들다 (이전의 상태는 모름)	صَيَّرَ / يُصَيِّرُ هـ أَوْ هـ هـ
③	A를 B로 변화.전환시키다(이전의 상태와는 완전히 다르게, 새롭게 변화시킴)	حَوَّلَ / يُحَوِّلُ هـ أَوْ هـ هـ حَوَّلَ / يُحَوِّلُ هـ(هـ) إِلَى هـ *
④	A를 B로 변화시키다, 되돌리다 (원래의 상태로 돌이킴)	رَدَّ / يَرُدُّ هـ أَوْ هـ هـ رَدَّ / يَرُدُّ هـ(هـ) إِلَى هـ *
	..에 대답하다	رَدَّ / يَرُدُّ عَلَى هـ أَوْ هـ *
⑤	A를 B로 삼다, ...으로 받아들이다.	اتَّخَذَ / يَتَّخِذُ هـ أَوْ هـ هـ
	..을 취하다, 채택하다	اتَّخَذَ / يَتَّخِذُ هـ *
⑥	A를 B로 임명하다	عَيَّنَ / يُعَيِّنُ هـ هـ
⑦	A를 B로 뽑다, 선출하다	انْتَخَبَ / يَنْتَخِبُ هـ هـ
	..를 뽑다, ..를 선출하다	انْتَخَبَ / يَنْتَخِبُ هـ *

→위의 단어들 가운데 * 표가 있는 경우들은 동사가 두 개의 목적어를 취하는 경우가 아니라 한 개의 목적어를 취하는 경우, 즉 일차적인 의미로 사용된 경우이다.

→위의 ⑤⑥⑦의 경우 두 번째 사용된 목적어를 명시목적어(التَّمْيِيز)로 볼 수도 있다. 이 책 '여러가지 목적격에 대해 – 명시목적어' 부분을 보라.

b. 예문들

①	그 교수는 그 학생들을 행복하게 만들었다. (제1목적어와 제2목적어가 남성 복수이다)	جَعَلَ الْأُسْتَاذُ الطُّلَّابَ سُعَدَاءَ.
	나는 그 아이를 총명하게 만들었다.	جَعَلْتُ الطِّفْلَ ذَكِيًّا.
②	그 교수는 그 학생들을 솜씨좋은 사람으로 만들었다.	صَيَّرَ الْأُسْتَاذُ الطَّالِبَ مَاهِرًا.
	태양은 기후를 따뜻하게 만들었다.	صَيَّرَتِ الشَّمْسُ الْجَوَّ دَافِئًا.
③	그 교수는 그 학생을 솜씨좋은 사람으로 변화시켰다.	حَوَّلَ الْأُسْتَاذُ الطَّالِبَ مَاهِرًا.
	우리는 그 여행을 재미있게 변화시켰다. (제1목적어와 제2목적어가 여성 단수이다)	حَوَّلْنَا الرِّحْلَةَ مُمْتِعَةً.
	예수님은 물을 포도주로 변화시켰다.	حَوَّلَ يَسُوعُ الْمَاءَ إِلَى خَمْرٍ.*
④	열이 얼음을 물로 (다시) 돌이켰다. (물에서 얼음이 된 것을 다시 물로 돌이킴)	رَدَّتِ الْحَرَارَةُ الثَّلْجَ مَاءً.
	그 의사는 그 환자를 낫게 했다.(원래 건강한 사람이 환자가 되었다가 다시 건강하게 됨)	رَدَّ الطَّبِيبُ الْمَرِيضَ سَلِيمًا.
	나는 그 책을 내 친구에게 돌려주었다.	رَدَدْتُ الْكِتَابَ إِلَى صَدِيقِي.*
	내 동료는 나의 질문에 대답했다.	رَدَّ زَمِيلِي عَلَى سُؤَالِي.*
⑤	나는 그를 친밀한 친구로 삼았다.	اتَّخَذْتُهُ صَدِيقًا حَمِيمًا.
	하나님은 아브라함을 친구로 삼았다.	اتَّخَذَ اللهُ إِبْرَاهِيمَ خَلِيلًا.
	그 사장은 이사회의 해체를 결정했다. (결정을 채택하다)	اتَّخَذَ الْمُدِيرُ قَرَارًا بِحَلِّ الْمَجْلِسِ.*
⑥	어제 대통령은 그를 장관으로 임명했다.	عَيَّنَهُ الرَّئِيسُ وَزِيرًا أَمْسِ.
⑦	그들은 무함마드를 대통령으로 선출했다.	اِنْتَخَبُوا مُحَمَّدًا رَئِيسًا.
	백성은 그들의 대통령을 선출했다.	اِنْتَخَبَ الشَّعْبُ رَئِيسَهُ.*

→위의 단어들 가운데 * 표가 있는 경우들은 동사가 두 개의 목적어를 취하는 경우가 아니라 한 개의 목적어를 취하는 경우, 즉 일차적인 의미로 사용된 경우이다.

→위의 전환동사의 예문들에서도 제 1 목적어는 한정형태이고, 제 2 목적어는 비한정 형태인 것을 확인하라.

→위의 ⑤⑥⑦의 경우 두 번째 사용된 목적어를 명시목적어(التَّمْيِيز)로 볼 수도 있다. 이 책 '여러가지 목적격에 대해 – 명시목적어' 부분을 보라.

2) 제 1 목적어와 제 2 목적어가 주어와 술어의 관계가 아닌 경우

제 1 목적어와 제 2 목적어가 주어와 술어의 관계가 아닌 경우는 먼저 수여동사 및 수여동사와 같은 구조를 가진 동사가 있고, 두 번째로 사역동사가 있다.

(1) 수여동사 및 수여동사와 같은 구조를 가진 동사들

수여동사란 'A 에게 B 를 주다(to give)', 'A 에게 B 를 수여하다(to grant)의 의미를 가진 동사를 말한다. 여기에서 'A 에게'에 해당되는 부분이 간접목적어이고 'B 를'에 해당되는 부분이 직접목적어이다. 이러한 구조를 가진 동사로 대표적인 것이 수여동사이며, 수여동사의 의미는 아니지만 이와같은 구조를 가진 동사들이 이 범주에 속한다.

그 교장은 그 최고 우등생에게 상을 주었다.	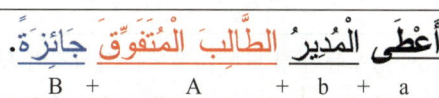 B + A + b + a
a – 동사 b – 주어(فَاعِل) A – 제1목적어(간접목적어) B – 제2목적어(직접목적어) 제1목적어와 제2목적어가 목적격을 취했지만, 두 단어가 주어와 술어의 관계가 아니다.	
그 가난한 사람은 사람들에게 음식을 요구하고 있다.	يَسْأَلُ الْفَقِيرُ النَّاسَ طَعَامًا. B + A + b + a
a – 동사 b – 주어(فَاعِل) A – 제1목적어(간접목적어) B – 제2목적어(직접목적어) 제1목적어와 제2목적어가 목적격을 취했지만, 두 단어가 주어와 술어의 관계가 아니다.	

a. 동사의 종류

①	A에게 B를 주다(to give)	أَعْطَى/ يُعْطِي ه هـ – إِعْطَاءٌ
②	A에게 B를 주다, 수여하다, 제공하다 (to grant to)	مَنَحَ/ يَمْنَحُ ه هـ – مَنْحٌ
③	A에게 B를 선물.선사하다 ; 부여하다(to donate)	وَهَبَ/ يَهَبُ ه هـ – وَهْبٌ
④	A에게 B를 약속하다	وَعَدَ/ يَعِدُ ه هـ – وَعْدٌ وَعَدَ/ يَعِدُ ه بـ هـ – وَعْدٌ **
⑤	A에게 B를 넘겨주다(손으로)	نَاوَلَ/ يُنَاوِلُ ه هـ – مُنَاوَلَةٌ
⑥	..에게 ..을 요구하다	سَأَلَ/ يَسْأَلُ ه هـ – سُؤَالٌ سَأَلَ/ يَسْأَلُ هـ – سُؤَالٌ *
	..에 대해 질문하다, 물어보다, ..에게 ..을 질문하다	سَأَلَ/ يَسْأَلُ ه عَنْ هـ أو ه هـ – سُؤَالٌ *
⑦	..에게 ..을 요청하다, 간청하다	نَاشَدَ/ يُنَاشِدُ ه هـ – مُنَاشَدَةٌ
⑧	..가 ..하는 것을 방해하다, ..하지 못하게 막다	مَنَعَ/ يَمْنَعُ ه هـ – مَنْعٌ مَنَعَ/ يَمْنَعُ ه عَنْ هـ – مَنْعٌ *

⑨		..에게서 ..을 빼앗다, 박탈하다 ; ..가 ..하는 것을 금지하다, 배제시키다	* مَنَعَ – مَنْعٌ هـ مِنْ هـ /يَمْنَعُ /مَنَعَ
			حَرَمَ – حِرْمَانٌ هـ هـ /يَحْرِمُ /حَرَمَ
			* حَرَمَ – حِرْمَانٌ هـ مِنْ هـ /يَحْرِمُ /حَرَمَ
⑩		..을 ..으로 채우다	مَلَأَ /يَمْلَأُ هـ هـ
			* مَلَأَ /يَمْلَأُ هـ هـ
		..을 채우다, ..을 ..으로 채우다	* مَلَأَ /يَمْلَأُ هـ (أَوْ هـ) بِـ هـ
⑪		..에게 ..을 (옷)입히다	كَسَا /يَكْسُو هـ أَوْ هـ هـ – كَسْوٌ

→ * 표의 경우들이 더 많이 사용되는 일차적인 용법이다.
→ 위의 ** 표가 있는 경우는 제 2 목적어 자리에 전치사를 취한 경우이다.

b. 예문들

①	무함마드는 그 가난한 사람에게 돈을 주었다.	أَعْطَى مُحَمَّدٌ الْفَقِيرَ نُقُودًا.
	카말은 그에게 빵을 주었다.	أَعْطَاهُ كَمَالٌ خُبْزًا.
②	그 사장은 그 노동자들에게 선물을 주었다.	مَنَحَ الْمُدِيرُ الْعُمَّالَ هَدِيَّةً.
	그들은 그 학생들에게 선거권을 부여했다.	مَنَحُوا الطُّلَّابَ حَقَّ الْاِنْتِخَابِ.
③	그는 그의 이웃에게 돈을 선사했다.	وَهَبَ جَارَهُ مَالًا.
	하나님은 사람에게 이성을 선사했다.	وَهَبَ اللهُ النَّاسَ الْعَقْلَ.
④	그 교수는 그 학생들에게 보상을 약속했다.	وَعَدَ الْأُسْتَاذُ الطُّلَّابَ مُكَافَأَةً.
	내 아버지는 나에게 내가 시험에 합격하면 자전거를 주기로 약속하셨다.	* وَعَدَنِي أَبِي بِدَرَّاجَةٍ إِنْ نَجَحْتُ.
⑤	그 소녀는 그녀의 여자 친구에게 펜을 넘겨주었다.	نَاوَلَتِ الصَّبِيَّةُ صَدِيقَتَهَا قَلَمًا.
⑥	그 가난한 사람은 사람들에게 음식을 요구하고 있다.	يَسْأَلُ الْفَقِيرُ النَّاسَ طَعَامًا.
	그 거지는 돈을 요구했다.	يَسْأَلُ الشَّحَّاذُ مَالًا.
	나는 무함마드에게 그의 어머니의 상태에 대해 물었다.	سَأَلْتُ مُحَمَّدًا عَنْ أَحْوَالِ أُمِّهِ.
	나는 그에게 한 간단한 질문을 했다.	سَأَلْتُهُ سُؤَالًا بَسِيطًا.
⑦	그는 마흐무드에게 호의를 요청했다.	نَاشَدَ مَحْمُودًا مَعْرُوفًا.
⑧	나의 아버지는 내가 여행을 못하도록 막았다.	مَنَعَنِي أَبِي السَّفَرَ.

⑨		그 의사는 나에게 지방성분(을 먹는 것을) 금했다.	مَنَعَنِي الطَّبِيبُ عَنِ الدَّسَمِ.
		그 아버지는 그의 아들이 노는 것을 금하였다.	مَنَعَ الْوَالِدُ ابْنَهُ مِنَ اللَّعِبِ.
		그 엄마는 그녀의 아이들이 노는 것을 금지하였다.	حَرَمَتِ الْأُمُّ أَطْفَالَهَا اللَّعِبَ.
		그 사제는 그 간음한 자가 교회에 들어가는 것을 금지하였다.	حَرَمَ الْكَاهِنُ الزَّانِيَ مِنْ دُخُولِ الْكَنِيسَةِ.
⑩		(당신들은) 그 돌항아리를 물로 채우세요. (성경 요2:7)	امْلَأُوا الْأَجْرَانَ مَاءً.
		기쁨이 그의 마음을 채웠다.	مَلَأَتِ الْفَرْحَةُ قَلْبَهُ.
		그는 그 그릇들을 물로 채웠다.	مَلَأَ الْإِنَاءَ بِالْمَاءِ.
⑪		우리들은 그 아이들에게 새 옷들을 입혔다.	كَسَوْنَا الْأَطْفَالَ مَلَابِسَ جَدِيدَةً.

c. 전치사 لِ 을 사용한 수여동사 문장

수여동사가 사용된 문장들(위의 ①②③④⑤)은 아래와 같이 제 1 목적어와 제 2 목적어의 위치를 바꿀 수 있다. 이 때 제 1 목적어 앞에 전치사 لِ 을 사용하고 그 뒤에 소유격 명사(اسْمٌ مَجْرُورٌ)가 온다.

무함마드는 그 가난한 사람에게(to) 돈을 주었다.	أَعْطَى مُحَمَّدٌ نُقُودًا لِلْفَقِيرِ.
그 사장은 그 노동자들에게(to) 선물을 주었다.	مَنَحَ الْمُدِيرُ هَدِيَّةً لِلْعُمَّالِ.
하나님은 사람에게 이성을 선사했다.	وَهَبَ اللهُ الْعَقْلَ لِلنَّاسِ.
그 교수는 그 학생들에게 보상을 약속했다.	وَعَدَ الْأُسْتَاذُ مُكَافَأَةً لِلطُّلَّابِ.
그 소녀는 그녀의 여자 친구에게 펜을 넘겨주었다.	نَاوَلَتِ الصَّبِيَّةُ قَلَمًا لِصَدِيقَتِهَا.

** 아래를 비교하라.

سَأَلَ 동사의 경우 لِ 을 사용할 경우 그 의미는 for 의 의미가 된다.

①	그 가난한 사람은 사람들에게(to) 음식을 요구하고 있다.	يَسْأَلُ الْفَقِيرُ النَّاسَ طَعَامًا.
②	사람들은 그 가난한 사람을 위해(for) 음식을 요구했다.	يَسْأَلُ النَّاسُ طَعَامًا لِلْفَقِيرِ.

d. 목적어 자리에 인칭대명사가 올 경우

수여동사는 두 개의 목적어를 취한다. 이 때 제 1 목적어와 제 2 목적어는 일반명사가 올 수도 있고 인칭대명사가 올 수도 있다. 아래의 예들을 보자. 만일 제 2 목적어(직접 목적어)가 인칭대명사로 사용될 경우 목적격 독립 인칭대명사(ضَمَائِرُ النَّصْبِ الْمُنْفَصِلَةِ)가 사용된다. 목적격 독립 인칭대명사에 대해서는 이 책 제 I 권 '인칭대명사' 부분에서 자세하게 다루었다.

d-1 목적어가 둘 다 명사일 때

그는 그 학생에게 그 선물을 주었다.	أَعْطَى الطَّالِبَ الْهَدِيَّةَ.
그 아버지는 그의 아들에게 돈을 선사했다.	وَهَبَ الْأَبُ ابْنَهُ مَالاً.

d-2 제 1 목적어가 인칭대명사일 때

제 1 목적어가 인칭대명사일 경우 동사 뒤에 목적격 접미 인칭대명사(ضَمَائِرُ النَّصْبِ الْمُتَّصِلَةِ)를 사용한다.

그는 그에게 그 선물을 주었다.	أَعْطَاهُ الْهَدِيَّةَ.
그 아버지는 그에게 돈을 선사했다.	وَهَبَهُ الْأَبُ مَالاً.

d-3 제 2 목적어가 인칭대명사일 때

제 2 목적어가 인칭대명사일 경우 아래와 같이 목적격 독립 인칭대명사(ضَمَائِرُ النَّصْبِ الْمُنْفَصِلَةِ)를 사용한다. 목적격 독립 인칭대명사에 대해서는 이 책 제 I 권 '인칭대명사'를 보라.

그는 그 학생에게 그것(f.)을 주었다.	أَعْطَى الطَّالِبَ إِيَّاهَا.
그 아버지는 그의 아들에게 그것(m.)을 주었다.	وَهَبَ الْأَبُ ابْنَهُ إِيَّاهُ.

d-4 목적어가 둘 다 인칭대명사일 때

두 개의 목적어 모두가 인칭대명사일 경우 각각 목적격 접미 인칭대명사와 목적격 독립 인칭대명사(ضَمَائِرُ النَّصْبِ الْمُنْفَصِلَةِ)를 사용한다.

그는 그에게 그것(f.)을 주었다.	أَعْطَاهُ إِيَّاهَا.
그 아버지는 그에게 그것(m.)을 주었다.	وَهَبَهُ الْأَبُ إِيَّاهُ.

(2) 사역동사 (التَّعْدِيَةُ)

사역동사(التَّعْدِيَةُ)란 '..을 ..하게 하다'의 의미를 가진 동사를 말한다. 사역동사는 목적어를 한 개 취하는 경우(자동사가 사역동사가 된 경우)도 있고 두 개 취하는 경우(타동사가 사역동사가 된 경우)도 있다. 이 때 사역동사가 목적어를 두 개 취하게 되면 '..에게 ..을 ..하게 하다'의 의미가 된다. 아래는 목적어를 두 개 취하는 사역동사의 예이다.

그 엄마는 그녀의 아기에게 우유를 마시게 했다.	شَرَّبَتِ الْأُمُّ طِفْلَهَا حَلِيبًا. B + A + b + a

a – 동사 b – 주어(فَاعِل) A – 제1목적어(간접목적어) B – 제2목적어(직접목적어)
제1목적어와 제2목적어가 목적격을 취했지만, 두 단어가 주어와 술어의 관계가 아니다.

a. 동사의 종류
a-1 II형 동사 패턴

①	..에게 ..을 마시게 하다	شَرَّبَ/ يُشَرِّبُ ه هـ (= أَشْرَبَ/ يُشْرِبُ ه هـ)
②	..에게 ..을 듣게하다	سَمَّعَ/ يُسَمِّعُ ه هـ (= أَسْمَعَ/ يُسْمِعُ ه هـ)
③	..에게 ..을 알게하다(to let know about)	عَرَّفَ/ يُعَرِّفُ ه هـ
④	싣다(to load), 짐 지우다 ; ..에게 ..을 지우다	حَمَّلَ/ يُحَمِّلُ ه هـ، هـ
⑤	..에게 ..을 가르치다(to teach)	عَلَّمَ/ يُعَلِّمُ ه هـ *

a-2 IV형 동사 패턴

⑥	...에게 ...을 보여주다(to show)	أَرَى/ يُرِي ه هـ
⑦	....를 ...에 살게하다, 묵게하다	أَسْكَنَ/ يُسْكِنُ ه هـ
⑧	....을 ...에 넣다, 들어가게 하다	أَدْخَلَ/ يُدْخِلُ ه هـ أو هـ هـ
⑨	..에게 ..을 (옷)입히다	أَلْبَسَ/ يُلْبِسُ ه هـ أو هـ هـ
⑩	..에게 ..을 이해시키다	أَفْهَمَ/ يُفْهِمُ ه هـ
⑪	..에게 ..을 얻게해주다 ; 부여하다, 주다	أَكْسَبَ/ يُكْسِبُ ه هـ
⑫	..에게 ..이 ..하다는 것을 알게하다	أَعْلَمَ/ يُعْلِمُ ه هـ هـ

→위의 동사들은 모두 첨가동사이다.   →위의 ⑫는 세 개의 목적격을 취하는 동사이다.

b. 예문들

①	그 엄마는 그녀의 아기에게 우유를 마시게 했다.	شَرَّبَتِ الأُمُّ طِفْلَهَا حَلِيبًا.
②	나는 그에게 한 새로운 음악을 들려주었다.	سَمَّعْتُهُ أُغْنِيَةً جَدِيدَةً.
③	그 선생님은 그 학생에게 그의 실수를 알게하였다.	عَرَّفَ الْمُدَرِّسُ الطَّالِبَ خَطَأَهُ.
④	나는 그 낙타에 많은 상품을 싣는다.	أُحَمِّلُ الْجَمَلَ بِضَاعَةً كَثِيرَةً.
⑤	나는 그에게 사랑을 가르쳤다.	عَلَّمْتُهُ الْحُبَّ.
⑥	저에게 당신의 영광을 보여주소서.(명령형)	أَرِنِي مَجْدَكَ.
⑦	알라신께서 그를 넓은 천국에 살게하셨다. (하디스 구절)	أَسْكَنَهُ اللهُ فَسِيحَ جَنَّاتِهِ.
⑧	그 아버지는 그녀(그것)를 집에 들어가게 했다.	أَدْخَلَهَا الْوَالِدُ الْبَيْتَ.

⑨	봄은 땅에게 빛나는 옷을 입혔다.	أَلْبَسَ الرَّبِيعُ الْأَرْضَ حُلَّةً زَاهِيَةً.
⑩	그 선생님은 학생들에게 그 단원을 이해시켰다.	أَفْهَمَ الْمُدَرِّسُ الطُّلَّابَ الدَّرْسَ. (= فَهَّمَ)
⑪	그 선생님은 그녀가 새로운 지식들을 얻게하였다.	أَكْسَبَهَا الْمُدَرِّسُ مَعَارِفَ جَدِيدَةً.
⑫	그 선생님은 알리에게 절망이 해롭다는 것을 알게 했다(가르쳤다). (세 개의 목적어 문장이다)	أَعْلَمَ الْمُدَرِّسُ عَلِيًّا الْيَأْسَ مُضِرًّا.

→그외 여러가지 사역동사들을 이 책 제Ⅰ권 '첨가동사에 대해' 부분의 Ⅱ형 동사 패턴과 Ⅳ형 동사 패턴에서 공부하도록 하자. 모든 사역동사가 목적어를 두 개 취하는 것은 아니기 때문에 사전을 통해 용례를 확인해야 한다.

** 위의 동사들 가운데는 전치사 بِ 등을 사용하여 두 개의 목적어를 나타내는 경우도 있다.

그 엄마는 그녀의 아기에게 우유를 마시게 했다.	شَرَّبَتِ الْأُمُّ حَلِيبًا لِطِفْلِهَا.
나는 그 낙타에 많은 상품을 싣는다.	أَحْمِلُ بِضَاعَةً كَثِيرَةً عَلَى الْجَمَلِ.

** 목적어를 세 개 취하는 동사 (الْفِعْلُ الْمُتَعَدِّي لِثَلَاثَةِ مَفَاعِيل)

동사에 따라 목적어를 세 개 혹은 그 이상을 가지는 경우도 있다. 이 경우는 동사의 의미가 사역의 의미이며, 제2 목적어와 제3 목적어의 상관관계가 주어와 술어의 관계이다. (아래 이외에도 أَنْبَأَ, أَخْبَرَ 등이 가능하다.) 문학 아랍어나 꾸란 등에서 사용하는 것을 볼 수 있다. 참고로 알아두자.

①	..에게 ..이 ..하다는 것을 알게하다	أَعْلَمَ / يُعْلِمُ ه ه ه
②	..에게 ..이 ..하다는 것을 보여주다	أَرَى / يُرِي ه ه ه

①	나는 자이드에게 문법이 쉽다는 것을 알게했다.	أَعْلَمْتُ زَيْدًا النَّحْوَ سَهْلًا.
②	나는 칼리드에게 그 이슈가 명백하다는 것을 보여주었다.	أَرَيْتُ خَالِدًا الْأَمْرَ وَاضِحًا.
	알라신이 너의 꿈에서 너에게 그들이 (숫자가) 적음을 보여주신다.(꾸란 8:43)	يُرِيكَهُمُ اللَّهُ فِي مَنَامِكَ قَلِيلًا.

→위의 ②의 마지막 문장에서 يُرِيكَهُمْ의 كَ 가 제1 목적어이고, هُمْ 이 제2 목적어이며, قَلِيلًا 이 제3 목적어이다.

7. 동사문 요소들의 한정형태에 대해

우리는 앞에서 명사문에 대해 다루며 명사문의 주어와 술어의 한정형태에 대해서 공부하였다. 명사문의 주어(مُبْتَدَأ)의 경우 한정형태를 취한 경우가 일반적이지만 비한정 형태를 취하는 경우도 종종 있었다. 술어의 경우 비한정 형태와 한정형태 둘 다 사용되었다.

그렇다면 동사문은 어떠할까? 여기서는 동사문의 요소로 오는 주어(فَاعِل)와 목적어 그리고 소유격 명사들의 한정형태에 대해서 살펴보자.

다음은 동사문의 주어와 목적어 그리고 소유격 명사가 각각 한정형태와 비한정 형태를 취한 경우를 비교한 것이다. 아래의 ①은 한정형태를 사용한 경우이고 ②는 비한정 형태를 사용한 경우이다.

①	그 학생은 학교에 왔다. (주어)	جَاءَ الطَّالِبُ إِلَى الْمَدْرَسَةِ. (o)
②	한 학생이 학교에 왔다. (주어)	جَاءَ طَالِبٌ إِلَى الْمَدْرَسَةِ. (o)
①	나는 거리에서 그 젊은 여자를 보았다. (목적어)	رَأَيْتُ الْفَتَاةَ فِي الشَّارِعِ. (o)
②	나는 거리에서 한 젊은 여자를 보았다. (목적어)	رَأَيْتُ فَتَاةً فِي الشَّارِعِ. (o)
①	나는 그 교사와 인사를 나누었다. (소유격 명사)	سَلَّمْتُ عَلَى الْمُدَرِّسِ. (o)
②	나는 한 교사와 인사를 나누었다. (소유격 명사)	سَلَّمْتُ عَلَى مُدَرِّسٍ. (o)

이와같이 동사문에 사용된 주어와 목적어, 소유격 명사 등에 사용된 명사는 한정형태와 비한정 형태 모두가 올 수 있다. 일반적으로 주어나 목적어 혹은 소유격 명사에서 대상을 특정하게 한정할 경우 한정형태의 명사를 사용하고, 대상의 한정이 없을 경우 비한정 형태의 명사를 사용한다.

한편 문장에 사용된 명사가 반드시 비한정 형태를 취해야하는 경우도 있는데 바로 동족목적어(الْمَفْعُول الْمُطْلَق)나 명시목적어(التَّمْيِيز), 상태목적어(الْحَال), 이유목적어(الْمَفْعُول لَهُ) 등의 목적격 용법으로 사용될 경우가 그것이다. 이에 대한 자세한 설명은 이 책 '여러가지 목적격에 대해' 부분에서 공부하게 된다.

나는 그를 심하게 때렸다. (동족목적어)	ضَرَبْتُهُ ضَرْبًا شَدِيدًا.
나는 걸어서 학교에 갔다. (상태목적어)	ذَهَبْتُ إِلَى الْمَدْرَسَةِ مَشْيًا.
내 친구는 나보다 지식에 있어서 낫다. (명시목적어)	صَدِيقِي أَفْضَلُ مِنِّي عِلْمًا.
우리는 그 선생님이 말하는 것을 기다리기 위해 조용히 했다. (이유목적어)	سَكَتْنَا انْتِظَارًا لِمَا سَيَقُولُهُ الْمُدَرِّسُ.

종합 아랍어 문법 II

8. 목적격을 취하는 여러 경우들 (اَلْمَنْصُوبَاتُ)

앞에서 목적어(اَلْمَفْعُولُ بِهِ)는 동사 의미의 객체가 되고 그 격변화는 항상 목적격을 취한다고 배웠다. 그런데 문장에서 동사의 목적어(اَلْمَفْعُولُ بِهِ)로 사용된 경우가 아니면서도 목적격을 취하는 여러가지 경우들이 있다. 여기에는 시간과 장소를 말하는 부사, 상태목적어, 명시목적어, 동족목적어, 이유목적어 등이 있는데 이에 대해서는 이 책 '여러가지 목적격에 대해' 부분에서 자세히 공부할 것이다. 여기서는 문장에서 목적격을 취하는 경우의 간단한 예들을 보도록 하자.

خَرَجَ الشَّابُّ لَيْلاً.	그 청년은 밤에 밖으로 나갔다.	
لَيْلاً이 목적격으로 사용되었다. 여기에서 لَيْلاً은 시간의 부사(ظَرْفُ زَمَانٍ)로 사용되었다.(مَفْعُولٌ فِيهِ라 하기도 한다.)		
يَنَامُ الطِّفْلُ سَعِيدًا.	그 아기는 행복하게 자고 있다.	
سَعِيدًا이 목적격으로 사용되었다. 여기에서 سَعِيدًا은 상태목적어(حَالٌ)로 사용되었다.		
ضَرَبْتُ الطَّالِبَ ضَرْبًا.	나는 그 학생을 심하게 때렸다.	
ضَرْبًا이 목적격으로 사용되었다. 여기에서 ضَرْبًا은 동족목적어(مَفْعُولٌ مُطْلَقٌ)로 사용되었다.		
يَخْتَلِفُ الزَّهْرُ أَلْوَانًا.	그 꽃은 색깔들이 다르다.	
أَلْوَانًا이 목적격으로 사용되었다. 여기에서 أَلْوَانًا은 명시목적어(تَمْيِيزٌ)로 사용되었다.		
يَجْرِي الْمُدَرِّسُونَ خَوْفًا مِنْ شَخْصٍ مَا.	그 선생님들은 어떤 사람이 무서워서 뛰고 있다	
خَوْفًا이 목적격으로 사용되었다. 여기에서 خَوْفًا은 이유목적어(مَفْعُولٌ لَهُ)로 사용되었다.		

→위의 예들에서 비한정 형태의 목적격이 사용되었다.

9. 명사문과 동사문의 사용

일반적인 아랍어 문장에서는 명사문과 동사문 모두 사용되며 그 의미도 크게 차이가 없다. 그러나 문장에 따라서 반드시 명사문을 사용해야 하거나 반드시 동사문을 사용해야 하는 경우도 있다.

의미	명사문	동사문
무크타르가 여행을 떠났다.	مُخْتَارٌ سَافَرَ.	سَافَرَ مُخْتَارٌ.

1) 반드시 명사문을 사용해야 하는 경우

반드시 명사문을 사용해야 하는 경우는 무효화 불변사(الْحُرُوفُ النَّاسِخَةُ)가 사용된 무효화 명사문과 무효화 동사(الْأَفْعَالُ النَّاسِخَةُ)가 사용된 무효화 명사문, 그리고 유사 무효화 동사(كَادَ وَأَخَوَاتُهَا)가 사용된 유사 무효화 명사문이 그것이다.

(1) 무효화 불변사(الْحُرُوفُ النَّاسِخَةُ)가 사용된 무효화 명사문 (아래의 밑줄 부분이 명사문이다.)

아래에서 أَنَّ 와 إِنَّ 와 لَعَلَّ 와 لَيْتَ 뒤에 반드시 명사문이 와야 한다. 앞에서 공부하였다.

나는 아이들이 달콤한 것을 좋아하는 것을 이해한다.	أَفْهَمُ أَنَّ الْأَطْفَالَ يُحِبُّونَ الْحَلْوَى.
(확실히, 참으로) 카이로는 크다.	إِنَّ الْقَاهِرَةَ كَبِيرَةٌ.
그 꿈이 성취되길 바란다.	لَعَلَّ الْحُلْمَ يَتَحَقَّقُ.
무함마드가 물고기라면 얼마나 좋을까…(실제는 그것이 불가능)(I wish Mohammad would be a fish.)	لَيْتَ مُحَمَّدًا سَمَكَةٌ.

(2) 무효화 동사(الْأَفْعَالُ النَّاسِخَةُ)가 사용된 무효화 명사문 (아래의 밑줄 부분이 명사문이다.)

아래에서 صَارَ 와 لَيْسَ 와 كَانَ 뒤에 반드시 명사문이 와야 한다. 앞에서 공부하였다.

그 학생은 아랍어를 공부하고 있었다.	كَانَ الطَّالِبُ يُذَاكِرُ اللُّغَةَ الْعَرَبِيَّةَ.
그 직원은 행복하지 않다.	لَيْسَ الْمُوَظَّفُ سَعِيدًا.
면화가 직물이 되었다.(직물로 바뀌었다)	صَارَ الْقُطْنُ نَسِيجًا.

(3) 유사 무효화 동사(كَادَ وَأَخَوَاتُهَا)가 사용된 유사 무효화 명사문 (아래의 밑줄 부분이 명사문이다.)

아래와 같이 유사 무효화 동사가 사용된 유사 무효화 명사문에서도 반드시 명사문이 사용된다. 이 책 제Ⅱ권 '유사 무효화 동사와 유사 무효화 명사문에 대해'에서 공부한다.

그 배가 거의 침몰하려 했다.	كَادَ الْمَرْكَبُ يَغْرَقُ.
그 기차가 거의 도착했다.	أَوْشَكَ الْقِطَارُ أَنْ يَصِلَ.
그 전쟁이 끝나기를 바란다.	عَسَى الْحَرْبُ أَنْ تَنْتَهِيَ.

2) 반드시 동사문을 사용해야 하는 경우

(1) 접속법 불변사와 단축법 불변사 뒤에

이 책 제Ⅰ권 '동사의 격변화 – 동사의 서법 변화'에서 접속법을 취하는 불변사들과 단축법을 취하는 불변사들을 공부하였다. ـِ, أَنْ, كَيْ, لِكَيْ, حَتَّى, فَـ 등의 접속법 불변사와, ـِ, لَا, لَمْ 등의 단축법 불변사들 뒤에는 반드시 동사문(혹은 동사)이 와야 한다.

a. 접속법 불변사(حُرُوفُ النَّصْبِ) 뒤에

나는 바다에 가지 않을 것이다.	لَنْ أَذْهَبَ إِلَى الْبَحْرِ.
나는 노래하는 것을 아주 좋아한다.	أُحِبُّ أَنْ أُغَنِّيَ كَثِيرًا.
그는 그가 살기 위해서 한 집을 샀다.	اشْتَرَى بَيْتًا لِيَعِيشَ فِيهِ.

b. 단축법 불변사(حُرُوفُ الْجَزْمِ) 뒤에

나는 어떤 것도 훔치지 않았다.	لَمْ أَسْرِقْ أَيَّ شَيْءٍ.
그것을 쓰지 마라.	لَا تَكْتُبْهَا.
당신의 숙제들을 지금 하세요.	لِتَكْتُبْ وَاجِبَاتِكَ الْآنَ.

(2) '부사 + مَا' 가 이끄는 부사절에서

بَعْدَ 나 قَبْلَ 등의 부사 뒤에 مَا 가 이끄는 부사절이 올 경우 그 절은 반드시 동사문이 사용된다. (즉 مَا 뒤에는 동사가 오고 그 뒤에 주어(فَاعِل)가 온다) (이러한 부사절에 대한 예들은 이 책 제Ⅱ권 '여러가지 목적격에 대해 Ⅰ – 시간의 부사와 장소의 부사'와 '여러가지 접속사들에 대해'에서 공부하라)

	بَعْدَ مَا رَجَعَ مُحَمَّدٌ إِلَى مِصْرَ، سَافَرَ أَبُوهُ (= أَبُوهُ سَافَرَ *).
	무함마드가 이집트로 들어온 뒤 그의 아버지가 여행을 떠났다.
	حِينَمَا دَخَلَ الْمُدَرِّسُ الْفَصْلَ، سَكَتَ الطُّلَّابُ (= الطُّلَّابُ سَكَتُوا *).
	그 선생이 교실에 들어갔을 때 그 학생들은 조용히 했다.
나는 나의 새로운 일을 시작하기 전에 휴가를 얻었다.	قَبْلَ مَا أَبْدَأَ عَمَلِي الْجَدِيدَ أَخَذْتُ إِجَازَةً.
우리가 파티에 있을 때 우리는 춤을 많이 추었다.	عِنْدَمَا كُنَّا فِي الْحَفْلَةِ، رَقَصْنَا كَثِيرًا.
내 친구가 나에게 충고한 것에 따라 나는 아랍어를 공부했다.	دَرَسْتُ اللُّغَةَ الْعَرَبِيَّةَ حَسْبَمَا نَصَحَنِي صَدِيقِي.

→* 에서 부사절은 مَا 이후에 동사문이 와야 하지만 주절(밑줄 부분)의 경우 동사문과 명사문 둘 다 가능하다.

→부사 가운데는 그 뒤에 مَا 없이 문장이 올 수 있는 단어들이 있다. حِينَ, يَوْمَ, حَالَ, إِذْ, حَيْثُ 등의 단어 뒤에 문장이 바로 올 수 있다. 자세한 내용은 이 책 '여러가지 목적격에 대해 Ⅰ – 시간의 부사와 장소의 부사' 를 보라.

(3) 동사문 뒤에 대등접속사가 올 경우

아래와 같이 동사문(밑줄) 뒤에 대등접속사가 올 경우 그 뒤에는 반드시 동사문이 와야 한다. (대등접속사에 대해서는 이 책 제Ⅱ권 '접속명사와 대등접속사에 대해'에서 공부하라.)

아흐마드가 왔고 무함마드는 공원에 갔다.	جَاءَ أَحْمَدُ وَذَهَبَ مُحَمَّدٌ إِلَى الْحَدِيقَةِ.
나의 친구가 나를 불러서 내가 그에게로 나갔다.	نَادَانِي صَدِيقِي فَخَرَجْتُ إِلَيْهِ.
카멜은 일어나서 그 이후 그의 아침을 먹었다.	صَحَا كَمَالٌ ثُمَّ تَنَاوَلَ إِفْطَارَهُ.

(4) 조건문의 경우

조건문의 경우 일반적으로 조건절과 조건결과절에 동사문이 사용된다. (조건문의 경우 이 책 제Ⅱ권 '조건문에 대해'에서 공부하라)

만일 당신이 공부한다면 성공할 것이다.	إِنْ تَدْرُسْ تَنْجَحْ.
만일 그가 공부한다면 그는 성공할 것이다.	إِذَا دَرَسَ نَجَحَ.
만일 그가 일했다면 그는 성공했을 것이다.	لَوْ عَمِلَ لَنَجَحَ.

(5) 그외 부정불변사(حَرْفُ النَّفْي) 뒤, 추측의 불변사 قَدْ 뒤, 미래 시제 불변사 뒤에 동사문이 사용된다.

이 책 제Ⅰ권 '불변사에 대해' 부분에서 '동사와 함께 사용되는 불변사' 부분을 보라.

10. 명사문과 동사문의 전환

명사문의 술어(خَبَر)가 동사문인 경우 그 명사문을 동사문으로 전환할 수 있다. 또한 동사문의 주어(فَاعِل)가 일반명사(보통명사 혹은 고유명사)일 경우 그 동사문을 명사문으로 전환할 수 있다. 아래는 이 책 제Ⅰ권 '동사의 일치' 부분에서 공부한 내용이다. 명사문을 동사문으로 전환할 경우 동사는 항상 3인칭 단수 형태로 사용된다는 것에 유의하자. 즉 동사의 인칭과 성(性)은 그 뒤에 오는 주어(فَاعِل)의 인칭과 성(性)에 일치하지만, 수(數)는 항상 단수로만 사용된다. 자세한 내용은 이 책 제Ⅰ권 '동사의 일치' 부분으로 돌아가서 공부하자. ①은 명사문의 경우이고 ②는 동사문의 경우이다.

①	그 두 남학생은 강의에 출석한다. (주어가 3인칭 남성 쌍수)	الطَّالِبَانِ يَحْضُرَانِ مُحَاضَرَةً.
②		يَحْضُرُ الطَّالِبَانِ مُحَاضَرَةً.
①	그 두 여학생은 강의에 출석한다. (주어가 3인칭 여성 쌍수)	الطَّالِبَتَانِ تَحْضُرَانِ مُحَاضَرَةً.
②		تَحْضُرُ الطَّالِبَتَانِ مُحَاضَرَةً.

①	그 두 남학생은 강의에 출석했다. (주어가 3인칭 남성 쌍수)	الطَّالِبَانِ حَضَرَا مُحَاضَرَةً.
②		حَضَرَ الطَّالِبَانِ مُحَاضَرَةً.
①	그 두 여학생은 강의에 출석했다. (주어가 3인칭 여성 쌍수)	الطَّالِبَتَانِ حَضَرَتَا مُحَاضَرَةً.
②		حَضَرَتِ الطَّالِبَتَانِ مُحَاضَرَةً.
①	그 남자 선생님들은 그 단원을 잘 설명한다. (주어가 3인칭 남성 복수)	الْمُدَرِّسُونَ يَشْرَحُونَ الدَّرْسَ جَيِّدًا.
②		يَشْرَحُ الْمُدَرِّسُونَ الدَّرْسَ جَيِّدًا.
①	그 여자 선생님들은 그 단원을 잘 설명한다. (주어가 3인칭 여성 복수)	الْمُدَرِّسَاتُ يَشْرَحْنَ الدَّرْسَ جَيِّدًا.
②		تَشْرَحُ الْمُدَرِّسَاتُ الدَّرْسَ جَيِّدًا.
①	그 남자 선생님들은 그 단원을 잘 설명했다. (주어가 3인칭 남성 복수)	الْمُدَرِّسُونَ شَرَحُوا الدَّرْسَ جَيِّدًا.
②		شَرَحَ الْمُدَرِّسُونَ الدَّرْسَ جَيِّدًا.
①	그 여자 선생님들은 그 단원을 잘 설명했다. (주어가 3인칭 여성 복수)	الْمُدَرِّسَاتُ شَرَحْنَ الدَّرْسَ جَيِّدًا.
②		شَرَحَتِ الْمُدَرِّسَاتُ الدَّرْسَ جَيِّدًا.

동사를 익힐 때 유의할 점

동사문은 동사로 시작하는 문장이다. 따라서 동사문의 핵심은 동사이다.

동사문에서는 동사의 특징에 따라 문장 구성이 결정된다. 즉 동사가 자동사이면 그 뒤에 목적어를 취하지 않고 타동사이면 목적어를 취한다. 따라서 동사를 익힐 때 그것이 자동사인지 타동사인지 구분하며 익혀야 한다.

또한 자동사 가운데는 특정 전치사와 함께 사용되어 타동사적인 의미를 가지는 경우도 많이 있다. 따라서 자동사가 어떤 전치사를 취하는지 주의하며 공부해야 한다.(이 책 제 Ⅱ권 '여러가지 소유격에 대해' 부분에서 동사가 전치사를 취하는 예들(동사 + 전치사)을 소개하고 있다.)

뿐만 아니라 타동사 가운데는 목적어를 두 개 취하는 동사도 있다. 따라서 타동사를 공부할 때는 목적어를 몇 개 취하는지, 그 목적어가 사람 목적어인지 혹은 사물 목적어인지를 구분하며 공부해야 한다.

이와같이 동사를 익힐 때는 그것이 자동사인지 타동사인지, 자동사의 경우 어떤 전치사를 취하는지, 타동사인 경우 목적어를 몇 개 취하는지 등의 여부를 구분하며 익혀야 한다. www.almaany.com 사전에서 동사를 찾아보면 각각의 동사가 취하는 전치사를 소개하고 있으며, 여러 가지 예문과 함께 동사의 의미를 소개하고 있다.

제 6 과 연결형(الإضافة)에 대해 Ⅱ

1. 한정형태의 연결형과 비한정 형태의 연결형
2. 연결형 조합을 전치사로 분리할 경우
3. 세 단어 이상의 연결형
4. 연결형(الإضافة)과 대등 접속사(وَ حَرْفُ الْعَطْفِ)
5. 연결형과 수식어(النَّعْت)
6. 연결형과 지시대명사(اسْمُ الْإِشَارَةِ)
7. 전연결어(الْمُضَاف)로 사용되는 단어들
8. 형용사 연결형(الإضافة الْوَصْفِيَّة)에 대해
9. 후연결어에 문장이 온 경우(جُمْلَةُ الْمُضَافِ إِلَيْه)

제 6과 연결형(الْإِضَافَة)에 대해 II

우리는 이 책 제 I 권에서 기본적인 연결형(الْإِضَافَة)의 개념과 여러가지 연결형의 예들을 공부하였다. 여기서는 연결형에 대해 좀 더 심화된 내용을 공부하도록 한다.

1. 한정형태의 연결형과 비한정형태의 연결형

1) 한정형태의 연결형과 비한정 형태의 연결형의 의미의 차이

한정형태의 연결형은 세 가지 경우가 있다. 후연결어(الْمُضَاف إِلَيْهِ)에 정관사 الـ 이 붙은 보통명사가 오는 경우, 혹은 후연결어에 고유명사가 오는 경우, 혹은 후연결어 자리에 접미 인칭대명사가 붙은 경우가 있다.

이에 반해 비한정 형태의 연결형은 후연결어(الْمُضَاف إِلَيْهِ)에 정관사 الـ 이 붙지 않은 보통명사가 왔을 때를 말한다.

	한정 형태의 연결형		비한정 형태의 연결형	
①	그 학생의 (그) 책 (the book of the student, the student's book)	كِتَابُ الطَّالِبِ	한 학생의 (한) 책 (a book of a student, a student's book)	كِتَابُ طَالِبٍ
②	캐맬의 (그) 책	كِتَابُ كَمَالٍ	-	-
③	그의 책 (كِتَابُ + ه)	كِتَابُهُ	-	-

→ 위의 ①은 후연결어에 الـ 이 붙은 보통명사가 온 경우이고, ②는 후연결어에 고유명사가 온 경우, ③은 후연결어에 접미 인칭대명사가 붙은 경우이다.

한정형태의 연결형에서는 후연결어의 의미가 특정한 한 대상으로 한정되는 반면, 비한정 형태의 연결형에서는 후연결어의 의미가 여러 개 중의 하나가 된다.

한정형태의 연결형		비한정 형태의 연결형	
그 선생님의 (그) 자동차 (the car of the teacher, the teacher's car) 그 선생님 한 분의 그 자동차	سَيَّارَةُ الْمُدَرِّسِ	한 선생님의 (한) 자동차 (a car of a teacher, a teacher's car) 여러 선생님들 가운데 한 선생님의 한 자동차	سَيَّارَةُ مُدَرِّسٍ
그 방의 (그) 문 (the door of the room, the room door) 그 방 한 개의 그 문	بَابُ الْغُرْفَةِ	한 방의 (한) 문 (a door of a room, a room door) 여러 방들 가운데 한 방 의 한 문	بَابُ غُرْفَةٍ

** 한정형태의 연결형과 비한정 형태의 연결형의 의미 차이

아래의 ①은 한정형태의 연결형이고 ②는 비한정 형태의 연결형이다.

| ① | 그 학생의 (그) 책이 그 책상 위에 있다. | كِتَابُ الطَّالبِ عَلَى الْمَكْتَبِ. |
| ② | 그 책상 위에 한 학생의 (한) 책이 있다. | عَلَى الْمَكْتَبِ كِتَابُ طَالِبٍ. |

→ 위의 ①은 화자와 청자가 알고 있는 그 학생 한 사람의 경우. ②는 여러명의 학생들 가운데 한 학생의 한 책인 경우.

| ① | 당신은 그 아파트의 (그) 주인입니까? | أَنْتَ صَاحِبُ الشَّقَّةِ؟ |
| ② | 당신은 (한) 아파트의 (한) 주인입니까? ('당신은 아파트 주인입니까?'의미) | أَنْتَ صَاحِبُ شَقَّةٍ؟ |

→ 위의 ①은 화자나 청자가 지칭하는 특정한 그 아파트의 그 주인 한 사람의 경우이다. ②는 여러 개의 아파트 가운데 (어떤 아파트인지 모르는) 한 아파트의 한 주인이란 의미이다.

| ① | 그 장관의 (그) 자동차가 여기를 지날 것이다. | سَيَّارَةُ الْوَزِيرِ سَتَمُرُّ مِنْ هُنَا. |
| ② | 한 장관의 (한) 자동차가 여기를 지날 것이다. | سَيَّارَةُ وَزِيرٍ سَتَمُرُّ مِنْ هُنَا. |

→위의 ①은 화자나 청자가 알고 있는 그 장관 한 사람의 그 자동차의 의미. 예를들어 내무부 직원이 سَيَّارَةُ الْوَزِيرِ 라고 하면 내무부 장관의 자동차란 말이 된다. 반면에 ②는 여러 장관들 가운데 한 장관의 한 자동차란 말이다.

| ① | 그 경찰 장교가 한 마이크로버스 운전수를 죽이다. | ضَابِطُ الشُّرْطَةِ يَقْتُلُ سَائِقَ مَيْكرُوبَاصٍ. |
| ② | 한 경찰 장교가 한 마이크로버스 운전수를 죽이다.(신문 기사 제목) | ضَابِطُ شُرْطَةٍ يَقْتُلُ سَائِقَ مَيْكرُوبَاصٍ. |

→위의 ①은 화자나 청자가 알고 있는 그 경찰의 그 장교란 의미이다. ②의 경우는 여러 명의 경찰 장교 가운데 누구인지 모르는 어떤 한 장교란 의미이다.

2. 연결형 조합을 전치사로 분리한 경우

연결형은 후연결어가 전연결어를 한정(التَّعْرِيف)하거나 구체화(التَّخْصِيص)하여 소유나 소속, 정체성, 성분, 도량단위 등의 다양한 의미를 가진다. 이러한 연결형 조합의 단어는 아래와 같이 전치사 لِـ 나 مِنْ 혹은 فِي 을 사용하여 그 조합을 분리한 형태로 사용하기도 한다. 아래의 ①은 연결형 조합의 경우이고 ②는 그것을 전치사로 분리한 경우이다. 이 경우 약간의 의미 차이가 있는데 그 의미 차이에 대해서 공부하자. 의미 차이가 있지만 둘이 같은 의미로 사용되기도 한다.

1) 연결형이 소유 혹은 소속을 의미하는 경우 - لِـ 사용 (اللامُ المُفِيدَةُ لِلمِلكِ أو الاختِصاصِ)

①	그 선생님의 (그) 자동차 (the car of the teacher, the teacher's car)	سَيَّارَةُ الْمُدَرِّسِ
②	그 선생님의 한 자동차(혹은 그 선생님을 위한 한 자동차) (a car of(for) the teacher) (자동차가 여러 대 있는 가운데서 한 자동차)	سَيَّارَةٌ لِلْمُدَرِّسِ

다른 예들

	① 연결형 조합		② 전치사로 분리할 경우
내 집 (my house)	دَارِي	나를 위한 한 집 (a house of mine, a house for me)	دَارٌ لِي
칼리드의 의견	رَأْيُ خَالِدٍ	칼리드의 한 의견	رَأْيٌ لِخَالِدٍ
그 방의 (그) 문	بَابُ الْغُرْفَةِ	그 방의 한 문	بَابٌ لِلْغُرْفَةِ
그 여성전용 객실	عَرَبَةُ السَّيِّدَاتِ	여성들을 위한 한 객실	عَرَبَةٌ لِلسَّيِّدَاتِ

다른 예들

①	나는 그 아파트의 주인이다.(the owner) (그 아파트가 주인이 한 사람인 경우)	أَنَا صَاحِبُ الشَّقَّةِ.
②	나는 그 아파트의 한 주인이다.(an owner) (그 아파트가 여러 주인이 있을 경우)	أَنَا صَاحِبٌ لِلشَّقَّةِ.

한편 아래의 두 문장은 실제적인 의미의 차이가 없다.

①	그들은 그 축구 선수들이 되길 원한다. (They want to be the football players)	يُرِيدُونَ أَنْ يُصْبِحُوا لَاعِبِي كُرَةِ الْقَدَمِ.
②	그들은 축구 선수들이 되길 원한다. (They want to be fooball players)	يُرِيدُونَ أَنْ يُصْبِحُوا لَاعِبِينَ لِكُرَةِ الْقَدَمِ.

→ 위의 ①은 لَاعِبِي كُرَةِ الْقَدَمِ 가 한정명사적인 의미이고, ②은 لَاعِبِينَ لِكُرَةِ الْقَدَمِ 가 비한정명사적인 의미이다. 엄밀하게는 이렇게 차이가 나지만 보통 별 차이 없이 사용되기도 한다.

2) 연결형이 성분이나 재료를 의미하는 경우 - مِنْ 사용 ("مِنْ" البَيَانِيَّةِ)

연결형 조합의 단어를 مِنْ 으로 분리하는 경우는 주로 성분이나 재료를 의미하는 경우이다. 이 경우는 ①과 ②는 의미 차이가 없다.

①	은 목걸이	سِلْسِلَةُ فِضَّةٍ
②	(①과 ②의 의미 차이가 없다)	سِلْسِلَةٌ مِنْ فِضَّةٍ

다른 예들

의미	① 연결형 조합	② 전치사로 분리할 경우
면 셔츠	قَمِيصُ قُطْنٍ	قَمِيصٌ مِنْ قُطْنٍ
나무 의자	كُرْسِيُّ خَشَبٍ	كُرْسِيٌّ مِنْ خَشَبٍ
이것은 대나무 막대기이다.	هَذِهِ عَصَا خَيْزُرَانٍ.	هَذِهِ عَصًا مِنْ خَيْزُرَانٍ.

** 연결형과 전치사 مِنْ

아래는 전치사 مِنْ 이 성분이나 재료의 의미가 아니라 '..중의 한 ..(one of the ...)'의 의미를 가진 경우이다.

(1) مِنْ **이후에 한정형태의 복수명사가 온 경우**

그 자동차들 가운데 한 자동차(one of the cars)	سَيَّارَةٌ مِنَ السَّيَّارَاتِ	그 지점들 가운데 한 지점(one of the branches)	فَرْعٌ مِنَ الْفُرُوعِ
어느 날, 하루는, 옛날에 (one day) (부사적 관용어)	يَوْمًا مِنَ الْأَيَّامِ		

(2) مِنْ **이후에 한정형태의 연결형이 온 경우(전연결어가 복수형태)**

그 선생님의 (그) 자동차들 중의 한 자동차 (one of teacher's cars)	سَيَّارَةٌ مِنْ سَيَّارَاتِ الْمُدَرِّسِ
그 방의 (그) 문들 중의 한 문 (one of the doors of the room)	بَابٌ مِنْ أَبْوَابِ الْغُرْفَةِ
그 학생의 (그) 펜들 중의 한 펜 (one of student's pens)	قَلَمٌ مِنْ أَقْلَامِ الطَّالِبِ
그 서점의 (그) 지점들 중의 한 지점 (one of the branchs of the bookstore)	فَرْعٌ مِنْ فُرُوعِ الْمَكْتَبَةِ

3) 연결형이 시간의 부사 혹은 장소의 부사의 의미일 경우 - (فِي الظَّرْفِيَّة) فِي 사용

연결형이 시간적인 부사나 장소적인 부사의 의미일 경우 전치사 فِي 를 사용하여 분리할 수 있다.

①	그 새벽기도	صَلَاةُ الْفَجْرِ
②	새벽의 한 기도	صَلَاةٌ فِي الْفَجْرِ

다른 예들

	① 연결형 조합		② 전치사로 분리할 경우
그 대학생	طَالِبُ الْجَامِعَةِ	그 대학에 있는 한 학생	طَالِبٌ فِي الْجَامِعَةِ
그 가정주부	رَبَّةُ الْمَنْزِلِ	그 집에 있는 한 주부	رَبَّةٌ فِي الْمَنْزِلِ
밤을 새는 것과 들판을 지키는 것이 나를 피곤하게 했다.(Staying awaken all the night and guarding the fields made me exhausted.)	①		أَتْعَبَنِي سَهَرُ اللَّيْلِ وَحِرَاسَةُ الْحُقُولِ.
	②		أَتْعَبَنِي السَّهَرُ فِي اللَّيْلِ وَالْحِرَاسَةُ فِي الْحُقُولِ.

** 연결형 조합의 단어와 전치사 لِ 혹은 مِنْ 으로 분리한 단어와의 비교

아래에서 각각의 의미가 어떻게 달라지는지 세밀하게 살펴보자.

그 학생의 (그) 책 (the book of the student, the student's book)	كِتَابُ الطَّالِبِ
한 학생의 (한) 책 (a book of a student, a student's book)	كِتَابُ طَالِبٍ
그 학생을 위한 한 책, 그 학생의 한 책 (a book of the student or a book for the student)	كِتَابٌ لِلطَّالِبِ
그 학생의 (그) 책들 중의 한 책 (one of the student's books, one of student's books)	كِتَابٌ مِنْ كُتُبِ الطَّالِبِ
그 책은 그 학생을 위한 것이다. (The book is for(or belongs to) the student.)	الْكِتَابُ لِلطَّالِبِ.
그 학생은 한 책을 가지고 있다. (The student has a book.)	لِلطَّالِبِ كِتَابٌ.

다른 예들이다.

그것은 역사 책 (학과목으로서의 역사책)이다. (the history book)	إِنَّهُ كِتَابُ التَّارِيخِ
그것은 한 역사 책, 역사를 기록한 한 책 (a history book, a book of a history)	إِنَّهُ كِتَابُ تَارِيخٍ
그것은 한 역사책(a history book, a book of the history)이다.	إِنَّهُ كِتَابٌ لِلتَّارِيخِ.
그것은 한 역사적인 책(historical book)이다. (오래된 책 등)	إِنَّهُ كِتَابٌ تَارِيخِيٌّ.

또 다른 예들이다.

그 왕의 (그) 딸 (the daughter of the king, the king's daughter)	بِنْتُ الْمَلِكِ
한 왕의 (한) 딸 (a daughter of a king, a king's daughter)	بِنْتُ مَلِكٍ
그 왕의 한 딸 (a daughter of the king or a daughter for the king)	بِنْتٌ لِلْمَلِكِ
그 왕의 딸들 중의 한 딸 (one of the king's daughters, one of king's daughters)	بِنْتٌ مِنْ بَنَاتِ الْمَلِكِ
그 딸은 그 왕을 위한 존재이다. (The daughter is for(or belongs to) the king.)	الْبِنْتُ لِلْمَلِكِ.
그 왕에게 한 딸이 있다. (The king has a daughter.)	لِلْمَلِكِ بِنْتٌ.

또 다른 예들이다.

여러 왕들 중의 한 왕 (a king of kings)	مَلِكُ مُلُوكٍ	왕중의 왕 (주로 신에게 해당)(the king of kings)	مَلِكُ الْمُلُوكِ
어떤 한 왕, 그 왕들 중의 한 왕 (one king)	مَلِكٌ مِنَ الْمُلُوكِ		
어떤 한 왕에게 한 아름다운 딸이 있었다. (One king)		كَانَتْ لِمَلِكٍ مِنَ الْمُلُوكِ بِنْتٌ جَمِيلَةٌ.	
카다피는 자신을 아프리카의 왕중의 왕으로 여겼다. (The king of kings of Africa)		الْقَذَّافِي اعْتَبَرَ نَفْسَهُ مَلِكَ مُلُوكِ إِفْرِيقِيَا.	

제6과 연결형에 대해 II

** ـلِ 이 사용된 다른 경우의 예들

아래의 두 문장을 비교하자.

①	이것은 한 소년의 한 새로운 책이다. (جَدِيدٌ 은 كِتَابٌ 를 수식하는 수식어이다.)	هَذَا كِتَابُ وَلَدٍ جَدِيدٌ.
②	이것은 그 소년의 한 새로운 책이다.	هَذَا كِتَابٌ جَدِيدٌ لِلْوَلَدِ.

→ 위의 ① 의 كِتَابُ وَلَدٍ جَدِيدٌ 에서 جَدِيدٌ 이 كِتَابٌ 를 수식하는 문장 구조 자체가 어렵게 느껴진다. 그래서 ②에서처럼 전치사 ـلِ 으로 분리하여 문장을 쉽게 한다고 보면 된다. 이 과의 '5. 연결형과 수식어' 부분을 보라.

한편 아래의 표현들에 사용된 ـلِ 은 for 의 의미이다.

이집트 상업 회사 (the Egyption company of the trade, or the Egyption company for trade)	الشَّرِكَةُ الْمِصْرِيَّةُ لِلتِّجَارَةِ
이집트 항공(Egyptair) (이집트 국영 항공사 이름)	مِصْرُ لِلطَّيَرَانِ
모비닐 통신회사 (이집트의 한 통신회사 이름)	مُوبِينِيل لِلْاِتِّصَالَاتِ
변화를 위한 애국연합(이집트 혁명 이후의 한 야권 그룹)	الْجَمْعِيَّةُ الْوَطَنِيَّةُ لِلتَّغْيِيرِ

** 다음을 비교하라. (한정과 비한정 연결형 그리고 ـلِ 이사용되는 경우의 의미 차이)

다음의 ②는 흔히 범하는 실수이다.

①	그는 아랍어 교사이다. (He is the teacher of Arabic language.) (아랍어 교사가 한 사람 밖에 없는 경우)	هُوَ مُدَرِّسُ اللُّغَةِ الْعَرَبِيَّةِ. (o)
②	아랍어는 한 개의 언어밖에 없으므로 한정형태로 사용해야 한다.	هُوَ مُدَرِّسُ لُغَةٍ عَرَبِيَّةٍ. (×)
③	그는 아랍어 교사이다. (He is a teacher of Arabic language.) (아랍어 교사가 여럿인 경우)	هُوَ مُدَرِّسٌ لِلُّغَةِ الْعَرَبِيَّةِ. (o)

→위의 ①의 경우는 한 학교에 아랍어 교사가 한 명 밖에 없을 때 사용할 수 있는 표현이다. 여기에 비해 ③은 한 학교에 여러 명의 아랍어 교사가 있을 경우, 혹은 어떤 사람이 아랍어 교사인 경우 일반적으로 사용할 수 있는 표현이다. 한편 아랍어는 여러개가 있는 것이 아니라 유일한 것으로 보기 때문에 후연결어가 반드시 한정형태가 되어야 한다. 따라서 ②는 올바르지 않다.

①	그는 (그) 역사 교사이다. (the teacher of the history) (정해진 역사 과목에 대한 교사가 한 사람 밖에 없는 경우)	هُوَ مُدَرِّسُ التَّارِيخِ. (o)
②	그는 한 역사 교사이다.(a teacher of a history) (정해지지 않은 한 역사에 대한 교사가 여럿인 경우)	هُوَ مُدَرِّسُ تَارِيخٍ. (o)
③	그는 한 역사 교사이다. (a teacher of the history) (정해진 역사 과목에 대한 교사가 여럿인 경우)	هُوَ مُدَرِّسٌ لِلتَّارِيخِ. (o)

→위의 ②가 가능한 이유는 역사 과목이 한 개만이 아닌 여러 나라들의 역사들을 다른 역사 과목들로 볼 수 있기 때문이다. 후연결어가 여러개 중의 하나를 표현할 때는 후연결어가 비한정 형태가 된다.

→ 위의 ③은 정해진 역사 과목(the history)에 대한 교사가 여러명인데 그 중의 한 교사란 의미이다.

3. 세 단어 이상의 연결형

일반적으로 두 단어가 조합된 연결형이 주로 사용되지만 아래와 같이 세 단어 이상이 연결형으로 결합되기도 한다.

세 단어 이상의 연결형의 경우 첫째 단어가 전연결어이자 연결형의 중심이 된다. 그리고 연결형의 마지막 단어는 연결형 전체의 한정과 비한정을 결정한다. 즉 마지막 단어에 ﺍﻝ 이 오거나 고유명사가 오면 전체가 한정형태가 된다.

1) 세 단어 연결형

(그) 대학생의 (그) 책	كِتَابُ طَالِبِ الْجَامِعَةِ
무함마드의 생일	عِيدُ مِيلَادِ مُحَمَّدٍ
예루살렘 도시를 방문함	زِيَارَةُ مَدِينَةِ الْقُدْسِ
(그) 주부의 (그) 일들	أَعْمَالُ رَبَّةِ الْمَنْزِلِ
아랍어 레슨(lesson)들을 이해함 (혹은 아랍어 레슨들의 이해)	فَهْمُ دُرُوسِ اللُّغَةِ الْعَرَبِيَّةِ
(그) 연애소설들을 읽음	قِرَاءَةُ قِصَصِ الْحُبِّ.

2) 네 단어 연결형

내 친구 딸의 생일	عِيدُ مِيلَادِ بِنْتِ صَدِيقِي.
내 형(남동생) 친구 집의 문	بَابُ بَيْتِ صَدِيقِ أَخِي.

→ 네 단어 이상의 연결형도 가능하다.

세 단어 이상 연결형도 두 단어 연결형과 마찬가지로 문장에서 한 단위를 이루어 주어와 목적어 등으로 사용되며 따라서 주격과 목적격과 소유격을 취한다. (이 때 첫번째 단어만 격변화하고, 그 뒤의 후연결어들은 항상 소유격을 취한다.)

그 대학생의 (그) 책은 훌륭하다. (3단어 연결형이 주어로 사용됨. 주격)	كِتَابُ طَالِبِ الْجَامِعَةِ مُمْتَازٌ.
나는 그 대학생의 (그) 책을 구입했다. (3단어 연결형이 목적어로 사용됨. 목적격)	اشْتَرَيْتُ كِتَابَ طَالِبِ الْجَامِعَةِ.
나는 그 대학생의 (그) 책을 즐겼다. (3단어 연결형이 유사문장으로 사용됨. 소유격)	اسْتَمْتَعْتُ بِكِتَابِ طَالِبِ الْجَامِعَةِ.

3) 문장의 예들

그들은 내 친구의 생일파티에 참석했다.	حَضَرُوا عِيدَ مِيلَادِ صَدِيقِي.
나는 연애소설들을 읽는 것을 좋아한다.	أُحِبُّ قِرَاءَةَ قِصَصِ الْحُبِّ.
나는 내 엄마 친구의 언니(여동생)의 자동차를 구입했다. (네 단어 연결형)	اشْتَرَيْتُ سَيَّارَةَ أُخْتِ صَدِيقَةِ أُمِّي.

4. 연결형(الإضافة)과 대등접속사 (حَرْفُ الْعَطْفِ) و

이 책 제 I 권에서 연결형의 가장 대표적인 의미는 소유 혹은 소속의 의미라고 하였다. 연결형으로 사용된 구절 뒤에 대등접속사(حَرْفُ الْعَطْفِ)가 올 경우 소유주가 누구인지에 대해 고려할 사항들이 생기게 된다. 아래의 연결형 조합과 대등접속사 و 가 함께 사용된 1)과 2) 문장의 의미를 비교하라. 대등접속사 و 는 앞과 뒤의 구절을 동격으로 연결하는 역할을 한다. 대등접속사에 대한 자세한 내용은 나중에 공부한다.

1) 소유주가 같은 사람인 경우

아래는 소유주는 같은 한 사람인데 소유한 물건이 여러개인 경우이다. 대등접속사 뒤에 오는 연결어 구문에 소유격 접미 인칭대명사가 사용되었으며, 이 인칭대명사는 그 앞의 후연결어를 가리킨다. 아래의 예에서 밑줄친 양쪽 부분이 대등접속사 و 에 의해 대등관계로 연결된다.

그 소년의 (그) 펜과 그 소년의 (그) 책 (كِتَابُهُ 의 ه 는 그 앞의 الْوَلَدِ 를 가리킨다.)	قَلَمُ الْوَلَدِ وَكِتَابُهُ
그 소녀의 (그) 자동차와 그녀의 (그) 집 (بَيْتُهَا 의 هَا 는 그 앞의 الْبِنْتِ 를 가리킨다.)	سَيَّارَةُ الْبِنْتِ وَبَيْتُهَا
그 신자의 삶과 그 신자의 처신과 그 신자의 생각들 (대등접속사가 두 개이다)	حَيَاةُ الْمُؤْمِنِ وَسُلُوكُهُ وَأَفْكَارُهُ

→위에서 대등접속사 이전의 연결형 구(句)가 주격이기에 이후의 연결형 구(句)도 주격이다.

예문들

나는 그 소녀의 자동차와 그녀의 집을 좋아한다.	أُحِبُّ سَيَّارَةَ الْبِنْتِ وَبَيْتَهَا.
그 소년의 펜과 그의 책은 새것이다.	قَلَمُ الْوَلَدِ وَكِتَابُهُ جَدِيدَانِ.
쌔미의 아버지와 그(쌔미)의 누나(여동생)가 그 모임에 참석했다.	حَضَرَ وَالِدُ سَامِي وَأُخْتُهُ الِاجْتِمَاعَ.
그 남자들의 권리들과 그들의 의무들은 동일하다.	حُقُوقُ الرِّجَالِ وَوَاجِبَاتُهُمْ سَوَاءٌ.

→이와같이 연결형 두 개가 대등접속사로 연결되고 양쪽의 후연결어가 같은 사람일 경우 뒤에 오는 후연결어를 인칭대명사로 사용한다.

2) 소유주가 다른 사람인 경우

아래는 전연결어에 온 소유물은 하나이고 그것을 소유한 소유주가 여러 사람인 경우이다. 밑줄친 두 단어가 대등접속사에 의해 대등관계로 연결된다.

그 소년과 그 소녀의 자동차 (그 아들과 그 딸이 함께 소유하고 있는 자동차 한 대)	سَيَّارَةُ الْوَلَدِ وَالْبِنْتِ
내 친구와 그의 형제의 집 (소유주가 두 사람 공동인 집 한 채)	بَيْتُ صَدِيقِي وَأَخِيهِ

→ 위의 첫번째 예의 الْوَلَدِ 와 두번째 예의 صَدِيقِي 는 후연결어이다. 그러나 첫번째 예의 الْبِنْتِ 와 두번째 예의 أَخِيهِ 는 후연결어가 아니라 대등접속사 و 뒤에 오는 접속명사(اسْمٌ مَعْطُوفٌ)이다. 위의 첫번째 구절의 الْبِنْتِ 는 الْوَلَدِ 와

대등관계이며, 두번째 구절의 أَخِيهِ 와 صَدِيقِي 도 대등관계이다. 앞에 온 단어가 후연결어이기에 소유격이며 뒤의 단어는 대등관계이므로 같은 소유격을 취했다. 이것에 대한 내용은 대등접속사 부분에서 공부한다.

다른 예들

①	그 소년과 그 소녀의 자동차 (소유주가 두 사람 공동인 자동차 한 대)	سَيَّارَةُ الْوَلَدِ وَالْبِنْتِ
②	그 소년의 자동차와 그 소녀의 자동차 (소유주가 각각 다른 자동차 두 대)	سَيَّارَةُ الْوَلَدِ وَسَيَّارَةُ الْبِنْتِ
③	그 소년과 그 소녀의 자동차 두 대 (소유주가 두 사람 공동인 자동차 두 대)	سَيَّارَتَا الْوَلَدِ وَالْبِنْتِ
④	그 소년과 그 소녀의 자동차들 (소유주가 두 사람 공동인 자동차들)	سَيَّارَاتُ الْوَلَدِ وَالْبِنْتِ
⑤	그 소년과 그 소녀와 그들 두 사람의 아버지의 자동차들(소유주가 세 사람 공동인 자동차들)	سَيَّارَاتُ الْوَلَدِ وَالْبِنْتِ وَأَبِيهِمَا

→위의 ③ 문장은 전연결어에 쌍수 명사가 왔고, ④와 ⑤는 전연결어에 여성 복수가 오고 후연결어 뒤에 여러개의 명사가 و로 연결된 형태이다. ③에서 쌍수 명사가 전연결어로 사용될 경우 ن이 탈락한다.

또 다른 예들

내 친구와 그의 형제의 집 (소유주가 두 사람 공동인 집 한 채)	بَيْتُ صَدِيقِي وَأَخِيهِ
내 친구의 집과 그의 형제의 집 (소유주가 각각 다른 집 두 채)	بَيْتُ صَدِيقِي وَبَيْتُ أَخِيهِ
내 친구와 그의 형제의 두 집 (소유주가 두 사람 공동인 집 두 채)	بَيْتَا صَدِيقِي وَأَخِيهِ *
내 친구와 그의 형제의 집들 (소유주가 두 사람 공동인 집들)	بُيُوتُ صَدِيقِي وَأَخِيهِ
내 친구와 그 형제와 그들 두 사람의 아버지의 집들 (소유주가 세 사람 공동인 집들)	بُيُوتُ صَدِيقِي وَأَخِيهِ وَأَبِيهِمَا

→위의 * 표가 있는 문장의 بَيْتَا صَدِيقِي 는 전연결어에 쌍수가 사용된 경우이기에 ن이 탈락하였다.

예문들

그 소년과 소녀(함께 소유한)의 그 자동차는 새로운 것이다.	سَيَّارَةُ الْوَلَدِ وَالْبِنْتِ جَدِيدَةٌ.
나는 내 친구와 그의 형제의 그 집을 방문했다. (두 사람의 공동 소유)	زُرْتُ بَيْتَ صَدِيقِي وَأَخِيهِ.
انْتَشَرَتْ مِئَاتُ الْمُلْصَقَاتِ[1] فِي مَيَادِينَ[2] رَمْسِيسَ وَعَبْدِ الْمُنْعِمِ رِيَاضٍ وَالْجِيزَةِ. *	
수백장의 포스터가 람시스 광장과 압드 알무나임 리야드 광장 그리고 기자 광장들에 퍼졌다. (신문 기사)	

→위의 *표가 있는 마지막 문장에서 مَيَادِين 대신에 مَيْدَان 도 가능하다.

---

[1] مُلْصَقٌ 광고, 포스터   첨부된 مُلْصَقَاتٌ

[2] مَيْدَانٌ / مَيَادِينُ 광장 ; 무대

제6과 연결형에 대해 II

5. 연결형과 수식어(النَعْت)

두 명사가 조합된 연결형 뒤에 수식어가 오는 경우들이 종종 있다. 연결형 조합은 수식어 조합보다 강한 조합이기 때문에 수식어가 연결형 조합 사이에 올 수 없고 연결형 조합 뒤에 오게 된다. 이때 수식어는 전연결어를 수식할 수도 있고 후연결어를 수식할 수도 있다.

수식어(النَعْت)와 피수식 명사(مَنْعُوت)는 성.수.격. 한정여부가 일치해야 한다. (수식어에 대한 구체적인 내용은 다음과에서 공부한다.) 때문에 수식하는 형용사의 형태나 격변화를 보고 전연결어를 수식하는지 아니면 후연결어를 수식하는지 파악할 수 있다.

1) 후연결어를 수식하는 수식어

수식어가 연결형 뒤에 와서 그 앞의 후연결어를 수식하는 구문이다. 이 때 수식어는 수식하는 후연결어의 성과 수와 격의 지배를 받는다. 아래의 문장을 보자.

그 이집트 클럽의 (그) 여자 사장(owner) (الْمِصْرِيّ가 النَّادِي를 수식)	صَاحِبَةُ النَّادِي الْمِصْرِيِّ
그 미국학교의 (그) 교장(director) (수식하는 명사가 여성이라 형용사도 여성 형태)	مُدِيرُ الْمَدْرَسَةِ الْأَمْرِيكِيَّةِ
그 방문 교수의 (그) 강의	مُحَاضَرَةُ الْأُسْتَاذِ الزَّائِرِ

→ 위의 문장에서 밑줄이 있는 단어가 후연결어이고 그 뒤의 단어가 수식어이다. 뒤의 수식어가 앞의 후연결어를 수식하는 구조이다. 이때 수식어는 후연결어와 성과 수와 격 그리고 한정형태가 일치해야 한다.

예문들

그 이집트 클럽의 (그) 여자 사장은 친절하다. ('연결형 + 수식어' 구가 주어로 사용됨)	صَاحِبَةُ النَّادِي الْمِصْرِيِّ طَيِّبَةٌ.
나는 그 미국학교의 (그) 교장과 인사를 나누었다. ('연결형 + 수식어' 구가 소유격 명사로 사용됨)	سَلَّمْتُ عَلَى مُدِيرِ الْمَدْرَسَةِ الْأَمْرِيكِيَّةِ.
나는 그 방문 교수의 (그) 강의를 좋아한다. ('연결형 + 수식어' 구가 목적어로 사용됨)	أُحِبُّ مُحَاضَرَةَ الْأُسْتَاذِ الزَّائِرِ.

2) 전연결어를 수식하는 수식어

아래의 ①은 수식어가 후연결어를 수식하는 경우이고, 아래의 ②는 수식어가 전연결어를 수식하는 경우이다. 수식하는 수식어는 피수식 명사(전연결어, 혹은 후연결어)와 성과 수와 격, 그리고 한정형태의 일치를 보아야 한다. 붉은 색의 단어들이 수식관계에 있는 단어들이다. ②는 전연결어를 수식하므로 수식어가 전연결어와 같은 주격을 취하였다.

이와같이 연결형 조합은 수식어 조합보다 강한 조합이기에 전연결어를 수식하는 수식어라 하더라도 연결형 사이에 들어갈 수 없고 연결형 뒤에 와서 앞의 전연결어를 수식한다.

①	그 한국 회사의 (그) 사장(director)	مُدِيرُ الشَّرِكَةِ الْكُورِيَّةِ
②	그 회사의 (그) 한국인 사장 (그 회사 사장이 한국 사람이란 뜻)	مُدِيرُ الشَّرِكَةِ الْكُورِيُّ

①	그 한국 공장의 (그) 공장장	مُدِيرُ الْمَصْنَعِ الْكُورِيِّ
②	그 공장의 (그) 한국인 공장장 (그 공장 사장이 한국 사람이란 뜻)	مُدِيرُ الْمَصْنَعِ الْكُورِيُّ

①	그 한국 회사의 (그) 여자 사장	مُدِيرَةُ الشَّرِكَةِ الْكُورِيَّةِ
②	그 회사의 (그) 한국인 여자 사장 (그 회사 여자 사장이 한국 사람이란 뜻)	مُدِيرَةُ الشَّرِكَةِ الْكُورِيَّةُ

→ 위의 예문들에 모음부호가 표기되지 않았을 경우 뒤의 수식어가 앞의 어떤 단어를 수식하는지 구별하기 쉽지 않다. 특히 위의 مدير المصنع الكوري 와 مديرة الشركة الكورية 예문의 경우 모음부호가 붙어있지 않을 경우 뒤의 수식어가 앞의 어떤 단어를 수식하는지 구별하는 것은 불가능하다. 이럴 경우 문맥의 의미를 통해 뒤의 수식어가 앞의 어느 단어를 수식하는지 파악하여야 한다.

예문들

그 소녀의 (그) 새로운 집은 아름답다.	بَيْتُ الْبِنْتِ الْجَدِيدُ جَمِيلٌ.
그 소년의 (그) 큰 자동차는 아름답다.	سَيَّارَةُ الْوَلَدِ الْكَبِيرَةُ جَمِيلَةٌ.
이것은 그 한국 학생의 (그) 새로운 책이다.	هَذَا كِتَابُ الطَّالِبِ الْكُورِيِّ الْجَدِيدُ.*
나는 그 한국인 아랍어 학습자와 이야기했다.	تَكَلَّمْتُ مَعَ دَارِسِ اللُّغَةِ الْعَرَبِيَّةِ الْكُورِيِّ.*

→위의 * 문장에서 수식어가 두 개씩 사용되었으나 각각의 피수식어가 다르다.

위의 * 표 문장은 아래와 같이 전환할 수 있다. ﻟ 을 사용하여 연결형을 분리한 경우이다

이것은 그 한국 학생의 (그) 새로운 책이다.	هَذَا هُوَ الْكِتَابُ الْجَدِيدُ لِلطَّالِبِ الْكُورِيِّ.
나는 그 한국인 아랍어 학습자와 이야기했다.	تَكَلَّمْتُ مَعَ الدَّارِسِ الْكُورِيِّ لِلُّغَةِ الْعَرَبِيَّةِ.

3) 후연결어가 비한정인 연결어를 수식하는 수식어

연결형 형태가 비한정 연결형이기에 그 뒤에 오는 수식어도 비한정 형태를 취한다.

한 회사의 한 한국인 사장	مُدِيرُ شَرِكَةٍ كُورِيٌّ
한 한국 회사의 한 사장	مُدِيرُ شَرِكَةٍ كُورِيَّةٍ

예문들

그는 한 우수한 문법 선생이다. (قَاعِدَةٌ/قَوَاعِدُ)	هُوَ مُدَرِّسُ قَوَاعِدَ مُمْتَازٌ.
나의 어머니는 팬케이크들을 솜씨좋게 만드는 사람이 다. (فَطِيرَةٌ/فَطَائِرُ)	أُمِّي عَامِلَةُ فَطَائِرَ مَاهِرَةٌ.
내 아내는 자전거들을 잘 타는 사람이다.	زَوْجَتِي سَائِقَةُ دَرَّاجَاتٍ بَارِعَةٌ.
그녀는 한 이집트 학교의 여자 교장이다.	هِيَ مُدِيرَةُ مَدْرَسَةٍ مِصْرِيَّةٍ.

4) 세 단어 이상의 연결형 뒤에 수식어가 왔을 경우

아래와 같이 세 단어 연결형 뒤에 수식어가 왔을 경우 수식하는 명사와 성과 수와 격 그리고 한정여부가 일치해야 한다.

①	그 방문 교수의 강의 제목	عُنْوَانُ مُحَاضَرَةِ الْأُسْتَاذِ الزَّائِرِ
②	그 교수의 탁월한 강의 제목	عُنْوَانُ مُحَاضَرَةِ الْأُسْتَاذِ الرَّائِعَةِ

위의 ②는 아래와 같이 ﻟِ을 사용하여 더 쉽게 사용할 수 있다. 대부분 아래의 형태로 사용된다.

그 교수의 탁월한 강의 제목	عُنْوَانُ الْمُحَاضَرَةِ الرَّائِعَةِ لِلْأُسْتَاذِ

5) 연결형에 두 개의 수식어가 사용된 경우

아래는 연결형 조합에 두 개 이상의 수식어가 사용된 경우이다. 아래의 예에서 각각의 수식어가 어떤 단어를 수식하는지 주의해서 살펴보자.

①	그 이집트인 아랍어 선생님(선생님이 이집트 사람) (الْمِصْرِي 와 الْعَرَبِيَّة 가 수식어)	مُدَرِّسُ اللُّغَةِ الْعَرَبِيَّةِ الْمِصْرِيُّ
②	그 이집트 신문의 그 새로운 특파원 (이집트 신문의 특파원이 새로운 특파원)	مُرَاسِلُ الْجَرِيدَةِ الْمِصْرِيَّةِ الْجَدِيدُ
	그 새로운 이집트 신문의 (그) 특파원 (이집트 신문이 새로운 신문)	مُرَاسِلُ الْجَرِيدَةِ الْمِصْرِيَّةِ الْجَدِيدَةِ
③	그 국립박물관의 (그) 새로운 위치 (국립박물관이 다른 장소로 옮겼을 경우)	مَوْقِعُ الْمَتْحَفِ الْوَطَنِيِّ الْجَدِيدُ
④	그 새로운 국립 박물관의 (그) 위치 (국립박물관이 새롭게 개선 되었을 경우)	مَوْقِعُ الْمَتْحَفِ الْوَطَنِيِّ الْجَدِيدِ

→ 위에서 밑줄이 있는 단어는 붙어있는 한 단어라고 생각하면 쉽다.

위의 ① 번과 ③은 아래와 같이 ﻟِ을 사용하여 연결형을 분리하여 사용할 수 있다. 아래의 형태가 더 쉬운 형태이기에 이러한 방식으로 많이 사용한다.

①	그 이집트인 아랍어 선생님	الْمُدَرِّسُ الْمِصْرِيُّ لِلُّغَةِ الْعَرَبِيَّةِ
	그 이집트 신문의 그 새로운 특파원	الْمُرَاسِلُ الْجَدِيدُ لِلْجَرِيدَةِ الْمِصْرِيَّةِ
③	그 국립박물관의 그 새로운 위치	الْمَوْقِعُ الْجَدِيدُ لِلْمَتْحَفِ الْوَطَنِيِّ

다른 예		
	민주당의 그 차기 전당대회	الْمُؤْتَمَرُ الْقَادِمُ لِلْحِزْبِ الدِّيمُقْرَاطِيِّ.

종합 아랍어 문법 II

6) 시사.미디어 용어들 가운데서 연결형과 수식어가 조합된 단어들

아래의 예들에서 마지막에 사용된 수식어가 앞의 전연결어와 후연결어 중 어떤 단어를 수식하는지 확인하라.

이스라엘 수상	رَئِيسُ الْوُزَرَاءِ الإِسْرَائِيلِيُّ
이집트 외무부 장관	وَزِيرُ الْخَارِجِيَّةِ الْمِصْرِيُّ
안전보장이사회(the Security Council)	مَجْلِسُ الأَمْنِ الدَّوْلِيُّ
이집트 최고 법원(파기원)	مَحْكَمَةُ النَّقْضِ الْمِصْرِيَّةُ
세계무역기구(WTO)	مُنَظَّمَةُ التِّجَارَةِ الْعَالَمِيَّةِ
국제통화기금(IMF)	صُنْدُوقُ[1] النَّقْدِ الدَّوْلِيُّ
국제연합(UN)	مُنَظَّمَةُ الأُمَمِ الْمُتَّحِدَةِ
유럽연합(EU)	مُنَظَّمَةُ الاِتِّحَادِ الأُورُبِّيِّ
적십자사(the Red Cross)	هَيْئَةُ الصَّلِيبِ الأَحْمَرِ
무슬림 형제단 (The Muslim Brotherhood)	جَمَاعَةُ الإِخْوَانِ الْمُسْلِمِينَ
경제협력개발기구(OECD)	مُنَظَّمَةُ التَّنْمِيَةِ وَالتَّعَاوُنِ الاِقْتِصَادِيِّ

** 전연결어를 수식하는 수식어의 사용

전연결어를 수식하는 수식어를 연결형 뒤에 위치하는 것을 공부했다(아래의 ①). 한편 전연결어를 수식하는 수식어를 전연결어 뒤에 붙이고 싶을 경우 ②와 같이 연결형 조합 사이에 전치사를 사용할 수 있다. 연결형 사이에 전치사가 사용되면 연결형이 해체되며, 그 이후 전연결어로 사용되었던 단어 뒤에 수식어를 사용하면 된다. ②는 ①의 쉬운 표현이라 보면 된다.

연결형 조합	① 수식어가 연결형 뒤에	② 전치사가 사용된 경우
صَدِيقُ مَنْصُورٍ	صَدِيقُ مَنْصُورٍ الْجَدِيدُ	صَدِيقٌ جَدِيدٌ لِمَنْصُورٍ
만수르의 그 새로운 친구	만수르의 그 새로운 친구	만수르의 한 새로운 친구
قِطْعَةُ لَحْمٍ	قِطْعَةُ لَحْمٍ لَذِيذَةٌ	قِطْعَةٌ لَذِيذَةٌ مِنَ اللَّحْمِ
	육고기의 맛있는 한 점	
طَالِبُ الْجَامِعَةِ	طَالِبُ الْجَامِعَةِ الذَّكِيُّ	طَالِبٌ ذَكِيٌّ فِي الْجَامِعَةِ
그 대학의 그 총명한 학생	그 대학의 그 총명한 학생	그 대학의 한 총명한 학생

[1] صُنْدُوقٌ / صَنَادِيقُ 궤, 함, 상자

6. 연결형과 지시대명사 (اسْمُ الْإِشَارَةِ)

연결형 조합에 지시대명사가 함께 사용되는 경우 앞에서 배운 연결형과 수식어의 경우와 비슷하다.

그 여자 교사의 (그) 레슨 (a와 b의 관계가 연결형이다)	دَرْسُ الْمُدَرِّسَةِ b + a

위의 연결형 조합에 지시대명사가 함께 사용될 경우 아래의 ①과 ②의 A 와 같이 그 지시대명사가 전연결어를 받을 지 혹은 후연결어를 받을 지를 생각해야 한다. 즉 이때의 지시대명사는 앞에서 배운 연결형과 수식어의 용법과 같이 수식어로 사용된다.

①	그 여교사의 이 레슨(this lesson of the teacher) (هَذَا 는 دَرْس 를 수식하는 수식어이다)		دَرْسُ الْمُدَرِّسَةِ هَذَا b + a
②	이 여교사의 (그) 레슨(the lesson of this teacher) (هَذِهِ 는 الْمُدَرِّسَة 를 수식하는 수식어이다)	A	دَرْسُ الْمُدَرِّسَةِ هَذِهِ b + a
	이 여교사의 (그) 레슨(the lesson of this teacher) (b 자체는 대용어(بَدَل) 구이다)	B	دَرْسُ هَذِهِ الْمُدَرِّسَةِ b + a

위의 ②의 B 는 지시대명사가 후연결어와 함께 대용어(بَدَل)어 구를 이루는 경우이다. 의미는 ②의 A 와 동일하다.

1) 지시대명사가 전연결어를 지시할 경우 – 위의 ①의 경우

지시대명사가 전연결어를 지시할 경우 지시대명사는 전체 연결형 뒤에 온다. 이 때 지시대명사는 전연결어를 수식하는 수식어(نَعْت)가 되며, 따라서 전연결어와 성.수.격이 일치해야 한다.

그 남자의 이 말들	كَلِمَاتُ الرَّجُلِ هَذِهِ
그 교수의 이 강의들	مُحَاضَرَاتُ الْأُسْتَاذِ هَذِهِ
나의 이 사전	قَامُوسِي هَذَا
그녀의 이 방문	زِيَارَتُهَا هَذِهِ
당신의 그 도움	مُسَاعَدَتُكَ تِلْكَ

예문들

그 여자의 이 집은 크다.	بَيْتُ الْمَرْأَةِ هَذَا كَبِيرٌ.
그 남자의 이 자동차는 새것이다.	سَيَّارَةُ الرَّجُلِ هَذِهِ جَدِيدَةٌ.
나는 이 사전을 좋아한다.	أُحِبُّ قَامُوسِي هَذَا.
나는 그 교수의 이 강의들을 좋아한다. (혹은 이 강의들에 매혹되었다)	أَنَا مُعْجَبٌ بِمُحَاضَرَاتِ الْأُسْتَاذِ هَذِهِ.

2) 지시대명사가 후연결어를 지시할 경우 - 위의 ②의 경우

지시대명사가 후연결어를 지시할 경우는 두 가지 방법이 있다. 먼저는 지시대명사를 후연결어 뒤에 위치시켜 후연결어의 수식어(نَعْت)가 되게 하는 A 방법과, 두 번째는 전연결어와 후연결어 사이에 위치시켜 후연결어와 대용어가 되게 하는 B 방법이다. B 의 경우는 후연결어와 '지시대명사 + الـ + 보통명사'의 대용어(البَدَل) 구(句)를 이루고, 그 대용어 구(句) 자체가 후연결어가 된다. 대용어(البَدَل) 구(句)에 대해서는 곧 자세하게 공부하게 된다.

이 남자의 (그) 말들	A	كَلِمَاتُ الرَّجُلِ هَذَا
	B	كَلِمَاتُ هَذَا الرَّجُلِ
이 여학생의 (그) 자동차	A	سَيَّارَةُ الطَّالِبَةِ هَذِهِ
	B	سَيَّارَةُ هَذِهِ الطَّالِبَةِ
이 교수의 (그) 강의들	A	مُحَاضَرَاتُ الأُسْتَاذِ هَذَا
	B	مُحَاضَرَاتُ هَذَا الأُسْتَاذِ
이 책들의 대부분	A	مُعْظَمُ الْكُتُبِ هَذِهِ
	B	مُعْظَمُ هَذِهِ الْكُتُبِ

예문들

이 여자의 (그) 집은 크다.	A	بَيْتُ الْمَرْأَةِ هَذِهِ كَبِيرٌ. *
	B	بَيْتُ هَذِهِ الْمَرْأَةِ كَبِيرٌ. *
이 남자의 (그) 자동차는 새것이다.	A	سَيَّارَةُ الرَّجُلِ هَذَا جَدِيدَةٌ. *
	B	سَيَّارَةُ هَذَا الرَّجُلِ جَدِيدَةٌ. *
이 교수의 (그) 강의들은 어렵다.	A	مُحَاضَرَاتُ الأُسْتَاذِ هَذَا صَعْبَةٌ. *
	B	مُحَاضَرَاتُ هَذَا الأُسْتَاذِ صَعْبَةٌ. *
나는 이 연사(설교자)의 (그) 말들을 좋아한다.	A	أُحِبُّ كَلِمَاتِ الْخَطِيبِ هَذَا.
	B	أُحِبُّ كَلِمَاتِ هَذَا الْخَطِيبِ.
이 여학생의 (그) 가방에 책들이 있다.	A	تُوجَدُ كُتُبٌ فِي حَقِيبَةِ الطَّالِبَةِ هَذِهِ.
	B	تُوجَدُ كُتُبٌ فِي حَقِيبَةِ هَذِهِ الطَّالِبَةِ.

→ 위의 * 예에서 술어(خَبَر)의 성과 수는 전연결어의 성과 수와 일치하는 것에 유의하라.

7. 전연결어(المُضَاف)로 사용되는 단어들

단어들 가운데 주로 전연결어로 사용되는 단어들이 있다. 여기서는 그러한 단어들을 모아서 문장에서의 특징을 살펴본다. 이 단어들은 전연결어로 사용되기에 품사적으로 명사이다. 이 단어들을 두 가지 종류로 나눌 수 있다.

1) 항상 전연결어로 사용되는 단어들

	의미	용법	단어
①	..를 가진, ..를 소유한 (owner of)	후연결어에 한정 혹은 비한정 형태의 명사가 옴	ذُو/ ذَات ...*
②	..을 제외하고(except) (예외사)	후연결어에 한정 혹은 비한정 형태의 명사가 옴	سِوَى ...
③	혼자(alone)	후연결어에 접미 인칭대명사가 옴	وَحْد ...
④	약 (about)	후연결어에 시간 혹은 갯수를 가리키는 비한정 명사가 옴	حَوَالَيْ ...
⑤	둘 다(both of)	후연결어에 한정형태의 명사가 온다.	كِلَا/ كِلْتَا ...
⑥	..에(at, by, near)	장소의 부사로서 장소를 의미하는 유사문장을 이끌거나 소유문을 이끈다.	عِنْدَ ...
⑦	..에(at, near)	장소의 부사로서 장소를 의미하는 유사문장을 이끌거나 소유문을 이끈다.	لَدَى ...

→ * ذُو/ ذَات 는 쌍수와 복수의 경우 ذَوَا 와 ذَوُو 등으로 변화한다. ذَات 의 쌍수와 복수꼴에 대해서는 이 책 I권의 '명사 격변화의 예외적 규칙 II'에서 다루고 있다.

2) 전연결어로 많이 사용되는 단어들

	의미	용법	단어
①	모든(all) ; 각각의(every) ; 전체(the whole)	후연결어에 한정형태의 명사와 비한정 형태의 명사 모두 가능	كُلّ ...
②	몇몇 (some)	후연결어에 주로 한정형태의 명사가 옴	بَعْض ...
③	어느, 어떤 (any)	후연결어에 비한정 형태의 명사가 옴	أَيّ ...
④	여러 (several)	후연결어에 비한정 형태의 명사가 옴	عِدَّة ...
⑤	..을 제외하고(except, 예외사) ; ..하지 않은 (부정어)	예외사일 경우 명사가 후연결어 ; 부정어일 경우 형용사적 의미를 가진 단어가 후연결어	غَيْر ...

1) 항상 전연결어로 사용되는 단어들

(1) ذُو

ذُو 는 '..를 가진', '..를 소유한(owner of)' 혹은 '..를 가진 사람', '..를 소유한 사람'의 의미이다. ذُو 의 여성형은 ذَاتُ 이다. ذُو 와 ذَاتُ 는 그 성(性)과 수(數)에 따라 아래와 같이 변화한다. ذُو 전연결어로만 사용되지만 ذَاتُ 는 독립적으로도 사용된다.

수(數)	격변화	남성(مُذَكَّر)	여성(مُؤَنَّث)
단수 (الْمُفْرَد)	주격(مَرْفُوع)	ذُو ... *	ذَاتُ ...
	목적격(مَنْصُوب)	ذَا ... *	ذَاتَ ...
	소유격(مَجْرُور)	ذِي ... *	ذَاتِ ...
쌍수 (الْمُثَنَّى)	주격(مَرْفُوع)	... ذَوَا	... ذَاتَا (أَوْ ذَوَاتَا ...)**
	목적격·소유격	... ذَوَيْ	... ذَاتَيْ
복수 (الْجَمْع)	주격(مَرْفُوع)	... ذَوُو	... ذَوَاتُ
	목적격·소유격	... ذَوِي	... ذَوَاتِ

→위의 표에서 * 표시는 '다섯가지 명사(الْأَسْمَاءُ الْخَمْسَة)'의 변화이다.
이 책 제 I 권의 '명사 격변화의 예외적 규칙 II'에서 자세한 내용을 다루고 있다.

→위의 ** 는 꾸란에 사용된 ذَاتُ 의 쌍수 꼴이다. (꾸란 55:48)

아래의 예문들을 보자. 후연결어에 한정 혹은 비한정 형태의 명사가 온 것을 확인하라.

예문들

그는 좋은 생각을 소유한 사람이다. (ذُو 가 문장에서 술어로 사용됨)(주격, 단수)	هُوَ ذُو تَفْكِيرٍ جَيِّدٍ.
나는 재력이 있는 그 남자를 좋아한다. (목적격, 단수) (ذَا 가 목적어를 수식하는 수식어이다.)	أُحِبُّ الرَّجُلَ ذَا الْمَالِ.
나는 한 힘있는 한 사람을 쳐다보았다. (ذِي 가 소유격 명사로 사용됨)	نَظَرْتُ إِلَى ذِي قُوَّةٍ.
한 지식의 소유자(f.)가 왔다. (ذَاتُ 가 문장에서 동사문의 주어(فَاعِل)로 사용됨)	جَاءَتْ ذَاتُ عِلْمٍ.
나는 아름다움을 가진 한 젊은 여자와 인사를 나누었다. (ذَاتِ 가 문장에서 수식어로 사용됨)	سَلَّمْتُ عَلَى فَتَاةٍ ذَاتِ جَمَالٍ.
나는 아주 총명한 여자(f.)를 보았다. (ذَاتَ 가 문장에서 목적어로 사용됨)	شَاهَدْتُ ذَاتَ عَقْلٍ كَبِيرٍ.
나는 많은 돈을 가진 여자(f.) 집에 들렸다. (ذَاتِ 가 문장에서 소유격 명사로 사용됨)	مَرَرْتُ بِذَاتِ مَالٍ كَثِيرٍ.

제6과 연결형에 대해 II

그들 둘은 많은 지식의 소유자들이다. (주격, 쌍수)	هُمَا ذَوَا عِلْمٍ كَبِيرٍ.
나는 많은 돈을 소유한 그 두 사람과 인사했다. (소유격, 쌍수)	سَلَّمْتُ عَلَى ذَوَيْ مَالٍ كَثِيرٍ.
그녀 둘은 널리 알려진 여학생들이다. (주격, 쌍수) ذَاتَا 가 수식어이다.)	هُمَا طَالِبَتَانِ ذَاتَا شُهْرَةٍ وَاسِعَةٍ.
나는 도덕성이 좋은 두 여자들과 이야기를 나누었다. (소유격, 쌍수)	تَكَلَّمْتُ مَعَ ذَاتَيْ خُلُقٍ.
그들은 중요한 직위를 가진 그 남자들이다. (복수형인 ذَوُو 가 문장에서 수식어로 사용됨)	هُمُ الرِّجَالُ ذَوُو الْوَظِيفَةِ الْمُهِمَّةِ.
تَخْتَلِفُ الرُّؤْيَةُ وَالْمَفْهُومُ لِذَوِي الاِحْتِيَاجَاتِ الْخَاصَّةِ عِنْدَ الْأَطِبَّاءِ.	
의사들간에 장애인(특별한 필요들이 있는 사람)들에 대한 견해와 이해가 다르다. (소유격 복수)	
그들은 긴 머리를 가진 그 여자아이들이다. (복수형인 ذَوَات 가 문장에서 수식어로 사용됨)	هُنَّ الْبَنَاتُ ذَوَاتُ الشَّعْرِ الطَّوِيلِ.
말은 네 다리를 가진 (동물)들 중의 하나이다. (소유격 복수)	الْحِصَانُ مِنْ ذَوَاتِ الْأَرْبَعِ.

** ذَات 가 독립적으로 사용된 경우

당신의 인생에서 자존감은 중요하다.	حُبُّ الذَّاتِ فِي حَيَاتِكَ مُهِمٌّ.

سِوَى (2)

예외문에 사용되는 예외사로서 '을 ..제외하고, ..외에는'의 의미를 가진다. 후연결어에 한정형태의 명사 혹은 비한정 형태의 명사가 온다. 예외문에 대해서는 이 책 '예외문(أُسْلُوبُ الاِسْتِثْنَاءِ)에 대해' 부분에서 공부하라.

그 큰 아들을 제외한 그 아들들이 참석했다.	حَضَرَ الْأَبْنَاءُ سِوَى الاِبْنِ الْأَكْبَرِ.
두 학생을 제외하곤 아무도 출석하지 않았다.	مَا حَضَرَ سِوَى طَالِبَيْنِ.
나는 당신(f.)외에 다른 것을 원하지 않는다.	لَا أُرِيدُ سِوَاكِ.
교실에 그 학생 외에는 아무도 없다.	لَيْسَ فِي الْفَصْلِ سِوَى الطَّالِبِ.

وَحْدَ (3)

وَحْدَ 뒤에 후연결어로 접미 인칭대명사가 오며 그 의미는 '혼자(alone)'의 의미이다. 이 때 وَحْدَ 는 상태목적어(حَال)적인 의미를 가진다.

나는 여기에서 혼자 살고 있다.	أَعِيشُ هُنَا وَحْدِي.
당신은 당신의 숙제를 당신 혼자 했습니까?	هَلْ قُمْتَ بِوَاجِبِكَ وَحْدَكَ؟
그녀는 혼자 공부한다.	هِيَ تَدْرُسُ وَحْدَهَا.

(4) حَوَالَيْ

حَوَالَيْ 뒤에는 시간 혹은 갯수를 가리키는 비한정 명사가 후연결어로 온다. 의미는 '약(about)'이다.

나는 약 5시간 공부했다. (부사)	ذَاكَرْتُ حَوَالَيْ خَمْسِ سَاعَاتٍ.
나는 약 8시간 잠을 잔다. (부사)	أَنَامُ حَوَالَيْ ثَمَانِي سَاعَاتٍ.
그 교실에 대략 10사람의 학생들이 있다. (주어)	فِي الْفَصْلِ حَوَالَيْ عَشَرَةِ طُلَّابٍ.

(5) كِلَا / كِلْتَا

كِلَا / كِلْتَا 는 كُلُّ의 쌍수 꼴 단어로서 그 의미는 '...의 둘 다(both of ...)'의 의미이다. 두 단어 연결형의 전연결어로 사용되며, كِلَا 는 후연결어에 남성이 오고, كِلْتَا 는 후연결어에 여성이 온다. 후연결어가 한정형태로만 사용된다. كِلَا 와 كِلْتَا 가 사용된 연결형은 쌍수로 취급하는 것도 가능하고 단수로 취급하는 것도 가능하다. * 표시가 된 문장에서 둘 다 기록하고 있다.

그 두 학생들 모두 훌륭하다.	كِلَا الطَّالِبَيْنِ مُمْتَازَانِ. (أَوْ مُمْتَازٌ.) *
그 두 학생들 모두 아랍어를 좋아한다.	كِلَا الطَّالِبَيْنِ يُحِبَّانِ اللُّغَةَ الْعَرَبِيَّةَ. (أَوْ يُحِبُّ) *
그 두 소녀(청소년)들 모두 아름답다.	كِلْتَا الْفَتَاتَيْنِ جَمِيلَتَانِ. (أَوْ جَمِيلَةٌ) *
나는 그 두 소녀들 모두를 안다.	أَعْرِفُ كِلْتَا الصَّبِيَّتَيْنِ.

** 아래는 كِلَا / كِلْتَا 가 강조어(التَّوْكِيدِ)로 사용되는 경우이다. 여기서도 전연결어로 사용되었다.

그 두 학생들 모두는 훌륭하다. (كِلَاهُمَا 는 주어인 الطَّالِبَانِ 을 강조하는 강조어. 주격)	الطَّالِبَانِ كِلَاهُمَا مُمْتَازَانِ.
나는 그 두 소녀들 모두를 안다. (كِلْتَيْهِمَا 는 목적어로 사용된 الصَّبِيَّتَيْنِ 를 강조하는 강조어. 목적격)	أَعْرِفُ الصَّبِيَّتَيْنِ كِلْتَيْهِمَا.

→ كِلَا / كِلْتَا 의 격변화와 여러가지 용법에 대해서 '후속어(التَّوَابِع) III - 강조어(التَّوْكِيدِ)에 대해' 부분을 보라.

(6) عِنْدَ

عِنْدَ 는 장소의 부사로서 장소를 의미하는 유사문장(부사 + 명사)을 이끈다. 또한 같은 형태의 유사문장(부사 + 명사)으로 소유를 의미하는 소유문을 이끌기도 한다. 자세한 내용은 이 책 '시간의 부사와 장소의 부사' 부분과 '존재문장과 소유문장에 대해' 부분을 보라.

(7) لَدَى

لَدَى 는 장소의 부사로서 장소를 의미하는 유사문장(부사 + 명사)을 이끈다. 또한 같은 형태의 유사문장(부사 + 명사)으로 소유를 의미하는 소유문을 이끌기도 한다. 자세한 내용은 이 책 '시간의 부사와 장소의 부사' 부분과 '존재문장과 소유문장에 대해' 부분을 보라.

2) 전연결어로 많이 사용되는 단어들

(1) كُلَّ

كُلَّ 는 '모든(all)', '각각의(every)', '전체(the whole)' 등의 여러가지 의미로 사용되며, 후연결어에 한정형태의 명사와 비한정 형태의 명사 모두 사용 가능하다. كُلَّ 의 용법에 대해서는 이 책 '후속어(التَّوَابِع) III - 강조어(التَّوكِيد)에 대해 -'의 '강조어(التَّوكِيد) 관련 여러가지 단어들의 용법' 부분에서 공부하도록 하라.

(2) بَعْض

'일부의', '몇몇의(some)'의 의미로서 후연결어에 주로 한정형태의 명사가 온다. 이 때 بَعْض 는 그 뒤에 오는 후연결어에 따라 단수로도 취급될 수 있고 복수로도 취급될 수 있다. بَعْض 의 여러가지 용법에 대해서 이 책 '후속어(التَّوَابِع) II - 대용어(البَدَل)에 대해' 부분에서 공부하라.

(3) أَيّ

أَيّ 가 평서문에 사용될 경우 '어느', '어떤(any)'의 의미로서 후연결어에 비한정 명사가 온다.

나는 어떤 과일도 먹는다.	آكُلُ أَيَّ فَاكِهَةٍ.
어떤 나라도 여행이 가능하다.	يُمْكِنُ السَّفَرُ إِلَى أَيِّ بَلَدٍ.

أَيّ 가 '어떤(which)'의 의미를 가진 의문대명사로도 사용된다. 역시 후연결어에 비한정 명사가 온다.

어떤(which) 학생이 그 교실에 있습니까?	أَيُّ طَالِبٍ فِي الْفَصْلِ؟
당신은 그 친구들 가운데서 어떤 종류의 친구입니까?	أَيُّ نَوْعٍ مِنَ الأَصْدِقَاءِ أَنْتَ؟

→ 의문문에 대해서는 이 책 '의문문에 대해' 부분에서 공부하라.

**أَيّ 는 아래와 같이 독립적으로도 사용된다.

나는 이 자동차들 중에서 어떤 자동차든지 필요로 한다. (any of these cars) (목적어)	أَحْتَاجُ أَيًّا مِنْ هَذِهِ السَّيَّارَاتِ.
나는 이 도시들 가운데 어떤 도시든지 갈 것이다. (any of these cities)	سَأَذْهَبُ إِلَى أَيِّ مِنْ هَذِهِ الْمُدُنِ.

(4) عِدَّة

عِدَّة 뒤에는 비한정 명사가 후연결어로 온다. '몇몇의(a number of)'의 의미이다.

나는 그를 몇차례 만났다. (부동족목적어)	قَابَلْتُهُ عِدَّةَ مَرَّاتٍ.
이 장난감은 몇 부품들로 조립되어 있다. (소유격 명사)	هَذِهِ اللُّعْبَةُ مُرَكَّبَةٌ مِنْ عِدَّةِ أَجْزَاءٍ.
그 교실에 몇명의 학생들이 있다. (주어)	فِي الْفَصْلِ عِدَّةُ طُلَّابٍ.

이것들은 몇몇 학생들의 자동차들이다. (세 단어 연결형의 중간 단어로 사용)	هَذِهِ سَيَّارَاتُ عِدَّةِ طُلَّابٍ.

** عِدَّة 는 다음 예문과 같이 독립적으로도 사용된다.

학생들 가운데 몇명이 왔다.	جَاءَ عِدَّةٌ مِنَ الطُّلَّابِ.

(5) غَيْر

غَيْر 는 سِوَى 와 함께 예외문에 사용되는 예외사이다. '을 ..제외하고, ..외에는'의 의미를 가진다. 후연결어에 한정형태의 명사 혹은 비한정 형태의 명사가 온다. 예외사에 대해서는 이 책 '예외문에 대해' 부분에서 공부하라.

또한 غَيْر 는 연고형용사, 유사형용사, 과장형용사, 능동분사 등의 형용사적 의미를 가진 단어를 후연결어로 취하여 그 단어를 부정한다. 이에 대해서는 이 책의 '여러가지 부정어에 대해서' 부분에서 공부하라.

무함마드를 제외한 그 학생들이 교실에 들어갔다. (예외문)	دَخَلَ الطُّلَّابُ الْفَصْلَ غَيْرَ مُحَمَّدٍ.
싸미르를 제외한 그 남자들이 아무도 일어나지 않았다. (예외문)	مَا قَامَ الرِّجَالُ غَيْرُ / غَيْرَ سَمِيرٍ.
나는 한 교실 외에는 아무 곳도 들어가지 않았다. (후연결어에 비한정 형태의 보통명사가 왔다.) (예외문)	لَمْ أَدْخُلْ غَيْرَ فَصْلٍ وَاحِدٍ.
나는 그녀외에는 사랑하지 않는다. (후연결어에 접미 인칭대명사가 왔다.) (예외문)	لَا أُحِبُّ غَيْرَهَا.
그의 말은 옳지 않다. (부정어로 사용됨)(غَيْر가 술어)	كَلَامُهُ غَيْرُ صَحِيحٍ.
나는 비현실적인 한 생각을 제안했다. (부정어로 사용됨)(غَيْر가 수식어)	اقْتَرَحْتُ فِكْرَةً غَيْرَ وَاقِعِيَّةٍ.
그는 비합법적으로 떠났다. (부정어로 사용됨)(غَيْر가 수식어)	غَادَرَ بِصُورَةٍ غَيْرِ شَرْعِيَّةٍ.

** غَيْر 가 독립적으로 사용되는 경우

이것이 최고의 자동차임이 틀림없다.	هَذِهِ السَّيَّارَةُ لَا غَيْرَ / لَا غَيْرُ.
제3자의 권리에 대해 관심을 가져라.	اهْتَمَّ بِحُقُوقِ الْغَيْرِ.
	هُوَ غَيْرُ مُمَثَّلٍ فِي الْحُكْمِ أَوْ عَقْدِ التَّأْمِينِ عَلَى الْغَيْرِ.

그는 제3자에 대한 판결이나 보험 계약에 대해 책임지지 않는다.
(He is not represented in the judgment or the insurance policy for third parties)

8. 형용사 연결형(الإِضَافَةُ الوَصْفِيَّةُ)에 대해

형용사가 전연결어로 사용되어 '형용사 + الـ 한정명사'가 연결형으로 결합된 경우를 형용사 연결형(الإِضَافَةُ الوَصْفِيَّةُ)이라 한다.[1] 이 때의 의미는 전연결어로 사용된 형용사가 후연결어로 사용된 한정명사를 서술하는 의미를 가진다. 다시말해 후연결어는 의미상 주어가 되고, 전연결어는 의미상 술어가 된다. 또한 문장에서 전연결어로 사용된 형용사 단어의 성과 수는 후연결어의 지배를 받는 것이 아니라 전연결어 앞에 온 피수식어나 문장에서의 주어 등의 지배를 받는다. 아래를 보자.

①	얼굴이 아름다운(beautiful faced)	جَمِيلُ الْوَجْهِ
②	얼굴이 못생긴(ugly faced)	قَبِيحُ الْوَجْهِ

→위의 ①과 ②에 사용된 두 단어는 각각 '형용사 + الـ 한정명사'의 꼴이며, 그 의미가 앞에 오는 형용사가 뒤에 오는 한정명사를 서술(설명)하는 의미이다. 즉 '얼굴이 아름다운', '얼굴이 못생긴'의 의미가 된다.

문장에서 사용된 예

의미	형용사 연결형 문장	일반적인 문장
싸미르는 얼굴이 아름답다.	سَمِيرٌ جَمِيلُ الْوَجْهِ. 술어 + 주어	سَمِيرٌ وَجْهُهُ جَمِيلٌ.
모나는 얼굴이 아름답다.	مُنَى جَمِيلَةُ الْوَجْهِ.* 술어 + 주어	مُنَى وَجْهُهَا جَمِيلٌ.

→ 위의 문장에서 형용사 연결형이 술어로 사용되었다. 형용사 연결형 자체가 주어를 서술(혹은 묘사)하는 역할을 한다.

→ 위 문장의 형용사 연결형 가운데 형용사 단어는 그 앞에 온 주어와 성과 수의 일치를 이룬다. * 표시가 된 문장에서는 주어가 여성 단수이기에 그 뒤 술어로 사용된 جَمِيلَةُ가 여성 단수형이다.

한편 형용사 연결형에 사용되는 형용사 단어는 파생명사, 즉 능동분사, 수동분사, 유사형용사, 과장형용사가 사용된다. 이 가운데 유사형용사(الصِّفَةُ الْمُشَبَّهَةُ)가 가장 많이 사용되며, 능동분사와 수동분사도 유사형용사적인 의미로 사용된 경우에 한하여 형용사 연결형에 사용된다. 파생명사가 아닌 연고형용사(النَّسَبُ)도 형용사 연결형에 사용되는데 이 경우는 연고형용사가 유사형용사적인 의미로 사용되었기 때문이다. 아래에서 형용사 연결형 단어들의 예를 보고 각각의 표현들을 익히도록 하자.

---

[1] 형용사 연결형(الإِضَافَةُ الوَصْفِيَّةُ)란 용어는 아랍어 문법에서 일반적으로 사용되는 용어는 아니다. 여기서 설명하는 형용사 연결형은 아랍어 연결형의 두 종류인 의미적 연결형(الإِضَافَةُ الْمَعْنَوِيَّةُ)과 음가적 연결형(الإِضَافَةُ اللَّفْظِيَّةُ) 가운데 후자인 음가적 연결형에 속하는 것이다. 음가적 연결형에 대한 자세한 내용은 이 책 '연결형에 대해 Ⅲ' 부분에서 공부하라.

1) 형용사 연결형 (الإضافةُ الوَصفِيَةُ) 단어들

아래의 예들은 형용사 연결형으로 많이 사용되는 단어들을 형용사의 의미에 따라 구분한 것이다.

(1) 전연결어에 유사형용사(الصِّفَةُ المُشَبَّهَةُ)가 사용된 경우
a. 크고 작음과 관련한 유사형용사

나이가 많은	كَبِيرُ السِّنِّ	나이가 적은	صَغِيرُ السِّنِّ
이해력이 있는, 지혜로운	كَبِيرُ الْعَقْلِ	이해력이 적은	صَغِيرُ الْعَقْلِ
마음이 넓은 (kind hearted)	كَبِيرُ الْقَلْبِ	몸집이 큰	عَظِيمُ الْبِنْيَةِ

b. 많고 적음과 관련한 유사형용사

돈이 많은	كَثِيرُ الْمَالِ	돈이 적은	قَلِيلُ الْمَالِ
사용이 많은	كَثِيرُ الاسْتِخْدَامِ	사용이 적은	قَلِيلُ الاسْتِخْدَامِ
말이 많은	كَثِيرُ الْكَلَامِ	말이 적은	قَلِيلُ الْكَلَامِ
생각이 많은	كَثِيرُ التَّفْكِيرِ	생각이 부족한	قَلِيلُ التَّفْكِيرِ
예의가 있는	كَثِيرُ الْأَدَبِ	예의가 부족한	قَلِيلُ الْأَدَبِ
존경심이 많은 (예의가 있는)	كَثِيرُ الاحْتِرَامِ	존경심이 부족한 (예의가 부족한)	قَلِيلُ الاحْتِرَامِ
자비가 많은	كَثِيرُ الرَّحْمَةِ	자비가 없는	قَلِيلُ/ مَعْدُومُ الرَّحْمَةِ
관대함이 많은	كَثِيرُ الْكَرَمِ	지능이 낮은	قَلِيلُ الذَّكَاءِ

c. 길이와 관련한 유사형용사

장거리의	طَوِيلُ الْمَدَى	단거리의	قَصِيرُ الْمَدَى
키가 큰	طَوِيلُ الْقَامَةِ	키가 작은	قَصِيرُ الْقَامَةِ
머리카락이 긴	طَوِيلُ الشَّعْرِ	머리카락이 짧은	قَصِيرُ الشَّعْرِ
장기간의	طَوِيلُ الْأَمَدِ	단기간의	قَصِيرُ الْأَمَدِ
원시의(시력)	طَوِيلُ النَّظَرِ *	근시의(시력)	قَصِيرُ النَّظَرِ *
원시의(시력)	طَوِيلُ الْبَصَرِ	근시의(시력)	قَصِيرُ الْبَصَرِ
원시안적인(미래에 대한 시각), 멀리내다보는	بَعِيدُ النَّظَرِ	근시안적인(미래에 대한 시각)	قَصِيرُ النَّظَرِ

➔ * 표가 있는 طَوِيلُ النَّظَرِ 는 시력이 '원시의'의 의미이고, 미래에 대한 시각이 '원시안적인'의 의미로는 بَعِيدُ النَّظَرِ를 사용한다. 반대말인 قَصِيرُ النَّظَرِ 은 시력이 '근시의'의 의미와 '근시안적인'의 두 가지 의미로 사용된다.

제6과 연결형에 대해 II

d. 강약, 속도, 무게, 높이, 넓이와 관련한 유사형용사

통찰력(insight)이 좋은	قَوِيُّ الْبَصِيرَةِ	통찰력(insight)이 약한	ضَعِيفُ الْبَصِيرَةِ
신체가 강한	قَوِيُّ الْبِنْيَةِ	신체가 약한	ضَعِيفُ الْبِنْيَةِ
기온이 아주 높은	شَدِيدُ الْحَرَارَةِ	아주 분노한	شَدِيدُ الْغَضَبِ
쉽게 화내는	سَرِيعُ الْغَضَبِ	화를 잘 내지 않는	بَطِيءُ الْغَضَبِ
직위가 높은(고위 관계자의)	رَفِيعُ الْمُسْتَوَى	두 어깨가 넓은	عَرِيضُ الْمَنْكِبَيْنِ
몸이 날씬한(slim)	رَفِيعُ الْقَوَامِ	몸이 뚱뚱한	سَمِينُ الْقَوَامِ
몸이 표준인 (뚱뚱하지도 않고 야위지도 않음)	رَشِيقُ الْقَوَامِ		

e. 좋고 나쁨, 아름다움과 관련한 유사형용사

예절 바른; 성격이 좋은, 도덕성이 있는	حَسَنُ الْأَخْلَاقِ	예절이 없는; 성격이 좋지 않은, 도덕성이 없는	سَيِّئُ الْأَخْلَاقِ
예절 바른; 성격이 좋은, 도덕성이 있는	حَسَنُ الْخُلُقِ	예절이 없는; 성격이 좋지 않은, 도덕성이 없는	سَيِّئُ الْخُلُقِ
평판이 좋은	حَسَنُ السُّمْعَةِ	평판이 나쁜	سَيِّئُ السُّمْعَةِ
차림새가 아름다운	جَمِيلُ الْمَظْهَرِ	차림새가 못생긴	قَبِيحُ الْمَظْهَرِ
얼굴이 아름다운, 예쁜	جَمِيلُ الْوَجْهِ	얼굴이 못생긴	قَبِيحُ الْوَجْهِ
말이 유창한, 혹은 문체가 수려한	فَصِيحُ اللُّغَةِ	말(혹은 문체가)이 수려하지 못한	سَيِّئُ اللُّغَةِ
냄새가 향기로운	ذَكِيُّ الرَّائِحَةِ	냄새가 고약한, 악취가 나는	كَرِيهُ الرَّائِحَةِ

f. 어려움과 관련한 유사형용사

| 방식이 쉬운, 문체가 쉬운 | سَهْلُ الْأُسْلُوبِ | 방식이 어려운, 문체가 어려운 | صَعْبُ الْأُسْلُوبِ |
| 해결이 쉬운 | سَهْلُ الْحَلِّ | 해결이 어려운 | صَعْبُ الْحَلِّ |

g. 사람의 태도와 관련한 유사형용사

| 마음이 친절한 | طَيِّبُ الْقَلْبِ | 마음이 다정한(tender) | رَقِيقُ الْقَلْبِ |
| 행동이 지혜로운 | حَكِيمُ الْأَفْعَالِ | 행동이 부주의한 | مُتَهَوِّرُ الْأَفْعَالِ |

h. 색깔과 관련한 유사형용사

| 두 눈이 푸른 | أَزْرَقُ الْعَيْنَيْنِ | 두 눈이 갈색의 | بُنِّيُّ الْعَيْنَيْنِ |
| 두 뺨이 붉그스레한 | أَحْمَرُ الْخَدَّيْنِ | 머리카락이 금빛의 | أَشْقَرُ الشَّعْرِ |

머리가 검은	أَسْوَدُ الشَّعْرِ	피부가 검은	أَسْوَدُ الْبَشَرَةِ
얼굴이 하얀 (아름다운 얼굴)	أَبْيَضُ الْوَجْهِ	얼굴이 노란 (병든 사람의 경우)	أَصْفَرُ الْوَجْهِ

(2) 전연결어에 능동분사(اسْمُ الْفَاعِلِ)가 사용된 경우

경험이 풍부한	وَاسِعُ الْخِبْرَةِ	지식이 광범위한	وَاسِعُ الِاطِّلَاعِ
두뇌를 집중하는 (quick-witted)	حَاضِرُ الذِّهْنِ	집중하여 생각하는 (quick-witted)	حَاضِرُ الْفِكْرِ
두뇌 회전이 빠른 (quick-witted)	حَاضِرُ الْبَدِيهَةِ	비용이 모두 지불된	خَالِصُ الثَّمَنِ
시력이 좋은(예:독수리)	حَادُّ الْبَصَرِ	똑똑함이 예리한, 똑똑한	حَادُّ الذَّكَاءِ
두 손이 깨끗한	طَاهِرُ الْيَدَيْنِ	아름다움이 매혹적인	فَاتِنُ الْجَمَالِ
이마가 훤한, 만족하는	مُشْرِقُ الْجَبِينِ	마음이 겸손한	مُتَوَاضِعُ الْقَلْبِ
약속시간이 다른	مُخْتَلِفُ الْمَوَاعِيدِ	이해력이 있는, 지혜로운	مُنْفَتِحُ الْعَقْلِ

(3) 전연결어에 과장형용사(صِيغَةُ الْمُبَالَغَةِ)가 사용된 경우

마음이 동정심이 많은	حَنُونُ الْقَلْبِ	성격이 부끄러워하길 잘하는	خَجُولُ الطِّبَاعِ

(4) 전연결어에 수동분사(اسْمُ الْمَفْعُولِ)가 사용된 경우

행동이 칭찬받는 (خَصْلَةٌ/خِصَالٌ)	مَحْمُودُ الْخِصَالِ	행동이 비난받는	مَذْمُومُ الْخِصَالِ
머리가 (끈 등으로) 매 여진, 쓰여진	مَعْصُوبُ الرَّأْسِ	두 눈이 (안대 등으로) 가리어진	مَعْصُوبُ الْعَيْنَيْنِ
소득이 없는	مَعْدُومُ الدَّخْلِ	자비가 없는	مَعْدُومُ الرَّحْمَةِ
근육이 강한	مَفْتُولُ الْعَضَلَاتِ	두 팔이 강한	مَفْتُولُ الذِّرَاعَيْنِ
소득이 제한된 (저소득자)	مَحْدُودُ الدَّخْلِ	간구가 응답되는	مُسْتَجَابُ الدُّعَاءِ
머리가 잘린 (예: 테러 소행 등)	مَقْطُوعُ الرَّأْسِ	윤리가 칭찬받는	مَحْمُودُ الْأَخْلَاقِ
말이 이해가 되는	مَفْهُومُ الْكَلَامِ	윤리가 사랑을 받는	مَحْبُوبُ الْخُلُقِ

(5) 전연결어에 연고형용사(النَّسَبُ)가 사용된 경우

교육이 이집트인인	مِصْرِيُّ التَّعْلِيمِ	혈통(혹은 태생)이 레바논의	لُبْنَانِيُّ الْأَصْلِ
국적이 한국인인	كُورِيُّ الْجِنْسِيَّةِ	혈통이 그리스계의	يُونَانِيُّ الْعِرْقِ
억양이 이집트인인	مِصْرِيُّ اللَّهْجَةِ	원산지가 중국인인, 태생이 중국인인	صِينِيُّ الْمَنْشَأِ

한국어	아랍어	한국어	아랍어
성격이 민주적인	دِيمُقْرَاطِيُّ الطَّابَعِ	정책이 외교적인	دِبْلُومَاسِيُّ السِّيَاسَةِ
경험이 초보적인	اِبْتِدَائِيُّ الْخِبْرَةِ	가격이 경제적인	اِقْتِصَادِيُّ الثَّمَنِ
신체가 잘 달련된 (운동에 의해)	رِيَاضِيُّ الْقَوَامِ	성질이 신경질을 잘 내는	عَصَبِيُّ الطَّبْعِ
교리가 기독교적인	مَسِيحِيُّ الْعَقِيدَةِ	등이 굽은, 꼽추의	مَحْنِيُّ الظَّهْرِ
정권이 독재적인	دِكْتَاتُورِيُّ الْحُكْمِ	소속이 무슬림 형제단인	إِخْوَانِيُّ الاِنْتِمَاءِ
체제가 내각제인	بَرْلَمَانِيُّ النِّظَامِ	체제가 왕정인	مَلَكِيُّ النِّظَامِ
사상이 마르크스적인	مَارْكِسِيُّ الْفِكْرِ	4륜 구동의	رُبَاعِيَّةُ الدَّفْعِ
이중 언어를 하는 (bilingual)	ثُنَائِيُّ اللُّغَةِ	하나의 언어를 사용하는 (monolingual)	أَحَادِيُّ اللُّغَةِ

→ 형용사 연결형은 아랍 사람들의 실제 생활에서 다양하게 사용된다. 위의 예들 이외에도 많은 형용사 연결형 단어가 있다고 하겠다.

예문들

그 두 남자는 근시이다. 혹은 근시안적이다.	الرَّجُلُ قَصِيرُ النَّظَرِ.
나는 얼굴이 잘 생긴 한 학생을 보았다.	رَأَيْتُ طَالِبًا حَسَنَ الْوَجْهِ.
이 좌석들은 나이가 많은 사람들을 위한 것이다. (كَبِير/كِبَار)	هَذِهِ الْمَقَاعِدُ لِكِبَارِ السِّنِّ.
젊은이들은 두 눈이 푸른 여자를 좋아한다. (زَرْقَاءُ는 أَزْرَقُ의 여성형)	زَرْقَاءُ الْعَيْنَيْنِ يُعْجَبُ بِهَا الشَّبَابُ.
(그) 젊은이는 금발의 여인을 사랑한다. (شَقْرَاءُ는 أَشْقَرُ의 여성형)	يُحِبُّ الشَّابُّ شَقْرَاءَ الشَّعْرِ.
	الْكِتَابُ لَهُ عِشْرُونَ جُزْءًا، كُلُّهَا جَمِيلَةُ اللُّغَةِ سَهْلَةُ الأُسْلُوبِ.
그 책은 20 부분으로 되어 있으며, 그 모두가 언어가 아름답고 문체가 쉽다. (두 개의 형용사 연결형 사용)	
	بَكَّارٌ تِلْمِيذٌ ذَكِيٌّ، وَاسِعُ الاطِّلَاعِ سَرِيعُ الْفَهْمِ.
바카르는 똑똑한 학생으로, 지식이 광범위하고 이해가 빠르다.	

2) 형용사 연결형(الإضافة الوَصفيّة)의 용법

(1) 형용사 연결형의 성(性)과 수(數)의 일치

a. 전연결어와 후연결어의 성(性)과 수(數)의 일치

형용사 연결형의 전연결어와 후연결어 두 단어는 연결형으로 연결되어 있기에 성(性)과 수(數)가 일치할 필요가 없다. 형용사 연결형에 사용된 전연결어는 수식어가 아니라 명사로 취급되기 때문이다.

a-1. 전연결어는 남성이고 후연결어는 여성이라도 상관없다.

키가 큰	طَوِيلُ الْقَامَةِ	자비가 많은	كَثِيرُ الرَّحْمَةِ
몸집이 큰	عَظِيمُ الْبِنْيَةِ	기온이 아주 높은	شَدِيدُ الْحَرَارَةِ
경험이 풍부한	وَاسِعُ الْخِبْرَةِ	피부가 검은	أَسْوَدُ الْبَشَرَةِ

a-2 전연결어는 단수이고 후연결어는 쌍수 혹은 복수라도 상관없다.

두 눈이 푸른	أَزْرَقُ الْعَيْنَيْنِ	두 뺨이 붉그스레한	أَحْمَرُ الْخَدَّيْنِ
두 팔이 강한	مَفْتُولُ الذِّرَاعَيْنِ	근육이 강한	مَفْتُولُ الْعَضَلَاتِ
약속시간이 다른	مُخْتَلِفُ الْمَوَاعِيدِ	방식이 쉬운, 문제가 쉬운	سَهْلُ الْأُسْلُوبِ

b. 문장에서 전연결어의 일치

형용사 연결형의 전연결어와 후연결어는 일치할 필요가 없지만, 전연결어 자체는 문장에서의 용법에 따라 성(性)과 수(數)의 일치를 이루어야 한다. 다음 예문에서 형용사 연결형에 사용된 형용사가 성과 수의 일치를 이루는 것을 확인하라.

b-1. 형용사 연결형이 남성 단수일 때

아래에서 ① 문장들은 형용사 연결형이 술어로 사용된 문장이고, ② 문장들은 형용사 연결형이 수식어로 사용된 문장이다.

①	그 남자는 근시이다. 혹은 근시안적이다 (미래 전망등). (형용사 연결형이 주격이다)	الرَّجُلُ قَصِيرُ النَّظَرِ.
②	나는 얼굴이 잘 생긴 한 학생을 보았다. (형용사 연결형이 목적격이다.)	رَأَيْتُ طَالِبًا حَسَنَ الْوَجْهِ.

b-2 형용사 연결형이 여성 단수일 때

①	그 여자는 근시이다. 혹은 근시안적이다. (미래 전망 등)	الْمَرْأَةُ قَصِيرَةُ النَّظَرِ.
②	나는 얼굴이 예쁜 한 여학생을 보았다.	رَأَيْتُ طَالِبَةً حَسَنَةَ الْوَجْهِ.

제6과 연결형에 대해 II

b-3 형용사 연결형이 쌍수일 때

| ① | 그 두 남자는 근시이다. 혹은 근시안적이다.
(쌍수 주격일 경우) | الرَّجُلَانِ قَصِيرَا النَّظَرِ. |
| ② | 나는 얼굴이 잘 생긴 두 남학생을 보았다.
(쌍수 목적격일 경우) | رَأَيْتُ طَالِبَيْنِ حَسَنَي الْوَجْهِ. |

b-4 형용사 연결형이 복수일 때

| ① | 그 남자들은 근시이다. 혹은 근시안적이다.
(불규칙 복수 주격) | الرِّجَالُ قِصَارُ النَّظَرِ. |
| ② | 나는 얼굴이 잘 생긴 남학생들을 보았다.
(불규칙 복수 목적격) | رَأَيْتُ طُلَّابًا حِسَانَ الْوَجْهِ. |

다른 예들

| 정부는 수입이 제한된 사람들에게 돈을 나누었다. | وَزَّعَتِ الْحُكُومَةُ نُقُودًا لِمَحْدُودِي الدَّخْلِ. |
| 수입이 없는 사람들은 그들의 자녀들을 위한 음식을 발견하지 못한다. | مَعْدُومُو الدَّخْلِ لَا يَجِدُونَ طَعَامًا لِأَبْنَائِهِمْ. |

(2) 형용사 연결형의 한정형태의 일치

형용사 연결형의 한정형태는 전연결어로 사용된 형용사에 ال 이 붙은 여부에 따라 달라진다. 즉 전연결어로 사용된 형용사 단어에 ال 이 있으면 형용사 연결형은 한정형태가 되고, ال 이 없으면 형용사 연결형은 비한정 형태가 된다. (앞에서 우리는 연결형의 전연결어에는 ال 이 붙지 않는다고 배웠다. 그러나 형용사 연결형은 그 원칙의 예외이다. 전연결어에 ال 이 붙는 연결형에 대해서 이 책 '연결형에 대해 Ⅲ'에서 공부할 것이다.)

이 사람은 예절 바른(도덕성이 있는) 남자이다. (비한정 형태)	هَذَا رَجُلٌ حَسَنُ الْخُلُقِ.
이 사람은 예절 바른(도덕성이 있는) 그 남자이다. (한정형태)	هَذَا هُوَ الرَّجُلُ الْحَسَنُ الْخُلُقِ.
한 키가 큰 사람이 농구를 하고 있다. (비한정 형태)	يَلْعَبُ طَوِيلُ الْقَامَةِ كُرَةَ السَّلَّةِ.
그 키가 큰 사람이 농구를 하고 있다. (한정형태)	يَلْعَبُ الطَّوِيلُ الْقَامَةِ كُرَةَ السَّلَّةِ.
나는 얼굴이 못생긴 한 남자를 만났다. (비한정 형태)	قَابَلْتُ رَجُلًا قَبِيحَ الْوَجْهِ.
나는 얼굴이 못생긴 그 남자를 만났다. (한정형태)	قَابَلْتُ الرَّجُلَ الْقَبِيحَ الْوَجْهِ.

종합 아랍어 문법 II

3) 형용사 연결형(الإِضَافَةُ الوَصْفِيَّةُ)의 문장에서의 기능

형용사 연결형은 문장에서 연결형이므로 명사의 기능을 한다. 그래서 명사문의 주어와 술어로, 동사문의 주어와 목적어로, 그리고 소유격 명사와 수식어 등으로 사용된다. 명사문의 주어나 동사문의 주어, 목적어, 소유격 명사 등에서 주로 사람을 가리키는 의미로 사용된다. 또한 형용사 연결형은 형용사적인 기능도 수행하여 수식어로도 사용되며, 상태목적어로도 사용된다.

(1) 명사문의 주어(الْمُبْتَدَأُ)

인간은 나이 많은 사람을 존경한다.	الْكَبِيرُ السِّنِّ يَحْتَرِمُهُ الْبَشَرُ.
젊은이들은 두 눈이 푸른 여자에 감탄한다. (두 눈이 푸른 여자에 매혹된다)	الزَّرْقَاءُ الْعَيْنَيْنِ يُعْجَبُ[1] بِهَا الشَّبَابُ.
혁명 이후 세계는 이집트 국적의 사람을 좋아한다.	الْمِصْرِيُّ الْجِنْسِيَّةِ يُحِبُّهُ الْعَالَمُ بَعْدَ الثَّوْرَةِ.

→ 위의 형용사 연결형의 전연결어에 ﺍﻟ이 붙었다. 이에 대한 설명은 이 책 '연결형에 대해 III'을 보라.

(2) 명사문의 술어(الْخَبَرُ)

그녀는 레바논 계이다.	هِيَ لُبْنَانِيَّةُ الْأَصْلِ. (= هِيَ أَصْلُهَا لُبْنَانِيٌّ.)
싸미르는 말이 많다.	سَمِيرٌ كَثِيرُ الْكَلَامِ. (= سَمِيرٌ كَلَامُهُ كَثِيرٌ.)
독수리는 (그의 시각이) 멀리 내다본다.	النَّسْرُ بَعِيدُ النَّظَرِ.
이 제품은 가격이 경제적이다.	هَذَا الْجِهَازُ اقْتِصَادِيُّ الثَّمَنِ.
왜냐하면 나는 마음이 겸손하다. (성경 마태복음 11:29)	لِأَنِّي مُتَوَاضِعُ الْقَلْبِ.

(3) 동사문의 주어(الْفَاعِلُ)

한 키 큰 사람이 농구를 한다.	يَلْعَبُ طَوِيلُ الْقَامَةِ كُرَةَ السَّلَّةِ.
한 근육이 좋은 사람이 그 무거운 것들을 든다.	يَرْفَعُ مَفْتُولُ الْعَضَلَاتِ الْأَوْزَانَ الثَّقِيلَةَ.
마음씨가 따뜻한 사람은 그의 아들들을 사랑한다.	يُحِبُّ طَيِّبُ الْقَلْبِ أَبْنَاءَهُ.

(4) 목적어(الْمَفْعُولُ بِهِ)

사람들은 예절 바른(도덕성이 있는) 사람을 존경한다.	يَحْتَرِمُ النَّاسُ حَسَنَ الْأَخْلَاقِ.
(그) 젊은이는 금발의 여인을 사랑한다.	يُحِبُّ الشَّابُّ شَقْرَاءَ الشَّعْرِ.
사람들은 아주 총명한 사람을 존경한다.	يُبَجِّلُ الْبَشَرُ حَادَّ الذَّكَاءِ.

---

[1] أَعْجَبَ / يُعْجِبُ ه ...를 놀라게 하다, 감탄케하다, 마음에 들다 أُعْجِبَ / يُعْجَبُ بِـ 매혹되다, 감탄되다

(5) 소유격 명사 (الاسْمُ الْمَجْرُورُ)

그 젊은이는 한 용모가 아름다운 여자에 감탄했다. (한 용모가 아름다운 여자에 매혹되다)	يُعْجَبُ[1] الشَّابُّ بِجَمِيلَةِ الْمَظْهَرِ.
나는 한 얼굴이 아름다운 여인을 쳐다보는 것을 멈추었다.	تَوَقَّفْتُ عَنِ النَّظَرِ إِلَى حَسْنَاءِ الْوَجْهِ.
나는 한 말이 유창한 사람으로 부터 한 말을 인용하였다.	اقْتَبَسْتُ كَلَامًا مِنْ فَصِيحِ اللُّغَةِ.
이 좌석들은 나이가 많은 사람들을 위한 것이다.	هَذِهِ الْمَقَاعِدُ لِكِبَارِ السِّنِّ.

(6) 수식어 (النَّعْتُ)

형용사 연결형이 앞에 오는 다른 명사를 수식한다.

이 사람은 통찰력이 좋은 남자이다.	هَذَا رَجُلٌ قَوِيُّ الْبَصِيرَةِ.(=هَذَا رَجُلٌ بَصِيرَتُهُ قَوِيَّةٌ.)
나는 두 눈이 푸른 한 젊은 여자를 보았다.	رَأَيْتُ فَتَاةً زَرْقَاءَ الْعَيْنَيْنِ.
나는 직위가 높은(고위 관계자) 한 남자와 인사를 나누었다.	سَلَّمْتُ عَلَى رَجُلٍ رَفِيعِ الْمُسْتَوَى.
나는 경험이 풍부한 선생님들과 이야기를 나누었다.	تَكَلَّمْتُ مَعَ مُدَرِّسِينَ وَاسِعِي الْخِبْرَةِ.
나는 그 신체가 강한 남자를 때렸다.	ضَرَبْتُ الرَّجُلَ الْقَوِيَّ الْبِنْيَةِ.
나는 어제 그 얼굴이 예쁜 젊은 여자와 이야기를 나누었다.	تَحَدَّثْتُ أَمْسِ إِلَى الْفَتَاةِ الْجَمِيلَةِ الْوَجْهِ.

→ 위의 처음 네 문장은 피수식어가 비한정 명사이기에 형용사 연결형의 전연결어에 한정형 الْ 이 붙지 않았다. 그러나 나중 두 문장은 피수식어가 한정명사이기에 형용사 연결형의 전연결어에 الْ 이 붙었다. 전연결어에 الْ 이 붙는 이러한 연결형에 대해서는 이 책 '연결형에 대해 III'에서 공부한다.

(7) 상태목적어 (الْحَالُ)

형용사 연결형 조합이 상태목적어로 사용된다. 상태목적어에 대해서는 곧 공부한다.

그 여학생은 아름다운 용모로 왔다.	حَضَرَتِ الطَّالِبَةُ جَمِيلَةَ الْمَظْهَرِ.
그는 유창한 말로 설교를 했다.	أَلْقَى خِطَابًا فَصِيحَ اللُّغَةِ.
그 학생은 두뇌회전을 빨리하며 공부한다. (학생이 공부할 때의 일시적인 상태)	يُذَاكِرُ الطَّالِبُ حَاضِرَ الذِّهْنِ.
늑대는 두 눈을 뜬 채로 잠을 잔다.	يَنَامُ الذِّئْبُ مَفْتُوحَ الْعَيْنَيْنِ.
وَجَدَتِ الشُّرْطَةُ بَعْضَ الضَّحَايَا مَقْطُوعِي الرَّأْسِ.	
경찰은 몇몇 희생자가 머리가 잘려진채로 있는 것을 발견하였다.(مَقْطُوعِي 가 규칙복수 목적격이다.)	

---

[1] أَعْجَبَ/ يُعْجِبُ ه ...를 놀라게 하다, 감탄케하다, 마음에 들다 أُعْجِبَ/ يُعْجَبُ بِ 매혹되다, 감탄되다

4) 그외 형용사 연결형(الإضَافَةُ الوَصفِيَّةُ)의 참고사항들

(1) 두 개 이상의 형용사 연결형이 이어서 올 경우

두 개 이상의 형용사 연결형이 수식어로서 이어서 사용될 경우 대등접속사 و 없이 사용할 수 있다.

الْكِتَابُ لَهُ عِشْرُونَ جُزْءًا، كُلُّهَا جَمِيلَةُ اللُّغَةِ سَهْلَةُ الأُسْلُوبِ.	
그 책은 20 부분으로 되어 있으며, 그 모두가 언어가 아름답고 문체가 쉽다.	
나는 키가 크고 머리가 곱슬 머리인 그 학생을 만났다.	قَابَلْتُ الطَّالِبَ الطَّوِيلَ الْقَامَةِ الْجَعْدَ الشَّعْرِ.

(2) 세 단어 형용사 연결형

다음은 형용사 연결형이 세 단어로 된 경우이다.

나는 홍차를 많이 마신다.	أَنَا كَثِيرُ شُرْبِ الشَّايِ.
그녀는 축구를 조금한다.	هِيَ قَلِيلَةُ لَعِبِ الْكُرَةِ.

(3) 형용사 연결형이 아닌 경우들 (مَا لَيْسَ إِضَافَةً وَصْفِيَّةً)

앞에서 형용사 연결형은 후연결어로 온 단어가 의미상 주어가 되고, 전열결어로 온 단어가 의미상 술어가 된다고 하였다. 그런데 아래의 예들에서는 형용사 연결형과 구조가 비슷하지만 형용사 연결형이 아닌 경우들이다. 그 이유는 후연결어와 전연결어의 관계가 주어와 술어의 관계가 아니기 때문이다. 아래의 예들을 보자.

이집트의 오늘(Egyptian Today) (이집트의 대표적인 독립 신문 이름)	الْمِصْرِيُّ الْيَوْمَ
الْمِصْرِيُّ 가 الْيَوْمَ 을 서술하지 못한다. 즉 '오늘은 이집트이다'라는 말은 의미가 통하지 않는다. 따라서 이것은 형용사 연결형이 아니다.	

سِيَاسِيُّو الأَحْزَابِ فِي مِصْرَ لَيْسَ عِنْدَهُمْ خِبْرَةٌ.	
이집트 정당들의 정치인들은 경험이 없다. (여기서도 '정당들은 정치인들이다'는 의미가 통하지 않으므로 형용사 연결형이 아닌 일반적인 연결형이다.)	

또한 아래 예들의 붉은색 표기 단어들은 형용사 연결형이 아니다.

세계에 NGO들이 많다. (غَيْرُ 는 부정어로 사용되었다.)	الْمُنَظَّمَاتُ غَيْرُ الْحُكُومِيَّةِ فِي الْعَالَمِ كَثِيرَةٌ.
그는 거의 미친 사람이다.	هُوَ شِبْهُ مَجْنُونٍ.

5) 형용사 연결형(الْإِضَافَةُ الْوَصْفِيَّةُ)이 사용된 신문 기사

قَالَ مَسْؤُولٌ كُورِيٌّ جَنُوبِيٌّ رَفِيعُ الْمُسْتَوَى إِنَّ بِلَادَهُ تَرْغَبُ فِي التَّفَاوُضِ مَعَ طَالِبَان.
한국의 한 고위 관계자는 한국이 탈리반과 협상하길 원한다고 말했다

قَامَتْ كُورِيَا الشَّمَالِيَّةُ بِإِطْلَاقِ عِدَّةِ صَوَارِيخَ قَصِيرَةِ الْمَدَى.
북한이 여러발의 단거리 미사일을 발사했다.

فَازَتْ رِيمَا فَقِيه، اللُّبْنَانِيَّةُ الْأَصْلِ، بِمُسَابَقَةِ مَلِكَةِ جَمَالِ الْوِلَايَاتِ الْمُتَّحِدَةِ لِعَامِ ٢٠١٠.
레바논 혈통의 리마 파끼흐는 2010년 미국 미의 여왕 선발대회(미스 USA)에서 우승했다.

형용사 연결형(الْإِضَافَةُ الْوَصْفِيَّةُ)의 용법 정리

1. 형용사 연결형은 '형용사 + ال 한정명사'가 연결형으로 결합된 것이다.
2. 전연결어로 사용된 형용사가 후연결어로 사용된 한정명사를 서술하는 의미를 가진다.
   (즉 후연결어는 의미상 주어가 되고, 전연결어는 의미상 술어가 된다.)
3. 형용사 연결형에서 전연결어는 명사로 취급되기에 전연결어와 후연결어는 성(性)과 수(數)의 일치가 될 필요가 없다.
4. 전연결어로 사용된 형용사의 성(性)과 수(數)는 문장에서의 기능에 따라 달라진다.
5. 형용사 연결형에 사용된 형용사는 유사형용사가 많이 사용되며, 유사형용사의 의미를 가진 능동분사나 수동분사나 과장형용사, 유사형용사의 의미를 가진 연고형용사가 사용된다.
6. 형용사 연결형의 한정형태는 전연결어로 사용된 형용사에 ال 이 붙는 여부에 따라 달라진다. (이에 대한 내용은 이 책 '연결형에 대해 III'을 보라)
7. 형용사 연결형은 문장에서 명사적인 기능과 형용사적인 기능을 한다.

9. 후연결어에 문장이 온 경우 (جُمْلَةُ الْمُضَافِ إِلَيْهِ)

지금까지는 후연결어 부분에 명사 한 단어가 왔었다. 그런데 후연결어 부분에 문장이 오는 경우가 있다. 먼저는 시간의 부사나 장소의 부사 뒤에 후연결어로 문장이 오는 경우와 두 번째는 우선급 명사 뒤의 후연결어 부분에 'مَنْ' 혹은 'مَا'가 이끄는 관계대명사 절이 오는 경우이다. 후연결어 자리에 문장이 왔으므로 이 문장을 후연결절이라 할 수 있다.

1) 시간의 부사나 장소의 부사 뒤에 후연결어로 문장(جُمْلَةُ الْمُضَافِ إِلَيْهِ)이 오는 경우

시간의 부사나 장소는 품사적으로 명사이며, 목적격 격변화를 한다.(이 책 '여러가지 목적격에 대해 I – 시간의 부사와 장소의 부사' 부분에서 공부한다.) 이것이 명사이기에 전연결어로 사용될 수 있다. 여기서는 그 뒤의 후연결어가 한 단어가 아니라 문장이 온 경우이다. 이 경우 문장 전체를 후연결어(후연결절)로 본다.

1. إِذْ 와 حَيْثُ 의 경우

حَيْثُ 와 إِذْ 는 부사이다. 이 두 단어의 경우 그 뒤에 동사문 혹은 명사문 둘 다 올 수 있다.

나는 내 친구가 앉은 그곳에 앉았다. (حَيْثُ 뒤에 동사문이 옴)	جَلَسْتُ حَيْثُ يَجْلِسُ أَصْدِقَائِي.	
나는 경치가 좋은 곳에 앉았다. (حَيْثُ 뒤에 명사문이 옴)	جَلَسْتُ حَيْثُ الْمَنْظَرُ جَمِيلٌ.	

제자들이 주님을 보았을 때 기뻐했다. (إِذْ 뒤에 동사문이 옴)	فَرِحَ التَّلَامِيذُ إِذْ رَأَوُا الرَّبَّ.	
나는 비가 왔을 때 왔다. (إِذْ 뒤에 명사문이 옴)	جِئْتُ إِذْ الْمَطَرُ هَاطِلٌ.	

→아랍어 문법에서 위의 حَيْثُ 나 إِذْ 를 접속사로 보지 않고 부사로 보며 그 뒤에 온 문장(밑줄 부분)을 후연결어로 본다는 것을 기억하자.

2. 불격변화 부사가 아닌 부사들의 경우

حِين, وَقْت, زَمَن, يَوْم, حَال 와 같은 단어들의 전연결어로 사용되고 그 뒤에 문장이 오는 경우이다. 이 경우는 부사 뒤에 동사문이 온다.

우리는 공부가 끝나는 날 여행을 할 것이다.	سَنُسَافِرُ يَوْمَ تَنْتَهِي الدِّرَاسَةُ.
내가 나의 형(남동생)을 보았을 때 나는 매우 기뻤다.	حِينَ رَأَيْتُ أَخِي فَرِحْتُ جِدًّا.
나는 시험들이 끝나자 마자 여행을 할 것이다.	سَأُسَافِرُ حَالَ انْتَهَتِ الِامْتِحَانَاتُ.
그가 교사이었을 때에 그는 가난했다.	كَانَ فَقِيرًا وَقْتَ كَانَ مُدَرِّسًا.
그가 들어간 시각에 나는 잠을 자고 있었다.	كُنْتُ نَائِمًا سَاعَةَ دَخَلَ.

→시간의 부사나 장소의 부사가 전연결어(مُضَافٌ)이기에 위의 سَاعَة, وَقْت, حَال, حِين, يَوْم에 탄윈이 없다.

→더 자세한 내용은 이 책 '여러가지 목적격에 대해 I - 시간의 부사와 장소의 부사' 부분을 보라.

2) 후연결어(مُضَاف إلَيْهِ)에 مَنْ 혹은 مَا가 이끄는 관계대명사 절(節)이 오는 경우

관계대명사 مَنْ 과 مَا 의 품사는 명사이며 선행명사 없이 사용되는 것이 그 특징이다. (관계대명사에 대해서는 이 책 제Ⅰ권에서 공부하였고 제Ⅱ권에서도 공부하게 된다.) 따라서 연결형 문장에서 مَنْ 혹은 مَا가 이끄는 관계대명사절이 후연결어로 사용될 수 있다.

아래에서 일반적인 보통명사가 전연결어로 사용된 경우와, 전연결어에 우선급 명사가 사용된 경우로 나누어서 문장을 살펴보자.

(1) '보통명사 + 관계대명사 절'

이것은 나와 함께 공부하는 (그)사람의 책이다.	هَذَا كِتَابُ مَنْ يَدْرُسُ مَعِي.
나는 나의 친구였던 (그)사람의 이야기를 읽었다.	قَرَأْتُ قِصَّةَ مَنْ كَانَ صَدِيقِي.
믿는 자들 모두가 멸망하지 않기 위해 (성경)	لِكَيْ لَا يَهْلِكَ كُلُّ مَنْ يُؤْمِنُ بِهِ.
나는 당신이 설명한 것의 의미를 이해하지 못한다.	لَا أَفْهَمُ مَعْنَى مَا شَرَحْتَهُ.
나는 내 머리속에 (생각하고) 있던 그림을 그렸다.	رَسَمْتُ صُورَةَ مَا كَانَ فِي عَقْلِي.

→ 위에서 빨간색 보통명사는 전연결어(مُضَافٌ)이며, مَنْ 과 مَا 한 단어가 후연결어(مُضَافٌ إلَيْهِ)이고, مَنْ 과 مَا 뒤의 관계대명사 절(節)은 관계종속절(جُمْلَةُ صِلَةٍ)이다. 아랍어 문법에서 후연결어는 مَنْ 혹은 مَا 한 단어를 말한다.
→ 위에 사용된 مَا 의 경우 관계대명사가 아닌 풀어쓴 동명사(مَا الْمَصْدَرِيَّةُ)를 이끄는 불변사가 될 수도 있다.

(2) '우선급 명사 + 관계대명사 절'

우선급 명사 뒤에 온 후연결어(مُضَافٌ إلَيْهِ)에 مَنْ 혹은 مَا가 이끄는 관계대명사 절(節)이 와서 최상급의 의미가 되는 경우이다.

당신(f.)은 내 말을 이해하는 사람가운데서 (이해가) 가장 빠른 사람이다.	أَنْتِ أَسْرَعُ مَنْ يَفْهَمُ كَلَامِي.
가장 먼저 그렇게 요구한 사람은 카말이다.	أَوَّلُ مَنْ طَلَبَ ذَلِكَ كَمَالٌ.
혁명 이전 이집트를 가장 마지막으로 통치한 사람은 무바라크이었다.	آخِرُ مَنْ حَكَمَ مِصْرَ قَبْلَ الثَّوْرَةِ كَانَ مُبَارَك.
룩소르는 우리가 이집트에서 방문한 곳 가운데 가장 좋은 곳이다.	الْأَقْصُرُ أَفْضَلُ مَا زُرْنَا فِي مِصْرَ.
이것은 내가 읽은 것 가운데 가장 어려운 것이다.	هَذَا أَصْعَبُ مَا قَرَأْتُهُ (أَوْ مَا قَرَأْتُ).
내가 가장 먼저 행한 것은 일하러 가는 것이었다.	أَوَّلُ مَا فَعَلْتُهُ الذَّهَابُ لِلْعَمَلِ.

→ 위에서 빨간색 우선급 명사는 전연결어(مُضَافٌ)이며, مَنْ 과 مَا 한 단어가 후연결어(مُضَافٌ إلَيْهِ)이고, مَنْ 과 مَا 뒤의 관계대명사 절(節)은 관계종속절(جُمْلَةُ صِلَةٍ)이다. 아랍어 문법에서 후연결어는 مَنْ 혹은 مَا 한 단어를 말한다. 비교급과 최상급에 대한 자세한 공부는 이 책 '비교급과 최상급에 대해' 부분에서 공부하라.
→ 위에 사용된 مَا 의 경우 관계대명사가 아닌 풀어쓴 동명사(مَا الْمَصْدَرِيَّةُ)를 이끄는 불변사가 될 수도 있다. 나중에 설명한다.

제7과 후속어(التَّوَابِعُ) I – 수식어(النَّعْتُ)에 대해

심화학습 – 후속어(التَّوَابِعُ)에 대해
1. 단어가 수식어(النَّعْتُ)로 사용되는 경우
2. 유사문장이 수식어로 사용되는 경우
3. 문장(節, Sentence)이 수식어로 사용되는 경우
4. 문장에서 수식어들의 수식 순서

심화학습 - 후속어에 대해 (التَّوابِع)

선행하는 낱말 뒤에 와서 선행하는 단어와 '성(性)', '수(數)', '격(格)', '한정형태'의 전부 혹은 일부를 일치시켜 주는 단어를 '후속어(التَّوابِع)라 한다.

아랍어에서 후속어는 네 가지 종류가 있는데 선행하는 단어를 수식하는 '수식어(النَّعْت)', 선행하는 단어를 대신하는 '대용어(البَدَل)', 선행하는 단어를 강조하는 '강조어(التَّوكيِد)', 그리고 선행하는 단어와 대등관계로 연결되는 대등접속사(حَرْف العَطْف) 뒤에 오는 '접속명사(الاسْمُ المَعْطُوف)'가 그것이다. 즉 이 네 후속어들을 사용할 때에는 선행하는 단어의 '성(性)'과 '수(數)'와 '격(格)' 그리고 '한정형태'를 고려하여 전부 혹은 일부를 일치시켜 주어야 한다. 앞으로 이 네 가지 종류를 네 과로 나누어 공부하도록 한다.

제 7과 후속어(التَّوابِعُ) I – 수식어(النَّعْتُ)에 대해 - [1]

아랍어의 수식어(النَّعْتُ)의 정의

아랍어의 수식어(النَّعْتُ)란 피수식어의 성질이나 상태를 수식하는 단어나 구(句) 혹은 절(節)을 말한다. 아랍어의 수식어는 피수식어 뒤에 오며, 명사(اسْمٌ ظَاهِرٌ) 한 단어도 가능하고(주로 형용사적인 의미를 가진 형용사 단어), 유사문장(شِبْهُ جُمْلَةٍ)도 가능하며, 문장도 가능하다. 이러한 수식어를 아랍어로 نَعْتٌ 라 한다.[2]

카이로는 위대한 도시이다. (수식어 عَظِيمَةٌ 는 피수식어 مَدِينَةٌ 을 수식한다)	الْقَاهِرَةُ مَدِينَةٌ عَظِيمَةٌ. b + a
a - 피수식어(مَنْعُوتٌ) b - 수식어(نَعْتٌ)	

1. 단어가 수식어(النَّعْتُ)로 사용되는 경우

우리는 이 책 제 I 권에서 명사를 수식하는 형용사 단어들과 형용사의 수식용법에 대해 공부하였다. 이렇게 한 단어로서 수식어로 사용되는 명사는 유사형용사, 능동분사, 수동분사, 과장형용사, 우선급 명사, 연고형용사 등이 있으며, 각각의 예를 이 책 I 권에서 공부하였다.

그는 어마어마한 액수를 획득했다. (유사형용사)	حَصَلَ عَلَى مَبَالِغَ ضَخْمَةٍ.
나는 그녀의 아파트에서 내려오고 있는 한 여자를 보았다. (능동분사)	شَاهَدْتُ امْرَأَةً نَازِلَةً مِنْ شَقَّتِهَا.
알아흐람지에 실린 그 논단은 사실이다. (수동분사)	الْمَقَالَةُ الْمَنْشُورَةُ فِي الْأَهْرَامِ صَحِيحَةٌ.
이분은 감사를 많이하는 여자이다. (과장형용사)	هَذِهِ امْرَأَةٌ شَكُورَةٌ.
컴퓨터는 많은 것들보다 더 중요한 발명품이다. (우선급 명사)	الْكُمْبِيُوتَرُ اخْتِرَاعٌ أَهَمُّ مِنْ أَشْيَاءَ كَثِيرَةٍ.
이집트 백성들은 마음이 따뜻하다. (연고형용사)	الشَّعْبُ الْمِصْرِيُّ طَيِّبٌ.

→위의 괄호한의 언급들은 각각의 형용사 단어들의 패턴의 유형이다. 이 책 I권에서 공부하였다.
→위에서 수식어로 사용된 형용사는 그 앞의 피수식어와 성과 수와 격 그리고 한정형태까지 그대로 일치한다.

아래에서 단어로서의 수식어를 사용함에 있어서 몇 가지 유의해야 할 경우를 살펴보도록 한다.

---

[1] 아랍어 수식어의 종류는 두 가지이다. 실제적 수식어(النَّعْتُ الْحَقِيقِيُّ)와 관계적 수식어(النَّعْتُ السَّبَبِيُّ)가 그것이다. 이 두 가지 가운데 지금까지 다루어왔고 이 과에서 배우는 수식어는 실제적 수식어이다. 실제적 수식어가 많이 사용되며 관계적 수식어는 꾸란 등에 사용된다. 관계적 수식어에 대해서는 이 책 제II권의 '관계적 수식어에 대해'에서 공부하도록 하자.

[2] نَعْتٌ 와 صِفَةٌ 의 차이는 무엇일까? صِفَةٌ 은 아랍어 문법의 어형론(الصَّرْفُ)에서 사용하는 용어로서 우리말로 '형용사'라 할 수 있고, نَعْتٌ 은 구문론(النَّحْوُ)에서 격변화(الْإِعْرَابُ)를 다룰 때 사용하는 용어로 '수식어'라 할 수 있다. 형용사(صِفَةٌ) 단어는 문장에서 술어(خَبَرٌ)로 사용될 수 있지만, 문장에 술어(خَبَرٌ)로 사용된 형용사 단어를 수식어(نَعْتٌ)라 하지 않는다. (예 : هِيَ جَمِيلَةٌ. 에서 جَمِيلَةٌ 는 문장에서 술어(خَبَرٌ)로 사용됨. جَمِيلَةٌ 한 단어를 '형용사'(صِفَةٌ)라 할 수 있지만 نَعْتٌ 라 하지는 않는다.)

1) 수식어(اَلنَّعْت)와 대등접속사(حَرْفُ الْعَطْفِ)

수식어가 대등접속사 وَ 로 연결된 피수식 명사(مَنْعُوت)와 함께 사용될 경우 어떤 단어를 수식하는지를 살펴보자. 아래에서 빨간색으로 표기된 수식어들이 앞의 어떤 명사들을 수식할까?

아래 문장에서 수식어가 어떤 명사를 수식하느냐에 따라 수식어(اَلنَّعْت)의 성과 수가 결정된다. 즉 수식어(اَلنَّعْت) 바로 앞의 한 단어를 수식할 경우 그 피수식어의 성과 수에 일치하면 된다. 그러나 수식어가 대등접속사로 연결된 두 단어를 동시에 수식할 경우 수식어도 쌍수가 되어야 하며, 만일 수식어가 대등접속사로 연결된 세 단어를 동시에 수식할 경우 수식어도 복수가 되어야 한다.

그 집과 그 새로운 책상 (수식어 اَلْجَدِيدُ 는 피수식어 اَلْمَكْتَبَ 를 수식한다)	اَلْبَيْتُ وَالْمَكْتَبُ الْجَدِيدُ
그 새로운 집과 그 책상 (اَلْجَدِيدُ 는 اَلْبَيْتَ 를 수식한다. 수식어는 수식어 뒤에 오는 단어를 수식할 수 없다)	اَلْبَيْتُ الْجَدِيدُ وَالْمَكْتَبُ
그 새로운 집과 그 새로운 책상 (اَلْجَدِيدَانِ 은 주격, 쌍수. 즉 اَلْبَيْتَ 와 اَلْمَكْتَبَ 를 모두 수식한다)	اَلْبَيْتُ وَالْمَكْتَبُ الْجَدِيدَانِ
그 새로운 소년과 그 새로운 소녀와 그 새로운 아기 (اَلْجُدُدُ 불규칙 복수형이고 اَلْجَدِيدُونَ 은 규칙복수형이다. 이 두 단어 모두 앞의 세 단어를 모두 수식)	اَلصَّبِيُّ وَالصَّبِيَّةُ وَالطِّفْلُ الْجُدُدُ اَلصَّبِيُّ وَالصَّبِيَّةُ وَالطِّفْلُ الْجَدِيدُونَ
그 새로운 집과 그 새로운 책상과 그 새로운 테이블 (اَلْجُدُدُ 는 앞의 세 단어를 모두 수식. 피수식 명사가 사물이므로 اَلْجَدِيدُونَ 은 불가능)	اَلْبَيْتُ وَالْمَكْتَبُ وَالْمَائِدَةُ الْجُدُدُ
그 집과 그 책상과 그 새로운 테이블 (اَلْجَدِيدَةُ 는 앞의 اَلْمَائِدَةَ 만 수식. اَلْجَدِيدَةُ 는 여성이므로 اَلْمَكْتَبَ 과 اَلْبَيْتَ 를 수식하는 것이 불가능)	اَلْبَيْتُ وَالْمَكْتَبُ وَالْمَائِدَةُ الْجَدِيدَةُ

2) 여러개의 수식어가 이어서 올 때

한 명사를 수식하는 수식어가 여러개 있을 수 있다. 예를 들어 '크고 좋은 집' 이라고 할 때 두 개의 수식어가 사용되었다. 이와같이 한 명사를 수식하는 수식어가 여러 개일 경우 وَ 로 연결하지 않고 여러 개의 수식어를 그대로 붙여서 사용할 수 있다. 한정형태와 비한정형태 마찬가지이다.

이것은 아름답고 큰 집이다.	هَذَا بَيْتٌ جَمِيلٌ كَبِيرٌ.
이것은 붉고 아름다운 자동차이다.	هَذِهِ سَيَّارَةٌ حَمْرَاءُ جَمِيلَةٌ.
그는 친절하고 자비로운 남자이다.	هُوَ رَجُلٌ طَيِّبٌ رَحِيمٌ.
그녀는 똑똑하고 솜씨가 좋은 여자이다.	هِيَ امْرَأَةٌ ذَكِيَّةٌ مَاهِرَةٌ.
이것은 길고 어려운 (바로) 그 단원이다. (한정명사를 수식할 경우)	هَذَا هُوَ الدَّرْسُ الطَّوِيلُ الصَّعْبُ.
이 사람은 그 활동적이고 부지런한 (바로) 그 여학생이다. (한정명사를 수식할 경우)	هَذِهِ هِيَ الطَّالِبَةُ النَّشِيطَةُ الْمُجْتَهِدَةُ.

** 대등접속사 'و' 없이 수식어를 여러 개 사용하는 경우와 대등접속사 'و'를 사용할 때 와의 차이
(아래의 두 문장을 비교하라)

| ① | 그는 친절하고 자비로운 남자이다. | هُوَ رَجُلٌ طَيِّبٌ رَحِيمٌ. |
| ② | 그는 친절하고 자비로운 남자이다. | هُوَ رَجُلٌ طَيِّبٌ وَرَحِيمٌ. |

→ 위의 문장 ①과 ②는 같은 의미이다. 즉 대등접속사 'و' 를 사용하거나 사용하지 않거나 문장의 의미는 같다. 차이점은 아랍어 문법에서 ①의 رَحِيمٌ 을 수식어(النَّعْت)라 하는 반면 ②의 رَحِيمٌ 은 수식어 (النَّعْت) 라 하지 않고 대등접속사 뒤에 사용된 접속명사(اسْمٌ مَعْطُوفٌ) 라 한다.

** 수식어가 여러 개일 때 어떤 수식어를 먼저 사용하는가?

한 명사를 수식하는 수식어가 여러 개 있을 경우 특수한 의미의 수식어를 먼저 사용하고 일반적인 의미의 수식어를 나중에 사용한다.

미국의 한 작은 교회	كَنِيسَةٌ أَمْرِيكِيَّةٌ صَغِيرَةٌ
(거의 사용되지 않음) (نَادِرٌ)	كَنِيسَةٌ صَغِيرَةٌ أَمْرِيكِيَّةٌ
한 광범위한 군사작전	عَمَلِيَّةٌ عَسْكَرِيَّةٌ وَاسِعَةٌ
(사용되지 않음) (غَيْرُ مُسْتَخْدَمٍ)	عَمَلِيَّةٌ وَاسِعَةٌ عَسْكَرِيَّةٌ

→위의 첫 문장에서 '미국의' 라는 의미가 '작은'의 의미보다 더 특수한 의미이다. 다시 말해 '작은' 이라고 묘사할 수 있는 것은 세상에 많이 있지만 '미국의'라고 묘사할 수 있는 것은 상대적으로 적다.

아래의 예를 보자.

| 미국의 한 작은 카톨릭 교회 (o) | كَنِيسَةٌ كَاثُولِيكِيَّةٌ أَمْرِيكِيَّةٌ صَغِيرَةٌ |
| 미국의 한 작은 카톨릭 교회 (o) | كَنِيسَةٌ أَمْرِيكِيَّةٌ كَاثُولِيكِيَّةٌ صَغِيرَةٌ |

→ 위에서 사용된 كَاثُولِيكِيَّة 와 أَمْرِيكِيَّة 가 둘 다 특수한 의미의 수식어라고 할 수 있다. 즉 '카톨릭의' 와 '미국의' 가 같은 비중의 수식로 취급되기에 둘의 자리를 바꾸어도 가능하다.

** 신문에서 여러개의 수식어가 연이어서 사용된 예

| شَنَّتِ الْقُوَّاتُ الْعِرَاقِيَّةُ عَمَلِيَّةً عَسْكَرِيَّةً وَاسِعَةً ضِدَّ تَنْظِيمِ الْقَاعِدَةِ. |
| 이라크 군대는 알카에다 조직에 대항하여 광범위한 군사작전을 감행했다. (شَنَّ/يَشُنُّ عَمَلِيَّةً عَسْكَرِيَّةً) |
| أَثَارَ إِعْلَانُ كَنِيسَةٍ أَمْرِيكِيَّةٍ صَغِيرَةٍ عَزْمَهَا عَلَى إِحْرَاقِ نُسْخَةٍ مِنَ الْقُرْآنِ حَمْلَةَ إِدَانَاتٍ وَاسِعَةٍ. |
| 한 작은 미국 교회가 꾸란 사본을 불태우겠는 결심을 공표한 것은 광범위한 비난의 운동을 일으켰다. |
| كَشَفَتْ بَرْقِيَّاتٌ دِبْلُومَاسِيَّةٌ أَمْرِيكِيَّةٌ سِرِّيَّةٌ أَنَّ بُورْمَا قَامَتْ بِبِنَاءِ مَوَاقِعَ نَوَوِيَّةٍ. |
| 한 미국 비밀 외교 전문(電文)은 버마가 핵시설을 지었다는 것을 폭로했다. |

→ 위의 예문에서 수식어들 사이에 접속사 'و' 가 없는 것을 확인하라.

** 아래 문장에서 사용된 수식어들을 보라.

أَثَارَتْ مُحَاكَمَةُ الرَّئِيسِ مُبَارَكْ رُدُودَ أَفْعَالٍ مُتَبَايِنَةً بَيْنَ الْقُوَى السِّيَاسِيَّةِ وَالْحِزْبِيَّةِ وَالثَّوْرِيَّةِ.

무바라크 대통령의 재판은 정치세력들과 정당세력들 그리고 혁명세력들 사이에 다양한 반응들을 일으켰다.

→ 위의 문장은 .... وَ ... بَيْنَ 구문이다. 이 구문에서 접속사 وَ 뒤에 수식어들이 사용되었다. 위의 문장에서 الْحِزْبِيَّةِ 와 الثَّوْرِيَّةِ 는 앞의 السِّيَاسِيَّةِ 와 대등관계로 연결된다고 볼 수도 있고, 아래와 같이 수식하는 명사인 الْقُوَى 가 생략되었다고 볼 수도 있다.

... بَيْنَ الْقُوَى السِّيَاسِيَّةِ وَ(الْقُوَى) الْحِزْبِيَّةِ وَ(الْقُوَى) الثَّوْرِيَّةِ.

3) 수식어(النَّعْت)와 연결형

수식어와 연결형이 이어서 사용되는 경우 연결형이 먼저 오고 그 뒤에 수식어가 온다. 이 경우 여러가지 고려사항들이 있는데 여기에 대해 이 책 '연결형에 대해 II'의 '연결형과 수식어' 부분에서 자세히 공부하였다.

4) 형용사 연결형(الإِضَافَة الْوَصْفِيَّة)이 수식어로 사용되는 경우

앞에서 형용사 연결형(الإِضَافَة الْوَصْفِيَّة)에 대해 공부하였다. 형용사 연결형이란 전연결어로 사용된 유사형용사가 후연결어로 사용된 한정명사를 서술(وَصْف)하는 의미를 가지는 경우를 말한다. 형용사 연결형은 형용사적 기능을 하므로 문장에서 수식어로 사용된다.

이 사람은 통찰력이 뛰어난 남자이다.	هَذَا رَجُلٌ قَوِيُّ الْبَصِيرَةِ.
나는 얼굴이 못생긴 한 학생을 만났다.	قَابَلْتُ طَالِبًا قَبِيحَ الْوَجْهِ.
나는 직위가 높은(고위 관계자) 한 남자와 인사를 나누었다.	سَلَّمْتُ عَلَى رَجُلٍ رَفِيعِ الْمُسْتَوَى.
나는 어제 얼굴이 예쁜 한 소녀와 이야기를 나누었다.	تَحَدَّثْتُ أَمْسِ إِلَى بِنْتٍ جَمِيلَةِ الْوَجْهِ.

** 형용사 연결형(الإِضَافَة الْوَصْفِيَّة)이 두 개 이상 온 경우

한 문장에 두 개 이상의 형용사 연결형이 한 단어를 수식할 때 대등접속사 وَ 를 사용해도 되고 사용하지 않아도 된다. (아래의 밑줄친 단어들이 형용사 연결형이다.)

그녀는 두 눈이 푸르고 머리카락이 금빛인 여자이다.	هِيَ بِنْتٌ زَرْقَاءُ الْعَيْنَيْنِ شَقْرَاءُ الشَّعْرِ.
그 책은 20 부분으로 되어 있으며 그 모두가 언어가 아름답고 문체가 쉽다.	الْكِتَابُ لَهُ عِشْرُونَ جُزْءًا كُلُّهَا جَمِيلَةُ اللُّغَةِ سَهْلَةُ الأُسْلُوبِ.

5) 지시대명사가 수식어(النَّعْت)로 사용되는 경우

아래 문장의 'الـ 보통명사 + 지시대명사'의 구조에 사용되는 지시대명사를 수식어(النَّعْت)라 한다. 여기에 대한 자세한 내용은 '대용어(البَدَل)에 대해' 부분에서 공부하게 된다.

나는 이 사람 카말을 보았다.	رَأَيْتُ كَمَالاً هَذَا.
나는 그 여자와 이야기했다.	كَلَّمْتُ الْمَرْأَةَ هَذِهِ.

6) 보통명사나 동명사가 수식어(النَّعْت)로 사용되는 경우 - 비유(التَّشْبِيه)적인 의미의 경우

앞에서 우리는 한 단어가 수식어로 사용되는 경우를 형용사의 수식용법이라 하였다. 일반적으로 파생명사 가운데 유사형용사나 능동분사, 수동분사, 과장형용사, 우선급 명사가 수식어로 사용되고 연고형용사도 수식어로 사용된다.

보통명사나 동명사는 형용사가 아니라 명사이기에 일반적으로는 수식어로 사용되지 않지만 다음과 같이 비유(التَّشْبِيه)적인 의미로 사용될 때 수식어로 사용된다. 아래의 예와 같이 보통명사나 동명사가 피수식어 뒤에서 피수식어의 성질을 수식할 경우 수식어(النَّعْت)로 취급한다. 시, 소설 등의 문학작품에서 비유 등의 수사학적인 용법으로 사용된다.

보통명사나 동명사가 수식어로 사용될 경우 수식어와 피수식어의 성(性)과 수(數)가 일치하지 않아도 상관없다.

(1) 보통명사가 수식어로 사용된 경우

나는 사슴같은 한 여인을 만났다.	قَابَلْتُ امْرَأَةً غَزَالَةً.
나는 원숭이같이(활동적인) 한 아이를 보았다.	رَأَيْتُ طِفْلاً قِرْدًا.
나는 사자같은 무함마드를 안다.	أَعْرِفُ مُحَمَّدًا الأَسَدَ.
이 여인은 달과 같이 아름다운 여인이다.	هَذِهِ امْرَأَةٌ قَمَرٌ.
친구 같은 개는 개같은 친구보다 낫다. (아랍 속담)	كَلْبٌ صَدِيقٌ خَيْرٌ[1] مِنْ صَدِيقٍ كَلْبٍ.

(2) 동명사가 수식어로 사용된 경우

이 사람은 신뢰의 사나이이다.	هَذَا رَجُلٌ ثِقَةٌ.
그녀는 정의로운 여자이다.	هِيَ امْرَأَةٌ عَدْلٌ.
그들은 진실된 남자들이다.	هُمْ رِجَالٌ صِدْقٌ.

---

[1] خَيْرٌ 좋은, 선량한, 착한, 호의적인   خَيْرٌ 선한(good); 선함   خَيْرٌ مِنْ = أَفْضَلُ مِنْ ...보다 나은(better than)

2. 유사문장이 수식어로 사용되는 경우 (النَّعْتُ بِشِبْهِ الْجُمْلَةِ)

유사문장(شِبْهُ الْجُمْلَةِ)이란 문장과 유사하지만 문장은 아닌 구(句)를 말한다. 유사문장에는 전치사 뒤에 명사가 오는 형태가 있고, 시간의 부사나 장소의 부사 뒤에 후연결어가 오는 형태가 있다. 여기서는 이러한 유사문장이 수식어로 사용되는 경우이다.

아래의 예들을 보자. 아래에서 유사문장이 비한정 명사 뒤에 와서 그 비한정 명사를 수식하고 있다.
이와 같이 유사문장이 수식어로 사용되기 위해서는 반드시 그 앞에 비한정 명사가 와야 한다.

그는 한국에서 온 학생이다.(출신을 표현)	هُوَ طَالِبٌ مِنْ كُورِيَا.
그 버스에 이집트에서 온 아이들이 있다. (출신을 표현)	فِي الْبَاصِ أَطْفَالٌ مِنْ مِصْرَ.
리비아는 지금 국경이 없는 나라이다.	لِيبِيَا الْآنَ دَوْلَةٌ بِلَا حُدُودٍ.
그녀는 경험이 없는 여자교사이다.	هِيَ مُدَرِّسَةٌ بِدُونِ خِبْرَةٍ.
대화의 중요성에 대해 대화를 하는 쌍방에서 동의가 있다.	هُنَاكَ اتِّفَاقٌ بَيْنَ الطَّرَفَيْنِ الْمُتَحَاوِرَيْنِ عَلَى أَهَمِّيَّةِ الْحِوَارِ.
그 책상 위의 한 책은 읽기를 기다리고 있다	كِتَابٌ عَلَى الْمَكْتَبِ يَنْتَظِرُ الْقِرَاءَةَ. *
손에 있는 한 마리 참새가 나무에 있는 10마리 참새보다 낫다. (아랍 속담)	عُصْفُورٌ فِي الْيَدِ خَيْرٌ مِنْ عَشَرَةٍ عَلَى الشَّجَرَةِ. *
당신 뒤에 있는 한 여자는 급한 상태이다.	امْرَأَةٌ خَلْفَكَ مُتَعَجِّلَةٌ. *

→ 위에서 * 표가 있는 문장들은 한정적 비한정 명사(نَكِرَةٌ مُحَدَّدَةٌ)가 주어로 사용된 명사문이다.

동사가 사용된 문장에서

아래 문장들은 동사문에 유사문장이 수식어로 사용된 경우이다.

나는 이집트에서 온 한 젊은이와 인사를 나누었다.	سَلَّمْتُ عَلَى شَابٍّ مِنْ مِصْرَ.
오늘 그 강의에 한국에서 온 한 학생이 참석했다.	حَضَرَ الدَّرْسَ الْيَوْمَ طَالِبٌ مِنْ كُورِيَا.
나는 금으로 만들어진 한 펜을 샀다.	اشْتَرَيْتُ قَلَمًا مِنَ الذَّهَبِ.
하늘에 있는 한 참새가 날았다.	طَارَ عُصْفُورٌ فِي السَّمَاءِ.
나는 그 책상 위에 있는 한 책을 발견했다.	وَجَدْتُ كِتَابًا عَلَى الْمَكْتَبِ.
나는 그 건물 앞에 있는 한 자동차를 보았다.	رَأَيْتُ سَيَّارَةً أَمَامَ الْعِمَارَةِ.
그는 그들의 마음속에 있는 위선으로 그들을 형벌하셨다.(꾸란 9:77)	فَأَعْقَبَهُمْ نِفَاقًا فِي قُلُوبِهِمْ.
동양과 서양간의 새로운 종류의 커뮤니케이션이 시작되었다.	بَدَأَتِ اتِّصَالَاتٌ مِنْ نَوْعٍ جَدِيدٍ بَيْنَ الشَّرْقِ وَالْغَرْبِ.

** 유사문장이 상태구(الْحَالُ شِبْهُ الْجُمْلَةِ)로 사용되는 경우

앞에서는 유사문장이 비한정 명사 뒤에 와서 앞의 비한정 명사를 수식하는 경우를 살펴보았다. 반면 아래와 같이 유사문장이 한정명사 뒤에 오는 문장들이 있는데 이런 경우는 수식어로 사용된 경우가 아니라 상태구(الْحَالُ شِبْهُ الْجُمْلَةِ)로 사용된 경우이다. 이에 대한 자세한 내용은 이 책 '여러가지 목적격 (الْمَنْصُوبَاتُ)에 대해 Ⅱ –상태목적어(الْحَالُ), 상태구, 상태절에 대해' 부분에서 공부하라.

그 책상 위에 있는 그 책은 크다.	الْكِتَابُ عَلَى الْمَكْتَبِ كَبِيرٌ.
그 건물 앞에 있는 그 자동차는 아름답다.	السَّيَّارَةُ أَمَامَ الْعِمَارَةِ جَمِيلَةٌ.
구름 사이에서 보름달이 나타났다. (보름달이 나타날 때의 상태)	طَلَعَ الْبَدْرُ بَيْنَ السَّحَابِ.

→ 위의 الْكِتَابُ 와 السَّيَّارَةُ 와 الْبَدْرُ 에 الـ 이 붙어 한정형태가 된 것을 확인하라.

3. 문장(節, Sentence)이 수식어로 사용되는 경우

문장이 명사 단어를 수식하는 경우는 수식절(جُمْلَةُ النَّعْتِ)과 관계대명사절 두 가지이다. 두 가지 모두 문장을 이루는 경우이며, 명사문(الْجُمْلَةُ الاسْمِيَّةُ) 혹은 동사문(الْجُمْلَةُ الْفِعْلِيَّةُ) 모두 가능하다. 수식절과 관계대명사절의 차이점은 수식절은 비한정 명사를 수식하고, 관계대명사절은 한정명사를 수식하는 것이다. 수식절과 관계대명사절의 형태에 대해서 이 책 제Ⅱ권 '관계대명사와 수식절에 대해' 부분에서 자세히 다룬다. 여기서는 수식절과 관계대명사절에 대해 간략히 다룬다.

1) 수식절(جُمْلَةُ النَّعْتِ)의 경우

비한정 명사를 수식하는 절(문장)을 수식절(جُمْلَةُ النَّعْتِ)이라 한다. 수식절은 명사문으로 구성될 수도 있고 동사문으로 구성될 수도 있다.

(1) 수식절이 명사문(الْجُمْلَةُ الاسْمِيَّةُ)인 경우

나는 얼굴이 아름다운 한 젊은 여자를 보았다.	رَأَيْتُ فَتَاةً وَجْهُهَا جَمِيلٌ.
وَجْهُهَا جَمِيلٌ이 비한정명사 فَتَاةً를 수식. وَجْهُهَا의 هَا는 그 앞의 فَتَاةً을 가리키는 연결의 인칭대명사(ضَمِيرُ الرَّبْطِ)이다.	
그는 마음이 따뜻한 남자이다.	هُوَ رَجُلٌ قَلْبُهُ طَيِّبٌ.
قَلْبُهُ طَيِّبٌ이 비한정명사 رَجُلٌ을 수식한다. قَلْبُهُ의 هُ는 그 앞의 رَجُلٌ을 가리키는 연결의 인칭대명사(ضَمِيرُ الرَّبْطِ)이다.	

(2) 수식절이 동사문(الْجُمْلَةُ الْفِعْلِيَّةُ)인 경우

나는 (그) 노래를 부르고 있는 한 젊은 여자를 보았다.	رَأَيْتُ فَتَاةً تُغَنِّي الْأُغْنِيَةَ.
تُغَنِّي الْأُغْنِيَةَ가 비한정명사 فَتَاةً을 수식. تُغَنِّي의 주어 هِيَ는 그 앞의 فَتَاةً을 가리키는 연결의 인칭대명사(ضَمِيرُ الرَّبْطِ)이다.	
이것은 유익한 일이다.	هَذَا عَمَلٌ يُفِيدُ.[1]
يُفِيدُ가 비한정명사 عَمَلٌ을 수식한다. يُفِيدُ의 주어 هُوَ는 그 앞의 عَمَلٌ을 가리키는 연결의 인칭대명사(ضَمِيرُ الرَّبْطِ)이다.	

2) 관계대명사절의 경우

한정명사를 수식하는 절을 관계종속절(جُمْلَةُ الصِّلَةِ)이라 한다. 이 때 관계대명사가 사용되며, 이 관계대명사는 그 앞의 선행명사를 수식한다. 아랍어 문법에서 관계대명사 한 단어만 수식어(نَعْتٌ)라 하고, 그 뒤의 절을 관계종속절(جُمْلَةُ الصِّلَةِ)이라 한다.

나는 얼굴이 아름다운 그 젊은 여자를 보았다.	رَأَيْتُ الْفَتَاةَ الَّتِي وَجْهُهَا جَمِيلٌ.
관계대명사 الَّتِي가 الْفَتَاةَ를 수식. 관계대명사 뒤 관계종속절에 명사문이 옴. هَا는 연결의 인칭대명사(ضَمِيرُ الرَّبْطِ)이다.	
내가 만난 그 남자는 친절하다.	الرَّجُلُ الَّذِي قَابَلْتُهُ طَيِّبٌ.
관계대명사 الَّذِي가 الرَّجُلُ를 수식. 관계대명사 뒤 관계종속절에 동사문이 옴. هُ는 연결의 인칭대명사(ضَمِيرُ الرَّبْطِ)이다.	

---

[1] أَفَادَ/ يُفِيدُ (자)이롭다, 유용하다 ● أَفَادَ/ يُفِيدُ ..를 이롭게 하다, 돕다

4. 문장에서 수식어들(النَّعْت)의 수식 순서

지금까지 우리는 여러가지 수식어에 대해 공부했다. 형용사 단어, 유사문장, 형용사 연결형, 그리고 수식절과 관계대명사절이 그것이다. 여기서는 피수식어가 비한정명사인 경우 이러한 수식어 가운데 어떤 수식어를 먼저 사용하고, 어떤 수식어를 나중에 사용하는지 살펴보자. 일반적으로 비한정 명사를 수식하는 수식어는 ① 형용사, ② 형용사 연결형, ③ 유사문장, ④ 수식절의 순서로 명사를 수식하며 이들을 연결하는 접속사 وَ는 사용하지 않아도 된다.

السَّيِّدُ فَرِيدٌ رَجُلٌ مَعْرُوفٌ حَسَنُ الْأَخْلَاقِ مِنْ مِصْرَ يَعْمَلُ فِي مُنَظَّمَةِ الْأُمَمِ الْمُتَّحِدَةِ.
④ + ③ + ② + ①
파리드 씨는 잘 알려져 있으며, 예절 바르고, 이집트 출신이며, 국제연합기구에서 일하고 있다.

عِنْدِي شَجَرَةٌ جَمِيلَةٌ كَثِيرَةُ الْفَاكِهَةِ فِي حَدِيقَةِ الْمَنْزِلِ لَوْنُهَا بُنِّيٌّ أَجْلِسُ تَحْتَهَا كُلَّ يَوْمٍ.
④ + ④ + ③ + ② + ①
나는 아름답고, 과일을 많이 맺으며, 집 정원에 있으며, 색깔이 갈색이며, 내가 매일 그 아래에서 앉아 있는, 나무를 가지고 있다. (여기에서 لَوْنُهَا بُنِّيٌّ 는 명사문으로서 شَجَرَةٌ 를 수식하는 수식절이고, أَجْلِسُ تَحْتَهَا كُلَّ يَوْمٍ 은 동사문으로서 شَجَرَةٌ 를 수식하는 수식절이다.)

위 문장들과 같은 수식어의 어순이 가장 일반적이긴 하나 그 어순이 바뀌는 경우도 있다. 그러나 수식절은 가장 뒤에 오는 것이 좋다. 아래를 보자.

السَّيِّدُ فَرِيدٌ رَجُلٌ مِنْ مِصْرَ مَعْرُوفٌ حَسَنُ الْأَخْلَاقِ يَعْمَلُ فِي مُنَظَّمَةِ الْأُمَمِ الْمُتَّحِدَةِ.
파리드 씨는 이집트 출신이고, 잘 알려져 있으며, 예절 바르고, 국제연합기구에서 일하는 사람이다.

다른 예들

قَابَلْتُ فَتَاةً جَمِيلَةً رَفِيعَةَ الْقَوَامِ طَيِّبَةَ الْقَلْبِ تَتَكَلَّمُ ثَلَاثَ لُغَاتٍ.
나는 아름답고 날씬하며 마음이 따뜻하고 3가지 언어를 구사하는 한 젊은 여자를 만났다.

هَذَا رَجُلٌ وَسِيمٌ طَوِيلُ الْقَامَةِ عَرِيضُ الْمَنْكِبَيْنِ يَلْعَبُ كُرَةَ السَّلَّةِ جَيِّدًا.
이 사람은 미남이고 키가 크고 두 어깨가 넓으며 농구를 잘 하는 남자이다.

** 위에서 우리는 여러 수식어가 이어서 올 경우와 형용사 연결형이 이어서 올 경우 وَ 를 사용하지 않고 수식어로 사용하는 구문에 대해 배웠다. 그러나 두 개의 유사문장이 한 명사를 수식하든지, 두 개의 수식절 문장이 한 명사를 수식할 경우 접속사 وَ 를 사용하는 것이 보통이다.

هُوَ رَجُلٌ بِدُونِ خِبْرَةٍ وَبِدُونِ شَهَادَاتٍ.	그는 경험도 없고 자격증도 없는 남자이다.
هُوَ رَجُلٌ أُحِبُّهُ وَأَحْتَرِمُهُ.	그는 내가 좋아하고 존경하는 남자이다.

제 8 과 후속어(التَّوَابِعُ) II - 대용어(البَدَلُ)에 대해

1. '직위(혹은 호칭) + 고유명사'의 구조를 가진 대용어
2. '지시대명사 + الـ 보통명사'의 구조를 가진 대용어
3. 전체의 일부를 말하는 대용어(بَدَلُ البَعْضِ مِنَ الكُلِّ)
4. 내포된 것을 나타내는 대용어(بَدَلُ الاشْتِمَالِ)
** بَعْضٌ 의 여러가지 용법

제 8 과 후속어(التَّوَابِعُ) II - 대용어(البَدَلُ)에 대해

두 번째 후속어(التَّوَابِعُ)는 대용어(البَدَلُ)이다. 대용어(البَدَلُ)란 '앞의 단어를 대신한다'는 의미에서 사용되는 용어이다. 대용어 구문에서 앞에 온 단어를 '피대용어(المُبْدَلُ مِنْهُ)'라고 하고 뒤에 온 단어를 '대용어(البَدَلُ)'라 한다. 대용어는 피대용어 전체를 대신하거나 부분적으로 대신하는데, 이 때 대용어와 피대용어는 성(性)·수(數)·격(格)의 일치를 이룬다.

대용어의 종류는 4 가지이다. 먼저는 지위나 호칭을 나타내는 한정명사(ال이 붙은) 이후에 온 고유명사(사람이나 사물의 이름)로서 '호칭 + 이름' 혹은 '직위 + 이름'의 형태로 구성된다. 두 번째는 지시대명사 뒤에 ال이 붙은 한정명사가 오는 경우이다. 세 번째는 전체의 일부를 이야기하는 경우이며, 네 번째는 내포된 것을 이야기하는 경우이다.

대용어 구문에서 피대용어와 대용어는 성·수·격에서 일치해야 하고 또한 앞 뒤의 명사가 반드시 한정형태이어야 한다.

1. '직위(혹은 호칭) + 고유명사(사람이나 사물의 이름)'의 구조를 가진 대용어

직위나 호칭을 나타내는 단어 뒤에 사람 이름이 오는 경우이다. 빨간색 표기가 대용어(البَدَلُ)이다.

싸미르 교수	الأُسْتَاذُ سَمِيرٌ b + a
압달라 국왕	المَلِكُ عَبْدُ الله
쌔미 형제	الأَخُ سَامِي
내 아들 무함마드 (ابْنِي는 연결형 형태의 피대용어)	ابْنِي مُحَمَّدٌ
삼성 회사 (사물에 대한 것은 대용어 형태보다는 연결형 형태로 많이 사용된다. شَرِكَةُ سَامْسُونج)	الشَّرِكَةُ سَامْسُونج

a – 피대용어(المُبْدَلُ مِنْهُ)   b – 대용어(البَدَلُ)

여러가지 예들

위의 대용어 구(句)를 문장에서 사용할 경우 대용어 구(句) 자체가 문장에서 기능에 따라 주격, 목적격, 소유격을 취한다.

아슈라프 학생은 여기에 없다. (피대용어가 주어. 피대용어와 대용어가 주격)	الطَّالِبُ أَشْرَفُ لَيْسَ هُنَا.
파리드 의사 선생님은 호감가는 사람이다. (피대용어가 주어. 피대용어와 대용어가 주격)	الدُّكْتُورُ فَرِيدٌ لَطِيفٌ.
내 형제 아흐마드는 그 대학에서 공부한다. (피대용어가 주어. 피대용어와 대용어가 주격)	أَخِي أَحْمَدُ يَدْرُسُ فِي الجَامِعَةِ.
내 친구 마흐무드의 아버지는 걸프만에서 일한다. (피대용어가 후연결어. 피대용어와 대용어가 소유격)	أَبُو صَدِيقِي مَحْمُودٍ يَعْمَلُ فِي الخَلِيجِ.
그 학생들은 무함마드 선생님을 좋아한다. (피대용어가 목적어. 피대용어와 대용어가 목적격)	الطُّلَّابُ يُحِبُّونَ المُدَرِّسَ مُحَمَّدًا.
그 사장은 그의 친구 고하와 이야기를 나누고 있다. (피대용어가 후연결어. 피대용어와 대용어가 소유격)	يَتَكَلَّمُ المُدِيرُ مَعَ صَدِيقِهِ جُحَا.

제8과 후속어 II — 대용어에 대해

신문 문장의 예

افْتَتَحَ الرَّئِيسُ الْمِصْرِيُّ حُسْنِي مُبَارَك مَعْرِضَ الْكِتَابِ فِي الْقَاهِرَةِ.
호스니 무바락 이집트 대통령이 카이로에서 서적 박람회를 개관했다.
(여기에서 الرَّئِيسُ 가 피대용어이고 حُسْنِي مُبَارَك 이 대용어이다. 둘 다 주격으로 사용되었다.)

قَالَ الْأَمِينُ الْعَامُّ لِلْأُمَمِ الْمُتَّحِدَةِ بَان كِي مُون إِنَّهُ يَشْعُرُ بِالْحُزْنِ الْعَمِيقِ.
반기문 유엔 사무총장은 깊은 슬픔을 느낀다고 말했다.
(여기에서 الْأَمِينُ 가 피대용어이고 بَان كِي مُون 이 대용어이다. 둘 다 주격으로 사용되었다.)

'고유명사(사람이나 사물의 이름) + 직위(혹은 호칭)'의 구조를 이룰 때

앞의 대용어 구문은 '직위(혹은 호칭) + 고유명사(사람이나 사물의 이름)'의 순서였다. 그런데 아래의 문장을 보면 고유명사(사람 이름)이 먼저 오고 그 뒤에 직위(혹은 호칭)가 오는 것을 볼 수 있다. 이럴 경우 대용어 문장과 의미는 같지만 뒤에 온 단어(직위 혹은 호칭을 나타내는 단어)를 대용어(بَدَلٌ)라 하지 않고 앞에 온 단어를 수식하는 수식어(نَعْتٌ)라 한다.

그 사장(혹은 교장) 만수르는 친절하다.	مَنْصُورٌ الْمُدِيرُ لَطِيفٌ.
너의 형제 자이드가 왔다.	جَاءَ زَيْدٌ أَخُوكَ.
나는 내 친구 무함마드를 좋아한다.	أُحِبُّ مُحَمَّدًا صَدِيقِي.

→ 위의 문장에서 파란색 단어는 수식어(نَعْتٌ)로서 그 앞의 빨간색 단어를 수식한다.

** 신문 문장의 예

اتَّهَمَتْ مِصْرُ حَسَن نَصْر الله زَعِيمَ حِزْب الله بِالتَّخْطِيطِ لِعَمَلِيَّاتٍ عِدَائِيَّةٍ دَاخِلَ أَرَاضِيهَا.
이집트는 헤즈볼라의 지도자 하산 나스르 알라가 이집트 땅 안에서 적대행위를 계획했다고 고발했다.
(여기서 زَعِيمَ حِزْب الله를 수식어라 한다. حَسَن نَصْر الله 가 목적어이기에 그 뒤의 수식어인 زَعِيمَ حِزْب الله도 목적격이다.)

اسْتَقْبَلَ الْبَابَا شِنُودَة الثَّالِثُ، بَابَا الْإِسْكَنْدَرِيَّةِ، بَطْرِيَرْك الْكِرَازَةِ الْمُرْقِسِيَّةِ، أُسَامَة هَيْكَل، وَزِيرَ الْإِعْلَامِ، فِي الْمَقَرِّ الْبَابَوِيِّ.
알렉산드리아 교황이자 마가 전도 총대주교인 교황 쉬누다 3세는 미디어 장관 우사마 하이칼을 교황청에서 접견했다.
(الْبَابَا 가 피대용어이고 شِنُودَة الثَّالِثُ 가 대용어이다. بَطْرِيَرْك الْكِرَازَةِ الْمُرْقِسِيَّةِ 는 بَابَا الْإِسْكَنْدَرِيَّةِ 와 같은 격이다. 이에비해 وَزِيرَ الْإِعْلَامِ 는 그 앞의 أُسَامَة هَيْكَل 를 수식하는 수식어이다. أُسَامَة هَيْكَل 이 목적어이기에 وَزِيرَ الْإِعْلَامِ 도 목적격이다.)

2. '지시대명사 + الـ 보통명사'의 구조를 가진 대용어

지시대명사 (اسْمُ الْإِشَارَةِ) 뒤에 الـ 이 붙은 보통명사가 와서 한 단위를 이룬 경우로서 앞에 온 지시대명사를 '피대용어(الْمُبْدَلُ مِنْهُ)'라 하고 뒤에 온 الـ 이 붙은 보통명사를 '대용어(الْبَدَل)'라 한다.

아래는 모두 대용어가 사용된 구(句)이다. 이 때 사용되는 지시대명사와 그 뒤의 한정꼴 명사는 성(性)과 수(數)와 격(格) 그리고 한정형태의 일치를 이룬다. 즉 아래의 지시대명사와 그 뒤의 보통명사는 같은 주격이며, 성(性)과 수(數)도 일치한다. 이 경우 앞의 지시대명사와 뒤의 보통명사는 한 단위가 되어 문장에서 주어와 목적어와 소유격 명사 등으로 사용된다.

이 학생 (هَذَا 와 الطَّالِبُ 는 성과, 수, 격, 한정형태가 일치)	هَذَا الطَّالِبُ b + a	
이 그림 (هَذِهِ 와 الصُّورَةُ 는 성과, 수, 격, 한정형태가 일치)	هَذِهِ الصُّورَةُ b + a	
a – 피대용어(الْمُبْدَلُ مِنْهُ) b – 대용어(الْبَدَل)		

1) '지시대명사 + الـ 보통명사' 구(句)의 격변화

'지시대명사 + الـ 보통명사' 구(句)는 문장에서 사용된 기능에 따라 아래와 같이 격변화 한다. 이때 그 격변화의 기호는 지시대명사 뒤에 오는 보통명사에 붙는다. 아래에서 '지시대명사 + الـ 보통명사'가 주격 자리와 목적격 자리, 그리고 소유격 자리에 올 때의 격변화를 확인하라. '지시대명사 + الـ 보통명사' 대용어 구의 격변화에 대해서는 이 책 제 I 권 지시대명사 부분에서도 다루고 있다.

(1) 주격 – '지시대명사 + الـ 보통명사' 구(句)가 주격 자리에 온 경우

이 남학생은 친절하다. (This student is kind.) (남성, 단수, 주격)	هَذَا الطَّالِبُ طَيِّبٌ.
이 여학생은 친절하다.(여성, 단수, 주격)	هَذِهِ الطَّالِبَةُ طَيِّبَةٌ.
이 두 남학생은 친절하다.(남성, 쌍수, 주격)	هَذَانِ الطَّالِبَانِ طَيِّبَانِ.
이 두 여학생은 친절하다. (여성, 쌍수, 주격)	هَاتَانِ الطَّالِبَتَانِ طَيِّبَتَانِ.
이 (남)학생들은 친절하다. (남성, 복수, 주격)	هَؤُلَاءِ الطُّلَّابُ طَيِّبُونَ.
이 여학생들은 친절하다. (여성, 복수, 주격)	هَؤُلَاءِ الطَّالِبَاتُ طَيِّبَاتٌ.

저 선생님은 한국에서 왔다.	جَاءَ ذَلِكَ الْمُدَرِّسُ مِنْ كُورِيَا.
저 두 선수는 빨리 달렸다.	جَرَى ذَانِكَ اللَّاعِبَانِ بِسُرْعَةٍ.*
저 아이들은 잠을 잤다.	نَامَ أُولَئِكَ الْأَطْفَالُ.

➡ ذَانِكَ 는 원거리 지시대명사 ذَلِكَ 의 쌍수형이다. 거의 사용되지 않는다.

제8과 후속어 II – 대용어에 대해

(2) 목적격 - '지시대명사 + ال 보통명사' 구(句)가 목적격 자리에 온 경우

나는 저 그림을 보았다.	رَأَيْتُ تِلْكَ الصُّورَةَ.
나는 이 남자에게 말했다.	كَلَّمْتُ هَذَا الرَّجُلَ.
나는 이 두 음식을 먹었다.	أَكَلْتُ هَاتَيْنِ الْوَجْبَتَيْنِ.
나는 저 제품들을 샀다.	اشْتَرَيْتُ تِلْكَ الْأَجْهِزَةَ.

(3) 소유격 - '지시대명사 + ال 보통명사' 구(句)가 소유격 자리에 온 경우

나는 이 책에 대해서 물었다.	سَأَلْتُ عَنْ هَذَا الْكِتَابِ.
나는 저 두 남자와 이야기했다.	تَكَلَّمْتُ مَعَ ذَيْنِكَ الرَّجُلَيْنِ.*
나는 이 두 종이로 한 편지를 적었다.	كَتَبْتُ رِسَالَةً بِهَاتَيْنِ الْوَرَقَتَيْنِ.
나는 이 사람들과 인사를 나누었다.	سَلَّمْتُ عَلَى هَؤُلَاءِ النَّاسِ.

→ ذَيْنِكَ 는 원거리 지시대명사 ذَلِكَ 의 쌍수형이다. 거의 사용되지 않는다.

2) 'ال 보통명사 + 지시대명사' 구(句)의 형태를 가진 경우

지금까지는 '지시대명사 + ال 보통명사' 형태의 구(句)를 살펴보았다. 그런데 아랍어 문장 가운데는 역으로 'ال 보통명사 + 지시대명사'의 구조를 가진 경우도 있다. 아래를 보자. 아래의 ①은 '지시대명사 + ال 보통명사'의 구조, 즉 대용어 구의 경우이고, ②는 'ال 보통명사 + 지시대명사'의 구조, 즉 수식어 구의 경우이다.

①	이 남학생은 잘 생겼다. (①의 경우 هَذَا 가 주어, الطَّالِبُ 가 대용어.	هَذَا الطَّالِبُ جَمِيلٌ.
②	②의 경우 الطَّالِبُ 가 주어 هَذَا 가 수식어)	الطَّالِبُ هَذَا جَمِيلٌ.

위의 ② 문장의 هَذَا 를 앞의 '고유명사(사람 혹은 사물 이름) + 직위(혹은 호칭)'의 구조를 이룰 때와 같이 수식어(نَعْت)라 한다. 두 문장의 의미는 동일하다.

다른 예들

의미	① '지시대명사 + ال 보통명사'	② 'ال 보통명사 + 지시대명사'
이 남학생은 친절하다. (This student is kind.)	هَذَا الطَّالِبُ طَيِّبٌ.	الطَّالِبُ هَذَا طَيِّبٌ.
이 여학생은 친절하다.	هَذِهِ الطَّالِبَةُ طَيِّبَةٌ.	الطَّالِبَةُ هَذِهِ طَيِّبَةٌ.
이 두 남학생은 친절하다.	هَذَانِ الطَّالِبَانِ طَيِّبَانِ.	الطَّالِبَانِ هَذَانِ طَيِّبَانِ.
이 두 여학생은 친절하다.	هَاتَانِ الطَّالِبَتَانِ طَيِّبَتَانِ.	الطَّالِبَتَانِ هَاتَانِ طَيِّبَتَانِ.

** 아래의 문장들을 비교하라.

당신의 이 책은 좋다. (هَذَا 가 수식어로 사용됨)	(o). كِتَابُكَ هَذَا جَيِّدٌ
틀린 문장..هَذَا الْكِتَابُ جَيِّدٌ 가 되어야 맞음	(×).*هَذَا كِتَابُكَ جَيِّدٌ
이것이 (바로) 당신의 책이다. (هُوَ 는 분리의 인칭대명사)	(o). هَذَا هُوَ كِتَابُكَ

→지시대명사 뒤에 사용되는 대용어는 반드시 'الـ + 보통명사' 꼴이어야 한다. * 표가 붙은 كِتَابُكَ 는 보통명사에 소유격 인칭 대명사가 후연결어로 사용되었는데 이런 꼴은 대용어로 사용될 수 없다.

3) 지시대명사가 고유명사(اسْمُ عَلَمٍ)과 함께 사용된 경우

지시대명사가 고유명사(اسْمُ عَلَمٍ)와 함께 사용되는 경우 지시대명사는 뒤로 가서 수식어(نَعْتٌ)가 된다.

	틀린 문장	맞는 문장
이 (사람) 카말은 학생이다.	(×). هَذَا كَمَالٌ طَالِبٌ	(o). كَمَالٌ هَذَا طَالِبٌ
나는 이 (사람) 무함마드를 좋아한다.	(×). أُحِبُّ هَذَا مُحَمَّدًا	(o). أُحِبُّ مُحَمَّدًا هَذَا
이 (사람) 싸미라는 부지런하다.	(×). هَذِهِ سَمِيرَةُ مُجْتَهِدَةٌ	(o). سَمِيرَةُ هَذِهِ مُجْتَهِدَةٌ

4) 지시대명사와 연결형이 함께 사용된 경우

지시대명사 뒤에 한정형태의 연결형이 오는 경우는 문장이 성립되지 않는다. 대신에 연결형이 앞에 오고 지시대명사가 뒤로 가서 수식어(نَعْتٌ)가 될 경우 문장이 성립된다. 이 때 지시대명사는 전연결어를 수식할 수도 있고 후연결어를 수식할 수도 있다. (→제Ⅱ권 '연결형에 대해 Ⅱ'에서 '연결형과 지시대명사' 부분을 보라.)

	틀린 문장	맞는 문장
모나의 이 책은 아름답다. (지시대명사와 연결형)	(×). هَذَا كِتَابُ مُنَى جَمِيلٌ	(o). كِتَابُ مُنَى هَذَا جَمِيلٌ
그 집의 이 정원은 작다. (지시대명사와 연결형)	(×). هَذِهِ حَدِيقَةُ الْبَيْتِ صَغِيرَةٌ	(o). حَدِيقَةُ الْبَيْتِ هَذِهِ صَغِيرَةٌ

다른 예들

이 대학총장은 사랑받는다.	رَئِيسُ الْجَامِعَةِ هَذَا مَحْبُوبٌ.
이 옷장은 오래되었다.	خِزَانَةُ الْمَلَابِسِ هَذِهِ قَدِيمَةٌ.
이 택시는 바쁘다.	سَيَّارَةُ الأُجْرَةِ هَذِهِ مَشْغُولَةٌ.
이 회사의 직원들은 솜씨가 좋다.	مُوَظَّفُو الشَّرِكَةِ هَؤُلَاءِ مَاهِرُونَ.

→위의 예들에 사용된 지시대명사는 전연결어를 수식한다.

제8과 후속어 Ⅱ — 대용어에 대해

** 한편 지시대명사가 후연결어를 지시할 경우 아래와 같이 사용된다.

이 집의 (그) 정원은 작다.	①	حَدِيقَةُ الْبَيْتِ هَذَا صَغِيرَةٌ.
	②	حَدِيقَةُ هَذَا الْبَيْتِ صَغِيرَةٌ.
이 대학의 (그) 총장은 사랑을 받는다.	①	رَئِيسُ الْجَامِعَةِ هَذِهِ مَحْبُوبٌ.
	②	رَئِيسُ هَذِهِ الْجَامِعَةِ مَحْبُوبٌ.

→위의 ①은 지시대명사가 후연결어를 수식하는 수식어로 사용된 경우이고, ②는 '지시대명사 + الـ 보통명사'가 후연결어가 되고, 그것이 앞의 단어와 연결형이 되는 경우이다.

→이 책 제Ⅱ권 '연결형에 대해 Ⅱ'에서 '연결형과 지시대명사' 부분을 보라.

** 다음 문장을 구분해보자.

아래에서 단어들의 배열이 다른 ①과 ②의 두 문장을 비교해 보자. ①은 지시대명사가 수식어로 사용된 경우이고, ②는 지시대명사가 주어로 사용되었다. 명사문의 주어와 술어의 구분에 주의하라.

① 지시대명사가 수식어	② 지시대명사가 주어
أُسْتَاذُ الْجَامِعَةِ هَذَا مَحْبُوبٌ.	هَذَا أُسْتَاذُ جَامِعَةٍ مَحْبُوبٌ.
이 대학교수는 사랑을 받는다.	이 분은 한 대학의 사랑받는 교수이다.
خِزَانَةُ الْمَلَابِسِ هَذِهِ قَدِيمَةٌ.	هَذِهِ خِزَانَةُ مَلَابِسَ قَدِيمَةٌ.
이 옷장은 오래되었다.	이것은 오래된 한 옷장이다.
سَيَّارَةُ الْأُجْرَةِ هَذِهِ مَشْغُولَةٌ.	هَذِهِ سَيَّارَةُ أُجْرَةٍ مَشْغُولَةٌ.
이 택시는 사용중이다.	이것은 사용중인 한 택시이다.
مُوَظَّفُو الشَّرِكَةِ هَؤُلَاءِ مَاهِرُونَ.	هَؤُلَاءِ مُوَظَّفُو شَرِكَةٍ مَاهِرُونَ.
그 회사의 이 직원들은 능수능란하다.	이 사람들은 한 회사의 능수능란한 직원들이다.

→ ② 문장에서 파란색 단어 مَحْبُوبٌ , قَدِيمَةٌ , مَشْغُولَةٌ , مَاهِرُونَ 는 그 앞의 전연결어(파란색 단어)를 수식하는 수식어이다.

3. 전체의 일부를 나타내는 대용어 (بَدَلُ الْبَعْضِ مِنَ الْكُلِّ)

아래와 같이 뒤에 오는 단어가 앞에 오는 단어의 한 부분이 될 때 뒤의 단어가 대용어(الْبَدَلُ)가 되며, 앞의 단어가 피대용어(الْمُبْدَلُ مِنْهُ)가 된다. 이 때 대용어 뒤에 앞의 피대용어를 가리키는 연결의 인칭대명사(ضَمِيرُ الرَّبْطِ)가 반드시 사용된다. 대용어는 앞의 피대용어와 격(格)의 일치를 이루며, 연결의 인칭대명사는 앞의 피대용어와 성(性)과 수(數)의 일치를 이룬다. 피대용어는 항상 한정형태를 취한다.

①	그 학생들 중의 일부(some of the students)가 참석했다. 혹은 몇몇 학생들이(some students) 참석했다.	حَضَرَ الطُّلَّابُ بَعْضُهُمْ. b + a
②	나는 그 소년의 머리를 때렸다.	ضَرَبْتُ الصَّبِيَّ رَأْسَهُ. b + a

a – 피대용어 (الْمُبْدَلُ مِنْهُ)   b – 대용어 (الْبَدَلُ)   (위의 هُمْ 과 هـ 가 연결의 인칭대명사이다.)

전체의 일부를 나타내는 대용어 문장은 두 가지로 나눌 수 있다. 먼저는 위의 ①과 같이 بَعْضٌ, نِصْفٌ, جُزْءٌ 등의 일부분을 나타내는 단어나 أَصْغَرُ, أَكْبَرُ 등의 우선급 단어를 사용하는 경우이고, 두 번째는 위의 ②와 같이 피대용어로 사용된 신체의 일부 혹은 피대용어로 사용된 물건의 일부분에 해당되는 단어를 사용하는 경우이다.

1) 일부분의 의미를 가진 단어를 사용한 경우

아래의 경우들은 ثُلْثٌ, نِصْفٌ, بَعْضٌ 등의 일부분을 나타내는 단어나 أَكْبَرُ, أَصْغَرُ 등의 우선급 명사가 대용어로 사용된 문장, 혹은 غَيْرُ 와 سِوَى 가 예외사로 사용되는 경우이다.

'..의 일부'	... بَعْض
'..의 절반'	... نِصْف
'..의 1/3'	... ثُلْث (أَوْ ثُلُث)
'..의 1/4'	... رُبْع
'..의 두 배'	... ضِعْف
.. 가운데 가장 큰	... أَكْبَر
.. 가운데 가장 작은	... أَصْغَر
.. 가운데 가장 ..한	...
..(은, 을) 제외하고 (예외문에서)	... غَيْر
..(은, 을) 제외하고 (예외문에서)	... سِوَى

제8과 후속어 II — 대용어에 대해

의미	① 연결형 구문	② 대용어 구문
그 학생들 중의 일부(혹은 몇몇 학생들)가 참석했다.	حَضَرَ بَعْضُ الطُّلَّابِ.	حَضَرَ الطُّلَّابُ بَعْضُهُمْ.
그 책의 1권이 인쇄되었다.	طُبِعَ جُزْءُ الْكِتَابِ الْأَوَّلُ. *	طُبِعَ الْكِتَابُ جُزْءُهُ الْأَوَّلُ.
나는 그 생선의 반을 먹었다.	أَكَلْتُ نِصْفَ السَّمَكَةِ.	أَكَلْتُ السَّمَكَةَ نِصْفَهَا.
나는 그 쥬스의 1/4을 마셨다.	شَرِبْتُ رُبْعَ الْعَصِيرِ.	شَرِبْتُ الْعَصِيرَ رُبْعَهُ.
그는 두 배의 수익을 얻었다.	كَسَبَ ضِعْفَ الرِّبْحِ.	كَسَبَ الرِّبْحَ ضِعْفَهُ.
(그 아이들 가운데) 가장 큰 아이가 들어갔다.	دَخَلَ أَكْبَرُ الْأَوْلَادِ.	دَخَلَ الْأَوْلَادُ أَكْبَرُهُمْ.
(그 여자 아이들 가운데) 가장 작은 자가 잠을 잤다.	نَامَتْ أَصْغَرُ الْبَنَاتِ.	نَامَتِ الْبَنَاتُ أَصْغَرُهُنَّ.

→ 위의 예문들에서 빨간색의 단어들은 그 앞 단어의 일부를 말하고 있다. 그 앞 단어를 전체로 할 때 그 전체의 일부란 뜻이다. 이때 뒤에오는 빨간색 단어가 대용어이며, 따라서 앞에 오는 피대용어 단어와 성, 수, 격이 일치해야 한다.   → ① 문장이 ② 문장보다 더 많이 사용된다.

→ 위의 * 문장은 طُبِعَ الْجُزْءُ الْأَوَّلُ مِنَ الْكِتَابِ 로 표현할 수도 있다.

다른 예문들

나는 그 책들의 일부(몇몇 책들)를 읽었다. (대용어가 목적격)	قَرَأْتُ الْكُتُبَ بَعْضَهَا.
나는 나의 월급의 1/3을 받았다.	أَخَذْتُ رَاتِبِي ثُلْثَهُ.
나는 빚의 1/5을 지불했다.	قَضَيْتُ الدَّيْنَ خُمْسَهُ.
나는 (그 학생들 가운데) 가장 똑똑한 학생을 좋아한다.	أُفَضِّلُ الطُّلَّابَ أَذْكَاهُمْ. (= أَذْكَى الطُّلَّابِ)
(그 아기들 가운데) 가장 행복한 아기가 잠을 잤다.	نَامَ الْأَطْفَالُ أَسْعَدُهُمْ. (= أَسْعَدُ الْأَطْفَالِ)
나는 (선생님들 가운데) 가장 참을성 있는 선생님과 이야기한다.	أَتَكَلَّمُ مَعَ الْمُدَرِّسِينَ أَصْبَرِهِمْ. (= أَصْبَرِ الْمُدَرِّسِينَ)
나는 가장 따뜻한 나라들에 여행하는 것을 선호한다.	أُفَضِّلُ السَّفَرَ إِلَى الْبِلَادِ أَدْفَئِهَا.
무함마드를 제외하고는 (다른) 학생들이 교실에 들어가지 않았다.	مَا دَخَلَ الطُّلَّابُ الْفَصْلَ غَيْرُ مُحَمَّدٍ. *
	مَا دَخَلَ الطُّلَّابُ الْفَصْلَ سِوَى مُحَمَّدٍ. *
나는 카말을 제외하고는 (다른) 학생들과 이야기를 하지 않았다.	لَمْ أَتَكَلَّمْ مَعَ الطُّلَّابِ غَيْرَ كَمَالٍ. *
	لَمْ أَتَكَلَّمْ مَعَ الطُّلَّابِ سِوَى كَمَالٍ. *

→ 위의 * 문장은 예외문이다. 예외문에 사용된 غَيْر 나 سِوَى 는 예외명사가 되어 목적격을 취할 수도 있고, 전체명사의 대용어(بَدَلٌ مِنَ الْمُسْتَثْنَى مِنْهُ)가 될 수도 있다. 이 책 '예외문에 대해' 부분에서 공부하라.

201

2) 신체의 일부나 물건의 한 부분을 가리키는 단어를 사용한 경우

아래의 문장에서 사용된 대용어들은 그 앞 피대용어로 사용된 신체의 일부 혹은 피대용어로 사용된 물건의 일부분이다. 즉 بَابٌ 은 مَنْزِلٌ 의 한 부분이고, آثَارٌ 는 مِصْرُ 의 한 부분이다.

의미	① 연결형 구문	② 대용어 구문
그 집의 문이 부서졌다.	اِنْكَسَرَ بَابُ الْمَنْزِلِ.	اِنْكَسَرَ الْمَنْزِلُ بَابُهُ.
나는 이집트의 고대 유물들을 좋아한다.	أُحِبُّ آثَارَ مِصْرَ.	أُحِبُّ مِصْرَ آثَارَهَا.
그 젊은 여자의 눈이 내 마음에 든다.	أَعْجَبَتْنِي عَيْنُ الْفَتَاةِ.	أَعْجَبَتْنِي الْفَتَاةُ عَيْنُهَا.
당신 아버지의 손에 키스하라.	قَبِّلْ يَدَ أَبِيكَ.	قَبِّلْ أَبَاكَ يَدَهُ.

→ 아랍어에서 ① 문장이 ② 문장보다 더 일반적인 문장이다. 그러나 ② 문장은 시, 소설 등의 문학작품이나 연설, 설교 등의 고급 아랍어에서 사용된다.

위의 마지막 문장을 아래와 같이 사용하는 경우도 있다. 이런 종류는 예외적으로 사용되는 것이다.

당신 아버지의 손에 키스하라. (الْيَدَ 가 대용어이다.)	قَبِّلْ يَدَ أَبِيكَ.	قَبِّلْ أَبَاكَ الْيَدَ.

다른 예문들

스핑크스의 코가 부숴졌다.	تَهَشَّمَ أَبُو الْهَوْلِ أَنْفُهُ.
그 창문의 유리가 깨어졌다.	اِنْكَسَرَ الشَّبَّاكُ زُجَاجُهُ.
그 빌딩의 지붕이 무너졌다.	سَقَطَتِ الْعِمَارَةُ سَقْفُهَا.
나는 그 범선의 돛을 보았다.	نَظَرْتُ إِلَى السَّفِينَةِ شِرَاعَهَا.

한편 다음의 예들은 대용어로 사용된 단어가 형용사인 단어이다. 형용사의 의미로 사용된다.

나는 그 오래된 언어(고어, old languages)들을 공부한다.	أَدْرُسُ اللُّغَاتِ قَدِيمَهَا.
나는 그 찬 음식(cold food)을 좋아한다.	أُحِبُّ الطَّعَامَ بَارِدَهُ.
나는 그 이집트 음식(Egyptian food)을 좋아한다.	أُحِبُّ الطَّعَامَ مِصْرِيَّهُ.

** 다음 두 문장을 비교하라.

나는 그 언어들이 얼마나 오래되었는지를 공부한다. (oldness of the language 즉 언어의 역사를 공부한다.)	أَدْرُسُ اللُّغَاتِ قِدَمَهَا.
나는 그 오래된 언어(고어, old languages)들을 공부한다.	أَدْرُسُ اللُّغَاتِ قَدِيمَهَا.

4. 내포된 것을 나타내는 대용어 (بَدَلُ الاشْتِمَالِ)

아래와 같이 뒤에 오는 단어가 앞의 단어가 내포한 내용을 이야기 할 때 뒤의 단어가 대용어(الْبَدَل)가 되며, 앞의 단어는 피대용어(الْمُبْدَل مِنْهُ)가 된다. 내포된 것을 나타내는 대용어는 신체의 일부나 물건의 한 부분이 될 수 없는 것으로서 주로 추상적인 의미의 단어이다. 이 때 대용어 뒤에 앞의 피대용어를 가리키는 연결의 인칭대명사(ضَمِيرُ الرَّبْطِ)가 반드시 사용된다. 대용어는 앞의 피대용어와 격(格)의 일치를 이루며, 연결의 인칭대명사는 앞의 피대용어와 성(性)과 수(數)의 일치를 이룬다. 피대용어는 항상 한정형태를 취한다.

나는 그 젊은 여자의 생각을 좋아한다.	أُحِبُّ الْفَتَاةَ فِكْرَهَا. b + a
a – 피대용어 (الْمُبْدَلُ مِنْهُ)	b – 대용어 (الْبَدَل) (위의 **هَا** 가 연결의 인칭대명사이다.)

예문들

의미	① 연결형 구문	② 대용어 구문
나는 그 학생의 질문들을 좋아한다.	أُحِبُّ أَسْئِلَةَ الطَّالِبِ.	أُحِبُّ الطَّالِبَ أَسْئِلَتَهُ.
나는 그 젊은 여자의 생각들을 좋아한다.	أُحِبُّ أَفْكَارَ الْفَتَاةِ.	أُحِبُّ الْفَتَاةَ أَفْكَارَهَا.
나는 그 설교자의 윤리를 선호한다.	أُفَضِّلُ أَخْلَاقَ الْخَطِيبِ.	أُفَضِّلُ الْخَطِيبَ أَخْلَاقَهُ.
그 교수의 설명이 내 마음에 든다.	أَعْجَبَنِي شَرْحُ الْأُسْتَاذِ.	أَعْجَبَنِي الْأُسْتَاذُ شَرْحُهُ.
그는 그 이야기의 아이디어를 끝냈다.	اِنْتَهَى مِنْ فِكْرَةِ الْقِصَّةِ.	اِنْتَهَى مِنَ الْقِصَّةِ فِكْرَتِهَا.
그 거리의 깨끗함이 나를 즐겁게 하였다.	سَرَّنِي نَظَافَةُ الشَّارِعِ.	سَرَّنِي الشَّارِعُ نَظَافَتُهُ.
그 남자의 옷이 도둑맞았다.	سُرِقَتْ مَلَابِسُ الرَّجُلِ.	سُرِقَ الرَّجُلُ مَلَابِسُهُ.
나는 그 소년의 신발을 좋아했다.	أَحْبَبْتُ حِذَاءَ الصَّبِيِّ.	أَحْبَبْتُ الصَّبِيَّ حِذَاءَهُ.

→ 위의 예문들에서 빨간색의 단어들은 그 앞의 파란색 단어에 내포되는 개념들이다. 이 때 뒤의 단어가 대용어이고, 따라서 피대용어와 성(性)·수(數)·격(格)이 일치해야 한다.

→ 위의 예문들에서 نِظَام, أَفْكَار 처럼 대용어가 피대용어에서 분리할 수 없는 추상적인 단어들의 경우 내포된 것을 나타내는 대용어(بَدَلُ الاشْتِمَالِ)의 개념이 분명할 것이다.

그러나 마지막 두 문장의 مَلَابِس 와 حِذَاء 의 경우처럼 대용어가 사물인 경우 내포된 것을 나타내는 대용어와 전체의 일부를 나타내는 대용어(بَدَلُ الْبَعْضِ مِنَ الْكُلِّ)의 구분이 모호한 것이 사실이다. 그러나 위의 옷과 신발의 경우 각각 그 남자와 그 소년의 일부분이 될 수 없다. 따라서 내포된 것을 나타내는 대용어가 된다.

→ 위의 마지막 두 문장의 مَلَابِس 와 حِذَاء 의 경우 앞의 '2) 신체의 일부나 물건의 일부분을 가리키는 대용어'와 구분이 어려운 것이 사실이다. 그러나 위의 옷과 신발의 경우 각각 그 남자와 그 소년의 일부분이 될 수 없다. 따라서 내포된 것을 나타내는 대용어가 된다.

→ 아랍어에서 ① 문장이 ② 문장보다 더 많이 사용된다.

** 아래의 예문을 비교하자.

①	그 집의 문이 내 마음에 든다.	أَعْجَبَنِي الْبَيْتُ بَابُهُ.
②	그 집의 장소가 내 마음에 든다.	أَعْجَبَنِي الْبَيْتُ مَكَانُهُ.

위의 ①의 경우 بَاب 이 الْبَيْت 의 일부분이 될 수 있는 것인 반면, ②의 경우는 مَكَان 이 الْبَيْت 의 일부분이 될 수 없는 것이다. 따라서 위의 ①의 경우는 전체의 일부를 나타내는 대용어(بَدَلُ الْبَعْضِ مِنَ الْكُلِّ)이고 ②의 경우는 내포된 것을 나타내는 대용어(بَدَلُ الاشْتِمَالِ)이다.

다른 예문들
다음은 내포된 것을 나타내는 대용어가 사용된 문장의 예들이다.

나는 그 음식의 맛을 좋아한다.	أُحِبُّ الطَّعَامَ مَذَاقَهُ.
나는 룩소르의 날씨를 즐긴다.	أَسْتَمْتِعُ بِالْأَقْصُرِ جَوِّهَا.
그 혁명은 그 목표들이 실패했다.	فَشِلَتِ الثَّوْرَةُ أَهْدَافُهَا.
그 홍차의 색깔이 나의 마음에 든다.	أَعْجَبَنِي الشَّايُ لَوْنُهُ.
나는 그 시인의 낭송을 들었다.	سَمِعْتُ الشَّاعِرَ إِنْشَادَهُ.[1]
나는 그 사자의 발들에 깜짝 놀랐다.	عَجِبْتُ[2] مِنَ الْأَسَدِ إِقْدَامِهِ.
그 정원의 향기가 퍼졌다.	يَفُوحُ[3] الْبُسْتَانُ رَوَائِحُهُ[4]. = تَضَوَّعَ[5] الْبُسْتَانُ أَرِيجُهُ.

---

[1] أَنْشَدَ/ يُنْشِدُ الشِّعْرَ – إِنْشَادٌ 시를 낭송하다

[2] عَجِبَ/ يَعْجَبُ مِنْ أَوْ لِـ – عَجَبٌ = تَعَجَّبَ مِنْ 깜짝 놀라다, 경탄하다

[3] فَاحَ/ يَفُوحُ الْعِطْرُ = انْتَشَرَتْ رَائِحَتُهُ 향기가 퍼지다

[4] رَائِحَةٌ/ رَوَائِحُ   أَرِيجٌ/ أَرَايِجُ = رَائِحَةٌ طَيِّبَةٌ 향기

[5] تَضَوَّعَ/ يَتَضَوَّعُ – تَضَوُّعٌ = فَاحَ/ يَفُوحُ 냄새가 퍼지다

제8과 후속어 II – 대용어에 대해

**بَعْضٌ 의 여러가지 용법

بَعْضٌ 는 보통명사로서 전연결어로 사용되기도 하고, 대용어로 사용되기도 하며, 또한 보통명사로서 독립적으로 사용되기도 한다.

1) 전연결어(مُضَافٌ)로

بَعْضٌ 는 보통명사처럼 전연결어로 사용된다. 그 뒤의 후연결어로는 대개 한정형태의 명사가 사용된다. 이 때 후연결어가 단수 한정명사인 경우와 복수 한정 명사인 경우의 의미가 달라진다. 아래의 예에서 처럼 بَعْضٌ 의 의미는 '몇몇(some)'이라는 의미가 가장 많이 사용되고, '..의 일부분(part of the..)'의 의미로도 사용된다.

	① 후연결어가 단수 한정명사		② 후연결어가 복수 한정명사	
후연결어가 사물인 경우	그 책의 일부분 (part of the book)	بَعْضُ الْكِتَابِ *	몇몇 책들 (some books)	بَعْضُ الْكُتُبِ
	그 도시의 일부분 (part of the city)	بَعْضُ الْمَدِينَةِ *	몇몇 도시들 (some cities)	بَعْضُ الْمُدُنِ
	그 국가의 일부분 (part of the country)	بَعْضُ الدَّوْلَةِ *	몇몇 국가들 (some countries)	بَعْضُ الدُّوَلِ
후연결어가 사람인 경우	×	×	몇몇 사람들 (some persons)	بَعْضُ الْأَشْخَاصِ
	×	×	몇몇 학생들 (some students)	بَعْضُ الطُّلَّابِ
후연결어가 셀 수 없는 종류명사	얼마의 홍차 (some tea)	بَعْضُ الشَّايِ	×	×
	얼마의 설탕 (some sugar)	بَعْضُ السُّكَّرِ	×	×
단수와 복수의 의미가 약간 다른 예	얼마의 시간 (some time)	بَعْضُ الْوَقْتِ	분리된 몇 번의 시간들 (some different times)	بَعْضُ الْأَوْقَاتِ **
	얼마의 음식 (some food)	بَعْضُ الطَّعَامِ	몇몇의 다른 음식들 (some different foods)	بَعْضُ الْأَطْعِمَةِ **
	얼마의 돈 (some money)	بَعْضُ الْمَالِ	얼마의 돈 ; 몇몇의 다른 돈 (some money)	بَعْضُ الْأَمْوَالِ **

→위의 * 부분은 많이 사용되지 않는다. 대신에 جُزْءٌ مِنَ الْكِتَابِ 혹은 بَعْضٌ مِنَ الْكِتَابِ 로 사용된다.
→위 단어들의 후연결어가 단수 비한정으로는 사용되지 않는다. 예 : بَعْضُ طَالِبٍ (×) , بَعْضُ كِتَابٍ (×)
→위 단어들의 후연결어가 복수 비한정으로 사용되는 것은 이론적으로 가능하나 실제적으로는 사용되지 않는다. 예 : بَعْضُ طُلَّابٍ (×) , بَعْضُ كُتُبٍ (×) → 위 ①의 × 표 있는 부분은 بَعْضٌ 뒤에 후연결어로 사용되는 단수 한정명사가 사람인 경우이다. 이 경우는 사람을 일부분으로 나누는 의미가 되기 때문에 사용되지 않는다. 이러한 경우가 가능할 때는 예를들어 토막 살인 사건에서 살해된 시체의 부분을 말할 때 등 특별한 경우 뿐이다. 예 : بَعْضُ الْقَتِيلِ 피살자 시체의 일부분
→위 ②의 × 표에서 설탕이나 홍차와 같이 셀 수 없는 종류명사는 그 복수형이 존재하지 않는다.
→위에서 ** 표가 있는 단어들의 경우 후연결어가 복수인 경우는 후연결어가 단수일 경우와 그 의미가 약간 달라질 수 있는 특별한 경우이다. (다음 페이지의 의미를 비교하는 문장들을 보라)

예문들

몇몇 직원들이 그 사무실에서 일한다.	بَعْضُ الْمُوَظَّفِينَ يَعْمَلُ/ يَعْمَلُونَ فِي الْمَكْتَبِ. *
이들 가운데 몇명이 유럽에 간다.	بَعْضُ هَؤُلَاءِ يَذْهَبُ/ يَذْهَبُونَ إِلَى أُورُوبَّا. *
몇몇 단원들은 짧은 문장들을 포함하고 있다.	يَشْمُلُ/ تَشْمُلُ بَعْضُ الدُّرُوسِ جُمَلًا قَصِيرَةً. *
그 교장은 몇몇 교사들을 만났다.	قَابَلَ الْمُدِيرُ بَعْضَ الْمُدَرِّسِينَ.
나는 몇몇 영화들을 보았다.	شَاهَدْتُ بَعْضَ الْأَفْلَامِ.
그 선생님은 몇몇 학생들과 이야기하고 있다.	يَتَحَدَّثُ الْمُدَرِّسُ مَعَ بَعْضِ الطُّلَّابِ.
우리는 몇몇 새로운 학생들과 인사를 나누었다.	سَلَّمْنَا عَلَى بَعْضِ التَّلَامِيذِ الْجُدُدِ.
그녀들 가운데 몇명은 레바논인이다.	بَعْضُهُنَّ لُبْنَانِيَّاتٌ. = بَعْضُهُنَّ لُبْنَانِيٌّ. *
그것들의 몇몇은 외국계이다.	بَعْضُهَا أَجْنَبِيَّةٌ. = بَعْضُهَا أَجْنَبِيٌّ. *
나는 그 도시의 일부분(part of the city)을 방문했다.	زُرْتُ بَعْضَ الْمَدِينَةِ. (= جُزْءٌ مِنَ الْمَدِينَةِ)
나는 그 책의 일부분(part of the book)을 읽었다.	قَرَأْتُ بَعْضَ الْكِتَابِ. (= جُزْءٌ مِنَ الْكِتَابِ)
나는 약간의 설탕(some sugar)을 샀다.	اشْتَرَيْتُ بَعْضَ السُّكَّرِ.
나는 약간의 홍차(some tea)와 함께 빵을 먹었다.	أَكَلْتُ خُبْزًا مَعَ بَعْضِ الشَّايِ.
나는 약간의 캔디를 먹었다.	أَكَلْتُ بَعْضَ الْحَلْوَى.
나는 얼마의 시간 동안 당신을 기다렸다.	انْتَظَرْتُكَ بَعْضَ الْوَقْتِ.
나는 얼마의 음식이 필요하다.	أَحْتَاجُ إِلَى بَعْضِ الطَّعَامِ.

→ 위의 * 표가 있는 문장들에서 성과 수의 일치에 대해 주목하라. 조금 뒤에 원리를 설명한다.

다음 문장의 의미를 비교하라.

나는 이 밤에 얼마동안 잠을 잤다. (I slept sometime this night.)	نِمْتُ بَعْضَ الْوَقْتِ هَذِهِ اللَّيْلَةَ.
나는 이 밤에 몇번 잠을 잤다. (몇번 깨었다 다시 잠) (I slept for some different times this night.)	نِمْتُ بَعْضَ الْأَوْقَاتِ هَذِهِ اللَّيْلَةَ.
나는 약간의 음식을 먹었다. (some food)	أَكَلْتُ بَعْضَ الطَّعَامِ.
그는 몇몇 음식들을 먹었다. (다른 식당의 음식 등, some kind of foods)	تَنَاوَلَ بَعْضَ الْأَطْعِمَةِ.
나는 얼마의 돈을 받았다.	أَخَذْتُ بَعْضَ الْمَالِ.
나는 은행들에 얼마의 재정이 있다.	عِنْدِي بَعْضُ الْأَمْوَالِ فِي الْبُنُوكِ.

→ 마지막 예문의 بَعْضُ الْمَالِ 와 بَعْضُ الْأَمْوَالِ 는 같은 의미일 수 있다.

** بَعْض 의 성(性)과 수(數)의 일치에 대해

위의 예문들에서 بَعْض 성과 수의 일치가 두 가지로 사용된 것을 보게 된다. 그 원리는 무엇일까? بَعْض 가 전연결어로 사용될 경우 بَعْض 를 고려하여 성과 수를 일치시키거나 그 뒤의 후연결어를 고려하여 성과 수를 일치시킬 수 있다. 즉 아래의 ①의 경우는 بَعْض 를 고려하여 그 뒤의 동사의 성과 수를 일치시켰고, ②는 بَعْض 의 후연결어를 고려하여 동사의 성과 수를 일치시켰다.

①	몇몇(일부) 여의사들이 여기에서 가르친다.	بَعْضُ الطَّبِيبَاتِ يُدَرِّسُ هُنَا.
②		بَعْضُ الطَّبِيبَاتِ يُدَرِّسْنَ هُنَا.
①		يَحْضُرُ بَعْضُ النِّسَاءِ الاجْتِمَاعَ كُلَّ يَوْمٍ.
②		تَحْضُرُ بَعْضُ النِّسَاءِ الاجْتِمَاعَ كُلَّ يَوْمٍ.
	몇몇 여성들이 매일 그 모임에 참석한다.	
①	그 도시의 일부분에 아름다운 유적들이 있다.	بَعْضُ الْمَدِينَةِ فِيهِ آثَارٌ جَمِيلَةٌ.
②		بَعْضُ الْمَدِينَةِ فِيهَا آثَارٌ جَمِيلَةٌ.

** 아래의 경우에서 بَعْض 는 세 단어 연결형의 중간단어로 사용되었다. 이는 앞의 전연결어로 사용된 بَعْض 와 같은 용법으로 보면 된다.

이것은 몇몇 학생들의 집들이다.	هَذِهِ بُيُوتُ بَعْضِ الطُّلَّابِ.

2) 대용어로

بَعْض 는 전체의 일부를 나타내는 대용어(بَدَلُ الْبَعْضِ مِنَ الْكُلِّ)로 사용된다.

그 학생들 중의 몇명이 참석했다.	حَضَرَ الطُّلَّابُ بَعْضُهُمْ.
나는 그 선생님들 몇명과 이야기했다.	كَلَّمْتُ الْمُدَرِّسِينَ بَعْضَهُمْ.
나는 그 손님들 몇명을 환영했다.	رَحَّبْتُ بِالضُّيُوفِ بَعْضِهِمْ.

→ بَعْض 가 대용어로 사용된 경우는 ' بَعْض + 후연결 인칭대명사'의 조합이다. 이 조합 자체에서도 بَعْض 가 전연결어로 사용되었다.

3) 독립적으로 사용되는 경우

بَعْضٌ 는 아래와 같이 단독으로 사용이 가능하다. 한정형태의 الْبَعْضُ 의 의미는 بَعْضُ النَّاسِ 의 의미를 가진다. 비한정 형태의 بَعْضٌ 이 그 뒤에 'مِن + 복수한정명사'를 취할 경우 같은 의미가 된다.

일부 (몇몇) 사람들은 인간의 원형이 원숭이라고 말한다.	يَقُولُ الْبَعْضُ إِنَّ أَصْلَ الْإِنْسَانِ قِرْدٌ.
일부 (몇몇) 사람들은 삶이 가치가 없다고 믿는다.	يُؤْمِنُ الْبَعْضُ أَنَّ الْحَيَاةَ بِلَا قِيمَةٍ.
이것은 일부 (몇몇) 사람들의 집들이다.	هَذِهِ بُيُوتُ الْبَعْضِ.
일부 (몇몇) 학생들이 식중독에 걸렸다. (혹은 독극물에 중독되었다.)	بَعْضٌ مِنَ الطُّلَّابِ تَسَمَّمُوا.
이집트 사람들의 일부는 자유의 의미를 이해하지 못한다. (some of the Egyptians)	بَعْضٌ مِنَ الْمِصْرِيِّينَ لَا يَفْهَمُ مَعْنَى الْحُرِّيَّةِ.
나는 약간의 차를 원한다. (some of the tea)	أُرِيدُ بَعْضًا مِنَ الشَّايِ.
이것은 우리 일부 (몇몇) 사람들의 집들이다.	هَذِهِ بُيُوتُ بَعْضٍ مِنَّا.

4) 부사적인 의미로

아래의 여러가지 예에서 بَعْض 는 '서로(one another)' 혹은 '서로 서로'의 의미를 가진 숙어로 사용된다.

우리는 서로 서로 도왔다.	(o) سَاعَدْنَا بَعْضُنَا بَعْضًا.
틀린 표현	(×) سَاعَدْنَا بَعْضُنَا الْبَعْضَ.
사람들은 서로 다투었다.	خَاصَمَ النَّاسُ بَعْضُهُمْ بَعْضًا.
그들은 서로 쳐다보면서 놀라워했다.	تَعَجَّبُوا نَاظِرِينَ بَعْضُهُمْ لِبَعْضٍ.
그들은 서로 협력하였다.	تَعَاوَنُوا مَعَ بَعْضِهِمْ.
그 군인들이 서로 접근했다.	دَنَا الْعَسَاكِرُ مِنْ بَعْضِهِمْ.

제 9 과 후속어(التَّوَابِعُ) Ⅲ - 강조어(التَّوْكِيدُ)에 대해

1. 문자적인 강조 (التَّوْكِيدُ اللَّفْظِيُّ)
2. 의미적인 강조 (التَّوْكِيدُ الْمَعْنَوِيُّ)
3. 강조어(تَوْكِيدٌ) 관련 여러가지 단어들의 용법

심화학습 - 아랍어 문장에서 강조의 의미를 가지는 경우들

제 9 과 후속어(اَلتَّوَابِعُ) III - 강조어(اَلتَّوْكِيدُ)에 대해 -

문장에서 특정한 단어를 강조할 때 강조어(اَلتَّوْكِيدُ)를 사용한다. 아랍어에서 대표적인 강조의 용법은 같은 단어를 반복 사용하는 문자적인 강조(اَلتَّوْكِيدُ اللَّفْظِيُّ)와, 강조의 의미가 있는 특정 단어를 사용하는 의미적인 강조(اَلتَّوْكِيدُ الْمَعْنَوِيُّ) 두 가지이다. 이 과에서는 의미적인 강조 용법에 촛점을 맞춘다.

1. 문자적인 강조(اَلتَّوْكِيدُ اللَّفْظِيُّ)

다음과 같이 동일한 단어를 반복 사용할 경우 의미를 강조하게 된다.

나는 결코 언약을 배반하지 않는다. (불변사 لَا가 반복)(خَانَ/يَخُونُ ٥)	لَا، لَا أَخُونُ الْعَهْدَ.
자유는, 자유는 가장 비싼 요구이다. (명사가 반복)	الْحُرِّيَّةُ الْحُرِّيَّةُ أَغْلَى مَطْلَبٍ.
기본은, 기본은 변화되지 않는다. (명사가 반복)	الْأَصْلُ الْأَصْلُ لَا يَتَغَيَّرُ.
그 결석자가 참석했다. 참석했다. (동사가 반복)	حَضَرَ حَضَرَ الْغَائِبُ.
알라신은 가장 위대하다! 알라신은 가장 위대하다! (문장이 반복)	الله أَكْبَرُ! الله أَكْبَرُ!

강조의 인칭대명사(ضَمِيرُ التَّوْكِيدِ)

아래 문장들과 같이 강조의 인칭대명사를 사용하는 것도 문자적인 강조(اَلتَّوْكِيدُ اللَّفْظِيُّ) 용법이다. 강조의 인칭대명사에 대해서는 이 책 제 I 권 '인칭대명사' 부분에서 공부하라.

내가 내가 그 숙제를 했다.	قُمْتُ أَنَا بِالْوَاجِبِ.
나는 그와 그와 인사를 나누었다.	سَلَّمْتُ عَلَيْهِ هُوَ.

2. 의미적인 강조(اَلتَّوْكِيدُ الْمَعْنَوِيُّ)

강조하고 싶은 단어 뒤에 특정한 강조어를 사용하고 그 뒤에 연결의 인칭대명사를 후연결어로 사용하는 강조어 용법을 말한다. 이 때 앞에서 강조의 대상이 된 단어를 피강조어(اَلْمُؤَكَّدُ)라 하고 뒤에서 강조하는 단어를 강조어(اَلتَّوْكِيدُ)라 한다. 강조어 뒤에는 앞의 피강조어를 가리키는 연결의 인칭대명사(ضَمِيرُ الرَّبْطِ)가 반드시 사용된다. 강조어는 앞의 피강조어와 격(格)의 일치를 이루며, 연결의 인칭대명사는 앞의 피강조어와 성(性)과 수(數)의 일치를 이룬다.

①	대통령 본인(himself)이 참석했다.	حَضَرَ الرَّئِيسُ نَفْسُهُ. b + a
②	우리는 모두 형제(들)이다.	نَحْنُ كُلُّنَا إِخْوَةٌ. b + a

a- 피강조어(اَلْمُؤَكَّدُ) b-강조어(اَلتَّوْكِيدُ)

→ ①에서는 강조어로 نَفْس 가 사용되어 '자신' 혹은 '본인'의 의미를 강조하는 강조어 구문이 되었다. 또한 ②는 강조어로 كُلّ 가 사용되어 '전체' 혹은 '모두'의 의미를 강조하는 강조어 구문이 되었다.

→ 강조어는 그 앞의 피강조어와 성과 수와 격의 일치를 이룬다. 또 피강조어는 항상 한정형태의 단어이다.

이와같이 의미적인 강조어를 '자신' 혹은 '같은'의 의미로 사용되는 것과, '전체' 혹은 '대부분'의 의미로 사용되는 것으로 나눌 수 있는데 이 두 가지를 하나씩 공부하도록 하자.

1) '자신' 혹은 '같은'의 의미로 사용되는 강조어

'자신 혹은 본인(-self)' ; '같은(same)'의 의미	نَفْسُ ...
	عَيْنُ ...
	ذَاتُ ...

강조하고 싶은 단어 뒤에 위의 단어를 사용하여 '자신' 혹은 '같은'의 의미를 강조한다. 이 때 문장의 형태는 '피강조어 + 강조어 + 연결의 인칭대명사'의 구조를 이룬다. 이 경우 강조어는 그 앞의 피강조어와 성(性)과 수(數)와 격(格), 그리고 한정형태의 일치를 이룬다.
한편 نَفْس 와 عَيْن 이 쌍수와 복수 단어 뒤에서 강조어로 사용될 경우 그 복수 형태를 أَفْعُل 패턴에서 취하여 각각 أَنْفُس 과 أَعْيُن 를 사용한다.
نَفْس 과 عَيْن 과 ذَات 의 의미가 언제 '자신(-self)'의 의미가 되고 언제 '같은(same)'의 의미가 되는지 구분이 쉽지 않다. 문맥에서 의미가 결정된다고 보면 되겠다.

(1) نَفْس 의 경우

نَفْس 이 강조어로 사용될 때 그 의미는 피강조어가 사람일 경우와 사물일 경우로 구분할 수 있다. 피강조어가 사람일 경우 '자신(-self)' 혹은 '같은(same)'의 의미로 사용된 된다. 그러나 피강조어가 사물일 경우 대개 '같은(same)'의 의미로 사용된다.

당신 자신도(yourself) 불가능하다. (강조어가 주격이다.)	حَتَّى أَنْتَ نَفْسُكَ لَا تَقْدِرُ.
대통령 자신이(himself) 참석했다. (혹은 같은(same) 대통령이 참석했다.) (강조어가 주격이다.)	حَضَرَ الرَّئِيسُ نَفْسُهُ.
그 시인 자신이(himself) 그 시를 적었다. (혹은 같은 (same) 시인이)(강조어가 주격)	أَلْقَى الشَّاعِرُ نَفْسُهُ الْقَصِيدَةَ.
나는 시장에서 같은 교수(the same professor)를 보았다. (강조어가 목적격)	رَأَيْتُ الْأُسْتَاذَ نَفْسَهُ فِي السُّوقِ.
나는 같은 음식을 먹었다. (the same food) (강조어가 목적격이다.)	أَكَلْتُ الطَّعَامَ نَفْسَهُ.
나는 같은 도시를 여행했다. (the same city) (강조어가 소유격이다.)	سَافَرْتُ إِلَى الْمَدِينَةِ نَفْسِهَا.

→위의 첫 네 문장은 피강조어(مُؤَكَّد)이 사람이며, 마지막 두 문장은 피강조어(مُؤَكَّد)이 사물인 문장이다.
→첫 번째 문장의 경우 نَفْس 는 '너 자신(yourself)'의 의미이며, '같은(same)'의 의미로는 해석될 수 없다.
→두 번째와 세 번째 문장의 경우 문맥에 따라 '자신(-self)'과 '같은(same)'의 의미로 사용될 수 있다.
→네 번째 문장의 경우 시장에서 본 교수가 동일한 교수란 의미란 의미이다.
→다섯 번째와 여섯 번째 문장에서는 피강조어가 사물인 문장이다. '같은(same)'의 의미로 사용되었다.

** 피강조어가 쌍수나 복수인 경우 – أَنْفُس 의 사용

피강조어가 쌍수나 복수일 경우(남성과 여성 모두) 강조어로 أَفْعُل 패턴의 أَنْفُس 을 사용한다. 즉 피강조어 명사가 쌍수일 경우 강조어로 نَفْسُهُمَا 혹은 نَفْسَاهُمَا 를 사용하지 않고 أَنْفُسُهُمَا 를 사용한다. 또한 피강조어 명사가 복수일 경우 نَفْس 의 다른 복수형인 نُفُوس 을 사용하지 않고 أَفْعُل 패턴의 أَنْفُس 을 사용한다. 남성과 여성 모두에 أَنْفُس 형태를 사용한다. 일종의 예외로 파악하도록 하자.

a. 피강조어가 쌍수일 경우

그 두 남자 자신이 왔다. 혹은 같은 두 남자가 왔다.(The two men themselves came. or The same two men came.)	جَاءَ الرَّجُلَانِ أَنْفُسُهُمَا.
그 두 여자 자신이 왔다. 혹은 같은 두 여자가 왔다. (The two women themselves or The same two women)	جَاءَتِ الْمَرْأَتَانِ أَنْفُسُهُمَا.

→ 위의 두 문장에서 الرَّجُلَانِ 와 الْمَرْأَتَانِ 가 쌍수이다. 그 뒤의 강조어는 نَفْس 의 복수꼴인 أَنْفُس 를 사용하고 있다.

b. 피강조어가 복수일 경우

그 남자들 자신이 왔다. 혹은 같은 남자들이 왔다. (The men themselves or The same men)	جَاءَ الرِّجَالُ أَنْفُسُهُمْ.
그 여자들 자신들이 왔다. 혹은 같은 여자들이 왔다.(The women themselves or The same women)	جَاءَتِ النِّسَاءُ أَنْفُسُهُنَّ.

→ 위의 두 문장에서 강조어 앞에 온 명사가 복수일 경우 أَنْفُس 가 사용되었다.

** نَفْس 가 '같은'의 의미로 사용되는 경우

현대 아랍어에서 نَفْس 가 '같은'의 의미로 사용될 경우 아래의 ①과 같이 연결형 구문으로 많이 사용된다. 아래에서 연결형 구문과 강조어 구문의 의미가 같음을 확인하라.

의미	① 연결형 구문	② 강조어 구문
나는 같은 음식을 먹었다. (the same food)	أَكَلْتُ نَفْسَ الطَّعَامِ.	أَكَلْتُ الطَّعَامَ نَفْسَهُ.
나는 같은 도시를 여행했다. (the same city)	سَافَرْتُ إِلَى نَفْسِ الْمَدِينَةِ.	سَافَرْتُ إِلَى الْمَدِينَةِ نَفْسِهَا.
나는 같은 교수를 보았다. (the same professor)	رَأَيْتُ نَفْسَ الْأُسْتَاذِ.	رَأَيْتُ الْأُسْتَاذَ نَفْسَهُ.
같은 시인이 그 시를 적었다. (the same poet)	أَلْقَى نَفْسُ الشَّاعِرِ الْقَصِيدَةَ.	*أَلْقَى الشَّاعِرُ نَفْسُهُ الْقَصِيدَةَ.

→ * 문장은 '자신(himself)'의 의미로도 해석될 수 있다.

제 9과 후속어 III – 강조어에 대해

(2) عَيْنٌ 의 경우

عَيْنٌ 이 강조어로 사용될 때 문맥에 따라 '자신(-self)'의 의미를 가지거나 '같은(same)'의 의미를 가진다. 즉 피강조어가 고유명사나 특정한 한 사람만을 가리키는 명사일 경우 그 의미는 '자신(-self)'의 의미가 된다. 그러나 일반적인 보통명사의 경우 '자신(-self)' 혹은 '같은(same)'의 두 가지 의미를 가질 수 있다.

عَيْنٌ 의 경우도 앞의 نَفْسٌ 와 마찬가지로 피강조어가 쌍수나 복수일 경우(남성과 여성 모두) 강조어로 أَعْيُنٌ 를 주로 사용한다.

파티마 자신이 참석했다. (강조어가 주격이다.)	حَضَرَتْ فَاطِمَةُ عَيْنُهَا.
나는 같은 학원에서 공부했다. (강조어가 소유격이다.)(피강조어가 사물)	دَرَسْتُ فِي الْمَعْهَدِ عَيْنِهِ.
그 두 여성 자신이 왔다. 혹은 같은 두 여성이 왔다. (The same two women or the two women themselves)	جَاءَتِ الْمَرْأَتَانِ أَعْيُنُهُمَا.
나는 그 두 소년 자신을 보았다. 혹은 그 같은 두 소년을 보았다. (강조어가 목적격이다.)	رَأَيْنَا الصَّبِيَّيْنِ أَعْيُنَهُمَا.
그 남자들 자신이 왔다. 혹은 같은 남자들이 왔다. (The men themselves came. or The same men came.)	جَاءَ الرِّجَالُ أَعْيُنُهُمْ.

→ 세 번째 문장에서 الْمَرْأَتَانِ 이 쌍수이다. 그 뒤의 강조어는 عَيْنٌ 의 복수꼴인 أَعْيُنٌ 을 사용하고 있다. 의미적인 강조 구문에서 عَيْنٌ 앞에 온 명사가 쌍수일 경우 강조어로 أَعْيُنٌ 를 주로 사용한다. 네 번째 문장도 마찬가지이다.

→ 다섯 번째 문장에서 강조어 앞에 온 명사가 복수일 경우 أَعْيُنٌ 이 사용되었다. 이 경우 عَيْنٌ 의 다른 복수형인 عُيُونٌ 형태는 사용되지 않고 أَفْعُلٌ 패턴의 أَعْيُنٌ 이 사용된다.

(3) ذَاتٌ 의 경우

ذَاتٌ 이 강조어로 사용될 때 문맥에 따라 '자신(-self)'의 의미를 가지거나 '같은(same)'의 의미를 가진다. 그 원리는 앞의 نَفْسٌ 와 عَيْنٌ 과 같다.

그 학생 자신이 참석했다. 그 동일한 학생이 참석했다. (강조어가 주격이다.)	حَضَرَ الطَّالِبُ ذَاتُهُ.
나는 그 젊은 여자 본인을 보았다. 나는 그 동일한 여자 젊은이를 보았다. (강조어가 목적격이다.)	رَأَيْتُ الْفَتَاةَ ذَاتَهَا.
나는 내 친구 본인과 이야기했다. (강조어가 소유격이다.)	تَكَلَّمْتُ مَعَ صَدِيقِي ذَاتِهِ.

** ذَاتٌ 의 피강조어가 쌍수와 복수의 경우

ذَاتٌ 의 경우 피강조어가 쌍수와 복수이더라도 단수 형태를 사용한다.

그 부모 본인이 그 학교 교장을 만났다.	قَابَلَ الْوَالِدَانِ ذَاتُهُمَا مُدِيرَ الْمَدْرَسَةِ.
나는 그 학생들 본인에게 이야기했다.	كَلَّمْتُ الطُّلَّابَ ذَاتَهُمْ.

** ذَات 가 '같은'의 의미로 사용되는 경우

현대 아랍어에서 ذَات 가 '같은'의 의미로 사용될 경우 아래와 같이 연결형 구문으로 많이 사용된다. 아래에서 연결형 구문과 강조어 구문의 의미가 같음을 확인하라.

의미	① 연결형 구문	② 강조어 구문
그들은 같은 나라를 여행했다.	سَافَرُوا إِلَى ذَاتِ الْبَلَدِ.	سَافَرُوا إِلَى الْبَلَدِ ذَاتِهِ.
같은 선수가 이겼다.	فَازَ ذَاتُ اللَّاعِبِ.	فَازَ اللَّاعِبُ ذَاتُهُ.*
나는 같은 소녀를 만났다.	قَابَلْتُ ذَاتَ الْبِنْتِ.	قَابَلْتُ الْبِنْتَ ذَاتَهَا.

→ 위의 * 문장의 경우 '그 선수 자신'의 의미로도 사용될 수 있다.

** '같은'의 의미로 사용되는 نَفْس 와 ذَات

نَفْس 과 ذَات 은 '같은(same)'의 의미로 연결형 구문이나 강조어 구문에서 사용할 수 있다. 그러나 عَيْن 은 연결형 구문으로는 사용되지 않는다.

의미	① 연결형 구문	② 강조어 구문
나는 같은 학원에서 공부했다.	دَرَسْتُ فِي نَفْسِ الْمَعْهَدِ.(o)	دَرَسْتُ فِي الْمَعْهَدِ نَفْسِهِ.(o)
	دَرَسْتُ فِي ذَاتِ الْمَعْهَدِ.(o)	دَرَسْتُ فِي الْمَعْهَدِ ذَاتِهِ.(o)
	دَرَسْتُ فِي عَيْنِ الْمَعْهَدِ.(×)	دَرَسْتُ فِي الْمَعْهَدِ عَيْنِهِ.(o)

다른 예들

같은 문제가 또 한 번 발생했다.	حَدَثَتْ نَفْسُ الْمُشْكِلَةِ مَرَّةً أُخْرَى.(= ذَاتُ الْمُشْكِلَةِ)
우리는 같은 주제에 대해 많이 말했다.	تَكَلَّمْنَا فِي نَفْسِ الْمَوْضُوعِ كَثِيرًا.(= ذَاتِ الْمَوْضُوعِ)

** '자신', '스스로'의 의미로 가장 많이 사용되는 표현 - 전치사 بِ 를 사용

아래와 같이 نَفْس 나 عَيْن 이나 ذَات 앞에 전치사 بِ 가 붙을 경우 그 의미는 '자신(-self)'의 의미 혹은 '스스로', '혼자 힘으로(by oneself)'의 의미가 된다. 문장에 사용된 동사나 문맥에 따라 그 의미가 결정된다.

그 교수는 그 자신이(himself) 참석했다. 혹은 그 교수는 스스로 참석했다.	حَضَرَ الْأُسْتَاذُ بِنَفْسِهِ. (= بِعَيْنِهِ، بِذَاتِهِ)
그 소년은 그 자신이 그 숙제를 했다. 혹은 그 소년은 스스로 그 숙제를 했다	كَتَبَ الصَّبِيُّ الْوَاجِبَ بِنَفْسِهِ.(= بِعَيْنِهِ، بِذَاتِهِ)

2) '전체', '모두' 혹은 '대부분'의 의미로 사용되는 강조어

의미	강조어
'... 모두(all of the ...s)'; '전체(the whole..., the entire ...)'의 의미	كُلُّ ...
	جَمِيعُ ...
'... 모두(all of the ...s), 예외없는 모두(all without exception)	كَافَّةُ ...
'대부분'의 의미	عَامَّةُ ...

강조하고 싶은 단어 뒤에 위의 강조어를 사용하여 '그 대상들 모두(all of the ...s)', '그 대상의 내용 전체(the whole ...)' 혹은 '그 대상들 대부분'을 강조한다. 이 때 문장의 형태는 '피강조어 + 강조어 + 연결의 인칭대명사'를 이룬다. 이때 강조어는 그 앞의 피강조어와 성(性)과 수(數)와 격(格), 그리고 한정형태의 일치를 이룬다.

(1) كُلُّ 의 경우

كُلُّ 가 강조어로서 '... 모두(all of the ...s)'의 의미를 가지거나, '전체(the whole ...)'의 의미로 사용된다.

a. '... 모두(all of the ...s)'의 의미

피강조어에 사람이나 사물 지칭 복수명사가 오는 경우로서 '그 사람(혹은 사물)들 모두(all of the ...s)'의 의미를 가진다. 이 때 피강조어가 사람일 경우 복수 형태의 연결형 인칭대명사가 붙으며, 피강조어가 사물일 경우 단수 형태의 연결의 인칭대명사가 붙는다.

아래의 ①은 연결형 구문이고 ②는 강조어 구문이다. 이 과에서 공부하는 것은 ② 강조어 구문이다. 이 강조어 구문은 연결형 구문과 의미가 같고 둘 다 많이 사용되는 용법이므로 양쪽 모두를 익히도록 하자.

의미	① 연결형 구문	② 강조어 구문
그 승객들 모두(all of the passengers)가 왔다.(강조어가 주격)	جَاءَ كُلُّ الرُّكَّابِ.	جَاءَ الرُّكَّابُ كُلُّهُمْ.
그 여학생들 모두(all of the girl students)가 합격했다.(강조어가 주격)	نَجَحَتْ كُلُّ الطَّالِبَاتِ.	نَجَحَتِ الطَّالِبَاتُ كُلُّهُنَّ.
하나님 앞에서 사람들 모두(all of the people)는 동등하다. (강조어가 주격)	كُلُّ النَّاسِ أَمَامَ اللهِ سَوَاءٌ.	النَّاسُ كُلُّهُمْ أَمَامَ اللهِ سَوَاءٌ.
우리는 모두 형제들이다. (강조어가 주격으로 사용)	كُلُّنَا إِخْوَةٌ.	نَحْنُ كُلُّنَا إِخْوَةٌ.
나는 그 책들 모두(all of the books)를 읽었다.(강조어가 목적격)	قَرَأْتُ كُلَّ الكُتُبِ.	قَرَأْتُ الكُتُبَ كُلَّهَا.
나는 그에게 그 질문들 모두(all of the questions)에 대해 대답했다.(강조어가 소유격)	أَجَبْتُهُ عَنْ كُلِّ الأَسْئِلَةِ.	أَجَبْتُهُ عَنِ الأَسْئِلَةِ كُلِّهَا.

→ 위의 ② 강조어 구문예에서 피강조어(파란색)가 사람 지칭 한정형태 복수 명사 혹은 사물 지칭 한정형태 복수 명사인 것을 확인하라. 그 뒤에 강조어가 사용되어 그 의미가 '... 모두(all of the ...s)'로 해석되었다.

→ 위의 문장들을 번역할 때 각각의 문장을 '그 모든 승객들(all passengers)', '그 모든 여학생들(all girl students)' 등으로 하는 것도 가능하다. 여기서는 كُلّ 가 강조어로 사용되었기에 위와 같이 번역하였다.

→ 위의 마지막 두 문장은 피강조어가 사물 지칭 복수명사인 경우이다. 이 경우 강조어에 여성 단수 형태의 연결의 인칭대명사가 사용되었다.

b. '전체(the whole ...)'의 의미

아래의 ② 문장에서와 같이 피강조어(파란색 글자)에 사물 지칭 단수명사가 오는 경우로서 '그 사물의 내용 전체(the whole..., the entire ...)'의 의미를 가진다. 이 때 강조어에 단수 형태의 연결의 인칭대명사가 붙는다.

의미	① 연결형 구문	② 강조어 구문
그 도시 전체(the whole city)가 잠이 들었다.(강조어가 주격)	نَامَتْ كُلُّ الْمَدِينَةِ.	نَامَتِ الْمَدِينَةُ كُلُّهَا.
나는 그 책 전체(the whole book)를 읽었다.(강조어가 목적격)	قَرَأْتُ كُلَّ الْكِتَابِ.	قَرَأْتُ الْكِتَابَ كُلَّهُ.
나는 어두운 밤 내내(the whole night) 잠을 잤다.	نِمْتُ كُلَّ اللَّيْلِ.	نِمْتُ اللَّيْلَ كُلَّهُ (أَوِ اللَّيْلَةَ كُلَّهَا).
달은 온 땅 전체(the whole earth)를 비친다.	الْقَمَرُ يُنِيرُ كُلَّ الْأَرْضِ.	الْقَمَرُ يُنِيرُ الْأَرْضَ كُلَّهَا.
싸미르는 하나님의 창조물 전체를 사랑한다.(강조어가 목적격)	سَمِيرٌ يُحِبُّ كُلَّ خَلْقِ اللهِ.	سَمِيرٌ يُحِبُّ خَلْقَ اللهِ كُلَّهُمْ. *

→ 위의 예들에서 피강조어가 모두 사물 지칭 단수 한정명사인 것을 확인하라.
→ 위의 ①의 연결형 구문이 ②의 강조어 구문으로 어떻게 바뀌는지를 확인하라.
→ 위의 * 문장에서 피강조어는 전연결어 خَلْق 인데, 하나님의 창조물에는 사람과 사물 모두 포함되어 있다. 따라서 연결의 인칭대명사가 هُمْ 이 사용되었다. كُلَّهُ 도 가능하다. '하나님의 창조물 모두' 란 번역도 가능하다.

** 한편 위의 문장들에 부정어가 사용될 경우 부정의 의미를 더욱 강조하게 된다..

그 승객들 모두(all of the passengers)가 오지 않았다. (강조어가 주격으로 사용) (전체 부정)	لَمْ يَجِئِ الرُّكَّابُ كُلُّهُمْ.
우리가 소식들 모두를 듣지 않았다. (강조어가 소유격으로 사용) (전체 부정)	لَمْ نَسْتَمِعْ لِلْأَخْبَارِ كُلِّهَا.

** 강조의 대상이 쌍수일 경우

كُلّ 에 해당되는 의미로서 강조의 대상이 단수나 복수가 아니라 쌍수일 경우가 있다. 이 때는 كُلّ 의 쌍수형인 كِلَا 를 사용한다. كِلَا 는 아래 문장에서 처럼 불규칙 격변화를 하는데 자세한 내용은 조금 이후에 나오는 كِلَا 의 용법에서 공부하도록 하라.

그 쌍둥이 둘 다 합격했다.	نَجَحَ التَّوْأَمَانِ كِلَاهُمَا.
나는 그 쌍둥이 둘 다를 보았다.	رَأَيْتُ التَّوْأَمَيْنِ كِلَيْهِمَا.

(2) جَمِيعٌ 의 경우

جَمِيعٌ 는 كُلُّ 과 같은 의미의 강조용법으로 사용된다.

a. '… 모두(all of the …s)'의 의미

아래의 ② 문장에서와 같이 피강조어(파란색 글자)에 사람이나 사물 지칭 복수명사가 오는 경우로서 '그 사람(혹은 사물)들 모두(all of the …s)'의 의미를 가진다. 이 때 피강조어가 사람일 경우 복수 형태의 연결형 인칭대명사가 붙으며, 피강조어가 사물일 경우 단수 형태의 연결의 인칭대명사가 붙는다.

의미	① 연결형 구문	② 강조어 구문
그 학생들 모두(all of the students)가 합격했다. (강조어가 주격)	نَجَحَ جَمِيعُ الطُّلَّابِ.	نَجَحَ الطُّلَّابُ جَمِيعُهُمْ.
그 일꾼들(all of the workers) 모두가 그 파티에 참석했다. (강조어가 주격)	حَضَرَ الْحَفْلَةَ جَمِيعُ الْعَامِلِينَ.	حَضَرَ الْحَفْلَةَ الْعَامِلُونَ جَمِيعُهُمْ.
그는 나를 그 장소들 모두에 데리고 다닌다. (강조어가 소유격)	يَحْمِلُنِي إِلَى جَمِيعِ الْأَمَاكِنِ.	يَحْمِلُنِي إِلَى الْأَمَاكِنِ جَمِيعِهَا. *

→ 위의 ①의 연결형 구문이 ②의 강조어 구문으로 어떻게 바뀌는지를 확인하라.
→ 위의 *의 경우 피강조어가 사물복수이기 때문에 그 뒤에 단수 형태의 연결의 인칭대명사가 왔다.

b. '전체(the whole …)'의 의미

아래의 예문에서와 같이 피강조어(파란색 글자)에 사물 지칭 단수명사가 오는 경우로서 '그 사물의 내용 전체(the whole …)'의 의미를 가진다. 이 때 강조어에 단수 형태의 연결의 인칭대명사가 붙는다.

아랍 민족 전체는 한 마음이다. (강조어가 주격으로 사용)	الْأُمَّةُ الْعَرَبِيَّةُ جَمِيعُهَا قَلْبٌ وَاحِدٌ.
그 도시 전체(the whole city)가 잠이 들었다. (강조어가 주격으로 사용)	نَامَتِ الْمَدِينَةُ جَمِيعُهَا.
나는 그 책 전체(the whole book)를 읽었다. (강조어가 목적격으로 사용)	قَرَأْتُ الْكِتَابَ جَمِيعَهُ.

→ 위의 문장의 جَمِيع 는 앞의 ①과 같은 연결형 구문으로 사용되지 않는다. 그 이유는 جَمِيع 가 전연결어로 사용될 경우 그 뒤 후연결어에 복수형태의 단어가 사용되기 때문이다.

(3) كَافَّةً 의 경우

كَافَّةً 는 연결형에 사용될 경우 항상 복수 후연결어를 취하는 단어이다. 따라서 아래의 ② 문장에서와 같이 강조어(빨간색 글자)로 사용될 때도 그 피강조어(파란색 글자)에 복수 명사가 온다. كَافَّةً 의 의미는 '... 모두(all of the ...s)' 혹은 '예외없는 모두(all without exception)'의 의미로 사용되는데, 이는 앞의 كُلّ 나 جَمِيع 보다 '모두'란 의미가 더 강하다고 볼 수 있다.

의미	① 연결형 구문	② 강조어 구문
그 학생들 모두가 참석했다.	حَضَرَ كَافَّةُ الطُّلَّابِ.	حَضَرَ الطُّلَّابُ كَافَّتُهُمْ.
나는 나의 형제들 모두를 사랑한다.	أُحِبُّ كَافَّةَ إِخْوَتِي.	أُحِبُّ إِخْوَتِي كَافَّتَهُمْ.
나는 그 주제들 모두에 대해 말했다.	تَكَلَّمْتُ عَنْ كَافَّةِ الْمَوْضُوعَاتِ.	تَكَلَّمْتُ عَنِ الْمَوْضُوعَاتِ كَافَّتِهَا.
그 구름들은 하늘의 모든 부분에 있다. (رَجَا/ أَرْجَاءَ = نَاحِيَة)	السُّحُبُ فِي كَافَّةِ أَرْجَاءِ السَّمَاءِ.	السُّحُبُ فِي أَرْجَاءِ السَّمَاءِ كَافَّتِهَا.
그 주제의 모든 부분들은 분명하다. (نُقْطَة/ نِقَاط)	كَافَّةُ نِقَاطِ الْمَوْضُوعِ وَاضِحَةٌ.	نِقَاطُ الْمَوْضُوعِ كَافَّتُهَا وَاضِحَةٌ.

(4) عَامَّةً 의 경우

عَامَّةً 가 연결형이나 강조어에 사용될 경우 '대부분(most of)', '거의 대부분'의 의미가 된다. 아래의 ② 문장에서와 같이 피강조어(파란색 글자)에 복수명사가 많이 사용되지만 단수명사도 사용이 가능하다.

의미	① 연결형 구문	② 강조어 구문
나는 그 학생들 대부분을 사랑한다.	أُحِبُّ عَامَّةَ الطُّلَّابِ.	أُحِبُّ الطُّلَّابَ عَامَّتَهُمْ.
나는 이집트 도시들 대부분을 방문했다.	زُرْتُ عَامَّةَ مُدُنِ مِصْرَ.	زُرْتُ مُدُنَ مِصْرَ عَامَّتَهَا.
나는 그 노동자들 대부분과 인사를 나누었다.	سَلَّمْتُ عَلَى عَامَّةِ الْعُمَّالِ.	سَلَّمْتُ عَلَى الْعُمَّالِ عَامَّتِهِمْ.
그 학생들 대부분이 시험을 쳤다.	أَخَذَ الِامْتِحَانَ عَامَّةُ الطُّلَّابِ.	أَخَذَ الِامْتِحَانَ الطُّلَّابُ عَامَّتُهُمْ.
그 도시의 대부분은 어둠속에서 산다. (피강조어가 사물 지칭 단수명사이다.)	عَامَّةُ الْمَدِينَةِ تَعِيشُ فِي ظَلَامٍ.	الْمَدِينَةُ عَامَّتُهَا تَعِيشُ فِي ظَلَامٍ.

3. 강조어(التَّوْكِيد) 관련 여러가지 단어들의 용법

지금까지 배웠던 강조어 가운데 강조어로 사용될 뿐만 아니라 다른 용법으로도 많이 사용되는 단어들이 있다. نَفْسٌ , كَافَّةٌ , عَامَّةٌ , جَمِيعٌ , كِلَا , كُلٌّ 는 강조어 이외에도 전연결어로 사용되거나, 독립적으로 사용되기도 하는데 이 단어들에 대한 여러가지 용법들을 살펴보자..

1) كُلٌّ 의 용법

(1) كُلٌّ 가 전연결어(الْمُضَاف)로 사용된 경우

كُلٌّ 는 전연결어로 많이 사용된다. 이 때 후연결어가 단수 비한정 명사인 경우와 단수 한정명사인 경우, 그리고 복수 한정명사인 경우의 의미가 달라진다. 아래의 ①과 같이 후연결어가 단수 비한정 명사인 경우 지정되지 않은 대상의 각각의 개체를 의미하여 '각각의, 모두의(every, each)'의 의미를 가지거나, 종류명사의 경우 '모든 종류의(every kind)'의 의미를 가진다. 아래의 ②와 같이 후연결어가 단수 한정명사인 경우 지정된 대상의 내용 전체를 의미하여 '그 ... 전체(the whole ...)' 의 뜻이 된다. 또한 아래의 ③과 같이 후연결어가 복수 한정명사인 경우 지정된 대상의 갯수 모두를 의미하여 '모든 ... (all ...)'의 뜻이 된다.

	① 후연결어가 단수 비한정 명사		② 후연결어가 단수 한정명사		③ 후연결어가 복수 한정명사	
A	모든(각각의) 책 (every book)	كُلُّ كِتَابٍ	그 책 전체 (the whole book)	كُلُّ الْكِتَابِ	모든 책들 (all books)	كُلُّ الْكُتُبِ
	각 도시마다 (every city)	كُلُّ مَدِينَةٍ	그 도시 전체 (the whole city)	كُلُّ الْمَدِينَةِ	모든 도시들 (all cities)	كُلُّ الْمُدُنِ
	각 국가마다 (every country)	كُلُّ دَوْلَةٍ	그 국가 전체 (the whole country)	كُلُّ الدَّوْلَةِ	모든 국가들 (all countries)	كُلُّ الدُّوَلِ
B	매일 (every day)	كُلُّ يَوْمٍ	하루 종일 (the whole day)	كُلُّ الْيَوْمِ	모든 날들 (all days)	كُلُّ الْأَيَّامِ
	매년 (every year)	كُلُّ سَنَةٍ	한 해 내내 (the whole year)	كُلُّ السَّنَةِ	모든 해들 (all years)	كُلُّ السَّنَوَاتِ
C	모든(각각의) 사람 (every one)	كُلُّ شَخْصٍ	×	×	모든 사람들 (all people)	كُلُّ الْأَشْخَاصِ
	모든(각각의) 학생 (every student)	كُلُّ طَالِبٍ	×	×	모든 학생들 (all students)	كُلُّ الطُّلَّابِ
D	모든 종류의 홍차 (every kind of tea)	*كُلُّ شَايٍ	그 홍차 전체 (the whole tea)	كُلُّ الشَّايِ	×	×
	모든 종류의 설탕 (every kind of sugar)	*كُلُّ سُكَّرٍ	그 설탕 전체 (the whole sugar)	كُلُّ السُّكَّرِ	×	×

→ 위의 A 와 B 는 후연결어가 사물인 경우, C 는 후연결어가 사람인 경우, D 는 후연결어가 셀 수 없는 종류명사인 경우이다.

→ 위의 ①의 의미는 '모든, 각각의(every, each)' 혹은 종류명사의 경우 '모든 종류의(every kind)'의 의미이고, ②는 '그 ... 전체(the whole ...)'의 의미이며, ③은 '모든 ...(all ...)'의 의미가 된다.

→ 위의 C ②의 경우를 보자(كُلٌّ의 후연결어에 단수 사람 한정명사가 오는 경우). 이 경우는 사람을 세부적인 내용으로 나누는 의미가 되기 때문에 사용되지 않는다. 이러한 경우가 가능한 경우는 예를들어 토막 살인 사건에서 살해된 시체의 전체를 말 할 때 등의 특별한 경우 뿐이다.
(예 : كُلُّ الْقَتِيلِ 피살자 시체의 전체)

→ 위의 D ③의 경우를 보자(كُلّ 의 후연결어에 셀 수 없는 복수 종류명사가 올 경우). 설탕이나 홍차와 같이 셀 수 없는 종류명사는 그 복수형이 존재하지 않는다.

→ 위의 D 의 경우 셀 수 없는 종류명사이다. 셀 수 없는 종류명사들이 비한정 형태의 후연결어로 사용되는 경우는 '모든 종류(every kind of)'의 의미가 된다.

→ 후연결어가 복수 비한정으로 오는 경우는 사용되지 않는다. 예 : كُلُّ طُلَّابٍ (x) , كُلُّ كُتُبٍ (x)

문장에서 사용된 예들 – كُلّ 가 전연결어로 사용된 문장에서 성(性)과 수(數)의 일치

문장에서 일치를 고려할 경우 후연결어의 성(性)과 수(數)를 따른다. 즉 앞의 ①과 같이 후연결어가 단수 비한정 명사인 경우와 ②와 같이 후연결어가 단수 한정명사인 경우는 단수로 취급이 된다. 또한 위의 ③과 같이 후연결어가 복수 한정명사인 경우 그 명사가 사람에 대한 것이면 복수로 취급하고, 그 명사가 사물에 대한 것이면 단수로 취급한다. (사물복수는 여성 단수 취급)

①	각각의 책(혹은 모든 책, every book)은 읽혀 져야 한다. (단수 명사로 취급)	كُلُّ كِتَابٍ يَجِبُ أَنْ يُقْرَأَ.
②	그 책 전체(the whole book)는 한 가지 주제에 대해 이야기 한다. (단수 명사로 취급)	كُلُّ الْكِتَابِ يَتَحَدَّثُ عَنْ مَوْضُوعٍ وَاحِدٍ.
③	그 모든 책들(all books)은 그 서점에 도착했다. (사물 복수로 취급되어 동사가 여성 단수)	كُلُّ الْكُتُبِ وَصَلَتْ إِلَى الْمَكْتَبَةِ.

① 후연결어가 단수 비한정명사인 경우

후연결어가 단수 비한정 명사인 경우는 지정되지 않은 대상의 각각의 개체를 의미하여 '각각의(every, each), 모든' 혹은 '모든 종류의(every kind)'의 의미가 된다. 문장의 성(性)과 수(數)는 후연결어와 일치한다. (즉 문장의 성(性)은 후연결어의 성에 일치하고, 수(數)는 단수로 취급된다.)

나는 내 책장의 각각의 책(혹은 모든 책, every book)을 읽었다.	قَرَأْتُ كُلَّ كِتَابٍ فِي مَكْتَبَتِي.
각각의 학생(혹은 모든 학생, every student)은 일찍 출석해야 한다.	كُلُّ طَالِبٍ يَجِبُ أَنْ يَحْضُرَ مُبَكِّرًا.
나는 홍차를 매일(every day) 마신다.	أَشْرَبُ شَايًا كُلَّ يَوْمٍ.
나는 매년(every year) 나의 고향을 방문한다.	أَزُورُ بَلَدِي كُلَّ سَنَةٍ.
모든(every) 서점(도서관)은 많은 책들을 가지고 있다. (حَوَى/يَحْوِي هـ)	كُلُّ مَكْتَبَةٍ تَحْوِي كُتُبًا كَثِيرَةً.

② 후연결어가 단수 한정명사인 경우

후연결어가 단수 한정명사인 경우 지정된 대상의 내용 전체를 의미하여 '그 ... 전체(the whole ...)'의 뜻이 되며, 문장의 성(性)과 수(數)는 후연결어와 일치한다.

나는 그 책 전체를(the whole book) 읽었다.	قَرَأْتُ كُلَّ الْكِتَابِ.
나는 그 커피 모두를(the whole coffee)를 다 마셨다.	شَرِبْتُ كُلَّ الْقَهْوَةِ.
그 도시 전체는 늦게 잠잔다. (주어가 여성 단수이다.)	كُلُّ الْمَدِينَةِ تَنَامُ مُتَأَخِّرًا.

제 9 과 후속어 III — 강조어에 대해

나는 온 땅을 비치는 달을 좋아한다.	أُحِبُّ الْقَمَرَ الَّذِي يُنِيرُ كُلَّ الْأَرْضِ.
모든 세계(the whole world)는 가난의 위험속에서 살고 있다. (주어가 남성 단수이다.)	كُلُّ الْعَالَمِ يَعِيشُ فِي خَطَرِ الْفَقْرِ.
그 모든 커피는 5분만에 마셔진다. (주어가 여성 단수이다.)	كُلُّ الْقَهْوَةِ تُشْرَبُ فِي خَمْسِ دَقَائِقَ.

③ 후연결어가 복수 한정명사인 경우

후연결어가 복수 한정명사인 경우 지정된 대상의 갯수 모두를 의미하여 '모든 ...들(all ...)'의 뜻이 된다. 여기서도 문장의 성(性)은 후연결형의 성에 일치하며, 수(數)는 후연결어가 사람인 경우 복수로 취급하며 후연결어가 사물인 경우 단수로 취급한다.(사물복수는 여성 단수 취급)

나는 내 책장에 있는 그 모든 책들을 읽었다. (all books)	قَرَأْتُ كُلَّ الْكُتُبِ فِي مَكْتَبَتِي.
그 모든 승객들이 왔다. (all passengers)	جَاءَ كُلُّ الرُّكَّابِ.
그 모든 학생들이 참석했다.	حَضَرَ كُلُّ الطُّلَّابِ.
우리는 그 모든 소식들을 듣지 않았다.	لَمْ نَسْتَمِعْ لِكُلِّ الْأَخْبَارِ.
하나님 앞에서 모든 사람들은 동등하다.	كُلُّ النَّاسِ أَمَامَ اللهِ سَوَاءٌ.
모든 아이들은 노는 것을 좋아한다. (all children) (동사가 복수 취급)	كُلُّ الْأَطْفَالِ يُحِبُّونَ اللَّعِبَ.
(그) 모든 여학생들은 휴일을 좋아한다. (동사가 여성 3인칭 복수 취급)	كُلُّ الطَّالِبَاتِ يُحْبِبْنَ الْإِجَازَةَ.
(그) 모든 도시들은 자신의 거리들의 깨끗함에 대해 관심을 가진다. (사물 복수 취급)	كُلُّ الْمُدُنِ تَهْتَمُّ بِنَظَافَةِ شَوَارِعِهَا.
모든 날들은 그것의 달콤함과 쓸쓸함과 함께 지나간다. (all days)	كُلُّ الْأَيَّامِ تَمُرُّ بِحُلْوِهَا وَمُرِّهَا.

** 위의 كُلّ 의 일치의 원리와 앞과에서 배운 بَعْض 의 일치의 원리를 비교하라.
(앞과에서 'بَعْض 의 여러가지 용법' 부분에서 설명하고 있는 'بَعْض 의 성(性)과 수(數)의 일치에 대해'와 비교하라.)

** 아래를 비교하라.

나는 각각의(혹은 모든) 집(every house)을 청소했다.	نَظَّفْتُ كُلَّ بَيْتٍ.
나는 그 집 전체(the whole house)를 청소했다.	نَظَّفْتُ كُلَّ الْبَيْتِ.
나는 그 모든 집들(all houses)을 청소했다.	نَظَّفْتُ كُلَّ الْبُيُوتِ.

** كُلّ 가 세 단어 연결형의 중간에도 올 수 있다.

이것은 그 모든 학생들의 집들이다.	هَذِهِ بُيُوتُ كُلِّ الطُّلَّابِ.

** كُلّ 뒤에 접미 인칭대명사가 온 경우

아래와 같이 كُلّ 뒤에 접미 인칭대명사가 오는 경우 그 의미는 '접미 인칭대명사의 모두'를 의미하며, 보통 주어로 많이 사용된다.

그들 모두는 여기에 있다. (كُلُّهُمْ이 주어로 사용됨)	كُلُّهُمْ هُنَا.
그들 모두가 참석했다. (كُلُّهُمْ이 주어로 사용됨)	كُلُّهُمْ حَضَرُوا. (= حَضَرَ كُلُّهُمْ.)
그들 모두가 참석했다. (كُلُّهُمْ이 강조어로 사용됨)	حَضَرُوا كُلُّهُمْ.
그 두 사람 모두 아랍어를 좋아한다. (كِلَاهُمَا가 주어)	كِلَاهُمَا يُحِبُّ اللُّغَةَ الْعَرَبِيَّةَ.

(2) كُلّ 가 강조어(التَّوْكِيد)로 사용되는 경우

앞에서 배운대로 كُلّ 는 한정 명사 뒤에서 그 단어를 강조하는 강조어로 사용된다. 이 때 كُلّ 뒤에는 연결의 인칭대명사가 후연결어로 온다. 앞에서 공부한 강조어 문장들이 이에 해당된다.

예문들

이 집들 모두는 크다.	هَذِهِ الْبُيُوتُ كُلُّهَا كَبِيرَةٌ.
나는 그 책들 모두를 읽었다.	قَرَأْتُ الْكُتُبَ كُلَّهَا.
나는 그 홍차 전체를 마셨다.	شَرِبْتُ الشَّايَ كُلَّهُ.

** كُلّ 가 전연결어로 사용된 구문과 강조어로 사용된 구문의 비교

아래는 كُلّ 가 전연결어로 사용된 경우와 강조어로 사용된 경우를 비교한 것이다. كُلّ 이 전연결어로 사용된 경우와 강조어로 사용된 경우 실제적인 의미는 같다. 단지 아래와 같이 강조어의 경우 사물 지칭 복수명사와 사람 지칭 복수명사에서 번역의 단어 배열을 달리 할 수 있다.

		전연결어로 사용된 경우	강조어로 사용된 경우
①	사물 지칭 복수명사	كُلُّ الْكُتُبِ 그 모든 책들(all books)	الْكُتُبُ كُلُّهَا 그 책들 모두(all of the books)
②	사람 지칭 복수명사	كُلُّ الرِّجَالِ 그 모든 남자들(all men)	الرِّجَالُ كُلُّهُمْ 그 남자들 모두(all of the men)
③	사물 지칭 단수명사	كُلُّ الْبَيْتِ 그 집 전체 (the whole house)	الْبَيْتُ كُلُّهُ 그 집 전체 (the whole house)

(3) كُلّ 가 독립적으로 사용되는 경우

كُلّ 가 전연결어나 강조어로 사용되는 것이 아니라 독립적으로 사용되어 한정형태의 الـ 을 취할 경우 지정된 사람이나 사물에 대해 '모두(all, all people, everybody)', '모든 것(all, everything)'의 뜻을 가진다. 또한 كُلّ 가 الـ 없이 독립적으로 사용될 경우 그 의미는 지정되지 않은 대상에 대해 '모든 사람(every person)' 등의 의미로 사용된다. 또한 كُلّ مِنْ 형태로 사용되면 '..의 각각(each of)'의 의미로 사용된다.

모두(all, everybody)가 참석했다. (모든 사람들이)	حَضَرَ الْكُلّ.
모두가 그것을 알고 있다. (모든 사람들이)	الْكُلّ يَعْرِفُ ذَلِكَ.
이것은 모두에게 알려져 있다. (모든 사람들에게)	هَذَا مَعْرُوفٌ عِنْدَ الْكُلِّ.
나는 모두에게 이야기 했다. (모든 사람들에게)	تَحَدَّثْتُ إِلَى الْكُلِّ.
이것은 모두의 집들이다. (모든 사람들의)	هَذِهِ بُيُوتُ الْكُلِّ.
그는 모든 것(all, everything)을 먹었다.	أَكَلَ الْكُلَّ.
나는 모든 것을 시도했으나 성공하지 못했다. (all, everything)	جَرَّبْتُ الْكُلَّ وَلَمْ أُفْلِحْ.
모든 사람은 음악을 좋아한다. 모든 사람(كُلّ إِنْسَان)의 의미 (every person)	كُلٌّ يُحِبُّ الْمُوسِيقَى.
모두는 일을 해야 한다. 모든 인간(كُلّ إِنْسَان)의 의미 (every person)	كُلٌّ يَجِبُ أَنْ يَعْمَلَ.
그는 그의 친구들 각각(each of)을 방문하러 갔다.	ذَهَبَ لِزِيَارَةِ كُلٍّ مِنْ أَصْدِقَائِهِ.
이것은 그들 각자의(each of) 집들이다.	هَذِهِ بُيُوتُ كُلٍّ مِنْهُمْ.

** 아래와 같이 الْكُلّ 가 독립적으로 사용될 경우 수(數)의 일치는 단수로 취급하는 것도 가능하고 복수로 취급하는 것도 가능하다.

모두가 그것을 알고 있다.	الْكُلّ يَعْرِفُ ذَلِكَ.
	الْكُلّ يَعْرِفُونَ ذَلِكَ.
모두는 아랍어에 대해 관심을 가지고 있다.	الْكُلّ مُهْتَمٌّ بِاللُّغَةِ الْعَرَبِيَّةِ.
	الْكُلّ مُهْتَمُّونَ بِاللُّغَةِ الْعَرَبِيَّةِ.

2) كِلَا '양쪽 모두의'의 용법

كُلّ 이 '모든(all)'의 의미라면 كِلَا 혹은 كِلْتَا 는 두 개의 사물 가운데 '양쪽 모두의(both of)'의 의미이다. كِلَا (남성) 혹은 كِلْتَا (여성)의 용법은 그 후연결어에 따라 두 가지로 나뉘는데, 먼저는 كِلَا 혹은 كِلْتَا 뒤의 후연결어에 보통명사가 오는 경우이고, 두번째는 후연결어에 쌍수의 접미 인칭대명사가 오는 경우이다. 전자의 경우 كِلَا 와 كِلْتَا 의 형태가 불격변화(مَبْنِيّ)이지만 후자의 경우는 격변화를 한다. 즉 후자의 경우인 كِلَا 와 كِلْتَا 뒤에 접미 인칭대명사가 후연결어로 오면 격변화를 하고 또한 كِلَا 와 كِلْتَا 가 강조어로 사용될 경우에도 격변화를 한다. 한편 كِلَا 와 كِلْتَا 가 문장에서 사용될 경우 단수로 취급하는 것도 가능하고 쌍수로 취급하는 것도 가능하다.

(1) كِلَا 나 كِلْتَا 뒤의 후연결어에 보통명사가 오는 경우

이 때의 كِلَا 나 كِلْتَا 는 **불격변화이다**(مَبْنِيّ). كِلَا 나 كِلْتَا 가 주어로 사용될 경우 술어를 단수로 취급하는 것도 가능하고 쌍수로 취급하는 것도 가능하다.

그 두 학생들 모두 훌륭하다. (كِلَا 가 주격으로 사용)	كِلَا الطَّالِبَيْنِ مُمْتَازَانِ. (أَوْ مُمْتَازٌ)
그 두 소녀들 모두 아름답다. (كِلْتَا 가 주격으로 사용)	كِلْتَا الْبِنْتَيْنِ جَمِيلَتَانِ. (أَوْ جَمِيلَةٌ)
그 남자들은 둘 다 그것에 동의한다. (كِلَا 가 주격으로 사용)	كِلَا الرَّجُلَيْنِ يَتَّفِقُ عَلَى ذَلِكَ. (أَوْ يَتَّفِقَانِ)
그 두 학생들 모두 아랍어를 좋아한다. (كِلَا 가 주격으로 사용)	كِلَا الطَّالِبَيْنِ يُحِبَّانِ اللُّغَةَ الْعَرَبِيَّةَ. (أَوْ يُحِبُّ)
나는 그 두 소녀들 모두를 안다. (كِلْتَا 가 목적격으로 사용)	أَعْرِفُ كِلْتَا الْبِنْتَيْنِ.
나는 저기에서 그 두 남자 모두와 두 여자 모두를 보았다. (كِلَا 와 كِلْتَا 가 목적격으로 사용)	رَأَيْتُ كِلَا الرَّجُلَيْنِ وَكِلْتَا الْمَرْأَتَيْنِ هُنَاكَ.

** 한편 كِلَا/كِلْتَا 가 세 단어 연결형의 중간 단어로 사용되는 경우도 있다. 이 경우는 세번째 단어의 전연결어로 사용된 경우이다.

이것은 그 두 학생들 모두의 집이다.	هَذَا بَيْتُ كِلَا الطَّالِبَيْنِ.
그들은 그 두 댐 모두의 건설을 감독했다.	أَشْرَفُوا عَلَى بِنَاءِ كِلَا السَّدَّيْنِ.

** كِلَا 의 격변화

كِلَا 와 كِلْتَا 는 후연결어에 접미 인칭대명사가 오는 경우 혹은 강조어로 사용되는 경우 아래와 같이 격변화 한다. (다음의 (2)와 (3)의 경우)

كِلَا 의 격변화		
	남성(مُذَكَّرٌ)	여성(مُؤَنَّثٌ)
주격(مَرْفُوعٌ)	كِلَا	كِلْتَا
소유격/목적격(مَجْرُورٌ/مَنْصُوبٌ)	كِلَيْ	كِلْتَيْ

(2) كِلْتَا 나 كِلاَ 의 후연결어에 접미 인칭대명사가 오는 경우

كِلاَ 나 كِلْتَا 가 전연결어로 사용되었지만 후연결어에 접미 인칭대명사가 오는 경우 كِلاَ 와 كِلْتَا 는 문장에서 사용된 용법에 따라 격변화 한다.

그들 둘 다는 카이로에서 태어났다. (남성 주격)	وُلِدَ كِلاَهُمَا فِي الْقَاهِرَةِ.
그들 둘 다(f.) 웃었다. (여성 주격)	ضَحِكَتْ كِلْتَاهُمَا.
그들은 그들 둘 다(f.)를 언급했느냐? (여성 목적격)	هَلْ ذَكَرُوا كِلْتَيْهِمَا؟.
우리는 그 둘 다를 신뢰한다. (남성 소유격)	نَثِقُ بِكِلَيْهِمَا.

(3) كِلاَ 가 강조어(التَّوْكِيد)로 사용될 경우

كِلاَ 혹은 كِلْتَا 뒤에 연결의 인칭대명사가 붙어서 강조어로도 사용된다. كِلاَ 와 كِلْتَا 가 강조어로 사용될 경우 격변화를 하며, 그 앞의 피강조어와 성(性)·수(數)·격(格) 그리고 한정형태가 일치해야 한다.

그 두 학생들 모두는 훌륭하다. (كِلاَهُمَا 는 주어인 الطَّالِبَانِ 을 강조하는 강조어. 주격)	الطَّالِبَانِ كِلاَهُمَا مُمْتَازَانِ.
나는 그 두 소년 모두의 생각들을 좋아한다.(كِلَيْهِمَا 는 الْوَلَدَيْنِ 을 강조하는 강조어. 소유격)	أُحِبُّ أَفْكَارَ الْوَلَدَيْنِ كِلَيْهِمَا.
나는 그 두 소녀들 모두를 안다. (كِلْتَيْهِمَا 는 목적어로 사용된 الْبِنْتَيْنِ 를 강조하는 강조어. 목적격)	أَعْرِفُ الْبِنْتَيْنِ كِلْتَيْهِمَا.

더 많은 예들

그 두 소년 모두가 그 교실에 있다. (كِلاَهُمَا 가 주격)	الصَّبِيَّانِ كِلاَهُمَا فِي الْفَصْلِ. (= كِلاَ الصَّبِيَّيْنِ)
그 두 여학생 모두 승리했다. (كِلْتَاهُمَا 가 주격)	فَازَتِ الطَّالِبَتَانِ كِلْتَاهُمَا. (= كِلْتَا الطَّالِبَتَيْنِ)
나는 그 두 남자 모두를 보았다. (كِلَيْهِمَا 가 목적격)	رَأَيْتُ الرَّجُلَيْنِ كِلَيْهِمَا. (= كِلاَ الرَّجُلَيْنِ)
우리는 그 두 문장 모두를 완성했다. (كِلْتَيْهِمَا 가 목적격)	أَكْمَلْنَا الْجُمْلَتَيْنِ كِلْتَيْهِمَا. (= كِلْتَا الْجُمْلَتَيْنِ)

3) جَمِيع 의 용법

جَمِيع 는 كُلّ 와 같이 전연결어로도 사용되고, 강조어로도 사용되며, 독립적으로도 사용된다.

(1) جَمِيع 이 전연결어(الْمُضَاف)로 사용되는 경우

جَمِيع 는 كُلّ 와는 달리 후연결어에 단수 비한정 명사나 단수 한정명사가 오는 용법으로는 사용되지 않고, 후연결어에 복수 한정명사가 오는 용법으로만 사용된다.

의미	كُلّ 의 경우	جَمِيع 의 경우
그 모든 책들 (all books)	كُلُّ الْكُتُبِ	جَمِيعُ الْكُتُبِ
그 모든 학생들 (all students)	كُلُّ الطُّلَّابِ	جَمِيعُ الطُّلَّابِ
그 모든 도시들 (all cities)	كُلُّ الْمُدُنِ	جَمِيعُ الْمُدُنِ
그 모든 해들 (all years)	كُلُّ السَّنَوَاتِ	جَمِيعُ السَّنَوَاتِ
그 모든 남자들 (all men)	كُلُّ الرِّجَالِ	جَمِيعُ الرِّجَالِ

** 일반적으로 جَمِيع 는 كُلّ 와는 달리 그 뒤에 한정명사 단수 꼴이나 비한정 명사 단수꼴로는 사용되지 않는다.

거의 사용 않음(نَادِر)	جَمِيعُ الْكِتَابِ	×	جَمِيعُ كِتَابٍ (×)

예문들

그 모든 단원들이 어렵다.	جَمِيعُ الدُّرُوسِ صَعْبَةٌ.
그 모든 일꾼들이 파티에 참석했다.	حَضَرَ الْحَفْلَةَ جَمِيعُ الْعَامِلِينَ.
그가 나를 그 모든 장소들에 데리고 다닌다.	يَحْمِلُنِي إِلَى جَمِيعِ الْأَمَاكِنِ.

→위에서 جَمِيع 의 후연결어는 모두 복수명사이다. 이 때 후연결어가 사람 복수인 경우 복수로 취급하며, 후연결어가 사물 복수인 경우 여성 단수로 취급한다.

** 한편 아래의 문장은 جَمِيع 의 후연결어가 복수가 아닌 단수로서 사용되는 경우이다. 이 경우는 أُمَّة 란 단어가 단수 형태이지만 의미로는 '민족' 이라는 복수의 의미이기 때문에 단수 형태로서 사용한다.

모든 아랍 민족은 한 마음이다.	جَمِيعُ الْأُمَّةِ الْعَرَبِيَّةِ قَلْبٌ وَاحِدٌ.

제 9 과 후속어 III — 강조어에 대해

(2) جَمِيعٌ 이 강조어(التَّوْكِيدُ)로 사용되는 경우

강조어로 사용된 جَمِيعٌ 에 대해서는 앞에서 공부하였다.

그 단원들 모두가 어렵다.	الدُّرُوسُ جَمِيعُهَا صَعْبَةٌ.
그 교사들 모두는 그 파티에 참석했다. (= جَمِيعُ الْمُدَرِّسِينَ)	حَضَرَ الْحَفْلَةَ الْمُدَرِّسُونَ جَمِيعُهُمْ.
그가 나를 그 장소들 모두에 데리고 다닌다. (소유격으로 사용)	يَحْمِلُنِي إِلَى الْأَمَاكِنِ جَمِيعِهَا.
모든 아랍 민족들은 한 마음이다.	الْأُمَّةُ الْعَرَبِيَّةُ جَمِيعُهَا قَلْبٌ وَاحِدٌ.

(3) جَمِيعٌ 이 독립적으로 사용된 경우

جَمِيعٌ 이 독립적으로 사용되어 한정형태의 ـال 을 취할 경우 지정된 사람이나 사물에 대해 '모두(all, everybody)', '모든 것(all, everything)'의 뜻을 가진다. 앞의 كُلّ 의 용법과 같다.

모두(all, everybody)가 참석했다. (모든 사람들이)	حَضَرَ الْجَمِيعُ.
모두가 그것을 알고 있다. (모든 사람들이)	الْجَمِيعُ يَعْرِفُ ذَلِكَ.
이것은 모두에게 알려져 있다. (모든 사람들에게)	هَذَا مَعْرُوفٌ عِنْدَ الْجَمِيعِ.
그는 모든 것(all, everything)을 먹었다.	أَكَلَ الْجَمِيعَ.

** 아래와 같이 الْجَمِيعُ 가 독립적으로 사용될 경우 단수 취급도 가능하고 복수 취급도 가능하다.

모두가 그것을 알고 있다. (모든 사람들이)	الْجَمِيعُ يَعْرِفُ ذَلِكَ.
	الْجَمِيعُ يَعْرِفُونَ ذَلِكَ.
모두는 아랍어에 대해 관심을 가지고 있다. (모든 사람들은)	الْجَمِيعُ مُهْتَمٌّ بِاللُّغَةِ الْعَرَبِيَّةِ.
	الْجَمِيعُ مُهْتَمُّونَ بِاللُّغَةِ الْعَرَبِيَّةِ.

(4) جَمِيعٌ 이 부사적인 의미로 사용된 경우

جَمِيعٌ 은 كُلّ 와는 달리 비한정 형태의 목적격 형태로 사용될 경우 부사적 의미가 된다. (여기서 جَمِيعًا 은 문법적으로 상태목적어(حَال)이다. 상태목적어는 나중에 공부한다.)

그 교사들이 모두 참석했다.	حَضَرَ الْمُدَرِّسُونَ جَمِيعًا.
그 교장은 그 교사들 모두에게 이야기했다.	تَحَدَّثَ الْمُدِيرُ إِلَى الْمُدَرِّسِينَ جَمِيعًا.
하나님은 참으로 죄들 모두를 용서하신다.	إِنَّ اللهَ يَغْفِرُ الذُّنُوبَ جَمِيعًا.
그 아이들이 모두 잠잤다.	نَامَ الْأَطْفَالُ جَمِيعًا.

4) عَامَّة 의 용법

عَامَّة 는 전연결어, 강조어, 독립적인 용법, 부사적인 의미로, 그리고 수식어로 사용된다. 이 용법들 가운데 수식어로 가장 많이 사용된다. 용법에 따라 의미가 달라지는 것을 확인하라.

(1) 전연결어(الْمُضَاف)로 사용되는 경우

عَامَّة 가 전연결어로 사용될 경우 후연결어에 주로 복수 한정명사가 오며, 그 의미는 '대부분(most of …)'의 의미를 가진다. عَامَّة 은 그 뒤에 복수 한정명사가 오는 용법으로 사용된다.

대부분의 학생들이 시험을 쳤다. (주격)	أَخَذَ الْامْتِحَانَ عَامَّةُ الطُّلَّابِ. (= مُعْظَمُ الطُّلَّابِ)
나는 그 대부분의 학생들을 사랑한다. (목적격으로 사용)	أُحِبُّ عَامَّةَ الطُّلَّابِ. (= مُعْظَمَ الطُّلَّابِ)
오늘 그 대부분의 선생님들이 참석했다. عَامَّةُ الْمُدَرِّسِينَ 의 후연결어가 복수이므로 동사를 복수로 일치)	عَامَّةُ الْمُدَرِّسِينَ حَضَرُوا الْيَوْمَ.
대부분의 가난한 나라들은 교육에 관심을 가지지 않는다.	عَامَّةُ الدُّوَلِ الْفَقِيرَةِ لَا تَهْتَمُّ بِالتَّعْلِيمِ.

→ 위에서 عَامَّة 가 사용된 단어들은 مُعْظَمُ الدُّوَلِ الْفَقِيرَةِ, مُعْظَمُ الْمُدَرِّسِينَ, مُعْظَمُ الطُّلَّابِ 의 의미이다.

(2) 강조어(التَّوْكِيد)로 사용되는 경우

عَامَّة 가 강조어로 사용될 경우도 주로 피강조어에 복수명사가 온다. 이때의 의미는 전연결어로 사용될 경우와 같이 '대부분(most of …)'의 의미이다.

나는 그 학생들 대부분을 사랑한다. (목적격으로 사용)	أُحِبُّ الطُّلَّابَ عَامَّتَهُمْ.
대부분의 사람들이 왔다. (주격)	جَاءَ الْقَوْمُ عَامَّتُهُمْ.
그 선생님들 대부분이 오늘 참석했다.	الْمُدَرِّسُونَ عَامَّتُهُمْ حَضَرُوا الْيَوْمَ.
가난한 나라들 대부분은 교육에 관심을 가지지 않는다.	الدُّوَلُ الْفَقِيرَةُ عَامَّتُهَا لَا تَهْتَمُّ بِالتَّعْلِيمِ.
나는 그 신문의 대부분을 읽었다.	قَرَأْتُ الصَّحِيفَةَ عَامَّتَهَا.

(3) 독립적으로 사용되는 경우

독립적으로 사용되는 الْعَامَّة 는 '보통 사람들' (the common people, عَامَّةُ النَّاسِ 혹은 عَامَّةُ الشَّعْبِ')의 의미이다.

일반(보통) 사람들이 참석했다.	حَضَرَ الْعَامَّةُ.
보통의 국민들이 정치에 대해 말한다.	الْعَامَّةُ يَتَكَلَّمُونَ فِي السِّيَاسَةِ.
정부는 보통 사람들에 대해 관심을 가진다.	تَهْتَمُّ الْحُكُومَةُ بِعَامَّةِ الشَّعْبِ.
대통령은 보통 사람 가운데서 선출되었다.	أُخْتِيرَ الرَّئِيسُ مِنْ عَامَّةِ الشَّعْبِ.

(4) 부사적인 의미로 사용되는 경우

عَامَّةً 이 비한정 형태의 목적격 형태로 사용될 경우 '일반적으로(in general)'의 의미를 가진다.

일반적으로 나는 이집트 음식 종류들을 좋아한다. (صِنْف/أَصْنَاف)	أُحِبُّ أَصْنَافَ الطَّعَامِ الْمِصْرِيِّ عَامَّةً.
이 성명(communiqué)은 일반적으로 그 거주자들을 대상으로(목표로) 한 것이다.	هَذَا الْبَيَانُ مُوَجَّهٌ لِلسُّكَّانِ عَامَّةً.

(5) 수식어(نَعْت)로 사용되는 경우

형용사 عَامّ 의 여성형태로 사용된다. '일반적인(general)', '공공의(public)' 의 의미를 가진다.

UN 총회는 국제적 기구이다. (الْجَمْعِيَّةُ الْعَامَّةُ general assembly)	الْجَمْعِيَّةُ الْعَامَّةُ لِلْأُمَمِ الْمُتَّحِدَةِ هِيَ الْجِهَازُ الدَّوْلِيُّ.
너는 공공장소들에서 놀지 마라.	لَا تَلْعَبْ فِي الْأَمَاكِنِ الْعَامَّةِ.

5) كَافَّة 의 용법

كَافَّة 은 전연결어, 강조어, 독립적인 용법 그리고 부사적인 용법으로 사용된다. كَافَّة 은 '모든(all)', '예외없는 모두(all without exception)'의 의미를 가진다.

(1) 전연결어(الْمُضَاف)로 사용되는 경우

كَافَّة 이 전연결어로 사용될 경우 후연결어에 복수 한정명사만 사용된다. 따라서 그 의미도 '모든 …들(all …)'의 의미가 된다.

그 책은 모든 서점들에 존재한다.	الْكِتَابُ مُتَاحٌ فِي كَافَّةِ الْمَكْتَبَاتِ.
음악은 모든 백성들의 문화이다.	الْمُوسِيقَى ثَقَافَةُ كَافَّةِ الشُّعُوبِ.
이것은 모든 관련 당사자들에게 수용 가능한 해결책이다.	هَذَا حَلٌّ مَقْبُولٌ مِنْ كَافَّةِ الْأَطْرَافِ الْمَعْنِيَّةِ.

(2) 강조어(التَّوْكِيد)로 사용되는 경우

나는 나의 형제들 모두를 사랑한다.	أُحِبُّ إِخْوَتِي كَافَّتَهُمْ.
그 음식은 시장들 모두에 존재한다.	الطَّعَامُ مَوْجُودٌ فِي الْأَسْوَاقِ كَافَّتِهَا.

(3) 독립적으로 사용되는 경우

모두가 참석했다.	حَضَرَ الْكَافَّةُ.
모두는 영어를 공부한다. (الْكَافَّةَ 를 복수로 취급하여 복수 동사로 일치시켰다.)	الْكَافَّةُ يَدْرُسُونَ الْإِنْجِلِيزِيَّةَ.

(4) 부사적인 의미로 사용되는 경우

كَافَّةً 이 비한정 형태의 목적격 형태로 사용될 경우 '모두'의 의미를 가진다.

사람들은 모두 참석했다.	حَضَرَ النَّاسُ كَافَّةً. (= جَمِيعًا)
하나님은 인간을 모두 사랑한다.	يُحِبُّ اللهُ الْبَشَرَ كَافَّةً. (= جَمِيعًا)

6) نَفْسٌ 의 용법

نَفْسٌ 도 전연결어로 사용되거나, 강조어로 사용되며, 여러가지 독립적인 용법으로도 사용된다. 그 의미는 대개 '같은(same)' 혹은 '자신(-self)'의 의미로 사용된다.

(1) 전연결어(الْمُضَاف)로 사용되는 경우

نَفْسٌ 이 전연결어로 사용될 경우 '같은(same)'의 의미로 사용된다.

나는 같은 장소에서(in the same place) 잠을 잤다.	نِمْتُ فِي نَفْسِ الْمَكَانِ.
그들은 같은 시간에(at the same time) 왔다.	جَاؤُوا فِي نَفْسِ الْوَقْتِ.
이들은 같은 작가들이다. (كَاتِبٌ/كُتَّابٌ) (한정명사의 복수꼴도 가능)	هَؤُلَاءِ نَفْسُ الْكِتَابِ.
나는 같은 소년들을 보았다.	رَأَيْتُ نَفْسَ الصِّبْيَانِ.

(2) 강조어(التَّوْكِيد)로 사용되는 경우

نَفْسٌ 이 강조어(التَّوْكِيد)로 사용된 경우 그 의미는 '자신(-self)' 혹은 '같은(same)'의 의미로 사용된다.

당신 자신도(yourself) 불가능하다. (강조어가 주격이다.)	حَتَّى أَنْتَ نَفْسُكَ لَا تَقْدِرُ.
그 대학총장 자신이(himself) 왔다.	حَضَرَ رَئِيسُ الْجَامِعَةِ نَفْسُهُ.
우리는 그 장관들 본인들과 이야기 했다.	تَحَدَّثْنَا مَعَ الْوُزَرَاءِ أَنْفُسِهِمْ.

나는 같은 장소에서(in the same place) 잠을 잤다.	نِمْتُ فِي الْمَكَانِ نَفْسِهِ.
그들은 같은 시간에(at the same time) 왔다.	جَاؤُوا فِي الْوَقْتِ نَفْسِهِ.
나는 같은 소년들을 보았다.	رَأَيْتُ الصِّبْيَانَ أَنْفُسَهُمْ.

(3) 독립적으로 사용되는 경우
a. '자신(-self)' 혹은 '자아(ego)'의 의미

그는 자신을 장관으로 임명했다.	عَيَّنَ نَفْسَهُ وَزِيرًا.
당신이 다른 사람을 판단하기 전에 당신 자신을 판단하라.	اُحْكُمْ عَلَى نَفْسِكَ قَبْلَ أَنْ تَحْكُمَ عَلَى غَيْرِكَ.
당신은 당신 자신 만을 책임진다.	أَنْتَ مَسْؤُولٌ عَنْ نَفْسِكَ فَقَطْ.
자신을 사랑하는 것은 아름다운 것이 아니다.	حُبُّ النَّفْسِ لَيْسَ شَيْئًا جَمِيلاً.
자신에게 정직한 것은 아주 중요하다.	الصِّدْقُ مَعَ النَّفْسِ مُهِمٌّ جِدًّا.

b. 정신, 영(soul)의 의미

정직한 영은 하나님을 안다.	النَّفْسُ الصَّادِقَةُ تَعْرِفُ اللهَ.
믿는 자의 혼은 선을 사랑한다.	نَفْسُ الْمُؤْمِنِ تُحِبُّ الْخَيْرَ.

c. بِ 와 함께 사용되어 스스로(by oneself)의 의미

전치사 بِ 와 함께 사용되어 '자신(-self)'의 의미로 사용되거나, '스스로, 혼자(by oneself)'의 의미로 사용된다. 그 뒤에 접미 인칭대명사가 와야 한다.

당신의 숙제를 당신 스스로(by yourself) 하라.	اُكْتُبْ وَاجِبَكَ بِنَفْسِكَ.
내 아내는 가사일을 그녀 스스로(by herself) 한다.	تَقُومُ زَوْجَتِي بِأَعْمَالِ الْمَنْزِلِ بِنَفْسِهَا.

그러나 아래의 문장과 같이 بِنَفْسِهِ 가 '그 자신(himself)'의 의미로도 사용된다.

그 교수는 그 자신(himself)이 참석했다.	حَضَرَ الْأُسْتَاذُ بِنَفْسِهِ. = حَضَرَ الْأُسْتَاذُ نَفْسُهُ.

** نَفْس 이 강조어로 사용될 경우와 전연결어로 사용될 경우의 비교

아래의 ①은 نَفْس 이 강조어로 사용된 경우이고, ②는 نَفْس 이 전연결어로 사용된 경우이다. 두 종류의 표현에서 '같은(same)'이란 의미가 동일하며 둘 다 사용되는 표현이지만 ①이 더 전통적인 문법에 맞는 표현이라 할 수 있다. ②의 경우는 영어의 'at the same time'이 문자적으로 번역되면서 고착화된 표현이라 말하는 사람도 있으며, 현대 미디어 아랍어와 구어체 아랍어에서 일반적으로 많이 사용되고 있다.

	① 강조어로 사용	② 전연결어로 사용
같은 시간에(at the same time)	فِي الْوَقْتِ نَفْسِهِ	فِي نَفْسِ الْوَقْتِ
같은 장소에서(in the same place)	فِي الْمَكَانِ نَفْسِهِ	فِي نَفْسِ الْمَكَانِ

심화학습 - 아랍어 문장에서 강조의 의미를 가지는 경우들

지금까지 우리는 문장에서 의미적인 강조(اَلتَّوْكِيدُ الْمَعْنَوِيُّ) 용법으로 사용된 여러가지 강조어들에 대해 공부하였다. 여기서는 특정한 용법을 사용할 경우 문장 전체가 강조의 의미를 가지는 경우를 공부한다. 즉 문장 전체가 강조되는 경우이다. 여기에 대해 명사문에서의 강조와 동사에 대한 강조, 그리고 맹세문을 사용한 강조로 나누어서 살펴본다.

1. 명사문에서의 강조

1) 무효화 불변사 إِنَّ 를 사용한 강조

문장의 맨 처음에 와서 문장 전체를 강조(اَلتَّوْكِيدُ)한다. 자세한 내용은 이 책 '무효화 불변사에 대해' 부분을 참고하라.

(확실히, 정말로, indeed) 카이로는 크다.	إِنَّ الْقَاهِرَةَ كَبِيرَةٌ.
(확실히, 정말로, indeed) 하나님은 살아 계신다.	إِنَّ اللهَ حَيٌّ.

2) 강조의 لَـ (لَامُ التَّوْكِيدِ)을 사용한 강조

강조의 لَـ (لَامُ التَّوْكِيدِ)은 명사문을 강조하기 위해 사용되는 불변사(حَرْفٌ)이다. 강조의 لَـ 으로 강조할 경우 두 가지 형태가 있는데 먼저는 아래의 ①과 같이 주어(مُبْتَدَأٌ) 앞에 لَـ 을 붙이는 방법이고, 두번째는 아래의 ②와 같이 명사문에 무효화 불변사 إِنَّ 가 사용될 경우 술어에 لَـ 을 붙이는 방법이다. 첫번째의 경우는 لَـ 이 문장의 처음 혹은 주어 이전에 온다고 하여서 لَامُ الِابْتِدَاءِ 이라 부르기도 하고, 두번째의 경우는 إِنَّ 가 사용됨으로 인해 لَـ 이 술어 자리로 밀린다고 하여 اللَّامُ الْمُزَحْلَقَةُ 이라 부르기도 한다. 이때 لَـ 뒤의 명사는 주격을 취한다. 강조의 لَـ 은 긍정문으로 된 명사문에 사용되며 부정어가 있는 명사문에는 사용되지 않는다.

참으로 무함마드는 똑똑하다.	①	لَمُحَمَّدٌ ذَكِيٌّ.
	②	إِنَّ مُحَمَّدًا لَذَكِيٌّ.
참으로 삶은 더 어렵게 되었다.	①	لَلْحَيَاةُ أَصْبَحَتْ أَصْعَبَ.
	②	إِنَّ الْحَيَاةَ لَأَصْبَحَتْ أَصْعَبَ.

** 강조의 لَـ (لَامُ التَّوْكِيدِ)은 아래와 같이 동사와 더불어 사용되기도 한다. 이 경우 동사는 미완료형 직설법(مَرْفُوعٌ)을 취한다. 많이 사용되는 형태는 아니다.

참으로 역사는 스스로를 반복한다.	إِنَّ التَّارِيخَ لَيُعِيدُ نَفْسَهُ.
참으로 당신의 주님은 그들의 마음이 감추는 것도 아시나니 (꾸란 27:74)	إِنَّ رَبَّكَ لَيَعْلَمُ مَا تُكِنُّ صُدُورُهُمْ.

다른 예문들

참으로 무함마드는 알라신의 선지자이다.	إِنَّ مُحَمَّدًا لَرَسُولُ اللهِ.
진실로 나의 주님은 기도를 들으시는 분이다.	إِنَّ رَبِّي لَسَمِيعُ الدُّعَاءِ.
참으로 아랍어는 어렵다.	إِنَّ اللُّغَةَ الْعَرَبِيَّةَ لَصَعْبَةٌ.
신에게 맹세코, 아랍어는 아름답다.	تَاللهِ إِنَّ اللُّغَةَ الْعَرَبِيَّةَ لَجَمِيلَةٌ. = تَاللهِ إِنَّ اللُّغَةَ الْعَرَبِيَّةَ جَمِيلَةٌ.

→맹세문에 사용된 맹세 결과절에 명사문이 올 경우 맹세 결과절은 إِنَّ 로 시작되며 그 뒤에 لَ 을 사용해도 되고 사용하지 않아도 된다. 자세한 내용은 이 책 '기타 독특한 아랍어 문장들과 그 격변화'에 나와 있는 '맹세문에 대해'를 보라.

3) 무효화 동사 لَيْسَ 혹은 부정불변사 مَا 가 이끄는 문장에서 추가전치사 بِ 를 사용한 강조

무효화 동사 لَيْسَ 가 이끄는 명사문이나 لَيْسَ 용법의 مَا 부정 명사문(مَا النَّافِيَةُ الْعَامِلَةُ عَمَلَ "لَيْسَ")의 술어 자리에 추가전치사 بِ (حَرْفُ جَرٍّ زَائِدٌ) 가 올 경우 문장의 의미를 강조하게 된다. 이 때 بِ 이후에 오는 단어는 목적격 자리에 있다(خَبَرُ "لَيْسَ" أَوْ خَبَرُ "مَا" مَجْرُورٌ لَفْظًا مَنْصُوبٌ مَحَلًّا)고 한다.

a. 무효화 동사 لَيْسَ 가 이끄는 명사문에서

무효화 동사 لَيْسَ 문장		전치사 بِ 를 사용한 강조 문장	
가난은 흠이 아니다.	لَيْسَ الْفَقْرُ عَيْبًا.	가난은 참으로(결코 indeed, surely) 흠이 아니다.	لَيْسَ الْفَقْرُ بِعَيْبٍ.
구두쇠는 좋은 것이 아니다.	لَيْسَ الْبُخْلُ جَيِّدًا.	구두쇠는 참으로(indeed, surely) 좋은 것이 아니다.	لَيْسَ الْبُخْلُ بِجَيِّدٍ.
사랑은 쉬운 것이 아니다.	لَيْسَ الْحُبُّ سَهْلًا.	사랑은 참으로(indeed, surely) 쉬운 것이 아니다.	لَيْسَ الْحُبُّ بِسَهْلٍ.

b. لَيْسَ 용법의 مَا 부정 명사문(مَا النَّافِيَةُ الْعَامِلَةُ عَمَلَ "لَيْسَ")에서

لَيْسَ 용법의 مَا 부정 명사문		전치사 بِ 를 사용한 강조 문장	
그 혁명은 성공하지 못한다.	مَا الثَّوْرَةُ نَاجِحَةً.	그 혁명은 참으로(결코 indeed, surely) 성공하지 못한다.	مَا الثَّوْرَةُ بِنَاجِحَةٍ.
당신은 미치지 않았다.	مَا أَنْتَ مَجْنُونًا.	당신은 참으로(indeed, surely) 미치지 않았다.	مَا أَنْتَ بِمَجْنُونٍ.
시험은 쉽지 않다.	مَا امْتِحَانٌ سَهْلًا.	시험은 참으로(indeed, surely) 쉽지 않다.	مَا امْتِحَانٌ بِسَهْلٍ.

→ 'لَيْسَ 용법의 مَا 부정 명사문'이 아니라 '일반적인 مَا 부정 명사문'의 경우 전치사 بِ 를 사용한 강조 문장을 만들 수 없다. مَا 부정 명사문에 대해서는 이 책 제Ⅱ권 '여러가지 부정어와 부정문에 대해' 부분을 참고하라.

2. 동사에 대한 강조

1) 미완료 동사의 강세형 (نُونُ التَّأْكِيدِ)을 사용하여

자세한 내용은 이 책 제 I 권 '동사의 강세형에 대해' 부분에서 살펴보라.

나는 한 주 이후에 확실히(surely) 아스완 여행을 할 것이다.	سَأُسَافِرَنَّ إِلَى أَسْوَانَ بَعْدَ أُسْبُوعٍ.
신에게 맹세코 우리는 시험에서 확실히(surely) 낙방하지 않을 것이다.	وَاللهِ لَنْ نَفْشَلَنَّ فِي الاِمْتِحَانِ.

2) 완료형 동사 앞에 قَدْ 나 لَقَدْ 를 사용하여

완료형 동사 앞에 قَدْ 나 لَقَدْ 올 경우 강조의 의미가 된다. 자세한 내용은 이 책 제 I 권 '불변사(الْحَرْفُ)에 대해' 부분과 제 II 권 부록 부분의 'قَدْ' 부분을 보라.1

그들 둘은 교실에서 확실히(surely) 잠을 잤다.	قَدْ (أَوْ لَقَدْ) نَامَا فِي الْفَصْلِ.
그들은 아랍어를 확실히(surely) 잘 공부하였다.	قَدْ (أَوْ لَقَدْ) دَرَسُوا اللُّغَةَ الْعَرَبِيَّةَ جَيِّدًا.
	قَدْ (أَوْ لَقَدْ) دَرَسَ فَنَّ الْمُوسِيقَى وَأَيْضًا الْهَنْدَسَةَ.
그는 확실히 음악을 배웠고, 또한 엔지니어링도 배웠다.	

위의 문장에 사용된 'قَدْ + 완료형 동사'의 경우 과거 완료의 의미로도 사용될 수 있다. 따라서 그 정확한 의미는 문맥에서 파악된다. 아래와 같이 문맥에 추가 단어들이 있을 경우 그 의미가 더 분명해 진다.

맹세코, 그들 둘은 교실에서 확실히(surely) 잠을 잤다. (맹세사를 사용한 강조의 의미)	وَاللهِ قَدْ نَامَا فِي الْفَصْلِ.
그들은 오랫동안 아랍어를 공부하였었다. (과거 완료의 의미)	قَدْ دَرَسُوا اللُّغَةَ الْعَرَبِيَّةَ جَيِّدًا مُنْذُ وَقْتٍ طَوِيلٍ.

3. 맹세문을 사용한 강조

아랍 사람들은 자신이 하는 말에 대해 강조하기 위해 맹세문을 많이 사용한다. 맹세문에 대한 자세한 내용은 이 책 '기타 독특한 아랍어 문장들과 그 격변화' 부분에서 공부하라.

신에게 맹세코, 당신은 미쳤다.	وَاللهِ إِنَّكَ مَجْنُونٌ.
신에게 맹세코, 아랍어는 아름답다.	تَاللهِ إِنَّ اللُّغَةَ الْعَرَبِيَّةَ لَجَمِيلَةٌ.

→ 위의 마지막 문장의 لَ 은 강조의 لَ (لَامُ التَّوْكِيدِ) 이다.

제10과 후속어(التَّوَابِعُ) IV - 접속명사(الاسْمُ الْمَعْطُوفُ)와 대등접속사(حَرْفُ الْعَطْفِ)에 대해

1. 대등접속사(حَرْفُ الْعَطْفِ)의 종류
   1) وَ 의 용법
   2) فَـ 의 용법
   3) ثُمَّ 의 용법
   4) أَوْ 의 용법
   5) أَمْ 의 용법
   6) لَا 의 용법
   7) لَكِنْ 의 용법
   8) بَلْ 의 용법
   9) حَتَّى 의 용법
2. 여러가지 접속사들의 비교

제 10 과 후속어(التَّوَابِعُ) IV – 접속명사(الاسْمُ الْمَعْطُوفُ)와 대등접속사(حَرْفُ الْعَطْفِ)에 대해 –

단어와 단어 혹은 문장과 문장을 연결하는 단어를 접속사라 한다. 아랍어에서 이런 연결의 기능을 가진 접속사들이 많이 있는데 그 가운데 대등접속사는 가장 기본적인 접속사이다. 이 책 마지막 부분의 '여러가지 접속사에 대해' 부분에서 아랍어의 접속사들을 정리하고 있다.

아래의 예문을 보자. 아래는 대등접속사 وَ 와 فَ 가 사용된 예문이다. 아래에서 대등접속사가 단어와 단어를 어떻게 연결하고 있는지를 보고, 대등접속사 앞 뒤에 '피접속명사(الاسْمُ الْمَعْطُوفُ عَلَيْهِ)'와 '접속명사(الاسْمُ الْمَعْطُوفُ)'가 온 것을 확인하자.

지난 세 과에서 우리는 후속어(التَّوَابِعُ)를 공부하였다. 후속어는 선행하는 낱말 뒤에 와서 앞의 단어와 '성(性)', '수(數)', '격(格)' 그리고 '한정형태'가 동일하게 되는 경우를 말한다. 대등접속사가 사용된 문장에서 후속어는 대등접속사 뒤에 오는 '접속명사(الاسْمُ الْمَعْطُوفُ)'이다. 즉 대등접속사 뒤에 오는 '접속명사'는 그 앞에 오는 '피접속명사(الاسْمُ الْمَعْطُوعُ عَلَيْهِ)'의 성질을 이어받는다. 그러나 접속명사는 앞에서 공부한 다른 후속어들과 달리 피접속명사와 격(格)과 한정형태만 일치하고, 성(性)과 수(數)는 일치하지 않아도 된다.

하산과 싸이드가 왔다. (대등접속사는 وَ 는 حَسَنٌ 과 سَعِيدٌ 을 연결. 단어와 단어의 연결)	جَاءَ حَسَنٌ وَسَعِيدٌ. c + b + a
싸미르가 그 교실에 들어가고 그 다음에 싸미라가 들어갔다. (대등접속사는 فَ 는 سَمِيرٌ 와 سَمِيرَةُ 를 연결. 단어와 단어의 연결)	دَخَلَ الْفَصْلَ سَمِيرٌ فَسَمِيرَةُ. c + b + a

a – 피접속명사(الاسْمُ الْمَعْطُوفُ عَلَيْهِ) b – 대등접속사(حَرْفُ الْعَطْفِ) c – 접속명사(الاسْمُ الْمَعْطُوفُ)

접속명사는 앞에서 공부한 다른 후속어들과 달리 피접속명사와 격(格)과 한정형태만 일치하고, 성(性)과 수(數)는 일치하지 않아도 된다. (위의 두 번째 예에서 سَمِيرٌ 와 سَمِيرَةُ 는 성(性)이 다르다)

또한 대등접속사 문장에서 유념할 것은 대등접속사를 중심으로 앞 뒤가 대칭관계를 이루어야 한다는 점이다. 즉 대등접속사 앞에 단어가 오면 뒤에도 단어가 와야하고, 대등접속사 앞에 유사문장이 오면 뒤에도 유사문장이 와야하며, 대등접속사 앞에 문장이 오면 뒤에도 문장이 와야 한다.

이 과에서는 이러한 피접속명사와 접속명사를 연결해 주는 대등접속사(حَرْفُ الْعَطْفِ)에 초점을 맞추어 공부하고자 한다.

제10과 후속어 IV - 접속명사와 대등접속사에 대해

1. 대등접속사(حَرْفُ الْعَطْفِ)[1]의 종류

아랍어의 대등접속사는 단어와 단어, 유사문장과 유사문장, 혹은 문장과 문장을 대등하게 연결하는 역할을 한다. 그러한 대등접속사에는 لَكِنْ , لَا , حَتَّى , أَمْ , بَلْ , ثُمَّ , فَ , أَوْ , وَ 이 있다. 즉 이러한 대등접속사를 중심으로 앞과 뒤 양쪽이 단어와 단어, 혹은 유사문장과 유사문장, 혹은 문장과 문장의 대칭을 이룬다. 뿐만 아니라 대등접속사 뒤에 오는 접속명사(الاسْمُ الْمَعْطُوفُ)는 후속어이므로 앞의 피접속명사(الاسْمُ الْمَعْطُوفُ عَلَيْهِ)와 격(格)과 한정형태가 일치하여야 한다. 아래의 표에서 각각의 대등접속사와 그 용법을 살펴보라.

	의미	용법	접속사
①	'그리고(and)'의 의미	피접속명사(الاسْمُ الْمَعْطُوفُ عَلَيْهِ)에 접속명사(الاسْمُ الْمَعْطُوفُ)가 공동으로 참여하는 의미이다. 단어와 단어, 유사문장과 유사문장, 문장과 문장을 연결한다.	وَ
②	'그리고 그 다음에(then, and then)'의 의미	피접속명사(الاسْمُ الْمَعْطُوفُ عَلَيْهِ)와 접속명사(الاسْمُ الْمَعْطُوفُ) 사이의 동작의 발생순서를 정하며 단어와 단어, 문장과 문장을 연결한다. 유사문장과 유사문장의 연결은 사용되지 않는다.	فَ
③	'그리고 그 이후에(after that)'의 의미	피접속명사(الاسْمُ الْمَعْطُوفُ عَلَيْهِ)와 접속명사(الاسْمُ الْمَعْطُوفُ) 사이의 동작의 발생순서와 함께 얼마동안의 시간 간격이 있음을 나타낸다. 단어와 단어, 유사문장과 유사문장, 문장과 문장을 연결한다.	ثُمَّ
④	'혹은(or)'의 의미	피접속명사(الاسْمُ الْمَعْطُوفُ عَلَيْهِ)와 접속명사(الاسْمُ الْمَعْطُوفُ) 둘 중의 하나를 선택하거나 두 개 중 어떤 것인지 확신이 없을 때 사용한다. 단어와 단어, 유사문장과 유사문장, 문장과 문장을 연결한다.	أَوْ
⑤	'혹은(or)'의 의미	의문문에서 피접속명사(الاسْمُ الْمَعْطُوفُ عَلَيْهِ)와 접속명사(الاسْمُ الْمَعْطُوفُ) 둘 중의 하나를 선택. 단어와 단어, 유사문장과 유사문장, 문장과 문장을 연결한다.	أَمْ
⑥	'..한 것은 아니다'의 의미	لَا 이전의 문장에 대한 부분 부정의 의미이다. 즉 لَا 이전에 온 문장의 의미에 대해 일부를 부정하는 내용이 لَا 이후에 온다. 단어와 단어, 유사문장과 유사문장, 문장과 문장을 연결한다.	لَا
⑦	'but', 'however'의 의미	부정문에 대한 역접의 의미이다. 즉 앞에 온 부정문의 내용을 수정하거나 반대하는 의미이다. 단어와 단어, 유사문장과 유사문장, 문장과 문장을 연결한다.	لَكِنْ
⑧	'but', 'however'의 의미	역접의 의미. 즉 앞의 문장의 내용을 철회하거나 수정하는 의미. بَلْ 앞에 긍정문과 부정문 모두 가능하다. 문장과 문장으로만 연결된다.	بَلْ
⑨	'...까지도, even'의 의미	단어와 단어로만 연결된다.	حَتَّى

→ 위의 대등접속사 가운데 وَ와 فَ는 뒤의 단어에 붙여서 기록하며, 나머지는 띄어서 기록한다.

---

[1] 'حَرْفُ الْعَطْفِ'의 정확한 번역은 '대등불변사'가 맞지만 이것들이 아랍어에서 대표적인 접속사이므로 '대등접속사'로 번역한다.

1) و 의 용법

대등접속사 و 는 피접속명사(اَلْاِسْمُ الْمَعْطُوفُ عَلَيْهِ)에 접속명사(الاِسْمُ الْمَعْطُوفُ)가 공동으로 참여(اِشْتِراكَ)하는 의미로서 일반적으로 '그리고(and)'로 번역된다. 대등접속사 و 는 또 다른 대등접속사 فَ 나 ثُمَّ 와 달리 동작의 발생순서나 시간적인 차이의 의미는 없고 단지 피접속명사에 접속명사를 연결시키는 역할을 한다. 단어와 단어를 연결하거나, 유사문장과 유사문장을 연결하거나, 문장과 문장을 연결한다.

하산과 파티마가 왔다. (온 순서는 모름) (단어와 단어 연결. حَسَنٌ 과 فَاطِمَةُ 를 연결. 주격)	جَاءَ حَسَنٌ وَفَاطِمَةُ. *
하산 교수는 친절하고 자비로운 사람이다. (단어와 단어 연결. طَيِّبٌ 과 رَحِيمٌ 을 연결. 주격)	الْأُسْتَاذُ حَسَنٌ رَجُلٌ طَيِّبٌ وَرَحِيمٌ.
나는 무함마드와 칼리드를 만났다. (단어와 단어 연결. مُحَمَّدًا 와 خَالِدًا 를 연결. 목적격)	لَقِيتُ مُحَمَّدًا وَخَالِدًا.
나는 육고기와 생선을 먹었다. (단어와 단어 연결. 목적격)	أَكَلْتُ لَحْمًا وَسَمَكًا.
나는 쿠파와 바스라(도시이름)를 지나갔다. (단어와 단어 연결. الْكُوفَةِ 와 الْبَصْرَةِ 를 연결. 소유격)	مَرَرْتُ بِالْكُوفَةِ وَالْبَصْرَةِ. **
나는 카이로와 알렉산드리아에 갔다. (유사문장과 유사문장을 연결)	ذَهَبْتُ إِلَى الْقَاهِرَةِ وَإِلَى الْإِسْكَنْدَرِيَّةِ.
나는 내 친구와 그의 어머니와 인사를 나누었다. (유사문장과 유사문장을 연결)	سَلَّمْتُ عَلَى صَدِيقِي وَعَلَى أُمِّهِ.
나는 쿠파와 바스라(도시이름)를 지나갔다. (유사문장과 유사문장을 연결)	مَرَرْتُ بِالْكُوفَةِ وَبِالْبَصْرَةِ. **
그는 모든 사람들을 사랑하고 그들을 돕는다. (문장과 문장을 연결. 이 때의 문장을 각각 피접속문장 (الْجُمْلَةُ الْمَعْطُوفُ عَلَيْهَا), 접속문장(الْجُمْلَةُ الْمَعْطُوفَةُ)이라 한다.)	يُحِبُّ كُلَّ النَّاسِ وَيُسَاعِدُهُمْ.
나는 나의 숙제를 적었고 텔레비전을 시청했다. (동사문과 동사문의 연결)	كَتَبْتُ وَاجِبِي وَشَاهَدْتُ التِّلْفَازَ.
아흐마드가 놀았고 무함마드는 그의 단원을 공부하였다.(동사문과 동사문의 연결)	لَعِبَ أَحْمَدُ وَذَاكَرَ مُحَمَّدٌ دُرُوسَهُ.
디렉터가 도착하였고 일꾼은 늦게왔다. (명사문과 명사문의 연결)	الْمُدِيرُ وَصَلَ وَالْعَامِلُ تَأَخَّرَ.

➜위에서 접속명사는 후속어로 사용되기에 앞의 피접속명사의 격과 한정형태가 일치함을 확인하라.

➜위의 *표 문장에서 حَسَنٌ 과 فَاطِمَةُ 가 성(性)이 일치하지 않음을 확인하라. 주어(فَاعِلٌ)에 대등접속사가 사용되었을 경우의 동사의 일치에 대해서는 이 책 제 I 권 '동사의 일치' 부분을 보라.

➜**표의 두 문장은 같은 의미의 문장이다. 전자는 و가 단어와 단어를 연결하는 문장이고 후자는 و가 유사문장과 유사문장을 연결하는 문장이다.

➜위의 문장과 문장을 연결하는 마지막 세 문장들에서 대등접속사 و는 동작의 순서를 결정하거나 시간적인 차이를 두는 의미로는 사용되지 않았다. 단지 양쪽 문장을 연결하는 의미이다.

** 아래와 같이 세 단어를 대등관계로 연결하는 것도 가능하다.

무함마드와 하산과 싸이드가 왔다.(온 순서는 모름) (단어와 단어 연결. مُحَمَّدٌ 와 حَسَنٌ 과 سَعِيدٌ 를 연결)	جَاءَ مُحَمَّدٌ وَحَسَنٌ وَسَعِيدٌ.

2) فَـ 의 용법

대등접속사 فَـ 는 피접속명사(الاِسْمُ الْمَعْطُوفُ عَلَيْهِ)와 접속명사(الاِسْمُ الْمَعْطُوفُ) 사이의 동작의 발생순서를 정하며, 그 의미는 '그리고 그 다음에(then, and then)'라 번역할 수 있다. 단어와 단어를 연결하거나, 문장과 문장을 연결한다. 유사문장과 유사문장의 연결은 사용되지 않는다.

하산이 오고 그 다음에 파티마가 왔다. (두 사람의 온 순서를 말함) 단어와 단어 연결. حَسَن 과 فَاطِمَة 를 연결. 주격)	جَاءَ حَسَنٌ فَفَاطِمَةُ.
그 피고가 들어가고 그 다음 그 변호사가 들어갔다. (들어간 순서 말함.단어와 단어 الْمُتَّهَم 과 الْمُحَامِي 를 연결)	دَخَلَ الْمُتَّهَمُ فَالْمُحَامِي.
나는 자이드를 본 뒤 그 다음 오마르를 보았다. (본 순서를 말함. زَيْد 와 عُمَر 를 연결. 목적격)	رَأَيْتُ زَيْدًا فَعُمَرَ.[1]
나는 메카에 들어간 이후 메디나에 들어갔다. (들어간 순서를 말함. مَكَّة 와 الْمَدِينَة 를 연결. 목적격)	دَخَلْتُ مَكَّةَ فَالْمَدِينَةَ.*
나는 자이드를 지나갔고 그 다음 알리를 지나갔다. (지나간 순서를 말함. زَيْد 와 عَلِي 를 연결. 소유격)	مَرَرْتُ بِزَيْدٍ فَعَلِيٍّ.
나의 친구가 나를 불러서 내가 그에게로 나갔다. (문장과 문장을 연결) فَـ 가 이유/결과의 의미도 있다.)	نَادَانِي صَدِيقِي فَخَرَجْتُ إِلَيْهِ.
나는 일을 많이 했고 그래서 피곤해 졌다. (문장과 문장을 연결) فَـ 가 이유/결과의 의미도 있다.)	عَمِلْتُ كَثِيرًا فَتَعِبْتُ.
내가 늦게 와서 그 기차는 떠나버렸다. (문장과 문장을 연결) فَـ 가 이유/결과의 의미도 있다.)	تَأَخَّرْتُ فَرَحَلَ الْقِطَارُ.
중재가 중단되어서 전투가 벌어졌다. (문장과 문장을 연결) فَـ 가 이유/결과의 의미도 있다.)	تَوَقَّفَتِ الْوَسَاطَةُ فَانْدَلَعَ الْقِتَالُ.

➔ 위에서 접속명사는 후속어로 사용되기에 앞의 피접속명사의 격과 한정형태가 일치함을 확인하라.
➔ 위의 * 에서 메카와 메디나에 들어가는 경우는 짧은 시간의 차이가 아니다. 그러나 2-3일 정도의 시간이 걸리는 다른 도시에 들어가는 행위를 연결할 때 فَـ 를 사용한다.

** 다음의 숙어들에 사용된 فَـ 도 대등접속사이다.

يَوْمًا فَيَوْمًا	وَاحِدًا فَوَاحِدًا	شَيْئًا فَشَيْئًا
매일	한 사람씩	조금씩

---

[1] عُمَر 는 2격 명사(الْمَمْنُوعُ مِنَ الصَّرْفِ)이다.

3) ثُمَّ 의 용법

대등접속사 ثُمَّ 는 피접속명사(الاسْمُ الْمَعْطُوفُ عَلَيْهِ)와 접속명사(الاسْمُ الْمَعْطُوفُ) 사이의 동작의 발생순서를 정할 뿐만 아니라 두 단어 사이에 얼마동안의 시간적 간격이 있음을 나타낸다. 그 의미는 '그리고 그 이후에(after that)'로 번역할 수 있다. 단어와 단어를 연결하거나, 유사문장과 유사문장을 연결하거나, 문장과 문장을 연결한다.

라쉬드가 죽고 그 이후에(얼마 이후) 마으문이 죽었다. (단어와 단어 연결. الرَّشِيدُ 와 الْمَأْمُونُ 을 연결. 주격)	مَاتَ الرَّشِيدُ ثُمَّ الْمَأْمُونُ.
자이드가 내게 오고 그 이후에 아므루가 내게 왔다. (단어와 단어 연결. زَيْدٌ 와 عَمْرٌو 를 연결. 주격)	جَاءَنِي زَيْدٌ ثُمَّ عَمْرٌو.
나는 자이드를 때리고 그 이후에 오마르를 때렸다. (단어와 단어 연결. زَيْدًا 와 عُمَرَ 를 연결. 목적격)	ضَرَبْتُ زَيْدًا ثُمَّ عُمَرَ.
나는 그 서점을 지나갔고 그 이후에 그 학교를 지났다.(단어와 단어 연결. الْمَدْرَسَةِ 와 الْمَكْتَبَةِ 를 연결. 소유격)	مَرَرْتُ بِالْمَكْتَبَةِ ثُمَّ الْمَدْرَسَةِ.
나는 아스완에 여행을 한 이후 룩소르 여행을 했다. (유사문장과 유사문장의 연결)	سَافَرْتُ إِلَى أَسْوَانَ ثُمَّ إِلَى الْأَقْصُرِ.
나는 길 우측으로 걷다가 그 이후에 길 좌측으로 걸었다. (유사문장과 유사문장의 연결. 부사 + 후연결어)	مَشَيْتُ يَمِينَ الشَّارِعِ ثُمَّ يَسَارَهُ.
나는 그 집의 내부를 본 뒤 외부를 보았다. (유사문장과 유사문장의 연결. 부사 + 후연결어)	رَأَيْتُ دَاخِلَ الْبَيْتِ ثُمَّ خَارِجَهُ.
카멜은 일어나서 그 이후 그의 아침을 먹었다. (문장과 문장을 연결)	صَحَا كَمَالٌ ثُمَّ تَنَاوَلَ إِفْطَارَهُ.
나는 내 숙제를 하고 나서 그 이후에 잠을 잤다. (문장과 문장을 연결)	كَتَبْتُ وَاجِبِي ثُمَّ نِمْتُ.
그 재판이 시작되고 나서 그 이후 연기되었다. (문장과 문장을 연결)	بَدَأَتِ الْمُحَاكَمَةُ ثُمَّ تَأَجَّلَتْ.

** 다음 세 문장을 비교하여 وَ 와 فَ 와 ثُمَّ 의 의미 차이를 파악하라.

①	싸미르와 무함마드가 교실에 들어갔다. (동시에 들어감, 누가 먼저 들어갔는지는 모름)	دَخَلَ الْفَصْلَ سَمِيرٌ وَمُحَمَّدٌ.
②	싸미르가 교실에 들어간 다음에 무함마드가 들어갔다.(들어간 순서 표현. 짧은 간격)	دَخَلَ الْفَصْلَ سَمِيرٌ فَمُحَمَّدٌ.
③	싸미르가 교실에 들어가고 난 뒤 (얼마 이후) 무함마드가 들어갔다.(들어간 순서 표현. 약간 긴 간격)	دَخَلَ الْفَصْلَ سَمِيرٌ ثُمَّ مُحَمَّدٌ.
①	나는 문법과 수사학을 공부했다.	دَرَسْتُ النَّحْوَ وَالْبَلَاغَةَ.
②	나는 문법을 먼저 공부한 뒤 수사학을 공부했다.	دَرَسْتُ النَّحْوَ فَالْبَلَاغَةَ.
③	나는 문법을 먼저 공부하고 난 뒤 그 다음에 수사학을 공부했다. (약간의 시간 이후)	دَرَسْتُ النَّحْوَ ثُمَّ الْبَلَاغَةَ.

→위의 ①의 وَ 는 피접속명사와 접속명사가 동작을 함께 수행하는 의미이다. 동시동작 혹은 공동참여. ②의 فَ 는 피접속명사의 동작이 먼저이고 그 다음에 접속명사의 동작이 발생하는 의미이다. 발생순서를 정한다. ③의 ثُمَّ 는 피접속명사의 동작 발생 이후 일정한 시간이 지난 뒤 접속명사의 동작이 발생하는 의미이다. 피접속명사와 접속명사의 발생 간에 일정한 시간 간격이 존재한다.

4) أَوْ 의 용법

대등접속사 أَوْ 는 피접속명사(الاِسْمُ الْمَعْطُوفُ عَلَيْهِ)와 접속명사(الاِسْمُ الْمَعْطُوفُ) 둘 중의 하나를 선택할 때 혹은 두 개 중 어떤 것인지 확신이 없을 때 사용되는 것으로 '혹은(or)'의 의미를 갖는다. 단어와 단어를 연결하거나, 유사문장과 유사문장을 연결하거나, 문장과 문장을 연결한다.

알리 혹은 파티마가 그 소식을 전했다. (단어와 단어를 연결. فَاطِمَةُ 와 عَلِيٌّ 를 연결. 주격)	نَقَلَ الْخَبَرَ عَلِيٌّ أَوْ فَاطِمَةُ.
그의 이름은 무함마드 아니면 마흐무드이다. (단어와 단어를 연결. مَحْمُودٌ 와 مُحَمَّدٌ 를 연결. 주격)	اسْمُهُ مُحَمَّدٌ أَوْ مَحْمُودٌ.
우리는 육류를 먹든지 혹은 생선을 먹을 것이다. (단어와 단어를 연결. سَمَكًا 과 لَحْمًا 을 연결. 목적격)	سَنَأْكُلُ لَحْمًا أَوْ سَمَكًا.
나는 내일 9시 아니면 10시에 오겠다. (단어와 단어를 연결. الْعَاشِرَةَ 와 التَّاسِعَةَ 를 연결. 목적격)	سَآتِي غَدًا السَّاعَةَ التَّاسِعَةَ أَوِ الْعَاشِرَةَ.
그는 자동차 혹은 기차로 나에게 올 것이다. (유사문장과 유사문장의 연결)	سَيَأْتِي إِلَيَّ بِالسَّيَّارَةِ أَوْ بِالْقِطَارِ.
나는 내 아버지의 말을 듣든지 혹은 나의 친구들의 말을 들을 것이다. (유사문장과 유사문장의 연결)	سَوْفَ أَسْتَمِعُ إِلَى أَبِي أَوْ إِلَى أَصْدِقَائِي.
생선을 먹든지 혹은(아니면) 우유를 마셔라. (문장과 문장을 연결)	كُلِ السَّمَكَ أَوِ اشْرَبِ اللَّبَنَ.
나는 나의 집으로 가든지 혹은(아니면) 아스완으로 여행을 떠날 것이다. (문장과 문장을 연결)	سَأَذْهَبُ إِلَى بَيْتِي أَوْ أُسَافِرُ إِلَى أَسْوَانَ.

→위에서 접속명사는 후속어로 사용되기에 앞의 피접속명사의 격과 한정형태가 일치함을 확인하라.

5) أَمْ 의 용법

대등접속사 أَمْ 은 의문문에서 피접속명사(الاِسْمُ الْمَعْطُوفُ عَلَيْهِ)와 접속명사(الاِسْمُ الْمَعْطُوفُ) 둘 중의 하나를 선택할 때 사용되는 것으로 '혹은(or)'의 의미를 가진다. 단어와 단어를 연결하거나, 유사문장과 유사문장을 연결하거나, 문장과 문장을 연결한다. 대등접속사 أَوْ 가 평서문에서의 '혹은(or)'의 의미로 사용되는 반면 أَمْ 은 의문문에서의 '혹은(or)'의 의미로 사용된다.

자이드가 당신의 집에 있니 아니면 싸미르가 당신의 집에 있니?(단어와 단어를 연결. سَمِيرٌ 와 زَيْدٌ 를 연결. 주격)	أَزَيْدٌ عِنْدَكَ أَمْ سَمِيرٌ؟ *
이 논단을 오마르가 적었니 아니면 마흐무드가 적었니? (단어와 단어 연결. مَحْمُودٌ 와 عُمَرُ . 주격)	أَكَتَبَ هَذَا الْمَقَالَ عُمَرُ أَمْ مَحْمُودٌ؟ *
당신은 무엇을 읽고 있습니까? 이야기를 읽습니까? 아니면 신문을 읽습니까? (단어와 단어 연결. 목적격)	مَاذَا تَقْرَأُ، قِصَّةً أَمْ جَرِيدَةً؟
우리가 룩소르로 여행을 갈까요? 아니면 아스완으로 여행을 갈까요? (유사문장과 유사문장을 연결)	هَلْ سَنُسَافِرُ إِلَى الْأَقْصُرِ أَمْ إِلَى أَسْوَانَ؟
당신은 식사를 하실래요 아니면 당신의 일터로 가실래요? (문장과 문장을 연결)	هَلْ سَتَأْكُلُ أَمْ سَتَذْهَبُ إِلَى عَمَلِكَ؟

→위에서 접속명사는 후속어로 사용되기에 앞의 피접속명사의 격과 한정형태가 일치함을 확인하라.

→ *표 문장의 أَزَيْدٌ 과 أَكَتَبَ 에 사용된 أ 는 의문불변사(حَرْفُ الاِسْتِفْهَامِ)이다.

6) لا 의 용법

لا 이전의 문장에 대한 부분 부정의 의미이다. 즉 لا 이전에 온 문장의 의미에 대해 일부를 부정하는 내용이 لا 이후에 온다. '..한 것은 아니다'로 번역할 수 있다. 단어와 단어를 연결하거나, 유사문장과 유사문장을 연결하거나, 문장과 문장을 연결한다.

자이드가 왔지 무함마드가 온 것은 아니다. (단어와 단어를 연결. زَيْدٌ 와 مُحَمَّدٌ 를 연결. 주격)	جَاءَ زَيْدٌ لَا مُحَمَّدٌ.
수박이 익었지 포도가 익은 것은 아니다. (단어와 단어를 연결. الْبِطِّيخُ 와 الْعِنَبُ 을 연결. 주격)	نَضَجَ الْبِطِّيخُ لَا الْعِنَبُ.
나는 홍차를 좋아하지 커피를 좋아하는 것은 아니다. (단어와 단어를 연결. الشَّايَ 와 الْقَهْوَةَ 를 연결. 목적격)	أُحِبُّ الشَّايَ لَا الْقَهْوَةَ.
나는 한 남자를 지나갔지 한 여자를 지나간 것은 아니다. (단어와 단어를 연결. 소유격)	مَرَرْتُ بِرَجُلٍ لَا امْرَأَةٍ.
그들은 집 안에 있지 집 밖에 있지 않다. (유사문장과 유사문장의 연결)	هُمْ فِي الْبَيْتِ لَا خَارِجَ الْبَيْتِ.
나는 문법을 공부하지 읽기를 공부하는 것은 아니다. (문장과 문장을 연결)	أَدْرُسُ الْقَوَاعِدَ لَا أَدْرُسُ الْقِرَاءَةَ.

→위에서 접속명사는 후속어로 사용되기에 앞의 피접속명사의 격과 한정형태가 일치함을 확인하라.

** 위 문장들에서 사용된 لَا 가 대등접속사(حَرْفُ عَطْفٍ)인 반면 아래의 لَا 는 부정불변사(حَرْفُ نَفْيٍ)이다.

나는 문법을 공부하지 읽기를 공부하는 것은 아니다. (문장과 문장을 연결)	أَدْرُسُ الْقَوَاعِدَ وَلَا أَدْرُسُ الْقِرَاءَةَ.

→여러가지 부정어에 대해서는 이 책 '여러가지 부정어와 부정문에 대해(Negation)'에서 공부하라.

** 아래의 문장을 비교하라.

①	그 아기가 잠을 자지 아버지가 잠을 자는 것이 아니다. (لَا 가 단어와 단어를 연결)	يَنَامُ الطِّفْلُ لَا الْأَبُ. = الطِّفْلُ يَنَامُ لَا الْأَبُ.
②	그 아기는 잠을 자지 노는 것이 아니다. (لَا 가 문장과 문장을 연결)	الطِّفْلُ يَنَامُ لَا يَلْعَبُ. = يَنَامُ الطِّفْلُ لَا يَلْعَبُ.

→위의 ① 문장을 الطِّفْلُ لَا الْأَبُ يَنَامُ. 으로 기록해도 같은 의미이다.

7) لَكِنْ 의 용법

لَكِنْ 은 부정문에 대한 역접의 의미로 사용된다. 즉 앞에 온 부정문의 내용을 수정하거나 반대하는 의미의(الاستدراك بعد النفي)로서 영어의 'but', 'however'의 의미이다. 단어와 단어를 연결하기도 하고 유사문장과 유사문장을 연결하기도 하지만, 문장과 문장을 연결하는데 많이 사용된다.

알리가 성공하지 못했고 그의 형제가 성공했다. (단어와 단어를 연결. عَلِيّ 와 أَخُوه 를 연결. 주격)	مَا نَجَحَ عَلِيٌّ لَكِنْ أَخُوهُ.
나는 무함마드에게 감사하지 않고 알리에게 감사한다.(단어와 단어를 연결. 목적격)	لَا أَشْكُرُ مُحَمَّدًا لَكِنْ عَلِيًّا.
당신은 영화를 볼 것이 아니라 스포츠 경기를 시청하라.(부정명령문. 단어와 단어를 연결. 목적격)	لَا تُشَاهِدِ الْفِيلْمَ لَكِنْ الْمُبَارَاةَ.
그 펜이 그 책상위에 있지 않고 그 테이블 위에 있다. (유사문장과 유사문장을 연결)	لَيْسَ الْقَلَمُ عَلَى الْمَكْتَبِ لَكِنْ عَلَى الطَّاوِلَةِ.
내가 이집트를 여행한 것이 아니라 시리아를 여행했다. (유사문장과 유사문장을 연결)	لَمْ أُسَافِرْ إِلَى مِصْرَ لَكِنْ إِلَى سُورِيَّا.

→ 위에서 접속명사는 후속어로 사용되기에 앞의 피접속명사의 격과 한정형태가 일치함을 확인하라.
→ 위 문장들은 Not A but B 구문으로 사용된 문장들이다. 이 책 접속사 부분에서 공부하라.

** لَكِنْ 이 문장과 문장을 연결할 때

위에서 لَكِنْ 은 부정문 뒤에 와서 앞에 오는 부정문에 대한 역접의 의미를 갖는다고 하였다. 그런데 لَكِنْ 이 문장과 문장을 연결할 경우 아래와 같이 لَكِنْ 이전에 긍정문이 오는 것도 가능하고 부정문이 오는 것도 가능하다.

자이드가 나에게 왔으나 아므루는 나에게 오지 않았다.	جَاءَنِي زَيْدٌ لَكِنْ عَمْرٌو لَمْ يَجِئْ.
자이드는 나에게 오지 않았으나 아므루는 나에게 왔다.	مَا جَاءَنِي زَيْدٌ لَكِنْ عَمْرٌو قَدْ جَاءَ.
알리가 성공한 것이 아니라 그의 형이 성공했다.	مَا نَجَحَ عَلِيٌّ لَكِنْ أَخُوهُ نَجَحَ.
알리는 성공한 것이 아니라 실패했다.	مَا نَجَحَ عَلِيٌّ لَكِنْ فَشِلَ.
나는 파티에 갔지만 나의 친구를 발견하지 못했다.	ذَهَبْتُ إِلَى الْحَفْلَةِ لَكِنْ لَمْ أَجِدْ صَدِيقِي.
무함마드는 어제 왔지만 오늘 떠날 것이다.	جَاءَ مُحَمَّدٌ أَمْسِ لَكِنْ سَيُغَادِرُ الْيَوْمَ.

** 아래의 ①에서 لَكِنْ 이 단어와 단어가 연결되는 긍정문에 사용되었다. 이 경우 고전 아랍어에서는 ②와 같이 لَكِنَّ 를 사용해야 하지만 현대 아랍어(MSA)에서는 두 경우가 구별없이 사용된다.

그 책은 작지만 유익하다.	①	الْكِتَابُ صَغِيرٌ لَكِنْ مُفِيدٌ.
	②	الْكِتَابُ صَغِيرٌ لَكِنَّهُ مُفِيدٌ.
그는 강도이지만 유머러스한 사람이다.	①	هُوَ لِصٌّ لَكِنْ ظَرِيفٌ.
	②	هُوَ لِصٌّ لَكِنَّهُ ظَرِيفٌ.

8) بَلْ 의 용법

역접의 의미를 가진 접속사로서 앞의 내용을 철회(اَلْإِضْرَابُ عَنِ الْأَوَّلِ)하고 수정하는 의미를 가진다. 즉 بَلْ 이전 문장의 내용이 틀린 것을 알게되어 (إِدْرَاكُ الْخَطَاءِ) 그 내용을 철회하고 새로운 내용으로 수정하는 의미를 가진다. 문장과 문장을 연결한다. 아래의 예를 보자.

내가 자이드를 때린 것이 아니라 오마르를 때렸다.	لَمْ أَضْرِبْ زَيْدًا بَلْ عُمَرَ. *
아흐마드가 여행할 것이 아니라 아슈라프가 여행할 것이다.	لَنْ يُسَافِرَ أَحْمَدُ بَلْ أَشْرَفُ. *
لَمْ أَضَعِ[1] الْكِتَابَ تَحْتَ الْكُرْسِيِّ بَلْ عَلَى الْمَكْتَبِ. *	
나는 책을 걸상 아래에 둔 것이 아니라 책상 위에 두었다.	
파도들 사이에서 보트가 나타난 것이 아니라 증기선이 나타났다.	ظَهَرَ عَلَى الْأَمْوَاجِ[2] زَوْرَقٌ بَلْ بَاخِرَةٌ[3]. **
싸미르가 교실에 들어간 것이 아니라 그 교사가 들어갔다.	دَخَلَ سَمِيرٌ الْفَصْلَ بَلْ الْمُدَرِّسُ. **

→ 위의 * 문장은 بَلْ 이전의 문장이 부정문인 경우로 영어의 not A but B 의 구문이 된다.

→ 위의 ** 문장은 بَلْ 이전의 문장이 긍정문인데, 그 해석을 부정문으로 하고 있다. 이러한 경우는 현대 표준 아랍어에서 흔한 문장은 아니다. 이러한 의미가 가능한 것은 بَلْ 이 그 이전의 문장의 내용을 철회하고 수정하는 의미이기 때문이다. 이 문장은 بَلْ 이전 문장을 말하고 난 뒤 자신의 말이 잘못 되었음을 알고 بَلْ 이후에 수정하는 내용을 말하는 경우이다.

→ بَلْ 은 not A but B 구문과 not only A but also B 구문에 사용되는데 이에 대해서는 이 책 맨 뒷부분의 '여러 가지 접속사에 대해'에서 다룬다.

한편 위의 문장은 아래의 문장의 밑줄 부분이 생략된 것이라 보면 된다. 그러면 대등접속사 بَلْ 은 문장과 문장을 연결하는 것을 알 수 있다.

생략되기 전 문장	일반적인 بَلْ 사용 문장
لَمْ أَضْرِبْ زَيْدًا بَلْ ضَرَبْتُ عُمَرَ.	لَمْ أَضْرِبْ زَيْدًا بَلْ عُمَرَ.
내가 자이드를 때린 것이 아니라 오마르를 때렸다.	
لَنْ يُسَافِرَ أَحْمَدُ بَلْ يُسَافِرُ أَشْرَفُ.	لَنْ يُسَافِرَ أَحْمَدُ بَلْ أَشْرَفُ.
아흐마드가 여행할 것이 아니라 아슈라프가 여행할 것이다.	
ظَهَرَ عَلَى الْأَمْوَاجِ زَوْرَقٌ بَلْ ظَهَرَتْ بَاخِرَةٌ.	ظَهَرَ عَلَى الْأَمْوَاجِ زَوْرَقٌ بَلْ بَاخِرَةٌ.
파도들 사이에서 보트가 나타난 것이 아니라 증기선이나타났다.	
دَخَلَ سَمِيرٌ الْفَصْلَ بَلْ دَخَلَ الْمُدَرِّسُ.	دَخَلَ سَمِيرٌ الْفَصْلَ بَلْ الْمُدَرِّسُ.
싸미르가 교실에 들어간 것이 아니라 그 교사가 들어갔다.	

---

[1] وَضَعَ/ يَضَعُ هـ - وَضْعٌ (to put) 을 놓다, 두다..

[2] مَوْجٌ/ أَمْوَاجٌ 파도

[3] زَوْرَقٌ/ زَوَارِقُ 보트 بَاخِرَةٌ/ بَوَاخِرُ 증기선 (steamer)

** 아래를 비교하자.

아래는 بَلْ 이전에 긍정문이 온 경우와 부정문이 온 경우의 비교이다. 둘 다 맞는 문장이지만 현대 표준 아랍어에서 부정문이 온 경우를 많이 사용한다.

무함마드가 나에게 온 것이 아니라 그의 형이 왔다. (It's not Mohammad who came to me, but his brother.)	جَاءَنِي مُحَمَّدٌ بَلْ أَخُوهُ.
	مَا جَاءَنِي مُحَمَّدٌ بَلْ أَخُوهُ.

** 대등접속사 بَلْ 사용시 주의할 점

위에서 بَلْ 은 다른 대등접속사와는 달리 문장과 문장을 연결한다고 했다. 아래 문장을 주목해 보자.

①	나는 학생이 아니라 선생이다.	لَسْتُ طَالِبًا بَلْ مُدَرِّسٌ.
②		لَسْتُ طَالِبًا بَلْ أَنَا مُدَرِّسٌ.

위의 ① 문장에서 대등접속사 بَلْ 에 의해 연결되는 두 단어인 طَالِبًا 과 مُدَرِّسٌ 의 격이 다르다. 단어와 단어가 대등관계를 이룬 경우라면 두 단어의 격이 같아야 하는데 어떻게 이것이 가능할까?
원래 ① 문장은 ② 문장에서 온 것이다. ② 문장에서 'أَنَا'가 생략된 것이 ① 문장이다. 따라서 طَالِبًا 과 مُدَرِّسٌ 의 격이 달라도 문장이 성립되는 것이다.
여기서 알 수 있는 것은 대등접속사 بَلْ 이 사용된 구문은 원래 문장과 문장으로 연결된 문장인데, 그 문장의 일부가 생략되어 단어와 단어, 혹은 유사문장과 유사문장이 연결되는 것처럼 보이는 것이다. 대등접속사 بَلْ 은 원래 문장과 문장을 연결하는 문장임을 기억하자.

아래의 예문들은 문장의 일부가 생략되기 이전의 문장들이다. 아래의 문장들과 위의 문장들을 비교하라. 아래의 괄호 표기 부분이 문장에서 생략된 부분들이다.

아흐마드가 그 교실에 있는 것이 아니라 카말이 있다.	لَيْسَ فِي الْفَصْلِ أَحْمَدُ بَلْ (فِي الْفَصْلِ) كَمَالٌ.
나는 커피를 마시는 것이 아니라 홍차를 마신다.	لَا أَشْرَبُ الْقَهْوَةَ بَلْ (أَشْرَبُ) الشَّايَ.
그 소녀는 이집트 사람이 아니라 시리아 사람이다.	لَيْسَتِ الْبِنْتُ مِصْرِيَّةً بَلْ (هِيَ) سُورِيَّةٌ.
그가 아스완을 여행한 것이 아니라 룩소르를 여행했다.	لَمْ يُسَافِرْ إِلَى أَسْوَانَ بَلْ (سَافَرَ إِلَى) الْأَقْصُرِ.
나는 책을 걸상 아래에 둔 것이 아니라 책상 위에 두었다.	لَمْ أَضَعِ الْكِتَابَ تَحْتَ الْكُرْسِيِّ بَلْ (وَضَعْتُهُ) عَلَى الْمَكْتَبِ.

→위의 괄호안의 내용을 생략한 문장을 주로 사용한다.

(9) حَتَّى 의 용법

حَتَّى 는 단어와 단어를 연결하는 대등접속사이다. 의미는 '..까지도(even)'의 의미이다. 유사문장과 유사문장의 연결이나 문장과 문장을 연결하는 접속사로는 사용되지 않는다.

그 원수들이 도망갔는데 그 지도자까지도 도망갔다. (الأَعْدَاءُ 와 الْقَائِدُ 가 둘 다 주격이다. فَرَّ 의 주어)	فَرَّ الأَعْدَاءُ حَتَّى الْقَائِدُ.
이집트 사람들이 혁명에 동참했는데 여자들까지도 동참했다. (النِّسَاءُ 과 الْمِصْرِيُّونَ 이 둘 다 주격이다.)	شَارَكَ الْمِصْرِيُّونَ فِي الثَّوْرَةِ حَتَّى النِّسَاءُ.
사람들은 축구를 좋아하는데 아이들까지도 좋아한다. (الأَطْفَالُ 와 النَّاسُ 이 둘 다 주격이다.)	يُحِبُّ النَّاسُ كُرَةَ الْقَدَمِ حَتَّى الأَطْفَالُ.
나는 그 생선을 머리까지도 먹었다. (السَّمَكَةَ 와 رَأْسَهَا 가 둘 다 목적격이다. أَكَلْتُ 의 목적어)	أَكَلْتُ السَّمَكَةَ حَتَّى رَأْسَهَا.
우리는 모든 새로운 학생들과 알게 되었는데 멍청한 학생들까지도 알게 되었다. (الأَغْبِيَاءِ 와 الطُّلَّابِ 가 소유격)	تَعَرَّفْنَا بِكُلِّ الطُّلَّابِ الْجُدُدِ حَتَّى الأَغْبِيَاءِ.

→ 위에서 접속명사는 후속어로 사용되기에 앞의 피접속명사의 격과 한정형태가 일치함을 확인하라.

** حَتَّى 는 전치사(حَرْفُ الْجَرِّ)로도 사용되고 접속법 불변사(حَرْفُ النَّصْبِ)로도 사용된다. 이 책 Ⅱ권 '여러가지 소유격에 대해' 부분과 제Ⅰ권의 '동사의 격변화 – 동사의 서법 변화' 부분에서 공부하라. 그리고 이 책 제Ⅱ권 맨 뒤의 '여러가지 다른 용법으로 사용되는 단어들' 부분을 보면 حَتَّى 의 용법을 전체적으로 정리하고 있다.

2. 여러 가지 접속사들의 비교

아랍어에서 대등접속사 외에 다른 접속사들이 있다. 여러 가지 접속사들을 비교하면서 공부하면 그 뜻이 더 명확해진다.

1) 여러 가지 접속사로 사용되는 وَ

وَ 는 대등접속사, 상태접속사 그리고 동반접속사로 사용된다. 다음 예문을 보자.

① 대등접속사 وَ (وَاوُ الْعَطْفِ)

하산과 싸이드가 왔다.	جَاءَ حَسَنٌ وَسَعِيدٌ.

② 상태접속사 وَ (وَاوُ الْحَالِ)

나는 그 소녀가 뛰어가는 것을 보았다.	رَأَيْتُ الْبِنْتَ وَهِيَ تَجْرِي.

③ 동반접속사 وَ (وَاوُ الْمَعِيَّةِ)

나는 그 선생님이 설명하고 있을 때 교실에 들어갔다.	دَخَلْتُ الْفَصْلَ وَشَرْحَ الْمُدَرِّسِ.

→ 상태접속사와 동반접속사에 대해서는 각각 이 책 제Ⅱ권의 '여러가지 목적격에 대해' 부분에서 살펴보자.

2) لَا 의 경우 - 대등접속사 لَا (حَرْفُ الْعَطْفِ) 와 لَا (حَرْفُ النَّفْيِ), 그리고 종류부정의 لَا

①	나는 홍차를 마시지 커피를 마시는 것이 아니다.	أَشْرَبُ الشَّايَ لَا الْقَهْوَةَ.
②	무함마드는 먹지 않고 있다.	مُحَمَّدٌ لَا يَأْكُلُ.
③	오늘날 세계에 평화는 없다.	لَا سَلَامَ فِي الْعَالَمِ الْيَوْمَ.

① 의 대등접속사 لَا 는 앞의 내용을 수정하거나 반대하는 의미로 사용된다. ② 의 부정불변사 لَا 는 문장의 동사를 부정하는 부정사로 사용되며 미완료형 동사의 직설법이 사용된다. ③ 의 종류부정("لَا" النَّافِيَةُ لِلْجِنْسِ)의 لَا 는 لَا 뒤에 나오는 명사의 종류 전체를 부정하며, 부정어 لَا 뒤의 단어를 탄윈없는 목적격으로 사용해야 한다. 이 책 '여러가지 부정어와 부정문에 대해(Negation)'를 보라.

3) 접속사 لَا 와 بَلْ

접속사 لَا 가 사용된 문장 - 먼저 나오는 정보는 맞는 정보이고, 그 뒤의 정보는 틀린 정보이다.

나는 홍차를 마시지 커피를 마시는 것이 아니다.	أَشْرَبُ الشَّايَ لَا الْقَهْوَةَ.
수박이 익었지 포도가 익은 것이 아니다.	نَضَجَ الْبِطِّيخُ لَا الْعِنَبُ.

접속사 بَلْ 가 사용된 문장 - 먼저 나오는 정보는 틀린 정보이고, 그 뒤의 정보가 맞는 정보이다.

나는 커피를 마시는 것이 아니라 홍차를 마신다.	أَشْرَبُ الْقَهْوَةَ بَلِ الشَّايَ.
나는 학생이 아니라 선생이다.	لَسْتُ طَالِبًا بَلْ مُدَرِّسٌ.

4) 접속사 لَكِنْ과 접속사 بَلْ

접속사 لَكِنْ과 بَلْ은 둘 다 역접의 의미를 가진 접속사이다. لَكِنْ이 단어와 단어, 유사문장과 유사문장, 문장과 문장의 연결이 가능한 반면, بَلْ은 문장과 문장만을 연결한다.

①	그는 학생이 아니라 선생이다.	هُوَ لَيْسَ طَالِبًا لَكِنْ مُدَرِّسًا.
②		هُوَ لَيْسَ طَالِبًا بَلْ مُدَرِّسٌ.

→ ① 의 경우 طَالِبًا과 مُدَرِّسًا(단어와 단어)이 대등관계로 연결됨. 같은 격과 한정형태를 취하였다.
→ ② 의 경우 문장과 문장이 연결되기에 بَلْ 뒤에 هُوَ 가 생략되었고 بَلْ 이후의 문장은 앞의 لَيْسَ로부터 영향을 받지 않는다. 때문에 술어로 사용된 مُدَرِّسٌ이 주격으로 표기되었다. هُوَ لَيْسَ طَالِبًا بَلْ هُوَ مُدَرِّسٌ.

①	너는 악한 사람들과 친구를 삼지 말고 선한 사람들과 친구를 삼아라.	لَا تُصَاحِبِ الْأَشْرَارَ لَكِنِ الْأَخْيَارَ.[1]
②		لَا تُصَاحِبِ الْأَشْرَارَ بَلِ الْأَخْيَارَ.

→ ① 문장의 경우 الْأَشْرَارَ 와 الْأَخْيَارَ 이 대등관계로 연결된다. 같은 격과 한정형태를 취하였다.
→ ② 문장의 경우 بَلْ 뒤에 صَاحِبْ 가 생략되었다. لَا تُصَاحِبِ الْأَشْرَارَ بَلْ صَاحِبْ الْأَخْيَارَ.

5) 대등접속사 لَكِنْ과 무효화 불변사(إِنَّ وَأَخَوَاتُهَا) لَكِنَّ 의 비교

대등접속사(حَرْفُ الْعَطْفِ) لَكِنْ과 무효화 불변사(إِنَّ وَأَخَوَاتُهَا) لَكِنَّ 는 모양이 비슷할 뿐만 아니라 의미도 같다. لَكِنْ 과 لَكِنَّ 는 둘 다 앞의 내용을 부정하거나 수정하는 의미(الِاسْتِدْرَاك)를 가진다. 그러나 문장에서의 용법은 구분된다. لَكِنْ이 단어와 단어를 연결할 경우는 대등관계로 연결된다. 이에 비해 لَكِنَّ 는 무효화 불변사이기에 그 뒤에 명사문이 오며 그 명사문의 주어가 목적격을 취한다.

①	그는 강도이지만 유머러스한 사람이다. (لَكِنْ 이 단어와 단어를 연결할 경우 고전 아랍어에서는 그 앞 문장에 부정문이 와야 한다. 그러나 현대 표준 아랍어에서 둘 다 사용된다.)	هُوَ لِصٌّ لَكِنْ ظَرِيفٌ.
②		هُوَ لِصٌّ لَكِنَّهُ ظَرِيفٌ.
①	이것은 하얗지 않고 검다 (لَكِنَّ 는 무효화 불변사이고 그래서 그 뒤에 주어와 술어가 와야 한다. هـ 가 주어로서 목적격 자리에 있다)	مَا هَذَا أَبْيَضُ لَكِنْ أَسْوَدُ.
②		مَا هَذَا أَبْيَضُ لَكِنَّهُ أَسْوَدُ.
①	이 이야기는 길지 않지만 흥미롭다. (لَكِنَّ 는 무효화 불변사이고 그래서 그 뒤에 주어와 술어가 와야 한다. هَا 가 주어로서 목적격 자리에 있다)	هَذِهِ الْقِصَّةُ لَيْسَتْ طَوِيلَةً لَكِنْ مُمْتِعَةٌ.
②		هَذِهِ الْقِصَّةُ لَيْسَتْ طَوِيلَةً لَكِنَّهَا مُمْتِعَةٌ.

---

[1] خَيِّرٌ / أَخْيَارٌ ; 선한, 착한 ; 선

제10과 후속어 IV – 접속명사와 대등접속사에 대해

6) 대등접속사 لَكِنْ 과 بَلْ 그리고 무효화 불변사 (إِنَّ وَأَخَوَاتُهَا) لَكِنَّ 의 비교

①	나는 영화를 본 것이 아니라 스포츠 경기를 시청했다.	لَمْ أُشَاهِدِ الْفِيلْمَ لَكِنْ شَاهَدْتُ الْمُبَارَاةَ.
②		لَمْ أُشَاهِدِ الْفِيلْمَ بَلْ (شَاهَدْتُ) الْمُبَارَاةَ.
③		لَمْ أُشَاهِدِ الْفِيلْمَ لَكِنَّنِي شَاهَدْتُ الْمُبَارَاةَ.
①	그는 무함마드에게 감사하지 않고 알리에게 감사한다.	لَا يَشْكُرُ مُحَمَّدًا لَكِنْ يَشْكُرُ عَلِيًّا.
②		لَا يَشْكُرُ مُحَمَّدًا بَلْ (يَشْكُرُ) عَلِيًّا.
③		لَا يَشْكُرُ مُحَمَّدًا لَكِنَّهُ يَشْكُرُ عَلِيًّا.

7) حَتَّى (حَرْفُ الْجَرِّ) 와 حَتَّى 전치사(حَرْفُ الْعَطْفِ) - 대등접속사 حَتَّى의 경우

①	나는 그 생선을 머리까지도 먹었다.(even) (머리도 먹음) (حَتَّى 가 대등접속사)	أَكَلْتُ السَّمَكَةَ حَتَّى رَأْسَهَا.
②	나는 그 생선을 머리까지 먹었다.(until) (머리는 먹지 못함) (حَتَّى 가 전치사)	أَكَلْتُ السَّمَكَةَ حَتَّى رَأْسِهَا.

→①은 حَتَّى 가 대등접속사이기에 رَأْسَهَا 가 그 앞의 السَّمَكَةَ 와 같이 목적격을 취함. 반면에 ②는 حَتَّى 가 전치사(حَرْفُ جَرٍّ)이기에 رَأْسِهَا 가 소유격(اِسْمٌ مَجْرُورٌ)을 취함. 전치사 حَتَّى 의 용법에 대해서는 이 책 전치사 부분에서 공부하도록 하라.

다른 예들

①	나는 그 책을 목차까지도 읽었다. (대등접속사)	قَرَأْتُ الْكِتَابَ حَتَّى الْفِهْرِسَ.
	하나님은 사람들 모두를 사랑하시는데 죄인들 까지도 사랑하신다. (هُمْ يُحِبُّهُمْ 을 받는다.)(대등접속사) الْخَطَأَة는	النَّاسُ جَمِيعُهُمْ يُحِبُّهُمُ اللهُ حَتَّى الْخَطَأَةَ.
②	나는 새벽이 시작될 때 까지 그 책을 읽었다. (حَتَّى 가 전치사이다.)	قَرَأْتُ الْكِتَابَ حَتَّى مَطْلَعِ الْفَجْرِ.
	나는 어제 자말릭에서 타흐리르 광장까지 걸었다. (حَتَّى 가 전치사이다)	مَشَيْتُ أَمْسِ مِنَ الزَّمَالِكِ حَتَّى مَيْدَانِ التَّحْرِيرِ.

8) 대등접속사가 유사문장과 유사문장을 연결할 때 유의할 점

대등접속사가 유사문장과 유사문장을 연결할 때 유의할 점이 있다. 아래의 A 문장과 B 문장을 비교하자.

A	①	나는 싸미라와 무크타르와 인사를 나누었다. (유사문장과 유사문장을 연결)	سَلَّمْتُ عَلَى سَمِيرَةَ وَعَلَى مُخْتَارٍ. (o)
	②	나는 싸미라와 무크타르와 인사를 나누었다. (단어와 단어를 연결)	سَلَّمْتُ عَلَى سَمِيرَةَ وَمُخْتَارٍ. (o)
B	①	나는 그녀와 무크타르와 인사했다.	سَلَّمْتُ عَلَيْهَا وَعَلَى مُخْتَارٍ. (o)
	②		سَلَّمْتُ عَلَيْهَا وَمُخْتَارٍ. (×)
A	①	나는 무함마드와 마흐무드와 함께 논다. (유사문장과 유사문장을 연결)	أَلْعَبُ مَعَ مُحَمَّدٍ وَمَعَ مَحْمُودٍ. (o)
	②	나는 무함마드와 마흐무드와 함께 논다. (단어와 단어를 연결)	أَلْعَبُ مَعَ مُحَمَّدٍ وَمَحْمُودٍ. (o)
B	①	나는 그와 마흐무드와 함께 논다.	أَلْعَبُ مَعَهُ وَمَعَ مَحْمُودٍ. (o)
	②		أَلْعَبُ مَعَهُ وَمَحْمُودٍ. (×)
A	①	그 자동차가 아흐마드와 싸미르 사이로 지나간다. (유사문장과 유사문장 연결)	السَّيَّارَةُ تَسِيرُ بَيْنَ أَحْمَدَ وَبَيْنَ سَمِيرٍ. (o)
	②	그 자동차가 아흐마드와 싸미르 사이로 지나간다. (단어와 단어를 연결)	السَّيَّارَةُ تَسِيرُ بَيْنَ أَحْمَدَ وَسَمِيرٍ. (o)
B	①	그 자동차가 그와 그녀 사이를 지나간다.	السَّيَّارَةُ تَسِيرُ بَيْنَهُ وَبَيْنَهَا. (o)
	②		السَّيَّارَةُ تَسِيرُ بَيْنَهُ وَهَا. (×)

위의 A 는 유사문장과 유사문장이 대등접속사로 연결된 문장(A 의 ① 문장)을 단어와 단어가 대등접속사로 연결되는 문장(A 의 ② 문장)으로 바꿀 수 있는 경우이다. 이에비해 B 는 유사문장과 유사문장이 대등접속사로 연결된 문장(B 의 ① 문장)을 단어와 단어가 대등접속사로 연결되는 문장(B 의 ② 문장)으로 바꾸는 것이 불가능한 경우이다.

즉 A 문장들과 같이 전치사 뒤에 명사가 오거나 부사 뒤의 후연결어에 명사가 와서 유사문장이 되는 경우는 A 의 ① 문장과 같이 유사문장과 유사문장을 연결하는 문장도 가능하고, A 의 ② 문장과 같이 단어와 단어를 연결하는 문장도 가능하다. 그러나 B 문장들과 같이 전치사 뒤에 접미 인칭대명사가 오거나 부사 뒤의 후연결어에 접미 인칭대명사가 오는 경우 B 의 ① 문장과 같이 유사문장과 유사문장을 연결하는 문장은 가능하지만 B 의 ② 문장과 같이 단어와 단어를 연결하는 문장은 불가능하다.

** 여러가지 접속사에 대해

아랍어에는 많은 접속사가 있다. 이 과에서 다룬 대등접속사는 그 일부일 뿐이다. 이 책 '여러 가지 접속사(أَدَوَاتُ الرَّبْطِ)에 대해' 부분에서 여러가지 접속사를 공부하라.

제11과 관계대명사와 관계종속절 & 수식절에 대해

A. 관계대명사(الاسْمُ الْمَوْصُولُ)와 관계종속절에 대해
 1. 관계대명사(الاسْمُ الْمَوْصُولُ)의 종류
 2. 관계대명사 الَّذِي 의 용법
 3. 관계대명사 مَنْ 과 مَا 의 용법
 4. الَّذِي 와 مَنْ(혹은 مَا)의 비교
 5. 관계대명사 문장의 시제에 대해
 6. 신문에서의 예들
B. 수식절(جُمْلَةُ النَّعْتِ)에 대해
 1. 관계종속절과 수식절의 비교
 2. 수식절의 문장구조
 3. 수식절에서의 연결의 인칭대명사의 사용
 4. 수식절에 사용된 선행명사의 문장에서의 기능
 5. 수식어를 수식절로 전환하기
 6. 수식절의 시제에 대해
 7. 수식절이 사용된 신문 기사

제 11 과 관계대명사(اَلْاِسْمُ الْمَوْصُولُ)와 관계종속절 그리고 수식절(جُمْلَةُ النَّعْتِ)에 대해

아랍어 문장들 가운데에는 한 문장 속에 한 개 이상의 절(節)이 포함되어 있는 복문(複文)이 많이 있다. 이러한 아랍어 복문 문장의 이해를 위해서 관계대명사가 사용된 관계종속절과 수식절을 공부하는 것이 필수적이다. 이 과에서는 관계대명사와 관계종속절, 그리고 수식절에 대해 공부한다.

A. 관계대명사(اَلْاِسْمُ الْمَوْصُولُ)와 관계종속절에 대해

1. 관계대명사(اَلْاِسْمُ الْمَوْصُولُ)의 종류

아랍 사람들은 짧은 단문을 사용하기도 하지만 관계대명사로 연결된 복문도 많이 사용한다. 따라서 관계대명사 구문을 반드시 이해하고 사용할 수 있어야 한다.

관계대명사는 연관된 두 문장을 연결하는 기능을 하는 대명사이다. 아랍어의 관계대명사는 연관성이 있는 두 문장을 연결할 때 선행명사(اَلضَّمِيرُ الْعَائِدُ أَوْ ضَمِيرُ الرَّبْطِ)와 관계종속절(جُمْلَةُ الصِّلَةِ) 중간에 사용되어 양쪽을 연결하는 역할을 한다. 즉 관계대명사는 선행하는 사람이나 사물(즉 선행명사)을 받아서 관계종속절에 연결해 주는 한정형태의 명사(اِسْمٌ مَعْرِفَةٌ)이다.

관계대명사의 종류는 아래와 같이 اَلَّذِي 와 مَنْ 그리고 مَا 세 가지이다. 그 가운데 اَلَّذِي 는 성(性)과 수(數)에 따른 변화를 일으키며, 쌍수의 경우 격(格)에 따른 변화도 일으킨다. 이에비해 مَنْ 과 مَا 는 성.수.격의 변화를 일으키지 않는다. 아래를 보고 관계대명사의 종류와 그 격변화를 익히도록 하자.

관계대명사	특징	성(性). 수(數). 격(格)의 변화			
				남성(m.)	여성(f.)
① اَلَّذِي	사람과 사물에 모두 사용된다. (복수형은 사람에게만 사용된다.) 옆의 표와 같이 남성과 여성의 구분이 있으며, 단수와 쌍수와 복수의 수(數)의 변화가 있다. 또한 쌍수의 경우 격(格)에 따른 격변화도 있다. 선행명사가 사용된다(명사적 용법 예외)		단수		اَلَّذِي	اَلَّتِي
		쌍수	주격 (مَرْفُوعٌ)	اَللَّذَانِ	اَللَّتَانِ
			소유격 & 목적격 (مَجْرُورٌ & مَنْصُوبٌ)	اَللَّذَيْنِ	اَللَّتَيْنِ
		복수		اَلَّذِينَ	اَللَّاتِي، اَللَّوَاتِي، اَللَّائِي
② مَنْ	사람에 사용	مَنْ 성(性). 수(數). 격(格)의 변화가 없다. 선행명사가 사용되지 않는다.			
③ مَا	사물에 사용	مَا 성(性). 수(數). 격(格)의 변화가 없다. 선행명사가 사용되지 않는다.			

→ 관계대명사 اَلَّذِي 는 성(性)과 수(數)의 변화가 있고, 쌍수의 경우 격(格)변화도 있다. 즉 اَلَّذِي 의 격변화의 경우 그 단수와 복수 형태는 격변화를 하지 않는 불격변화(مَبْنِيٌّ) 단어이지만, 쌍수 형태는 격변화를 하는 격변화(مُعْرَبٌ) 단어이다. (격변화 단어 – 위에서 회색으로 칠해진 부분)

→ 그러나 관계대명사 مَنْ 과 مَا 의 경우 성(性)과 수(數) 그리고 격(格)의 변화가 없다.

2. 관계대명사 الَّذِي 의 용법

위의 관계대명사 세 가지 가운데 가장 많이 사용되는 الَّذِي를 먼저 살펴보자.

관계대명사 문장에는 4가지 구성요소가 있다. 즉 관계대명사 구문은 '선행명사(혹은 선행사)'와, '관계대명사(اسْمٌ مَوْصُولٌ)', '관계종속절(جُمْلَةُ الصِّلَةِ)', 그리고 관계종속절 안에 포함되어 있는 '연결의 인칭대명사(الضَّمِيرُ الْعَائِدُ أَوْ ضَمِيرُ الرَّبْطِ)' 로 이루어진다. 아래의 예문을 보고 관계대명사 구문의 4가지 요소에 대해서 파악하도록 하자.

나는 노래하고 있는 그 남자를 사랑한다. ① الرَّجُلَ – 선행명사(혹은 선행사) ② الَّذِي – 관계대명사(اسْمٌ مَوْصُولٌ), 문장에서 الرَّجُلَ를 수식 ③ يُغَنِّي – 관계종속절(جُمْلَةُ الصِّلَةِ) ④ يُغَنِّي 동사의 주어 – هُوَ – 연결의 인칭대명사(ضَمِيرُ الرَّبْطِ)	أُحِبُّ الرَّجُلَ الَّذِي يُغَنِّي.

나는 그 가수가 노래하는 그 노래를 좋아한다. ① الْأُغْنِيَةَ – 선행명사(혹은 선행사) ② الَّتِي – 관계대명사(اسْمٌ مَوْصُولٌ), 문장에서 الْأُغْنِيَةَ를 수식 ③ يُغَنِّيهَا الْمُطْرِبُ – 관계종속절(جُمْلَةُ الصِّلَةِ) ④ هَا – 연결의 인칭대명사(ضَمِيرُ الرَّبْطِ)	أُحِبُّ الْأُغْنِيَةَ الَّتِي يُغَنِّيهَا الْمُطْرِبُ.

이제 관계대명사 الَّذِي 가 사용된 문장의 특징을 4가지 구성요소에 따라 자세히 살펴보자.

1) 관계대명사 الَّذِي 가 사용된 문장의 특징

(1) 선행명사(혹은 선행사)가 사용된다.

선행명사란 관계대명사 앞에 와서 뒤에 오는 관계종속절(جُمْلَةُ الصِّلَةِ) 전체를 받는 한정명사를 말한다. 관계대명사 문장의 선행명사는 반드시 한정명사이어야 한다. 관계대명사와 관계종속절은 그 앞의 선행명사를 수식 혹은 설명한다고 보면 된다.

나는 홍차를 마시는(혹은 마시고 있는) 그 학생을 보았다. ① الطَّالِبَ – 선행명사(혹은 선행사) ② الَّذِي – 관계대명사(اسْمٌ مَوْصُولٌ), 문장에서 الطَّالِبَ를 수식 ③ يَشْرَبُ الشَّايَ – 관계종속절(جُمْلَةُ الصِّلَةِ) ④ يَشْرَبُ 동사의 주어 – هُوَ – 연결의 인칭대명사(ضَمِيرُ الرَّبْطِ)	رَأَيْتُ الطَّالِبَ الَّذِي يَشْرَبُ الشَّايَ.

나는 (그녀의) 아버지가 의사인 그 여학생을 보았다. ① الطَّالِبَةَ – 선행명사(혹은 선행사) ② الَّتِي – 관계대명사(اسْمٌ مَوْصُولٌ), 문장에서 الطَّالِبَةَ를 수식 ③ أَبُوهَا طَبِيبٌ – 관계종속절(جُمْلَةُ الصِّلَةِ) ④ هَا – 연결의 인칭대명사(ضَمِيرُ الرَّبْطِ)	رَأَيْتُ الطَّالِبَةَ الَّتِي أَبُوهَا طَبِيبٌ.

→ 위의 두 문장에서 선행명사는 الطَّالِبَ 와 الطَّالِبَةَ 이다. 두 명사가 한정명사임을 확인하고, 또한 이 선행명사의 성에 따라 뒤의 관계대명사 الَّذِي가 الَّتِي 로 변화한 것을 확인하라.

→ 첫 번째 문장은 관계종속절이 동사문으로 이루어져 있고, 두 번째 문장은 관계종속절이 명사문으로 이루어져있다.

** 선행명사의 문장에서의 기능

아래는 관계대명사의 선행명사로 사용된 단어가 문장에서 어떤 기능으로 사용될 수 있는지를 보여주는 예문들이다. 선행명사의 기능과 그 뒤의 관계대명사와 관계종속절과의 관계를 살펴보라.

a. 선행명사가 명사문의 주어(مُبْتَدَأ)인 경우 – 선행명사가 주격이다.

나와 함께 공부하는 그 학생은 내 친구이다.	الطَّالِبُ الَّذِي يَدْرُسُ مَعِي، صَدِيقِي.
내 아버지가 구입한 그 선물은 예쁘다.	الْهَدِيَّةُ الَّتِي اشْتَرَاهَا أَبِي، جَمِيلَةٌ.
그 디렉터(책임자)와 인사를 나눈 그 대학생은 똑똑하다.	طَالِبُ الْجَامِعَةِ الَّذِي يُسَلِّمُ عَلَى الْمُدِيرِ ذَكِيٌّ.
무함마드와 함께 살고 있는 그의 친구들은 이집트 출신이다.	أَصْدِقَاءُ مُحَمَّدٍ الَّذِينَ يَعِيشُونَ مَعَهُ مِنْ مِصْرَ.

b. 선행명사가 명사문의 술어(خَبَر)인 경우 – 선행명사가 주격이다.

이 사람이 늦게 온 그 소년이다.	هَذَا هُوَ الصَّبِيُّ الَّذِي جَاءَ مُتَأَخِّرًا.
이 사람이 머리카락이 아름다운 그 소녀이다.	هَذِهِ هِيَ الصَّبِيَّةُ الَّتِي شَعْرُهَا جَمِيلٌ.

c. 선행명사가 동사문의 주어(فَاعِل)인 경우 – 선행명사가 주격이다.

(평소에) 아주 많이 우는 그 아기가 잠을 잤다.	نَامَ الطِّفْلُ الَّذِي يَبْكِي كَثِيرًا.
아랍어를 공부하는 그 여학생이 나에게 왔다.	جَاءَتْنِي الطَّالِبَةُ الَّتِي تَدْرُسُ اللُّغَةَ الْعَرَبِيَّةَ.

d. 선행명사가 문장의 목적어(مَفْعُول بِه)인 경우 – 선행명사가 목적격이다.

나는 노래를 하고 있는 그 남자에게서 들었다. (그 남자의 말 혹은 노래를)	سَمِعْتُ الرَّجُلَ الَّذِي يُغَنِّي.
나는 웃었던 그 여자를 보았다.	رَأَيْتُ الْمَرْأَةَ الَّتِي ضَحِكَتْ.

e. 선행명사가 소유격 명사(اسْم مَجْرُور)인 경우 – 선행명사가 소유격이다.

무함마드는 그가 이야기 하고 있는 그 여자를 쳐다보고 있다.	مُحَمَّدٌ يَنْظُرُ إِلَى الْمَرْأَةِ الَّتِي يُكَلِّمُهَا.
나는 내가 태어난 그 도시에 살고 있다.	أَعِيشُ فِي الْمَدِينَةِ الَّتِي وُلِدْتُ فِيهَا.

f. 선행명사가 후연결어(مُضَاف إِلَيْه)인 경우 – 선행명사가 소유격이다.

방금 온 그 소년의 가방은 아름답다.	حَقِيبَةُ الْوَلَدِ الَّذِي جَاءَ الْآنَ، جَمِيلَةٌ.
이것은 내 옆에 앉아 있는 그 소녀의 책이다.	هَذَا كِتَابُ الْبِنْتِ الَّتِي تَجْلِسُ بِجَانِبِي.
우리는 집이 큰 그 학생과 함께 살고 있다. (مَعَ는 부사)	نَعِيشُ مَعَ الطَّالِبِ الَّذِي بَيْتُهُ كَبِيرٌ.
그 아이는 그가 부순 그 테이블 위에 그의 펜을 놓았다.	وَضَعَ الطِّفْلُ قَلَمَهُ فَوْقَ الْمَائِدَةِ الَّتِي كَسَرَهَا.

→ 위의 마지막 두 문장은 부사(ظَرْف) 뒤에 후연결어(مُضَاف إِلَيْه)가 왔고 그 후연결어가 선행명사로 사용된 문장이다.

(2) 관계대명사가 사용된다.

관계대명사 الَّذِي 는 선행명사의 성(性)과 수(數)에 따라 변화하고, 쌍수의 경우 격(格)변화도 일으킨다. 즉 الَّذِي 는 아래의 도표에서와 같이 선행명사의 성에 따라 남성과 여성으로 구분되어 사용되며, 선행명사의 수에 따라 단수와 쌍수 그리고 복수로 구분되어 사용된다. 또한 쌍수에서는 선행명사의 격에 따라 주격과 소유격(혹은 목적격)의 격변화(مُعْرَب)를 일으킨다. 그러나 단수와 복수의 경우 격변화를 일으키지 않고 불격변화(مَبْنِي)한다.

	단수(مُفْرَدٌ)	쌍수(مُثَنَّى)		복수(جَمْعٌ)
		주격	소유격 & 목적격	
남성(m.)	الَّذِي	اللَّذَانِ	اللَّذَيْنِ	الَّذِينَ
여성(f.)	الَّتِي	اللَّتَانِ	اللَّتَيْنِ	اللَّاتِي، اللَّوَاتِي، اللَّائِي

아래는 관계대명사 الَّذِي 가 문장에서 어떻게 성과 수와 격의 변화를 하는지를 보여주는 예문들이다. 아래 문장에서 선행명사와 관계대명사가 어떻게 일치하는 지를 확인하고, 또한 연결의 인칭대명사와 선행명사와의 일치도 확인하라. 그리고 쌍수의 경우 주격과 목적격과 소유격의 격변화를 하는 것을 확인하라.

a. 관계대명사가 주격자리에 온 경우

관계대명사가 주격의 선행명사를 수식할 때이다. 아래 문장에서 선행명사가 주어로 사용되었기에 주격이다.

단수	남성	내가 만난 그 학생은 친절하다.	الطَّالِبُ الَّذِي قَابَلْتُهُ طَيِّبٌ.
	여성	내가 만난 그 여학생은 친절하다.	الطَّالِبَةُ الَّتِي قَابَلْتُهَا طَيِّبَةٌ.
쌍수	남성	내가 만난 그 두 남학생은 친절하다.	الطَّالِبَانِ اللَّذَانِ قَابَلْتُهُمَا طَيِّبَانِ.
	여성	내가 만난 그 두 여학생은 친절하다.	الطَّالِبَتَانِ اللَّتَانِ قَابَلْتُهُمَا طَيِّبَتَانِ.
복수	남성	내가 만난 그 학생들은 친절하다.	الطُّلَّابُ الَّذِينَ قَابَلْتُهُمْ طَيِّبُونَ.
	여성	내가 만난 그 여학생들은 친절하다.	الطَّالِبَاتُ اللَّاتِي/ اللَّوَاتِي/ اللَّائِي قَابَلْتُهُنَّ طَيِّبَاتٌ.

ب. 관계대명사가 목적격 자리에 온 경우

관계대명사가 목적격의 선행명사를 수식할 때이다. 아래 문장에서 선행명사가 목적어이기 때문에 목적격이다.

단수	남성	나는 홍차를 마시는(혹은 마시고 있는) 그 학생을 보았다.	رَأَيْتُ الطَّالِبَ الَّذِي يَشْرَبُ الشَّايَ.
	여성	나는 그녀의 아름다움이 나를 매혹시킨 그 여학생을 보았다.	رَأَيْتُ الطَّالِبَةَ الَّتِي جَذَبَنِي جَمَالُهَا.
쌍수	남성	나는 홍차를 마시는(혹은 마시고 있는) 그 두 학생을 보았다.	رَأَيْتُ الطَّالِبَيْنِ اللَّذَيْنِ يَشْرَبَانِ الشَّايَ.
	여성	나는 그녀들의 아름다움이 나를 매혹시킨 두 여학생을 보았다.	رَأَيْتُ الطَّالِبَتَيْنِ اللَّتَيْنِ جَذَبَنِي جَمَالُهُمَا.
복수	남성	나는 홍차를 마시는(혹은 마시고 있는) 그 학생들을 보았다.	رَأَيْتُ الطُّلَّابَ الَّذِينَ يَشْرَبُونَ الشَّايَ.
	여성	나는 그녀들의 아름다움이 나를 매혹시킨 그 여학생들을 보았다.	رَأَيْتُ الطَّالِبَاتِ اللَّاتِي/ اللَّوَاتِي/ اللَّائِي جَذَبَنِي جَمَالُهُنَّ.

c. 관계대명사가 소유격 자리에 온 경우

관계대명사가 소유격의 선행명사를 수식할 때이다. 아래 문장에서 선행명사가 소유격 명사로 사용되었기 때문에 소유격이다.

단수	남성	나는 홍차를 마시는(혹은 마시고 있는) 그 학생과 인사했다.	سَلَّمْتُ عَلَى الطَّالِبِ الَّذِي يَشْرَبُ الشَّايَ.
	여성	나는 그녀의 아름다움이 나를 매혹시킨 그 여학생과 인사했다.	سَلَّمْتُ عَلَى الطَّالِبَةِ الَّتِي جَذَبَنِي جَمَالُهَا.
쌍수	남성	나는 홍차를 마시는(혹은 마시고 있는) 그 두 학생과 인사했다.	سَلَّمْتُ عَلَى الطَّالِبَيْنِ اللَّذَيْنِ يَشْرَبَانِ الشَّايَ.
	여성	나는 그녀들의 아름다움이 나를 매혹시킨 두 여학생과 인사했다.	سَلَّمْتُ عَلَى الطَّالِبَتَيْنِ اللَّتَيْنِ جَذَبَنِي جَمَالُهُمَا.
복수	남성	나는 홍차를 마시는(혹은 마시고 있는) 그 학생들과 인사했다.	سَلَّمْتُ عَلَى الطُّلَّابِ الَّذِينَ يَشْرَبُونَ الشَّايَ.
	여성	나는 그녀들의 아름다움이 나를 매혹시킨 그 여학생들과 인사했다.	سَلَّمْتُ عَلَى الطَّالِبَاتِ اللَّاتِي/ اللَّوَاتِي/ اللَّائِي جَذَبَنِي جَمَالُهُنَّ.

(3) 관계종속절(جُمْلَةُ الصِّلَةِ)이 사용된다.

관계종속절은 관계대명사 뒤에 와서 선행명사를 수식 혹은 설명하는 문장을 말한다. 관계종속절의 문장 형태는 동사문(الْجُمْلَةُ الْفِعْلِيَّةُ), 명사문(الْجُمْلَةُ الاسْمِيَّةُ), 그리고 유사문장(شِبْهُ الْجُمْلَةِ) 중의 하나이다. 아래는 관계종속절(밑줄 부분)의 구조를 분석한 것이다. 아래에서 관계종속절의 형태와 그 관계종속절에 사용된 연결의 인칭대명사(الضَّمِيرُ الْعَائِدُ أَوْ ضَمِيرُ الرَّبْطِ)가 어떤 것인지 살펴보라.

a. 관계종속절이 동사문(الْجُمْلَةُ الْفِعْلِيَّةُ)인 경우

나는 그 노래를 부르고 있는 그 젊은 여자를 보았다.	رَأَيْتُ الْفَتَاةَ الَّتِي تُغَنِّي الْأُغْنِيَةَ.
관계종속절이 تُغَنِّي الْأُغْنِيَةَ 이다. تُغَنِّي 동사의 주어인 هِيَ 가 연결의 인칭대명사로서 선행명사 الْفَتَاةَ 을 가리킨다.	
나는 무함마드가 이야기를 나눈 그 젊은 여자를 보았다.	رَأَيْتُ الْفَتَاةَ الَّتِي كَلَّمَهَا مُحَمَّدٌ.
관계종속절이 كَلَّمَهَا مُحَمَّدٌ 이다. كَلَّمَ 동사의 목적어로 사용된 هَا 가 연결의 인칭대명사로서 선행명사 الْفَتَاةَ 을 가리킴	
나는 그녀의 남동생(혹은 오빠)이 합격한 그 젊은 여자를 보았다.	رَأَيْتُ الْفَتَاةَ الَّتِي نَجَحَ أَخُوهَا.
نَجَحَ 동사의 주어 أَخُو 의 후연결어로 사용된 인칭대명사 هَا 가 연결의 인칭대명사로서 선행명사 الْفَتَاةَ 을 가리킨다.	
나는 무함마드가 방문하는 것을 좋아하는 그 젊은 여자를 보았다.	رَأَيْتُ الْفَتَاةَ الَّتِي يُحِبُّ مُحَمَّدٌ زِيَارَتَهَا.
يُحِبُّ 동사의 목적어 زِيَارَة 의 후연결어로 사용된 인칭대명사 هَا 가 연결의 인칭대명사로서 선행명사 الْفَتَاةَ 을 가리킨다.	
나는 무함마드가 인사를 나눈 그 젊은 여자를 보았다.	رَأَيْتُ الْفَتَاةَ الَّتِي سَلَّمَ عَلَيْهَا مُحَمَّدٌ.
سَلَّمَ 와 함께 사용된 전치사 عَلَى 에 접미된 인칭대명사 هَا 가 연결의 인칭대명사로서 선행명사 الْفَتَاةَ 을 가리킨다.	
나는 개 한 마리가 그녀 앞에 서 있는 그 젊은 여자를 보았다.	رَأَيْتُ الْفَتَاةَ الَّتِي يَقِفُ أَمَامَهَا كَلْبٌ.
부사 أَمَامَ 에 후연결어로 사용된 인칭대명사 هَا 가 연결의 인칭대명사로서 선행명사 الْفَتَاةَ 를 가리킨다.	

b. 관계종속절이 명사문(الْجُمْلَةُ الاسْمِيَّةُ)인 경우

나는 미소가 아름다운 그 젊은 여자를 보았다.	رَأَيْتُ الْفَتَاةَ الَّتِي ابْتِسَامَتُهَا جَمِيلَةٌ.
이 명사문의 주어에 붙은 인칭대명사 هَا 가 연결의 인칭대명사로서 선행명사 الْفَتَاةَ 을 가리킨다.	
나는 책 두권을 가지고 있는 그 젊은 여자를 보았다.	رَأَيْتُ الْفَتَاةَ الَّتِي مَعَهَا كِتَابَانِ.
이 명사문의 술어에 붙은 인칭대명사 هَا 가 연결의 인칭대명사로서 선행명사 الْفَتَاةَ 을 가리킨다.	

c. 관계종속절이 유사문장(شِبْهُ الْجُمْلَةِ)인 경우

관계종속절이 동사문과 명사문만 있는 것이 아니라 유사문장도 가능하다. 유사문장이 관계종속절인 경우에는 연결의 인칭대명사가 사용되지 않는다. (밑줄 부분이 관계종속절이다.)

나는 (그) 집 앞에 있는 그 젊은 여자를 보았다.	رَأَيْتُ الْفَتَاةَ الَّتِي أَمَامَ الْبَيْتِ.
나는 (그) 집 안에 있는 그 젊은 여자를 보았다.	رَأَيْتُ الْفَتَاةَ الَّتِي فِي الْبَيْتِ.
그 걸상 아래에 있는 그 가방에 돈이 있다.	الْحَقِيبَةُ الَّتِي تَحْتَ الْكُرْسِيِّ بِهَا نُقُودٌ.

(4) 관계종속절 안에 선행명사와 일치하는 연결의 인칭대명사(ضَمِيرُ الرَّبْطِ)가 존재한다.

관계종속절 안에는 관계종속절과 선행명사를 잇는 연결의 인칭대명사(الضَّمِيرُ الْعَائِدُ)가 존재한다. 이 연결의 인칭대명사는 선행명사와 성과 수가 반드시 일치해야 한다.

아래는 연결의 인칭대명사에 촛점을 맞추어 관계종속절을 분석한 것이다. 각각의 예문에서 연결의 인칭대명사가 어디에 위치하고 있는지를 살피고, 그것이 선행명사와 성과 수가 어떻게 일치하는지를 확인하도록 하라.

(아래 문장들의 관계종속절에 사용된 동사문과 명사문의 구조는 이 책 '명사문에 대해'의 '술어 부분에 문장이 오는 형태'에서 다룬 동사문과 명사문의 구조와 동일하다)

a. 관계종속절이 동사문(الْجُمْلَةُ الْفِعْلِيَّةُ)인 경우

a-1 연결의 인칭대명사가 관계종속절 동사의 주어(الْفَاعِلُ)로 사용된 경우

이 분이 (바로) 그 논설을 쓴 그 저자이다.	هَذَا هُوَ الْكَاتِبُ الَّذِي كَتَبَ الْمَقَالَ.
관계종속절 문장에서 كَتَبَ 동사의 감추어진(مُسْتَتِر) 주어 هُوَ 가 연결의 인칭대명사. 선행명사 الْكَاتِبُ 와 성과 수 일치.	
이 분들이 (바로) 그 논설들을 쓴 그 저자들이다.	هَؤُلَاءِ هُمُ الْكَاتِبُونَ الَّذِينَ كَتَبُوا الْمَقَالَاتِ.
관계종속절 문장에서 كَتَبُوا 의 주격 접미 인칭대명사인 و 가 연결의 인칭대명사. 선행명사 الْكَاتِبُونَ 와 성과 수 일치	

a-2 연결의 인칭대명사가 관계종속절 동사의 목적어(الْمَفْعُولُ بِهِ)로 사용된 경우

이 분이 (바로) 어제 내가 본 그 저자이다.	هَذَا هُوَ الْكَاتِبُ الَّذِي رَأَيْتُهُ أَمْسِ.
관계종속절 문장에서 동사의 목적어 هُ 가 연결의 인칭대명사로서 선행명사 الْكَاتِبُ 와 성과 수에서 일치한다.	
이것이 (바로) 그 학생이 그린 그 그림이다.	هَذِهِ هِيَ الصُّورَةُ الَّتِي رَسَمَهَا الطَّالِبُ.
관계종속절 문장에서 동사의 목적어 هَا 가 연결의 인칭대명사로서 선행명사 الصُّورَةُ 와 성과 수에서 일치한다.	

a-3 연결의 인칭대명사가 관계종속절 주어(الْفَاعِلُ)의 후연결어로 사용된 경우

이 분이 (바로) 그의 책이 나를 매혹시킨 그 저자이다.	هَذَا هُوَ الْكَاتِبُ الَّذِي جَذَبَنِي كِتَابُهُ.
관계종속절 문장에서 جَذَبَ 동사의 주어 كِتَاب 에 붙은 후연결 인칭대명사 هُ 가 연결의 인칭대명사이다.	
이 분이 (바로) 아들이 그 건물에 들어간 그 어머니이시다.	هَذِهِ هِيَ الْأُمُّ الَّتِي يَدْخُلُ ابْنُهَا الْعِمَارَةَ.
관계종속절 문장에서 يَدْخُلُ 동사의 주어 ابْن 에 붙은 후연결 인칭대명사 هَا 가 연결의 인칭대명사이다.	

a-4 연결의 인칭대명사가 관계종속절 목적어(الْمَفْعُولُ بِهِ)의 후연결어로 사용된 경우

이 분이 (바로) 내 친구가 그의 책을 좋아하는 그 저자이다.	هَذَا هُوَ الْكَاتِبُ الَّذِي يُحِبُّ كِتَابَهُ صَدِيقِي.
관계종속절 문장에서 يُحِبُّ 동사의 목적어 كِتَاب 에 붙은 후연결 인칭대명사 هُ 가 연결의 인칭대명사이다.	
이 분이 (바로) 내가 그녀의 도움을 원하는 그 어머니이시다.	هَذِهِ هِيَ الْأُمُّ الَّتِي أُرِيدُ مُسَاعَدَتَهَا.
관계종속절 문장에서 أُرِيدُ 동사의 목적어 مُسَاعَدَة 에 붙은 후연결 인칭대명사 هَا 가 연결의 인칭대명사이다.	

a-5 연결의 인칭대명사가 관계종속절에 사용된 유사문장에 온 경우
a-5-a 전치사 + 소유격 명사
a-5-a-1 연결의 인칭대명사가 관계종속절에 사용된 전치사의 소유격 명사로 사용된 경우

이 분이 (바로) 내가 찾았던 그 저자이다.	هَذَا هُوَ الْكَاتِبُ الَّذِي بَحَثْتُ عَنْهُ.
관계종속절 문장에서 전치사의 소유격 명사 هُ 가 연결의 인칭대명사이다.	
이것이 (바로) 내가 쥬스를 마시는 그 잔이다.	هَذِهِ هِيَ الْكَأْسُ الَّتِي أَشْرَبُ بِهَا الْعَصِيرَ.
관계종속절 문장에서 전치사의 소유격 명사 هَا 가 연결의 인칭대명사이다. كَأْس 여성명사이지만 남성으로 사용가능	

a-5-a-2 연결의 인칭대명사가 관계종속절에 사용된 전치사의 소유격 명사의 후연결어로 사용된 경우

이 분이 (바로) 그 과제가 그의 어깨에 놓여있는 그 작가이다.	هَذَا هُوَ الْكَاتِبُ الَّذِي تَقَعُ عَلَى كَاهِلِهِ الْمُهِمَّةُ.
관계종속절 문장에서 전치사의 소유격 명사의 후연결 인칭대명사 هُ 가 연결의 인칭대명사이다.	
이분이 (바로) 내가 그녀의 아파트에 살고 있는 그 여자분이다.	هَذِهِ هِيَ الْمَرْأَةُ الَّتِي أَسْكُنُ فِي شِقَّتِهَا.
관계종속절 문장에서 전치사의 소유격 명사 هَا 가 연결의 인칭대명사이다.	

a-5-b 부사 + 후연결어
a-5-b-1 연결의 인칭대명사가 관계종속절에 사용된 부사의 후연결어로 사용된 경우

이 분이 (바로) 내가 어제 함께 이야기한 그 작가이다.	هَذَا هُوَ الْكَاتِبُ الَّذِي تَكَلَّمْتُ مَعَهُ أَمْسِ.
관계종속절 문장에서 부사의 후연결어 هُ 가 연결의 인칭대명사이다. مَعَ 는 전치사가 아니라 부사이다.	
이것이 (바로) 그 아이들이 그 앞에서 놀고 있는 그 건물이다.	هَذِهِ هِيَ الْعِمَارَةُ الَّتِي يَلْعَبُ أَمَامَهَا الْأَطْفَالُ.
관계종속절 문장에서 부사의 후연결어 هَا 가 연결의 인칭대명사이다.	

a-5-b-2 연결의 인칭대명사가 관계종속절에 사용된 부사의 후연결어의 접미인칭대명사로 사용된 경우

이 분이 (바로) 내가 어제 그의 아들과 함께 이야기한 그 작가이다.	هَذَا هُوَ الْكَاتِبُ الَّذِي تَكَلَّمْتُ مَعَ ابْنِهِ أَمْسِ.
관계종속절 문장에서 부사의 후연결어에 붙은 접미인칭대명사 هِ 가 연결의 인칭대명사이다.	
이 지역이 (바로) 내가 그 광장 앞에서 살고 있는 그 지역이다.	هَذِهِ هِيَ الْمِنْطَقَةُ الَّتِي أَعِيشُ أَمَامَ مَيْدَانِهَا.
관계종속절 문장에서 부사의 후연결어에 붙은 접미인칭대명사 هَا 가 연결의 인칭대명사이다.	

** 연결의 인칭대명사가 세 단어 연결형의 후연결어로 온 경우

이 건물이 (바로) 내가 건물의 아파트 가운데 한 아파트에 살고 있는 그 건물이다.	هَذِهِ هِيَ الْعِمَارَةُ الَّتِي أَسْكُنُ فِي إِحْدَى شُقَقِهَا.
전치사의 소유격 명사 뒤에 온 후연결어에 붙은 هَا 가 연결의 인칭대명사이다.	
이 대학이 (바로) 내가 그 대학 내에서 가장 좋은 단과대학에서 공부하는 그 대학이다.	هَذِهِ هِيَ الْجَامِعَةُ الَّتِي أَدْرُسُ فِي أَفْضَلِ كُلِّيَّاتِهَا.
전치사의 소유격 명사 뒤에 온 후연결어에 붙은 هَا 가 연결의 인칭대명사이다.	
이 분이 (바로) 내가 어제 그의 조카와 함께 이야기한 그 작가이다.	هَذَا هُوَ الْكَاتِبُ الَّذِي تَكَلَّمْتُ مَعَ ابْنِ أَخِيهِ.
부사의 후연결어로 사용된 ابْنِ أَخِي 의 후연결어에 붙은 접미인칭대명사(후연결어) هِ 가 연결의 인칭대명사이다.	

종합 아랍어 문법 II

이 분이 (바로) 내가 그녀의 아들을 돕길 원하는 그 어머니이시다.	هَذِهِ هِيَ الأُمُّ الَّتِي أُرِيدُ مُسَاعَدَةَ ابْنِهَا.
관계종속절 문장에서 مُسَاعَدَة 의 ابْنِ 후연결어에 붙은 접미 인칭대명사 هَا 가 연결의 인칭대명사이다.	

b. 관계종속절이 명사문(الجُمْلَةُ الاسْمِيَّةُ)인 경우

b-1 관계종속절이 일반적인 명사문인 경우

이때 연결의 인칭대명사는 관계종속절 주어(المُبْتَدَأ)의 후연결 접미 인칭대명사이다.

이 분은 (바로) 책(저술)이 유명한 그 저자이다.	هَذَا هُوَ الكَاتِبُ الَّذِي كِتَابُهُ مَشْهُورٌ.
관계종속절이 명사문. 이 명사문 주어의 후연결 접미 인칭대명사인 هُ 가 연결의 인칭대명사이다.	
이것이 (바로) 평판이 아주 좋은 그 학교이다.	هَذِهِ هِيَ المَدْرَسَةُ الَّتِي سُمْعَتُهَا جَيِّدَةٌ جِدًّا.
관계종속절이 명사문. 이 명사문 주어의 후연결 접미 인칭대명사인 هَا 가 연결의 인칭대명사이다.	

b-2 관계종속절에 유사문장(شِبْهُ الجُمْلَةِ)이 선행하는 명사문이 오는 경우

이 때 연결의 인칭대명사는 관계종속절의 선행하는 술어(الخَبَر)의 접미 인칭대명사이다. (술어의 구조는 각각 '전치사 + 소유격 명사', '부사 + 후연결어'이다.)

이 분이 (바로) 많은 책들을 가지고 있는 그 저자이다.	هَذَا هُوَ الكَاتِبُ الَّذِي لَهُ كُتُبٌ كَثِيرَةٌ.
관계종속절이 술어가 주어 보다 먼저 온 명사문. 이 명사문 술어의 접미 인칭대명사인 هُ 가 연결의 인칭대명사.	
이 분이 (바로) 세 딸을 가진 그 여자분이다.	هَذِهِ هِيَ المَرْأَةُ الَّتِي عِنْدَهَا ثَلَاثُ بَنَاتٍ.
관계종속절이 술어가 주어 보다 먼저 온 명사문. 이 명사문 술어의 접미 인칭대명사인 هَا 가 연결의 인칭대명사.	

** 관계종속절이 유사문장(شِبْهُ الجُمْلَةِ)인 경우

한편 앞의 '(3) 관계종속절(جُمْلَةُ الصِّلَةِ)이 사용된다.' 부분의 'c. 관계종속절이 유사문장(شِبْهُ الجُمْلَةِ)인 경우'의 문장들에서는 연결의 인칭대명사가 사용되지 않는다. 아래 문장들의 관계종속절에 연결의 인칭대명사가 없는 것을 확인하자.

나는 집 앞에 있는 그 젊은 여자를 보았다.	رَأَيْتُ الفَتَاةَ الَّتِي أَمَامَ البَيْتِ.
정원에 있는 그 남자는 내 형(남동생)이다.	الرَّجُلُ الَّذِي فِي الحَدِيقَةِ أَخِي.
그녀는 나와 함께 있는 그 여인이다. (مَعِي 가 유사문장이다.)	هِيَ الَّتِي مَعِي.

→ 문법학자들은 관계종속절이 유사문장인 경우 유사문장 앞에 كَانَ (혹은 يَكُونُ)가 생략되었다고 본다.

2) 관계대명사의 두 가지 용법에 대해

한편 관계대명사는 관계대명사와 관계종속절이 문장에서 사용되는 용법에 따라 두 가지로 구분할 수 있다. 먼저는 관계대명사와 관계종속절이 관계대명사 앞의 선행명사를 수식하는 역할을 하는 형용사적 용법(혹은 수식적 용법)이고, 두 번째는 관계대명사와 관계종속절 자체가 문장의 주어나 목적어 등으로 사용되는 명사적 용법이 그것이다.

(1) 형용사적 용법(혹은 수식적 용법)

관계대명사와 관계종속절이 문장에서 주어나 술어 혹은 소유격 명사 등으로 사용된 선행명사를 수식하는 경우이다. 지금까지 배운 여러가지 예들은 모두 형용사적 용법의 관계대명사들이다. 아래의 예들도 마찬가지이다.

내가 만난 그 학생은 친절하다. (관계종속절이 주어로 사용된 선행명사를 수식)	الطَّالِبُ الَّذِي قَابَلْتُهُ طَيِّبٌ.
나는 홍차를 마시는(혹은 마시고 있는) 그 학생을 보았다. (목적어로 사용된 선행명사를 수식)	رَأَيْتُ الطَّالِبَ الَّذِي يَشْرَبُ الشَّايَ.
나는 홍차를 마시는(혹은 마시고 있는) 그 학생과 인사를 나누었다. (소유격 명사로 사용된 선행명사를 수식)	سَلَّمْتُ عَلَى الطَّالِبِ الَّذِي يَشْرَبُ الشَّايَ.

(2) 명사적 용법

지금까지 다루지 않았던 관계대명사의 새로운 용법이다. 관계대명사의 명사적 용법이란 관계대명사가 선행명사를 수식하는 것이 아니라 명사적인 기능을 하는 경우이다. 즉 관계대명사를 포함한 관계종속절 자체가 명사문의 주어나 술어로 사용되거나, 혹은 동사문의 주어, 목적어, 소유격 명사 혹은 후연결어로 사용되는 경우이다.[1] 이 때 관계대명사 안에 선행명사가 포함되어 있어 문장에 선행명사가 사용되지 않으며, 연결의 인칭대명사(ضَمِيرُ الرَّبْطِ)는 관계대명사 안에 내포되어 있는 가상의 선행명사를 받는다.

아래에서 관계대명사를 포함한 관계종속절이 문장에서 어떤 기능을 수행하는지 살펴보도록 하자.

a. '관계대명사 + 관계종속절'이 명사문의 주어(الْمُبْتَدَأ)로 사용된 경우

책상 위에 있는 것이 내 책이다. (관계대명사와 관계종속절이 명사문의 주어로 왔다.)	الَّذِي عَلَى الْمَكْتَبِ كِتَابِي.
나를 사랑하는 자는 내 아버지가 그를 사랑한다.(성경)(관계대명사와 관계종속절이 명사문의 주어로 왔다.)	الَّذِي يُحِبُّنِي يُحِبُّهُ أَبِي.
다른 사람들을 존경하는 자(f.)는 존경을 받는다.	الَّتِي تَحْتَرِمُ الآخَرِينَ تُحْتَرَمُ.

b. '관계대명사 + 관계종속절'이 명사문의 술어(الْخَبَر)로 사용된 경우

그는 내 음식을 먹은 자이다.	هُوَ الَّذِي أَكَلَ طَعَامِي.
요셉이 그 시합에서 이긴 자이다.	يُوسُفُ هُوَ الَّذِي فَازَ بِالْمُسَابَقَةِ.

---

[1] 그러나 문장을 분해할 때는 관계대명사 한 단어가 명사문의 주어나, 술어, 혹은 동사문의 주어, 목적어, 소유격 명사 혹은 후연결어가 된다고 하고, 관계대명사 뒤의 문장은 관계종속절(جُمْلَةُ الصِّلَةِ)이라 한다.

| 이 사람(여자)이 (바로) 나를 사랑한 사람(여자)이다. | هَذِهِ هِيَ الَّتِي أَحْبَبْتِنِي. |

c. '관계대명사 + 관계종속절'이 동사문의 주어(الْفَاعِل)로

우리집에 있던 여자가 여행을 떠났다. (관계대명사와 관계종속절이 동사문의 주어로 왔다.)	سَافَرَتِ الَّتِي كَانَتْ عِنْدَنَا.
숙제를 한 사람들은 잠을 잤다.	نَامَ الَّذِينَ كَتَبُوا وَاجِبَهُمْ.
스포츠를 한 여자들이 피곤해졌다.	تَعِبْنَ اللَّاتِي لَعِبْنَ الرِّيَاضَةَ.

d. '관계대명사 + 관계종속절'이 목적어(الْمَفْعُول بِهِ)로 사용된 경우

나는 나를 이긴 사람을 이겼다.	غَلَبْتُ الَّذِي غَلَبَنِي.
무함마드는 그에게 욕을 한 여자를 때렸다.	ضَرَبَ مُحَمَّدٌ الَّتِي شَتَمَتْهُ.
광적인 사람은 그를 닮은 사람들을 좋아한다.	يُحِبُّ الْمُتَعَصِّبُ الَّذِينَ يُشْبِهُونَهُ.

e. '관계대명사 + 관계종속절'이 소유격 명사(الاسْمُ الْمَجْرُور)로 사용된 경우

나는 나를 사랑하는 사람과 인사했다.	سَلَّمْتُ عَلَى الَّذِي يُحِبُّنِي.
나는 이 시를 적은 여자에 대해 이야기했다.	تَكَلَّمْتُ عَنِ الَّتِي كَتَبَتْ هَذَا الشِّعْرَ.
나는 나를 모욕한 여자에게 화가 났다.	غَضِبْتُ مِنَ الَّتِي أَهَانَتْنِي.

f. '관계대명사 + 관계종속절'이 후연결어(الْمُضَاف إلَيْهِ)로 사용된 경우

이것은 나와함께 일하는 사람(f.)의 집이다.	هَذَا بَيْتُ الَّتِي تَعْمَلُ مَعِي.
나는 나의 이웃에 살고 있는 사람의 자동차를 탔다.	رَكِبْتُ سَيَّارَةَ الَّذِي يَسْكُنُ بِجِوَارِي.
나는 나를 칭찬하는 말을 한 여자와 함께 웃었다.	ضَحِكْتُ مَعَ الَّتِي جَامَلَتْنِي.*

➔ * مَعَ 는 아랍어 문법에서 전치사가 아닌 부사로 취급되며, 따라서 그 뒤에 후연결어가 온다. 이 책 '여러가지 목적격'(الْمَنْصُوبَات)에 대해' 부분의 시간의 부사와 장소의 부사에서 확인하라.

➔ 위의 a.에서 f.까지 대부분 예들에서 관계종속절에 동사문이 사용되었다. 명사적 용법의 경우 관계종속절에 명사문보다 동사문이 많이 사용된다.

➔ 위의 a.에서 f.까지의 문장들에서 관계종속절이 동사문인 경우 연결의 인칭대명사는 그 동사의 주어(فَاعِل)이다. 관계종속절이 유사문장인 경우는 연결의 인칭대명사가 없다.

3. 관계대명사 مَنْ과 مَا의 용법

관계대명사 الَّذِي가 사람과 사물 모두에 사용되는 것에 반하여 관계대명사 مَنْ은 사람에게 사용되며, مَا는 사물에게 사용된다. مَنْ과 مَا는 선행명사가 자체안에 포함되어 있어서 선행명사가 따로 사용되지 않는다. 앞에서 관계대명사 الَّذِي 의 형용사적 용법(혹은 수식적 용법)과 명사적 용법을 공부하였는데 관계대명사 مَنْ과 مَا는 형용사적 용법(혹은 수식적 용법)으로는 사용되지 않고 명사적 용법으로만 사용된다. 즉 مَنْ이나 مَا가 이끄는 관계종속절이 명사문의 주어나 술어, 동사문의 주어, 목적어, 소유격 명사, 후연결어로 사용된다.
관계대명사 مَنْ과 مَا는 الَّذِي와는 다르게 성(性). 수(數). 격(格)의 변화가 없으며, مَنْ의 경우 관계종속절의 동사는 단수나 복수형이 사용되고(주로 단수가 사용됨), مَا의 경우 사물에게만 사용되기에 동사는 단수형만 사용된다.

나는 공부하는 사람을 좋아한다. (I love the one who studies.)	أُحِبُّ مَنْ يَدْرُسُ.
① مَنْ – 관계대명사 (اسْمٌ مَوْصُولٌ), 문장에서 목적어로 사용 ② يَدْرُسُ – 관계종속절 (جُمْلَةُ الصِّلَةِ) ③ يَدْرُسُ 동사의 주어 – هُوَ – 연결의 인칭대명사 (ضَمِيرُ الرَّبْطِ) أُحِبُّ 의 목적절이다.	
네가 말하는 그것은 중요하다. (What you say is important.)	مَا تَقُولُهُ مُهِمٌّ.
① مَا – 관계대명사 (اسْمٌ مَوْصُولٌ), 문장에서 주어로 사용 ② تَقُولُهُ – 관계종속절 (جُمْلَةُ الصِّلَةِ) ③ تَقُولُهُ 동사의 목적어 ه – 연결의 인칭대명사 (ضَمِيرُ الرَّبْطِ) 이 문장은 명사문으로 مَا تَقُولُهُ 가 주어(الْمُبْتَدَأُ)이고, مُهِمٌّ 이 술어(الْخَبَرُ)이다.	

→위의 예문들은 앞에서 배운 관계대명사 الَّذِي 의 명사적 용법과 문장의 구조가 같다.
→두 번째 문장의 경우 연결의 인칭대명사 ه를 생략해도 된다. 그럴 경우 문장은 مَا تَقُولُ مُهِمٌّ 이 되며 그 이유는 나중에 설명한다.   →연결의 인칭대명사는 관계대명사 안에 내포되어 있는 가상의 선행명사를 받는다.

1) 관계대명사 مَنْ에 대해

(1) 관계대명사 مَنْ의 용법

관계대명사 مَنْ은 사람과 관련한 관계대명사의 명사적 용법에 사용된다. 선행명사는 따로 사용되지 않으며, 관계대명사 안에 내포되어 있다고 말한다. 따라서 연결의 인칭대명사(ضَمِيرُ الرَّبْطِ)는 관계대명사 안에 포함되어 있는 선행명사를 받는다. 대부분 연결의 인칭대명사가 존재하지만 연결의 인칭대명사가 생략되는 경우도 있다.
아래는 관계대명사 مَنْ과 함께 사용된 관계종속절 문장을 그 기능에 따라 분류한 것이다. 아래의 문장 기능들은 앞에서 배운 관계대명사 الَّذِي 의 명사적 용법과 그 내용이 동일하다.

a. '관계대명사 + 관계종속절'이 명사문의 주어(الْمُبْتَدَأُ)로 사용된 경우

교실에 있는 사람은 나의 친구이다.	مَنْ فِي الْفَصْلِ صَدِيقِي.
아랍어를 공부하는 (그) 사람은 한국인이다.	مَنْ يَدْرُسُ اللُّغَةَ الْعَرَبِيَّةَ كُورِيٌّ.

b. '관계대명사 + 관계종속절'이 명사문의 술어(الْخَبَر)로 사용된 경우

당신이 나를 도와주고 있는 사람이다.	أَنْتَ مَنْ تُسَاعِدُنِي (أَوْ يُسَاعِدُنِي).
그녀는 나를 사랑했던 사람이다.	هِيَ مَنْ أَحَبَّتْنِي.

c. '관계대명사 + 관계종속절'이 동사문의 주어(الْفَاعِل)로

경기에서 승리한 사람이 나에게 왔다.	جَاءَنِي مَنْ فَازَ فِي الْمُبَارَاةِ.
시험에 합격한 자가 여행을 떠났다.	سَافَرَ مَنْ نَجَحَ فِي الاِمْتِحَانِ.

d. '관계대명사 + 관계종속절'이 목적어(الْمَفْعُول بِه)로 사용된 경우

그들은 그들의 가방을 훔친 사람을 때렸다.	ضَرَبُوا مَنْ سَرَقَ حَقِيبَتَهُمْ.
나는 나를 필요로 하는 사람을 돕는다.	أُسَاعِدُ مَنْ يَحْتَاجُ إِلَيَّ.
그들은 노래하고 있는 사람으로 부터 (노래를) 들었다.	سَمِعُوا مَنْ يُغَنِّي.

e. '관계대명사 + 관계종속절'이 소유격 명사(الاِسْمُ الْمَجْرُور)로 사용된 경우

나는 사고(현장)에 있었던 사람에게 갔다.	ذَهَبْتُ إِلَى مَنْ كَانَ فِي الْحَادِثَةِ.
우리는 우리가 방문했던 사람과 인사를 나누었다.	سَلَّمْنَا عَلَى مَنْ زُرْنَا.

→ 관계대명사 مَنْ 이 소유격 명사로 사용된 많은 예들을 이 책 '여러 가지 소유격' 부분에서 볼 수 있다.

f. '관계대명사 + 관계종속절'이 후연결어(الْمُضَاف إِلَيْه)로 사용된 경우

이것은 나와 함께 공부하는 사람의 책이다.	هَذَا كِتَابُ مَنْ يَدْرُسُ مَعِي.
나는 나의 친구였던 사람의 이야기를 읽었다.	قَرَأْتُ قِصَّةَ مَنْ كَانَ صَدِيقِي.
당신(f.)은 내 말을 이해하는 사람가운데서 (이해가) 가장 빠른 사람이다.	أَنْتِ أَسْرَعُ مَنْ يَفْهَمُ كَلَامِي.
가장 먼저 그렇게 요구한 사람은 카말이다.	أَوَّلُ مَنْ طَلَبَ ذَلِكَ كَمَالٌ.

→ 마지막 두 문장은 '우선급 명사 + مَنْ 관계대명사절' 이다.

→ 위의 a.에서 f.까지의 문장들에서 관계종속절이 동사문인 경우 연결의 인칭대명사는 그 동사의 주어(فَاعِل)이다. 관계종속절이 유사문장인 경우는 연결의 인칭대명사가 없다.

** 아랍어 문법에서 위의 문장들을 분해(الإِعْرَاب)할 때 관계대명사 한 단어가 명사문의 주어나, 술어, 혹은 동사문의 주어, 목적어, 소유격 명사 혹은 후연결어가 된다고 하고, 관계대명사 뒤에 따라오는 문장은 관계종속절(جُمْلَةُ الصِّلَة)이라 한다.)

(2) مَنْ 이 이끄는 관계종속절의 구조

مَنْ 이 이끄는 관계종속절도 الَّذِي 와 마찬가지로 세 가지 종류로 나뉜다. 즉 동사문(الْجُمْلَةُ الْفِعْلِيَّةُ)의 형태와 명사문(الْجُمْلَةُ الاسْمِيَّةُ)의 형태, 그리고 유사문장(شِبْهُ الْجُمْلَةِ)의 형태가 있다.

아래의 예문들에서 관계종속절의 문장 구조를 살펴보고, 관계종속절에 사용된 연결의 인칭대명사(ضَمِيرُ الرَّبْطِ)도 유심히 보도록 하라. (파란색 글자들이 연결의 인칭대명사이다.)

a. 관계종속절이 동사문(الْجُمْلَةُ الْفِعْلِيَّةُ)인 경우

(그) 교사는 배우는 단원을 설명하는 사람이다.	الْمُدَرِّسُ مَنْ يَشْرَحُ الدَّرْسَ.
관계종속절에 사용된 동사 يَشْرَحُ 의 감추어진 주어 هُوَ 가 연결의 인칭대명사이다.	
그 교실에서 놀고 있는 사람들은 내 친구들이다.	مَنْ يَلْعَبُونَ فِي الْفَصْلِ أَصْدِقَائِي.
관계종속절에 사용된 동사 يَلْعَبُونَ 의 주격 접미 인칭대명사 و 가 연결의 인칭대명사이다.	
나는 총명함이 나를 매혹시키는 여자와 결혼할 것이다.	سَأَتَزَوَّجُ مَنْ يَشُدُّنِي ذَكَاؤُهَا.
관계종속절에 사용된 주어 ذَكَاؤُهَا 에 붙은 후연결 인칭대명사 هَا 가 연결의 인칭대명사이다.	
나는 당신이 존경하는 사람을 존경한다.	أُكْرِمُ مَنْ تُكْرِمُهُ.
관계종속절에 사용된 동사에 접미된 목적어 ه 가 연결의 인칭대명사이다.	
나는 무함마드가 방문을 원하는 사람을 보았다.	رَأَيْتُ مَنْ يُحِبُّ مُحَمَّدٌ زِيَارَتَهُ.
관계종속절에 사용된 목적어에 접미된 목적어 ه 가 연결의 인칭대명사이다.	
나는 내가 편지를 보낸 사람을 만났다.	قَابَلْتُ مَنْ أَرْسَلْتُ إِلَيْهِ الْخِطَابَ.
관계종속절의 أَرْسَلْتُ 동사와 함께 사용된 전치사 إِلَى 에 접미된 인칭대명사 가 연결의 인칭대명사이다.	
이 사람이 어제 내가 이야기를 나누었던 사람이다.	هَذَا مَنْ تَحَدَّثْتُ مَعَهُ أَمْسِ.
관계종속절의 تَحَدَّثْتُ 동사와 함께 사용된 부사 مَعَ 의 후연결어로 접미된 인칭대명사 ه 가 연결의 인칭대명사이다	

b. 관계종속절이 명사문(الْجُمْلَةُ الاسْمِيَّةُ)인 경우

나는 이성이 큰(이성적인) 사람을 좋아한다.	أُحِبُّ مَنْ عَقْلُهُ كَبِيرٌ.
관계종속절의 주어(مُفْتَدَأ)인 عَقْلُهُ 의 후연결 접미 인칭대명사로 사용된 ه 이 연결의 인칭대명사이다.	
나는 자동차 한 대를 가진 사람과 함께 (밖으로) 나갔다.	خَرَجْتُ مَعَ مَنْ عِنْدَهُ سَيَّارَةٌ.
관계종속절이 술어가 주어보다 선행한 명사문이다. 술어의 접미 인칭대명사 ه 가 연결의 인칭대명사이다.	

c. 관계종속절이 유사문장(شِبْهُ الْجُمْلَةِ)인 경우

나는 (그) 교실에 있는 사람을 알고 있다.	أَعْرِفُ مَنْ فِي الْفَصْلِ.
우리는 (그) 버스에 있는 사람을 보았다.	رَأَيْنَا مَنْ فِي الْحَافِلَةِ.

→ 관계종속절이 유사문장인 경우에는 연결의 인칭대명사가 사용되지 않는다.

2) 관계대명사 مَا 에 대해

(1) 관계대명사 مَا 의 용법

관계대명사 مَا 는 사물과 관련한 관계대명사의 명사적 용법에 사용된다. 선행명사는 따로 사용되지 않으며, 관계대명사 안에 포함되어 있다고 말한다. 따라서 연결의 인칭대명사(ضَمِيرُ الرَّبْطِ)는 관계대명사 안에 내포되어 있는 선행명사를 받는다. 대부분 연결의 인칭대명사가 존재하지만 연결의 인칭대명사가 생략되는 경우도 있다.

아래는 관계대명사 مَا 와 함께 사용된 관계종속절 문장을 그 기능에 따라 분류한 것이다. 아래의 문장 기능들은 앞에서 배운 관계대명사 الَّذِي 의 명사적 용법과 그 내용이 동일하다.

a. '관계대명사 + 관계종속절'이 명사문의 주어(الْمُبْتَدَأُ)로 사용된 경우

당신이 말하는 것은 중요하다.	مَا تَقُولُهُ مُهِمٌّ.
그가 행한 것은 받아들여질 수 없다.	مَا فَعَلَهُ لَيْسَ مَقْبُولاً.

b. '관계대명사 + 관계종속절'이 명사문의 술어(الْخَبَرُ)로 사용된 경우

이것은 우리가 요청한 것이다.	هَذَا مَا طَلَبْنَاهُ.
이것은 오늘 우리가 구입한 것이다.	هَذِهِ مَا اشْتَرَيْنَاهَا الْيَوْمَ.

c. '관계대명사 + 관계종속절'이 동사문의 주어(الْفَاعِلُ)로 사용된 경우

우리가 시작한 것이 끝났다.	انْتَهَى مَا بَدَأْنَاهُ.
내가 시장에서 구입한 것이 도착했다.(배달되었다.)	وَصَلَ مَا اشْتَرَيْتُهُ مِنَ السُّوقِ.

d. '관계대명사 + 관계종속절'이 목적어(الْمَفْعُولُ بِهِ)로 사용된 경우

나는 당신이 말하는 것을 이해하지 못한다.	لَا أَفْهَمُ مَا تَقُولُهُ.
나는 당신이 요리한 것을 좋아한다.	أُحِبُّ مَا طَبَخْتَهُ.

e. '관계대명사 + 관계종속절'이 소유격 명사(الِاسْمُ الْمَجْرُورُ)로 사용된 경우

나는 당신이 말한 것에 집중한다.	أُرَكِّزُ فِي مَا تَقُولُهُ.
그 학생들은 그 선생님이 말한 것에 귀 기울여 들었다.	الطُّلَّابُ اسْتَمَعُوا إِلَى مَا قَالَهُ الْمُدَرِّسُ.

→ 관계대명사 مَا 가 소유격 명사로 사용된 많은 예들을 이 책 '여러 가지 소유격' 부분에서 볼 수 있다.

f. '관계대명사 + 관계종속절'이 후연결어(الْمُضَافُ إِلَيْهِ)로 사용된 경우

나는 당신이 설명한 것의 의미를 이해하지 못한다.	لَا أَفْهَمُ مَعْنَى مَا شَرَحْتَهُ.
나는 내 머리속에 (생각하고) 있던 그림을 그렸다.	رَسَمْتُ صُورَةَ مَا كَانَ فِي عَقْلِي.

제II과 관계대명사와 관계종속절 및 수식절에 대해

룩소르는 우리가 이집트에서 방문한 곳 가운데 가장 좋은 곳이다.	الأَقْصُرُ أَفْضَلُ مَا زُرْنَا فِي مِصْرَ.
내가 가장 먼저 행한 것은 일하러 가는 것이었다.	أَوَّلُ مَا فَعَلْتُهُ الذِّهَابُ لِلْعَمَلِ.

→ 나중의 두 문장은 '우선급 명사 + مَا 관계대명사절' 이다.

(2) مَا 가 이끄는 관계종속절의 구조

مَا 가 이끄는 관계종속절도 الَّذِي 나 مَنْ 과 마찬가지로 세 가지 종류로 나뉜다. 즉 동사문(الْجُمْلَةُ الْفِعْلِيَّةُ)의 형태와 명사문(الْجُمْلَةُ الاسْمِيَّةُ)의 형태, 그리고 유사문장(شِبْهُ الْجُمْلَةِ)의 형태가 있다.

아래의 예문들에서 관계종속절의 문장 구조를 살펴보고, 관계종속절에 사용된 연결의 인칭대명사(ضَمِيرُ الرَّبْطِ)도 유심히 보도록 하라. (파란색 글자가 연결의 인칭대명사이다.)

a. 관계종속절이 동사문(الْجُمْلَةُ الْفِعْلِيَّةُ)인 경우

나는 하늘에서 날고 있는 것을 보았다.	رَأَيْتُ مَا يَطِيرُ فِي السَّمَاءِ.
관계종속절 동사의 숨어 있는 인칭대명사 هُوَ 가 연결의 인칭대명사이다.	

→ 관계대명사가 مَا 인 문장에서 관계종속절 동사의 주어가 연결의 인칭대명사가 될 경우 그 연결의 인칭대명사는 항상 단수이다. 왜냐하면 관계대명사 مَا 는 사물에 대해 사용되는 것이므로 관계종속절 동사의 주어가 연결의 인칭대명사가 될 경우 그것은 항상 남성 단수 혹은 여성 단수형이 된다.

우리는 시장에서 가격이 싼 것을 구입했다.	اشْتَرَيْنَا مِنَ السُّوقِ مَا رَخُصَ ثَمَنُهُ.
관계종속절 주어인 ثَمَنُ 에 붙은 후연결 인칭대명사 هُ 가 연결의 인칭대명사이다.	
나는 나의 아내가 요리하는 것을 먹는다. (I eat what my wife cooks.)	آكُلُ مَا تَطْبُخُهُ زَوْجَتِي.
관계종속절 동사의 접미된 목적어 هُ 가 연결의 인칭대명사이다.	
이것이 내가 찾고 있던 것이다.	هَذِهِ مَا كُنْتُ أَبْحَثُ عَنْهَا.
관계종속절 동사와 함께 사용된 전치사 عَنْ 에 접미된 인칭대명사 هَا 가 연결의 인칭대명사이다.	

b. 관계종속절이 명사문(الْجُمْلَةُ الاسْمِيَّةُ)인 경우

나는 내용이 유익한 것을 읽는다.	أَقْرَأُ مَا مُحْتَوَاهُ مُفِيدٌ.
관계종속절의 주어(مُبْتَدَأٌ)인 مُحْتَوَاهُ 의 후연결 접미 인칭대명사 هُ 가 연결의 인칭대명사이다.	
나는 새로운 생각이 있는 것을 더 좋아한다.	أُفَضِّلُ مَا فِيهِ فِكْرَةٌ جَدِيدَةٌ.
관계종속절이 술어가 주어보다 선행하는 명사문이다. 술어의 접미 인칭대명사 هِ 가 연결의 인칭대명사이다.	

c. 관계종속절이 유사문장(شِبْهُ الْجُمْلَةِ)인 경우

(그) 책상 위에 있는 것이 내 것이다.	مَا عَلَى الْمَكْتَبِ خَاصَّتِي.
나는 (그) 가방 안에 있는 것을 모른다.	لَا أَعْرِفُ مَا فِي الْحَقِيبَةِ.

→ 관계종속절이 유사문장인 문장에서는 연결의 인칭대명사가 없다.

3) 연결의 인칭대명사의 생략에 대해

(1) 연결의 인칭대명사를 생략할 수 있는 경우

관계대명사 مَنْ 과 مَا 의 경우 연결의 인칭대명사(ضَمِيرُ الرَّبْطِ)를 생략할 수 있는 경우가 있는데 다음의 세 가지 경우이다.

a. 관계종속절이 동사문이고 연결의 인칭대명사가 관계종속절 동사의 목적어로 사용된 경우
다음은 مَنْ 과 مَا 가 관계대명사로 사용되었고 관계종속절에 사용된 동사의 목적어가 연결의 인칭대명사로 사용된 경우이다. 즉 연결의 인칭대명사가 동사에 접미되어 있는 경우이다.

a-1 مَنْ 의 경우의 예

그녀는 내가 사랑한 사람이다.	هِيَ مَنْ أَحْبَبْتُهَا. (o) هِيَ مَنْ أَحْبَبْتُ. (o)
이들이 내가 언급한 사람들이다.	هَؤُلَاءِ مَنْ ذَكَرْتُهُمْ. (o) هَؤُلَاءِ مَنْ ذَكَرْتُ. (o)
당신의 아버지가 존경한 사람을 존경하라.	أَكْرِمْ مَنْ يُكْرِمُهُ أَبُوكَ. (o) أَكْرِمْ مَنْ يُكْرِمُ أَبُوكَ. (o)
나는 어제 파티에서 본 사람을 만났다.	قَابَلْتُ مَنْ رَأَيْتُهُ فِي الْحَفْلَةِ أَمْسِ. (o) قَابَلْتُ مَنْ رَأَيْتُ فِي الْحَفْلَةِ أَمْسِ. (o)

a-2 مَا 의 경우의 예

당신이 행한 것은 훌륭하지 않다.	مَا فَعَلْتَهُ لَيْسَ جَيِّدًا. (o) مَا فَعَلْتَ لَيْسَ جَيِّدًا. (o)
나는 그들이 어제 행한 일을 보았다. (I saw what they did yesterday.) (فَعَلُوهُ 의 ه 는 그들이 행하고 있는 내용들이다.)	رَأَيْتُ مَا فَعَلُوهُ أَمْسِ. (o) رَأَيْتُ مَا فَعَلُوا أَمْسِ. (o)
이 주제에 대해 당신이 적은 것을 실어라.	اَنْشُرْ مَا كَتَبْتَهُ عَنْ هَذَا الْمَوْضُوعِ. (o) اَنْشُرْ مَا كَتَبْتَ عَنْ هَذَا الْمَوْضُوعِ. (o)
그는 내가 말하는 것을 이해하지 못한다. (He doesn't understand what I am saying) (أَقُولُهُ 의 ه 는 내가 말하는 내용들이다.)	لَا يَفْهَمُ مَا أَقُولُهُ. (o) لَا يَفْهَمُ مَا أَقُولُ. (o)

**위의 문장과 비교하라.

그는 내가 그에게 말하는 것을 이해하지 못한다. (여기서 빨간색으로 표기된 لَهُ 의 هُ 는 말하는 내용이 아니라 말하는 상대방 '그, to him'이다.)	لاَ يَفْهَمُ مَا أَقُولُهُ لَهُ. (o)
	لاَ يَفْهَمُ مَا أَقُولُ لَهُ. (o)

b. 주절에 사용된 전치사가 관계종속절에 그대로 사용된 경우

아래 문장을 보면 주절에 '동사 + 전치사'의 구문이 사용되고 관계종속절에 같은 전치사가 사용되며 그 전치사에 연결의 인칭대명사가 접미되어 있다. 이 경우 이 전치사와 접미된 연결의 인칭대명사를 함께 생략할 수 있다. 또한 주절에 전치사가 사용될 뿐만 아니라 주절에 مَعَ 와 같은 부사가 동사와 함께 사용될 경우도 마찬가지이다.

나는 너희들이 갔던 사람에게 갔다.	ذَهَبْتُ إِلَى مَنْ ذَهَبْتُمْ إِلَيْهِ. (o)
	ذَهَبْتُ إِلَى مَنْ ذَهَبْتُمْ. (o)
나는 내 아버지가 찾고 있던 것을 찾았다.	بَحَثْتُ عَمَّا بَحَثَ عَنْهُ أَبِي. (o)
	بَحَثْتُ عَمَّا بَحَثَ أَبِي. (o)
우리는 그들이 여행했던 그것(교통수단)으로 한국에 여행을 갔다.	سَافَرْنَا بِمَا سَافَرُوا بِهِ إِلَى كُورِيَا. (o)
	سَافَرْنَا بِمَا سَافَرُوا إِلَى كُورِيَا. (o)
나는 그들이 이야기했던 사람과 이야기를 나누었다.	تَكَلَّمْتُ مَعَ مَنْ تَكَلَّمُوا مَعَهُ. (o)
	تَكَلَّمْتُ مَعَ مَنْ تَكَلَّمُوا. (o)

c. 관계종속절에 사용된 명사문의 술어에 '동사적 용법'으로 사용된 능동분사가 오는 경우

아래를 보면 관계종속절 문장의 술어에 'العَامِلُ عَمَلَ فِعْلِهِ'의 능동분사가 오고 그 뒤에 연결의 인칭대명사가 접미되어 있다. 이때 이 연결의 인칭대명사를 생략할 수 있다. 동사적 용법으로 사용된 능동분사의 의미는 현재 혹은 미래의 의미가 되는데 여기에 대해서는 이 책 '파생명사의 동사적 용법'(العَامِلُ عَمَلَ فِعْلِهِ)에 대해' 부분에서 공부하라. 이 종류의 관계대명사가 생략되는 문장은 흔하게 사용되는 것은 아니다.

나는 당신이 요리하고 있는 것을 먹길 원한다.	أُرِيدُ أَنْ آكُلَ مَا أَنْتَ طَابِخُهُ. (o)
	أُرِيدُ أَنْ آكُلَ مَا أَنْتَ طَابِخٌ. (o)
나는 그 선생님이 설명하고 있는 것을 이해하지 못한다.	لاَ أَفْهَمُ مَا الْمُدَرِّسُ شَارِحُهُ. (o)
	لاَ أَفْهَمُ مَا الْمُدَرِّسُ شَارِحٌ. (o)
나는 당신이 돕고 있는 여자를 알고 있다.	أَعْرِفُ مَنْ أَنْتَ مُسَاعِدُهَا. (o)
	أَعْرِفُ مَنْ أَنْتَ مُسَاعِدٌ. (o)

(2) 연결의 인칭대명사를 생략할 수 없는 경우

관계대명사 الَّذِي 가 사용된 문장은 어떤 경우에도 연결의 인칭대명사를 생략할 수 없다. (관계종속절이 유사문장인 경우는 연결의 인칭대명사가 아예 사용되지 않는다.)
관계대명사 مَنْ 이나 مَا 가 사용된 문장에서는 앞에서 공부한 연결의 인칭대명사를 생략하는 것이 가능한 경우들 이외에는 연결의 인칭대명사를 생략할 수 없다. 다음의 경우들에서는 연결의 인칭대명사를 생략하는 것이 불가능하다.

a. 관계대명사 الَّذِي 가 사용된 문장

나는 어제 내가 먹은 것을 좋아한다. (I like what I ate yesterday.)	أُحِبُّ الَّذِي أَكَلْتُهُ أَمْسِ. (O) أُحِبُّ الَّذِي أَكَلْتُ أَمْسِ. (×)

b. 관계종속절이 명사문인 경우의 예

나는 이성(합리성)이 큰 사람을 좋아한다. (관계종속절이 명사문이기에 반드시 연결의 인칭대명사가 있어야 한다.)	أُحِبُّ مَنْ عَقْلُهُ كَبِيرٌ. (O) أُحِبُّ مَنْ عَقْلٌ كَبِيرٌ. (×)
나는 자동차 한 대를 가진 사람과 함께 (밖으로) 나갔다.(관계종속절이 명사문이기에 반드시 연결의 인칭대명사가 있어야 한다.)	خَرَجْتُ مَعَ مَنْ عِنْدَهُ سَيَّارَةً. (O) خَرَجْتُ مَعَ مَنْ عِنْدَ سَيَّارَةً. (×)

c. 관계종속절이 동사문인 경우의 예

연결의 인칭대명사가 관계종속절의 주어(فَاعِل)에 사용되거나 소유격 명사(اسْمٌ مَجْرُورٌ)로 사용된 경우 그것을 생략할 수 없다. 즉 연결의 인칭대명사가 명사의 후연결어 혹은 전치사의 소유격 명사로 사용될 경우 등에서는 그것을 생략할 수 없다.

나는 생각이 바뀐 여자를 알고 있다.	أَعْرِفُ مَنْ تَغَيَّرَتْ أَفْكَارُهَا. (O) أَعْرِفُ مَنْ تَغَيَّرَتْ أَفْكَارٌ. (×)
이것이 내가 획득한 것이다.	هَذَا مَا حَصَلْتُ عَلَيْهِ. (O) هَذَا مَا حَصَلْتُ عَلَى. (×)

4. الَّذِي 와 مَنْ(혹은 مَا)의 비교

관계대명사 الَّذِي 와 مَنْ(혹은 مَا)는 같은 의미로도 사용되지만 의미의 구체성에 차이도 있다.

1) 같은 의미로 사용되는 경우

앞에서 명사적 용법으로 사용된 관계대명사 الَّذِي 를 공부하였다. 명사적 용법으로 사용된 الَّذِي 는 관계대명사 مَنْ 이나 مَا 와 같은 용법이기에 바꾸어 사용할 수 있다.

(1) الَّذِي 가 مَنْ 용법으로 사용된 경우

합격한 사람이 참석했다.	حَضَرَ الَّذِي (أَوْ مَنْ) نَجَحَ.
나는 나를 때린 사람을 보았다.	رَأَيْتُ الَّذِي (أَوْ مَنْ) ضَرَبَنِي.

(2) الَّذِي 가 مَا 용법으로 사용된 경우

나는 당신이 구입하는 것을 좋아한다.	أُحِبُّ الَّذِي (أَوْ مَا) تَشْتَرِيهِ.
책상 위에 있는 것이 내 책이다.	الَّذِي (أَوْ مَا) عَلَى الْمَكْتَبِ كِتَابِي.

2) 의미의 차이

관계대명사 الَّذِي 가 명사적 용법으로 사용될 경우 관계대명사 مَنْ 이나 مَا 와 바꾸어서 사용할 수 있고, 그 의미도 같다고 하겠다. 그러나 아래의 예에서 처럼 الَّذِي 가 형용사적 용법(혹은 수식적 용법)으로 사용될 경우 그 의미의 구체성에 차이가 있다.

①	나는 공부하는 그 학생을 좋아한다.	أُحِبُّ الطَّالِبَ الَّذِي يَدْرُسُ.
②	나는 공부하는 사람을 좋아한다.	أُحِبُّ مَنْ يَدْرُسُ.
①	어제 우리가 만났던 그 여의사가 참석했다.	حَضَرَتِ الطَّبِيبَةُ الَّتِي قَابَلْنَاهَا أَمْسِ.
②	어제 우리가 만났던 여자가 참석했다.	حَضَرَتْ مَنْ قَابَلْنَا أَمْسِ.
①	이것은 어제 내가 읽었던 그 책이다.	هَذَا هُوَ الْكِتَابُ الَّذِي قَرَأْتُهُ أَمْسِ.
②	이것은 어제 내가 읽었던 것이다.	هَذَا مَا قَرَأْتُ أَمْسِ.

→ 위의 ① 문장에서 처럼 الَّذِي 가 사용될 경우 그 선행명사가 공부하고 있는 '그 학생'(الطَّالِب), 어제 만났던 '그 여의사'(الطَّبِيبَة)', 어제 읽었던 '그 책'(الكِتَاب)' 등 특정인물이나 특정사물로 한정이 된다. 그러나 ② 문장에서는 선행명사가 따로 없기에 그 지칭하는 대상이 좀 더 일반적인 대상이 된다. ('공부하는 사람', '어제 만난 여자', '어제 읽었던 것') 이러한 특징에 따라서 관계대명사 الَّذِي 를 구체적 관계대명사(the Specific Relative Pronouns)라 하고 관계대명사 مَنْ 과 مَا 를 일반적 관계대명사(the General Relative Pronouns)라 하기도 한다.

3) 용법의 차이

관계대명사 مَا 나 مَنْ 의 경우 연결의 인칭대명사(ضَمِيرُ الرَّبْطِ)가 생략될 수 있다. 그러나 관계대명사 الَّذِي 가 사용될 경우 연결의 인칭대명사가 없으면 문장이 성립되지 못한다. 아래를 비교하라.

나는 내가 어제 먹은 그것을 좋아한다. (I like what I ate yesterday.)	أُحِبُّ مَا أَكَلْتُهُ أَمْسِ. (o) أُحِبُّ مَا أَكَلْتُ أَمْسِ. (o) أُحِبُّ الَّذِي أَكَلْتُهُ أَمْسِ. (o) أُحِبُّ الَّذِي أَكَلْتُ أَمْسِ. (×)
그녀는 내가 사랑한 사람이다.	هِيَ مَنْ أَحْبَبْتُهَا. (o) هِيَ مَنْ أَحْبَبْتُ. (o) هِيَ الَّتِي أَحْبَبْتُهَا. (o) هِيَ الَّتِي أَحْبَبْتُ. (×)

→ 위의 문장들과는 달리 관계종속절이 유사문장인 문장에서는 연결의 인칭대명사가 없다.

** مَنْ 과 مَا 앞에 كُلُّ 를 사용하여 كُلُّ مَنْ 혹은 كُلُّ مَا 로 문장을 만들기도 한다.

관계대명사 مَنْ 과 مَا 는 종종 كُلُّ 와 연결형을 이루어 كُلُّ مَنْ 과 كُلُّ مَا 의 형태를 이루며, 그 의미는 '..하는 모든 사람', '..하는 모든 것'이 된다.

나는 내가 아는 모든 사람에게 물어보았다.	سَأَلْتُ كُلَّ مَنْ أَعْرِفُهُ. سَأَلْتُ كُلَّ مَنْ أَعْرِفُ.
그녀는 자신이 본 모든 것에 대해서 이야기했다.	تَحَدَّثَتْ عَنْ كُلِّ مَا شَاهَدَتْهُ. تَحَدَّثَتْ عَنْ كُلِّ مَا شَاهَدَتْ.

제11과 관계대명사와 관계종속절 및 수식절에 대해

5. 관계대명사 문장의 시제에 대해

아래의 ①과 ② 문장을 보고 문장의 주절과 관계종속절에 사용된 동사의 시제에 대해서 살펴보라. 아래 ①에서는 관계종속절의 동사가 미완료형이고, 아래의 ②에서는 관계종속절의 동사가 완료형이다. 아래의 ①은 주동사가 진행되는 시점에 관계종속절의 동사가 같은 시점에서 진행되는 경우이고, ②는 주동사가 진행되는 시점 이전에 관계종속절 동사의 동작이 완료된 경우이다.

①	나는 홍차를 마시는(혹은 마시고 있는) 그 학생을 보았다.	رَأَيْتُ الطَّالِبَ الَّذِي يَشْرَبُ الشَّايَ.
②	나는 홍차를 마셨던 그 학생을 보았다.	رَأَيْتُ الطَّالِبَ الَّذِي شَرِبَ الشَّايَ.
①	무함마드는 그에게 욕을 하는 그 사람을 때리고 있다.	يَضْرِبُ مُحَمَّدٌ الَّذِي يَشْتِمُهُ.
②	무함마드는 그에게 욕을 한 그 사람을 때리고 있다.	يَضْرِبُ مُحَمَّدٌ الَّذِي شَتَمَهُ.
①	나는 나를 사랑하는 그 사람과 인사했다.	سَلَّمْتُ عَلَى الَّذِي يُحِبِّنِي.
②	나는 나를 사랑한 그 사람과 인사했다.	سَلَّمْتُ عَلَى الَّذِي أَحَبَّنِي.
①	그녀의 친구와 이야기하는 그 여인이 떠났다.	اِنْصَرَفَتِ الْمَرْأَةُ الَّتِي تَتَكَلَّمُ مَعَ صَدِيقِهَا.
②	그녀의 친구와 이야기 했던 그 여인이 떠났다.	اِنْصَرَفَتِ الْمَرْأَةُ الَّتِي تَكَلَّمَتْ مَعَ صَدِيقِهَا.

6. 신문에서의 예들

신문 기사 내용에서 관계대명사는 아주 흔하게 사용된다. 아래는 신문 기사에 사용된 관계대명사 구문을 그 선행명사가 사용된 용법에 따라 구분한 것이다.

a. 선행명사가 동사문의 주어(فَاعِل)인 경우 – 선행명사가 주격이다.

أَثَارَتِ التَّصْرِيحَاتُ[1] الَّتِي أَدْلَى[2] بِهَا رَئِيسُ الْوُزَرَاءِ جَدَلاً وَاسِعًا عَلَى السَّاحَةِ السِّيَاسِيَّةِ.

국무총리가 밝힌 성명이 정치 영역에서 큰 논쟁을 불러일으켰다.

b. 선행명사가 문장의 목적어(مَفْعُول بِهِ)인 경우 – 선행명사가 목적격이다.

أَدَانَ مَجْلِسُ الْأَمْنِ الدَّوْلِيُّ الْهُجُومَ الَّذِي أَدَّى لِإِغْرَاقِ سَفِينَةٍ كُورِيَّةٍ جَنُوبِيَّةٍ.

유엔 안정 보장 이사회는 한국 배의 침몰을 초래한 공격에 대해 비난했다.

---

[1] صَرَّحَ/ يُصَرِّحُ بِـ ... – صَرَّحَ لَهُ بِـ هـ ...을 선언하다 ; 발표.공언.천명하다 ; 진술하다 تَصْرِيح ...에게 ..을 허가하다
تَصْرِيح/ تَصْرِيحَاتٌ أَوْ تَصَارِيحُ (언론에 기자회견이나 사석에서 밝힌 내용), 공표,성명, 선언, 발표 ; 허가

[2] أَدْلَى/ يُدْلِي بِتَصْرِيحٍ أَوْ بِبَيَانٍ أَوْ بِحَدِيثٍ 담화.성명을 발표하다, 인터뷰하다

قَتَلَ أُرْدُنِيٌّ ابْنَتَهُ الْمُرَاهِقَةَ[1] الَّتِي فَرَّتْ[2] مِنْ مَنْزِلِهَا.
한 요르단 사람이 가출한 십대 청소년 딸을 살해했다.
اسْتَنْكَرَتْ جَامِعَةُ الدُّوَلِ الْعَرَبِيَّةِ الْقَرَارَ الَّذِي أَصْدَرَهُ الْكُونْجِرِسُ الْأَمْرِيكِيُّ.
아랍 연맹은 미국 의회가 결정한 결정에 대해 비난했다.
قَبِلَتِ الْمَحْكَمَةُ الْمِصْرِيَّةُ الطَّعْنَ الَّذِي تَقَدَّمَ بِهِ الْمُحَامِي ضِدَّ حُكْمِ الْإِعْدَامِ.
이집트 법원은 그 변호사가 사형 판결에 대해 제출한 상고를 받아들였다

c. 선행명사가 소유격 명사(اسْمٌ مَجْرُورٌ)인 경우 – 선행명사가 소유격이다.

أَلْقَى الرَّئِيسُ مُبَارَكُ كَلِمَةً لِلْحِزْبِ الْوَطَنِيِّ الدِّيمُقْرَاطِيِّ الْحَاكِمِ الَّذِي يَتَزَعَّمُهُ[3].
무바라크 대통령은 그가 이끄는 집권 민주 국민당을 위해 연설을 했다.

d. 선행명사가 후연결어(مُضَافٌ إِلَيْهِ)인 경우 – 선행명사가 소유격이다.

ارْتَفَعَتْ حَصِيلَةُ ضَحَايَا[4] الزِّلْزَالِ الْكَبِيرِ الَّذِي ضَرَبَ وَسَطَ تِشِيلِي إِلَى ٣٠٠ قَتِيلٍ.
칠레의 중부를 강타한 대형 지진의 희생자 총계가 300명의 사망자에 이르게 되었다
هَدَّدَتْ كُورِيَا الشَّمَالِيَّةُ بِضَرْبِ مُكَبِّرَاتِ الصَّوْتِ الَّتِي نَصَبَتْهَا كُورِيَا الْجَنُوبِيَّةُ عَلَى الْحُدُودِ.
북한은 남한이 휴전선에 설치한 확성기들을 포격하겠다고 위협했다.
اشْتَبَكَتْ قُوَّاتُ الْأَمْنِ الْمِصْرِيَّةُ مَعَ طُلَّابِ الْجَامِعَاتِ الَّذِينَ لَبَّوْا[5] دَعْوَةَ الْإِضْرَابِ.
이집트 보안대(보안경찰)는 파업 촉구에 호응한 대학들의 학생들과 충돌했다.

---

[1] مُرَاهِقٌ = مَنْ قَارَبَ الرُّشْدَ 청소년기, 십대 مُرَاهَقَةٌ 청소년, 십대

[2] فَرَّ/ يَفِرُّ مِنْ – فِرَارٌ 달아나다, 도망치다 فَرَّتِ الْفَتَاةُ بِقَصْدِ الزَّوَاجِ دُونَ مُوَافَقَةِ وَالِدَيْهَا 그 젊은 여자가 눈이 맞아 달아나다
فَرَّتِ الْمَرْأَةُ مِنْ بَيْتِ زَوْجِهَا مَعَ عَشِيقٍ لَهَا 여자가 눈이 맞아 다른 남자와 함께 도망가다

[3] تَزَعَّمَ/ يَتَزَعَّمُ هـ أوْ ه – تَزَعُّمٌ ..을 영도하다, 다스리다, 인도하다

[4] ضَحِيَّةٌ/ ضَحَايَا 희생물, 제물 ; 희생자, 피해자 حَصِيلَةُ ضَحَايَا 희생자 총계

[5] لَبَّى/ يُلَبِّي هـ – تَلْبِيَةٌ ..에 응답하다, 호응하다 ; (초청을) 수락하다

274

B. 수식절(جُملَةُ النَّعْتِ)에 대해

지금까지 우리는 관계대명사와 관계종속절에 대해 공부하였다. 이제 관계종속절과 구조가 동일한 수식절(جُملَةُ النَّعْتِ)에 대해 공부하도록 하자. '수식절(جُملَةُ النَّعْتِ)'도 수식어(النَّعْتِ)의 한 종류이므로 이 책에서 '형용사절'이라 하지 않고 '수식절'로 통일하여 표기한다.

1. 관계종속절과 수식절의 비교

관계대명사는 앞에 오는 선행명사를 대신하는 동시에 뒤에 오는 절을 선행명사에 연결해 주는 역할을 한다. 이 때 관계대명사 뒤의 관계종속절은 선행명사를 수식 혹은 설명하고 있다. 그런데 수식절 구조도 이런 관계종속절이 선행명사를 수식하는 것과 같은 구조이다. 아래 두 문장을 보자.

a. 관계종속절의 경우

나는 목소리가 아름다운 그 젊은 여자를 보았다.	
관계대명사 الَّتِي 가 사용된 구문으로 صَوْتُهَا جَمِيلٌ 는 관계종속절(جُملَةُ الصِّلَةِ)이다.	
الفَتَاة 는 선행명사이다.	
صَوْتُهَا 의 후연결어 هَا 는 선행명사 الفَتَاة 와 성과 수에서 일치하는 연결의 인칭대명사(ضَمِيرُ الرَّبْطِ)이다.	
الَّتِي 이하의 관계종속절인 صَوْتُهَا جَمِيلٌ 은 선행명사 الفَتَاة 를 수식 혹은 설명한다.	

b. 수식절의 경우

나는 목소리가 아름다운 한 젊은 여자를 보았다.	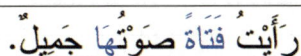
위의 문장에서 صَوْتُهَا جَمِيلٌ 는 그 앞의 비한정 명사 فَتَاة 를 수식하는 수식절(جُملَةُ النَّعْتِ)이다.	
فَتَاة 은 선행명사(피수식어, مَنْعُوتٌ)이다.	
صَوْتُهَا 의 후연결어 هَا 는 선행명사 فَتَاة 와 성과 수에서 일치하는 연결의 인칭대명사(ضَمِيرُ الرَّبْطِ)이다.	
صَوْتُهَا جَمِيلٌ 은 فَتَاة 을 수식한다.	

→ 두 문장의 구조가 거의 같다. 두 문장의 다른 점은 첫 번째 문장은 관계대명사가 있고 선행명사가 한정명사인 반면, 두 번째 문장에서는 관계대명사가 없고 선행명사(피수식어)가 비한정 명사인 점이다.

→ 첫 번째 문장에서 الفَتَاة 는 선행명사이며, 두 번째 문장에서 فَتَاة 은 피수식어(مَنْعُوتٌ)이다.

→ 첫 번째 문장의 صَوْتُهَا جَمِيلٌ 을 관계대명사 문장에 사용된 관계종속절(جُملَةُ الصِّلَةِ)이라 하며, 두 번째 문장의 صَوْتُهَا جَمِيلٌ 를 비한정 명사를 수식하는 수식절(جُملَةُ النَّعْتِ)이라 한다.

→ 아랍어 문법에서는 관계대명사 자체를 그 앞의 선행명사를 수식하는 수식어(نَعْتٌ)로 보며 그 뒤에 오는 문장은 관계종속절(جُملَةُ الصِّلَةِ)라 한다. (위의 문장에서 الَّتِي 가 수식어이다.)

→ 위의 두 문장의 뜻의 차이도 있다. 첫 번째 문장의 경우 '목소리가 아름다운 그 젊은 여자'이고, 두 번째 문장의 경우 '목소리가 아름다운 한 젊은 여자'이다.

종합 아랍어 문법 II

위에서 관계대명사 구문과 수식절 구문의 차이를 두 가지 발견할 수 있다.
먼저는 관계대명사 구문에서는 관계대명사가 사용되고 수식절 구문에서는 관계대명사가 사용되지 않는 것과, 두 번째는 관계대명사 구문에서는 선행명사가 한정명사인 반면 수식절 구문에서는 선행명사(피수식어, مَنْعُوتٌ)가 비한정 명사이다. 수식절 구문에서 선행명사가 비한정 명사로 사용되기에 이것을 비한정 관계절이라고 하기도 한다. 관계대명사 문장은 일반적으로 선행명사가 사용되지만 명사적 용법의 관계대명사 문장에서는 선행명사가 사용되지 않는다. 그러나 수식절 문장에서는 항상 선행명사(피수식어)가 사용된다.

이와 같이 수식절 문장은 관계종속절 문장과 구조가 동일하지만 관계대명사가 사용되지 않고, 수식절이 수식하는 선행명사(피수식어)가 비한정 명사이다.

아래의 네 문장을 비교하라.

나는 한 예쁜 젊은 여자를 보았다.	رَأَيْتُ فَتَاةً جَمِيلَةً.
형용사 한 단어가 앞의 비한정 명사를 수식한 경우. جَمِيلَةً 가 فَتَاةً 를 수식한다.	

나는 한국에서 온 한 젊은 여자를 보았다.	رَأَيْتُ فَتَاةً مِنْ كُورِيَا.
유사문장이 비한정 명사를 수식한 경우. مِنْ كُورِيَا 가 فَتَاةً 을 수식한다.	

나는 목소리가 아름다운 한 젊은 여자를 보았다.	رَأَيْتُ فَتَاةً صَوْتُهَا جَمِيلٌ.
수식절이 비한정 명사를 수식한 경우. صَوْتُهَا جَمِيلٌ 가 فَتَاةً 를 수식한다.	

나는 목소리가 아름다운 그 젊은 여자를 보았다.	رَأَيْتُ الْفَتَاةَ الَّتِي صَوْتُهَا جَمِيلٌ.
관계종속절이 한정명사 الْفَتَاةَ 를 수식한 경우. 문법적으로는 الَّتِي 가 수식어이지만 의미적으로는 관계종속절 전체가 선행명사를 수식한다.	

→ 아랍 사람들이 말을 할 때에나 글을 쓸 때 어떤 특정한 낱말(명사)을 수식하거나 설명해야 할 필요가 있을 경우 위의 네 가지 형태 중의 하나를 사용한다고 볼 수 있다. 아주 간단한 수식일 경우에는 그 명사 뒤에 형용사를 사용하거나 구(句, 유사문장의 경우)를 사용하면 된다. 그러나 한 단어나 구(句)로는 부족하여 문장으로 수식해야 할 경우, 그 명사가 비한정 명사이면 수식절(جُمْلَةُ النَّعْتِ)을 사용하고, 그 명사가 한정명사이면 관계대명사를 포함한 관계종속절(جُمْلَةُ الصِّلَةِ)을 사용한다.

2. 수식절(جُمْلَةُ النَّعْتِ)의 문장구조

아래에서 비한정 명사를 수식하는 수식절의 문장 구조에 주목해 보자. 수식절 구문은 아래와 같이 동사문이 올 수도 있고, 명사문이 올 수도 있다. (유사문장은 수식절로는 사용되지 않는다.) 수식절에 동사문이 오든지 명사문이 오든지 중요한 것은 반드시 연결의 인칭대명사(ضَمِيرُ الرَّبْطِ)가 있다는 것과, 그 연결의 인칭대명사가 앞의 피수식어(선행명사)와 성과 수에서 일치해야 한다는 것이다.

1) 수식절이 동사문(الجُمْلَةُ الفِعْلِيَّةُ)인 경우

나는 그 노래를 부르고 있는 한 젊은 여자를 보았다.	رَأَيْتُ فَتَاةً تُغَنِّي الأُغْنِيَةَ.
수식절이 تُغَنِّي الأُغْنِيَةَ 로서 동사문. تُغَنِّي 동사의 주어인 هِيَ 가 연결의 인칭대명사로서 فَتَاةً 을 가리킨다.	
나는 무함마드가 이야기를 나눈 한 젊은 여자를 보았다.	رَأَيْتُ فَتَاةً كَلَّمَهَا مُحَمَّدٌ.
수식절이 كَلَّمَهَا مُحَمَّدٌ 로서 동사문. كَلَّمَ 동사의 목적어로 사용된 هَا 가 연결의 인칭대명사로서 فَتَاةً 을 가리킨다.	
나는 그녀의 남동생(혹은 오빠)이 합격한 한 젊은 여자를 보았다.	رَأَيْتُ فَتَاةً نَجَحَ أَخُوهَا.
수식절이 نَجَحَ أَخُوهَا 로서 동사문. نَجَحَ 동사의 주어가 أَخُوهَا 이고, 그 주어에 붙어있는 인칭대명사 هَا 가 연결의 인칭대명사로서 فَتَاةً 을 가리킨다.	
나는 무함마드가 방문해 주길 좋아하는 한 젊은 여자를 보았다.(그녀가 무함마드를 방문해 주길 좋아함)	رَأَيْتُ فَتَاةً يُحِبُّ مُحَمَّدٌ زِيَارَتَهَا لَهُ.
수식절이 يُحِبُّ مُحَمَّدٌ زِيَارَتَهَا 로서 동사문. يُحِبُّ 동사의 목적어가 زِيَارَتَهَا 이고, 그 목적어에 붙어있는 인칭대명사 هَا 가 연결의 인칭대명사로서 فَتَاةً 을 가리킨다.	
나는 무함마드가 인사를 나눈 한 젊은 여자를 보았다.	رَأَيْتُ فَتَاةً سَلَّمَ عَلَيْهَا مُحَمَّدٌ.
수식절이 سَلَّمَ عَلَيْهَا مُحَمَّدٌ 로서 동사문. سَلَّمَ 와 함께 사용된 전치사 عَلَى 에 붙은 인칭대명사 هَا 가 연결의 인칭대명사로서 فَتَاةً 을 가리킨다.	
나는 개 한 마리가 그녀 앞에 서 있는 한 젊은 여자를 보았다.	رَأَيْتُ فَتَاةً يَقِفُ أَمَامَهَا كَلْبٌ.
부사 أَمَامَ 에 후연결어로 사용된 인칭대명사 هَا 가 연결의 인칭대명사로서 فَتَاةً 을 가리킨다.	

2) 수식절이 명사문(الجُمْلَةُ الاسْمِيَّةُ)인 경우

나는 미소가 아름다운 한 젊은 여자를 보았다.	رَأَيْتُ فَتَاةً ابْتِسَامَتُهَا جَمِيلَةٌ.
수식절이 ابْتِسَامَتُهَا جَمِيلَةٌ. 이 명사문의 주어에 붙은 هَا 가 연결의 인칭대명사로서 فَتَاةً 을 가리킨다.	
나는 책을 두 권가지고 있는 한 젊은 여자를 보았다.	رَأَيْتُ فَتَاةً مَعَهَا كِتَابَانِ.
수식절이 مَعَهَا كِتَابَانِ. 이 명사문의 술어에 붙은 هَا 가 연결의 인칭대명사로서 فَتَاةً 을 가리킨다.	

→위의 수식절에 사용된 동사문과 명사문의 구조는 앞에서 배운 관계대명사가 사용된 문장의 구조와 동일하다. 또한 이 구조는 이 책 '명사문에 대해'의 '술어 부분에 문장이 오는 형태'에서 다룬 동사문과 명사문의 구조와 동일하다.

3. 수식절(جُمْلَةُ النَّعْتِ)에서 연결의 인칭대명사의 사용

수식절에는 반드시 연결의 인칭대명사 الضَّمِيرُ الْعَائِدُ 혹은 (ضَمِيرُ الرَّبْطِ)가 사용된다. 이 연결의 인칭대명사는 선행명사와 성과 수가 반드시 일치해야 한다.

아래는 연결의 인칭대명사에 촛점을 맞추어 수식절을 분석한 것이다. 각각의 예문에서 연결의 인칭대명사가 어디에 위치하고 있는지를 살피고, 그것이 선행명사(피수식어)와 성과 수가 어떻게 일치하는지를 확인하도록 하라.

아래의 수식절에 사용된 동사문과 명사문의 구조는 앞의 관계종속절의 문장 구조와 동일하고, 이 책 '명사문에 대해'의 '술어 부분에 문장이 오는 형태'에서 다룬 문장 구조와도 동일하다.

1) 수식절이 동사문(الْجُمْلَةُ الْفِعْلِيَّةُ)인 경우

(1) 연결의 인칭대명사가 수식절 동사의 주어(الْفَاعِلُ)로 사용된 경우

이 사람은 (그) 숙제를 하고 있는 학생이다.	هَذَا طَالِبٌ يَكْتُبُ الْوَاجِبَ.
수식절 문장에서 يَكْتُبُ 동사의 감추어진(مُسْتَتِرٌ) 주어 هُوَ 가 연결의 인칭대명사. 선행명사 طَالِبٌ 과 성과 수 일치.	
이 사람들은 (그) 숙제를 하고 있는 학생들이다.	هَؤُلَاءِ طُلَّابٌ يَكْتُبُونَ الْوَاجِبَ.
수식절 문장 يَكْتُبُونَ 의 주격 접미 인칭대명사인 و 가 연결의 인칭대명사. 선행명사 طُلَّابٌ 과 성과 수 일치	

(2) 연결의 인칭대명사가 수식절 동사의 목적어(الْمَفْعُولُ بِهِ)로 사용된 경우

이 사람은 내가 일년 전부터 편지를 교환하고 있는 작가이다.	هَذَا كَاتِبٌ أُرَاسِلُهُ مِنْ سَنَةٍ.
수식절 문장에서 동사의 목적어 ه 가 연결의 인칭대명사로서 선행명사 كَاتِبٌ 과 성과 수에서 일치한다.	
이것은 그 학생이 그리고 있는 그림이다.	هَذِهِ صُورَةٌ يَرْسُمُهَا الطَّالِبُ.
수식절 문장에서 동사의 목적어 هَا 가 연결의 인칭대명사로서 선행명사 صُورَةٌ 과 성과 수에서 일치한다.	

(3) 연결의 인칭대명사가 수식절 주어(الْفَاعِلُ)의 후연결어로 사용된 경우

이 사람은 그의 책이 나를 매혹시키는 저자이다.	هَذَا كَاتِبٌ يَجْذِبُنِي كِتَابُهُ.
수식절 문장에서 يَجْذِبُ 동사의 주어 كِتَابُ 에 붙은 후연결 인칭대명사 ه 가 연결의 인칭대명사이다.	
이 사람은 올해 아들이 대학에 들어가는 여자이다.	هَذِهِ امْرَأَةٌ يَدْخُلُ ابْنُهَا الْجَامِعَةَ هَذِهِ السَّنَةَ.
수식절 문장에서 يَدْخُلُ 동사의 주어 ابْنُ 에 붙은 후연결 인칭대명사 هَا 가 연결의 인칭대명사이다.	

(4) 연결의 인칭대명사가 수식절 목적어(الْمَفْعُولُ بِهِ)의 후연결어로 사용된 경우

이 사람은 내 친구가 그의 책을 좋아하는 저자이다.	هَذَا كَاتِبٌ يُحِبُّ صَدِيقِي كِتَابَهُ.
수식절 문장에서 يُحِبُّ 동사의 목적어 كِتَابَ 에 붙은 후연결 인칭대명사 ه 가 연결의 인칭대명사이다.	
이 사람은 내가 그녀의 도움을 필요로 하는 여자이다.	هَذِهِ امْرَأَةٌ أُرِيدُ مُسَاعَدَتَهَا.
수식절 문장에서 أُرِيدُ 동사의 목적어 مُسَاعَدَةَ 에 붙은 후연결 인칭대명사 هَا 가 연결의 인칭대명사이다.	

(5) 연결의 인칭대명사가 수식절에 사용된 유사문장에 온 경우
a. 전치사 + 소유격 명사
a-1 연결의 인칭대명사가 수식절에 사용된 전치사의 소유격 명사로 사용된 경우

이 사람은 어제 내가 그에 대해 이야기했던 남자이다.	هَذَا رَجُلٌ تَكَلَّمْتُ عَنْهُ أَمْسِ.
수식절 문장에서 전치사의 소유격 명사 هـ 가 연결의 인칭대명사이다.	
이것은 내가 쥬스를 마시는 잔이다.	هَذِهِ كَأْسٌ أَشْرَبُ بِهَا الْعَصِيرَ.
수식절 문장에서 전치사의 소유격 명사 هَا 가 연결의 인칭대명사이다. كَأْسٌ 여성명사이지만 남성으로 사용가능	

a-2 연결의 인칭대명사가 수식절에 사용된 전치사의 소유격 명사의 후연결어로 사용된 경우

이 사람은 그 큰 과제가 그의 어깨에 놓여있는 작가이다.	هَذَا رَجُلٌ تَقَعُ عَلَى كَاهِلِهِ الْمُهِمَّةُ الْكَبِيرَةُ.
수식절 문장에서 전치사의 소유격 명사의 후연결 인칭대명사 هـ 가 연결의 인칭대명사이다.	
이분은 내가 그녀의 아파트에 살고 있는 여자분이다.	هَذِهِ امْرَأَةٌ أَسْكُنُ فِي شِقَّتِهَا.
수식절 문장에서 전치사의 소유격 명사의 후연결 인칭대명사 هَا 가 연결의 인칭대명사이다.	

b. 부사 + 후연결어
b-1 연결의 인칭대명사가 수식절에 사용된 부사의 후연결어로 사용된 경우

이 사람은 어제 내가 함께 이야기했던 남자이다.	هَذَا رَجُلٌ تَكَلَّمْتُ مَعَهُ أَمْسِ.
수식절 문장에서 부사의 후연결어 هـ 가 연결의 인칭대명사이다. مَعَ 는 전치사가 아니라 부사이다.	
이것은 그 아이들이 그 앞에서 놀고 있는 건물이다.	هَذِهِ عِمَارَةٌ يَلْعَبُ أَمَامَهَا الْأَطْفَالُ.
수식절 문장에서 부사의 후연결어 هَا 가 연결의 인칭대명사이다.	

b-2 연결의 인칭대명사가 수식절에 사용된 부사의 후연결어로 사용된 경우

이 사람은 어제 내가 그 부인과 함께 이야기했던 남자이다.	هَذَا رَجُلٌ تَكَلَّمْتُ مَعَ زَوْجَتِهِ أَمْسِ.
수식절 문장에서 부사의 후연결어에 붙은 접미인칭대명사 هـ 가 연결의 인칭대명사이다.	
이 지역은 내가 그 광장 앞에서 살고 있는 지역이다.	هَذِهِ مِنْطَقَةٌ أَعِيشُ أَمَامَ مَيْدَانِهَا.
수식절 문장에서 부사의 후연결어에 붙은 접미인칭대명사 هَا 가 연결의 인칭대명사이다.	

** 연결의 인칭대명사가 세 단어 연결형의 후연결어로 온 경우

이 건물은 내가 건물의 아파트 가운데 한 아파트에 살고 있는 건물이다.	هَذِهِ عِمَارَةٌ أَسْكُنُ فِي إِحْدَى شِقَقِهَا.
전치사의 소유격 명사 뒤에 온 후연결어에 붙은 هَا 가 연결의 인칭대명사이다.	
이 대학은 내가 그 대학 내에서 가장 좋은 단과대학에서 공부하는 대학이다.	هَذِهِ جَامِعَةٌ أَدْرُسُ فِي أَفْضَلِ كُلِّيَّاتِهَا.
전치사의 소유격 명사 뒤에 온 후연결어에 붙은 هَا 가 연결의 인칭대명사이다.	

이 분은 내가 어제 그의 조카와 함께 이야기한 작가이다.	هَذَا كَاتِبٌ تَكَلَّمْتُ مَعَ ابْنِ أَخِيهِ.
부사의 후연결어로 사용된 اِبْنِ أَخِي 의 후연결어에 붙은 접미인칭대명사(후연결어) هِ 가 연결의 인칭대명사이다.	
이 분은 내가 그녀의 아들의 도움을 원하는 어머니이시다.	هَذِهِ أُمٌّ أُرِيدُ مُسَاعَدَةَ ابْنِهَا.
관계종속절 문장에서 مُسَاعَدَةَ ابْنِ 의 후연결어에 붙은 접미 인칭대명사 هَا 가 연결의 인칭대명사이다.	

2) 수식절이 명사문(الجُمْلَةُ الاسْمِيَّةُ)인 경우

(1) 수식절이 일반적인 명사문인 경우

이때 연결의 인칭대명사는 수식절 주어(المُبْتَدَأُ)의 후연결 접미 인칭대명사이다.

이 사람은 그의 책(저술)이 유명한 저자이다.	هَذَا كَاتِبٌ كِتَابُهُ مَشْهُورٌ.
수식절이 명사문. 이 명사문 주어의 후연결 접미 인칭대명사인 هُ 가 연결의 인칭대명사이다.	
이것은 평판이 아주 좋은 학교이다.	هَذِهِ مَدْرَسَةٌ سُمْعَتُهَا جَيِّدَةٌ جِدًّا.
수식절이 명사문. 이 명사문 주어의 후연결 접미 인칭대명사인 هَا 가 연결의 인칭대명사이다.	

(2) 수식절에 유사문장(شِبْهُ الجُمْلَةِ)이 선행하는 명사문이 오는 경우

이 때 연결의 인칭대명사는 수식절의 선행하는 술어(الخَبَرُ)의 접미 인칭대명사이다. (술어의 구조는 각각 '전치사 + 소유격 명사', '부사 + 후연결어'이다.)

이 사람은 많은 책들을 가지고 있는 저자이다.	هَذَا رَجُلٌ لَهُ كُتُبٌ كَثِيرَةٌ.
수식절이 술어가 주어 보다 먼저 온 명사문. 이 명사문 술어의 접미 인칭대명사인 هُ 가 연결의 인칭대명사.	
이 사람은 세 딸을 가진 여자이다.	هَذِهِ امْرَأَةٌ عِنْدَهَا ثَلَاثُ بَنَاتٍ.
수식절이 술어가 주어 보다 먼저 온 명사문. 이 명사문 술어의 접미 인칭대명사인 هَا 가 연결의 인칭대명사.	

** 어떤 것이 연결의 인칭대명사인가?

나는 그녀의 숙제를 하고 있는 한 젊은 여자를 보았다.	رَأَيْتُ فَتَاةً تَكْتُبُ وَاجِبَهَا.
나는 그 숙제를 하고 있는 한 젊은 여자를 보았다.	رَأَيْتُ فَتَاةً تَكْتُبُ الْوَاجِبَ.

→ 위의 첫 번째 문장에서 수식절의 목적어 وَاجِبَ 에 접미된 هَا 가 연결의 인칭대명사이다. 그러나 두 번째 문장에서는 수식절의 감추어진 주어(ضَمِيرٌ مُسْتَتِرٌ) هِيَ 가 연결의 인칭대명사이다. 위의 첫 번째 문장에서 처럼 인칭대명사가 나타날 경우(ضَمِيرٌ ظَاهِرٌ) 그것이 연결의 인칭대명사가 된다.

4. 수식절(جُمْلَةُ النَّعْتِ)에 사용된 선행명사(피수식어)의 문장에서의 기능

수식절에 사용된 선행명사(피수석어)는 반드시 비한정명사이어야 한다. 그 선행명사(피수식어)는 문장에서 명사문의 주어나 술어, 동사문의 주어나 목적어 혹은 소유격 명사일 수 있다. 아래의 예들에서 밑줄 부분이 수식절이며, 그 앞의 빨간색 글자들이 선행명사이다.

1) 선행명사가 명사문의 주어(مُبْتَدَأٌ)인 경우 – 선행명사가 주격이다.

나에게 아랍어를 공부하는 한 친구가 있다.	لِي صَدِيقٌ يَدْرُسُ اللُّغَةَ الْعَرَبِيَّةَ.
나는 혁명에 대해 이야기하는 한 책을 가지고 있다.	مَعِي كِتَابٌ يَتَكَلَّمُ عَنِ الثَّوْرَةِ.

2) 선행명사가 명사문의 술어(خَبَرٌ)인 경우 – 선행명사가 주격이다.

이 사람은 하나님을 믿는 한 남자이다.	هَذَا رَجُلٌ يُؤْمِنُ بِاللهِ.
이것은 훌륭한 학생들이 있는 한 학교이다.	هَذِهِ مَدْرَسَةٌ فِيهَا طُلَّابٌ مُمْتَازُونَ.

3) 선행명사가 동사문의 주어(فَاعِلٌ)인 경우 – 선행명사가 주격이다.

머리카락이 긴 한 선생이 왔다.	جَاءَ مُدَرِّسٌ شَعْرُهُ طَوِيلٌ.
친구와 이야기하던 한 여인이 떠났다.	انْصَرَفَتِ امْرَأَةٌ تَكَلَّمَتْ مَعَ صَدِيقِهَا.

4) 선행명사가 목적어(مَفْعُولٌ بِهِ)인 경우 – 선행명사가 목적격이다.

나는 아랍어를 좋아하는 한 학생을 만났다.	قَابَلْتُ طَالِبًا يُحِبُّ اللُّغَةَ الْعَرَبِيَّةَ.
나는 영어를 아주 잘 하는 한 의사를 보았다.	رَأَيْتُ طَبِيبًا يَتَكَلَّمُ اللُّغَةَ الْإِنْجِلِيزِيَّةَ جَيِّدًا.
나는 문이 두 개 있는 한 집을 샀다.	اشْتَرَيْتُ بَيْتًا لَهُ بَابَانِ.
나는 가사가 슬픈 한 노래를 들었다.	سَمِعْتُ أُغْنِيَةً كَلِمَاتُهَا حَزِينَةٌ.

5) 선행명사가 소유격 명사(اسْمٌ مَجْرُورٌ)인 경우 – 선행명사가 소유격이다.

나는 나에게 가까이 다가오는 한 젊은이를 쳐다보았다.	نَظَرْتُ إِلَى شَابٍّ يَقْتَرِبُ مِنِّي.
나는 아버지가 의사인 한 사람에 대해서 들었다.	سَمِعْتُ عَنْ شَخْصٍ أَبُوهُ طَبِيبٌ.

6) 선행명사가 후연결어(مُضَافٌ إِلَيْهِ)인 경우 – 선행명사가 소유격이다.

이것은 고국을 떠난 한 남자의 집이다.	هَذَا بَيْتُ رَجُلٍ تَرَكَ وَطَنَهُ.
나는 사상이 이상한 한 여작가의 이야기(책)를 샀다.	اشْتَرَيْتُ قِصَّةَ كَاتِبَةٍ أَفْكَارُهَا غَرِيبَةٌ.

نَعِيشُ مَعَ طَالِبٍ بَيْتُهُ كَبِيرٌ.	우리는 집이 큰 한 학생과 함께 살고 있다.
وَضَعَ الطِّفْلُ قَلَمَهُ فَوْقَ مَائِدَةٍ كَسَرَهَا.	그 아이는 그가 부순 한 테이블 위에 그의 펜을 놓았다.

→위의 마지막 두 문장은 부사(ظَرْف) 뒤에 후연결어(مُضَاف إِلَيْهِ)가 왔고 그 후연결어가 선행명사로 사용된 문장이다. (아랍어 문법에서 مَعَ 는 부사로 본다.)

5. 수식어(النَّعْت الْمُفْرَد)를 수식절(جُمْلَة النَّعْت)로 전환하기

파생명사 가운데 능동분사, 수동분사, 과장형용사가 수식어(النَّعْت الْمُفْرَد)로 사용된 경우 수식절(جُمْلَة النَّعْت)로 바꿀 수 있는 경우들이 많다. 유사형용사는 수식절 형태로 사용되지 않는다. 또한 형용사 연결형(الْإِضَافَة الْوَصْفِيَّة)이 수식어로 사용된 경우도 그것을 수식절(جُمْلَة النَّعْت)로 바꿀 수 있다.

1) 파생명사가 수식어(النَّعْت الْمُفْرَد)로 사용된 경우

수식어로 사용된 파생명사를 동사로 바꾸면 된다..

수식어(النَّعْت الْمُفْرَد) 문장	수식절(جُمْلَة النَّعْت) 문장
هَذَا كَلَامٌ مُفِيدٌ.	هَذَا كَلَامٌ يُفِيدُ[1].
이것은 유익한 말이다.(يُفِيدُ 의 감추어진 주어 هُوَ 는 그 앞의 كَلَام 을 가리키는 연결의 인칭대명사(ضَمِير الرَّبْط)이다.)		
جَاءَ طِفْلٌ بَاكٍ.	جَاءَ طِفْلٌ يَبْكِي.
울고 있는 한 아이가 왔다.		
رَأَيْتُ بِنْتًا ضَاحِكَةً.	رَأَيْتُ بِنْتًا تَضْحَكُ.
나는 웃고 있는 한 여자 아이를 보았다.		
سَلَّمْتُ عَلَى رَجُلٍ مُبْتَسِمٍ.	سَلَّمْتُ عَلَى رَجُلٍ يَبْتَسِمُ.
나는 미소짓고 있는 한 남자와 인사를 나누었다.		
سَمِعْتُ خَطِيبًا مُؤَثِّرًا فِي سَامِعِيهِ.	سَمِعْتُ خَطِيبًا يُؤَثِّرُ فِي سَامِعِيهِ.
나는 듣는 사람들에게 영향력이 있는 한 설교자의 설교를 들었다.		
أُحِبُّ كُلَّ عَامِلٍ مُتْقِنٍ عَمَلَهُ.	أُحِبُّ كُلَّ عَامِلٍ يُتْقِنُ عَمَلَهُ.
나는 그의 일을 전문적으로 하는 모든 일꾼(노동자)를 좋아한다.		
اقْبَلْ نُصْحًا نَافِعًا مِنْ أَخٍ مُخْلِصٍ.	اقْبَلْ نُصْحًا يَنْفَعُ مِنْ أَخٍ يُخْلِصُ.
당신은 신실한 형제로부터 유용한 충고를 받아들여라.		
هَذِهِ أَخْبَارٌ مَنْشُورَةٌ فِي الْجَرَائِدِ.	هَذِهِ أَخْبَارٌ نُشِرَتْ فِي الْجَرَائِدِ.
이것들은 신문들에 실린 소식들이다. (수동분사)		
اشْتَرَيْتُ بَيْتًا مَبْنِيًّا مُؤَخَّرًا.	اشْتَرَيْتُ بَيْتًا بُنِيَ مُؤَخَّرًا.
나는 최근에 지어진 한 집을 샀다. (수동분사)		

---

[1] أَفَادَ/يُفِيدُ ه أَفَادَ/يُفِيدُ (자)이롭다, 유용하다 ..를 이롭게 하다, 돕다

هَذِهِ امْرَأَةٌ شَكُورَةٌ.	هَذِهِ امْرَأَةٌ تَشْكُرُ كَثِيرًا.
이분은 감사를 많이하는 여자이다. (과장형용사)	

2) 형용사 연결형(الْإِضَافَةُ الْوَصْفِيَّةُ)이 수식어로 사용된 경우

형용사 연결형이 수식어로 사용된 경우 그것을 아래와 같이 명사문으로 바꾸어 수식절을 만들 수 있다.

수식어(النَّعْتُ الْمُفْرَدُ) 문장	수식절(جُمْلَةُ النَّعْتِ) 문장
مَضَى يَوْمٌ شَدِيدُ الْحَرِّ.	مَضَى يَوْمٌ حَرُّهُ شَدِيدٌ.
더위가 아주 심한 한 날이 지나갔다.	
أَوْقَدْتُ مِصْبَاحًا قَوِيَّ النُّورِ.	أَوْقَدْتُ مِصْبَاحًا نُورُهُ قَوِيٌّ.
빛이 강한 한 램프에 불을 켰다.	
نَصِيدُ فِي بِرْكَةٍ كَثِيرَةِ السَّمَكِ.	نَصِيدُ فِي بِرْكَةٍ سَمَكُهَا كَثِيرٌ.
고기들이 많은 한 호수에서 사냥(낚시)을 했다.	

→ 위의 수식어 문장에서 형용사 연결형이 수식어로 사용된 것을 확인하고 그것이 수식절이 명사문인 문장으로 바뀐 것을 확인하라.

→ 형용사 연결형에 대해서는 이 책 '연결형 대해 Ⅱ'에서 공부하였다.

6. 수식절(جُمْلَةُ النَّعْتِ)의 시제에 대해

아래의 ①과 ② 문장을 보고 문장의 주동사와 수식절에 사용된 동사의 시제에 대해서 살펴보라.

아래 ①에서는 관계종속절의 동사가 미완료형이고, 아래의 ②에서는 관계종속절의 동사가 완료형이다. 아래의 ①은 주동사가 진행되는 시점에 수식절의 동사가 같은 시점에서 진행되는 경우이고, ②는 주동사가 진행되는 시점 이전에 수식절의 동사의 동작이 완료된 경우이다.

①	나는 무함마드가 인사를 나누는(혹은 나누고 있는) 한 젊은 여자를 보았다.	رَأَيْتُ فَتَاةً يُسَلِّمُ عَلَيْهَا مُحَمَّدٌ.
②	나는 무함마드가 인사를 나눈 한 젊은 여자를 보았다.	رَأَيْتُ فَتَاةً سَلَّمَ عَلَيْهَا مُحَمَّدٌ.
①	나는 나에게 가까이 다가오는 한 젊은이를 쳐다보았다.	نَظَرْتُ إِلَى شَابٍّ يَقْتَرِبُ مِنِّي.
②	나는 나에게 가까이 다가 온 한 젊은이를 쳐다보았다.	نَظَرْتُ إِلَى شَابٍّ اقْتَرَبَ مِنِّي.
①	친구와 이야기 하는(혹은 이야기 하고 있는) 한 여인이 떠났다.	انْصَرَفَتِ امْرَأَةٌ تَتَكَلَّمُ مَعَ صَدِيقِهَا.
②	친구와 이야기 하던 한 여인이 떠났다.	انْصَرَفَتِ امْرَأَةٌ تَكَلَّمَتْ مَعَ صَدِيقِهَا.

7. 수식절(جُمْلَةُ النَّعْتِ)이 사용된 신문 기사

비한정 명사를 수식하는 수식절을 신문에서 자주 발견할 수 있다. 이 수식절은 그 앞에 오는 비한정 명사(선행명사)의 위치에 따라 주어로 사용된 명사를 수식할 경우도 있고, 목적어로 사용된 명사를 수식할 경우도 있으며, 소유격 명사로 사용된 명사를 수식할 경우도 있다. 아래 신문의 예들을 확인하라.

1) 선행명사가 동사문의 주어(فَاعِل)인 경우

حَقَّقَتْ طِفْلَةٌ يَمَنِيَّةٌ رَفَضَتِ الْقَبُولَ بِزَوَاجٍ قَسْرِيٍّ مِنْ رَجُلٍ شُهْرَةً دَوْلِيَّةً.

한 남자와의 강제 결혼 수용을 거부한 예멘 여자 아이가 국제적 명성을 얻었다.
(수식절에 사용된 동사 رَفَضَتْ의 주어 هِيَ가 연결의 인칭대명사로서 طِفْلَةٌ를 가리킨다.)

كَشَفَتْ بَرْقِيَّاتٌ دِبْلُومَاسِيَّةٌ أَمْرِيكِيَّةٌ نَشَرَهَا مَوْقِعُ وِيكِيلِيكْس أَنَّ بُورْمَا قَامَتْ بِبِنَاءِ مَوَاقِعِ[1] صَوَارِيخَ.

위키리크스 홈페이지가 게재한 미국 외교 전문(電文)들은 버마가 미사일 기지들을 건설하였다고 폭로했다.
(수식절에 사용된 동사 نَشَرَ의 목적어 هَا가 연결의 인칭대명사로서 بَرْقِيَّاتٌ를 가리킨다.)

2) 선행명사가 문장의 목적어(مَفْعُول بِهِ)인 경우

أَنْهَى بَابَا الْكَاثُولِيكِ زِيَارَةً اسْتَمَرَّتْ ٨ أَيَّامٍ إِلَى الْأَرَاضِي[2] الْمُقَدَّسَةِ.

가톨릭 교황은 8일동안 계속된 성지 방문을 끝마쳤다.
(수식절에 사용된 동사 اسْتَمَرَّتْ의 주어인 هِيَ가 연결의 인칭대명사로서 زِيَارَةً를 가르킨다.)

اسْتَضَافَتْ مِصْرُ قِمَّةً دَوْلِيَّةً يَحْضُرُهَا عَدَدٌ مِنَ الزُّعَمَاءِ الْأُورُبِّيِّينَ.

이집트는 여러 유럽의 정상들이 참석하는 국제 정상회담을 개최(호스팅)하였다.
(يَحْضُرُهَا의 هَا가 연결의 인칭대명사로서 قِمَّةً를 가르킨다. يَحْضُرُهَا의 주어는 عَدَدٌ 이하이다)

بَدَأَ بَابَا الْفَاتِيكَانِ زِيَارَةً لِلشَّرْقِ الْأَوْسَطِ يَزُورُ خِلَالَهَا الْأُرْدُنَّ.

바티칸 교황은 순방기간중 요르단을 방문할 중동 방문을 시작했다.
(خِلَالَهَا의 هَا가 연결의 인칭대명사로 زِيَارَةً를 가르킨다. 수식절의 동사 يَزُورُ의 주어는 교황이다.)

إِسْرَائِيلُ وَالسُّلْطَةُ الْفِلَسْطِينِيَّةُ قَبِلَتَا خُطَّةَ هُدْنَةٍ فِي غَزَّةَ طَرَحَتْهَا مِصْرُ.

이스라엘과 팔레스타인 정부는 이집트가 제안한 가자에서의 휴전안을 받아들였다.
(수식절에 사용된 동사 طَرَحَتْ의 목적어 هَا가 연결의 인칭대명사로서 خُطَّةَ를 가리킨다. 비한정 연결형의 경우 전연결어도 비한정으로 취급한다.)

---

[1] مَوْقِعٌ/مَوَاقِعُ 자리, 장소, 위치 ; 인터넷의 홈페이지
[2] أَرْضٌ/أَرَاضٍ 땅 ; 지구

제Ⅱ과 관계대명사와 관계종속절 및 수식절에 대해

3) 선행명사가 문장의 후연결어(مُضَافٌ إِلَيْهِ)인 경우

اعْتَذَرَ الرَّئِيسُ عَنْ حُضُورِ اجْتِمَاعٍ يُنَاقِشُ مَسْأَلَةَ الْحَالَةِ الاقْتِصَادِيَّةِ.

대통령은 경제상황 문제를 논의할 모임에 참석하는 것에 대해 양해를 구하였다.
(수식절에 사용된 동사 يُنَاقِشُ 의 주어 هُوَ 가 연결의 인칭대명사로서 اجْتِمَاعٍ 를 가르킨다.)

سَمَحَتِ الْحُكُومَةُ الْمِصْرِيَّةُ بِعُبُورِ شَاحِنَاتٍ[1] تَحْمِلُ[2] إِمْدَادَاتٍ[3] طِبِّيَّةً إِلَى فِلَسْطِينَ.

이집트 정부는 의료 보급품을 팔레스타인으로 싣고 가는 화물차량들의 통과를 허락했다.
(수식절에 사용된 동사 تَحْمِلُ 의 주어 هِيَ 가 연결의 인칭대명사로서 شَاحِنَاتٍ 를 가리킨다.)

---

[1] عَبَرَ / يَعْبُرُ هـ، مِنْ ... ـ عُبُورٌ (길.강을) 건너가다, 넘어가다, 횡단하다 ; 지나가다, 통과하다
[2] شَاحِنَةٌ / ـات 화물자동차
[3] أَمَدَّ / يُمِدُّ ه بـ ـ هـ ـ إِمْدَادٌ ..에게 ..을 공급하다, 원조,지원해주다 إِمْدَادَاتٌ 보급품 إِمْدَادَاتٌ طِبِّيَّةٌ 의료 보급품

제12과 여러 가지 목적격(اَلْمَنْصُوبَاتُ)에 대해 I – 시간의 부사(ظَرْفُ الزَّمَانِ)와 장소의 부사(ظَرْفُ الْمَكَانِ)

심화학습 - 여러 가지 목적격(اَلْمَنْصُوبَاتُ)에 대해

1. 시간의 부사와 장소의 부사의 개념
2. 시간의 부사(ظَرْفُ الزَّمَانِ)
3. 장소의 부사(ظَرْفُ الْمَكَانِ)
4. 불격변화(مَبْنِيٌّ) 부사
5. 부(副) 부사(نَائِبُ ظَرْفٍ) 용법에 대해
6. 부사 뒤에 문장이 오는 경우
7. 그외 참고사항들

심화학습 – 아랍어에서 부사적인 의미

종합 아랍어 문법 II

심화학습 – 여러 가지 목적격(الْمَنْصُوبَات)에 대해

우리는 앞에서 명사 격변화(الْإِعْرَاب)에는 주격과 목적격과 소유격이 있다는 것을 배웠고, 그 여러 가지 예도 보아왔다. 명사의 목적격 격변화가 발생하는 경우 모든 경우를 정리하면 아래와 같다.

목적격 격변화 경우 (الْمَنْصُوبَات)	1. 문장의 목적어 (الْمَفْعُولُ بِهِ) (제1, 2 목적어) 2. 무효화 불변사 문장의 주어 (اسْمُ إِنَّ) 3. 무효화 동사 문장의 술어 (خَبَرُ كَانَ) 4. 시간과 장소의 부사 (ظَرْفُ الزَّمَانِ وَظَرْفُ الْمَكَانِ) 5. 상태목적어 (الْحَال) 6. 동족목적어 (الْمَفْعُولُ الْمُطْلَقِ) 7. 명시목적어 (التَّمْيِيز) 8. 이유목적어 (الْمَفْعُولُ لِأَجْلِهِ) 9. 동반목적어 (الْمَفْعُولُ مَعَهُ) 10. 호격대상 (الْمُنَادَى) 11. 예외명사 (الْمُسْتَثْنَى) 12. 감탄대상 (الْمُتَعَجَّبُ مِنْهُ) 13. 후속어(수식어, 접속명사, 강조어, 대용어)가 목적격 자리에 왔을 때 (التَّابِعُ لِلِاسْمِ الْمَنْصُوبِ – النَّعْتُ، الْمَعْطُوفُ، التَّوْكِيدُ، الْبَدَلُ)

목적격 격변화 형태

목적격 격변화 형태	1. 단수의 경우 파트하 모음(a 모음)이 오고, 2. 쌍수의 경우 ـَيْنِ 가 오며, 3. 남성 규칙 복수의 경우 ـِينَ 가 오고, 4. 여성 규칙 복수의 경우 ـَاتٍ 가 온다. (한정꼴이 올 경우 ـَاتِ 가 온다.) 5. 다섯가지 명사 (الْأَسْمَاءُ الْخَمْسَةُ)의 경우 ا 이 온다. (예 : 아래 문장의 أَخَاكَ)

목적격 격변화 형태의 예

그 학생은 그 선생님의 (말을) 들었다. (한정형태 남성 단수 목적격)	سَمِعَ الطَّالِبُ الْمُدَرِّسَ.
그 강도는 그 두 남자를 죽였다. (한정형태 남성 쌍수 목적격)	قَتَلَ اللِّصُّ الرَّجُلَيْنِ.
우리는 책상에 앉아있는 선생님들을 보았다. (비한정 형태 남성 복수 목적격)	رَأَيْنَا مُدَرِّسِينَ يَجْلِسُونَ عَلَى الْمَكْتَبِ.
그 선생님은 수업에 늦은 여학생들을 때렸다. (비한정 형태 여성 복수 목적격)	ضَرَبَ الْمُدَرِّسُ طَالِبَاتٍ تَأَخَّرْنَ عَلَى الدِّرَاسَةِ.
나는 당신의 형(남동생)을 보았다. (다섯가지 명사인 경우)	شَاهَدْتُ أَخَاكَ.

지금까지 우리들은 여러 가지 목적격 가운데 문장의 목적어(الْمَفْعُولُ بِهِ, 제1 목적어, 제2 목적어)와, 무효화 불변사(إِنَّ وَأَخَوَاتُهَا , الْحُرُوفُ النَّاسِخَةُ) 구문의 주어, 무효화 동사(كَانَ وَأَخَوَاتُهَا , الْأَفْعَالُ النَّاسِخَةُ) 구문의 목적어 등을 공부하였다. 이번 과부터는 아직 공부하지 않은 여러 목적격을 공부하게 된다. 특히 앞으로 배울 시간의 부사와 장소의 부사(الْمَفْعُولُ فِيهِ), 상태목적어(الْحَال), 동족목적어(الْمَفْعُولُ الْمُطْلَقِ), 명시목적어(التَّمْيِيز), 이유목적어(الْمَفْعُولُ لِأَجْلِهِ), 동반목적어(الْمَفْعُولُ مَعَهُ), 호격대상(الْمُنَادَى), 감탄대상(الْمُتَعَجَّبُ مِنْهُ), 그리고 예외명사(الْمُسْتَثْنَى)는 아랍어 문법의 아주 독특한 부분이라 할 수 있다. 앞으로 아홉 과에 걸쳐서 이 내용들을 공부하도록 한다.

제 12 과 여러 가지 목적격(الْمَنْصُوبَات)에 대해 I - 시간의 부사(ظَرْفُ الزَّمَان)와 장소의 부사(ظَرْفُ الْمَكَان)

1. 시간의 부사(ظَرْفُ الزَّمَان)와 장소의 부사(ظَرْفُ الْمَكَان)의 개념

우리말에서 부사는 동사나 형용사 혹은 다른 부사를 더 자세히 설명하거나 꾸며주는 역할을 하는 말이다. 아랍어의 부사는 이러한 일반적인 부사의 개념과 비슷한 부분이 있지만 명칭과 용법에서 다른 점이 많다.

아랍어에서 부사는 시간의 부사(ظَرْفُ الزَّمَان)와 장소의 부사(ظَرْفُ الْمَكَان)로 나뉜다. 시간의 부사는 동작이나 상태가 일어난 시간을 나타내는 부사이고, 장소의 부사는 동작이나 상태가 발생한 장소를 나타내는 부사이다. 즉 시간의 부사는 '언제' 혹은 '얼마 동안'이라는 질문에 대한 답변이고, 장소의 부사는 '어디서'라는 질문에 대한 답변이라 할 수 있다.

아랍어에서 시간의 부사와 장소의 부사는 품사적으로 명사이며, 문장에서 반드시 목적격을 취한다. 일반적인 목적어를 아랍어로 'مَفْعُول بِهِ'라고 하는 반면, 시간과 장소의 부사를 아랍어로 'مَفْعُول فِيهِ'라고 부르기도 한다. 또한 시간과 장소의 부사를 '시간과 장소의 목적어'라고 표현하기도 한다.

예문
a. 시간의 부사(ظَرْفُ الزَّمَان)

그 청년은 밤에 밖으로 나갔다. (동사문이다)	خَرَجَ الشَّابُّ لَيْلاً.
오늘 날씨가 덥다. (명사문이다)	الطَّقْسُ حَارٌّ الْيَوْمَ.

→ 위의 لَيْلاً 과 الْيَوْمَ 는 '그 청년이 언제 밖으로 나갔는지?'와 '언제 날씨가 더운지?'에 대한 대답이 된다. 그러므로 لَيْلاً 과 الْيَوْمَ 가 시간의 부사가 되며 목적격이 사용된다.

b. 장소의 부사(ظَرْفُ الْمَكَان)

나는 앞에 서 있고, 당신은 뒤에 서 있다. (동사문이다)	أَقِفُ[1] أَمَامًا وَتَقِفُ خَلْفًا.
그 고양이는 책상 위에 있다. (명사문이다)	الْقِطَّةُ فَوْقَ الْمَكْتَبِ.

→ 위의 أَمَامًا 과 خَلْفًا 은 '나와 당신이 어디에 서 있는지?'에 대한 대답이고, فَوْقَ الْمَكْتَبِ 는 '고양이가 어디에 있는지?'에 대한 대답이 된다. 그러므로 أَمَامًا 과 خَلْفًا 그리고 فَوْقَ 가 부사가 되어 목적격이 사용된다. الْمَكْتَبِ 는 부사 فَوْقَ 의 후연결어이다.

---

[1] وَقَفَ / يَقِفُ - وُقُوفٌ 서다, 멎다 ; 일어서다, 일어나다

2. 시간의 부사 (ظَرْفُ الزَّمَانِ)

시간의 부사는 동작이나 상태가 일어난 시간을 나타내는 부사로서 '언제' 혹은 '얼마 동안' 이라는 질문에 대한 답변이다. 아래의 예들에서 목적격(빨간색)으로 표시된 단어들이 시간의 부사들이다. 어떤 시간의 의미를 가지는지 확인해 보자.

나는 아침(동안)에 커피를 마신다.	أَشْرَبُ الْقَهْوَةَ صَبَاحًا. *
나는 목요일 아침에 여행을 떠날 것이다.	سَأُسَافِرُ صَبَاحَ الْخَمِيسِ. **
나는 하루 동안 알렉산드리아를 여행할 것이다.	سَأُسَافِرُ إِلَى الْإِسْكَنْدَرِيَّةِ يَوْمًا. *
나는 목요일 나의 친구를 방문할 것이다.	سَأَزُورُ صَدِيقِي يَوْمَ الْخَمِيسِ. **
나는 둘째 날에 그 컨퍼런스에 참석했다.	حَضَرْتُ الْمُؤْتَمَرَ الْيَوْمَ الثَّانِيَ. **

→ 위 문장에서 빨간색의 단어들은 모두 시간의 의미를 나타내는 부사로서 그 격변화가 목적격임을 확인하라.
→ 위 문장의 * 는 부사 단어가 비한정 목적격으로 사용된 경우이고, ** 는 부사 단어가 연결형 등의 조합형에서 한정형태의 목적격으로 사용된 경우이다.

1) 시간의 부사로 사용되는 단어들

아래는 여러 가지 시간의 부사를 정리한 것이다. 아래의 도표에서 비한정 독립형은 시간의 부사가 비한정 형태의 한 단어로 사용된 경우이고, 조합형은 시간의 부사가 연결형의 전연결어로 사용되거나 ال한정형태를 취한 뒤에 수식어가 오는 경우이다. 간혹 시간의 부사가 ال 한정형태로만 사용되는 경우도 있다. 각각의 경우들을 다음에 나오는 예문을 통해서 확인하자. (아래 표의 의미 부분에서 비한정 독립형과 조합형의 의미가 다를 경우 ' ; ' 로 표시하여 양쪽의 의미를 모두 표시하였다.)

여러 가지 시간의 부사

	의미	비한정 독립형	조합형·한정형		의미	비한정 독립형	조합형·한정형
1	아침 동안 ; 아침에	صَبَاحًا	صَبَاحَ ...	2	저녁 동안 ; 저녁에	مَسَاءً	مَسَاءَ ...
3	정오 동안 ; 정오에(noon)	ظُهْرًا	ظُهْرَ ...	4	오후 동안 ; 오후에(afternoon)	عَصْرًا	عَصْرَ ...
5	새벽 동안 ; 새벽에	فَجْرًا	فَجْرَ ...	6	일몰 동안 ; 일몰(석양)시간에	مَغْرِبًا	مَغْرِبَ ...
7	저녁에(어둠이 지는 시간)	عِشَاءً	عِشَاءَ ...	8	(어두운) 밤에 (at night)	لَيْلًا	لَيْلَ ...
9	하루 밤 동안 (a night) ; ..밤에	لَيْلَةً	لَيْلَةَ ...	10	낮 동안 ; 낮에	نَهَارًا	نَهَارَ ...
11	내일	غَدًا		12	어제	أَمْسِ *	
13	어제		الْبَارِحَةَ **	14	하루동안, 하루에 ; ...날에	يَوْمًا	يَوْمَ ...

제12과 여러 가지 목적격에 대해 I — 시간의 부사와 장소의 부사

15	한주(a week)동안 ;..주에	أُسْبُوعَا	أُسْبُوعَ ...	16	한 달(a month)동안 ;..달에	شَهْرًا	شَهْرَ ...
17	일년(a year)동안 ;..해에	سَنَةً	سَنَةَ ...	18	일년(a year)동안 ;..해에	عَامًا	عَامَ ...
19	한 시간(hour)동안 ;..시간에	سَاعَةً	سَاعَةَ ...	20	일분(minute)동안 ;..순간에	دَقِيقَةً	دَقِيقَةَ ...
21	일초(second)동안 ;..순간에	ثَانِيَةً	ثَانِيَةَ ...	22	즉시 ;..한 이후	فَوْرًا	فَوْرَ ...
23	잠시 ;..하는 순간	لَحْظَةً	لَحْظَةَ ...	24	잠시 (one moment)	بُرْهَةً	
25	약간의 시간 동안	وَقْتًا	وَقْتَ ...	26	약간의 기간동안	زَمَنًا	زَمَنَ ...
27	오랜 세월	دَهْرًا	الدَّهْرَ** ...	28	항상	دَائِمًا	
29	..한 기간(period)동안	مُدَّةً	مُدَّةَ ...	30	..한 기간(period)동안	فَتْرَةً	فَتْرَةَ ...
31	여름동안, 여름에	صَيْفًا	صَيْفَ ...	32	겨울동안, 겨울에	شِتَاءً	شِتَاءَ ...
33	봄동안, 봄에	رَبِيعًا	رَبِيعَ ...	34	가을동안, 가을에	خَرِيفًا	خَرِيفَ ...
35	..동안		أَثْنَاءَ ...	36	동안에 (during)		إِبَّانَ ...
37	약간의 시간동안(period of time) ;..할 때(when)	حِينًا	حِينَ ...	38	..하는 내내 (throughout)		طَوَالَ ...
39	..하는 내내 (throughout)		طِيلَةَ ...	40	..하는 동안(during), ..기간내에(within)		خِلَالَ ...
41	즉시 ;..하자마자	حَالًا	حَالَ ...	42	..하는 때에(when), ..하는 동안에(while)		إِذْ ... *
43	..이래(since)		مُنْذُ ... *	44	현재, 지금(now)	الآنَ *	
45	전혀(never)	قَطُّ *					
46	..이전에		قَبْلَ ...	47	..이후에		بَعْدَ ...
48	..사이에 (between)		بَيْنَ ...	49	..에(at)		عِنْدَ ...
50	..에(at)		لَدَى ...	51	..대신에		بَدَلَ ...

→ 위의 비한정 독립형이나 조합형 단어들이 시간의 부사로 사용될 때는 항상 목적격을 취한다. (그러나 위의 • 표가 있는 أَمْسِ, إِذْ, مُنْذُ, الآنَ, قَطُّ 는 불격변화 부사(الظَّرْفُ الْمَبْنِيُّ)이다. 곧 공부한다.)

→ 대부분의 단어들은 비한정 독립형과 조합형 두 가지 형태로 사용되지만 어떤 단어들은 비한정 독립형과 조합형·독립형 형태 가운데 하나만 사용되기도 한다.

→ 같은 단어가 비한정 독립형과 조합형에서 사용될 경우 그 의미가 달라지기도 한다.

→ **الْبَارِحَةَ 와 الدَّهْرَ 가 한정형태로 사용될 경우 조합형이 아닌 الـ 한정형태로만 사용된다.

→ بَدَلَ 그리고 لَدَى, عِنْدَ, بَيْنَ, بَعْدَ, قَبْلَ 는 시간의 부사와 장소의 부사 둘 다 사용된다.

→ 위의 44 번의 الآنَ 는 독립형으로 사용되지만 항상 الـ 이 붙은 한정형태로 사용된다.

→ 위의 42 번의 إِذْ 는 그 뒤에 문장이 오며 그 문장을 후연결어(مُضَافٌ إِلَيْهِ)로 간주한다. 곧 공부한다.

2) 시간의 부사 단어들의 예문들

1		나는 아침(동안)에 반드시 홍차를 마셔야 한다.	يَجِبُ أَنْ أَشْرَبَ شَايًا صَبَاحًا.
		나는 목요일 아침에 여행을 떠날 것이다.	سَأُسَافِرُ صَبَاحَ الْخَمِيسِ.
2		나는 저녁(동안)에 나의 숙제를 끝낼 것이다.	أَنْتَهِي مِنْ وَاجِبَاتِي مَسَاءً.
		나의 아버지는 어제 저녁에 돌아왔다.	عَادَ أَبِي مَسَاءَ أَمْسِ.
3		나의 두 번째 일이 오후(동안)에 시작된다.	عَمَلِي الثَّانِي يَبْدَأُ ظُهْرًا.
		다가오는 토요일 오후에는 우리는 여행을 떠났을 것이다.	ظُهْرَ السَّبْتِ الْقَادِمِ سَنَكُونُ قَدْ سَافَرْنَا.
4		오후(동안)에 온도가 높다.	دَرَجَةُ الْحَرَارَةِ عَصْرًا مُرْتَفِعَةٌ.
		금요일 오후에 그녀가 떠나갔다.	رَحَلَتْ عَصْرَ الْجُمْعَةِ.
5		나는 새벽(동안)에 기도한다.	أُصَلِّي فَجْرًا.
		토요일 새벽에 나는 여행을 떠날 것이다.	سَأُسَافِرُ فَجْرَ السَّبْتِ.
6		그들은 일몰 시간에(동안) 잠을 잤다.	نَامُوا مَغْرِبًا.
		어제 일몰 시간에 그들은 축구를 했다.	لَعِبُوا كُرَةَ الْقَدَمِ مَغْرِبَ الْبَارِحَةِ.
7		내 형(남동생)은 저녁(동안)에 떠났다.	غَادَرَ أَخِي عِشَاءً.
		내 여동생(누나)는 어제 저녁에 떠났다.	غَادَرَتْ أُخْتِي عِشَاءَ أَمْسِ.
8		나는 밤(동안)에 책을 읽는다.	أَقْرَأُ كِتَابًا لَيْلًا.
		그 비행기는 2월 15일 밤에 도착할 것이다.	سَتَصِلُ الطَّائِرَةُ لَيْلَ الْخَامِسَ عَشَرَ مِنْ فِبْرَايِر.
9		나는 하루 밤(one night) 동안 아스완에서 머물렀다. (عَاشَ/يَعِيشُ)	عِشْتُ فِي أَسْوَانَ لَيْلَةً.
		나는 목요일 밤에 여행을 떠날 것이다.	سَأُسَافِرُ لَيْلَةَ الْخَمِيسِ.
10		나는 낮(동안)에 나의 직장에 있다.	أَكُونُ فِي عَمَلِي نَهَارًا.
		나는 화요일 낮에 당신을 기다릴 것이다.	سَأَنْتَظِرُكَ نَهَارَ الثُّلَاثَاءِ.
11		내일 여름이 시작된다.	يَبْدَأُ الصَّيْفُ غَدًا.
12		내 아버지는 어제 여행으로부터 도착했다.	وَصَلَ أَبِي مِنَ السَّفَرِ أَمْسِ.
13		그는 어제 그의 마을로 떠났다.	سَافَرَ الْبَارِحَةَ إِلَى بَلْدَتِهِ.
14		나는 하루 동안 알렉산드리아를 여행할 것이다.	سَأُسَافِرُ إِلَى الْإِسْكَنْدَرِيَّةِ يَوْمًا.

15	나는 목요일 나의 친구를 방문할 것이다.	سَأَزُورُ صَدِيقِي يَوْمَ الْخَمِيسِ.
	나는 둘째 날에 그 컨퍼런스에 참석했다.	حَضَرْتُ الْمُؤْتَمَرَ الْيَوْمَ الثَّانِيَ.
	나는 아스완에서 일주일 동안 지냈다.	قَضَيْتُ أُسْبُوعًا فِي أَسْوَانَ.
	나는 축제 주간에 여행을 갈 것이다.	سَأُسَافِرُ أُسْبُوعَ الْعِيدِ.
	그 공부는 다음 주에 끝날 것이다. (الأُسْبُوع 뒤에 수식어가 왔다.)	سَتَنْتَهِي الدِّرَاسَةُ الأُسْبُوعَ الْقَادِمَ.
16	우리는 우리의 친구들과 함께 시리아에서 한 달 동안 살았다.	عِشْنَا شَهْرًا مَعَ أَصْدِقَائِنَا فِي سُورِيَا.
	월드컵이 7월에 시작한다.	يَبْدَأُ كَأْسُ الْعَالَمِ شَهْرَ يُولْيُو.
	나는 지난 달 유럽을 여행했다.	سَافَرْتُ أُورُوبَّا الشَّهْرَ الْمَاضِيَ.
	나는 2월에 유럽에 있을 것이다.	سَأَكُونُ فِي أُورُوبَّا شَهْرَ فِبْرَايِرَ.
17	나는 이집트에서 일년 동안 살았다.	عِشْتُ فِي مِصْرَ سَنَةً.
	나는 나의 모친이 별세한 해에 슬펐다.	حَزِنْتُ سَنَةَ وَفَاةِ وَالِدَتِي.
	나는 내년에 한국으로 돌아갈 것이다. (السَّنَة 뒤에 수식어가 왔다.)	سَأَعُودُ إِلَى كُورِيَا السَّنَةَ الْقَادِمَةَ.
18	나의 공부는 미국에서 일년 동안 계속되었다.	اسْتَمَرَّتْ دِرَاسَتِي فِي أَمْرِيكَا عَامًا.
	나기브 마흐푸즈는 1911년도에 태어났다.	وُلِدَ نَجِيب مَحْفُوظ عَامَ ١٩١١.
19	나는 숙제를 끝낸 이후 한 시간 동안 잤다.	نِمْتُ سَاعَةً بَعْدَ انْتِهَائِي مِنَ الْوَاجِبِ.
	나는 기도 시간에 주님께 감사했다.	شَكَرْتُ الرَّبَّ سَاعَةَ الصَّلَاةِ.
	그 남자는 8시에 잠에서 깨어났다.	صَحَا الرَّجُلُ مِنَ النَّوْمِ السَّاعَةَ الثَّامِنَةَ.
20	그 노래가 일 분 동안 계속되었다.	اسْتَمَرَّتِ الأُغْنِيَةُ دَقِيقَةً.
	나는 신부가 입장하는 순간에 그녀를 보았다.	رَأَيْتُهَا دَقِيقَةَ دُخُولِ الْعَرُوسِ.
21	일 초 동안(잠시) 나를 기다려 주십시오.	مِنْ فَضْلِكَ انْتَظِرْنِي ثَانِيَةً.
	나는 그가 죽는 순간에 그 사고를 목격했다.	شَهِدْتُ الْحَادِثَةَ ثَانِيَةَ مَوْتِهِ.
22	즉시 문을 열어라.	افْتَحُوا الْبَابَ فَوْرًا.
	당신이 집에 들어온 바로 이후 나는 잠을 깼다.	فَوْرَ دُخُولِكَ الْبَيْتَ اسْتَيْقَظْتُ.
23	당신은 잠시 동안 조용히 해 줄 수 있습니까?	هَلْ يُمْكِنُكَ أَنْ تَسْكُتَ لَحْظَةً؟
	승리의 순간 우리는 기쁨을 느꼈다.	شَعَرْنَا بِالسَّعَادَةِ لَحْظَةَ الْفَوْزِ.

24		잠시 나를 기다려 주세요.	اِنْتَظِرْنِي بُرْهَةً.
25		그는 나를 약간의 시간 동안 도운 이후 그리고 떠났다.	سَاعَدَنِي وَقْتًا ثُمَّ مَضَى.
		나는 나의 여자 친구와 오랜 시간 앉아있었다.	جَلَسْتُ مَعَ صَدِيقَتِي وَقْتًا طَوِيلاً.
		나는 위기의 시간에 그를 발견했다.	وَجَدْتُهُ وَقْتَ الْأَزْمَةِ.
26		나는 외롭게 약간의 기간을 보내었다.	قَضَيْتُ زَمَنًا فِي الْغُرْبَةِ.
		나는 좋은 시기를 살았다.	عِشْتُ زَمَنَ الْخَيْرِ.
27		나는 오랜 세월 고통을 당하고 난 뒤 편안하게 되었다.	عَانَيْتُ دَهْرًا ثُمَّ ارْتَحْتُ.
		나는 오랜 세월 그를 기다렸다.	اِنْتَظَرْتُهُ الدَّهْرَ.
28		나는 내 삶에서 항상 어려운 것을 선택한다.	أَخْتَارُ دَائِمًا الصَّعْبَ فِي حَيَاتِي.
29		나는 미국에서 오랜 기간 공부했다.	دَرَسْتُ فِي أَمْرِيكَا مُدَّةً طَوِيلَةً.
		그들은 이집트에서 두 달 기간 동안 살았다.	عَاشُوا فِي مِصْرَ مُدَّةَ شَهْرَيْنِ.
30		나는 미국에서 오랜 기간 공부했다.	دَرَسْتُ فِي أَمْرِيكَا فَتْرَةً طَوِيلَةً.
		나는 여름 기간에 일하지 않는다.	لَا أَعْمَلُ فَتْرَةَ الصَّيْفِ.
31		여름 동안 (혹은 여름에) 과일이 많다.	الْفَاكِهَةُ تَكُونُ كَثِيرَةً صَيْفًا.
		작년 여름에 나는 요르단에 있었다.	كُنْتُ فِي الْأُرْدُنِّ صَيْفَ الْعَامِ الْمَاضِي.
32		나는 겨울 동안(혹은 겨울에) 아스완에 여행을 간다.	أُسَافِرُ إِلَى أَسْوَانَ شِتَاءً.
		나는 2001년 겨울에 음악을 공부했다.	دَرَسْتُ الْمُوسِيقَى شِتَاءَ عَامِ ٢٠٠١.
33		봄 동안 (혹은 봄에) 꽃들이 개화한다.	تَتَفَتَّحُ الْأَزْهَارُ رَبِيعًا.
		나는 내년 봄에 교사로 일할 것이다.	سَأَعْمَلُ مُدَرِّسًا رَبِيعَ الْعَامِ الْقَادِمِ.
34		가을 동안 (혹은 가을에) 나뭇잎들이 떨어진다.	تَسْقُطُ أَوْرَاقُ الْأَشْجَارِ خَرِيفًا.
		튀니지의 혁명이 2010년 가을에 시작되었다.	بَدَأَتْ ثَوْرَةُ تُونِسَ خَرِيفَ عَامِ ٢٠١٠.
35		나는 방학 동안 내 친구들과 축구를 한다.	أَلْعَبُ كُرَةَ الْقَدَمِ مَعَ أَصْدِقَائِي أَثْنَاءَ الْإِجَازَةِ.
36		그 공주는 그녀의 남편을 그녀가 대학에서 공부하는 동안 만났다.	الْتَقَتِ الْأَمِيرَةُ زَوْجَهَا إِبَّانَ دِرَاسَتِهَا فِي الْجَامِعَةِ.
37		우리는 우리의 레슨들을 복습하는데 약간의 시간을 보내었다.(period of time)	قَضَيْنَا حِينًا فِي مُرَاجَعَةِ دُرُوسِنَا.
		그 선생님이 교실에 들어갔을 때 (그) 학생들은 조용히 했다. (후연결어로 문장이 사용됨)	حِينَ دَخَلَ الْمُدَرِّسُ الْفَصْلَ سَكَتَ الطُّلَّابُ. *

38	나는 여름내내 수영을 연습한다.	أُمَارِسُ السِّبَاحَةَ طَوَالَ الصَّيْفِ.
39	그는 그의 레슨을 공부하며 밤내내 지새웠다.	سَهِرَ طِيلَةَ اللَّيْلِ يُذَاكِرُ دُرُوسَهُ.
40	내 아버지가 이틀 안에(within) 돌아올 것이다.	سَيَعُودُ أَبِي خِلَالَ يَوْمَيْنِ.
	나는 공부하는 동안(during) 일한다.	أَعْمَلُ خِلَالَ الدِّرَاسَةِ.
41	나는 즉시 올 것이다(갈 것이다).	سَآتِي حَالًا.
	나는 시험들이 끝나자 마자 여행을 할 것이다. (후연결어로 문장이 사용됨)	سَأُسَافِرُ حَالَ انْتَهَتِ الْامْتِحَانَاتُ. *
42	압달라가 서 있을 때 내가 왔다. (후연결어로 문장이 사용됨)	جِئْتُ إِذْ عَبْدُ اللهِ قَائِمٌ. *
	제자들이 주님을 보았을 때 기뻐했다. (후연결어로 문장이 사용됨)	فَرِحَ التَّلَامِيذُ إِذْ رَأَوُا الرَّبَّ. *
43	그는 나에게 1년 전부터 그렇게 약속했다.	وَعَدَنِي بِذَلِكَ مُنْذُ سَنَةٍ.
44	나는 지금 내 아버지를 기다리고 있다.	أَنْتَظِرُ أَبِي الْآنَ.
45	나는 한국을 방문한 적이 전혀 없다. (과거 부정문)	مَا زُرْتُ كُورِيَا قَطُّ.
46	나는 잠자기 전에 한 책을 읽는다.	أَقْرَأُ كِتَابًا قَبْلَ النَّوْمِ.
	그는 일년 전에 그의 나라에 돌아갔다.	رَجَعَ إِلَى بَلَدِهِ قَبْلَ سَنَةٍ.
47	카말은 레슨(lesson) 뒤에 잠을 잤다.	نَامَ كَمَالٌ بَعْدَ الدَّرْسِ.
	오후에 나는 공부한다.	أَدْرُسُ بَعْدَ الظُّهْرِ.
48	그는 5시와 7시 사이에 잠을 잔다.	يَنَامُ بَيْنَ السَّاعَةِ الْخَامِسَةِ وَالسَّاعَةِ السَّابِعَةِ.
49	나는 10시 무렵에(at) 숙제를 마친다.	أَنْتَهِي مِنْ وَاجِبَاتِي عِنْدَ السَّاعَةِ الْعَاشِرَةِ.
50	그는 대학에 들어갈 때(at) 돈을 지불했다.	دَفَعَ النُّقُودَ لَدَى دُخُولِ الْجَامِعَةِ.
51	나는 밤 대신 오후에 여행을 떠났다.	سَافَرْتُ عَصْرًا بَدَلَ اللَّيْلِ.

→위의 * 표가 있는 문장은 시간의 부사 뒤에 문장이 후연결어로 사용된 경우이다. 곧 공부한다.

3) 한정형태에 따른 시간의 부사의 의미 차이

시간의 부사가 비한정 형태의 목적격으로 사용될 경우 일반적으로 해당되는 시간 부사의 처음부터 끝까지(during)의 시간을 의미한다. 예를 들어 يَوْمًا 은 하루의 처음부터 끝까지의 시간을 부사로 표현하여 '하루 동안'의 의미가 되고, لَيْلًا 은 저녁의 시작부터 다음날 아침까지의 시간을 부사로 표현하여 '하루 밤 동안'의 의미가 된다.(أُسْبُوعًا '일주일 동안', شَهْرًا '한 달 동안', سَنَةً 은 '일년 동안')
이에 비해 같은 시간의 부사가 한정형태로 사용될 경우(ال이 붙은 한 단어 혹은 지시대명사가 붙은 대용어구) 일반적으로 해당되는 시간 부사의 특정한 시간을 의미한다. 예를 들어 الْيَوْمَ 는 '오늘'의 의미이고 اللَّيْلَةَ 는 '오늘 밤(tonight)'의 의미이다.

	비한정 형태 시간의 부사(نكرة)			한정형태 시간의 부사(معرفة)	
1	하루 동안	يَوْمًا	2	오늘(today)	الْيَوْمَ أَوْ هَذَا الْيَوْمَ*
3	새벽에, 새벽 동안	فَجْرًا	4	오늘 새벽에	هَذَا الْفَجْرَ
5	아침에(in the morning), 아침 동안	صَبَاحًا	6	오늘 아침	هَذَا الصَّبَاحَ
7	오후에(대개 정오 전후), 오후 동안	ظُهْرًا	8	오늘 오후 (대개 정오 이후)	هَذَا الظُّهْرَ
9	오후에(대개 오후 3시 전후), 오후 동안	عَصْرًا	10	오늘 오후 (대개 오후 3시 이후)	هَذَا الْعَصْرَ
11	낮에(in the day), 낮 동안	نَهَارًا	12	오늘 낮	هَذَا النَّهَارَ
13	저녁에(in the evening), 저녁 동안	مَسَاءً	14	오늘 저녁	هَذَا الْمَسَاءَ
15	밤에(at night), 밤 동안	لَيْلًا	16	이 밤(this night); 오늘 밤	هَذَا اللَّيْلَ
17	하루 밤 동안(a night)	لَيْلَةً	18	오늘 밤(tonight)	اللَّيْلَةَ أَوْ هَذِهِ اللَّيْلَةَ*
19	한 시간 동안	سَاعَةً	20	이 시간	هَذِهِ السَّاعَةَ *
21	일 주일 동안	أُسْبُوعًا	22	이번 주	هَذَا الْأُسْبُوعَ *
23	한 달 동안	شَهْرًا	24	이번 달	هَذَا الشَّهْرَ *
25	일 년 동안	عَامًا، سَنَةً	26	올해	هَذَا الْعَامَ، هَذِهِ السَّنَةَ*

→ 위의 한정형태의 시간의 부사들에서 الْيَوْمَ 와 اللَّيْلَةَ 는 지시대명사 없이 ال이 붙은 모양으로도 사용되고 지시대명사를 사용한 대용어 꼴인 هَذَا الْيَوْمَ 와 هَذِهِ اللَّيْلَةَ 의 형태로도 사용된다. 그러나 이 두 단어 이외의 다른 부사가 특정한 시간의 의미로 사용될 경우 지시대명사를 사용한 대용어 꼴로만 사용된다.

→위의 오른쪽 칸들에서 * 로 표기된 الْيَوْمَ، اللَّيْلَةَ، السَّاعَةَ، الْأُسْبُوعَ، الشَّهْرَ، السَّنَةَ، الْعَامَ 등의 단어들은 그 뒤에 시간과 관련된 한정형태의 수식어가 올 수 있는 단어들이다.

→ 위의 한정형태의 시간 부사들에 사용된 هَذَا 대신 ذَلِكَ (혹은 تِلْكَ) 를 사용하여 각각 '그날', '그날 아침' 등의 의미로도 사용된다.

예문들

1		나는 하루 동안 알렉산드리아를 여행할 것이다.	سَأُسَافِرُ إِلَى الْإِسْكَنْدَرِيَّةِ يَوْمًا.
2		오늘 대통령이 카이로에 도착했다.	وَصَلَ الرَّئِيسُ إِلَى الْقَاهِرَةِ الْيَوْمَ.
		오늘 나는 소풍을 갈 것이다.	سَأَذْهَبُ إِلَى رِحْلَةٍ هَذَا الْيَوْمَ.
		나는 목요일 나의 친구를 방문할 것이다.	سَأَزُورُ صَدِيقِي يَوْمَ الْخَمِيسِ.
		나는 공휴일의 첫째날 나의 가족을 방문할 것이다. (الأوّلَ 가 수식어)	سَأَزُورُ أُسْرَتِي الْيَوْمَ الْأَوَّلَ فِي الْإِجَازَةِ.
3		무슬림은 새벽에 기도한다.	يُصَلِّي الْمُسْلِمُونَ فَجْرًا.
4		그 비행기는 오늘 새벽에 이륙할 것이다.	سَتُقْلِعُ الطَّائِرَةُ هَذَا الْفَجْرَ.
5		나는 아침에 나의 아침식사를 했다.	تَنَاوَلْتُ فَطُورِي صَبَاحًا.
6		나는 오늘 아침 내 여자친구와 통화했다.	تَكَلَّمْتُ مَعَ صَدِيقَتِي بِالتِّلِيفُونِ هَذَا الصَّبَاحَ.
7		나는 오후(정오 전후)에 내 친구를 만날 것이다.	سَأَلْتَقِي صَدِيقِي ظُهْرًا.
8		나는 오늘 오후(정오 전후)에 내 아내를 점심식사에 초대하겠다.(외식을 한다는 말)	سَأَدْعُو زَوْجَتِي هَذَا الظُّهْرَ إِلَى الْغَدَاءِ.
9		나는 오후(오후 3시 전후)에 커피를 마실 것이다.	سَأَشْرَبُ الْقَهْوَةَ عَصْرًا.
10		나는 오늘 오후(오후 3시 전후)에 여행을 떠날 것이다.	سَأُسَافِرُ هَذَا الْعَصْرَ.
11		나는 낮에(혹은 낮 동안) 일하고 밤에(혹은 밤 동안) 공부한다.	أَعْمَلُ نَهَارًا وَأَدْرُسُ لَيْلًا.
12		그 학생들은 오늘 낮에 학교에 가지 않았다.	لَمْ يَذْهَبْ الطُّلَّابُ لِلْمَدْرَسَةِ هَذَا النَّهَارَ.
13		저녁에 (혹은 저녁 동안) 바람이 부드럽다(미풍이다).	يَكُونُ الْهَوَاءُ عَلِيلًا مَسَاءً.
14		오늘 저녁에 날씨가 좋다.	الْجَوُّ جَمِيلٌ هَذَا الْمَسَاءَ.
15		나는 밤에(혹은 밤 동안) 여행하는 것을 선호한다.	أُفَضِّلُ السَّفَرَ لَيْلًا.
16		나는 오늘 밤에 영화를 볼 것이다.	سَأُشَاهِدُ فِيلْمًا هَذَا اللَّيْلَ.
17		나는 내 친구들과 하루 밤 동안 머물렀다.	سَكَنْتُ مَعَ أَصْدِقَائِي لَيْلَةً.
18		나는 오늘 밤(tonight) 나의 생일 잔치를 할 것이다.	سَأَحْتَفِلُ بِعِيدِ مِيلَادِي اللَّيْلَةَ.
		나는 오늘 밤 한 마리 칠면조를 먹을 것이다.	سَآكُلُ دِيكًا رُومِيًّا هَذِهِ اللَّيْلَةَ.
		나는 마지막 밤에 아스완을 여행할 것이다. (The last night) (الأخيرة 가 수식어)	سَأُسَافِرُ إِلَى أَسْوَانَ اللَّيْلَةَ الْأَخِيرَةَ.
19		나는 한 시간 동안 잠을 잤다.	نِمْتُ سَاعَةً.

20	그 사장은 이 시간에 도착했다.	وَصَلَ الْمُدِيرُ هَذِهِ السَّاعَةَ.	
	나는 10시에 잠을 잔다. (الْعَاشِرَةَ 가 수식어)	أَنَامُ السَّاعَةَ الْعَاشِرَةَ.	
21	나는 여행하기 위해 일주일 동안을 기다렸다.	انْتَظَرْتُ أُسْبُوعًا لِأُسَافِرَ.	
22	나는 이번 주에 열심히 공부했다.	ذَاكَرْتُ هَذَا الْأُسْبُوعَ بِجِدٍّ.	
	그는 다음 주에 한국에 있을 것이다. (التَّالِي 가 수식어)	سَيَكُونُ فِي كُورِيَا الْأُسْبُوعَ التَّالِيَ.	
23	그는 한 달 동안 외국을 여행했다.	سَافَرَ شَهْرًا خَارِجَ الْبِلَادِ.	
	이번 달 날씨가 덥다.	الطَّقْسُ حَارٌّ هَذَا الشَّهْرَ.	
24	나는 지난 달 시험에 합격했다.(الْمَاضِي 가 수식어)	اجْتَزْتُ امْتِحَانًا الشَّهْرَ الْمَاضِيَ.	
	나는 3월 내내 아스완을 여행할 것이다.	سَأُسَافِرُ إِلَى أَسْوَانَ شَهْرَ مَارِسَ.	
25	나는 자격증을 취득하기 위해 1년동안 공부했다.	دَرَسْتُ عَامًا لِآخُذَ شَهَادَةً.	
26	나는 올 해 새로운 직업에 뽑힐 것이다.	سَأَتَعَيَّنُ فِي وَظِيفَةٍ جَدِيدَةٍ هَذِهِ السَّنَةَ.	
	나는 내년에 한국으로 돌아갈 것이다. (الْقَادِمَة 가 수식어)	سَأَعُودُ إِلَى كُورِيَا السَّنَةَ الْقَادِمَةَ.	
	2000년도에 나는 학생이었다.	كُنْتُ طَالِبًا عَامَ ٢٠٠٠.	

4) 연고형용사(النَّسَب) 형태의 시간의 부사

아래는 시간과 관련있는 연고형용사를 시간의 부사로 사용한 경우들이다. 이 경우 그 의미는 그 단어의 시간을 규칙적으로 반복하는 의미이다.

매일 (every day, daily)	يَوْمِيًّا	매주 (every week, weekly)	أُسْبُوعِيًّا
매달 (every month, monthly)	شَهْرِيًّا	매년 (every year, annually)	سَنَوِيًّا

예문들

나는 매일 운동을 한다.	أُمَارِسُ الرِّيَاضَةَ يَوْمِيًّا.
나는 매주 나의 노임을 수령한다.	أَحْصُلُ عَلَى رَاتِبِي أُسْبُوعِيًّا.
나는 매월 내 아파트 월세를 지불한다.	أَدْفَعُ إِيجَارَ شَقَّتِي شَهْرِيًّا.
나는 매년 내 가게의 수입을 계산한다.	أَحْسُبُ أَرْبَاحَ مَحَلِّي سَنَوِيًّا.
هَلْ تُرِيدُ أَنْ تَأْخُذَ أَجْرَكَ يَوْمِيًّا أَمْ أُسْبُوعِيًّا أَمْ شَهْرِيًّا؟	
당신은 임금을 매일 받길 원합니까? 아니면 매주 받길 원합니까? 아니면 매달 받길 원합니까?	

5) 시간의 의미를 가진 전치사구와 시간의 부사

앞에서 배운 '시간의 부사'의 의미를 전치사를 사용하여 사용하기도 한다. (이렇게 전치사를 사용할 경우 전치사 이후의 명사는 부사가 아니라 소유격 명사가 된다.) 아래에서 전치사를 사용하여 시간의 의미를 나타내는 경우들의 예를 보자. 양쪽의 의미는 동일하다.

	시간의 의미를 가진 전치사구(유사문장)	시간의 부사
아침에	فِي الصَّبَاحِ	صَبَاحًا
저녁에	فِي الْمَسَاءِ	مَسَاءً
오늘	فِي هَذَا الْيَوْمِ	هَذَا الْيَوْمَ
오늘 저녁에	فِي هَذَا الْمَسَاءِ	هَذَا الْمَسَاءَ
오늘 밤에	فِي هَذِهِ اللَّيْلَةِ	هَذِهِ اللَّيْلَةَ
한밤중에	فِي مُنْتَصَفِ اللَّيْلِ	مُنْتَصَفَ اللَّيْلِ
내일	فِي الْغَدِ	غَدًا
어제	بِالْأَمْسِ *	أَمْسِ
이 시간에	فِي هَذِهِ السَّاعَةِ	هَذِهِ السَّاعَةَ
시험시간에	فِي سَاعَةِ الِامْتِحَانِ	سَاعَةَ الِامْتِحَانِ
이번 주	فِي هَذَا الْأُسْبُوعِ	هَذَا الْأُسْبُوعَ
이번 달에	فِي هَذَا الشَّهْرِ	هَذَا الشَّهْرَ
올해에	فِي هَذِهِ السَّنَةِ	هَذِهِ السَّنَةَ

→ * 표가 있는 단어에만 전치사 بِ 가 사용되었다.

** 아래 세 가지 종류는 같은 의미이다.

	시간 부사 + 전치사구	시간부사 + 시간부사	연결형
오늘 아침	الْيَوْمَ فِي الصَّبَاحِ	الْيَوْمَ صَبَاحًا	صَبَاحَ الْيَوْمِ
오늘 저녁	الْيَوْمَ فِي الْمَسَاءِ	الْيَوْمَ مَسَاءً	مَسَاءَ الْيَوْمِ
내일 아침	غَدًا فِي الصَّبَاحِ	غَدًا صَبَاحًا	صَبَاحَ غَدٍ
어제 저녁	أَمْسِ فِي الْمَسَاءِ	أَمْسِ مَسَاءً	مَسَاءَ أَمْسِ

→ 위의 세 가지 표현가운데 연결형 표현을 가장 많이 사용한다.

** 그외 시간의 의미를 가진 전치사구

항상	فِي كُلِّ حِينٍ	처음부터 끝까지	مِنَ الْبِدَايَةِ إِلَى النِّهَايَةِ
지금부터 영원까지	مِنَ الآنَ وَإِلَى الْأَبَدِ	태초부터 영원까지 (태초의 영원부터 종말의 영원까지)	مِنَ الْأَزَلِ وَإِلَى الْأَبَدِ
영원까지, 영원히	إِلَى أَبَدِ الآبِدِينَ	영원까지, 영원히	إِلَى الدَّهْرِ
	إِلَى دَهْرِ الدُّهُورِ		إِلَى انْقِضَاءِ الدَّهْرِ
부활의 날까지	إِلَى يَوْمِ الْقِيَامَةِ	심판의 날 까지	إِلَى يَوْمِ الدِّينِ
그때에	فِي حِينِهِ	그때에	فِي أَوَانِهِ
무기한, 무기한으로	إِلَى أَجَلٍ غَيْرِ مُسَمًّى	무기한, 무기한으로	لِأَجَلٍ غَيْرِ مُسَمًّى

6) 시간의 부사 뒤에 مـ를 사용할 경우

아래와 같이 시간의 부사 뒤에 مَا(مَا الزَّائِدَة)를 추가하면 정해지지 않은 불특정한 시간(어느 날, 어느 달, 어느 해 등)의 의미를 나타낸다.

어느 날 (one day, someday)	يَوْمًا مَا	فِي يَوْمٍ مَا	어느 주간	أُسْبُوعًا مَا	فِي أُسْبُوعٍ مَا
어느 달	شَهْرًا مَا	فِي شَهْرٍ مَا	어느 해	سَنَةً مَا	فِي سَنَةٍ مَا
어느 시	سَاعَةً مَا	فِي سَاعَةٍ مَا	어느 아침	صَبَاحًا مَا	فِي صَبَاحٍ مَا
어느 때	لَحْظَةً مَا	فِي لَحْظَةٍ مَا	어느 시간에 (some time)	وَقْتًا مَا	فِي وَقْتٍ مَا

→ 시간의 부사 뒤에 مـ를 붙여서 불특정한 시간을 나타낼 수 있다. 그 가운데 많이 사용되는 것들이다.

예문들

나는 어느 날(someday) 한국을 여행할 것이다.	سَأُسَافِرُ إِلَى كُورِيَا يَوْمًا مَا.
나는 작년 어느 주간에 알렉산드리아를 여행했다.	ذَهَبْتُ إِلَى الْإِسْكَنْدَرِيَّةِ أُسْبُوعًا مَا الْعَامَ الْمَاضِيَ.
나는 어느 달에 시험을 칠 것이다.	سَأَمْتَحِنُ شَهْرًا مَا.
나는 어느 때에 내가 혼자임을 느꼈다.	لَحْظَةً مَا شَعَرْتُ أَنِّي وَحِيدٌ.

7) 그외 여러 가지 시간의 부사 단어들

날마다(every day)	كُلَّ يَوْمٍ	일주일마다, 매주(every week)	كُلَّ أُسْبُوعٍ
한 달마다, 매월(every month)	كُلَّ شَهْرٍ	일년마다, 매년(every year)	كُلَّ سَنَةٍ
2주일마다, 매2주마다 (every two weeks)	كُلَّ أُسْبُوعَيْنِ	매반달마다	كُلَّ نِصْفِ شَهْرٍ
매시간마다	كُلَّ سَاعَةٍ	매분마다	كُلَّ دَقِيقَةٍ
매초마다	كُلَّ ثَانِيَةٍ	매순간마다	كُلَّ لَحْظَةٍ
그날	ذَلِكَ الْيَوْمَ	그날 밤(that night)	تِلْكَ اللَّيْلَةَ
그제 (The day before yesterday)	أَوَّلَ أَمْسِ	그제 (The day before yesterday)	أَمْسِ الْأَوَّلَ
어제 밤	لَيْلَةَ أَمْسِ	내일 밤	لَيْلَةَ غَدٍ
모레 (the day after tomorrow)	بَعْدَ غَدٍ	오후	بَعْدَ الظُّهْرِ
낮에	فِي النَّهَارِ، بِالنَّهَارِ	밤에 (at night)	فِي اللَّيْلِ، بِاللَّيْلِ
다음 날, 다가오는 날 (the coming day)	الْيَوْمَ الْقَادِمَ *	전날 (the previous day)	الْيَوْمَ الْمَاضِيَ(أَو السَّابِقَ)
그 다음 날	الْيَوْمَ التَّالِيَ *	그 다음날 (The following day)	الْيَوْمَ اللَّاحِقَ
다음 달, 다가오는 달	الشَّهْرَ الْقَادِمَ	전달	الشَّهْرَ الْمَاضِيَ(أَو السَّابِقَ)
그 다음 달 (The following month)	الشَّهْرَ التَّالِيَ	그 다음달 (The following month)	الشَّهْرَ اللَّاحِقَ
다음 해, 다가오는 해	السَّنَةَ الْقَادِمَةَ	전해	السَّنَةَ الْمَاضِيَةَ(أَو السَّابِقَةَ)
그 다음 해 (The following year)	السَّنَةَ التَّالِيَةَ	그 다음해 (The following year)	السَّنَةَ اللَّاحِقَةَ

→ 위의 الْيَوْمَ الْقَادِمَ 과 الْيَوْمَ التَّالِيَ 의 차이점은, 전자의 경우 미래의 어느 한 '다음 날' 혹은 '다가오는 날(the coming day)'의 의미이고, 후자의 경우 화자가 말하고 있는 과거나 현재나 미래의 특정한 한 날의 바로 '그 다음 날(the following day)'의 의미이다. الشَّهْر 나 السَّنَة 등에 사용된 الْقَادِم 과 التَّالِي 의 개념도 동일한 개념이다.

→ اللَّاحِق 는 التَّالِي 와 같은 개념으로 '다음(following, next)'의 의미이지만 التَّالِي 보다 좀 더 먼 시간을 의미할 수 있다.

→ الْمَاضِي 는 앞의 الْقَادِم 이나 التَّالِي 나 اللَّاحِق 의 반대 개념이다.

종합 아랍어 문법 II

8) 쌍수나 복수 부사가 사용된 경우

시간이나 장소 부사의 쌍수나 복수가 비한정 목적격으로 사용될 경우 똑같이 시간이나 장소의 부사로 사용된다. 아래를 확인하라.

나는 하루 동안 알렉산드리아를 여행할 것이다.	سَأُسَافِرُ إِلَى الْإِسْكَنْدَرِيَّةِ يَوْمًا.
시험이 끝나고 난 뒤 나는 피곤함 때문에 이틀 동안 잠을 잤다. (يَوْمٌ의 쌍수 يَوْمَيْنِ가 시간의 부사이다. 목적격)	بَعْدَ انْتِهَاءِ الامْتِحَانَاتِ نِمْتُ يَوْمَيْنِ بِسَبَبِ التَّعَبِ.
나는 여러 날 동안 나의 미래에 대해 생각했다. (يَوْمٌ의 복수 أَيَّامٌ이 시간의 부사이다. أَيَّامًا 목적격이다.)	فَكَّرْتُ أَيَّامًا طَوِيلَةً فِي مُسْتَقْبَلِي.

→ شَهْرٌ과 سَنَةٌ 등도 그 쌍수와 복수 단어를 부사로 사용할 수 있다.

9) يَوْمٌ의 다양한 의미

시간이나 장소 부사들 가운데 다수의 단어들은 그 한정형태와 조합형태에 따라 한 개 이상의 다른 의미를 가지고 있다. 아래에서 يَوْمٌ 이란 단어가 시간의 부사로 사용될 경우의 여러 가지 의미를 확인하라.

나는 하루 동안 알렉산드리아를 여행할 것이다. (비한정 형태)	سَأُسَافِرُ إِلَى الْإِسْكَنْدَرِيَّةِ يَوْمًا.
오늘 내 아버지가 여행에서 돌아오셨다. (한정형태)	الْيَوْمَ عَادَ أَبِي مِنَ السَّفَرِ.
오늘날 약한 자가 세상에서 설 장소가 없다. (한정형태)	الضَّعِيفُ لَيْسَ لَهُ مَكَانٌ فِي الدُّنْيَا الْيَوْمَ.
나는 목요일 나의 친구를 방문할 것이다. (전연결어)	سَأَزُورُ صَدِيقِي يَوْمَ الْخَمِيسِ.
나는 5일째 되는 날 카이로에 있을 것이다. (한정형태 뒤에 수식어가 있음)	سَأَكُونُ فِي الْقَاهِرَةِ الْيَوْمَ الْخَامِسَ.
나는 매일 30분 동안 걷는다. (연고형용사 형태)	أَمْشِي نِصْفَ سَاعَةٍ يَوْمِيًّا.
어느 날(someday) 나는 이집트 밖에서(다른 나라에서) 일하고 있을 것이다. (비한정 형태 뒤에 مَا가 붙음)	يَوْمًا مَا سَأَعْمَلُ خَارِجَ مِصْرَ.

10) 시간의 부사인가? 보통명사인가? (الظَّرْفُ الْمُتَصَرِّفُ وَغَيْرُ الْمُتَصَرِّفِ)

아랍어 부사의 원래 품사는 명사이다. 즉 시간의 부사 단어들은 문장에서 부사로 사용되어 목적격을 취할 때도 있지만, 이 단어들의 원래 품사가 명사이기에 보통명사로 사용되어 문장의 주어와 목적어 그리고 소유격 명사 등의 기능을 할 수도 있다. 이럴 때 이러한 단어들은 시간의 의미를 가진 보통명사가 된다.

아래에서 시간의 의미를 가진 단어들이 시간의 부사로 사용될 때와 이들이 보통명사로 사용될 때를 구분해보자. 다음의 ①은 파란색 표기 단어가 보통명사로 사용된 경우이고, ②는 빨간색 표기 단어가 시간의 부사로 사용된 경우이다. 보통명사로 사용된 경우는 문장에서의 기능에 따라 다른 격변화를 하고, 시간의 부사로 사용된 경우는 목적격 격변화를 한다.

①	오늘은 좋은 날이다. (الْيَوْمُ 가 주어)	الْيَوْمُ جَمِيلٌ.	
②	오늘 날씨는 좋다.	الْجَوُّ جَمِيلٌ الْيَوْمَ.	
①	내년은 내 삶에서 더 나을 것이다. (السَّنَةُ 주어)	سَتَكُونُ السَّنَةُ الْقَادِمَةُ أَفْضَلَ فِي حَيَاتِي.	
②	나는 내년에 한국으로 돌아갈 것이다.	سَأَعُودُ إِلَى كُورِيَا السَّنَةَ الْقَادِمَةَ.	
①	나는 아침보다 저녁을 더 좋아한다. (الْمَسَاءَ 가 목적어)	أُحِبُّ الْمَسَاءَ أَكْثَرَ مِنَ الصَّبَاحِ.	
②	나는 저녁에 카이로에 도착했다.	وَصَلْتُ إِلَى الْقَاهِرَةِ مَسَاءً.	
①	밤은 춥다. (اللَّيْلُ 이 주어)	اللَّيْلُ يَكُونُ بَارِدًا.	
②	나는 밤에 그 책들을 읽는 것을 좋아한다.	أُحِبُّ قِرَاءَةَ الْكُتُبِ لَيْلًا.	
①	낮은 햇볕이 내리쬔다. (النَّهَارُ 이 주어)	النَّهَارُ مُشْمِسٌ.	
②	사람들은 낮에 일을 한다.	يَعْمَلُ النَّاسُ نَهَارًا.	
①	내일은 아름다울 것이다. (الْغَدُ 가 주어)	الْغَدُ سَيَكُونُ جَمِيلًا.	
②	내일 날씨는 아름다울 것이다.	الْجَوُّ غَدًا سَيَكُونُ جَمِيلًا.	
①	어제는 내일보다 낫다. (الْأَمْسُ 가 주어)	الْأَمْسُ أَفْضَلُ مِنَ الْغَدِ.	
①	내가 어떻게 과거를 잊을 수 있는가? (الْأَمْسَ 가 목적어)	كَيْفَ أَنْسَى الْأَمْسَ!	
②	어제 나는 공원에 갔다.	ذَهَبْتُ إِلَى الْحَدِيقَةِ أَمْسِ.*	

→ 위의 أَمْسِ 는 불격변화 부사(الظَّرْفُ الْمَبْنِيُّ)이다. 곧 공부하게 된다.

3. 장소의 부사 (ظَرْفُ الْمَكَانِ)

장소의 부사는 동작이나 상태가 발생한 장소를 나타내는 단어로서 대개 '어디서'라는 질문에 대한 답변이다. 아래 예문에서 장소의 부사를 찾아보고 그 의미와 목적격 형태에 대해서 파악해 보자.

(그) 책상위에 고양이 한 마리가 있다.	فَوْقَ الْمَكْتَبِ قِطَّةٌ.
(그) 버스가 (그) 학원 문 앞에 멈춰섰다.	وَقَفَ الْبَاصُ أَمَامَ بَابِ الْمَعْهَدِ.
나는 길 오른편에 멈춰 섰다.	وَقَفْتُ يَمِينَ الطَّرِيقِ.
시내반도는 수에즈 운하 동편에 있다.	تَقَعُ سَيْنَاءُ شَرْقَ قَنَاةِ السُّوَيْسِ.
나는 1킬로 미터를 걸었다.	سِرْتُ كِيلُومِتْرًا.

→ 위 문장에서 빨간색의 단어들은 모두 장소의 의미를 나타내는 부사로서 그 격변화가 목적격임을 확인하라.

1) 장소의 부사로 사용되는 단어들

아래는 여러 가지 장소의 부사들이다. 아래에서 비한정 독립형은 장소의 부사가 비한정 형태의 한 단어로 사용된 경우이고, 조합형은 장소의 부사가 연결형의 전연결어로 사용된 경우이다. 조합형의 경우 후연결어에 한정형태와 비한정형태 둘 다 올 수 있지만 한정형태가 더 많이 사용된다.

장소의 부사의 가장 일반적인 의미는 '어디에'라는 질문에 대한 답변으로 장소적 의미를 나타내며, 비한정 독립형의 경우 방향('어떤 방향으로')을 의미하기도 하고, 거리를 나타내는 장소의 부사의 경우 거리의 길이('몇 미터' 등)를 의미하기도 한다.

	여러 가지 장소의 부사						
	의미	비한정 독립형	조합형		의미	비한정 독립형	조합형
1	..앞에 (in front of)	أَمَامًا	أَمَامَ ...	2	..뒤에	خَلْفًا	خَلْفَ ...
3	..앞에 (in front of)	قُدَّامَ (ع)	قُدَّامَ ...	4	..뒤에	وَرَاءَ (ع)	وَرَاءَ ...
5	..위에		فَوْقَ ...	6	..아래에		تَحْتَ ...
7	..중간에		وَسَطَ ...	8	..옆에(side)	جَانِبًا	جَانِبَ ...
9	..가까이에		قُرْبَ ...	10	..향하여(toward)		نَحْوَ ...
11	..에 직면하여(facing),..로 향하여(toward),...건너편에		تُجَاهَ ...	12	..와 마주하는, ..마주하는 앞에		إِزَاءَ ...
13	..앞에 (in front of)		مُقَابِلَ ...	14	..와 함께	مَعًا	مَعَ ...
15	북쪽에	شَمَالًا	شَمَالَ ...	16	남쪽에	جَنُوبًا	جَنُوبَ ...

제12과 여러 가지 목적격에 대해 I — 시간의 부사와 장소의 부사

번호	뜻	아랍어	번호	뜻	아랍어
17	동쪽에	شَرْقَ ... / شَرْقًا	18	서쪽에	غَرْبَ ... / غَرْبًا
19	오른쪽에	يَمِينَ ... / يَمِينًا	20	왼쪽에	يَسَارَ ... / يَسَارًا
21	왼쪽에	شِمَالَ ... / شِمَالًا			
22	..아래에 ; ..없이	دُونَ ...	23	..주위에	حَوْلَ ...
24	..쪽에, ..방향에	نَاحِيَةَ ...	25	..쪽에, ..방향에	جِهَةَ ...
26	..내부에	دَاخِلَ ...	27	..외부에	خَارِجَ ...
28	해로로, 바다에	بَحْرًا	29	육로로, 육로에	بَرًّا
30	공중으로, 공중에, 비행기로	جَوًّا	31	땅으로, 땅에	أَرْضًا
32	1미터	مِتْرًا / أَمْتَارًا	33	1 킬로미터	كِيلُومِتْرًا / ـاتٍ
34	1 마일(mile)	مِيلًا / أَمْيَالًا	35	..하는 장소에 (where)	حَيْثُ ... *
36	여기, 여기에 (here)	هُنَا *	37	저기, 저기에 (there)	هُنَاكَ *
38	저기, 저기에 (there)	هُنَالِكَ *			
39	..이전에	قَبْلَ ...	40	..이후에	بَعْدَ ...
41	..사이에 (between)	بَيْنَ ...	42	..에(at, by, near)	عِنْدَ ...
43	..에(at, by, near)	لَدَى ...	44	..대신에 (instead of)	بَدَلَ ...

→ 위의 비한정 독립형이나 조합형 단어들이 장소의 부사로 사용될 때는 항상 목적격을 취한다. (그러나 위의 * 표가 있는 حَيْثُ, هُنَا, هُنَاكَ, هُنَالِكَ 는 불격변화 부사(الظَّرْفُ الْمَبْنِيُّ)이다. 곧 공부한다.)

→ قَبْلَ, بَعْدَ, بَيْنَ, عِنْدَ, لَدَى 그리고 بَدَلَ 는 시간의 부사와 장소의 부사 둘 다 사용가능하다.

→ 위의 35 번의 حَيْثُ 는 그 뒤에 문장이 오며 그 문장을 후연결어(مُضَافٌ إِلَيْهِ)로 간주한다. 곧 공부한다.

→ 위의 37 과 38 의 هُنَاكَ 와 هُنَالِكَ 는 هُنَا 뒤에 접미 인칭대명사 ك가 붙은 일종의 한정형태이다.

2) 장소의 부사 단어들의 예문들

1	나는 앞에 서 있고, 당신은 뒤에 서 있다.	أَنَا أَقِفُ أَمَامًا وَأَنْتَ تَقِفُ خَلْفًا. (= أَنَا أَقِفُ فِي الأَمَامِ وَأَنْتَ تَقِفُ فِي الْخَلْفِ.)*
	내 집은 (그) 학교 앞에 있다.	بَيْتِي أَمَامَ الْمَدْرَسَةِ.
2	교실에서 내 친구는 뒤에 앉아있다.	فِي الْفَصْلِ يَجْلِسُ صَدِيقِي خَلْفًا. (= فِي الْفَصْلِ يَجْلِسُ صَدِيقِي فِي الْخَلْفِ.)*
	모든 위대한 남자 뒤에는 여성이 있다.	خَلْفَ كُلِّ رَجُلٍ عَظِيمٍ امْرَأَةٌ.
3	그는 앞에 서 있다. (구어체 표현)	(ع) هُوَ وَاقِفٌ قُدَّامٌ.
	그는 그 장례(행렬)의 앞에서 걸었다.	مَشَى قُدَّامَ الْجِنَازَةِ.
4	뒤쪽에서 기다려 주십시오. (구어체 표현)	(ع) مِنْ فَضْلِكَ انْتَظِرْ وَرَاءَ.
	그 강도는 한 남자 뒤로(뒤에서) 뛰었다.	يَجْرِي اللِّصُّ وَرَاءَ رَجُلٍ.
5	비행기들은 구름 위로 난다.	تَطِيرُ الطَّائِرَاتُ فَوْقَ السَّحَابِ.
6	그 암고양이는 그 자동차 아래에서 자고 있다.	تَنَامُ الْقِطَّةُ تَحْتَ السَّيَّارَةِ.
7	그 암고양이는 그 자동차들 중간을 뛰어가고 있다.	تَجْرِي الْقِطَّةُ وَسَطَ السَّيَّارَاتِ.
8	내 자동차는 옆쪽에 멈춰있다.	تَقِفُ سَيَّارَتِي جَانِبًا.
	내 자동차는 그 집 옆에 멈춰있다.	تَقِفُ سَيَّارَتِي جَانِبَ الْبَيْتِ.
9	버스 정류장은 내 집 가까운 곳에 있다.	مَحَطَّةُ الْبَاصِ قُرْبَ بَيْتِي.
10	그 비행기는 남쪽을 향하여(toward) 이륙했다.	أَقْلَعَتِ الطَّائِرَةُ نَحْوَ الْجَنُوبِ.
11	나는 나의 자동차로 알렉산드리아를 향하여 갔다.	ذَهَبْتُ بِسَيَّارَتِي تِجَاهَ الإِسْكَنْدَرِيَّةِ.
12	그의 집은 내 집 앞에(마주보고) 있다.	بَيْتُهُ إِزَاءَ بَيْتِي.
13	나는 한 경찰 장교가 내 집 앞에 서 있는 것을 보았다.	رَأَيْتُ ضَابِطَ شُرْطَةٍ وَاقِفًا مُقَابِلَ بَيْتِي.
14	나는 내 아내와 함께 산책했다.	تَمَشَّيْتُ مَعَ زَوْجَتِي.
	그녀는 돈을 가지고 있다.(She has money with her.)	مَعَهَا نُقُودٌ.
15	나는 북쪽에 산다.	أَنَا أَسْكُنُ شَمَالاً.
	나는 카이로 북쪽에 산다.	أَنَا أَسْكُنُ شَمَالَ الْقَاهِرَةِ.

16	군대는 남쪽으로 이동했다.	تَحَرَّكَ الْجَيْشُ جَنُوبًا.	
	수단은 이집트 남쪽에 위치해있다.	يَقَعُ السُّودَانُ جَنُوبَ مِصْرَ.	
17	우리는 동쪽에 밀을 심는다.	نَزْرَعُ الْقَمْحَ شَرْقًا.	
	이집트 사람들은 나일강 동쪽에 산다.	يَعِيشُ الْمِصْرِيُّونَ شَرْقَ النِّيلِ.	
18	나는 서쪽으로 가는 것을 좋아하지 않는다.	لَا أُحِبُّ الذَّهَابَ غَرْبًا.	
	그 자동차들은 한국의 서부에서 생산된다.	تُصْنَعُ السَّيَّارَاتُ غَرْبَ كُورِيَا.	
19	나의 친구는 오른쪽(방향)으로 걷고 있다.	يَمْشِي صَدِيقِي يَمِينًا.	
	나는 당신의 오른쪽에 앉아있다.	أَنَا أَجْلِسُ يَمِينَكَ.	
20	그는 좌우로 둘러보았다.	الْتَفَتَ يَمِينًا وَيَسَارًا.	
	그 여학생들은 그 남학생들 왼쪽에 앉아있다.	تَجْلِسُ الطَّالِبَاتُ يَسَارَ الطُّلَّابِ.	
21	왼쪽에 서 주십시오.	قِفْ شِمَالًا مِنْ فَضْلِكَ.	
	그 암고양이는 그의 왼쪽에서 잠잔다.	تَنَامُ الْقِطَّةُ شِمَالَهُ.	
22	당신의 발 아래에 카펫이 있다. (MSA에서 이 의미로는 거의 사용안됨)	دُونَ قَدَمِكَ بِسَاطٌ.	
	그녀는 이유없이 그를 욕했다.	شَتَمَتْهُ دُونَ سَبَبٍ.	
23	지구는 태양 주위를 돈다.	تَدُورُ الْأَرْضُ حَوْلَ الشَّمْسِ.	
24	그는 (그) 집쪽으로 갔다.	ذَهَبَ نَاحِيَةَ الدَّارِ.	
25	그 학생은 (그) 창문쪽으로 앉았다.	جَلَسَ الطَّالِبُ جِهَةَ النَّافِذَةِ.	
26	나는 학교 내에서 축구를 했다.	لَعِبْتُ كُرَةَ الْقَدَمِ دَاخِلَ الْمَدْرَسَةِ.	
27	국민투표를 위한 투표가 이집트 국외에서부터 시작되었다.	بَدَأَ التَّصْوِيتُ عَلَى الِاسْتِفْتَاءِ خَارِجَ مِصْرَ.	
	이 문제는 나의 의지를 벗어나는 것이다.	هَذَا الْأَمْرُ خَارِجَ إِرَادَتِي.	
28	그는 바다 방향으로(혹은 해로로) 여행했다.	سَافَرَ بَحْرًا.	
29	그 범인은 육지 방향으로(혹은 육로로) 도주했다.	هَرَبَ الْمُجْرِمُ بَرًّا.	
30	그 우주선이 공중으로 쏘아올려졌다.	انْطَلَقَتْ مَرْكَبَةُ الْفَضَاءِ جَوًّا.	
31	그 미사일이 땅으로 떨어졌다.	هَبَطَ الصَّارُوخُ أَرْضًا.	
32	나는 그로부터 1미터 떨어졌다.	ابْتَعَدْتُ مِتْرًا عَنْهُ.	

33	나는 학교에 도착하기 까지 1킬로미터 구간을 버스를 탄다.	أَرْكَبُ الْبَاصَ كِيلُومِتْرًا حَتَّى أَصِلَ إِلَى الْمَدْرَسَةِ.
34	나는 매일 1마일을 걷는다.	أَمْشِي مِيلاً كُلَّ يَوْمٍ.
35	나는 내가 숙제들을 하는 장소에서 잠자지 않는다. (I don't sleep where I do my assignments.)	لاَ أَنَامُ حَيْثُ أَقُومُ بِوَاجِبَاتِي. *
36	나는 여기서 그 책을 찾았다.	وَجَدْتُ الْكِتَابَ هُنَا.
37	그 학생들은 거기로(거기에서) 뛰고 있다.	الطُّلَّابُ يَجْرُونَ هُنَاكَ.
38	그들이 거기에서 패배하였다. (꾸란 7:119)	غُلِبُوا هُنَالِكَ.
39	카말은 그의 친구 앞에서 줄에 서 있다.	يَقِفُ كَمَالٌ فِي الصَّفِّ قَبْلَ صَدِيقِهِ.
40	그 학원은 (그) 버스 정류장 다음에 있다.	الْمَعْهَدُ بَعْدَ مَحَطَّةِ الْبَاصِ.
41	무함마드는 사람들 사이에서 걷는다.	مُحَمَّدٌ يَمْشِي بَيْنَ النَّاسِ.
42	그 걸상은 (그) 문옆(곁)에(at) 있다.	الْكُرْسِيُّ عِنْدَ الْبَابِ.
43	나의 새 책은 내 친구에게(at) 있다.	كِتَابِي الْجَدِيدُ لَدَى صَدِيقِي.
	내 여자 친구는 출판하고 싶은 한 책을 가지고 있다.(to have)	لَدَى صَدِيقَتِي كِتَابٌ تُرِيدُ نَشْرَهُ.
44	사미르 대신에 라쉬드가 왔다.	جَاءَ رَشِيدٌ بَدَلَ سَمِيرٍ.

→ 위의 * 표가 있는 حَيْثُ 문장의 경우 장소의 부사 뒤에 문장이 후연결어로 사용된 경우이다. 자세한 설명은 나중에 공부한다.

3) 장소의 부사 인가? 보통명사인가? (الظَّرْفُ الْمُتَصَرِّفُ وَغَيْرُ الْمُتَصَرِّفِ)

아랍어 부사의 원래 품사는 명사이다. 즉 장소의 부사 단어들은 문장에서 부사로 사용되어 목적격을 취할 때도 있지만, 이 단어들의 원래 품사가 명사이기에 보통명사로 사용되어 문장의 주어와 목적어 그리고 소유격 명사 등의 기능을 할 수도 있다. 이럴 때 이러한 단어들은 장소의 의미를 가진 보통명사가 된다.

아래에서 장소의 의미를 가진 단어들이 장소의 부사로 사용될 때와 이들이 보통명사로 사용될 때를 구분해보자. 다음의 ①은 파란색 표기 단어가 보통명사로 사용된 경우이고, ②는 빨간색 표기 단어가 장소의 부사로 사용된 경우이다. 보통명사로 사용된 경우는 문장에서의 기능에 따라 다른 격변화를 하고, 장소의 부사로 사용된 경우는 목적격 격변화를 한다.

①	오른손은 왼손보다 강하다. (الْيَمِين 와 الْيَسَار가 각각 주어와 소유격 명사)	الْيَمِينُ أَقْوَى مِنَ الْيَسَارِ.
②	그 강도는 경찰차 오른편으로 달렸다.	اللِّصُّ يَجْرِي يَمِينَ سَيَّارَةِ الشُّرْطَةِ.
①	약 150명의 사람이 그 대사관 앞에 운집했다. (نَحْوُ 주어)	احْتَشَدَ نَحْوُ ١٥٠ شَخْصًا أَمَامَ السِّفَارَةِ.
②	그 비행기는 남쪽을 향하여(toward) 이륙했다.	أَقْلَعَتِ الطَّائِرَةُ نَحْوَ الْجَنُوبِ.
①	나는 그 대학에 들어가고 있다. (entering) (دَاخِل은 술어. 능동분사의 동사적 용법)	أَنَا دَاخِلٌ الْجَامِعَةَ.
②	그 경기는 (그) 대학 내에서 있다. (inside)	الْمُبَارَاةُ دَاخِلَ الْجَامِعَةِ.
①	나는 내 집을 나가고 있다. (خَارِج은 술어)	أَنَا خَارِجٌ مِنْ بَيْتِي.
②	그는 집 바깥을 하얀색으로 칠했다.	دَهَنَ خَارِجَ الْبَيْتِ بِاللَّوْنِ الْأَبْيَضِ.
①	그는 말없이 앉아 있다. (دُون이 전치사 뒤에 온 소유격 명사)	هُوَ قَاعِدٌ بِدُونِ كَلَامٍ.
②	그는 말없이 앉아 있다.	هُوَ قَاعِدٌ دُونَ كَلَامٍ.
①	1 킬로미터는 1000 미터이다. (الْكِيلُومِتْر가 주어)	الْكِيلُومِتْرُ أَلْفُ مِتْرٍ.
②	1 킬로미터를 걸었다. (كِيلُومِتْرًا이 장소의 부사)	سِرْتُ كِيلُومِتْرًا.

종합 아랍어 문법 II

4. 불격변화 부사 (الظَّرْفُ الْمَبْنِيُّ)

지금까지 공부한 시간의 부사와 장소의 부사 단어들은 문장에서 부사로 사용될 경우 목적격을 취하며 그 격변화 표지는 파트하('a'모음)라고 하였다. 대부분의 부사 단어는 이와같은 격변화를 하는 격변화 단어(مُعْرَبٌ)이다.

그런데 다음의 경우를 보자. 다음의 단어들은 시간 혹은 장소의 부사이지만 문장의 어느 위치에 오든지 어미 모음의 변화가 없는 불격변화(مَبْنِيٌّ) 부사이다. (불격변화 명사의 개념은 이 책 제 I 권의 '심화학습 – 격변화 단어와 불격변화 단어' 부분과, 제 II 권 맨 첫 부분의 '예비학습 – 아랍어 격변화 요약'에서 '불격변화 명사에 대해'를 보라.)

이러한 불격변화 부사는 시간의 부사와, 장소의 부사 모두에 있으며, 그 가운데 قَبْلَ 와 بَعْدَ 는 시간의 의미로도 사용되고 장소의 의미로도 사용된다. 또한 시간의 부사나 장소의 부사 가운데 두 단어가 조합형으로 사용될 경우(الظَّرْفُ الْمُرَكَّبُ) 불격변화 단어가 되기도 한다. 한편 격변화가 없는 불격변화 부사라 하더라도 품사적으로 그것은 명사이다. 아랍어의 모든 부사는 품사적으로 명사이다.

1) 시간의 부사 가운데 불격변화(مَبْنِيٌّ) 단어

아래는 문장의 어떤 위치에 와도 그 격변화가 없는 불격변화 시간의 부사이다.

시간의 부사 가운데 불격변화(ظَرْفُ الزَّمَانِ الْمَبْنِيُّ) 단어들			
현재, 지금(now) (مَبْنِيٌّ عَلَى الْفَتْحِ)	الْآنَ	어제 (مَبْنِيٌّ عَلَى الْكَسْرِ)	أَمْسِ
전혀(never) (مَبْنِيٌّ عَلَى الضَّمِّ)	قَطُّ	..이래(since) (مَبْنِيٌّ عَلَى الضَّمِّ)	مُنْذُ
..하는 때에(when), ..하는 동안에(while) (مَبْنِيٌّ عَلَى السُّكُونِ)	إِذْ		

→ 이 책 제 I 권의 '예비학습 – 아랍어 격변화 요약'에서 '불격변화 명사에 대해' 부분에서 불격변화 명사의 종류와 그 어미 모음부호에 따른 종류 4가지를 확인하라.

예문들

나는 어제 꿈을 보았다(꾸었다).	رَأَيْتُ حُلْمًا أَمْسِ.
지금 세계는 모두 그것을 읽고 있다.	يَقْرَؤُهَا الْعَالَمُ كُلُّهُ الْآنَ.
지금부터 나는 너를 기다리겠다.	سَأَنْتَظِرُكَ مِنَ الْآنَ.
그 유적은 수백년 전부터 있던 장소에 그대로 있었다.	ظَلَّتِ الْآثَارُ حَيْثُ كَانَتْ مُنْذُ مِئَاتِ السِّنِينَ.
나는 한국을 방문한 적이 전혀 없다. (과거 부정문에서 사용)	مَا زُرْتُ كُورِيَا قَطُّ.
압달라가 서 있을 때 내가 왔다. (후연결어로 문장이 사용됨)	جِئْتُ إِذْ عَبْدُ اللهِ قَائِمٌ.

→ 위 문장에 사용된 시간의 부사들이 불격변화이지만 문장에서의 기능을 이야기할 때에는 '목적격 자리에 있다'고 표현한다. (مَبْنِيٌّ فِي مَحَلِّ نَصْبٍ) 격변화는 없지만 부사로서의 기능은 수행한다.

한편 위의 مُنْذُ 는 학자들에 따라 전치사로 분류하기도 한다.

지금부터 영원까지	مُنْذُ الآنَ إِلَى الأَبَدِ.
그는 나에게 1년전부터 그렇게 약속했다.	وَعَدَنِي بِذَلِكَ مُنْذُ سَنَةٍ.
나는 그 잡지의 창간이래로 그를 알고 있다.	أَعْرِفُهُ مُنْذُ إِنْشَاءِ المَجَلَّةِ.

2) 장소의 부사 가운데 불격변화(مبني) 단어들

아래는 문장의 어떤 위치에 와도 그 격변화가 없는 불격변화 장소의 부사이다.

장소의 부사 가운데 불격변화(ظَرْفُ المَكَانِ المَبْنِيُّ) 단어들			
여기, 여기에 (مَبْنِيٌّ عَلَى السُّكُونِ)	هُنَا	저기, 저기에 (مَبْنِيٌّ عَلَى الفَتْحِ)	هُنَالِكَ
저기, 저기에 (مَبْنِيٌّ عَلَى الفَتْحِ)	هُنَاكَ	..하는 장소에(where) (مَبْنِيٌّ عَلَى الضَّمِّ)	حَيْثُ

→ 이 책 제1권의 '예비학습 – 아랍어 격변화 요약'에서 '불격변화 명사에 대해' 부분에서 불격변화 명사의 종류와 그 어미 모음부호에 따른 종류 4 가지를 확인하라.

예문들

나는 여기 이집트에서의 삶을 좋아한다.	أُحِبُّ الْحَيَاةَ هُنَا فِي مِصْرَ.
그 학생들은 거기로(거기에서) 뛰고 있다.	الطُّلَّابُ يَجْرُونَ هُنَاكَ.
그는 거기에서부터 나일강 지류 방향으로 걸었다. (فَرْعَ النَّيْلِ 는 동반목적어이다.)	وَمِنْ هُنَاكَ سَارَ وَفَرْعَ النَّيْلِ.
그들이 거기에서 패배하였다. (꾸란 7:119)	غُلِبُوا هُنَالِكَ.
공원에서 놀고 있는 아이들이 있다. (There is …)	هُنَالِكَ أَوْلَادٌ يَلْعَبُونَ فِي الْحَدِيقَةِ.
나의 친구는 우리가 텔레비전을 보는 곳에서 공부한다. (حَيْثُ 의 후연결어에 문장이 왔음)	صَدِيقِي يَدْرُسُ حَيْثُ نُشَاهِدُ التِّلْفَازَ.
나는 내가 숙제들을 하는 장소에서 잠자지 않는다. (I don't sleep where I do my assignments.)	لَا أَنَامُ حَيْثُ أَقُومُ بِوَاجِبَاتِي.
나는 군중이 서 있는 곳에 섰다.	وَقَفْتُ حَيْثُ الْجُمْهُورُ وَاقِفٌ.

→ 위 문장에 사용된 시간의 부사들이 불격변화이지만 문장에서의 기능을 이야기 할 때에는 '목적격 자리에 있다'고 표현한다. (مَبْنِيٌّ فِي مَحَلِّ نَصْبٍ) 위의 단어들은 문장에서 사용될 때 격변화 하지 않지만 부사의 기능은 동일하게 수행한다.

→ 위의 حَيْثُ 의 경우 حَيْثُ 이하의 문장이 حَيْثُ 의 후연결어로 온 문장(جُمْلَةُ المُضَافِ إِلَيْهِ)이다. 여기에 대해서 조금 이후 다시 공부한다.

→ 이 책 '여러 가지 접속사들에 대해' 부분에서 حَيْثُ 에 대해서 자세히 다룬다.

3) 불격변화 부사 بَعْدُ 와 قَبْلُ

우리는 앞에서 قَبْلَ 와 بَعْدَ 가 시간의 부사 혹은 장소의 부사로서 전연결어(الْمُضَافُ) 자리에 오는 경우를 공부하였다. 그런데 이 단어가 전연결어로 사용되는 것이 아니라 독립적으로 사용될 경우 어미모음이 담마('u'모음) (즉 قَبْلُ 와 بَعْدُ)로 고정되는 불격변화 단어가 되고 (مَبْنِيٌّ عَلَى الضَّمِّ) 그 의미는 아래와 같이 여러 가지 의미를 가진다.

(1) بَعْدُ 의 용법

a. 긍정문에서 '여전히(still)'의 의미로 사용되며 مَا زَالَ 와 같은 의미이다.

그는 여전히 어리다.	هُوَ بَعْدُ صَغِيرٌ.
나는 여전히 배가 고프다.	أَنَا بَعْدُ جَائِعٌ.
혁명은 여전히 실패이다.	الثَّوْرَةُ بَعْدُ فَاشِلَةٌ.

b. 부정어 لَمْ 뒤에 사용되어 '아직도 ...은 아니다(not yet)'의 의미를 가진다. 명사문을 부정하는 لَيْسَ 뒤에 بَعْدُ 가 올 경우도 같은 의미이다.

그는 아직 오지 않았다.	لَمْ يَأْتِ بَعْدُ.
혁명은 아직 성공하지 못했다.	لَمْ تَنْجَحِ الثَّوْرَةُ بَعْدُ.
إِنَّ ذَلِكَ لَا بُدَّ أَنْ يَحْدُثَ، وَلَكِنْ لَيْسَتِ النِّهَايَةُ بَعْدُ.	
이런 일이 있어야 하되 아직 끝은 아니니라.(성경 마가복음 13:7)	

c. 부정어 لَا 뒤에 사용되어 '더 이상 ..하지 않다(no longer...)'의 의미로 사용된다.

나는 내 아들을 더 이상 때리지 않겠다.	لَا أَضْرِبُ بَعْدُ ابْنِي.
나는 회개했기 때문에 더 이상 죄를 짓지 않겠다.	لَا أَفْعَلُ بَعْدُ الْخَطِيَّةَ فَقَدْ تُبْتُ.
내가 포도 포도나무에서 난 것을 다시(no longer) 마시지 아니하리라(성경 마가복음 14:25)	لَا أَشْرَبُ بَعْدُ مِنْ نِتَاجِ الْكَرْمَةِ.

d. فِيمَا بَعْدُ 의 형태로 사용되어 한정되지 않은 시간으로서 '나중에(afterwards)'의 의미로 사용된다. 간혹 بَعْدُ 한 단어가 이 의미로 사용되기도 한다.

나는 잠을 잤다. 그리고 나중에 나의 아버지가 도착하셨다.	نِمْتُ وَوَصَلَ أَبِي فِيمَا بَعْدُ.
나는 나중에 석사학위 논문을 위한 논쟁(debate)을 할 것이다.	سَأُنَاقِشُ رِسَالَةَ الْمَاجِسْتِيرِ فِيمَا بَعْدُ.
나는 시험을 끝내고 그리고 나중에 여행을 떠날 것이다.	سَأَنْتَهِي مِنَ الْامْتِحَانَاتِ وَفِيمَا بَعْدُ سَأُسَافِرُ.

e. مِنْ بَعْدُ 의 형태로 사용되어 '그 다음에(after that)'의 의미로 사용된다. بَعْدَ ذَلِكَ 의 의미이다.

나는 단원들을 복습하고 그 다음에(after that) 시험을 쳤다.	رَاجَعْتُ الدَّرْسَ وَامْتَحَنْتُ مِنْ بَعْدُ.
	تَنَاوَلْتُ غَدَائِي فِي الْمَنْزِلِ، وَذَهَبْتُ إِلَى الْعَمَلِ مِنْ بَعْدُ.
나는 집에서 나의 점심을 먹고 그 다음에(after that) 일하러 갔다.	

f. وَبَعْدُ 의 형태로 사용되어 '그리고 나서 지금은, 그러면(and then, and now)'의 의미로 사용된다.

그는 나를 나의 직책에서 쫓아내었다. 그리고 나서 지금(and then, and now) 나는 무슨 일을 할 건가?	طَرَدَنِي مِنْ وَظِيفَتِي، وَبَعْدُ، مَاذَا أَعْمَلُ الْآنَ؟
	لَقَدْ تَرَكْتِ بَيْتَ زَوْجِكِ، وَبَعْدُ، مَاذَا سَتَفْعَلِينَ فِي هَذِهِ الْمُشْكِلَةِ؟
당신(f.)이 당신 남편의 집을 떠났다. 그리고 나서 지금(and then, and now) 이 문제에 대해 당신이 무엇을 할것인가?	

g. وَمَاذَا بَعْدُ 의 형태로 사용되어 '그래서 무엇을(and so what)?'의 의미로 사용된다. 상대방의 결정 등에 대해 만족하지 않을 때 이렇게 사용한다.

네가 이민을 가기로 결정을 했는데 그래서 그 다음에 무엇을 할 거니?(and so what?)	قَرَّرْتَ أَنْ تُهَاجِرَ وَمَاذَا بَعْدُ؟
네(f.)가 엔지니어링(engineering)을 공부할 것인데, 그래서 무엇을 할래?(and so what?)	سَتَدْرُسِينَ الْهَنْدَسَةَ وَمَاذَا بَعْدُ؟

h. تَحِيَّةٌ طَيِّبَةٌ وَبَعْدُ 의 형태로 사용되어 편지나 공문의 서두에 공적인 인사말로 사용한다.

문안드립니다 (Greetings!) (공식적인 편지의 서두에 사용하는 글귀)	تَحِيَّةٌ طَيِّبَةٌ وَبَعْدُ

(2) قَبْلُ 의 용법

a. مِنْ قَبْلُ 형태로 사용되어 '이전에(before)'의 의미로 사용된다.

이전에(before) 내가 너에게 "나는 교사"라고 말했다.	قُلْتُ لَكَ مِنْ قَبْلُ : "أَنَا مُدَرِّسٌ".
이전에 나는 이 영화를 보았다.	شَاهَدْتُ هَذَا الْفِيلْمَ مِنْ قَبْلُ.

b. مِنْ قَبْلُ وَمِنْ بَعْدُ 형태로 사용되어 '이전에도 다음에도'의 의미로 사용된다.

이전에도 다음에도 모든 문제는 알라신께 달려있다. (꾸란 30:4)	لِلَّهِ الْأَمْرُ مِنْ قَبْلُ وَمِنْ بَعْدُ.

4) 시간의 부사나 장소의 부사 두 단어가 조합형으로 사용될 경우 (الظَّرْفُ الْمُرَكَّبُ)

아래는 시간의 부사나 장소의 부사 두 단어가 조합형으로 사용되어 특정한 의미를 나타내는 경우이다. 이 경우 두 단어 모두 파트하('a'모음)로 고정되는 불격변화(مَبْنِيٌّ) 단어가 된다. (مَبْنِيٌّ عَلَى فَتْحٍ) (الْجُزْأَيْنِ فِي مَحَلِّ نَصْبٍ)

우리는 아침 저녁으로 하나님을 찬양해야 한다.	يَجِبُ أَنْ نَحْمَدَ اللهَ صَبَاحَ مَسَاءَ.
나는 밤낮으로 아랍어를 공부한다.	أَدْرُسُ اللُّغَةَ الْعَرَبِيَّةَ لَيْلَ نَهَارَ.
그는 뛰어나지도 않고 약하지도 않고 그저그렇다. (بَيْنَ بَيْنَ 가 술어이지만 어미모음은 파트하 고정이다.)	هُوَ لَيْسَ مُمْتَازًا وَلَيْسَ ضَعِيفًا، هُوَ بَيْنَ بَيْنَ.
아라비아 반도는 남서부 아시아에 있다. (جَنُوبَ غَرْبَ 가 명사문의 술어이지만 어미 모음은 파트하 고정이다.)	الْجَزِيرَةُ الْعَرَبِيَّةُ جَنُوبَ غَرْبَ آسِيَا.
이집트는 북동부 아프리카에 있다. (شَمَالَ شَرْقَ 가 명사문의 술어이지만 어미모음은 파트하 고정이다.)	مِصْرُ شَمَالَ شَرْقَ إِفْرِيقِيَا.

** 방위를 나타내는 조합형 부사

남동쪽, 남동부	جَنُوبَ شَرْقَ	북동쪽, 북동부	شَمَالَ شَرْقَ
남서쪽, 남서부	جَنُوبَ غَرْبَ	북서쪽, 북서부	شَمَالَ غَرْبَ

→위의 단어들이 파트하('a'모음)로 고정되는 불격변화(مَبْنِيٌّ) 단어임을 확인하라.

5. 부(副) 부사 (نَائِبُ الظَّرْفِ) 용법에 대해

부사가 와야 할 자리에 부사가 오지 않고 부사를 대신하는 다른 단어가 오거나 부사가 생략되는 경우 '부(副) 부사(نَائِبُ ظَرْفٍ)' 용법이라 한다. 이 때 부사 대신에 사용된 단어를 '부(副) 부사(نَائِبُ ظَرْفٍ)'라 한다. 부(副) 부사(نَائِبُ ظَرْفٍ) 용법으로 사용되는 경우들은 아래와 같다.

1) 부사의 의미를 가진 명사가 숫자와 함께 사용되는 경우

아래는 시간의 부사의 의미로 사용된 명사 앞에 숫자가 오게되는 경우이다. 이 때 이 숫자를 '부(副) 부사(نَائِبُ ظَرْفٍ)'라 부르고, 그 뒤의 명사는 사용된 숫자의 크기에 따라 '후연결어(مُضَافٌ إِلَيْهِ)' 혹은 '명시목적어(التَّمْيِيزُ)'로 표기한다. 즉 숫자가 3-10 까지와 100 이상의 10 의 배수 숫자의 경우 숫자 뒤에 후연결어(مُضَافٌ إِلَيْهِ)가 온다. 그러나 숫자가 11-99 까지는 숫자 뒤에 명시목적어(التَّمْيِيزُ)가 온다. 아래 문장에서 빨간 색깔의 글자들이 부(副) 부사(نَائِبُ ظَرْفٍ)이다.

나는 요르단에서 8일을 보내었다. (ثَمَانِيَةَ 가 부(副) 부사, أَيَّامٍ 이 후연결어)	قَضَيْتُ ثَمَانِيَةَ أَيَّامٍ فِي الأُرْدُنِ.	
나는 5킬로미터를 걸었다.	مَشَيْتُ خَمْسَةَ كِيلُومِتْرَاتٍ.	
나는 20시간을 잤다. (عِشْرِينَ 이 부(副) 부사, سَاعَةً 이 명시목적어)	نِمْتُ عِشْرِينَ سَاعَةً.	
이 남자는 100년을 살았다. (مِئَةَ 가 부(副) 부사, سَنَةٍ 이 후연결어)	هَذَا الرَّجُلُ عَاشَ مِئَةَ سَنَةٍ.	
나는 6월 초에 시험을 칠 것이다.	سَأَمْتَحِنُ أَوَّلَ يُونْيُو.	

→ 숫자가 11-99 까지는 숫자 뒤에 명시목적어가 온다. 이에 대한 자세한 내용은 이 책 제 I 권 '아랍어 숫자 읽기' 부분에서 파악하도록 하라.

2) 부사의 의미를 가진 단어가 후연결어로 사용되고 그 전연결어로 كُلّ, جَمِيع, عَامَّة, بَعْض, نِصْف, رُبْع, أَيّ 등이 사용된 경우

아래는 시간의 부사 혹은 장소의 부사 의미를 가진 명사 앞에 كُلّ 와 بَعْض 등이 사용된 경우이다. 이 때 كُلّ 와 بَعْض 등을 '부(副) 부사(نَائِبُ ظَرْفٍ)'라 하고, 그 뒤의 명사는 '후연결어(مُضَافٌ إِلَيْهِ)'가 된다.

나는 낮 내내 걸었다.	مَشَيْتُ كُلَّ النَّهَارِ.
나는 그 길의 일부를 걸었고 그 이후에 남은 2마일 전부를 조깅했다.	مَشَيْتُ بَعْضَ الطَّرِيقِ ثُمَّ هَرْوَلْتُ كُلَّ الْمِيلَيْنِ الْبَاقِيَيْنِ.

다른 예들

나는 매일 아랍어를 공부한다.	أَدْرُسُ اللُّغَةَ الْعَرَبِيَّةَ كُلَّ يَوْمٍ.
나는 매달 축구를 한다.	أَلْعَبُ كُرَةَ الْقَدَمِ كُلَّ شَهْرٍ.

나는 매년 카이로를 방문한다.	أَزُورُ الْقَاهِرَةَ كُلَّ سَنَةٍ.
당신이 어느 날이든지 나를 방문하는 것이 가능하다.	مُمْكِنٌ أَنْ تَزُورَنِي أَيَّ يَوْمٍ.
كُنْتُ فِي مِصْرَ وَقَضَيْتُ جَمِيعَ الْأَيَّامِ فِي الْقَاهِرَةِ.	
나는 이집트에 있었는데 카이로에서 그 모든 날들을 보냈다.	
나는 일주일의 대부분의 날들동안 카이로에 있다.	أَكُونُ فِي الْقَاهِرَةِ عَامَّةَ أَيَّامِ الْأُسْبُوعِ.
나는 얼마 동안 잠을 잤다.	نِمْتُ بَعْضَ الْوَقْتِ.
그들은 30분 동안 뛰었다.	جَرَوْا نِصْفَ سَاعَةٍ.
그 교사는 15초 늦었다.	تَأَخَّرَ الْمُدَرِّسُ رُبْعَ دَقِيقَةٍ.

** 아래에서 부(副) 부사 (نَائِبُ ظَرْفٍ)가 사용된 단어들을 보자.

한정형태		비한정형태	
일년 내내 (the whole year)	كُلَّ السَّنَةِ	해마다(every year)	كُلَّ سَنَةٍ
한 시간 내내 (the whole hour)	كُلَّ السَّاعَةِ	시간마다(every hour)	كُلَّ سَاعَةٍ
하루종일(all day long)	كُلَّ الْيَوْمِ = طَوَالَ الْيَوْمِ	매일, 날마다(every day)	كُلَّ يَوْمٍ

** 위의 단어들을 부사가 아닌 보통명사로 사용하는 것도 가능하다. 아래의 문장을 보자.
아래 문장의 ①은 보통명사로 사용된 경우이고 ②는 부사로 사용된 경우이다.

①	내 삶의 매일 매일(every day or each day)은 아름답다.	كُلُّ يَوْمٍ فِي حَيَاتِي جَمِيلٌ.
②	매일(every day) 내 삶은 아름답다.	حَيَاتِي جَمِيلَةٌ كُلَّ يَوْمٍ.

3) 부사 앞에 지시대명사가 올 경우

시간이나 장소의 부사로 사용된 단어 앞에 지시대명사가 온 경우이다. 이 때 이 지시대명사가 부(副)부사가 되고 그 뒤에 오는 부사는 대용어(الْبَدَل)가 된다. (지시대명사 + 대용어(الْبَدَل))의 형태)

나는 그 날에 나의 집에 앉아 있었다. (this day, 특정한 그 날)	كُنْتُ هَذَا الْيَوْمَ جَالِسًا فِي دَارِي.
나는 그날 피곤하게 걸음을 걸었다. (that day)	مَشَيْتُ ذَلِكَ الْيَوْمَ مَشْيًا مُتْعِبًا.
그녀는 그쪽으로 앉았다. (that side)	جَلَسَتْ تِلْكَ النَّاحِيَةَ.

제12과 여러 가지 목적격에 대해 I – 시간의 부사와 장소의 부사

4) 동명사가 시간이나 장소의 의미를 가지고 있을 때
동명사 단어 자체가 시간이나 장소의 의미를 가지고 있을 경우에 이 동명사를 부(副)부사라 한다.

나는 해가 뜨는 시간에 잠에서 깨었다.	اِسْتَيْقَظْتُ طُلُوعَ الشَّمْسِ. (=وَقْتَ طُلُوعِ الشَّمْسِ)
나는 두 절(verse)을 읽을 만큼의 시간 동안 멈추었다.	وَقَفْتُ قِرَاءَةَ آيَتَيْنِ. (= زَمَنَ قِرَاءَةِ آيَتَيْنِ)

5) 생략된 부사의 형용사 역할을 하는 단어
아래의 문장에서와 같이 부사 단어가 생략되고 그 부사를 수식하던 수식어만 남아있는 경우 그 수식어를 부(副)부사라 한다.

원래의 문장 (푸른색 단어가 원래의 부사이다)	부(副) 부사 (نَائِبُ ظَرْفٍ) 문장
اِنْتَظَرْتُ (زَمَنًا) طَوِيلًا (مَكَانًا) شَرْقِيَّ الْمَحَطَّةِ.	اِنْتَظَرْتُ طَوِيلًا مِنَ الزَّمَنِ شَرْقِيَّ الْمَحَطَّةِ.
나는 오랫동안 동쪽의 정거장에서 기다렸다.	
يَنَامُ الطُّلَّابُ (وَقْتًا) كَثِيرًا.	يَنَامُ الطُّلَّابُ كَثِيرًا.
그 학생들은 잠을 많이 잔다.	
وَقَفْتُ طَوِيلًا مِنَ الْوَقْتِ وَجَلَسْتُ غَرْبِيَّ الدَّارِ.	
나는 오랫동안 서 있었고 그리고 그 집의 서쪽에 앉았다. (وَقُوفًا طَوِيلًا .... جُلُوسًا غَرْبِيَّ الدَّارِ)	

→ 위의 부부사 문장들을 부동족목적어 문장으로 볼 수도 있다. 예: يَنَامُ الطُّلَّابُ (نَوْمًا) كَثِيرًا.

** مَعَ 가 전치사인가? 부사인가? (혹은 불변사인가? 명사인가?)

مَعَ 는 영어에서 with 로 번역되기 때문에 많은 사람들이 전치사(حَرْفُ جَرٍّ)로 알고 있다. 그러나 아랍어 문법에서 مَعَ 는 명사로서 주로 장소의 부사로 사용되고 간혹 시간의 부사로도 사용된다. مَعَ 가 전치사가 아니라 부사인 이유는 아래의 문장에서서와 같이 مَعَ 가 비한정 표지인 탄윈(تَنْوِين)을 취하며 격변화를 한다는 것이다. 전치사는 불변사이기에 어떤 경우에도 탄윈을 취하지 않고 격도 불격변화(مَبْنِي)인데, مَعَ 는 아래의 문장과 같이 장소의 부사(혹은 시간의 부사) 즉 명사이기에 문장에서의 기능에 따라 탄윈을 취한다.

나는 그들과 함께 앉았다. (장소의 부사)	جَلَسْتُ مَعَهُمْ.
그들은 석양과 함께(석양이 지는 시간에) 도착했다. (시간의 부사)	وَصَلُوا مَعَ غُرُوبِ الشَّمْسِ
그들이 함께 왔다. (مَعَ 가 탄윈을 취했다.)	جَاؤُوا مَعًا.

317

6. 부사 뒤에 문장이 오는 경우

시간의 부사나 장소의 부사는 명사이기에 그 뒤에 명사나 동명사가 후연결어로 올 수 있다. 아래의 ①과 같은 문장이다. 이 문장을 ②와 같이 부사 뒤에 문장이 오는 구문으로 전환할 수 있다.

① 부사 뒤에 후연결어	내가 이집트로 돌아온 뒤에 내 아버지가 여행을 떠났다.	بَعْدَ رُجُوعِي إِلَى مِصْرَ، سَافَرَ أَبِي.
② 부사 뒤에 مَا + 문장		بَعْدَ مَا رَجَعْتُ إِلَى مِصْرَ، سَافَرَ أَبِي.

이와 같이 부사 뒤에 문장이 오는 경우는 세 가지 종류가 있다. 먼저는 부사 뒤에 مَا를 취하고 그 뒤에 동사문이 오는 경우와, 두 번째는 부사 뒤에 불변사 أَنْ이 오고 그 뒤에 풀어쓴 동명사 문장이 오는 경우이고, 세 번째는 부사 뒤에 후연결어로 문장이 사용되는 경우이다.

1) 부사 뒤에 'مَا + 동사문'을 취하는 경우 – 부사절의 사용

부사 뒤에 مَا가 오고 그 뒤에 동사문이 와서 부사절이 되며, 그 뒤(혹은 문장 맨 앞)에 주절이 온다.

나는 나의 새로운 일을 시작하기 전에 휴가를 얻었다.	قَبْلَ مَا أَبْدَأُ عَمَلِي الْجَدِيدَ أَخَذْتُ إِجَازَةً.
무함마드는 알리가 여행을 떠난 뒤에 여행을 떠났다.	سَافَرَ مُحَمَّدٌ بَعْدَ مَا سَافَرَ عَلِيٌّ.
그 선생이 교실에 들어갔을 때 그 학생들은 조용히 했다.	حِينَمَا دَخَلَ الْمُدَرِّسُ الْفَصْلَ، سَكَتَ الطُّلَّابُ.
그 두 사람이 대화할 때 그 문제가 끝날 것이다.(when)	سَتَنْتَهِي الْمُشْكِلَةُ عِنْدَمَا يَتَحَدَّثَانِ.

→ قَبْلَ مَا, بَعْدَ مَا 등은 مَا를 분리하여 사용하고 عِنْدَمَا, حِينَمَا 등은 두 단어를 붙여서 사용한다.
→ 이 문장에 사용되는 مَا는 관계대명사일 수도 있고 풀어쓴 동명사를 이끄는 불변사일 수도 있다. 여기에 대한 내용은 이 책 제Ⅱ권 '관계대명사와 수식절에 대해'와 '풀어쓴 동명사에 대해' 부분을 보라.
→ 관계대명사 مَا가 사용된 문장을 분해 할 경우, مَا가 후연결어가 되고 그 뒤의 문장이 관계종속절이 된다.

위의 예들 이외에도 '부사 + مَا' 형태로 사용되는 접속사들이 حَيْثُمَا, سَاعَةَ مَا, وَقْتَ مَا, فِيمَا, بَيْنَمَا 등이 있다. 아주 많이 사용되는 용법이다. 이 책 '여러 가지 접속사들에 대해' 부분에서 공부하라.

2) 부사 뒤에 'أَنْ + 풀어쓴 동명사 문장'을 취하는 경우 – 풀어쓴 동명사 문장의 사용

부사 قَبْلَ와 بَعْدَ는 그 뒤에 불변사 أَنْ을 취하고 그 뒤에 풀어쓴 동명사 문장이 올 수 있다. 이 경우 풀어쓴 동명사 문장이 소유격 명사 자리에 있게 된다.(풀어쓴 동명사가 소유격 자리에 있다고 한다.) 이렇게 부사 뒤에 أَنْ이 이끄는 풀어쓴 동명사 문장이 오는 경우는 قَبْلَ와 بَعْدَ 두 단어 이외에는 없다.

나는 내 엄마가 떠나기 전에 그녀와 이야기했다.	كَلَّمْتُ أُمِّي قَبْلَ أَنْ تُغَادِرَ.
그녀는 학위를 얻은 후에 돌아올 것이다	سَوْفَ تَرْجِعُ بَعْدَ أَنْ تَحْصُلَ عَلَى شَهَادَةٍ.

→ 풀어쓴 동명사 구문에 대해서는 이 책 '풀어쓴 동명사에 대해' 부분에서 공부하라.
→ بَعْدَ أَنْ과 قَبْلَ أَنْ 구문에 대해서는 이 책 '여러 가지 접속사들에 대해' 부분에서 공부하라.
→ 위의 문장은 각각 قَبْلَ مَا와 بَعْدَ مَا가 사용된 문장으로 바꾸어도 의미는 동일하다.

3) 부사 뒤에 오는 문장이 후연결어가 되는 경우 (جُمْلَةُ الْمُضَافُ إِلَيْهِ)

시간의 부사 혹은 장소의 부사 뒤에 مَا 나 أَنْ 없이 문장이 바로 오는 경우이다. 이 때 이 문장 자체(밑줄 부분)를 후연결어(مُضَافٌ إِلَيْهِ)로 본다. 일반적으로 후연결어 문장은 동사문과 명사문 모두 사용될 수 있지만 동사문이 더 많이 사용된다. (이때의 문장을 후연결절이라 할 수 있다.)

우리는 공부가 끝나는 날 여행을 할 것이다. (시간의 부사)	سَنُسَافِرُ يَوْمَ تَنْتَهِي الدِّرَاسَةُ.
내가 나의 형을 보았을 때 나는 매우 기뻤다. (시간의 부사)	حِينَ رَأَيْتُ أَخِي فَرِحْتُ جِدًّا.
나는 시험들이 끝나자 마자 여행을 할 것이다. (시간의 부사)	سَأُسَافِرُ حَالَ الِامْتِحَانَاتُ انْتَهَتْ.
당신이 경기에 이겼을 때에 내가 당신을 방문했다. (시간의 부사)	زُرْتُكَ زَمَنَ فُزْتَ فِي الْمُبَارَاةِ.
내가 그와 함께 대학에서 공부했을 때에 우리는 협력했다. (시간의 부사)	حِينَ دَرَسْتُ مَعَهُ فِي الْجَامِعَةِ تَعَاوَنَّا.
나는 경치가 좋은 곳에 앉았다. (장소의 부사)	جَلَسْتُ حَيْثُ الْمَنْظَرُ جَمِيلٌ.
이것이 (바로) 내가 잠자는 나의 방이다. (장소의 부사)	هَذِهِ هِيَ غُرْفَتِي حَيْثُ أَنَامُ.
나는 내 친구들이 앉아 있는 곳에 앉았다. (장소의 부사)	جَلَسْتُ حَيْثُ يَجْلِسُ أَصْدِقَائِي.
제자들이 주님을 보았을 때 기뻐했다. (시간의 부사)	فَرِحَ التَّلَامِيذُ إِذْ رَأَوْا الرَّبَّ.
나는 비가왔을 때 왔다. (시간의 부사)	جِئْتُ إِذْ هَطَلَ الْمَطَرُ.
압달라가 서 있을 때 내가 왔다. (시간의 부사)	جِئْتُ إِذْ عَبْدُ اللهِ قَائِمٌ.

→ 위의 밑줄 부분의 문장은 그 앞의 부사 단어의 후연결어(مُضَافٌ إِلَيْهِ)이다.
→ 위의 문장에 사용된 부사 가운데 حَيْثُ 와 إِذْ 는 불격변화 부사이고, 그 이외에는 시간의 의미를 가진 격변화 부사이다. (حَيْثُ 는 장소의 부사, إِذْ 는 시간의 부사)

** 시간의 의미를 가진 단어가 격변화할 경우

시간의 의미를 가진 단어가 격변화 명사인 경우 아래와 같이 문장에서의 기능에 따라 격변화도 가능하다.

지금이 부지런한 사람들이 보상을 받을 그 때이다.	هَذَا وَقْتُ يُكَافَأُ الْمُجِدُّونَ.
오늘은 그들의 진실됨이 진실한 사람들에게 유용한 (그) 날이다. (꾸란 5:119)	هَذَا يَوْمُ يَنْفَعُ الصَّادِقِينَ صِدْقُهُمْ.
당신이 경기에 이겼을 때에 내가 당신을 방문했다.	زُرْتُكَ فِي زَمَنِ فُزْتَ فِي الْمُبَارَاةِ. *
농부들이 일하고 있을 때 비가 내렸다.	نَزَلَ الْمَطَرُ عَلَى حِينِ كَانَ الْفَلَّاحُ يَعْمَلُ. **

→ * 문장은. زُرْتُكَ زَمَنَ فُزْتَ فِي الْمُبَارَاةِ 로 더 많이 사용된다. 부사 زَمَنَ 뒤에 후연결어로 문장이 왔다.
→ ** 문장은. نَزَلَ الْمَطَرُ حِينَ كَانَ الْفَلَّاحُ يَعْمَلُ 로 더 많이 사용된다. 부사 حِينَ 뒤에 후연결어로 문장이 왔다.

종합 아랍어 문법 II

** 다음의 수식절 문장과 후연결어 문장을 비교하라.

① 수식절	② 후연결어 문장
هَذَا وَقْتٌ يُكَافَأُ فِيهِ الْمُجِدُّونَ.	هَذَا وَقْتٌ يُكَافَأُ الْمُجِدُّونَ.
지금이 부지런한 사람들이 보상을 받을 때이다.	지금이 부지런한 사람들이 보상을 받을 그 때이다.
هَذَا يَوْمٌ يَنْفَعُ الصَّادِقِينَ صِدْقُهُمْ فِيهِ.	هَذَا يَوْمٌ يَنْفَعُ الصَّادِقِينَ صِدْقُهُمْ.
여러 날들 가운데 한 날을 말할 때 문장이 가능함	오늘은 그들의 진실됨이 진실한 사람들에게 유용한 (그) 날이다. (꾸란 5:119)

→ 위의 문장에서 وَقْتٌ 와 يَوْمٌ 는 술어로 사용되었기에 주격 기호가 사용되었다. ①은 밑줄 부분이 수식절로 사용된 경우이고, ②는 밑줄 부분이 후연결어로 사용된 경우이다.

→ 위의 ②와 같이 부사 뒤에 후연결어로 사용된 문장에서는 연결의 인칭대명사가 없는 반면 ①과 수식절로 사용된 문장에서는 반드시 연결의 인칭대명사(ضَمِيرُ الرَّبْطِ)가 있어야 한다.

** 부사 뒤에 후연결어로 사용된 문장을 아래와 같이 동명사(الْمَصْدَر)구로 바꿀 수 있다.

부사 뒤에 문장이 온 경우	동명사(الْمَصْدَر)구로 전환한 경우
جَلَسْتُ حَيْثُ جَلَسَ الْأَمِيرُ.	جَلَسْتُ مَكَانَ جُلُوسِ الْأَمِيرِ.
	나는 그 왕자가 앉은 장소에 앉았다.
يَوْمَ وُلِدَتْ فَرِحَ وَالِدَاهَا.	يَوْمَ وِلَادَتِهَا فَرِحَ وَالِدَاهَا.
	그녀가 태어난 날에 그녀의 부모님은 기뻐했다.
كَانَ فَقِيرًا وَقْتَ كَانَ مُدَرِّسًا.	كَانَ فَقِيرًا وَقْتَ كَوْنِهِ مُدَرِّسًا.
	그가 교사이었을 때에 그는 가난했다.
كُنْتُ نَائِمًا سَاعَةَ دَخَلَ.	كُنْتُ نَائِمًا سَاعَةَ دُخُولِهِ.
	그가 들어간 시각에 나는 잠을 자고 있었다.

** 불격변화 부사 뒤에 후연결어로 사용된 문장은 동사문도 가능하고 명사문도 가능하다.

불격변화(مَبْنِيّ) 부사 حَيْثُ 와 إِذْ 와 مُنْذُ 와 مُذْ 뒤에도 후연결어로 문장이 올 경우 후연결어 문장은 동사문도 가능하고 명사문도 가능하다.

	جَلَسْتُ حَيْثُ يَجْمُلُ الْمَنْظَرُ.
나는 경치가 좋은 곳에 앉았다.	جَلَسْتُ حَيْثُ جَمُلَ الْمَنْظَرُ.
	جَلَسْتُ حَيْثُ الْمَنْظَرُ جَمِيلٌ.
나는 비가왔을 때 왔다.	جِئْتُ إِذْ هَطَلَ الْمَطَرُ.
	جِئْتُ إِذِ الْمَطَرُ هَاطِلٌ.

** لَمَّا 와 كُلَّمَا 의 경우

이 책 '조건문에 대해'를 보면 لَمَّا 와 كُلَّمَا 를 조건사로 분류하고 있다.(조건절과 조건 결과절에 단축법 동사가 사용될 수 없는 조건이다.) 그러나 아랍어 사전 등에서 이 두 단어를 조건의 의미를 가진 시간의 부사 (ظَرْفُ زَمَانٍ يُفِيدُ الشَّرْطِ)로 분류하기도 한다. 이 두 단어를 시간의 부사로 볼 경우 그 뒤에 오는 문장(아래의 밑줄 부분)을 후연결어로 취급한다. لَمَّا 와 كُلَّمَا 를 조건사로 보는 경우에 대해서는 이 책 '조건문에 대해'에서 공부하라.

내가 그에게 갔을 때 그가 병들어 있는 것을 발견했다.	لَمَّا ذَهَبْتُ إِلَيْهِ وَجَدْتُهُ مَرِيضًا.
그들이 믿었을 때 우리는 수치의 형벌을 그들로부터 제거하였다.(꾸란 10:98)	لَمَّا آمَنُوا، كَشَفْنَا عَنْهُمْ عَذَابَ الْخِزْيِ.
그가 그녀를 방문했을 때마다 그녀가 바쁜 것을 발견하였다.	كُلَّمَا زَارَهَا وَجَدَهَا مَشْغُولَةً.
사가랴가 그녀가 기도하는 곳에 들어갔을 때 마다 그녀에게 음식이 있는 것을 발견하였다.(꾸란 3:37)	كُلَّمَا دَخَلَ عَلَيْهَا زَكَرِيَّا الْمِحْرَابَ وَجَدَ عِنْدَهَا رِزْقًا.

** 다음 문장을 비교하라.

아래의 ① 문장은 부사 يَوْمَ 뒤에 후연결어로 문장이 온 경우이고, ② 문장은 한정명사 الْيَوْمَ 뒤에 관계대명사절이 온 경우이며, ③은 비한정 명사 يَوْمًا 뒤에 수식절(جُمْلَةُ النَّعْتِ)이 온 경우이다. 이 세 문장의 차이는 무엇일까?
이 세 문장의 차이는 연결의 인칭대명사(ضَمِيرُ الرَّبْطِ)의 사용이다. 첫 번째 문장과 같이 부사 뒤에 후연결어로 문장이 사용될 경우 연결의 인칭대명사(ضَمِيرُ الرَّبْطِ)를 사용할 필요가 없다. 그러나 두 번째 문장과 세 번째 문장과 같이 관계대명사절 수식절에서는 반드시 연결의 인칭대명사(فِيهِ의 ه)가 사용되어야 한다.

우리는 공부가 끝나는 날 여행을 할 것이다. (시험이 끝나는 날을 알고 있는 경우)	سَنُسَافِرُ يَوْمَ تَنْتَهِي الدِّرَاسَةُ.	①
	سَنُسَافِرُ الْيَوْمَ الَّذِي تَنْتَهِي الدِّرَاسَةُ فِيهِ.	②
우리는 공부가 끝나는 어느 날 여행을 할 것이다. (시험이 끝나는 날을 모르는 경우)	سَنُسَافِرُ يَوْمًا تَنْتَهِي الدِّرَاسَةُ فِيهِ.	③

→ يَوْم 은 보통명사로도 사용 가능하고 부사로도 사용 가능하다. 이와같이 보통명사로도 사용이 가능한 부사들은 그 뒤에 관계대명사절이 올 수도 있고 수식절이 올 수도 있다.

→ 위의 ② 와 ③ 문장에서 فِيهِ 에 붙은 접미인칭대명사 ه 는 연결의 인칭대명사로서 각각 그 앞의 선행명사와 피수식어를 받는다.

7. 그외 참고사항들

1) 부사로만 사용되는 단어들

아래의 단어들은 보통 목적격으로만 사용되고 다른 격변화를 하지 않기에 불변사나 전치사로 잘못 알려져 있는 단어들이다. 그러나 이 단어들은 시간의 부사 혹은 장소의 부사들이다. 이 단어들은 연결형 형태의 전연결어로 주로 사용된다. 이 단어들의 예문들은 앞에서 많이 보았다.

부사로만 사용되는 단어들
مَعَ، عِنْدَ، لَدَى، حَوْلَ، تُجَاهَ (أَوْ تِجَاهَ)، أَثْنَاءَ، خِلَالَ، حِينَ، طَوَالَ، تَحْتَ، فَوْقَ، خَلْفَ، وَرَاءَ

** 전치사 뒤에 부사가 사용되는 경우

위의 단어들은 그 앞에 전치사가 사용될 경우들이 종종 있다(아래의 ②와 같이). 그렇게 되면 위의 단어들은 소유격 명사(اسْمٌ مَجْرُورٌ)가 되고 그 의미는 부사적인 의미로 사용된다.

①	그 펜은 걸상 아래에 있다. (تَحْتَ 가 장소의 부사로 사용됨)	القَلَمُ تَحْتَ الكُرْسِيِّ.
②	나는 그 펜을 걸상 아래에서 집어들었다. (تَحْتَ 가 전치사 뒤에 와서 소유격 명사로 사용됨)	أَخَذْتُ القَلَمَ مِنْ تَحْتِ الكُرْسِيِّ.
①	나는 그 바위 주위를 돌았다.	دُرْتُ حَوْلَ الصَّخْرَةِ.
②	나는 그 바위 주위를 돌았다.(혹은 한 번 돌고 빠져나왔다.)	دُرْتُ مِنْ حَوْلِ الصَّخْرَةِ.

→ 위의 단어들 가운데 مَعَ, لَدَى, طَوَالَ 등은 다른 전치사와 사용할 수 없는 부사이다.

2) 부사의 위치에 대해

문장에서 부사는 어떤 위치에 오게될까? 시간의 부사의 경우 문장에서 위치의 구애를 받지 않는다. 즉 문장의 처음이나 중간 혹은 끝 어디든지 올 수 있다. 그러나 장소의 부사는 주로 동사 뒤나 문장의 맨끝에 온다.

오늘 대통령이 카이로에 도착했다.	وَصَلَ الرَّئِيسُ إِلَى القَاهِرَةِ اليَوْمَ.
	اليَوْمَ وَصَلَ الرَّئِيسُ إِلَى القَاهِرَةِ.
	وَصَلَ اليَوْمَ الرَّئِيسُ إِلَى القَاهِرَةِ.
나는 하루동안 알렉산드리아를 여행할 것이다.	سَأُسَافِرُ إِلَى الإِسْكَنْدَرِيَّةِ يَوْمًا.
	سَأُسَافِرُ يَوْمًا إِلَى الإِسْكَنْدَرِيَّةِ.

그는 올해 대학을 졸업했다.	تَخَرَّجَ مِنَ الْجَامِعَةِ هَذِهِ السَّنَةَ.
	هَذِهِ السَّنَةَ تَخَرَّجَ مِنَ الْجَامِعَةِ.
	تَخَرَّجَ هَذِهِ السَّنَةَ مِنَ الْجَامِعَةِ.

3) 수식어(النَّعْت)인가? 방위를 나타내는 부사인가?

아래의 예들에 빨간색으로 표기된 단어들에 주목하면서 어구의 의미를 살펴보라.

①	남한 (고유명사)	كُورِيَا الْجَنُوبِيَّةُ
②	한국의 남부 (고유명사 아님)	جَنُوبَ كُورِيَا

①	서독 (고유명사)	أَلْمَانِيَا الْغَرْبِيَّةُ
②	독일 서부 (고유명사 아님)	غَرْبَ أَلْمَانِيَا

①	동부 베이루트 (고유명사)	بَيْرُوتُ الشَّرْقِيَّةُ
②	베이루트 동부 (بَيْرُوت는 2격 명사) (고유명사 아님)	شَرْقَ بَيْرُوتَ

위의 ① 번의 **الشَّرْقِيَّةُ** 와 **الْغَرْبِيَّةُ** 와 **الْجَنُوبِيَّةُ** 가 모두 그 앞의 고유명사를 수식하는 형용사로 사용되어 두 단어의 조합이 국가나 지역이름 등의 고유명사로 사용되는 경우이다. **أَلْمَانِيَا الْغَرْبِيَّةُ** 나 **كُورِيَا الْجَنُوبِيَّةُ** 나 **بَيْرُوتُ الشَّرْقِيَّةُ** 는 각각 '남한'이라는 국가이름과, '서독'이라는 국가이름과, '동부 베이루트'라는 레바논의 지역이름으로 고유명사화 된 것이다.

② 번의 **جَنُوبَ** 와 **غَرْبَ** 그리고 **شَرْقَ** 는 방위를 나타내는 부사의 의미이다. 즉 **جَنُوبَ كُورِيَا** 하면 한국의 영토 가운데 남부 지역을 말한다. **شَرْقَ بَيْرُوتَ** 하면 베이루트 도시 가운데의 동부 지역을 말한다.

이 때 방위에 대한 단어(**شَمَال** , **شَرْقَ** , **غَرْبَ** , **جَنُوبَ**)는 장소를 나타내는 부사이기에 문장에서 반드시 목적격으로 사용된다. 그 뒤의 단어는 후연결어(**مُضَاف إِلَيْهِ**)로 사용되어 소유격이 되었다.

심화학습 – 아랍어에서 부사적인 의미를 가진 여러 경우들

우리말에서 부사는 문장의 형용사나 동사, 부사를 더 자세하게 설명해 주고 꾸며 주는 역할을 하는 말을 말한다. 예를 들어 '아름답게 노래해', '놀라울 정도로 예쁜', '빠르게 달려', '매일매일 공부하자'와 같이 부사를 쓰면 문장이 화려해 지고 실감난 표현이 된다.

아랍어에서 우리말 기준의 부사적인 의미를 가진 경우들은 아래의 도표와 같다. 이 가운데에서 '시간의 부사(ظَرْفُ زَمَان)'와 '장소의 부사(ظَرْفُ مَكَان)'는 '부사'라는 용어로 사용된다. 그러나 다른 것들은 아랍어 문법에서 '부사'라고 부르지 않고 용법도 아랍어의 독특한 용법을 가지고 있다. 아랍어에서 아래와 같은 문법적인 용법들이 우리말의 부사적인 의미를 가지고 있다고 하겠다.

아랍어에서 부사적인 의미를 가진 여러 경우들
1. 시간의 부사 (ظَرْفُ الزَّمَان)   2. 장소의 부사 (ظَرْفُ الْمَكَان)
3. 동족목적어 (الْمَفْعُولُ الْمُطْلَق)   4. 부동족목적어 (النَّائِبُ عَنِ الْمَفْعُولِ الْمُطْلَق)
5. 상태목적어 (الْحَال)   6. 'بِـ + 동명사' 꼴을 사용하여 (بِـ + الْمَصْدَر)
7. 형용사 앞에 بِصِفَةِ, بِصُورَةِ, بِطَرِيقَةِ, بِشَكْلِ 을 사용하여

위의 내용들 가운데 동족목적어, 부동족목적어, 상태목적어, 명시목적어는 곧 공부하게 되므로 여기서는 간단한 예들을 살펴보도록 한다.

1. 시간의 부사 (ظَرْفُ الزَّمَان)

그 청년은 밤에 밖으로 나갔다.	خَرَجَ الشَّابُّ لَيْلاً.
우리는 한 시간 동안 축구 경기를 했다.	لَعِبْنَا كُرَةَ الْقَدَمِ سَاعَةً.
그 학생들은 항상 웃는 것을 좋아한다.	يُحِبُّ الطُّلَّابُ دَائِمًا أَنْ يَضْحَكُوا.

2. 장소의 부사 (ظَرْفُ الْمَكَان)

그 책상 위에 고양이 한 마리가 있다.	فَوْقَ الْمَكْتَبِ قِطَّةٌ.
나는 길 오른편에 멈춰 섰다.	وَقَفْتُ يَمِينَ الطَّرِيقِ.
시내반도는 수에즈 운하 동편에 위치한다.	تَقَعُ سَيْنَاءُ شَرْقَ قَنَاةِ السُّوَيْسِ.

제12과 여러 가지 목적격에 대해 I — 시간의 부사와 장소의 부사

3. 동족목적어 (الْمَفْعُولُ الْمُطْلَقُ)

나는 삶을 매우 사랑한다.	أُحِبُّ الْحَيَاةَ حُبًّا.
단원을 아주 잘 썼다. (혹은 확실히)	كَتَبَ الدَّرْسَ كِتَابَةً.
나는 커피를 아주 잘 마셨다.	شَرِبْتُ الْقَهْوَةَ شُرْبًا.
나는 그 단원을 아주 잘 암기했다. (혹은 확실하게)	حَفِظْتُ الدَّرْسَ حِفْظًا.

4. 부동족목적어 (النَّائِبُ عَنِ الْمَفْعُولِ الْمُطْلَقِ)

부동족목적어 앞에는 항상 생략된 동족목적어(동명사형태)가 있으며, 이 부동족목적어는 생략된 동족목적어를 수식한다.

그는 빠르게 말한다. (سَرِيعًا 앞에 كَلَامًا 이 생략됨)	يَتَكَلَّمُ سَرِيعًا.
그 학생들은 늦게 이해한다. (بَطِيئًا 앞에 فَهْمًا 이 생략됨)	يَفْهَمُ الطُّلَّابُ بَطِيئًا.
그는 축구를 가끔 한다. (قَلِيلًا 앞에 لَعِبًا 이 생략됨)	يَلْعَبُونَ الْكُرَةَ قَلِيلًا.
타흐리르 광장이 꽉 찼다. (كَثِيرًا 앞에 اِمْتِلَاءً 이 생략됨)	يَمْتَلِئُ مَيْدَانُ التَّحْرِيرِ كَثِيرًا.

5. 상태목적어 (الْحَالُ)

나는 커피를 즐기면서 마신다. (주어의 상태를 묘사)	أَشْرَبُ الْقَهْوَةَ مُسْتَمْتِعًا.
나는 커피를 차게 마신다. (목적어인 الْقَهْوَةَ 의 상태를 묘사)	أَشْرَبُ الْقَهْوَةَ بَارِدَةً.
그 소녀는 피곤한데도 공부한다. (주어의 상태를 묘사)	الْبِنْتُ تُذَاكِرُ مُتْعَبَةً.
그 학생들은 기쁘게 그 학교에 간다. (주어의 상태를 묘사)	يَذْهَبُ الطُّلَّابُ إِلَى الْمَدْرَسَةِ سُعَدَاءَ.
나는 슬픈 상태의 내 친구를 보았다.(목적어의 상태) 나는 나의 친구를 슬프게 보았다.(주어의 상태)(둘 다 가능)	شَاهَدْتُ صَدِيقِي حَزِينًا.

6. 'بِ + 동명사 (بِ + الْمَصْدَرُ)' 꼴을 사용하여

그는 빠르게 말한다.	يَتَكَلَّمُ بِسُرْعَةٍ.
그 학생들은 늦게 이해한다.	يَفْهَمُ الطُّلَّابُ بِبُطْءٍ.
그는 축구를 가끔 한다.	يَلْعَبُونَ الْكُرَةَ بِقِلَّةٍ.
타흐리르 광장이 꽉 찼다.	يَمْتَلِئُ مَيْدَانُ التَّحْرِيرِ بِكَثْرَةٍ.
나는 커피를 즐기면서 마신다.	أَشْرَبُ الْقَهْوَةَ بِاسْتِمْتَاعٍ.

→ 전치사 'بِ + 동명사' 형태에 대해서는 이 책 제Ⅰ권 동명사 부분에서 자세하게 다루고 있다.

7. بِصِفَةٍ , بِصُورَةٍ , بِطَرِيقَةٍ , بِشَكْلٍ 을 사용하여

문장에 사용된 동사의 동작에 대해 부사적으로 표현할 때 위의 بِشَكْلٍ , بِطَرِيقَةٍ , بِصُورَةٍ , بِصِفَةٍ 단어들 뒤에 특정한 형용사를 사용하여 표현하곤 한다.

숙어들

뜻	아랍어	뜻	아랍어
규칙적으로(regularly)	بِشَكْلٍ مُنْتَظِمٍ	불규칙적으로	بِشَكْلٍ غَيْرِ مُنْتَظِمٍ
특별하게(in particular)	بِشَكْلٍ خَاصٍّ	전반적으로(in general), 일반적으로	بِشَكْلٍ عَامٍّ
평범하게(normally), 보통의 모습으로	بِشَكْلٍ عَادِيٍّ	이상하게	بِشَكْلٍ غَرِيبٍ
느리게	بِشَكْلٍ بَطِيءٍ	좋게, 잘(well)	بِشَكْلٍ جَيِّدٍ
빠르게	بِطَرِيقَةٍ سَرِيعَةٍ	아주 잘, 아주 훌륭하게	بِطَرِيقَةٍ مُمْتَازَةٍ
자연적으로, 자연스럽게(naturally)	بِصُورَةٍ طَبِيعِيَّةٍ	비정상적으로(abnormally)	بِصُورَةٍ غَيْرِ طَبِيعِيَّةٍ
자세하게, 구체적으로, 상세하게(in detail)	بِصُورَةٍ مُفَصَّلَةٍ	자세하지 않게, 상세하지 않게	بِصُورَةٍ غَيْرِ مُفَصَّلَةٍ
종합적으로, 전체적으로	بِصُورَةٍ إِجْمَالِيَّةٍ	구체적으로, 상세하게	بِصُورَةٍ تَفْصِيلِيَّةٍ
일시적으로	بِصُورَةٍ مُؤَقَّتَةٍ	영구적으로	بِصُورَةٍ دَائِمَةٍ
예견된대로, 예상한대로(predictably)	بِصُورَةٍ مُتَوَقَّعَةٍ	예상외로, 뜻밖에(unexpectedly)	بِصُورَةٍ غَيْرِ مُتَوَقَّعَةٍ
상당히, 의미심장하게(significantly) ; 많게	بِصُورَةٍ كَبِيرَةٍ	조금, 적게	بِصُورَةٍ قَلِيلَةٍ
자동적으로(automatically)	بِصُورَةٍ تِلْقَائِيَّةٍ	비자동적으로	بِصُورَةٍ غَيْرِ تِلْقَائِيَّةٍ
자발적으로, 자동적으로(spontaneously)	بِصُورَةٍ عَفْوِيَّةٍ	요약해서, 줄여서(in brief)	بِصُورَةٍ مُخْتَصَرَةٍ
즉시, 곧바로	بِصُورَةٍ فَوْرِيَّةٍ	합법적으로	بِصُورَةٍ شَرْعِيَّةٍ
지속적으로, 계속해서	بِصِفَةٍ مُسْتَمِرَّةٍ	간헐적으로	بِصِفَةٍ مُتَقَطِّعَةٍ

예문들

나는 규칙적으로 클럽에 간다.	أَذْهَبُ إِلَى النَّادِي بِشَكْلٍ مُنْتَظِمٍ.
나는 불규칙적으로 체육을 한다.	أُمَارِسُ الرِّيَاضَةَ بِشَكْلٍ غَيْرِ مُنْتَظِمٍ.
나는 영양에 대해 특별하게 관심을 가진다.	أَهْتَمُّ بِالتَّغْذِيَةِ بِشَكْلٍ خَاصٍّ.
나는 종교적인 이슈들에 대해 전반적으로(일반적으로) 관심을 가진다.	أَهْتَمُّ بِالْأُمُورِ الدِّينِيَّةِ بِشَكْلٍ عَامٍّ.
그는 평범하게 나를 대했다.	عَامَلَنِي بِشَكْلٍ عَادِيٍّ.
그는 이상하게 나에게 대답했다.	رَدَّ عَلَيَّ بِشَكْلٍ غَرِيبٍ.

يَفْهَمُ الطُّلَّابُ بِشَكْلٍ بَطِيءٍ.	그 학생들은 느리게 이해한다.	
يَتَعَاوَنُونَ بِشَكْلٍ جَيِّدٍ.	그들은 협력을 잘 하고 있다.	
يَتَكَلَّمُ بِطَرِيقَةٍ سَرِيعَةٍ.	그는 빠르게 말한다.	
يَلْعَبُونَ الْكُرَةَ بِطَرِيقَةٍ مُمْتَازَةٍ.	그들은 축구를 아주 잘 한다.	
يُحِبُّ الِابْنُ أُمَّهُ بِصُورَةٍ طَبِيعِيَّةٍ.	(그) 아들은 그의 어머니를 자연스럽게 좋아한다.	
تَهْطُلُ الْأَمْطَارُ بِغَزَارَةٍ بِصُورَةٍ غَيْرِ طَبِيعِيَّةٍ.	비들이 비정상적으로 넘치게 오고 있다.	
شَرَحَ الدَّرْسَ بِصُورَةٍ مُفَصَّلَةٍ.	그는 그 단원을 자세하게 설명했다.	
شَرَحَ الدَّرْسَ بِصُورَةٍ غَيْرِ مُفَصَّلَةٍ.	그는 그 단원을 자세하지 않게 설명했다.	
قَدَّمَتِ الْعَرْضَ لِلْجِهَازِ بِصُورَةٍ إِجْمَالِيَّةٍ.	그녀는 그 제품에 대한 프리젠테이션을 종합적으로 했다.	
سَأَلَ عَنْ حُقُوقِهِ وَوَاجِبَاتِهِ بِصُورَةٍ تَفْصِيلِيَّةٍ.	그는 그의 권리와 의무에 대해 구체적으로 질문했다.	
أَذْهَبُ لِعَمَلِي الْحَالِيِّ بِصُورَةٍ مُؤَقَّتَةٍ.	나는 일시적으로 나의 현재의 직장(일)에 가고 있다.	
أَعْمَلُ فِي الشَّرِكَةِ الْآنَ بِصُورَةٍ دَائِمَةٍ.	나는 현재 영구적으로 그 회사에서 일한다.	
هَطَلَتِ الْأَمْطَارُ بِصُورَةٍ مُتَوَقَّعَةٍ.	예견된대로 비가 내렸다.	
هَطَلَتِ الْأَمْطَارُ بِغَزَارَةٍ بِصُورَةٍ غَيْرِ مُتَوَقَّعَةٍ.	예상외로 비가 많이 왔다.	
يَمْتَلِئُ مَيْدَانُ التَّحْرِيرِ بِصُورَةٍ كَبِيرَةٍ.	타흐리르 광장이 아주 가득 찼다.	
تَأْكُلُ صَدِيقَتِي الْحَلْوَى بِصُورَةٍ قَلِيلَةٍ.	내 여자 친구는 사탕을 아주 적게 먹는다.	
اِضْغَطِ الزِّنَادَ فَيَخْرُجَ الرَّصَاصُ بِصُورَةٍ تِلْقَائِيَّةٍ. 방아쇠를 당겨라, 그 탄알들이 자동적으로 나갈 수 있도록		
هَذَا الْعَقْدُ يَتَجَدَّدُ بِصُورَةٍ غَيْرِ تِلْقَائِيَّةٍ.	이 계약은 비자동적으로 갱신된다.	
يُجِيبُ الْمُجْتَهِدُ الْأَسْئِلَةَ بِصُورَةٍ عَفْوِيَّةٍ.	부지런히 노력하는 사람은 질문들에 자발적으로(자동적으로) 바로 답을 한다.	
كَتَبَ الْمَقَالَ بِصُورَةٍ مُخْتَصَرَةٍ.	그는 그 논설을 요약해서 적었다.	
يُغْلَقُ بَابُ الْمَدْرَسَةِ بِصُورَةٍ فَوْرِيَّةٍ بَعْدَ السَّاعَةِ الثَّامِنَةِ. 그 학교의 문은 8시 이후에 곧바로 닫힌다.		
أَشْرَبُ الْقَهْوَةَ بِصِفَةٍ مُسْتَمِرَّةٍ.	나는 커피를 지속적으로 마신다.	
أَذْهَبُ إِلَى النَّادِي بِصِفَةٍ مُتَقَطِّعَةٍ.	나는 간헐적으로 그 클럽에 간다.	

한편 위의 بِشَكْلٍ, بِطَرِيقَةٍ, بِصُورَةٍ, بِصِفَةٍ 네 단어들은 서로 교차되어 같은 의미로 사용되는 경우도 많다.

특별하게, 특별한 방법으로	بِشَكْلٍ خَاصٍّ = بِصُورَةٍ خَاصَّةٍ = بِطَرِيقَةٍ خَاصَّةٍ

** 부사적인 의미를 가진 단어들 모음 (غَيْرُ ظَرْفٍ)

아래의 단어들은 아랍어 문법에서 부사(الظَّرْفُ)가 아닌 단어들이지만 부사적인 의미를 가진 단어들이다. 이 단어들은 아랍어 문법에서 동족목적어(الْمَفْعُولُ الْمُطْلَقُ), 부동족목적어(نَائِبُ الْمَفْعُولِ الْمُطْلَقِ), 상태목적어(الْحَالُ), 부(副)부사(نَائِبُ الظَّرْفِ) 등으로 구분할 수 있다. 이러한 부사적인 의미의 단어들을 익혀서 사용하면 유익할 것이다.

많이, 자주	كَثِيرًا	적게	قَلِيلًا
때때로	أَحْيَانًا	새롭게	مُجَدَّدًا
항상	دَائِمًا	드물게	نَادِرًا
길게, 오랫동안	طَوِيلًا	짧게	قَصِيرًا
오래전에, 옛날에	قَدِيمًا	곧, 머지않아	قَرِيبًا
최근에	حَدِيثًا	최근에	مُؤَخَّرًا
마지막으로, 마침내, 결국, 드디어	أَخِيرًا	일찍	مُبَكِّرًا
보통, 대개	عَادَةً	예를 들면	مَثَلًا
매우	جِدًّا	진실로, 참으로	حَقًّا
첫째로	أَوَّلًا	둘째로	ثَانِيًا
세째로	ثَالِثًا	네째로	رَابِعًا

제13과 여러 가지 목적격(الْمَنْصُوبَات)에 대해 Ⅱ – 상태목적어(الْحَال), 상태구, 상태절

1. 상태목적어(الْحَالُ الْكَلِمَةُ)
2. 상태구(الْحَالُ شِبْهُ الْجُمْلَةِ)에 대해
3. 상태절(الْحَالُ الْجُمْلَةُ)에 대해
   1) 상태절이 주절의 주어나 목적어 등의 상태를 묘사하는 경우
   2) 상태절이 주절 동작의 배경이 되는 경우
   3) 부정 상태절에 대해

제 13과 여러 목적격 (الْمَنْصُوبَات)에 대해 II – 상태목적어(الْحَال), 상태구, 상태절

아랍어 단어 'حَال'은 '상태', '상황'의 의미이다. 상태목적어(الْحَال)는 동사의 동작이 진행되는 상황에서의 상황주체(주어나 목적어 등)의 일시적인 상태를 말한다.

이러한 상태에 대한 묘사는 한 단어(الْكَلِمَة)로도 가능하고, 유사문장(شِبْهُ الْجُمْلَة)로도 가능하며, 문장(الْجُمْلَة)로도 가능하다. 이 책에서 한 단어가 상태를 묘사할 때를 상태목적어(الْحَالُ الْكَلِمَة)라 하고, 유사문장이 상태를 묘사할 때를 상태구(الْحَالُ شِبْهُ الْجُمْلَة)라 하며, 문장이 상태를 묘사할 때를 상태절(الْحَالُ الْجُمْلَة)이라 한다.

아래는 아랍어에서 상태를 묘사하는 세 가지 종류를 도표로 정리한 것이다.

아랍어에서 상태(حال)를 묘사하는 경우			
종류			특징
1. 상태목적어 (الْحَالُ الْكَلِمَة) (혹은 الْحَالُ الْمُفْرَدَة)	한 단어가 상태를 묘사	파생명사(الْحَالُ الْمُشْتَقَّة)가 상태목적어로 사용된 경우	능동분사나 수동분사 혹은 유사형용사 형태의 한 단어가 상태목적어로 사용되며 비한정 목적격 형태를 취함
		불완전 파생명사(الْحَالُ الْجَامِدَة)가 상태목적어로 사용된 경우	근원명사(اسْمُ الذَّات)나 동명사(الْمَصْدَر)가 상태목적어로 사용됨. 비한정 목적격 형태를 취함
2. 상태구 (الْحَالُ شِبْهُ الْجُمْلَة)	유사문장이 상태를 묘사	전치사구	'전치사 + 소유격 명사'가 상태를 묘사
		부사구	'부사 + 후연결어'가 상태를 묘사
3. 상태절 (الْحَالُ الْجُمْلَة)	상태절이 주절에 있는 상태주체의 상태를 묘사하는 경우	상태절에 명사문이 온 경우	상태절이 'وَ + 연결의 인칭대명사'로 시작한다.
		상태절에 동사문이 온 경우	상태절에 현재 시제의 동사문이 오는 경우
			상태절에 과거 시제의 동사문이 오는 경우
	상태절이 주절 동작의 배경이 되는 경우	상태절에 상태접속사만 사용되는 경우	상태절에 상태접속사 وَ (وَاوُ الْحَال)가 사용되어 주절과 상태절을 연결한다.
		상태절에 연결의 인칭대명사만 사용되는 경우	상태절에 연결의 인칭대명사 (ضَمِيرُ الرَّبْط)가 사용되어 주절과 상태절을 연결한다.
		상태절에 상태접속사와 연결의 인칭대명사 둘 다 사용되는 경우	상태절에 상태접속사와 연결의 인칭대명사 둘 다 사용되어 주절과 상태절을 연결한다.

1. 상태목적어 (الْحَالُ الْكَلِمَةُ)

상태목적어는 동사의 동작이 진행될 때 상태주체(صَاحِبُ الْحَالِ)의 일시적인 상태를 묘사하는 단어를 말한다. 상태주체란 상태목적어의 의미상 주어가 되는 문장의 주어나 목적어 등을 말한다. 상태목적어는 두 가지 종류로 구분할 수 있는데 파생명사(الْحَالُ الْمُشْتَقَّةُ)가 상태목적어로 사용되는 경우와 불완전 파생명사(الْحَالُ الْجَامِدَةُ)가 상태목적어로 사용되는 것이 그것이다.

1) 파생명사(الْحَالُ الْمُشْتَقَّةُ)가 상태목적어로 사용되는 경우

상태목적어의 기본은 파생명사(الْحَالُ الْمُشْتَقَّةُ)가 상태목적어로 사용되는 경우이다. 따라서 능동분사나 수동분사, 유사형용사가 상태목적어로 사용되는 것을 먼저 공부한 뒤 나중에 불완전 파생명사(الْحَالُ الْجَامِدَةُ)가 상태목적어로 사용되는 경우를 공부하도록 한다. 파생명사와 불완전 파생명사의 구분은 이 책 제Ⅰ권에서 '심화학습 - 파생명사와 불완전 파생명사에 대해'에서 공부하였다. 다음 예를 보자.

그 아기는 웃으며 잠을 잤다. (ضَاحِكٌ 은 ضَحِكَ/يَضْحَكُ 동사의 능동분사이다)	نَامَ الطِّفْلُ ضَاحِكًا. b a
a – 상태주체(صَاحِبُ الْحَالِ) b – 상태목적어(الْحَالُ)	
주어가 동작을 수행할 당시의 주어의 상태를 묘사한다. 즉 문장의 주어인 아이가 잠을 잘 때 웃으면서 자고 있는 상태를 묘사한 것이다. ضَاحِكٌ 는 ضَحِكَ/يَضْحَكُ 동사의 능동분사이며 '웃고있는'의 의미이다.	
싸미르는 그의 집에 피곤한 상태로 돌아왔다. (مُتْعَبٌ 은 أَتْعَبَ/يُتْعِبُ 동사의 수동분사이다)	عَادَ سَمِيرٌ إِلَى بَيْتِهِ مُتْعَبًا. b a
a – 상태주체(صَاحِبُ الْحَالِ) b – 상태목적어(الْحَالُ)	
이 문장도 주어가 동작을 수행할 당시의 주어의 상태를 묘사한다. 즉 문장의 주어인 싸미르가 집에 돌아올 때 피곤한 상태이었음을 묘사한 것이다. مُتْعَبٌ 은 أَتْعَبَ/يُتْعِبُ 동사의 수동분사이며 '피곤한'의 의미이다.	

위의 예들에서 목적격으로 표기된 ضَاحِكًا 과 مُتْعَبًا 이 상태목적어이며, الطِّفْلُ 과 سَمِيرٌ 이 상태주체가 된다. 상태주체를 صَاحِبُ الْحَالِ 이라고 한다.

이때 상태목적어는 항상 비한정 형태의 목적격을 취하며, 상태주체(صَاحِبُ الْحَالِ)는 반드시 한정명사 이어야 한다. 상태목적어로 사용되는 단어는 파생명사(الاِسْمُ الْمُشْتَقُّ) 가운데 능동분사, 수동분사, 유사형용사 이다. (과장형용사는 거의 사용되지 않는다.) 뿐만 아니라 상태목적어는 상태주체(صَاحِبُ الْحَالِ)의 성(性)과 수(數)에 일치해야 한다.

상태목적어 요약
1. 상태목적어는 동사의 동작이 진행되는 상황에서 상태주체(صَاحِبُ الْحَالِ)의 일시적인 상태를 묘사하는 단어이다. (상태주체는 주어, 목적어, 주어와 목적어 둘 다, 수동태 문장의 주어 등이 가능)
2. 파생명사(الْحَالُ الْمُشْتَقَّةُ)가 상태목적어로 사용되는 경우 능동분사나 수동분사, 유사형용사가 비한정 형태로 사용되며 반드시 목적격을 취한다. (불완전 파생명사(الْحَالُ الْجَامِدَةُ)가 상태목적어로 사용되는 경우 근원명사나 동명사가 상태목적어로 사용될 수 있다.)
3. 상태주체(صَاحِبُ الْحَالِ)는 반드시 한정형태의 명사가 사용되며, 상태목적어는 상태주체와 성과 수의 일치를 이루어야 한다.

(1) 상태목적어 문장 예들 - 상태주체(صَاحِبُ الْحَالِ)와 상태목적어

일반적으로 상태목적어는 문장의 주어(فَاعِل)와 목적어(مَفْعُول بِهِ)의 상태를 많이 묘사한다. 그러나 문장에 따라 상태목적어는 후연결어나 수동태의 주어, 명사문의 주어(مُبْتَدَأ) 등을 묘사하는 경우도 있다. 이 때 상태목적어가 묘사하는 묘사의 주체가 상태주체(صَاحِبُ الْحَالِ)이다.(아래 파란색 단어)

a. 상태목적어가 주어(فَاعِل)의 상태를 묘사하는 경우 - 주어(فَاعِل)가 상태주체(صَاحِبُ الْحَالِ)이다.

그 상인은 빈정대면서(빈정대는 상태로) 대답했다. (سَاخِرٌ 능동분사, 상인이 대답할 때의 상태)	رَدَّ التَّاجِرُ سَاخِرًا.
그 비행기는 무사한 상태로 돌아왔다. (الطَّائِرَةُ 가 여성이기에 سَالِمَة 도 여성형이 왔다.)	عَادَتِ الطَّائِرَةُ سَالِمَةً.
그 지도자는 승리하여(승리한 채로) 왔다. (مُنْتَصِرًا 은 첨가동사의 능동분사. 그 지도자가 올때의 상태)	جَاءَ الْقَائِدُ مُنْتَصِرًا.
그 남자는 술이 취한 채로 그의 집에 돌아갔다. (سَكْرَان 유사형용사, 그 남자가 돌아올 때의 상태. 2격명사)	رَجَعَ الرَّجُلُ إِلَى بَيْتِهِ سَكْرَانَ.*
나는 목마른 채로 거리를 걷고 있다. (عَطْشَان 유사형용사, 내가 걸을 때의 상태. 2격명사)	أَمْشِي فِي الشَّارِعِ عَطْشَانَ.*
그 두 학생들은 교실에 슬픈 상태로 들어왔다. (교실에 들어오는 학생들의 상태, حَزِينَيْنِ 가 쌍수 꼴)	دَخَلَ الطَّالِبَانِ الْفَصْلَ حَزِينَيْنِ.
그 소녀들이 학교에서 강한 상태로 돌아왔다. (딸들이 돌아올 때의 상태, قَوِيَّات 가 여성 복수 꼴, 유사형용사)	عَادَتِ الْبَنَاتُ مِنَ الْمَدْرَسَةِ قَوِيَّاتٍ.
우리는 두들겨 맞은 상태로 학교에서 돌아왔다. (مَضْرُوبِين 복수, 수동분사)	عُدْنَا مِنَ الْمَدْرَسَةِ مَضْرُوبِينَ.
그녀는 어제 시험들로 인해 고민하며(고민하는 상태로) 잠을 잤다.(مَشْغُولَة 수동분사)	نَامَتْ أَمْسِ مَشْغُولَةً بِالْامْتِحَانَاتِ.
그는 슬픈 것 같다. (주어의 상태묘사) (He seemd to be sad.)	بَدَا حَزِينًا.

b. 상태목적어가 목적어(مَفْعُول بِهِ)의 상태를 묘사하는 경우 – 목적어가 상태주체(صَاحِبُ الْحَالِ)이다.

나는 홍차를 뜨거운 상태로 마신다. (홍차를 마실 때의 홍차의 상태, 목적어의 상태를 묘사)	أَشْرَبُ الشَّايَ سَاخِنًا.
나는 그 아기들이 잠자는 것을 보았다. (보았을 때 아이들이 잠자는 상태에 있음, نَائِمِين 이 복수꼴이다)	شَاهَدْتُ الْأَطْفَالَ نَائِمِينَ.
나는 나의 친구가 그 집에서 내려오는 것을 보았다. (보았을 때 나의 친구의 상태. 목적어의 상태를 묘사)	رَأَيْتُ صَدِيقِي نَازِلًا مِنَ الْبَيْتِ.
나는 컵을 깨진 상태로 샀다. (컵을 샀을 때 그 컵이 깨진 상태. مَكْسُور 수동분사)	اشْتَرَيْتُ الْكُوبَ مَكْسُورًا.
나는 내 아들이 땅바닥에 내동댕이 쳐져 있는 것을 발견했다. (مُلْقًى 는 수동분사)	وَجَدْتُ ابْنِي مُلْقًى عَلَى الْأَرْضِ.
나는 그가 자고 있는 것을 발견했다.	وَجَدْتُهُ نَائِمًا.
나는 그 상품을 포장한 상태로 보냈다. (수동분사)	أَرْسَلْتُ الْبِضَاعَةَ مَلْفُوفَةً.
나는 슬픈 상태의 내 친구를 보았다.(목적어의 상태) 나는 나의 친구를 슬프게 보았다.(주어의 상태)(둘 다 가능)	شَاهَدْتُ صَدِيقِي حَزِينًا.

c. 상태목적어가 후연결어(مُضَافٌ إلَيْهِ)의 상태를 묘사하는 경우 – 후연결어가 상태주체이다.

아래 문장에서 연결형의 후연결어가 상태주체(صَاحِبُ الْحَالِ)이며, 상태목적어는 이 후연결어의 상태를 묘사한다. 흔하게 사용되는 문장은 아니다.

그 아기가 웃는 소리가 높았다. (후연결어로 사용된 الطِّفْلُ 이 웃고있는 상태)	عَلَا صَوْتُ الطِّفْلِ ضَاحِكًا.
그 교장은 그 선생님들이 행복한 상태에서 이야기한다. (교장이 선생님들과 이야기하는 중 그 선생님들의 상태)	يَتَكَلَّمُ الْمُدِيرُ مَعَ الْمُدَرِّسِينَ سُعَدَاءَ.

d. 상태목적어가 수동태 문장의 주어(نَائِبُ فَاعِلٍ)의 상태를 묘사하는 경우

아래 문장에서 수동태 문장의 주어가 상태주체(صَاحِبُ الْحَالِ)이다.

홍차는 뜨거운 상태로 마셔진다. (상태주체가 수동태문의 주어)	يُشْرَبُ الشَّايُ سَاخِنًا.
노래들은 (소리가) 높은 상태로 들려진다.	تُسْمَعُ الْأَغَانِي عَالِيَةً.
그 사과는 익은 상태로 먹어졌다. (상태주체가 수동태문의 주어)	أُكِلَ التُّفَّاحُ نَاضِجًا.
그 군인은 순교한 상태로 죽임당했다.	قُتِلَ الْجُنْدِيُّ شَهِيدًا.

e. 주어(فَاعِلٌ)와 목적어(مَفْعُولٌ بِهِ)의 상태를 동시에 묘사하는 경우

아래 문장에서 주어와 목적어 모두가 상태주체(صَاحِبُ الْحَالِ)이다. 이때 상태목적어는 주어와 목적어 모두의 상태를 묘사하기에 상태목적어가 쌍수로 사용된 것에 주의하자.

싸이드는 그의 친구에게 둘 다 서 있는 상태에서 악수를 했다. (상태주체가 주어와 목적어)	صَافَحَ سَعِيدٌ رَفِيقَهُ وَاقِفَيْنِ.
그 의사가 그의 환자를 둘 다 앉은 상태에서 진찰했다. (상태주체가 주어와 목적어)	فَحَصَ الطَّبِيبُ مَرِيضَهُ جَالِسَيْنِ.

f. 상태목적어가 명사문의 주어(مُبْتَدَأٌ)의 상태를 묘사하는 경우

아래 문장은 동사가 사용되지 않은 명사문이다. 이와같이 동작을 묘사하는 동사가 없는 문장에서 명사문의 주어가 상태주체(صَاحِبُ الْحَالِ)가 되고 그 뒤에 주어의 상태에 대해 묘사하는 상태목적어가 와서 그 주어의 일시적인 상태를 묘사한다.

추위가 심하면 해롭다. (일시적인 추위) (The cold while being strong, is harmful.) (상태주체가 명사문의 주어)	الْبَرْدُ قَارِسًا ضَارٌّ. (مُبْتَدَأٌ) + 주어(خَبَرٌ) + 술어
익은 상태의 과일은 유익하다.	الْفَاكِهَةُ نَاضِجَةً مُفِيدَةٌ.
뜨거운 상태의 홍차는 차가운 상태의 홍차보다 낫다.	الشَّايُ سَاخِنًا أَفْضَلُ مِنَ الشَّايِ بَارِدًا.
당신이 즐거운 상태로 잠을 자는 것은 당신이 슬픈 상태로 잠을 자는 것보다 낫다.	نَوْمُكَ سَعِيدًا أَفْضَلُ مِنْ نَوْمِكَ حَزِينًا.
그는 슬픈 상태로 학교에 있다.	هُوَ فِي الْمَدْرَسَةِ حَزِينًا.
나는 기쁜 상태로 집에 있다.	أَنَا فِي الْبَيْتِ سَعِيدًا.

그 아기가 무서워하며 그 걸상 위에 있다.	الطِّفْلُ عَلَى الْكُرْسِيِّ خَائِفًا.
권능은 모두 알라신께 있다. (꾸란10:65)	إِنَّ الْعِزَّةَ لِلَّهِ جَمِيعًا.

→ 위 문장들의 상태목적어들을 수식어로 바꿀 경우 더 쉬운 문장이 된다. 예) الْبَرْدُ الْقَارِسُ ضَارٌّ.

한편 아래와 같이 상태목적어가 술어(خَبَر)의 상태를 묘사할 수도 있다.

이것이 떠오르는 그 초승달이다.	هَذَا الْهِلَالُ طَالِعًا.

g. 상태목적어가 유사문장(شِبْهُ الْجُمْلَةِ)과 함께 사용되는 경우

아래 문장도 동사가 없는 문장이다. 이 문장에서 동사가 없기에 동사 대신 유사문장이 문장의 상황을 제공한다. 즉 상태주체가 유사문장의 상황에 있을 때의 상태를 묘사한 문장이라 할 수 있다. 흔한 문장은 아니다.

당신의 형(남동생)은 당신의 집에서 앉아있다. (당신 집에 있을 때의 상태)	أَخُوكَ عِنْدَكَ جَالِسًا.
그 베두인은 나무들 사이에서 거주하고 있다.	الْبَدَوِيُّ بَيْنَ الْأَشْجَارِ مُقِيمًا.
무함마드는 그 집에서 기다리고 있다.	مُحَمَّدٌ فِي الْبَيْتِ مُنْتَظِرًا.
그 선생님은 그 교실에서 서 있다.	الْمُعَلِّمُ فِي الْفَصْلِ وَاقِفًا.

** 상태목적어(حَال)와 형용사(نَعْت)의 비교

상태목적어는 상태주체의 일시적인 상태를 묘사하는 반면 형용사는 피수식어의 일반적인 성질을 묘사한다. 아래의 ①은 상태목적어가 사용된 문장이고, ②는 같은 단어가 수식어로 사용된 문장이다.

①	그 아기는 행복한 상태로 잠을 잤다. (سَعِيدًا은 상태목적어. 아기의 일시적인 상태를 묘사)	نَامَ الطِّفْلُ سَعِيدًا.
②	그 행복한 아기는 잠을 잤다. (السَّعِيدُ 는 الطِّفْلَ 을 수식하는 형용사. 아기의 평소 모습을 묘사)	نَامَ الطِّفْلُ السَّعِيدُ.
①	나는 그 소년들이 울고 있는 것을 보았다. (بَاكِينَ 는 상태목적어.아이들의 일시적인 상태를 묘사)	شَاهَدْتُ الصِّبْيَانَ بَاكِينَ.
②	나는 (평소 잘) 우는 소년들을 보았다. (الْبَاكِينَ 는 الصِّبْيَانَ 를 수식하는 형용사. 이 아이들이 평소 잘 움)	شَاهَدْتُ الصِّبْيَانَ الْبَاكِينَ.
①	그 교장은 그 선생님들이 행복한 상태에서 이야기한다. (سُعَدَاءَ 는 상태목적어. 선생님들의 일시적인 상태)	يَتَكَلَّمُ الْمُدِيرُ مَعَ الْمُدَرِّسِينَ سُعَدَاءَ.
②	그 교장은 그 행복한 선생님들과 함께 이야기한다. (السُّعَدَاءِ 는 형용사. 선생님들이 평소에 행복함)	يَتَكَلَّمُ الْمُدِيرُ مَعَ الْمُدَرِّسِينَ السُّعَدَاءِ.
①	그 뜨거운 상태의 홍차는 차가운 상태의 홍차보다 낫다. (일시적인 상태)	الشَّايُ سَاخِنًا أَفْضَلُ مِنَ الشَّايِ بَارِدًا.
②	뜨거운 홍차는 차가운 홍차보다 낫다. (피수식어의 일반적인 성질을 묘사하는 형용사)	الشَّايُ السَّاخِنُ أَفْضَلُ مِنَ الشَّايِ الْبَارِدِ.

제13과 여러 가지 목적격에 대해 II - 상태목적어, 상태구, 상태절

(2) 상태목적어가 동사적 용법으로 사용되는 경우

문장에서 상태목적어로 사용된 능동분사와 수동분사 자신이 동사적 용법으로 사용되어 자체의 목적어를 취하거나 자체의 주어를 취하는 문장이다. 이러한 용법에 대해서는 이 책 '파생명사의 동사적 용법' 부분에서 공부한다.

a. 상태목적어로 사용된 능동분사가 자체의 목적어를 취한 경우

그 학생이 한 책을 들고 교실에 들어갔다. (The student entered the class holding a book.)	دَخَلَ الطَّالِبُ الْفَصْلَ حَامِلاً كِتَابًا.
우리는 한 자동차를 타고 여행을 떠났다. (We traveled riding a car.)	سَافَرْنَا رَاكِبِينَ سَيَّارَةً.
나는 말할 것이 있다고 요청하며 나의 손을 들었다.	رَفَعْتُ يَدِي طَالِبًا الْكَلِمَةَ.
대통령은 국민으로부터 환대 받았다는 것을 강조하며, 두 나라의 관계 증진에 관심이 있다고 말했다.	قَالَ الرَّئِيسُ إِنَّ هُنَاكَ اهْتِمَامًا بِتَوْطِيدِ عَلَاقَاتِ الْبَلَدَيْنِ مُؤَكِّدًا حَفَاوَةَ الِاسْتِقْبَالِ مِنَ الشَّعْبِ.

b. 상태목적어로 사용된 수동분사가 자체의 주어(نَائِب فَاعِل)를 취한 경우

그 기사(horseman)는 그의 다리가 부러진채로 도착했다.	وَصَلَ الْفَارِسُ مَكْسُورَةً قَدَمُهُ.
내 아들은 학교에서 그의 돈들이 빼앗겨진 채로 돌아왔다.	عَادَ ابْنِي مِنَ الْمَدْرَسَةِ مَأْخُوذَةً نُقُودُهُ.
그 학생은 그의 책이 도둑맞은채로 그 교실을 나갔다.	خَرَجَ الطَّالِبُ مِنَ الْفَصْلِ مَسْرُوقًا كِتَابُهُ.

(3) 형용사 연결형(الْإِضَافَةُ الْوَصْفِيَّةُ)이 상태목적어로 사용된 경우

형용사 연결형 조합이 상태목적어로 사용된다. 이 때 형용사 연결형의 전연결어는 유사형용사이거나 유사형용사적인 의미를 가진 능동분사와 수동분사가 사용되어 상태주체의 일시적인 상태를 묘사한다.

그 여학생은 아름다운 용모로 왔다.	حَضَرَتِ الطَّالِبَةُ جَمِيلَةَ الْمَظْهَرِ.
그는 유창한 말로 설교를 했다.	أَلْقَى خِطَابًا فَصِيحَ اللُّغَةِ.
그 학생은 머리를 집중하며 공부한다. (학생이 공부할 때의 일시적인 상태)	يُذَاكِرُ الطَّالِبُ حَاضِرَ الذِّهْنِ.
따 후세인은 얼굴이 드러난채로(덮지 않고) 잠을 자는 것을 증오했다.	كَانَ طَه حُسَيْن يَكْرَهُ أَنْ يَنَامَ مَكْشُوفَ الْوَجْهِ.
경찰은 몇몇 희생자가 머리가 잘라진채로 있는 것을 발견하였다. (مَقْطُوعِي 가 규칙복수 목적격이다.)	وَجَدَتِ الشُّرْطَةُ بَعْضَ الضَّحَايَا مَقْطُوعِي الرَّأْسِ.

형용사 연결형에 대해서는 이 책 제 II권 '연결형에 대해 II'에서 공부하였고, '연결형에 대해 III'에서도 공부할 예정이다.

(4) 상태목적어의 동작이 파생명사 혹은 동명사에 표현되는 경우

상태목적어는 동사의 동작이 진행될 당시에 상태주체인 주어나 목적어 등의 상태를 나타낸다고 하였다. 그런데 상태목적어 문장 가운데는 동사가 사용되지 않고 동사가 사용될 자리에 능동분사나 수동분사 혹은 동명사 등이 사용되는 문장이 있다. 이 때의 상태목적어는 동사의 동작이 아니라 능동분사나 수동분사 혹은 동명사의 동작이 진행될 당시의 상태주체의 상태를 나타내게 된다.
(아래의 파란색 글자는 상태주체가 진행하는 동작. 빨간색은 동작이 진행될 당시의 상태를 나타내는 상태목적어)

a. 능동분사 (اِسْمُ الْفَاعِلِ)

그 학생은 부지런히 공부한다.(يَدْرُسُ)	الطَّالِبُ دَارِسٌ مُجْتَهِدًا.
우리는 아스완에 기쁜 상태로 여행을 할 것이다.	نَحْنُ مُسَافِرُونَ إِلَى أَسْوَانَ سُعَدَاءَ.
그 아기는 우유를 슬픈 상태로 마시고 있다.	الطِّفْلُ شَارِبٌ الْحَلِيبَ حَزِينًا.
이 사람은 그의 꾸란을 노래하면서 읽는 쉐이커이다.	هَذَا شَيْخٌ قَارِئٌ قُرْآنَهُ مُرَتِّلًا.
이 사람은 그의 일을 숙련되게 하는 남자이다.	هَذَا رَجُلٌ عَامِلٌ عَمَلَهُ مُتْقِنًا.

b. 수동분사 (اِسْمُ الْمَفْعُولِ)

그 소년은 슬픈 상태로 두들겨 맞았다.	الصَّبِيُّ مَضْرُوبٌ حَزِينًا.
그 소년은 기쁜 상태로 약속을 받았다.	الصَّبِيُّ مَوْعُودٌ فَرِحًا.
필체가 분명하게 기록된 한 편지가 나에게 도착했다.	وَصَلَتْنِي رِسَالَةٌ مَكْتُوبٌ خَطُّهَا وَاضِحًا.
그 여학생은 즐거운 상태로 도움을 받는다.	الطَّالِبَةُ مُسَاعَدَةٌ سَعِيدَةً.

c. 동명사 (الْمَصْدَرُ)

당신이 일찍 참석한 것이 나를 기쁘게 했다.	أَفْرَحَنِي حُضُورُكَ مُبَكِّرًا.
당신이 (꾸란이나 찬양 등)을 읊조리면서 노래하는 것이 나의 마음에 든다.	يُعْجِبُنِي تَرْتِيلُكَ مُجَوِّدًا.
당신이 기대어서 잠을 자는 것이 나를 놀라게 했다.	أَدْهَشَنِي نَوْمُكَ مُتَّكِئًا.

** 명사문에 사용된 상태 목적어

지금까지는 동사문 형태의 상태목적어 문장을 주로 살펴 보았다. 상태목적어는 동사문 뿐만 아니라 동사가 사용된 명사문에서도 동일하게 사용된다.

의미	동사문	명사문
그 아기는 웃으며 잠을 잤다.	نَامَ الطِّفْلُ ضَاحِكًا.	الطِّفْلُ نَامَ ضَاحِكًا.
그 상인은 조소하면서 대답했다.	رَدَّ التَّاجِرُ سَاخِرًا.	التَّاجِرُ رَدَّ سَاخِرًا.

제13과 여러 가지 목적격에 대해 II - 상태목적어, 상태구, 상태절

(5) 신문 문장에 사용된 상태목적어의 예

아래는 여러 개의 상태목적어들이 사용된 신문기사이다. 이 문장에서 الْبَرَادَعِي 가 상태주체이고, أَعْلَنَ 가 동사이며, 빨간색 표기의 글자들은 상태목적어들이다. 이 상태목적어들은 الْبَرَادَعِي 가 أَعْلَنَ 의 동작을 수행할 당시의 상태들을 묘사하는 것이다.

وَأَعْلَنَ الْبَرَادَعِي فِي بَرْنَامَج «الْعَاشِرَةَ مَسَاءً»، عَنِ اسْتِعْدَادِهِ[1] خَوْضَ[2] الِانْتِخَابَاتِ إِذَا طَلَبَ مِنْهُ الشَّعْبُ، بِغَضِّ[3] النَّظَرِ عَنْ مُنَافِسِيهِ فِيهَا، مُعْتَبِرًا[4] أَنَّ غِيَابَ[5] الدِّيمُقْرَاطِيَّةِ أَصَابَ[6] الشَّعْبَ بِالْيَأْسِ[7]، مُشِيرًا[8] إِلَى أَنَّ الدُّسْتُورَ يَحْرِمُ[9] 99% مِنَ الْمِصْرِيِّينَ مِنَ التَّرَشُّحِ[10]، وَاصِفًا[11] الْأَمْرَ بِأَنَّهُ طَامَّةٌ[12] كُبْرَى، نَافِيًا[13] وُجُودَ أَيِّ مُسَانَدَةٍ[14] خَارِجِيَّةٍ لَهُ، مُدَلِّلًا[15] عَلَى قَوْلِهِ بِرَفْضِ أَمْرِيكَا تَرْشِيحَهُ[16] لِفَتْرَةٍ ثَالِثَةٍ فِي الْوَكَالَةِ الدَّوْلِيَّةِ لِلطَّاقَةِ الذَّرِّيَّةِ، كَمَا أَنَّ إِسْرَائِيلَ تُهَاجِمُهُ[17] دَائِمًا فِي صُحُفِهَا.

알바라다이는, '저녁 10시' 프로그램에 출연하여, 만일 국민이 그에게 요청하면 선거에서 그의 경쟁자들이 누구인가에 대해 상관하지 않고 선거에 과감히 뛰어들 준비가 되어 있다고 발표했는데, 그는 민주주의의 부재가 백성을 절망에 빠뜨렸다고 간주하며, 헌법은 99%의 이집트 사람들이 출마하는 것을 금하고 있다고 지적하고, 그것은 아주 큰 재앙이라고 묘사하며, 외국으로부터 그를 위한 어떤 지원이 있다는 것을 부인하고, 미국이 국제원자력 기구에서 그의 세 번째 임기를 위해 그를 추천하길 거부한 것이 그의 말을 증명하고 있으며, 또한 이스라엘도 신문들에서 항상 그를 공격하고 있다고 하였다.

---

[1] اسْتَعَدَّ/ يَسْتَعِدُّ لِـ ... – اسْتِعْدَادٌ/ -ات ..할 준비가 되다, 준비되다 준비

[2] خَاضَ/ يَخُوضُ هـ – خَوْضٌ 달려들다, 과감히 착수하다 ; 돌입하다, 돌진하다

[3] بِغَضِّ النَّظَرِ عَنْ ... ..에 아랑곳하지 않고, ..에 관계없이, ..에 개의치 않고

[4] اعْتَبَرَ/ يَعْتَبِرُ هـ أَوْ هـ هـ – اعْتِبَارٌ – مُعْتَبِرٌ ...을 ...으로 여기다, 간주하다, 고려하다

[5] غَابَ/ يَغِيبُ عَنْ ... – غِيَابٌ ..에 부재중이다, ..에 없다, ..에 결석하다

[6] أَصَابَ/ يُصِيبُ هـ بِـ – إِصَابَةٌ (불행이)..에게 생기다, 닥치다 ; 부상을 입히다 ; 감염시키다, 걸리게 하다

[7] يَئِسَ/ يَيْأَسُ مِنْ ... – يَأْسٌ ..을 절망하다, 단념하다, 실망하다 절망

[8] أَشَارَ/ يُشِيرُ إِلَى ... – إِشَارَةٌ – مُشِيرٌ ..에게 가리키다, 지적.지시하다

[9] حَرَمَ/ يَحْرِمُ هـ ، هـ مِنْ هـ – حِرْمَانٌ ..에게서 ..을 빼앗다, 박탈하다 ; 배제시키다 ; 금지시키다

[10] تَرَشَّحَ/ يَتَرَشَّحُ لِـ هـ – تَرَشُّحٌ 후보자로 지명되다, 추천받다

[11] وَصَفَ/ يَصِفُ هـ بِـ ... أَوْ هـ هـ – وَصْفٌ – وَاصِفٌ ..을 ...라 묘사하다, 기술하다, 서술하다

[12] طَامَّةٌ/ -ات = مُصِيبَةٌ 재앙, 재난

[13] نَفَى/ يَنْفِي هـ – نَفْيٌ – نَافٍ(النَّافِي) 부인하다, 거부하다, 부정하다

[14] سَانَدَ/ يُسَانِدُ هـ – مُسَانَدَةٌ ..를 지지.지원.성원하다, 도와주다

[15] دَلَّ/ يَدُلُّ عَلَى .. – تَدْلِيلٌ – مُدَلِّلٌ ..을 증명.실증.인증하다

[16] رَشَّحَ/ يُرَشِّحُ هـ لِـ ... – تَرْشِيحٌ ..을 ..의 입후보자로 지명하다, 추천하다

[17] هَاجَمَ/ يُهَاجِمُ هـ أَوْ هـ – مُهَاجَمَةٌ ..을 공격.진격하다, 돌진하다, 쳐들어가다

2) 불완전 파생명사(اَلْحَالُ الْجَامِدَةُ)가 상태목적어로 사용되는 경우

지금까지 다룬 상태목적어는 파생명사(اَلِٱسْمُ الْمُشْتَقُ)의 경우이었다. 즉 상태목적어 단어가 능동분사, 수동분사, 유사형용사이었다. 여기서는 상태목적어로 사용된 단어가 이러한 파생명사가 아닌 불완전 파생명사(اَلِٱسْمُ الْجَامِدُ)인 경우이다. 이 부분은 앞에서 배운 일반적인 상태목적어 내용들과 달리 난이도가 있는 부분이므로 나중에 공부해도 된다.

우리는 이 책 제Ⅰ권에서 단어 자체가 어근이 되며 그 어근에서 파생된 동사가 없는 명사인 근원명사(اِسْمُ الذَّاتِ)가 불완전 파생명사(اَلِٱسْمُ الْجَامِدُ)라고 배웠다. 또한 동명사(اَلْمَصْدَرُ)도 학자들에 따라 불완전 파생명사에 포함시키기도 한다고 했다.(제Ⅰ권 '심화학습 – 파생명사(اَلِٱسْمُ الْمُشْتَقُ)와 불완전 파생명사(اَلِٱسْمُ الْجَامِدُ)에 대해')

이러한 불완전 파생명사가 상태목적어로 사용되는 경우 근원명사 혹은 동명사가 상태목적어로 사용되기에 다른 목적격 용법인 '명시목적어(اَلتَّمْيِيزُ)' 용법과 비슷한 면이 있다.

불완전 파생명사가 상태목적어로 사용된 경우를 두 가지로 구분할 수 있다. 먼저는 다른 파생명사로 대체할 수 있는 경우와 다른 파생명사로 대체할 수 없는 경우가 있다. 이 두 가지를 먼저 다룬 뒤 동명사(اَلْمَصْدَرُ)가 상태목적어로 사용된 경우를 공부하도록 한다.

(1) 불완전 파생명사를 파생명사로 대체할 수 있는 경우 (مَا يُؤَوَّلُ بِمُشْتَقٍّ)

a. 비유(اَلتَّشْبِيهُ)의 의미로 사용될 경우

다음 문장들에서 근원명사(اِسْمُ الذَّاتِ)가 상태목적어로 사용되었다. 이 명사들은 문장에서 그 의미가 비유의 의미로 사용되었으며 괄호안에 기록된 파생명사로 대체할 수 있다. 이 경우 이 불완전 파생명사는 상태목적어로 사용되었다.

달이 보름달로 떠올랐다.(보름달처럼 비치면서)	طَلَعَ الْقَمَرُ بَدْرًا. (= مُنِيرًا)
달이 초승달로 나타났다.(초승달처럼 비치면서)	ظَهَرَ الْقَمَرُ هِلَالًا. (= مُنِيرًا)
그 주자는 화살처럼 빨리 달렸다.(화살처럼 빨리)	اِنْطَلَقَ الْمُتَسَابِقُ سَهْمًا. (= سَرِيعًا)
그 선수는 원숭이처럼 뛰었다.	قَفَزَ اللَّاعِبُ قِرْدًا. (= مَاهِرًا أَوْ عَالِيًا)
그 지도자는 그 원수를 사자처럼 공격했다. (사자처럼 용감하게)	هَجَمَ الْقَائِدُ عَلَى الْعَدُوِّ أَسَدًا. (= شُجَاعًا)
그는 남자로서 그의 삶을 살았다. (남자로서 용감, 덕스러움, 강함 등의 의미)	عَاشَ حَيَاتَهُ رَجُلًا. (= شُجَاعًا أَوْ قَوِيًّا أَوْ كَرِيمًا..)
그는 교수로서 미국에 왔다.	حَضَرَ إِلَى أَمْرِيكَا أُسْتَاذًا. (= خَبِيرًا، مُعَلِّمًا)
비들이 갑자기 쏟아졌다.	هَطَلَتِ الْأَمْطَارُ بَغْتَةً. (أَوْ مُفَاجَأَةً)
나는 더 이상 아기가 아니다.	لَمْ أَعُدْ طِفْلًا. (= صَغِيرًا فِي الْعُمْرِ)

제13과 여러 가지 목적격에 대해 II - 상태목적어, 상태구, 상태절

b. 상호작용(الْمُفَاعَلَة)의 의미로 사용될 경우

나는 그와 손에 손을 잡았다. (= صَافَحْتُهُ مُقَابِضَيْنِ يَدًا بِيَدٍ.)	صَافَحْتُهُ يَدًا بِيَدٍ. (= تَصَافَحْنَا مُقَابِضَيْنِ)
우리는 손에 손을 잡고 행진했다.	سِرْنَا يَدًا بِيَدٍ. (= مُقَابِضَيْنِ)
나는 그를 얼굴과 얼굴로 대면하여 만났다.	قَابَلْتُهُ وَجْهًا لِوَجْهٍ. (= التَقَيْنَا مُتَقَابِلَيْنِ)
나는 그와 속삭이면서 말했다.	حَدَّثْتُهُ فَاهُ إِلَى فِيَّ. (= تَحَدَّثْنَا مُتَشَافِهَيْنِ)
우리는 바로 옆에 앉았다.	جَلَسْنَا جَنْبًا إِلَى جَنْبٍ. (= مُتَقَارِبَيْنِ)

c. 반복된 숫자가 순서 혹은 구분(التَّرْتِيبُ أَوِ التَّفْصِيلُ)을 말하는 경우

그 방문자들은 그 환자방에 한 사람씩 한 사람씩 들어갔다.	دَخَلَ الزَّائِرُونَ إِلَى غُرْفَةِ الْمَرِيضِ وَاحِدًا وَاحِدًا. (= مُتَرَتِّبِينَ)
그 학생들이 세 명씩 세 명씩 나갔다.	خَرَجَ الطُّلَّابُ ثَلَاثَةً ثَلَاثَةً. (= مُتَرَتِّبِينَ)
그 학생들은 그 교실에 한 명 한 명 들어갔다.	دَخَلَ الطُّلَّابُ الْفَصْلَ طَالِبًا طَالِبًا.
그 나무들 근처에 있는 것의 깨끗함이 한 그루씩 한 그루씩 잃어졌다.	فُقِدَتْ نَظَافَةُ مَا حَوْلَ الْأَشْجَارِ شَجَرَةً شَجَرَةً.
나는 그 이야기를 한 장(chapter) 한 장 읽었다.	قَرَأْتُ الْقِصَّةَ فَصْلًا فَصْلًا.
나는 그 옷을 한 부분 한 부분 찢었다.	مَزَّقْتُ الثَّوْبَ جُزْءًا جُزْءًا.

(2) 불완전 파생명사를 파생명사로 대체할 수 없는 경우(مَا لَمْ يُؤَوَّلْ)

다음 문장에서 상태목적어로 사용된 단어들은 다른 파생명사로 대체할 수 없는 경우이다.

a. 도량형 단위에 대한 가격(السِّعْر)을 말하는 경우

나는 옷감을 1 미터에 1 디나에 샀다. (여러 미터를 샀는데, 그 가격이 미터당 1 디나란 의미)	اشْتَرَيْتُ الْقُمَاشَ مِتْرًا بِدِينَارٍ. (= مُسَعِّرًا كُلَّ مِتْرٍ)
나는 기름을 1리터에 1 디나에 팔았다.	بِعْتُ الزَّيْتَ لِتْرًا بِدِينَارٍ. (= مُسَعِّرًا كُلَّ لِتْرٍ)
그 향신료 장수는 캄문을 1그램에 1파운드로 팔았다.	بَاعَ الْعَطَّارُ الْكَمُّونَ جَرَامًا بِجُنَيْهٍ.
그 장미는 한 다발에 3 디나에 팔린다.	يُبَاعُ الْوَرْدُ بَاقَةً بِثَلَاثَةِ دَنَانِيرَ.
나는 그것을 1킬로에 2 리얄에 팔았다.	بِعْتُهُ كِيلُوجِرَامًا بِرِيَالَيْنِ. (= مُسَعِّرًا كُلَّ كِيلُوجِرَامٍ)
나는 밀 한 톤을 5천 리얄에 샀다.	اشْتَرَيْتُ الْقَمْحَ طِنًّا بِخَمْسَةِ آلَافِ رِيَالٍ. (= مُسَعِّرًا كُلَّ طِنٍّ)

b. 숫자(الْعَدَد)가 문장의 부수적인 기능을 할 때

다음 문장에 사용된 숫자들은 불완전 파생명사(الاسْمُ الْجَامِدُ)로서 대체할 수 있는 파생명사가 없다. 그 숫자가 상태목적어로 사용되었다.

그 달은 30일로 끝났다. (ثَلَاثِينَ가 상태목적어이고 يَوْمًا이 명시목적어이다.)	انْتَهَى الشَّهْرُ ثَلَاثِينَ يَوْمًا.
나는 나의 군복무기간을 3년 보내었다.	قَضَيْتُ مُدَّةَ الْجُنْدِيَّةِ ثَلَاثَ سَنَوَاتٍ.
나는 나의 휴가를 20일 보내었다. (عِشْرِينَ가 상태목적어이고 يَوْمًا이 명시목적어이다.)	قَضَيْتُ إِجَازَتِي عِشْرِينَ يَوْمًا.
그래서 주님과의 교화가 사십일로 끝났더라. (꾸란 7:142)	قَالَ تَعَالَى : فَتَمَّ مِيقَاتُ رَبِّهِ أَرْبَعِينَ لَيْلَةً.

→위의 숫자들 뒤에는 시간을 나타내는 단어가 사용되었기에 그 앞의 숫자를 부(副) 부사(نَائِبُ ظَرْفٍ)로 보기도 한다. 부(副) 부사에 대해서는 이전 과로 돌아가서 확인하라.

** 숫자가 문장의 기본적인 기능을 하는 경우

그러나 숫자가 문장에서 주어나 목적어 등의 기본적인 기능을 하는 경우는 상태목적어가 아니다.

13명의 학생이 합격했다. (ثَلَاثَةَ عَشَرَ가 주어(فَاعِل)이고, طَالِبًا이 명시목적어이다.)	نَجَحَ ثَلَاثَةَ عَشَرَ طَالِبًا.
우리는 알렉산드리아에서 15일을 보내었다. (خَمْسَةَ عَشَرَ가 목적어이고, يَوْمًا이 명시목적어이다.)	قَضَيْنَا فِي الْإِسْكَنْدَرِيَّةِ خَمْسَةَ عَشَرَ يَوْمًا.
나는 그에게 200파운드를 지불했다. (مِئَتَيْ가 목적어이다.)	دَفَعْتُ لَهُ مِئَتَيْ جُنَيْهٍ.
그리고 우리가 모세에게 30일 밤을 약속했다. (ثَلَاثِينَ가 제2목적어) (꾸란 7:142)	وَوَاعَدْنَا مُوسَى ثَلَاثِينَ لَيْلَةً.

c. 다음과 같은 비교급 문장에서

상태목적어가 그 앞의 상태주체의 상태를 설명한다.

밀을 키우는 밭이 면화를 키우는 밭 보다 낫다.	الْحَقْلُ قَمْحًا أَفْضَلُ مِنْهُ قُطْنًا.
신선한 사과가 잼보다 낫다.	التُّفَاحُ طَازَجًا خَيْرٌ مِنْهُ مُرَبًّى.

→위의 문장을 비교급 문장(우선급 명사 뒤)에 사용된 명시목적어 문장과 구분하라.

d. 꾸란 구절에서

다음 문장에 사용된 숫자들은 불완전 파생명사(الاسْمُ الْجَامِدُ)로서 대체할 수 있는 파생명사가 없지만 문장에서 상태목적어로 사용되었다.

참으로 우리가 그것을 아랍어 꾸란으로 내려보내어서 너희가 이해할 수 있도록 했다. (꾸란 12:2)	إِنَّا أَنْزَلْنَاهُ قُرْآنًا عَرَبِيًّا لَعَلَّكُمْ تَعْقِلُونَ.
그래서 우리는 그녀에게 우리의 천사를 보내어서 그가 그녀에게 균형잡힌 사람으로 자신을 드러내었다.(꾸란 19:17)	فَأَرْسَلْنَا إِلَيْهَا رُوحَنَا فَتَمَثَّلَ لَهَا بَشَرًا سَوِيًّا.

(3) 동명사(الْمَصْدَر)가 상태목적어로 사용된 경우

동명사가 상태목적어로 사용된다. 동명사(الْمَصْدَر)는 학자들에 따라 불완전 파생명사에 포함되기도 한다. 이 용법에 대해서는 다른 견해들이 있지만 상태목적어로 보는 의견이 다수이다.[1]

의미	파생명사가 상태목적어	동명사가 상태목적어
무함마드는 뛰어서 왔다.	جَاءَ مُحَمَّدٌ رَاكِضًا.	جَاءَ مُحَمَّدٌ رَكْضًا.
그는 억압당하여 죽임당했다.	مَاتَ مَقْهُورًا.	مَاتَ قَهْرًا.

더 많은 예문들

나의 책임자(디렉터)가 걸어서 나에게 왔다.	أَتَى مُدِيرِي إِلَيَّ مَشْيًا. (= مَاشِيًا)
그 아기는 기어서 그 방에 들어갔다.	دَخَلَ الطِّفْلُ الْغُرْفَةَ حَبْوًا. (= حَابِيًا)
나는 슬프게/기쁘게 울었다.	بَكَيْتُ حُزْنًا./ سَعَادَةً.(= حَزِينًا/ سَعِيدًا)
ذَهَبَ الطَّالِبُ إِلَى الْمَدْرَسَةِ مَشْيًا/ جَرْيًا. (= مَاشِيًا/ جَارِيًا). 그 학생은 걸어서/ 뛰어서 학교에 갔다.	
그 아이는 기쁘게(기쁜 상태로)/ 슬프게(슬픈 상태로) 잠을 잤다.	نَامَ الطِّفْلُ سَعَادَةً/ حُزْنًا. (= سَعِيدًا/ حَزِينًا).
나는 그 원수들과 용감하게 대면했다	وَاجَهْتُ الْأَعْدَاءَ جُرْأَةً. (= جَرِيئًا)
그는 그녀를 뻔뻔스럽게 욕했다.	شَتَمَهَا وَقَاحَةً. (= وَقِحًا)
그가 파트와를 제정할 때 알면서(아는 상태로) 했다.	أَفْتَيْتُ عِلْمًا. (= عَالِمًا)
무함마드는 모르면서(모르는 상태에서) 이야기했다.	تَكَلَّمَ مُحَمَّدٌ جَهْلًا. (= جَاهِلًا)
مُذِيعٌ بِالتِّلْفِزْيُون الْمِصْرِيِّ يَقْتُلُ زَوْجَتَهُ رَمْيًا بِالرَّصَاصِ. (= رَامِيًا إِيَّاهَا بِالرَّصَاصِ.) 이집트 텔레비전 방송국 아나운서, 그의 아내를 총을 쏘아서 죽이다. (신문 제목)	
나는 듣는 방법으로 구어체를 배운다.	أَتَعَلَّمُ الْعَامِّيَّةَ سَمْعًا/ سَمَاعًا.*
나는 내 형(남동생)의 소리를 들어서 구분했다.	مَيَّزْتُ صَوْتَ أَخِي سَمْعًا/ سَمَاعًا.*
우리는 그 단어들을 읽는 방법으로 외운다.	نَحْفَظُ الْكَلِمَاتِ قِرَاءَةً. (= قَارِئِينَ إِيَّاهَا)
나는 새로운 어휘들을 기록하면서 공부한다.	أُذَاكِرُ الْمُفْرَدَاتِ الْجَدِيدَةِ كِتَابَةً.(= كَاتِبًا إِيَّاهَا)

---

[1] 한국의 아랍어 문법 책이나 현지의 아랍어 교사들 가운데 동명사의 이와같은 용법을 명시목적어로 소개하는 경우들이 있다. 필자도 처음에 그렇게 배웠고, 그래서 필자의 초판 책에서 그것을 명시목적어로 설명하였다.
이번 개정판을 준비하며 이 부분을 다시 연구하였다. 여러 가지 아랍어 문법 원서들을 찾아 본 결과 많은 문법학자들이 이것을 상태목적어(الحال)로 설명하고 있음을 발견하였다. (شَرْح ابْن عَقِيل، ص187)

أَسَاءَ الطَّالِبُ سَمْعًا فَأَسَاءَ إِجَابَةً. (= مُجِيبًا)	그 학생은 듣는 것에 잘못하여서(잘못들어서) 대답하는 것에도 잘못하였다(잘못대답하였다).
أَدَّى الرَّئِيسُ لِي مِيُونْغ بَاك الْقَسَمَ الدُّسْتُورِيَّ رِئَاسَةً لِكُورِيَا الْجَنُوبِيَّةِ. (= رَئِيسًا)	
	이명박 대통령은 대한민국 대통령으로 선서했다. (신문 기사)
الَّذِينَ يُنْفِقُونَ أَمْوَالَهُمْ بِاللَّيْلِ وَالنَّهَارِ سِرًّا وَعَلَانِيَةً فَلَهُمْ أَجْرُهُمْ. (= سَارِّينَ ومُعْلِنِينَ)	
	밤낮으로 알게 모르게(비밀에 혹은 공개적으로) 그들의 재산을 사용하는자들에게 보상이 있다. (꾸란 2:274)

→ 위의 * 문장에서 사용된 동명사는 파생명사 꼴로는 사용되지 않는다. 즉 سَمْعًا 꼴로는 사용되지 않는다. 이러한 구분은 사람들이 많이 사용하는 여부에 따른 것이고(سَمَاعِيُّ) 따로 규칙이 있는 것은 아니다.

** 위의 상태목적어로 사용된 동명사들을 동족목적어(الْمَفْعُولُ الْمُطْلَقُ)로 설명하는 경우도 있다.

문법학자에 따라 위의 상태목적어로 사용된 동명사를 동족목적어로 설명하는 경우도 있다. 즉 동명사가 생략된 동사의 동족목적어(الْمَفْعُولُ الْمُطْلَقُ)로 보는 경우이다. 그러나 이렇게 동족목적어로 보는 것보다 상태목적어라고 보는 것이 다수의 의견이다.

생략된 동사의 동족목적어로 사용됨	동명사가 상태목적어로 사용됨
حَضَرَ الْوَلَدُ يَجْرِي جَرْيًا.	حَضَرَ الْوَلَدُ جَرْيًا.

** 상태목적어의 의미

상태목적어는 문장의 동작이 진행될 때 문장의 상태주체(صَاحِبُ الْحَالِ)의 상태를 설명하는 것이다. 때에 따라 상태목적어는 문장의 동작이 진행되는 방법(How)을 묻는 질문(كَيْفَ)에 대한 답변도 가능하다.

أ : كَيْفَ جَاءَ الرَّجُلُ؟	그 남자가 어떻게 왔는지?
ب : جَاءَ الرَّجُلُ رَاكِبًا. (= رُكُوبًا)	그 남자는 (차를) 타고 왔다.

أ : كَيْفَ مَاتَ؟	그는 어떻게 죽었는가?
ب : مَاتَ مَقْهُورًا. (= قَهْرًا)	그는 억압당하여 죽임당했다.

أ : كَيْفَ تَتَعَلَّمُ الْعَامِّيَّةَ.	당신은 어떻게 구어체를 배웁니까?
ب : أَتَعَلَّمُ الْعَامِّيَّةَ سَمَاعًا.	나는 듣는 방법으로 구어체를 배운다.

3) 그외 고려사항들과 비교

(1) 한정명사가 상태목적어로 사용된 경우

상태목적어는 대부분 비한정 목적격을 취한다. 그러나 아주 특별한 경우 한정형태가 상태목적어로 사용되는 경우가 있다. 이러한 경우는 예외적인 경우이며 정해진 규칙이 있는 것이 아니다.

나는 그 정원을 나 혼자(by myself) 청소했다.	نَظَّفْتُ الْحَدِيقَةَ وَحْدِي.
너 스스로(혹은 혼자서, by yourself) 열심히 해.	اجْتَهِدْ وَحْدَكَ.
선을 선사하는 것은 하나님 한분만으로 부터이다.	وَهَبُ الْخَيْرِ مِنْ عِنْدِ اللهِ وَحْدَهُ.

(2) 파생명사가 동사의 역할을 하는 경우의 상태목적어

아래는 파생명사가 동사의 역할을 하는 문장에서 불완전 파생명사(الاسْمُ الْجَامِدُ)(근원명사 اسْمُ الذَّاتِ) 혹은 동명사)가 상태목적어로 사용된 경우이다. 다음의 예들을 보자.

a. 불완전 파생명사가 능동분사 동작의 상태를 나타내는 경우

그 학생들은 뛰어서 집으로 돌아오고 있다.	الطُّلَّابُ رَاجِعُونَ إِلَى الْبَيْتِ جَرْيًا.
그 소녀는 기록하면서 그녀의 단원들을 공부한다.	الْبِنْتُ مُذَاكِرَةٌ دُرُوسَهَا كِتَابَةً.
나는 날아서(비행기로) 여행하고 있다. (여행할 것이다.) طَيَرَانٌ 근원명사	أَنَا مُسَافِرٌ طَيَرَانًا.
그는 공손하게 앉아있다.	هُوَ جَالِسٌ أَدَبًا.

b. 불완전 파생명사가 수동분사 동작의 상태를 나타내는 경우

이 사람은 억울하게 증오를 받는다. (억울하게 다른 사람들이 싫어한다.)	هَذَا الرَّجُلُ مَكْرُوهٌ ظُلْمًا.
이집트는 기후에 있어서 사랑을 받는다. (기후가 좋아서 사람들이 이집트를 좋아한다는 말)	مِصْرُ مَحْبُوبَةٌ طَقْسًا.
그 아이는 무시당하여 두들겨 맞는다.	الطِّفْلُ مَضْرُوبٌ إِهْمَالًا.

c. 불완전 파생명사가 동명사 동작의 상태를 나타내는 경우

الذَّهَابُ إِلَى الْمَدْرَسَةِ مَشْيًا أَفْضَلُ مِنَ الرُّكُوبِ.	
걸어서 학교에 가는 것은 (차를) 타고 가는 것보다 낫다.	
나는 바다로 여행하는 것 보다 비행기로 여행하는 것을 선호한다. بَحْرٌ 근원명사	أُفَضِّلُ السَّفَرَ جَوًّا عَنِ السَّفَرِ بَحْرًا.
그 선생님은 우리에게 읽으면서 암기할 것을 충고했다.	يَنْصَحُنَا الْمُدَرِّسُ بِالِاسْتِذْكَارِ قِرَاءَةً.
충성심으로 조국을 보호해야 한다.	يَنْبَغِي الدِّفَاعُ عَنِ الْوَطَنِ وَفَاءً.

**한편 위의 문장을 아래와 같이 일반적인 동사가 사용된 문장으로 전환할 수 있다.

위의 능동분사와 수동분사는 동사로 전환할 수 있다. 동명사의 경우는 풀어쓴 동명사 문장으로 전환할 수 있다.

a. 불완전 파생명사가 능동분사 동작의 상태를 나타내는 경우

상태목적어가 능동분사의 동작을 표현	일반적인 동사가 사용된 문장
الطُّلَّابُ رَاجِعُونَ إِلَى الْبَيْتِ جَرْيًا.	الطُّلَّابُ يَرْجِعُونَ إِلَى الْبَيْتِ جَرْيًا.
그 학생들은 뛰어서 집으로 돌아오고 있다.	
الْبِنْتُ مُذَاكِرَةٌ دُرُوسَهَا كِتَابَةً.	الْبِنْتُ تُذَاكِرُ دُرُوسَهَا كِتَابَةً.
그 소녀는 기록하면서 그녀의 단원들을 공부한다.	
أَنَا مُسَافِرٌ طَيَرَانًا.	أَنَا أُسَافِرُ طَيَرَانًا.
나는 날아서(비행기로) 여행하고 있다.	

b. 불완전 파생명사가 수동분사 동작의 상태를 나타내는 경우

상태목적어가 수동분사의 동작을 표현	일반적인 동사가 사용된 문장
هَذَا الرَّجُلُ مَكْرُوهٌ ظُلْمًا.	هَذَا الرَّجُلُ يُكْرَهُ ظُلْمًا.
이 사람은 억울하게 증오를 받는다.(억울하게 다른 사람들이 싫어한다.)	
مِصْرُ مَحْبُوبَةٌ طَقْسًا.	مِصْرُ تُحَبُّ طَقْسًا.
이집트는 계절에 있어서 사랑을 받는다. (계절이 좋아서 사람들이 이집트를 좋아한다는 말)	
الطِّفْلُ مَضْرُوبٌ إِهْمَالًا.	الطِّفْلُ يُضْرَبُ إِهْمَالًا.
그 아이는 무시당하여 두들겨 맞는다.	

c. 불완전 파생명사가 동명사 동작의 상태를 나타내는 경우

상태목적어가 동명사의 동작을 표현	풀어쓴 동명사가 사용된 문장
الذَّهَابُ إِلَى الْمَدْرَسَةِ مَشْيًا أَفْضَلُ مِنَ الرُّكُوبِ.	أَنْ أَذْهَبَ إِلَى الْمَدْرَسَةِ مَشْيًا أَفْضَلُ مِنَ الرُّكُوبِ.
걸어서 학교에 가는 것은 (차를) 타고 가는 것보다 낫다.	
أُفَضِّلُ السَّفَرَ جَوًّا عَنِ السَّفَرِ بَحْرًا.	أُفَضِّلُ أَنْ أُسَافِرَ جَوًّا عَنْ أَنْ أُسَافِرَ بَحْرًا.
يَنْصَحُنَا الْمُدَرِّسُ بِالِاسْتِذْكَارِ قِرَاءَةً.	يَنْصَحُنَا الْمُدَرِّسُ بِأَنْ نَسْتَذْكِرَ قِرَاءَةً.
يَنْبَغِي الدِّفَاعُ عَنِ الْوَطَنِ وَفَاءً.	يَنْبَغِي أَنْ نُدَافِعَ عَنِ الْوَطَنِ وَفَاءً.

→ 풀어쓴 동명사 문장에 대해서는 곧 공부한다.

제13과 여러 가지 목적격에 대해 II - 상태목적어, 상태구, 상태절

(3) 형용사가 상태목적어로 사용될 수 있는 경우와 불가능한 경우

상태목적어는 문장의 상태주체가 동작을 수행할 때의 일시적인 상태를 묘사하는 목적격 단어이다. 따라서 형용사(파생명사)가 항시적인 상태를 표현하는 경우는 상태목적어로 사용될 수 없다.

①	그 소녀는 키가 크게/ 작게 태어났다.(태어났을 때 일시적으로 키가 크거나 작은 것을 묘사한다.)	وُلِدَتِ الْبِنْتُ طَوِيلَةً/ قَصِيرَةً. (o)
②	그 소녀는 키가 크게/ 작게 교실에 들어갔다. (키가 크거나 작은 것은 항시적인 성질이다.)(×)	دَخَلَتِ الْبِنْتُ الْفَصْلَ طَوِيلَةً/ قَصِيرَةً. (×)
③	그 키가 큰/작은 소녀가 교실에 들어갔다. الطَّوِيلَةُ/ الْقَصِيرَةُ 가 수식어로 사용되었다.)	دَخَلَتِ الْبِنْتُ الطَّوِيلَةُ/ الْقَصِيرَةُ الْفَصْلَ. (o)

위의 ①은 상태목적어 문장이다. 상태주체가 태어날 때의 일시적인 상태가 키가 크거나 작은 경우이다. ②는 키가 크거나 작은 것은 일시적인 상태가 아니라 사람의 항시적인 성질이다. 따라서 이런 항시적인 의미라면 ③과 같이 수식어로 사용해야 한다.

아래의 예를 보자. 아래는 형용사 연결형이 상태목적어로 사용된 경우이다. 여기서도 상태목적어가 일시적인 상태를 묘사하고 있는지의 여부를 생각해 보자.

①	그 학생은 머리를 집중하며 공부한다. (حَاضِرُ الذِّهْنِ 는 일시적인 상태의 표현이다.)	يُذَاكِرُ الطَّالِبُ حَاضِرَ الذِّهْنِ. (o)
②	그 학생은 명석하게 공부한다. (حَادُّ الذَّكَاءِ 는 항시적인 상태의 표현이다.)(×)	يُذَاكِرُ الطَّالِبُ حَادَّ الذَّكَاءِ. (×)

위의 ①의 حَاضِرُ الذِّهْنِ 의 경우 학생이 공부할 때의 일시적인 상태의 묘사이다. 반면 ②의 حَادُّ الذَّكَاءِ 는 사람이 '총명한', '명석한' 이라는 항시적인 의미이기 때문에 상태목적어로는 적합하지 않다.

또한 아래의 경우는 문장에 사용된 동사와 상태목적어로 사용된 형용사(파생명사)가 의미적으로 부합되는가의 여부를 보아야 한다.

①	그 소년은 어려서 여행을 떠나 젊은이가 되어 돌아왔다.	سَافَرَ الْوَلَدُ صَغِيرًا وَرَجَعَ شَابًّا. (o)
②	그 소년은 어려서 먹는다/ 논다/ 밖으로 나간다/ 잠을 잔다. (이렇게는 사용되지 않는다.)(×)	يَأْكُلُ/ يَلْعَبُ/ يَخْرُجُ/ يَنَامُ الْوَلَدُ صَغِيرًا. (×)

위의 ①의 경우 소년이 여행을 떠날 때의 나이가 어린 것을 묘사한 것이다. 의미가 통한다. 그러나 ②의 경우는 '어려서 먹는다/ 어려서 논다/ 어려서 밖으로 나간다/ 어려서 잠을 잔다'의 의미인데 동사와 형용사의 의미가 맞지 않다.

이처럼 상태목적어는 상태주체가 동작을 수행하는 일시적인 상태를 묘사한다. 또한 상태목적어인 형용사(파생명사)가 동사의 동작과 의미적으로 조화를 이루어야 한다. 상태목적어 문장을 만들 때 동사와 형용사(파생명사)의 의미와 성격에 주의하여야 한다.

2. 상태구(اَلْحَالُ شِبْهُ الْجُمْلَةِ)에 대해

문장에서 사용된 유사문장(شِبْهُ الْجُمْلَةِ)이 상태를 묘사하는 경우이다. 즉 '전치사 + 소유격 명사'로 이루어진 유사문장이나, '부사(ظَرْف) + 후연결어'로 이루어진 유사문장이 상태를 묘사하는 경우를 말한다. 이 경우 상태구로 사용된 유사문장은 동사의 동작이 진행될 당시 상태주체(주어나 목적어 등)의 상태를 묘사하는 의미이다. 이 때 상태주체(صَاحِبُ الْحَالِ)로 사용되는 주어나 목적어는 반드시 한정형태의 명사이다.

1) 전치사구(전치사 + 소유격 명사)가 상태를 묘사하는 경우

(1) 동사가 사용된 문장에서

전치사구(전치사 + 소유격 명사)가 동사의 동작이 진행될 당시의 주어나 목적어의 상태를 묘사한다.

나는 그 열매를 나무에 달린 채로 팔았다. (내가 열매를 팔 때 열매가 나무 위에 달린 상태)	بِعْتُ الثَّمَرَ عَلَى شَجَرِهِ.
그 새는 그 새장속에서 고통을 당했다. (새가 고통을 당할 때 새장에 있는 상태)	تَأَلَّمَ الطَّائِرُ فِي الْقَفَصِ.
나는 그 무화과 바구니를 값싸게 구입했다. (내가 그 바구니를 구입할 당시 그 바구니의 상태)	اِشْتَرَيْتُ سَلَّةَ التِّينِ بِثَمَنٍ قَلِيلٍ.
그 독수리가 공중에서 보여졌다.	شُوهِدَ النَّسْرُ فِي الْجَوِّ.
나는 물에서 그 물고기를 보았다.	نَظَرْتُ إِلَى السَّمَكِ فِي الْمَاءِ.

(2) 동사가 사용되지 않은 명사문에서

아래의 문장들은 동사가 없는 명사문이다. 동사가 없는 명사문은 존재를 의미하는 문장이므로 이 때의 상태구는 주어가 존재할 당시의 상태로 이해하면 된다.

그 책상 위에 있는 그 책은 크다. (책이 책상위에 존재하는 상태)	الْكِتَابُ عَلَى الْمَكْتَبِ كَبِيرٌ.
그 공원에 있는 그 소년은 나의 아들이다.	الصَّبِيُّ فِي الْحَدِيقَةِ ابْنِي.
한국에서 온 그 여학생은 똑똑하다.	الطَّالِبَةُ مِنْ كُورِيَا ذَكِيَّةٌ.
하늘에서의 너희들의 보상이 크다.(마5:12)	إِنَّ مُكَافَأَتَكُمْ فِي السَّمَوَاتِ عَظِيمَةٌ.

위의 동사가 없는 명사문 문장은 아래와 같이 관계대명사가 사용된 형태로 많이 사용된다.

그 책상 위에 있는 그 책은 크다. (책이 책상위에 존재하는 상태)	الْكِتَابُ الَّذِي عَلَى الْمَكْتَبِ كَبِيرٌ.
그 공원에 있는 그 소년은 나의 아들이다.	الصَّبِيُّ الَّذِي فِي الْحَدِيقَةِ ابْنِي.
한국에서 온 그 여학생은 똑똑하다.	الطَّالِبَةُ الَّتِي مِنْ كُورِيَا ذَكِيَّةٌ.

2) 부사구(부사 + 후연결어)가 상태를 묘사하는 경우

부사구(부사 + 후연결어)가 동사의 동작이 진행될 당시의 주어나 목적어의 상태를 묘사한다.

(1) 동사가 사용된 문장에서

보름달이 구름 사이에서 나타났다. (보름달이 나타날 때의 상태)	طَلَعَ الْبَدْرُ بَيْنَ السَّحَابِ.
나는 그 연단위에 있는 그 연사를 보았다. (내가 그 연사를 보았을 때 그 연사의 상태)	أَبْصَرْتُ الْخَطِيبَ فَوْقَ الْمِنْبَرِ.
그 정원 중앙에 있는 그 장미가 나의 마음에 들었다. (그 장미가 내 마음에 들었을 때 그 장미의 상태)	أَعْجَبَنِي الْوَرْدُ وَسَطَ الْبُسْتَانِ.
나는 구름 사이에서 초승달을 보았다.	رَأَيْتُ الْهِلَالَ بَيْنَ السَّحَابِ.

(2) 동사가 사용되지 않은 명사문에서

아래의 문장들은 동사가 없는 명사문이다. 동사가 없는 명사문은 존재를 의미하는 문장이므로 이 때의 상태구는 주어가 존재할 당시의 상태로 이해하면 된다.

그 건물 앞에 있는 그 자동차는 아름답다.	السَّيَّارَةُ أَمَامَ الْعِمَارَةِ جَمِيلَةٌ.
당신 뒤에 있는 그 여자는 급한 상태이다.	الْمَرْأَةُ خَلْفَكَ مُتَعَجِّلَةٌ.

위의 동사가 없는 명사문 문장은 아래와 같이 관계대명사가 사용된 형태로 많이 사용된다.

그 건물 앞에 있는 그 자동차는 아름답다.	السَّيَّارَةُ الَّتِي أَمَامَ الْعِمَارَةِ جَمِيلَةٌ.
당신 뒤에 있는 그 여자는 급한 상태이다.	الْمَرْأَةُ الَّتِي خَلْفَكَ مُتَعَجِّلَةٌ.

** 상태구(حَال شِبْهُ جُمْلَة)와 수식어구(نَعْت شِبْهُ جُمْلَة)의 비교

아래의 ①은 상태구를 나타내는 문장이고 ②는 형용사구를 나타내는 문장이다. 아래에서 상태구는 앞에 오는 한정명사(상태주체)의 상태를 묘사한다. 따라서 상태주체(صَاحِبُ الْحَال)는 항상 한정명사가 된다. 그러나 형용사구는 그 앞에 오는 비한정 명사를 수식한다. 다시 말해 비한정 명사 뒤에 오는 유사문장은 형용사구가 된다.

①	나는 그 건물 앞에 있는 그 자동차를 보았다.	رَأَيْتُ السَّيَّارَةَ أَمَامَ الْعِمَارَةِ.
②	나는 그 건물 앞에 있는 한 자동차를 보았다.	رَأَيْتُ سَيَّارَةً أَمَامَ الْعِمَارَةِ.
①	그 새는 새장속에서 고통을 당했다.	تَأَلَّمَ الطَّائِرُ فِي الْقَفَصِ.
②	새장속에 있는 한 새는 고통을 당했다.	تَأَلَّمَ طَائِرٌ فِي الْقَفَصِ.
①	그 소년이 그 침대에서 잠을 잤다.	نَامَ الصَّبِيُّ عَلَى السَّرِيرِ.
②	그 침대에 있는 한 소년은 잠을 잤다.	نَامَ صَبِيٌّ عَلَى السَّرِيرِ.

→ 구(句)가 수식어로 사용되는 것에 대해서는 '후속어(التَّوَابِع) I - 수식어(النَّعْت)에 대해' 부분을 보라.

3. 상태절(اَلْحَالُ الْجُمْلَةُ)에 대해 – 상태가 문장으로 표현된 경우

동사의 동작이 진행될 당시의 상태가 문장으로 표현된 경우이다. 상태절(اَلْحَالُ الْجُمْلَةُ أَوْ جُمْلَةُ الْحَالِ)이란 주절의 동작이 진행될 때 상태주체(주어나 목적어 등)의 상태가 어떠한지를 표현하는 부수적인 문장을 말한다.

상태절 문장은 크게 둘로 구분된다. 먼저는 상태절이 주절에 있는 상태주체의 상태를 묘사하는 경우와, 상태절이 주절 동작의 배경이 되는 경우가 그것이다.

1) 상태절이 주절에 있는 상태주체의 상태를 묘사하는 경우

이 경우의 문장은 상태목적어 문장을 상태절로 쉽게 전환하거나 혹은 상태절 문장을 상태목적어 문장으로 쉽게 전환할 수 있는 경우이다. 아래에서 상태목적어 문장이 어떻게 상태절 문장으로 전환되었는지 살펴보자.

의미	상태목적어 문장		상태절 문장
그 아기가 울면서 잠을 잤다.	نَامَ الطِّفْلُ بَاكِيًا.	A	نَامَ الطِّفْلُ وَهُوَ يَبْكِي. c +b+ a
		B	نَامَ الطِّفْلُ يَبْكِي. c + a
나는 그 소녀가 뛰어가는 것을 보았다.(I saw the girl while she was running.)	رَأَيْتُ الْبِنْتَ جَارِيَةً.	A	رَأَيْتُ الْبِنْتَ وَهِيَ تَجْرِي. c +b+ a
		B	رَأَيْتُ الْبِنْتَ تَجْرِي. c + a

a - 주절   b - 상태접속사   (وَاوُ الْحَالِ)   c - 상태절(اَلْحَالُ الْجُمْلَةُ أَوْ جُمْلَةُ الْحَالِ)
A - 상태절에 명사문이 온 문장   B - 상태절에 동사문이 온 문장

→ 위와 같이 상태목적어는 상태절로 전환가능한 경우가 많다. 이 경우 A와 같이 상태절에 명사문이 올 수도 있고 B와 같이 상태절에 동사문이 올 수도 있다.

→ 위의 A 두 문장에서는 상태접속사 وَ 가 사용되었고, 그 뒤에 주격 독립 인칭대명사 هُوَ 와 هِيَ 가 연결의 인칭대명사로 사용되어 주절의 상태주체 الطِّفْلَ 와 الْبِنْتَ 를 받는다.

→ 위의 B 두 문장에서 يَبْكِي 와 تَجْرِي 의 감추어진 주어 هُوَ 와 هِيَ 가 연결의 인칭대명사로 주절의 الطِّفْلَ 와 الْبِنْتَ 를 받는다.

상태절이 주절에 있는 상태 주체의 상태를 묘사하는 경우

1. 상태절은 주절의 동사가 진행될 때 상태주체(주어나 목적어 등)의 상태를 문장으로 표현한 것이다.
2. 상태절은 명사문과 동사문으로 표현할 수 있다. (동사문은 현재시제의 경우와 과거시제의 경우가 있음)
3. 상태절에 명사문이 올 경우 상태접속사 (وَاوُ الْحَالِ) وَ 가 사용되고 그 뒤에 연결의 인칭대명사(ضَمِيرُ الرَّبْطِ)가 사용된다. 이 연결의 인칭대명사는 주격 독립 인칭대명사(ضَمِيرُ الرَّفْعِ الْمُنْفَصِلُ)가 사용되며 주절에 있는 상태주체(صَاحِبُ الْحَالِ)와 성과 수의 일치를 이루어야 한다.
4. 상태절에 동사문이 올 경우 상태절 동사의 의미상 주어(감추어진 주어)가 연결의 인칭대명사(ضَمِيرُ الرَّبْطِ)가 되어 주절에 있는 상태주체(صَاحِبُ الْحَالِ)와 성과 수의 일치를 이루어야 한다.
5. 상태절에 동사가 사용될 경우 미완료형(현재시제)이 사용된다. وَقَدْ 가 사용되는 문장은 예외)

(1) 상태절에 명사문이 오는 경우

상태절에 상태접속사 و (وَاوُ الْحَالِ)가 반드시 사용되고 그 뒤에 주격 독립 인칭대명사(ضَمِيرُ الرَّفْعِ الْمُنْفَصِلِ)가 연결의 인칭대명사로 사용된다. 이 연결의 인칭대명사는 상태주체(صَاحِبُ الْحَالِ)가 되는 주절의 주어나 목적어 등을 받는다. 따라서 연결의 인칭대명사(아래의 b)와 상태주체(아래의 a)는 성과 수에서 일치한다. 또한 상태절에 동사가 사용될 경우 주절의 시제와 관련없이 미완료형이 사용된다. 상태절 문장 가운데 가장 많이 사용되는 형태이다.

a. 상태절이 주어(فَاعِلٌ)의 상태를 묘사하는 경우
상태절이 주절 문장의 주어(فَاعِلٌ)의 상태를 묘사한다. 즉 주절 문장의 주어가 상태주체가 된다.

그 죄인은 두려워하면서 앉아있었다.	جَلَسَ الْمُذْنِبُ وَهُوَ خَائِفٌ.
그 상인들은 이익을 얻고 돌아왔다.	عَادَ التِّجَارُ وَهُمْ رَابِحُونَ.
그 남자는 웃으며 그 문을 열었다. (그 남자가 문을 열 때 그 남자의 상태를 묘사)	فَتَحَ الرَّجُلُ الْبَابَ وَهُوَ يَضْحَكُ.
나는 홍차를 마시며 텔레비전을 본다. (내가 텔리비전을 볼 때의 상태를 묘사한다.)	أُشَاهِدُ التِّلِيفِزْيُونَ وَأَنَا أَشْرَبُ الشَّايَ.
우리는 우리의 나라를 생각하면서 아랍어를 공부한다. (우리가 아랍어를 공부할 때 우리의 상태)	نُذَاكِرُ اللُّغَةَ الْعَرَبِيَّةَ وَنَحْنُ نُفَكِّرُ فِي بِلَادِنَا.

** 위의 문장들은 아래와 같이 상태목적어가 사용된 문장으로 바꿀 수 있다.

그 죄인은 두려워하면서 앉아있었다.	جَلَسَ الْمُذْنِبُ خَائِفًا.
그 상인들은 이익을 얻고 돌아왔다.	عَادَ التِّجَارُ رَابِحِينَ.
그 남자는 웃으며 그 문을 열었다.	فَتَحَ الرَّجُلُ الْبَابَ ضَاحِكًا.
나는 홍차를 마시며 텔레비전을 본다.	أُشَاهِدُ التِّلِيفِزْيُونَ شَارِبًا الشَّايَ.
우리는 우리의 나라를 생각하면서 아랍어를 공부한다.	نُذَاكِرُ اللُّغَةَ الْعَرَبِيَّةَ مُفَكِّرِينَ فِي بِلَادِنَا.

b. 상태절이 목적어(مَفْعُولٌ بِهِ)의 상태를 묘사하는 경우
상태절이 주절 문장의 목적어의 상태를 묘사한다. 즉 주절 문장의 목적어가 상태주체가 된다.

나는 그 소녀가 뛰어가는 것을 보았다. (내가 그 소녀를 보았을 때의 그 소녀의 상태)	رَأَيْتُ الْبِنْتَ وَهِيَ تَجْرِي.
너희들은 과일이 익지않은 것을 먹지마라. (과일을 먹을 때의 과일의 상태)	لَا تَأْكُلُوا الْفَاكِهَةَ وَهِيَ فِجَّةٌ.
나는 피곤한 상태의 그 말을 탔다.	رَكِبْتُ الْحِصَانَ وَهُوَ مُتْعَبٌ.
나는 활짝핀 상태의 그 장미를 보았다.	أَبْصَرْتُ الْوَرْدَ وَهُوَ مُنْفَتِحٌ.

** 위의 문장들도 아래와 같이 상태목적어가 사용된 문장으로 바꿀 수 있다.

나는 그 소녀가 뛰어가는 것을 보았다. (내가 그 소녀를 보았을 때의 그 소녀의 상태)	رَأَيْتُ الْبِنْتَ جَارِيَةً.
너희들은 과일이 익지않은 것을 먹지마라. (과일을 먹을 때의 과일의 상태)	لَا تَأْكُلُوا الْفَاكِهَةَ فِجَّةً.
나는 피곤한 상태의 그 말을 탔다.	رَكِبْتُ الْحِصَانَ مُتْعَبًا.
나는 활짝핀 상태의 그 장미를 보았다.	أَبْصَرْتُ الْوَرْدَ مُتَفَتِّحًا.

c. 상태절이 후연결어(مُضَافٌ إِلَيْهِ)의 상태를 묘사하는 경우

상태절이 주절 문장의 후연결어의 상태를 묘사한다.

그 아기가 웃는 소리가 높았다.	عَلَا صَوْتُ الطِّفْلِ وَهُوَ يَضْحَكُ.
그 교장은 그 선생님들이 즐거워 하는 상태로 이야기한다.	يَتَكَلَّمُ الْمُدِيرُ مَعَ الْمُدَرِّسِينَ وَهُمْ سُعَدَاءُ.

d. 상태절이 소유격 명사(حَرْفُ جَرٍّ)의 상태를 묘사하는 경우

상태절이 주절 문장의 소유격 명사의 상태를 묘사한다.

그 학생은 비가 내리는 (상태의) 하늘을 보았다.	نَظَرَ الطَّالِبُ إِلَى السَّمَاءِ وَهِيَ تُمْطِرُ.

→ 위의 문장을 상태목적어 문장으로 전환할 경우. (×) نَظَرَ الطَّالِبُ إِلَى السَّمَاءِ مُمْطِرَةً 이 되는데 이 문장은 사용되지 않는다. 이와같이 소유격 명사(اسْمٌ مَجْرُورٌ)가 상황주체인 경우 상태목적어 문장이 아니라 주로 상태절을 사용한다.

e. 상태목적어가 수동태 문장의 주어(نَائِبُ فَاعِلٍ)의 상태를 묘사하는 경우

상태절이 주절 문장의 수동태 문장의 주어(نَائِبُ فَاعِلٍ)의 상태를 묘사한다.

홍차는 뜨거운 상태로 마셔진다.	يُشْرَبُ الشَّايُ وَهُوَ سَاخِنٌ.
노래들은 (소리가) 높은 상태로 들려진다.	تُسْمَعُ الْأَغَانِي وَهِيَ عَالِيَةٌ.

f. 상태목적어가 주어(فَاعِلٌ)와 목적어(مَفْعُولٌ بِهِ)의 상태를 동시에 묘사하는 경우

상태절이 주절 문장의 주어(فَاعِلٌ)와 목적어(مَفْعُولٌ بِهِ)의 상태를 동시에 묘사한다.

싸이드는 그의 친구에게 둘 다 서 있는 상태에서 악수를 했다.	صَافَحَ سَعِيدٌ رَفِيقَهُ وَهُمَا وَاقِفَانِ.
그 의사가 그의 환자를 둘 다 앉은 상태에서 진찰했다.	فَحَصَ الطَّبِيبُ مَرِيضَهُ وَهُمَا جَالِسَانِ.

→위의 c, d, e, f 의 예들이 상태목적어 문장으로 전환되는 경우들은 이 책 앞의 상태목적어 부분으로 돌아가서 확인하라.

(2) 상태절에 현재 시제의 동사문이 오는 경우

상태절에 상태접속사(وَاوُ الْحَالِ)가 사용되지 않고 동사문만 사용되는 경우이다. 이 동사의 의미상 주어(감추어진 주어)가 연결의 인칭대명사(ضَمِيرُ الرَّبْطِ)가 되어 주절에 오는 상태주체(صَاحِبُ الْحَالِ)와 성과 수의 일치를 이룬다. 이 때 동사는 주절의 시제와 관련없이 미완료형이 사용된다.

a. 상태절이 주어(فَاعِلٌ)의 상태를 묘사하는 경우
상태절이 주절 문장의 주어(فَاعِلٌ)의 상태를 묘사한다. 즉 주절 문장의 주어가 상태주체가 된다.

그 소년이 춤추면서 걸었다. (상태절 동사의 주어 هُوَ 는 상태주체인 الصَّبِيُّ 를 받는다.)	سَارَ الصَّبِيُّ يَرْقُصُ.
그 여자 선생님은 웃으면서 그 문을 열었다.	فَتَحَتِ الْمُدَرِّسَةُ الْبَابَ تَضْحَكُ.
나는 말할 것이 있다고 요청하며 나의 손을 들었다.	رَفَعْتُ يَدِي أَطْلُبُ الْكَلِمَةَ.
그 여학생이 한 책을 들고 그 교실에 들어갔다.	دَخَلَتِ الطَّالِبَةُ الْفَصْلَ تَحْمِلُ كِتَابًا.
그 장관은 중요한 편지들을 가지고 도착했다.	وَصَلَ الْوَزِيرُ يَحْمِلُ رَسَائِلَ هَامَّةً.
그녀는 그의 나라에서의 정치적 상태에 대해 질문하면서 (기사를) 썼다.	كَتَبَتْ تَسْأَلُ عَنِ الْوَضْعِ السِّيَاسِيِّ فِي بَلَدِهِ.
그 연사는 사람들에게 칭찬받는 윤리를 (가질 것을) 호소하면서 시장에서 사람들 가운데 서 있다.	يَقِفُ الْخَطِيبُ بَيْنَ النَّاسِ فِي السُّوقِ، يَدْعُوهُمْ إِلَى الْأَخْلَاقِ الْحَمِيدَةِ.

→ 위의 상태절에 'وَ + 연결의 인칭대명사'를 추가할 경우 상태절에 명사문이 오는 문장이 된다. (예 : سَارَ الصَّبِيُّ وَهُوَ يَرْقُصُ.). 이러한 이유로 혹자는 위의 문장들이 상태절에 'وَ + 연결의 인칭대명사'이 생략된 문장이라 말하기도 한다. 그러나 위 문장 자체를 하나의 상태절 종류로 이해하는 것이 좋다.

** 위의 예문들에 사용된 상태절을 아래와 같이 상태목적어로 바꿀 수 있다.

상태절에 동사문이 왔을 경우 상태절의 미완료형 동사를 목적격의 비한정 능동분사로 바꿀 수 있다. 이 때 능동분사는 주절의 상태주어와 성과 수에서 일치해야 한다.

그 소년이 춤추면서 걸었다.	سَارَ الصَّبِيُّ رَاقِصًا.
그 여자 선생님은 웃으면서 그 문을 열었다.	فَتَحَتِ الْمُدَرِّسَةُ الْبَابَ ضَاحِكَةً.
나는 말할 것이 있다고 요청하며 나의 손을 들었다.	رَفَعْتُ يَدِي طَالِبًا الْكَلِمَةَ. *
그 여학생이 한 책을 들고 교실에 들어갔다.	دَخَلَتِ الطَّالِبَةُ الْفَصْلَ حَامِلَةً كِتَابًا. *
그 장관은 중요한 편지들을 가지고 도착했다.	وَصَلَ الْوَزِيرُ حَامِلًا رَسَائِلَ هَامَّةً. *
그녀는 그의 나라의 정치적 상태에 대해 질문하면서 (기사를) 썼다.	كَتَبَتْ سَائِلَةً عَنِ الْوَضْعِ السِّيَاسِيِّ فِي بَلَدِهِ.

→ 위의 *표가 있는 문장은 능동분사가 동사적용법으로 사용된 경우이다. 능동분사의 동사적 용법에 대해서는 이 책 '파생명사의 동사적 용법에 대해' 부분에서 공부하라.

b. 상태절이 목적어(مَفْعُول بِهِ)의 상태를 묘사하는 경우

상태절이 주절 문장의 목적어의 상태를 묘사한다. 즉 주절 문장의 목적어가 상태주체가 된다. 이 문장은 문장의 목적어와 그 뒤에 오는 상태절의 관계가 의미상 주어와 술어의 관계가 된다.

그는 그의 장인이 앉아있는 것을 발견하였다. (상태절 동사의 주어 هُوَ는 상태주체인 حَمَاهُ를 받는다.)	وَجَدَ حَمَاهُ يَجْلِسُ.
나는 그 여자 아이가 노래하는 것을 들었다.	سَمِعْتُ الْبِنْتَ تُغَنِّي.
우리는 그가 그 자동차를 운전하는 것을 보았다.	نَحْنُ رَأَيْنَاهُ يَقُودُ السَّيَّارَةَ.
그 교사는 그 학생들이 노는 것을 보았다.	شَاهَدَ الْمُدَرِّسُ الطُّلَّابَ يَلْعَبُونَ.
나는 그녀가 그 숙제를 하는 것을 발견했다.	وَجَدْتُهَا تَكْتُبُ الْوَاجِبَ.
우리는 그가 그 문장을 말하는 것을 들었다.	نَحْنُ سَمِعْنَاهُ يَقُولُ الْجُمْلَةَ.
그 경찰은 그 강도가 그 집을 도둑질하는 것을 감시했다. (도둑질 하는 것을 보았다.)	رَاقَبَتِ الشُّرْطَةُ اللِّصَّ يَسْرِقُ الْبَيْتَ.
그 과학자들은 지구가 움직이는 것을 관측했다.	رَصَدَ الْعُلَمَاءُ الْأَرْضَ تَتَحَرَّكُ.
나는 그 선수가 거리를 뛰고 있는 상태에서 그를 만났다.	قَابَلْتُ اللَّاعِبَ يَجْرِي فِي الشَّارِعِ.
나는 그 학생이 아랍어를 연습하고 있는 것을 들었다.	سَمِعْتُ الطَّالِبَ يُمَارِسُ اللُّغَةَ الْعَرَبِيَّةَ.

→ 위의 문장에 사용된 동사들은 '듣다', '보다', '발견하다' 등의 지각과 관련된 동사들이다.
→ 위의 상태절도 'وَ+ 연결의 인칭대명사' 를 추가할 경우 상태절에 명사문이 오는 문장이 된다. (예 : سَمِعْتُ الْبِنْتَ وَهِيَ تُغَنِّي). 이러한 이유로 혹자는 위의 문장들이 상태절에 'وَ+ 연결의 인칭대명사'이 생략된 문장이라 말하기도 한다. 그러나 위 문장 자체를 하나의 상태절의 종류로 이해하는 것이 좋다.

** 위의 문장들도 아래와 같이 상태목적어가 사용된 문장으로 바꿀 수 있다.

나는 그 여자 아이가 노래하는 것을 들었다.	سَمِعْتُ الْبِنْتَ مُغَنِّيَةً.
우리는 그가 그 자동차를 운전하는 것을 보았다.	نَحْنُ رَأَيْنَاهُ قَائِدًا السَّيَّارَةَ.
그 교사는 그 학생들이 노는 것을 보았다.	شَاهَدَ الْمُدَرِّسُ الطُّلَّابَ لَاعِبِينَ.
나는 그녀가 그 숙제를 하는 것을 발견했다.	وَجَدْتُهَا كَاتِبَةً الْوَاجِبَ. *
우리는 그가 그 문장을 말하는 것을 들었다.	نَحْنُ سَمِعْنَاهُ قَائِلًا الْجُمْلَةَ. *

→ 위의 *표가 있는 문장은 능동분사가 동사적용법으로 사용된 경우이다. 능동분사의 동사적 용법에 대해서는 이 책 '파생명사의 동사적 용법에 대해' 부분에서 공부하라.

(3) 상태절에 과거 시제의 동사문이 오는 경우 - 'وَ + قَدْ + 완료형 동사'가 오는 경우

지금까지 다룬 상태절 문장(حَال جُمْلَة)은 주절과 상태절이 동시간대에 이루어지는 상태이었다. 그러나 지금 다루는 상태절은 상태절의 동사의 행위가 주절 동사의 행위보다 시간적으로 약간 앞선 행위 혹은 방금 완료된 행위이다. 즉 상태절의 동작이 끝날 무렵 주절의 동작이 일어났거나, 상태절의 동작과 주절의 동작이 시간적으로 겹치는 부분이 있는 경우이다. 이 경우의 상태절 문장은 상태접속사 وَ 이후에 'قَدْ + 완료형 동사'의 형태를 갖추며, 주절과 상태절 모두 완료형 동사가 사용된다.

나는 그 소녀가 뛰어 간 것을 보았다. (그 소녀가 뛰어 간 마지막 무렵에 내가 그녀를 봄)	رَأَيْتُ الْبِنْتَ وَقَدْ جَرَتْ.
나는 그 소녀가 노래한 것을 들었다. (그 소녀의 노래가 끝날 무렵 내가 그 노래하는 것을 들음)	سَمِعْتُ الْبِنْتَ وَقَدْ غَنَّتْ.
그 남자는 웃으면서 그 문을 열었다. (그 남자가 웃은 이후 그 문을 엶)	فَتَحَ الرَّجُلُ الْبَابَ وَقَدْ ضَحِكَ.
그 아기는 울다가 잠이 들었다. (아이가 우는 것과 잠을 자는 것이 겹쳐짐)	نَامَ الطِّفْلُ وَقَدْ بَكَى.
카말은 숙제를 하다가 잠이들었다. (숙제를 적은 뒤에 바로 잠이 듦)	نَامَ كَمَالٌ وَقَدْ كَتَبَ الْوَاجِبَ.
모두가 나를 대적한 이후 나는 합격했다.	نَجَحْتُ وَقَدْ حَارَبَنِي الْجَمِيعُ.
그 무화과 나무가 뿌리로 부터 마른 이후에 그들이 그 무화과 나무를 보았다. (성경 마가복음 11:20)	رَأَوْا شَجَرَةَ التِّينِ وَقَدْ يَبِسَتْ مِنْ أَصْلِهَا.
رَجَعَ الطَّالِبُ إِلَى بَلَدِهِ وَقَدْ دَرَسَ اللُّغَةَ الْعَرَبِيَّةَ فِي مِصْرَ.	
그 학생은 이집트에서 아랍어 공부를 한 뒤 그의 나라로 돌아갔다.	
كَتَبَتِ الْمُرَاسِلَةُ وَقَدْ سَكَنَتْ سَنَوَاتٍ طَوِيلَةً فِي الشَّرْقِ الْأَوْسَطِ مَقَالَاتٍ هَامَّةً.	
그 여자 통신원은 중동에 여러해 거주하고 난 뒤 중요한 칼럼들을 기록했다.	

**아래의 두 문장을 비교하라.

아래 두 문장의 의미가 거의 비슷하지만 약간의 의미차이가 있다.
상태절에 'قَدْ + 완료형 동사문'이 오는 경우와 상태절에 명사문이 오는 경우를 비교한 것이다.

나는 그 소녀가 뛰어 간 것을 보았다. (그 소녀가 뛰어 간 마지막 무렵에 그녀를 봄)	رَأَيْتُ الْبِنْتَ وَقَدْ جَرَتْ.
나는 그 소녀가 뛰고 있는 것을 보았다. (그 소녀가 뛰고 있는 모습을 봄)	رَأَيْتُ الْبِنْتَ وَهِيَ تَجْرِي.

**아래의 두 문장을 비교하라.

상태절(حَال جُمْلَة)에 'قَدْ + 완료형 동사문'이 오는 경우와 상태절에 '미완료형 동사문'이 오는 경우를 비교한 것이다.

그 아기는 울다가 잠이 들었다. (아기가 우는 것과 잠을 자는 것이 겹쳐지는 부분이 있음)	نَامَ الطِّفْلُ وَقَدْ بَكَى.
그 아기는 울면서 잠을 잤다. (The baby slept while he was crying.)	نَامَ الطِّفْلُ يَبْكِي.

353

** 아래의 두 문장을 비교하라.(상태접속사와 대등접속사)
첫 번째 문장의 وَ는 상태접속사(وَاوُ الْحَالِ)인 반면, 두 번째 문장의 وَ는 대등접속사(وَاوُ الْعَطْفِ)이다.

카말은 숙제를 한 이후 잠이들었다. (숙제를 한 것과 잠이 든 것 사이에 시간의 상관관계가 있다. 숙제를 한 뒤에 바로 잠이 듬)	نَامَ كَمَالٌ وَقَدْ كَتَبَ الْوَاجِبَ.
카말은 숙제를 했다. 그리고 잠을 잤다. (숙제를 끝낸 것과 잠을 잔 것을 단순히 대등관계로 연결. 양쪽의 시간의 상관관계 없음. 숙제를 끝낸 이후 몇 시간 이후에 잠을 잤는지 모름)	كَتَبَ كَمَالٌ الْوَاجِبَ وَنَامَ.

** 아래의 4 문장을 비교하라.

①		فَتَحَ الرَّجُلُ الْبَابَ ضَاحِكًا.
②	그 남자는 웃으며 그 문을 열었다.	فَتَحَ الرَّجُلُ الْبَابَ وَهُوَ يَضْحَكُ.
③		فَتَحَ الرَّجُلُ الْبَابَ يَضْحَكُ.
④	그 남자는 웃으며(웃은 이후) 그 문을 열었다.	فَتَحَ الرَّجُلُ الْبَابَ وَقَدْ ضَحِكَ.

① 문장은 한 단어로 표기된 상태목적어(حَال)가 사용된 문장 (ضَاحِكًا)
② 문장은 상태절(حَال جُمْلَة)이 사용되었고 그 상태절이 명사문인 문장 (هُوَ يَضْحَكُ)
③④ 문장은 상태절(حَال جُمْلَة)이 사용되었고 그 상태절이 동사문인 문장 (قَدْ ضَحِكَ, يَضْحَكُ)
①②③문장은 동일한 의미. ④문장은 다른 문장들과 의미가 거의 동일하지만 약간 차이가 있음. 상태절 동작의 결과가 주절에 이어지는 의미이다. (혹은 상태절 동작이 끝나는 순간 주절의 동작이 시작됨)

2) 상태절이 주절 동작의 배경이 되는 경우

이 경우는 뒤에 나오는 상태절이 앞에 나오는 주절 문장의 상황적 배경을 제공하는 경우이다. 즉 주절 문장의 동작이 수행될 당시에 그것의 배경이 되는 다른 상황을 상태절에서 표현한다. 이 때 주절과 상태절의 동사(혹은 동작)가 다르고 그 동작들의 주체도 다르다.

이 경우의 문장은 세 가지로 구분된다. 즉 상태절에 상태접속사만 사용되는 경우와 상태절에 연결의 인칭대명사만 사용되는 경우, 그리고 상태절에 상태접속사와 연결의 인칭 대명사 둘 다 사용되는 경우가 그것이다.

(1) 상태절에 상태접속사(وَاوُ الْحَالِ)만 사용되는 경우

그 학생들이 웃고있는 상태에(동안) 그 교사가 교실에 들어갔다. (at that moment, while) (그 교사가 교실에 들어가는 순간의 상태적인 배경)	دَخَلَ الْمُدَرِّسُ الْفَصْلَ وَ الطُّلَّابُ يَضْحَكُونَ. a + b + c
a - 주절 b - 상태접속사 (وَاوُ الْحَالِ) c - 상태절 (الْحَالُ الْجُمْلَةُ أَوْ جُمْلَةُ الْحَالِ)	

위 문장의 상태절은 그 교사가 교실에 들어갈 때의 배경상황을 제공한다. 상태접속사 و (وَاوُ الْحَالِ)만 사용되었고 연결의 인칭대명사 (ضَمِيرُ الرَّبْطِ)는 사용되지 않았다.

(2) 상태절에 연결의 인칭대명사(ضَمِيرُ الرَّبْطِ)만 사용되는 경우

나는 나일강의 물들이 흐르는 동안 나일강을 보았다. (내가 나일강을 보는 순간의 상태적인 배경)	رَأَيْتُ النِّيلَ مِيَاهُهُ مُتَدَفِّقَةً. c a
a - 주절 c - 상태절 (الْحَالُ الْجُمْلَةُ أَوْ جُمْلَةُ الْحَالِ)	

위 문장의 상태절은 내가 나일강을 볼 때의 배경상황을 제공한다. 상태절에 연결의 인칭대명사(ضَمِيرُ الرَّبْطِ)만 사용되었고 상태접속사(وَاوُ الْحَالِ)는 사용되지 않았다. 이 연결의 인칭대명사는 주절의 선행명사와 성과 수의 일치를 이룬다.

(3) 상태절에 상태접속사와 연결의 인칭대명사 둘 다 사용되는 경우

그 어머니의 아기가 잠을 자는 동안 그 어머니는 일을 한다. (어머니가 일을 하는 동안의 상태적인 배경)	تَعْمَلُ الْأُمُّ وَ طِفْلُهَا يَنَامُ. c + b + a
a - 주절 b - 상태접속사 (وَاوُ الْحَالِ) c - 상태절 (الْحَالُ الْجُمْلَةُ أَوْ جُمْلَةُ الْحَالِ)	

위 문장의 상태절은 어머니가 일을 할 때의 배경상황을 제공한다. 상황접속사와 연결의 인칭대명사가 모두 사용되었다. 연결의 인칭대명사는 주절의 선행명사와 성과 수의 일치를 이룬다.

상태절이 주절 동작의 배경이 되는 경우

1. 상태절에 상태접속사만 사용되는 경우, 연결의 인칭대명사만 사용되는 경우, 상태접속사와 인칭 대명사 둘 다 사용되는 경우 세 종류가 있다.
2. 주절 문장의 동작이 수행될 당시 배경이 되는 다른 상태를 상태절에서 묘사한다. 이 때 주절과 상태절의 동사(혹은 동작)가 다르고 그 동작들의 주체도 다르다.
3. 상태절에 동사가 사용될 경우 미완료형(현재시제)이 사용된다.
4. 상태절이 주절 동작의 상태적인 배경을 제공하는 경우 그 상태절을 상태목적어로 바꿀 수 없다.

(1) 상태절에 상태접속사만 사용되는 경우(연결의 인칭대명사가 사용되지 않는 경우)

상태절에 상태접속사وَ (وَاوُ الْحَالِ)가 사용되어 주절과 상태절을 연결한다. 이와같이 연결의 인칭대명사 없이도 상태절의 문장이 될 수 있다.

그 강도가 한 여자로부터 도둑질을 하는 상태에 내가 버스를 탔다. (at that moment, while)	رَكِبْتُ الْبَاصَ وَاللِّصُّ يَسْرِقُ امْرَأَةً.
그 교사가 단원을 설명하고 있는 상태에(동안, 순간) 그 학생이 문을 열고 있다.	يَفْتَحُ الطَّالِبُ الْبَابَ وَالْمُدَرِّسُ يَشْرَحُ الدَّرْسَ.
태양이 비춰는 동안 나는 들로 나갔다.	خَرَجْتُ إِلَى الْحَقْلِ وَالشَّمْسُ مُشْرِقَةٌ.
그 기차가 떠나는 동안 나는 그 역으로 왔다.	أَتَيْتُ إِلَى الْمَحَطَّةِ وَالْقِطَارُ مُغَادِرٌ.
그 집 사람들이 잠자는 동안 그 강도가 그 집에 들어가고 있다.	يَدْخُلُ اللِّصُّ الْمَنْزِلَ وَأَهْلُ الْبَيْتِ نَائِمُونَ.
초청인이 없는 상태에 손님들이 참석했다.	حَضَرَ الضُّيُوفُ وَالْمُضِيفُ غَائِبٌ.
내가 노래를 하고 있는 동안 내 여동생(누나)는 숙제를 한다.	تَكْتُبُ أُخْتِي الْوَاجِبَ وَأَنَا أُغَنِّي.*

➡ 위의 *는 상태절에 독립인칭대명사가 사용되었지만 그것이 주절의 주어나 목적어를 묘사하고 있지 않다.

(2) 상태절에 연결의 인칭대명사만 사용되는 경우

이 경우는 상태절에 상태접속사وَ (وَاوُ الْحَالِ)가 사용되지 않고 연결의 인칭대명사만으로 주절과 상태절을 연결한다. 이 경우의 문장은 (1)이나 (3)의 경우에 비해 사용빈도가 적다.

a. 상태절이 명사문인 경우

상태접속사وَ (وَاوُ الْحَالِ) 없이 연결의 인칭대명사만으로 주절과 상태절을 연결하되 상태절이 명사문이다. b가 연결의 인칭대명사이며 주절의 상태주체(صَاحِبُ الْحَالِ)인 a를 받는다.

가방이 열린채로 그 학생이 참석했다.	حَضَرَ الطَّالِبُ حَقِيبَتُهُ مَفْتُوحَةٌ. 　　　　　　a　　　b
칼들이 빼진채로 그 군인들이 정열했다.	اصْطَفَّتِ الْجُنُودُ سُيُوفُهُمْ مَشْهُورَةٌ.
얼굴이 빛나는 채로 파티마가 다가왔다.	أَقْبَلَتْ فَاطِمَةُ وَجْهُهَا مُشْرِقٌ.
피가 흐르는채로 그 군인들이 돌아왔다.	رَجَعَ الْجُنُودُ دِمَاؤُهُمْ تَسِيلُ.
그 남자는 그의 팔이 부러진채로 돌아왔다.	عَادَ الرَّجُلُ ذِرَاعُهُ مَكْسُورَةٌ.
그들은 천국에서 영생하면서 천국의 주인들이다. (꾸란 10:26)	أُولَئِكَ أَصْحَابُ الْجَنَّةِ هُمْ فِيهَا خَالِدُونَ.

위의 문장에 아래와 같이 상태접속사وَ를 사용할 경우 더 일반적인 상태절 문장이 된다.

가방이 열린채로 그 학생이 참석했다.	حَضَرَ الطَّالِبُ وَحَقِيبَتُهُ مَفْتُوحَةٌ.
칼들이 빼진채로 그 군인들이 정열했다.	اصْطَفَّتِ الْجُنُودُ وَسُيُوفُهُمْ مَشْهُورَةٌ.
얼굴이 빛나는 채로 파티마가 다가왔다.	أَقْبَلَتْ فَاطِمَةُ وَوَجْهُهَا مُشْرِقٌ.

b. 상태절이 동사문인 경우

상태접속사(وَاوُ الْحَالِ) وَ 없이 연결의 인칭대명사만으로 주절과 상태절을 연결하되 상태절이 동사문이다. b 가 연결의 인칭대명사이며 주절의 상태주체(صَاحِبُ الْحَالِ)인 a 를 받는다.

그 군인들이 그 범죄자를 감시하는동안 그 범죄자는 도망갔다.	هَرَبَ الْجَانِي يَحْرُسُهُ الْجُنُودُ. b a
그 공격하는 사람이 싹싹 빠져나가는 동안 그 수비자가 넘어졌다.	وَقَعَ الْمُدَافِعُ يُرَاوِغُهُ الْمُهَاجِمُ.
그 동료가 그 육상선수와 경쟁하는 동안 그 육상선수가 승리했다.	فَازَ الْعَدَّاءُ يُنَافِسُهُ زَمِيلُهُ.
소망이 그 여학생을 동기부여하여 그 여학생이 합격했다.	نَجَحَتِ الطَّالِبَةُ يَدْفَعُهَا الْأَمَلُ.

** 한편 위 문장들의 상태절의 순서를 아래와 같이 바꾸면 앞의 '상태절이 주절 동작의 배경이 되는 문장이 된다. 이 문장이 더 일반적인 문장이다.

그 군인들이 그 범죄자를 감시하면서 그 범죄자는 도망갔다.	هَرَبَ الْجَانِي وَالْجُنُودُ تَحْرُسُهُ.
그 공격하는 사람이 싹싹 빠져나가는 동안 그 수비자가 넘어졌다.	وَقَعَ الْمُدَافِعُ وَالْمُهَاجِمُ يُرَاوِغُهُ.
그 동료가 그 육상선수와 경쟁하는 동안 그 육상선수가 승리했다.	فَازَ الْعَدَّاءُ وَزَمِيلُهُ يُنَافِسُهُ.
그 소망이 그 학생을 동기부여하여 그 학생이 합격했다.	نَجَحَ الطَّالِبُ وَالْأَمَلُ يَدْفَعُهُ.

(3) 상태절에 상태접속사와 연결의 인칭대명사 둘 다 사용되는 경우

상태절에 상태접속사(وَاوُ الْحَالِ) وَ 와 연결의 인칭대명사 모두 사용되어 주절과 상태절을 연결한다.

a. 연결의 인칭대명사가 상태절 주어에 붙은 경우

상태절이 명사문으로 시작하고 그 명사문의 주어에 연결의 인칭대명사가 붙었다. 아래의 문장에서 b 가 연결의 인칭대명사이며 주절의 상태주체(صَاحِبُ الْحَالِ)인 a 를 받는다.

나의 기차가 떠나고 있는 상태에(동안, 순간) 나는 그 역에 도착했다.	وَصَلْتُ الْمَحَطَّةَ وَقِطَارِي مُغَادِرٌ. b a
그 교수의 학생들이 기록하고 있는 동안 그 교수는 설명한다.	يَشْرَحُ الْأُسْتَاذُ وَطُلَّابُهُ يَكْتُبُونَ.
나의 아버지가 잠을 자고 있는 상태에(동안, 순간) 나는 집에 늦게 도착했다.	وَصَلْتُ إِلَى الْبَيْتِ مُتَأَخِّرًا وَأَبِي نَائِمٌ.
싸미라의 어머니가 슬퍼하는 가운데 싸미라가 집을 떠났다.	تَرَكَتْ سَمِيرَةُ الْبَيْتَ وَأُمُّهَا حَزِينَةٌ.
그 친구들은 그들의 옷이 더러운 상태로 그 파티에 갔다.	ذَهَبَ الْأَصْدِقَاءُ إِلَى الْحَفْلَةِ وَمَلَابِسُهُمْ مُتَّسِخَةٌ.
그 독수리의 새끼들이 나무에 앉아있는 동안 그 독수리는 날고 있다.	يَطِيرُ النَّسْرُ وَفِرَاخُهُ تَجْلِسُ فَوْقَ الشَّجَرَةِ.
그의 부인이 그 옆에서 앉아있는 동안 그 남편은 먹고 있다.	يَأْكُلُ الزَّوْجُ وَزَوْجَتُهُ تَجْلِسُ جَانِيَهُ.

b. 연결의 인칭대명사가 유사문장에 붙은 경우

상태절이 유사문장으로 시작하고 그 유사 문장에 연결의 인칭대명사가 사용된다. 아래의 문장에서 b 가 연결의 인칭대명사이며 주절의 상태주체(صَاحِبُ الْحَالِ)인 a 를 받는다.

그 학생이 손에 한 책을 가지고 그 교실에 들어갔다.	دَخَلَ الطَّالِبُ الْفَصْلَ وَفِي يَدِهِ كِتَابٌ. a　　b
그녀는 남은 돈을 가지고 시장 밖으로 나갔다.	خَرَجَتْ مِنَ السُّوقِ وَلَهَا نُقُودٌ بَاقِيَةٌ.
나는 내 친구들과 함께 아스완으로 여행을 갔다.	سَافَرْتُ إِلَى أَسْوَانَ وَمَعِي أَصْدِقَائِي.
그들은 그들의 옆에 개 한 마리와 함께 거리를 걷고 있다.	يَمْشُونَ فِي الشَّارِعِ وَجَانِبَهُمْ كَلْبٌ.

** 상태절과 여러 문장과의 비교

** 다음 문장을 비교하라.

아래의 ①은 연결의 인칭대명사가 사용되지 않은 문장이고 ②는 연결의 인칭대명사가 사용된 문장이다. 둘 다 상태절이 주절 동작의 배경이 되는 경우이다.

①	그 기차가 떠나고 있는 동안 나는 그 역에 도착했다.	وَصَلْتُ الْمَحَطَّةَ وَالْقِطَارُ مُغَادِرٌ.
②	나의 기차가 떠나고 있는 동안 나는 그 역에 도착했다.	وَصَلْتُ الْمَحَطَّةَ وَقِطَارِي مُغَادِرٌ.

** 상태절 문장과 시간의 부사절 문장의 비교

나의 아버지가 잠을 자고 있는 상태에(동안) 나는 집에 늦게 도착했다. (상태절 문장) (I arrived at my house late while my father was sleeping.)	وَصَلْتُ إِلَى الْبَيْتِ مُتَأَخِّرًا وَأَبِي نَائِمٌ.
내가 집에 늦게 도착했을 때 나의 아버지는 잠을 자고 있었다. (When I arrived at my house late my father was sleeping.) (부사절 문장)	لَمَّا وَصَلْتُ إِلَى الْبَيْتِ مُتَأَخِّرًا كَانَ أَبِي نَائِمًا.

→ 위의 부사절 문장에서는 부사절과 주절의 시제 모두가 과거 시제이다.

** 상태절 문장과 대등접속사 문장의 비교

아래의 문장은 상태절을 동사문으로 바꾼 문장이다. 이럴 경우 더이상 상태절 문장이 되는 것이 아니라 대등접속사 وَ로 연결된 문장이 된다. وَ 전후의 시제도 일치시켜 주어야 한다.

상태절 문장	대등접속사 문장
رَكِبْتُ الْبَاصَ وَاللِّصُّ يَسْرِقُ امْرَأَةً.	رَكِبْتُ الْبَاصَ وَسَرَقَ اللِّصُّ امْرَأَةً.
그 강도가 한 여자로부터 도둑질을 하는 상태에 내가 버스를 탔다.	내가 버스를 탔고 그 강도는 한 여자로부터 도둑질을 했다.
يَفْتَحُ الطَّالِبُ الْبَابَ وَالْمُدَرِّسُ يَشْرَحُ الدَّرْسَ.	يَفْتَحُ الطَّالِبُ الْبَابَ وَيَشْرَحُ الْمُدَرِّسُ الدَّرْسَ.
그 교사가 단원을 설명하는 순간 그 학생이 문을 열고 있다.	그 학생은 문을 열고 그 교사는 단원을 설명한다.

제13과 여러 가지 목적격에 대해 II - 상태목적어, 상태구, 상태절

تَعْمَلُ الأُمُّ وَطِفْلُهَا يَنَامُ.	تَعْمَلُ الأُمُّ وَيَنَامُ طِفْلُهَا.
그 어머니의 아기가 잠을 자는 동안 그 어머니는 일을 한다.	그 어머니는 일을 하고, 그 어머니의 아기는 잠을 잔다.
يَشْرَحُ الأُسْتَاذُ وَطُلَّابُهُ يَكْتُبُونَ.	يَشْرَحُ الأُسْتَاذُ وَيَكْتُبُ طُلَّابُهُ.
그 교수의 학생들이 기록하고 있는 동안 그 교수는 설명한다.	그 교수는 설명하고 그 교수의 학생들은 기록한다.

**상태절(الحَالُ الجُمْلَةُ أَوْ جُمْلَةُ الحَالِ)과 수식절(جُمْلَةُ النَّعْتِ)의 비교

아래 ① 문장은 상태절이 사용된 문장이고, ② 문장은 수식절(جُمْلَةُ النَّعْتِ)이 사용된 문장이다. 아래의 ①과 같이 상태절 문장과 연결되는 상태주체(주절의 주어 혹은 목적어)는 반드시 한정 명사가 사용된다. ②와 같이 수식절이 수식하는 선행명사는 비한정 명사가 사용된다.

그 학생이 웃으면서 들어갔다. (الطَّالِبُ이 한정명사이다. يَضْحَكُ는 상태절로서 الطَّالِبُ의 상태를 설명한다.)	دَخَلَ الطَّالِبُ يَضْحَكُ.	①
웃고 있는 한 학생이 들어갔다. (طَالِبٌ이 비한정명사이다. يَضْحَكُ는 طَالِبٌ을 수식하는 수식절이다.)	دَخَلَ طَالِبٌ يَضْحَكُ.	②
나는 그 소녀가 뛰어가는 것을 보았다. (البِنْتَ가 한정명사. تَجْرِي는 상태절로서 البِنْتَ의 상태를 설명함)	رَأَيْتُ البِنْتَ تَجْرِي.	①
나는 뛰어가는 한 소녀를 보았다. (بِنْتًا가 비한정명사이다. تَجْرِي는 بِنْتًا을 수식하는 수식절이다.)	رَأَيْتُ بِنْتًا تَجْرِي.	②

→수식절(جُمْلَةُ النَّعْتِ)에 대해서는 이 책 '관계대명사와 수식절에 대해' 부분을 보라.

**상태절(الحَالُ الجُمْلَةُ أَوْ جُمْلَةُ الحَالِ)과 관계대명사(جُمْلَةُ الصِّلَةِ)절의 비교

아래의 ①은 상태절이 사용된 문장이고 ②는 관계대명사절이 사용된 문장이다.

①	나는 그 소녀가 뛰어가는 것을 보았다. (I saw the girl while she was running.)	رَأَيْتُ البِنْتَ تَجْرِي.
②	나는 뛰어가는 그 소녀를 보았다. (I saw the girl who was running.)	رَأَيْتُ البِنْتَ الَّتِي تَجْرِي.
①	그 아기가 울면서 잠을 잤다. (The baby slept while he was crying.)	نَامَ الطِّفْلُ يَبْكِي.
②	그 울던 아기가 잠을 잤다. (The baby who was crying slept.)	نَامَ الطِّفْلُ الَّذِي يَبْكِي.
①	나는 그 학생이 아랍어를 연습하고 있는 동안 그의 소리를 들었다. (I listend to the student while he was practising the Arabic.)	سَمِعْتُ الطَّالِبَ يُمَارِسُ اللُّغَةَ الْعَرَبِيَّةَ.
②	나는 아랍어를 연습하고있던 그 학생의 소리를 들었다. (I listened to the student who was practising the Arabic.)	سَمِعْتُ الطَّالِبَ الَّذِي يُمَارِسُ اللُّغَةَ الْعَرَبِيَّةَ.

→관계대명사절의 시제에 대해서는 이 책 '관계대명사와 수식절에 대해' 부분을 보라.

3) 부정 상태절에 대해

아래의 문장은 상태접속사 و 뒤에 부정어가 와서 그 의미가 '..하지 않은채 ..하다'로 번역되는 부정상태절이다.

그는 내가 누군지 모른 채 도착했다.	وَصَلَ وَلَا يَعْرِفُ مَنْ أَنَا.
	= وَصَلَ وَمَا يَعْرِفُ مَنْ أَنَا.
우리는 책의 저자도 모른 채 한 책을 구입했다.	اشْتَرَيْنَا كِتَابًا وَلَا نَعْرِفُ مُؤَلِّفَهُ.
	= اشْتَرَيْنَا كِتَابًا وَمَا نَعْرِفُ مُؤَلِّفَهُ.

그는 아무 것도 취득하지 못하고 돌아왔다.	رَجَعَ وَلَمْ يَحْصُلْ عَلَى شَيْءٍ.
그 소녀는 그녀의 숙제를 하지도 않은채 잠을 잤다.	نَامَتِ الْبِنْتُ وَلَمْ تَكْتُبْ وَاجِبَهَا.
우리는 해가 떠오르지 않은 상태에 잠에서 깨었다.	اسْتَيْقَظْنَا مِنَ النَّوْمِ وَمَا طَلَعَتِ الشَّمْسُ.

يُرِيدُونَ أَنْ يَخْرُجُوا مِنَ النَّارِ وَمَا هُم بِخَارِجِينَ مِنْهَا.
그들이 지옥에서 빠져나가길 원하지만 그들은 빠져나가지 못한다.(꾸란 5:37)
** 상태절의 의미를 살린 번역은 "그들이 지옥에서 빠져나가지 못한 채 빠져나가길 원한다"

아래 문장은 상태접속사 و (وَاوُ الْحَالِ) 가 사용되지 않은 문장이다. لَمْ 이하의 문장이 상태절로 사용되었다.

هَلْ أَتَى عَلَى الْإِنْسَانِ حِينٌ مِنَ الدَّهْرِ لَمْ يَكُنْ شَيْئًا مَذْكُورًا.
인간이 언급되지 않은 채로 영원한 시간이 인간에게 왔느뇨?(꾸란 76:1)

제14과 여러 가지 목적격(الْمَنْصُوبَات)에 대해 Ⅲ – 동족목적어(الْمَفْعُولُ الْمُطْلَقُ)

1. 동족목적어(الْمَفْعُولُ الْمُطْلَقُ)의 용법과 의미
2. 부(副)동족목적어(النَّائِبُ عَنِ الْمَفْعُولِ الْمُطْلَقِ)
3. 동사가 생략된 동족목적어(الْمَفْعُولُ الْمُطْلَقُ، لِفِعْلٍ مَحْذُوفٍ) 문장
4. 파생명사의 동작을 강조하는 동족목적어와 부동족 목적어

제 14과 여러 가지 목적격 (المَنْصُوبَات)에 대해 III - 동족목적어 (المَفْعُول المُطْلَق)

다음 문장을 번역해 보자.

> ضَرَبْتُ الطَّالِبَ ضَرْبًا.

위의 문장을 낱말 순서대로 번역하면 '나는 그 학생을 때림을 때렸다'가 된다. 아랍어에서 이런 어순의 문장을 사용할까? 그 의미는 무엇일까? 기존의 문법 지식으로는 의미를 파악하기 힘들다.

위의 문장이 바로 동족목적어 문장이다. 동족목적어(المَفْعُول المُطْلَق)란 동사의 동작을 강조하거나 동사의 동작을 묘사하기 위해 사용하는 동사에서 파생된 비한정 목적격 동명사를 말한다.
위의 문장에서 ضَرْبًا은 동사 ضَرَبَ에서 온 동명사이며 비한정 목적격으로 사용되었다. 따라서 이 문장은 동족목적어 문장으로서 '나는 그 학생을 심하게(혹은 세게) 때렸다'의 의미가 된다.

우리말 번역으로 '동족(同族)'이라고 번역한 것은, 문장에 사용된 동족목적어가 그 문장의 동사에서 온 동명사이기에 '같은 족속'이란 의미에서 사용된 것이다. 이처럼 동족목적어는 항상 문장에 사용된 동사에서 파생된 비한정 형태의 동명사가 사용되며 그 격변화는 목적격이다.

1. 동족목적어 (المَفْعُول المُطْلَق)의 용법과 의미

동족목적어가 사용되는 경우는 다음의 세 가지이다. 동사의 동작을 강조하는 경우와, 동작을 묘사하는 경우, 그리고 동작이 일어난 횟수를 분명하게 해주는 경우가 그것이다.

1) 동사의 동작을 강조하는 경우 (لِتَأْكِيد الْفِعْل)

동족목적어의 가장 일반적인 형태로서 문장에서 사용된 동사의 동명사가 동족목적어로 사용된 경우이다. 이 때의 의미는 동사의 동작을 강조하는데, 동사 동작 정도의 강함을 나타내거나 동사의 동작이 확실하게 진행되었음을 나타낸다. 아래의 예를 보자.

나는 그 학생을 확실하게(심하게, 세게) 때렸다. (동작이 강함을 의미)	ضَرَبْتُ الطَّالِبَ ضَرْبًا.
그 아기는 잠을 깊이 잤다. 혹은 많이 잤다. (정도의 강함 혹은 동사 동작이 오래 지속됨)	نَامَ الطِّفْلُ نَوْمًا.

→이처럼 동족목적어의 정확한 의미는 문장에 사용된 동사의 성격과 문맥에 따라 결정된다.

다른 예들

나는 삶을 매우 사랑한다.	أُحِبُّ الْحَيَاةَ حُبًّا.
그는 그 단원을 아주 잘 썼다. (혹은 확실히)	كَتَبَ الدَّرْسَ كِتَابَةً.
나는 커피를 아주 잘(혹은 많이) 마셨다.	شَرِبْتُ الْقَهْوَةَ شُرْبًا.
나는 그 단원을 아주 잘 암기했다. (혹은 확실하게)	حَفِظْتُ الدَّرْسَ حِفْظًا.

제14과 여러 가지 목적격에 대해 III — 동족목적어

그 농부는 면화를 아주 잘 모으고 있다. (혹은 확실하게)	يَجْمَعُ الْفَلَّاحُ الْقُطْنَ جَمْعًا.
정말로 전쟁이 시작되었다.	بَدَأَتِ الْحَرْبُ بَدْءًا.
우리는 그 손님을 지극히 존대했다.	اِحْتَرَمْنَا الضَّيْفَ اِحْتِرَامًا.

→ 위의 예문에 사용된 동사가 자동사도 있고 타동사도 있다. 즉 동족목적어는 자동사와 타동사 모두에 사용된다.

2) 동작을 묘사하는 경우 (لبيان نَوْعِ الْفِعْلِ)

동명사의 동작의 종류나 형태를 더욱 분명하게 묘사하기 위해 동족목적어 뒤에 수식어나 후연결형을 사용하는 경우이다. 대개 동족목적어 뒤에 수식어가 오면 부사적 의미가 되고, 후연결어(연결형으로 사용됨)가 오면 비유의 의미가 되어 '..처럼'으로 해석이 된다.

우리는 커피를 아주 빨리 마신다. (동족목적어 뒤에 수식어가 옴)	نَشْرَبُ الْقَهْوَةَ شُرْبًا سَرِيعًا.
그 학생들은 치타처럼 빨리 달린다. (동족목적어 뒤에 후연결어가 옴)	الطُّلَّابُ يَجْرُونَ جَرْيَ الْفَهْدِ.

a. 동족목적어 뒤에 수식어가 온 경우

나는 나의 아들을 아주 세게 때렸다. (부사적 의미로)	ضَرَبْتُ ابْنِي ضَرْبًا شَدِيدًا.
나는 그 학생들을 아주 사랑한다.	أُحِبُّ الطُّلَّابَ حُبًّا كَبِيرًا.
나는 멋진 기록으로(필체로) 숙제를 기록했다.	كَتَبْتُ الْوَاجِبَ كِتَابَةً حَسَنَةً.
젊은이들은 아이폰을 아주 많이 사용한다.	يَسْتَخْدِمُ الشَّبَابُ الْأَيْ فُون اِسْتِخْدَامًا كَبِيرًا.
나는 그를 굉장히 영예롭게 했다.	أَكْرَمْتُهُ إِكْرَامًا شَدِيدًا.
그 아기들은 조용하게 잠을 잔다.	يَنَامُ الْأَطْفَالُ نَوْمًا هَادِئًا.

b. 동족목적어 뒤에 후연결어가 온 경우 (연결형으로 사용된 경우)

그는 병자처럼 보였다.	ظَهَرَ ظُهُورَ الْمَرِيضِ.
그는 미친듯이 전투했다.	حَارَبَ مُحَارَبَةَ الْجُنُونِ.
무함마드는 겁쟁이처럼 도망갔다.	هَرَبَ مُحَمَّدٌ هُرُوبَ الْجَبَانِ.
나는 그 학생들을 아버지가 아이들을 사랑하듯 사랑한다.	أُحِبُّ الطُّلَّابَ حُبَّ الْأَبِ لِأَوْلَادِهِ.
나는 요셉을 경찰이 강도를 때리듯 마구 때렸다.	ضَرَبْتُ يُوسُفَ ضَرْبَ الشُّرْطِيِّ لِلصِّ.
그 백성들은 자신들의 자유를 영웅들을 변호하듯 변호한다.	يُدَافِعُ الشَّعْبُ عَنْ حُرِّيَّتِهِ دِفَاعَ الْأَبْطَالِ.

종합 아랍어 문법 II

3) 동작이 일어난 횟수를 이야기 할 때 (لِبَيَانِ عَدَدِ مَرَّاتِ حُدُوثِ الْفِعْلِ)

동사의 동작의 횟수를 나타내기 위해 동족목적어로 사용되는 동명사를 فَعْلَة 패턴의 단수나 쌍수, 혹은 복수 형태로 사용하는 경우를 말한다. 동사 동작이 한 차례 일어났을 경우 사용하는 فَعْلَة 패턴의 동명사를 한차례 동명사(مَصْدَرُ الْمَرَّةِ)라 부르는데, 이에 대해서는 이 책 제 I 권 '동명사' 부분에서 공부하였다. 횟수가 두 번이나 여러 번일 경우 한차례 동명사의 쌍수와 복수꼴을 사용한다.

그 선생님은 우리를 한 번 때렸다. (ضَرْبَة 은 한차례 동명사이다.)	ضَرَبَنَا الْمُدَرِّسُ ضَرْبَةً.
그 선생님은 우리를 두 번 때렸다.	ضَرَبَنَا الْمُدَرِّسُ ضَرْبَتَيْنِ.
그 선생님은 우리를 여러 번 때렸다.	ضَرَبَنَا الْمُدَرِّسُ ضَرَبَاتٍ.
그 선생님은 우리를 세 번/네 번/다섯 번 때렸다.	ضَرَبَنَا الْمُدَرِّسُ ضَرَبَاتٍ ثَلَاثًا/ أَرْبَعًا/ خَمْسًا. *
나는 피라미드들을 3번 보았다.	شَاهَدْتُ الْأَهْرَامَ مُشَاهَدَاتٍ ثَلَاثًا.

→ 위에서 ضَرْب 란 동명사 뒤에 각각 단수를 나타내는 ضَرْبَة와 쌍수를 나타내는 ضَرْبَتَيْنِ 와 복수를 나타내는 ضَرَبَاتٍ 가 온 것을 확인하라.

→ 위의 ضَرَبَاتٍ ثَلَاثَ 에서 ضَرَبَاتٍ 은 동족목적어이며 그 뒤의 ثَلَاثَ 은 수식어이다. 반면에 이것을 ثَلَاثَ ضَرَبَاتٍ 으로 하는 것도 가능하다. 이럴 경우 ثَلَاثَ 가 부동족 목적어가(النَّائِبُ عَنِ الْمَفْعُولِ الْمُطْلَقِ) 되고, ضَرَبَاتٍ 는 후연결어가 된다.

다른 예문들

나는 이 단편을 두 번 읽었다.	قَرَأْتُ هَذِهِ الْقِصَّةَ قِرَاءَتَيْنِ.
나는 너를 두 가지 종류의 사랑으로 사랑한다. (예: 부모와 친구의 사랑 등)	أُحِبُّكِ حُبَّيْنِ.
나는 아랍 세계를 두 번 여행했다.	زُرْتُ الْعَالَمَ الْعَرَبِيَّ زِيَارَتَيْنِ.
카이로는 프랑스의 원정에 두 번 항거했다.	ثَارَتِ الْقَاهِرَةُ ثَوْرَتَيْنِ عَلَى الْحَمْلَةِ الْفَرَنْسِيَّةِ.

** 여성형 동명사의 횟수를 말할 때

일반적으로 동명사가 남성일 경우 그 동명사에 ة를 붙여 동작이 한 번 일어난 것을 표현하고, 그 동명사가 여성꼴일 경우(즉 ة 로 끝날 경우)(تَاءُ مَرْبُوطَةٌ) 그 동명사 뒤에 وَاحِدَة를 붙여서 동작이 한 번 일어났음을 표현한다.

| 그 선생은 우리를 한 번 때렸다. (원래 동명사는 ضَرْب 인데, 동작이 한 번 일어났음을 표현하는 한차례 동명사로 ضَرْبَة 을 사용했다.) | ضَرَبَنَا الْمُدَرِّسُ ضَرْبَةً. |
| 나는 그 단원을 한 번 읽었다. (원래 동명사가 여성형인 قِرَاءَة 이기에 동작이 한 번 일어났음을 표현하기 위해 وَاحِدَة 사용.) | قَرَأْتُ الدَّرْسَ قِرَاءَةً وَاحِدَةً. |

제14과 여러 가지 목적격에 대해 III – 동족목적어

다른 예문들

	우리는 그 영화를 한 번 보았다.	شَاهَدْنَا الْفِيلْمَ مُشَاهَدَةً وَاحِدَةً.
	그 학생들은 그 문장을 한 번 기록했다.	كَتَبَ الطُّلَّابُ الْجُمْلَةَ كِتَابَةً وَاحِدَةً.
우리는 그 영화를 세 번 보았다.	①	شَاهَدْنَا الْفِيلْمَ مُشَاهَدَاتٍ ثَلَاثًا.
	②	شَاهَدْنَا الْفِيلْمَ ثَلَاثَ مُشَاهَدَاتٍ.
그 학생들은 그 문장을 네 번 기록했다.	①	كَتَبَ الطُّلَّابُ الْجُمْلَةَ كِتَابَاتٍ أَرْبَعًا.
	②	كَتَبَ الطُّلَّابُ الْجُمْلَةَ أَرْبَعَ كِتَابَاتٍ.

→위의 ①과 ②는 같은 의미이다. 위의 ①은 동명사가 동족목적어로 사용되었고, 그 뒤의 숫자가 수식어로 사용된 반면, ②는 숫자가 부동족 목적어고이고, 그 뒤의 동명사가 후연결어로 사용되었다.

** 동족목적어와 한차례 동명사(مَصْدَرُ الْمَرَّةِ)그리고 자세 동명사(مَصْدَرُ الْهَيْئَةِ)의 차이

이 책 제I권 '동명사' 부분에서 우리는 한차례 동명사와 자세 동명사에 대해서 공부하였다. 아래의 ①은 일반적인 동명사의(الْمَصْدَرُ الْأَصْلِيُّ) 동족목적어이다. 동명사 뒤에 후연결어가 올 경우 동명사의 동작의 종류나 형태를 더욱 분명하게 묘사한다. 반면에 ②는 한차례 동명사로서 فَعْلَةٌ 패턴을 취하였으며, 그 의미는 동작이 한 번 일어났음을 분명하게 한다. ③은 자세 동명사로서 فِعْلَةٌ 패턴을 취하였고, 그 의미는 동작이 수행될 때의 자세나 형태를 분명히 한다.

①	그 남자는 놀라 멈춰섰다.	وَقَفَ الرَّجُلُ وُقُوفَ الْمَذْهُولِ.
②	그 남자는 한 번 멈췄다.	وَقَفَ الرَّجُلُ وَقْفَةً.
③	그 남자는 놀라는 자세로 멈춰섰다.	وَقَفَ الرَّجُلُ وِقْفَةَ الْمَذْهُولِ.

①	그는 그의 친구와 앉아있었다.	جَلَسَ جُلُوسًا مَعَ صَدِيقِهِ.
②	그는 그의 친구와 한 번 앉아(a sitting or session) 있었다.	جَلَسَ جَلْسَةً مَعَ صَدِيقِهِ.
③	그는 그의 친구와 편안한 자세로 앉았다.	جَلَسَ جِلْسَةً مُرِيحَةً مَعَ صَدِيقِهِ.

2. 부(副)동족 목적어 (النَّائِبُ عَنِ الْمَفْعُولِ الْمُطْلَقِ)

동족목적어가 와야 할 자리에 동족목적어가 오지 않고 생략되어 수식어만 남거나 혹은 동족목적어를 대신하는 다른 단어가 올 경우 그 수식어나 그 다른 단어를 부(副)동족목적어라고 한다. 다음에서 부동족 목적어의 여러 가지 경우들을 살펴보자.

1) 생략된 동족목적어의 수식어 역할을 하는 단어가 부동족 목적어가 된 경우

앞에서 동족목적어 뒤에 수식어가 와서 동사의 동작을 묘사하는 문장에 대해 배웠다. 부(副)동족목적어 문장은 그 문장에서 동족목적어가 생략되는 경우이다.
이 때 부동족 목적어로 사용되는 단어는 유사형용사 단어들과 연고형용사 단어들, 그리고 우선급 명사로 나눌 수 있다.

(1) 유사형용사가 부동족 목적어로 사용된 경우

아래 예문을 보면 원래의 동족목적어 문장에서 동족목적어가 생략되는 경우를 볼 수 있다. 이 때 생략된 동족목적어를 수식하는 수식어가 부(副)동족 목적어(النَّائِبُ عَنِ الْمَفْعُولِ الْمُطْلَقِ)가 되는 것이다.
동사 동작의 빠르기, 강약, 높이, 아름다움의 정도 등을 표현하는 유사형용사 단어들이 부사적인 의미로 표현될 때 이 부동족 목적어로 사용된다. (سَرِيعٌ, بَطِيءٌ, كَثِيرٌ, قَلِيلٌ, طَوِيلٌ, صَغِيرٌ 등)

생략된 동족목적어가 있는 문장 (괄호 안의 푸른색 단어가 동족목적어이다.)	부동족 목적어 문장 (실제 문장은 이 형태를 사용한다.)
نَشْرَبُ الْقَهْوَةَ (شُرْبًا) سَرِيعًا.	نَشْرَبُ الْقَهْوَةَ سَرِيعًا.
우리는 커피를 아주 빨리 마신다. (سَرِيعًا이 شُرْبًا을 수식하는 수식어이다. سَرِيعًا이 부동족 목적어이다.)	
يَنَامُ الْأَطْفَالُ (نَوْمًا) كَثِيرًا.	يَنَامُ الْأَطْفَالُ كَثِيرًا. *
그 아기들은 잠을 많이 잔다. (كَثِيرًا이 نَوْمًا을 수식하는 수식어이다. كَثِيرًا이 부동족 목적어이다.	

다른 예들 아래의 빨간색 단어들이 부동족 목적어. 생략된 동족목적어가 무엇인지 생각해 보자.

우리는 많이 축구를 한다. (لَعِبًا) (많이, 혹은 자주 한다.)	نَلْعَبُ كُرَةَ الْقَدَمِ كَثِيرًا.
조금만 기다려. (اِنْتِظَارًا)	اِنْتَظِرْ قَلِيلاً. *
나는 오래 기다렸다. (اِنْتِظَارًا)	اِنْتَظَرْتُ طَوِيلاً. *
생활이 빨리 발전한다. (تَطَوُّرًا)	تَتَطَوَّرُ الْحَيَاةُ سَرِيعًا.
내 아버지는 늦게 걷는다. (مَشْيًا)	يَمْشِي أَبِي بَطِيئًا.
내 형(남동생)은 빨리 대처한다. (تَصَرُّفًا)	يَتَصَرَّفُ أَخِي سَرِيعًا.
그 아이는 짧게 운다. (بُكَاءً)	يَبْكِي الطِّفْلُ قَصِيرًا.
나는 소리높여 소리쳤다. (صُرَاخًا)(عَالِيًا은 능동분사이다)	صَرَخْتُ عَالِيًا.

→ 위의 * 문장들의 빨간색 단어를 부(副) 부사(نَائِبُ ظَرْفٍ)로 볼 수도 있다. وَقْتًا이 생략된 것으로 볼 경우.

제14과 여러 가지 목적격에 대해 III - 동족목적어

(2) 연고형용사(اَلنِّسَبُ)가 부동족 목적어로 사용된 경우

생략된 동족목적어의 수식어 역할을 하는 단어가 연고형용사인 경우이다.

생략된 동족목적어가 있는 문장 (괄호 한의 푸른색 단어가 동족 목적어이다)	부동족 목적어 문장 (실제 문장은 이 형태를 사용한다.)
كَلَّمْتُهُ (كَلَامًا) هَاتِفِيًّا.	كَلَّمْتُهُ هَاتِفِيًّا.
나는 전화로 그에게 이야기했다.	
رَبَّيْتُ أَوْلَادِي (تَرْبِيَةً) أَخْلَاقِيَّةً.	رَبَّيْتُ أَوْلَادِي أَخْلَاقِيًّا.
나는 나의 아이들을 윤리적으로 양육했다.	

다른 예들

아래의 빨간 색깔의 단어들이 모두 부동족 목적어다이. 각각의 경우 생략된 동족목적어가 무엇인지 생각해 보자.

내 주민등록증이 자동적으로 갱신된다. (تَجَدُّدٌ)	تَتَجَدَّدُ بِطَاقَتِي تِلْقَائِيًّا.
사우디 아라비아는 이집트를 재정적으로 도왔다. (مُسَاعَدَةً)	سَاعَدَتِ السَّعُودِيَّةُ مِصْرَ مَالِيًّا.
실패는 인간에게 부정적으로 영향을 준다. (تَأْثِيرًا)	يُؤَثِّرُ الْفَشَلُ سَلْبِيًّا عَلَى الْإِنْسَانِ.
경제는 국가에 본질적으로 영향을 미친다. (تَأْثِيرًا)	يُؤَثِّرُ الِاقْتِصَادُ جَوْهَرِيًّا عَلَى الدَّوْلَةِ.
내 형(남동생)은 나에게 자발적으로 대답했다. (إِجَابَةً)	أَجَابَنِي أَخِي عَفَوِيًّا.
그 회사는 그 프로젝트에 대해 문서상으로 동의했다. (مُوَافَقَةً)	وَافَقَتِ الشَّرِكَةُ عَلَى الْمَشْرُوعِ كِتَابِيًّا.
독서는 인간의 삶에 긍정적으로 영향을 끼친다. (تَأْثِيرًا)	الْقِرَاءَةُ تُؤَثِّرُ إِيجَابِيًّا عَلَى حَيَاةِ الْإِنْسَانِ.

** 부동족 목적어와 상태목적어의 비교

아래의 ①은 부동족 목적어(اَلنَّائِبُ عَنِ الْمَفْعُولِ الْمُطْلَقِ)이고 ②는 상태목적어(اَلْحَالُ)이다. 상태목적어는 동작이 진행될 때의 상태주체(주어나 목적어 등)의 상태를 표현하지만, 부동족 목적어는 동사 동작의 빠르기, 강약, 높이, 많고 적음 등을 표현한다.

①	그 아이는 짧게 운다. (قَصِيرًا이 아기의 일시적인 상태를 묘사할 수 없다)	يَبْكِي الطِّفْلُ قَصِيرًا.
②	그 아이는 고통스럽게 운다. (مُتَأَلِّمًا이 아기의 일시적인 상태를 묘사한다.)	يَبْكِي الطِّفْلُ مُتَأَلِّمًا.
①	그 아기들은 잠을 많이 잔다. (كَثِيرًا이 아기들의 일시적인 상태를 묘사할 수 없다)	يَنَامُ الْأَطْفَالُ كَثِيرًا.
②	그 아기들은 기쁘게(기쁜 상태에서) 잠을 잔다. (سُعَدَاءَ이 아기들의 일시적인 상태를 묘사한다.)	يَنَامُ الْأَطْفَالُ سُعَدَاءَ.

(3) 우선급 명사가 부동족 목적어로 사용된 경우

동작 표현 동사가 주동사로 사용된 문장에서 동작을 비교하기 위해 우선급 명사를 사용한다. 이 때 사용된 우선급 명사가 부동족 목적어(النَّائِبُ عَنِ الْمَفْعُولِ الْمُطْلَقِ)로 사용된다. 동작을 비교하는 비교급 문장에 대해서는 이 책의 '비교급과 최상급 문장에 대해' 부분에서 다룬다.

생략된 동족목적어가 있는 문장 (괄호 안의 푸른색 단어가 생략된 동족 목적어이다.)	부동족 목적어 문장 (실제 문장은 이 형태를 사용한다.)
سَمِيرٌ يَقْرَأُ (قِرَاءَةً) أَكْثَرَ مِنْ مُحَمَّدٍ.	سَمِيرٌ يَقْرَأُ أَكْثَرَ مِنْ مُحَمَّدٍ.
싸미르는 무함마드 보다 더 많이 읽는다.	
هُوَ يَأْكُلُ (أَكْلًا) أَقَلَّ مِنْ أَخِيهِ.	هُوَ يَأْكُلُ أَقَلَّ مِنْ أَخِيهِ.
그는 그의 형(남동생)보다 더 적게 먹는다.	

→ 위에서 생략된 동족목적어를 사용할 경우 그 뒤의 우선급 명사는 동명사를 수식하는 수식어가 된다.

다른 예들

(그) 아이들은 (그) 어른들 보다 더 많이 공부한다. (أَكْثَرَ 가 부동족 목적어, دَرْسٌ 이 생략되었다고 본다.)	يَدْرُسُ الْأَطْفَالُ أَكْثَرَ مِنَ الْكِبَارِ.
그는 다른 사람들보다 이집트에서 더 많이 살았다. (أَطْوَلَ 가 부동족 목적어, عَيْشًا 이 생략되었다고 본다.)	عَاشَ فِي مِصْرَ أَطْوَلَ مِنَ الْآخَرِينَ.
치타는 사자보다 더 빨리 달린다. (أَسْرَعَ 가 부동족 목적어, جَرْيًا 이 생략되었다고 본다.)	يَجْرِي الْفَهْدُ أَسْرَعَ مِنَ الْأَسَدِ.
우리는 너희들보다 더 많은 것을 배웠다. (أَكْثَرَ 가 부동족 목적어, تَعَلُّمًا 이 생략되었다고 본다.)	تَعَلَّمْنَا أَكْثَرَ مِنْكُمْ.
나는 아침보다 저녁을 더 좋아한다. (أَكْثَرَ 가 부동족 목적어, حُبًّا 이 생략되었다고 본다.)	أُحِبُّ الْمَسَاءَ أَكْثَرَ مِنَ الصَّبَاحِ.

한편 다음의 문장들은 비교의 대상인 مِنْ 으로 시작되는 유사문장이 없는 문장이지만 동일하게 우선급 명사가 부동족 목적어(النَّائِبُ عَنِ الْمَفْعُولِ الْمُطْلَقِ)로 사용된 문장이다.

나는 요즘 잠을 덜 잔다. (أَقَلَّ 가 부동족 목적어, نَوْمًا 이 생략되었다고 본다.)	أَنَامُ أَقَلَّ هَذِهِ الْأَيَّامِ.
그는 언어의 어려움으로 인해 더 늦게 읽는다. (أَبْطَأَ 가 부동족 목적어, قِرَاءَةً 이 생략되었다고 본다.)	يَقْرَأُ أَبْطَأَ بِسَبَبِ صُعُوبَةِ اللُّغَةِ.
그녀들은 아랍어로 더 잘 노래를 부른다. (أَفْضَلَ 가 부동족 목적어, غِنَاءً 이 생략되었다고 본다.)	هُنَّ يُغَنِّينَ أَفْضَلَ بِاللُّغَةِ الْعَرَبِيَّةِ.
모나는 그녀가 휴일이기 때문에 더 많이 논다. (أَكْثَرَ 가 부동족 목적어, لَعِبًا 이 생략되었다고 본다.)	مُنَى تَلْعَبُ أَكْثَرَ لِأَنَّهَا فِي إِجَازَةٍ.
그들은 늦었기 때문에 더 빨리 걷는다. (أَسْرَعَ 가 부동족 목적어, مَشْيًا 이 생략되었다고 본다.)	يَمْشُونَ أَسْرَعَ بِسَبَبِ تَأَخُّرِهِمْ.

2) 동족목적어의 전연결어로 사용된 أَيّ, بَعْض, كُلّ 의 경우

아래의 예문에서 동족목적어로 사용될 수 있는 동명사가 كُلّ 나 بَعْض 혹은 أَيّ 다음에 사용된 것을 볼 수 있다. 이 때 أَيّ 나 بَعْض 나 كُلّ 가 부동족 목적어(النَّائِب عَنِ الْمَفْعُول الْمُطْلَق)가 되며, 그 뒤의 동족목적어로 사용될 수 있는 동명사는 후연결어(مُضَافٌ إِلَيْهِ)가 된다.

나는 삶을 지극히 사랑한다.	أُحِبُّ الْحَيَاةَ كُلَّ الْحُبِّ.
사람들은 부모를 극진히 존경한다.	يَحْتَرِمُ النَّاسُ الْوَالِدَيْنِ كُلَّ الِاحْتِرَامِ.
나는 나의 모친을 아주 사랑한다. (여기서 أَيّ 는 더 이상 묘사할 수 없을 정도라는 의미)	أُحِبُّ أُمِّي أَيَّ حُبٍّ.
(그) 학생들은 (그) 교사들을 아주 존경한다.	يَحْتَرِمُ الطُّلَّابُ الْمُدَرِّسِينَ أَيَّ احْتِرَامٍ.
나는 잠을 조금 잤다.	نِمْتُ بَعْضَ النَّوْمِ.
그 학생들은 몇몇 놀이들을 놀고 있다.	يَلْعَبُ الطُّلَّابُ بَعْضَ اللَّعِبِ.

→ 위에서 كُلّ 와 بَعْض 뒤에는 한정형태의 동명사가 오고, أَيّ 뒤에는 비한정형태의 동명사가 왔다.

** 두 문장을 비교하라.

아래 첫번째 문장의 أَيّ 뒤에 온 후연결어는 동족목적어이다. 그러나 두번째 문장의 أَيّ 는 일반명사이다.

그 학생은 그 교사들을 아주 존경한다. (여기서 احْتِرَام 이 동사 يَحْتَرِم 의 동족목적어로 사용될 수 있는 단어이므로 أَيّ 는 부동족 목적어로 사용되었다.)	يَحْتَرِمُ الطُّلَّابُ الْمُدَرِّسِينَ أَيَّ احْتِرَامٍ.
나는 어떤 음식이던지 좋아한다. (any의 의미) (여기서 أَيّ 는 일반 목적어(الْمَفْعُول بِه)로 사용되었다.)	أُحِبُّ أَيَّ طَعَامٍ.

3) 우선급 명사가 동족목적어의 전연결어로 사용된 경우

우선급 명사가 동족목적어로 사용될 수 있는 동명사의 전연결어로 사용된 경우도 부동족 목적어(النَّائِب عَنِ الْمَفْعُول الْمُطْلَق)이다. 아래에서 후연결어가 동족목적어인 것을 확인하라.

나는 가장 맛있는 음식을 먹었다.	أَكَلْنَا أَلَذَّ أَكْلٍ.
그 단원은 가장 좋은 설명으로 설명되었다.	الدَّرْسُ شُرِحَ أَفْضَلَ شَرْحٍ.
우리는 가장 뛰어난 게임을 했다. (가장 뛰어난 경기를 했다.)	لَعِبْنَا أَمْهَرَ لَعِبٍ.
우리는 가장 빠른 달리기를 했다.	رَكَضْنَا أَسْرَعَ رَكْضٍ.
우리는 그 단원을 가장 잘 이해한다. (여기서는 한정형이다.)	فَهِمْنَا الدَّرْسَ أَفْضَلَ الْفَهْمِ.
그의 누이는 그를 가장 폭력적으로 때렸다. (여기서는 한정형이다.)	ضَرَبَتْهُ أُخْتُهُ أَعْنَفَ الضَّرْبِ.
우리는 가장 아름답게 노래했고 제일 멋진 춤을 추었다. (여기서는 한정형이다.)	غَنَّيْنَا أَجْمَلَ الْغِنَاءِ وَرَقَصْنَا أَفْضَلَ الرَّقْصِ.

4) 동족목적어 자리에 مَرَّة와 مَرَّات과 مَرَّتَيْن가 온 경우 – 동작의 횟수를 나타낸다.

동족목적어가 와야 할 자리에 مَرَّة, مَرَّتَيْن 혹은 مَرَّات 가 와서 동작의 횟수를 나타낼 때 이 단어들을 부동족 목적어(النَّائِبُ عَنِ الْمَفْعُولِ الْمُطْلَقِ)라 한다.

나는 술을 한 번 마셨다.	شَرِبْتُ الْخَمْرَ مَرَّةً.
우리는 이 영화를 한 번 보았다.	شَاهَدْنَا هَذَا الْفِيلْمَ مَرَّةً.
나는 술을 두 번 마셨다.	شَرِبْتُ الْخَمْرَ مَرَّتَيْنِ.
우리는 매일 두 번 식사를 한다.	نَأْكُلُ كُلَّ يَوْمٍ مَرَّتَيْنِ.
나는 술을 여러 번 마셨다.	شَرِبْتُ الْخَمْرَ مَرَّاتٍ.
나는 이 이야기를 아주 여러 번 읽었다.	قَرَأْتُ هَذِهِ الْقِصَّةَ مَرَّاتٍ كَثِيرَةً.
나는 이 이야기를 세 번/네 번/다섯 번 읽었다.	قَرَأْتُ هَذِهِ الْقِصَّةَ مَرَّاتٍ ثَلاَثًا/ أَرْبَعًا/ خَمْسًا.

5) 동족목적어 자리에 숫자가 온 경우

동족목적어 자리에 숫자가 와서 '숫자 + مَرَّة/ مَرَّات', 혹은 '숫자 + 동명사'가 사용된 경우이다. 이 때 이 숫자들이 부동족 목적어(النَّائِبُ عَنِ الْمَفْعُولِ الْمُطْلَقِ)이고, 그 뒤의 단어는 숫자의 크기에 따라 후연결어(مُضَافٌ إِلَيْهِ) 혹은 명시목적어(التَّمْيِيزُ)가 온다.

나는 세 번 단원을 썼다.	كَتَبْتُ الدَّرْسَ ثَلاَثَ مَرَّاتٍ.
나는 매달 다섯 번 축구를 한다.	أَلْعَبُ كُرَةَ الْقَدَمِ خَمْسَ مَرَّاتٍ كُلَّ شَهْرٍ.
나는 열한 번 책을 읽었다.	قَرَأْتُ الْكِتَابَ إِحْدَى عَشْرَةَ مَرَّةً.
나는 이전부터 너의 문장을 백번 들었다.	سَمِعْتُ جُمْلَتَكَ مِئَةَ مَرَّةٍ مِنْ قَبْلُ.
나는 그를 여러차례 만났다.	قَابَلْتُهُ عِدَّةَ مَرَّاتٍ.
우리는 단원을 일곱 번 읽었다.	قَرَأْنَا الدَّرْسَ سَبْعَ قِرَاءَاتٍ.
우리는 단원을 스무 번 읽었다.	قَرَأْنَا الدَّرْسَ عِشْرِينَ قِرَاءَةً.
나는 피라미드들을 세 번 보았다.	شَاهَدْتُ الْأَهْرَامَ ثَلاَثَ مُشَاهَدَاتٍ.
나는 피라미드들을 열두 번 보았다.	شَاهَدْتُ الْأَهْرَامَ اثْنَتَيْ عَشْرَةَ مُشَاهَدَةً.
나는 그를 세 번 때렸다.	ضَرَبْتُهُ ثَلاَثَ ضَرَبَاتٍ.

→ 부동족 목적어로 사용된 숫자 뒤에 오는 명사들이 어떤 경우에는 후연결어(مُضَافٌ إِلَيْهِ)로 취급되어 소유격이 오고, 어떤 경우에는 명시목적어(التَّمْيِيزُ)로 취급되어 목적격이 오는데, 그 이유는 숫자가 3-10 까지와 100 이상의 100 의 배수 숫자의 경우 숫자 뒤에 후연결어(مُضَافٌ إِلَيْهِ)가 오고, 숫자가 11-99 까지는 숫자 뒤에 명시목적어(التَّمْيِيزُ)가 온다. 자세한 내용은 이 책 제 I 권 '아랍어 숫자 읽기와 셈법에 대해'에서 파악하라.

제14과 여러 가지 목적격에 대해 III — 동족목적어

6) 동족목적어 앞에 지시대명사가 온 경우

동족목적어로 사용될 수 있는 동명사 앞에 지시대명사가 온 경우이다. 이 때 이 지시대명사가 부동족 목적어(النَّائِبُ عَنِ الْمَفْعُولِ الْمُطْلَقِ)가 되고, 그 뒤에 오는 동족목적어로 사용될 수 있는 동명사는 대용어(الْبَدَلُ)가 된다.(지시대명사 + 대용어(الْبَدَلُ)의 형태)

나는 이와같은 사랑으로 그녀를 사랑한다. (예를들어 영화를 보고 난 뒤 그 영화와 같은 사랑으로...)	أُحِبُّهَا هٰذَا الْحُبَّ.
나는 그 잠처럼(그 사람이 잔 잠처럼) 잠을 잤다.	نِمْتُ ذٰلِكَ النَّوْمَ.
나는 그 관대함 처럼(그 사람이 관대하게 한 것 처럼) 그를 관대하게 했다.	أَكْرَمْتُهُ ذٰلِكَ الْإِكْرَامَ.
그는 이러한 인식을 전혀 하지 않는다.	لَا يُدْرِكُ هٰذَا الْإِدْرَاكَ.
나는 이와같은 도움으로 그를 도왔다.	سَاعَدْتُهُ هٰذِهِ الْمُسَاعَدَةَ.

7) 부동족 목적어로 사용된 낱말 뒤에 مَا 를 첨부하는 경우

아래의 문장의 경우 원래는 동족목적어 뒤에 수식어가 온 문장이었는데 동족목적어로 사용된 동명사가 생략되고 수식어만 남았다고 보는 것이다. 이 때 남아있는 수식어가 부동족 목적어(النَّائِبُ عَنِ الْمَفْعُولِ الْمُطْلَقِ)가 되며, 그 뒤의 مَا 는 첨가의 مَا(مَا الزَّائِدَةُ)로서 반드시 그 뒤에 절(節)이 와야 한다. 여기서 مَا 는 특별한 의미가 없다. 아래의 문장에서 كَثِيرًا, قَلِيلًا 등이 부동족 목적어이다.

나는 잠을 많이 잔다.	كَثِيرًا مَا أَنَامُ.
나는 술을 적게 마신다.	قَلِيلًا مَا أَشْرَبُ الْخَمْرَ.
나는 빠르게 도착했다.	سَرِيعًا مَا وَصَلْتُ.
나는 오랫동안 앉아서 텔레비전을 본다.	طَوِيلًا مَا أَجْلِسُ أُشَاهِدُ التِّلْفَازَ.
나는 조금 걷는다.	قَلِيلًا مَا أَمْشِي.

→더 많은 예문을 이 책 부록의 '여러 가지 다른 용법으로 사용되는 단어들'에서 'مَا 가 추가불변사로 사용된 경우'에서 볼 수 있다.

** 한편 이러한 문장들 가운데 그 의미가 시간의 부사 혹은 장소의 부사의 의미가 있을 경우 كَثِيرًا 이나 قَلِيلًا 등을 부동족 목적어로 보는 것이 아니라 부(副)부사로 보기도 한다.

나는 잠을 많이 잔다. (많은 시간의 의미로 볼 경우 시간의 부사적인 의미가 된다. 그럴 경우 부부사로 볼 수도 있다.)	كَثِيرًا مَا أَنَامُ.

8) 동족목적어 자리에 동명사의 동의어가 온 경우

동족목적어 용법으로 동명사를 사용할 때에 동명사의 동의어를 사용하는 경우이다.

나는 확실히 걸었다. (سَارَ 동사의 동명사인 سَيْرٌ 대신에 동의어 مَشْيٌ 이 사용됨)	سِرْتُ مَشْيًا.
나는 확실히 앉았다.	قَعَدْتُ جُلُوسًا.
나는 많이 뛰었다.	جَرَيْتُ رَكْضًا.
나는 그를 아주 싫어한다.	أَكْرَهُهُ بَغْضًا.
나는 아주 기뻐했다.	فَرِحْتُ جَذَلًا.
나는 확실히 일어섰다.	وَقَفْتُ نُهُوضًا.
알라신께서 모든 것을 기록보관 하시니라 (꾸란 78:29)	كُلَّ شَيْءٍ أَحْصَيْنَاهُ كِتَابًا.

또한 아래와 같이 동족목적어 자리에 동명사적 명사(اسْمُ الْمَصْدَرِ)가 오는 경우도 부동족목적어다이다. 동명사적 명사에 대해서는 이 책 제Ⅰ권 '동명사' 부분에서 공부하라.

나는 그를 확실히 도왔다.	أَعَنْتُهُ عَوْنًا.
나는 몸을 확실히 씻었다.	اِغْتَسَلْتُ غَسْلًا.
나는 그에게 확실히 주었다.	أَعْطَيْتُهُ عَطَاءً.
나는 그에게 확실히 말했다.	كَلَّمْتُهُ كَلَامًا.

** 아래 문장을 비교하라.

아래 문장은 동작이 일어난 횟수를 이야기하는 문장들로 그 의미는 동일하다. 아래의 ① 문장은 동족목적어가 사용된 문장이고, ②와 ③ 문장은 부동족 목적어(النَّائِبُ عَنِ الْمَفْعُولِ الْمُطْلَقِ)가 사용된 경우이다.

①	나는 그를 세 번 때렸다. ①의 ضَرَبَاتٍ 이 동족목적어(الْمَفْعُولُ الْمُطْلَقُ)이고, 뒤의 ثَلَاثَ 은 수식어(النَّعْتُ)이다. ②와 ③의 ثَلَاثَ 은 부동족 목적어(النَّائِبُ عَنِ الْمَفْعُولِ الْمُطْلَقِ)이고, 뒤의 ضَرَبَاتٍ 과 مَرَّاتٍ 은 후연결어(مُضَافٌ إِلَيْهِ)이다.	ضَرَبْتُهُ ضَرَبَاتٍ ثَلَاثًا.
②		ضَرَبْتُهُ ثَلَاثَ ضَرَبَاتٍ.
③		ضَرَبْتُهُ ثَلَاثَ مَرَّاتٍ.
①		شَاهَدْتُ الْأَهْرَامَ مُشَاهَدَاتٍ ثَلَاثًا.
②	나는 피라미드를 세 번 보았다.	شَاهَدْتُ الْأَهْرَامَ ثَلَاثَ مُشَاهَدَاتٍ.
③		شَاهَدْتُ الْأَهْرَامَ ثَلَاثَ مَرَّاتٍ.

3. 동사가 생략된 동족목적어 (الْمَفْعُولُ الْمُطْلَقُ لِفِعْلٍ مَحْذُوفٍ) 문장 شُكْرًا - عَفْوًا - عُذْرًا - طَبْعًا 등등

다음의 ① 문장을 보면 동사는 보이지 않고 동명사의 목적격만 사용되는 것을 알 수 있다. 이 경우 동명사가 목적격으로 사용된 것은 ②에서 처럼 원래 문장에 동사가 있었고 그 동사의 동족 목적어로서 이 동명사가 사용되었음을 유추할 수 있다. 때문에 이 문장을 '동사가 생략된 동족목적어(الْمَفْعُولُ الْمُطْلَقُ لِفِعْلٍ مَحْذُوفٍ)' 문장이라고 할 수 있다. 명령, 금지, 기원, 인사말 등의 의미로 사용되는 관용적인 표현에 이런 문장이 많다.

의미	① 현재 사용되는 문장	② 원래의 문장
감사합니다.	شُكْرًا.	أَشْكُرُ شُكْرًا.
물론입니다.(of course)	طَبْعًا.	يَطْبَعُ طَبْعًا.
첫만에요.	عَفْوًا.	أَعْفُ عَنِّي عَفْوًا.
죄송합니다. 실례합니다.	عُذْرًا.	أَعْذُرْنِي عُذْرًا.

동사가 생략된 동족목적어들이 사용된 예들

주님! 감사합니다.	شُكْرًا لَكَ يَا رَبُّ.
실례합니다. 내 친구여!	عَفْوًا يَا صَدِيقِي.
천천히	مَهْلًا.
참으세요.	صَبْرًا.
환영합니다.	مَرْحَبًا بِكَ.
죄송합니다. 폐하!	عُذْرًا يَا مَوْلَايَ.
폐하! 진실을 나타내 주십시오.	إِحْقَاقًا لِلْحَقِّ يَا مَوْلَايَ.
일어서(stand up)!! (= قُومُوا قِيَامًا)	قِيَامًا.
따뜻한 문안드립니다 (공식적인 편지의 서두에 사용하는 글귀)	تَحِيَّةً طَيِّبَةً وَبَعْدُ.
알라께 영광을!!(실제 사용되는 의미는 신기한 일에 대해 '정말 신기해', '정말 놀라워!!')	سُبْحَانَ اللهِ.
알라께 찬양을!!	حَمْدًا لله.
환영합니다. (= جِئْتَ أَهْلًا وَحَلَلْتَ مَكَانًا سَهْلًا)	أَهْلًا وَسَهْلًا.
폐하! 분부대로 거행하겠나이다.	سَمْعًا وَطَاعَةً، يَا مَوْلَايَ.

أَنْتَ ابْنِي حَقًّا.	진실로 너는 내 아들이다. (surely)
هَذَا رَجُلٌ كَرِيمٌ جِدًّا.	이 사람은 아주 관대한 사람이다. (= يَجِدُّ جِدًّا)
أُحِبُّ السَّفَرَ عُمُومًا.	나는 일반적으로 여행을 좋아한다.(generally)
يُكَافَأُ[1] النَّاجِحُونَ وَخُصُوصًا الْمُتَفَوِّقُونَ.	그 합격자들이 보상을 받는데, 특히 그 우등생들이 받는다.(specially)
حَضَرَ الْحَفْلَةَ جَمِيعُ الْعَامِلِينَ وَأَيْضًا الْمُدِيرُ الْعَامُّ.	그 모든 일군들이 그 파티에 참석하고 그 사장도 역시 참석했다.

→위의 문장에 사용된 목적격들을 동사가 생략된 동족목적어로 보는 견해가 다수이나 다른 견해들이 있을 수 있다.

---

[1] كَافَأَ/ يُكَافِئُ هـ عَلَى هـ – مُكَافَأَةٌ ..를 보상하다 ..에 대해..

4. 파생명사의 동작을 강조하는 동족목적어와 부동족 목적어

일반적인 동족목적어는 동사의 동작을 강조하거나 동사의 동작을 묘사하기 위해 사용된다고 하였다. 그런데 동족목적어가 문장에서 술어로 사용된 능동분사나 수동분사의 동작을 강조하거나 그 동작을 묘사하는 경우도 있다. 이러한 문장이 가능한 것은 능동분사나 수동분사가 동사에서 파생된 파생명사(اِسْمٌ مُشْتَقٌّ)이기에 거기에는 동작이 포함되어 있으며 때문에 동작을 강조하거나 묘사하는 동족목적어를 취할 수 있는 것이다.

또한 동명사의 동작을 강조하거나 묘사하는 부동족 목적어 문장도 볼 수 있다.

1) 동족목적어가 파생명사(اِسْمٌ مُشْتَقٌّ)의 동작을 강조하는 경우

(1) 동족목적어가 능동분사(اِسْمُ الْفَاعِلِ)의 동작을 강조하는 경우

나는 당신을 (당신의 말을) 잘 듣고 있습니다. (능동분사 سَامِعٌ의 동작을 강조한다.)	أَنَا سَامِعُكَ سَمَاعًا جَيِّدًا.
그녀는 그 단원을 아주 잘 이해합니다. (كُلَّ 가 부동족 목적어이며, 능동분사인 فَاهِمَةٌ의 동작을 강조한다.)	هِيَ فَاهِمَةٌ الدَّرْسَ كُلَّ الْفَهْمِ.
그들은 그 학교에 빨리 가고 있다. (부동족 목적어 구문. ذَهَابًا가 생략되었다.)	هُمْ ذَاهِبُونَ إِلَى الْمَدْرَسَةِ سَرِيعًا.

(2) 동족목적어가 수동분사(اِسْمُ الْمَفْعُولِ)의 동작을 강조하는 경우

그 수업은 아주 멋지게 설명된다. (수동분사인 مَشْرُوحٌ의 동작을 강조한다.)	الدَّرْسُ مَشْرُوحٌ شَرْحًا مُمْتَازًا.
그 학생들은 아주 세게 맞았다. (ضَرْبًا이 동족목적어이며, 수동분사인 مَضْرُوبُونَ의 동작을 강조한다.)	الطُّلَّابُ مَضْرُوبُونَ ضَرْبًا شَدِيدًا.
그녀는 아주 사랑을 받고 있다. (كُلَّ 가 부동족 목적어. 수동분사인 مَحْبُوبَةٌ의 동작을 강조한다.)	هِيَ مَحْبُوبَةٌ كُلَّ الْحُبِّ.

(3) 동족목적어가 유사형용사(الصِّفَةُ الْمُشَبَّهَةُ)의 상태를 강조하는 경우

이것은 극도로 추하다.	هَذَا قَبِيحٌ قُبْحًا شَدِيدًا.
그는 사자와 같이 용감하다.	هُوَ شُجَاعٌ شَجَاعَةَ الْأَسَدِ.
그녀는 보름달이 뜬 밤의 달처럼 아름답다.	هِيَ جَمِيلَةٌ جَمَالَ الْقَمَرِ لَيْلَةَ الْبَدْرِ.

(4) 동족목적어가 동명사(الْمَصْدَرُ)의 동작을 강조하는 경우

실로 지옥이 너희를 위한 넘치는 보상이 되리라 (꾸란17:63)	فَإِنَّ جَهَنَّمَ جَزَاؤُكُمْ جَزَاءً مَوْفُورًا.
천국은 믿는 자들에게 위대한 보상이다.	إِنَّ الْجَنَّةَ ثَوَابُ الْمُؤْمِنِينَ ثَوَابًا عَظِيمًا.
	الْمُنَاقَشَةُ وَالْبَحْثُ فِي الدَّرْسِ عَمَلُنَا عَمَلًا سَهْلًا.
공부에서 토론과 리서치는 우리가 하는 쉬운 일들이다.	

(5) 동족목적어가 우선급 명사(اسْمُ التَّفْضِيل)의 동작을 강조하는 경우

알리는 그들 가운데 가장 용감하다.	عَلِيٌّ أَشْجَعُهُمْ شَجَاعَةً.
무함마드는 그들가운데 가장 관대한다.	مُحَمَّدٌ أَكْرَمُهُمْ كَرَمًا.
사미르는 그들 가운데 가장 낫다.	سَمِيرٌ أَحْسَنُهُمْ حُسْنًا.

** 한편 우선급 명사 뒤에 우선급 명사에서 파생된 동명사가 아니라 다른 명사를 사용하게 될 경우 명시목적어(التَّمْيِيز)가 된다. 명시목적어에 대해서는 곧 공부한다.

알리는 그들 가운데 가장 용감하다.	عَلِيٌّ أَشْجَعُهُمْ قَلْبًا.
무함마드는 그들가운데 가장 관대한다.	مُحَمَّدٌ أَكْرَمُهُمْ شَخْصًا.
알리는 그들 가운데 가장 용감하다.	سَمِيرٌ أَحْسَنُهُمْ عَمَلاً.

2) 부(副)동족목적어(النَّائِب عَنِ المَفْعُول المُطْلَق)가 동명사의 동작을 강조하는 경우

동족목적어는 동사의 동작을 강조하거나 동사의 동작을 묘사하기 위해 사용된다. 그런데 문장에 사용된 동명사의 동작을 강조하거나 묘사하기 위해 부동족 목적어가 사용되는 경우가 있다(아래의 ① 문장). 이 경우의 원래 문장은 풀어쓴 동명사 문장이며(아래의 ②), 그 문장에서 부동족 목적어는 생략된 동족목적어의 수식어 역할을 한다. (풀어쓴 동명사에 대해서는 곧 자세히 공부한다.)

① 동명사가 부동족 목적어를 취하는 문장	② 풀어쓴 동명사 문장 (괄호 한의 푸른색 단어가 생략된 동족 목적어이다)
يَجِبُ الاهْتِمَامُ بِالأَطْفَالِ عَاطِفِيًّا.	يَجِبُ أَنْ نَهْتَمَّ بِالأَطْفَالِ (اهْتِمَامًا) عَاطِفِيًّا.
아이들에 대해 감정적으로 관심을 가져야 한다.	
يَجِبُ شُرْبُ القَهْوَةِ بَطِيئًا.	يَجِبُ أَنْ نَشْرَبَ القَهْوَةَ (شُرْبًا) بَطِيئًا.
커피를 천천히 마셔야 한다.	

다른 예들

음식을 먹기 전에 조금 기다려야 한다.	يَجِبُ الاِنْتِظَارُ قَلِيلاً قَبْلَ الأَكْلِ.
청소년들을 민주적으로 교육하는 것은 중요하다.	مِنَ المُهِمِّ تَرْبِيَةُ الشَّبَابِ الصَّغِيرِ دِيمُقْرَاطِيًّا.
몇몇 사람들은 육로로 여행하는 것을 더 좋아한다.	بَعْضُ النَّاسِ يُفَضِّلُونَ السَّفَرَ بَرِّيًّا.
هَدَفُنَا تَنْمِيَةُ الفَرْدِ اجْتِمَاعِيًّا وَحِرَفِيًّا وَبَدَنِيًّا وَعَقْلِيًّا وَرُوحِيًّا.	
우리의 목적은 개인을 사회적으로, 기술적으로, 육체적으로, 정신적으로, 영적으로 성장시키는 것이다.	

كُورِيَا الشَّمَالِيَّةُ تُهَدِّدُ بِتَوْحِيدِ شِيْهِ الْجَزِيرَةِ الْكُورِيَّةِ عَسْكَرِيًّا.
북한은 한반도를 군사적으로 통일하겠다고 위협하고 있다.

** 위의 예들의 풀어쓴 동명사 문장을 만들어 보자.

① 동명사가 부동족 목적어를 취하는 문장	② 풀어쓴 동명사 문장
مِنَ الْمُهِمِّ تَرْبِيَةُ الْأَطْفَالِ دِيمُقْرَاطِيًّا.	مِنَ الْمُهِمِّ أَنْ نُرَبِّيَ الْأَطْفَالَ دِيمُقْرَاطِيًّا.
우리가 어린이들을 민주적으로 교육하는 것은 중요하다.	
بَعْضُ النَّاسِ يُفَضِّلُونَ السَّفَرَ بَرِّيًّا.	بَعْضُ النَّاسِ يُفَضِّلُونَ أَنْ يُسَافِرُوا بَرِّيًّا.
몇몇 사람들은 육로로 여행하는 것을 더 좋아한다.	

** 명사문에 사용된 동족 목적어

지금까지는 문장이 동사로 시작하는 동사문에 사용된 동족목적어를 살펴 보았다. 그런데 아래의 ②와 같이 문장이 명사로 시작하고 그 뒤에 술어에 동사가 오는 명사문에서도 동일하게 동족목적어가 사용된다는 것을 기억할 필요가 있다.

정말로 전쟁이 시작되었다.	①	بَدَأَتِ الْحَرْبُ بَدْءًا.
	②	الْحَرْبُ بَدَأَتْ بَدْءًا.

그 아기는 잠을 깊이 잤다. 혹은 많이 잤다.	①	نَامَ الطِّفْلُ نَوْمًا.
	②	الطِّفْلُ نَامَ نَوْمًا.

제 15 과 여러 가지 목적격(الْمَنْصُوبَات)에 대해 Ⅳ – 명시목적어(التَّمْيِيز)

1. 명시목적어(التَّمْيِيز)의 종류
    1) 피명시어가 표기되는 명시목적어 문장
        (1) 도량형을 나타내는 단어 뒤에 오는 보통명사
        (2) 숫자 11-99 를 셀 때 그 숫자 뒤에 오는 보통명사
        (3) 의문사 كَمْ 뒤에 오는 보통명사
    2) 피명시어가 표기되지 않는 명시목적어 문장
        (1) 보통명사(/동명사/ 연고형용사)가 명시목적어로
        (2) 비교급 혹은 최상급 문장에서
        (3) 감탄문 문장에서
2. 명시목적어 문장의 전환
3. 고려사항들

제 15과 여러 가지 목적격 (الْمَنْصُوبَات)에 대해 Ⅳ - 명시목적어 (التَّمْيِيز)

다음 문장을 번역해 보자.

فَاضَ الْكُوبُ مَاءً.

위의 문장에서 فَاضَ الْكُوبُ 까지만 말을 들었다면 '그 컵이 흘러넘쳤다'는 의미가 된다. 그럴 경우 무엇으로 흘러넘쳤는지는 아직 모른다. 그런데 그 뒤에 مَاءً 란 단어가 오면 '그 컵이 물로 흘러넘쳤다'의 의미가 된다. 이때 이 문장에 사용된 مَاءً 이 목적어일까? 그렇지 않다. 왜냐하면 فَاضَ 는 자동사이기에 목적어를 취하지 않는다. 그렇다면 مَاءً 이 무엇이란 말인가? 바로 명시목적어이다.

그 컵이 물(설탕, 돈 ...)로 흘러넘쳤다. (فَاضَ 란 동사는 자동사)(빨간색 단어가 명시목적어)	فَاضَ الْكُوبُ مَاءً. (سُكَّرًا, نُقُودًا ...)

다른 예를 보자.

우리는 육고기(생선, 과일 ...)를 1킬로 먹었다. (لَحْمًا 이 명시목적어)(우리가 1킬로 먹은 것이 무엇인지 분명히 함) (타동사 문장이고 كِيلُو 가 문장의 목적어)	أَكَلْنَا كِيلُو لَحْمًا. (سَمَكًا, فَاكِهَةً ...)

위의 문장에서 أَكَلْنَا كِيلُو 까지만 말을 들었다면 상대방이 1킬로를 먹었는데 무엇을 1킬로 먹었는지 모른다. 그러나 그 뒤에 لَحْمًا 을 사용할 경우 육고기를 먹었다는 것이 분명해 진다. 이럴 때 이 لَحْمًا 을 명시목적어라 한다. 같은 문장에 سَمَكًا 이나 فَاكِهَةً 등의 다른 명시 목적어를 사용할 수도 있다.

이렇게 모호한 문장의 의미를 분명하게 밝혀주는 비한정 형태의 목적격 명사를 명시목적어(التَّمْيِيز)라 한다. 명시목적어로는 주로 보통명사나 동명사가 사용되며 연고형용사(نَسَب)가 사용되는 경우도 있다.

1. 명시목적어(التَّمْيِيز)의 종류

명시목적어 문장은 피명시어(مُمَيَّز)의 표기 여부에 따라 두 가지로 나뉜다. 즉 피명시어가 문장에 표기되는(التَّمْيِيزُ الْمَلْفُوظُ) 경우와, 피명시어가 표기되지 않는(التَّمْيِيزُ الْمَلْحُوظُ) 경우로 나뉜다.

1) 피명시어가 표기되는 명시목적어 문장(التَّمْيِيزُ الْمَلْفُوظُ) – 명시 목적어가 단어의 의미를 명확히 함

아래를 보면 명시목적어 앞에 피명시어(مُمَيَّز 파란색 글자)가 사용되었다. 이 문장을 피명시어까지만 들었을 때 문장의 의미는 모호하다. 즉 1미터의 무엇을 샀는지 아직 모르는 상황이다. 만일 그 뒤에 صُوفًا 란 명시목적어를 사용하면, 1미터의 '양모'를 샀다는 것을 분명하게 밝혀주는 문장이 된다.

나는 1미터의 양모를 샀다. (면, 비단, 천...) (무엇을 1미터 샀는지 분명히 한다)	اشْتَرَيْتُ مِتْرًا صُوفًا. (قُطْنًا, حَرِيرًا, قُمَاشًا...) 　　　　　　　b　　a
a - 피명시어(مُمَيَّز)(문장에서의 기능은 목적어(مَفْعُول بِهِ))　b - 명시목적어(تَمْيِيز)	

이러한 피명시어가 표기되는(الْمُمَيَّز مَلْفُوظ) 명시목적어 문장은 주로 도량형을 나타내는 단어가 피명시어로 사용될 때 많이 사용되며, 숫자 11-99 가 피명시어로 사용될 때와, 의문사 كَمْ 뒤에 목적격 명사가 올 때에 사용된다.

제15과 여러 가지 목적격에 대해 IV - 명시목적어

(1) 도량형을 나타내는 단어 (كِيلُو، لِتْر، طُنْ ...) 뒤에 오는 보통명사

무게(وَزْن)나 길이(طُول)나 부피(كَيْل), 면적(مَسَاحَة) 등의 도량형 낱말 뒤에 와서 그 도량형의 내용이 무엇인지를 밝히기 위해 명시목적어를 사용한다. 이 때 명시목적어로 사용되는 단어는 사물을 나타내는 보통명사이다.

우리는 1킬로의 육고기를 먹었다. (생선, 과일 ...) (우리가 1킬로 먹은 것이 무엇인지 분명히 한다)	أَكَلْنَا كِيلُو لَحْمًا. (سَمَكًا، فَاكِهَةً ...)
나는 1그램의 은을 샀다. (금, 놋 ...)	اشْتَرَيْتُ جِرَامًا فِضَّةً. (ذَهَبًا، نُحَاسًا ...)
그는 1톤의 철근을 팔았다. (밀, 쌀 ...)	بَاعَ طِنًا حَدِيدًا. (قَمْحًا، أُرُزًّا ...)
나는 1리터의 술을 마셨다. (물, 쥬스 ...) (무엇을 1리터 마셨는지 분명히 한다)	شَرِبْتُ لِتْرًا خَمْرًا. (مَاءً، عَصِيرًا ...)
카말은 2리터의 우유를 마신다. (카말이 2리터 마신 것이 무엇인지 분명히 한다)	يَشْرَبُ كَمَالٌ لِتْرَيْنِ لَبَنًا.
그 상인은 나에게 한 큐빗(45cm)의 비단을 팔았다.	بَاعَنِي التَّاجِرُ ذِرَاعًا حَرِيرًا.
나는 한 뼘의 땅도 가지고 있지 않다.	لَا أَمْلِكُ شِبْرًا أَرْضًا.
나는 1미터의 양모/천을 샀다. (무엇을 1미터 샀는지 분명히 한다)	اشْتَرَيْتُ مِتْرًا صُوفًا / قُمَاشًا.
나는 밀을 1에이커(acre) 재배했다. (1에이커 재배한 것이 무엇인지 분명히 한다.)	زَرَعْتُ فَدَّانًا قَمْحًا.

명사문으로 사용된 경우

이것은 1그램의 금이다. (명사문에 명시목적어가 사용되었다.)	هَذَا جِرَامٌ ذَهَبًا.
그는 1톤의 철근을 가지고 있다.	عِنْدَهُ طِنٌ حَدِيدًا.

** 아래의 세 문장을 비교하라.

①의 명시목적어 문장들은 ②의 연결형 문장과 ③의 مِنْ 이 들어간 문장과 의미가 같다.

나는 1그램의 금을 샀다.	ذَهَبًا 이 명시목적어이다.	اشْتَرَيْتُ جِرَامًا ذَهَبًا.	①
	ذَهَب 이 후연결어로 사용되었다.	اشْتَرَيْتُ جِرَامَ ذَهَبٍ.	②
	ذَهَب 이 소유격 명사로 사용되었다.	اشْتَرَيْتُ جِرَامًا مِنْ ذَهَبٍ.	③
나는 1리터의 술을 마셨다.	خَمْرًا 이 명시목적어이다.	شَرِبْتُ لِتْرًا خَمْرًا.	①
	خَمْر 이 후연결어이다.	شَرِبْتُ لِتْرَ خَمْرٍ.	②
	خَمْر 이 소유격 명사로 사용되었다.	شَرِبْتُ لِتْرًا مِنْ خَمْرٍ.	③

(2) 숫자(عَدَدٌ) 11~99를 셀 때 그 숫자 뒤에 오는 보통명사

이 책 제Ⅰ권에서 숫자 셈법을 공부하며 숫자 11-99까지를 셈할 때 숫자 뒤에 명시목적어(التَّمْيِيزُ)가 온다고 배웠다. 숫자 11~99 뒤에서 명시목적어로 사용되는 단어는 셈할 대상(الْمَعْدُودُ)으로 사용되며, 따라서 사람 혹은 사물을 지칭하는 보통명사가 사용된다. (자세한 것은 이 책 제Ⅰ권 '아랍어 숫자 읽기와 셈법에 대해'에서 공부하라.)

نَجَحَ ثَلَاثَةَ عَشَرَ طَالِبًا.	13명의 학생이 합격했다. (13명이 어떤 사람인지를 분명히 한다)
قَضَيْنَا فِي الْإِسْكَنْدَرِيَّةِ خَمْسَةَ عَشَرَ يَوْمًا.	우리는 알렉산드리아에서 15일을 보내었다. (15시간인지? 15개월인지?를 분명히 한다)
يَتَرَكَّبُ الْيَوْمُ مِنْ أَرْبَعٍ وَعِشْرِينَ سَاعَةً.	하루는 24 시간으로 구성된다. (24 초인지? 24 분인지? 24 시간인지?를 분명히 함)
اِدْفَعُوا مَبْلَغًا وَقَدْرُهُ سَبْعَةٌ وَأَرْبَعُونَ جُنَيْهًا.	47 이집션 파운드(의 가치가 있는 것)를 지불하라. (اِدْفَعْ مَبْلَغًا وَقَدْرُهُ .. ..를 지불하라 ...)
حَضَرَ اثْنَا عَشَرَ طَالِبًا وَكَتَبُوا اثْنَتَيْ عَشْرَةَ رِسَالَةً.	12명의 학생이 참석했고 그들이 12개의 편지를 적었다.
اِسْتِشْهَادُ ١٨ سُورِيًّا	18명의 시리아 사람의 순교(죽음) (신문 제목)
٥٣ قَتِيلًا فِي حَادِثِ سَيْرٍ فِي مِصْرَ	이집트에서 교통사고로 53명 사망 (신문 제목)
فِي اللُّغَةِ الْعَرَبِيَّةِ ثَمَانِيَةٌ وَعِشْرُونَ حَرْفًا هِجَائِيًّا.	아랍어에는 28개의 알파벳이 있다.
عَثَرَ أَطِبَّاءُ سِرِيلَانْكِيُّونَ عَلَى أَكْثَرَ مِنْ ٢٠ مِسْمَارًا فِي جَسَدِ عَامِلَةٍ مَنْزِلِيَّةٍ.	스리랑카 의사들은 한 가정부의 몸에서 20개 이상의 못을 발견했다. (신문 기사)

(3) 의문사 كَمْ 뒤에 오는 보통명사

다음과 같이 의문사 كَمْ 뒤에 명시목적어(التَّمْيِيز)가 와서 '얼마나 많이(How many)'라는 의문문에 대한 내용이 무엇인지를 명확히 한다. 아래 예문들에서 كَمْ 뒤에 온 단어들이 명시목적어이며, 의문사 كَمْ 이 피명시어의 역할을 한다. 이 때 명시목적어로 사용되는 단어는 사람 혹은 사물을 지칭하는 보통명사가 사용된다. (كَمْ 이 사용되는 의문문에 대해서는 이 책 '의문문에 대해'를 보자)

a. كَمْ 이 명사문의 주어로 사용된 경우

당신에게 몇 명의 형제가 있습니까? (كَمْ 이 명사문의 주어로 사용)	كَمْ أَخًا لَكَ؟
몇 명의 학생이 그 교실에 있습니까? (كَمْ 이 명사문의 주어로 사용)	كَمْ طَالِبًا فِي الْفَصْلِ؟
당신은 몇 대의 자동차를 가지고 있습니까? (كَمْ 이 명사문의 주어로 사용)	كَمْ سَيَّارَةً عِنْدَكَ؟

b. كَمْ 이 동사의 목적어로 사용된 경우

당신은 몇 권의 책을 읽었습니까? (كَمْ 이 동사의 목적어로 사용)	كَمْ كِتَابًا قَرَأْتَ؟
당신은 몇 킬로그램을 구입합니까? (كَمْ 이 동사의 목적어로 사용)	كَمْ كِيلُوجِرَامًا تَشْتَرِي؟
당신은 몇 리터를 마셨습니까? (كَمْ 이 동사의 목적어로 사용)	كَمْ لِتْرًا شَرِبْتَ؟

c. كَمْ 이 부사로 사용된 경우

당신은 한 달에 몇 일 일을 합니까? (كَمْ 이 시간의 부사로 사용)	كَمْ يَوْمًا تَعْمَلُ فِي الشَّهْرِ؟
당신은 몇 시간 나를 기다렸습니까? (كَمْ 이 시간의 부사로 사용)	كَمْ سَاعَةً انْتَظَرْتَنِي؟
당신은 몇 미터를 걸었습니까? (كَمْ 이 장소의 부사로 사용)	كَمْ مِتْرًا مَشَيْتَ؟

→위의 كَمْ 이 사용된 의문문 문장의 답변으로 앞의 '(2) 숫자(عَدَد) 11~99를 셀 때 그 숫자 뒤에 오는 보통명사'와 같은 문장이 사용된다.

종합 아랍어 문법 II

2) 피명시어가 표기되지 않은 명시목적어 문장(التَّمْيِيزُ الْمَلْحُوظُ) – 명시목적어가 문장의 의미를 명확히 함

피명시어(مُمَيَّزٌ)가 문장에서 따로 표기되지 않는 명시목적어 문장이다. 피명시어가 표기되지 않지만 문장의 의미속에서 어떤 내용을 분명히 하는지 이해할 수 있다.

아래 문장을 보자. 명시(목적)어로 사용된 هَوَاءً 앞에 피명시어가 따로 사용되지 않았다. 아래의 문장을 الْإِسْكَنْدَرِيَّةُ 까지 들었을 때 알렉산드리아에 무엇이 좋은지 분명하지 않다. 그래서 그 뒤에 명시목적어를 사용하였을 때 비로소 공기가 좋다는 것을 분명히 알게 된다.

| 알렉산드리아는 공기가 좋았다. (바다, 해변 ...) | طَابَتِ الْإِسْكَنْدَرِيَّةُ هَوَاءً. (بَحْرًا، شَاطِئًا ...) |

앞의 피명시어 표기 문장(الْمُمَيَّزُ مَلْفُوظٌ)이 피명시어 한 단어의 의미를 명확하게 하는 것이라면 피명시어 비표기 문장(الْمُمَيَّزُ مَلْحُوظٌ)은 문장 전체의 의미를 명확하게 하는 것이라 볼 수 있다.

이러한 피명시어가 표기되지 않은(الْمُمَيَّزُ مَلْحُوظٌ) 명시목적어 문장을 보통명사가 명시목적어로 사용된 경우, 비교급 혹은 최상급 문장에 사용된 경우, 감탄문 문장에 사용된 경우로 나누어서 살펴본다.

(1) 보통명사(/ 동명사)가 명시목적어로 사용된 경우

a. 동사문에서

그 꽃은 색깔들이 다르다.(모양, 향기 ...) (자동사 문장)	يَخْتَلِفُ الزَّهْرُ أَلْوَانًا. (شَكْلًا، رَائِحَةً ...)
그 남자는 심리적(soul)으로 좋았다. (자동사 문장)	طَابَ الرَّجُلُ نَفْسًا.
그 소년은 말이 좋아졌다. (자동사 문장)	حَسُنَ الْغُلَامُ كَلَامًا.
그 남자는 키(자세)에 있어 똑바로 섰다. (자동사 문장)	اعْتَدَلَ الرَّجُلُ قَامَةً.
그의 눈은 고통으로 넘쳐났다. (슬픔으로 눈물을 많이 흘렸다는 의미) (자동사 문장)	فَاضَتْ عَيْنُهُ أَلَمًا.
그것은 길(관습)에서 나빴다. (꾸란 4:22) (자동사 문장)	سَاءَ سَبِيلًا.
나는 그 학생의 순위를 높였다. (타동사 문장)	رَفَعْتُ الطَّالِبَ مَنْزِلَةً.
대통령은 그를 교수형에 처했다. (타동사 문장)	أَعْدَمَهُ الرَّئِيسُ شَنْقًا.
나는 금으로 된 한 반지를 샀다. (타동사 문장)	اشْتَرَيْتُ خَاتَمًا ذَهَبًا.
무함마드는 그의 아버지와 지적인 부분에서 닮았다. (타동사 문장)	مُحَمَّدٌ يُشْبِهُ وَالِدَهُ عِلْمًا.
우리는 땅에서 목화를 수확했다. 나는 노동자들에게 임금을 지불했다. (타동사 문장)	جَنَيْنَا الْأَرْضَ قُطْنًا. / وَفَّيْتُ الْعُمَّالَ أُجُورًا.
우리들은 땅에 나무를 심었다./ 우리는 땅에 옥수수를 심었다. (타동사 문장)	غَرَسْنَا الْأَرْضَ شَجَرًا. / زَرَعْنَا الْأَرْضَ ذُرَةً.
어제 대통령은 그를 장관으로 임명했다. (타동사 문장, 명시목적어를 제2목적어로 보는 것도 가능)	عَيَّنَهُ الرَّئِيسُ وَزِيرًا أَمْسِ.
그들은 무함마드를 대통령으로 선출했다. (타동사 문장, 명시목적어를 제2목적어로 보는 것도 가능)	انْتَخَبُوا مُحَمَّدًا رَئِيسًا.

→위에서 목적어가 두 개 있는 문장의 경우 명시목적어를 제2목적어로 보는 경우도 있다.

제15과 여러 가지 목적격에 대해 IV — 명시목적어

b. 동사가 사용되지 않은 명사문에서

명시목적어는 다음과 같이 동사가 사용되지 않은 명사문에서도 사용할 수 있으며, 그 경우 술어의 의미를 분명히 하는데 사용된다.

그는 명칭상(/이름만) 디렉터이다.	هُوَ مُدِيرٌ اسْمًا.
그녀는 외모적으로(외모상) 한국인이다.	هِيَ كُورِيَّةٌ شَكْلًا.
그들은 사상적으로 자유주의자이다.	هُمْ لِيبرَالِيُّونَ أَفْكَارًا.
나의 형(남동생)은 윤리적으로 남자이다.	أَخِي رَجُلٌ أَخْلَاقًا.
내 여자 친구는 아름다움에 있어서 천사이다.	صَدِيقَتِي مَلَاكٌ جَمَالًا.
그녀는 시적인 부분에서 뛰어나다.	هِيَ بَارِعَةٌ شِعْرًا.
그 연구가는 지식에 있어 아주 뛰어나다.	الْبَاحِثُ مُمْتَازٌ عِلْمًا.
이것은 종이로 된 당신의 돈이다.	هَذَا مَالُكَ وَرَقًا.
당신은 힘에 있어서 남자이다.	أَنْتَ رَجُلٌ قُوَّةً.

** 동사문에 명시목적어가 사용된 경우의 문장 전환

위의 동사문에 명시목적어가 사용된 경우 그것을 일반적인 문장으로 전환할 수 있다. 동사에 따라 연결형 구조로 전환하든지 في 나 بـ 혹은 مِن 을 사용하여 전환한 것을 확인하라.

그 꽃은 색깔들에 있어서 다르다.	يَخْتَلِفُ الزَّهْرُ فِي أَلْوَانِهِ.
그 남자의 심리(soul)가 좋았다.	طَابَ نَفْسُ الرَّجُلِ.
그 소년의 말이 좋아졌다.	حَسُنَ كَلَامُ الْغُلَامِ.
그 남자의 키(자세)가 똑바로 섰다.	اعْتَدَلَ قَامَةُ الرَّجُلِ.
그의 눈은 고통으로 가득찼다. (슬픔으로 눈물을 많이 흘렸다는 의미)	فَاضَتْ عَيْنُهُ بِالْأَلَمِ.
나는 그 학생의 순위를 높였다.	رَفَعْتُ مَنْزِلَةَ الطَّالِبِ.
나는 금으로 된 한 반지를 샀다.	اشْتَرَيْتُ خَاتِمًا مِنَ الذَّهَبِ.
우리는 땅에서 목화를 수확했다.	جَنَيْنَا الْقُطْنَ مِنَ الْأَرْضِ.
나는 그 노동자들의 임금을 지불했다.	وَفَّيْتُ أُجُورَ الْعُمَّالِ.
우리들은 땅에 나무를 심었다.	غَرَسْنَا الْأَرْضَ بِالشَّجَرِ.
우리는 땅에 옥수수를 심었다.	زَرَعْنَا الْأَرْضَ بِالذُّرَةِ.

→ 위와 같은 일반적인 문장이 명시목적어 문장보다 더 많이 사용된다. ('명시목적어 문장의 전환' 참고)

(2) 비교급 혹은 최상급 문장에서 - 우선급 명사(اسْمُ التَّفْضِيل) 뒤에서

명시목적어가 비교급 문장 혹은 최상급 문장에 사용된다. 이 때 명시목적어는 우선급 형태(비교급이나 최상급)의 단어와 함께 사용되어 비교의 내용이 무엇인지를 분명하게 밝혀준다. 비교급 문장 혹은 최상급 문장에서 명시목적어로 사용되는 단어는 보통명사 혹은 동명사(예 : خِبْرَةٌ, نُقُودٌ, صَبْرٌ, إِخْلَاصٌ 등)가 사용된다. (더 자세한 예들은 이 책 '비교급과 최상급 문장에 대해'를 보라.)

a. 비교급 문장

그 선생님은 그 학생보다 경험/일/지식이 더 많다.	الْمُدَرِّسُ أَكْثَرُ مِنَ الطَّالِبِ خِبْرَةً/ عَمَلاً / عِلْمًا.
나는 지성에 있어/ 나이에 있어/ 마음씀씀이에 있어 당신보다 더 크다(더 낫다).	أَنَا أَكْبَرُ مِنْكَ عَقْلاً / عُمْرًا (أَوْ سِنًّا) / قَلْبًا.
카말은 재정에 있어/ 형제 수에 있어 그의 친구보다 더 많은 사람이다.	كَمَالٌ أَكْثَرُ مِنْ صَدِيقِهِ نُقُودًا / إِخْوَةً.
그는 작품 생산에 있어 나기브 마흐푸즈보다 더 위대하다.	هُوَ أَعْظَمُ مِنْ نَجِيب مَحْفُوظ إِنْتَاجًا.
싸미르는 성실함/아이들/문제들에 있어 너보다 많다.	سَمِيرٌ أَكْثَرُ مِنْكَ إِخْلَاصًا/ أَوْلَادًا / مَشَاكِلَ.
내 친구는 나보다 지식에 있어서 낫다.	صَدِيقِي أَفْضَلُ مِنِّي عِلْمًا.
교육은 중요성에 있어서 돈보다 더하다.	التَّعْلِيمُ أَكْثَرُ أَهَمِّيَّةً مِنَ النُّقُودِ.
도시에서의 삶은 즐거움에 있어서 시골보다 더 많다.	الْحَيَاةُ فِي الْمَدِينَةِ أَكْثَرُ مُتْعَةً مِنَ الْحَيَاةِ فِي الرِّيفِ.

b. 최상급 문장

그 디렉터(director)는 인내심에 있어서 가장 길다.	الْمُدِيرُ الْأَطْوَلُ صَبْرًا.
그들은 이 장소에 대한 정보에 있어서 가장 많이 안다.	هُمُ الْأَكْثَرُ مَعْرِفَةً بِهَذَا الْمَكَانِ.
치타는 속도에 있어서 가장 빠른 동물이다. (최상급 단어가 수식어로 사용되었다.)	الْفَهْدُ هُوَ الْحَيَوَانُ الْأَكْثَرُ سُرْعَةً.
태양은 빛을 발함에 있어서 가장 풍부하다.	الشَّمْسُ هِيَ الْأَوْفَرُ ضَوْءًا.
교수들이 문화적으로 가장 나은 계층이다. (최상급 단어가 수식어로 사용되었다.)	الْأَسَاتِذَةُ هُمُ الطَّبَقَةُ الْأَفْضَلُ ثَقَافَةً.
카이로는 인구가(인구적인면에서) 가장 많은 아랍도시이다.	الْقَاهِرَةُ أَكْثَرُ الْمُدُنِ الْعَرَبِيَّةِ سُكَّانًا.

다음은 최상급 단어가 수식어로 사용된 경우이다.

	النَّاسُ تُهَاجِرُ مِنَ الْمَنَاطِقِ الْأَشَدِّ فَقْرًا إِلَى مَنَاطِقَ أَقَلَّ فَقْرًا.
사람들은 가장 가난한 지역들에서 가장 덜 가난한 지역들로 이주한다. (최상급 단어가 수식어로 사용되었다.)	
	الرَّئِيسُ يُوَجِّهُ بِتَوْفِيرِ السِّلَعِ لِلْفِئَاتِ الْأَقَلِّ دَخْلاً وَالْأَكْثَرِ احْتِيَاجًا.
대통령은 수입이 가장 적고 필요가 가장 많은 계층을 위해 식료품을 공급하라고 지시하다. (신문 기사 제목)	

** 다음 문장은 비교급이 사용된 문장이다. 여기서는 비교의 대상 مِنْ 이 없기에 문맥에서 최상급으로 사용될 수도 있다.

현자는 판단(판결)에 있어서 더 (가장) 정교(정확)하다.	الْحَكِيمُ أَدَقُّ حُكْمًا.
그는 지적으로 더 (가장) 낫다.	هُوَ أَفْضَلُ عِلْمًا.

(3) 감탄문(أُسْلُوبُ التَّعَجُّبِ) 문장에서 - 감탄동사(فِعْلُ التَّعَجُّبِ) 뒤에서

감탄문에서 명시목적어가 사용된다. 감탄문에 사용되는 우선급 형태의 단어를 감탄동사(فِعْلُ التَّعَجُّبِ)라 하고, 감탄동사 뒤에 오는 목적격 단어를 감탄의 대상(الْمُتَعَجَّبُ مِنْهُ)이라 한다. 그 뒤에 오는 보통명사(혹은 동명사)가 명시목적어로 사용되는데, 이 때 명시목적어는 감탄의 종류나 내용을 분명히 한다. 자세한 내용은 이 책 '감탄문에 대해' 부분에서 공부하라.

일반적인 감탄문

겸손이 얼마나 위대한지!	مَا أَعْظَمَ التَّوَاضُعَ!
여행을 하는 것이 얼마나 아름다운지!	مَا أَجْمَلَ السَّفَرَ!

명시목적어가 사용된 감탄문

겸손이 윤리적으로 얼마나 위대한지!	مَا أَعْظَمَ التَّوَاضُعَ خُلُقًا!
비행기로 여행을 하는 것이 얼마나 아름다운지!	مَا أَجْمَلَ السَّفَرَ طَيَرَانًا!
오늘날 사람들이 진실된 경우가 얼마나 적은지!	مَا أَقَلَّ النَّاسَ صِدْقًا الْيَوْمَ!
젊은이들이 페이스 북을 사용하는 경우가 얼마나 많은지!	مَا أَكْثَرَ الشَّبَابِ اسْتِخْدَامًا لِلْفِيسِ بُوكَ!
مَا أَشَدَّ ثَوْرَةَ ٢٥ يَنَايِر تَغْيِيرًا لِحَيَاةِ الْمِصْرِيِّينَ!	
1월 25일 혁명이 이집트 사람들의 삶에 얼마나 강한 변화를 가져왔는지!	

2. 명시목적어 문장의 전환

아래에서 일반 문장이 어떻게 명시목적어 문장으로 전환되는지 유심히 살펴보라. 또한 명시목적어 문장이 어떻게 일반 문장으로 전환되는지도 눈여겨 보라. 전연결어로 사용된 단어가 명시목적어로 바뀌는 경우가 많으며, 동사에 따라 전치사 بِ 나 فِي 혹은 مِنْ 와 함께 사용된 단어가 명시목적어로 바뀌기도 한다. 양쪽 문장의 의미는 거의 같다.

1) 동사문의 주어(الْفَاعِل)가 명시목적어로 변한 경우 (파란색 단어가 동사문의 주어)

명시목적어 문장	일반 문장
يَخْتَلِفُ الزَّهْرُ أَلْوَانًا.	تَخْتَلِفُ أَلْوَانُ الزَّهْرِ.
그 꽃은 색깔들이 다르다./ 그 꽃의 색깔들이 다르다.	
طَابَتِ الْإِسْكَنْدَرِيَّةُ هَوَاءً.	طَابَ هَوَاءُ الْإِسْكَنْدَرِيَّةِ.
알렉산드리아는 공기가 좋게 되었다. / 알렉산드리아의 공기가 좋게 되었다	
هَذَا جِرَامٌ ذَهَبًا.	هَذَا جِرَامٌ مِنْ ذَهَبٍ.
이것은 1그램 금이다./ 이것은 금 1그램이다	

2) 동사의 목적어가 명시목적어로 변한 경우 (파란색 단어가 동사의 목적어)

명시목적어 문장	일반 문장
وَفَّيْتُ الْعُمَّالَ أُجُورًا.	وَفَّيْتُ أُجُورَ الْعُمَّالِ.
나는 그 노동자들에게 임금을 지불했다./ 그 노동자들의 임금을 지불했다	
غَرَسْنَا الْأَرْضَ شَجَرًا.	غَرَسْنَا شَجَرًا فِي الْأَرْضِ.
우리들은 땅에 나무를 심었다.	

→ 위의 문장에 사용된 동사는 두 개의 목적어를 취하는 동사가 아니다.

명시목적어 문장	일반 문장
شَرِبْتُ لِتْرًا خَمْرًا.	شَرِبْتُ لِتْرًا مِنْ خَمْرٍ. (= لِتْرًا مِنَ الْخَمْرِ.)
나는 1리터 술을 마셨다./ 나는 술을 1리터 마셨다.	
أَكَلْنَا كِيلُو لَحْمًا.	أَكَلْنَا كِيلُو لَحْمٍ. (= كِيلُو مِنَ اللَّحْمِ.)
나는 1킬로 육고기를 먹었다./ 우리는 육고기를 1킬로 먹었다.	

3) 비교급 문장에서의 명시목적어 문장 전환

명시목적어 문장	일반 문장
أَنْتَ أَشَدُّ كَرَمًا مِنْ أَخِيكَ.	كَرَمُكَ أَشَدُّ مِنْ كَرَمِ أَخِيكَ.
당신은 당신의 형(남동생)보다 더 관대하다.	당신의 관대함은 당신의 형(남동생)의 관대함보다 더 하다.
أَنَا أَكْثَرُ مِنْكَ خِبْرَةً.	خِبْرَاتِي أَكْثَرُ مِنْ خِبْرَاتِكَ.
나는 당신보다 경험이 많다.	나의 경험들은 당신의 경험들보다 많다.

3. 고려사항들

1) 적절한 명시목적어 단어의 사용에 대해

문장에서 명시목적어로 사용할 수 있는 명사나 동명사 단어들이 많이 있다. 그러나 모든 단어들을 다 사용할 수 있는 것은 아니다. 명시목적어로 사용하는 단어가 문장의 의미에 부합하는 것이어야 할 뿐만 아니라 아랍 사람들이 사용하는 문장이어야 한다. 다음의 예를 보자.

| 당신은 지식에 있어 남자이다. | (o) أَنْتَ رَجُلٌ عِلْمًا |
| 의미가 명확하지 않음 (사용되지 않음) | (△) أَنْتَ رَجُلٌ جِسْمًا |

위의 두 번째 문장의 경우 우리말로 '당신은 신체적으로 남자이다'를 표현하려고 하였지만 아랍 사람들에게 의미가 명확하지 않는 문장이다. 대신에 아래는 이 문장의 명시목적어에 합당한 단어들이다.

| أَنْتَ رَجُلٌ عِلْمًا (قُدْرَةً/ قُوَّةً/ أَخْلَاقًا/ حِكْمَةً/ حَرْبًا/ شَجَاعَةً/ اسْمًا ...) |
| 당신은 지식에 있어 (능력상으로/ 힘에 있어 / 윤리적으로/ 지혜에 있어/ 전쟁에 있어/ 용감함에 있어/ 이름만으로) 남자이다 |

따라서 문맥과 문장에 따라 적당한 명시목적어로 어떤 단어들이 사용되는지 주의해서 살펴야 한다.

2) 연고형용사(النَّسَب) 형태를 사용한 명시목적어에 대해

동사가 사용되지 않은 명사문에 명시목적어를 사용함에 있어 보통명사가 아닌 연고형용사(النَّسَب)가 명시목적어로 사용되는 경우가 있다. 아래 예문의 جَسَدِيًا 의 경우가 그와 같은 경우이다. 그러나 이러한 표현이 모든 문장에 다 통용되는 것은 아니며, 문장에 따라 사용되는 경우도 있고 사용되지 않는 경우도 있다. 또한 * 에서와 같이 연고형용사가 될 경우 의미가 달라지는 경우도 있다. 이러한 문장들의 경우 ① 의 보통명사(/동명사)가 명시목적어로 사용된 문장이 더 좋은 문장이다.

① 보통명사(/동명사)가 명시목적어로 사용	② 연고형용사가 명시목적어로 사용
هَذَا الرَّجُلُ قَوِيٌّ جَسَدًا.	هَذَا الرَّجُلُ قَوِيٌّ جَسَدِيًّا.
이 남자는 육체적으로 강하다.	
أَخِي رَجُلٌ أَخْلَاقًا.	أَخِي رَجُلٌ أَخْلَاقِيًّا.
나의 형(남동생은) 윤리적으로 남자이다.	
الْبَاحِثُ مُمْتَازٌ عِلْمًا. *	الْبَاحِثُ مُمْتَازٌ عِلْمِيًّا. *
그 연구가는 지식에 있어 아주 뛰어나다.	그 연구가는 과학적으로 아주 뛰어나다
هُوَ مُدِيرٌ اسْمًا فَقَطْ.	هُوَ مُدِيرٌ اسْمِيًّا فَقَطْ. (غَيْرُ مُسْتَخْدَمٍ)
그는 이름만 사장이다. (연고형용사 사용 문장은 사용되지 않음)	

우선급 명사가 사용된 문장의 경우

① 보통명사(/동명사)가 명시목적어로 사용	② 연고형용사가 명시목적어로 사용
أَنَا أَفْضَلُ مِنْكَ عَقْلًا وَأَصْغَرُ مِنْكَ بَدَنًا.	أَنَا أَفْضَلُ مِنْكَ عَقْلِيًّا وَأَصْغَرُ مِنْكَ بَدَنِيًّا.
나는 당신보다 지성적으로 우수하고 당신보다 신체적으로 작다.	

다른 예들

	① 보통명사(/동명사)가 명시목적어로 사용	② 연고형용사가 명시목적어로 사용
①	كُورِيَا الْجَنُوبِيَّةُ أَفْضَلُ مِنْ كُورِيَا الشَّمَالِيَّةِ اقْتِصَادًا.	
②	كُورِيَا الْجَنُوبِيَّةُ أَفْضَلُ مِنْ كُورِيَا الشَّمَالِيَّةِ اقْتِصَادِيًّا.	
	남한은 북한 보다 경제적으로 더 낫다. (비교급 문장에 명시목적어가 사용된 경우이다.)	
	الْمُتَعَلِّمُونَ الْأَفْضَلُ ثَقَافَةً.	الْمُتَعَلِّمُونَ الْأَفْضَلُ ثَقَافِيًّا.
	지식인들이 문화적으로 가장 낫다. (최상급 문장이다.)	
	صَدِيقِي أَفْضَلُ مِنِّي عِلْمًا.	صَدِيقِي أَفْضَلُ مِنِّي عِلْمِيًّا.
	내 친구는 나보다 지식에 있어서 낫다.	내 친구는 나보다 과학적인 부분에 있어서 낫다.

또한 아래와 같이 어떤 연고형용사는 명시목적어 문장으로 사용되지 않는다.

سَمِيرٌ أَكْثَرُ مِنْكَ إِخْلَاصًا. (O)	سَمِيرٌ أَكْثَرُ مِنْكَ إِخْلَاصِيًّا. (×)
싸미르는 성실함에 있어 너보다 낫다. (오른쪽 문장은 사용되지 않는다.)	

3) 명시목적어(التَّمْيِيز)와 부동족목적어(النَّائِب عَن الْمَفْعُول الْمُطْلَق)의 비교

아래는 명시목적어 문장과 부동족목적어 문장의 형태가 비슷한 경우이다. 아래의 ①은 연고형용사(النَّسَب)가 부동족목적어로 사용된 문장이다.(أَنَا أَتَمَيَّزُ عَنْكَ عَقْلِيًّا وَأَنْتَ تَتَمَيَّزُ عَنِّي بَدَنِيًّا). ②는 보통명사(혹은 동명사)가 명시목적어로 사용된 문장이다. 둘 다 문장이 가능하며 그 의미도 같지만 ①의 형태로 더 많이 사용된다.

① 부동족목적어 문장	② 명시목적어 문장
أَنَا أَتَمَيَّزُ عَنْكَ عَقْلِيًّا وَأَنْتَ تَتَمَيَّزُ عَنِّي بَدَنِيًّا.	أَنَا أَتَمَيَّزُ عَنْكَ عَقْلًا وَأَنْتَ تَتَمَيَّزُ عَنِّي بَدَنًا.
나는 지성적으로 당신과 구분되고(더 낫고) 당신은 신체적으로 나와 구분된다(더 낫다).	

다른 예들

① 부동족목적어 문장	② 명시목적어 문장
يُؤَثِّرُ الْفَشَلُ سَلْبِيًّا عَلَى الْإِنْسَانِ.	يُؤَثِّرُ الْفَشَلُ سَلْبًا عَلَى الْإِنْسَانِ.
실패는 인간에게 부정적으로 영향을 준다. (원래의 부동족목적어 문장은 تَأْثِيرًا سَلْبِيًّا)	

اَلْقِرَاءَةُ تُؤَثِّرُ إِيجَابًا عَلَى حَيَاةِ الْإِنْسَانِ.	اَلْقِرَاءَةُ تُؤَثِّرُ إِيجَابِيًّا عَلَى حَيَاةِ الْإِنْسَانِ.
독서는 인간의 삶에 긍정적으로 영향을 끼친다. (تُؤَثِّرُ تَأْثِيرًا إِيجَابِيًّا 을 사용할 경우 부동족목적어 문장)	
كُورِيَا الْجَنُوبِيَّةُ مُتَطَوِّرَةٌ اقْتِصَادًا.	كُورِيَا الْجَنُوبِيَّةُ مُتَطَوِّرَةٌ اقْتِصَادِيًّا.
남한은 경제적으로 발전하였다. (원래의 부동족목적어 문장. مُتَطَوِّرَةٌ تَطَوُّرًا اقْتِصَادِيًّا)	
اَلشُّيُوعِيُّونَ مُتَطَرِّفُونَ سِيَاسَةً.	اَلشُّيُوعِيُّونَ مُتَطَرِّفُونَ سِيَاسِيًّا.
공산주의자들은 정치적으로 극단적이다. (원래의 부동족목적어 문장. مُتَطَرِّفُونَ تَطَرُّفًا سِيَاسِيًّا)	

4) 도량형을 나타내는 표현에 대한 명시목적어와 상태목적어의 차이

아래는 도량형 단위가 사용된 문장에 명시목적어와 상태목적어가 사용된 경우이다. 차이가 무엇인지 구분해 보자.

명시목적어

도량형을 나타내는 단어(파란색)가 문장의 목적어로 사용되었고 그 뒤에 명시목적어(빨간색)가 와서 그 도량형의 내용이 무엇인지를 밝힌다.

나는 1미터의 양모를 샀다. (천, 비단 ...) (무엇을 1미터 샀는지 분명히 한다)	اِشْتَرَيْتُ مِتْرًا صُوفًا. (قُمَاشًا، حَرِيرًا ...)
그는 1톤의 철근을 팔았다. (밀, 쌀 ...)	بَاعَ طِنًّا حَدِيدًا. (قَمْحًا، أَرُزًّا ...)
우리는 1킬로의 육고기를 먹었다. (생선, 과일 ...) (우리가 1킬로 먹은 것이 무엇인지 분명히 한다)	أَكَلْنَا كِيلُو لَحْمًا. (سَمَكًا، فَاكِهَةً ...)

상태목적어 (اَلْحَال)

문장의 목적어가 있고 그 뒤에 도량형을 나타내는 단어(파란색)가 상태목적어(اَلْحَال)로 사용되었으며, 그 뒤에 가격이 얼마인지를 말할 때 사용되는 전치사 بِـ 가 사용되었다.

나는 옷감을 1미터에 1디나에 샀다.	اِشْتَرَيْتُ الْقُمَاشَ مِتْرًا بِدِينَارٍ.
나는 기름을 1리터에 3 디나에 팔았다.	بِعْتُ الزَّيْتَ لِتْرًا بِثَلَاثَةِ دَنَانِيرَ.
그 향신료 장수는 캄문을 1그램에 1파운드로 팔았다.	بَاعَ الْعَطَّارُ الْكَمُّونَ جَرَامًا بِجُنَيْهٍ.

→ 위의 상태목적어는 불완전 파생명사가 상태목적어로 사용된 경우이다. 이 책 '여러가지 목적격에 대해 Ⅱ - 상태목적어, 상태구, 상태절' 부분에서 공부하였다.

5) 명시목적어(اَلتَّمْيِيز)와 상태목적어(اَلْحَال)의 차이

아래의 ①과 같이 명시목적어가 여러 개 사용될 때는 반드시 대등접속사 وَ 를 사용해주어야 하지만 아래의 ②와 같이 상태목적어가 여러 개 사용될 때는 وَ 없이도 이어서 사용할 수 있다.

①	우리는 그 단어들을 읽고 쓰고 듣는 방법으로 암기한다.	نَحْفَظُ الْكَلِمَاتِ قِرَاءَةً وَكِتَابَةً وَسَمَاعًا.
②	그 승자(winner)는 기쁘고 동기부여가 되고 그의 우승컵을 든 상태로 돌아왔다.	عَادَ الْفَائِزُ سَعِيدًا مُشَجَّعًا مَاسِكًا كَأْسَهُ.

6) 명사문에 사용된 명시목적어

지금까지 명시목적어 문장을 다루며 동사의 동작이 어떻게 실행되는지에 촛점을 맞추다 보니 동사문을 많이 다루었다. 그러나 아래와 같이 명시목적어 문장은 동사문이든 명사문이든 같은 의미를 가진다. 아래를 보자.

카말은 우유를 2리터 마신다.	①	يَشْرَبُ كَمَالٌ لِتْرَيْنِ لَبَنًا.
	②	كَمَالٌ يَشْرَبُ لِتْرَيْنِ لَبَنًا.
그 학생들은 걸어서 학교에 간다.	①	يَذْهَبُ الطُّلَّابُ إِلَى الْمَدْرَسَةِ مَشْيًا.
	②	الطُّلَّابُ يَذْهَبُونَ إِلَى الْمَدْرَسَةِ مَشْيًا.

→ 위의 ①은 동사문이고 위의 ②는 명사문이다. 두 문장 모두 동사가 사용되었다.

제16과 여러 가지 목적격(الْمَنْصُوبَاتُ)에 대해 V – 이유목적어(الْمَفْعُولُ لِأَجْلِهِ)

1. 이유목적어(الْمَفْعُولُ لِأَجْلِهِ)의 개념
2. 이유목적어 단어들과 예문들
3. 이유목적 문장의 전환
4. 여러 가지 고려사항들
5. 신문에 사용된 이유목적어의 예
6. 동사 자리에 동사 대신 파생명사가 사용된 경우

제 16 과 여러 가지 목적격 (الْمَنْصُوبَات)에 대해 V - 이유목적어 (الْمَفْعُول لِأَجْلِهِ) * الْمَفْعُول لَهُ 라고도 한다.

1. 이유목적어(الْمَفْعُول لِأَجْلِهِ)의 개념

문장의 주어가 동사의 동작을 수행하는 이유나 목적을 나타내는 목적격 동명사를 이유목적어라 한다. 즉 동사의 동작을 왜 수행하는지(لِمَاذَا Why)에 대한 답변이라 할 수 있다. 이유목적어에는 추상적인 의미를 가진 비한정 형태의 동명사가 사용된다. 동명사 뒤에는 동명사와 함께 숙어로 사용되는 전치사가 사용되는 경우가 일반적이다.(이유목적어 + 전치사) 그러나 전치사가 없어도 의미가 이해될 경우 사용하지 않아도 된다.

우리는 우리의 선생님을 존중하여(존중하기 위하여, 존중하기 때문에) 일어섰다.	وَقَفْنَا إِكْرَامًا لِمُدَرِّسِينَا.
إِكْرَامًا 은 إِكْرَامٌ/يُكْرِمُ/أَكْرَمَ 동사의 동명사이다. إِكْرَامًا 는 이유목적어로서 동사로 사용된 وَقَفْنَا 의 이유를 설명하고 있다.	

그는 그 강도가 무서워서(무서웠기 때문에) 뛰었다.	جَرَى خَوْفًا مِنَ اللِّصِّ.
خَوْفًا 는 خَوْفٌ/يَخَافُ/خَافَ 동사의 동명사이다. خَوْفٌ 가 '무서워하다'의 의미로 사용될 때는 مِنْ 전치사가 함께 사용된다. 여기서 사용된 خَوْفًا مِنْ 은 이유목적어로서 동사로 사용된 جَرَى 의 이유를 설명하고 있다.	

나는 나의 아버지를 존경하여(존경하기 위하여, 존경하기 때문에) 순종했다.	أَطَعْتُ وَالِدِي احْتِرَامًا.
احْتِرَامًا 은 احْتِرَامٌ/يَحْتَرِمُ/احْتَرَمَ 동사의 동명사이다. 여기서는 전치사 없이도 이유목적어의 의미가 뚜렷하게 나타난다. 따라서 전치사 없이도 이유목적어 문장이 된다.	

→ 위의 문장에서 '존중하기 위해', '무서워서', '존경하여'라고 번역된 부분은 주어가 동작을 수행하는 이유를 나타낸다. 여기에서 إِكْرَامٌ 과 خَوْفٌ 와 احْتِرَامٌ 은 비한정 형태의 동명사이다.

이유목적어(الْمَفْعُول لِأَجْلِهِ) 정리

1. 문장에서 주어가 수행하는 동사의 동작의 이유 혹은 목적을 표현한다. (لِمَاذَا Why 에 대한 답변)
2. 이유목적어 문장에 사용되는 동명사는 사람의 내면적인 마음의 욕구, 소원, 감정, 느낌, 가치 등과 같은 추상적인 의미를 가진 동명사(الْمَصْدَرُ الْقَلْبِيُّ)가 사용된다.
3. 이 때 동명사는 비한정 목적격을 취한다.
4. 이유목적어는 동명사 뒤에 전치사가 숙어로 함께 사용되는 것이 일반적이다. (이유목적어 + 전치사) 그러나 이유 혹은 목적의 의미 전달에 문제가 없을 경우 전치사 없이 사용하거나 연결형 형태로 사용할 수 있다.

2. 이유목적어 단어들과 예문들

이유목적어 문장에 사용되는 동명사는 마음의 욕구, 소원, 감정, 느낌, 가치 등과 같은 추상적인 의미를 가진 동명사(الْمَصْدَرُ الْقَلْبِيُّ)가 주로 사용된다. 따라서 '이유목적어 + 전치사'를 일종의 숙어로 익혀두면 편리하다. 아래에 그런 단어들을 함께 사용되는 전치사에 따라 정리하였다.

1) 전치사 와 함께 사용되는 이유목적어

이유목적어와 함께 사용되는 전치사는 동사가 관용적으로 취하는 전치사이다. '동사 + 전치사' 숙어에 대해서는 이 책 제Ⅱ권의 '여러 가지 소유격에 대해' 부분에서 자세히 공부하게 된다.

(1) 전치사 لِ 과 함께 사용되는 이유목적어

1	..을 격려하기 위해	... لِـ تَشْجِيعًا	2	..를 영예롭게하여, 노고를 치하하여	... لِـ تَكْرِيمًا
3	..을 존중.공경하기 위해; 관대하게 대하여	... لِـ إِكْرَامًا	4	..을 구하려고, 요청하기 위해	... لِـ طَلَبًا
5	..을 존경하여, 존중하여	... لِـ احْتِرَامًا	6	..을 준비하기 위해	... لِـ اسْتِعْدَادًا
7	..에 응답하기 위해	... لِـ اسْتِجَابَةً	8	영예롭게 하기 위해, 존중하기 위해	... لِـ إِجْلَالًا
9	..을 기다리기 위해	... لِـ انْتِظَارًا	10	..에 충성하고자	... لِـ وَلَاءً
11	..를 인정받아, ..을 인정하여	... لِـ تَقْدِيرًا	12	..에 가까이 하려고	... لِـ تَقَرُّبًا
13	..때문에; ..을 고려해서	... لِـ نَظَرًا	14	..의 결과로	... لِـ نَتِيجَةً
15	..을 실행하기 위해	... لِـ تَنْفِيذًا	16	..에 응답해서, 호응해서	... لِـ تَلْبِيَةً
17	..을 준비하기 위해	... لِـ تَمْهِيدًا	18	..에 감사하여	... لِـ شُكْرًا
19	..을 배우기 위해	... لِـ تَعَلُّمًا	20	..를 싫어하여	... لِـ كُرْهًا
21	..에게 선.은혜.자비를 베풀어	... لِـ إِحْسَانًا	22	..를 보존하여; 머물기를 요청하여	... لِـ اسْتِبْقَاءً
23	..를 존경하여, 존중하여	... لِـ إِكْبَارًا	24	..를 돕기 위해	... لِـ عَوْنًا
25	..을 거절하기위해	... لِـ إِبَاءً	26	..를 부인하기 위해	... لِـ إِنْكَارًا
27	..에게 자비.긍휼을 베풀어	... لِـ رَحْمَةً	28	..를 만족시키기 위해	... لِـ إِرْضَاءً
29	..를 위로하기 위해, ..를 달래기 위해	... لِـ مُوَاسَاةً	30	..를 꾸짖기 위해, 야단치기 위해	... لِـ تَوْبِيخًا
31	..를 모독.경멸하기 위해	... لِـ تَحْقِيرًا	32	..를 목적으로	... لِـ قَصْدًا
33	..을 확장하기 위해	... لِـ تَوْسِيعًا	34	..에 순종하여	... لِـ طَاعَةً

예문들

1	일군들을 격려하기 위해 보상금을 지불하라.	اِصْرِفِ الْمُكَافَآتِ تَشْجِيعًا لِلْعَامِلِينَ.
2	그 회사는 그 사장에게 (그 동안의 노고를) 치하하기 위해 한 선물을 제공했다.	قَدَّمَتِ الشَّرِكَةُ هَدِيَّةً تَكْرِيمًا لِلْمُدِيرِ.
3	나는 손님들을 관대하게 대하기 위해서 홍차를 제공했다.	قَدَّمْتُ الشَّايَ إِكْرَامًا لِلضُّيُوفِ.
4	나는 휴식을 구하려고 여행했다.	سَافَرْتُ طَلَبًا لِلرَّاحَةِ.
5	나는 나의 사장이 들어올 때 그를 존중하기 위해 일어선다.	أَقِفُ حِينَ يَدْخُلُ مُدِيرِي احْتِرَامًا لَهُ.
6	나는 시험들을 준비하려고 공부한다.	أُذَاكِرُ اسْتِعْدَادًا لِلْامْتِحَانَاتِ.
7	나는 내 아버지의 요청에 응답하여 의과대학에 들어갔다.	دَخَلْتُ كُلِّيَّةَ الطِّبِّ اسْتِجَابَةً لِطَلَبِ أَبِي.
8	나는 당신을 영예롭게 하기 위해 일어섰다.	وَقَفْتُ إِجْلَالًا لَكَ.
9	우리는 그 교사가 무엇을 말하는 것을 기다리기 위해 조용히 했다.	سَكَتْنَا انْتِظَارًا لِمَا سَيَقُولُهُ الْمُدَرِّسُ.
10	나는 조국에 충성하고자 나의 평생을 보내었다.	أَفْنَيْتُ عُمْرِي وَلَاءً لِلْوَطَنِ.
11	그들은 그 방문객에게 그의 많은 봉사들을 인정하여 감사했다.	شَكَرُوا الزَّائِرَ تَقْدِيرًا لِخَدَمَاتِهِ الْكَثِيرَةِ.
12	나는 하나님께 가까이 가려고 세상과 분리하여 지냈다.	اعْتَكَفْتُ تَقَرُّبًا للهِ.
13	그 여행이 기상 상황으로 인해 취소되었다.	أُلْغِيَتِ الرِّحْلَةُ نَظَرًا لِلْحَالَةِ الْجَوِّيَّةِ.
14	나는 불공평의 결과로 나의 직장으로 부터 쫓겨났다.	طُرِدْتُ مِنْ عَمَلِي نَتِيجَةَ الظُّلْمِ.
15	그는 법원의 결정이 실행되어 감옥에 투옥될 것이다.	سَيُسْجَنُ تَنْفِيذًا لِقَرَارِ الْمَحْكَمَةِ.
16	대통령은 국민들의 요구에 응답하여 사직할것이다.	سَيَسْتَقِيلُ الرَّئِيسُ تَلْبِيَةً لِمَطَالِبِ الشَّعْبِ.
17	그 땅은 그 위에 건축을 준비하기 위해 정지작업이 되었다.(흙 등이 제거 됨)	تُجَرَّفُ الْأَرْضُ تَمْهِيدًا لِلْبِنَاءِ عَلَيْهَا.
18	그 사장은 나의 노력들에 감사하여 보상을 주었다.	أَعْطَانِي الْمُدِيرُ مُكَافَأَةً شُكْرًا لِمَجْهُودَاتِي.
19	나는 아랍어를 배우기 위해 여행을 떠났다.	سَافَرْتُ تَعَلُّمًا لِلُّغَةِ الْعَرَبِيَّةِ.
20	그는 나를 싫어하는 이유로 나에게 벌을 주었다.	عَاقَبَنِي كُرْهًا لِي.
21	그 가난한 사람에게 동정을 베풀어 나의 돈을 지불했다.	دَفَعْتُ مَالِي إِحْسَانًا لِلْفُقَرَاءِ.
22	나는 그 손님에게 더 머물도록 요청하기 위해 그를 관대하게 대했다.	أَكْرَمْتُ الضَّيْفَ اسْتِبْقَاءً لَهُ.
23	내 형은 아버지를 존경하여서 일어섰다.	وَقَفَ أَخِي إِكْبَارًا لِأَبِي.
24	나는 나의 어머니를 돕기 위해 집을 청소한다.	أُنَظِّفُ الْبَيْتَ عَوْنًا لِأُمِّي.

제16과 여러 가지 목적격에 대해 II — 이유목적어

25	그 거짓을 거부하기 위해 나는 진실을 말했다.	قُلْتُ الْحَقَّ إِبَاءً لِلْبَاطِلِ.
26	그는 그 범죄를 부인하기 위해 한 증거를 제공했다.	قَدَّمَ دَلِيلًا إِنْكَارًا لِلْجَرِيمَةِ.
27	나는 그에게 자비를 베풀기 위해 그를 관대하게 대했다.	أَكْرَمْتُهُ رَحْمَةً لَهُ.
28	나는 나의 아버지를 만족시키기 위해 엔지니어로 일했다.	عَمِلْتُ مُهَنْدِسًا إِرْضَاءً لِأَبِي.
29	나는 그녀의 슬픔을 달래기 위해 그녀를 위로했다.	عَزَّيْتُهَا مُوَاسَاةً لِحُزْنِهَا.
30	나는 그를 꾸짖기 위해 그를 야단쳤다.	عَنَّفْتُهُ تَوْبِيخًا لَهُ.
31	무함마드는 그의 존엄을 모독하기 위해 그를 때렸다.	ضَرَبَهُ مُحَمَّدٌ تَحْقِيرًا لِكَرَامَتِهِ.
32	나는 알기 위한 목적으로 그 과학자에게 질문했다.	أَسْأَلُ الْعَالِمَ قَصْدًا لِلْمَعْرِفَةِ.

(2) 전치사 عَلَى 와 함께 사용되는 이유목적어

1	..에 대응하기 위해 ; ..에 대답하여	رَدًّا عَلَى ...	2	..에 근거해서, ..을 기초로	بِنَاءً عَلَى ...
3	..을 보호하기 위해, 지키기 위해	حِرْصًا عَلَى ...	4	..을 보호하기 위해, 지키기 위해	حِفَاظًا عَلَى ...
5	..유지하기 위해, 간직하기 위해	مُحَافَظَةً عَلَى ...	6	..에 대해 항의하기 위해	اِحْتِجَاجًا عَلَى ...
7	..를 안심시키기 위해	اِطْمِئْنَانًا عَلَى ...	8	..을 동정하여, ..를 불쌍히 여기기 때문에	شَفَقَةً عَلَى ...
9	..에 대해 슬퍼하여, 슬퍼하기 때문에	حُزْنًا عَلَى ...	10	..을 걱정하여	خَوْفًا عَلَى ...
11	..을 주장하여	إِصْرَارًا عَلَى ...			

예문들

1	그 교장은 그 질문에 답하여 그렇게 말했다.	قَالَ الْمُدِيرُ ذَلِكَ رَدًّا عَلَى السُّؤَالِ.
2	나의 어머니의 바람에 근거하여 나는 결혼할 것이다.	سَأَتَزَوَّجُ بِنَاءً عَلَى رَغْبَةِ أُمِّي.
3	그녀에 대한 평판을 보호하기 위해 나는 그녀의 스캔들을 폭로하지 않았다.	لَمْ أَفْضَحْهَا حِرْصًا عَلَى سُمْعَتِهَا.
4	우리는 유산을 지키기 위해 유물들을 보호한다.	نَحْمِي الْآثَارَ حِفَاظًا عَلَى التُّرَاثِ.
5	나는 그와 친구 관계를 유지하기 위해 그 친구를 용서한다.	أُسَامِحُ الصَّدِيقَ مُحَافَظَةً عَلَى صَدَاقَتِهِ.
6	우리는 새로운 법들에 대해 항의하기 위해 농성을 했다.	اِعْتَصَمْنَا اِحْتِجَاجًا عَلَى التَّشْرِيعَاتِ الْجَدِيدَةِ.
7	나는 그 환자를 안심시키기 위해 그를 방문했다.	زُرْتُ الْمَرِيضَ اِطْمِئْنَانًا عَلَيْهِ.
8	나는 그의 상황을 동정하여(하기 위해) 그에게 돈을 주었다.	أَعْطَيْتُهُ مَالًا شَفَقَةً عَلَى حَالِهِ.
9	나는 내 어머니에 대해 슬퍼하여 울었다.	بَكَيْتُ حُزْنًا عَلَى أُمِّي.

(3) 전치사 مِنْ 과 함께 사용되는 이유목적어

1	..에서 도망하려고, 피하기 위해	هُرُوبًا مِنْ ...	2	..을 두려워하여, 할 까봐 무서워서	خَوْفًا مِنْ ...
3	..을 두려워하여, 할 까봐 무서워서	تَخَوُّفًا مِنْ ...	4	..을 두려워하여, 공포스러워하여	رَهْبَةً مِنْ ...
5	..을 혐오하여, 반감을 가져서	نُفُورًا مِنْ ...	6	..을 두려워하여 ; ..을 경외하여	خَشْيَةً مِنْ ...
7	..을 주의하기 위해	حَذَرًا مِنْ ...	8	..으로부터 도피하여	هَرَبًا مِنْ ...

예문들

1	우울한 사람은 문제들을 피하기 위해 잠을 잔다.	يَنَامُ الْمُكْتَئِبُ هُرُوبًا مِنْ مَشَاكِلِهِ.
2	나는 (시험의) 낙방이 무서워 나의 교과단원들을 잘 공부했다.	ذَاكَرْتُ دُرُوسِي جَيِّدًا خَوْفًا مِنَ الْفَشَلِ.
3	그 여행객들은 테러를 두려워하여 떠났다.	رَحَلَ السُّيَّاحُ تَخَوُّفًا مِنَ الْإِرْهَابِ.
4	나는 그를 두려워하여 숨었다.	اِخْتَبَأْتُ رَهْبَةً مِنْهُ.
5	나는 그 음식을 혐오하여 그것을 거부했다.	رَفَضْتُ الْأَكْلَ نُفُورًا مِنْهُ.
6	나는 형벌을 두려워하여 법을 준수했다.	اِلْتَزَمْتُ بِالْقَانُونِ خَشْيَةً مِنَ الْعِقَابِ.
7	나는 시장에서 사고들에 주의하기 위해 조용함을 유지한다.	أَلْتَزِمُ الْهُدُوءَ فِي السُّوقِ حَذَرًا مِنَ الْحَوَادِثِ.
8	내 친구는 그의 아버지로부터 도피하기 위해 유럽으로 여행을 떠났다.	سَافَرَ صَدِيقِي إِلَى أُورُوبَّا هَرَبًا مِنْ أَبِيهِ.

(4) 전치사 فِي 와 함께 사용되는 이유목적어

1	..에 대한 희망으로	أَمَلاً فِي ...	2	..하고 싶어서	رَغْبَةً فِي ...
3	..을 사랑해서, ..을 좋아하기 때문에	حُبًّا فِي(أَوْ لِـ) ...	4	..을 추구하여, ..을 목적으로	اِبْتِغَاءً فِي(أَوْ لِـ) ...
5	..을 갈망.열망하여 ; ..을 탐하여	طَمَعًا فِي ...	6	..에 만족하여, 마음에 들어, 좋아하여	اِسْتِحْسَانًا فِي(أَوْ لِـ) ...

예문들

1	그는 행복에 대한 희망으로 열심히 노력했다.	اِجْتَهَدَ أَمَلاً فِي السَّعَادَةِ.
2	나는 당신이 보고 싶어서 왔다.	جِئْتُ رَغْبَةً فِي رُؤْيَتِكَ.
3	그는 자유를 사랑하여 그의 나라를 떠났다.	تَرَكَ بِلَادَهُ حُبًّا فِي (أَوْ لِـ) الْحُرِّيَّةِ.
4	나는 하나님의 만족을 구하기 위해 선을 행했다.	فَعَلْتُ الْخَيْرَ اِبْتِغَاءً فِي رِضَى اللهِ.
5	나는 성공을 갈망하여 공부했다.	ذَاكَرْتُ طَمَعًا فِي النَّجَاحِ.
6	나는 그 자동차의 모양에 만족하여 그 자동차를 샀다.	اِشْتَرَيْتُ السَّيَّارَةَ اِسْتِحْسَانًا فِي شَكْلِهَا.

제16과 여러 가지 목적격에 대해 ١٧ - 이유목적어

(5) 전치사 عَنْ 과 함께 사용되는 이유목적어

1	..을 표현하기 위해	تَعْبِيرًا عَنْ ...	2	..를 방어하기 위해	دِفَاعًا عَنْ ...
3	..을 피하려고	ابْتِعَادًا عَنْ ...	4	..을 찾기 위해	بَحْثًا عَنْ ...

예문들

1		رَفَعَتِ الدَّوْلَةُ الرَّايَةَ السَّوْدَاءَ تَعْبِيرًا عَنْ حُزْنِهَا.
	국가는 슬픔을 표현하기 위해 조기(검은색 국기)를 게양했다.	
2	나는 조국을 방어하기 위해 죽을 수도 있다.	قَدْ أَمُوتُ دِفَاعًا عَنِ الْوَطَنِ.
3	나는 소음을 피하려고 시골로 떠날 것이다.	سَأُغَادِرُ إِلَى الرِّيفِ ابْتِعَادًا عَنِ الضَّوْضَاءِ.
4	그는 그 책을 찾기 위하여 그의 집으로 돌아왔다.	عَادَ إِلَى بَيْتِهِ بَحْثًا عَنِ الْكِتَابِ.

(6) 전치사 بِ 와 함께 사용되는 이유목적어

1	..을 즐기기 위해서	اسْتِمْتَاعًا بِ ...	2	..에게 자비를 베풀어, 동정하여 ; 친절을 베풀어	رَأْفَةً بِ ...
3	..에 대해 인정.고백.자백하여	اعْتِرَافًا بِ ...	4	..를 환영하여	تَرْحِيبًا بِ ...
5	..을 모방하여, 닮기 위해	تَشَبُّهًا بِ ...			

예문들

1	나는 등산을 즐기기 위해 산들에 갔다.	ذَهَبْتُ لِلْجِبَالِ اسْتِمْتَاعًا بِالتَّسَلُّقِ.
2	나는 그녀에게 자비를 베풀어(친절을 베풀어) 그녀를 도왔다.	سَاعَدْتُهَا رَأْفَةً بِهَا.
3	나는 주님의 은혜를 인정하여 내 주님께 감사했다.	شَكَرْتُ رَبِّي اعْتِرَافًا بِفَضْلِهِ.
4	나는 내 친구들을 환영하기위해 방을 청소했다.	نَظَّفْتُ الْغُرْفَةَ جَيِّدًا تَرْحِيبًا بِأَصْدِقَائِي.
5	나는 그 믿는자를 닮기위해 그와 친구가 된다.	أُصَادِقُ الْمُؤْمِنَ تَشَبُّهًا بِهِ.

(7) 전치사 إِلَى 와 함께 사용되는 이유목적어

1	..에 이르기 위해	وُصُولًا إِلَى ...	2	..에 돌아가기 위해	عَوْدَةً إِلَى ...

예문

1	나는 나의 목표들에 도달하기 위해 열심히 노력하고 있다.	أَسْعَى بِاجْتِهَادٍ وُصُولًا إِلَى أَهْدَافِي.
2	카말은 그의 어머니 나라로 돌아가기 위해 이란으로 여행을 떠났다.	سَافَرَ كَمَالٌ إِلَى إِيرَانَ عَوْدَةً إِلَى وَطَنِهِ الْأُمِّ.

2) 전치사가 탈락된 이유목적어

'이유목적어 + 전치사' 구조의 이유목적어 문장에서 전치사가 탈락하여도 이유나 목적의 의미를 가질 경우 전치사 없이 사용하기도 한다.

나는 (내 아버지를) 존경하여서 내 아버지께 순종했다.	أَطَعْتُ وَالِدِي احْتِرَامًا.
나는 (그 사자가) 무서워서 그 사자를 멀리했다.	اِبْتَعَدْتُ عَنِ الأَسَدِ خَوْفًا.
나는 그 선생님을 존경하여서 일어섰다.	وَقَفْتُ لِلْمُعَلِّمِ تَبْجِيلاً.
나는 인내하기 위해(때문에) 그 어리석은 사람을 용서했다.	صَفَحْتُ عَنِ السَّفِيهِ حِلْمًا.
무함마드는 게을러서 그 단원을 암기하지 않는다.	لاَ يَسْتَذْكِرُ مُحَمَّدٌ دُرُوسَهُ كَسَلاً.
칼리드는 예절을 갖추기 위해 침묵했다.	سَكَتَ خَالِدٌ أَدَبًا.
나는 쉬기위해 집에 머물렀다.	لاَزَمْتُ الْبَيْتَ اسْتِجْمَامًا.
그 군인들은 그 지휘관 앞에서 (지휘관을) 높이기 위해서 멈춰섰다.	وَقَفَ الْجُنُودُ أَمَامَ الْقَائِدِ تَعْظِيمًا.
나는 그리움으로 인해 그녀를 포옹했다.	اِحْتَضَنْتُهَا شَوْقًا.
나는 무시하기 위해 뇌물을 거부했다.	رَفَضْتُ الرِّشْوَةَ أَنَفَةً.
나는 (완전한) 헌신을 위해 노력했다.	اِجْتَهَدْتُ تَفَانِيًا.
나는 마음에 들었기 때문에 그녀와 결혼했다.	تَزَوَّجْتُهَا إِعْجَابًا.
나는 충고하기 위해 그와 이야기했다.	كَلَّمْتُهُ نُصْحًا.
그녀는 부끄러워서 인사를 받지 않았다.	لَمْ تَرُدَّ السَّلاَمَ حَيَاءً.

3) 연결형 구조의 이유목적어

'이유목적어 + 전치사' 구조의 이유목적어 문장이 '이유목적어 + 후연결어' 구조로도 사용될 수 있다. 그러나 이 경우는 연결형을 사용하여 의미가 통할 경우만이고 일반적으로는 '이유목적어 + 전치사'의 구조로 사용된다. (이유목적어의 어근 동사가 타동사로도 사용되는 경우에 가능)

① 일반적인 이유목적어 문장	② 연결형이 사용된 이유목적어 문장
أَتَحَفَّظُ فِي كَلاَمِي خَشْيَةً مِنَ الزَّلَلِ.	أَتَحَفَّظُ فِي كَلاَمِي خَشْيَةَ الزَّلَلِ.
나는 말 실수가 두려워서 내가 말하는 것에 조심한다.	
أَسْأَلُ الْعَالِمَ قَصْدًا لِلْمَعْرِفَةِ.	أَسْأَلُ الْعَالِمَ قَصْدَ الْمَعْرِفَةِ.
나는 알기 위한 목적으로 그 과학자에게 질문한다.	
أَلْتَزِمُ الْهُدُوءَ فِي السُّوقِ حَذَرًا مِنَ الْحَوَادِثِ.	أَلْتَزِمُ الْهُدُوءَ فِي السُّوقِ حَذَرَ الْحَوَادِثِ.
나는 시장에서 사고들에 주의하기 위해 조용함을 유지한다.	

3. 이유목적어 문장의 전환

아래의 ①은 이유목적어 문장(② 문장)을 이유와 목적을 의미하는 전치사 لِـ (لَامُ التَّعْلِيل)이 사용된 문장으로 전환한 것이다. ① 형태의 문장이 더 쉽고 더 많이 사용되는 것이다.

① 일반적인 문장	② 이유목적어 문장
سَافَرْتُ لِتَعَلُّمِ اللُّغَةِ الْعَرَبِيَّةِ.	سَافَرْتُ تَعَلُّمًا لِلُّغَةِ الْعَرَبِيَّةِ.
나는 아랍어를 배우기 위해 여행을 떠났다.	
عَاقَبَنِي لِكُرْهِهِ لِي.	عَاقَبَنِي كُرْهًا لِي.
그는 나를 싫어하는 이유로 나에게 벌을 주었다.	
حَضَرْتُ لِلِاطْمِئْنَانِ عَلَيْكَ.	حَضَرْتُ اطْمِئْنَانًا عَلَيْكَ.
나는 당신을 안심시키기 위해 왔다.	
ذَهَبْنَا إِلَى الرِّيفِ لِلِاسْتِجْمَامِ.	ذَهَبْنَا إِلَى الرِّيفِ اسْتِجْمَامًا.
우리는 휴양을 위해 시골로 갔다.	
سَافَرْتُ لِلرَّغْبَةِ فِي الِاسْتِجْمَامِ.	سَافَرْتُ رَغْبَةً فِي الِاسْتِجْمَامِ.
나는 휴양을 목적으로 여행을 떠났다.	
وَقَفْتُ لِإِجْلَالِ الْمُعَلِّمِ.	وَقَفْتُ لِلْمُعَلِّمِ إِجْلَالًا.
나는 존경의 표시로 그 선생님에 대해 일어섰다.	

한편 이유목적어 문장을 아래와 같이 بِسَبَب 이나, أَنَّ 혹은 كَيْ/لِكَيْ 가 사용된 문장으로 전환할 수도 있다. 아래의 ①은 이유목적어 문장이고, ②는 전치사 لِـ(التَّعْلِيل)를 사용한 문장이며, ③은 بِسَبَب 을 사용한 문장이고, ④는 أَنَّ 혹은 كَيْ/لِكَيْ 를 사용한 문장이다. 아래가 더 많이 사용되는 문장이다.

①	تَرَكَ بِلَادَهُ حُبًّا فِي الْحُرِّيَّةِ.	②	تَرَكَ بِلَادَهُ لِحُبِّ الْحُرِّيَّةِ.
③	تَرَكَ بِلَادَهُ بِسَبَبِ حُبِّ الْحُرِّيَّةِ.	④	تَرَكَ بِلَادَهُ لِأَنَّهُ يُحِبُّ الْحُرِّيَّةَ.
	그는 자유를 사랑하여 그의 나라를 떠났다.		
①	حَضَرَ عَلِيٌّ الِاجْتِمَاعَ إِكْرَامًا لِمُحَمَّدٍ.	②	حَضَرَ عَلِيٌّ الِاجْتِمَاعَ لِإِكْرَامِ مُحَمَّدٍ.
③	حَضَرَ عَلِيٌّ الِاجْتِمَاعَ بِسَبَبِ إِكْرَامِ مُحَمَّدٍ.	④	حَضَرَ عَلِيٌّ الِاجْتِمَاعَ لِكَيْ يُكْرِمَ مُحَمَّدًا.
	알리는 무함마드를 존중하기 위해 그 모임에 참석했다.		
①	سَافَرْتُ طَلَبًا لِلرَّاحَةِ.	②	سَافَرْتُ لِطَلَبِ الرَّاحَةِ.
③	سَافَرْتُ بِسَبَبِ طَلَبِ الرَّاحَةِ.	④	سَافَرْتُ لِكَيْ أَطْلُبَ الرَّاحَةَ.
	나는 쉼을 구하기 위해 여행을 떠났다.		
①	قَالَ الْمُدِيرُ ذَلِكَ رَدًّا عَلَى السُّؤَالِ.	②	قَالَ الْمُدِيرُ ذَلِكَ لِلرَّدِّ عَلَى السُّؤَالِ.
③	قَالَ الْمُدِيرُ ذَلِكَ بِسَبَبِ الرَّدِّ عَلَى السُّؤَالِ.	④	قَالَ الْمُدِيرُ ذَلِكَ لِأَنَّهُ يَرُدُّ عَلَى السُّؤَالِ.
	그 교장은 그 질문에 답하여 그렇게 말했다.		

** 동사에 따라 다음과 같이 مِن 이 사용된 문장으로 전환하거나 연결형 문장으로 전환할 수도 있다.
아래의 ⑤는 전치사 مِن 이 사용된 문장이고 ⑥은 연결형 문장이다.

①	تَرَكْتُ الْمُنْكَرَ خَشْيَةَ الله .	②	تَرَكْتُ الْمُنْكَرَ لِخَشْيَةِ الله.
③	تَرَكْتُ الْمُنْكَرَ بِسَبَبِ خَشْيَةِ الله.	④	تَرَكْتُ الْمُنْكَرَ لِأَنِّي أَخْشَى الله.
⑤	تَرَكْتُ الْمُنْكَرَ مِنْ خَشْيَةِ الله.	⑥	تَرَكْتُ الْمُنْكَرَ خَشْيَةَ الله .
	나는 알라신을 경외하여서 그 불신앙적인 것을 떠났다.		

→ 앞에서 배웠던 여러 가지 이유목적어 문장을 위의 예와같이 전환해 보자. 문장전환 연습은 아랍어 문장력을 키우는 아주 좋은 방법이다.

4. 여러 가지 고려사항들

1) 이유목적어 문장을 사용하지 않는 경우

앞에서 이유목적어 문장에 사용되는 동명사는 사람의 내면적인 마음의 욕구, 소원, 감정, 느낌, 가치 등과 같은 추상적인 의미를 가진 동명사(الْمَصْدَرُ الْقَلْبِيُّ)가 사용된다고 했다. 따라서 사람의 외면적인 행동에 대한 동명사(예 : قِرَاءَةٌ 읽기, كِتَابَةٌ 쓰기, وُقُوفٌ 일어섬, 멈춤, جُلُوسٌ 앉음, مَشْيٌ 걷기, قُعُودٌ 앉음, دِرَاسَةٌ 공부 등)는 이유목적어로 사용되지 않는다. 이런 경우를 이유 혹은 목적의 의미의 문장으로 만들 경우 전치사 لِ나 بِسَبَبِ 혹은 لِأَنْ 구문을 사용한다.

사용되지 않는 표현	사용되는 표현
جِئْتُ دِرَاسَةً. (×)	جِئْتُ لِلدِّرَاسَةِ. (o)
나는 공부하기 위해 왔다.	
جَلَسْتُ قِرَاءَةً. (×)	جَلَسْتُ لِلْقِرَاءَةِ. (o)
나는 독서하기 위해 앉았다.	
سَافَرْتُ إِلَى مِصْرَ عِلْمًا. (×)	سَافَرْتُ إِلَى مِصْرَ لِلْعِلْمِ. (أَوْ طَلَبًا لِلْعِلْمِ.) (o)
나는 지식을 위해(알기 위해) 이집트로 여행했다.	

→마지막 예의 경우 주어의 동작이 진행되는 시제와 이유동명사의 동작이 진행되는 시제가 다르기 때문에 문장이 성립되지 않는다고도 설명한다. 즉 여행한 시제는 과거인데, 배우는 시점은 미래이기 때문에 문장이 성립되지 못한다.

2) 이유목적어가 선행하는 문장

다음과 같이 이유목적어가 문장에서 선행하는 것도 가능하다. 이런 경우는 의미의 강조 등 수사학적인 목적으로 인한 것이다.

일반적인 이유목적어 문장	이유목적어 선행 문장
مَنَحَهُ الْمُدِيرُ الْجَائِزَةَ تَكْرِيمًا لَهُ.	تَكْرِيمًا لَهُ (أَوْ لِتَكْرِيمِهِ) مَنَحَهُ الْمُدِيرُ الْجَائِزَةَ.
그 교장은 그의 노고를 치하하여 그에게 상을 주었다.	
سَافَرْتُ إِلَى مِصْرَ طَلَبًا لِلاسْتِشْفَاءِ.	طَلَبًا لِلاسْتِشْفَاءِ (أَوْ لِطَلَبِ الاسْتِشْفَاءِ) سَافَرْتُ إِلَى مِصْرَ.
나는 치료를 요청하기 위해 이집트로 여행했다	

또한 아래와 같이 ـِ 을 사용하여서 선행문장을 만들 수도 있다.

일반적인 이유목적어 문장	이유목적어 선행 문장	ـِ 이 사용된 문장
أَتَيْتُ حُبًّا فِي الاسْتِطْلاعِ.	حُبًّا فِي الاسْتِطْلاعِ أَتَيْتُ.	لِحُبِّ الاسْتِطْلاعِ أَتَيْتُ.
나는 호기심 때문에 왔다.	حُبًّا فِي الاسْتِطْلاعِ 호기심에서 out of curiosity)	

3) 이유목적어가 아닌 문장

이유목적어와 동일한 구조이지만 이유목적어가 아닌 경우이다. 즉 아래 문장에 사용된 '동명사 + 전치사'는 이유나 목적의 의미를 나타내지 않기에 이유목적어가 아니다.

나는 밥을 먹을 뿐만 아니라 육고기도 먹었다. (besides, in addition to)	أَكَلْتُ الأَرُزَّ فَضْلاً عَنِ اللُّحُومِ.
나는 축구와 테니스 뿐만 아니라 복싱도 한다. (in addition to)	أَلْعَبُ كُرَةَ الْقَدَمِ وَالتَّنِسَ إِضَافَةً إِلَى الْمُلاكَمَةِ.

→ 위의 فَضْلاً과 إِضَافَةً 을 대개 상태목적어(الْحَالُ) 혹은 동사가 생략된 동족목적어(الْمَفْعُولُ الْمُطْلَقُ لِفِعْلٍ) مَحْذُوفٍ)로 본다.

5. 신문에 사용된 이유목적의 예

جَاءَ مُعْظَمُ الْمُهَاجِرِينَ فِي أُورُوبَّا بَحْثًا عَنْ عَمَلٍ وَعَنِ الأَمْنِ.
유럽에 온 대부분의 이민자들은 일과 안전을 구하기 위해 왔다.
قَضَى الأَقْبَاطُ وَالْمُسْلِمُونَ طَوَالَ اللَّيْلِ فِي الشَّوَارِعِ انْتِظَارًا لِظُهُورِ الْعَذْرَاءِ.
콥틱 교도들과 무슬림들이 동정녀 (마리아)가 나타나기를 기다리기 위해 거리에서 밤내내 시간을 보냈다.
فَازَ الرَّئِيسُ كِيمْ دَايْ جُونْج بِجَائِزَةِ نُوبِل لِلسَّلامِ تَقْدِيرًا لِجُهُودِهِ.
김대중 대통령은 그의 공로를 인정받아 노벨 평화상을 수상했다
انْدَلَعَتْ أَعْمَالُ الشَّغَبِ احْتِجَاجًا عَلَى مَقْتَلِ شَابٍّ.
한 청년이 살해된데 대해 항의하기 위해 폭동이 일어났다.

6. 동사 자리에 동사 대신 파생명사가 사용된 경우

이유목적어는 동사가 사용된 문장 뿐만 아니라 동사 자리에 동사의 역할을 하는 능동분사나 수동분사 혹은 동명사가 사용된 문장에서도 사용된다. 다음의 예들을 보자.

(1) 이유목적어가 능동분사 동작의 이유나 목적을 말하는 경우 – 능동분사가 술어로 사용

무함마드는 지식을 구하기 위해 여행을 하고 있다.	مُحَمَّدٌ مُسَافِرٌ طَلَبًا لِلْعِلْمِ.
사미야는 비범한 사람(우등생)이 되고싶어서 열심히 하고 있다.	سَامِيَةُ مُجِدَّةٌ رَغْبَةً فِي التَّمَيُّزِ.
그 학생은 그의 선생님에게 집중하기 위해 주의를 기울이고 있다.	الطَّالِبُ مُنْتَبِهٌ تَرْكِيزًا مَعَ مُدَرِّسِهِ.
그 아이들은 승리를 위해 경쟁하고 있다.	الْأَوْلَادُ مُتَنَافِسُونَ سَعْيًا إِلَى الْفَوْزِ.

(2) 이유목적어가 수동분사 동작의 이유나 목적을 말하는 경우 – 수동분사가 술어로 사용

그 선생님은 그가 나눠준 것으로 인해 존경을 받는다.	الْمُعَلِّمُ مُحْتَرَمٌ نَظَرًا لِعَطَائِهِ.
그 아이는 벌을 받아 얻어맞았다.	الطِّفْلُ مَضْرُوبٌ عِقَابًا لَهُ.
그 기차는 재난을 피해 늦게왔다.	الْقِطَارُ مُؤَخَّرٌ تَفَادِيًا لِكَارِثَةٍ.
(다른 사람들이) 당신을 시기하여 당신은 상처를 입었다.	أَنْتَ مَجْرُوحٌ حَسَدًا لَكَ.

(3) 이유목적어가 과장형용사 동작의 이유나 목적을 말하는 경우 – 과장형용사가 술어로 사용

아흐마드는 비범하게 되기 위해 지식을 얻는 것을 아주 좋아한다.	أَحْمَدُ شَغُوفٌ بِالْعِلْمِ رَغْبَةً فِي التَّفَوُّقِ.
الْمُحْسِنُ فَعَّالٌ لِعَمَلِ الْخَيْرِ حُبًّا فِي مُسَاعَدَةِ النَّاسِ.	
선한 사람은 사람들을 돕기를 좋아하여서 선을 행하는 것에 능동적이다.	

(4) 이유목적어가 동명사 동작의 이유나 목적을 말하는 경우 – 동명사가 주어 혹은 목적어로 사용

지식을 얻기 위한 여행은 좋은 것이다.	السَّفَرُ بَحْثًا عَنِ الْعِلْمِ جَيِّدٌ.
지식을 구하기 위한 여행(떠나는 것)은 의무적이다.	الِارْتِحَالُ طَلَبًا لِلْعِلْمِ وَاجِبٌ.
나는 선행을 (요구)하기 위한 금식을 좋아한다.	أُحِبُّ الصِّيَامَ طَلَبًا لِلْحَسَنَاتِ.
ارْتِيَادُ الْمَكْتَبَاتِ الْعَامَّةِ طَلَبَ الْمَعْرِفَةِ ضَرُورَةٌ لِكُلِّ بَاحِثٍ.	
정보를 구하기 위해 공중도서관에 자주 가는 것은 모든 연구자들을 위해 필요한 것이다. (이유목적어가 연결형이다)	

제17과 여러 가지 목적격(اَلْمَنْصُوبَاتُ)에 대해 Ⅵ - 동반목적어(اَلْمَفْعُولُ مَعَهُ)

1. 동반목적어(اَلْمَفْعُولُ مَعَهُ)의 개념
2. 동반목적어(اَلْمَفْعُولُ مَعَهُ) 문장의 의미
3. 동사 자리에 파생명사 등 다른 단어의 사용
4. 동반목적어 문장의 전환
5. 여러 가지 다른 문장들과의 비교

제 17과 여러 가지 목적격 (الْمَنْصُوبَاتُ)에 대해 VI - 동반 목적어 (الْمَفْعُولُ مَعَهُ)

1. 동반목적어 (الْمَفْعُولُ مَعَهُ)의 개념

동반목적어 (الْمَفْعُولُ مَعَهُ)는 동반접속사 'و' (وَاوُ الْمَعِيَّةِ) 뒤에 사용되어 동반의 의미를 가지는 목적격 명사를 말한다. 이 때의 '동반의 의미' 란 동사의 동작이 일어나는 동일한 시간적인 상황 혹은 동일한 공간적인 상황에 동반 (الْمُصَاحَبَةُ) 혹은 동참 (الِاشْتِرَاكُ)하는 것을 의미한다. 아래의 예문을 보자.

جَاءَ مُحَمَّدٌ وَ غُرُوبَ الشَّمْسِ. b + a	석양이 질 무렵 무함마드가 왔다. (= جَاءَ مُحَمَّدٌ مَعَ غُرُوبِ الشَّمْسِ.) 무함마드가 오는 것과 석양이 지는 것이 '동반'을 이룸. 시간적인 동반.)
	a – 동반접속사 (وَاوُ الْمَعِيَّةِ) b – 동반목적어 (الْمَفْعُولُ مَعَهُ) غُرُوبَ에 목적격이 왔다. غُرُوبٌ는 동명사이다.
سِرْتُ وَ النَّهْرَ. b + a	나는 강변을 따라 걸었다. (= سِرْتُ بِجَانِبِ النَّهْرِ.) (내가 걸어가는 것과 강이 흐르는 것이 '동반'을 이룸. 공간적인 동반. 방향이 같거나 역방향도 가능)
	a – 동반접속사 (وَاوُ الْمَعِيَّةِ) b – 동반목적어 (الْمَفْعُولُ مَعَهُ) النَّهْرَ에 목적격이 왔다.
أَتَى الْمَلِكُ وَ الْجَيْشَ. b + a	그 왕은 (그) 군대와 함께 왔다. (= أَتَى الْمَلِكُ مَعَ الْجَيْشِ.) (왕이 오는 것에 군대도 '동참' 혹은 '동반'함.)
	a – 동반접속사 (وَاوُ الْمَعِيَّةِ) b – 동반목적어 (الْمَفْعُولُ مَعَهُ) الْجَيْشَ에 목적격이 왔다.

동반목적어의 의미를 '동반'(الْمُصَاحَبَةُ)과 '동참'(الِاشْتِرَاكُ)이라는 개념으로 설명한다. '동반'(الْمُصَاحَبَةُ)은 시간이나 공간적 배경이 같음을 의미하고, '동참'(الِاشْتِرَاكُ)'의 의미는 동사의 동작을 함께 하는 것을 의미한다.

즉 위의 첫 번째 예는 무함마드가 오는 것과 석양이 지는 것이 동시(同時)적이다(시간적인 배경이 같은 부대상황이다). 그래서 시간적인 '동반'(الْمُصَاحَبَةُ)이 이루어졌다고 본다.

두 번째 예는 내가 강변을 걷는 것과 강이 흐르는 것이 공간적인 배경이 같다. 즉 여기서는 내가 강변을 걷는 방향이 강이 흐르는 것과 같은 방향(혹은 역방향도 가능)이 되어 내가 강변을 걷는 것과 강이 흐르는 것이 공간적인 '동반'(الْمُصَاحَبَةُ)이라 보는 것이다.

여기에 비해 세 번째 예문에서는 그 왕이 오는 것과 군대가 오는 것이 시간과 공간적 배경이 같음과 더불어 군대와 그 왕이 동사의 동작을 함께 한다. 그러므로 여기서는 '동참'(الِاشْتِرَاكُ)이 이루어졌다고 본다.

이러한 '동반'과 '동참'의 의미를 나타내기 위해서 동반접속사 'و' (وَاوُ الْمَعِيَّةِ)를 사용하고 그 뒤에 동반목적어를 사용한다. 이 때 동반목적어로 사용되는 단어는 대개 불완전 파생 명사 (اسْمٌ جَامِدٌ) 혹은 동명사이며 반드시 목적격을 취한다. (불완전 파생 명사에 대해서는 이 책 제 I 권의 심화학습 부분 '파생명사 (الِاسْمُ الْمُشْتَقُّ)와 불완전 파생명사 (الِاسْمُ الْجَامِدُ)에 대해' 부분을 참고하라.)

동반목적어는 미디어 아랍어에서는 거의 사용되지 않고 시, 소설 등의 문학적인 표현 혹은 고전 아랍어에 사용된다.

아래에서 동반목적어의 핵심을 살펴보자.

동반목적어 핵심 요약
1. 동반목적어 이전에 동반접속사 'و'(وَاوُ المَعِيَّةِ) 가 사용된다.
2. 동반목적어에는 문장이나 유사문장이 올 수 없고 한정형태의 단어나 한정형태의 연결형이 사용된다.
3. 동반목적어에는 불완전 파생명사(اسمٌ جَامِدٌ)나 동명사가 주로 사용되며 반드시 목적격을 취한다. (그러나 파생명사가 사용되는 예들도 있다.)
4. 동반목적어의 의미는 '동반'(المُصَاحَبَةُ)과 '동참'(الاشْتِرَاكُ)이며, مَعَ 등의 시간과 장소의 부사적인 의미를 가진 단어를 사용하여 문장전환이 가능하다.

2. 동반목적어(المَفْعُولُ مَعَهُ) 문장의 의미

동반목적어의 의미를 '동반'(المُصَاحَبَةُ)과 '동참'(الاشْتِرَاكُ)이라는 개념으로 설명한다. '동반'의 경우는 시간적인 배경이 같은 경우인 '시간적인 동반(المُصَاحَبَةُ فِي الوَقْتِ)', 공간적인 배경이 같은 경우인 '공간적인 동반(المُصَاحَبَةُ فِي المَكَانِ)'으로 나뉜다. 여기에 비해 '동참(الاشْتِرَاكُ)'은 시간적인 배경과 공간적인 배경이 같은 상황에서 동사의 동작까지도 함께 하는 것을 의미한다.

1) 시간적인 동반(المُصَاحَبَةُ فِي الوَقْتِ)의 의미 - 동반목적어가 주로 동명사이다.

이때의 동반목적어는 동사의 동작이 진행되는 시간적인 배경을 제공한다. 즉 아래의 첫 번째 문장에서 동반목적어는 내가 도착했을 때 아잔 소리가 진행되고 있음을 나타낸다. 이러한 시간적인 동반(المُصَاحَبَةُ فِي الوَقْتِ)의 의미로 사용되는 경우는 주로 동작이 있는 동명사가 주로 동반목적어로 사용되며, 그 의미는 부대상황인 '..하면서', '..하는 동안', '..와 함께'(while, immediately after, with)가 된다.

나는 아잔 소리와 함께(아잔 소리가 날 때에) 도착했다. (أَذَانٌ은 أَذَّنَ동사의 동명사)	وَصَلْتُ وَالأَذَانَ.
나는 해가 떠오르는 것과 함께(해가 떠오를 때에) 잠에서 깨었다.	اسْتَيْقَظْتُ وَطُلُوعَ الشَّمْسِ.
나는 새들의 노래와 함께 휴식했다.	اسْتَرْخَيْتُ وَتَغْرِيدَ الطُّيُورِ.
나는 텔레비전을 시청하면서 음식을 먹는 것을 좋아한다.	أُحِبُّ أَنْ آكُلَ وَمُشَاهَدَةَ التِّلْفَازِ.
카말은 음악을 들으면서 공부한다.	يُذَاكِرُ كَمَالٌ وَسَمَاعَ المُوسِيقَى.
바그다드가 함락되면서 그 도서관들이 불탔다. (immediately after)	أُحْرِقَتِ المَكْتَبَاتُ وَسُقُوطَ بَغْدَادَ.
알리는 달빛이 비치는 동안에 밤샘을 했다.	سَهِرَ عَلِيٌّ وَضَوْءَ القَمَرِ.
세탁기의 소리와 함께 나는 잠을 잔다.	أَنَامُ وَصَوْتَ الغَسَّالَةِ. *
그 여행자는 밤에 돌아왔다.	عَادَ المُسَافِرُ وَاللَّيْلَ. *

→ 위의 * 문장은 동반목적어가 동명사가 아니라 일반 불완전 파생 명사이다.

2) 공간적인 동반(الْمُصَاحَبَةُ فِي الْمَكَانِ)의 의미 – 동반목적어가 장소 혹은 사물이다.

이때의 동반목적어는 동사의 동작이 진행되는 공간적인 배경을 제공한다. 아래의 첫 번째 문장에서 동반목적어는 나일강이 흐르고 있는 강변을 따라 내가 걷고 있는 상황을 묘사한다. 걷는 방향은 나일강과 같은 방향 혹은 역방향 모두 가능하다. 즉 나일강이 흐르는 것과 내가 걷는 것이 공간적인 동반의 의미가 되는 것이다. 이러한 공간적인 동반(الْمُصَاحَبَةُ فِي الْمَكَانِ)의 의미로 사용되는 경우는 장소 혹은 사물을 나타내는 불완전 파생 명사(اسْمٌ جَامِدٌ)가 동반목적어로 사용되며, 그 의미는 بِجَانِبِ 즉 '..을 따라(along with)' 혹은 '.. 곁에(beside)' 가 된다.

(1) 동반목적어가 장소를 의미할 때

나는 나일강을 따라 (강변으로) 걸었다.	سِرْتُ وَالنِّيلَ.
카말이 이 거리 곁을 따라 걷는다. (그 거리 옆에 걸을 수 있는 인도가 따로 있을 때)	يَمْشِي كَمَالٌ وَالشَّارِعَ هَذَا.
모나는 가게들을 따라 걷는다.	تَسِيرُ مُنَى وَالْمَحَلَّاتِ التِّجَارِيَّةَ.
당신이 공항로 곁을 따라 걸어가면 그 학교에 도착할 것이다.	تَسِيرُ وَطَرِيقَ الْمَطَارِ فَتَصِلُ إِلَى الْمَدْرَسَةِ.
그 배는 바다가 잠잠해졌을 때까지 해안곁을 따라 항해했다.	أَبْحَرَتِ السَّفِينَةُ وَالسَّاحِلَ حَتَّى هَدَأَ هَذَا الْبَحْرُ.
새들의 방향을 따라 그 소년은 뛰어간다.	يَجْرِي الصَّبِيُّ وَالطُّيُورَ.

(2) 동반목적어가 사물을 의미할 때

내 형(남동생)은 그의 책 곁에서 잠을 잤다.	نَامَ أَخِي وَكِتَابَهُ.

3) 동참(الِاشْتِرَاكُ)의 의미 – 동반목적어가 사람이다(사람과의 동반)

이때의 동반목적어는 동사의 동작이 진행되는 시간과 공간적인 배경에 자신이 함께 동참(혹은 동반)하는 의미이다. 즉 아래의 첫 번째 문장에서 그 왕이 올 때 동반목적어인 군대도 함께 오는 것을 나타낸다. 즉 시간과 공간적인 '동반'(الْمُصَاحَبَةُ) 뿐만 아니라 함께 '동참'(الِاشْتِرَاكُ)하고 있음을 알 수 있다. 그래서 그 의미가 '..와 함께 왔다'(with)의 의미가 된다. 이 경우 사람을 의미하는 단어가 동반목적어로 사용되며, 사람과의 동반이라고도 할 수 있다.

그 왕은 (그) 군대와 함께(with) 왔다.	أَتَى الْمَلِكُ وَالْجَيْشَ.
나는 나의 형(남동생)과 함께(with) 왔다.	جِئْتُ وَأَخِي.
나는 그 친구와 함께 참석했다.	حَضَرْتُ وَالصَّدِيقَ.
그 아버지는 그의 아들과 함께 대화를 나누고 있다.	يَتَبَادَلُ الْأَبُ الْحَدِيثَ وَأَبْنَاءَهُ.
나는 그 아이들과 함께 기도를 했다.	صَلَّيْتُ وَالْأَوْلَادَ.

3. 동사 자리에 파생명사 등 다른 단어의 사용

동반목적어는 동사가 사용된 문장 뿐만 아니라 동사 자리에 동사의 역할을 하는 능동분사나 수동분사 혹은 동명사 등이 와서 문장을 이룰 수 있다. 뿐만 아니라 의문문이나 동사성 명사(اسْمُ الْفِعْلِ)가 올 수도 있다. 다음을 보자.

1) 동반접속사 و (واوُ الْمَعِيَّة) 앞에 동사가 사용된 경우

지금까지 앞에서 다룬 여러 가지 동반목적어 문장의 형태가 여기에 속한다.

새벽이 올 때 나는 걸었다. (시간적인 동반, 부대상황)	سِرْتُ وَطُلُوعَ الْفَجْرِ.
그 남자는 그 공원을 따라 걸었다. (공간적인 동반)	مَشَى الرَّجُلُ وَالْحَدِيقَةَ.

2) 동반접속사 و (واوُ الْمَعِيَّة) 앞에 능동분사가 사용된 경우

동반목적어와 동반접속사 'و' 이전에 명사문이 사용되고 그 술어에 능동분사가 온 형태이다. 이 때의 능동분사의 동작은 동반목적어가 제공하는 상황에서 동작이 함께 진행되는 것을 표현한다.

나는 산을 따라 걷고 있다. (공간적인 동반)	أَنَا سَائِرٌ وَالْجَبَلَ.
그녀는 그 경기를 시청하면서 음식을 먹고 있다. (시간적인 동반, 부대상황)	هِيَ آكِلَةٌ وَمُشَاهَدَةَ الْمُبَارَاةِ.
나는 나의 친구들과 함께 해변을 따라 뛰고 있다. (공간적인 동반)	أَنَا جَارٍ وَالشَّاطِئَ مَعَ أَصْدِقَائِي.
هُمْ مُسَافِرُونَ وَغُرُوبَ الشَّمْسِ فِي السَّاعَةِ الْخَامِسَةِ. 그들은 5시에 석양이 지는 것과 함께 여행을 떠난다. (시간적인 동반, 부대상황)	

3) 동반접속사 و (واوُ الْمَعِيَّة) 앞에 수동분사가 사용된 경우

동반목적어와 동반접속사 'و' 이전에 명사문이 사용되고 그 술어에 수동분사가 온 경우이다. 이 때의 수동분사의 동작은 동반목적어가 제공하는 상황에서 동작이 함께 진행되는 것을 표현한다.

자이드는 그의 형(남동생)과 함께 존경을 받는다. (사람과의 동반, 동참, with)	زَيْدٌ مُكْرَمٌ وَأَخَاهُ.
페이스북은 일하는 동안 사용되어진다. (시간적인 동반, 부대상황)	الْفِيسْ بُوك مُسْتَخْدَمٌ وَالْعَمَلَ.
그 아기의 소리가 그의 누나의 소리와 함께 들려진다. (사람과의 동반, 동참)	الطِّفْلُ مَسْمُوعٌ وَأُخْتَهُ.
시장은 8시에 열려있다. (시간적인 동반, 부대상황)	السُّوقُ مَفْتُوحَةٌ وَالسَّاعَةَ الثَّامِنَةَ.
그 공원은 그 나무들과 함께 서비스된다. (공간적인 동반)	الْحَدِيقَةُ مَخْدُومَةٌ وَشَجَرَهَا.

4) 동반접속사 و(واوُ الْمَعِيَّةِ) 앞에 동명사가 사용된 경우

동반목적어와 동반접속사 'و' 이전에 명사문의 주어가 되는 동명사가 오는 경우이다. 이 명사문의 술어는 동반목적어 뒤에 온다.

아침에 당신이 해변을 따라 걷는 것은 유익하다.	سَيْرُكَ وَالشَّاطِئَ فِي الصَّبَاحِ مُفِيدٌ.
그가 라디오를 들으면서 자는 것은 해롭다.	نَوْمُهُ وَصَوْتَ الرَّادِيُو مُضِرٌّ.
모든 책들을 가지고 학교에 가는 것은 문제이다.	الذَّهَابُ إِلَى الْمَدْرَسَةِ وَكُلَّ الْكُتُبِ مُشْكِلَةٌ.*
당신이 가족과 함께 참석한 것이 나를 기쁘게 한다.	يَسُرُّنِي حُضُورُكَ وَالْأُسْرَةَ.

→ 위 *의 كُلَّ 는 불완전 파생명사이다.

5) 동반접속사 و(واوُ الْمَعِيَّةِ) 앞에 의문문이 사용된 경우

동반목적어와 동반접속사 'و' 이전에 의문문이 오는 경우이다. 여기서 동반목적어는 의문문의 질문의 내용을 명확히 한다.

자네 시험에서 어때? 자네 시험 잘 쳤어?	كَيْفَ أَنْتَ وَالْاِمْتِحَانَ؟
당신들, 거기에서의 일은 어때?	كَيْفَ أَنْتُمْ وَالْعَمَلَ هُنَاكَ؟
이 추위에 당신은 어떻게 지냅니까?	كَيْفَ أَنْتَ وَالْبَرْدَ؟
당신과 자이드와 사이에 무슨 문제가 있니?	مَا أَنْتَ وَزَيْدًا؟
당신과 알리 사이에 무슨 문제가 있니?	مَا لَكَ وَعَلِيًّا؟
당신이 약속한 그 약속이 어떻게 되고 있니?	مَا أَنْتَ وَالْوَعْدَ الَّذِي وَعَدْتَهُ؟

6) 동반접속사 و(واوُ الْمَعِيَّةِ) 앞에 동사성 명사(اسْمُ الْفِعْلِ)가 사용된 경우

동반목적어와 동반접속사 'و' 이전에 동사성 명사(اسْمُ الْفِعْلِ)가 오는 경우이다.

환자에 대해 긍휼이 여겨라. 친절하게 대하라. 인내하라.	رُوَيْدَكَ وَالْمَرِيضَ.
걸인을 긍휼히 여겨라.	رُوَيْدَكَ وَالسَّائِلَ.
혁명의 성공은 어렵다. 혁명의 성공이 얼마나 먼가!	هَيْهَاتَ وَنَجَاحَ الثَّوْرَةِ!

→ 동사성 명사(اسْمُ الْفِعْلِ)에 대해서는 이 책 제 I 권 맨 마지막 부분에서 공부하라.

제17과 여러 가지 목적격에 대해 VI – 동반목적어

4. 동반목적어 문장의 전환

동반목적어 문장들은 '동반'(الْمُصَاحَبَة)과 '동참'(الْاِشْتِرَاك)의 의미를 가진 시간과 장소의 부사를 사용하여 더 쉽고 많이 사용되는 문장으로 전환할 수 있다. 즉 시간적인 동반의 경우 مَعَ 나 أَثْنَاءَ 나 فِي وَقْتِ 등을 사용하여 전환할 수 있고, 공간적인 동반의 의미일 경우 بِجَانِبِ 이나 مَعَ 를 사용하여 전환할 수 있다. 이렇게 전환된 문장이 MSA 에서 주로 사용되는 일반적인 문장이다. 동반목적어 문장은 현대 아랍어에서 사용빈도가 줄어가는 추세이다.

동반목적어 문장	일반적인 문장
جَاءَ مُحَمَّدٌ وَ غُرُوبَ الشَّمْسِ.	جَاءَ مُحَمَّدٌ مَعَ (أَوْ فِي وَقْتِ) غُرُوبِ الشَّمْسِ.
석양이 질 무렵 무함마드가 왔다.	
سِرْتُ وَ النَّهْرَ.	سِرْتُ بِجَانِبِ النَّهْرِ.
나는 (강변에서) 강을 따라 걸었다.	
أَتَى الْمَلِكُ وَ الْجَيْشَ.	أَتَى الْمَلِكُ مَعَ الْجَيْشِ.
그 왕은 (그) 군대와 함께 왔다.	

1) 시간적인 동반(الْمُصَاحَبَةُ فِي الْوَقْتِ)의 의미 - 동반목적어가 주로 동명사이다.

동반목적어 문장	일반적인 문장
وَصَلْتُ وَالْأَذَانَ.	وَصَلْتُ مَعَ (أَوْ فِي وَقْتِ) الْأَذَانِ.
나는 아잔 소리와 함께(아잔 소리가 날 때에) 도착했다.	
اِسْتَيْقَظْتُ وَطُلُوعَ الشَّمْسِ.	اِسْتَيْقَظْتُ مَعَ (أَوْ فِي وَقْتِ) طُلُوعِ الشَّمْسِ.
나는 해가 떠오르는 것과 함께(해가 떠오를 때에) 잠에서 깨었다.	
اِسْتَرْخَيْتُ وَتَغْرِيدَ الطُّيُورِ.	اِسْتَرْخَيْتُ مَعَ تَغْرِيدِ الطُّيُورِ.
나는 새들의 노래와 함께 휴식했다.	
أُحِبُّ أَنْ آكُلَ وَمُشَاهَدَةَ التِّلْفَازِ.	أُحِبُّ أَنْ آكُلَ مَعَ (أَوْ أَثْنَاءَ) مُشَاهَدَةِ التِّلْفَازِ.
나는 텔레비전을 시청하면서 음식을 먹는 것을 좋아한다.	
يُذَاكِرُ كَمَالٌ وَسَمَاعَ الْمُوسِيقَى.	يُذَاكِرُ كَمَالٌ مَعَ سَمَاعِ الْمُوسِيقَى. = يُذَاكِرُ كَمَالٌ وَهُوَ يَسْمَعُ الْمُوسِيقَى.
카말은 음악을 들으면서 공부한다.	
أُحْرِقَتِ الْمَكْتَبَاتُ وَسُقُوطَ بَغْدَادَ.	أُحْرِقَتِ الْمَكْتَبَاتُ مَعَ سُقُوطِ بَغْدَادَ.
바그다드가 함락되면서 그 도서관들이 불탔다.(immediately after)	
سَهِرَ عَلِيٌّ وَضَوْءَ الْقَمَرِ.	سَهِرَ عَلِيٌّ فِي (أَوْ عَلَى أَوْ تَحْتَ) ضَوْءِ الْقَمَرِ.
알리는 달빛과 함께(아래에서) 밤샘을 했다.	
أَنَامُ وَصَوْتَ الْغَسَّالَةِ.	أَنَامُ مَعَ صَوْتِ الْغَسَّالَةِ.
세탁기의 소리와 함께 나는 잠을 잔다.	
عَادَ الْمُسَافِرُ وَاللَّيْلَ.	عَادَ الْمُسَافِرُ فِي اللَّيْلِ (أَوْ لَيْلًا).
그 여행자는 밤에 돌아왔다.	

2) 공간적인 동반(الْمُصَاحَبَةُ فِي الْمَكَانِ)의 의미 – 동반목적어가 장소 혹은 사물이다.

동반목적어 문장	일반적인 문장
سِرْتُ وَالنِّيلَ.	سِرْتُ بِجَانِبِ النِّيلِ.
나는 나일강을 따라 (강변으로) 걸었다.	
يَمْشِي كَمَالٌ وَالشَّارِعَ هَذَا.	يَمْشِي كَمَالٌ بِجَانِبِ الشَّارِعِ هَذَا.
카말이 이 거리 곁을 따라 걷는다. (그 거리 옆에 걸을 수 있는 길이 따로 있을 때)	
تَسِيرُ مُنَى وَالْمَحَلَّاتِ التِّجَارِيَّةَ.	تَسِيرُ مُنَى بِجَانِبِ الْمَحَلَّاتِ التِّجَارِيَّةِ.
모나는 가게들을 따라 걷는다.	
تَسِيرُ وَطَرِيقَ الْمَطَارِ فَتَصِلُ إِلَى الْمَدْرَسَةِ.	تَسِيرُ بِجَانِبِ طَرِيقِ الْمَطَارِ فَتَصِلُ إِلَى الْمَدْرَسَةِ.
당신이 공항로 곁을 따라 걸어가면 그 학교에 도착할 것이다.	
أَبْحَرَتِ السَّفِينَةُ وَالسَّاحِلَ حَتَّى هَدَأَ الْبَحْرُ.	أَبْحَرَتِ السَّفِينَةُ بِجَانِبِ السَّاحِلِ حَتَّى هَدَأَ الْبَحْرُ.
그 배는 바다가 잠잠해졌을 때까지 해안곁을 따라 항해했다.	
يَجْرِي الصَّبِيُّ وَالطُّيُورَ.	يَجْرِي الصَّبِيُّ مَعَ الطُّيُورِ.
새들의 방향을 따라 그 소년은 뛰어간다.	
نَامَ أَخِي وَكِتَابَهُ.	نَامَ أَخِي مَعَ كِتَابِهِ.
내 형(남동생)은 그의 책 곁에서 잠을 잤다.	

3) 동참(الِاشْتِرَاكُ)의 의미 – 동반목적어가 사람이다(사람과의 동반)

동반목적어 문장	일반적인 문장
أَتَى الْمَلِكُ وَالْجَيْشَ.	أَتَى الْمَلِكُ مَعَ الْجَيْشِ.
그 왕은 (그) 군대와 함께(with) 왔다.	
جِئْتُ وَأَخِي.	جِئْتُ مَعَ أَخِي.
나는 나의 형(남동생)과 함께(with) 왔다.	
حَضَرْتُ وَالصَّدِيقَ.	حَضَرْتُ مَعَ الصَّدِيقِ.
나는 그 친구와 함께 참석했다.	
يَتَبَادَلُ الْأَبُ الْحَدِيثَ وَأَبْنَاءَهُ.	يَتَبَادَلُ الْأَبُ الْحَدِيثَ مَعَ أَبْنَائِهِ.
그 아버지는 그의 아들과 함께 대화를 나누고 있다.	
صَلَّيْتُ وَالْأَوْلَادَ.	صَلَّيْتُ مَعَ الْأَوْلَادِ.
나는 그 아이들과 함께 기도를 했다.	

제17과 여러 가지 목적격에 대해 VI – 동반목적어

5. 여러 가지 다른 문장들과의 비교

** 동반목적어에 사용되는 'و'(وَاوُ الْمَعِيَّةِ)와 대등 접속사 'و'(وَاوُ الْعَطْفِ)의 차이점

①	석양이 질 무렵 무함마드가 왔다. (غُرُوبَ الشَّمْسِ 와 جَاءَ مُحَمَّدٌ 가 대등관계가 아니다.)	جَاءَ مُحَمَّدٌ وَغُرُوبَ الشَّمْسِ.
②	무함마드와 하산이 왔다. (مُحَمَّدٌ 와 حَسَنٌ 이 대등관계이다.)	جَاءَ مُحَمَّدٌ وَحَسَنٌ.
①	나는 달과 함께 여행을 했다. (سَافَرْتُ 와 الْقَمَرَ 가 대등관계가 아니다)	سَافَرْتُ وَالْقَمَرَ.
②	싸미르와 무함마드는 여행을 떠났다. (سَمِيرٌ 와 مُحَمَّدٌ 가 대등관계이다.)	سَافَرَ سَمِيرٌ وَمُحَمَّدٌ.

➔ ① 문장에서 동반접속사 و 가 사용되었다. 이 때는 و 앞과 뒤의 격이 다르며, 동반접속사 و 뒤의 명사에 반드시 목적격이 와야 한다. ② 문장에서는 대등 접속사 و 가 사용되었다. 이 때는 و 앞과 뒤의 격이 일치하여 양쪽이 대등관계를 이룬다.

** 아래의 문장을 비교하라.

아래의 ①은 대등접속사(حَرْفُ الْعَطْفِ) و 가 사용된 문장이며, ②는 동반목적어가 사용된 문장이고 و 가 동반접속사(وَاوُ الْمَعِيَّةِ)), ③은 부사 مَعَ 가 사용된 문장이다. 아래의 ②와 ③ 문장의 의미는 동일하다. 그러나 ① 문장의 의미는 약간 다르다.

①	나와 나의 형(남동생)이 왔다. (두 사람의 온 시점이 다를 수도 있다.)	جِئْتُ أَنَا وَأَخِي.
②	나는 나의 형(남동생)과 함께 왔다.	جِئْتُ وَأَخِي.
③		جِئْتُ مَعَ أَخِي.

➔ 위의 ① 의 أَنَا 는 그 뒤에 대등접속사를 사용하기 위해 사용한 분리의 인칭대명사(ضَمِيرُ الْفَصْلِ) 이다(혹은 추가 인칭대명사). 즉 위의 ①과 같이 분리의 인칭대명사가 사용되고 그 뒤에 و 가 (الزَّائِدُ) 왔을 경우 그 و 는 대등접속사(حَرْفُ الْعَطْفِ)가 되고, 위의 ②와 같이 분리의 인칭대명사가 없이 그 뒤에 و 가 왔을 경우 그 و 는 동반접속사(وَاوُ الْمَعِيَّةِ)가 된다.

** 아래의 문장을 비교하라.

(1) 문장의 주어가 내포되어 있는 동사 뒤에 و 가 왔을 때

아래 문장은 문장의 주어(فَاعِل)가 내포되어 있는 동사 뒤에 분리의 인칭대명사 없이 و 가 바로 사용되었다. 이런 경우 و 는 동반접속사(وَاوُ الْمَعِيَّةِ)가 된다.

나는 나의 형(남동생)과 함께 왔다. (و 가 동반접속사(وَاوُ الْمَعِيَّةِ)이다.)	جِئْتُ وَأَخِي.
나는 내 아들과 함께 교회에 갔다. (و 가 동반접속사(وَاوُ الْمَعِيَّةِ)이다.)	ذَهَبْتُ وَابْنِي إِلَى الْكَنِيسَةِ.

(2) 목적어(مَفْعُولٌ بِهِ) 뒤에 وَ가 왔을 때

아래 문장은 문장의 목적어(مَفْعُولٌ بِهِ)로 사용된 목적격 접미 인칭대명사 뒤에 분리의 인칭대명사 없이 وَ가 바로 사용되었다. 이런 경우의 وَ를 대개는 대등접속사(حَرْفُ عَطْفٍ)라 한다. 그러나 이 경우를 동반접속사(وَاوُ الْمَعِيَّةِ)로 보는 사람도 있다.

나는 너와 내 형(남동생)을 때렸다. (وَ가 대등접속사(حَرْفُ عَطْفٍ)이다.)	ضَرَبْتُكَ وَأَخِي.
나는 너와 그 소년을 보았다. (وَ가 대등접속사(حَرْفُ عَطْفٍ)이다.)	رَأَيْتُكَ وَالصَّبِيَّ.
우리는 너희들과 그 첫 번째 사람들을 모이게 했다. (꾸란 77:38) (وَ가 대등접속사(حَرْفُ عَطْفٍ)이다.)	جَمَعْنَاكُمْ وَالْأَوَّلِينَ.

→ 이와같이 동사의 목적어로 사용된 목적격 접미 인칭대명사 바로 뒤에 وَ가 올 경우 그것은 대등접속사(حَرْفُ عَطْفٍ)가 되며 그 뒤에 접속명사(الاسْمُ الْمَعْطُوفُ)가 온다.

** 동반목적어 문장과 상태절 문장

아래의 ①은 동반목적어 문장이고, ②는 상태절 문장이다.

①	나는 음악을 들으면서 공부한다. (①과 ②는 같은 의미)	أُذَاكِرُ وَسَمَاعَ الْمُوسِيقَى.
②		أُذَاكِرُ وَأَنَا سَامِعٌ الْمُوسِيقَى.
①	태양이 떠오르는 순간 알리가 왔다. (태양이 갓 떠오르는 순간)	جَاءَ عَلِيٌّ وَطُلُوعَ الشَّمْسِ.
②	태양이 떠있는 상태에 알리가 왔다. (태양이 벌써 떠 올라 있는 상태)	جَاءَ عَلِيٌّ وَالشَّمْسُ طَالِعَةٌ.

**동반접속사(وَاوُ الْمَعِيَّةِ)와 상태접속사(وَاوُ الْحَالِ) 그리고 대등 접속사(وَاوُ الْعَطْفِ)

①	그 선생님이 단원을 설명하고 있을 때 내가 교실에 들어갔다.	دَخَلْتُ الْفَصْلَ وَشَرْحَ الْمُدَرِّسِ.
②		دَخَلْتُ الْفَصْلَ وَالْمُدَرِّسُ يَشْرَحُ الدَّرْسَ.
③	나는 교실에 들어갔고 학생들에게 단원을 설명했다.	دَخَلْتُ الْفَصْلَ وَشَرَحْتُ الدَّرْسَ لِلطُّلَّابِ.

→ ① 문장의 وَ는 동반접속사(وَاوُ الْمَعِيَّةِ)이고, ② 문장의 وَ는 상태접속사(وَاوُ الْحَالِ), ③ 문장의 وَ는 대등접속사(وَاوُ الْعَطْفِ)이다. ①②의 문장은 의미가 같은데 즉 선생님이 설명을 하고 있는 상태에 내가 교실에 들어간 것을 의미한다. 그러나 ③의 경우는 양쪽 문장을 대등관계로 연결한다. 즉 대등접속사 구문에서는 내가 교실에 들어간 것과 학생들에게 단원을 설명한 것의 시간적 상관관계가 없다. 즉 이 문장에서 내가 교실에 들어간 뒤 언제 학생들에게 설명하였는지는 알 수 없다.

제17과 여러 가지 목적격에 대해 VI – 동반목적어

** 파생명사가 동반목적어로 오는 경우

앞에서 동반목적어로 사용되는 단어는 대개 불완전 파생명사와 동명사라고 하였다. 그렇지만 아래와 같이 파생명사가 동반목적어로 사용되기도 한다. 아래의 ①의 مُدَرِّس 는 파생명사이다. 때때로 파생명사도 동반목적어로 사용되는 경우가 있다. (① 문장의 경우). 이 문장을 동반목적어 문장이 아닌 일반 문장으로 바꿀 경우 ②와 같이 مَعَ 를 사용해 주면 된다.

①	당신(f.)이 그 선생님과 함께 한 말이 좋았다.	كَلَامُكِ وَالْمُدَرِّسَ لَطِيفٌ.
②		كَلَامُكَ مَعَ الْمُدَرِّسِ لَطِيفٌ.

** 파생명사가 동반목적어로 사용될 수 있는가?

나는 나의 여자 친구와 함께 영화관에 갔다.	ذَهَبْتُ إِلَى السِّينِمَا وَصَدِيقَتِي.

→ 위의 صَدِيقَتِي 는 불완전 파생 명사(اسْمٌ جَامِدٌ)가 아니라 파생명사이다. 위의 문장의 경우 صَدِيقَتِي 를 대등접속사 وَ 가 사용된 문장의 접속명사(الِاسْمُ الْمَعْطُوفُ)라고 보는 사람도 있지만, 동반접속사 وَ 와 함께 사용된 동반목적어(الْمَفْعُولُ مَعَهُ)라고 보는 의견이 더 강하다.

제18과 여러 가지 목적격에 대해 Ⅶ – 호격대상과 호격문에 대해

1. 호격사(حَرْفُ النِّدَاء)의 사용에 대해
2. 호격문의 형태
   1) 호격대상(الْمُنَادَى)이 목적격(مَنْصُوبٌ) 격변화를 하는 경우
   2) 호격 대상이 불격변화 주격 기호를 취하는 경우
3. 호격사가 생략된 여러 가지 호격문 표현
4. 감탄(التَّعَجُّب)이나 주의(التَّنْبِيه)의 의미로 사용된 호격문

제 18과 여러가지 목적격에 대해 Ⅶ - 호격대상(الْمُنَادَى)과 호격문(أُسْلُوبُ النِّدَاء)에 대해

호격문이란 다른 사람을 부를 때 사용하는 문장을 말한다. 아래에서 '압달라' 라는 사람을 부를 때의 예를 보고 아랍어에서 호격문의 형태를 생각해 보자.

압달라 씨! (عَبْدَ الله 는 두 글자로 이루어진 사람 이름이다. '압달라' 라는 사람을 부르기 위해 يَا라는 호격사 사용됨. 이 때 عَبْدَ에 목적격 기호인 파트하(a)가 붙은 것을 확인하라)	يَا عَبْدَ الله ! b + a
a – 호격사 (حَرْفُ النِّدَاءِ)	b – 호격대상 (الْمُنَادَى)

위의 예문에서 보듯이 호격대상(الْمُنَادَى)의 기본적인 격변화는 목적격이다. 이 과에서는 호격대상의 격변화를 중심으로 호격문에 대해서 공부하도록 한다.

1. 호격사(حُرُوفُ النِّدَاءِ)의 사용에 대해

위 예문에서 '압달라' 라는 사람을 부를 때 그 사람 이름 앞에 호격사 يَا가 사용된 것을 볼 수 있다. 이처럼 아랍어 호격문의 첫 번째 특징은 호격사를 사용한다는 것이다. 호격사는 사람의 이름을 부르기 이전에 사용하여 상대방의 주의를 끄는 역할을 한다. 아래와 같이 아랍어 호격사는 가까이 있는 대상을 부를 때 사용하는 근거리 호격사와, 멀리 있는 대상을 부를 때 사용하는 원거리 호격사가 있다. 그 가운데 가장 많이 사용되는 호격사는 يَا이며, 다른 호격사의 사용은 많지 않다.

여러 가지 호격사	
근거리 호격사(لِلْقَرِيب)	원거리 호격사(لِلْبَعِيد)
أَ	يَا، أَيْ، هَيَا، أَيَا، آ

예들

무함마드 씨!	يَا مُحَمَّدُ !
칼리드 씨!	يَا خَالِدُ !
무함마드 씨! 가까이 오세요.	أَمُحَمَّدُ، أَقْبِلْ!
나빌! 내 말을 듣고 있니?	أَيَا نَبِيلُ، هَلْ تَسْمَعُنِي؟

→위의 예들에서 사용된 호격사를 주목해 보라.
→위의 مُحَمَّدُ 와 خَالِدُ 과 نَبِيلُ 에 탄윈없는 불격변화 담마(u)가 붙은 것을 확인하라. 자세한 내용은 곧 공부한다.

한편 아랍 사람들이 다른 사람을 부를 때 항상 호격사를 사용하는 것은 아니다. 아래에서처럼 호격사 없이 다른 사람을 부르는 것도 많이 사용된다.

무함마드! 무함마드!	مُحَمَّدُ، مُحَمَّدُ!
칼리드! 칼리드!	خَالِدُ، خَالِدُ!

→ 여기서도 탄윈없는 불격변화 기호 담마(u 모음)이 사용되었다.

2. 호격문의 형태

지금부터는 일반적으로 사용되는 호격사 يَا 가 사용된 호격문에 대해 공부하도록 한다. 호격사 يَا 가 사용된 호격문은 두 가지 종류로 나뉜다. 즉 호격사 뒤에 오는 호격대상(الْمُنَادَى)이 목적격(مَنْصُوبٌ) 격변화를 취하는 호격문과, 호격대상이 불격변화 주격 기호(مَبْنِيٌّ عَلَى مَا يُرْفَعُ بِهِ فِي مَحَلِّ نَصْبٍ)를 취하는 호격문 두 가지로 나뉜다. (호격대상은 기본적으로 목적격을 취하지만 불격변화 주격을 취하기도 한다.)

1) 호격대상(الْمُنَادَى)이 목적격(مَنْصُوبٌ) 격변화를 하는 경우

호격대상이 목적격 격변화를 하는 경우는 세 가지이다. 즉 호격대상이 연결형 형태를 이룬 경우와, 호격대상이 연결형의 전연결어와 유사한 경우(الْمُنَادَى الشَّبِيهُ بِالْمُضَافِ), 그리고 호격대상이 불특정한 대상의 비한정 명사(النَّكِرَةُ غَيْرُ الْمَقْصُودَةِ)인 경우가 그것이다. 각각의 경우를 공부하도록 하자.

(1) 호격대상(الْمُنَادَى)이 연결형 형태를 이룬 경우 (الْمُنَادَى الْمُضَافُ)

호격대상이 한정형태의 연결형으로 연결되었을 경우이다. 즉 호격대상이 연결형 형태인 고유명사 혹은 호격대상이 연결형 형태인 보통명사인 경우를 말한다. 더 세밀하게는 이 연결형의 전연결어를 호격대상(الْمُنَادَى)이라 하며, 호격대상인 전연결어(الْمُضَافُ)는 목적격(مَنْصُوبٌ) 격변화를 한다.

압달라 씨! 잠씨만 기다리세요. (عَبْدَ اللهِ 가 연결형 형태이고, عَبْدَ 의 د 에 목적격 기호가 왔다.)	يَا عَبْدَ اللهِ ! إِنْتَظِرْ قَلِيلاً. c + b + a
a – 호격사(حَرْفُ النِّدَاءِ) b – 호격대상(الْمُنَادَى) c – 호격 결과절(جَوَابُ النِّدَاءِ)	

아랍어 문법에서 호격대상(الْمُنَادَى)이 원래 취하는 격변화는 목적격이다. 왜냐하면 호격사(أَدَاةُ النِّدَاءِ)와 호격대상(الْمُنَادَى) 사이에 '..를 부르다'의 뜻인 'أُنَادِي 혹은 أَدْعُو' 동사가 생략되었다고 보고, 호격대상 단어를 이 'أُنَادِي 혹은 أَدْعُو' 동사의 목적어(مَفْعُولٌ بِهِ)로 보기 때문이다. (مَنْصُوبٌ لِأَنَّهُ مَفْعُولٌ بِهِ لِفِعْلٍ مَحْذُوفٍ تَقْدِيرُهُ : أُنَادِي أَوْ أَدْعُو)

믿는 자들의 사령관이시여! 알라신을 경외하시오. (칼리프에 대한 호칭. اِتَّقَى/يَتَّقِي)	يَا أَمِيرَ الْمُؤْمِنِينَ! اتَّقِ اللهَ.
비밀들을 아는 분이여(신적인 대상)! 우리의 길을 보여주십시오.	يَا عَالِمَ الْأَسْرَارِ! أَظْهِرْ طَرِيقَنَا.
두 뉴스 아나운서님! 그 소식들을 우리에게 전해주세요. (호격대상의 전연결어가 쌍수인 경우. 목적격 기호는 ـِي 이다.)	يَا مُذِيعَيِ الْأَنْبَاءِ! اُنْشُرَا لَنَا الْأَخْبَارَ.
아랍어 교사들님! 당신들의 최선을 다하세요.(호격대상의 전연결어가 남성규칙복수인 경우. 목적격 기호는 ـِي 이다.)	يَا مُدَرِّسِي اللُّغَةِ الْعَرَبِيَّةِ! اُبْذُلُوا مَجْهُودَكُمْ.
아랍어 여교사님들! 일찍 출석하세요.(호격대상의 전연결어가 여성규칙복수인 경우. 목적격 기호는 카스라 이다.)	يَا مُدَرِّسَاتِ اللُّغَةِ الْعَرَبِيَّةِ! اُحْضُرْنَ مُبَكِّرًا.
아부 바크르! 알라신 외에 다른 이를 신뢰하지 마세요. (다섯가지명사. 목적격 기호는 ا이다. 주격 أَبُو, 목적격 أَبَا, 소유격 أَبِي)	يَا أَبَا بَكْرٍ! لَا تَعْتَمِدْ عَلَى غَيْرِ اللهِ.
싸이드의 아버지여! 게으르지 마세요. (다섯가지명사. 목적격 기호는 ا이다.)	يَا أَبَا سَعِيدٍ! لَا تَكْسَلْ.

종합 아랍어 문법 II

위엄의 소유자시여! 사람들을 억울하게 하지 마십시오.(다섯가지명사. 목적격 기호는 ا 이다. 주격 ذُو, 목적격 ذَا, 소유격 ذِي)	يَا ذَا الْجَلَالِ! لَا تَظْلِمْ أَحَدًا.
수고하고 무거운 짐진 자들아! 다 내게로 오라 내가 너희를 쉬게 하리라 (마11:28) (목적격 기호는 파트하와 ـَ 이다)	تَعَالَوْا إِلَيَّ يَا جَمِيعَ الْمُتْعَبِينَ وَالثَّقِيلِي الْأَحْمَالِ! وَأَنَا أُرِيحُكُمْ.
스핑크스여! 당신은 시간이 오래되었다.(호격사 없이 사용되었다)	أَبَا الْهَوْلِ! طَالَ عَلَيْكَ الزَّمَانُ.
우리의 제자들이여! 공부에 열심을 내어라.(인칭대명사가 후연결어로 사용됨)	يَا تَلَامِيذَنَا! جِدُّوا فِي الْمُذَاكَرَةِ. *
하늘에 계신 우리 아버지! (주기도문) (목적격 기호는 أَبَا 의 'ا'이다. 여기서는 호격사가 없는 호격문이다.)	أَبَانَا الَّذِي فِي السَّمَاوَاتِ! *
우리의 주님! 우리를 받아주세요.(호격사가 없는 호격문. رَبَّنَا 는 인칭대명사가 후연결어로 사용되었다.)	رَبَّنَا! تَقَبَّلْ مِنَّا. *
오 나의 주님! 저의 회개를 받아주소서.	يَا رَبِّي! اقْبَلْ تَوْبَتِي. *

→ 위의 * 표가 있는 문장들은 호격대상 단어들에 접미인칭대명사가 후연결어로 왔다.

(2) 호격대상(الْمُنَادَى)이 연결형의 전연결어와 유사한 경우 (الْمُنَادَى الشَّبِيهُ بِالْمُضَافِ)(유사연결형인 경우)

아래의 문장들을 보면 호격대상이 두 부분(b 와 c 부분)으로 나누어져 있으며 그 두 부분이 전연결어와 후연결어의 조합과 비슷함을 알 수 있다. 즉 호격대상인 b 단어는 연결형의 전연결어와 유사하고 c 단어는 후연결어와 유사하게 된다. 이와같이 호격대상이 연결형의 전연결어와 유사(الشَّبِيهُ بِالْمُضَافِ)하게 사용되는 경우 호격대상 단어에 탄윈이 붙은 목적격(مَنْصُوبٌ)이 붙는다.

간구를 들으시는 분이여! 나의 간구에 응답하소서.	يَا سَمِيعًا لِلدُّعَاءِ! اسْتَجِبْ لِدُعَائِي. d + c + b +a
b 와 c 가 연결형과 비슷한 유사연결형(الشَّبِيهُ بِالْمُضَافِ) 구조이다. 여기서 호격대상은 탄윈이 붙은 목적격이 사용된다. (جَوَابُ النِّدَاءِ) (d – 호격 결과절) (الْمُنَادَى شَبِيهٌ بِالْمُضَافِ مَنْصُوبٌ لِأَنَّهُ مَفْعُولٌ بِهِ)	

호격대상이 유사연결형인 호격문의 종류는 세가지가 있다. 호격대상이 '비한정 명사(النَّكِرَةُ الْمُحَدَّدَةُ) + 유사문장(شِبْهُ جُمْلَةٍ)'인 경우와, 호격대상이 '비한정 명사(النَّكِرَةُ الْمُحَدَّدَةُ) + 수식절(جُمْلَةُ نَعْتٍ)'인 경우, 그리고 호격대상이 동사적 용법으로 사용된 능동분사 혹은 동사적 용법으로 사용된 수동분사(الْمُشْتَقُّ الْعَامِلُ عَمَلَ فِعْلِهِ)인 경우가 있다.

a. 호격대상이 '비한정 명사(النَّكِرَةُ الْمُحَدَّدَةُ) + 유사문장(شِبْهُ جُمْلَةٍ)'인 경우

간구를 들으시는 분이여! 나의 간구에 응답하소서.	يَا سَمِيعًا لِلدُّعَاءِ! اسْتَجِبْ لِدُعَائِي.
타흐리르 광장에 가는 자여! 조심하시오.	يَا ذَاهِبًا إِلَى مَيْدَانِ التَّحْرِيرِ! احْتَرِسْ.
당신의 권리를 변호하는 자여! 굴복하지 마시오.	يَا مُدَافِعًا عَنْ حُقُوقِكَ! لَا تَسْتَسْلِمْ.
당신의 권리를 요청하는 사람들이여! 당신들은 항복(포기)하지 마시오. (복수)	يَا مُطَالِبِينَ بِحَقِّكُمْ! لَا تَسْتَسْلِمُوا.

420

제18과 여러 가지 목적격에 대해 VIII - 호격대상과 호격문에 대해

b. 호격대상이 '비한정 명사(النَّكِرَةُ المُحَدَّدَةُ) + 수식절(جُمْلَةُ نَعْتٍ)'인 경우

놀기를 좋아하는 아이여! 조금 조용히 해라.	يَا طِفْلاً تُحِبُّ اللَّعِبَ! اِهْدَأْ قَلِيلاً.
당신의 아름다움이 나를 매혹시킨 여인이여! 어떻게 하면 내가 당신에게 다가 갈 수 있나이까?!	يَا امْرَأَةً جَذَبَنِي جَمَالُهَا! كَيْفَ أَصِلُ إِلَيْكِ؟!
오, 어느 날 내가 그의 숲을 방문한 그 사랑이여!	يَا حَبِيبًا زُرْتُ يَوْمًا أَيْكَهُ![1]
나쁜 행위를 기억하는 두 남자여! 용서하고 잊어라. (쌍수)	يَا رَجُلَيْنِ تَذْكُرَانِ الإِسَاءَةَ! اِغْفِرَا وَانْسَيَا.

c. 호격대상이 동사적 용법(المُشْتَقُّ العَامِلُ عَمَلَ فِعْلِهِ)으로 사용된 경우

호격대상으로 사용된 단어가 동사적 용법으로 사용된 능동분사나 수동분사 혹은 유사형용사인 경우를 말한다. 여기에 대해서는 곧 공부하게 된다.

c-1. 호격대상이 동사적 용법으로 사용된 능동분사(اسْمُ الفَاعِلِ)일 경우

손님들을 위해 문을 여는 자여! 당신은 관대합니다.	يَا فَاتِحًا بَابَهُ لِلضُّيُوفِ! أَنْتَ كَرِيمٌ.
내 마음을 소유하고 있는 자여! 당신은 어디에 있습니까?	يَا مَالِكًا قَلْبِي! أَيْنَ أَنْتَ؟
당신의 기도를 떠난 자여! 지옥이 당신 앞에 있나니.	يَا تَارِكًا صَلَاتَكَ! النَّارُ أَمَامَكَ.
산을 오르고 있는 자들이여! 조금 쉬어라. (복수)	يَا طَالِعِينَ جَبَلًا! اِسْتَرِيحُوا قَلِيلًا.

c-2 호격대상이 동사적 용법으로 사용된 수동분사(اسْمُ المَفْعُولِ)일 경우

말이 이해되는 자여! 더 많은 말을 해라	يَا مَفْهُومًا كَلَامُهُ! تَكَلَّمْ أَكْثَرَ.
대화가 사랑을 받는 자여! 당신의 말로서 나를 기쁘게 해 주오.	يَا مَحْبُوبًا حَدِيثُهُ! أَسْعِدْنِي بِكَلِمَتِكَ.
권리를 도둑맞은 자여! 포기하지 마시오.	يَا مَسْرُوقًا حَقُّهُ! لَا تَتَخَلَّ عَنْهُ.

c-3 호격대상이 동사적 용법으로 사용된 유사형용사(الصِّفَةُ المُشَبَّهَةُ)일 경우

아들이 관대한 자여! 나에게 음식을 주시오.	يَا كَرِيمًا ابْنُهُ، أَعْطِ لِي طَعَامًا.
성품이 위대한 자여! 당신의 행적이 얼마나 유쾌한지!!	يَا حَسَنًا خُلُقُهُ!، مَا أَطْيَبَ سِيرَتَكَ!!

위의 a,b,c 의 예문들에서 호격대상은 주로 단수로 사용된다. 쌍수나 복수도 문법적으로 가능하지만 단수 표현으로 사용해도 여러 사람들에게 이야기를 하는 의미가 되기에 주로 단수로 사용한다.

---

[1] أَيْكٌ 정글, 숲

(3) 호격대상(الْمُنَادَى)이 불특정한 대상의 비한정 명사인 경우(الْمُنَادَى النَّكِرَةُ غَيْرُ الْمَقْصُودَةِ)

호격대상이 알지 모르는 어떤 불특정인을 호칭할 때 사용한다. 예를들어 길거리에 남자들이 많은데 그 가운데 불특정한 남자에게 "남자여, 도와주십시오!"라고 할 때 사용하는 경우이다. 여기서도 탄윈이 붙은 목적격(مَنْصُوب)이 사용된다.

남자여! 도와주십시오. (길거리에 남자들이 여러명 있을 때 그 가운데 아무에게나 요청함)	يَا رَجُلاً! سَاعِدْنِي. c + b + a
a – 호격사 (أَدَاةُ النِّدَاء) b – 호격대상 (الْمُنَادَى) c – 호격 결과절 (جَوَابُ النِّدَاء)	

다른 예문들

지식인이여! 사람들을 가르치세요.	يَا عَالِمًا! عَلِّمِ النَّاسَ.
학생(제자)이여! 당신의 선생님들에게 순종하세요.	يَا تِلْمِيذًا! أَطِعْ مُدَرِّسِيكَ.
기술자(engineer)들이여! 세밀하게 설계를 하십시오.	يَا مُهَنْدِسِينَ! صَمِّمُوا بِدِقَّةٍ.
간호사들이여! 환자들을 도와주십시오.	يَا مُمَرِّضَاتٍ! سَاعِدْنَ الْمَرْضَى.
학생들이여! 당신들의 공부에 최선을 다하십시오.	يَا طُلَّابًا! جِدُّوا فِي دِرَاسَتِكُمْ.
남성들이여! 조국은 당신들에 의해 성장할 것입니다.	يَا رِجَالاً! الْوَطَنُ سَيَنْمُو بِكُمْ.
젊은이들이여! 여러분들이 조국을 보호하는 사람들입니다.	يَا شَبَابًا! أَنْتُمْ حُمَاةُ¹ الْوَطَنِ.
노동자들이여! 여러분들이 미래를 건설하는 사람들입니다.	يَا عُمَّالاً! أَنْتُمْ بُنَاةُ² الْمُسْتَقْبَلِ.
무슬림들이여! 알라신께 순종하시오. (설교하며)	يَا مُسْلِمِينَ! أَطِيعُوا اللهَ.
이집트 사람들이여! 고국을 사랑하시오. (연설하며)	يَا مِصْرِيِّينَ! أَحِبُّوا الْوَطَنَ.

→위의 불특정한 대상의 비한정 명사 문장은 작가가 글을 적으며 불특정한 사람에게 충고할 때, 설교자가 설교하며 불특정한 여러 대상으로 설교할 때, 연설자가 연설하며 불특정한 여러 대상에 대해 설득할 때 등에 많이 사용된다.

---

[1] حَامٍ/ حُمَاةٌ 보호하는 ; 보호자(protector)
[2] بَانٍ/ بُنَاةٌ 짓는, 건설하는

제18과 여러 가지 목적격에 대해 VIII - 호격대상과 호격문에 대해

2) 호격 대상(الْمُنَادَى)이 불격변화 주격 기호를 취하는 경우 (مَبْنِيٌّ عَلَى مَا يُرْفَعُ بِهِ فِي مَحَلِّ نَصْبٍ)

호격대상(الْمُنَادَى)이 불격변화(مَبْنِيٌّ)이지만 그 격변화 기호는 주격과 같은 기호를 취하는 경우이다. (مَبْنِيٌّ عَلَى عَلَامَةِ رَفْعِهِ، فِي مَحَلِّ نَصْبٍ لِأَنَّهُ مَفْعُولٌ بِهِ)

이 경우도 세 가지 경우로 나눌 수 있는데, 먼저는 호격대상이 연결형으로 연결되지 않은 고유명사(الْعَلَمُ الْمُفْرَدُ)를 취하는 경우와, 호격대상이 특정한 대상의 비한정 명사(النَّكِرَةُ الْمَقْصُودَةُ)일 경우, 그리고 호격대상에 'الـ'이 붙은 보통명사가 올 경우가 있다. 각각의 경우를 살펴보자.

(1) 호격대상(الْمُنَادَى)이 연결형으로 연결되지 않은 고유명사인 경우 (الْمُنَادَى الْعَلَمُ الْمُفْرَدُ)

호격대상이 연결형으로 연결되지 않은 고유명사이기에 한 개의 글자로 구성된다. 호격대상 단어가 불격변화 주격 기호를 취하기에 **탄윈없는 담마(u 모음)가 붙는다**

무함마드 씨! (호격대상 단어가 불격변화 주격 기호를 취하기에 탄윈없는 담마(u 모음)가 붙었다. 불격변화 주격이기에 두번째는 틀렸다)	(O) يَا مُحَمَّدُ! b + a
	(×) يَا مُحَمَّدً!

a – 호격사(أَدَاةُ النِّدَاءِ)　b – 호격대상(الْمُنَادَى)

다른 예문들

하나님! 나의 기도를 들어주세요.	يَا اللهُ! اِسْمَعْ دُعَائِي.
칼리드! 당신의 부모님께 순종하시오.	يَا خَالِدُ! أَطِعْ وَالِدَيْكَ.
무함마드 씨! 오후에 나에게 들르세요.	يَا مُحَمَّدُ! مُرَّ بِي بَعْدَ الظُّهْرِ.
싸미르! 내일 그 책을 가지고 오세요.	يَا سَمِيرُ! أَحْضِرْ مَعَكَ الْكِتَابَ غَدًا.
마리얌 씨! 당신의 주님께 순종하시오. (꾸란)	يَا مَرْيَمُ! اُقْنُتِي لِرَبِّكِ.
너그러운 알리여! 가난한 사람들에게 선을 베푸세요. (الْكَرِيمُ 는 عَلِيُّ 를 수식하는 형용사이다.)	يَا عَلِيُّ الْكَرِيمُ! أَحْسِنْ إِلَى الْفُقَرَاءِ.
아슈라프! 내 말을 들으시오.	يَا أَشْرَفُ! اِسْمَعْنِي.
오 사랑하는 예수님! 전심으로 당신을 사랑합니다.	يَا يَسُوعُ الْحَبِيبُ! أُحِبُّكَ مِنْ كُلِّ قَلْبِي.

→ 위의 호격대상 단어들에 탄윈없는 '담마(u 모음)'가 왔는데, 이는 불격변화 담마(مَبْنِيٌّ عَلَى الضَّمِّ)이며, 호격대상은 원래 목적격 자리이기 때문에 '목적격 자리에 있다'(فِي مَحَلِّ نَصْبٍ)고 말한다.

(2) 호격대상(الْمُنَادَى)이 특정한 대상의 비한정 명사인 경우(الْمُنَادَى النَّكِرَةُ الْمَقْصُودَةُ)

호격대상에 비한정 명사가 사용되지만 그 의미가 어떤 특정한 대상을 지칭할 때 사용된다. 예를들어 관공서 창구 앞에서 한 특징인을 지칭하며 "저기요. 선생님!"이라고 할 때 "يَا أُسْتَاذُ"라고 하는 경우이다. 이 때 호격대상이 불격변화(مَبْنِيٌّ)이지만 그 격변화 기호는 주격과 같은 기호를 취한다. (مَبْنِيٌّ عَلَى عَلَامَةِ رَفْعِهِ، فِي مَحَلَّ نَصْبٍ لِأَنَّهُ مَفْعُولٌ بِهِ) 단수일 경우 탄윈없는 담마(u 모음)를 취한다.

선생님!(Mr) 제 말을 들어주세요. (호격대상인 أُسْتَاذُ 에 탄윈없는 담마(u)가 왔다.)	يَا أُسْتَاذُ! اِسْمَعْنِي. c + b + a
a – 호격사 (أَدَاةُ النِّدَاءِ) b – 호격대상 (الْمُنَادَى) c – 호격 결과절 (جَوَابُ النِّدَاءِ)	

다른 예문들

엔지니어님! 조금만 기다려 주십시오. (어떤 특정 기술자를 지칭하며)	يَا مُهَنْدِسُ! اِنْتَظِرْ قَلِيلاً.
박사님! 이 점에 대해 우리에게 설명을 해 주실 수 있는지요? (어떤 특정 박사님을 지칭하며)	يَا دُكْتُورُ! هَلْ يُمْكِنُ أَنْ تَشْرَحَ لَنَا هَذِهِ النُّقْطَةَ؟
꼬마야! 조용히 해. (어떤 특정 소년을 지칭하며. 우리말로 소년에게 '야 임마! 조용히 해'의 의미도 가능)	يَا وَلَدُ! اُسْكُتْ.
친구여! 나의 이야기를 들어줄 수 있니? (어떤 특정 친구를 지칭하며)	يَا صَدِيقُ! هَلْ يُمْكِنُ أَنْ تَسْمَعَنِي؟
학생! 열심히 공부해.(어떤 특정 학생을 지칭하며)	يَا طَالِبُ! ذَاكِرْ جَيِّدًا.
두 제자여! 당신들의 부모님께 순종하라. (쌍수일 경우)	يَا تِلْمِيذَانِ! أَطِيعَا أَبَوَيْكُمَا.
두 남자여! 용감하라. (쌍수일 경우)	يَا رَجُلَانِ! كُونَا شُجَاعَيْنِ.
선생님들이여! 당신들의 시간들을 지키십시오. (복수일 경우)	يَا مُدَرِّسُونَ! اِلْتَزِمُوا بِمَوَاعِيدِكُمْ.
기술자들이여! 당신들의 일들에서 열심히 노력하라. (복수일 경우)	يَا مُهَنْدِسُونَ! اِجْتَهِدُوا فِي أَعْمَالِكُمْ.

→호격대상이 특정한 대상의 비한정 명사인 경우 호격대상 단어가 불격변화이지만 주격의 격변화 기호를 사용하며 목적격 자리에 있다고 표현된다. (مَبْنِيٌّ عَلَى عَلَامَةِ رَفْعِهِ، فِي مَحَلِّ نَصْبٍ لِأَنَّهُ مَفْعُولٌ بِهِ)

→위에서 호격대상이 단수명사인 경우 그 격변화 기호들은 مَبْنِيٌّ عَلَى الضَّمِّ فِي مَحَلِّ نَصْبٍ 이고, 쌍수인 경우 مَبْنِيٌّ عَلَى الْأَلِفِ فِي مَحَلِّ نَصْبٍ 이며, 규칙복수인 경우 그 격변화 기호들은 مَبْنِيٌّ عَلَى الْوَاوِ فِي مَحَلِّ نَصْبٍ 이다.

** 다음 두 문장을 비교하라.

①	이집트 사람들이여! 고국을 사랑하시오. (특정한 이집트 사람들에게)	يَا مِصْرِيُّونَ! أَحِبُّوا الْوَطَنَ.
②	이집트 사람들이여! 고국을 사랑하시오. (예 : 대통령이 대중 연설하며)	يَا مِصْرِيِّينَ! أَحِبُّوا الْوَطَنَ.

①은 호격대상(الْمُنَادَى)이 특정한 대상의 비한정 명사(النَّكِرَةُ الْمَقْصُودَةُ)인 경우이고, ②는 호격대상(الْمُنَادَى)이 불특정한 대상의 비한정 명사(النَّكِرَةُ غَيْرُ الْمَقْصُودَةِ)인 경우이다. ① 문장은 화자가 지정하는 특정한 사람들에 대해서 하는 말이고, ② 문장은 불특정한 이집트 사람들 전체에 대해서 할 수 있는 말이다. 즉 화자의 의도에 따라 호격대상 단어의 격변화가 달라짐을 확인하라.

제18과 여러 가지 목적격에 대해 VIII - 호격대상과 호격문에 대해

(3) 호격대상(الْمُنَادَى)에 'الـ'이 붙은 보통명사가 올 경우 (الْمُنَادَى الْمَعْرِفَة بـ"الـ")

호격대상에 الـ 이 붙은 보통명사가 오는 경우 호격사 يَا 뒤에 أَيُّهَا 혹은 أَيَّتُهَا 를 사용하며 그 뒤에 호격대상이 온다. 호격대상이 남성일 경우 أَيُّهَا 를 사용하고 호격대상이 여성일 경우 أَيَّتُهَا 를 사용한다. 이 때 호격사 يَا 는 사용해도 되고 사용하지 않아도 된다.
(아랍어 문법에서는 أَيُّهَا 를 남성에 대한 호격대상이라고하며, أَيَّتُهَا 를 여성에 대한 호격대상이라 한다. 그리고 그 뒤의 هَا 는 주의불변사(حَرْفٌ لِلتَّنْبِيهِ)라고 한다. 그리고 그 뒤에 오는 الـ 이 붙은 보통명사는 앞에 사용된 أَيُّهَا 나 أَيَّتُهَا 의 수식어(نَعْتٌ) 혹은 대용어(بَدَلٌ)라고 한다. 그러나 의미에 있어 실제적인 호격대상은 الـ 이 붙은 보통명사라 할 수 있다.)

남자들이여! (실제적인 호격대상이 남성일 경우 أَيُّهَا 사용)	يَا أَيُّهَا الرِّجَالُ! d +c+b + a	
소녀들이여! (실제적인 호격대상이 여성일 경우 أَيَّتُهَا 사용)	يَا أَيَّتُهَا الْفَتَيَاتُ! d + c+b + a	

a – 호격사 b – 호격대상(الْمُنَادَى) c – 주의불변사(حَرْفٌ لِلتَّنْبِيهِ) d – أَيُّهَا 의 수식어(نَعْتٌ) 혹은 대용어(بَدَلٌ)
(아랍어 문법에서 b를 호격대상이라고 하며, 호격대상이 불곡변화(مَبْنِيٌّ)이지만 그 격변화 기호는 주격과 같은 기호를 취하기에 أَيُّ 와 أَيَّةُ 에 담마가 붙었다. d에 담마가 붙는 것은 d가 그 앞의 أَيُّهَا 혹은 أَيَّتُهَا 의 수식어(نَعْتٌ) 혹은 대용어(بَدَلٌ)이기 때문이다.)

다른 예문들

여인이여! 내 말을 들으세요.	يَا أَيَّتُهَا الْمَرْأَةُ! اسْمَعِي كَلَامِي.
책임자들이여! 당신들이 해야할 것을 하세요. (호격사 يَا 가 생략되었다)	أَيُّهَا الْمَسْؤُولُونَ! اعْمَلُوا مَا عَلَيْكُمْ.
여자 선생님들이여! 그 학생들을 도와주어야 합니다. (호격사 يَا 가 생략되었다)	أَيَّتُهَا الْمُدَرِّسَاتُ! يَجِبُ أَنْ تُسَاعِدْنَ الطُّلَّابَ.
국민들이여! 말이 당신들에게 충분합니다. (이제 일하세요) (호격사 يَا 가 생략되었다)	أَيُّهَا الْمُوَاطِنُونَ! كَفَاكُمْ كَلَامٌ.
존경하는 학생 여러분! 여러분들의 공부를 하세요. (호격사 يَا 가 생략되었다)	أَيُّهَا الطُّلَّابُ الْمُحْتَرَمُونَ! ذَاكِرُوا دُرُوسَكُمْ.
사람들이여! 당신의 주님께 예배하라. (꾸란)	يَا أَيُّهَا النَّاسُ! اعْبُدُوا رَبَّكُمْ.
사랑하는 자들아! 우리가 서로 사랑하자. (성경, 요일4:7)	أَيُّهَا الْأَحِبَّاءُ! لِنُحِبَّ بَعْضُنَا بَعْضًا.
하나님! 저를 용서해 주소서.	يَا اللهُ![1] اغْفِرْ لِي.
하나님! 우리를 당신의 은혜에 감사하도록 해 주십시오.	اللَّهُمَّ![2] اجْعَلْنَا شَاكِرِينَ لِنِعْمَتِكَ.

---

[1] اللهُ 는 이슬람과 기독교의 신에 대한 고유명사(اسْمُ الْعَلَمِ)로서, 호격으로 사용할 때 أَيُّهَا 를 사용하지 않는다. 다른 الـ 이 붙는 모든 보통명사는 أَيُّهَا 혹은 أَيَّتُهَا 를 사용하지만 اللهُ 는 أَيُّهَا 를 사용하지 않는 유일한 단어이다. 한편 اللهُ 와 الْإِلَهُ 는 다른 의미이다. الْإِلَهُ 는 the god 의 의미로서 إِلَهٌ a god 이란 단어의 한정형태 보통명사(اسْمٌ ظَاهِرٌ)이다.

[2] اللَّهُمَّ 는 يَا اللهُ 와 같은 의미로 신에게 간구할 때 사용하는 형식이다. 호격사 يَا 없이 사용하며, 이 호격사를 생략하는 대신 끝에 샷다가 붙은 م 을 붙여준다.

3. 호격사가 생략된 여러 가지 호격문 표현

아래는 호격사가 생략된 여러 가지 호격 표현으로 생활에서 많이 사용되는 것들이다. 아래 표현들의 격변화는 앞에서 배운 내용대로 변화하며, 호격사를 넣어서 사용해도 된다.

1) 호격대상(الْمُنَادَى)에 'الـ'이 붙은 보통명사가 올 경우 (الْمُنَادَى الْمَعْرِفَةُ بِـ"الـ")

신사 숙녀 여러분! ('الـ'이 붙은 보통명사)	السَّيِّدَاتُ وَالسَّادَةُ![1]
친애하는 국민들이여! (대통령이 연설할 때) (الْمُوَاطِنُونَ 이 대용어이다.)	الْإِخْوَةُ الْمُوَاطِنُونَ!

2) 호격대상(الْمُنَادَى)이 연결형(الْإِضَافَةُ) 형태를 이룬 경우 (الْمُنَادَى الْمُضَافُ)

이 프로그램의 친구들이여! 환영합니다. (أَصْدِقَاءَ الْبَرْنَامَجِ 가 연결형 구조)	أَصْدِقَاءَ الْبَرْنَامَجِ، أَهْلاً بِكُمْ!
위대한 이집트 백성들이여! (شَعْبَ مِصْرَ 가 연결형 구조이다.)	شَعْبَ مِصْرَ الْعَظِيمَ!
조국의 아들들이여! (왕이나 대통령이 연설할 때)	أَبْنَاءَ الْوَطَنِ!
용감한 우리의 군인들이여! (군 사령관이 군인들에게 연설할 때)	جُنُودَنَا الْبَوَاسِلَ![2]
나의 남학생들과 여학생들이여!	طُلَّابِي وَطَالِبَاتِي!
친애하는 시청자 여러분! (텔레비전 방송에서)	مُشَاهِدِينَا الْكِرَامَ!
친애하는 청취자 여러분! (라디오 방송에서)	مُسْتَمِعِينَا الْأَعِزَّاءَ[3]/ الْكِرَامَ!
존경하는 선생님! (Honorable Sir!) (상대방에 대해 존경을 표하며 호칭할 때 일반적으로 사용하는 호칭)	حَضْرَتَكَ!/ حَضْرَتَكِ!/ حَضْرَاتِكُمْ!
신사 회원 여러분! (السَّادَةِ 는 후연결어이고, الْأَعْضَاءِ 는 수식어(نَعْتٌ)이다.)	حَضَرَاتِ السَّادَةِ الْأَعْضَاءِ!

→ 위의 예들에서 전연결어에 목적격이 온 것을 확인하라.

---

[1] سَيِّدٌ/ سَادَةٌ 씨(Mr) سَيِّدَةٌ/ سَيِّدَاتٌ 부인(Mrs)
[2] بَاسِلٌ/ بَوَاسِلُ 용감한, 대담한
[3] عَزِيزٌ/ أَعِزَّاءُ أَوْ أَعِزَّةٌ 귀한(precious)

4. 감탄(التَّعَجُّب)이나 주의(التَّنْبِيه)의 의미로 사용된 호격문

호격사가 사용된 호격문이 사람을 호칭하는 것이 아니라 감탄이나 주의의 의미로 사용되기도 한다.

1) 감탄(التَّعَجُّب)의 의미로 사용된 호격문

아래의 두 문장은 형태는 호격문 형태이지만 의미는 감탄의 의미인 문장들이다.

오, 자연의 아름다움이여!	يَا جَمَالَ الطَّبِيعَةِ!
오, 자연의 아름다움이여!	يَا لَجَمَالِ الطَّبِيعَةِ!

→ 위와 같은 문장을 이 책 감탄문 내용에서 더 자세히 다루도록 한다.

2) 주의를 끄는(التَّنْبِيه) 의미로 사용된 호격문

아래의 문장들에서 붉은색으로 표기된 يَا 는 호격문을 위한 것이 아니라 주의를 끄는 용법으로 사용된 불변사 (حَرْفُ تَنْبِيهٍ)이다.

이교도가 말하길, 차라리 내가 흙이었다면 좋았을 것을... (꾸란) I wish I were dust.	"وَيَقُولُ الْكَافِرُ : يَا لَيْتَنِي كُنْتُ تُرَابًا"!
영웅이여! 당신 자신에 대해 너무 자만하지 마라.	يَا افْخَرْ بِنَفْسِكَ يَا بَطَلُ!
친구여! 당신을 본 사람들이 기뻐했다	يَا سُرَّ مَنْ رَآكَ يَا صَدِيقُ!

제 19 과 여러가지 목적격에 대해 Ⅷ – 감탄대상과 감탄문에 대해

1. 감탄사 مَا 를 사용하는 감탄문
   1) 감탄문의 문장 어순
   2) 감탄문의 구분
   3) 명시목적어(التَّمْيِيز)가 사용된 감탄문
2. 'أَفْعِلْ بِـ' 형태의 감탄동사를 사용하는 감탄문
3. 감탄의 의미를 가진 (كَمْ الْخَبَرِيَّة)"كَمْ"이 사용된 문장
4. 의문문과 호격문에서의 감탄문장

제 19과 여러 가지 목적격에 대해 VIII - 감탄대상(الْمُتَعَجَّبُ مِنْهُ)과 감탄문(أُسْلُوبُ التَّعَجُّبِ)에 대해

감탄문이란 어떤 사물이나 사건에 대해 감탄의 느낌을 표현하는 문장을 말한다. 아래에서 일반적인 문장과 감탄문을 비교해 보자.

일반적인 문장	감탄문	
	감탄사 مَا 를 사용	أَفْعَلَ 패턴의 감탄동사 사용
الطَّبِيعَةُ عَظِيمَةٌ جِدًّا.	مَا أَعْظَمَ الطَّبِيعَةَ !	أَعْظِمْ بِالطَّبِيعَةِ!
자연은 아주 위대하다.	자연이 얼마나 위대한지!	

아랍어에서 감탄문을 표현하는 방법에는 여러 가지가 있다. 감탄사 مَا 를 사용하여 감탄문을 만드는 방식, أَفْعَلَ 패턴의 감탄동사를 사용하는 방식, 감탄의 의미를 가진 كَمْ (كَمْ الْخَبَرِيَّةُ)을 사용하는 방식, 그리고 의문문과 호격문으로 간접적인 감탄의 의미를 만드는 방식이다.

1. 감탄사 مَا 를 사용하는 감탄문

아랍어에서 가장 많이 사용되는 감탄문은 감탄사 مَا 를 사용하는 것이다. 이 때 감탄사 مَا 뒤에는 أَفْعَلَ 패턴의 감탄동사가 오고 그 뒤에 감탄대상인 الْمُتَعَجَّبُ مِنْهُ 이 온다. 이 감탄대상이 목적격을 취한다.

1) 감탄문의 문장 어순

| 자연이 얼마나 위대한지!! | مَا أَعْظَمَ الطَّبِيعَةَ !
a + b + c |

a - 감탄사(مَا تَعَجُّبِيَّةُ), 비한정 명사(اسْمٌ نَكِرَةٌ)로 간주 (اسْمٌ نَكِرَةٌ مَبْنِيٌّ عَلَى السُّكُونِ فِي مَحَلِّ رَفْعٍ مُبْتَدَأٌ)
b - 감탄동사(동사로 간주, فِعْلُ التَّعَجُّبِ), (فِعْلٌ مَاضٍ جَامِدٌ مَبْنِيٌّ عَلَى الْفَتْحِ)
c - 감탄대상(الْمُتَعَجَّبُ مِنْهُ), 목적어로 간주되기에 항상 목적격 취함, (مَفْعُولٌ بِهِ)

→ 위에서 감탄동사(فِعْلُ التَّعَجُّبِ)는 우선급 명사(형용사의 비교급)와 같은 형태인 أَفْعَلَ 패턴을 취한다. 단어의 의미는 형용사적인 의미이지만 아랍어 문법에서는 완료형 동사(فِعْلٌ مَاضٍ جَامِدٌ)라 한다.

→ 감탄문에서 감탄대상(الْمُتَعَجَّبُ مِنْهُ)은 감탄동사의 목적어로 간주하기에 항상 목적격을 취한다.

→ 위의 문장을 문법적으로 분해하면 مَا 는 명사문의 주어(مُبْتَدَأٌ)이고, أَعْظَمَ الطَّبِيعَةَ 가 술어(خَبَرٌ)가 된다. 그리고 أَعْظَمَ الطَّبِيعَةَ 만 떼어놓고 보면 동사문이다.

감탄문 문장 어순
→ مَا+أَفْعَلَ 패턴의 우선급 명사 + 감탄대상 →   ← ! مَا + أَفْعَلَ + الْمُتَعَجَّبُ مِنْهُ

다른 예문들

| 그 딸이 얼마나 아름다운지! | مَا أَجْمَلَ الْبِنْتَ ! |
| 그 두 아들이 얼마나 큰지!
(الْوَلَدَيْنِ 은 쌍수 목적격이다.) | مَا أَكْبَرَ الْوَلَدَيْنِ ! |

2) 감탄문의 구분

감탄문을 감탄동사 뒤의 감탄대상 자리에 사용된 단어에 따라 세 가지 형태로 구분할 수 있다. 즉 감탄동사 뒤에 한정형태의 명사(보통명사/ 인칭대명사/ 고유명사)가 사용된 문장과, 감탄동사 뒤에 동명사가 사용된 문장, 그리고 감탄동사 뒤에 풀어쓴 동명사가 사용된 문장이 그것이다.

(1) 감탄동사 뒤에 한정형태의 명사가 사용된 문장

감탄대상(الْمُتَعَجَّبُ مِنْهُ) 자리에 한정형태의 명사(보통명사/ 인칭대명사/ 고유명사)가 사용된 감탄문이다. 이 문장에 사용된 감탄동사는 우선급 명사와 그 형태가 같다.

일반적인 문장	감탄문
اللُّغَةُ الْعَرَبِيَّةُ صَعْبَةٌ جِدًّا.	مَا أَصْعَبَ اللُّغَةَ الْعَرَبِيَّةَ !
아랍어는 아주 어렵다.	아랍어가 얼마나 어려운지!

→ 위의 일반적인 문장에서 술어로 사용된 صَعْبٌ 은 فَعَلٌ 패턴의 유사형용사이다. 이것이 أَفْعَلَ 패턴인 أَصْعَبَ 로 파생되어 감탄동사가 되었다.

→ 위의 감탄문 문장에서 감탄동사 뒤의 감탄대상(الْمُتَعَجَّبُ مِنْهُ) 자리에 اللُّغَةَ الْعَرَبِيَّةَ 란 한정형태의 보통명사가 왔다.

다른 예들

그 여자 선생님들이 얼마나 똑똑한지!	مَا أَذْكَى الْمُدَرِّسَاتِ !
겨울의 태양이 얼마나 아름다운지!	مَا أَجْمَلَ شَمْسَ الشِّتَاءِ !
겨울의 밤이 얼마나 긴지!	مَا أَطْوَلَ لَيْلَ الشِّتَاءِ !
봄의 공기가 얼마나 훌륭한지!	مَا أَرْوَعَ هَوَاءَ الرَّبِيعِ !
이 도시가 얼마나 아름다운지!	مَا أَجْمَلَ هَذِهِ الْمَدِينَةَ !
그 판사가 얼마나 정의로운지!	مَا أَعْدَلَ الْقَاضِيَ !
물이 얼마나 깨끗한지!	مَا أَنْقَى الْمَاءَ !
우사인 볼트가 얼마나 빠른지!	مَا أَسْرَعَ يُوسِين بُولْت!
오늘이 어제와 얼마나 많이 닮았는지!	مَا أَشْبَهَ الْيَوْمَ بِالْأَمْسِ!
무함마드가 얼마나 뚱뚱한지!	مَا أَسْمَنَ مُحَمَّدًا!
그녀가 얼마나 아름다운지! (هَا 가 목적어이다.)	مَا أَجْمَلَهَا !
주님! 당신은 얼마나 위대하신지요!(كَ 가 목적어이다.)	مَا أَعْظَمَكَ يَا رَبُّ !

(2) 감탄동사 뒤에 동명사가 사용된 문장

감탄대상(الْمُتَعَجَّبُ مِنْهُ) 자리에 동명사가 사용되고, 그 동명사의 의미상 주어나 목적어가 그 뒤에 오는 형태이다. 이 문장을 아래와 같이 세 가지 문장으로 구분할 수 있다. 즉 우선급 명사로 파생되지 않는 3자음 원형동사가 동명사로 전환된 경우, 첨가동사가 동명사로 전환된 경우, 여성 형태가 فَعْلَاءُ 형인 형용사가 동명사로 전환된 경우가 그것이다.

A. 우선급 명사로 파생되지 않는 3자음 원형동사가 동명사로 전환된 경우

아래의 일반적인 문장(문장 ①)에 يَقْرَأُ 라는 동사가 사용되었다. 이 동사는 우선급 명사로 파생되지 않는 3자음 원형동사이다.

	일반적인 문장		감탄문
①	يَقْرَأُ سَمِيرٌ جَيِّدًا/ سَرِيعًا/ كَثِيرًا جِدًّا. 싸미르는 아주 잘/ 빨리/ 많이 읽는다.	②	مَا أَجْوَدَ/ أَسْرَعَ/ أَكْثَرَ/ قِرَاءَةَ سَمِيرٍ! 싸미르가 얼마나 잘/ 빨리/ 많이 읽는지!

→ 위의 يَقْرَأُ 동사는 그 형용사 형태가 유사형용사나 유사형용사적인 의미를 가진 능동분사가 아니다. 따라서 이 동사의 우선급 명사 형태인 أَقْرَأُ 는 현대표준 아랍어(MSA)에서 사용되지 않는다.

다른 예들

그 선생님의 읽기가 얼마나 빠른지!	مَا أَسْرَعَ قِرَاءَةَ الْمُدَرِّسِ!
무함마드의 가르침이 얼마나 명확한지!	مَا أَوْضَحَ تَدْرِيسَ مُحَمَّدٍ!
그 아기가 걷는 것이 얼마나 많은지!	مَا أَكْثَرَ مَشْيَ الطِّفْلِ!
음악을 듣는 것이 얼마나 감미로운지!	مَا أَحْلَى سَمَاعَ الْمُوسِيقَى!
자동차를 운전하는 것이 얼마나 어려운지!	مَا أَصْعَبَ قِيَادَةَ السَّيَّارَةِ!
육고기를 먹는 것이 얼마나 맛있는지!	مَا أَلَذَّ أَكْلَ اللُّحُومِ!
그 학생들이 음악을 듣는 것이 얼마나 감미로운지!	مَا أَحْلَى سَمَاعَ الطُّلَّابِ الْمُوسِيقَى!
내 친구가 자동차를 운전하는 것이 얼마나 어려운지!	مَا أَصْعَبَ قِيَادَةَ صَدِيقِي السَّيَّارَةَ!

→ 위의 첫 세 문장은 동명사 뒤에 온 동명사의 후연결어가 문장에서 의미상 주어로 사용되었고, 그 다음 세 문장은 동명사 뒤에 온 동명사의 후연결어가 문장에서 의미상 목적어로 사용되었다. 마지막 두 문장은 의미상 주어와 목적어가 함께 사용된 동명사의 동사적 용법이 사용된 경우이다.

✽✽ كَانَ 동사의 동명사 كَوْنَ 가 사용된 감탄문

그 약이 쓴 것이 얼마나 어렵든지!	مَا أَصْعَبَ كَوْنَ الدَّوَاءِ مُرًّا!
내 아내가 이집트 여인인 것이 얼마나 위대한지!	مَا أَرْوَعَ كَوْنَ زَوْجَتِي مِصْرِيَّةً!
극단주의가 퍼지는 것이 얼마나 위험한지!	مَا أَخْطَرَ كَوْنَ التَّطَرُّفِ مُنْتَشِرًا!

→ كَانَ 동사의 의미상 주어와 술어가 كَوْنَ 동명사 뒤에서 어떻게 격변화하는지 눈여겨 보라. 동명사의 동사적 용법으로 사용되어 의미상 주어가 후연결어로 왔고 술어가 목적격을 취하였다. 이 책 '동명사와 파생명사의 동사적 용법' 부분을 보라.

B. 첨가동사가 동명사로 전환된 경우

우리는 이 책 제 I 권 '우선급 명사에 대해'에서 첨가동사의 경우 أَفْعَل 패턴의 우선급 명사가 없다고 하였다. 그래서 첨가동사가 사용된 문장을 비교급으로 바꿀 경우 표현하고자 하는 의미를 가장 잘 나타내는 형용사의 우선급 명사를 대신 사용하는 것을 배웠다.

감탄문에서도 그 원리는 비슷하다. 첨가동사가 사용된 문장을 감탄문 문장으로 만들 경우 표현하고자 하는 내용과 가장 가까운 형용사를 أَفْعَل 형태의 감탄동사로 바꾸어 사용한다. 그리고 그 첨가동사는 동명사로 바꾸어서 감탄동사의 목적어로 사용한다.

아래의 일반적인 문장(문장 ①)에 يَزْدَحِمُ 라는 동사가 사용되었다. 이 동사는 첨가동사(Ⅱ형~Ⅹ형)이다. 따라서 이 첨가동사를 동명사로 바꾼 뒤 그 앞에 표현하고자 하는 내용과 가장 가까운 형용사를 أَفْعَل 형태의 감탄동사로 바꾸어 함께 사용한다.

	일반적인 문장		감탄문
①	يَزْدَحِمُ الْمَلْهَى جِدًّا. 그 나이트 클럽은 아주 복잡하다.	②	مَا أَشَدَّ ازْدِحَامَ الْمَلْهَى! 그 나이트 클럽의 복잡함이 얼마나 심하던지!

다른 예들

군대가 승리하는 것이 얼마나 놀라운지!	مَا أَرْوَعَ انْتِصَارَ الْجَيْشِ!
다른 사람들을 돕는 것이 얼마나 중요한지!	مَا أَهَمَّ مُسَاعَدَةَ الْآخَرِينَ!
정직함으로 거래하는 것이 얼마나 위대한지!	مَا أَعْظَمَ التَّعَامُلَ بِصِدْقٍ!
사람들에 대해 관심을 가지는 것이 얼마나 아름다운지!	مَا أَجْمَلَ الاهْتِمَامَ بِالنَّاسِ!
영어를 공부하는 것이 얼마나 쉬운지!	مَا أَسْهَلَ تَعَلُّمَ اللُّغَةِ الْإِنْجِلِيزِيَّةِ!
문제의 원인을 한정하는 것이 얼마나 어려운지!	مَا أَصْعَبَ تَحْدِيدَ سَبَبِ الْمُشْكِلَةِ.
두 경쟁자의 싸움이 얼마나 첨예한지? (شَرِسَ)	مَا أَشْرَسَ قِتَالَ الْمُتَسَابِقَيْنِ.

C. 형용사 형태가 أفْعَل 패턴인 형용사가 동명사로 전환된 경우

우리는 이 책 제 I 권 '우선급 명사에 대해'에서 동사의 형용사 형태가 أفْعَل 패턴 즉 그것의 여성 형태가 فَعْلَاءُ 패턴인 단어들의 경우 أفْعَل 패턴의 우선급 명사가 없다고 하였다. (이런 형용사들은 색깔 형용사와 신체결함 형용사 가운데 많이 있다. 예를들어 أبْيَضُ , أحْمَرُ , أسْوَدُ 와 같은 단어인데, 이 단어 자체가 우선급 명사 패턴인 أفْعَل 패턴이다.) 이런 단어가 사용된 문장을 감탄문으로 만들 경우 그 동명사 꼴을 사용한다. 이 때 그 동명사 앞에는 표현하고자 하는 내용과 가장 가까운 형용사를 أفْعَل 형태의 감탄동사로 바꾸어 함께 사용한다. (아래의 문장에서는 أحْلَى , أنْقَى , أجْمَلَ , أشَدَّ 를 사용하였다.)

	일반적인 문장		감탄문
①	الزَّرْعُ أخْضَرُ جدًّا. 그 식물은 아주 푸르다.	②	مَا أشَدَّ خُضْرَةَ الزَّرْعِ! 그 식물의 푸르름이 얼마나 진한지요!

다른 예들

밤의 어두움이 얼마나 심한지!	مَا أشَدَّ سَوَادَ اللَّيْلِ!
그 장미의 붉은 색이 얼마나 아름다운지!	مَا أجْمَلَ حُمْرَةَ الْوَرْدَةِ!
이 종이의 하얀색이 얼마나 맑은지!	مَا أنْقَى بَيَاضَ هَذِهِ الْوَرَقَةِ!
하늘이 푸른 것이 얼마나 아름다운지!	مَا أحْلَى زُرْقَةَ السَّمَاءِ!

→ 위에서 بَيَاض , حُمْرَة , سَوَاد 는 모두 동명사들(مَصَادِر)이다.

(3) 감탄동사 뒤에 풀어쓴 동명사(مَصْدَر مُؤَوَّل)가 사용된 문장

'مَا + 우선급 형태의 감탄동사' 뒤에 풀어쓴 동명사 문장이 와서 감탄문을 만든다. 앞의 A. 우선급 명사로 파생되지 않는 3자음 원형동사가 동명사로 전환된 경우와 앞의 B. 첨가동사가 동명사로 전환된 경우의 문장은 자연스럽게 풀어쓴 동명사 문장으로 전환할 수 있다. 또한 부정 의미의 풀어쓴 동명사 문장과 수동태 문장도 풀어쓴 동명사 형태의 감탄문을 만들 수 있다.

A. 우선급 명사로 파생되지 않는 3자음 원형동사가 풀어쓴 동명사로 전환된 문장

앞의 A. 우선급 명사로 파생되지 않는 3자음 원형동사가 동명사로 전환된 경우 풀어쓴 동명사 문장으로 전환할 수 있다.

그 선생님의 읽기가 얼마나 빠른지!	مَا أَسْرَعَ أَنْ يَقْرَأَ الْمُدَرِّسُ!
무함마드의 가르침이 얼마나 명확한지!	مَا أَوْضَحَ أَنْ يُدَرِّسَ مُحَمَّدٌ!
그 아기가 걷는 것이 얼마나 많은지!	مَا أَكْثَرَ أَنْ يَمْشِيَ الطِّفْلُ!
우리가 그 음악을 듣는 것이 얼마나 감미로운지!	مَا أَحْلَى أَنْ نَسْمَعَ الْمُوسِيقَى!
내가 자동차를 운전하는 것이 얼마나 어려운지!	مَا أَصْعَبَ أَنْ أَقُودَ السَّيَّارَةَ!

** كَانَ 동사의 동명사 كَوْنَ 가 사용된 문장

그 약이 쓴 것이 얼마나 어렵든지!	مَا أَصْعَبَ أَنْ يَكُونَ الدَّوَاءُ مُرًّا!
내 아내가 이집트 여인인 것이 얼마나 위대한지!	مَا أَرْوَعَ أَنْ تَكُونَ زَوْجَتِي مِصْرِيَّةً!
극단주의가 퍼지는 것이 얼마나 위험한지!	مَا أَخْطَرَ أَنْ يَكُونَ التَّطَرُّفُ مُنْتَشِرًا!

B. 첨가동사가 풀어쓴 동명사로 전환된 문장

앞의 B.의 첨가동사가 동명사로 전환된 문장에 사용된 동명사는 풀어쓴 동명사 문장으로 전환할 수 있다.

군대가 승리하는 것이 얼마나 놀라운지!	مَا أَرْوَعَ أَنْ يَنْتَصِرَ الْجَيْشُ!
우리가 다른 사람들을 돕는 것이 얼마나 중요한지!	مَا أَهَمَّ أَنْ نُسَاعِدَ الْآخَرِينَ!
우리가 정직함으로 거래하는 것이 얼마나 위대한지!	مَا أَعْظَمَ أَنْ نَتَعَامَلَ بِصِدْقٍ!
우리가 사람들에 대해 관심을 가지는 것이 얼마나 아름다운지!	مَا أَجْمَلَ أَنْ نَهْتَمَّ بِالنَّاسِ!
의로운 사람이 형벌받는 것이 얼마나 유치하던지!	مَا أَقْبَحَ أَنْ يُعَاقَبَ الْبَرِيءُ!

C. 부정어가 사용된 풀어쓴 동명사 문장을 감탄문으로 만들 경우

아래와 같이 부정어가 사용된 풀어쓴 동명사 문장을 감탄문으로 만드는 경우이다. 이 경우 표현하고자 하는 내용과 가장 가까운 형용사를 أَفْعَلَ 형태의 감탄동사로 만들어 사용한다 (아래에서는 أَضَرَّ , أَخْطَرَ , أَسْوَأَ). 한편 부정 의미의 풀어쓴 동명사 문장은 عَدَم 이 사용된 일반 동명사 문장으로 전환할 수 있다.

부정어가 사용된 풀어쓴 동명사 문장	감탄문
أَلَّا يَصْدُقَ الْعَامِلُ مُضِرٌّ جِدًّا.	مَا أَضَرَّ أَلَّا يَصْدُقَ الْعَامِلُ!
일군이 정직하지 않은 것은 아주 해롭다.	일군이 정직하지 않는 것이 얼마나 해로운지!

다른 예들

A. 풀어쓴 동명사가 사용된 감탄문	B. 동명사가 사용된 감탄문
مَا أَضَرَّ أَلَّا يَصْدُقَ الْعَامِلُ!	مَا أَضَرَّ عَدَمَ صِدْقِ الْعَامِلِ!
일군이 정직하지 않는 것이 얼마나 해로운지!	
مَا أَخْطَرَ أَلَّا أَنْجَحَ فِي حَيَاتِي!	مَا أَخْطَرَ عَدَمَ النَّجَاحِ فِي حَيَاتِي!
내가 내 인생에 성공하지 못하는 것이 얼마나 위험한지!	
مَا أَسْوَأَ أَلَّا نُشَارِكَ فِي الْانْتِخَابَاتِ!	مَا أَسْوَأَ عَدَمَ الْمُشَارَكَةِ فِي الْانْتِخَابَاتِ!
우리가 선거에 참여하지 않는 것이 얼마나 나쁜지!	
مَا أَكْرَهَ أَلَّا يَثِقَ الْآخَرُونَ بِي!	مَا أَكْرَهَ عَدَمَ ثِقَةِ الْآخَرِينَ بِي!
다른 사람들이 나를 신뢰하지 않는 것이 얼마나 증오스러운지!	

D. 수동태 동사가 사용된 풀어쓴 동명사 문장을 감탄문으로 만들 경우

수동태 동사가 사용된 풀어쓴 동명사 문장을 감탄문으로 만들 경우이다. 이 경우에도 표현하고자 하는 내용과 가장 가까운 형용사를 أَفْعَلَ 형태의 감탄동사로 먼저 사용하고 그 뒤에 수동태 동사가 사용된 풀어쓴 동명사 (مَصْدَرٌ مُؤَوَّلٌ) 문장을 사용한다.

수동태 동사가 사용된 풀어쓴 동명사 문장	감탄문
أَنْ يُقَالَ الْحَقُّ جَمِيلٌ. = قَوْلُ الْحَقِّ جَمِيلٌ.	مَا أَجْمَلَ أَنْ يُقَالَ الْحَقُّ!
진리가 이야기 되는 것은 아름답다.	진리가 이야기 되는 것이 얼마나 아름다운지!

다른 예들

진리가 이야기 되는 것이 얼마나 아름다운지!	مَا أَجْمَلَ أَنْ يُقَالَ الْحَقُّ!
진실이 알려지는 것이 얼마나 어려운지!	مَا أَصْعَبَ أَنْ تُعْرَفَ الْحَقِيقَةُ!
혼잡할 때 당신이 도난당하는 것이 얼마나 쉬운지!	مَا أَسْهَلَ أَنْ تُسْرَقَ فِي الْازْدِحَامِ!
친척들로 부터 당신이 잊혀지는 것이 얼마나 나쁜지!	مَا أَسْوَأَ أَنْ تُنْسَى مِنَ الْأَقْرِبَاءِ!

3) 명시목적어(التَّمْييز)가 사용된 감탄문

감탄의 종류나 내용을 더 분명히 하기 위해 아래와 같이 감탄대상(الْمُتَعَجَّبُ مِنْهُ) 뒤에 명시목적어를 사용할 수 있다. 이 때 감탄동사는 أَشَدَّ, أَقَلَّ, أَعْظَمَ, أَكْبَرَ, أَكْثَرَ 등의 유사형용사에서 온 우선급 명사가 감탄동사로 사용된다.

겸손이 윤리적으로 얼마나 위대한지!	مَا أَعْظَمَ التَّوَاضُعَ خُلُقًا! d + c + b + a
a – 감탄사(مَا تَعَجُّبِيَّة) b – 감탄동사(فِعْلُ التَّعَجُّبِ) c – 감탄대상(الْمُتَعَجَّبُ مِنْهُ) d – 명시목적어(التَّمْييز)	

다른 예문들

오늘날 사람들이 정직한 경우가 얼마나 적은지!	مَا أَقَلَّ النَّاسَ صِدْقًا الْيَوْمَ!
비행기로 여행을 하는 것이 얼마나 아름다운지!	مَا أَجْمَلَ السَّفَرَ طَيَرَانًا!
인터넷이 정보의 보급 측면에서 얼마나 강력한지!	مَا أَقْوَى الْإِنْتِرْنِتَ نَشْرًا لِلْمَعْلُومَاتِ!
젊은이들이 페이스 북을 사용하는 경우가 얼마나 많은지!	مَا أَكْثَرَ الشَّبَابَ اسْتِخْدَامًا لِلْفَيْسِ بُوكَ!
	مَا أَشَدَّ ثَوْرَةَ ٢٥ يَنَايِرَ تَغْيِيرًا لِحَيَاةِ الْمِصْرِيِّينَ!
1월 25일 혁명이 이집트 사람들의 삶에 얼마나 강한 변화를 가져왔는지!	
	مَا أَشَدَّ كِتَابَ "أَلْفِ لَيْلَةٍ وَلَيْلَةٍ" تَأْثِيرًا عَلَى الْأَدَبِ الْعَالَمِيِّ!
천일야화 책이 세계 문학계에 얼마나 강한 영향을 미쳤는지!	

** 한편 위의 문장들을 아래와 같이 일반적인 동명사가 사용된 감탄문으로 바꿀 수 있다.

이렇게 바꿀 때 동명사가 감탄대상(الْمُتَعَجَّبُ مِنْهُ) 자리에 와서 목적어로 사용된다.

오늘날 사람들의 정직성이 얼마나 적은지!	مَا أَقَلَّ صِدْقَ النَّاسِ الْيَوْمَ! c + b + a
a – 감탄사(مَا تَعَجُّبِيَّة) b – 감탄동사(فِعْلُ التَّعَجُّبِ) c – 감탄대상(الْمُتَعَجَّبُ مِنْهُ)	

다른 예문들도 다음과 같이 바꿀 수 있다.

겸손의 윤리가 얼마나 위대한지!	مَا أَعْظَمَ خُلُقَ التَّوَاضُعِ!
정보를 위한 인터넷의 보급이 얼마나 강력한지!	مَا أَقْوَى نَشْرَ الْإِنْتِرْنِتِ لِلْمَعْلُومَاتِ!
페이스 북의 젊은이들의 사용이 얼마나 많은지!	مَا أَكْثَرَ اسْتِخْدَامَ الشَّبَابِ لِلْفَيْسِ بُوكَ!
	مَا أَشَدَّ تَغْيِيرَ ثَوْرَةِ ٢٥ يَنَايِرَ لِحَيَاةِ الْمِصْرِيِّينَ.
이집트 사람들의 삶에 1월 25일 혁명의 변화가 얼마나 강한지!	
	مَا أَشَدَّ تَأْثِيرَ كِتَابِ "أَلْفِ لَيْلَةٍ وَلَيْلَةٍ" عَلَى الْأَدَبِ الْعَالَمِيِّ!
세계 문학계에 천일야화 책의 영향이 얼마나 강한지!	

2. 'أَفْعِلْ بِـ' 형태의 감탄동사를 사용하는 감탄문

아래는 감탄사 مَا 가 사용되지 않은 다른 형태의 감탄문이다. 'أَفْعِلْ' 패턴의 감탄동사(فِعْلُ التَّعَجُّبِ)가 사용되며, 전치사 بِـ 가 오고, 그 뒤에 감탄대상(الْمُتَعَجَّبُ مِنْهُ)이 온다. 이 형태는 많이 사용되지 않는다.

أَفْعِلْ بِـ 형태의 감탄문 (أَفْعِلْ 형 형용사(혹은 감탄동사) + بِـ + 감탄대상)	أَفْعِلْ + بِـ + الْمُتَعَجَّبُ مِنْهُ !

의미	일반적인 감탄문	أَفْعِلْ بِـ 형태의 감탄문
자연이 얼마나 위대한지!	مَا أَعْظَمَ الطَّبِيعَةَ!	أَعْظِمْ بِالطَّبِيعَةِ!
하늘이 얼마나 아름다운지!	مَا أَجْمَلَ السَّمَاءَ!	أَجْمِلْ بِالسَّمَاءِ!
사랑이 얼마나 위대한지!	مَا أَعْظَمَ الْحُبَّ !	أَعْظِمْ بِالْحُبِّ !
그가 얼마나 자비롭고 관대한지!	مَا أَنْعَمَهُ وَأَكْرَمَهُ!	أَنْعِمْ بِهِ وَأَكْرِمْ !
부모가 얼마나 사랑이 많은지!	مَا أَحَبَّ الْأَبَ وَالْأُمَّ!	أَحْبِبْ بِالْأَبِ وَالْأُمِّ !
그 판사가 얼마나 정의로운지!	مَا أَعْدَلَ الْقَاضِيَ !	أَعْدِلْ بِالْقَاضِي!
물이 얼마나 깨끗한지!	مَا أَنْقَى الْمَاءَ !	أَنْقِ بِالْمَاءِ! *
그 나이트 클럽이 얼마나 복잡하던지!	مَا أَشَدَّ ازْدِحَامَ الْمَلْهَى!	أَشْدِدْ بِازْدِحَامِهِ!
그 약이 쓴 것이 얼마나 어렵던지!	مَا أَصْعَبَ كَوْنَ الدَّوَاءِ مُرًّا!	أَصْعِبْ بِكَوْنِهِ مُرًّا!
그 식물이 얼마나 푸른지요!	مَا أَشَدَّ خُضْرَةَ الزَّرْعِ!	أَشْدِدْ بِخُضْرَتِهِ!
의로운 사람이 형벌받는 것이 얼마나 유치하던지!	مَا أَقْبَحَ أَنْ يُعَاقَبَ الْبَرِيءُ!	أَقْبِحْ بِأَنْ يُعَاقَبَ!
일군이 정직하지 않는 것이 얼마나 해로운지!	مَا أَضَرَّ أَلَّا يَصْدُقَ الْعَامِلُ!	أَضْرِرْ بِأَلَّا يَصْدُقَ!

→ 위의 * 표가 있는 문장에서 أَنْقِ 단어는 끝자음인 약자음(어근 و – ق – ن)에 수쿤이 결합되면서 그 끝자음이 탈락하였다.

3. 감탄의 의미를 가진 كَمْ (كَمْ الْخَبَرِيَّةْ)이 사용된 문장

이 책 '의문문에 대해' 부분에서 كَمْ 의 용법에 대해서 다루었다. كَمْ 은 의문문에 사용되는 كَمْ ("كَمْ" الاِسْتِفْهَامِيَّةْ)과 감탄문에 사용되는 كَمْ ("كَمْ" الْخَبَرِيَّةْ)이 있다. 감탄문에 كَمْ 이 사용될 경우 كَمْ 은 의문문처럼 문장 머리에 오며, 그 의미는 كَمْ 뒤에 오는 낱말의 숫자가 많음에 대해 감탄하는 것이다. 이 때 كَمْ 의 문법적 기능은 문장의 종류에 따라 달라진다. 그러나 كَمْ 뒤에 온 단어는 항상 후연결어(مُضَافٌ إِلَيْهِ)로 사용된다. (이 책 '의문문에 대해' 부분으로 돌아가서 공부하라.)

그 교실에 얼마나 많은 학생이 있는지! (How many students there are in the class!) كَمْ 은 명사문의 주어(مُبْتَدَأ)로 사용. طَالِب 은 후연결어)	كَمْ طَالِبٍ فِي الْفَصْلِ! = فِي الْفَصْلِ طُلَّابٌ كَثِيرُونَ!

그녀는 얼마나 많은 자동차를 가지고 있는지! (명사문의 주어)	كَمْ سَيَّارَةٍ عِنْدَهَا!
당신이 얼마나 많은 언어를 말하는지! (목적어)	كَمْ لُغَةٍ تَتَكَلَّمُ!
당신들이 얼마나 많은 책을 읽었는지! (목적어)	كَمْ كِتَابٍ قَرَأْتُمْ!
그들이 얼마나 많은 식사를 했는지! (목적어)	كَمْ وَجْبَةٍ أَكَلُوا!
이집트에서 얼마나 많은 혁명이 일어났는지! (동사문의 주어)	كَمْ ثَوْرَةٍ حَدَثَتْ فِي مِصْرَ!

** 한편 كَمْ 뒤에 독립 인칭대명사가 주어로 사용되고 그 뒤에 술어가 오는 문장의 경우도 감탄의 의미를 가진다. 이러한 문장들은 현대적 표현으로 외래어 번역의 영향이라 할 수 있다.

당신이 얼마나 위대한지! (How much you are great!)	كَمْ أَنْتَ عَظِيمٌ!
그가 얼마나 똑똑한지!	كَمْ هُوَ ذَكِيٌّ!
그녀가 얼마나 부자인지!	كَمْ هِيَ غَالِيَةٌ!

4. 의문문과 호격문에서의 감탄문장

문장 자체가 감탄문(أُسْلُوبُ التَّعَجُّبِ)은 아니지만 그 의미가 감탄문과 동일한 경우로서 의문문과 호격문에서 그 경우를 볼 수 있다. 이런 감탄문은 아랍어 수사법(الْبَلَاغَةُ)에서 다루는 감탄문이다.

1) 의문문에서의 감탄문장

상대방이 믿기지 않는 말을 했을 때 그 말에 대한 놀라움의 표현으로 질문을 할 수 있다. 이 때 이 질문은 감탄문이 될 수 있다. (아래의 B 문장이 감탄의 의미를 가진 문장)

A :	سَافَرْتُ أَمْسِ إِلَى الْقَمَرِ.	어제 내가 달을 여행했어.
B :	إِلَى أَيْنَ سَافَرْتَ؟!	네가 어디를 여행했다고?!

A :	فَازَتِ الْفِلِبِّينُ بِكَأْسِ الْعَالَمِ.	필리핀이 월드컵에서 우승했어.
B :	مَنْ فَازَ بِكَأْسِ الْعَالَمِ؟!	누가 월드컵에서 우승했다고?!

2) 호격문에서의 감탄문장

아랍어에서 يَا 는 사람을 부를 때 사용하는 호격사다. 이 호격사 يَا 를 사용하여 감탄의 의미를 나타는 표현은 아래와 같다.

a. 호격사 يَا 를 사용한 감탄문장

يَا جَمَالَ الطَّبِيعَةِ!	= مَا أَجْمَلَ الطَّبِيعَةَ!	오, 자연의 아름다움이여!
يَا حِكْمَةَ الْخَالِقِ!	= مَا أَحْكَمَ الْخَالِقَ!	오, 창조주의 지혜여!
يَا فَرَجَ الله!		오, 알라신께서 해결해 주심이여! (문제가 있은 이후 해결되었을 때)
يَا وَيْلِي!		이런 재앙이 있나! (oh my disaster!)
يَا اللهُ!		긍정적인 상황과 부정적인 상황 모두 가능하나 부정적인 상황에 더 많이 사용. 아슬아슬한 상황, 애태우는 상황 등 (예 : 스포츠 경기에서 골이 골문을 살짝 벗어나 안타까워 할 때, 혹은 골이 들어가서 기뻐할 때)
يَا سَلَامُ!		정말! (놀라운 소식을 들었을 때(surprise), 믿기 힘든 말을 들었을 때 등, 예: 친구가 "오사마 빈라덴이 죽었대..."라고 이야기 할 때)

제19과 여러 가지 목적격에 대해 Ⅷ – 감탄대상과 감탄문에 대해

b. 호격의 "يَا لَـ..." 형태의 감탄문장

호격의 'يَا لَـ...'를 사용한 문장을 구조요청문(أُسْلُوبُ الاِسْتِغَاثَةِ)이라 한다. 구조요청문은 호격문과 비슷한 문장으로 위기의 상황에 있는 사람에 대해 구조를 요청하는 문장 형식이다. 여기에서는 구조요청문과 동일한 형태의 문장이 감탄문으로 사용되는 경우이다. 현대 표준 아랍어에서 사용빈도가 낮다.

구조요청문(أُسْلُوبُ الاِسْتِغَاثَةِ)에 대해서는 이 책 '기타 독특한 아랍어 문장들과 그 격변화'를 보라.

구조요청문 형태의 감탄문 (يَا + لَـ + 감탄대상)	يَا + لَـ + الْمُتَعَجَّبُ مِنْهُ !

이 때 لَـ 뒤에는 소유격(مَجْرُورٌ)이 와야 한다.

	مَا를 사용한 감탄문	يَا لَـ를 사용한 감탄문
오, 자연의 아름다움이여!	مَا أَجْمَلَ الطَّبِيعَةَ!	يَا لَجَمَالِ الطَّبِيعَةِ!
이런 행운이! (What a good luck!)	مَا أَحْسَنَ الْحَظَّ!	يَا لَحُسْنِ الْحَظِّ!
오! 당신이 얼마나 미쳤는지!!	مَا أَجَنَّكَ!	يَا لَجُنُونِكَ!
이집트 혁명이 얼마나 위대한 지!!	مَا أَعْظَمَ الثَّوْرَةَ الْمِصْرِيَّةَ!	يَا لَعَظَمَةِ الثَّوْرَةِ الْمِصْرِيَّةِ!

→이러한 형태의 감탄문장은 앞으로 배우게 될 구조 요청문(أُسْلُوبُ الاِسْتِغَاثَةِ)과 그 형태가 같다.

c. 호격의 يَا가 없지만 감탄의 의미가 있는 표현들

알라신께 영광을!! (아주 놀랍고 신기한 광경을 보거나 기이한 것을 경험하였을 때 사용. 예: 등산하여 일출의 아름다움을 구경하면서, 6개의 손가락을 가진 아이를 보았을 때)	سُبْحَانَ اللهِ!
알라!! (놀라운 소식이나 놀라운 일에 대해, 항상 긍정적인 상황에서 사용) (예: 메시가 드리블을 할 때, 맛있는 음식을 맛볼 때, 향기로운 꽃냄새를 맡았을 때)	اللهِ!
신의 뜻이라면!! (다른 사람이 어떤 것에 감탄할 경우 그 사람으로 부터 시기(الْحَسَدَ)의 부정적인 영향을 막기 위해 주로 사용)	مَا شَاءَ اللهُ!

제 20 과 여러 가지 목적격에 대해 Ⅸ – 예외명사와 예외문에 대해

1. 예외사 إلّا 의 사용에 대해
   1) 긍정 예외문 (الأُسْلُوبُ التَّامُّ الْمُثْبَتُ)
   2) 부정 예외문 (الأُسْلُوبُ التَّامُّ الْمَنْفِيُّ)
   3) 결여된 부정 예외문 (الأُسْلُوبُ النَّاقِصُ الْمَنْفِيُّ)
2. 다른 예외사 (أَدَوَاتُ الاسْتِثْنَاءِ) 의 사용
   1) 예외사 غَيْرُ 와 سِوَى
   2) عَدَا, خَلَا, حَاشَا 의 경우
   3) بِاسْتِثْنَاءِ 를 사용한 예외문
심화학습 – 배타적 제한 (الْحَصْرُ 혹은 الْقَصْرُ) 문장에 대해

제 20 과 여러 가지 목적격에 대해 IX – 예외명사(الْمُسْتَثْنَى)와 예외문(أُسْلُوبُ الاسْتِثْنَاءِ)에 대해

예외문이란 전체의 내용에 대해 일부 예외적인 내용이 있음을 표현하는 문장이다. 아랍어의 예외문에는 예외사(أَدَوَاتُ الاسْتِثْنَاءِ)가 사용되며, 그 뒤에는 예외명사(الْمُسْتَثْنَى)가 사용된다. 가장 많이 사용되는 예외사는 إِلَّا 이며, غَيْرُ 와 سِوَى 가 그 다음이고, حَاشَا, خَلَا, عَدَا 등은 사용이 많지 않다. 이 가운데 إِلَّا 는 불변사(حَرْفٌ)이며, سِوَى 와 غَيْرُ 는 명사(اسْمٌ)이다. 이때 예외명사(الْمُسْتَثْنَى)의 기본적인 격변화는 목적격이다. 이 과에서는 예외명사와 예외문에 대해서 공부하고자 한다.

1. 예외사 إِلَّا 의 사용에 대해

가장 일반적인 예외사(حَرْفُ الاسْتِثْنَاءِ)인 إِلَّا 를 사용한 예외문에는 크게 긍정 예외문(الْأُسْلُوبُ التَّامُّ الْمُثْبَتُ)과 부정 예외문(الْأُسْلُوبُ التَّامُّ الْمَنْفِيُّ) 그리고 결여된 부정 예외문(الْأُسْلُوبُ النَّاقِصُ الْمَنْفِيُّ)이 있다.

1) 긍정 예외문(الْأُسْلُوبُ التَّامُّ الْمُثْبَتُ)

예외문의 구성요소를 완전히 갖추고 있는 긍정문 문장을 말한다. 즉 전체명사(الْمُسْتَثْنَى مِنْهُ)와 예외사(أَدَاةُ الاسْتِثْنَاءِ), 그리고 예외명사(الْمُسْتَثْنَى)를 모두 갖추고 있다. 여기서 예외 명사는 전체 명사 구성원의 일부이다. 긍정 예외문에서 예외명사(الْمُسْتَثْنَى)는 항상 목적격(مَنْصُوبٌ)을 취한다. 전체명사에는 복수명사 혹은 전체를 의미하는 집합명사가 사용된다.

한 학생을 제외한 그 학생들이 참석했다.	حَضَرَ الطُّلَّابُ إِلَّا طَالِبًا. c + b + a
a – 전체명사(전체, الْمُسْتَثْنَى مِنْهُ) b – 예외사(أَدَاةُ الاسْتِثْنَاءِ أَوْ حَرْفُ الاسْتِثْنَاءِ) c – 예외명사(전체의 일부, الْمُسْتَثْنَى)	

다른 예들

싸미르를 제외한 가족 구성원들이 여행을 떠났다.	سَافَرَ أَفْرَادُ الْعَائِلَةِ إِلَّا سَمِيرًا.
교장을 제외하고 모든 학원의 가족들이 나를 방문했다.	زَارَتْنِي أُسْرَةُ الْمَعْهَدِ كُلُّهَا إِلَّا الْمُدِيرَ.
한 명을 제외한 그 아이들이 공원에서 놀고 있다.	الْأَوْلَادُ يَلْعَبُونَ فِي الْحَدِيقَةِ إِلَّا وَاحِدًا.
	يَصُومُ الْمُسْلِمُونَ كُلُّهُمْ رَمَضَانَ إِلَّا الْمُسَافِرَ وَالْمَرِيضَ.
여행자와 병자를 제외한 모든 무슬림은 라마단에 금식을 한다.	
나는 빵을 제외한 그 음식을 먹었다.	أَكَلْتُ الطَّعَامَ إِلَّا الْخُبْزَ.
참으로 하나님은 우상숭배의 죄를 제외한 모든 죄들을 용서하신다.	إِنَّ اللهَ يَغْفِرُ الذُّنُوبَ جَمِيعًا إِلَّا الشِّرْكَ بِهِ.
	عَاشَ الْعَرَبُ فِي إِسْبَانِيَا ثَمَانِيَةَ قُرُونٍ إِلَّا قَلِيلًا.
아랍 사람들은 스페인에 8세기(800년) 조금 못 미치게 거주했다.	
죽음을 제외하고 모든 병에 약이 있다. (여기에서 전체명사(الْمُسْتَثْنَى مِنْهُ) 는 كُلُّ دَاءٍ 이다.)	لِكُلِّ دَاءٍ دَوَاءٌ إِلَّا الْمَوْتَ.
나는 재정 담당자를 제외하고 모두에게 인사했다. (전체명사가 소유격인 문장이다.)	سَلَّمْتُ عَلَى الْجَمِيعِ إِلَّا أَمِينَ الصُّنْدُوقِ.

2) 부정 예외문 (الأُسْلُوبُ التَّامُّ المَنْفِيُّ)

예외문의 구성요소를 완전히 갖추고 있는 부정문 문장을 말한다. 즉 문장에 부정어가 있는 부정문이면서, 예외문의 구성요소인 전체명사(المُسْتَثْنَى مِنْهُ)와 예외사(أَدَاةُ الاِسْتِثْنَاء), 그리고 예외명사(المُسْتَثْنَى)를 모두 갖추고 있다. 여기서도 예외명사는 전체명사 구성원의 일부이다. 그러나 부정 예외문에서 예외명사(المُسْتَثْنَى)는 긍정 예외문처럼 목적격(مَنْصُوب)을 취할 수도 있고, 전체명사(المُسْتَثْنَى مِنْهُ)의 대용어(بَدَلٌ مِنَ المُسْتَثْنَى مِنْهُ)가 될 수도 있다.

나는 무함마드 선생님 외에는 다른 선생님과 이야기 하지 않았다.	لَمْ أَتَكَلَّمْ مَعَ المُدَرِّسِينَ إِلَّا مُحَمَّدًا / مُحَمَّدٍ. c　+ b +　a
a – 전체명사(전체, المُسْتَثْنَى مِنْهُ أَوْ بَدَلٌ مِنَ المُسْتَثْنَى مِنْهُ) b – 예외사(حَرْفُ الاِسْتِثْنَاء) c – 예외명사(전체의 일부, المُسْتَثْنَى)	

→ 위 예문에서 مُحَمَّدًا 과 مُحَمَّدٍ 둘 다 사용가능하다. مُحَمَّدًا 은 예외명사(مُسْتَثْنَى)로서 목적격을 취한 경우이고, مُحَمَّدٍ 은 전체명사 المُدَرِّسِينَ 의 대용어(بَدَلٌ مِنَ المُسْتَثْنَى مِنْهُ)로서 المُدَرِّسِينَ 이 후연결어(مُضَافٌ إلَيْهِ)로서 소유격이므로 مُحَمَّدٍ 도 소유격이 왔다.

다른 예들

한 학생 외에는 (다른) 학생들이 참석하지 않았다.	مَا حَضَرَ الطُّلَّابُ إِلَّا طَالِبًا / طَالِبٌ.
시장 외에는 (다른) 책임자들이 참석하지 않았다.	لَمْ يَحْضُرِ المَسْؤُولُونَ إِلَّا المُحَافِظَ / المُحَافِظُ.
파티마 외에는 교실에 학생들이 없다.	لَيْسَ الطُّلَّابُ فِي الفَصْلِ إِلَّا فَاطِمَةَ / فَاطِمَةُ.
한 명 외에는 다른 아이들이 놀지 않는다.	لَيْسَ الأَوْلَادُ يَلْعَبُونَ إِلَّا وَاحِدًا / وَاحِدٌ.
교장을 제외한 학원 가족들은 아무도 나를 방문하지 않았다.	مَا زَارَنِي أَحَدٌ مِنْ أُسْرَةِ المَعْهَدِ إِلَّا المُدِيرَ / المُدِيرُ.
나는 한 학생 외에는 (다른) 학생들을 보지 못했다.	مَا رَأَيْتُ الطُّلَّابَ إِلَّا طَالِبًا / طَالِبٍ.
우리는 바나나를 제외한 (다른) 과일을 먹지 않을 것이다.	لَنْ نَأْكُلَ الفَاكِهَةَ إِلَّا المَوْزَ / المَوْزِ.
나는 원수 이외에는 아무도 미워하지 않는다.	لَا أَكْرَهُ أَحَدًا إِلَّا عَدُوًّا.
나는 금요일 이외에는 (다른) 요일을 좋아하지 않는다.	لَا أُحِبُّ أَيَّامَ الأُسْبُوعِ إِلَّا الجُمْعَةَ.
나는 '알아얌' 외에는 따하 후세인의 (다른) 책들을 읽지 않았다.	لَمْ أَقْرَأْ كُتُبَ طَهَ حُسَيْنٍ إِلَّا كِتَابَ "الأَيَّامِ".
나는 한 학생외에는 (다른) 학생들을 보지 못했다.	مَا نَظَرْتُ إِلَى الطُّلَّابِ إِلَّا طَالِبًا / طَالِبٍ.
그 파티에서 나는 무함마드를 제외한 (다른) 친구들을 보지 못했다.	فِي الحَفْلِ لَمْ أَرَ مِنَ الأَصْدِقَاءِ إِلَّا مُحَمَّدًا / مُحَمَّدٍ.

→ 위의 예들에서 부정 예외문의 전체명사의 경우 '전체'의 의미가 아니라 '하나' 혹은 '아무도' 등의 의미를 가질 수 있음을 확인하라.

3) 결여된 부정 예외문 (الأُسْلُوبُ النَّاقِصُ المَنْفِيُّ)

예외구문의 구성요소를 다 갖추지 못한 부정 예외문을 말한다. 즉 앞 도표의 예외사(أَدَاةُ الِاسْتِثْنَاءِ)와 예외명사(المُسْتَثْنَى)는 갖추고 있으나 전체명사(المُسْتَثْنَى مِنْهُ)가 결여된 형태이다. 이때 예외명사는 원래 문장에서의 용도에 따라 격이 달라진다. 이 문장의 의미는 어떤 내용이 예외명사(المُسْتَثْنَى)에게만 해당된다는 것을 강조하며, 강한 긍정의 의미를 가진다. 이런 문장을 '배타적 제한(القَصْرُ أَوْ الحَصْرُ) 문장'이라 하며 조금 이후에 더 상세히 공부한다.

나는 커피 외에는 어떤 것도 좋아하지 않는다. (나는 커피만을 좋아한다.) القَهْوَةَ 는 동사 أُحِبُّ 의 목적어로 사용되어 목적격이 왔다.)	لَا أُحِبُّ إِلَّا القَهْوَةَ. b + a
a – 예외사 (حَرْفُ الِاسْتِثْنَاءِ) b – 예외명사 (المُسْتَثْنَى)	

다른 예들

아랍인들 외에는 그것을 아는 사람이 아무도 없다. (아랍인들만이 그것을 안다.) (العَرَبِيُّ 가 동사 يَعْرِفُ 의 주어(فَاعِل)이다.)	لَا يَعْرِفُ ذَلِكَ إِلَّا العَرَبِيُّ.
한 학생 외에는 아무도 합격하지 못했다. (한 학생만 합격) طَالِبٌ 이 동사 يَنْجَحُ 의 주어(فَاعِل)이다.)	لَمْ يَنْجَحْ إِلَّا طَالِبٌ.
나쁜 행동을 하는 사람외에 아무도 나쁜 상황에 빠지는 사람이 없다. (나쁜 행동을 하는 사람이 나쁜 상황에 빠진다.) فَاعِلُهُ 는 동사 يَقَعُ 의 주어이다.)	لَا يَقَعُ فِي السُّوءِ إِلَّا فَاعِلُهُ.
나는 진리외에는 어떤것도 따르지 않는다. (진리만을 따른다.) الحَقَّ 는 أَتْبَعُ 의 목적어이다.)	لَا أَتْبَعُ إِلَّا الحَقَّ.
나는 당신의 형 외에는 누구와도 악수하지 않았다. (أَخَاكَ 가 صَافَحْتُ 의 목적어이다.)	مَا صَافَحْتُ إِلَّا أَخَاكَ.
당신들은 알라신이외에는 누구도 예배하지 않는다. (알라신만을 예배한다.) (꾸란)(اللهَ 는 تَعْبُدُونَ 의 목적어)	لَا تَعْبُدُونَ إِلَّا اللهَ.
나는 그 선생님 외에는 누구와도 인사하지 않았다. (예외사 뒤에 '전치사 + 소유격 명사'가 왔다.)	مَا سَلَّمْتُ إِلَّا عَلَى المُدَرِّسِ.
우리는 우리의 친구들외에는 누구도 환영하지 않는다. (예외사 뒤에 '전치사 + 소유격 명사'가 왔다.)	لَا نُرَحِّبُ إِلَّا بِأَصْدِقَائِنَا.
그 병자외에는 진료를 받는 사람이 아무도 없다. (المَرِيضُ 가 يُعَالَجُ 의 수동형 문장 주어(نَائِبُ الفَاعِلِ)이다.)	لَمْ يُعَالَجْ إِلَّا المَرِيضُ.
나는 교사 이외에는 아무것도 아니다. (나는 오직 교사이다.)(I am only a teacher. 다른 직업이 없다는 말) (مُدَرِّسٌ 은 명사문의 술어(خَبَر)이다.)	مَا أَنَا إِلَّا مُدَرِّسٌ.
믿는 자는 순종하는 것 이외에 다른 것이 없다. (믿는 자는 오직 순종하는 자) مُطِيعٌ 은 명사문의 술어)	مَا المُؤْمِنُ إِلَّا مُطِيعٌ.
무함마드는 선지자외에 다른 누구도 아니다. (무함마드는 오직 선지자이다.) رَسُولٌ 은 명사문의 술어(خَبَر)이다.)	وَمَا مُحَمَّدٌ إِلَّا رَسُولٌ.
그 교실에 카말외에는 아무도 없다. (카말만이 그 교실에 있다.) كَمَالٌ 은 لَيْسَ 문장의 주어(اسْمُ لَيْسَ)이다.)	لَيْسَ فِي الفَصْلِ إِلَّا كَمَالٌ.
알라신 외에는 다른 어떤 신도 없다. (꾸란) (اللهُ 는 종류부정문의 술어(خَبَرُ "لَا" النَّافِيَةِ لِلْجِنْسِ)이다.)	لَا إِلَهَ إِلَّا اللهُ.

2. 다른 예외사(أَدَوَاتُ الاِسْتِثْنَاءِ)의 사용

1) 예외사 غَيْرُ 와 سِوَى

지금까지 배운 예외사 إِلَّا 이외에 다른 예외사(أَدَاةُ الاِسْتِثْنَاءِ)가 있는데 바로 غَيْرُ 와 سِوَى 이다. 예외사 إِلَّا 는 아랍어 품사에서 불변사(حَرْفُ الاِسْتِثْنَاءِ)인 반면 غَيْرُ 와 سِوَى 는 명사(اسْمٌ)이다. 따라서 이 두 단어가 예외사로 사용되었을 경우 그 뒤에 오는 명사와 연결형(الإِضَافَةُ) 조합을 이루게 된다. غَيْرُ 와 سِوَى 가 사용된 예외문도 일반 예외문과 같이 세 가지 종류가 있다.

(1) 긍정 예외문 (الأُسْلُوبُ التَّامُّ المُثْبَتُ)

예외사 غَيْرُ 와 سِوَى 가 사용된 긍정 예외문에서는 غَيْرُ 나 سِوَى 가 예외명사(المُسْتَثْنَى)가 되어 목적격을 취한다. 그 뒤에 오는 명사는 후연결어(مُضَافٌ إِلَيْهِ)로서 소유격을 취한다.

무함마드를 제외한 그 학생들이 교실에 들어갔다. (전체명사(المُسْتَثْنَى مِنْهُ)는 الطُّلَّابُ 이다.)	دَخَلَ الطُّلَّابُ الفَصْلَ غَيْرَ مُحَمَّدٍ.
	دَخَلَ الطُّلَّابُ الفَصْلَ سِوَى مُحَمَّدٍ.
싸미르를 제외한 그 남자들이 일어났다. (전체명사(المُسْتَثْنَى مِنْهُ)는 الرِّجَالُ 이다.)	قَامَ الرِّجَالُ غَيْرَ سَمِيرٍ.
	قَامَ الرِّجَالُ سِوَى سَمِيرٍ.
나는 카말을 제외한 그 학생들과 이야기를 한다. (전체명사(المُسْتَثْنَى مِنْهُ)는 الطُّلَّابُ 이다.)	أَتَكَلَّمُ مَعَ الطُّلَّابِ غَيْرَ كَمَالٍ.
	أَتَكَلَّمُ مَعَ الطُّلَّابِ سِوَى كَمَالٍ.

→ 위의 문장에서 سِوَى 는 막수르 명사(اسْمٌ مَقْصُورٌ) 이기에 목적격 부호를 붙이지 않는다.

(2) 부정 예외문 (الأُسْلُوبُ التَّامُّ المَنْفِيُّ)

예외사 غَيْرُ 와 سِوَى 가 사용된 부정 예외문에서는 غَيْرُ 나 سِوَى 가 예외명사(المُسْتَثْنَى)가 되어 목적격을 취할 수도 있고, 전체명사(المُسْتَثْنَى مِنْهُ)의 대용어(بَدَلٌ مِنَ المُسْتَثْنَى مِنْهُ)가 될 수도 있다. 그 뒤에 오는 명사는 후연결어(مُضَافٌ إِلَيْهِ)로서 소유격을 취한다.

무함마드를 제외하고는 (다른) 학생들이 교실에 들어가지 않았다. (غَيْرَ 는 예외명사로 목적격을 취한 경우이고, غَيْرُ 는 전체명사인 الطُّلَّابُ 의 대용어가 된 경우.)	مَا دَخَلَ الطُّلَّابُ الفَصْلَ غَيْرَ/ غَيْرُ مُحَمَّدٍ.
	مَا دَخَلَ الطُّلَّابُ الفَصْلَ سِوَى/ سِوَى مُحَمَّدٍ.
싸미르를 제외하고는 (다른) 남자들이 일어나지 않았다. (غَيْرَ 는 예외명사로 목적격을 취한 경우이고, غَيْرُ 는 전체명사인 الرِّجَالُ 의 대용어가 된 경우이다.)	مَا قَامَ الرِّجَالُ غَيْرَ/ غَيْرُ سَمِيرٍ.
	مَا قَامَ الرِّجَالُ سِوَى/ سِوَى سَمِيرٍ.
한 사람을 제외하고는 (다른) 학생들이 교실에 들어가지 않았다. (예외명사가 비한정 형태이다.)	مَا دَخَلَ الطُّلَّابُ الفَصْلَ غَيْرَ/ غَيْرُ وَاحِدٍ.
	مَا دَخَلَ الطُّلَّابُ الفَصْلَ سِوَى/ سِوَى وَاحِدٍ.

나는 영예로운 사람들을 제외하고는 (다른) 남자들을 친구로 사귀지 않을 것이다. (전체명사인 الرِّجَالَ 가 목적격이다. 따라서 예외명사인 غَيْرَ 는 목적격을 취한다.)	لَنْ أُصَادِقَ الرِّجَالَ غَيْرَ/ غَيْرِ الشُّرَفَاءِ.
	لَنْ أُصَادِقَ الرِّجَالَ سِوَى/ سِوَى الشُّرَفَاءِ.
나는 카말을 제외하고는 (다른) 학생들과 이야기를 하지 않았다. (غَيْرَ 는 예외명사로 목적격을 취한 경우이고, غَيْرِ 는 전체명사인 الطُّلَّابِ 의 대용어가 된 경우이다.)	لَمْ أَتَكَلَّمْ مَعَ الطُّلَّابِ غَيْرَ/ غَيْرِ كَمَالٍ.
	لَمْ أَتَكَلَّمْ مَعَ الطُّلَّابِ سِوَى/ سِوَى كَمَالٍ.

(3) 결여된 부정 예외문 (الأُسْلُوبُ النَّاقِصُ الْمَنْفِيُّ)

غَيْرَ 와 سِوَى 가 사용된 결여된 부정 예외문에서는 예외명사(الْمُسْتَثْنَى)가 원래 문장에서의 용도에 따라 격이 달라진다. 여기서는 غَيْرَ 나 سِوَى 가 예외명사(الْمُسْتَثْنَى)가 되어 문장의 용도에 따라 격이 달라지며, 그 뒤에 오는 명사는 후연결어(مُضَافٌ إِلَيْهِ)로서 소유격을 취한다. 문장의 의미는 어떤 내용이 예외명사(الْمُسْتَثْنَى)에게만 해당된다는 것을 강조하는 강한 긍정의 의미를 가진다.

무함마드 외에는 아무도 들어가지 않았다. (무함마드만 들어갔다는 의미) (غَيْرُ 는 동사 دَخَلَ 의 주어(فَاعِلٌ)이다.)	مَا دَخَلَ غَيْرُ مُحَمَّدٍ.
	مَا دَخَلَ سِوَى مُحَمَّدٍ.
싸미르 외에는 아무도 일어나지 않았다. (싸미르만 일어났다는 의미) (غَيْرُ 는 동사 قَامَ 의 주어(فَاعِلٌ)이다.)	مَا قَامَ غَيْرُ سَمِيرٍ.
	مَا قَامَ سِوَى سَمِيرٍ.
그 교실에 무함마드 이외에 아무도 없다. (There is no one in the class except Muhammad.) (غَيْرُ 는 لَيْسَ 의 주어(اسْمُ لَيْسَ)이다.)	لَيْسَ فِي الْفَصْلِ غَيْرُ مُحَمَّدٍ.
	لَيْسَ فِي الْفَصْلِ سِوَى مُحَمَّدٍ.
나는 커피외에는 아무것도 좋아하지 않는다. (나는 커피만 좋아한다는 의미) (غَيْرَ 는 동사 أُحِبُّ 의 목적어이다.)	لَا أُحِبُّ غَيْرَ الْقَهْوَةِ.
	لَا أُحِبُّ سِوَى الْقَهْوَةِ.
나는 나의 원수 이외에는 아무와도 싸우지 않을 것이다. (원수하고만 싸운다는 의미) (غَيْرَ 는 동사 أُحَارِبَ 의 목적어이다.)	لَنْ أُحَارِبَ غَيْرَ عَدُوِّي.
	لَنْ أُحَارِبَ سِوَى عَدُوِّي.
나는 한 교실 이외에는 아무곳도 들어가지 않았다. (غَيْرَ 는 동사 أَدْخُلْ 의 목적어이다.)	لَمْ أَدْخُلْ غَيْرَ فَصْلٍ وَاحِدٍ.
	لَمْ أَدْخُلْ سِوَى فَصْلٍ وَاحِدٍ.
나는 그녀외에는 아무도 사랑하지 않는다. (그녀만을 사랑한다는 의미) (여기서는 예외명사가 접미 인칭대명사이다.)	لَا أُحِبُّ غَيْرَهَا.
	لَا أُحِبُّ سِوَاهَا.

2) عَدَا, خَلَا, حَاشَا 의 경우

예외사로 사용되는 عَدَا 와 خَلَا 그리고 حَاشَا 는 현대 표준 아랍어에서 많이 사용되지 않는다. 아래는 عَدَا 와 خَلَا 에 대한 예문이다. 아래의 예에서와 같이 예외사 عَدَا 와 خَلَا 와 حَاشَا 는 문장에서 타동사로 취급되기도 하고, 전치사로 취급되기도 한다. 아래 ①의 경우는 예외사를 타동사로 간주한 경우이다. 따라서 뒤에 오는 예외명사 كَمَالاً 가 목적어가 되어 목적격(مَنْصُوب)를 취한 경우이다. 아래 ②의 경우는 예외사를 전치사(حَرْف جَرّ)로 간주한 경우이다. 따라서 뒤에 오는 예외명사 كَمَالِ 이 소유격 명사(اسم مَجْرُور)로서 소유격을 취한 경우이다.

① 타동사로 사용된 경우	② 전치사로 사용된 경우
دَخَلَ الطُّلَّابُ الْفَصْلَ عَدَا كَمَالاً.	دَخَلَ الطُّلَّابُ الْفَصْلَ عَدَا كَمَالِ.
카말을 제외하고 그 학생들이 교실에 들어갔다.	
قَطَفْتُ الْأَزْهَارَ خَلَا الْوَرْدَ.	قَطَفْتُ الْأَزْهَارَ خَلَا الْوَرْدِ.
나는 장미를 제외하고 꽃들을 꺾었다.	

→ 이와 같이 예외사 عَدَا 와 خَلَا 와 حَاشَا 뒤에 오는 예외명사(الْمُسْتَثْنَى)는 목적격 혹은 소유격을 취한다.

** 예외사 عَدَا 앞에 مَا(مَا الْمَصْدَرِيَّة)가 와서 مَا عَدَا 의 형태로 많이 사용된다.

위의 عَدَا 와 خَلَا 그리고 حَاشَا 는 사용이 많지 않지만 아래의 مَا عَدَا 는 많이 사용된다. 이 경우 مَا 와 함께 사용된 예외사를 타동사로 간주하고, 그 뒤에 오는 예외명사를 목적격 처리한다. 현대 표준 아랍어에서 많이 사용되는 표현이다.

카말을 제외하고 그 학생들이 교실에 들어갔다.	دَخَلَ الطُّلَّابُ الْفَصْلَ مَا عَدَا كَمَالاً.
비행기 한대를 제외하고 그 비행기들이 돌아왔다.	عَادَتِ الطَّائِرَاتُ مَا عَدَا طَائِرَةً.
싸미라는 그녀의 남편 외에 모든 사람을 돕는다.	تُسَاعِدُ سَمِيرَةُ كُلَّ النَّاسِ مَا عَدَا زَوْجَهَا.
무함마드는 그의 부모님 외에는 모든 사람과 이야기한다.	يَتَكَلَّمُ مُحَمَّدٌ مَعَ كُلِّ النَّاسِ مَا عَدَا أَبَوَيْهِ.

3) بِاسْتِثْنَاء 를 사용한 예외문

اسْتِثْنَاء 은 '예외'라는 의미이다. بِاسْتِثْنَاء 를 사용할 경우 위에서 배운 예외사를 사용하지 않고 예외문을 만들 수 있다.

만수르를 제외한 젊은이들이 이집트로 돌아왔다.	رَجَعَ الشَّبَابُ إِلَى مِصْرَ بِاسْتِثْنَاءِ مَنْصُورٍ.
만수르는 그의 일을 제외한 어떤 일도 좋아하지 않는다.	لَا يُحِبُّ مَنْصُورٌ أَيَّ عَمَلٍ بِاسْتِثْنَاءِ عَمَلِهِ.
싸미라는 그녀의 남편 외에 모든 사람을 돕는다.	تُسَاعِدُ سَمِيرَةُ كُلَّ النَّاسِ بِاسْتِثْنَاءِ زَوْجِهَا.

종합 아랍어 문법 II

심화학습 – 배타적 제한(اَلْحَصْرُ 혹은 اَلْقَصْرُ) 문장에 대해

예외문 가운데 결여된 부정 예외문(اَلْأُسْلُوبُ النَّاقِصُ الْمَنْفِيُّ)의 경우 배타적 제한 문장이 된다. 부정어와 예외사가 함께 사용되어 강한 긍정의 의미를 가지는 문장을 말한다. '배타적 제한'이란 용어를 아랍어에서 اَلْحَصْرُ 혹은 수사학에서는 اَلْقَصْرُ 라 한다. 여기서는 배타적 제한의 의미를 가진 여러 문장들을 모아서 공부한다. 수사학에서 가르치는 내용이지만 중요한 내용이므로 여기서 다룬다.

1. 부정어로 시작하는 배타적 제한(اَلْحَصْرُ 혹은 اَلْقَصْرُ) 문장의 구조와 의미

결여된 부정 예외문(اَلْأُسْلُوبُ النَّاقِصُ الْمَنْفِيُّ) 문장이다. 부정어와 예외사 إِلَّا가 함께 사용된다. (빨간색)

A. 배타적 제한 주체(مَقْصُورٌ)가 형용사(혹은 보통명사)일 때

② 긍정문	① 부정문
← عُمَرُ طَبِيبٌ.	← لَا يُوجَدُ طَبِيبٌ.
오마르는 의사이다.	한 의사도 없다.

③ 배타적 제한 문장	مَا الطَّبِيبُ إِلَّا عُمَرُ. (= إِنَّمَا الطَّبِيبُ عُمَرُ.) 　　　b　　　　a 의사는 오마르 이외에는 없다. (The doctor is only Omar) a - 제한주체(مَقْصُورٌ)　b - 제한객체(مَقْصُورٌ عَلَيْهِ)

다른 예

선지자는 오직 무함마드 이외에는 없다. (무함마드 이외에는 선지자가 없다)	مَا الرَّسُولُ إِلَّا مُحَمَّدٌ. (= إِنَّمَا الرَّسُولُ مُحَمَّدٌ.)

B. 배타적 제한 객체(مَقْصُورٌ عَلَيْهِ)가 형용사 (혹은 보통명사)일 때

② 긍정문	① 부정문
← عُمَرُ يَعْرِفُ النِّجَارَةَ.	← لَا يَعْرِفُ عُمَرُ شَيْئًا كَثِيرًا.
오마르는 목수일을 안다.	오마르는 많은 것을 모른다.

③ 배타적 제한 문장	مَا عُمَرُ إِلَّا نَجَّارٌ. (= إِنَّمَا عُمَرُ نَجَّارٌ.) 　　　b　　　a 오마르는 오직 목수이다. (Omar is only a carpenter.) 오마르는 다른 직업인이 아니라 목수이다. a - 제한주체(مَقْصُورٌ)　b - 제한객체(مَقْصُورٌ عَلَيْهِ)

다른 예

무함마드는 오직 메신저이다. 메신저 이외에 다른 것이 아니다. (다른 직업인이 아니고 오직 선지자이다.)	مَا مُحَمَّدٌ إِلَّا رَسُولٌ. (= إِنَّمَا مُحَمَّدٌ رَسُولٌ.)

배타적 제한(اَلْحَصْرُ 혹은 اَلْقَصْرُ)이란 문장의 의미가 제한주체(مَقْصُورٌ) 혹은 제한객체(مَقْصُورٌ عَلَيْهِ)에게만 제한되는 것을 말하며 '..이외에는 ..가 없다' 혹은 '오직(only) ..밖에 없다'로 번역할 수 있다.

제 20 과 여러 가지 목적격에 대해 IV - 예외명사와 예외문에 대해

2. 배타적 제한(الحَصْر 혹은 القَصْر) 문장의 종류

배타적 제한 문장은 시작되는 단어에 따라서 5종류로 나눌 수 있다. 즉 부정어(نَفْي)로 시작하는 문장(결여된 부정 예외문(الأُسْلُوب النَّاقِص المَنْفِي))이 되는 경우, 부정명령(نَهْي)으로 시작하는 경우, 의문사로 시작하는 경우, إنَّما로 시작하는 경우, 주어와 술어가 대칭구조를 이루는 경우이다.

1) 부정어(نَفْي)로 시작하는 경우 - 부정어 مَا, لَا, لَنْ, لَمْ, لَيْسَ, إِنْ 가 사용된다.

(1) 명사문

나는 오직 인간이다. 나는 인간이외에는 아무것도 아니다.	مَا أَنَا إِلَّا بَشَرٌ.
(그) 선지자는 오직 경고자이다.	مَا الرَّسُولُ إِلَّا مُنْذِرٌ.
친절한 자는 믿는 자밖에 없다.	مَا الطَّيِّبُ إِلَّا المُؤْمِنُ.
선지자는 오직 무함마드 이외에는 없다. (무함마드 이외에는 선지자가 없다)	مَا الرَّسُولُ إِلَّا مُحَمَّدٌ.
무함마드는 오직 선지자이다. (다른 직업이 아니고 오직 선지자이다.)	مَا مُحَمَّدٌ إِلَّا رَسُولٌ.
나는 오직 선생님이다. 나는 선생 이외에는 아무것도 아니다.	لَسْتُ إِلَّا مُدَرِّسًا.
시위자들 이외에는 거리에 아무도 없다. (종류부정문)	لَا أَحَدَ فِي الشَّارِعِ إِلَّا المُتَظَاهِرِينَ.
심판하는 것은 오직 알라신 외에는 없다. (꾸란 6:57) إِنْ 이 부정어)	إِنِ الحُكْمُ إِلَّا لِلَّهِ. *

→ 위 문장은 명사문이기에 문장 구조가 주어(مُبْتَدَأ)와 술어(خَبَر)의 구조이다.

(2) 동사문

칼리드 이외에는 아무도 오지 않았다.	مَا جَاءَ إِلَّا خَالِدٌ.
오마르 이외에는 아무도 합격하지 않았다.	مَا نَجَحَ إِلَّا عُمَرُ.
나는 집 이외에는 아무것도 사지 않았다.	لَمْ أَشْتَرِ إِلَّا بَيْتًا.
나는 알리에게 이외에는 잠깐 들르지 않았다.	مَا مَرَرْتُ إِلَّا بِعَلِيٍّ.
알라신이 우리에 대해 기록하신 것 이외에는 우리에게 일어나지 않을 것이다. (꾸란 9:51)	لَنْ يُصِيبَنَا إِلَّا مَا كَتَبَ اللهُ لَنَا.

→ 위 문장은 동사문이기에 إِلَّا 이후에 온 단어가 동사문의 주어(فَاعِل)나 목적어 혹은 소유격 명사(전치사 포함)이다.

2) 부정명령(نَهْي)로 시작하는 경우

당신은 선 이외에는 아무것도 행하지 말아라. (오직 선을 행하라)	لَا تَفْعَلْ إِلَّا خَيْرًا.
당신은 선한 마음으로 이외에는 아무것도 말하지 마라.	لَا تَتَكَلَّمْ إِلَّا بِخَيْرٍ.
당신은 약간의 시간(سُوَيْعَة)한 시간 이내) 이외에는 잠을 자지 마라.	لَا تَنَمْ إِلَّا سُوَيْعَاتٍ.
당신은 약간 이외에는 즐기지 마라. 오직 약간만 즐겨라.	لَا تَلْهُ إِلَّا قَلِيلًا.

3) 의문사(اسْمُ الاِسْتِفْهَام)로 시작하는 경우

아래의 ①과 같이 문장 형태는 의문문 형태이지만 실제적인 의미는 아래의 ②와 같이 부정어가 사용된 배타적 제한 문장과 의미가 동일하다. 따라서 배타적 제한 문장이 된다.

①	무지한 자 이외에 그의 이웃에게 해롭게 대하는 사람이 있는가!	هَلْ يُسِيءُ إِلَى جَارِهِ إِلَّا الْجَاهِلُ!
②	(실제적 의미는 무지한 자 이외에 그의 이웃에게 해롭게 대하는 사람은 없다는 말!)	لَا يُسِيءُ إِلَى جَارِهِ إِلَّا الْجَاهِلُ!

이 분이(이것이) 인간 이외에 다른 것일 수 있는가! (Is this anything but humanbeing!)	هَلْ هَذَا إِلَّا بَشَرٌ!
당신의 생애(평생)는 하루 저녁 꿈이외에 다른 것일 수 있는가!	هَلْ عُمْرُكَ إِلَّا حُلْمٌ!
삶이 여름의 구름이외에 다른 것일 수 있는가!	هَلِ الْحَيَاةُ إِلَّا سَحَابَةُ صَيْفٍ!
선지자가 인간 이외에 다른 것일 수 있는가!	هَلِ الرَّسُولُ إِلَّا بَشَرٌ!
용감함이란 시간의 인내 이외에 다른 것일 수 있는가!	هَلِ الشَّجَاعَةُ إِلَّا صَبْرُ سَاعَةٍ!
불의한 백성들 외에는 멸망당하는 사람이 있는가! (불의한 백성들 외에는 아무도 멸망되지 않음) (꾸란6:47)	هَلْ يُهْلَكُ إِلَّا الْقَوْمُ الظَّالِمُونَ!

4) إِنَّمَا로 시작하는 경우

여기서 إِنَّمَا는 배타적 제한의 의미를 부여하는 단어(أَدَاةُ الْحَصْرِ)로서 إِنَّ와 مَا의 합성어이다. 이 문장은 예외사 إِلَّا가 사용되지 않으면서 배타적 제한의 의미를 가지는 경우이다.

공급자는 오직 하나님이다.	إِنَّمَا الرَّزَّاقُ اللهُ.
구원은 오직 가장 경건한 사람들을 위해서이다.	إِنَّمَا النَّجَاةُ لِلْأَتْقَى.
당신은 오직 진실하고 고귀한 사람이다.	إِنَّمَا أَنْتَ صَدِيقٌ عَزِيزٌ.
나의 의도는 오직 정의를 펴뜨리는 것이다.	إِنَّمَا قَصْدِي نَشْرُ الْعَدْلِ.
세상은 오직 즐기는 것이다.	إِنَّمَا الدُّنْيَا مَتَاعٌ.
보이지 않는 것은 오직 알라신을 위한 것이다. (The unseen is only for Allah)(꾸란10:20)	إِنَّمَا الْغَيْبُ لِلَّهِ.
나는 오직 너와같은 인간이다. (I am only a man like you) (꾸란 41:6)	إِنَّمَا أَنَا بَشَرٌ مِثْلُكُمْ.

** 일반적인 문장에서 إِنَّمَا는 문장의 중간에 사용되어 배타적 제한의 의미 보다 역접의 의미를 가진 접속사로 많이 사용된다. 이 책 '여러가지 접속사들에 대해' 부분을 보라.

그 아이는 닭을 먹지 않지만 사탕은 먹는다.	لَا يَأْكُلُ الطِّفْلُ الدَّجَاجَ إِنَّمَا يَأْكُلُ الْحَلْوَى.
أَنَا أَلْعَبُ كُرَةَ الْقَدَمِ إِنَّمَا صَدِيقِي يَلْعَبُ كُرَةَ السَّلَّةِ.	
나는 축구를 하지만 내 친구는 농구를 한다.	

5) 주어와 술어가 대칭구조(مُتَسَاوِيَانِ فِي التَّعْرِيفِ)를 이루는 경우

우리는 이 책 '명사문에 대해'에서 주어와 술어가 대칭구조(مُتَسَاوِيَانِ فِي التَّعْرِيفِ)를 이룰 경우 배타적 제한(الْحَصْرُ)의 의미를 가진다고 공부하였다. 아래 문장도 예외문이 아니다.

삶은 오직 사랑이다.	الْحَيَاةُ الْحُبُّ.
물은 곧 생명이다.	الْمَاءُ الْحَيَاةُ.
종교는 오직 처신하는 것이다. (처신하는 것 이외에 다른 것은 없다.)	الدِّينُ الْمُعَامَلَةُ.
기독교는 오직 사랑이다.	الْمَسِيحِيَّةُ الْحُبُّ.
이슬람만이 오직 해법이다.	الْإِسْلَامُ الْحَلُّ.
교육이 출구(해법)이다.	التَّعْلِيمُ الْمَخْرَجُ.
태양은 오직 빛이다. (태양 외에 다른 빛은 없다 말)	الشَّمْسُ النُّورُ.
민주주의만이 오직 희망이다.	الدِّيمُقْرَاطِيَّةُ الْأَمَلُ.
가장 나은 학생은 오직 가장 똑똑한 학생이다. (주어와 술어가 연결형으로 대칭을 이룸)	أَحْسَنُ الطُّلَّابِ أَذْكَى الطُّلَّابِ.
가장 나은 사람들은 사람들을 더 사랑하는 사람들이다. (The best people are the ones who love people more.)	أَفْضَلُ النَّاسِ أَحَبُّهُمْ[1] لِلنَّاسِ.

---

[1] أَنَا أَحَبُّ لِلُّغَةِ الْعَرَبِيَّةِ مِنَ اللُّغَةِ الْإِنْجِلِيزِيَّةِ. 나는 영어보다 아랍어를 더 사랑한다.(우선급 명사)

أَنَا أُحِبُّ اللُّغَةَ الْعَرَبِيَّةَ أَكْثَرَ مِنَ اللُّغَةِ الْإِنْجِلِيزِيَّةِ. 나는 영어보다 아랍어를 더 사랑한다.(동사)

제 21 여러 가지 소유격(الْمَجْرُورَات)에 대해

심화학습 – 여러 가지 소유격(الْمَجْرُورَات)에 대해
1. 전치사(حَرْفُ الْجَرِّ)에 대해
2. 추가 전치사(حَرْفُ الْجَرِّ الزَّائِدُ)에 대해
3. 전치사 뒤에 문장이 올 경우
4. 후연결어(الْمُضَافُ إِلَيْهِ)에 대해
   심화학습 – 비유(التَّشْبِيهُ)의 표현들에 대해

심화학습 - 여러 가지 소유격(الْمَجْرُورَاتُ)에 대해

지난 과들에서 여러 가지 목적격에 대해서 공부하였다. 이 과에서는 소유격에 대해 공부하도록 한다. 소유격 변화는 아래의 세 가지 경우가 있다.

소유격 격변화 경우 (الْمَجْرُورَاتُ)	1. 전치사 뒤에 오는 소유격 명사 (الاسْمُ الْمَجْرُورُ) 2. 연결형에서의 후연결어 (الْمُضَافُ إِلَيْهِ) 3. 후속어(수식어, 접속명사, 강조어, 대용어)가 소유격 자리에 왔을 때 (التَّابِعُ لِلاسْمِ الْمَجْرُورِ – النَّعْتُ، الْمَعْطُوفُ، التَّوْكِيدُ، الْبَدَلُ)

소유격(مَجْرُورٌ) 격변화 형태

소유격 격변화 형태는 아래와 같다.

소유격 격변화 형태	1. 단수의 경우 카스라(i) 모음이 온다. 2. 쌍수의 경우 ـَيْنِ 가 온다. 3. 남성 규칙 복수의 경우 ـِينَ 가 온다. 4. 여성 규칙 복수의 경우 ـَاتٍ 가 온다. (한정꼴이 올 경우 ـَاتِ 가 온다.) 5. 비한정 2격 명사(الْمَمْنُوعُ مِنَ الصَّرْفِ)의 경우 카스라가 아닌 파트하(a) 모음이 온다.

소유격 격변화 형태의 예

단수 명사

그 학생은 (그) 교실에 있다. (전치사 뒤의 소유격 명사에 소유격이 붙음)	الطَّالِبُ فِي الْفَصْلِ.
그 선생님의 (그) 책은 유용하다. (명사 뒤의 후연결어에 소유격이 붙음)	كِتَابُ الْمُدَرِّسِ مُفِيدٌ.
그 학교는 (그) 법원 앞에 있다. (부사 뒤에 사용된 후연결어에 소유격이 붙음)	الْمَدْرَسَةُ أَمَامَ الْمَحْكَمَةِ.

쌍수 명사

나는 그 두 책에 대해서 물었다.	سَأَلْتُ عَنِ الْكِتَابَيْنِ.

남성 규칙 복수 명사

나는 그 기술자(engineer)들로 부터 그 소식을 들었다.	سَمِعْتُ الْخَبَرَ مِنَ الْمُهَنْدِسِينَ.

여성 규칙 복수 명사

나는 그 글자를 그 칠판들 위에 기록했다.	كَتَبْتُ الْكَلِمَةَ عَلَى السَّبُّورَاتِ.

2 격 명사(الْمَمْنُوعُ مِنَ الصَّرْفِ)

이집트에 많은 유적들이 있다.	فِي مِصْرَ آثَارٌ كَثِيرَةٌ.

이 과에서는 소유격을 취하는 대표적인 경우인 전치사에 대해서 자세하게 알아보고, 또한 연결형 구문에서 후연결형(الْمُضَافُ إِلَيْهِ)이 소유격을 취하는 경우도 알아본다.

제 21 과 여러 가지 소유격(اَلْمَجْرُورَاتُ)에 대해

1. 전치사(حَرْفُ الْجَرِّ)에 대해

전치사는 명사 앞에 와서 명사와 더불어 유사문장(شِبْهُ الْجُمْلَةِ)을 이루는 불변사(حَرْفٌ)이다. (아래에서 빨간색으로 표기된 단어) 전치사는 아랍어 품사에서 불변사이기에 불격변화(مَبْنِيٌّ) 단어이다. 즉 모든 전치사는 불격변화 단어이기에 격변화가 없고 어미의 모음이 변화하지 않는다.

전치사는 독립적으로 사용되지 않고 항상 명사와 함께 사용되는데 전치사 뒤에 와서 유사문장을 이루는 명사를 소유격 명사(اِسْمٌ مَجْرُورٌ)라 한다. 소유격 명사는 항상 소유격(مَجْرُورٌ)을 취한다.

전치사가 사용된 유사문장(شِبْهُ الْجُمْلَةِ)들

그 책상 위에	عَلَى الْمَكْتَبِ
(그) 집 안에	فِي الْبَيْتِ
(그) 학교로 부터	مِنَ الْمَدْرَسَةِ
이집트로 (مِصْرَ 2격명사)	إِلَى مِصْرَ

1) 문장 형태와 전치사의 사용

전치사는 동사가 없는 명사문에서 유사문장의 형태로 사용되기도 하고, 동사가 있는 문장에서 유사문장의 형태로 사용되기도 한다.

(1) 동사가 없는 명사문에 사용되는 전치사

아래의 문장들은 동사가 없는 명사문이다. 이 문장들에서 전치사는 그 뒤에 온 소유격 명사(اَلِاسْمُ الْمَجْرُورُ)와 함께 유사문장(شِبْهُ الْجُمْلَةِ)을 구성하며 명사문의 술어(اَلْخَبَرُ)가 된다. 이때의 전치사는 술어 부분의 의미를 분명히 한다.

그 펜은 그 책상 위에 있다.	اَلْقَلَمُ عَلَى الْمَكْتَبِ.
나의 어머니는 집에 있다.	أُمِّي فِي الْبَيْتِ.

그 책상위에 책들이 있다. (술어가 선행한 문장)	عَلَى الْمَكْتَبِ كُتُبٌ.
집에 (암)고양이가 한 마리 있다. (술어가 선행한 문장)	فِي الْبَيْتِ قِطَّةٌ.

나는 한국에서 왔다.	أَنَا مِنْ كُورِيَا.
무함마드는 사자같다.	مُحَمَّدٌ كَالْأَسَدِ.

종합 아랍어 문법 II

(2) 동사와 함께 사용되는 전치사

아래의 문장들은 동사가 사용된 문장이다. 첫 번째 문장은 동사문이고 두 번째 문장은 명사문이다. 이 문장들에서 전치사는 동사와 함께 사용되어 동사의 의미를 보조하거나 분명히 한다. 이 전치사 뒤에도 소유격 명사(الاسْمُ الْمَجْرُورُ)가 와서 유사문장(شِبْهُ الْجُمْلَةِ)을 이룬다.

그는 학교에 간다. (동사문이다. 전치사 إِلَى 는 동사문의 동사인 يَذْهَبُ 와 함께 사용되었다.)	يَذْهَبُ إِلَى الْمَدْرَسَةِ.
그 학생은 학교에 간다. (명사문이다. 전치사 إِلَى 는 명사문의 술어에 사용된 동사인 يَذْهَبُ 와 함께 사용됨)	الطَّالِبُ يَذْهَبُ إِلَى الْمَدْرَسَةِ.

이와같은 동사가 사용된 문장에 사용된 전치사는 두 가지로 나눌 수 있다. 첫째는 전치사가 부가적으로 사용되는 경우와 전치사가 필수적으로 사용되는 경우가 그것이다.

a. 전치사가 부가적으로 사용되는 경우 (حَرْفُ الْجَرِّ الْإِضَافِي)

전치사가 없어도 문장이 성립되는 타동사 사용 문장, 혹은 전치사가 없어도 문장이 성립되는 자동사 사용 문장에 부가적인 의미를 추가하기 위해 전치사를 사용한 경우이다. 아래의 예들을 보자.

그 아기는 그 방에서 잠을 잤다. (자동사 문장)	نَامَ الطِّفْلُ فِي الْغُرْفَةِ.
나는 무함마드를 그 막대기로 때렸다. (타동사 문장)	ضَرَبْتُ مُحَمَّدًا بِالْعَصَا.
나는 내 친구에게 한 편지를 썼다. (타동사 문장)	كَتَبْتُ رِسَالَةً لِصَدِيقِي.

위의 문장에서 전치사가 사용된 유사문장 부분(밑줄 부분)이 없어도 문장은 성립되며 의미도 통한다. 이 문장에서 전치사와 그 뒤의 소유격 명사(유사문장 부분)는 문장에 부가적인 의미를 추가하기 위해 사용된 것이다.

** 전치사의 변화에 따른 의미의 변화

아래는 전치사가 부가적으로 사용된 경우들이다. 전치사가 부가적으로 사용되는 경우 아래와 같이 동사의 기본적인 의미가 바뀌지 않으면서도 여러 가지 다른 전치사를 사용할 수 있다. 이 때 각각의 전치사가 가지는 고유한 의미가 문장의 의미에 반영된다. 때문에 각각의 전치사의 고유한 의미를 파악할 수 있을 때 문장의 정확한 의미를 알 수 있다.

무함마드는 (그) 학교로부터 왔다.	جَاءَ مُحَمَّدٌ مِنَ الْمَدْرَسَةِ.
무함마드는 그에게 왔다.	جَاءَ مُحَمَّدٌ إِلَيْهِ.
무함마드는 그와 함께 왔다. (혹은 무함마드는 그것을 가지고 왔다.)	جَاءَ مُحَمَّدٌ بِهِ.

→ 위의 문장들에서 جَاءَ 동사 뒤에 오는 전치사가 달라져도 기본적인 동사의 의미는 동일하게 '오다'이다.

458

그 소년이 그 의자 위에 앉아있다.	يَجْلِسُ الْوَلَدُ عَلَى الْكُرْسِيِّ.
그 소년이 그 방 안에 앉아있다.	يَجْلِسُ الْوَلَدُ فِي الْغُرْفَةِ.
그 소년이 그 책상 앞에 (모서리 가까이에) 앉아있다.	يَجْلِسُ الْوَلَدُ إِلَى الْمَكْتَبِ.

→ 위의 문장들에서 يَجْلِسُ 동사 뒤에 전치사가 달라져도 기본적인 동사의 의미는 동일하게 '앉다'이다.

** 아래의 경우를 보라.
아래의 عَادَ 는 전치사가 없이 자동사로도 사용되기에 عَادَ 문장에 사용된 전치사는 부가적인 전치사라고 할 수도 있다. 그러나 아래의 예문과 같은 의미로 사용될 때에는 동사와 함께 특정한 전치사가 함께 사용된다. 즉 عَادَ 가 일반적으로는 '돌아오다(to return)'의 의미로 사용되지만 이 동사가 '..로 부터 돌아오다(to return from)'라는 의미로 사용될 때는 مِنْ 을 동반하여 'عَادَ مِنْ' 라는 관용구로 사용되며, '..에 돌아오다(to return to)'라는 의미로 사용될 때는 전치사 إِلَى 를 동반하여 'عَادَ إِلَى'라는 관용구로 사용된다. 따라서 '...로 부터 돌아오다(to return from)'와 '..에 돌아오다(to return to)'의 의미로 동사를 사용하기 위해서는 아래의 전치사들을 필수적으로 사용해 주어야 한다.

그는 일(직장)에서 부터 돌아왔다.	عَادَ مِنَ الْعَمَلِ.
그는 이집트로 돌아왔다.	عَادَ إِلَى مِصْرَ.

b. 전치사가 필수적으로 사용되는 경우 (حَرْفُ الْجَرِّ الْأَسَاسِيُّ)

어떤 동사적 의미를 표현하고자 할 때 동사 뿐만 아니라 전치사가 함께 사용되는 경우로서 '동사 + 전치사'구(句)가 관용구를 이루는 경우이다. 이 경우 문장의 특정한 의미를 위해서 전치사가 필수적으로 사용된다. 이러한 동사의 대부분은 목적어를 가지지 않는 자동사이며, 문장에서 '자동사 + 전치사'로 사용될 경우 전치사 이후의 소유격 명사가 의미상 문장의 목적어로 해석되는 경우가 많다.

나는 선생님들을 쳐다보았다.(to look at) (نَظَرَ/يَنْظُرُ إِلَى '..를 보다'의 의미)	نَظَرْتُ إِلَى مُدَرِّسِينَ.
그녀는 그 학생과 인사했다. (سَلَّمَ/يُسَلِّمُ عَلَى '..와 인사하다'의 의미)	سَلَّمَتْ عَلَى الطَّالِبِ.
그 교장은 두 학생들을 환영했다. (رَحَّبَ/يُرَحِّبُ بِـ '..를 환영하다'의 의미)	الْمُدِيرُ رَحَّبَ بِطَالِبَيْنِ.

→ 위의 예들에서 '쳐다보다(to look at)'라는 의미의 동사를 사용하기 위해서는 반드시 'نَظَرَ إِلَى' 라는 관용구를 사용해야 하고, '인사하다'라는 의미의 동사를 사용하기 위해서는 'سَلَّمَ عَلَى'라는 관용구를 사용해야 하며, '환영하다'라는 의미의 동사를 사용하기 위해서는 'رَحَّبَ بِـ'라는 관용구를 사용해야 한다. 각각의 동사는 목적어가 필요없는 자동사이지만, 이 단어들이 '자동사 + 전치사' 구(句)로 문장에서 사용된 경우 전치사 이후의 소유격 명사가 의미상 문장의 목적어로 사용되었다.

** 필수적으로 사용되는 전치사가 문맥에서 이해되는 경우 생략될 수 있는 경우이다. 아래와 같이 대화의 답변 문장에서 전치사가 생략될 수 있다. 그러나 일반적인 문장에서는 전치사가 생략되지 않는다.

A :	هَلْ سَلَّمْتَ عَلَى الْمُدِيرِ؟	당신은 그 사장과 인사를 나누었습니까?	
B :	نَعَمْ سَلَّمْتُ. (= نَعَمْ سَلَّمْتُ عَلَيْهِ.)	예, 나누었습니다.	
A :	هَلْ نَظَرْتَ إِلَى الطَّالِبِ؟	당신은 그 학생을 쳐다보았습니까?	
B :	نَعَمْ نَظَرْتُ. (= نَعَمْ نَظَرْتُ إِلَيْهِ.)	예, 쳐다보았습니다.	
A :	هَلْ عَادَ أَبُوكَ مِنَ الْعَمَلِ؟	당신의 부친이 일에서 돌아왔습니까?	
B :	نَعَمْ عَادَ. (= نَعَمْ عَادَ مِنَ الْعَمَلِ.)	예, 돌아왔습니다.	

이제 여러 전치사들을 하나하나 공부해 보자.

2) 여러 가지 전치사의 종류와 그 의미

아랍어 전치사의 종류는 아래와 같다. 아래 도표에는 각 전치사의 대표적인 의미를 기록하고 있다. 그러나 실제로 문장에서 사용될 때는 여러 가지 다른 의미로도 사용된다. 이 과에서는 아래 전치사들의 다양한 의미와 용법을 공부하도록 한다.

	의미	전치사		의미	전치사
①	..으로부터(from)	مِنْ	②	..에게(to)	إِلَى
③	..안에(in)	فِي	④	..에 대해(about)	عَنْ
⑤	..위에(on), 에(at)	عَلَى	⑥	..에(in), ..으로(by)	بِـ
⑦	..을위해(for), ..에게(to)	لِـ	⑧	..처럼, ..로서(as, like)	كَـ
⑨	..할 때 까지(until)	حَتَّى	⑩	..이래로(since)	مُنْذُ (أَوْ مُذْ)

→ 위의 مُنْذُ 와 مُذْ 를 시간의 부사로 말하기도 한다. 이 책 시간의 부사 부분에서 확인하라.
→ 위의 전치사 가운데 بِـ 와 لِـ 과 كَـ 은 한 자음으로 구성된 전치사로서 뒤에 오는 명사에 붙여서 기록하고, 다른 단어들은 떨어져서 기록한다.

(1) 전치사 مِنْ 의 의미

a. 장소의 시작과 시간의 시작 (الاِبْتِدَاءُ فِي الْمَكَانِ وَفِي الزَّمَانِ)

장소의 시작 혹은 시간의 시작의 의미로서 '..으로 부터(from)'으로 해석된다.

그는 카이로로 부터 떠났다.	غَادَرَ مِنَ الْقَاهِرَةِ.
내 형은 나에게서 내 펜을 가져갔다.	أَخَذَ أَخِي قَلَمِي مِنِّي.
나는 지금 내 집에서 왔다.	جِئْتُ الْآنَ مِنْ بَيْتِي.
나는 집 밖으로 나갈 것이다. (from)	سَأَخْرُجُ مِنَ الْمَنْزِلِ.
우리는 일주일 뒤 여행에서 돌아갈 것이다.	سَنَرْجِعُ مِنَ السَّفَرِ بَعْدَ أُسْبُوعٍ.
나는 이틀 이전까지는 여행(trip)에서 돌아가지 않을 것이다.	لَنْ أَعُودَ مِنَ الرِّحْلَةِ قَبْلَ يَوْمَيْنِ.
그들은 카이로에서 아스완까지 여행을 할 것이다.	سَيُسَافِرُونَ مِنَ الْقَاهِرَةِ إِلَى أَسْوَانَ.
그는 일요일부터 여행을 떠났다.	سَافَرَ مِنْ يَوْمِ الْأَحَدِ.
그는 금요일부터 금식을 했다.	صَامَ مِنْ يَوْمِ الْجُمُعَةِ.

b. 분할 (التَّبْعِيض)

그 학생들 가운데 일부는 성공한 사람들이고 일부는 실패한 사람들이다.	الطُّلَّابُ مِنْهُمْ مَنْ نَجَحَ وَمِنْهُمْ مَنْ فَشِلَ.	
나는 내 돈의 일부를 소비하였다. (내 돈의 일부)	أَنْفَقْتُ مِنْ نُقُودِي.	
우리는 그 음식의 일부를 먹었다. (그 음식의 일부)	أَكَلْنَا مِنَ الطَّعَامِ.	

**위의 문장과의 의미차이

나는 내 돈을 소비하였다. (내 돈 전체를 대상으로 함)	أَنْفَقْتُ نُقُودِي.
우리는 그 음식을 먹었다. (음식 전체를 대상으로 함)	أَكَلْنَا الطَّعَامَ.

c. 근원 혹은 재질 (بَيَانُ النَّوْعِ أَوِ الْجِنْسِ)

물질이 무엇으로 구성되었는지를 표현한다.

비단으로 만들어진 옷은 아름답다. (made of)	ثَوْبٌ مِنْ حَرِيرٍ جَمِيلٌ.
이것은 금으로 만들어졌다. (made of)	هَذَا مَعْمُولٌ مِنْ ذَهَبٍ.
이것은 은으로 만들어진 시계이다. (made of)	هَذِهِ سَاعَةٌ مِنْ فِضَّةٍ.

d. '동사 + 전치사' 관용구로 사용되는 경우

다음의 동사들은 전치사 없이도 사용가능하나 아래의 의미로 사용될 경우 전치사 مِن 과 함께 사용된다.

①	..을 두려워하다, 무서워하다	خَافَ / يَخَافُ مِنْ	②	..를 ..로 부터 무죄로 인정하다	بَرَّأَ يُبَرِّئُ ه مِنْ

예문들

| ① | 아이들은 어둠을 무서워한다. | يَخَافُ الْأَطْفَالُ مِنَ الظَّلَامِ. |
| ② | 그 판사는 그 혐의자를 그 범죄로 부터 무죄로 인정했다. | بَرَّأَ الْقَاضِي الْمُتَّهَمَ مِنَ الْجَرِيمَةِ. |

(2) 전치사 إِلَى 의 의미

a. 목적하는 장소의 끝지점 혹은 목적하는 시간의 끝지점 (اِنْتِهَاءُ الْغَايَةِ زَمَانِيًّا وَمَكَانِيًّا)

장소나 시간의 끝지점을 의미하며 '..까지(until)' 의 의미를 가진다.

해뜨는 곳에서부터 해 지는 곳 까지 (句)	مِنْ مَشْرِقِ الشَّمْسِ إِلَى مَغْرِبِهَا
나는 학교에 도착했고 그뒤 집에 돌아왔다.	وَصَلْتُ إِلَى الْمَدْرَسَةِ ثُمَّ عُدْتُ إِلَى الْمَنْزِلِ.
나는 그를 2시부터 4시까지 기다렸다.	اِنْتَظَرْتُهُ مِنَ السَّاعَةِ الثَّانِيَةِ إِلَى الرَّابِعَةِ.
어제 나는 밤의 끝무렵까지(밤 늦게까지) 걸었다.	سِرْتُ أَمْسِ إِلَى آخِرِ اللَّيْلِ.

b. عِنْدَ 와 같은 의미

'..에', '..에서(at)'의 의미를 가진다.

우리는 우리 친구에게 갔다.	ذَهَبْنَا إِلَى صَدِيقِنَا.
내가 공부할 때 그 책상 앞(모서리 가까이)에 앉는다.	عِنْدَمَا أُذَاكِرُ أَجْلِسُ إِلَى الْمَكْتَبِ.

** 많은 경우 إِلَى 는 لِـ 와 같은 의미를 가지며 아래와 같이 바꾸어 사용하는 것이 가능하다.
이 경우 그 의미는 주로 목적하는 장소나 시간의 끝지점(اِنْتِهَاءُ الْغَايَةِ زَمَانِيًّا وَمَكَانِيًّا)을 의미한다.

그들은 이집트를 여행했다.	سَافَرُوا إِلَى مِصْرَ. (= لِمِصْرَ)
나는 내집으로 돌아왔다.	عُدْتُ إِلَى بَيْتِي. (= لِبَيْتِي)
나는 오늘 학교에 걸어서 갔다.	مَشَيْتُ الْيَوْمَ إِلَى الْمَدْرَسَةِ. (= لِلْمَدْرَسَةِ)

→주로 왕래발착동사가 إِلَى 와 함께 사용될 경우 لِـ 으로 바꾸어 사용할 수 있다.

c. '동사 + 전치사' 관용구로 사용되는 경우

①	..를 ..에 초대하다	دَعَا/ يَدْعُو ه إِلَى	②	..를 쳐다보다 (to look at)	نَظَرَ/ يَنْظُرُ إِلَى
③	..을 경청하다	اِسْتَمَعَ/ يَسْتَمِعُ إِلَى	④	..을 위해 노력하다	سَعَى/ يَسْعَى إِلَى
⑤	..의 결과를 낳다	أَدَّى/ يُؤَدِّي إِلَى	⑥	..에 가다	ذَهَبَ/ يَذْهَبُ إِلَى

예문들

①	내 친구는 오페라 공연에 나를 초대했다.	دَعَانِي صَدِيقِي إِلَى حَفْلَةٍ فِي الْأُوبِرَا.
②	당신들은 거리에서 사람들을 쳐다보지 마라.	لَا تَنْظُرُوا إِلَى النَّاسِ فِي الشَّارِعِ.

③	그 학생들은 그 선생님의 말에 집중해서 경청한다.	يَسْتَمِعُ الطُّلَّابُ إِلَى الْمُدَرِّسِ بِتَرْكِيزٍ.
④	똑똑한 사람들은 장원(top)을 위해 노력한다.	يَسْعَى الْأَذْكِيَاءُ إِلَى التَّفَوُّقِ.
⑤	무지는 모든 부분에서 후퇴하는 결과를 낳는다.	الْجَهْلُ يُؤَدِّي إِلَى التَّأَخُّرِ فِي كُلِّ شَيْءٍ.
⑥	내 딸들은 클럽에 갔다.	ذَهَبَتْ بَنَاتِي إِلَى النَّادِي.

(3) 전치사 فِي 의 의미

a. 장소와 시간의 부사적 의미 (الظَّرْفِيَّةُ الْمَكَانِيَّةُ أَوِ الزَّمَانِيَّةُ)

장소 혹은 시간의 '안에(in)'의 의미를 나타낸다.

나의 어머니는 집에 있다.	أُمِّي فِي الْبَيْتِ.
그 모임은 홀에서 있다.	الِاجْتِمَاعُ فِي الْقَاعَةِ.
그 아이들은 거리에서 놀고 있다.	يَلْعَبُ الْأَطْفَالُ فِي الشَّارِعِ.
우리는 지금 사무실 방에 앉아있다.	نَجْلِسُ الْآنَ فِي غُرْفَةِ الْمَكْتَبِ.

내 비행기는 내일 저녁에 있다.	طَائِرَتِي غَدًا فِي الْمَسَاءِ.
나는 아침 5시에 일어난다.	أَصْحُو فِي الْخَامِسَةِ صَبَاحًا.
그들은 저녁에 그들의 숙제들을 끝낸다.	يَنْتَهُونَ مِنْ وَاجِبَاتِهِمْ فِي اللَّيْلِ.

b. 부대상황인 بِ 의 의미   '..한 채로', '..하면서'

그는 가난하게 살았다.	عَاشَ فِي فَقْرٍ.
나는 슬프게 잠을 잤다.	نِمْتُ فِي حُزْنٍ.
그녀는 치장한채로 그녀의 약혼자를 만났다.	قَابَلَتْ خَطِيبَهَا فِي زِينَتِهَا.
그는 사악하게 말했다.	تَكَلَّمَ فِي خُبْثٍ.

c. 곱셈을 표현할 때 사용

아래와 같이 곱셈할 때 사용한다.

5 곱하기 6은 30이다.	خَمْسَةٌ فِي سِتَّةٍ يُسَاوِي ثَلَاثِينَ.
그 방의 면적은 4×5 제곱 미터(20 제곱 미터)이다.	مِسَاحَةُ الْحُجْرَةِ أَرْبَعَةُ أَمْتَارٍ فِي خَمْسَةٍ.

d. '동사 + 전치사' 관용구로 사용되는 경우

①	..에 정신을 집중하다	رَكَّزَ / يُرَكِّزُ فِي	②	..에 대해 생각하다	فَكَّرَ / يُفَكِّرُ فِي
③	영향을 미치다(주로 긍정적이거나 감정적인 영향)	أَثَّرَ / يُؤَثِّرُ فِي	④	..에 살다	عَاشَ / يَعِيشُ فِي
⑤	..에서 일하다	عَمِلَ / يَعْمَلُ فِي			

예문들

①	우리는 우리의 일에 (정신을) 집중해야 한다.	يَجِبُ أَنْ نُرَكِّزَ فِي عَمَلِنَا.
②	그녀는 그녀의 미래에 대해 많이 생각했다.	فَكَّرَتْ كَثِيرًا فِي مُسْتَقْبَلِهَا.
③	그의 아버지의 가르침들(교훈)은 그에게 영향을 미쳤다.	أَثَّرَتْ تَعَالِيمُ أَبِيهِ فِيهِ.
	시리아 난민들의 죽음은 나에게 영향을 미쳤다.	أَثَّرَ فِيَّ مَقْتَلُ اللَّاجِئِينَ السُّورِيِّينَ.
④	나는 이집트에서 오래 살았다.	عِشْتُ طَوِيلًا فِي مِصْرَ.
⑤	나는 미국 대학에서 일한다.	أَعْمَلُ فِي الْجَامِعَةِ الْأَمْرِيكِيَّةِ.

(4) 전치사 عَنْ 의 의미

a. 주제를 정함

어떤 주제와 관련하여 '..에 대해(about)'의 의미이다.

나는 사랑에 대해서 글을 적었다.	كَتَبْتُ عَنِ الْحُبِّ.
그들은 한 유명한 선수에 대해서 들었다.	سَمِعُوا عَنْ لَاعِبٍ مَشْهُورٍ.
나는 내 여자 친구와 우리의 미래에 대해서 이야기했다.	تَكَلَّمْتُ مَعَ صَدِيقَتِي عَنْ مُسْتَقْبَلِنَا.
우리는 이집트에서의 혁명에 대해서 이야기한다.	نَتَحَدَّثُ عَنِ الثَّوْرَةِ فِي مِصْرَ.

b. 통과, 초과 (الْمُجَاوَزَةُ)

기차가 나를 지나갔다. (그래서 기차를 놓쳤다는 의미)	ذَهَبَ عَنِّي الْقِطَارُ.
그는 그 장소를 지나갔다.	رَحَلَ عَنِ الْمَكَانِ.
나는 흡연을 멈추었다.	تَوَقَّفْتُ عَنِ التَّدْخِينِ.

c. 전치사 مِنْ의 의미 - '...으로 부터(from)'의 의미

그는 가까이에서 앉았다.	جَلَسَ عَنْ قُرْبٍ.
그는 그녀를 가까이에서 감시했다.	رَاقَبَهَا عَنْ كَثَبٍ.
악으로 부터 멀어져라.	اِبْتَعِدْ عَنِ الشَّرِّ.

d. 근원 (بَيَانُ النَّوْعِ أو الْجِنْسِ)

مِنْ 이 물질적인 명사의 재질을 말할 때 사용되는 전치사라면, عَنْ 은 추상적인 명사(اسْمٌ مَعْنَوِيٌّ)의 근원을 이야기할 때 사용된다.

나는 한 좋은 선생님으로부터 아랍어를 얻었다.(배웠다.)	أَخَذْتُ اللُّغَةَ الْعَرَبِيَّةَ عَنْ مُدَرِّسٍ جَيِّدٍ.
그들은 그들의 어머니로부터 지혜와 인내를 배웠다.	تَعَلَّمُوا الْحِكْمَةَ وَالصَّبْرَ عَنْ أُمِّهِمْ.

e. 대신함 (الْبَدَلِيَّةُ)

'بَدَلَ مِنْ' 즉 'instead of'의 의미이다.

내 딸은 엄마 대신에 요리를 했다.	طَبَخَتِ ابْنَتِي عَنْ أُمِّهَا.
나는 내 아내 대신에 집을 청소했다.	نَظَّفْتُ الْبَيْتَ عَنْ زَوْجَتِي.
나는 그 대신에 옷 값을 지불했다.	دَفَعْتُ عَنْهُ ثَمَنَ الثَّوْبِ.

f. 이유 (السَّبَبِيَّةُ) - بِسَبَبِ (because of, result of)의 의미이다.

그들은 피곤함으로 인해 잠을 잤다.	نَامُوا عَنْ تَعَبٍ.
나는 공부로 인해 성공했다.	نَجَحْتُ عَنْ مُذَاكَرَةٍ.
그는 필요 혹은 두려움으로 인해 그렇게 했다.	فَعَلَ ذَلِكَ عَنِ الْحَاجَةِ أَوِ الْخَوْفِ.

g. 마지막 까지 (اِنْتِهَاءُ الْغَايَةِ)

그들은 마지막 한 사람까지 살해되었다.	قُتِلُوا عَنْ آخِرِهِمْ.
그 아이들은 음식을 마지막까지 먹었다.	أَكَلَ الأَطْفَالُ الطَّعَامَ عَنْ آخِرِهِ.

h. 부대상황 - '..한 채로', '..하면서'의 의미이다.

그는 그것을 좋은 목적을 가지고 행했다.	فَعَلَهُ عَنْ حُسْنِ نِيَّةٍ.
그는 그것을 확신(만족)을 가지고 행했다.	فَعَلَهُ عَنْ قَنَاعَةٍ.
그는 70살에(70살 일 때) 사망했다.	تُوُفِّيَ عَنْ سَبْعِينَ سَنَةً.

i. 방법, 수단 (الْوَاسِطَةُ)

그는 육로로 왔다.	جَاءَ عَنْ طَرِيقِ الْبَرِّ.
그는 바다로(배를 타고) 여행했다.	سَافَرَ عَنْ طَرِيقِ الْبَحْرِ.

j. 한쪽 끝 (الطَّرَفِيَّةُ)

그는 그의 형의 오른쪽에서 걸었다.	سَارَ عَنْ يَمِينِ أَخِيهِ.
그는 그의 여자 친구의 왼쪽에 앉았다.	جَلَسَ عَنْ يَسَارِ صَدِيقَتِهِ.

k. 시간관련 관용구

우리는 곧(soon) 만날 것이다. (بَعْدَ وَقْتٍ قَرِيبٍ)	سَنَلْتَقِي عَنْ قَرِيبٍ. (= عَمَّا قَرِيبٍ)
그의 건강이 하루하루 나아지고 있다. (يَوْمًا بَعْدَ يَوْمٍ)	تَتَحَسَّنُ صِحَّتُهُ يَوْمًا عَنْ يَوْمٍ.
나는 한 해 한 해 아랍어를 더 많이 안다. (سَنَةً بَعْدَ سَنَةٍ)	أَعْرِفُ اللُّغَةَ الْعَرَبِيَّةَ أَكْثَرَ سَنَةً عَنْ سَنَةٍ.

l. '동사 + 전치사' 관용구로 사용되는 경우

①	..을 찾다, 검색하다 (to search)	بَحَثَ/ يَبْحَثُ عَنْ	②	..로 부터 나가다 (추상적인 것에서)	خَرَجَ/ يَخْرُجُ عَنْ
③	..하던 것을 멈추다, ..을 그만두다	أَقْلَعَ/ يُقْلِعُ عَنْ	④	..없이 하다, .. 없이도 할 수 있다, 필요없다	اسْتَغْنَى/ يَسْتَغْنِي عَنْ
⑤	..에 대해서 묻다, 질문하다(to ask about)	سَأَلَ/ يَسْأَلُ عَنْ	⑥	..로 부터 떠나다	رَحَلَ/ يَرْحَلُ عَنْ
⑦	..하던 것을 멈추다, ..을 그만두다	تَوَقَّفَ/ يَتَوَقَّفُ عَنْ	⑧	멀리있다 ; 떠나다, 철수하다	ابْتَعَدَ/ يَبْتَعِدُ عَنْ

예문들

①	나는 나의 가방을 잃었고, 거리에서 그것을 찾아 다녔다.	فَقَدْتُ حَقِيبَتِي وَبَحَثْتُ عَنْهَا فِي الشَّارِعِ.
②	그 아이들은 바른 길에서 벗어났다.(from)	خَرَجَ الْأَوْلَادُ عَنِ الطَّرِيقِ الصَّحِيحِ.
③	나의 아버지는 담배 피는 것을 그만두었다.(금연했다.)	أَقْلَعَ أَبِي عَنِ التَّدْخِينِ.
④	그는 직장에서 가까운 한 집으로 이사를 해서 그의 자동차가 필요가 없다.	انْتَقَلَ إِلَى بَيْتٍ قَرِيبٍ مِنْ مَكَانِ عَمَلِهِ فَاسْتَغْنَى عَنْ سَيَّارَتِهِ.
⑤	나는 내 친구에게 그의 건강에 대해서 물었다.	سَأَلْتُ صَدِيقِي عَنْ صِحَّتِهِ.
⑥	우리는 이집트를 떠나길 원하지 않는다.	لَا نُرِيدُ أَنْ نَرْحَلَ عَنْ مِصْرَ.

⑦	당신은 거짓말 하는 것을 그만두라.	تَوَقَّفْ عَنِ الْكَذِبِ.
⑧	내 사랑하는 여인은 나에게서 멀어졌다.	حَبِيبَتِي ابْتَعَدَتْ عَنِّي.

(5) 전치사 عَلَى 의 의미

a. 장소적 의미로 '위(on)(فَوْقَ)'의 의미

그 책들이 그 테이블 위에 있다.	الْكُتُبُ عَلَى الطَّاوِلَةِ.
그는 옥상에서 떨어졌다.	سَقَطَ مِنْ عَلَى السَّطْحِ.(= مِنْ فَوْقَ السَّطْحِ)
우리가 땅에 넘어졌다.	وَقَعْنَا عَلَى الْأَرْضِ.
너희들은 소파위를 걷지 마라.	لَا تَمْشُوا عَلَى الْكَنَبَةِ.
그 참새들이 나무들위에서 지저귄다.	تُغَرِّدُ الْعَصَافِيرُ عَلَى الْأَشْجَارِ.

b. '포함'의 의미

فِي 와 같은 의미로도 볼 수 있다.

그것이 일 목록표(일과표)에 올라있다.(포함되어 있다.)	وُضِعَ عَلَى جَدْوَلِ الْأَعْمَالِ.
그 회사는 나의 이름을 대기명단에 올려놓았다.(포함됨)	وَضَعَتِ الشَّرِكَةُ اسْمِي عَلَى قَائِمَةِ الْانْتِظَارِ.

c. for(لِ)의 의미

나는 당신의 도움에 대해 당신께 감사한다.	أَشْكُرُكَ عَلَى مُسَاعَدَتِكَ.
나는 내 친구가 공부하는 것을 도왔다.	سَاعَدْتُ صَدِيقِي عَلَى الْمُذَاكَرَةِ.

d. 놀람이나 피해를 주는 의미

عَلَى 뒤에 소유격 명사로 사람이 오며, 그 의미는 주어가 수행한 동작이 عَلَى 뒤의 소유격 명사를 갑작스럽게 놀라게 하거나 피해를 주는 의미이다.

나는 여동생이 들어가 있는 화장실에 들어갔다.	دَخَلْتُ الْحَمَّامَ عَلَى أُخْتِي.
그 부인은 그의 남편에게 새로운 헤어스타일로 나타나 그를 놀라게 했다.	خَرَجَتِ الزَّوْجَةُ عَلَى زَوْجِهَا بِتَسْرِيحَةٍ جَدِيدَةٍ.
내 동료는 직장에서 나보다 더 높게 승진했다. (over me 내가 승진해야 하는 상황인데. 그래서 이상하게 여기는 상황)	تَرَقَّى زَمِيلِي عَلَيَّ فِي الْعَمَلِ.

e. 나눗셈을 표현 할 때 사용

20 나누기 4는 5이다.	عِشْرُونَ عَلَى أَرْبَعَةٍ يُسَاوِي خَمْسَةَ.
100 나누기 50은 2이다.	مِئَةٌ عَلَى خَمْسِينَ يُسَاوِي اثْنَيْنِ.

f. 당위성 혹은 의무(need to, have to)

عَلَى 뒤에 접미 인칭대명사 혹은 사람이 오고, 그 의미가 당위성 혹은 의무의 의미를 가질 경우들이 있다. 엄밀히 말해 이 때의 عَلَى 는 전치사가 아니라 동사성 명사(اسْمُ الْفِعْلِ)라 한다. 동사성 명사에 대해서는 이 책 제 I 권 마지막 부분으로 돌아가서 공부하라.

당신이 인내해야 한다.	عَلَيْكَ الصَّبْرَ.
그녀는 숙제를 해야 한다.	عَلَيْهَا كِتَابَةَ الْوَاجِبِ.
우리는 숙제를 해야 한다.	عَلَيْنَا أَنْ نَكْتُبَ الْوَاجِبَ.
무함마드는 한국어를 배워야 한다.	عَلَى مُحَمَّدٍ أَنْ يَتَعَلَّمَ اللُّغَةَ الْكُورِيَّةَ.

→ 위의 파란색 표기는 동사성 명사 عَلَى 뒤에 사용된 목적어이다. 목적격을 취했다.

g. '동사 + 전치사' 관용구로 사용되는 경우

①	..에 돌리다 (to refer to)	عَادَ/ يَعُودُ عَلَى	②	..에 의지하다, 의존하다	اعْتَمَدَ/ يَعْتَمِدُ عَلَى
③	..와 인사하다	سَلَّمَ/ يُسَلِّمُ عَلَى	④	..을 획득하다, 얻다	حَصَلَ/ يَحْصُلُ عَلَى
⑤	..하도록 격려하다	شَجَّعَ/ يُشَجِّعُ عَلَى	⑥	..를 염려하다, 걱정하다	خَافَ/ يَخَافُ عَلَى
⑦	..에 집중하다 (to concentrate on)	رَكَّزَ/ يُرَكِّزُ عَلَى	⑧	..에 영향을 주다 (주로 부정적 의미)	أَثَّرَ/ يُؤَثِّرُ عَلَى

예문들

①	모든 책임은 대통령에게 돌린다.(to refer to)	كُلُّ الْمَسْؤُولِيَّةُ تَعُودُ عَلَى الرَّئِيسِ.
②	이집트 경제는 관광에 의존한다.	الاقْتِصَادُ الْمِصْرِيُّ يَعْتَمِدُ عَلَى السِّيَاحَةِ.
③	나는 그 집에 있는 모든 사람과 인사했다.	سَلَّمْتُ عَلَى كُلِّ مَنْ فِي الْبَيْتِ.
④	싸미르는 1등상을 탔다.	حَصَلَ سَمِيرٌ عَلَى الْجَائِزَةِ الْأُولَى.
⑤	내 아버지는 내가 축구를 하도록 격려했다.	شَجَّعَنِي أَبِي عَلَى لَعِبِ كُرَةِ الْقَدَمِ.
⑥	무함마드의 아버지는 그의 아들이 자동차로부터 (다칠까봐) 염려한다.	خَافَ أَبُو مُحَمَّدٍ عَلَى ابْنِهِ مِنَ السَّيَّارَةِ.
⑦	국가는 인력개발에 집중했다.	رَكَّزَتِ الدَّوْلَةُ عَلَى التَّنْمِيَةِ الْبَشَرِيَّةِ.
⑧	나는 내 친구에게 영향을 주고 그는 나에게 영향을 준다. (중립적인 의미)	صَدِيقِي أُؤَثِّرُ عَلَيْهِ وَيُؤَثِّرُ عَلَيَّ.

(6) 전치사 بِ 의미

a. 시간의 부사적 의미와 장소의 부사적 의미(الظَّرْفِيَّةُ زَمَانًا وَمَكَانًا) - ...에(in)

그는 밤에 일한다.	يَعْمَلُ بِاللَّيْلِ.
나는 낮에 자는 것을 좋아하지 않는다.	لَا أُحِبُّ النَّوْمَ بِالنَّهَارِ.
나는 저녁에 나의 숙제들을 한다.	أَكْتُبُ وَاجِبَاتِي بِالْمَسَاءِ.

우리는 집에서 모였다.	اجْتَمَعْنَا بِالْمَنْزِلِ.
그는 집에 머물렀다.	أَقَامَ بِالْبَيْتِ.
카이로에 있는 아메리칸 대학(AUC)은 크다.	الْجَامِعَةُ الْأَمْرِيكِيَّةُ بِالْقَاهِرَةِ كَبِيرَةٌ.

b. 도구의 사용(الِاسْتِعَانَةُ) - ...으로(by)

나는 그것을 그의 펜으로 기록했다.	كَتَبْتُهَا بِقَلَمِهِ.
그는 그녀를 막대기로 때렸다.	ضَرَبَهَا بِالْعَصَا.
나는 자동차로 여행을 떠났다.	سَافَرْتُ بِالسَّيَّارَةِ.

c. 동반(الْمُصَاحَبَةُ)의 의미 - ...와 함께(with)

하나님의 돌보심으로 (여행을) 떠나라.	ارْحَلْ بِعِنَايَةِ اللهِ.
나는 그들과 함께 (밖으로) 나갔다.	خَرَجْتُ بِهِمْ. (= خَرَجْتُ مَعَهُمْ.)
그 여자는 그를 금세공인에게 데려갔다.	ذَهَبَتْ بِهِ إِلَى الصَّائِغِ.

이와같은 의미로 رَجَعَ بِـ , جَاءَ بِـ , ذَهَبَ بِـ , عَادَ بِـ , سَارَ بِـ 등 주로 왕래, 발착 동사들이 사용되며, '데려가다', '데려오다'의 의미로 사용된다.

d. 보상(التَّعْوِيضُ)의 의미

물건 등의 교환이나 구입을 위한 보상을 의미

나는 그것을 100 파운드에 샀다. (돈을 주고 물건을 받았다는 말)	اشْتَرَيْتُهُ بِمِائَةِ جُنَيْهٍ.
이 펜은 1파운드한다. (돈을 주고 펜을 받았다는 말)	هَذَا الْقَلَمُ بِجُنَيْهٍ.
나는 설탕을 주고 밀을 받았다. (설탕을 주고 밀을 받음)	أَخَذْتُ الْقَمْحَ بِالسُّكَّرِ.
나의 어머니는 소금을 주고 홍차를 샀다. (소금을 주고 홍차를 삼)	اشْتَرَتْ أُمِّي الشَّايَ بِالْمِلْحِ.

e. 원인(السَّبَبِيَّة)의 의미

بِ 는 فَضْل 혹은 سَبَب 등과 함께 사용되어 이유를 의미하는 구를 이끌기도 하고 بِمَا أَنَّ ... 등과 같이 이유절을 이끌기도 한다. 여기에 대해서 접속사 부분에서 더 공부할 수 있다.

나는 당신 덕택에 성공했다.	نَجَحْتُ بِفَضْلِكَ.
아랍어는 이슬람 덕택에 큰 문명의 언어가 되었다.	أَصْبَحَتِ اللُّغَةُ الْعَرَبِيَّةُ بِفَضْلِ الإِسْلَامِ لُغَةَ حَضَارَةٍ كُبْرَى.
나는 이집트를 사랑하기 때문에 이집트에서 산다.	أَعِيشُ فِي مِصْرَ بِسَبَبِ حُبِّي لَهَا.
그는 게으름 때문에 시험에서 실패했다.	فَشِلَ فِي الاِمْتِحَانِ بِسَبَبِ كَسَلِهِ.
내가 아주 바쁘기 때문에 내일 여행을 가지 않을 것이다.	بِمَا أَنَّنِي مَشْغُولَةٌ جِدًّا فَلَنْ أُسَافِرَ غَدًا.

f. 맹세(الْقَسَم)의 의미

بِ 가 맹세의 의미로 사용된다. 자세한 내용은 이 책 '기타 독특한 아랍어 문장들과 그 격변화' 에서 '맹세문에 대해' 부분을 보라.

신에게 맹세코 우리는 우리의 권리들에 대해 소홀히 하지 않을 것이다.	بِاللهِ لَنْ نُفَرِّطَ[1] فِي حُقُوقِنَا.

g. 동명사(مَعَ الْمَصْدَر)와 함께 사용되어 부사구를 만듦

전치사 بِ 뒤에 동명사가 와서 그 동명사에 대한 부사구를 만들며 문장에서 부사적인 의미로 사용된다. 예들 들어 아래에서 전치사 بِ 이후에 '빠름' 이라는 동명사 سُرْعَة 가 와서 '빠르게'의 의미가 된다. 이때 동사는 동작이 있는 동사가 사용된다.

그는 빠르게 말한다.	يَتَكَلَّمُ بِسُرْعَةٍ.
그 학생들은 늦게 이해한다.	يَفْهَمُ الطُّلَّابُ بِبُطْءٍ.
타흐리르 광장이 꽉 찼다.	يَمْتَلِئُ مَيْدَانُ التَّحْرِيرِ بِكَثْرَةٍ.

→자세한 예들은 이 책 제Ⅰ권의 '동명사' 부분에서 공부하라.
→위의 문장들의 부사구는 상태목적어(الْحَال)로 전환해도 같은 의미의 문장이 된다. 예: يَتَكَلَّمُ سَرِيعًا.

---

[1] فَرَّطَ / يُفَرِّطُ فِي 부주의하다, 소홀히하다

e. '동사 + 전치사' 관용구로 사용되는 경우

①	..를 환영하다	رَحَّبَ/ يُرَحِّبُ بِـ	②	..에게 ..을 허락하다	سَمَحَ/ يَسْمَحُ لِـ ه بِـ
③	..을 요구하다(자신의 권리 등을, to claim)	طَالَبَ/ يُطَالِبُ بِـ	④	..에게 ..을 전하다, 알리다, 통지하다	أَخْبَرَ/ يُخْبِرُ بِـ
⑤	..에게 전화하다	اتَّصَلَ/ يَتَّصِلُ بِـ	⑥	..에게 ..을 제출하다 (to present)	تَقَدَّمَ/ يَتَقَدَّمُ بِـ
⑦	..에 영향을 받다 (긍정적, 부정적 모두)	تَأَثَّرَ/ يَتَأَثَّرُ بِـ	⑧	..라고 알려져있다. (to be known as)	عُرِفَ/ يُعْرَفُ بِـ
⑨	..을 지나다, 통과하다(to pass by)	مَرَّ/ يَمُرُّ بِـ			

예문들

①	우리는 우리의 새로운 사장을 환영했다.	رَحَّبْنَا بِمُدِيرِنَا الْجَدِيدِ.
②	시험들 이후에 나의 아버지는 내가 여행하는 것을 허락할 것이다.	بَعْدَ الِامْتِحَانَاتِ سَيَسْمَحُ لِي أَبِي بِالسَّفَرِ.
③	그 시위자들은 대통령에게 개혁을 요구했다.	طَالَبَ الْمُتَظَاهِرُونَ الرَّئِيسَ بِالْإِصْلَاحِ.
④	그 선생님은 그들에게 그들이 합격한 것을 알렸다.	أَخْبَرَهُمُ الْمُدَرِّسُ بِنَجَاحِهِمْ.
⑤	그는 그의 여자 친구에게 여러번 전화했다.	اتَّصَلَ بِصَدِيقَتِهِ مَرَّاتٍ عَدِيدَةٍ.
⑥	나는 한 새로운 회사에 노동신청서(구직서)를 제출했다.	تَقَدَّمْتُ بِطَلَبِ عَمَلٍ فِي شَرِكَةٍ جَدِيدَةٍ.
⑦	여자는 친절한 말에 빨리(쉽게) 영향을 받는다.	تَتَأَثَّرُ الْمَرْأَةُ سَرِيعًا بِالْكَلَامِ اللَّطِيفِ.
⑧	아랍어는 어렵다고 알려져있다.	تُعْرَفُ اللُّغَةُ الْعَرَبِيَّةُ بِصُعُوبَتِهَا.
⑨	이집트는 중요한 과정(시기)을 지나고 있다.	تَمُرُّ مِصْرُ بِمَرْحَلَةٍ هَامَّةٍ.

(7) 전치사 لِ 의 의미

a. 소유(الْمِلْكِيَّة)의 의미 - '..에 속한'(belong to) 혹은 '..을 위한(for)'의 의미

주어가 한정명사이고 술어에 لِ 이 이끄는 구(句)가 올 경우 그 의미는 두 가지가 가능하다. 즉 소유의 의미로서 '..에게 속한(belong to)'의 의미로 사용되거나 '..을 위한(for)'의 의미로 사용된다.

그 자동차는 당신의 것이다. (혹은 당신을 위한 것이다.)	السَّيَّارَةُ لَكَ.
이 책상은 그 사장의 것이다. (혹은 그 사장을 위한 것이다.)	هَذَا الْمَكْتَبُ لِلْمُدِيرِ.
이 책은 누구의 것이냐? (Whose book is this?)	لِمَنْ هَذَا الْكِتَابُ؟
이 비행기는 한 새로운 회사의 것이다. (혹은 한 새로운 회사를 위한 것이다)	هَذِهِ الطَّائِرَةُ لِشَرِكَةٍ جَدِيدَةٍ.

b. 소유를 의미하는 명사문을 만듦 - '가지고 있다'(to have)의 의미

전치사 لِ 이 술어를 이끌어 술어가 선행하는 명사문을 만들 때 그 의미는 소유의 의미로서 '..을 가지고 있다(to have)'의 의미를 가진다. 자세한 내용은 이 책 '존재를 의미하는 문장과 소유를 의미하는 문장에 대해' 부분에서 공부하라.

그 집은 문이 하나 있다. (The house has a door.)	لِلدَّارِ بَابٌ.
그는 한 새로운 자동차를 가지고 있다. (He has a new car.)	لَهُ سَيَّارَةٌ جَدِيدَةٌ.
나에게 한 아들과 한 딸이 있다. (I have a son and a daughter.)	لِي ابْنٌ وَبِنْتٌ.
하늘에 있는 것과 땅에 있는 것들이 하나님의 소유이다.	لله مَا فِي السَّمَاوَاتِ وَمَا فِي الْأَرْضِ.

→ 위의 a.의 문장들과 b.의 문장들은 그 문장들의 구조가 다르다. 즉 a.는 주어가 한정명사인 명사문이고, b.는 주어가 비한정이며 술어가 주어에 선행하는 구조이다.

c. 목적을 말함(لِلتَّعْلِيل)

لِ 뒤에 목적을 의미하는 한정형태의 동명사가 온다.

나는 당신을 영예롭게 하기 위해 왔다.	جِئْتُ لِإِكْرَامِكَ.
그는 아랍어를 공부할 목적으로 이집트에 왔다.	حَضَرَ إِلَى مِصْرَ لِدِرَاسَةِ الْعَرَبِيَّةِ.
노력하는 것은 성공을 위해 필수적인 것이다.	الاجْتِهَادُ ضَرُورِيٌّ لِلنَّجَاحِ.

한편 위의 동명사를 아래와 같이 미완료형 접속법 동사로 바꿀 수 있다. 이 때의 لِ 을 لَامُ التَّعْلِيلِ 한다.

나는 당신을 영예롭게 하기 위해 왔다.	جِئْتُ لِأُكْرِمَكَ.
그는 아랍어를 공부할 목적으로 이집트에 왔다.	حَضَرَ إِلَى مِصْرَ لِيَدْرُسَ الْعَرَبِيَّةَ.

종합 아랍어 문법 II

d. 목적하는 장소와 목적하는 시간의 끝지점 (اِنْتِهَاءُ الْغَايَةِ زَمَانِيًّا وَمَكَانِيًّا)

전치사 لِ 이 목적하는 장소와 목적하는 시간의 끝지점의 의미로 사용될 때 다른 전치사 إِلَى 혹은 حَتَّى 와 같은 의미를 가진다.

나는 내가 일하는 장소까지 걸었다.	مَشَيْتُ لِمَكَانِ عَمَلِي.
나는 매일 학교에 뛰어간다.	أَجْرِي كُلَّ يَوْمٍ لِلْمَدْرَسَةِ.
내 형은 집에 늦게 돌아왔다.	عَادَ أَخِي لِلْبَيْتِ مُتَأَخِّرًا.
그 학생들은 여러 나라를 여행할 것이다.	سَيُسَافِرُ الطُّلَّابُ لِبِلَادٍ كَثِيرَةٍ.
우리는 오후까지 잠을 잤다. (시간의 끝지점)	نِمْنَا لِلْعَصْرِ.
밤까지 그들은 공부했다.	ذَاكَرُوا لِلَّيْلِ.

e. 대상을 의미

두 개의 목적어를 가지는 동사가 사용된 문장에서 간접목적어('..에게(to)'의 의미)로 사용된다.

| 그는 무함마드에게 그가 기술이 좋다고 말했다. | قَالَ لِمُحَمَّدٍ إِنَّهُ مَاهِرٌ. |
| 그 시험들 이후에 나의 아버지는 나에게 여행하는 것을 허락할 것이다. | بَعْدَ الِامْتِحَانَاتِ سَيَسْمَحُ لِي أَبِي بِالسَّفَرِ. |

우리는 이 책 '동사문에 대해' 부분에서 수여동사에 대해 공부하였다. 수여동사란 '..에게 ..을 ..하다'의 의미를 가진 동사이다. 이 동사들의 경우 아래의 ①과 같이 제 1 목적어(간접목적어)와 제 2 목적어를 필요로 한다. 이 문장을 아래의 ② 형태의 문장으로 바꿀 경우 제 1 목적어 앞에 لِ 을 사용한다.

| ① | 그 아버지는 그의 아들에게 돈을 주었다. | أَعْطَى الْأَبُ ابْنَهُ مَالًا. |
| ② | | أَعْطَى الْأَبُ مَالًا لِابْنِهِ. |

f. 맹세문에서

لِ 이 맹세문에서 사용된다. 자세한 내용은 이 책 '기타 독특한 아랍어 문장들과 그 격변화' 부분의 '맹세문에 대해'에서 공부하라.

| 신에게 맹세코 나는 그렇게 하지 않을 것이다. | لِلهِ لَا أَفْعَلُ كَذَا. |

제21과 여러 가지 소유격에 대해

g. '동사 + 전치사' 관용구로 사용되는 경우

①	..을 ..에 초대하다 (to invite)	دَعَا/ يَدْعُو ه لِ	②	..을 쳐다보다 (to look at)	نَظَرَ/ يَنْظُرُ لِ
③	..을 경청하다	اسْتَمَعَ/ يَسْتَمِعُ لِ	④	..을 위해 노력하다	سَعَى/ يَسْعَى لِ
⑤	..의 결과를 낳다	أَدَّى/ يُؤَدِّي لِ	⑥	..에게 ..하는 것을 허락하다	سَمَحَ/ يَسْمَحُ لِ ه بِ

→ 위의 전치사 لِ은 إِلَى로 바꾸어도 그 의미가 동일하다.

예문들

①	내 친구는 내가 그를 방문하도록 초청했다.	دَعَانِي صَدِيقِي لِزِيَارَتِهِ.
②	너는 거리에서 사람들을 쳐다보지 마라.	لَا تَنْظُرْ لِلنَّاسِ فِي الشَّارِعِ.
③	사람들은 음악을 듣는 것을 좋아한다.	يُحِبُّ النَّاسُ أَنْ يَسْتَمِعُوا لِلْمُوسِيقَى.
④	나는 여러개의 언어들을 배우려고 노력한다.	أَنَا أَسْعَى لِتَعَلُّمِ لُغَاتٍ كَثِيرَةٍ.
⑤	프랑스 혁명은 민주주의를 낳았다.	الثَّوْرَةُ الْفَرَنْسِيَّةُ أَدَّتْ لِلدِّيمُقْرَاطِيَّةِ.
⑥	그는 아무도 그에게 가까이 오는 것을 허락하지 않을 것이다.	لَنْ يَسْمَحَ لِأَحَدٍ بِالِاقْتِرَابِ مِنْهُ.

** 아래의 문장들을 비교하자.

전치사 لِ은 문장에서의 위치에 따라 여러 가지 의미를 가질 수 있다.

그 펜은 나의 것이다. 혹은 그 펜은 나를 위한 것이다. (The pen is mine. or belongs to me, or is for me.)	الْقَلَمُ لِي.
이 펜은 나의 것이다. 혹은 이 펜은 나를 위한 것이다. (This pen is mine. or belongs to me, or is for me.)	هَذَا الْقَلَمُ لِي.
이것은 나의(나에게 속한) 한 펜이다. 혹은 이것은 나를 위한 한 펜이다. (This is a pen of mine. or This is a pen for me)	هَذَا قَلَمٌ لِي.
나에게 한 펜이 있다. 혹은 나는 한 펜을 가지고 있다. (I have a pen.)	لِي قَلَمٌ.
나는 한 펜을 가지고 있다. (I have a pen.)	أَنَا لِي قَلَمٌ.
나에게 한 펜이 있다. (There is a pen for me.)	هُنَاكَ قَلَمٌ لِي.
이것은 나의 펜이다. (This is my pen.)	هَذَا قَلَمِي.

→ 처음 세 문장은 주어가 한정명사이고 لِ이 술어로 사용된 경우로서 'mine' 혹은 'belongs to me'의 의미 혹은 '나를 위한(for me)'의 의미로 사용된다.

→ 그 다음 두 문장들은 لِ이 이끄는 술어가 주어보다 선행하는 명사문이다. 이 경우 문장의 의미는 '가지고 있는(to have)'의 소유의 의미를 가진다.

475

종합 아랍어 문법 II

→هُنَاكَ 가 이끄는 문장은 '..이 있다(there is)'의 의미(존재의 의미)를 가진다. 이와같은 문장들은 이 책 '존재문장과 소유문장에 대해' 부분에서 공부하자.

또 다른 예들이다.

그 자동차는 그 회사의 것이다. 혹은 그 회사를 위한 것이다. (The car belongs to the company, or is for the company.)	السَّيَّارَةُ لِلشَّرِكَةِ.
이 자동차는 그 회사의 것이다. 혹은 그 회사를 위한 것이다. (This car belongs to the company, or is for the company.)	هَذِهِ السَّيَّارَةُ لِلشَّرِكَةِ.
이것은 그 회사의 한 자동차이다. 혹은 그 회사를 위한 한 자동차이다. (This is a car of the company. or This is a car for the company.)	هَذِهِ سَيَّارَةٌ لِلشَّرِكَةِ.
그 회사는 자동차를 한대 가지고 있다. (The company has a car.)	لِلشَّرِكَةِ سَيَّارَةٌ.
그 회사는 자동차를 한대 가지고 있다. (The company has a car.)	الشَّرِكَةُ لَهَا سَيَّارَةٌ.
그 회사를 위한 자동차 한대가 있다. (There is a car for the company)	هُنَاكَ سَيَّارَةٌ لِلشَّرِكَةِ.
이것은 그 회사의 (그) 자동차이다. (This is the car of the company.)	هَذِهِ سَيَّارَةُ الشَّرِكَةِ.

(8) 전치사 كَ 의미

a. 비유(التَّشْبِيهِ)

사람이나 사물을 비유할 때 사용하는 것으로 영어의 like 의 의미이다.

무함마드는 사자같다. (like)	مُحَمَّدٌ كَالْأَسَدِ.
그녀는 그녀의 엄마처럼 아름답다. (like)	هِيَ جَمِيلَةٌ كَأُمِّهَا.
그의 말은 번개처럼 빠르다. (like)	كَلَامُهُ سَرِيعٌ كَالْبَرْقِ.
그는 아기처럼 기뻐한다. (like)	هُوَ فَرْحَانٌ كَطِفْلٍ.
그는 메시처럼 공을 찼다. (like)	لَعِبَ كُرَةَ الْقَدَمِ كَمِيسِّي.

b. 자격

다음은 자격의 의미로서 '..로서(as)'의 의미이다.

나는 너를 친구로서 대했다. (as)	عَامَلْتُكَ كَصَدِيقٍ.
나는 이집트 사람으로서 혁명에 참가했다. (as)	كَمِصْرِيٍّ شَارَكْتُ فِي الثَّوْرَةِ.
나는 아랍어 교사로서 일했다. (as)	عَمِلْتُ كَمُدَرِّسٍ لِلُّغَةِ الْعَرَبِيَّةِ.
그는 유명한 스타로서 자신을 자랑스러워한다. (as)	هُوَ فَخُورٌ بِنَفْسِهِ كَنَجْمٍ مَشْهُورٍ.
그는 모범생으로서 열심히 공부한다. (as)	كَطَالِبٍ مِثَالِيٍّ هُوَ يُذَاكِرُ جَيِّدًا.

위의 a.의 비유의 의미와 b.의 자격의 의미를 구분하는 것이 쉽지 않을 수 있다. 그러나 문맥에서는 그 의미가 분명하게 파악된다. 이 과의 '비유의 표현들에 대해' 부분에서 계속 공부하라.

c. 강조(لِلتَّوْكِيدِ)

아래와 같이 전치사 كَ 가 مِثْل 와 함께 부정문에서 사용되어 '최고'란 의미를 강조한다. 여기서 كَ 는 추가전치사(حَرْفُ جَرٍّ زَائِدٌ)로 사용된 것이다.

그와같은 학생이 없다. (그가 최고라는 의미) (There is no student like him.)	لَيْسَ كَمِثْلِهِ طَالِبٌ. (= لَيْسَ مِثْلَهُ طَالِبٌ.)
그와같은 것이 없다. (그것이 최고라는 의미) (There is nothing like him or like it??)	لَيْسَ كَمِثْلِهِ شَيْءٌ. (= لَيْسَ مِثْلَهُ شَيْءٌ.)

(9) 전치사 حَتَّى 의 의미

전치사 حَتَّى 는 목적하는 장소의 끝지점 혹은 목적하는 시간의 끝(اِنْتِهَاءُ الْغَايَةِ زَمَانِيًّا وَمَكَانِيًّا)을 말한다. '…에 이르기까지(until)'의 의미로 번역할 수 있다. 다음을 보자.

나는 그 학교까지 걸었다.		مَشَيْتُ حَتَّى الْمَدْرَسَةِ.
나는 그 생선을 머리에 이르기까지 먹었다.		أَكَلْتُ السَّمَكَةَ حَتَّى رَأْسِهَا.
나는 그 책을 20페이지까지 읽었다.		قَرَأْتُ الْكِتَابَ حَتَّى الصَّفْحَةِ الْعِشْرِينَ.
그는 죽기까지 그의 조국을 위해 봉사했다.		خَدَمَ وَطَنَهُ حَتَّى الْمَوْتِ.
그는 오후가 될 때까지 잠잤다.		نَامَ حَتَّى الظُّهْرِ.
우리는 10시가 될 때까지 놀았다.		لَعِبْنَا حَتَّى السَّاعَةِ الْعَاشِرَةِ.
나는 어두워질 때까지 공부할 것이다.		سَأَدْرُسُ حَتَّى حُلُولِ الظَّلَامِ.
우리는 밤이 늦은시간까지 깨어있었다.		سَهِرْنَا حَتَّى سَاعَةٍ مُتَأَخِّرَةٍ مِنَ اللَّيْلِ.

→ حَتَّى 는 여러 가지 의미로 사용된다. 대등접속사(حَرْفُ الْعَطْفِ)로 사용되기도 하고, 접속법 목적절(حَتَّى التَّعْلِيلِيَّةُ)을 이끌기도 한다. 그 내용들은 이미 다루어졌고, 이 책 부록부분에서도 다루고 있다.

** حَتَّى 는 전치사(حَرْفُ الْجَرِّ)로도 사용되고 대등접속사(حَرْفُ الْعَطْفِ)로도 사용되며 접속법 불변사(حَرْفُ النَّصْبِ)로도 사용된다. 이 책 Ⅱ권 '접속명사와 대등접속사에 대해' 부분과 제Ⅰ권의 '동사의 격변화 – 동사의 서법 변화' 부분에서 공부하라. 그리고 이 책 맨 뒤의 '여러 가지 다른 용법으로 사용되는 단어들' 부분을 보면 حَتَّى 의 용법을 전체적으로 정리하고 있다.

** 전치사 (حَرْفُ الْجَرِّ)와 대등접속사 (حَرْفُ الْعَطْفِ) حَتَّى

아래의 ①의 حَتَّى 는 전치사(حَرْفُ جَرٍّ)이기에 그 뒤의 소유격 명사(اسْمٌ مَجْرُورٌ)를 취한다. 반면 ②의 حَتَّى 는 대등 접속사이기에 그 뒤의 명사가 그 앞의 명사와 같은 격을 취한다. ①과 ② 문장의 의미의 차이에도 주의하라.

①	나는 그 생선을 머리에 이르기까지 먹었다.(until)(머리는 먹지 못함) (حَتَّى 가 전치사)	أَكَلْتُ السَّمَكَةَ حَتَّى رَأْسِهَا.
②	나는 그 생선을 머리까지도 먹었다.(even) (머리도 먹음) (حَتَّى 가 대등 접속사)	أَكَلْتُ السَّمَكَةَ حَتَّى رَأْسَهَا.
①	나는 대학에 이르기까지 공부했다.(until) (대학은 들어가지 못함) (حَتَّى 가 전치사)	دَرَسْتُ حَتَّى الْجَامِعَةِ.
②	모든 종류의 공부가 어려운데, 대학까지도 어렵다.(even)(대학도 포함) (حَتَّى 가 대등 접속사)	أَنْوَاعُ الدِّرَاسَةِ كُلُّهَا صَعْبَةٌ حَتَّى الْجَامِعَةُ.
①	그는 죽기까지 그의 조국을 위해 봉사했다.	خَدَمَ وَطَنَهُ حَتَّى الْمَوْتِ.
	이 문장에서 وَطَنَهُ 와 الْمَوْت 는 의미적으로 대등접속사로 연결될 수 없는 단어들이다.	خَدَمَ وَطَنَهُ حَتَّى الْمَوْتَ. (×)
②	그는 국가를 봉사하는 것에 어떤 것도 두려워하지 않고 죽음도 두려워하지 않는다. (위의 문장을 이와같이 바꾸는 것은 가능하다. 이 때 الْمَوْت 는 شَيْئًا 과 대등적으로 연결된다.)	لَا يَخَافُ شَيْئًا فِي خِدْمَةِ وَطَنِهِ حَتَّى الْمَوْتَ.

(10) 전치사 مُنْذُ 혹은 مُذْ

مُنْذُ 는 전치사로 분류되기도 하지만 주로 시간의 부사로 분류된다. 이 책 부사 부분에서 이 단어를 확인하라. مُذْ 는 거의 사용되지 않는다.

지금부터 영원까지	مُنْذُ الْآنَ إِلَى الْأَبَدِ
그는 나에게 1년전부터 그렇게 약속했다.	وَعَدَنِي بِذَلِكَ مُنْذُ سَنَةٍ.
나는 그 잡지의 창간 이래로 그를 알고 있다.	أَعْرِفُهُ مُنْذُ إِنْشَاءِ الْمَجَلَّةِ.
나는 금요일부터 그를 보지 못했다.	مَا رَأَيْتُهُ مُنْذُ يَوْمِ الْجُمْعَةِ.

2. 추가 전치사(حَرفُ الْجَرِّ الزَّائِدُ)에 대해

특별한 의미없이 추가되는 전치사를 말하는 것으로, 그것이 없어도 문장의 의미에 영향을 주지 않는 전치사를 말한다. 추가전치사로 사용되는 전치사는 مِنْ 과 بِ 그리고 كَ 이며, رُبَّ 는 추가 전치사와 용법이 비슷하지만 다른 점이 있어 유사 추가전치사(حَرْفُ الْجَرِّ شِبْهُ الزَّائِدِ)라 한다.

추가 전치사가 사용된 경우	추가 전치사가 없는 경우
مَا مِنْ طَالِبٍ فِي الْفَصْلِ.	مَا طَالِبٌ فِي الْفَصْلِ.
그 교실에 한 학생도 없다. (طَالِب이 명사문의 주어 자리에 있음)	
(오른쪽 문장은 추가전치사 مِنْ이 사용된 문장이다. 이 추가전치사 مِنْ은 왼쪽 문장에서와 같이 탈락시켜도 문장의 의미에 영향을 주지 않으며, 단지 طَالِب을 강조하기 위해 مِنْ을 사용하였을 뿐이다. طَالِب은 형태적으로 소유격 명사(اسْمٌ مَجْرُورٌ)로서 소유격을 취하였지만(مَجْرُورٌ لَفْظًا), 명사문의 주어(مُبْتَدَأٌ) 자리에 있다(مَرْفُوعٌ مَحَلًّا). طَالِب을 분해하면 اسْمٌ مَجْرُورٌ لَفْظًا مَرْفُوعٌ مَحَلًّا مُبْتَدَأٌ라 한다.)	
هَلْ تَرَى مِنْ دَاعٍ لِمُكَافَأَتِكَ؟	هَلْ تَرَى دَاعِيًا لِمُكَافَأَتِكَ؟
당신은 당신에게 보상을 해야 할 이유가 있다고 보십니까? (دَاعٍ이 동사의 목적어 자리에 있음)	
(오른쪽 문장에서 مِنْ은 추가전치사로서 왼쪽 문장과 같이 탈락시켜도 문장의 의미에 영향을 주지 않는다. دَاعٍ은 형태적으로 소유격 명사(اسْمٌ مَجْرُورٌ)로서 소유격을 취하였지만(مَجْرُورٌ لَفْظًا), 동사의 목적어(مَفْعُولٌ بِهِ) 자리에 있다(مَنْصُوبٌ مَحَلًّا). دَاعٍ를 분해하면 اسْمٌ مَجْرُورٌ لَفْظًا مَنْصُوبٌ مَحَلًّا مَفْعُولٌ بِهِ라 한다.)	

추가전치사는 위의 예에서처럼 문장의 기본적인 의미에는 변화를 주지않고 그 의미를 좀 더 강조(لِلتَّوْكِيدِ)하는 역할을 한다. 문학 아랍어나 꾸란 등의 고급 아랍어 용법으로 사용된다.

1) مِنْ 의 경우

추가전치사 مِنْ은 문장의 기본적인 의미에는 변화가 없고 의미를 좀 더 강조(لِلتَّوْكِيدِ)한다.

추가 전치사가 사용된 경우	추가 전치사가 없는 경우
مَا مِنْ مُطْرِبٍ أَوْ مُطْرِبَةٍ نَجَحَ.	مَا مُطْرِبٌ أَوْ مُطْرِبَةٌ نَجَحَ.
남자 가수나 여자 가수 한 사람도 성공하지 못했다.	
(추가전치사 뒤의 مُطْرِب는 주어(مُبْتَدَأٌ) 자리에 있다. 문장분해시 اسْمٌ مَجْرُورٌ لَفْظًا مَرْفُوعٌ مَحَلًّا مُبْتَدَأٌ라 한다.)	
هَلْ مِنْ صَدِيقٍ حَقِيقِيٌّ؟	هَلْ صَدِيقٌ حَقِيقِيٌّ؟
진실한 친구가 있는가? (Is there a real friend?)	
(추가전치사 뒤의 صَدِيق는 주어(مُبْتَدَأٌ) 자리에 있다. 문장분해시 اسْمٌ مَجْرُورٌ لَفْظًا مَرْفُوعٌ مَحَلًّا مُبْتَدَأٌ라 한다. حَقِيقِيٌّ은 술어(خَبَرٌ)이다.)	
هَلْ مِنْ خَالِقٍ غَيْرُ اللهِ؟	هَلْ خَالِقٌ غَيْرُ اللهِ؟
하나님 외에 창조자가 있는가?	
(추가전치사 뒤의 خَالِق는 주어(مُبْتَدَأٌ) 자리에 있다. 문장분해시 اسْمٌ مَجْرُورٌ لَفْظًا مَرْفُوعٌ مَحَلًّا مُبْتَدَأٌ라 한다.)	
مَا جَاءَنَا مِنْ بَشِيرٍ.	مَا جَاءَنَا بَشِيرٌ.
좋은 소식을 전하는 자가 우리에게 오지 않았다.(꾸란 5:19)	
(추가 전치사 뒤의 بَشِير는 동사문의 주어(فَاعِلٌ) 자리에 있다. 문장분해시 اسْمٌ مَجْرُورٌ لَفْظًا مَرْفُوعٌ مَحَلًّا فَاعِلٌ라 한다.)	

추가 전치사가 없는 경우	추가 전치사가 사용된 경우
مَا فَرَّطْنَا فِي الْكِتَابِ شَيْئًا.	مَّا فَرَّطْنَا فِي الْكِتَابِ مِن شَيْءٍ.
우리가 그 책에서 빠뜨리는 것은 없으니(꾸란6:38)	
(추가 전치사 뒤의 شيء는 목적어(مَفْعُولٌ بِهِ) 자리에 있다. 문장분해시 اسْمٌ مَجْرُورٌ لَفْظًا مَنْصُوبٌ مَحَلًّا مَفْعُولٌ بِهِ 라 한다.)	
مَا عَلَى الْمُحْسِنِينَ سَبِيلٌ.	مَا عَلَى الْمُحْسِنِينَ مِن سَبِيلٍ.
(책망할) 길이 선을 행하는 자들에게는 없으니(꾸란9:91)	
(추가 전치사 뒤의 سبيل는 주어(مُبْتَدَأٌ) 자리에 있다. 문장분해시 اسْمٌ مَجْرُورٌ لَفْظًا مَرْفُوعٌ مَحَلًّا مُبْتَدَأٌ 라 한다.)	

2) بِ 의 경우

추가전치사 بِ은 문장의 기본적인 의미에는 변화가 없고 의미를 좀 더 강조(لِلتَّوْكِيدِ)한다.

추가 전치사가 없는 경우	추가 전치사가 사용된 경우
مَا اللهُ ظَالِمًا لِلْعِبَادِ.	مَا اللهُ بِظَالِمٍ لِلْعِبَادِ.
하나님은 그의 종들에게는 불공정하지 않다. (추가전치사 بِ 뒤의 ظالم은 술어(خَبَرُ مَا الْعَامِلَةِ عَمَلَ لَيْسَ) 자리에 있다., لَيْسَ 기능을 하는 ما이므로 목적격 자리에 있다(مَنْصُوبٌ مَحَلًّا). 그러나 형태적으로 소유격을 취한다.(مَجْرُورٌ لَفْظًا)	
لَيْسَ الْفَقْرُ عَيْبًا.	لَيْسَ الْفَقْرُ بِعَيْبٍ.
가난이 수치인 것은 아니다. (추가전치사 뒤의 عيب 은 خَبَرُ لَيْسَ 자리에 있으며, 따라서 목적격 자리이다. (مَنْصُوبٌ مَحَلًّا) 문장분해는 اسْمٌ مَجْرُورٌ لَفْظًا مَنْصُوبٌ مَحَلًّا خَبَرُ لَيْسَ 이다.)	

** 한편 아래의 문장에서 بِ는 추가 전치사가 아니라 일반적인 전치사이다.

나는 의심할 것 없이 합격할 것이다.	سَأَنْجَحُ بِلَا شَكٍّ.
(لَا 는 부정어이며 شَكّ 는 소유격 명사)	

3) كَ 의 경우

전치사 كَ 가 مِثْل 과 함께 부정문에서 사용되어 최고란 의미를 강조(لِلتَّوْكِيدِ)한다. 그러나 기본적인 의미에는 영향을 주지 않는다.

추가 전치사가 없는 경우	추가 전치사가 사용된 경우
لَيْسَ مِثْلَهُ شَيْءٌ.	لَيْسَ كَمِثْلِهِ شَيْءٌ.
그와같은 것은 없다. (There is nothing like him or like it.)	
(추가전치사 كَ 뒤의 مِثْلِهِ 는 لَيْسَ 문장의 술어(خَبَرُ لَيْسَ مُقَدَّمٌ) 자리에 있으며, 따라서 목적격 자리(مَنْصُوبٌ مَحَلًّا)에 있고, 형태적으로 소유격을 취한다 (مَجْرُورٌ لَفْظًا).	
لَيْسَ مِثْلَ التُّفَّاحِ فَاكِهَةٌ.	لَيْسَ كَمِثْلِ التُّفَّاحِ فَاكِهَةٌ.
사과와 같은 과일은 없다. (There is no fruit like apple.) مِثْل 는 اسْمٌ مَجْرُورٌ لَفْظًا مَنْصُوبٌ مَحَلًّا خَبَرُ لَيْسَ مُقَدَّمٌ 이다.)	

4) رُبَّ의 경우

지금까지의 추가전치사들은 문장에서 사용될 경우 그 의미에 영향을 주지 않는 것들이었고, 생략해도 되는 것들이었다. 그러나 رُبَّ 의 경우 의미에 영향이 있으며, 따라서 그것을 생략할 수 없다. 문장의 의미는 رُبَّ 의 독특한 의미가 문장에 반영된다. 이러한 용법의 차이 때문에 رُبَّ 를 '유사 추가전치사(حَرْفُ الْجَرِّ شِبْهُ الزَّائِدِ)' 라고 한다. رُبَّ 의 의미는 maybe 의 의미로서 '아마도 ..일 수 있다', '어쩌면 ..일 수 있다'로 번역된다.

어쩌면 당신의 엄마가 낳지 않은 형제가 너에게 있을 수도 있다.(형제 같은 친구가 있을 수도 있다는 속담)	رُبَّ أَخٍ لَكَ لَمْ تَلِدْهُ أُمُّكَ.
어쩌면 현명한 원수가 무식한 친구보다 나을 수 있다.	رُبَّ عَدُوٍّ عَاقِلٍ خَيْرٌ مِنْ صَدِيقٍ جَاهِلٍ.
어쩌면 친구가 형제보다 더 유용할 수도 있다.	رُبَّ صَدِيقٍ أَنْفَعُ مِنْ شَقِيقٍ.

➜ رُبَّ 는 탈락시키면 의미가 통하지 않기에 탈락시킬 수 없다. 그러나 앞에서 배운 다른 추가전치사들은 탈락시켜도 의미가 통한다.

➜ رُبَّ 가 문장에서 사용된 경우 그 뒤에 온 명사는 형태적으로 소유격을 취한다.(مَجْرُورٌ لَفْظًا)

➜ 위의 رُبَّ 뒤에 오는 단어의 격변화(إِعْرَابٌ)는 اسْمٌ مَجْرُورٌ لَفْظًا مَرْفُوعٌ مَحَلًّا مُبْتَدَأً 이다. رُبَّ 뒤에 오는 소유격 명사는 반드시 비한정 명사이어야 한다.

** رُبَّمَا 의 경우

رُبَّمَا 는 추가전치사 رُبَّ 뒤에 مَا (مَا كَافَّة)를 붙인 형태로서 رُبَّ 와 같은 의미로 사용되며, رُبَّمَا 뒤에 소유격 명사가 오지 않고 원래의 문장의 격변화를 한다. رُبَّ 뒤에는 명사문만 올 수 있는 반면, رُبَّمَا 뒤에는 명사문과 동사문 문장이 다 올 수 있다.

친구가 형제보다 더 유용할지도 모른다. (صَدِيقٌ 이 주어(مُبْتَدَأً)이다.)	رُبَّمَا صَدِيقٌ أَنْفَعُ مِنْ شَقِيقٍ.
아마도 그 아이들은 교실에 있을 것이다. (الْأَوْلَادُ 가 주어(مُبْتَدَأً)이다.)	رُبَّمَا الْأَوْلَادُ فِي الْفَصْلِ.
아마도 나는 내일 여행할 것이다. (رُبَّمَا 뒤에 동사문이 왔다.)	رُبَّمَا أُسَافِرُ غَدًا.

➜ رُبَّمَا 는 그 뒤에 오는 단어의 격변화에 아무런 영향을 주지 않는다.

➜ رُبَّمَا 문장의 주어(مُبْتَدَأً)는 한정명사와 비한정명사 둘 다 올 수 있다.

➜ رُبَّ 와 رُبَّمَا 의 의미는 같다.

➜ 여기에 사용된 مَا 를 مَا كَافَّة 이라고 하는데 رُبَّ 뒤에 와서 رُبَّ 의 기능을 멈추게 하는 역할을 한다. 여기에 대해서는 이 책 부록 부분에서 공부하라.

3. 전치사 뒤에 문장이 오는 경우

지금까지 우리는 전치사 뒤에 소유격 명사(اسْمٌ مَجْرُورٌ)가 오는 것을 배웠다. 그런데 아랍어 문장에서 전치사 뒤의 소유격 명사 자리에 한 단어가 오는 것이 아니라 문장이 오는 경우들도 있다. 그러한 문장을 전치사 뒤에 평서문이 오는 경우와 의문문이 오는 경우로 나누어서 공부하자.

1) 전치사 뒤에 평서문이 오는 경우

전치사 뒤에 평서문이 오는 경우를 세 가지로 나눌 수 있다. 관계대명사 مَنْ 이 이끄는 문장이 오는 경우, 관계대명사(혹은 풀어쓴 동명사를 이끄는 불변사) مَا 가 이끄는 문장이 오는 경우, 그리고 풀어쓴 동명사를 이끄는 불변사 أَنْ 이 이끄는 문장이 오는 경우가 있다.

	전치사		(1) 전치사 뒤에 مَنْ 이 오는 경우	(2) 전치사 뒤에 مَا 가 오는 경우	(3) 전치사 뒤에 أَنْ 이 오는 경우
①	..으로부터 (from)	مِنْ	مِنْ مَنْ (أَوْ مِمَّنْ)..	مِمَّا ...	مِنْ أَنْ ...
②	..에게(to)	إِلَى	إِلَى مَنْ ...	إِلَى مَا ...	إِلَى أَنْ ...
③	..안에(in)	فِي	فِيمَنْ ...	فِيمَا ...	فِي أَنْ ...
④	..에 대해(about)	عَنْ	عَنْ مَنْ (أَوْ عَمَّنْ)..	عَمَّا ...	عَنْ أَنْ ...
⑤	..위에(on), 에 (at)	عَلَى	عَلَى مَنْ ...	عَلَى مَا ...	عَلَى أَنْ ...
⑥	..안에(in), ..와 함께 (with), ..으로(by)	بِ	بِمَنْ ...	بِمَا ...	بِأَنْ ...
⑦	..을위해(for), ..에게(to)	لِ	لِمَنْ ...	لِمَا ...	لِأَنْ ...
⑧	.. 처럼, 같이	كَ	كَمَنْ ...	كَمَا ...	

→ 위의 (1)의 경우 전치사 뒤에 소유격 명사가 올 자리에 사람에 대한 문장이 와야 할 경우 관계대명사 مَنْ 이 사용되고 그 뒤에 관계종속절이 온다. 이때 관계대명사 مَنْ 이 후연결어가 되며 그 뒤의 문장은 관계종속절이 된다.

→ 위의 (2)의 경우 전치사 뒤에 소유격 명사가 올 자리에 사물에 대한 문장이 와야할 경우 관계대명사 مَا 혹은 풀어쓴 동명사를 이끄는 불변사 مَا 가 사용된다. 이 مَا 가 관계대명사인 경우 이 مَا 단어가 후연결어가 되며 그 뒤의 문장은 관계종속절이 된다. 이 مَا 가 풀어쓴 동명사를 이끄는 불변사일 경우 مَا 이후의 문장 전체가 풀어쓴 동명사가 절이 되며 이 절은 소유격 자리에 있게 된다.

→ 위의 (3)의 경우 전치사 뒤에 풀어쓴 동명사 절이 온다. 이 경우는 몇 가지 조건 하에서 사용된다. 이 풀어쓴 동명사 절은 소유격 자리에 있게 된다.

(1) 전치사 뒤에 مَنْ 이 오는 경우

전치사 뒤에 소유격 명사가 올 자리에 사람에 대한 문장이 와야할 경우 관계대명사 مَنْ 이 이끄는 관계종속절이 온다. 이때 مَنْ 이 후연결어가 되며 그 뒤의 문장은 관계종속절이 된다. 이 때의 مَنْ 은 관계대명사의 명사적 용법이다.

예문들

①	나는 승리자들에게 상을 제공하는 사람으로부터 상을 수령했다.	اِسْتَلَمْتُ الْجَائِزَةَ مِنْ مَنْ يُقَدِّمُهَا لِلْفَائِزِينَ.
	우리는 그 음식을 제공하는 사람으로부터 음식을 취했다(먹었다).	أَخَذْنَا الطَّعَامَ مِمَّنْ يُقَدِّمُهُ.
②	나는 그 이슈에 관심있는 사람에게 그 편지를 보내었다.	أَرْسَلْتُ الْخِطَابَ إِلَى مَنْ يَهُمُّهُ الْأَمْرُ.
	나는 나를 사랑하는 사람에게로 여행을 떠났다.	سَافَرْتُ إِلَى مَنْ يُحِبُّنِي.
③	나는 나를 생각하는 사람을 생각한다.	أُفَكِّرُ فِي مَنْ يُفَكِّرُ فِيَّ.
	내 말은 듣는 사람에게 영향을 주었다.	أَثَّرَ كَلَامِي فِي مَنْ يَسْتَمِعُ.
④	그 디렉터는 그 경기에 승리한 사람에 대해서 말하고 있다.	يَتَكَلَّمُ الْمُدِيرُ عَنْ مَنْ فَازَ فِي الْمُنَافَسَةِ.
	항상 당신을 사랑하는 사람을 찾으라.	اِبْحَثْ عَمَّنْ يُحِبُّكَ دَائِمًا.
⑤	나는 나를 더 도와주는 사람을 의지한다.	أَعْتَمِدُ عَلَى مَنْ يُسَاعِدُنِي أَكْثَرَ.
	그 군대들은 그들에게 총을 발사한 사람을 공격했다.	هَجَمَ الْجُنُودُ عَلَى مَنْ أَطْلَقَ النَّارَ عَلَيْهِمْ.
⑥	나는 나의 필요를 공급하는 사람을 믿었다.	آمَنْتُ بِمَنْ يَرْزُقُنِي.
	나는 마지막에 나를 도왔던 사람에게 도움을 구했다.	اِسْتَعَنْتُ بِمَنْ سَاعَدَنِي آخِرَ مَرَّةٍ.
⑦	그 교수는 늦게 들어온 사람을 용서했다.	سَمَحَ الْأُسْتَاذُ لِمَنْ تَأَخَّرَ بِالدُّخُولِ.
	우리는 음식이 필요한 사람에게 음식을 준다.	نُعْطِي الطَّعَامَ لِمَنْ يَحْتَاجُهُ.
⑧	그 소년은 술을 먹은 사람처럼 걷는다.	يَمْشِي الْوَلَدُ كَمَنْ شَرِبَ الْخَمْرَ.
	나는 다시는 먹지 않을 사람처럼 먹는다. (많이 먹는 다는 말)	آكُلُ كَمَنْ لَنْ يَأْكُلَ مَرَّةً أُخْرَى.
	왜냐하면 그는 자신에게 권세가 있는 사람처럼 그들을 가르쳤었다.(성경 마7:29)	لِأَنَّهُ كَانَ يُعَلِّمُهُمْ كَمَنْ لَهُ سُلْطَانٌ.

→위의 مَنْ 은 관계대명사로 사용되었기 때문에 그 자리에 الَّذِي/الَّتِي 를 사용할 수도 있다. 그러나 위의 مَنْ 이 더 많이 사용된다.

→위의 문장들에서 연결의 인칭대명사가 어떤 것인지 확인해 보자.

(2) 전치사 뒤에 ما 가 오는 경우

전치사 뒤에 소유격 명사가 올 자리에 사물에 대한 문장이 와야 할 경우 ما 가 이끄는 문장이 온다. 이 때의 ما 는 관계대명사 ما 혹은 풀어쓴 동명사를 이끄는 ما 이다. 이 ما 가 관계대명사인 경우 이 단어가 후연결어가 되며 그 뒤의 문장은 관계종속절이라 한다. 또한 이 ما 가 풀어쓴 동명사를 이끄는 ما 가 될 수도 있는데 그 경우는 아래의 * 문장과 같이 대개 연결의 인칭대명사가 사용되지 않고 그 내용을 일반 동명사로 전환할 수 있는 경우이다.

예문들

①	이 의자는 중국에서 우리가 수입한 것으로 만들어졌다.		هَذَا الْكُرْسِيُّ صُنِعَ مِمَّا اسْتَوْرَدْنَاهُ مِنَ الصِّينِ.
	나는 내 아버지가 나에게 주는 것 가운데서 먹었다.		أَكَلْتُ مِمَّا أَعْطَانِي أَبِي.
	나는 당신이 말하는 것으로부터 놀랐다.	*	عَجِبْتُ مِمَّا تَتَكَلَّمُ. (= مِنْ كَلَامِكَ)
②	나는 당신이 쳐다보고있는 그것을 쳐다보고 있다.		أَنْظُرُ إِلَى مَا تَنْظُرُ إِلَيْهِ.
	나는 당신이 여행하는 그곳으로 여행하길 좋아한다.		أُحِبُّ السَّفَرَ إِلَى مَا تُسَافِرُ إِلَيْهِ.
	우리는 당신이 노래하는 그것을 들었다.	*	اسْتَمَعْنَا إِلَى مَا تَغَنِّي. (= إِلَى غِنَائِكَ)
③	나는 내가 기대하는 그것을 생각하고 있다.		أُفَكِّرُ فِيمَا أَتَمَنَّاهُ.
	나는 당신이 거주하는 그곳에서 자동차를 운전한다.		أَقُودُ السَّيَّارَةَ فِيمَا تَسْكُنُ فِيهِ.
	나는 당신이 말하는 것을 생각한다.	*	أُفَكِّرُ فِيمَا تَقُولُ. (= فِي قَوْلِكَ)
④	나는 여행에서 내가 필요한 것에 대해서 찾아보고 있다.		أَبْحَثُ عَمَّا أَحْتَاجُهُ فِي الرِّحْلَةِ.
	나는 내 아버지가 나에게 경고한 그것으로부터 멀리 떠나갔다.		ابْتَعَدْتُ عَمَّا حَذَّرَنِي مِنْهُ أَبِي.
	나는 당신이 논하는 그것에 대해 말하지 않을 것이다.	*	لَنْ أَتَكَلَّمَ عَمَّا تُنَاقِشُ. (= عَنْ مُنَاقَشَتِكَ)
⑤	나는 어제 내가 구입했던 그것 위에 앉아있다.		أَجْلِسُ عَلَى مَا اشْتَرَيْتُهُ أَمْسِ.
	가난한 사람들은 부자들로부터 얻은 것으로 살아간다.		يَعِيشُ الْفُقَرَاءُ عَلَى مَا يَأْخُذُونَهُ مِنَ الْأَغْنِيَاءِ.
	나는 당신이 주는 것에 의존한다.	*	أَعْتَمِدُ عَلَى مَا تَمْنَحُنِي. (= عَلَى مَنْحِكَ)
⑥	나는 내 아버지가 허락한 그것으로(그것을 타고) 학교에 간다.		أَذْهَبُ إِلَى الْمَدْرَسَةِ بِمَا سَمَحَ لِي أَبِي بِهِ.
	나는 내가 편안하게 느끼는 것(운송수단 가운데서)으로 여행한다.		أُسَافِرُ بِمَا أَرْتَاحُ فِيهِ.
	나는 당신이 말하는 것에 개의치 않는다.	*	لَا أَكْتَرِثُ بِمَا تَقُولُ. (= بِقَوْلِكَ)
⑦	나는 어제 발생한 일로 인해 늦었었다.		كُنْتُ مُتَأَخِّرًا لِمَا حَدَثَ أَمْسِ.
	나는 나의 아버지가 말한 그것을 주의깊게 들었다.		اسْتَمَعْتُ لِمَا قَالَهُ أَبِي.

485

⑧	만수르는 물고기가 수영하는 것처럼 바다에서 수영한다.	يَسْبَحُ مَنْصُورٌ فِي الْبَحْرِ كَمَا تَسْبَحُ السَّمَكَةُ.
	내가 너를 도운 것처럼 나를 도와라.(like) 내가 너를 도운 그대로 나를 도와라.(just as)	سَاعِدْنِي كَمَا سَاعَدْتُكَ.

→ 위에서 * 문장들에 사용된 مَا 는 풀어쓴 동명사의 مَا 이다.
→ 위의 مَا 가 관계대명사로 사용될 경우 그것을 الَّذِي/الَّتِي 로 바꿔 사용할 수 있다. 그러나 مَا 가 더 많이 사용된다. 관계대명사로 사용된 경우에는 연결의 인칭대명사가 사용된다. 위에서 찾아보자.
→ 위에서 전치사 كَ 뒤에 절을 이끄는 관계대명사 مَا 가 온 형태인 كَمَا 는 '전치사 كَ + مَا'의 구조이지만 'كَمَا' 자체를 하나의 접속사(connector)로 보는 것이 낫다. كَمَا 에 대해서는 이 책 '여러 가지 접속사에 대해' 부분의 'كَمَا 의 세 가지 의미' 부분을 보라.

(3) 전치사 뒤에 أَنْ 이 이끄는 풀어쓴 동명사 절이 오는 경우

전치사 뒤에 문장이 أَنْ 로 시작하는 풀어쓴 동명사 문장이 오는 경우이다. أَنْ 뒤에 풀어쓴 동명사가 사용될 경우 동사는 반드시 미완료형 동사의 접속법(مَنْصُوب)을 사용한다. 또한 이 문장의 경우 위의 مَنْ 이나 مَا 와는 달리 문장이 성립되는 조건이 있다. 아래의 두 가지 조건과 예문을 보자.

a. 전치사가 '동사 + 전치사' 관용어(숙어)에서 와야 한다.

문장에 사용된 전치사가 '동사 + 전치사' 관용구로 사용되는 경우이어야 하며 그 전치사 뒤에 문장이 사용되는 경우이다. '동사 + 전치사' 이기에 사용되는 동사는 대부분 자동사이다.

내 아버지는 내가 밤에 늦는 것을 허락하신다.	يَسْمَحُ أَبِي بِأَنْ أَتَأَخَّرَ لَيْلاً.
나는 그 아기가 땅에 넘어지는 것을 두려워한다.	أَخَافُ مِنْ أَنْ يَسْقُطَ الطِّفْلُ عَلَى الأَرْضِ.

한편 다음과 같은 동사는 전치사를 필요로 하는 동사가 아니기 때문에 그 뒤에 전치사가 오지 않고 풀어쓴 동명사가 바로 사용된다. 다음 과인 '풀어쓴 동명사에 대해' 부분에서 공부하라.

나는 내가 서양 장기 놀이하는 것을 좋아한다.	أُحِبُّ أَنْ أَلْعَبَ الشِّطْرَنْجَ.

b. 동사가 상태를 묘사하는 동사이어야 한다.

아래의 A 문장에 사용된 동사는 상태를 묘사하는 상태동사이고 B 문장에 사용된 동사는 '동사 + 전치사' 문장이지만 그 동사가 동작을 묘사하는 동작동사이다. 이와 같이 전치사 뒤에 أَنْ 이 이끄는 풀어쓴 동명사로 사용되기 위해서는 '동사 + 전치사'에 사용된 동사가 동작을 묘사하는 것이 아니라 상태를 묘사하는 동사이어야 한다.

A	전쟁은 사람들이 죽는 결과를 초래했다.	الْحَرْبُ أَدَّتْ إِلَى أَنْ يَمُوتَ النَّاسُ.(o)
	그 출마자는 가난한 사람들이 자신을 선출할 것이라고 장담(to bet)했다.	يُرَاهِنُ الْمُرَشَّحُ عَلَى أَنْ يَنْتَخِبَهُ الْفُقَرَاءُ.(o)
B	يَذْهَبُ إِلَى 와 خَرَجَ مِنْ يَذْهَبُ إِلَى 은 '동사 + 전치사'의 관용구이지만 그 의미가 동작을 나타내므로 이 구문에 사용되지 않는다.	يَذْهَبُ إِلَى أَنْ يَعْمَلَ. (×)
		خَرَجَ مِنْ أَنْ يَقُولَ. (×)

예문들

①	나는 실패하는 것을 두려워한다.	أَخَافُ مِنْ أَنْ أَفْشَلَ.
	내 아버지는 내가 말을 많이 하는 것을 염려하신다.	يَقْلَقُ أَبِي مِنْ أَنْ أَتَكَلَّمَ كَثِيرًا.
②	나는 내 친구가 내 결혼식에 참석하도록 초청하였다.	دَعَوْتُ صَدِيقِي إِلَى أَنْ يَحْضُرَ حَفْلَ زَوَاجِي.
	경제 조치들은 국민들이 통치자에 반해 혁명을 일으키게 했다.	الْقَرَارَاتُ الاِقْتِصَادِيَّةُ سَتُؤَدِّي إِلَى أَنْ يَثُورَ الشَّعْبُ عَلَى الْحَاكِمِ.
③	나는 여행을 고려하고 있다.	أُفَكِّرُ فِي أَنْ أُسَافِرَ.
	우리는 그 경기에서 승리하는 것에 집중하고 있다.	نُرَكِّزُ فِي أَنْ نَفُوزَ بِالْمُبَارَاةِ.
④	나는 그 호텔에 방 두 개를 예약하는 것을 요청했다.(to inquire)	سَأَلْتُ عَنْ أَنْ أَحْجِزَ غُرْفَتَيْنِ فِي الْفُنْدُقِ.
	그 젊은 여자는 그녀의 가족에 의지하는 것 없이 지냈다.	اسْتَغْنَتِ الْفَتَاةُ عَنْ أَنْ تَعْتَمِدَ عَلَى أَهْلِهَا.
⑤	그 학생은 새로운 단어들을 암기하는 것에 집중했다.	رَكَّزَ الطَّالِبُ عَلَى أَنْ يَحْفَظَ الْكَلِمَاتِ الْجَدِيدَةَ.
	나는 내 남동생(형)이 일하도록 격려했다.	شَجَّعْتُ أَخِي عَلَى أَنْ يَعْمَلَ.
⑥	내 디렉터는 내가 모임을 준비해야 한다는 것을 전해주었다.	أَخْبَرَنِي مُدِيرِي بِأَنْ أَسْتَعِدَّ لِلاِجْتِمَاعِ.
	나는 나의 친척들이 나를 방문하는 것을 환영한다.	رَحَّبْتُ بِأَنْ يَزُورَنِي أَقَارِبِي.
⑦	그 군인은 죽임당하는 것을 위해 준비가 되었었다.	كَانَ الْجُنْدِيُّ مُسْتَعِدًّا لأَنْ يُقْتَلَ.
	나는 내가 사랑하는 여인과 결혼하기 위해 노력했다.	سَعَيْتُ لأَنْ أَتَزَوَّجَ حَبِيبَتِي.

→ 위의 예문들에서 أن 이후의 풀어쓴 동명사 문장의 동사가 미완료형 접속법을 취한 것을 확인하라.
→ 풀어쓴 동명사에 대해서는 다음과에서 자세히 다룬다.

2) 전치사 뒤에 의문문이 오는 경우

의문문 가운데 전치사 뒤의 소유격 명사 자리에 문장이 오는 경우이다. 그것을 전치사 뒤에 의문사 مَنْ이 온 경우와 의문사 مَا가 온 경우로 나누어서 살펴본다.

이 경우의 مَنْ 과 مَا 는 의문대명사(اسْمُ الاسْتِفْهَامِ)이고 앞에서 다루었던 مَنْ 과 مَا 는 관계대명사(الاسْمُ الْمَوْصُولُ)로 종류가 다른 것을 확인하라.

(1) 전치사 뒤에 의문사 مَنْ이 오는 경우

	의미	분해	전치사 결합형
①	...으로부터(from)	مِنْ + مَنْ	مِمَّنْ (أو مِنْ مَنْ)
②	..에게(to)	إِلَى + مَنْ	إِلَى مَنْ
③	..안에(in)	فِي + مَنْ	فِي مَنْ
④	..에 대해(about)	عَنْ + مَنْ	عَنْ مَنْ
⑤	..위에(on), 에(at)	عَلَى + مَنْ	عَلَى مَنْ
⑥	..안에(in), ..와 함께(with), ..으로 (by)	بِـ + مَنْ	بِمَنْ
⑦	..을 위해(for), ..에게(to)	لِـ + مَنْ	لِمَنْ
⑧	..와 같이, ..처럼	كَ + مَنْ	كَمَنْ

→ 이때의 مَنْ 은 관계대명사가 아니라 의문대명사(اسْمُ الاسْتِفْهَامِ) 이다. 이 책 '의문문에 대해' 부분에서 확인하라.

예문

①	당신은 누구로부터 이 책을 얻었습니까?		مِمَّنْ (أو مِنْ مَنْ) أَخَذْتَ هَذَا الْكِتَابَ؟
	주님이 나의 손을 잡고 있는데 내가 무엇을 두려워 하리요?!		مِمَّنْ (أو مِنْ مَنْ) أَخَافُ وَالرَّبُّ مُمْسِكٌ يَدِي؟!
②	당신은 그 선물을 누구에게 보내실 것입니까?		إِلَى مَنْ سَتُرْسِلُ الْهَدِيَّةَ؟
	당신은 누구에게 가길 원하십니까?		إِلَى مَنْ تُرِيدُ أَنْ تَذْهَبَ؟
③	당신은 누구를 생각하십니까?		فِي مَنْ تُفَكِّرُ؟
	당신의 공동체에서 당신은 누구에게 영향을 미칩니까?		فِي مَنْ تُؤَثِّرُ فِي مُجْتَمَعِكَ؟
④	그 선생님은 누구에 대해서 찾고/검색하고 있습니까?		عَنْ مَنْ يَبْحَثُ الْمُدَرِّسُ؟
	그 앵커는 무엇에 대해서 말하고 있습니까?		عَنْ مَنْ يَتَحَدَّثُ الْمُذِيعُ؟
⑤	당신(f.)은 당신의 삶에서 누구를 의지합니까?		عَلَى مَنْ تَعْتَمِدِينَ فِي حَيَاتِكِ؟
	당신이 학교에서 돌아 올 때 누구에게 인사합니까?		عَلَى مَنْ تُسَلِّمُ وَأَنْتَ رَاجِعٌ مِنَ الْمَدْرَسَةِ؟

⑥	당신은 당신의 문제들 가운데 누구에게 도움을 요청합니까?	بِمَنْ تَسْتَعِينُ فِي مَشَاكِلِكَ؟
	당신은 누구를 믿습니까?	بِمَنْ تُؤْمِنُ؟
⑦	그 편지가 누구에게 도착했습니까?	لِمَنْ وَصَلَتِ الرِّسَالَةُ؟
	당신은 누구에게 그 선물을 주겠습니까?	لِمَنْ سَتُعْطِي الْهَدِيَّةَ؟
⑧	A : 한국에는 많은 과학자들이 있습니다.	أ : كُورِيَا فِيهَا عُلَمَاءُ كَثِيرُونَ.
	B : 누구 말입니까?(누구와 같은 사람들말입니까?)	ب : كَمَنْ؟ (= مِثْلَ مَنْ؟) *

→ * 의 كَمَنْ 은 위의 예문에서와 같이 한 단어로서 사용되는 문장에서만 사용된다.

→ 위의 예문에 사용된 전치사들은 문장에 사용된 동사와 밀접한 관련을 가진다. 때문에 이들 의문문에 대해 답을 할 때에는 그 전치사를 사용해 주어야 한다.

** 위의 문장은 다음과 같이 مَنْ 뒤에 관계대명사 الَّذِي 가 사용된 문장으로 전환해 주어도 같은 의미이다. 이 경우 의문사와 함께 사용되었던 전치사가 연결의 인칭대명사와 함께 사용되어야 한다.

①	당신은 누구로부터 이 책을 얻었습니까?	مَنْ الَّذِي أَخَذْتَ هَذَا الْكِتَابَ مِنْهُ؟
	주님이 나의 손을 잡고 있는데 내가 무엇을 두려워 하리요?!	مَنْ الَّذِي أَخَافُ مِنْهُ وَالرَّبُّ مُمْسِكٌ يَدِي؟!
②	당신은 그 선물을 누구에게 보내실 것입니까?	مَنْ الَّذِي سَتُرْسِلُ الْهَدِيَّةَ إِلَيْهِ؟
	당신은 누구에게 가길 원하십니까?	مَنْ الَّذِي تُرِيدُ أَنْ تَذْهَبَ إِلَيْهِ؟
③	당신은 누구를 생각하십니까?	مَنْ الَّذِي تُفَكِّرُ فِيهِ؟
	당신의 공동체에서 당신은 누구에게 영향을 미칩니까?	مَنْ الَّذِي تُؤَثِّرُ فِيهِ فِي مُجْتَمَعِكَ؟
④	그 선생님은 누구에 대해서 찾고/검색하고 있습니까?	مَنْ الَّذِي يَبْحَثُ الْمُدَرِّسُ عَنْهُ؟
	그 앵커는 무엇에 대해서 말하고 있습니까?	مَنْ الَّذِي يَتَحَدَّثُ عَنْهُ الْمُذِيعُ؟
⑤	당신(f.)은 당신의 삶에서 누구를 의지합니까?	مَنْ الَّذِي تَعْتَمِدِينَ عَلَيْهِ فِي حَيَاتِكِ؟
	당신이 학교에서 돌아 올 때 누구에게 인사합니까?	مَنْ الَّذِي تُسَلِّمُ عَلَيْهِ وَأَنْتَ رَاجِعٌ مِنَ الْمَدْرَسَةِ؟
⑥	당신은 당신의 문제들 가운데 누구에게 도움을 요청합니까?	مَنْ الَّذِي تَسْتَعِينُ فِي مَشَاكِلِكَ بِهِ؟
	당신은 누구를 믿습니까?	مَنْ الَّذِي تُؤْمِنُ بِهِ؟
⑦	그 편지가 누구에게 도착했습니까?	مَنْ الَّذِي وَصَلَتِ الرِّسَالَةُ لَهُ؟
	당신은 누구에게 그 선물을 주겠습니까?	مَنْ الَّذِي سَتُعْطِي لَهُ الْهَدِيَّةَ؟

(2) 전치사 뒤에 의문사 مَا 가 오는 경우

전치사 뒤에 평서문이 올 경우 아래와 같이 의문대명사(اسْمُ الاسْتِفْهَام) مَا 에서 ا이 탈락한 꼴인 مَ 꼴을 사용한다. 그 뒤에는 동사문이 온다.

	의미	분해	전치사 결합형
①	...으로부터(from)	مِنْ + مَا	مِمَّ
②	..에게(to)	إِلَى + مَا	إلَامَ
③	..안에(in)	فِي + مَا	فِيمَ
④	..에 대해(about)	عَنْ + مَا	عَمَّ
⑤	..위에(on), 에(at)	عَلَى + مَا	عَلَامَ
⑥	..안에(in), ..와 함께(with), ..으로 (by)	بِ + مَا	بِمَ
⑦	왜 (why)	لِ + مَا	لِمَ
⑧	×	كَ + مَا	كَمَ

→ 위의 전치사 결합형에서 ا이 탈락한 것을 확인하라.
→ 이때의 مَا 는 관계대명사가 아니라 의문대명사(اسْمُ الاسْتِفْهَام) 이다. 이 책 '의문문에 대해'를 보라.
→ ⑦의 لِمَ 는 لِمَاذَا 의 의미 즉 '왜' 의 의미로 사용된다.
→ ⑧의 كَمَ 는 의문문에서 사용되지 않는다.

예문

①	이 의자는 무엇으로 만들어졌습니까??	مِمَّ صُنِعَ هَذَا الْكُرْسِيُّ؟
	컴퓨터는 무엇으로 구성되어 있습니까?	مِمَّ يَتَكَوَّنُ الْكَمْبِيُوتَر؟
②	당신은 무엇을 쳐다보고 있습니까?	إلَامَ تَنْظُرُ؟
	그 학생은 무엇을 청취하고 있습니까?	إلَامَ يَسْتَمِعُ الطَّالِبُ؟
③	당신은 무엇을 생각하고 있습니까?	فِيمَ تُفَكِّرُ؟
	그 작가는 무엇에 집중하고 있습니까?	فِيمَ يُرَكِّزُ الْكَاتِبُ؟
④	당신은 무엇을 찾고 있습니까?	عَمَّ تَبْحَثُ؟
	그 학생은 무엇에 대해서 (스스로에게) 질문합니까?	عَمَّ يَتَسَاءَلُ الطَّالِبُ؟
⑤	당신은 무엇 위에 앉아있습니까?	عَلَامَ تَجْلِسُ؟
	그 아기는 무엇을 의지하고 있습니까?	عَلَامَ يَعْتَمِدُ الطِّفْلُ؟

⑥	당신은 학교에 무엇으로(무엇을 타고) 갑니까?	بِمَ تَذْهَبُ إِلَى الْمَدْرَسَةِ؟	
	백성은 무엇을 요구합니까?	بِمَ يُطَالِبُ الشَّعْبُ؟	
⑦	오늘 당신이 늦은 이유는 뭡니까?	لِمَ كُنْتَ مُتَأَخِّرًا الْيَوْمَ؟	
	당신은 결정하는데 왜 성급하십니까?	لِمَ تَتَسَرَّعُ فِي اتِّخَاذِ الْقَرَارِ؟	

→ 위의 예문에 사용된 전치사들은 문장에 사용된 동사와 밀접한 관련을 가진다. 때문에 이들 의문문에 대해 답을 할 때에는 그 전치사를 사용해 주어야 한다.

→ 위의 ⑦번의 لِمَ 는 لِمَاذَا 의 의미 즉 '왜'의 의미로 사용되었다.

** 위의 문장은 다음과 같이 مَنْ 뒤에 관계대명사 الَّذِي 가 사용된 문장으로 전환해 주어도 같은 의미이다. 이 경우 의문사와 함께 사용되었던 전치사가 연결의 인칭대명사와 함께 사용되어야 한다.

①	이 의자는 무엇으로 만들어졌습니까?	مَا الَّذِي صُنِعَ هَذَا الْكُرْسِيُّ مِنْهُ؟
	컴퓨터는 무엇으로 구성되어 있습니까?	مَا الَّذِي يَتَكَوَّنُ مِنْهُ الْكُمْبِيُوتَرُ؟
②	당신은 무엇을 쳐다보고 있습니까?	مَا الَّذِي تَنْظُرُ إِلَيْهِ؟
	그 학생은 무엇을 청취하고 있습니까?	مَا الَّذِي يَسْتَمِعُ إِلَيْهِ الطَّالِبُ؟
③	당신은 무엇을 생각하고 있습니까?	مَا الَّذِي تُفَكِّرُ فِيهِ؟
	그 작가는 무엇에 집중하고 있습니까?	مَا الَّذِي يُرَكِّزُ فِيهِ الْكَاتِبُ؟
④	당신은 무엇을 찾고 있습니까?	مَا الَّذِي تَبْحَثُ عَنْهُ؟
	그 학생은 무엇에 대해서 (스스로에게) 질문합니까?	مَا الَّذِي يَتَسَاءَلُ عَنْهُ الطَّالِبُ؟
⑤	당신은 무엇 위에 앉아있습니까?	مَا الَّذِي تَجْلِسُ عَلَيْهِ؟
	그 아기는 무엇을 의지하고 있습니까?	مَا الَّذِي يَعْتَمِدُ عَلَيْهِ الطِّفْلُ؟
⑥	당신은 학교에 무엇으로(무엇을 타고) 갑니까?	مَا الَّذِي تَذْهَبُ بِهِ إِلَى الْمَدْرَسَةِ؟
	백성은 무엇을 요구합니까?	مَا الَّذِي يُطَالِبُ بِهِ الشَّعْبُ؟

4. 후연결어(اَلْمُضَافُ إِلَيْهِ)에 대해

연결형 구문에서 후연결어(اَلْمُضَافُ إِلَيْهِ)는 항상 소유격을 취한다. 후연결어에는 한정명사가 올 수도 있고 비한정 명사가 올 수도 있으며, 고유명사나 인칭대명사가 올 수도 있고, 후연결어 부분에 문장이 올 수도 있다. 아래를 보자.

1) 후연결어가 단어인 경우

(1) 후연결어가 보통명사인 경우

a. 후연결어가 한정명사(اَلْمَعْرِفَة)인 경우

그 딸의 (그) 펜은 새 것이다.	قَلَمُ الْبِنْتِ جَدِيدٌ.
이것은 그 학생의 (그) 책이다.	هَذَا كِتَابُ الطَّالِبِ.
나는 그 이야기(소설)를 읽는 것을 좋아한다.	أُحِبُّ قِرَاءَةَ الْقِصَصِ.

b. 후연결어가 비한정명사(اَلنَّكِرَة)인 경우

그 책상 위에 한 젊은 여자의 (한) 펜이 있다.	عَلَى الْمَكْتَبِ قَلَمُ فَتَاةٍ.
이것은 한 학생의 (한) 책이다.	هَذَا كِتَابُ طَالِبٍ.
나는 이야기들을 읽는 것을 좋아한다.	أُحِبُّ قِرَاءَةَ قِصَصٍ.

(2) 후연결어가 고유명사(اِسْمُ الْعَلَم)인 경우

무함마드의 펜은 새로운 것이다.	قَلَمُ مُحَمَّدٍ جَدِيدٌ.
이것은 싸미르의 책이다.	هَذَا كِتَابُ سَمِيرٍ.
나는 나기브 마흐푸즈의 소설(이야기)들을 읽기를 좋아한다.	أُحِبُّ قِرَاءَةَ قِصَصِ نَجِيب مَحْفُوظ.

(3) 후연결어가 인칭대명사(اَلضَّمِير)인 경우

그녀의 이름은 모나이다.	اِسْمُهَا مُنَى.
그는 내 형(남동생)이다.	هُوَ أَخِي.
나는 그의 이야기(소설)를 읽는 것을 좋아한다.	أُحِبُّ أَنْ أَقْرَأَ قِصَّتَهُ.

2) 후연결어가 문장인 경우

후연결어에 단어가 사용되기도 하지만 문장이 사용되기도 한다. 아래의 경우들은 후연결어에 문장이 온 경우(جُمْلَةُ الْمُضَافِ إلَيْهِ)이다. 후연결어 자리에 문장이 왔으므로 이 문장을 후연결절이라 할 수 있다.(이때 후연결어로 사용된 절(節)은 '소유격 자리에 있다'(فِي مَحَلِّ جَرٍّ)'고 한다. 자세한 내용은 '아랍어 절의 종류와 그 격변화에 대해' 부분에서 공부하라.)

(1) 후연결어(مُضَافٌ إلَيْهِ)에 مَنْ 혹은 مَا 가 이끄는 관계대명사 절(節)이 오는 경우

연결형의 후연결어에 관계대명사를 사용해야 할 경우 사람 관련 내용은 مَنْ 을 사용하고 사물 관련 내용은 مَا 를 사용한다. 이 때 مَنْ 과 مَا 를 후연결어(مُضَافٌ إلَيْهِ)라 하고, 그 뒤의 관계대명사 절(節)은 관계종속절(جُمْلَةُ صِلَةٍ) 이라 한다. 이런 관계대명사의 용법을 관계대명사의 명사적 용법이라 한다. 관계대명사와 관계종속절에 대해서는 앞에서 공부하였다.

이것은 나와 함께 공부하는 사람의 책이다.	هَذَا كِتَابُ مَنْ يَدْرُسُ مَعِي.
나는 나의 친구였던 사람의 이야기를 읽었다.	قَرَأْتُ قِصَّةَ مَنْ كَانَ صَدِيقِي.
나는 당신이 설명한 것의 의미를 이해하지 못한다.	لَا أَفْهَمُ مَعْنَى مَا شَرَحْتَهُ.
나는 내 머리속에 (생각하고) 있던 그림을 그렸다.	رَسَمْتُ صُورَةَ مَا كَانَ فِي عَقْلِي.

** 다음은 우선급 명사 뒤에 후연결어(مُضَافٌ إلَيْهِ)로 مَنْ 혹은 مَا 가 이끄는 관계대명사 절(節)이 와서 최상급의 의미가 되는 경우이다. 자세한 내용에 대해서는 이 책 '비교급과 최상급 문장' 부분에서 공부하라.

당신(f.)은 내 말을 이해하는 사람가운데서 (이해가) 가장 빠르다.	أَنْتِ أَسْرَعُ مَنْ يَفْهَمُ كَلَامِي.
가장 먼저 그렇게 요구한 사람은 카말이다.	أَوَّلُ مَنْ طَلَبَ ذَلِكَ كَمَالٌ.
아랍어는 내 인생에서 발견한 가장 아름다운 것이다.	اللُّغَةُ الْعَرَبِيَّةُ أَجْمَلُ مَا وَجَدْتُ فِي حَيَاتِي.

(2) 시간의 부사나 장소의 부사 뒤에 문장이 오는 경우

이 경우는 시간의 부사나 장소의 부사 뒤에 관계대명사 مَنْ 이나 مَا 가 사용되지 않고 바로 후연결어 문장이 오는 경우이다. 자세한 내용은 이 책 '여러 가지 목적격(اَلْمَنْصُوبَاتُ)에 대해 I - 시간의 부사(ظَرْفُ زَمَانٍ)와 장소의 부사(ظَرْفُ مَكَانٍ)' 부분에서 공부하였다.

우리는 공부가 끝나는 날 여행을 할 것이다.	سَنُسَافِرُ يَوْمَ تَنْتَهِي الدِّرَاسَةُ.
농부들이 일하고 있을 때 비가 내렸다.	نَزَلَ الْمَطَرُ حِينَ كَانَ الْفَلَّاحُ يَعْمَلُ.
나는 내 친구들이 앉은 그곳에 앉았다.	جَلَسْتُ حَيْثُ يَجْلِسُ أَصْدِقَائِي.
제자들은 그들이 주님을 보았을 때 기뻐했다. (성경 요20:20)	فَرِحَ التَّلَامِيذُ إِذْ رَأَوْا الرَّبَّ.

심화학습 – 비유(التَّشْبِيه)의 표현들에 대해

아랍어에서 어떤 것을 비유해서 '..같이', '..처럼' 등의 의미로 사용되는 표현들에 대해서 살펴보자. 아랍어에서 비유의 표현으로 사용되는 단어는 كَـ 와 كَمَا, كَأَنَّ 그리고 مِثْل 등이다.

1) كَـ 의 경우 (like 의 의미)

전치사 كَـ 가 비유의 의미(like)로 사용되는 경우이다. كَـ 뒤에는 소유격 명사(اسْم مَجْرُور)로 보통명사가 오며 인칭대명사는 사용할 수 없다. '..같은(like)'의 의미이다.

무함마드는 사자같다. (like)	مُحَمَّدٌ كَالأَسَدِ.
그녀는 그녀의 엄마처럼 아름답다. (like)	هِيَ جَمِيلَةٌ كَأُمِّهَا.
그 시험은 이전 시험 처럼 어렵다. (like)	الاِمْتِحَانُ صَعْبٌ كَسَابِقِهِ.

| كَـ 뒤에 인칭대명사는 올 수 없다. | أَنَا طَوِيلٌ كَأَنْتَ. (×) |

** 자격의 의미로서의 كَـ – '..로서(as)'

아래의 كَـ 는 비유의 의미가 아니라 자격의 의미인 '..로서(as)'이다.

나는 이집트 사람으로서 혁명에 참가했다. (as an Egyptian)	كَمِصْرِيٍّ شَارَكْتُ فِي الثَّوْرَةِ.
그는 모범생으로서 열심히 공부한다. (as an ideal student)	كَطَالِبٍ مِثَالِيٍّ هُوَ يُذَاكِرُ جَيِّدًا.
나는 아랍어 교사로서 일했다.	عَمِلْتُ كَمُدَرِّسٍ لِلُّغَةِ الْعَرَبِيَّةِ.

** 아래를 비교하라.

아래의 ①은 비유의 의미이고 ②는 자격의 의미이다. كَأَسَدٍ 과 كَمُدَرِّسٍ 이 문장의 어느 위치에 오든지 문장의 의미는 비유의 의미와 자격의 의미를 가질 수 있다. 정확한 의미는 문맥에서 결정된다.

| ① | 그는 선생님 처럼 그 단원을 설명한다. (like)
(그가 실제로 선생님이 아님. 비유의 의미) | يَشْرَحُ الدَّرْسَ كَمُدَرِّسٍ. |
| ② | 혹은 그는 선생님으로서 그 단원을 설명한다. (as)
(그가 실제로 선생님이다) | أَوْ كَمُدَرِّسٍ يَشْرَحُ الدَّرْسَ. |

| ① | 그는 사자처럼 그 고기를 먹는다. (like)
(그는 사자가 아님. 비유의 의미) | هُوَ يَأْكُلُ اللَّحْمَ كَأَسَدٍ. |
| ② | 그는 사자로서 고기를 먹는다. (as)
(그가 사자임) | أَوْ كَأَسَدٍ هُوَ يَأْكُلُ اللَّحْمَ. |

2) كَأَنَّ 의 경우 (like/ as if 의 의미)

كَأَنَّ 는 무효화 불변사(حَرْفٌ نَاسِخٌ)로서 비유의 의미로 사용된다. 비유의 의미로서 كَأَنَّ 는 '..같은(like)'의 의미로 사용되거나, 비유의 가정법을 이끌어 '마치 ..하는 것 처럼 ..하다(as if)'의 의미로 사용된다. 후자의 경우는 كَأَنَّ 이전과 이후에 문장이 와야 하며, 이때 كَأَنَّ 는 두 문장을 연결하는 접속사 역할을 한다. 무효화 불변사에 대해서는 이 책 '무효불변사에 대해' 부분에서 공부하도록 하라.

a. '..같은(like)'의 의미
كَأَنَّ 가 한 문장에 사용되었다.

(그) 군인은 마치 사자같다.	كَأَنَّ الْجُنْدِيَّ أَسَدٌ.
그 소녀는 달과 같다.	كَأَنَّ الْبِنْتَ قَمَرٌ.
그 소녀는 달과 같다. (like)	الْبِنْتُ كَأَنَّهَا قَمَرٌ

b. '마치 ..하는 것 처럼 ..하다(as if 가정법)의 의미
كَأَنَّ 이전과 이후에 문장이 오며 كَأَنَّ 는 두 문장을 연결하는 접속사 역할을 한다.

당신이 사장인것 처럼 일하라. (실제로는 그가 사장이 아니다.)	اِعْمَلْ كَأَنَّكَ مُدِيرٌ.
그는 마치 뛰는 것 처럼 걷는다. (실제로는 그가 뛰고 있는 것이 아니다.)	هُوَ يَمْشِي كَأَنَّهُ يَجْرِي.
나는 마치 나의 형(남동생)처럼 나의 음식을 먹었다.	أَكَلْتُ طَعَامِي كَأَنَّنِي أَخِي.
말레이시아는 한국 처럼 발전했다.	مَالِيزِيَا تَطَوَّرَتْ كَأَنَّهَا كُورِيَا.

3) كَمَا 의 경우 (like 의 의미)

كَمَا 가 비유의 의미로 사용될 경우 '..처럼 ..하다(like)'의 의미를 가진다.

그는 그 선생님이 읽는 것 처럼 읽는다.	هُوَ يَقْرَأُ كَمَا يَقْرَأُ الْمُدَرِّسُ.
그는 그의 아버지가 홍차를 마시는 것처럼 마신다.	يَشْرَبُ الشَّايَ كَمَا يَشْرَبُهُ أَبُوهُ.
나는 내 형(남동생)이 그의 음식을 먹은 것 처럼 내 음식을 먹었다.	أَكَلْتُ طَعَامِي كَمَا أَكَلَ أَخِي طَعَامَهُ.
말레이시아는 한국이 발전한 것 처럼 발전했다.	مَالِيزِيَا تَطَوَّرَتْ كَمَا تَطَوَّرَتْ كُورِيَا.

→ 한편 위의 예문들을 '..하는대로 ..하다(as, just as)'로 번역하는 것도 가능하다. 자세한 내용에 대해서는 곧 나오는 '전치사 뒤에 문장이 올 경우' 부분을 보라.

4) مِثْل 의 경우 (like 의 의미)

مِثْل 는 비유의 의미(like)로 사용되는 보통명사(اسْم)이다. مِثْل 은 문장에서 사용되는 용법과 그 격변화에 유의할 부분이 있다. 아래의 세 문장의 예를 보자.

①	그는 나의 아버지와 비슷하다(같다). (مِثْل 가 술어)	هُوَ مِثْلُ أَبِي.
②	그녀는 그녀의 어머니처럼 아름답다. (مِثْلَ 혹은 مِثْلُ 둘 다 가능)	هِيَ جَمِيلَةٌ مِثْلَ/ مِثْلُ أُمِّهَا.
③	당신과 같은 분이 없습니다. 주님! (مِثْل 가 종류부정문(لَا النَّافِيَة لِلْجِنس)에 사용됨)	أَنْتَ لَا مِثْلَ لَكَ يَا رَبُّ!.

مِثْل 의 의미는 비유의 의미이지만 그 격변화 방식은 몇 가지로 나뉜다. 먼저는 위의 ①과 같이 مِثْل 가 술어나 목적어 등 문장의 필수적인 기능으로 사용된 경우의 격변화이고, 두 번째는 위의 ②와 같이 مِثْل 가 문장의 부수적인 기능으로 사용된 경우의 격변화이다. ③은 مِثْل 가 종류부정문에 사용된 경우이다.

(1) 문장의 필수적인 기능으로 사용된 경우

مِثْل 이 문장에서 술어나 목적어 등 문장의 필수적인 기능으로 사용된 경우이다. 이 경우 문장에서 사용된 기능에 따라 격변화 한다.

나는 당신과 같다. (مِثْل 가 술어)	أَنَا مِثْلُكَ.
그는 관대함에서 그의 아버지와 같다. (مِثْل 가 술어)	هُوَ مِثْلُ أَبِيهِ كَرَمًا.
나는 당신의 음식과 같은 것을 원한다. (مِثْل 는 목적어)	أُرِيدُ مِثْلَ طَعَامِكَ.
나는 그들의 말과 같은 것을 알지 못한다. (مِثْل 는 목적어)	لَا أَعْلَمُ مِثْلَ قَوْلِهِمْ.

(2) 문장에 부수적인 기능으로 사용된 경우

문장에서 술어나 목적어 등 필수적인 기능이 아니라 생략해도 의미가 통하는 다른 기능으로 사용된 경우이다. 이 경우 생략된 주어에 대한 술어(خَبَرٌ لِمُبْتَدَأ مَحْذُوفٍ تَقْدِيرُهُ: وَهَذَا أَوْ وَذَلِكَ)로 보아 مِثْلُ 로 격변화 하든지, 동사 مِثْل 가 생략된 동족목적어(مَفْعُول مُطْلَق لِفِعْل مَحْذُوف)로 보아 مِثْلَ 로 격변화 한다.

나는 당신처럼 키가 크다. (مِثْل 와 مِثْل 뒤에 인칭대명사가 왔다.)	أَنَا طَوِيلٌ مِثْلُكَ/ مِثْلَكَ.
그는 그의 아버지 처럼 미남이다.	هُوَ وَسِيمٌ مِثْلُ/ مِثْلَ أَبِيهِ.
그 시험은 이전 시험 처럼 어렵다.	الِامْتِحَانُ صَعْبٌ مِثْلُ/ مِثْلَ سَابِقِهِ.
그는 메시 처럼 축구를 한다.	هُوَ يَلْعَبُ كُرَةَ القَدَمِ مِثْلُ/ مِثْلَ مِسِّي.

(3) 종류부정문(لَا النَّافِيَةُ لِلْجِنْسِ)에 사용된 경우

주여, 신들 중에 당신과 같은 자 없습니다. (성경 시편 86:8)	لَا مِثْلَ لَكَ بَيْنَ الْآلِهَةِ يَا رَبُّ.
언어들 가운데서 아랍어와 같은 것은 전혀 없다.	لَا مِثْلَ لِلُّغَةِ الْعَرَبِيَّةِ بَيْنَ اللُّغَاتِ.
세계에서 이집트에서 일어나는 것과 같은 것이 전혀 없다.	لَا مِثْلَ فِي الْعَالَمِ لِمَا حَدَثَ فِي مِصْرَ.

** لَا مَثِيلَ لَهُ 의 의미

مِثْل 과 의미가 비슷한 단어인 مَثِيل 은 '..과 비교할 수 없는(incomparable)'의 의미로 사용되며 아래와 같이 종류부정문(لَا النَّافِيَةُ لِلْجِنْسِ) 형태로 사용된다.

그(그것)와/ 그녀(그것)와/ 당신과 비교할 것은(같은 것은) 아무것도 없다.	لَا مَثِيلَ لَهُ/ لَهَا/ لَكَ.

당신(f.)과 같은 사람은 아무도 없다.	أَنْتِ لَا مَثِيلَ لَكِ.
메시와 같은 사람은 아무도 없다.	مِسِّي لَا مَثِيلَ لَهُ.
미국 무기들과 비교할만한 것은 아무 것도 없다.	الْأَسْلِحَةُ الْأَمْرِيكِيَّةُ لَا مَثِيلَ لَهَا.
이집트에서의 밀집됨(혼잡함)과 비교할 것은 아무 것도 없다.	الِازْدِحَامُ فِي مِصْرَ لَا مَثِيلَ لَهُ.

** شَبَهَ 나 بـ 도 비유의 의미를 표현하는 단어이다.

그는 그의 형과 같다. 그의 형과 비슷하다.	هُوَ مِثْلُ أَخِيهِ. = هُوَ شَبَهُ أَخِيهِ. = هُوَ شَبِيهٌ بِأَخِيهِ.

** 비유와 관련한 동사

a. شَبَّهَ/ يُشَبِّهُ ه أو هـ بـ '..을 ..에 비유하다'

나는 내 딸을 장미 꽃에 비유했다.	شَبَّهْتُ بِنْتِي بِوَرْدَةٍ.
그 선생님은 자신의 제자를 사자에 비유했다.	شَبَّهَ الْمُعَلِّمُ تِلْمِيذَهُ بِالْأَسَدِ.

b. أَشْبَهَ/ يُشْبِهُ ه أو شَابَهَ/ يُشَابِهُ ه '..와 닮았다. 비슷하다.'

무함마드는 그의 아버지와 지적인 것과 윤리적인 부분에서 닮았다. (비슷하다)	مُحَمَّدٌ يُشْبِهُ (أَوْ يُشَابِهُ) وَالِدَهُ عِلْمًا وَخُلُقًا.
모나는 그녀의 어머니를 모든 면에서 닮았다.	مُنَى تُشْبِهُ أُمَّهَا فِي كُلِّ شَيْءٍ.

제 22 과 한정명사 접두어 'ㄴ'의 용법에 대해

1. 한정명사 접두어 'ㄴ'의 여러가지 용법과 의미에 대해
2. 특수적인 의미인가? 일반적인 의미인가?

제 22 과 한정명사 접두어 'ال'의 용법에 대해

우리는 이 책 제I권에서 아랍어의 관사에 대해 공부하며 'ال'의 기본적인 용법에 대해서 공부하였다. 이 'ال'은 명사의 접두어로 사용되어 그 명사의 의미를 한정시키는 역할을 한다. 이 'ال'을 흔히 정관사라고 하는데 이것에 대한 아랍어 용어를 의미대로 번역하면 '한정명사화 도구(أَدَاةُ التَّعْرِيفِ)' 혹은 '한정명사 접두어'라고 할 수 있다.[1]

'한정명사 접두어 ال'의 용법은 여러가지이다. 그 가운데 영어의 정관사(definite article)와 용법이 같은 것도 있지만 다른 것도 있다.

1. 한정명사 접두어 'ال'의 여러가지 용법과 의미에 대해

1) 대상의 한정을 위해 (الـ العَهْدِيَّة، للعَهْدِ العِلْمِيِّ)

아랍어의 보통명사에 'ال'이 붙었을 경우 그 명사를 특정하게 한정시키는 역할을 한다. 즉 문장의 화자 혹은 청자가 모두 인지하고 있는 대상에 대해 'ال'을 붙여서 '그 (the)'의 의미를 가지게 한다.

그 시계는 비싸다. (السَّاعَةُ 는 화자와 청자가 알고 있는 대상)	السَّاعَةُ غَالِيَةٌ.
그 아이들은 축구를 하고 있다. (الأَوْلَادُ 는 화자와 청자가 알고 있는 대상)	الأَوْلَادُ يَلْعَبُونَ كُرَةَ القَدَمِ.
당신은 그 책을 샀습니까? (الكِتَابُ 에 대해 화자와 청자가 알고 있음.)	هَلِ اشْتَرَيْتَ الكِتَابَ؟
나는 (그) 음식을 먹었다.	أَكَلْتُ الطَّعَامَ.
나는 (그) 학교에 갔다.	ذَهَبْتُ إِلَى المَدْرَسَةِ.
(그) 대통령이 공항에 도착했다. (الرَّئِيسُ 는 화자와 청자가 알고 있는 대상)	وَصَلَ الرَّئِيسُ إِلَى المَطَارِ.
내 아버지는 (그) 집에 돌아왔다.	رَجَعَ أَبِي إِلَى البَيْتِ.

→ 위에서 괄호를 표시한 부분은 우리말 번역상 '그'가 들어가지 않아도 문제가 없는 경우이다.

2) 재언급을 위해 (الـ العَهْدِيَّة، للعَهْدِ الذِّكْرِيِّ)

문장의 앞 부분에서 비한정으로 언급된 명사가 다시 언급될 때 'ال'을 붙여서 이미 언급되었음을 표시한다.

한 손님이 나에게 왔는데 그래서 나는 그 손님을 융숭히 대접했다.	جَاءَنِي ضَيْفٌ، فَأَكْرَمْتُ الضَّيْفَ.
나는 한 소년을 보았고 그 소년은 나에게 미소지었다.	نَظَرْتُ إِلَى صَبِيٍّ، فَابْتَسَمَ الصَّبِيُّ لِي.
나는 내 집 앞에서 한 개를 보았고, 그 개는 그 집으로 들어갔다.	رَأَيْتُ كَلْبًا أَمَامَ بَيْتِي، وَدَخَلَ الكَلْبُ البَيْتَ.
한 학생이 그 교실로 들어갔고 그 교사는 그 학생을 환영했다.	دَخَلَ طَالِبٌ الفَصْلَ، وَالمُدَرِّسُ رَحَّبَ بِالطَّالِبِ.

---

[1] 여기에서 التَّعْرِيف 는 '한정명사'에 해당되는 단어인 مَعْرِفة 와 같은 어근임으로 التَّعْرِيف 를 '한정명사화'로 해석할 수 있고, 따라서 أَدَاةُ التَّعْرِيف 는 '한정명사화 도구' 혹은 '한정명사 접두어'라고 해석할 수 있다.

제 22 과 한정명사 접두어의 용법에 대해

3) 일반화의 의미로 (الـ الْجِنْسِيَة)

이 경우 الـ은 어떤 사람이나 사물 종류 전체의 일반적인 사실이나 진리(절대적이거나 상대적인 진리)를 이야기한다. 이 때의 الـ은 우리말 번역에서 '그'로 번역 되지 않는다. 아래의 두 문장을 비교하라.

①	그 책은 유명하다.	الْكِتَابُ مَشْهُورٌ.
②	책은 인간의 친구이다.	الْكِتَابُ صَدِيقُ الْإِنْسَانِ.

위의 예에서 보통명사 الْكِتَابُ 가 ① 문장에서는 앞에서 다룬 대상의 한정의 의미로 사용되었다. 따라서 그 의미는 화자와 청자가 알고 있는 특정한 책에 대해 '그 책'이라는 의미로 사용된 것이다. 이에비해 ② 문장에서는 종류 전체의 일반적인 사실을 나타내는 의미로 사용되었다. 즉 책에 대한 일반적인 진리를 서술하는 것이다. 이런 경우 الـ을 '그'라고 번역하지 않는다. 이러한 일반화의 의미로 사용되는 단어는 보통명사, 추상명사, 동명사, 능동분사, 수동분사, 유사형용사, 과장형용사, 연고형용사 등 대부분의 명사에 사용된다. 이 가운데 능동분사, 수동분사, 유사형용사, 과장형용사, 연고형용사는 주로 '..하는 사람'의 의미로 사용된다.

다른 예문들

인간은 말하는 동물이다. (보통명사)	الْإِنْسَانُ حَيَوَانٌ نَاطِقٌ.
비행기는 기차보다 더 빠르다. (보통명사)	الطَّائِرَةُ أَسْرَعُ مِنَ الْقِطَارِ.
인내는 아름답다. (추상명사)	الصَّبْرُ جَمِيلٌ.
관대한 사람은 사랑받는 사람이다. (유사형용사) (사람의 의미. '..하는 사람')	الْكَرِيمُ شَخْصٌ مَحْبُوبٌ.
이집트 사람은 친절하다. (연고형용사) (사람의 의미. '..하는 사람')	الْمِصْرِيُّ طَيِّبٌ.

일반화의 의미로 사용된 명사의 종류별 예들

아래는 'الـ'이 접두된 단어들 가운데 일반화의 의미로 사용되는 경우들을 그 단어의 형태별로 구분한 것이다. 각각의 문장에서 어떤 일반화의 의미로 사용되었는지 확인하도록 하자.

a. 보통명사

펜은 사상가들의 무기이다.	الْقَلَمُ سِلَاحُ الْمُفَكِّرِ.
집은 편안한 장소이다.	الْبَيْتُ مَكَانٌ مُرِيحٌ.
위성은 그의 행성을 돈다.	الْقَمَرُ يَدُورُ حَوْلَ كَوْكَبِهِ.
인간은 약하게 창조되었다.	خُلِقَ الْإِنْسَانُ ضَعِيفًا.

여자는 남자보다 오래 참는다.	الْمَرْأَةُ أَصْبَرُ مِنَ الرَّجُلِ.
나는 이집트 과일들을 좋아한다. (목적어로 사용된 보통명사)	أُحِبُّ الْفَوَاكِهَ الْمِصْرِيَّةَ.

b. 추상명사 (الاسْمُ الْمُجَرَّدُ)

사랑은 기적들을 만든다.	الْحُبُّ يَصْنَعُ الْمُعْجِزَاتِ.
행복은 꿈들을 실현하는데 있다.	السَّعَادَةُ فِي تَحْقِيقِ الْأَحْلَامِ.
지식은 인간을 위한 빛이다.	الْعِلْمُ نُورٌ لِلْإِنْسَانِ.
삶은 어렵다.	الْحَيَاةُ صَعْبَةٌ.

c. 동명사 (الْمَصْدَرُ)

달리기는 유익한 활동이다.	الْجَرْيُ نَشَاطٌ مُفِيدٌ.
공부는 문맹을 퇴치한다.	الدِّرَاسَةُ تُلْغِي الْأُمِّيَّةَ.
수영은 근육들을 강화한다.	السِّبَاحَةُ تُقَوِّي الْعَضَلَاتِ.

d. 능동분사 (اسْمُ الْفَاعِلِ)

배고픈 자는 빨리 먹는다. (사람의 의미. '..하는 사람')	يَأْكُلُ الْجَائِعُ بِسُرْعَةٍ.
운전자는 거리의 신호들에 관심을 가져야 한다. (사람의 의미. '..하는 사람')	لَا بُدَّ أَنْ يَهْتَمَّ السَّائِقُ بِعَلَامَاتِ الطَّرِيقِ.
실패한(낙방한) 자는 절망감을 느낀다. (사람의 의미. '..하는 사람')	يَشْعُرُ الْفَاشِلُ بِالْإِحْبَاطِ.

e. 수동분사 (اسْمُ الْمَفْعُولِ)

억울한 자는 소망이 없다. (사람의 의미. '..하는 사람')	الْمَظْلُومُ بِلَا أَمَلٍ.
거부당한 자는 비참하다. (사람의 의미. '..하는 사람')	الْمَرْفُوضُ تَعِيسٌ.
권리가 빼앗겨진 사람은 약하다. (사람의 의미. '..하는 사람')	الْمَسْرُوقُ حَقُّهُ ضَعِيفٌ.

f. 유사형용사 (الصِّفَةُ الْمُشَبَّهَةُ)

가난한 자의 생계는 그의 주님께 있다. (그의 주님의 책임이다.) (사람의 의미. '..하는 사람')	الْفَقِيرُ رِزْقُهُ عَلَى رَبِّهِ.
오늘날 세상에서 약한 자가 있을 자리가 없다. (사람의 의미. '..하는 사람')	الضَّعِيفُ لَيْسَ لَهُ مَكَانٌ فِي الدُّنْيَا الْآنَ.
유머스런 사람은 삶을 사랑한다. (사람의 의미. '..하는 사람')	الْمَرِحُ يُحِبُّ الْحَيَاةَ.

제 22 과 한정명사 접두어의 용법에 대해

g. 과장형용사 (صِيغَةُ الْمُبَالَغَةِ)

거짓말쟁이(거짓말을 많이 하는 자)는 사람들이 좋아하지 않는다. (사람의 의미. '..하는 사람')	الْكَذَّابُ لَا يُحِبُّهُ النَّاسُ.
술고래(술을 많이 마시는 사람)는 현실속에 살지 않는다. (사람의 의미. '..하는 사람')	السِّكِّيرُ لَا يَعِيشُ فِي الْوَاقِعِ.
의심을 많이 하는 자는 자신에 대한 신뢰가 필요하다. (사람의 의미. '..하는 사람')	يَحْتَاجُ الشَّكَّاكُ إِلَى ثِقَةٍ بِالنَّفْسِ.

h. 연고형용사 (النَّسَبُ)

알렉산드리아 사람은 바다를 좋아한다. (사람의 의미. '..하는 사람')	الْإِسْكَنْدَرِيُّ يُحِبُّ الْبَحْرَ.
미국 사람은 그 생각이 자유롭다. (사람의 의미. '..하는 사람')	الْأَمْرِيكِيُّ حُرُّ الْفِكْرِ.
채식주의자는 육고기를 먹지 않는다. (사람의 의미. '..하는 사람')	النَّبَاتِيُّ لَا يَأْكُلُ اللُّحُومَ.
아무도 인종주의자를 좋아하지 않는다. (종류부정문 'لَا' النَّافِيَةُ لِلْجِنْسِ이다.) (사람의 의미. '..하는 사람')	لَا أَحَدَ يُحِبُّ الْعُنْصُرِيَّ.

** 위에서 능동분사, 수동분사, 유사형용사, 과장형용사, 연고형용사는 모두 사람에 대한 일반화의 의미로 사용된 문장들이다. 이런 일반화의 의미로 사용된 단어의 복수형이 있을 경우 그 복수형을 사용해도 의미가 같다.

의미	단수 형태	복수형태
이집트 사람은 친절하다.	الْمِصْرِيُّ طَيِّبٌ.	الْمِصْرِيُّونَ طَيِّبُونَ.
가난한 자의 생계는 그의 주님께 있다.	الْفَقِيرُ رِزْقُهُ عَلَى رَبِّهِ.	الْفُقَرَاءُ رِزْقُهُمْ عَلَى رَبِّهِمْ.
억울한 자는 소망이 없다.	الْمَظْلُومُ بِلَا أَمَلٍ.	الْمَظْلُومُونَ بِلَا أَمَلٍ.

** 비한정 명사가 일반화의 의미를 가지는 경우

때때로 비한정 명사가 일반화의 의미로 사용되는 경우가 있다. 그 경우는 일반화의 의미라하더라도 그 일반화의 의미 가운데 특별한 한 종류를 의미한다. 다음을 보자.

①	모두는 숙제를 기록해야 한다. (①은 숙제 가운데 특별한 한 종류의 숙제이고 ②는 일반적인 숙제 전체를 말한다)	كُلٌّ يَجِبُ أَنْ يَكْتُبَ وَاجِبًا.
②		كُلٌّ يَجِبُ أَنْ يَكْتُبَ الْوَاجِبَ.
①	그는 똑똑하다고 특징지어진다. (①은 똑똑함 가운데 특별한 한 종류(예:수학의 똑똑함, 과학의 똑똑함)이고 ②는 똑똑함의 전체를 일반화한 똑똑함이다)	يَتَمَيَّزُ بِذَكَاءٍ.
②		يَتَمَيَّزُ بِالذَّكَاءِ.
①	일하지 않고 성공은 없다. (①은 일 가운데 특별한 한 종류의 일을 말하고 ②는 일반적인 일 전체를 말한다.	لَا نَجَاحَ دُونَ عَمَلٍ.
②		لَا نَجَاحَ دُونَ الْعَمَلِ.

4) 관계대명사적 (الْمَوْصُولِيَّة)인 용법으로

능동분사나 수동분사 혹은 과장형용사 등에서 ـل 이 붙은 단어가 관계대명사적인 용법으로 사용되는 경우이다. 이 경우 ـل 이 붙은 단어를 الَّذِي 로 전환할 수 있으며, 그 의미는 '..하는 사람'로 번역이 된다.

①	أُحِبُّ الْقَارِئَ الدَّرْسَ.*	②	أُحِبُّ الَّذِي يَقْرَأُ الدَّرْسَ.
	나는 그 단원을 읽고 있는 (그) 사람을 좋아한다. (대상의 한정)		
①	سَاعَدْتُ الْمَسْرُوقَةَ حَقِيبَتُهَا.*	②	سَاعَدْتُ الَّتِي سُرِقَتْ حَقِيبَتُهَا.
	나는 가방을 도난당한 그녀를 도왔다. (대상의 한정)		

→위의 * 표기가 된 첫번째 문장은 능동분사가 동사적 용법(اِسْمُ الْفَاعِلِ الْعَامِلُ عَمَلَ فِعْلِهِ)으로 사용된 경우이고, 두번째 문장은 수동분사가 동사적 용법(اِسْمُ الْمَفْعُولِ الْعَامِلُ عَمَلَ فِعْلِهِ)으로 사용된 경우이다. 자세한 내용은 곧 공부하게 되는 '파생명사의 동사적 용법(الْعَامِلُ عَمَلَ فِعْلِهِ)에 대해' 부분에서 공부하라.

또한 앞의 ' 3) 일반화의 의미로'에 나와있는 '명사의 종류별 예들'에서 능동분사, 수동분사, 과장형용사의 경우 'ـل' 이 붙어있는 단어를 동사로 전환할 수 있는 경우들은 모두 الَّذِي 가 사용된 문장으로 전환할 수 있다. 이 때의 'الَّذِي' 가 붙은 문장도 일반화의 의미이다. 다음의 예들을 보자.

①	يَشْعُرُ الْفَاشِلُ بِالْإِحْبَاطِ.	②	يَشْعُرُ الَّذِي يَفْشَلُ بِالْإِحْبَاطِ.
	실패한(낙방한) 자는 절망감을 느낀다.		
①	الْمَظْلُومُ بِلَا أَمَلٍ.	②	الَّذِي ظُلِمَ بِلَا أَمَلٍ.
	억울한 자는 소망이 없다.		
①	الْكَذَّابُ لَا يُحِبُّهُ النَّاسُ.	②	الَّذِي يَكْذِبُ كَثِيرًا لَا يُحِبُّهُ النَّاسُ.
	거짓말쟁이(거짓말을 많이 하는 자)는 사람들이 좋아하지 않는다.		

5) 배타적 제한의 의미 (الْحَصْر)로 – 주어와 술어가 대칭구조일 때

우리는 이 책 앞 부분의 '명사문에 대해'에서 주어와 술어 둘 다 한정명사를 사용하는 경우에 대해서 공부했다. 거기에서 배타적 제한의 의미 الْحَصْر 혹은 (الْقَصْر)를 가진 경우, 즉 '오직(only)'으로 번역될 수 있는 경우를 공부하였다. 이 경우 접두된 'ـل'은 우리말 번역에서 '그'로 번역되지 않는다. 자세한 설명은 이 책 '명사문에 대해' 부분에서 확인하라.

삶은 오직 사랑이다.	الْحَيَاةُ الْحُبُّ. (= الْحَيَاةُ هِيَ الْحُبُّ.)
물은 곧 생명이다.	الْمَاءُ الْحَيَاةُ. (= الْمَاءُ هُوَ الْحَيَاةُ.)
종교는 오직 처신하는 것이다.	الدِّينُ الْمُعَامَلَةُ. (= الدِّينُ هُوَ الْمُعَامَلَةُ.)
기독교는 오직 사랑이다.	الْمَسِيحِيَّةُ الْحُبُّ. (= الْمَسِيحِيَّةُ هِيَ الْحُبُّ.)
이슬람만이 오직 해법이다.	الْإِسْلَامُ الْحَلُّ. (= الْإِسْلَامُ هُوَ الْحَلُّ.)
교육이 출구(해법)이다.	التَّعْلِيمُ الْمَخْرَجُ. (= التَّعْلِيمُ هُوَ الْمَخْرَجُ.)

6) 이상적인 것(الْمِثَالِيَّة)의 의미로

역시 이 책 앞 부분의 '명사문에 대해'에서 주어와 술어 둘 다 한정명사를 사용하는 경우 가운데 그 의미가 이상적인 것(الْمِثَالِيَّة)을 의미하는 경우를 공부했다.

이것이야말로 최고의 자동차이다. (최고의 자동차 혹은 완벽한 자동차란 의미)	هَذِهِ هِيَ السَّيَّارَةُ.
이 사람이야말로 최고의 학생이다.	هَذَا هُوَ الطَّالِبُ.
이것이야말로 진정한 이야기이다. (최고의 이야기 혹은 이상적인 이야기라는 의미)	هَذِهِ هِيَ الْقِصَّةُ.
나깁 마흐푸즈야말로 작가이다. (최고의 작가란 의미)	نَجِيب مَحْفُوظ هُوَ الْكَاتِبُ.

7) 시간의 부사에 (الْعَهْدُ الْحُضُورِيّ)

시간의 의미를 가진 명사가 현재의 시간이나 특정한 시간적인 부사로 사용될 때 الـ 을 사용한다. 시간의 부사에 الـ 이 붙어 한정명사가 되는 경우들에 대해서는 이 책 '여러가지 목적격(الْمَنْصُوبَات)에 대해 I - 시간의 부사(ظَرْفُ زَمَان)' 부분을 보도록 하자.

내 아버지는 오늘 도착했다.	وَصَلَ أَبِي الْيَوْمَ.
우리는 이번 주 여행을 떠날 것이다.	سَنُسَافِرُ هَذَا الْأُسْبُوعَ.
나는 지난 해 미국을 방문했다.	زُرْتُ أَمْرِيكَا السَّنَةَ الْمَاضِيَةَ.
나는 (그) 대학에 8시에 갔다.	ذَهَبْتُ إِلَى الْجَامِعَةِ السَّاعَةَ الثَّامِنَةَ.

8) 칭호(اللَّقَب)에

사람의 칭호나 직임 등에 따른 칭호를 사용할 때 الـ 을 붙인다.

작가 나깁 마흐푸즈	* الْأَدِيبُ نَجِيب مَحْفُوظ
과학자 아흐마드 주와일	* الْعَالِمُ أَحْمَد زُوَيْل
싸미르 씨, 혹은 싸미르 교수	الْأُسْتَاذُ سَمِيرٌ
닥터 아딜	الدُّكْتُورُ عَادِلٌ
무바락 대통령의 하야	* تَنَحِّي الرَّئِيسِ مُبَارَك
쌔미 씨는 과학을 좋아한다.	يُحِبُّ السَّيِّدُ سَامِي الْعُلُومَ.
의사 싸미르는 나에게 쉴 것을 조언했다.	نَصَحَنِي الطَّبِيبُ سَمِيرٌ بِالرَّاحَةِ.

→ * 에서와 같이 저명인사의 이름은 끝자음에 모음부호를 붙이지 않는다. 그러나 만일 일반인 가운데 '나기브 마흐푸즈'라는 사람이 있다면 그 이름을 기록할 때 끝자음에 모음부호를 붙인다.

예 : نَجِيبٌ مَحْفُوظٌ

9) 유일한 것들에

지구상에서 유일한 존재들에 대해 ـل을 붙인다.

태양	الشَّمْسُ	지구	الأَرْضُ
달	الْقَمَرُ	세계	الْعَالَمُ

10) 제목(الْعُنْوَان)이나 과목(الْمَوَاد)에

(1) 책들의 제목이나 어떤 주제 혹은 소제를 달 때

명사	الاسْمُ	함자(glottal stop)	الْهَمْزَةُ
미술	فَنُّ الرَّسْمِ	아랍어 문법	الْقَوَاعِدُ الْعَرَبِيَّةُ
이슬람 종교와 매일의 처신들			الدِّينُ الإِسْلَامِيُّ وَالْمُعَامَلَاتُ الْيَوْمِيَّةُ

** 이 책의 소제목들 가운데 아랍어로 적혀진 부분을 보면 모두 ـل 이 붙었거나 한정형태임을 발견할 수 있다. 이와같이 아랍어에서 책 제목이나 주제를 붙이는 경우에는 ـل을 붙여준다. 그러나 신문 기사 제목의 경우 ـل 없는 비한정 형태의 제목들이 자주 등장한다. 아래는 그 예들이다.

양 한국(남북한) 간의 군사회담	مُحَادَثَاتٌ عَسْكَرِيَّةٌ بَيْنَ الْكُورِيَتَيْنِ
알제리에서의 기쁨 그리고 이집트에서의 슬픔	فَرْحَةٌ فِي الْجَزَائِرِ وَحُزْنٌ فِي مِصْرَ.
한 이스라엘 군인이 피살됨	مَقْتَلُ جُنْدِيٍّ إِسْرَائِيلِيٍّ
혁명들이 중동을 휩쓸다	ثَوْرَاتٌ تَجْتَاحُ الشَّرْقَ الأَوْسَطَ

(2) 학과목(الْمَوَادّ)을 말할 때

역사	التَّارِيخُ	정치	السِّيَاسَةُ
수학	الرِّيَاضِيَّاتُ	경제	الاقْتِصَادُ
상업	التِّجَارَةُ	농업	الزِّرَاعَةُ

→ 여러가지 과목 이름에 대해서는 이 책 제 I 권 '연고형용사' 부분에 나와있다.

(3) 스포츠 등의 종목을 말할 때

달리기	الْجَرْيُ	수영	السِّبَاحَةُ
축구	كُرَةُ الْقَدَمِ	레슬링	الْمُصَارَعَةُ
농구	كُرَةُ السَّلَّةِ	태권도	التَّايْكُونْدُو

11) 아랍어의 특정 단어에 추가되는 경우
아래의 아랍어 단어들에 الـ 이 추가된다. 이런 الـ 을 추가의 'الـ'(الـ" الزَّائِدَةُ")이라 한다.

(1) الـ 이 필수적으로 추가되는 경우(الزِّيَادَةُ اللَّازِمَةُ)
특정 국가명이나 특정 지명, 그리고 관계대명사에

오른쪽부터 수단 – 쿠웨이트 – 사우디	السُّودَانُ – الْكُوَيْتُ – السُّعُودِيَّةُ
관계대명사에 붙은 الـ	الَّذِي – الَّتِي – الَّذِينَ

→ الـ 이 붙는 특정 국가명이나 특정 지명에 대해서는 이 책 제Ⅰ권의 '아랍어의 관사와 한정명사(الْمَعْرِفَةُ) & 비한정 명사(النَّكِرَةُ)' 부분에서 확인하라.

(2) الـ 이 부수적으로 추가되는 경우(الزِّيَادَةُ غَيْرُ اللَّازِمَةِ)

오른쪽의 단어들은 원래 형태인 حَسَنْ, حُسَيْنْ, فَضْلْ, نُعْمَانْ 로도 사용된다. 모두다 사람 이름이다.	الْحَسَنُ – الْحُسَيْنُ – الْفَضْلُ – النُّعْمَانُ

→ 위의 الـ 이 붙은 경우도 사람의 이름으로 사용된다.

2. 특수적인 의미(Special Meaning)인가? 일반적인 의미(General Meaning)인가?

'الـ' 이 붙은 단어를 문장에서 만났을 때 이것을 특수적인 의미로 번역해야 할지, 아니면 일반적인 의미로 번역해야 할지 구분하기 힘들 때가 많다. 즉 우리말 번역에서 '그'를 붙여주어야 할지 '그'를 붙여주지 않아도 될지 고민스러운 경우이다.
아래의 각각의 ①과 ② 예문들에서 동일한 단어에 الـ 이 붙어 있다. 이 단어가 특수적인 의미로 사용되었는지? 아니면 일반적인 의미로 사용되었는지 구분해보라.
문장의 의미가 여러 시대와 사회에 고루 적용될 수 있는 일반적인 사실 혹은 진리인가? 아니면 특별한 사람이 특수한 상황에서 행하거나 의미할 수 있는 것인가를 구분하면 된다.

①	그 교사는 유머러스하다. (특수적인 의미. 특정한 교사를 가리킴)	الْمُدَرِّسُ مَرِحٌ.
②	교사는 사회의 거울이다. (일반적인 의미)	الْمُدَرِّسُ مِرْآةُ الْمُجْتَمَعِ.
①	그 남자는 암에 걸렸다. (특수적인 의미. 특정한 남자를 가리킴)	الرَّجُلُ مُصَابٌ بِالسَّرَطَانِ.
②	남자는 여자보다 약하다. (일반적인 의미)	الرَّجُلُ أَضْعَفُ مِنَ الْمَرْأَةِ.
①	나는 그 책을 읽었다. (특수적인 의미. 특정한 책을 가리킴)	قَرَأْتُ الْكِتَابَ.
②	책은 인간을 위한 친구이다. (일반적인 의미)	الْكِتَابُ صَدِيقٌ لِلْإِنْسَانِ.

①	그 교실에 앉아있는 그 사람은 내 친구이다. (특수적인 의미. 특정한 사람을 가리킴)	الْجَالِسُ فِي الْفَصْلِ صَدِيقِي.
②	앉아있는 자는 항상 편안함을 느낀다. (일반적인 의미)	الْجَالِسُ يَشْعُرُ بِالرَّاحَةِ دَائِمًا.
①	그 이집트 사람이 왔다. (특수적인 의미. 특정한 이집트 인을 가리킴)	جَاءَ الْمِصْرِيُّ.
②	이집트 사람은 친절하다. (일반적인 의미)	الْمِصْرِيُّ طَيِّبٌ.

** 특수적인 의미를 확실히 하는 방법

특수적인 의미를 확실히 하는 방법이 있다. 그것은 ـل 이 사용된 명사 앞에 지시대명사를 사용하여 대용어 구(句)를 만들어 주는 것이다. 아래를 보자.

①	일하는 것은 어렵다. (일반적인 의미)	الْعَمَلُ صَعْبٌ.
②	이 일은 어렵다. (특수적인 의미)	هَذَا الْعَمَلُ صَعْبٌ.
①	배고픈 자는 빨리 먹는다. (일반적인 의미)	يَأْكُلُ الْجَائِعُ بِسُرْعَةٍ.
②	이 배고픈 자는 빨리 먹는다. (특수적인 의미)	يَأْكُلُ هَذَا الْجَائِعُ بِسُرْعَةٍ.
①	가난한 자는 슬프다. (일반적인 의미)	الْفَقِيرُ حَزِينٌ.
②	나는 저 가난한 자를 많이 도왔다. (특수적인 의미)	سَاعَدْتُ ذَلِكَ الْفَقِيرَ كَثِيرًا.

** 이 책에서 ـل 의 번역을 종종 '(그)'라고 하며 괄호를 표기하였다. 이 경우는 특수적인 의미와 일반적인 의미가 분명히 구분되지 않는 경우 혹은 특수적인 의미와 일반적인 의미 두 가지 다 가능한 경우라 할 수 있다. 이 책의 예문들을 번역하며 특수적인 의미와 일반적인 의미 두 가지가 다 가능하다고 생각될 때는 괄호를 사용하여 '(그)'로 표기하였음을 밝힌다.

(그) 교실에는 아무도 없다.	لَا أَحَدَ فِي الْفَصْلِ.
나는 (그) 책을 읽고 있는 (그) 사람을 좋아한다. الْقَارِئ 는 능동분사의 동사적 용법	أُحِبُّ الْقَارِئَ الْكِتَابَ.
(그) 학생도 (그) 교수도 교실에 있지 않다.	لَا الطَّالِبُ وَلَا الْأُسْتَاذُ فِي الْفَصْلِ.
(그) 의사는 실험실에서 일을 한다.	يَعْمَلُ الطَّبِيبُ فِي الْمَعْمَلِ.

제 23 과 존재문장과 소유문장에 대해

1. 존재를 의미하는 문장
   1) 비한정 주어가 후행하는 명사문
   2) 명사문 앞에 هُنَاكَ 를 사용하여
   3) يُوجَدُ 란 수동형 동사를 사용하여
2. 소유를 의미하는 문장
   1) 부동산의 소유를 표현하는 경우
   2) 동산의 소유를 표현하는 경우
   3) 지니고 있는 물건에 대해 표현하는 경우
   4) 가족관계를 표현하는 경우
   5) 추상명사(الاسْمُ الْمَعْنَوِي)에 대한 소유의 표현

제 23 과 존재문장과 소유문장에 대해

아랍어 문장을 만들 때 '..이 있다(there is)'와 같이 존재의 의미를 표현하는 문장과 '..을 가지고 있다(to have)'와 같이 소유의 의미를 표현하는 문장을 알고 있으면 아주 유익하다.

여기서 편의상 '..이 있다(there is)'의 의미를 가진 문장을 '존재문장'이라 하고, '..을 가지고 있다(to have)'의 의미를 가진 문장을 '소유문장'이라 칭한다.

1. 존재를 의미하는 문장

아랍어 문장에서 영어의 'there is (or there are)'의 의미를 표현하는 방법은 세 가지이다. 먼저는 비한정 주어가 후행하는 명사문을 만드는 방법이고, 두 번째는 명사문 앞에 هُنَاكَ 를 사용하는 경우이며, 세 번째는 يُوجَدُ 란 수동형 미완료 동사를 사용하는 경우이다. 이 세 가지 구문의 공통점은 문장의 주어가 반드시 비한정 형태(الْمُبْتَدَأُ دَائِمًا نَكِرَةٌ)이어야 한다는 것이다.

1) 비한정 주어(مُبْتَدَأ)가 후행하는 명사문

명사문에 사용된 주어(مُبْتَدَأ)가 비한정 형태이고, 술어(خَبَر)가 유사문장이며, 문장의 어순이 술어가 주어보다 선행할 때(الْخَبَرُ مُتَقَدِّم) 그 문장은 존재를 의미하는 문장이 된다.

(그) 책상 위에 한 펜이 있다. (There is a pen on the desk.)	عَلَى الْمَكْتَبِ قَلَمٌ.
(그) 거리에 많은 자동차들이 있다. (There are many cars on the street.)	فِي الشَّارِعِ سَيَّارَاتٌ كَثِيرَةٌ.
극동지역에 여러 선진국들이 있다.	فِي الشَّرْقِ الْأَقْصَى عَدَدٌ مِنَ الدُّوَلِ الْمُتَقَدِّمَةِ.

→ 위의 예들에서 '(그)'라고 괄호를 표기한 것은 번역상 '그'를 번역하지 않아도 된다는 의미이다.
→ 위의 예들의 유사문장에 전치사가 사용되었다. 부사가 이끄는 유사문장도 존재문의 의미로 사용될 수 있다.

** 이 문장을 부정할 때 لَيْسَ 혹은 مَا 를 사용하여 부정한다.

(그) 책상 위에 한 펜이 없다.	لَيْسَ (أَوْ مَا) عَلَى الْمَكْتَبِ قَلَمٌ.
(그) 거리에 많은 자동차들이 없다.	لَيْسَتْ (أَوْ مَا) فِي الشَّارِعِ سَيَّارَاتٌ كَثِيرَةٌ.

** 이 문장을 과거 시제로 바꿀 경우 كَانَ 동사를 사용한다.

(그) 책상 위에 한 펜이 있었다.	كَانَ عَلَى الْمَكْتَبِ قَلَمٌ.
(그) 거리에 많은 자동차들이 있었다.	كَانَتْ فِي الشَّارِعِ سَيَّارَاتٌ كَثِيرَةٌ.

** 이 문장의 미래 시제는 سَيَكُونُ 혹은 سَوْفَ يَكُونُ 를 사용한다.

(그) 책상 위에 한 펜이 있을 것이다.	سَيَكُونُ (أَوْ سَوْفَ يَكُونُ) عَلَى الْمَكْتَبِ قَلَمٌ.
(그) 거리에 많은 자동차들이 있을 것이다.	سَتَكُونُ (أَوْ سَوْفَ تَكُونُ) فِي الشَّارِعِ سَيَّارَاتٌ كَثِيرَةٌ.

제23과 존재문장과 소유문장에 대해

** 아래 문장의 의미를 비교하라.

아래의 문장들을 우리말로 번역할 경우 둘 다 '있다'의 의미로 번역되는 문장들이다. 그러나 그 의미에 차이가 있다. 아래를 비교하라.

주어가 비한정 명사 (비한정 형태의 주어가 후행하는 명사문)	주어가 한정명사 (한정형태의 주어가 선행하는 명사문)
عَلَى الْمَكْتَبِ قَلَمٌ. (그) 책상 위에 한 펜이 있다. (There is a pen on the desk.) (책상에 한 펜이 존재하고 있음을 말하는 문장)	الْقَلَمُ عَلَى الْمَكْتَبِ. 그 펜이 (그) 책상 위에 있다.(The pen is on the desk.) (그 펜이 어디에 있는지를 말하는 문장)
فِي الشَّارِعِ سَيَّارَاتٌ. (그) 거리에 자동차들이 있다. (There are cars on the street.) (거리에 자동차들이 존재하고 있음을 말하는 문장)	السَّيَّارَاتُ فِي الشَّارِعِ. 그 자동차들이 (그) 거리에 있다. (The cars are on the street.) (그 자동차들이 어디에 있는지를 말하는 문장)

** 부사가 이끄는 존재문 문장

위의 예문들에 사용된 유사문장은 '전치사 + 소유격 명사'의 구조이다. 유사문장에 '부사 + 후연결어'가 오는 경우도 동일하게 존재문을 만든다.

그 집 앞에 사람들이 있다. (There are people in front of the house.)	أَمَامَ الْبَيْتِ أُنَاسٌ.
그 건물 아래에 아이들이 있다. (There are children under the building.)	تَحْتَ الْعِمَارَةِ أَوْلَادٌ.

2) 명사문 앞에 هُنَاكَ 를 사용하여

아래와 같이 هُنَاكَ 를 사용하여 존재문장을 만들 수 있다. 이 때 هُنَاكَ 는 유사문장(شِبْهُ جُمْلَةٍ)으로 취급되며 문장의 술어(خَبَرٌ)가 된다. 그 뒤에 비한정 명사가 주어(مُبْتَدَأٌ)로 사용된다.

(그) 책상 위에 한 펜이 있다. (There is a pen on the desk.)	هُنَاكَ قَلَمٌ عَلَى الْمَكْتَبِ.
(' هُنَاكَ ' 이 유사문장(شِبْهُ جُمْلَةٍ), ' قَلَمٌ ' 가 주어이다.)	هُنَاكَ عَلَى الْمَكْتَبِ قَلَمٌ. (×)
(그) 거리에 많은 자동차들이 있다. (There are many cars on the street.)	هُنَاكَ سَيَّارَاتٌ كَثِيرَةٌ فِي الشَّارِعِ.
극동지역에 여러 선진국들이 있다.	هُنَاكَ عَدَدٌ مِنَ الدُّوَلِ الْمُتَقَدِّمَةِ فِي الشَّرْقِ الْأَقْصَى.

→ هُنَاكَ 가 한 단어이지만 아랍어 문법에서는 유사문장(شِبْهُ جُمْلَةٍ)으로 취급되며 문장의 술어가 된다.

** 이 문장을 부정할 때 لَيْسَ 를 사용하여 부정한다. (مَا 는 불가능)

(그) 책상 위에 한 펜이 없다.	لَيْسَ هُنَاكَ قَلَمٌ عَلَى الْمَكْتَبِ.
(그) 거리에 많은 자동차가 없다.	لَيْسَتْ هُنَاكَ سَيَّارَاتٌ كَثِيرَةٌ فِي الشَّارِعِ.

종합 아랍어 문법 II

** 과거 시제는 كَانَ 동사를 사용한다.

(그) 책상 위에 한 펜이 있었다.	كَانَ هُنَاكَ قَلَمٌ عَلَى الْمَكْتَبِ.
(그) 거리에 많은 자동차들이 있었다.	كَانَتْ هُنَاكَ سَيَّارَاتٌ كَثِيرَةٌ فِي الشَّارِعِ.

** 미래 시제는 سَيَكُونُ 혹은 سَوْفَ يَكُونُ 를 사용한다.

(그) 책상 위에 한 펜이 있을 것이다.	سَيَكُونُ (أَوْ سَوْفَ يَكُونُ) هُنَاكَ قَلَمٌ عَلَى الْمَكْتَبِ.
(그) 거리에 많은 자동차가 있을 것이다.	سَتَكُونُ (أَوْ سَوْفَ تَكُونُ) هُنَاكَ سَيَّارَاتٌ كَثِيرَةٌ فِي الشَّارِعِ.

** هُنَاكَ 가 두 번 반복되어 사용되며 그 뒤의 주어가 한정명사일 경우

위의 문장에서 هُنَاكَ 뒤에 오는 주어(مُبْتَدَأ)는 비한정 형태를 취하였다. 그런데 아래와 같이 대등접속사 وَ 를 중심으로 هُنَاكَ 가 두 번 반복되어 사용되고 هُنَاكَ 뒤의 주어가 한정명사일 경우 그 의미가 일반적인 사실을 나타내어 '..도 있고 ..도 있다' 의 의미가 된다.

فِي الشَّوَارِعِ هُنَاكَ الْمُعَارِضُونَ وَهُنَاكَ الْمُؤَيِّدُونَ.
거리들에는 반대자들도 있고 지지자들도 있다. (일반적인 사실)
فِي مِصْرَ هُنَاكَ الْإِعْلَامُ الصَّادِقُ وَهُنَاكَ الْإِعْلَامُ الْكَاذِبُ.
이집트에는 정직한 언론도 있고 거짓말하는 언론도 있다. (일반적인 사실)

→ 한편 위의 هُنَاكَ 자리에 يُوجَدُ 를 사용해주어도 같은 의미가 된다.

다음은 هُنَاكَ 뒤의 주어가 비한정 명사인 경우이다.

عَلَى الْمَكْتَبِ هُنَاكَ قَلَمٌ أَسْوَدُ وَهُنَاكَ قَلَمٌ أَزْرَقُ.
(그) 책상 위에는 한 검은 펜과 한 푸른 펜이 있다.

** 아래 문장을 비교하라.

아래의 ①은 هُنَاكَ 뒤에 비한정 형태의 주어가 사용된 경우이고, ②는 هُنَاكَ 뒤에 한정형태의 주어가 사용된 경우이다. ①의 경우는 특수한 상황의 특정한 것을 의미하며 ②의 경우는 일반적인 사실을 말하는 것이다. 즉 ①의 경우는 '그 교실에' 학생이 '한 부지런한 학생'과 '한 게으른 학생' 두 사람이 있는 경우이고, ②의 경우는 일반적인 사실을 의미하는 문장으로 학생이 몇명인지는 알 수 없다. ① 방식이 많이 사용되는 방식이다.

①	فِي الْفَصْلِ هُنَاكَ طَالِبٌ مُجْتَهِدٌ وَهُنَاكَ طَالِبٌ كَسْلَانُ.
	(그) 교실에 한 부지런한 학생과 한 게으른 학생이 있다.
②	فِي الْفَصْلِ هُنَاكَ الطَّالِبُ الْمُجْتَهِدُ وَهُنَاكَ الطَّالِبُ الْكَسْلَانُ.
	교실에는 부지런한 학생도 있고 게으른 학생도 있다.

→ ②의 경우는 일반화의 الـ 이 사용되었다.

512

3) يُوجَدُ 란 수동형 동사(مَبْنِيّ لِلْمَجْهُول)를 사용하여

아래와 같이 يُوجَدُ를 사용하여 '...있다(there is)'의 문장을 만들 수 있다. 지금까지 다룬 1)과 2)의 문장은 명사문이고, يُوجَدُ가 사용된 문장은 동사문이다. يُوجَدُ 뒤에 주어(نَائِبُ فَاعِل)가 먼저와도 되고 유사문장이 먼저와도 된다. 여기서도 주어(نَائِبُ فَاعِل)는 비한정 형태를 사용한다.

يُوجَدُ عَلَى الْمَكْتَبِ قَلَمٌ.	يُوجَدُ قَلَمٌ عَلَى الْمَكْتَبِ.
(그) 책상 위에 한 펜이 있다.	
يُوجَدُ/ تُوجَدُ فِي الشَّارِعِ سَيَّارَاتٌ كَثِيرَةٌ.*	يُوجَدُ/ تُوجَدُ سَيَّارَاتٌ كَثِيرَةٌ فِي الشَّارِعِ.*
(그) 거리에 많은 차량들이 있다.	
극동지역에 여러 선진국들이 있다.	يُوجَدُ عَدَدٌ مِنَ الدُّوَلِ الْمُتَقَدِّمَةِ فِي الشَّرْقِ الأَقْصَى. = يُوجَدُ فِي الشَّرْقِ الأَقْصَى عَدَدٌ مِنَ الدُّوَلِ الْمُتَقَدِّمَةِ.

→ 위의 밑줄은 수동형 동사 يُوجَدُ와 수동형의 주어(نَائِبُ فَاعِل)를 표기한 것이다.
→ * 표시 문장은 주어가 여성이다. 주어가 여성일 때 동사는 يُوجَدُ도 가능하고 تُوجَدُ도 가능하다.

** 위의 문장들을 부정할 때 동사문이기에 시제에 따라 لاَ, لَمْ, لَنْ 을 사용하여 부정한다.

(그) 책상 위에 한 펜도 없다.	لاَ يُوجَدُ قَلَمٌ عَلَى الْمَكْتَبِ.
(그) 책상 위에 한 펜도 없었다.	لَمْ يُوجَدْ قَلَمٌ عَلَى الْمَكْتَبِ.
(그) 책상 위에 한 펜도 없을 것이다.	لَنْ يُوجَدَ قَلَمٌ عَلَى الْمَكْتَبِ.

** 과거 시제는 كَانَ 동사를 사용한다.

(그) 책상 위에 한 펜이 있었다.	كَانَ يُوجَدُ قَلَمٌ عَلَى الْمَكْتَبِ.
(그) 거리에 많은 자동차가 있었다.	كَانَتْ تُوجَدُ سَيَّارَاتٌ كَثِيرَةٌ فِي الشَّارِعِ.

** 미래 시제는 سَيُوجَدُ 혹은 سَوْفَ يُوجَدُ 를 사용한다.

(그) 책상 위에 한 펜이 있을 것이다.	سَيُوجَدُ (أَوْ سَوْفَ يُوجَدُ) قَلَمٌ عَلَى الْمَكْتَبِ.
(그) 거리에 많은 자동차가 있을 것이다.	سَتُوجَدُ (أَوْ سَوْفَ تُوجَدُ) سَيَّارَاتٌ كَثِيرَةٌ فِي الشَّارِعِ.

** 만일 يُوجَدُ 의 완료형인 وُجِدَ 를 사용하면 그 의미는 '있었다'의 의미가 아니라 '찾아졌다. 발견되었다(it was found)'의 의미가 된다.

(그) 교실에서 한 학생이 발견되었다.	وُجِدَ طَالِبٌ فِي الْفَصْلِ.
(그) 거리에서 많은 자동차들이 발견되었다.	وُجِدَتْ سَيَّارَاتٌ كَثِيرَةٌ فِي الشَّارِعِ.

2. 소유를 의미하는 문장

아랍어 문장 가운데 '..을 가지고 있다(to have)'의 의미를 가진 문장들이 있다. 이러한 소유문장을 만들기 위해 사용되는 단어들이 있는데 مَعَ, لِـ, عِنْدَ, لَدَى 가 그것들이다. (여기서 لـ은 전치사이고, 나머지는 부사이다.) 이 단어들이 다른 단어(인칭대명사 혹은 사람)와 결합되어 유사문장을 만들고 그 뒤에 비한정 단어를 주어로 사용하면 소유의 의미를 가진 명사문이 된다. 아래를 보자.

나는 돈을 가지고 있다. (I have money. 일반적인 소유를 표현. 내가 이 돈을 소유하고 있음) (이 문장에서 술어는 '부사 + 후연결어'로 조합된 유사문장이다.)	لَدَيَّ نُقُودٌ. 주어 + 술어
	عِنْدِي نُقُودٌ.
나는 이 은행에 돈이 있다. (어떤 구체적인 상황에서 소유를 표현할 때. 여기서는 은행에 있는 돈의 소유를 표현)	لِي نُقُودٌ فِي هَذَا الْبَنْكِ.
나의 수중에 돈이 있다. (I have money with me. 현재 돈을 지니고 있다는 말. 이 돈이 나의 소유일 수도 있고 다른 사람의 소유일 수도 있다.)	مَعِي نُقُودٌ. 주어 + 술어

소유의 의미를 가진 명사문을 이끄는 단어
لَدَى ، عِنْدَ ، لِـ ، مَعَ

위의 네 가지 단어가 소유의 의미를 가지고 있지만 각 단어는 약간씩 의미의 차이가 있다. لَدَى 와 عِنْدَ 는 부동산이나 동산에 대한 소유를 가장 확실하게 표현하며, لـ 는 어떤 구체적 상황에서의 부동산 혹은 동사의 소유를 표현하거나 가족 구성원 등에 대해 표현하며, مَعَ 는 일시적으로 지니고 있거나 대동하고 있음을 나타낼 때 사용한다.

1) 부동산의 소유를 표현하는 경우

부동산(움직이지 않는 사물)에 대한 소유를 표현하는데 가장 많이 사용되는 단어는 عِنْدَ 와 لَدَى 이며(لَدَى 는 문어체 아랍어에 عِنْدَ 는 구어체 아랍어에 더 광범위하게 사용된다.), لـ 는 구체적이거나 특정한 상황에서의 소유를 나타내고, مَعَ 는 부동산에 대한 소유의 의미로는 사용되지 않는다.

무함마드는 한 아름다운 집을 가지고(소유하고) 있다. (Muhammad has(or owns) a beautiful house.) (무함마드가 소유하고 있음을 확실하게 표현)	لَدَى مُحَمَّدٍ بَيْتٌ جَمِيلٌ. عِنْدَ مُحَمَّدٍ بَيْتٌ جَمِيلٌ.
무함마드는 이 해변에 한 아름다운 집을 가지고 있다. (좀 더 구체적인 상황에서 이 표현 사용)	لِمُحَمَّدٍ بَيْتٌ جَمِيلٌ فِي هَذَا الشَّاطِيءِ.
부동산 소유에 대해서는 مَعَ 를 사용할 수 없음	مَعَ مُحَمَّدٍ بَيْتٌ جَمِيلٌ. (×)

** 집의 소유에 대한 대화

A	당신은 집을 가지고 있습니까?	هَلْ عِنْدَكَ بَيْتٌ؟
B	네, 저는 집을 한 채 가지고 있습니다.	نَعَمْ، عِنْدِي بَيْتٌ.

제 23 과 존재문장과 소유문장에 대해

A	هَلْ لَكَ بَيْتٌ فِي الْإِسْكَنْدَرِيَّةِ؟	당신은 알렉산드리아에 집을 한 채 가지고 있습니까?
B	نَعَمْ، لِي بَيْتٌ فِي الْإِسْكَنْدَرِيَّةِ.	네, 알렉산드리아에 집을 한 채 가지고 있습니다.

다른 예문들

عِنْدَ الْمَلِكِ قُصُورٌ كَثِيرَةٌ.	그 왕은 많은 궁궐들을 가지고 있다.
مُنَى عِنْدَهَا أَرْضٌ كَبِيرَةٌ فِي سَيْنَاءَ.	모나는 시내 반도에 큰 땅을 가지고 있다.
لِي غُرْفَةٌ فِي هَذَا الْبَيْتِ.	나는 이 집에 한 방을 가지고 있다.
هَلْ لَدَيْكُمْ مَنْزِلٌ فِي هَذَا الشَّارِعِ؟	당신들은 이 거리에 한 집을 가지고 있습니까?

2) 동산의 소유를 표현하는 경우

동산(예: 자동차, 돈, 책 등 가지고 다닐 수 있는 물건)에 대한 소유의 표현은 لَدَى, عِنْدَ, لِـ, مَعَ 모두 사용할 수 있지만 그 의미의 차이가 있다.

لَدَيْهَا سَيَّارَةٌ.	그녀는 한 자동차를 가지고(소유하고) 있다. (She has a car. = She owns a car)
عِنْدَهَا سَيَّارَةٌ.	
لَهَا سَيَّارَةٌ فِي الْجَرَاجِ. 주어 + 술어	그 주차장에 그녀의 한 자동차가 있다. (예를들어 자동차를 가져오기 위해 주차장으로 가는 상황에서 할 수 있는 말. 자동차가 그녀의 소유일 가능성이 많음)
مَعَهَا سَيَّارَةٌ فِي الْجَرَاجِ. 주어 + 술어	주차장에 그녀가 가져온 한 자동차가 있다. (She has a car with her in parking lot.)(소유에 대한 표현이 아니라 현재 그녀가 몰고 온 한 자동차가 있다는 의미. 자동차가 그녀의 소유일 수도 있고 다른 사람의 소유일 수도 있음.)

** 자동차의 소유에 대한 대화

A	هَلْ لَدَيْكَ سَيَّارَةٌ؟	당신은 자동차를 가지고 있습니까?
B	نَعَمْ، لَدَيَّ سَيَّارَةٌ.	네, 저는 자동차를 가지고 있습니다.
A	هَلْ لَكَ سَيَّارَةٌ أَمَامَ الْمَدْرَسَةِ؟	그 학교 앞에 당신의 자동차가 있습니까?
B	نَعَمْ، لِي سَيَّارَةٌ أَمَامَ الْمَدْرَسَةِ.	네, 그 학교 앞에 저의 자동차가 있습니다.

다른 예문들

لَدَى الطِّفْلِ أَلْعَابٌ كَثِيرَةٌ.	그 아기는 장난감을 많이 가지고 있다.
لَدَيْهَا دَرَّاجَةٌ صَغِيرَةٌ.	그녀는 한 작은 자전거를 가지고 있다.
صَدِيقِي أَحْمَدُ عِنْدَهُ كُمْبِيُوتِرٌ حَدِيثٌ.	내 친구 아흐마드는 한 신형 컴퓨터를 가지고 있다.
هَذِهِ الْمَرْأَةُ لَهَا سَيَّارَةٌ هُنَا.	이 여인은 여기에 그녀의 한 자동차가 있다.

** لِ는 구체적인 상황에서의 소유를 표현한다.

당신은 이 은행에 돈이 있습니까? (이 은행이라는 구체적인 상황)	هَلْ لَكَ نُقُودٌ فِي هَذَا الْبَنْكِ؟	A
네, 나는 이 은행에 돈이 있습니다.	نَعَمْ، لِي نُقُودٌ فِي هَذَا الْبَنْكِ.	B

** 위의 عِنْدَ 나 لَدَى 보다 더 확실한 소유의 의미의 문장은 مَلَكَ/يَمْلِكُ 동사를 사용한 문장이다.

나는 아름다운 집을 소유하고 있다.	أَمْلِكُ بَيْتًا جَمِيلاً.	
내 형(남동생)은 한 멋진 자동차를 가지고 있다.	يَمْلِكُ أَخِي سَيَّارَةً جَمِيلَةً.	

3) 지니고 있는 물건에 대해 표현하는 경우

가지고 다닐 수 있는 물건을 일시적으로 지니고 있음을 표현할 때를 말한다. 예를들어 옆에 있는 사람에게 "당신 지금 펜 가진 것 있어?"라고 물을 때를 말한다. 이 때는 그 펜의 소유주가 누구인지를 묻는 것이 아니라 단지 그 순간 지니고 있음을 묻는 것이다. 이런 의미의 표현으로 مَعَ 만이 사용된다.

당신 지금 펜을 가지고 있습니까? (Do you have a pen with you now?)	هَلْ مَعَكَ قَلَمٌ الآنَ؟	A
네 가지고 있습니다. (Yes, I have a pen with me.)	نَعَمْ، مَعِي قَلَمٌ.	B
당신은 돈을 가지고 있나요? (Do you have money with you?)	هَلْ مَعَكَ نُقُودٌ؟	A
네, 제가 돈을 가지고 있어요.	نَعَمْ، مَعِي نُقُودٌ.	B

아래와 같이 مَعَ 뒤에 한정명사가 올 수도 있다.

당신 지금 그 열쇠를 가지고 있습니까? (Do you have the key with you now?)	هَلْ مَعَكَ الْمِفْتَاحُ الآنَ؟	A
네. 가지고 있습니다. (Yes, I have the key with me.)	نَعَمْ، مَعِي الْمِفْتَاحُ.	B

** 함께 대동하고 있는 사람을 표현할 때

مَعَ 는 지니고 있는 물건 뿐만 아니라 대동하고 있는 사람을 표현할 때에도 사용된다.

당신은 당신의 형제들과 함께 하고 있습니까? (예: 파티에서) (Are your brothers with you?)	هَلْ مَعَكَ إِخْوَتُكَ؟	A
예, 저의 형제들이랑 함께 하고 있어요.(함께 왔어요.)	نَعَمْ، مَعِي إِخْوَتِي.	B

다른 예문들

당신들은 당신들의 가방들을 가지고 있습니까?	هَلْ مَعَكُمْ حَقَائِبُكُمْ؟
나에게 두 권의 책이 있습니다.	مَعِي كِتَابَانِ.

제23 과 존재문장과 소유문장에 대해

4) 가족관계를 표현하는 경우

가족관계 혹은 사람들과의 관계를 표현할 때 عِنْدَ 를 사용하기도 하지만 ـِلَ 를 사용하는 것이 더 나은 표현이다.

나에게 한 형(남동생)과 두 자매가 있다.	لِي أَخٌ وَأُخْتَانِ. 주어 + 술어
나에게 많은 친구들이 있다.	لِي أَصْدِقَاءُ كَثِيرُونَ.

구어체 아랍어(암미야)에서는 가족관계를 표현할 때 아래와 같이 عِنْدَ 를 사용하는 것을 더 많이 사용한다. 그러나 현대 표준 아랍어(MSA)에서는 ـِلَ 을 사용하는 것이 더 좋은 표현이다.

나에게 한 형(남동생)과 두 누나(여동생)가 있다.	عِنْدِي أَخٌ وَأُخْتَانِ.
나에게 많은 친구들이 있다.	عِنْدِي أَصْدِقَاءُ كَثِيرُونَ.

사람에 대해서 مَعَ 를 사용할 경우 함께 대동하고 있다는 의미로 사용된다.

지금 형(남동생)과 누나(여동생)가 저와 함께 있습니다. (함께 대동하여 왔다는 의미)	مَعِي أَخٌ وَأُخْتٌ.

** 형제가 몇명인지를 물을 때

당신에게 몇명의 형제가 있습니까?	كَمْ أَخًا لَكَ؟	A
저에게 형제 한 사람 자매 한 사람이 있습니다.	لِي أَخٌ وَأُخْتٌ.	B

당신에게 몇명의 형제가 있습니까?	كَمْ أَخًا عِنْدَكَ؟	A
저에게 형제 한 사람 자매 한 사람이 있습니다.	عِنْدِي أَخٌ وَأُخْتٌ.	B

→ كَمْ أَخًا 의 أَخًا 은 명시목적어(التَّمْيِيز)이다.
→ 위의 두 질문 중에 كَمْ أَخًا لَكَ؟ 를 더 많이 사용한다.

다른 예문들

당신은 이집트에 친구들이 있습니까?	هَلْ لَكَ أَصْدِقَاءُ فِي مِصْرَ؟
그녀는 대학에 두 동료가 있다.	لَهَا زَمِيلَانِ فِي الْجَامِعَةِ.

5) 추상명사(الاسْمُ الْمَعْنَوِيُّ)에 대한 소유의 표현

عِنْدَ 와 لَدَى 는 아래와 같이 추상명사의 소유에 대한 표현으로도 사용된다. لِـ 와 مَعَ 는 이 의미로는 사용되지 않는다.

나는 한 생각을 가지고 있다. (나에게 한 생각이 있다.)	لَدَيَّ فِكْرَةٌ. (= عِنْدِي فِكْرَةٌ.)
그에게 한 문제가 있다.	لَدَيْهِ مُشْكِلَةٌ. (= عِنْدَهُ مُشْكِلَةٌ.)
그녀에게 질문이 하나 있다.	لَدَيْهَا سُؤَالٌ. (= عِنْدَهَا سُؤَالٌ.)
나에게 현재의 그 위기를 해결하기 위한 제안들이 있다.	لَدَيَّ مُقْتَرَحَاتٌ لِحَلِّ الْأَزْمَةِ الْحَالِيَّةِ. (= عِنْدِي مُقْتَرَحَاتٌ لِحَلِّ الْأَزْمَةِ الْحَالِيَّةِ.)

다른 예문들

우리는 그 위기에 대한 탈출구를 가지고 있지 않다.	لَيْسَ لَدَيْنَا مَخْرَجٌ مِنَ الْأَزْمَةِ.
정부는 그 문제에 대한 해결책을 가지고 있다.	الْحُكُومَةُ عِنْدَهَا حُلُولٌ لِلْمُشْكِلَةِ.

→위의 두 번째 문장에서는 소유의 의미를 가진 문장이 명사문의 술어로 사용되었다. 즉 술어 부분에 소유의 의미를 가진 عِنْدَ 가 사용된 명사문이다.

** مَعَ, لِـ, عِنْدَ, لَدَى 가 원래의 의미로 사용된 경우

مَعَ, لِـ, عِنْدَ, لَدَى 는 원래 부사와 전치사이다. 아래는 이 단어들이 소유의 의미로 사용된 것이 아니라 원래의 의미로 사용된 경우이다.

나의 새 책은 내 친구에게(at, with) 있다.	كِتَابِي الْجَدِيدُ لَدَى صَدِيقِي. 술어 + 주어
그 걸상은 문 근처에 있다. (at)	الْكُرْسِيُّ عِنْدَ الْبَابِ.
시는 모든 국가를 위한 것이다. (for)	الشِّعْرُ لِكُلِّ أُمَّةٍ.
그 돈은 내 아버지와 함께 있다.(with my father)	النُّقُودُ مَعَ أَبِي.

→소유의 의미로 사용된 문장에서는 비한정 명사인 주어가 술어 뒤에 왔지만 위의 문장들에서는 한정명사인 주어가 먼저오고 그 뒤에 술어가 왔다.

제 24 과 명령문에 대해

1. 일반적인 명령문
2. 간접명령문(لَامُ الأَمْرِ)
3. 부정명령문("لَا" النَّاهِيَة)
4. 동사성 명사(اسْمُ الْفِعْلِ)를 사용한 명령문

제 24 과 명령문에 대해

아랍어에서 명령의 의미를 가진 문장은 네 종류이다. 먼저는 일반적인 명령문 형태이고, 두 번째는 간접명령문 형태이며, 세 번째는 부정명령문 형태이고, 네 번째는 동사성 명사(اسْمُ الْفِعْلِ)를 사용한 형태이다.

1. 일반적인 명령문

제 I 권에서 일반적인 명령문에 사용되는 동사의 형태에 대해서 공부하였다. 일반적인 명령문 형태는 동사의 2 인칭 단축법 형태에 미완료 표지 불변사(حَرْفُ الْمُضَارِعِ)를 제거하고 거기에 접두어 'ا'을 붙이는 경우가 보통이었고, 첨가동사의 경우 접두어 'ا'을 붙이지 않는 경우도 있었다. 자세한 내용들은 제 I 권에 돌아가서 공부하도록 하자.

일반적인 명령문 예문들

당신의 아버지와 어머니를 공경하라.	أَكْرِمْ أَبَاكَ وَأُمَّكَ.
당신(f.)은 당신 여자친구에게 말해서 그녀를 잘 이해시켜라.	كَلِّمِي صَدِيقَتَكِ وَأَفْهِمِيهَا جَيِّدًا.
당신 둘은 매일 아랍어를 공부하라. (쌍수 명령문)	اُدْرُسَا اللُّغَةَ الْعَرَبِيَّةَ كُلَّ يَوْمٍ.
당신들(m.)은 이 파티에서 먹고 마셔라. (남성 복수 명령문)	كُلُوا وَاشْرَبُوا فِي هَذِهِ الْحَفْلَةِ.
당신들(f.)은 강의를 듣고 숙제를 기록하라. (여성 복수 명령문)	اِسْتَمِعْنَ إِلَى الْمُحَاضَرَةِ وَاكْتُبْنَ الْوَاجِبَ.

2. 간접명령문 (لَامُ الْأَمْرِ) - لِـ + 단축법 동사

아랍어에는 직접적인 명령 이외에도 단축법(مَجْزُوم)을 이끄는 불변사 لِ 을 사용해서 간접적으로 명령하는 문장이 있다(لِـ + 단축법 동사). 일반 명령문이 2 인칭에 대한 명령에만 사용되는 것과는 달리 간접 명령문은 1 인칭, 2 인칭 그리고 3 인칭 모두에 사용된다. 또한 일반 명령문은 일반적인 명령의 의미로 사용되지만 간접명령문의 의미는 여러가지이다. 즉 간접명령문은 독백, 제안, 권유, 명령, 제 3 자에 대한 사역적인 명령, 간구 혹은 탄원 등의 여러가지 의미로 사용된다.

다음에서 간접명령문을 독백, 제안, 권유 혹은 명령, 간접명령, 간구 혹은 탄원으로 나누어서 살펴보도록 한다. 간접명령문 문장은 말하는 화자의 어조에 따라 그것이 부드러운 권유가 되기도 하고 일반적인 명령문이 되기도 한다.

1) 독백

간접명령문이 1 인칭 단수에 사용되면 스스로에게 독백으로 하는 말이 된다. 자신이 해야하는 일 등에 사용된다.

지금 가야 해(자기 자신에게)	لِأَذْهَبِ الْآنَ.
내 아이들을 위해 이 사탕을 구입해야 해 (자기 자신에게)	لِأَشْتَرِ الْحَلْوَى لِأَطْفَالِي.

2) 제안

간접명령문이 1인칭 복수에 사용되면 '우리가 ...하자(let us)'의 제안의 의미가 된다.

우리 지금 (함께) 가자.	لِنَذْهَبْ الآنَ.
우리 여기에서 (함께) 먹자	لِنَأْكُلْ هُنَا.
우리 함께 축구를 하자.	لِنَلْعَبْ كُرَةَ الْقَدَمِ.
애들아, 우리 영화관에 가자.	يَا أَوْلَادُ، لِنَذْهَبْ إِلَى السِّينِمَا.

3) 권유 혹은 명령

2인칭의 단축법 동사가 사용된 경우 화자가 청자에게 직접적으로 권유 혹은 명령하는 의미이다. 이 간접명령문을 부드러운 어조로 하게 되면 권유의 의미가 되고 강한 어조로 하게 되면 명령이 된다.

당신의 숙제를 지금 하세요. (너의 숙제를 지금 하는 것이 어떠니?)	لِتَكْتُبْ وَاجِبَاتِكَ الآنَ.
당신 둘은 지금 교실에서 나가주세요.	لِتَخْرُجَا مِنَ الْفَصْلِ الآنَ.
당신 일찍 집에 돌아오세요.	لِتَعُدْ إِلَى الْبَيْتِ مُبَكِّرًا.
집으로 들어오세요.	لِتَتَفَضَّلْ بِالدُّخُولِ إِلَى الْمَنْزِلِ.

4) 간접 명령

3인칭의 단축법 동사가 사용된 경우 제 3자에게 해당되는 내용을 화자가 청자에게 명령하는 의미이다. 즉 '..이 ..을 하게 하라'는 의미이다. 이 문장도 부탁하는 어조에 따라 강한 명령으로 받아들일 수도 있고 부드러운 부탁으로 받아 들일 수도 있다.

그 소년이 학교에 가게 해 주세요. (Let the boy go to the school.)	لِيَذْهَبِ الْوَلَدُ إِلَى الْمَدْرَسَةِ.
그들이 모임을 시작하게 해 주세요. (Let them start the meeting now.)	لِيَبْدَؤُوا الاجْتِمَاعَ الآنَ.
그녀가 집 앞에서 한 시간동안 서 있게 해 주세요.	لِتَقِفْ أَمَامَ الْبَيْتِ سَاعَةً.
그들 둘이 온 곳으로 부터 다시 돌아가게 해 주세요.	لِيَرْجِعَا مِنْ حَيْثُ جَاءَا.

5) 간구 혹은 탄원(الدُّعَاء)

지금까지 다룬 간접명령과는 다른 의미이다. 이 간접명령은 신적인 대상을 염두에 두고 간접적으로 명령하는 것이라 할 수 있다. 즉 신적인 대상에게 간구나 탄원을 할 때 사용된다. 2인칭 그리고 3인칭이 주로 사용된다.

(1) 3인칭 동사

주어(فَاعِل)가 주로 신적인 대상이다. 문장의 목적어로 사용된 사람의 합격이나, 안전, 축복 등을 빌 때 사용한다.

하나님이 당신을 치료해 주시길...	لِيَشْفِكَ اللهُ.
하나님이 그들을 구해주시길...	لِيُنْقِذْهُمُ اللهُ.
하나님이 당신을 악으로 부터 보호해 주시길...	لِيَحْمِكَ اللهُ مِنَ الشَّرِّ.
하나님이 당신의 일들을 축복해 주시길...	لِيُبَارِكِ اللهُ فِي عَمَلِكَ.
하늘에 계신 우리 아버지, 이름이 거룩히 여김을 받으소서. (주기도문)	أَبَانَا الَّذِي فِي السَّمَاوَاتِ، لِيَتَقَدَّسَ اسْمُكَ.

(2) 2인칭 동사

주어(فَاعِل)가 2인칭 즉 상대방이다. 상대방의 합격이나, 안전, 축복 등을 빌 때 사용한다.

당신이 당신의 직업에서 승진할 수 있길...	لِتَتَرَقَّى بِوَظِيفَتِكَ.
당신이 당신의 공부에서 성공할 수 있길...(합격할 수 있길)	لِتَنْجَحْ فِي دِرَاسَتِكَ.
당신 꿈속의 젊은 여자와 결혼할 수 있길 ...	لِتَتَزَوَّجْ فَتَاةَ أَحْلَامِكَ.
당신이 당신의 일에서 축복을 받을 수 있길... (기독교인들이 사용하는 표현)	لِتَتَبَارَكْ فِي عَمَلِكَ.

** 1인칭에 해당하는 간구 혹은 탄원의 문장은 아래와 같이 신에 대해서 호격사를 사용한 뒤에 명령형 동사가 오는 형태로 사용한다. 간접명령이 아니라 직접명령이다.

나의 병을 치료해 주세요. (나의 병으로부터 나를 치료해 주세요.)	يَا رَبُّ اشْفِنِي مِنْ مَرَضِي.
신이시여! 시험에 통과하도록 도와주세요.	يَا اللهُ وَفِّقْنِي فِي الامْتِحَانِ.
주님! 제가 원하는 것을 이루어 주세요.	اللَّهُمَّ حَقِّقْ لِي مَا أَتَمَنَّى.

** 직접 명령형과 2인칭 간접 명령형(لَامُ الأَمْرِ)의 차이

직접 명령문은 상대방에게 명령하는 의미이다. 이에 비해 2인칭의 간접 명령문은 명령하는 사람의 명령의 강도에 따라 직접 명령문과 같은 명령이 되기도 하고 부드러운 권유가 되기도 한다.

당신의 숙제를 지금 해라.	اُكْتُبْ وَاجِبَاتِكَ الآنَ.
당신의 숙제를 지금 해라. 혹은 지금 숙제를 하는 것이 어떻겠니?!	لِتَكْتُبْ وَاجِبَاتِكَ الآنَ.

** 간접명령문을 이끄는 لِ 앞에 대등 접속사 وَ 나 فَ 가 접두되면 وَلْ 와 فَلْ 가 된다. (이 때 لِ 의 카스라 모음이 수쿤으로 바뀐다.) 여기서 وَ 나 فَ 는 특별한 의미가 없다.

그에게 쓰게 하라.	لِيَكْتُبْ = وَلْيَكْتُبْ = فَلْيَكْتُبْ
앉읍시다.	لِنَجْلِسْ = وَلْنَجْلِسْ = فَلْنَجْلِسْ

지금 가자.	فَلْنَذْهَبْ الآنَ.
이리오세요. 들어오세요. 등단하세요.	فَلْتَتَفَضَّلْ ...
그가 들어오게 하세요.	فَلْيَتَفَضَّلْ ...
그에게 아랍어로 그 문장을 쓰게 하세요.	فَلْيَكْتُبْ الْجُمْلَةَ بِالْعَرَبِيَّةِ.

3. 부정명령문 (لَا النَّاهِيَة)

명령문 가운데서 부정적인 명령을 하는 문장(النَّهْي)을 말하는 것으로 이 책 제 I 권 '동사의 격변화' 부분의 '단축법 변화' 부분에서 공부하였다. 부정명령문은 단축법(مَجْزُوم)을 이끄는 불변사 لَا 를 사용해서 만든다. 아래의 예에서 لَا 뒤에 단축법 형태가 온 것을 확인하라.

부정명령문은 명령문이므로 주어가 2인칭에 해당되는 것이 많이 사용된다.

(너는) 잠자기 전에는 먹지 마라.	لَا تَأْكُلْ قَبْلَ النَّوْمِ.
압제자에 대해서 침묵하지 마라.	لَا تَسْكُتْ لِلظَّالِمِ.
너는(f.) 절대 거짓말을 하지 마라.	لَا تَكْذِبِي أَبَدًا.
너희 둘은 여기서는 한국어를 말하지 마라. (2인칭 쌍수)	لَا تَتَكَلَّمَا اللُّغَةَ الْكُورِيَّةَ هُنَا.
너희들(m.)은 위험한 곳에 가지 말아라. (2인칭 남성복수)	لَا تَذْهَبُوا إِلَى الْمَكَانِ الْخَطِرِ.
너희들(f.)은 과거에 대하여 많이 생각하지 마라. (2인칭 여성복수)	لَا تُفَكِّرْنَ فِي الْمَاضِي كَثِيرًا.

** 부정명령문(لَا النَّاهِيَة)이 2인칭이 아닌 경우

부정명령문은 명령문이므로 주어가 2인칭에만 해당된다고 생각할 수 있다. 그러나 아랍어의 부정명령문(لَا النَّاهِيَة)는 주어가 3인칭에도 사용될 수 있다.

아래 예문들에서와 같이 목적어나 소유격 명사가 2인칭인 경우 그 의미가 2인칭에 대한 의미가 되기 때문에 부정명령문에 해당된다고 할 수 있다. 또한 명령이 일반인 모두에게 해당되는 일반적인 명령(النَّهْي الْعَامّ)의 경우에도 부정명령문을 사용할 수 있다.

젊은이들이여! 절망이 당신들을 죽이지 못하도록 하라.	يَا شَبَابُ لَا يَقْتُلْكُمُ الْيَأْسُ.
추위가 너(m.)를 상하게 해서 일을 하지 못하는 일이 없게 하라.	لَا يُصِبْكَ الْبَرْدُ فَتَقْعُدَ عَنِ الْعَمَلِ.
내 딸이여! 사탄이 너(f.)가 알라신을 기억하는 것을 잊게하지 못하게 하라.	يَا بِنْتِي لَا يُنْسِيكِ الشَّيْطَانُ ذِكْرَ اللهِ.
돈이 너희들을 갈라놓지 못하도록 하라.	لَا تُفَرِّقْكُمُ النُّقُودُ.
아담의 아들들이여! 사탄이 너희들을 시험하지 못하게 하라.(꾸란 7:27)	يَا بَنِي آدَمَ لَا يَفْتِنَنَّكُمُ الشَّيْطَانُ.
슬픔이 너희 안에 살지않게 하라.	لَا يَعِشْ بِدَاخِلِكَ الْحُزْنُ.
악이 너에게 인사하지 못하게 하라.	لَا يُسَلِّمْ عَلَيْكَ الشِّرِّيرُ.
원수가 너를 환영하지 못하게 하라.	لَا يُرَحِّبْ بِكَ الْعَدُوُّ.
교실에서 이야기하지 마라.	لَا يَتَكَلَّمْ فِي الْفَصْلِ. *

| 불신자들이 앞섰다고 생각하지 못하게 하라. (꾸란 8:59) | وَلَا يَحْسَبَنَّ الَّذِينَ كَفَرُوا سَبَقُوا. ٭ |

→ 위에서 파란색으로 표시된 부분이 목적어나 소유격 명사가 2인칭인 경우이다.
→ 위에서 ٭ 표가 있는 문장이 일반적인 명령(النَّهْيُ الْعَامُّ)의 경우이다.

4. 동사성 명사(اسْمُ الْفِعْلِ)를 사용한 명령문

동사성 명사(اسْمُ الْفِعْلِ) 란 형태는 명사의 형태를 가지고 있으면서 의미는 동사의 의미를 가지고 있는 단어를 말한다. 동사성 명사는 불격변화(مَبْنِيٌّ) 단어이기 때문에 변화 형태가 따로 없다. 동사성 명사 가운데 명령의 의미로 사용되는 문장은 다음과 같다.

음식 먹으러 오시오. (오다(to come)의 의미)	هَيَّا إِلَى الطَّعَامِ.
기도하러 오시오. (오다(to come)의 의미. 모스크에서의 기도로 요청할 때에만 사용됨.)	حَيَّ عَلَى الصَّلَاةِ.
내 뒤를 따라 오시오. (오다(to come)의 의미)	هَلُمَّ وَرَائِي.
아멘! 응답해 주세요! (기도에 대한 대답으로)	آمِينَ.
조용히 하시오. (اُسْكُتْ 의 의미)	صَهٍ.
천천히 해라. (Be slow.) (كَ 는 인칭대명사이다. 2인칭 명령에서만 사용된다.)	رُوَيْدَكَ. (رُوَيْدَكِ، رُوَيْدَكُمْ ...)
Don't do this. (2인칭에서만 명령형으로 사용된다.)	مَهْ.

→ 동사성 명사를 사용한 다른 명령문에 대해서는 이 책 제Ⅰ권 '동사성 명사(اسْمُ الْفِعْلِ)에 대해' 부분에서 공부하라.

제 25 과 의문문(جُمْلَةُ الاسْتِفْهَامِ)에 대해

1. 의문불변사(حَرْفُ الاسْتِفْهَامِ)를 사용하는 의문문 – أ , هَلْ
2. 의문대명사(اسْمُ الاسْتِفْهَامِ)를 사용하는 의문문 –
   لِمَ , لِمَاذَا , أَيُّ(أَيَّةُ) , كَمْ , كَيْفَ , مَاذَا , مَا , أَيْنَ , مَتَى , مَنْ
3. 여러가지 의문문의 고려사항
4. 의문사를 사용하지 않는 의문문

제 25 과 의문문(جُمْلَةُ الاِسْتِفْهَامِ)에 대해

아랍어의 의문문에는 의문사를 사용하는 의문문과 의문사를 사용하지 않는 의문문이 있다. 아래는 의문사를 사용하지 않은 의문문을 기록한 것이다. 이런 경우는 구어체 아랍어에서 주로 많이 사용된다. 기록된 문장의 경우 의문사를 사용한 의문문이 많이 사용된다.

당신은 한국 사람입니까?	أَنْتَ كُورِيٌّ؟
당신은 아랍어를 말합니까?	أَنْتَ تَتَكَلَّمُ اللُّغَةَ الْعَرَبِيَّةَ؟

의문사를 사용하는 의문문에는 의문불변사(حَرْفُ الاِسْتِفْهَامِ)를 사용하는 의문문과 의문대명사(اِسْمُ الاِسْتِفْهَامِ)를 사용하는 의문문이 있다. 즉 아랍어 의문사는 의문불변사(حَرْفُ الاِسْتِفْهَامِ)와 의문대명사(اِسْمُ الاِسْتِفْهَامِ) 두 가지로 나뉜다. 의문불변사는 아랍어 문법에서 불변사의 한 종류이고, 의문대명사는 명사의 한 종류이다.

1. 의문불변사(حَرْفُ الاِسْتِفْهَامِ)를 사용하는 의문문

1) 의문불변사(حَرْفُ الاِسْتِفْهَامِ)의 종류

의문불변사는 의문문에 사용되는 의문사가 불변사인 경우이다. 이 의문문의 특징은 그 답이 '예'와 '아니오'로 닫힌 의문문을 만든다는 것이다. 의문불변사는 هَلْ 과 أ 두 가지가 있다.

	의문불변사(حَرْفُ الاِسْتِفْهَامِ)	
①	..입니까? (긍정문(جُمْلَةٌ مُثْبَتَةٌ)에 사용. 부정문(جُمْلَةٌ مَنْفِيَّةٌ)에는 사용되지 않는다.)	هَلْ
②	..입니까? (긍정 의문문, 부정 의문문 둘 다 사용된다.)	أ

예문

①	당신은 한국 사람입니까? (명사문에 대한 의문문)	هَلْ أَنْتَ كُورِيٌّ؟
	그 교실에 학생이 있습니까? (명사문의 주어가 비한정인 경우)	هَلْ طَالِبٌ فِي الْفَصْلِ؟
	당신은 아랍어를 말합니까? (동사문에 대한 의문문)	هَلْ تَتَكَلَّمُ اللُّغَةَ الْعَرَبِيَّةَ؟
	당신은 휴일에 여행을 갈 것입니까? (동사문에 대한 의문문)	هَلْ سَتُسَافِرُ فِي الْإِجَازَةِ؟
②	당신은 항상 배가 고픕니까? (명사문에 대한 의문문)	أَأَنْتَ جَائِعٌ دَائِمًا؟
	그들이 여행을 떠났습니까? (동사문에 대한 의문문)	أَسَافَرُوا؟
	당신은 아랍어를 공부하지 않을 것입니까? (부정 의문문)	أَلَنْ تَدْرُسَ اللُّغَةَ الْعَرَبِيَّةَ؟
	당신은 오늘 일하러 가지 않았습니까? (부정 의문문)	أَلَمْ تَذْهَبْ لِلْعَمَلِ الْيَوْمَ؟

→모든 명사문과 동사문에 이와같은 의문불변사를 붙이면 의문문이 된다. (هَلْ 과 أ 뒤에는 명사문이 올 수도 있고 동사문이 올 수도 있다.) 대개가 문장의 다른 변화없이 위의 의문불변사를 붙이면 의문문이 된다.

아래 두 문장의 의미는 같다.

هَلْ فَتَحَ الْبَابَ؟	أَفَتَحَ الْبَابَ؟
그가 그 문을 열었니?	

다음 두 문장의 의미는 같다.
아래의 문장에서 의문사 뒤에 주어가 비한정이 왔고 술어가 유사문장이 왔다.

의미	주어가 선행한 문장	술어가 선행한 문장
그 교실에 한 학생이 있는가? (Is there a student in the class?)	هَلْ طَالِبٌ فِي الْفَصْلِ؟	هَلْ فِي الْفَصْلِ طَالِبٌ؟
그 책상 위에 한 책이 있는가? (Is there any book on the desk?)	أَ كِتَابٌ عَلَى الْمَكْتَبِ؟	أَ عَلَى الْمَكْتَبِ كِتَابٌ؟

2) 의문불변사가 사용된 의문문의 대답

(1) 의문불변사를 사용한 의문문 문장은 그 대답이 아래와 같이 '예(نَعَمْ)' 혹은 '아니오(لَا)'가 된다.

	B		A
نَعَمْ، كَتَبْتُ. 예, 제가 기록했어요.	B	هَلْ كَتَبْتَ؟ (أَوْ أَكَتَبْتَ؟) 당신이 기록했나요?	A
لَا، لَمْ أَكْتُبْ. 아니오, 제가 기록하지 않았어요.			

(2) 부정 의문문의 대답은 아래와 같이 '예' 뒤에 부정문의 답이 오는 경우 نَعَمْ 을 사용하고, '아니오' 뒤에 긍정문의 답이 오는 경우 بَلَى 를 사용한다.

	B		A
نَعَمْ، لَمْ أَكْتُبْ. 예, 제가 기록하지 않았어요.	B	أَلَمْ تَكْتُبْ؟ 당신이 기록하지 않았지요?	A
بَلَى، كَتَبْتُ. 아니오, 제가 기록하였어요.			

다른 예

	B		A
بَلَى، قَدْ جَاءَنَا نَذِيرٌ. 아니오, 우리에게 한 경고자가 왔습니다.(꾸란 67:9)	B	أَلَمْ يَأْتِكُمْ نَذِيرٌ؟ 너희에게 한 경고자가 오지 않았느뇨?(꾸란 67:8)	A

** 의문불변사 'أَ' 이후에 'ا' 이 올 경우 – 'آ' 로 표기한다.

آلْوَلَدُ هُنَا؟	(أَ + الْوَلَدُ هُنَا؟)
그 남자 아이가 여기에 있니?	

3) 미래시제에서의 의문불변사의 사용

미래시제를 나타내는 سَـ 앞에 هَلْ 혹은 أ 이 사용된다.

너는 숙제를 할것이니?	هَلْ سَتَكْتُبُ الْوَاجِبَ؟
	أَسَتَكْتُبُ الْوَاجِبَ؟

4) 의문불변사와 결합된 대등접속사의 위치

문장에서 의문불변사 هَلْ 과 أ 이 대등접속사와 이어서 사용되는 경우가 있다. 그럴 경우 هَلْ 은 대등접속사 뒤에 오고, أ 은 대등접속사 앞에 온다. 이와같은 조합에 사용되는 대등접속사로는 وَ 와 فَـ 그리고 ثُمَّ 가 있다.

A :	الطَّالِبُ نَجَحَ فِي الِامْتِحَانِ.	그 학생이 시험에 합격했다.
B :	وَهَلْ حَصَلَ عَلَى دَرَجَاتٍ عَالِيَةٍ؟	그가 높은 점수를 받았니?
	أَوَحَصَلَ عَلَى دَرَجَاتٍ عَالِيَةٍ؟	

A :	لَعِبَ عَلِيٌّ بِمَهَارَةٍ وَهُوَ مُصَابٌ.	알리는 부상에도 불구하고 기술적으로 경기를 했다.
B :	وَهَلْ سَجَّلَ هَدَفًا؟	그가 골을 기록했니?
	أَوَسَجَّلَ هَدَفًا؟	

→위의 의문불변사와 대등접속사의 조합이 ...وَهَلْ 나 ...وَأ 의 순서로는 사용되지 않는다.

다른 예문들

أَوَكَتَبَ؟	그가 기록했니?
أَوَكَانَ فِي الْحَفْلَةِ؟	그가 그 파티에 있었니?
أَوَيَدْرُسُ فِي مِصْرَ؟	그가 이집트에서 공부하고 있니?
أَنْتَ كُورِيٌّ، أَفَتُحِبُّ الطَّعَامَ الْمِصْرِيَّ؟	당신은 한국사람인데 당신이 이집트 음식을 좋아하니?(의외란 의미가 있음)
أَفَسِحْرٌ هَذَا أَمْ أَنْتُمْ لَا تُبْصِرُونَ؟	이것이 마술이뇨 아니면 너희가 보지를 못하느뇨? (꾸란52:15)

→위에서 أَوَ 나 أَفَ 를 기록할 때 그 뒤의 단어에 붙여서 기록한다.

فَهَلْ تَرَى لَهُمْ مِّن بَاقِيَةٍ؟	그대는 그들 중 살아 남은 어느 누구를 볼 수 있었더뇨? (꾸란69:8)
فَهَلِ النَّامُوسُ ضِدُّ مَوَاعِيدِ اللهِ؟	그러면 율법이 하나님의 약속들과 반대되는 것이냐? (성경 갈라디아 3:21)

2. 의문대명사(اسْمُ الاسْتِفْهَام)를 사용하는 의문문

의문대명사는 육하원칙(누가, 언제, 어디서, 무엇을, 어떻게, 왜) 에 따라 질문을 할 때 사용하는 의문사이다. 의문대명사는 اسْمُ الاسْتِفْهَام 라는 아랍어 명칭에서 보듯 아랍어 문법에서 명사이다. 아래의 의문대명사의 종류를 확인하고 익히도록 하자.

	의문대명사 (اسْمُ الاسْتِفْهَام)	
①	누가(who)	مَنْ
②	언제(when)	مَتَى
③	어디서(where)	أَيْنَ
④	무엇을(what)	مَا
⑤	무엇을(what)	مَاذَا
⑥	어떻게(how)	كَيْفَ
⑦	얼마나(how many or how much)	كَمْ
⑧	(뒤에 붙는 후연결어에 따라) 어떤 ... (which, what kind of)	أَيّ (أو أَيَّة)
⑨	왜(why)	لِمَاذَا (لِ + مَاذَا)
⑩	왜(why)	لِمَ (لِ + مَا)
⑪	언제(when)	أَيَّانَ
⑫	어떻게 ; 어디로부터 ; 언제 (**의문대명사가 아닌 의문사(أَدَاةُ اسْتِفْهَام)이다)	أَنَّى

아래의 예들을 보면 대부분 의문사로 의문문 문장이 시작되고 있음을 발견할 수 있다. 그러나 문장의 필수적인 의미와 관련한 전치사를 의문대명사 앞에 위치시키기도 한다.

1) مَنْ 의 경우

저 남자는 누구입니까?	مَنْ ذَلِكَ الرَّجُلُ؟
누가 이 여행을 조직합니까? (대답 예 : مُحَمَّدٌ يُنَظِّمُ هَذِهِ الرِّحْلَةَ. أَوْ يُنَظِّمُ هَذِهِ الرِّحْلَةَ مُحَمَّدٌ.)	مَنْ يُنَظِّمُ هَذِهِ الرِّحْلَةَ؟
이 책은 누구의 것입니까?	لِمَنْ هَذَا الْكِتَابُ؟

2) مَتَى 의 경우

그 테스트가 언제입니까?	مَتَى الاخْتِيَارُ؟
우리는 이 여행을 언제 실행합니까?	مَتَى نَقُومُ بِهَذِهِ الرِّحْلَةِ؟
언제 그가 요르단에 갔습니까?	مَتَى ذَهَبَ إِلَى الأُرْدُنِ؟

3) أَيْنَ 의 경우

당신은 어디에 있습니까?	أَيْنَ أَنْتَ؟
당신은 어디에 사십니까?	أَيْنَ تَسْكُنُ؟
우리는 어디로 갑니까?	إِلَى أَيْنَ نَذْهَبُ؟

4) مَا 의 경우

일반적으로 مَا 뒤에 명사가 온다.

당신의 이름이 무엇입니까?	مَا اسْمُكَ؟
당신의 주소가 무엇입니까?	مَا عُنْوَانُكَ؟
무엇이 당신을 여기에 오게했습니까? (What made you come? Why did you come?)	مَا الَّذِي أَتَى بِكَ؟
선거의 결과는 무엇입니까?	مَا نَتِيجَةُ الْاِنْتِخَابَاتِ؟
이집트에서 혁명의 최종 소식이 무엇입니까?	مَا آخِرُ أَخْبَارِ الثَّوْرَةِ فِي مِصْرَ؟
당신은 이 필체를 무엇으로 기록했습니까?	بِمَا كَتَبْتَ هَذَا الْخَطَّ؟

5) مَاذَا 의 경우

일반적으로 مَاذَا 뒤에 동사문이 온다.

당신은 지금 무엇을 읽고 있습니까?	مَاذَا تَقْرَأُ الْآنَ؟
나의 형제여 당신은 무엇을 원합니까?	مَاذَا تُرِيدُ يَا أَخِي؟
무함마드는 무엇을 기록하고 있습니까? (대답 예: يَكْتُبُ مُحَمَّدٌ الْوَاجِبَ.)	مَاذَا يَكْتُبُ مُحَمَّدٌ؟
당신은 홍차 혹은 커피 중에 무엇을 마시겠습니까?	مَاذَا تَشْرَبُ؟ الشَّايَ أَمِ الْقَهْوَةَ؟
그 책 안에는 무엇이 있습니까?	مَاذَا فِي الْكِتَابِ؟

→ 위의 마지막 문장은 مَاذَا 뒤에 동사가 오지 않았다.

6) كَيْفَ 의 경우

당신의 상황이 어떠합니까? (당신은 어떻게 지내십니까?)	كَيْفَ حَالُكَ؟
구운(grilled, barbecued) 고기음식이 어떻습니까?	كَيْفَ طَعْمُ اللَّحْمِ الْمَشْوِيِّ؟
우리가 시내반도에 어떻게 갑니까?	كَيْفَ نَذْهَبُ إِلَى سِينَاءَ؟
당신은 다친채로 어떻게 축구를 할 수 있습니까?	كَيْفَ تَلْعَبُ كُرَةَ الْقَدَمِ مُصَابًا؟

7) كَمْ 의 경우

대개 كَمْ 뒤에는 명시목적어(التَّمْيِيز)가 사용되며 따라서 비한정 형태의 목적격이 온다. كَمْ 의 의미는 'How many or how much'의 의미이다. 괄호 안은 كَمْ 의 문장에서의 역할이다.

당신에게 몇 명의 형제가 있습니까? (كَمْ 이 주어(مُبْتَدَأ)로 사용)	كَمْ أَخًا لَكَ؟
몇 명의 학생이 그 교실에 있습니까? (كَمْ 이 주어로 사용)	كَمْ طَالِبًا فِي الْفَصْلِ؟
당신의 앞에 얼마나 많은 사람이 있습니까? (كَمْ 이 주어로 사용)	كَمْ فَرْدًا أَمَامَكَ؟
얼마나 많은 제자(학생)이 합격했습니까? (كَمْ 이 주어(مُبْتَدَأ)로 사용)	كَمْ تِلْمِيذًا نَجَحَ؟
당신은 몇 권의 책을 읽었습니까? (كَمْ 이 목적어로 사용)	كَمْ كِتَابًا قَرَأْتَ؟
당신은 몇 킬로그램을 구입합니까? (كَمْ 이 목적어로 사용)	كَمْ كِيلُوجِرَامًا تَشْتَرِي؟
당신은 몇 리터를 마셨습니까? (كَمْ 이 목적어로 사용)	كَمْ لِتْرًا شَرِبْتَ؟
당신은 얼마나 많은 학생과 인사를 나누었습니까? (كَمْ 이 소유격 명사(اسْمٌ مَجْرُورٌ)로 사용)	عَلَى كَمْ طَالِبًا سَلَّمْتَ؟
당신은 몇 파운드에 이 책을 구입했습니까? (كَمْ 이 소유격 명사(اسْمٌ مَجْرُورٌ)로 사용)	بِكَمْ جُنَيْهًا اشْتَرَيْتَ هَذَا الْكِتَابَ؟
당신은 몇 미터를 걸었습니까? (كَمْ 이 장소의 부사(ظَرْفُ مَكَانٍ)로 사용)	كَمْ مِتْرًا مَشَيْتَ؟
당신은 몇년 동안 여행을 했습니까? (كَمْ 이 시간의 부사(ظَرْفُ زَمَانٍ)로 사용)	كَمْ سَنَةً سَافَرْتَ؟
당신은 한 달에 며칠 일을 합니까? (كَمْ 이 시간의 부사(ظَرْفُ زَمَانٍ)로 사용)	كَمْ يَوْمًا تَعْمَلُ فِي الشَّهْرِ؟

그러나 아래의 경우는 كَمْ 뒤에 명시목적어가 사용되지 않았다. 이 문장들에서는 كَمْ 이 양의 측정을 나타내고 명사문의 술어로 사용되며, 그 뒤에 한정형태의 명사가 문장의 주어로 사용된다.

이 컴퓨터의 가격이 얼마입니까? (كَمْ 이 명사문의 술어로 사용. 그 뒤에 주어가 왔다.)	كَمْ ثَمَنُ الْكُمْبِيُوتِر؟
지금 몇시입니까? (كَمْ 이 명사문의 술어로 사용. 그 뒤에 주어가 왔다.)	كَمِ السَّاعَةُ الْآنَ؟
당신의 몸무게는 얼마입니까? (كَمْ 이 명사문의 술어로 사용. 그 뒤에 주어가 왔다.)	كَمْ وَزْنُكَ؟
당신의 집의 면적은 얼마입니까? (كَمْ 이 명사문의 술어로 사용. 그 뒤에 주어가 왔다.)	كَمْ مِسَاحَةُ مَنْزِلِكَ؟

8) أَيّ 의 경우 (남성 - أَيّ, 여성 - أَيَّة)

의문사 أَيّ 는 일반적으로 연결형(الإضافة)의 전연결어(مُضَاف)로 사용된다. 즉 أَيُّ مَكَانٍ 어떤 장소, أَيُّ وَقْتٍ 어떤 시간, أَيُّ شَيْءٍ 어떤 것, أَيُّ شَخْصٍ 어떤 사람 등의 의미로 사용된다. 이때의 후연결어는 대개 비한정 형태의 보통명사가 사용된다. 일반적으로 의문사 أَيّ 는 그 뒤에 오는 후연결어의 성에 따라 성의 변화를 하지만 그렇지 않은 경우도 있다. 또한 의문사 أَيّ 는 의문사들 가운데서 유일하게 격변화를 한다. 즉 아래 문장의 파란색 표기처럼 문장에서의 기능에 따라 격변화를 한다.

어떤(which) 학생이 교실에 있습니까? (명사문의 주어로 사용. 주격)	أَيُّ طَالِبٍ فِي الْفَصْلِ؟
어떤 여학생이 교실에 있습니까? (명사문의 주어로 사용. 주격) (أَيَّةُ 가 여성형이다.)	أَيَّةُ طَالِبَةٍ فِي الْفَصْلِ؟
당신은 친구들 가운데서 어떤 종류의 친구입니까? (명사문의 술어로 사용. 주격)	أَيُّ نَوْعٍ مِنَ الْأَصْدِقَاءِ أَنْتَ؟
오늘은 한 달 가운데 며칠입니까? (명사문의 술어로 사용. 주격)	أَيُّ يَوْمٍ فِي الشَّهْرِ الْيَوْمُ؟
오늘은 일주일 가운데 무슨 요일입니까? (명사문의 술어로 사용. 주격)	أَيُّ يَوْمٍ فِي الْأُسْبُوعِ الْيَوْمُ؟
당신은 어떤 언어를 말합니까? (목적어로 사용. 목적격) (أَيَّةَ 가 여성형이다.)	أَيَّةَ لُغَةٍ تَتَكَلَّمُ؟
당신은 어떤 과목을 공부합니까? (목적어로 사용. 목적격) (أَيَّةَ 가 여성형이다.)	أَيَّةَ مَادَّةٍ تَدْرُسُ؟
우리는 어떤 이름을 믿습니까? (소유격 명사로 사용. 소유격)	بِأَيِّ اسْمٍ نُؤْمِنُ؟
당신은 어떤 교실에 있습니까? (소유격 명사로 사용. 소유격)	فِي أَيِّ فَصْلٍ أَنْتَ؟
당신은 어떤 상황에서 당신의 결정을 철회할 것입니까? (소유격 명사로 사용. 소유격) (أَيَّةِ 가 여성형이다.)	فِي أَيَّةِ حَالَةٍ سَتَتَرَاجَعُ عَنْ قَرَارِكَ؟

** 아래와 같이 후연결어의 성에 상관없이 남성형을 사용하기도 한다.

당신은 어떤 언어를 말합니까? (목적어로 사용. 목적격)	أَيَّ لُغَةٍ تَتَكَلَّمُ؟
당신은 어떤 과목을 공부합니까? (목적어로 사용. 목적격)	أَيَّ مَادَّةٍ تَدْرُسُ؟

** 다음과 같이 أَيّ 가 독립적으로 사용되어 원래의 연결형 형태 사이에 전치사가 올 경우 أَيّ 는 비한정 남성 형태로만 사용된다.

그들은 그 딸들 중에 누구를 아느냐? (뒤에 전치사가 와서 떨어질 경우 뒤의 명사가 여성이더라도 남성을 사용한다.)	أَيًّا مِنَ الْبَنَاتِ عَرَفُوا؟ أَيَّةً مِنَ الْبَنَاتِ عَرَفُوا؟ (×)

제 25 과 의문문에 대해

**평서문에 사용된 أَيّ

أَيّ 가 평서문에 사용될 경우 주로 전연결어로 사용되며 그 뒤에 단수 비한정 명사가 주로 온다. '아무, 어떤(any)' 의 의미가 된다.

그는 아무 소리도 듣지 못했다. (I didn't hear any voice.)	لَمْ يَسْمَعْ أَيَّ صَوْتٍ.
나는 어떤 음식도 먹는 것을 원하지 않는다.	لَا أُرِيدُ أَنْ آكُلَ أَيَّ طَعَامٍ.

나는 어떤 과일도 먹는다.	آكُلُ أَيَّةَ فَاكِهَةٍ.
어떤 나라도 여행이 가능하다.	يُمْكِنُ السَّفَرُ إِلَى أَيِّ بَلَدٍ.

그는 그의 어머니의 어떤 말도 듣지 않을 것이다. (أَيّ 뒤에 비한정 단수 명사가 와야 한다.)	لَنْ يَسْمَعَ أَيَّ كَلَامٍ لِأُمِّهِ. لَنْ يَسْمَعَ أَيَّ كَلَامِ أُمِّهِ. (×)

** أَيّ 뒤에 복수명사가 오는 경우

지금까지는 의문사 أَيّ 뒤의 후연결어에 비한정 형태의 단수명사가 오는 경우들을 다루었다. 그런데 أَيّ 뒤의 후연결어에 한정 형태의 복수명사가 오는 문장도 있다. 이 때의 의미는 '한정형태를 취한 그 복수명사 가운데 어느 것이(혹은 어떤 사람이)' 이다. (즉 아래의 첫 번째 문장에서 '그 선생님들 가운데 어느 선생님이(Which of the teachers)'의 의미가 된다.)

a. 의문문

그 선생님들 가운데 어떤 선생님이 그 모임에 참석했습니까? (Which of the teachers attended the meeting?)	أَيُّ الْمُدَرِّسِينَ حَضَرَ الِاجْتِمَاعَ؟
당신은 그 음식들 중 어느 음식을 먹었습니까?	أَيُّ الْأَطْعِمَةِ أَكَلْتَ؟ (= أَيَّةَ)

b. 평서문

나는 그 음료수 가운데 어떤 것을 마실지 망설였다.	اِحْتَرْتُ أَيَّ الْمَشْرُوبَاتِ أَشْرَبُ.
나는 그 여자들 가운데 어떤 여자를 사랑하는지를 안다.	أَعْرِفُ أَيَّ النِّسَاءِ أُحِبُّ.

** 다음을 비교하라.

당신은 어느 책 두 권을 읽었습니까? (많은 책들 가운데서)	أَيَّ كِتَابَيْنِ قَرَأْتَ؟
당신은 그 두 권의 책 가운데서 어느 책을 읽었습니까? (그 두 권의 책 가운데서)	أَيَّ الْكِتَابَيْنِ قَرَأْتَ؟

9) لِمَاذَا 의 경우 (لِـ + مَاذَا)

그 학생이 왜 여기에 있습니까?	لِمَاذَا الطَّالِبُ هُنَا؟
당신은 왜 아랍어를 공부합니까?	لِمَاذَا تَدْرُسُ اللُّغَةَ الْعَرَبِيَّةَ؟
당신은 왜 그 하인을 때렸습니까?	لِمَاذَا ضَرَبْتَ الْخَادِمَ؟

10) لِمَ 의 경우 (لِـ + مَا)

그 학생이 왜 여기에 있습니까?	لِمَ الطَّالِبُ هُنَا؟
왜 당신은 기쁩니까?	لِمَ أَنْتَ فَرِحٌ؟
당신은 왜 아랍어를 공부합니까?	لِمَ تَدْرُسُ اللُّغَةَ الْعَرَبِيَّةَ؟

11) أَيَّانَ 의 경우

مَتَى(언제)의 의미와 동일하다. 현대 표준 아랍어(MSA)에서 사용이 많지 않다.

그는 부활의 날이 언제인지 질문한다.(꾸란 75:6)	يَسْأَلُ أَيَّانَ يَوْمُ الْقِيَامَةِ
그들이 언제 일어나질지 그들은 느끼지 못한다. (꾸란 16:21)	وَمَا يَشْعُرُونَ أَيَّانَ يُبْعَثُونَ

12) أَنَّى 의 경우

أَنَّى 는 의문대명사(اسْمُ الاسْتِفْهَام)가 아니라 의문사(أَدَاةُ اسْتِفْهَام)로 간주된다. 세 가지 의미로 사용될 수 있는데, 먼저는 كَيْفَ 어떻게의 의미로, 두번째는 مِنْ أَيْنَ 어디로부터의 의미로, 세 번째는 مَتَى 언제의 의미로 사용될 수 있다. 현대 표준 아랍어(MSA)에서 사용이 많지 않다.

그가 그것을 어떻게 발명합니까? (어떻게)	أَنَّى يَخْتَرِعُ ذَلِكَ؟
움마 공동체가 그 아들들이 주의를 기울이지 않은채 어떻게 승리할 수 있는가? (어떻게)	أَنَّى تَنْتَصِرُ الأُمَّةُ وَأَبْنَاوُهَا غَافِلُونَ؟
어디로부터 이것이 당신에게 왔습니까?(당신은 어떻게 이것을 가졌습니까?)(어디로부터)(꾸란 3:37)	أَنَّى لَكِ هَذَا؟
그들은 가난했었는데, 이 돈이 어디로부터 그들에게 왔을까요? (어디로부터)	أَنَّى لَهُمْ هَذَا الْمَالُ وَقَدْ كَانُوا فُقَرَاءُ؟
당신이 언제 도착했습니까? (언제)	أَنَّى وَصَلْتَ؟
그 땅이 언제 우리에게 돌아오니? (언제)	أَنَّى تَعُودُ إِلَيْنَا الأَرْضُ؟

3. 여러가지 의문문의 고려사항

1) 문장에서 의문대명사의 기능 (إعْرَابُ اسْمِ الاسْتِفْهَامِ)

문장에 사용되는 의문대명사는 문장에 따라 그 문법적 기능들이 변화한다. 아래의 예문에서 사용된 의문대명사의 기능을 살펴보자. 의문문 문장에서 의문대명사의 기능을 어떻게 알 수 있을까? 그것은 질문하는 의문문에 대한 대답 문장을 보면 알 수 있다. 아래의 의문문 문장과 그 대답을 살펴보고 각각의 의문대명사의 문장에서의 기능을 파악해 보자.

	의문문 문장		대답 문장
A	مَاذَا فِي الْبَيْتِ؟ 집에 무엇이 있습니까?	B	فِي الْبَيْتِ قِطَّةٌ. 집에 한 고양이가 있습니다.
주어 역할 (الْمُبْتَدَأ) – قِطَّةٌ 가 문장에서 주어(مُبْتَدَأ)로 사용되었기 때문에 مَاذَا 도 문장에서 주어의 역할을 한다.			
A	مَا اسْمُكَ؟ 당신의 이름이 무엇입니까?	B	اسْمِي مُحَمَّدٌ. 나의 이름은 무함마드입니다.
술어 역할 (الْخَبَر) - مُحَمَّدٌ 가 문장에서 술어(خَبَر) 사용되었기 때문에 مَا 도 문장에서 술어의 역할을 한다.			
A	مَاذَا فَعَلْتَ؟ 당신은 무엇을 했습니까?	B	قَرَأْتُ قِصَّةً. 나는 소설을 읽었습니다.
목적어 역할 (الْمَفْعُولُ بِهِ) – قِصَّةً 가 문장에서 목적어로 사용되었기 때문에 مَاذَا 도 문장에서 목적어의 역할을 한다.			
A	كَيْفَ نَذْهَبُ إِلَى الْحَدِيقَةِ؟ 우리는 공원에 어떻게 갑니까?	B	نَذْهَبُ إِلَى الْحَدِيقَةِ مَاشِينَ. 우리는 걸어서 공원에 갑니다.
상태목적어 (الْحَال) - مَاشِينَ 이 문장에서 상태목적어(حَال)로 사용되었기 때문에 كَيْفَ 도 문장에서 상태목적어이다.			
A	مَتَى الدَّرْسُ؟ 언제 수업(lesson)이 있습니까?	B	الدَّرْسُ بَعْدَ سَاعَةٍ. 수업(lesson)이 1시간 뒤에 있습니다.
술어, 시간의 부사 – بَعْدَ 가 문장에서 술어, 시간의 부사. 따라서 مَتَى 도 문장에서 술어 혹은 시간의 부사의 역할			
A	كَمْ يَوْمًا سَافَرْتَ؟ 당신은 몇일 동안 여행을 했습니까?	B	سَافَرْتُ أَرْبَعَةَ عَشَرَ يَوْمًا. 나는 24일 동안 여행을 했습니다.
시간의 부사 – (ظَرْفُ الزَّمَان) أَرْبَعَةَ عَشَرَ 가 문장에서 부(副)부사. 따라서 كَمْ 도 부사의 역할을 함			

→위의 첫 번째 문장과 두 번째 문장을 보자. 일반적으로 의문대명사가 주어(مُبْتَدَأ)로 오는 문장의 경우 의문대명사 뒤의 문장이 문장이거나 유사문장이 오고, 의문대명사가 술어(خَبَر)로 오는 문장의 경우 의문대명사 뒤에 한 개의 명사 단어가 오거나 아니면 연결형이 온다.

2) 의문사가 문장의 첫 단어가 아닌 의문문

의문문은 문장의 첫 단어가 의문사로 시작된다고 하였다. 그런데 아래의 예문들은 의문사가 문장의 첫 단어가 아닌 경우이다.

우리는 어디로 갑니까? (전치사 إِلَى 는 동사 ذَهَبَ/يَذْهَبُ إِلَى 에서 왔다.)	إِلَى أَيْنَ نَذْهَبُ؟
우리는 어떤 이름을 믿습니까? (전치사 بِ 는 동사 آمَنَ/يُؤْمِنُ بِ 에서 왔다.)	بِأَيِّ اسْمٍ نُؤْمِنُ؟

의문사가 문장의 첫 단어가 아닌 의문문은 두 가지 경우가 있다. 먼저는 위의 두 문장이나 아래의 ①과 같이 '전치사 + 의문사' 조합이 와서 전치사의 의미를 강조하는 경우이고, 두번째는 ②와 같이 '전연결어(مُضَاف) + 의문사'의 연결형 조합이 와서 전연결어의 의미를 강조하는 경우이다.

①	당신은 어디로부터 왔습니까? (이 질문의 대답을 أَنَا مِنْ كُورِيَا 라고 했다고 가정하자. 그러면 원래의 문장에 مِنْ 이 존재함을 알 수 있다.)	مِنْ أَيْنَ أَنْتَ؟
	당신은 무엇에 대해서 생각하고 있습니까? (동사 فَكَّرَ/يُفَكِّرُ فِي 에 전치사 فِي 가 함께 쓰인다.)	فِيمَ تُفَكِّرُ؟
	킬로그램당 얼마입니까? (이 질문의 대답을 الْكِيلُو بِخَمْسَةِ جُنَيْهَاتٍ 라고 했다고 가정하자. 그러면 원래의 문장에 가격을 표시하는 بِ 가 존재한다.)	بِكَمِ الْكِيلُو؟
②	이것은 누구의 책입니까? (이 질문의 대답을 هَذَا كِتَابُ مُحَمَّدٍ 라고 했다고 가정하자. 그러면 후연결형에 사람이 왔음을 알 수 있다.)	كِتَابُ مَنْ هَذَا؟
	당신은 누구의 집에 들어갔습니까? (이 질문의 대답을 دَخَلْتُ بَيْتَ مُحَمَّدٍ 라고 했다고 가정하자. 그러면 후연결형에 사람이 왔음을 알 수 있다.)	بَيْتَ مَنْ دَخَلْتَ؟

→① 문장에서 사용되는 전치사는 동사와 함께 사용되는 전치사이거나 명사문의 유사문장에서 사용되는 전치사이다. 즉 원래 문장에 존재하는 전치사이다.

→ 위의 문장들은 의문사로 시작되지는 않았지만 아랍어 의문문은 의문사로 시작한다는 원칙에서 벗어나지는 않았다. 즉 ① 문장의 경우 '전치사 + 의문사'의 조합 자체는 문장의 맨 처음에 왔고, ② 문장의 '전연결어(مُضَاف) + 의문사' 조합 자체도 문장의 맨 처음에 왔다.

3) 의문대명사 مَنْ 이 전치사와 결합될 때

의문대명사 مَنْ 앞에 전치사가 오는 경우이다. 이 전치사는 주로 문장의 동사와 함께 사용되는 것이다.

	의미	분해	전치사 결합형
①	..으로부터(from)	مِنْ + مَنْ	مِمَّنْ (أَوْ مِنْ مَنْ)
②	..에게(to)	إِلَى + مَنْ	إِلَى مَنْ
③	..안에(in)	فِي + مَنْ	فِي مَنْ
④	..에 대해(about)	عَنْ + مَنْ	عَنْ مَنْ
⑤	..위에(on), 에(at)	عَلَى + مَنْ	عَلَى مَنْ
⑥	..안에(in), ..와 함께(with), ..으로 (by)	بِ + مَنْ	بِمَنْ
⑦	..을위해(for), ..에게(to)	لِ + مَنْ	لِمَنْ

예문

①	당신은 누구로부터 이 책을 얻었습니까?	مِمَّنْ (أَوْ مِنْ مَنْ) أَخَذْتَ هَذَا الْكِتَابَ؟
②	당신은 그 선물을 누구에게 보내실 것입니까?	إِلَى مَنْ سَتُرْسِلُ الْهَدِيَّةَ؟
③	당신은 누구를 생각하십니까?	فِي مَنْ تُفَكِّرُ؟
④	그 선생님은 누구에 대해서 찾고/검색하고 있습니까?	عَنْ مَنْ يَبْحَثُ الْمُدَرِّسُ؟
⑤	당신(f.)은 당신의 삶에서 누구를 의지합니까?	عَلَى مَنْ تَعْتَمِدِينَ فِي حَيَاتِكِ؟
⑥	당신은 당신의 문제들 가운데 누구에게 도움을 요청합니까?	بِمَنْ تَسْتَعِينُ فِي مَشَاكِلِكَ؟
⑦	그 편지가 누구에게 도착했습니까?	لِمَنْ وَصَلَتِ الرِّسَالَةُ؟

→ '전치사 + 의문대명사'에 대한 더 많은 예는 이 책 '여러 가지 소유격에 대해' 부분을 보라

4) 의문대명사 مَا 와 مَاذَا가 전치사와 결합될 때 – 축약형 사용

의문대명사 مَا 앞에 전치사가 올 때 아래와 같이 مَا 의 ا 이 탈락한 형태를 사용한다. مَاذَا 의 경우 전치사 لـ 과 결합하여 لِمَاذَا 의 형태로 사용되며 그 의미는 '왜(why)'이다.

	의미	분해	전치사 결합형
①	..으로부터(from)	مِنْ + مَا	مِمَّ
②	..에게(to)	إِلَى + مَا	إِلَامَ
③	..안에(in)	فِي + مَا	فِيمَ
④	..에 대해(about)	عَنْ + مَا	عَمَّ
⑤	..위에(on), 에(at)	عَلَى + مَا	عَلَامَ
⑥	..안에(in), ..와 함께(with), ..으로(by)	بِ + مَا	بِمَ
⑦	..을 위해(for), ..에게(to)	لِ + مَا	لِمَ
⑧	왜(why)	لِ + مَاذَا	لِمَاذَا

→ 위의 ①에서 ⑦까지의 전치사 결합형에서 ا 이 탈락한 것을 확인하라.

예문

①	이 의자는 무엇으로 만들어졌습니까?	مِمَّ صُنِعَ هَذَا الْكُرْسِيُّ؟
②	그들은 무엇을 쳐다보십니까?	إِلَامَ يَنْظُرُونَ؟
③	당신은 무엇을 생각하고 있습니까?	فِيمَ تُفَكِّرُ؟
④	당신(f.)은 무엇을 찾고 있습니까?	عَمَّ تَبْحَثِينَ؟
⑤	그는 무엇 위에 앉아 있습니까?	عَلَامَ يَجْلِسُ؟
⑥	당신은 학교에 무엇으로(무엇을 타고) 갑니까?	بِمَ تَذْهَبُ إِلَى الْمَدْرَسَةِ؟
⑦	오늘 당신은 왜 늦었습니까??	لِمَ كُنْتَ مُتَأَخِّرًا الْيَوْمَ؟
⑦	당신은 왜 아랍어를 공부합니까?	لِمَ تَدْرُسُ اللُّغَةَ الْعَرَبِيَّةَ؟
⑧	당신은 왜 아랍어를 공부합니까?	لِمَاذَا تَدْرُسُ اللُّغَةَ الْعَرَبِيَّةَ؟
⑧	그 학생이 왜 여기에 있습니까?	لِمَاذَا الطَّالِبُ هُنَا؟

→ 위의 예문에 사용된 전치사들은 문장에 사용된 동사와 밀접한 관련을 가진다. 때문에 이들 의문문에 대해 답을 할 때에는 그 전치사를 사용해 주어야 한다.

→ '전치사 + 의문대명사'에 대한 더 많은 예는 이 책 '여러 가지 소유격에 대해' 부분을 보라

5) مَا 와 مَاذَا 의 용법의 차이

고전 아랍어에서는 مَا 와 مَاذَا 의 구분이 없이 둘 다 같은 의미로 사용되지만, 현대 표준 아랍어에서는 구분해서 사용하는 경향이 있다. 현대 표준 아랍어에서는 의문사가 술어로 사용되는 경우 주로 مَا 가 사용되고, 의문사가 주어나 목적어로 사용되는 경우 주로 مَاذَا 가 사용된다.

①	당신의 이름이 무엇입니까? (مَا 가 술어로 사용)	مَا اسْمُكَ؟
	이것이 무엇입니까? (مَا 가 술어로 사용)	مَا هَذِهِ؟
	선거의 결과는 무엇입니까? (مَا 가 술어로 사용)	مَا نَتِيجَةُ الْاِنْتِخَابَاتِ؟
②	당신은 무엇을 좋아합니까? (مَاذَا 가 목적어로 사용)	مَاذَا تُحِبُّ؟
	당신은 무엇을 구입했습니까? (مَاذَا 가 목적어로 사용)	مَاذَا اشْتَرَيْتَ؟
	당신과 함께 있는 것이 무엇입니까? (مَاذَا 가 주어로 사용. مَعَكَ 가 유사문장)	مَاذَا مَعَكَ؟
	여기에 무엇이 있습니까? (مَاذَا 가 주어로 사용. هُنَا 가 유사문장)	مَاذَا هُنَا؟
	집에 무엇이 있습니까? (مَاذَا 가 주어로 사용. فِي الْبَيْتِ 가 유사문장)	مَاذَا فِي الْبَيْتِ؟

→ مَاذَا مَعَكَ؟ 를 مَا مَعَكَ؟ 로 사용하기도 한다.

(6) كَمْ 의 용법에 대해 - 의문대명사로 사용된 كَمْ الاسْتِفْهَامِيَّةُ 과 감탄의 의미로 사용된 كَمْ الْخَبَرِيَّةُ

위에서 의문대명사로 사용된 كَمْ 에 대해서 공부하였다. كَمْ 의 용법에는 두 가지가 있다. 그것은 كَمْ 이 의문대명사로 사용되었을 경우(كَمْ الاسْتِفْهَامِيَّةُ)와 كَمْ 이 '많음'(الْكَثْرَةُ)에 대한 감탄의 의미로 사용되는 경우(كَمْ الْخَبَرِيَّةُ)가 그것이다. 여기서 이 두 가지 경우에 대해서 살펴본다.

(1) 의문대명사로 사용된 كَمْ الاسْتِفْهَامِيَّةُ

아래의 문장들은 의문대명사 كَمْ الاسْتِفْهَامِيَّةُ 이 이끄는 의문문 문장들이다. 이 때 كَمْ 뒤에 사용된 명사는 명시목적어(التَّمْيِيزُ)이다.

당신은 얼마나 많은 책을 읽었습니까? (كَمْ 은 목적어이며, 목적격 자리에 있음. فِي مَحَلِّ نَصْبٍ مَفْعُولٌ بِهِ)	كَمْ كِتَابًا قَرَأْتَ؟
얼마나 많은 학생이 교실에 있습니까? (كَمْ 은 주어이며, 주격 자리에 있음. فِي مَحَلِّ رَفْعٍ مُبْتَدَأٌ)	كَمْ طَالِبًا فِي الْفَصْلِ؟
당신은 몇 파운드에 이 책을 구입했습니까? (كَمْ 은 소유격 명사이며, 소유격 자리에 있음. فِي مَحَلِّ جَرٍّ اسْمٌ مَجْرُورٌ)	بِكَمْ جُنَيْهًا اشْتَرَيْتَ هَذَا الْكِتَابَ؟
당신은 한 달에 며칠 일을 합니까? (كَمْ 이 시간의 부사이며, 목적격 자리에 있음. فِي مَحَلِّ نَصْبٍ ظَرْفُ زَمَانٍ)	كَمْ يَوْمًا تَعْمَلُ فِي الشَّهْرِ؟

**그러나 아래와 같이 كَمْ 이 양의 측정을 나타내고 명사문의 술어로 사용될 때 그 뒤에 한정형태의 주어가 올 수 있다.

이 컴퓨터의 가격이 얼마입니까? (كَمْ 이 명사문의 술어)	كَمْ ثَمَنُ الْكُمْبِيُوتِرِ؟ 술어 + 주어

(2) 감탄의 의미로 사용된 كَمْ الْخَبَرِيَّةُ

아래의 문장들은 '많음(الْكَثْرَةُ)'에 대한 감탄의 의미로 كَمْ الْخَبَرِيَّةُ 이 사용된 문장들이다. 이 경우 كَمْ 은 의문문처럼 문장 머리에 오며, 그 의미는 كَمْ 뒤에 오는 낱말의 숫자가 많음에 대해 감탄하는 의미가 된다. 이 때 كَمْ 의 문법적 기능은 문장의 종류에 따라 달라진다. 그러나 كَمْ 뒤에 온 단어는 항상 후연결어(مُضَافٌ إِلَيْهِ)로 사용된다.

그 교실에 얼마나 많은 학생이 있는지! (How many students there are in the class!!!) (كَمْ 은 명사문의 주어(مُبْتَدَأٌ)로 사용. طَالِب 은 후연결어)	كَمْ طَالِبٍ فِي الْفَصْلِ! = فِي الْفَصْلِ طُلَّابٌ كَثِيرُونَ!
얼마나 많은 학생이 합격했는지! (كَمْ 은 명사문의 주어로 사용. تِلْمِيذٍ 은 후연결어)	كَمْ تِلْمِيذٍ نَجَحَ! = تَلَامِيذُ كَثِيرُونَ نَجَحُوا!

كَمْ كِتَابٍ قَرَأْتُ! = قَرَأْتُ كُتُبًا كَثِيرَةً!	내가 얼마나 많은 책을 읽었는지! (How many books I read!!!) (كَمْ 은 목적어로 사용)
كَمْ زُجَاجَةِ عَصِيرٍ شَرِبْتُ! = شَرِبْتُ عَصِيرًا كَثِيرًا!	내가 얼마나 많은 쥬스를 마셨는지! (كَمْ 은 목적어(مَفْعُولٌ بِهِ)로 사용. عَصِيرٍ 은 후연결어)
كَمْ سَنَةٍ قَضَى فِي غُرْبَتِهِ! = قَضَى فِي غُرْبَتِهِ سَنَةً كَثِيرَةً!	그가 얼마나 오랫동안 객지생활(이국생활)을 했는지! (كَمْ 은 시간의 부사로 사용)
كَمْ مِنْ بَلَدٍ زُرْتُ! = زُرْتُ بِلَادًا كَثِيرَةً!	내가 얼마나 많은 나라를 방문했는지! (كَمْ 은 목적어. مِنْ 은 추가불변사(حَرْفُ جَرٍّ زَائِدٌ).
كَمْ مِنْ مُدَرِّسٍ شَرَحَ لَنَا! = مُدَرِّسُونَ كَثِيرُونَ شَرَحُوا لَنَا!	얼마나 많은 선생님이 우리를 위해 설명했는지! (كَمْ 은 주어(مُبْتَدَأٌ). مِنْ 은 추가불변사(حَرْفُ جَرٍّ زَائِدٌ))

** 한편 كَمْ 뒤에 인칭대명사가 주어로 사용되고 그 뒤에 술어가 오는 문장의 경우도 감탄을 의미를 가진다. 이러한 문장들은 현대적 표현으로 외래어에서 온 번역의 영향이라 할 수 있다.

كَمْ أَنْتَ عَظِيمٌ!	당신이 얼마나 위대한지!
كَمْ هُوَ ذَكِيٌّ!	그가 얼마나 똑똑한지!
كَمْ هِيَ غَالِيَةٌ!	그녀가 얼마나 부자인지!

7) 의문대명사(اِسْمُ الاِسْتِفْهَامِ)와 관계대명사(الاِسْمُ الْمَوْصُولُ)의 비교

아래의 ① 은 의문대명사가 사용된 문장이며, ② 는 관계대명사가 사용된 문장이다. مَنْ 과 مَا 가 관계대명사로 사용된 문장에 대해서는 이 책 '관계대명사와 수식절에 대해' 부분에서 공부하였다.

①	이 시를 누가 적었습니까?	مَنْ كَتَبَ هَذَا الشِّعْرَ؟
②	그 교실에서 놀고 있는 사람들은 내 친구들이다.	مَنْ يَلْعَبُونَ فِي الْفَصْلِ أَصْدِقَائِي.
	(그) 교사는 배우는 단원을 설명하는 사람이다.	الْمُدَرِّسُ مَنْ يَشْرَحُ الدَّرْسَ.

①	선거의 결과는 무엇입니까?	مَا نَتِيجَةُ الاِنْتِخَابَاتِ؟
②	당신이 말하는 것은 중요하다.	مَا تَقُولُهُ مُهِمٌّ.
	이것은 우리가 요청한 것이다.	هَذَا مَا طَلَبْنَاهُ.

** 혹은(or) 의 의미로 사용되는 أَوْ 와 أَمْ 의 사용에 대해

أَوْ 와 أَمْ 둘 다 '혹은(or)'의 의미이다. 그러나 أَوْ 는 평서문에서 사용되고 أَمْ 은 의문문에서 사용된다.

1) 평서문에서는 أَوْ 를 사용한다.

그는 홍차 혹은 커피를 원한다.	يُرِيدُ الشَّايَ أَوِ الْقَهْوَةَ.
그 아버지는 육고기 혹은 생선을 드신다.	يَأْكُلُ الْأَبُ اللَّحْمَ أَوِ السَّمَكَ.

2) 의문문에서는 أَمْ 을 사용한다.

당신은 홍차를 원하십니까? 혹은 커피를 원하십니까?	أَتُرِيدُ الشَّايَ أَمِ الْقَهْوَةَ؟
	هَلْ تُرِيدُ الشَّايَ أَمِ الْقَهْوَةَ؟
당신은 홍차를 원하십니까? 혹은 커피를 원하십니까? (의문사 없는 의문문)	تُرِيدُ الشَّايَ أَمِ الْقَهْوَةَ؟

4. 의문사를 사용하지 않는 의문문

지금까지는 의문사를 사용하는 의문문을 공부하였다. 그런데 아랍 사람들이 일상생활에서 말로써 의문문을 표현할 때는 의문사 없는 의문문도 많이 사용한다. 특히 구어체 아랍어(암미야)에서 의문사 없는 의문문이 많이 사용된다. 문어체 아랍어(푸스하)에서는 의문사를 사용하는 의문문이 대부분이지만 간혹 문어체로 대화할 경우 이러한 의문문이 사용될 수도 있다.

의문사를 사용하지 않는 의문문은 억양과 인토네이션(Intonation)(النَّبْرُ وَالتَّنْغِيمُ)에 따라 그 의문문의 의미가 나타난다. 이러한 의문문은 그 대답이 예(Yes)와 아니오(No) 만 가능한 의문문이 되며, 따라서 의문불변사 هَلْ 혹은 أ 를 사용한 의문문과 같은 의미가 된다.

그는 당신의 친구입니까?	هُوَ صَدِيقُكَ؟ (= هَلْ هُوَ صَدِيقُكَ؟)
당신은 기쁘십니까?	أَنْتَ سَعِيدٌ؟ (= هَلْ أَنْتَ سَعِيدٌ؟)
당신은 커피를 원하십니까?	تُرِيدُ الْقَهْوَةَ؟ (= هَلْ تُرِيدُ الْقَهْوَةَ؟)
당신은 당신의 형(남동생)과 통화했습니까?	كَلَّمْتَ أَخَاكَ؟ (= هَلْ كَلَّمْتَ أَخَاكَ؟)

→ 말이 아닌 문자로 기록되는 경우는 위의 괄호에서와 같이 의문사를 사용해야 한다.

제 26 과 여러 가지 부정어와 부정문에 대해(Negation)

1. 단어를 부정하는 부정어
2. 동사문을 부정하는 부정어
3. 명사문을 부정하는 부정어
4. 그외 특별한 부정어와 부정문의 경우들

제 26 과 여러 가지 부정어와 부정문에 대해 (Negation)

아랍어에 부정어로 사용되는 낱말이 여러 가지이다. 그러한 부정어들을 '단어를 부정하는 부정어', '동사문을 부정하는 부정어', '명사문을 부정하는 부정어' 세 가지로 나누어서 설명하고자 한다.

아랍어의 여러 가지 부정어들은 동일한 부정의 의미를 가지고 있지만 그 품사도 다르고 용법도 다양하다. 예를 들어 부정어들 가운데 غَيْر 와 عَدَم 의 품사는 명사(اِسْم)이고, لَا 와 مَا 와 لَمْ 그리고 لَنْ 은 불변사(حَرْف)[1] 이며, 명사문을 부정하는 لَيْسَ 는 무효화 동사(فِعْل نَاسِخ)이다. 이 과에서 이러한 부정어들의 용법을 정리해 보자.

1. 단어를 부정하는 부정어

형용사 한 단어나 보통명사 한 단어를 부정할 경우 غَيْر 를 사용하여 부정할 수 있고, 동명사 한 단어를 부정할 경우 عَدَم 을 사용하며, عَدِيم 는 동명사 혹은 명사를 부정하는데 사용된다. 또한 단어 앞에 لَا 를 붙여서 부정 의미의 단어를 만드는 경우도 있다.

1) 형용사를 부정하는 غَيْر

연고형용사나 능동분사 혹은 수동분사 등의 형용사 단어는 그 앞에 غَيْر 를 사용하여 그 의미를 부정하거나 그 반대적인 의미를 표현한다. 이 경우 غَيْر 와 그 뒤에 오는 형용사 단어는 항상 연결형 형태를 취한다. 즉 غَيْر 뒤에 오는 형용사 단어는 후연결어로서 항상 소유격을 취한다.[2]

비범한 (형용사를 부정)	غَيْرُ عَادِيٍّ	비공식적인 (형용사를 부정)	غَيْرُ رَسْمِيٍّ
불신자 (능동분사/보통명사를 부정)	غَيْرُ مُؤْمِنٍ	비회원 국가들 (보통명사를 부정)	الدُّوَلُ غَيْرُ الأَعْضَاءِ*

→ * 와 같이 غَيْر 가 보통명사를 부정하는 경우도 간혹 있다.

(1) 표현들

아래의 형용사 단어들은 그 부정의 의미로 غَيْر 를 많이 사용하는 단어들이다.

형용사 단어들		부정어 사용 형용사	
보통의, 일상의, 평범한	عَادِيٌّ	비범한	غَيْرُ عَادِيٍّ
공식적인	رَسْمِيٌّ	비공식적인	غَيْرُ رَسْمِيٍّ
직접적인	مُبَاشِرٌ	간접적인	غَيْرُ مُبَاشِرٍ
옳은	صَحِيحٌ	옳지않은	غَيْرُ صَحِيحٍ
법적인, 합법적인	قَانُونِيٌّ	불법적인, 비합법적인	غَيْرُ قَانُونِيٍّ

---

[1] لَا 와 مَا 는 부정불변사(حَرْفُ نَفْيٍ)이고, لَمْ 은 단축법 불변사(حَرْفُ جَزْمٍ)이며, لَنْ 은 접속법 불변사(حَرْفُ نَصْبٍ)이다.

[2] غَيْر 는 품사상 불변사가 아니라 명사(اِسْم)이기 때문에 그 뒤에 후연결어를 취한다.

합법적인, 적법한	شَرْعِيٌّ	비합법적인, 불법의	غَيْرُ شَرْعِيٍّ
정확한	دَقِيقٌ	부정확한	غَيْرُ دَقِيقٍ
알려진	مَعْرُوفٌ	알려지지 않은	غَيْرُ مَعْرُوفٍ
책임지는	مَسْؤُولٌ	책임지지 않는	غَيْرُ مَسْؤُولٍ
선행된, 전례가 있는	مَسْبُوقٌ	전례없는	غَيْرُ مَسْبُوقٍ
받아들여진, 수용된	مَقْبُولٌ	수용할 수 없는, 수락할 수 없는	غَيْرُ مَقْبُولٍ
현실적인	وَاقِعِيٌّ	비현실적인	غَيْرُ وَاقِعِيٍّ
사실의, 진실의	حَقِيقِيٌّ	사실이 아닌, 진실이 아닌	غَيْرُ حَقِيقِيٍّ
자연적인	طَبِيعِيٌّ	비자연적인	غَيْرُ طَبِيعِيٍّ
사용된	مُسْتَخْدَمٌ	사용되지 않는	غَيْرُ مُسْتَخْدَمٍ
인간적인	إِنْسَانِيٌّ	비인간적인	غَيْرُ إِنْسَانِيٍّ
정부의	حُكُومِيٌّ	비정부의	غَيْرُ حُكُومِيٍّ
민주적인	دِيمَقْرَاطِيٌّ	비민주적인	غَيْرُ دِيمَقْرَاطِيٍّ
논란이 있는	مُنَازَعٌ	논란의 여지 없이	غَيْرُ مُنَازَعٍ

아래는 미디어 아랍어에서 자주 등장하는 غَيْر 가 들어간 표현들이다.

아랍 사람들과 비아랍 사람들	الْعَرَبُ وَغَيْرُ الْعَرَبِ
예외적인 회의, 비상 회의(session)	جَلْسَةٌ غَيْرُ عَادِيَّةٍ (= جَلْسَةٌ اسْتِثْنَائِيَّةٌ)
비정기 회의, 비상 회의(session)	جَلْسَةٌ غَيْرُ دَوْرِيَّةٍ (= جَلْسَةٌ طَارِئَةٌ)
비합법적으로	بِصُورَةٍ غَيْرِ شَرْعِيَّةٍ
민간단체(NGO)들	الْمُنَظَّمَاتُ غَيْرُ الْحُكُومِيَّةِ
무기한, 무기한으로	إِلَى أَجَلٍ غَيْرِ مُسَمًّى
기권자들	غَيْرُ النَّاخِبِينَ
부정이익(직권남용 등에 따른, illicit gain)	كَسْبٌ غَيْرُ مَشْرُوعٍ
법적 구속력이 없는 의견 / 법적 구속력이 없는 계약	عَقْدٌ يُعَدُّ غَيْرَ مُلْزِمٍ/ رَأْيٌ يُعَدُّ غَيْرَ مُلْزِمٍ
부동산	أَمْوَالٌ غَيْرُ مَنْقُولَةٍ، مُمْتَلَكَاتٌ غَيْرُ مَنْقُولَةٍ

(2) غَيْرُ 의 한정형태와 격변화

a. 'غَيْرُ + 형용사' 조합의 한정형태

غَيْرُ 로 연결된 형용사('غَيْرُ + 형용사')가 한정명사를 수식할 경우 غَيْرُ 뒤의 형용사에 الـ 이 붙고 비한정 명사를 수식할 경우 غَيْرُ 뒤의 형용사에 الـ 이 붙지 않는다.

한정 명사를 수식할 때

민간단체(NGO)들 (الْمُنَظَّمَاتُ 는 الْمُنَظَّمَاتِ 를 수식한다.)	الْمُنَظَّمَاتُ غَيْرُ الْحُكُومِيَّةِ

비한정 명사를 수식할 때

부정이익(직권남용 등에 따른, illicit gain) (غَيْرُ مَشْرُوعٍ 이 앞의 كَسْبٌ 을 수식한다.)	كَسْبٌ غَيْرُ مَشْرُوعٍ

b. 'غَيْرُ + 형용사' 혹은 'غَيْرُ + 보통명사' 조합의 격변화

다음은 'غَيْرُ + 형용사' 혹은 'غَيْرُ + 보통명사' 조합이 문장에서 사용될 때의 격변화 이다. 각각의 문장에서 위의 조합의 한정형태와 문장에서의 기능을 살펴보자.

b-1 주격으로 사용된 경우 (مَرْفُوعٌ)

그의 말은 옳지 않다. (غَيْرُ صَحِيحٍ 이 문장의 술어로 사용됨)	كَلَامُهُ غَيْرُ صَحِيحٍ.
오늘 비범한(특별한) 경기가 있다. (غَيْرُ عَادِيَّةٍ 가 수식어로 사용됨.)	الْيَوْمَ هُنَاكَ مُبَارَاةٌ غَيْرُ عَادِيَّةٍ.
거리에서의 그 시위들은 전례가 없다. (غَيْرُ مَسْبُوقَةٍ 이 술어로 사용됨)	الْمُظَاهَرَاتُ فِي الشَّارِعِ غَيْرُ مَسْبُوقَةٍ.
그 이슈에 대한 당신의 생각은 법적 구속력이 없다. (غَيْرُ مُلْزِمٍ 은 문장의 술어로 사용됨.)	رَأْيُكَ فِي الْقَضِيَّةِ غَيْرُ مُلْزِمٍ.
세계에 NGO들이 많다. (غَيْرُ الْحُكُومِيَّةِ 는 주어인 الْمُنَظَّمَاتُ 를 수식)	الْمُنَظَّمَاتُ غَيْرُ الْحُكُومِيَّةِ فِي الْعَالَمِ كَثِيرَةٌ.
정확하지 않은 그 보고서들은 거부된다. (غَيْرُ الدَّقِيقَةِ 은 التَّقَارِيرُ 를 수식)	التَّقَارِيرُ غَيْرُ الدَّقِيقَةِ مَرْفُوضَةٌ.

b-2 목적격으로 사용된 경우 (مَنْصُوبٌ)

이 계약은 법적 구속력이 없는 것으로 간주된다. (غَيْرَ مُلْزِمٍ 은 제2 목적어로 사용됨. يُعَدُّ 는 수동태	هَذَا الْعَقْدُ يُعَدُّ غَيْرَ مُلْزِمٍ.
나는 비현실적인 한 생각을 제안했다. (غَيْرَ وَاقِعِيَّةٍ 는 목적어인 فِكْرَةً 을 수식)	اِقْتَرَحْتُ فِكْرَةً غَيْرَ وَاقِعِيَّةٍ.
믿지않는 자가 되지 말고 믿는 자가 되라. (성경 요20:27)(كَانَ 동사의 술어	لَا تَكُنْ غَيْرَ مُؤْمِنٍ بَلْ مُؤْمِنًا.
국가들은 불법 이민을 평가한다.(to evaluate) (수식어로 사용. 목적어를 수식)	تُقَيِّمُ الدُّوَلُ الْهِجْرَةَ غَيْرَ الشَّرْعِيَّةِ.
그 선생님은 그 이해하지 못하는 사람들에게 질문했다.(목적어로 사용)	سَأَلَ الْمُدَرِّسُ غَيْرَ الْفَاهِمِينَ.

b-3 소유격으로 사용된 경우 (مَجْرُور)

그는 비합법적으로 떠났다. (غَيْرِ شَرْعِيَّةٍ 는 소유격 명사인 صُورَةٍ 를 수식)	غَادَرَ بِصُورَةٍ غَيْرِ شَرْعِيَّةٍ.
그 체포된 사람들은 비인간적인 고문에 노출되었다. (غَيْرِ إِنْسَانِيٍّ 는 소유격 명사인 عَذَاب 를 수식)	تَعَرَّضَ الْمُعْتَقَلُونَ لِعَذَابٍ غَيْرِ إِنْسَانِيٍّ.
나는 부정이익을 거두는 기관에서 일하고 있다. (غَيْرِ الْمَشْرُوع 는 후연결어인 الْكَسْب 를 수식)	أَعْمَلُ فِي جِهَازِ الْكَسْبِ غَيْرِ الْمَشْرُوع.
안전하지 않은 사회들에서는 도둑질이 증가한다. (غَيْرِ الْآمِنَةِ 는 소유격 명사인 الْمُجْتَمَعَاتِ 를 수식)	تَزْدَادُ السَّرِقَةُ فِي الْمُجْتَمَعَاتِ غَيْرِ الْآمِنَةِ.
우리는 합격하지 않은 사람에 대해 관심을 가져야 한다. (소유격 명사로 사용)	مِنَ اللَّازِمِ أَنْ نَهْتَمَّ بِغَيْرِ النَّاجِحِينَ.

** 부정어 غَيْر 와 لَيْسَ 의 비교

부정어 غَيْر 는 형용사나 보통명사 한 단어를 부정하거나 반대되는 의미로 사용된다. 이에비해 لَيْسَ 는 명사문을 부정하는 부정어로서 한 단어가 아닌 명사문 전체를 부정한다. 그러나 아래 두 문장의 실제적 의미는 같다.

	غَيْر 가 사용된 부정문	لَيْسَ 가 사용된 부정문
그 시험은 쉽지 않다.	الامْتِحَانُ غَيْرُ سَهْلٍ.	الامْتِحَانُ لَيْسَ سَهْلاً.
그 학생은 똑똑하지 않다.	الطَّالِبُ غَيْرُ ذَكِيٍّ.	الطَّالِبُ لَيْسَ ذَكِيًّا.
당신의 행동들은 수용할 수 없다.	سُلُوكُكَ غَيْرُ مَقْبُولٍ.	سُلُوكُكَ لَيْسَ مَقْبُولاً.
이 계약은 불법적이다.	هَذَا الْعَقْدُ غَيْرُ قَانُونِيٍّ.	هَذَا الْعَقْدُ لَيْسَ قَانُونِيًّا.

2) 동명사를 부정하는 عَدَمُ

동명사의 의미를 부정할 때는 عَدَمُ을 사용한다. 이때의 의미는 '없음' 혹은 '무', 혹은 '결핍'을 나타내며, 형태는 연결형 형태를 취한다. 즉 뒤에 오는 단어가 후연결어가 된다.

일반 동명사		부정어 사용 동명사	
출석, 참석	حُضُورٌ	불참	عَدَمُ الْحُضُورِ
존재	وُجُودٌ	비존재	عَدَمُ الْوُجُودِ
잠	نَوْمٌ	불면	عَدَمُ النَّوْمِ
참여	مُشَارَكَةٌ	불참여	عَدَمُ الْمُشَارَكَةِ
신뢰	ثِقَةٌ	신뢰없음	عَدَمُ الثِّقَةِ
안정	اسْتِقْرَارٌ	불안정	عَدَمُ الاسْتِقْرَارِ
강요, 의무	إِلْزَامٌ	불강요, 의무없음	عَدَمُ الإِلْزَامِ
편듦	انْحِيَازٌ	비동맹	عَدَمُ الانْحِيَازِ

문장에서 사용

주격(مَرْفُوعٌ)으로 사용

당신이 모임에 참석하지 않은 것이 나를 화나게 했다. (동사문의 주어)	أَغْضَبَنِي عَدَمُ حُضُورِكَ الاجْتِمَاعَ.
선거에 참여하지 않는 것은 범죄로 간주된다. (수동형 문장의 주어, جَرِيمَةً 은 제2 목적어. يُعَدُّ 는 수동형 동사)	عَدَمُ الْمُشَارَكَةِ فِي الانْتِخَابَاتِ يُعَدُّ جَرِيمَةً.
불안정이 나라를 지배하게 되었다.	أَصْبَحَ عَدَمُ الاسْتِقْرَارِ سَائِدًا فِي الْبَلَدِ.

목적격(مَنْصُوبٌ)으로 사용

나는 자신감이 없는 것(자신을 신뢰하지 않는 것)을 좋아하지 않는다. (목적어)	لَا أُحِبُّ عَدَمَ الثِّقَةِ فِي النَّفْسِ.
이집트 사람들은 정치적인 불안정을 거부한다.	يَرْفُضُ الْمِصْرِيُّونَ عَدَمَ الاسْتِقْرَارِ السِّيَاسِيِّ.
나는 그 양편 어느 쪽과도 동맹을 하지 않는 것을 선호한다.	أُفَضِّلُ عَدَمَ الانْحِيَازِ لِأَيٍّ مِنَ الطَّرَفَيْنِ.

소유격(مَجْرُورٌ)으로 사용

그 남편은 그의 아내가 그의 곁에 있지 않아 지쳤다. (소유격 명사)	تَعِبَ الزَّوْجُ مِنْ عَدَمِ وُجُودِ زَوْجَتِهِ بِجَانِبِهِ.
اتَّخَذَ مُدَرِّسُنَا قَرَارًا بِعَدَمِ إِلْزَامِنَا بِوَاجِبَاتٍ أُخْرَى.	
우리 선생님은 우리에게 다른 숙제들을 강요하지 않기로 결정했다.	
나는 다른 사람들이 나를 신뢰하지 않는 것에 신경을 쓰지 않는다.	لَا أُبَالِي بِعَدَمِ ثِقَةِ الآخَرِينَ بِي.

3) 동명사(혹은 명사)를 부정하는 عَدِيمُ

동명사(혹은 명사)를 부정할 때 عَدِيمُ 을 사용할 수도 있다. 이 때 عَدِيمُ은 عَدَمُ 의 유사형용사 형태로서, 그 의미는 '..이 없는' 이나 '..이 결핍된' 혹은, '..이 없는 사람' 이나 '..이 부족한 사람'의 의미를 가진다. عَدِيمُ 과 그 뒤에 온 동명사는 عَدَمُ 과 같이 연결형 형태를 취하는데, 이 때의 연결형은 형용사 연결형(الْإِضَافَةُ الْوَصْفِيَّةُ)이며, 따라서 형용사 연결형에 준하는 용법으로 사용된다. 형용사 연결형에 대해서는 이 책 '연결형에 대해 II'에서 공부하였다. 아래를 보자.

낙방한 자는 명석함이 부족한 사람이다. (혹은 명석함이 부족하다)	الْفَاشِلُ عَدِيمُ الذَّكَاءِ.
물은 색깔이 없다. (الْمِيَاهُ 가 여성이기에 그 뒤의 عَدِيمَةُ 도 여성이 왔다.)	الْمِيَاهُ عَدِيمَةُ اللَّوْنِ.

→ 위에서 عَدِيمُ 은 문장의 술어로 사용되었다. 따라서 주격을 취하며 주어와 성(性)과 수(數)가 일치하여야 한다.

(1) 한정형태의 변화

'عَدِيمُ + 동명사' 조합은 형용사 연결형(الْإِضَافَةُ الْوَصْفِيَّةُ) 조합이다. 따라서 'عَدِيمُ + 동명사' 조합이 그 앞의 단어를 수식할 경우 그 앞에 있는 피수식어와 한정형태가 일치해야 한다.

그는 능력이 부족한 사람이다. (피수식어가 비한정일 경우)	هُوَ شَخْصٌ عَدِيمُ الْقُدْرَةِ.
그는 능력이 부족한 그 사람이다. (피수식어가 한정일 경우)	هُوَ الشَّخْصُ الْعَدِيمُ الْقُدْرَةِ.

(2) عَدِيمُ 의 성(性)과 수(數)에 따른 변화

عَدِيمُ이 문장에서 사용될 때 아래와 같이 성(性)과 수(數)의 변화를 한다.

그는 능력이 부족한 사람이다. (남성 단수)	هُوَ شَخْصٌ عَدِيمُ الْقُدْرَةِ.
그녀는 아름다움이 부족한 젊은 여자이다. (여성 단수)	هِيَ فَتَاةٌ عَدِيمَةُ الْجَمَالِ.
그들 둘은 주의력이 부족한 사람들이 아니다. (남녀 쌍수, 목적격)	هُمَا لَيْسَا عَدِيمَيْ الِانْتِبَاهِ.
너희들은 지식이 부족한 사람들이다. (남성 복수)	أَنْتُمْ عَدِيمُو الْمَعْرِفَةِ.
몇몇 엄마들은 자애심이 부족한 사람들이다. (여성 복수)	بَعْضُ الْأُمَّهَاتِ عَدِيمَاتُ الْحَنَانِ.

→ 위의 예들에서 عَدِيمُ 과 함께 사용된 단어가 동명사인 예들이 있다. 그렇더라도 이 경우는 형용사 연결형(الْإِضَافَةُ الْوَصْفِيَّةُ)으로 사용되며 그 의미는 '..이 없는' 이나 '..이 결핍된' 혹은, '..이 없는 사람' 이나 '..이 부족한 사람'의 의미를 가진다

(3) 다른 예문들

a. 주격(مَرْفُوعٌ)일 경우

살인자는 자비가 부족한 사람이다.	الْقَاتِلُ عَدِيمُ الرَّحْمَةِ.
겸손한 사람은 교만이 없는 사람이다.	الْمُتَوَاضِعُ عَدِيمُ التَّكَبُّرِ.
마음이 강퍅한 엄마는 감정이 없는 사람이다.	الْأُمُّ الْقَاسِيَةُ عَدِيمَةُ الْمَشَاعِرِ.

b. 목적격(مَنْصُوبٌ)일 경우

나는 책임감이 없는 사람을 좋아하지 않는다. (목적어)	لَا أُحِبُّ عَدِيمَ الْمَسْؤُولِيَّةِ.
나는 지방이 없는 음식을 먹는다. (목적어를 수식)	آكُلُ طَعَامًا عَدِيمَ الدُّهُونِ.
똑똑한 사람은 실수가 없지 않다. (لَيْسَ 문장의 술어)	لَيْسَ الذَّكِيُّ عَدِيمَ الْخَطَأِ.

c. 소유격(مَجْرُورٌ)일 경우

나는 생각이 없는 사람과 논쟁을 하지 않는다. (후연결어)	لَا أَتَنَاقَشُ مَعَ عَدِيمِ الْفِكْرِ.
나는 극단주의가 없는 나라에 여행하길 원한다. (소유격명사를 수식)	أُرِيدُ أَنْ أُسَافِرَ لِبَلَدٍ عَدِيمِ التَّطَرُّفِ.
그 선생님은 집중하지 않는 자들로부터 지루해졌다. (소유격명사)	مَلَّ الْمُعَلِّمُ مِنْ عَدِيمِي التَّرْكِيزِ.

제 26 과 여러 가지 부정어와 부정문에 대해

4) 단어 앞에 لا를 붙이는 경우

단어 앞에 لا를 붙여 그 단어에 대한 부정의 의미를 만드는 경우이다. 이 때 부정어와 그 뒤의 단어는 한 단어처럼 사용된다. 아래에서 괄호안에 있는 단어들은 한정형태이다. 이러한 형태로 사용되는 단어들은 많지 않기에 아래의 예들을 숙어로서 익혀두도록 하자. (괄호안은 한정형태)

(1) 연고 형용사(النَّسَب) 앞에 لا가 붙은 경우

무선(wireless), 무선의 (لاَ + سِلْكِيّ)	لاَسِلْكِيٌّ (اللاَّسِلْكِيّ)	중심이 아닌, 중앙집권 이 아닌 (لاَ + مَرْكَزِيّ)	لاَمَرْكَزِيٌّ (اللاَّمَرْكَزِيّ)
종교적이 아닌, 종교인이 아닌, 무종교인의 (لاَ + دِينِيّ)	لاَدِينِيٌّ (اللاَّدِينِيّ)	비인간적인 (لاَ + آدَمِيّ)	لاَآدَمِيٌّ (اللاَّآدَمِيّ)
무관심한 (لاَ + مُبَال)	لاَمُبَالٍ (اللاَّمُبَالِي)	비도덕적인 (لاَ + أَخْلاَقِيّ)	لاَأَخْلاَقِيٌّ (اللاَّأَخْلاَقِيّ)

(2) 명사 앞에 لا가 붙은 경우

돌아오지 않음 (لاَ + عَوْدَة)	لاَعَوْدَة (اللاَّعَوْدَة)	무의식 (لاَ + وَعْي)	لاَوَعْيٌ (اللاَّوَعْي)
무관심 (لاَ + مُبَالاَة)	لاَمُبَالاَة (اللاَّمُبَالاَة)	부도덕 (لاَ + أَخْلاَقِيَّة)	لاَأَخْلاَقِيَّة (اللاَّأَخْلاَقِيَّة)
지방분권 (لاَ + مَرْكَزِيَّة)	لاَمَرْكَزِيَّة (اللاَّمَرْكَزِيَّة)		

문장에서 사용된 예

무선 기기들이 바로 미래이다. (수식어)	الأَجْهِزَةُ اللاَّسِلْكِيَّةُ هِيَ المُسْتَقْبَلُ.
민주주의 국가들은 비중앙집권적으로(분권형으로) 통치한다. (수식어)	تَحْكُمُ الدُّوَلُ الدِّيمُقْرَاطِيَّةُ حُكْمًا لاَمَرْكَزِيًّا.
북한은 원자력에 있어 돌이킬 수 없는 지점에 도달했다. (후연결어)	وَصَلَتْ كُورِيَا الشَّمَالِيَّةُ إِلَى نُقْطَةِ اللاَّعَوْدَةِ نَوَوِيًّا.

→ 위의 نُقْطَةُ اللاَّعَوْدَةِ 과 حُكْمٌ لاَمَرْكَزِيٌّ 는 숙어로 기억하는 것이 좋다.

** 전치사 بِ 뒤에 لا가 붙은 경우

전치사 بِ 뒤에 부정어 لا가 사용되어 부정의 의미가 되는 경우이다. 이 때 لا는 부정 추가 불변사 (حَرْفُ نَفْيٍ زَائِدٌ)이다. 이때 بِلا 뒤에 온 단어가 전치사 بِ의 소유격 명사(اسْمٌ مَجْرُورٌ)이다.

나는 의심할 것 없이 합격할 것이다. 오늘날 세계는 정의가 없다. /	سَأَنْجَحُ بِلاَ شَكٍّ. / العَالَمُ اليَوْمَ بِلاَ عَدْلٍ.
그 혁명은 아무 소용이 없었다.	الثَّوْرَةُ كَانَتْ بِلاَ جَدْوَى. (= بِلاَ فَائِدَةٍ)
← 나는 집이 없다. / 당신은 이성이 없다. ←	أَنْتَ بِلاَ عَقْلٍ. / أَنَا بِلاَ مَنْزِلٍ.
나는 주저함 없이 문법을 공부할 것이다.	سَأَدْرُسُ القَوَاعِدَ بِلاَ تَرَدُّدٍ.
← 논쟁자 없이 / 경쟁자 없이 ←	بِلاَ مُنَافِسٍ / بِلاَ مُنَازِعٍ

종합 아랍어 문법 II

2. 동사문을 부정하는 부정어 (نَفْيُ الْجُمْلَةِ الْفِعْلِيَّةِ)

아랍어 문장은 명사문과 동사문이 있다고 하였다. 동사문을 부정하는 부정어는 부정어 뒤에 동사가 와서(다시 말해 동사문이 와서) 부정어가 동사의 의미(혹은 동사문의 의미)를 부정하는 경우이다. 이렇게 동사 혹은 동사문을 부정하는 부정어에는 현재 시제를 부정하는 لَا, 과거 시제를 부정하는 لَمْ, 미래 시제를 부정하는 لَنْ, 동사문을 부정하는 مَا, 그리고 부정 명령문에 사용되는 لَا 가 있다.

1) 현재 시제를 부정하는 لَا (حَرْفُ نَفْيٍ)

현재 시제의 동사를 부정할 경우 부정 불변사 لَا 를 사용한다. 이 때 동사는 미완료형 직설법(مَرْفُوع)형태를 그대로 사용한다. 부정 불변사 'لَا'는 아래와 같이 단순 현재 부정, 현재 진행 부정, 현재 습관의 부정, 절대적인 부정 등 현재 시제와 관련된 여러 가지 부정의 의미로 사용된다.

(1) 단순 현재의 부정(Present Simple) لِنَفْيِ الْفِعْلِ عَامَّةً

그는 그 사실을 모른다.	لَا يَعْرِفُ الْحَقِيقَةَ.
나는 사과를 좋아하지 않는다. (술어에 동사문이 왔으며 부정어가 그 동사문을 부정)	أَنَا لَا أُحِبُّ التُّفَّاحَ. *
나는 지금 학교에 가길 원하지 않는다.	لَا أُرِيدُ أَنْ أَذْهَبَ إِلَى الْمَدْرَسَةِ الْآنَ.

(2) 현재 진행의 부정(Present Continuous) لِنَفْيِ الْفِعْلِ حَالًا

나는 지금 공부하고 있지 않다.	لَا أُذَاكِرُ الْآنَ.
내 친구는 지금 아무것도 하고 있지 않다. (술어에 동사문이 왔으며 부정어가 그 동사문을 부정)	صَدِيقِي لَا يَفْعَلُ شَيْئًا الْآنَ. *
그 아이들은 지금 축구를 차지 않는다.	الْأَوْلَادُ لَا يَلْعَبُونَ كُرَةَ الْقَدَمِ الْآنَ.

(3) 현재 습관의 부정(Habitual)

나는 다섯시 이후에는 공부하지 않는다.	لَا أُذَاكِرُ بَعْدَ السَّاعَةِ الْخَامِسَةِ.
싸미라는 일찍 잠을 자지 않는다.	لَا تَنَامُ سَمِيرَةُ مُبَكِّرًا.
그 직원들은 홍차를 많이 마시지 않는다. (술어에 동사문이 왔으며 부정어가 그 동사문을 부정)	الْمُوَظَّفُونَ لَا يَشْرَبُونَ الشَّايَ كَثِيرًا. *
무함마드는 집에서 아랍어를 공부하지 않는다. (술어에 동사문이 왔으며 부정어가 그 동사문을 부정)	مُحَمَّدٌ لَا يَدْرُسُ اللُّغَةَ الْعَرَبِيَّةَ فِي الْبَيْتِ. *

→ 위의 * 표시 문장들은 명사로 시작하는 명사문이다. 그러나 이 문장들의 술어가 동사문이며 술어에 사용된 동사를 부정하는 부정어로 لَا 가 사용되고 있다.

(4) 절대적인 부정(Never) لِنَفْيِ الْفِعْلِ مُطْلَقًا

부정 불변사 لا 가 일반적인 진리 등의 의미로 사용되는 문장의 미완료형 동사 앞에 사용될 경우 그 의미는 절대적인 부정이 된다.

아이(혹은 아기)들은 대학에 가지 않는다. (술어에 동사문이 왔으며 부정어가 그 동사문을 부정)	الْأَطْفَالُ لَا يَذْهَبُونَ إِلَى الْجَامِعَةِ.
사랑과 소망은 결코 없어지지 않는다. (술어에 동사문이 왔으며 부정어가 그 동사문을 부정)	الْحُبُّ وَالْأَمَلُ لَا يَمُوتَانِ.
태양은 밤에 나타나지 않는다.	لَا تَظْهَرُ الشَّمْسُ لَيْلاً.

2) 과거 시제를 부정하는 لَمْ

과거 시제의 동사를 부정할 경우 불변사 لَمْ 을 사용한다. 이 때 동사는 미완료 단축법(مَجْزُوم) 형태를 취한다. 부정어 لَمْ 의 단축법 격변화에 대해서는 이 책 제Ⅰ권 '동사의 격변화' 부분에서 공부하였다.

그는 집에서 아랍어를 공부하지 않았다.	لَمْ يَدْرُسِ اللُّغَةَ الْعَرَبِيَّةَ فِي الْبَيْتِ.
싸미라는 일찍 잠을 자지 않았다. (술어에 동사문이 왔으며 부정어가 그 동사문을 부정)	سَمِيرَةُ لَمْ تَنَمْ مُبَكِّرًا.
그 아이들은 공부하기 이전에 축구를 하지 않았다.	الْأَوْلَادُ لَمْ يَلْعَبُوا كُرَةَ الْقَدَمِ قَبْلَ الدِّرَاسَةِ.
나는 사과를 좋아하지 않았다.	لَمْ أُحِبَّ (أَوْ أُحْبِبْ) التُّفَّاحَ.
우리는 학교에 가는 것을 원하지 않았다.	لَمْ نُرِدْ أَنْ نَذْهَبَ إِلَى الْمَدْرَسَةِ.
그들 둘은 어제 알렉산드리아에 가지 않았다.	لَمْ يَذْهَبَا إِلَى الْإِسْكَنْدَرِيَّةِ أَمْسِ.
그들은 시험에 떨어지지 않았다. (술어에 동사문이 왔으며 부정어가 그 동사문을 부정)	هُمْ لَمْ يَفْشَلُوا فِي الِامْتِحَانِ.
그 학생은 오늘 학교에 가지 않았다. (술어에 동사문이 왔으며 부정어가 그 동사문을 부정)	الطَّالِبُ لَمْ يَذْهَبْ إِلَى الْمَدْرَسَةِ الْيَوْمَ.
그 아이들은 아무것도 이해하지 못했다. (술어에 동사문이 왔으며 부정어가 그 동사문을 부정)	الْأَوْلَادُ لَمْ يَفْهَمُوا أَيَّ شَيْءٍ.
나는 이틀동안 나의 친구를 보지 못했다. (رَأَى/يَرَى هـ ـ رُؤْيَةً أَوْ رُؤْيًا)	لَمْ أَرَ صَدِيقِي مُنْذُ يَوْمَيْنِ.

3) 미래 시제를 부정하는 لَنْ

미래 시제의 동사를 부정할 경우 부정 불변사 لَنْ 을 사용한다. 이 때 동사는 미완료형 접속법(مَنْصُوب) 형태를 취한다. 부정어 لَنْ 의 접속법 격변화에 대해서는 이 책 제Ⅰ권 '동사의 격변화' 부분에서 공부하였다.

나는 바다에 가지 않을 것이다.	لَنْ أَذْهَبَ إِلَى الْبَحْرِ.
그는 어떤 학생도 잊지 않을 것이다. (술어에 동사문이 왔으며 부정어가 그 동사문을 부정)	هُوَ لَنْ يَنْسَى أَيَّ طَالِبٍ.
그 선생님들은 어떤 다른 나라에도 여행하지 않을 것이다. (술어에 동사문이 왔으며 부정어가 그 동사문을 부정)	الْمُدَرِّسُونَ لَنْ يُسَافِرُوا إِلَى أَيِّ بَلَدٍ آخَرَ.

그는 내일 집에서 아랍어를 공부하지 않을 것이다.	لَنْ يَدْرُسَ اللُّغَةَ الْعَرَبِيَّةَ فِي الْبَيْتِ غَدًا.
싸미라는 일찍 잠을 자지 않을 것이다.	لَنْ تَنَامَ سَمِيرَةُ مُبَكِّرًا.
그 아이들은 이번 주에 축구를 하지 않을 것이다. (술어에 동사문이 왔으며 부정어가 그 동사문을 부정)	الْأَوْلَادُ لَنْ يَلْعَبُوا كُرَةَ الْقَدَمِ هَذَا الْأُسْبُوعَ.
그들 두 사람은 이틀 뒤에 알렉산드리아에 가지 않을 것이다.	لَنْ يَذْهَبَا إِلَى الْإِسْكَنْدَرِيَّةِ بَعْدَ يَوْمَيْنِ.
그 학생들이 교장에게 편지를 보내지 않을 것이다. (술어에 동사문이 왔으며 부정어가 그 동사문을 부정)	الطُّلَّابُ لَنْ يَبْعَثُوا الرِّسَالَةَ إِلَى الْمُدِيرِ.

4) 동사문을 부정하는 مَا (مَا النَّافِيَةُ)

불변사 مَا 는 동사문을 부정할 수도 있고 명사문을 부정할 수도 있다. مَا 가 명사문을 부정하는 경우는 곧 공부한다. 불변사 مَا 가 동사문을 부정할 경우 두 가지 용법으로 사용된다.

(1) 완료형과 함께 사용될 경우 (did not) مَعَ الْمَاضِي لِنَفْيِ الْفِعْلِ

고전 아랍어에서는 مَا 가 완료형과 함께 사용되어 강한 부정의 의미를 나타내지만 현대 표준 아랍어에서는 그 의미가 لَمْ 과 같이 과거시제에 대한 단순 부정의 의미로 사용된다.

①	그 교사는 출석하지 않았다. (The teacher didn't come.)	لَمْ يَحْضُرِ الْمُعَلِّمُ.
②		مَا حَضَرَ الْمُعَلِّمُ.

예문들

아무도 오지 않았다.	مَا جَاءَ أَحَدٌ.
나는 이탈리아를 방문하지 않았다.	مَا زُرْتُ إِيطَالِيَا.
카말은 중국어를 공부하지 않았다.	مَا دَرَسَ كَمَالٌ اللُّغَةَ الصِّينِيَّةَ.
나는 사자를 단 하루도 무서워하지 않았다.	مَا خِفْتُ يَوْمًا مِنَ الْأَسَدِ.
당신의 주님이 그대를 버리지 아니했으며 미워하지도 않았다. (꾸란 93:3)	مَا وَدَّعَكَ رَبُّكَ وَمَا قَلَى.

(2) 미완료형 직설법(مَرْفُوعٌ)과 함께 사용될 경우 (can not) مَعَ الْمُضَارِعِ لِنَفْيِ إِمْكَانِيَّةِ الْفِعْلِ

이 경우는 부정어 مَا 에 대한 현대적인 용법이라 할 수 있다. 그 의미는 불가능(can not)을 의미한다.

나는 중국어를 이해할 수 없다.	مَا أَفْهَمُ اللُّغَةَ الصِّينِيَّةَ.
나는 축구를 할 수 없다.	مَا أَلْعَبُ كُرَةَ الْقَدَمِ.
당나귀는 치타를 추월할 수 없다.	مَا يَسْبِقُ الْحِمَارُ الْفَهْدَ.

5) 부정 명령의 لاَ (لَا النَّاهِيَةُ)

부정 명령은 어떤 것을 금지하는 내용의 명령이다. 부정명령문을 만들기 위해서 불변사 لاَ 를 사용하며 이 때 동사는 미완료형 단축법(مَجْزُوم)을 취한다. 부정 명령의 لاَ의 사용에 대해서는 이 책 제Ⅰ권 '동사의 격변화' 중에서 '단축법의 변화' 부분과, 제Ⅱ권 '명령문에 대해'에서 공부하였다.

(너는) 잠자기 전에는 먹지 마라.	لاَ تَأْكُلْ قَبْلَ النَّوْمِ.
(너는) 큰 소리로 이야기 하지 마라.	لاَ تَتَكَلَّمْ بِصَوْتٍ عَالٍ.
(너는) 잠을 많이 자지 마라.	لاَ تَنَمْ كَثِيرًا.
(너는 f.) 나에게 화내지 마라.	لاَ تَغْضَبِي عَلَيَّ.
(너희들은) 지금 교실 밖으로 나가지 마라.	لاَ تَخْرُجُوا مِنَ الْفَصْلِ الآنَ.

** 부정의 의미를 강조하는 보조 단어의 사용

부정문의 의미를 강조하여 '전혀 ...하지 않다'의 의미로 표현하고자 하는 경우 부정의미를 가진 مُطْلَقًا, عَلَى الإِطْلَاقِ, إِطْلَاقًا, قَطُّ, أَبَدًا, إِلَى الْأَبَدِ 등의 보조어를 사용할 수 있다.

(1) 현재 시제를 부정하는 경우
현재 시제를 부정하는 문장의 경우 مُطْلَقًا, عَلَى الإِطْلَاقِ, إِطْلَاقًا 를 사용한다.

그 여왕은 사막에서의 삶을 전혀 좋아하지 않는다.	لاَ تُحِبُّ الْمَلِكَةُ الْحَيَاةَ فِي الصَّحْرَاءِ مُطْلَقًا.
만수르는 수영을 전혀 할 수 없다.	لاَ يَسْتَطِيعُ مَنْصُورٌ السِّبَاحَةَ عَلَى الإِطْلَاقِ.

(2) 과거 시제를 부정하는 경우
과거 시제를 부정하는 문장의 경우 قَطُّ 를 주로 사용하고 مُطْلَقًا 도 사용한다.

그 교사가 전혀 출석하지 않았다. (The teacher never attended.)	لَمْ يَحْضُرِ الْمُعَلِّمُ قَطُّ.
나는 이탈리아를 전혀 방문하지 않았다. (I never visited Italy.)	مَا زُرْتُ إِيطَالِيَا قَطُّ.

(3) 미래 시제를 부정하는 경우
미래 시제를 부정하는 문장을 강조할 경우 أَبَدًا, إِلَى الْأَبَدِ 를 사용한다.

나는 커피를 전혀 마시지 않을 것이다.	لَنْ أَشْرَبَ الْقَهْوَةَ أَبَدًا.
나는 정치 분야에서 전혀 일하지 않을 것이다.	لَنْ أَعْمَلَ فِي السِّيَاسَةِ أَبَدًا.

** 부정 명령의 لاَ (لَا النَّاهِيَةُ)가 사용된 문장에서 부정의 의미를 강조할 경우, 의미가 현재일 경우 إِطْلَاقًا, عَلَى الإِطْلَاقِ, مُطْلَقًا 를 사용해 주고, 의미가 미래일 경우 أَبَدًا 을 사용한다.

(너는) 잠자기 전에는 먹지 마라.	لاَ تَأْكُلْ قَبْلَ النَّوْمِ مُطْلَقًا.

3. 명사문을 부정하는 부정어

명사문을 부정하는 부정어는 부정어 뒤에 명사문이 와서 부정어가 명사문의 의미를 부정하는 경우를 말한다. 명사문을 부정하는 부정어로는 لَيْسَ 와 مَا 그리고 종류부정의 لَا 그리고 لَيْسَ 용법으로 사용되는 لَا 와 لَيْسَ 용법으로 사용되는 إِنْ 이 있다.

1) 명사문을 부정하는 لَيْسَ

لَيْسَ 는 무효화 동사(الأَفْعَالُ النَّاسِخَةُ) 중의 하나로 명사문을 부정하는 역할을 한다. لَيْسَ 가 명사문을 부정할 경우 반드시 لَيْسَ 이후에 주어와 술어의 구조를 갖춘 명사문이 와야하며, 그 명사문의 주어(الْمُبْتَدَأ)는 주격을 취하고 술어(الْخَبَر)는 목적격을 취해야 한다. 자세한 내용은 '무효화 동사에 대해' 부분에서 자세히 다루고 있다.

그 소년은 똑똑하지 않다.	لَيْسَ الصَّبِيُّ ذَكِيًّا.
그 젊은 여자는 아름답지 않다.	لَيْسَتِ الْفَتَاةُ جَمِيلَةً.
무함마드는 기뻐하지 않는다.	لَيْسَ مُحَمَّدٌ سَعِيدًا.
나는 슬프지 않다.	لَسْتُ حَزِينًا.
그들은 이집트 사람들이 아니다.	لَيْسُوا مِصْرِيِّينَ.
내 친구는 한국 출신이 아니다. (술어에 유사문장이 왔다.)	لَيْسَ صَدِيقِي مِنْ كُورِيَا.
그 직원은 신문을 읽지 않는다. (خَبَرُ لَيْسَ 에 동사문이 왔다)	لَيْسَ الْمُوَظَّفُ يَقْرَأُ الْجَرِيدَةَ.

한편 부정어 لَيْسَ 는 문장의 서두에 오지않고 주어(مُبْتَدَأ)와 술어(خَبَر) 사이에 오는 것도 가능하다. 이 경우 명사문의 술어가 무효화 동사(الأَفْعَالُ النَّاسِخَةُ) لَيْسَ 가 이끄는 문장이 된다.

(그) 시험이 쉽지 않다.	الإِمْتِحَانُ لَيْسَ سَهْلًا.
비가 퍼붓지 않는다.	الْمَطَرُ لَيْسَ مُنْهَمِرًا.
그 여자교사는 친절하지 않다.	الْمُدَرِّسَةُ لَيْسَتْ طَيِّبَةً.

** 부정어로 لَيْسَ 가 사용된 문장이나 مَا 가 사용된 문장에서 부정의 의미를 강조할 경우 مُطْلَقًا 이나 إِطْلَاقًا 혹은 عَلَى الإِطْلَاقِ 를 사용한다.

그 가방에 돈이 전혀 없다.	لَيْسَ فِي الْحَقِيبَةِ نُقُودٌ مُطْلَقًا.
	مَا فِي الْحَقِيبَةِ نُقُودٌ مُطْلَقًا.

2) 명사문을 부정하는 مَا

부정불변사 مَا 가 명사문을 부정하는 용법으로 사용된다. 부정어 مَا 는 항상 명사문의 서두에 와야 한다. 명사문을 부정하는 مَا 는 두 가지 종류로 나뉜다. 먼저는 술어(خَبَر)가 주격을 취하는 '일반적인 مَا 부정 명사문'의 경우이고, 두 번째는 술어가 목적격을 취하는 'لَيْسَ 용법의 مَا 부정 명사문(مَا النَّافِيَةُ الْعَامِلَةُ عَمَلَ "لَيْسَ")'이 그것이다. 두 가지 모두 주어(اسْم)에 한정명사 혹은 비한정 명사가 올 수 있으며, 두 경우의 의미도 동일하다. 단지 전자는 술어에 주격이 오고, 후자는 술어에 목적격이 온다는 것이 다른 점이다.

(1) 일반적인 (مَا النَّافِيَةُ)مَا 부정 명사문

مَا 뒤에 오는 명사문의 주어(مُبْتَدَأ)와 술어(خَبَر) 모두 주격을 취하는 경우이다. 주어에 한정명사 혹은 비한정 명사 둘 다 가능하다. 주어에 비한정 명사가 올 경우 'there is no...'의 의미가 되며, 주어에 한정명사가 올 경우 명사문의 의미를 단순 부정하여 부정문을 만들게 된다.

a. 주어가 비한정 명사인 경우 - 'there is no...'의 의미

교사가 무식한 사람은 없다. (There is no teacher ignorant.)	مَا مُدَرِّسٌ جَاهِلٌ.
(그) 교실에 한 학생도 없다. (There is no student in the class.)	مَا طَالِبٌ فِي الْفَصْلِ.(= مَا فِي الْفَصْلِ طَالِبٌ.)
노력없는 지식이 없다. (There is no knowledge without diligence.)	مَا مَعْرِفَةٌ دُونَ اجْتِهَادٍ.(= مَا دُونَ اجْتِهَادٍ مَعْرِفَةٌ.)

→위에서 مَا 를 빼면 문장이 성립되지 않는다. (×). طَالِبٌ فِي الْفَصْلِ.

b. 주어가 한정명사인 경우

그 교사는 무지하지 않다. (The teacher is not ignorant.)	مَا الْمُدَرِّسُ جَاهِلٌ.
그 학생이 교실에 없다. (The student is not in the class.)	مَا الطَّالِبُ فِي الْفَصْلِ.
이것은 나의 음식이 아니다. (This is not my food.)	مَا هَذَا طَعَامِي.
나는 오직 선생이다. (I am only a teacher. 다른 직업이 없다는 말)	مَا أَنَا إِلَّا مُدَرِّسٌ.

→위에서 مَا 를 빼면 긍정문이고, مَا 를 사용할 경우 부정문이 된다.

(2) لَيْسَ 용법의 مَا 부정 명사문(مَا النَّافِيَةُ الْعَامِلَةُ عَمَلَ لَيْسَ)

مَا 뒤에 오는 명사문의 주어(اسْم)와 술어(خَبَر) 가 무효화 동사(كَانَ وَأَخَوَاتُهَا) لَيْسَ 와 같은 격변화를 한다. 즉 주어는 주격을 취하고 술어는 목적격을 취한다. 주어에 한정형태 혹은 비한정형태 둘 다 사용 가능하며, 문장의 의미는 앞의 일반적인 (مَا النَّافِيَةُ)مَا 부정 명사문 문장과 같다.

'لَيْسَ 용법의 مَا 부정 명사문(مَا النَّافِيَةُ الْعَامِلَةُ عَمَلَ لَيْسَ)의 조건
1. 술어가 주어 앞에 올 수 없다. (주어와 술어의 순서가 바뀔 수 없다.)
2. 주어와 술어 사이에 إِلَّا 를 사용할 수 없다.
3. 주어는 주격을 취하고 술어는 목적격을 취한다.

a. 주어가 비한정 명사인 경우

교사가 무식한 사람은 없다.	مَا مُدَرِّسٌ جَاهِلاً.
책을 읽는 사람이 실패한 사람은 없다.	مَا قَارِئٌ فَاشِلاً.
순교자 보다 나은 사람은 없다.	مَا أَحَدٌ أَفْضَلَ مِنَ الشَّهِيدِ.

b. 주어가 한정명사인 경우

이 사람은 학생이 아니다.	مَا هَذَا طَالِبًا.
그 교사는 무지하지 않다. (The teacher is not ignorant.)	مَا الْمُدَرِّسُ جَاهِلاً.
무함마드는 학생이 아니다.	مَا مُحَمَّدٌ طَالِبًا.
사용되지 않음 (주어 뒤에 إِلاَّ 를 사용할 수 없음)	مَا أَنَا إِلاَّ مُدَرِّسًا. (×)
나는 오직 선생이다. (I am only a teacher. 다른 직업이 없다는 말)	مَا أَنَا إِلاَّ مُدَرِّسٌ. (O)

→위의 마지막 문장은 'لَيْسَ 용법의 مَا 부정 명사문'(مَا النَّافِيَةُ الْعَامِلَةُ عَمَلَ "لَيْسَ")이 아니라 일반적인 (مَا)النَّافِيَةُ 부정 명사문이다.

** 일반적인 مَا(مَا النَّافِيَةُ)부정 명사문과 لَيْسَ 용법의 مَا 부정 명사문(مَا النَّافِيَةُ الْعَامِلَةُ عَمَلَ "لَيْسَ")의 비교

아래의 ① 문장은 '일반적인 مَا(مَا النَّافِيَةُ)부정 명사문' 문장이고, ②는 'لَيْسَ 용법의 مَا 부정 명사문(مَا النَّافِيَةُ الْعَامِلَةُ عَمَلَ "لَيْسَ") 문장이다. 아래와 같이 두 문장의 의미차이는 없다.

①	자이드는 서 있지 않다.	مَا زَيْدٌ قَائِمٌ.
②		مَا زَيْدٌ قَائِمًا.
①	순교자 보다 나은 사람은 없다.	مَا أَحَدٌ أَفْضَلُ مِنَ الشَّهِيدِ.
②		مَا أَحَدٌ أَفْضَلَ مِنَ الشَّهِيدِ.

다음에서와 같이 'لَيْسَ 용법의 مَا 부정 명사문'에서는 주어와 술어 사이에 إِلاَّ 를 사용할 수 없다.

①	무함마드는 오직 사도이다. (배타적 제한(الْقَصْرُ) 혹은 الْحَصْرُ) 문장이라 한다. 나중에 공부한다.)	مَا مُحَمَّدٌ إِلاَّ رَسُولٌ. *
②		مَا مُحَمَّدٌ إِلاَّ رَسُولاً. (×)

→위의 * 문장은 결여된 부정 예외문(الْأُسْلُوبُ النَّاقِصُ الْمَنْفِيُّ)이다. 이 책 '예외문에 대해' 부분을 보라.

아래의 두 문장의 의미는 같다.

하나님은 예배하는 자를 억울하게 하는 자가 아니다. (두 번째 문장을 더 많이 사용) (بِ 는 추가 전치사)	مَا اللهُ بِظَالِمٍ لِلْعِبَادِ.
	لَيْسَ اللهُ ظَالِمًا لِلْعِبَادِ.

제26과 여러 가지 부정어와 부정문에 대해

** 부정어 لَيْسَ 가 이끄는 문장과 부정어 مَا 가 이끄는 문장의 차이

부정어 لَيْسَ 와 مَا 는 둘 다 명사문을 부정하며 부정의 강도도 같다. 그러나 이 두 문장은 문장 주어의 한정형태에 따라 또한 주어와 술어의 위치에 따라 구분되는 점이 있다. 아래의 예문을 보자.

①	(그) 교실에 한 학생도 없다. (There is no student in the class.)	مَا طَالِبٌ فِي الْفَصْلِ. (o) 술어 + 주어	
②	(لَيْسَ 가 사용된 명사문에서 주어가 선행할 경우 한정명사가 와야 한다.)	لَيْسَ طَالِبٌ فِي الْفَصْلِ. (×)	
①	어리석은 교사는 없다. (جَاهِل 이 사용된 문장은 '일반적인 مَا 부정 명사문' 문장이고 جَاهِل 이 사용된 문장은 'لَيْسَ 용법의 مَا 부정 명사문' 문장이다.)	مَا مُدَرِّسٌ جَاهِلٌ. = مَا مُدَرِّسٌ جَاهِلاً. (o) 술어 + 주어 술어 + 주어	
②		لَيْسَ مُدَرِّسٌ جَاهِلاً. (×)	

한편 위의 예문에서처럼 무효화 동사 لَيْسَ 가 이끄는 명사문의 주어가 술어보다 먼저 올 경우 그 주어는 반드시 한정형태이어야 한다. 아래의 문장을 보자.

그 학생이 (그) 교실에 없다.	لَيْسَ الطَّالِبُ فِي الْفَصْلِ. (o) 술어 + 주어
그 교사는 어리석지 않다.	لَيْسَ الْمُدَرِّسُ جَاهِلاً. (o) 술어 + 주어

또한 مَا 가 이끄는 문장들도 다음과 같이 한정형태의 주어를 사용할 수 있다. 이 때의 문장은 주어가 비한정 형태인 문장과 그 의미가 다르다.

그 학생이 (그) 교실에 없다. (The student is not in the class.)	مَا الطَّالِبُ فِي الْفَصْلِ. (o) 술어 + 주어
그 교사는 어리석지 않다.	مَا الْمُدَرِّسُ جَاهِلٌ. = مَا الْمُدَرِّسُ جَاهِلاً. (o) 술어 + 주어 술어 + 주어

한편 무효화 동사 لَيْسَ 가 이끄는 명사문에서 그 주어가 비한정 형태일 경우 술어가 주어보다 먼저 와야 한다.

그 교실에 한 학생도 없다.	لَيْسَ فِي الْفَصْلِ طَالِبٌ. (o) 주어 + 술어
지식은 노력없이는 없다.	لَيْسَتْ دُونَ اجْتِهَادٍ مَعْرِفَةٌ. (o) * 주어 + 술어

→ 위의 * 문장을 لَا مَعْرِفَةَ دُونَ اجْتِهَادٍ 이라고 하면 종류부정문이 되며, 이 문장이 더 많이 사용된다.

3) 종류부정의 لَا (لَا النَّافِيَةُ لِلْجِنْسِ)

명사문의 구조를 가진 문장에서 لَا 가 사용되어 주어로 사용되는 명사의 종류 전체를 부정하는 문장을 말한다. 종류부정 구문에 대해서는 이 책 '무효화 불변사' 부분에서 자세히 다루고 있다.

(그) 교실에는 아무도 없다.	لَا أَحَدَ فِي الْفَصْلِ.
부지런한 자 가운데 실패하는 사람은 아무도 없다.	لَا مُجْتَهِدَ فَاشِلٌ.
시험이 쉬운 경우는 없다.	لَا امْتِحَانَ سَهْلٌ.
배고픈 사람 가운데 이성적인 사람은 없다.	لَا جَائِعَ عَاقِلٌ.
오늘날 세상에 진정한 사랑은 없다. (حَقِيقِيَّةٌ 는 مَحَبَّةَ 를 수식하는 형용사이다.)	لَا مَحَبَّةَ حَقِيقِيَّةٌ فِي الْعَالَمِ الْيَوْمَ.

** 명사문을 부정하는 مَا 와 종류부정의 لَا ("لَا النَّافِيَةُ لِلْجِنْسِ") 의 의미 차이

아래의 ①은 '일반적인 مَا (مَا النَّافِيَةُ) 부정 명사문'이고 ②는 '종류부정문 ("لَا النَّافِيَةُ لِلْجِنْسِ")'이다. 이 두 문장은 그 구성이 동일하지만 격변화에 차이가 있다. 의미 차이는 없다.

①	(그) 교실에 한 학생도 없다.	مَا طَالِبٌ فِي الْفَصْلِ.
②	(There is no student in the class.)	لَا طَالِبَ فِي الْفَصْلِ.
①	교사가 무식한 사람은 없다.	مَا مُدَرِّسٌ جَاهِلٌ.
②	(There is no ignorant teacher.)	لَا مُدَرِّسَ جَاهِلٌ.
①	노력없는 지식은 없다.	مَا مَعْرِفَةٌ دُونَ اجْتِهَادٍ.
②	(There is no knowledge without effort.)	لَا مَعْرِفَةَ دُونَ اجْتِهَادٍ.

** 종류부정의 لَا 가 사용된 문장에서도 부정의 의미를 더욱 강조할 경우 مُطْلَقًا 이나 عَلَى الْإِطْلَاقِ 혹은 إِطْلَاقًا 를 사용할 수 있다.

그 가방에는 정말로 아무것도 없다.	لَا شَيْءَ فِي الْحَقِيبَةِ مُطْلَقًا.
오늘날 세상에 진정한 사랑은 전혀 없다.	لَا مَحَبَّةَ حَقِيقِيَّةٌ فِي الْعَالَمِ الْيَوْمَ إِطْلَاقًا.

제 26 과 여러 가지 부정어와 부정문에 대해

4) لَا 의 용법 (لَا النَّافِيَةُ الْعَامِلَةُ عَمَلَ "لَيْسَ")

부정어 لَا 가 لَيْسَ 용법으로 사용된 경우이다.(لَا النَّافِيَةُ الْعَامِلَةُ عَمَلَ "لَيْسَ") 이 용법은 현대 표준 아랍어에서는 사용되지 않고 꾸란 등의 고전 아랍어에서 많이 사용된다.

앞에서 배운 'لَيْسَ 용법의 مَا 부정 명사문'과 비슷한 용법으로 사용된다. 즉 주어가 술어보다 먼저 오며, 주어는 주격 술어는 목적격을 취한다. 그리고 주어 뒤에 예외사 إِلَّا 를 사용할 수 없다. 여기에 하나의 조건이 추가되는 데 주어와 술어가 모두 비한정 명사이어야 한다.

거리가 깨끗한 곳은 없다. There is no clean street.	لَا شَارِعٌ نَظِيفًا.
시대가 평화로운 적은 없다. There is no peaceful age.	لَا زَمَانٌ مُسَالِمًا.
아무도 너에 대해 공격하지 않는다.	لَا عَلَيْكَ أَحَدٌ مُعْتَدِيًا.*
알라신의 조력자들에게는 어떠한 두려움도 없다. (꾸란 10:62)	إِنَّ أَوْلِيَاءَ اللهِ لَا خَوْفٌ عَلَيْهِمْ.

→ *표 문장에서 처럼 부정사 لَا 와 주어 (اسْم) 사이에 부사나 전치사가 이끄는 유사문장이 오는 것이 가능하다.

5) إِنْ 용법 (إِنْ النَّافِيَةُ الْعَامِلَةُ عَمَلَ "لَيْسَ")

إِنْ 이 لَيْسَ 와 같은 용법의 부정어로 사용된 경우이다. 이 용법은 현대 표준 아랍어에서 사용되지 않고 꾸란 등의 고전 아랍어에서 많이 사용된다.

لَيْسَ 용법의 문장과 용법이 같다. 즉 إِنْ 뒤에 명사문을 취하며 주어가 주격을 취하고 술어가 목적격을 취한다. إِنْ 의 경우 주어 뒤에 إِلَّا 를 사용할 수 있다.

그 강물은 풍부하지 않다.	إِنْ الْأَنْهَارُ فَائِضَةً.
그 궁궐들은 높지 않다.	إِنْ الْقُصُورُ شَاهِقَةً.
인간은 그의 삶이 끝날 때 죽지 않는다.	إِنْ الْمَرْءُ مَيِّتًا بِانْقِضَاءِ حَيَاتِهِ.

** 위에서 لَيْسَ 용법의 لَا 는 주어 뒤에 예외사 إِلَّا 를 사용할 수 없다고 했다. 그러나 لَيْسَ 용법의 إِنْ 은 주어 뒤에 예외사 إِلَّا 를 취하여 배타적 제한(الْحَصْرُ) 혹은 (الْقَصْرُ) 문장을 만들 수 있다. 이러한 배타적 제한 문장에 대해서는 이 과의 맨 마지막 부분에서 إِنْ 용법과 이 책 '예외문에 대해' 부분을 보라.

심판하는 것은 오직 알라신 외에는 없다. (꾸란6:57)	إِنْ الْحُكْمُ إِلَّا لِلهِ.

일반적으로 إِنْ 은 조건사로 사용된다. إِنْ 이 부정어(حَرْفُ نَفْيٍ)로 사용되는 경우는 두 가지인데 둘 다 고전 아랍어 용법이다.

종합 아랍어 문법 II

a. لَيْسَ 용법으로 사용된 إنْ 의 경우 (إنْ النَّافِيَةُ الْعَامِلَةُ عَمَلَ "لَيْسَ")

لَيْسَ 용법의 문장과 용법이 같다. 즉 إنْ 뒤에 명사문이 오며 주어가 주격을 취하고 술어가 목적격을 취한다.

그 펜은 빨갛지 않다.	إنْ الْقَلَمُ أَحْمَرَ.
그 강물은 풍부하지 않다.	إنْ الْأَنْهَارُ فَائِضَةً.
그 궁궐들은 높지 않다.	إنْ الْقُصُورُ شَاهِقَةً.
이에 대한 권세가 너희에게 있지 않느니라. (꾸란 10:68)	إنْ عِنْدَكُمْ مِنْ سُلْطَانٍ بِهَذَا.

b. إنْ 이 예외사 إلَّا 와 함께 사용되는 경우 (إنْ النَّافِيَةُ الَّتِي لَا عَمَلَ لَهَا)

부정어 إنْ 이 예외사 إلَّا 와 함께 사용되면 부정의 의미가 강조되어 '오직 ..외에는.. 이 없다'의 배타적 제한 (الْحَصْرُ) 혹은 (الْقَصْرُ)의 의미가 된다. 꾸란에 많이 등장하는 문장이다. 배타적 제한 (الْحَصْرُ) 혹은 (الْقَصْرُ) 문장에 대해서는 이 책 '예외문에 대해' 부분을 보라.

이교도는 오직 속임에 빠져있는 외에는 없다. (꾸란67:20)	إنْ الْكَافِرُونَ إلَّا فِي غُرُورٍ.
심판하는 것은 오직 알라신 외에는 없다. (꾸란 6:57)	إنْ الْحُكْمُ إلَّا لِلَّهِ.
성공은 오직 노력하는 자 외에는 없다.	إنْ النَّجَاحُ إلَّا لِلْمُجْتَهِدِ.

** إنْ 이 동사를 부정하는 부정어로 사용되기도 한다.

약속된 것이 가까왔는지를 나는 알지 못하노라고 말하라(꾸란 72:25)	قُلْ إنْ أَدْرِي أَقَرِيبٌ مَّا تُوعَدُونَ
그들은 그들의 영혼 이외에는 멸망시키지 않음이라 (꾸란6:26)(And they do not destroy except themselves)	وَإنْ يُهْلِكُونَ إلَّا أَنْفُسَهُمْ

** 한편 아래와 같이 لَيْسَ 와 함께 لَكِنْ 을 사용할 경우 'لَيْسَ ... لَكِنْ'은 not A but B 의 구문이 된다.

لَيْسَ الْمُدِيرُ يَصْنَعُ بَضَائِعَ كَثِيرَةً لَكِنِ الْعَامِلُ .
그 사장이 많은 제품들을 만드는 것이 아니라 그 작업자가 만든다.
لَيْسَ الْمُدِيرُ يَصْنَعُ بَضَائِعَ كَثِيرَةً لَكِنْ يَبِيعُ كَثِيرًا.
그 사장이 많은 제품들을 만드는 것이 아니라 많이 판매한다.

→이 구문에 대해서는 이 책 '여러 가지 접속사들에 대해' 부분에서 공부하라.

** 현재 시제를 부정하는 لاَ 와 لَيْسَ

현재 시제를 부정하는 لاَ 는 동사(혹은 동사문)를 부정하며, لَيْسَ 는 명사문을 부정한다.

그 교사가 그 단원을 설명한다. (술어에 동사문이 왔다.)		الْمُدَرِّسُ يَشْرَحُ الدَّرْسَ.
그 교사가 그 단원을 설명하지 않는다.	①	الْمُدَرِّسُ لاَ يَشْرَحُ الدَّرْسَ.
	②	لَيْسَ الْمُدَرِّسُ يَشْرَحُ الدَّرْسَ.

위의 ①과 같이 لاَ 를 사용하는 경우 동사를 부정하는 것에 초점이 있고, ②와 같이 لَيْسَ 를 사용하는 경우 주어(اسْمُ لَيْسَ)를 부정하는 것에 초점이 있다.

긍정문		부정문
الْعَامِلُ يَصْنَعُ بَضَائِعَ كَثِيرَةً. 그 노동자는 많은 제품들을 만든다.	①	الْعَامِلُ لاَ يَصْنَعُ بَضَائِعَ كَثِيرَةً.
	②	لَيْسَ الْعَامِلُ يَصْنَعُ بَضَائِعَ كَثِيرَةً.
الطَّبِيبَةُ تَفْحَصُ مَرِيضًا. 그 여자 의사는 한 환자를 진찰하고 있다.	①	الطَّبِيبَةُ لاَ تَفْحَصُ مَرِيضًا.
	②	لَيْسَتِ الطَّبِيبَةُ تَفْحَصُ مَرِيضًا.
الطَّالِبَانِ يَدْرُسَانِ اللُّغَةَ الْعَرَبِيَّةَ. 그 두 학생은 아랍어를 공부한다.	①	الطَّالِبَانِ لاَ يَدْرُسَانِ اللُّغَةَ الْعَرَبِيَّةَ.
	②	لَيْسَ الطَّالِبَانِ يَدْرُسَانِ اللُّغَةَ الْعَرَبِيَّةَ.

한편 아래와 같이 명사문에 사용된 동사가 과거 시제일 경우 아래와 같이 과거시제 부정어 لَمْ 이나 مَا 로써 부정하고, 미래 시제일 경우 미래 시제 부정어 لَنْ 으로써 부정한다. 이 경우 لَيْسَ 로는 문장을 부정할 수 없다. 왜냐하면 لَيْسَ 는 현재 시제의 부정으로만 사용되기 때문이다.

긍정문		부정문
الْعَامِلُ صَنَعَ بَضَائِعَ كَثِيرَةً. 그 노동자는 많은 제품들을 만들었다. (과거 시제)	①	الْعَامِلُ لَمْ يَصْنَعْ بَضَائِعَ كَثِيرَةً. (o) الْعَامِلُ مَا صَنَعَ بَضَائِعَ كَثِيرَةً. (o)
	②	لَيْسَ الْعَامِلُ صَنَعَ بَضَائِعَ كَثِيرَةً. (×)
الْعَامِلُ سَيَصْنَعُ بَضَائِعَ كَثِيرَةً. 그 노동자는 많은 제품들을 만들 것이다. (미래 시제)	①	الْعَامِلُ لَنْ يَصْنَعَ بَضَائِعَ كَثِيرَةً. (o)
	②	لَيْسَ الْعَامِلُ سَيَصْنَعُ بَضَائِعَ كَثِيرَةً. (×)

4. 그외 특별한 부정어와 부정문의 경우들

아래는 지금까지 배운 단어를 부정하는 부정어나, 동사문을 부정하는 부정어, 혹은 명사문을 부정하는 부정어 이외에 특별한 경우의 부정어 혹은 부정문 용법이다.

(1) 첨가부정어 لَا (حَرْفُ نَفْيٍ زَائِدٌ يَدْخُلُ عَلَى اسْمٍ مَعْرِفَةٍ)

대등접속사 وَ 를 중심으로 양쪽의 한정명사 모두를 부정할 경우 아래와 같이 لَا 를 두 번 사용해 준다. 이때 첫 번째 لَا 는 일반적인 부정어(حَرْفُ نَفْيٍ)이고, 두 번째 لَا 는 첨가부정어(حَرْفُ نَفْيٍ زَائِدٌ)라 한다.

(그) 학생도 (그) 교수도 교실에 있지 않다.	لَا الطَّالِبُ وَلَا الْأُسْتَاذُ فِي الْفَصْلِ.
지지자들도 반대자들도 대화를 받아들이지 않았다.	لَا الْمُؤَيِّدُونَ وَلَا الْمُعَارِضُونَ قَبِلُوا الْحِوَارَ.
나는 홍차도 커피도 좋아하지 아니한다.	لَا الشَّايَ وَلَا الْقَهْوَةَ أُحِبُّ.
나는 무지한 사람도 환영하지 않고 거짓말하는 사람도 환영하지 않는다. (유사문장과 유사문장)	لَا أُرَحِّبُ بِالْجَاهِلِ وَلَا بِالْكَاذِبِ.
오늘 나는 두 시간 공부한 것이 아니고 세 시간 공부한 것도 아니다. (부사와 부사)	الْيَوْمَ لَا أُذَاكِرُ سَاعَتَيْنِ وَلَا ثَلَاثًا.
나는 구두쇠와 앉아있는 것도 아니고 씀씀이가 헤픈 사람과 앉아있는 것도 아니다. (유사문장과 유사문장)	لَا أَجْلِسُ مَعَ الْبَخِيلِ وَلَا مَعَ الْمُبَذِّرِ.

(2) 대등접속사 لَا (حَرْفُ الْعَطْفِ)

대등접속사 لَا 도 부정어 중의 하나이다. 대등접속사 لَا 는 لَا 이전의 문장에 대한 부분 부정의 의미로 사용된다. 즉 لَا 이전에 온 문장의 의미에 대해 일부를 부정하는 내용이 لَا 이후에 와서 لَا 이전의 의미를 분명히 한다. '..한 것은 아니다'로 번역할 수 있다. 단어와 단어를 연결하거나, 유사문장과 유사문장을 연결하거나, 문장과 문장을 연결한다. 자세한 내용은 이 책 '접속명사(الِاسْمُ الْمَعْطُوفُ)와 대등접속사(حَرْفُ الْعَطْفِ)에 대해' 부분에서 공부하였다.

자이드가 왔지 무함마드 온 것은 아니다.	جَاءَ زَيْدٌ لَا مُحَمَّدٌ.
나는 홍차를 좋아하지 커피를 좋아하는 것은 아니다.	أُحِبُّ الشَّايَ لَا الْقَهْوَةَ.
나는 한 남자를 지나갔지 한 여자를 지나간 것은 아니다.	مَرَرْتُ بِرَجُلٍ لَا امْرَأَةٍ.
그들은 집 안에 있지 집 밖에 있지 않다.	هُمْ فِي الْبَيْتِ لَا خَارِجَ الْبَيْتِ.
나는 문법을 공부하지 읽기를 공부하는 것은 아니다.	أَدْرُسُ الْقَوَاعِدَ لَا أَدْرُسُ الْقِرَاءَةَ.

(3) 부정 의문문의 사용

부정어 لَا, لَمْ, مَا, لَنْ, لَيْسَ가 사용된 문장을 부정의문문으로 바꿀 경우 함자 أ을 사용한다. 그러나 هَلْ은 사용하지 않는다.

그는 그 사실을 모릅니까?	أَلَا يَعْرِفُ الْحَقِيقَةَ؟
싸미라는 일찍 잠을 자지 않았습니까?	أَلَمْ تَنَمْ سَمِيرَةُ مُبَكِّرًا؟
카말은 중국어를 공부하지 않았습니까?	أَمَا دَرَسَ كَمَالٌ اللُّغَةَ الصِّينِيَّةَ؟
당신은 어떤 학생도 잊지 않을 것입니까?	أَلَنْ تَنْسَى أَيَّ طَالِبٍ؟
그 소년은 똑똑하지 않습니까?	أَلَيْسَ الصَّبِيُّ ذَكِيًّا؟

(4) 단축법 불변사 لَمَّا의 사용 (حَرْفُ نَفْيٍ وجَزْمٍ وقَلْبٍ)

다음 문장에서 لَمَّا는 '아직 …하지 않았다(have not … yet)의 의미를 가진 단축법 불변사(حَرْفُ الْجَزْمِ)이다. 과거에 완료되지 않은 동작으로 가까운 미래에 완료될 것을 기대하는 의미이다. 현대 표준 아랍어에서는 사용되지 않는다. 이 책 제 I 권 동사의 격변화 – 동사의 서법 변화 부분에서 공부하라.

칼리드는 아직 집에서 나가지 않았다. (앞으로 나갈 것을 기대)	لَمَّا يَخْرُجْ خَالِدٌ مِنَ الْمَنْزِلِ.
그는(인간은) 그가(알라신께서) 명령한 그것을 아직 실행치 않았다. (꾸란 80:23)	لَمَّا يَقْضِ مَا أَمَرَهُ.
알라신은 너희들 가운데 성전했던 자를 아직 모르신다.(꾸란 9:16) (앞으로 아실 것이다)	لَمَّا يَعْلَمِ اللهُ الَّذِينَ جَاهَدُوا مِنْكُمْ.

(5) 강한 부정을 위한 접속법 불변사 لِـ 의 사용 (لَامُ الْجُحُودِ)

아래 문장은 부정어가 사용된 부정문이다. 이 문장에서 부정의 의미를 강조하기 위해 접속법 불변사(حَرْفُ النَّصْبِ)인 لِـ(لَامُ الْجُحُودِ)가 사용되었다. 이 용법은 현대 표준 아랍어에서 많이 사용되지 않고 꾸란 등에 많이 사용된다. 이 책 제 I 권 '동사의 격변화 – 동사의 서법 변화' 부분에서 공부하라.

우리 군대는 절대로 패배당하지 않는다.	مَا كَانَ جَيْشُنَا لِيُهْزَمَ.
알라신은 절대로 그들을 억울하게 하지 않으신다. (꾸란 9:70)	مَا كَانَ اللهُ لِيَظْلِمَهُمْ.
알라신은 절대로 그들을 용서하지 않고 절대로 그들을 길로 인도하지 않을 것이다. (꾸란 4:168)	لَمْ يَكُنِ اللهُ لِيَغْفِرَ لَهُمْ وَلَا لِيَهْدِيَهُمْ طَرِيقًا.
그들의 음모는 그 산들이 그것을 제거할 수 없느니라 (꾸란14:46)	إِنْ كَانَ مَكْرُهُمْ لِتَزُولَ مِنْهُ الْجِبَالُ.

제 27 과 문장의 시제에 대해

1. 동사가 사용된 문장의 시제
2. 동사가 사용되지 않은 명사문의 시제
3. 분사가 사용된 문장의 시제

제 27 과 문장의 시제(الزَّمَنُ فِي الْجُمْلَةِ)에 대해

시제(Tense)란 어떤 사건이 일어난 시간상의 위치를 문장에 표시한 것이다. 문장의 시제를 파악하는 것은 문장의 의미를 파악함에 중요한 부분이다.

아랍어 문장의 시제는 동사에 표시되거나 동사와 함께 사용된 시제 보조어에 표시된다. 동사가 사용되지 않은 명사문의 경우에도 시제 보조어를 사용하여 표시한다.

이 과에서 아랍어 문장의 시제를 쉽게 이해하기 위해 동사를 중심으로 동사문 혹은 동사가 사용된 명사문의 시제를 먼저 공부하고, 그 뒤 동사가 사용되지 않은 명사문에서의 시제 표현을 공부하며, 나중에 분사가 사용된 문장에서의 시제 표현을 공부하도록 한다.

1. 동사가 사용된 문장의 시제 (زَمَنُ الْفِعْلِ)

아랍어 문장의 시제는 동사에 표시되거나 동사와 함께 사용된 시제 보조어(아래 빨간색 글자)에 표시된다. 따라서 아랍어의 동사문과 동사가 사용된 명사문에서는 동사의 변화에 주의하여야 한다. 아랍어 문장의 시제는 아래와 같이 현재시제, 과거시제, 미래시제가 있다. 각각의 시제에는 단순(Simple), 진행(Continuous), 습관(Habitual) 등의 의미를 다르게 표현할 수 있다. 아래는 시제의 변화에 따라 동사가 어떻게 변화하는지를 한눈에 볼 수 있게 하는 도표이다. 각각의 시제에 따른 동사의 변화 형태를 잘 익히도록 하자. (아래에서 كَانَ 혹은 يَكُونُ 는 무효화 동사 الْفِعْلُ النَّاسِخُ 이다.)

동사가 사용된 문장의 시제
(주어가 سَمِيرٌ (싸미르)이고 동사가 فَعَلَ/يَفْعَلُ 일 경우-)

시제		의미	문장 요소	문장의 예
현재시제	단순현재	싸미르가 …한다(does)	미완료형 동사	سَمِيرٌ يَفْعَلُ…
	현재진행	싸미르가 …하고 있다 (is doing)	미완료형 동사	سَمِيرٌ يَفْعَلُ…
	현재습관	싸미르가 …하곤 한다(does)	미완료형 동사	سَمِيرٌ يَفْعَلُ…
과거시제	단순과거	싸미르가 …했다(did)	완료형 동사	سَمِيرٌ فَعَلَ…
	과거진행	싸미르가 …하고 있었다(was doing)	미완료형 + كَانَ	كَانَ سَمِيرٌ يَفْعَلُ…
	과거습관	싸미르가 …하곤 했다 (used to do)	미완료형 + كَانَ	كَانَ سَمِيرٌ يَفْعَلُ…
	과거완료	싸미르가 …을 완료했다 (had done)	완료형 + قَدْ	قَدْ فَعَلَ سَمِيرٌ…
			완료형 + قَدْ + كَانَ	كَانَ سَمِيرٌ قَدْ فَعَلَ…
	과거미래	..을 하려했다(was going to do), 막 …하려했다(was about to do)	كَانَ + سَـ (أَوْ سَوْفَ) + 미완료형	كَانَ سَمِيرٌ سَيَفْعَلُ (أَوْ سَوْفَ يَفْعَلُ)…
미래시제	단순미래	싸미르가 …할 것이다 (will do, is going to do)	سَـ (أَوْ سَوْفَ) + 미완료형	سَيَفْعَلُ (أَوْ سَوْفَ يَفْعَلُ) سَمِيرٌ…
	미래진행	싸미르가 …하고 있을 것이다(will be doing)	سَيَكُونُ (أَوْ سَوْفَ يَكُونُ) + 미완료형	سَيَكُونُ (أَوْ سَوْفَ يَكُونُ) سَمِيرٌ يَفْعَلُ…
	미래완료	싸미르가 ..을 완료했을 것이다.(will have done)	سَيَكُونُ (أَوْ سَوْفَ يَكُونُ) + قَدْ + 완료형	سَيَكُونُ (أَوْ سَوْفَ يَكُونُ) سَمِيرٌ قَدْ فَعَلَ…

1) 현재시제 (الْفِعْلُ الْمُضَارِعُ)

현재시제에는 단순현재(Present Simple)와 현재진행(Present Continuous), 그리고 현재습관(Present Habitual)의 시제 표현이 있다. 이 세 가지 시제는 모두 미완료형 동사의 직설법(مَرْفُوع) 형태로 표시된다. 따라서 이 세 시제의 동사는 형태상 차이가 없으며 문맥에서 그 시제 구별이 가능하다.

(1) 단순현재(Present Simple)

단순현재는 동사의 미완료형 직설법 형태를 사용하며, 현재의 일시적인 동작이나 상태 그리고 변함없는 진리 등을 표현한다.

그들 둘은 의학을 공부한다.	هُمَا يَدْرُسَانِ الطِّبَّ.
모든 학생들은 학교에서 배운다. (혹은 배우고 있다.)	يَتَعَلَّمُ كُلُّ الطُّلَّابِ فِي الْمَدْرَسَةِ.
(그) 의사는 실험실에서 일을 한다. (혹은 일을 하고 있다.)	يَعْمَلُ الطَّبِيبُ فِي الْمَعْمَلِ.
내 아버지는 이집트로 여행을 떠난다.	أَبِي يُسَافِرُ إِلَى مِصْرَ.

다음은 단순현재 시제가 상태를 묘사한 경우이다. 이 문장들에 사용된 동사가 상태를 묘사한다.

그는 그 사실을 안다.	يَعْرِفُ الْحَقِيقَةَ.
나는 사과를 좋아한다.	أُحِبُّ التُّفَّاحَ.
우리는 미국을 여행하길 원한다.	نُرِيدُ أَنْ نُسَافِرَ إِلَى أَمْرِيكَا.
그들은 어두움을 무서워한다.	هُمْ يَخَافُونَ مِنَ الظَّلَامِ.

단순현재 시제는 아래와 같이 변함없는 진리를 표현하기도 한다.

모든 인간은 죽는다.	يَمُوتُ كُلُّ إِنْسَانٍ.
지구는 태양 주위를 돈다.	تَدُورُ الْأَرْضُ حَوْلَ الشَّمْسِ.
사랑은 모든 것에 인내한다.	الْمَحَبَّةُ تَصْبِرُ عَلَى كُلِّ شَيْءٍ.

(2) 현재진행(Present Continuous)

현재 진행은 현재에 진행되는 동작을 의미하는 문장이다. 동사가 사용된 문장에서 현재 진행은 단순 현재와 같은 형태인 미완료형 직설법 형태로서 표현한다.

그 학생은 숙제들을 하고 있다.	يَكْتُبُ الطَّالِبُ الْوَاجِبَاتِ.
당신(f.)은 무엇을 먹고 있습니까? 나는 사과를 먹고 있습니다.	مَاذَا تَأْكُلِينَ؟ آكُلُ تُفَّاحَةً.
그 여학생은 학교에 가고 있다.(간다)	تَذْهَبُ الطَّالِبَةُ إِلَى الْمَدْرَسَةِ.
그들은 걷고 있다. (걷는다)	هُمَا يَسِيرَانِ.

아래와 같이 الآنَ 등의 시간을 나타내는 부사가 사용되어 현재 진행의 의미를 분명히 한다.

그 학생은 지금 집에서 아랍어를 공부하고 있다.	يُذَاكِرُ الطَّالِبُ اللُّغَةَ الْعَرَبِيَّةَ فِي الْبَيْتِ الآنَ.
당신은 지금 무엇을 하고 있습니까?	مَاذَا تَفْعَلُ الآنَ؟
그 아이들은 지금 축구를 하고 있다.	يَلْعَبُ الأَوْلَادُ كُرَةَ الْقَدَمِ الآنَ.

(3) 현재의 습관(Present Habitual)

어떤 사람의 현재의 습관을 나타낼 때도 미완료형 동사의 직설법을 사용한다. 이 경우 습관적 의미를 돕는 부사어가 함께 사용되곤 한다.

나는 매일 다섯시 이후에 공부한다.	أُذَاكِرُ بَعْدَ السَّاعَةِ الْخَامِسَةِ كُلَّ يَوْمٍ.
나는 매일 삶에 대해서 새로운 것들을 알게된다.	أَعْرِفُ كُلَّ يَوْمٍ أُمُورًا جَدِيدَةً عَنِ الْحَيَاةِ.
그들 둘은 매일 걷는다.	هُمَا يَسِيرَانِ يَوْمِيًّا.
우리는 매일 매일 우리 아들들의 성장에 대해 기뻐한다.	نَفْرَحُ يَوْمًا بَعْدَ يَوْمٍ بِنُمُوِّ أَبْنَائِنَا.
내 아버지는 매년 이집트로 여행을 떠난다.	أَبِي يُسَافِرُ إِلَى مِصْرَ كُلَّ سَنَةٍ.
그녀는 늦게 그녀의 음식을 먹는다.	هِيَ تَأْكُلُ طَعَامَهَا مُتَأَخِّرًا.
그 여학생은 매일 아침 학교에 간다.	تَذْهَبُ الطَّالِبَةُ إِلَى الْمَدْرَسَةِ كُلَّ صَبَاحٍ.
내 아들은 어둠이 내릴수록 두려움을 느낀다.	يَشْعُرُ ابْنِي بِالْخَوْفِ كُلَّمَا حَلَّ الظَّلَامُ. *
나는 음식을 먹은 이후 카페에서 홍차를 마신다/ 마시고 있다.	أَشْرَبُ شَايًا فِي الْمَقْهَى بَعْدَ الطَّعَامِ.
그 의사는 일을 마친 이후 실험실로 부터 나온다/나오고 있다.	يَخْرُجُ الطَّبِيبُ مِنَ الْمَعْمَلِ بَعْدَ الْعَمَلِ.
그 학생은 방과후 숙제들을 한다/하고 있다	يَكْتُبُ الطَّالِبُ الْوَاجِبَاتِ بَعْدَ الْمَدْرَسَةِ.

→ * 문장에서 كُلَّمَا 는 조건사로 사용됨. 따라서 완료형 동사가 사용됨. 이 책 '조건문에 대해'를 보라.

(2) 과거시제 (الْفِعْلُ الْمَاضِي)

과거시제는 단순과거와 과거진행, 과거습관, 과거완료, 과거미래의 시제가 있다.

(1) 단순과거(Past Simple)

단순 과거는 완료형 동사를 사용하며, 그 의미는 동작이나 상태의 완료를 의미한다.

나는 (그) 카페에서 홍차를 마셨다.	شَرِبْتُ شَايًا فِي الْمَقْهَى.
그 아이들은 축구를 했다.	الْأَوْلَادُ لَعِبُوا كُرَةَ الْقَدَمِ.
그는 어제 집에서 아랍어를 공부했다.	ذَاكَرَ اللُّغَةَ الْعَرَبِيَّةَ فِي الْبَيْتِ أَمْسِ.
صَنَعَ الْمُهَنْدِسَانِ جِهَازَ الْكُمْبِيُوتِر الْأُسْبُوعَ الْمَاضِي.	
그 두 기술자(engineer)는 지난 주에 컴퓨터를 만들었다.	
나는 어제 알렉산드리아에 갔다.	ذَهَبْتُ إِلَى الْإِسْكَنْدَرِيَّةِ أَمْسِ.
대표팀은 경기장을 떠났다.	الْمُنْتَخَبُ غَادَرَ مِنَ الْمَلْعَبِ.
그 전보가 도착했다.	وَصَلَتِ الرِّسَالَةُ الْإِلِكْتُرُونِيَّةُ.
나는 그 소식을 내 친구에게 전달했다.	نَقَلْتُ الْخَبَرَ لِصَدِيقِي.
나는 그 질문을 잘 이해했다.	فَهِمْتُ السُّؤَالَ جَيِّدًا.
하나님은 세상을 사랑하셨다. (성경)	أَحَبَّ اللهُ الْعَالَمَ.
모나는 작년에 시험에서 떨어졌다.	مُنَى فَشِلَتْ فِي الِامْتِحَانِ السَّنَةَ الْمَاضِيَةَ.
나는 지구가 태양 주위를 돈다는 것을 알았다.	عَلِمْتُ أَنَّ الْأَرْضَ تَدُورُ حَوْلَ الشَّمْسِ.

(2) 과거진행(Past Continuous)

과거 진행이란 과거의 어느 시점을 기준으로 그 때 진행되고 있는 동작에 대해 표현하는 것이다. 이럴 때는 'كَانَ + 동사의 미완료형 직설법' 형태를 취한다. 아래를 보자.

كُنْتُ أَشْرَبُ شَايًا فِي الْمَقْهَى حِينَ زَارَنِي صَدِيقِي.	
내 친구가 나를 방문했을 때 나는 카페에서 홍차를 마시고 있었다.	
내가 옷을 빨고 있었을 때 내 아내가 들어왔다.	دَخَلَتْ زَوْجَتِي عِنْدَمَا كُنْتُ أَغْسِلُ الْمَلَابِسَ.
나의 어머니께서 나를 불렀을 때 나는 공부하고 있었다.	كُنْتُ أُذَاكِرُ حِينَ نَادَتْنِي أُمِّي.
내가 먹고 있는 동안 나의 어머니는 나에게 이야기하고 있었다. (و 이후는 상태절 문장)	أُمِّي كَانَتْ تُكَلِّمُنِي وَأَنَا آكُلُ.
내 형(남동생)은 목욕을 하는 동안 노래를 부르고 있었다. (و 이후는 상태절 문장)	كَانَ أَخِي يُغَنِّي وَهُوَ يَسْتَحِمُّ.

كُنْتُ أَجْرِي حِينَ رَنَّ هَاتِفِي.	나의 전화가 울렸을 때 나는 달리고 있었다.
صَادَ مُحَمَّدٌ الْعُصْفُورَ عِنْدَمَا كَانَ يَطِيرُ.	참새가 날고 있었을 때 무함마드는 그 참새를 사냥했다.
كَانَ عَمِّي يَسْبَحُ ثُمَّ غَرِقَ.	내 삼촌이 수영을 하고 있다가 가라앉았다.
كَانُوا يَلْعَبُونَ عِنْدَمَا عَادَ أَبُوهُمْ.	그들의 아버지가 돌아왔을 때 그들은 놀고 있었다.
عِنْدَمَا شَاهَدْتُهُ كَانَ يُذَاكِرُ اللُّغَةَ الْعَرَبِيَّةَ فِي الْبَيْتِ. 내가 그를 보았을 때 그는 집에서 아랍어를 공부하고 있었다.	

(3) 과거습관(Past Habitual)

과거의 습관적인 행동에 대해 표현하는 것이다. 'كَانَ + 동사의 미완료형 직설법' 형태를 사용한다. 문장에서 습관적인 의미를 돕는 부사어가 함께 사용되곤 한다.

كُنْتُ أَقْرَأُ الرِّوَايَةَ يَوْمِيًّا عِنْدَمَا كُنْتُ صَغِيرَةً.	내가 어렸을 때 나는 매일 소설을 읽곤 하였다.
كَانَ يُذَاكِرُ اللُّغَةَ الْعَرَبِيَّةَ فِي الْبَيْتِ كُلَّ يَوْمٍ حِينَ كَانَ يَدْرُسُهَا. 그가 아랍어를 공부할 때 그는 매일 집에서 아랍어를 공부하곤 했다.	
كَانُوا يَلْعَبُونَ كُرَةَ الْقَدَمِ بَعْدَ الْمَدْرَسَةِ. 그들은 방과 후에 축구를 하곤 했다./ 차고 있었다.	
عِنْدَمَا عِشْتُ فِي أَمْرِيكَا لَمْ أَكُنْ آكُلُ لُحُومًا.	내가 미국에서 살았을 때에 육고기를 먹곤하지 않았다./ 먹지않았다.
عِنْدَمَا كُنْتُ سَاكِنًا فِي الْقَاهِرَةِ كُنْتُ أَشْرَبُ شَايًا فِي الْمَقْهَى. 내가 카이로에서 살았을 때에 나는 카페에서 홍차를 마시곤 했다.	
كُنْتُ أَرْكُضُ سَاعَتَيْنِ يَوْمِيًّا قَبْلَ مَا أَنَامُ. 나는 잠자기 전에 매일 2시간 동안 뛰곤 하였다.	
كُنْتُ أَتَحَرَّكُ بِبُطْءٍ بِسَبَبِ بَدَانَتِي.	나는 과체중 때문에 느리게 움직이곤 하였다./ 움직이고 있었다.
زَوْجَتِي كَانَتْ تَخْرُجُ لِلْعَمَلِ مُبَكِّرًا.	내 아내는 일찍 일하러 가곤했다./ 일찍 일하러 가고 있었다.
كُنْتُ أَمْشِي مَسَافَاتٍ طَوِيلَةً حِينَ أَرَدْتُ فُقْدَانَ وَزْنِي. 내가 나의 체중을 줄이려고 원했을 때 나는 긴 거리를 걷곤 하였다.	
كُنْتُ أَفْهَمُ شَيْئًا جَدِيدًا كُلَّ يَوْمٍ عَنِ الْكِيمْيَاءِ.	나는 매일 화학에 대해 새로운 사실을 이해하곤했다.
كُنْتُ أَخَافُ كُلَّ مَرَّةٍ حِينَ يَحُلُّ الظَّلَامُ.	나는 어둠이 내려앉을 때 매번 무서워하곤 하였다.
كَانَ يَشْعُرُ بِضِيقٍ يَوْمِيًّا فِي وَحْدَتِهِ.	그는 혼자 있음(고독)으로 인해 매일 어려움을 느꼈다.
كَانَتْ سَمِيرَةُ تَنَامُ مُبَكِّرًا عِنْدَمَا كَانَتْ تَعْمَلُ.	싸미라가 일을 했을 때 그녀는 일찍 잠을 자곤 했다.

제27과 문장의 시제에 대해

** 과거진행과 과거습관 문장의 비교

과거진행 의미의 문장과 과거습관 의미의 문장은 그 형태가 같은 경우가 많다. 따라서 문장에 사용된 부사나 문맥에서 의미를 파악해야 한다.

학교 (수업) 이후에 그들은 공을 차고 있었다.(과거진행) 학교 (수업) 이후에 그들은 공을 차곤 했다.(과거습관)	بَعْدَ الْمَدْرَسَةِ كَانَ الْأَطْفَالُ يَلْعَبُونَ كُرَةَ الْقَدَمِ.
내가 싸미라에게 전화했을 때 그녀는 잠을 자고 있었다. (과거진행)	كَانَتْ سَمِيرَةُ تَنَامُ عِنْدَمَا كَلَّمْتُهَا بِالْهَاتِفِ.
싸미라는 매일 여덟시간 잠을 자곤 했다. (과거습관)	كَانَتْ سَمِيرَةُ تَنَامُ ثَمَانِيَ سَاعَاتٍ يَوْمِيًّا.

** 한편 단어에 따라 진행의 표현을 능동분사 형태로 표현하고 습관적인 의미는 미완료형을 사용하는 경우가 있다. سَافَرَ ,صَعِدَ ,نَزَلَ ,أَتَى ,ذَهَبَ 등의 동작을 포함한 동사가 그러하다.

싸미르는 매주 클럽에 가곤 했다. (과거습관)	سَمِيرٌ كَانَ يَذْهَبُ إِلَى النَّادِي كُلَّ أُسْبُوعٍ.
내가 싸미르를 만났을 때 그는 클럽으로 가고있었다.(과거진행)	سَمِيرٌ كَانَ يَذْهَبُ إِلَى النَّادِي عِنْدَمَا قَابَلْتُهُ.(×) سَمِيرٌ كَانَ ذَاهِبًا إِلَى النَّادِي عِنْدَمَا قَابَلْتُهُ.(o)

** 완료형 동사가 사용된 문장과 'كَانَ + 미완료형 동사'가 사용된 문장의 의미 차이

'كَانَ + 미완료형 동사'를 사용하는 경우 과거진행(Past Continuous)이 되며, 완료형 동사를 사용하는 경우 단순 과거 (Past Simple)가 된다. 과거진행은 어떤 과거의 기준 시점에 진행되는 동작을 나타낸다.

완료형 동사가 사용된 문장	'كَانَ + 미완료형 동사'가 사용된 문장
الشَّابُّ كَلَّمَ الشَّابَّةَ فِي الشَّارِعِ.	كَانَ الشَّابُّ يُكَلِّمُ الشَّابَّةَ فِي الشَّارِعِ.
그 남자 청년은 그 여자 청년과 거리에서 이야기했다.	그 남자 청년은 그 여자 청년과 거리에서 이야기하고 있었다. 그 남자 청년는 그 여자 청년과 거리에서 이야기하곤 했다.
단순과거(Past Simple)이다	과거 진행 혹은 과거의 습관이다.

과거진행이나 과거습관의 문장은 대개 과거의 기준 시점을 표시하는 다른 문장과 함께 사용된다.

كَانَ الشَّابُّ يُكَلِّمُ الشَّابَّةَ فِي الشَّارِعِ حِينَ كُنْتُ أَسِيرُ.
내가 걷고 있었을 때 그 남자 청년이 그 여자 청년과 거리에서 이야기하고 있었다.

** 과거진행이나 과거습관의 부정

과거진행이나 과거습관의 부정은 아래와 같이 لَمْ يَكُنْ 을 사용하거나 혹은 كَانَ لَا 형태를 사용한다. 이 두 가지 가운데 앞의 لَمْ يَكُنْ 형태를 더 많이 사용한다.

그는 집에서 아랍어를 공부하고 있지 않았다. 그는 집에서 아랍어를 공부하지 않곤 했다.	لَمْ يَكُنْ يَدْرُسُ اللُّغَةَ الْعَرَبِيَّةَ فِي الْبَيْتِ. كَانَ لَا يَدْرُسُ اللُّغَةَ الْعَرَبِيَّةَ فِي الْبَيْتِ.
싸미라는 그녀의 친구를 방문하지 않았다. 싸미라는 그녀의 친구를 방문하지 않곤 했다.	لَمْ تَكُنْ سَمِيرَةُ تَزُورُ صَدِيقَهَا. كَانَتْ سَمِيرَةُ لَا تَزُورُ صَدِيقَهَا.

لَمْ يَكُنِ الْأَوْلَادُ يَلْعَبُونَ كُرَةَ الْقَدَمِ. كَانَ الْأَوْلَادُ لَا يَلْعَبُونَ كُرَةَ الْقَدَمِ.	그 아이들은 축구를 하고 있지 않았다. 그 아이들은 축구를 하지 않곤 했다.
لَمْ أَكُنْ أَشْرَبُ شَايًا فِي الْمَقْهَى. كُنْتُ لَا أَشْرَبُ شَايًا فِي الْمَقْهَى.	나는 카페에서 홍차를 마시고 있지 않다. 나는 카페에서 홍차를 마시지 않곤 했다.

(4) 과거완료(Past Perfect)

과거를 기준으로 그 시점 이전에 이루어진 내용을 표현할 때 사용하는 것이다. 이러한 표현에 كَانَ 를 사용하고 그 뒤에 완료형 동사를 사용한다. (كَانَ + قَدْ + فَعَلَ)

كَانَ قَدْ دَرَسَ الطِّبَّ عِنْدَمَا رُزِقَ بِطِفْلٍ جَدِيدٍ.	
	그가 갓난 아기를 낳았을 때 그는 의학 공부를 했었다.
عِنْدَمَا تَزَوَّجْتُ كُنْتُ قَدْ بَلَغْتُ الثَّلَاثِينَ.	
	내가 결혼했을 때 나는 30살이었다.
كَانَ وَالِدِي قَدْ جَاءَ حِينَ سَأَلْتُ عَنْهُ.	내가 내 아버지에 대해 물었을 때 그는 이미 와 있었다.
كَانَتْ قَدْ سَافَرَتْ أَمْيَالًا طَوِيلَةً ثُمَّ نَامَتْ.	그녀는 많은 마일을 여행하였었고 그리고 잠을 잤다.
كُنْتُ قَدْ تَرَكْتُ حَقِيبَتِي حِينَ غَادَرْتُ الْفُنْدُقَ.	내가 그 호텔을 떠났을 때 나는 내 가방을 남겨두었었다.
كُنْتُ قَدْ وَصَلْتُ إِلَى الْقَاهِرَةِ عِنْدَمَا كَلَّمَتْنِي وَالِدَتِي.	
	내 어머니가 나에게 전화했을 때 나는 카이로에 도착했었다.
عِنْدَمَا جَاءَ لِي صَدِيقِي كُنْتُ قَدْ شَرِبْتُ شَايًا.	
	내 친구가 나에게 왔을 때 나는 홍차를 다 마셨었다.
كَانَتْ سَمِيرَةُ قَدْ ذَاكَرَتْ قَبْلَ أَنْ تَكْتُبَ الْوَاجِبَ.	
	싸미라는 숙제를 하기 전에 공부를 하였었다.
كَانَ الْأَوْلَادُ قَدْ لَعِبُوا كُرَةَ الْقَدَمِ قَبْلَ مَا يَسْتَرِيحُونَ.	
	그 아이들은 쉬기 전에 축구를 하였었다.
كَانَ أَخِي قَدْ رَكَضَ إِلَى الْقِطَارِ قَبْلَ أَنْ يَرْحَلَ.	
	그 기차가 떠나기 전에 내 형(남동생)은 그 기차를 향해 뛰어갔었다.
قَدْ حَزِنْتُ لِمَوْتِ وَالِدَتِي.	나는 나의 어머니의 사망으로 인해 슬퍼했었다.
كُنْتُ قَدْ فَهِمْتُ الدَّرْسَ بَعْدَ سَمَاعِي الشَّرْحَ.	나는 내가 그 단원에 대한 설명을 듣고 난 이후 그것을 이해하고 있었다.
كَانَ قَدْ غَضِبَ قَبْلَ مَا يَسْمَعَ مُبَرِّرَاتِي.	그는 내가 나의 정당함에 대해 말하는 것을 듣기 전에 화가 났었다.
كُنْتُ قَدْ عَرَفْتُ الْإِجَابَةَ قَبْلَ أَنْ يُخْبِرَنِي بِهَا مُعَلِّمِي.	
	나는 나의 선생님이 그 정답을 알려주기 전에 나는 그것을 알고 있었다.

(5) 과거미래(Incomplete Past)

특정한 과거 시점에서 가까운 미래를 생각하는 경우가 있다. 예를들어 '어제 나는 내일 여행을 떠날 것이라고 생각했다'는 문장을 보자. 화자가 표현하는 시제의 기준은 어제이고, 그 때의 상황에서 생각할 때 내일 이라는 미래를 생각하는 것이다. 이러한 표현에 كَانَ 를 사용하고 그 뒤에 미래 불변사가 오며 그 뒤에 미완료형 직설법이 온다. (كَانَ + سَيَفْعَلُ)

나는 내일 여행을 가려고 했지만 그 여행이 취소되었다.	كُنْتُ سَأُسَافِرُ غَدًا وَلَكِنْ تَمَّ إِلْغَاءُ الرِّحْلَةِ.
	الأَوْلَادُ كَانُوا سَيَلْعَبُونَ كُرَةَ الْقَدَمِ لَكِنَّهَا أَمْطَرَتْ.
그 아이들은 축구를 하려고 했었지만 비가왔다.	
내 친구가 나에게 왔을 때 나는 홍차를 마시려고 했었다.	كُنْتُ سَأَشْرَبُ شَايًا عِنْدَمَا جَاءَ لِي صَدِيقِي.
내가 졸업했을 때 나는 한 새 자동차를 구입하려 했었다.	كُنْتُ سَأَشْتَرِي سَيَّارَةً جَدِيدَةً عِنْدَمَا تَخَرَّجْتُ.
	كَانَتْ سَمِيرَةُ سَتَنَامُ مُبَكِّرًا لَوْلَا الْقَلَقُ. *
만일 걱정이 없었다면 싸미라는 일찍 잠을 자려고 했을 것이다.	
나는 그를 잡기 위해 뛰어가려 했지만 그가 나보다 앞섰다.	كُنْتُ سَأَجْرِي لِأُمْسِكَ بِهِ لَكِنَّهُ سَبَقَنِي.
나는 어디를 여행할지 결정하려 했으나 그것이 어려웠다.	كُنْتُ سَأُقَرِّرُ أَيْنَ أَذْهَبُ لَكِنْ هَذَا كَانَ صَعْبًا.
	كُنْتُ سَأَقِفُ طُولَ الْيَوْمِ بِالطَّابُورِ لَوْلَا مَجِيئِي مُبَكِّرًا. *
만일 내가 일찍 오지 않았다면 나는 하루종일 줄을 서 있었을 것이다.	
	لَوْلَا وَفَاةُ وَالِدِهِ كَانَ سَيَنْتَقِلُ لِلسَّكَنِ فِي أَمْرِيكَا الْعَامَ الْمَاضِيَ. *
만일 그의 아버지가 별세하지 않았다면 그는 미국에서 살기 위해 작년에 이사하려 했을 것이다.	
	كَانَ الطَّائِرُ سَيَطِيرُ لَوْ لَمْ تَكُنْ قَدَمَاهُ مَرْبُوطَتَيْنِ. *
그 새는 만일 그의 두 발이 묶여지지 않았다면 날아갔을 것이다.	
	كُنْتُ سَأَصِلُ فِي مَوْعِدِي لَوْ لَمْ يَتَعَطَّلْ الْقِطَارُ. *
만일 그 기차가 고장나지 않았다면 나는 약속시간에 도착했을 것이다.	
내가 만일 (시험에서) 떨어졌다면(혹은 실패했다면) 나는 슬퍼하였을 것이다.	كُنْتُ سَأَحْزَنُ لَوْ فَشِلْتُ. *
내가 만일 늦었다면 그는 내가 결석했다고 간주하려 했을 것이다.	كَانَ سَيَعْتَبِرُنِي غَائِبًا إِنْ تَأَخَّرْتُ. *
그녀가 일찍 떠나지 않았다면 나는 그녀를 알게 되었을 것이다.	كُنْتُ سَأَتَعَرَّفُ بِهَا لَوْ لَمْ تَرْحَلْ مُبَكِّرًا. *
그의 사과가 없었다면 나는 화가 났을 것이다.	كُنْتُ سَأَغْضَبُ لَوْلَا اعْتِذَارُهُ. *

→ 위에서 * 표가 있는 문장들은 لَوْلَا, لَوْ لَمْ, لَوْ, إِنْ 등의 조건사가 사용된 가정법 문장이다. 자세한 용법에 대해서는 이 책 '조건문에 대해' 부분에서 공부하라.

3) 미래시제 (الْفِعْلُ الْمُسْتَقْبَلِ)

(1) 단순미래(Future Simple)

미래의 동작이나 상태를 표현하는 시제이다. 미래를 나타내는 불변사 سَـ 혹은 سَوْفَ 를 사용한다. 이때 이들 불변사 뒤에는 미완료형 직설법이 온다.

سَوْفَ يُذَاكِرُ (أَوْ سَيُذَاكِرُ) اللُّغَةَ الْعَرَبِيَّةَ فِي الْبَيْتِ غَدًا.	
그는 내일 집에서 아랍어를 공부를 할 것이다.	
الْأَوْلَادُ سَوْفَ يَلْعَبُونَ (أَوْ سَيَلْعَبُونَ) كُرَةَ الْقَدَمِ هَذَا الْأُسْبُوعَ.	
그 아이들은 이번주에 축구를 할 것이다.	
سَوْفَ أَشْرَبُ (أَوْ سَأَشْرَبُ) شَايًا فِي الْمَقْهَى بَعْدَ الْعَمَلِ.	
나는 일한 뒤에 카페에서 홍차를 마실 것이다.	
나는 내일 이집트를 여행할 것이다.	سَوْفَ أُسَافِرُ (سَأُسَافِرُ) إِلَى مِصْرَ غَدًا.
나는 나의 집으로 뛰어서 돌아올 것이다.	سَوْفَ أَعُودُ (سَأَعُودُ) رَاكِضًا لِمَنْزِلِي.
만일 내가 합격한다면 나는 기뻐서 뛸 것이다.	سَوْفَ أَقْفِزُ (سَأَقْفِزُ) فَرَحًا إِنْ نَجَحْتُ.
나는 곧 그 문제에 대해 생각할 것이다.	سَوْفَ أُفَكِّرُ (سَأُفَكِّرُ) فِي الْأَمْرِ عَنْ قَرِيبٍ.
나는 내일 그 사실을 알게 될 것이다.	سَوْفَ أَعْلَمُ (سَأَعْلَمُ) الْحَقِيقَةَ غَدًا.

(2) 미래진행(Future Continuous)

미래의 어느 시점에 동작이 진행되고 있는 상황을 나타내는 시제이다. 'سَيَكُونُ + 미완료형 동사의 직설법'을 사용한다.

아침을 먹은 이후에 그 두 직원이 일을 하고 있을 것이다.	بَعْدَ الْإِفْطَارِ سَيَكُونُ الْمُوَظَّفَانِ يَعْمَلَانِ.
저녁에 그 아이들은 축구를 하고 있을 것이다.	سَيَكُونُ الْأَوْلَادُ يَلْعَبُونَ كُرَةَ الْقَدَمِ فِي الْمَسَاءِ.
سَيَكُونُ الْوَلَدُ يُذَاكِرُ اللُّغَةَ الْعَرَبِيَّةَ عِنْدَمَا يَعُودُ أَبُوهُ مِنَ الْعَمَلِ.	
그 소년의 아버지가 직장에서 돌아올 때 그 소년은 아랍어를 공부하고 있을 것이다.	
당신이 올 때 나는 집 문에 서있을 것이다.	حِينَ تَأْتِي سَأَكُونُ أَقِفُ عِنْدَ بَابِ الْمَنْزِلِ.
당신이 나를 기억할 때 나는 비행기로 여행하고 있을 것이다.	عِنْدَمَا تَذْكُرُنِي سَأَكُونُ أُسَافِرُ بِالطَّائِرَةِ.
당신이 일을 하고 있을 때 나는 공항으로 떠나고 있을 것이다.	عِنْدَمَا تَعْمَلُ سَأَكُونُ أَتَحَرَّكُ إِلَى الْمَطَارِ.
عِنْدَمَا تَنْتَهِي الْامْتِحَانَاتُ سَأَكُونُ أَسْبَحُ فِي بَحْرٍ جَمِيلٍ.	
시험들이 끝날 때 나는 아름다운 바다에서 수영을 하고 있을 것이다.	
بَعْدَ شَهْرٍ سَأَكُونُ أَسْتَمْتِعُ بِالْهَوَاءِ الْجَمِيلِ فِي أَسْوَانَ.	
한 달 뒤에 나는 아스완에서 좋은 공기를 즐기고 있을 것이다.	

(3) 미래완료(Future Perfect)

미래완료 시제는 미래의 일정한 시점에 동작이 완료되어 있는 것을 나타낼 때 사용한다. 이러한 의미를 나타내고자 하는 경우 'سَيَكُونُ قَدْ + 완료형 동사'를 사용한다.

سَأَكُونُ قَدْ نَظَّفْتُ الْحُجْرَةَ قَبْلَ مَجِيءِ وَالِدَتِي.	나의 어머니께서 오시기 전에 나는 그 방 청소를 끝냈을 것이다.
سَأَكُونُ قَدْ قَرَأْتُ الْكِتَابَ حِينَ يَصِلُ أَبِي.	나는 나의 아버지가 도착하실 때 나는 그 책을 다 읽었을 것이다.
بِحُضُورِ مُدَرِّسَتِي سَأَكُونُ قَدْ رَسَمْتُ التَّصْمِيمَ.	
	나의 여자 선생님이 참석하실 때 나는 그 디자인을 다 그렸을 것이다.
عِنْدَمَا يَعُودُ أَبِي مِنْ عَمَلِهِ سَأَكُونُ قَدْ كَتَبْتُ وَاجِبَاتِي.	
	내 아버지가 직장에서 돌아왔을 때 나는 나의 숙제들을 다 했을 것이다.
سَأَكُونُ قَدْ غَادَرْتُ قَبْلَ انْتِهَاءِ الْحِصَّةِ.	수업이 끝나기 전에 나는 이미 떠났을 것이다.
سَأَكُونُ قَدْ خَرَجْتُ بِحُلُولِ الظُّهْرِ.	오후가 될 무렵 나는 밖에 나가 있을 것이다.
السَّاعَةَ السَّابِعَةَ سَأَكُونُ قَدْ رَجَعْتُ مِنَ الْعَمَلِ.	7시에 나는 직장에서 돌아와 있을 것이다.
غَدًا سَيَكُونُ الضُّيُوفُ قَدْ سَافَرُوا.	내일이면 그 손님들이 여행을 떠났을 것이다.
سَيَكُونُ قَدْ وَصَلَ الْبَيْتَ عِنْدَمَا أَصْحُو مِنَ النَّوْمِ.	
	내가 잠에서 깰 때 그는 집에 도착해 있을 것이다.

2. 동사가 사용되지 않은 명사문의 시제

지금까지 우리는 동사에 시제가 표시된 경우들을 살펴보았다. 이제 동사가 사용되지 않은 명사문의 시제를 살펴볼 차례이다. 명사문 가운데 술어 자리에 동사가 사용된 경우는 앞의 '동사가 사용된 문장의 시제' 부분에서 다루었기에 여기서는 동사가 사용되지 않은 명사문만 다루도록 한다.

동사가 사용되지 않은 명사문은 'A 는 B 이다'라는 의미의 주어와 술어로 구성된 문장이다. 이 문장의 경우 동사가 없기에 동작의 표현이 아니라 상태의 표현이라고 할 수 있다. 따라서 현재시제의 경우 현재의 상태를 나타내고, 과거 시제의 경우 과거의 상태를 나타내며, 미래 시제의 경우 미래의 상태를 나타낸다고 할 수 있다. 아래의 도표를 확인하라.

명사문의 시제			
(동사가 사용되지 않은 명사, '싸미르는 학생이다'에 대한 예)			
시제	의미	문장 요소	문장의 예
현재시제 (Present)	싸미르는 …이다.		سَمِيرٌ طَالِبٌ.
과거시제 (Past)	싸미르는 …이었다.	كَانَ …	كَانَ سَمِيرٌ طَالِبًا.
미래시제 (Future)	싸미르는 …일 것이다.	سَوْفَ يَكُونُ (أَوْ سَيَكُونُ) …	سَيَكُونُ سَمِيرٌ طَالِبًا.

1) 명사문의 현재시제와 과거시제

동사가 사용되지 않은 명사문의 시제는 단순현재시제이다. 이것을 단순과거시제로 만들기 위해 무효화 동사 كَانَ 이 사용된다. 아래의 문장을 보자. 이 때 كَانَ 는 무효화 동사이기에 그 이후의 술어는 목적격을 취한다. (이 책 '무효화 동사와 무효화 명사문에 대해'에서 이 문장을 공부하였다.)

현재 시제(Present Simple)	과거 시제(Past Simple)
الرَّجُلُ طَالِبٌ.	كَانَ الرَّجُلُ طَالِبًا. = الرَّجُلُ كَانَ طَالِبًا.*
그 남자는 학생이다.	그 남자는 학생이었다.
الْمَرْأَةُ رَبَّةُ الْمَنْزِلِ.	كَانَتِ الْمَرْأَةُ رَبَّةَ الْمَنْزِلِ.
그 여자는 가정주부이다.	그 여자는 가정주부였다.
أَحْمَدُ وَمَحْمُودٌ طَالِبَانِ.	كَانَ أَحْمَدُ وَمَحْمُودٌ طَالِبَيْنِ.
아흐마드와 마흐무드는 학생이다.	아흐마드와 마흐무드는 학생이었다.
مُنَى وَسَمِيرَةُ طَالِبَتَانِ.	كَانَتْ مُنَى وَسَمِيرَةُ طَالِبَتَيْنِ.
모나와 싸미라는 학생이다.	모나와 싸미라는 학생이었다.
مُحَمَّدٌ وَأَحْمَدُ وَمَحْمُودٌ طُلَّابٌ.	كَانَ مُحَمَّدٌ وَأَحْمَدُ وَمَحْمُودٌ طُلَّابًا.
무함마드와 아흐마드와 마흐무드는 학생이다.	무함마드와 아흐마드와 마흐무드는 학생이었다.
مَرْيَمُ وَمُنَى وَسَمِيرَةُ طَالِبَاتٌ.	كَانَتْ مَرْيَمُ وَمُنَى وَسَمِيرَةُ طَالِبَاتٍ.
마리얌과 모나와 싸미라는 학생이다.	마리얌과 모나와 싸미라는 학생이었다.

→ * كَانَ 가 사용된 무효화 명사문에서 كَانَ 의 위치에 주목하라.

**과거시제 명사문의 부정

과거 시제의 명사문을 부정하려면 아래와 같이 'لَمْ + يَكُنْ' 형태를 취한다. لَمْ 은 그 뒤에 단축법 동사를 취하는 불변사이므로 그 뒤에 يَكُونُ 동사의 단축법 형태를 사용한다.

과거 시제(Past Simple)	과거 시제의 부정(Negation)
كَانَ الرَّجُلُ سَائِقًا.	لَمْ يَكُنْ الرَّجُلُ سَائِقًا.
그 남자는 운전수였다.	그 남자는 운전수가 아니었다.
كَانَتِ الْمَرْأَةُ رَبَّةَ الْمَنْزِلِ.	لَمْ تَكُنْ الْمَرْأَةُ رَبَّةَ الْمَنْزِلِ.
그 여자는 가정주부였다.	그 여자는 가정주부가 아니었다.

예문들

무함마드는 학생이 아니었다.	لَمْ يَكُنْ مُحَمَّدٌ طَالِبًا.
마리얌은 학생이 아니었다.	لَمْ تَكُنْ مَرْيَمُ طَالِبَةً.
아흐마드와 마흐무드는 학생이 아니었다.	لَمْ يَكُنْ أَحْمَدُ وَمَحْمُودٌ طَالِبَيْنِ.
모나와 싸미라는 학생이 아니었다.	لَمْ تَكُنْ مُنَى وَسَمِيرَةُ طَالِبَتَيْنِ.
무함마드와 아흐마드와 마흐무드는 학생이 아니었다.	لَمْ يَكُنْ مُحَمَّدٌ وَأَحْمَدُ وَمَحْمُودٌ طُلَّابًا.
마리얌과 모나와 싸미라는 학생이 아니었다.	لَمْ تَكُنْ مَرْيَمُ وَمُنَى وَسَمِيرَةُ طَالِبَاتٍ.

2) 명사문의 미래시제

우리는 동사문이나 동사가 사용된 명사문을 미래 시제로 만들 때 미래 시제 불변사 سَـ 혹은 سَوْفَ 를 사용하며, 그 이후에 미완료형 직설법 동사를 사용한다는 것을 배웠다. 그렇다면 동사가 사용되지 않은 명사문의 미래 시제는 어떻게 만들까?

명사문을 미래 시제로 만들 경우 미래 시제 불변사 سَـ 혹은 سَوْفَ 이후에 يَكُونُ 동사의 직설법을 사용하여 미래시제를 만든다.

현재시제(Present Simple)	미래시제(Future Tense)
الصَّبِيُّ طَالِبٌ الْآنَ.	سَيَكُونُ (أَوْ سَوْفَ يَكُونُ) الصَّبِيُّ دُكْتُورًا.
그 소년은 지금 학생이다.	그 소년은 의사가 될 것이다.
الْفَتَاةُ طَالِبَةٌ الْآنَ.	سَتَكُونُ (أَوْ سَوْفَ تَكُونُ) الْفَتَاةُ قَاضِيَةً.
그 젊은 여자는 지금 학생이다.	그 젊은 여자는 판사가 될 것이다.
الْمُهَنْدِسَانِ مَاهِرَانِ.	سَيَكُونُ الْمُهَنْدِسَانِ مَاهِرَيْنِ.
그 두 기술자(engineer)들은 기술이 좋다.	그 두 기술자들은 기술이 좋아질 것이다.

الْمُمَثِّلَتَانِ مُثِيرَتَانِ لِلِانْتِبَاهِ.	سَتَكُونُ الْمُمَثِّلَتَانِ مُثِيرَتَيْنِ لِلِانْتِبَاهِ.
그 두 여배우들은 관심을 끈다.	그 두 여배우들은 관심을 끌 것이다.
الْمُدَرِّسُونَ مُجْتَهِدُونَ فِي التَّدْرِيسِ.	سَيَكُونُ الْمُدَرِّسُونَ مُجْتَهِدِينَ فِي التَّدْرِيسِ.
그 선생님들은 가르치는데 부지런하다.	그 선생님들은 가르치는데 부지런 할 것이다.
الْمُغَنِّيَاتُ مُرَكِّزَاتٌ عَلَى الْغِنَاءِ.	سَتَكُونُ الْمُغَنِّيَاتُ مُرَكِّزَاتٍ عَلَى الْغِنَاءِ.
그 여자 가수들은 노래하는데 열중하고 있다.	그 여자 가수들은 노래하는데 열중할 것이다.

** يَكُونُ 가 사용된 무효화 명사문에서 يَكُونُ 의 위치에 주목하라.

미래시제(Future Tense)	
سَيَكُونُ (أَوْ سَوْفَ يَكُونُ) الصَّبِيُّ دُكْتُورًا.	الصَّبِيُّ سَيَكُونُ (أَوْ سَوْفَ يَكُونُ) دُكْتُورًا.
그 소년은 의사가 될 것이다.	

→ 이 책 제Ⅱ권 '무효화 동사와 무효화 명사문에 대해'를 보라.

** 미래시제 명사문의 부정

미래시제 명사문을 부정할 경우 'لَنْ + يَكُونُ' 형태를 취한다.

لَنْ يَكُونَ الصَّبِيُّ دُكْتُورًا.	그 소년은 의사가 되지 않을 것이다.
لَنْ تَكُونَ الْفَتَاةُ قَاضِيَةً.	그 젊은 여자는 판사가 되지 않을 것이다.
لَنْ يَكُونَ الْمُهَنْدِسَانِ مَاهِرَيْنِ.	그 두 기술자(engineer)들은 솜씨가 좋지 않을 것이다.

3. 분사가 사용된 문장의 시제

아랍어 분사에 능동분사(اِسْمُ الْفَاعِلِ)와 수동분사(اِسْمُ الْمَفْعُولِ)가 있다. 이 능동분사와 수동분사가 명사문의 술어(خَبَرٌ)로 사용될 경우 다양한 시제적인 의미를 가진다.[1]

1) 능동분사 문장의 시제

능동분사가 술어로 사용될 경우 대개 현재 동작의 진행 혹은 현재 상태의 계속의 의미를 가지며 '...하고 있는', '...하는' 으로 번역이 된다.

그는 카이로에 살고 있다.	هُوَ سَاكِنٌ فِي الْقَاهِرَةِ.
그들 둘은 거리를 걷고 있다.	هُمَا مَاشِيَانِ فِي الشَّارِعِ.
그들은 (그) 의자들에 앉아있다.	هُمْ جَالِسُونَ عَلَى الْكَرَاسِي.

그러나 능동분사가 사용된 문장이 과거시제 혹은 미래시제적인 의미를 가질 수도 있다. 아래를 보자. 능동분사 مُسَافِرٌ 이 사용된 문장이 과거, 현재, 미래 시제 모두를 표현할 수 있다.

그는 여행을 떠났다. (과거 시제) 그는 여행 중이다. (현재 시제) 그는 여행을 떠날 것이다. (미래 시제)	هُوَ مُسَافِرٌ.

어떻게 이것이 가능할까? 위의 문장의 시제를 좀 더 정확히 이해하기 위해서 아래와 같이 시간의 부사를 추가할 수 있다.

그는 1년 전에 여행을 떠났다. (과거 시제)	هُوَ مُسَافِرٌ مُنْذُ سَنَةٍ.
그는 여행 중이다. (현재 시제)	هُوَ مُسَافِرٌ الْآنَ.
그는 여행을 떠날 것이다. (미래 시제)	هُوَ مُسَافِرٌ غَدًا.

이와같이 능동분사의 시제는 다양하며 따라서 그 정확한 시제적인 의미는 문맥 속에서 파악된다. 또한 문장에 사용된 시간의 부사를 통해 그 시제를 분명히 파악할 수 있다.

다른 예문을 보자.

그들 두 사람은 몇 분전부터 거리에서 싸웠다(싸우고 있다). (과거 시제)	هُمَا مُتَشَاجِرَانِ فِي الشَّارِعِ مُنْذُ دَقَائِقَ.
그들 두 사람은 지금 거리에서 싸우고 있다. (현재 시제)	هُمَا مُتَشَاجِرَانِ فِي الشَّارِعِ الْآنَ.
그들 두 사람은 한 시간 뒤에 거리에서 싸울 것이다. (미래 시제)	هُمَا مُتَشَاجِرَانِ فِي الشَّارِعِ بَعْدَ سَاعَةٍ.

이와같은 경우들은 능동분사가 كَانَ 나 سَيَكُونُ 와 같은 시제 보조어를 사용하지 않고 다양한 시제를 만드는 경우라 하겠다.

---

[1] 이집트 구어체 아랍어(암미야)의 경우 시제적인 의미를 표현하기 위해 이와같은 분사가 많이 사용된다.

종합 아랍어 문법 II

(1) 능동분사 문장의 여러가지 시제

능동분사는 현재 동작의 진행, 현재 상태의 계속, 가까운 미래, 과거 혹은 완료의 의미를 가질 수 있다. 능동분사의 시제적인 의미는 분사 자체의 시제적인 의미와 문장에 사용된 부사의 시제에 따라 결정된다.

a. 현재 동작의 진행

그는 카이로로 가고 있다.	هُوَ ذَاهِبٌ إِلَى الْقَاهِرَةِ.
그녀는 학교로 부터 돌아가고 있다.	هِيَ رَاجِعَةٌ مِنَ الْمَدْرَسَةِ.
그녀는 새벽부터 그녀의 숙제들을 하고 있다.	هِيَ عَامِلَةٌ وَاجِبَاتِهَا مُنْذُ الْفَجْرِ.
그들 둘은 그 건물로 부터 나가고 있다.	هُمَا خَارِجَانِ مِنَ الْعِمَارَةِ.
그 학생들은 승강기로 내려오고 있다.	الطُّلَّابُ نَازِلُونَ بِالْمِصْعَدِ.

그는 그 숙제들을 적고 있다.	هُوَ كَاتِبٌ الْوَاجِبَاتِ. *
그 여학생은 그 책을 읽고 있다.	الطَّالِبَةُ قَارِئَةٌ الْكِتَابَ. *
그들 둘은 점심을 먹고 있다.	هُمَا مُتَنَاوِلَانِ الْغَدَاءَ. *
그 가수들은 음악을 듣고 있다.	الْمُغَنُّونَ سَامِعُونَ الْمُوسِيقَى. *

→ 위의 * 표가 있는 문장들은 능동분사의 동사적 용법(عَامِلٌ عَمَلَ فِعْلِهِ)으로 사용되었다.
→ 위의 문장들에서 사용된 분사들은 주로 동작이 있는 동사에서 파생된 것들이다.

b. 현재 상태의 계속

아래는 상태동사(أَفْعَالُ حَالَةٍ)의 능동분사가 사용된 문장으로 현재 상태가 계속되는 의미이다.

그는 잠을 자고 있다.	هُوَ نَائِمٌ.
그는 오늘 결석했다. 혹은 결석한 상태이다.(현재의 상태)	هُوَ غَائِبٌ الْيَوْمَ.
나는 깨어있다.	أَنَا مُسْتَيْقِظٌ.
그들 두 사람은 잘 알고 있다.	هُمَا عَارِفَانِ جَيِّدًا.
나는 그 단원을 이해한다.	أَنَا فَاهِمٌ الدَّرْسَ. *
그녀는 그 새로운 단어들을 잊고 있다.	هِيَ نَاسِيَةٌ الْكَلِمَاتِ الْجَدِيدَةَ. *

→ 위의 마지막 두 문장에서 능동분사 فَاهِمٌ 과 نَاسِيَةٌ 이 목적어를 가진 능동분사의 동사적 용법이다.

c. 완료된 상태의 계속(Present Perfect Continuous)의 의미

능동분사는 그 시제적인 의미가 과거에 완료된 상태가 현재까지 계속되는 의미를 가지기도 한다.

나는 박사 학위를 가지고 있다. (과거에 학위를 받은 상태가 지금까지 계속)	أَنَا حَاصِلٌ عَلَى الدُّكْتُورَاه.
그녀들은 시험에 합격했다. (합격한 상태가 계속)	هُنَّ نَاجِحَاتٌ فِي الامْتِحَانِ.
나는 오늘 아침부터 깨어 있다.	أَنَا مُسْتَيْقِظٌ مُنْذُ الصَّبَاحِ.(= مُنْذُ صباحِ الْيَوْمِ)

d. 과거의 동작이 현재까지 계속되는 의미

능동분사는 그 시제적인 의미가 과거에 시작된 동작이 현재까지 계속되는 의미를 가지기도 한다.

그는 어제부터 아직 오고 있다. (어제부터 현재까지 계속)	هُوَ آتٍ مُنْذُ أَمْسِ.
나는 오늘 첫 시간 부터 그 방을 페인트칠 하고 있다.	أَنَا دَاهِنٌ الْغُرْفَةَ مِنْ أَوَّلِ الْيَوْمِ.
그는 배로 한 달 전 부터 여행하고 있다. (한 달 전 부터 지금까지 배로 여행 중일 경우)	هُوَ مُسَافِرٌ مُنْذُ شَهْرٍ فِي سَفِينَةٍ.

e. 가까운 미래(Recent Future)

능동분사는 가까운 미래의 의미를 가질 수도 있다. 이 때 함께 사용되는 시간의 부사에 의해 미래에 대한 시제가 더 구체적으로 결정된다.

우리는 내일 여행을 떠날 것이다.	نَحْنُ مُسَافِرُونَ غَدًا.
나는 집에 도착하고 있다. 도착할 예정이다.	أَنَا وَاصِلٌ الْبَيْتَ.
우리는 2시간 뒤에 먹을 것이다.	نَحْنُ آكِلُونَ بَعْدَ سَاعَتَيْنِ.
그는 내일 그의 과목을 공부할 것이다.	هُوَ مُذَاكِرٌ دُرُوسَهُ غَدًا.

** 동작의 진행과 습관을 다르게 표현하는 경우

동사에 따라 진행의 의미를 능동분사를 사용하여 표현하고 습관적인 의미는 미완료형을 사용하는 단어들이 있다. 이러한 동사에는 سَافَرَ، صَعِدَ، نَزَلَ، أَتَى، ذَهَبَ 등의 동작을 포함한 동사가 있다.

우리가 교실에 있었을 때 그 선생님이 오고 있었다. (과거진행)	كَانَ الْمُدَرِّسُ آتِيًا عِنْدَمَا كُنَّا فِي الْفَصْلِ. (o) كَانَ الْمُدَرِّسُ يَأْتِي عِنْدَمَا كُنَّا فِي الْفَصْلِ. (×)
그 선생님은 우리가 어렸을 때 우리에게 오곤 했다. (과거습관)	كَانَ الْمُدَرِّسُ يَأْتِي إِلَيْنَا عِنْدَمَا كُنَّا صِغَارًا. (o)
내가 싸미르를 만날 때 그는 클럽으로 가고 있다. (현재진행)	سَمِيرٌ يَكُونُ ذَاهِبًا إِلَى النَّادِي عِنْدَمَا أُقَابِلُهُ. (o) سَمِيرٌ يَكُونُ يَذْهَبُ إِلَى النَّادِي عِنْدَمَا أُقَابِلُهُ. (×)
싸미르는 매주 클럽에 간다. (현재습관)	سَمِيرٌ يَذْهَبُ إِلَى النَّادِي كُلَّ أُسْبُوعٍ. (o)

→ 분사의 여러가지 다른 시제적인 표현은 구어체 아랍어(암미야)에서 다양하게 사용된다.

2) 수동분사 문장의 시제

(1) 현재 시제

수동분사가 명사문의 술어로 사용된 경우 그 기본적인 시제는 현재시제이다.

이 대화는 들려진다.	هَذَا الْحَدِيثُ مَسْمُوعٌ.
이 학생은 사랑받고 있다.	هَذَا الطَّالِبُ مَحْبُوبٌ.
당신의 말은 이해되어 진다.	كَلَامُكَ مَفْهُومٌ.
이 노래는 많이 알려져 있다.	هَذِهِ الْأُغْنِيَةُ مَعْرُوفَةٌ جِدًّا.

(2) 완료된 상태의 계속(Present Perfect Continuous)의 의미

그러나 수동분사 문장 가운데는 과거에 완료된 동작의 영향이 현재까지 미치고 있는 문장들이 종종 있다. 아래를 보자.

이 단원은 나의 공책에 기록되어 있다. (과거에 기록된 것이 현재까지 미치고 있음)	هَذَا الدَّرْسُ مَكْتُوبٌ فِي كُرَّاسَتِي.
내 친구들은 그 파티에 초대되었다. (초대는 과거에 이루어졌고 현재 초대된 상태)	أَصْدِقَائِي مَدْعُوُّونَ إِلَى الْحَفْلَةِ.
그 월급은 그 직원에게 지불되었다.	الرَّاتِبُ الشَّهْرِيُّ مَدْفُوعٌ لِلْمُوَظَّفِ.
그 구름들이 하늘에 보여졌다.	السُّحُبُ مَرْئِيَّةٌ فِي السَّمَاءِ.
그 생선들은 냉장고에 보관되어 있다.	الْأَسْمَاكُ مَحْفُوظَةٌ فِي الثَّلَّاجَةِ.
그 언어 수업들이 한달 전에 시작되었다. 혹은 한달 전부터 시작되었다.	دُرُوسُ اللُّغَةِ مَبْدُوءَةٌ مُنْذُ شَهْرٍ.

** 위의 문장들을 수동태 문장으로 전환하면 그 시제가 과거로 표현된다.

①	هَذَا الدَّرْسُ مَكْتُوبٌ فِي كُرَّاسَتِي.	②	هَذَا الدَّرْسُ كُتِبَ فِي كُرَّاسَتِي.
	이 단원은 나의 공책에 기록되어 있다.		
①	أَصْدِقَائِي مَدْعُوُّونَ إِلَى الْحَفْلَةِ.	②	أَصْدِقَائِي دُعُوا إِلَى الْحَفْلَةِ.
	내 친구들은 그 파티에 초대되었다.		

(3) 미래 시제

또한 아래와 같이 미래 시제의 의미로도 사용할 수 있다. 실제생활에서는 아래의 괄호와 같이 미래 형태의 수동형 동사로 더 많이 사용한다.

그 숙제들은 내일 전달될 것이다.	الْوَاجِبَاتُ مُسَلَّمَةٌ غَدًا. (= سَتُسَلَّمُ)
그 청구서들은 한 달 뒤에 지불될 것이다.	الْفَوَاتِيرُ مَدْفُوعَةٌ بَعْدَ شَهْرٍ. (= سَتُدْفَعُ)

제 28 과 유사 무효화 동사(كَادَ وَأَخَوَاتُهَا)와 유사 무효화 명사문에 대해

1. 임박동사(أَفْعَالُ الْمُقَارَبَةِ)
   1) كَادَ/يَكَادُ 동사
   2) أَوْشَكَ/يُوشِكُ 동사
   3) 임박동사의 예문들
2. 소망동사 – (أَفْعَالُ الرَّجَاءِ) عَسَى 동사
3. 시작동사 – (أَفْعَالُ الشُّرُوعِ) طَفِقَ, أَخَذَ, شَرَعَ, بَدَأَ

제 28과 유사 무효화 동사(كَادَ وأَخَوَاتُهَا)와 유사 무효화 명사문에 대해

우리는 이 책 제 Ⅰ권의 동사 부분에서 완전동사(الأَفْعَالُ التَّامَّةُ)와 불완전 동사(الأَفْعَالُ النَّاقِصَةُ)의 구분을 배웠고, 그 불완전 동사(الأَفْعَالُ النَّاقِصَةُ)에는 무효화 동사(الأَفْعَالُ النَّاسِخَةُ)와 유사 무효화 동사(كَادَ وأَخَوَاتُهَا)가 있는 것을 배웠다.[1] 무효화 동사는 이 책 제Ⅱ권 앞 부분에서 배운대로 그 뒤에 명사문이 오는 동사이다. 유사 무효화 동사는 무효화 동사처럼 그 뒤에 명사문이 오며, 그 명사문의 술어에 미완료형 직설법이 사용된 동사문 혹은 풀어쓴 동명사(أَنْ + 접속법) 문장이 오는 동사를 말한다.
다음에서 유사 무효화 동사가 사용된 문장의 예를 보자. 다음의 كَادَ 와 أَوْشَكَ 는 동작의 발생이 임박(قَرُبَ الْوُقُوعِ)했음을 표현하는 유사 무효화 동사이다.

일반 명사문	유사 무효화 명사문
الْمَرْكَبُ يَغْرَقُ. b + a	كَادَ الْمَرْكَبُ يَغْرَقُ. c + b + a
그 배가 가라앉는다(혹은 가라앉고 있다).	그 배가 거의 침몰하려 했다.
الْقِطَارُ يَصِلُ. b + a	أَوْشَكَ الْقِطَارُ أَنْ يَصِلَ. c + b + a
그 기차가 도착한다(혹은 도착하고 있다).	그 기차가 거의 도착했다.
a - 주어(مُبْتَدَأٌ) b - 술어(خَبَرٌ)	a - 유사 무효화동사 b - 주어(اسْمُ كَادَ) c - 술어(خَبَرُ كَادَ)

→ 위의 일반 명사문과 유사 무효화 명사문 양쪽의 술어에 동사문이 온 것을 확인하자.
→ 유사 무효화 명사문의 술어에 미완료형 동사(يَغْرَقُ)가 사용된 동사문 혹은 أَنْ 가 이끄는 풀어쓴 동명사 문장(أَنْ + 접속법, أَنْ يَصِلَ)이 온 것을 확인하자.
→ 위의 일반문장의 술어에 동사문이 왔고 그 술어는 주격자리(فِي مَحَلِّ رَفْعٍ)에 있다. 반면에 유사 무효화 명사문의 술어(خَبَرُ كَادَ 혹은 أَوْشَكَ)에 사용된 동사문은 목적격 자리(فِي مَحَلِّ نَصْبٍ)에 있다. 그 이유는 유사 무효화 명사문의 술어가 무효화 동사 문장에서와 같이 원래 목적격을 취한다고 보기 때문이다.
→ 위의 유사 무효화 명사문의 구조는 유사 무효화 동사 뒤에 명사문이 오는 것을 기억하자.

** 무효화 동사와 유사 무효화 동사의 차이

아래의 예들을 위의 예들과 비교해 보자. 무효화 동사(كَانَ وأَخَوَاتُهَا)가 사용된 문장의 술어는 아래와 같이 한 단어(مُفْرَدٌ), 유사문장(شِبْهُ الْجُمْلَةِ), 문장(جُمْلَةٌ) 동사문 혹은 명사문)이 사용될 수 있다. 그러나 유사 무효화 명사문의 술어는 위의 예와 같이 반드시 미완료형 동사가 사용된 동사문이 사용된다.

①	그 남자는 부자였다. (술어에 한 단어가 사용될 때)	كَانَ الرَّجُلُ غَنِيًّا.
②	그 친구는 집에 있었다. (술어에 유사문장이 사용될 때)	كَانَ الصَّدِيقُ فِي الْبَيْتِ.
③	그 학생은 아랍어를 공부하고 있었다. (술어에 동사문이 사용될 때)	كَانَ الطَّالِبُ يُذَاكِرُ اللُّغَةَ الْعَرَبِيَّةَ.
	그 학생은 그의 기억력이 좋았다. (술어에 명사문이 사용될 때)	كَانَ الطَّالِبُ ذَاكِرَتُهُ قَوِيَّةً.

유사 무효화 동사에는 임박동사(أَفْعَالُ الْمُقَارَبَةِ), 소망동사(أَفْعَالُ الرَّجَاءِ), 시작동사(أَفْعَالُ الشُّرُوعِ)가 있다.

---

[1] 이 책 제Ⅰ권의 '제 3부 아랍어 품사 Ⅱ 동사' 부분에서 '심화학습 – 동사의 구분'을 보라.

제 28 과 유사 무효화 동사와 유사 무효화 명사문에 대해

1. 임박동사 (أَفْعَالُ الْمُقَارَبَةِ)

임박동사는 문장 술어에 사용된 동사의 행위가 임박했음(قُرْب وُقُوعِ الْخَبَرِ)을 나타내는 동사를 말한다. 앞에서 설명한 대로 이 동사 이후에 명사문이 오며, 그 술어에 미완료형 동사가 사용된 동사문 혹은 أَنْ 가 이끄는 풀어쓴 동명사 문장이 온다.

임박동사	의미와 기능	
كَادَ/ يَكَادُ يَفْعَلُ ... (كَادَ/ يَكَادُ أَنْ يَفْعَلَ ...) (كَادَ 뒤에 동사의 미완료형 직설법 형태를 많이 사용)	'막 ..하려고 하다', '..하려는 찰나이다' (to be about to, to be almost…) 실제로는 일어나지 않았지만 발생할 뻔했던 동작에 대해서. '..할 뻔하다(was going to, to be almost…)'	①
أَوْشَكَ/ يُوشِكُ أَنْ يَفْعَلَ ... (أَوْشَكَ/ يُوشِكُ يَفْعَلُ ...) (أَوْشَكَ 뒤에 أَنْ 가 이끄는 풀어쓴 동명사 문장을 많이 사용)	'막 ..하려고 하다', '..하려는 찰나이다' (to be about to, to be almost…)	②

→ 위의 كَادَ 와 أَوْشَكَ 이외에 كَرَبَ/ يَكْرُبُ 도 임박동사이지만 많이 사용되지 않는다.

1) كَادَ/ يَكَادُ 동사

술어 동작의 발생이 임박한 것을 표현하는 경우이다. '막 ..하려 하다(to be about to)'로 번역된다. 문맥에 따라 실제로는 일어나지 않았지만 발생할 뻔했던 동작에 대해서 사용하기도 한다. 이 경우 '..할 뻔하다(was going to, to be almost…)'로 번역된다. كَادَ 뒤에 동사의 미완료형 형태를 많이 사용하지만 간혹 أَنْ 가 이끄는 풀어쓴 동명사 문장이 사용되기도 한다.

كَادَ أَبِي يَمُوتُ فِي الْحَادِثِ. c +b + a	내 아버지는 사고로 거의 돌아가시려했다. (혹은 사고로 돌아가실 뻔했다.)
كَادَتْ حَرْبٌ تَحْدُثُ بَيْنَ الْكُورِيَّتَيْنِ.	두 한국 (남북한) 사이에 전쟁이 일어나려고했다. (혹은 일어날 뻔했다.)(주어에 비한정 명사가 왔다.)
تَكَادُ السَّفِينَةُ تَغْرَقُ.	그 배가 거의 침몰하려 한다.
يَكَادُ الْبِنَاءُ أَنْ يَنْهَارَ.	그 건물이 거의 무너지려 한다.

a – 임박동사 (فِعْلُ الْمُقَارَبَةِ)   b – 주어 (اسْمُ كَادَ)   c – 술어 (خَبَرُ كَادَ)

→ 위의 첫 두 문장의 경우 발생할 뻔했던 동작을 의미할 수도 있다. 그 경우 '거의 ..했다', '하마터면 할 뻔 하다' 의 의미가 된다.
→ 위의 술어 (خَبَرُ كَادَ)에 사용된 동사문은 목적격 자리(فِي مَحَلِّ نَصْبٍ)에 있다고 한다.

** 아래의 문장을 보자.

كَادَ يَمُوتُ فِي الْحَادِثِ.	내 아버지는 사고로 거의 돌아가시려했다. (혹은 사고로 돌아가실 뻔했다.)

→ 위의 문장에서는 كَادَ 뒤에 명사문이 아니라 동사문이 왔다. 이 문장의 경우 كَادَ 뒤의 주어 (اسْمُ كَادَ)가 يَمُوتُ 에 감추어진 인칭대명사 هُوَ 이다. (ضَمِيرٌ مُسْتَتِرٌ تَقْدِيرُهُ هُوَ).

2) أَوْشَكَ/يُوشِكُ 동사

술어 동작의 발생이 임박한 것을 표현하는 경우이다. '막 ..하려 하다(to be about to)'로 번역된다. أَوْشَكَ 뒤에 أَنْ 이 이끄는 풀어쓴 동명사 문장을 많이 사용한다.

태양이 막 떠오르려고 했다.	أَوْشَكَتِ الشَّمْسُ أَنْ تَشْرُقَ. c + b + a
지금 막 새벽이 오려했다.	أَوْشَكَ الفَجْرُ أَنْ يَظْهَرَ.
돈이 다 소모되려했다.	أَوْشَكَ المَالُ أَنْ يَنْفَدَ.
a – 임박동사 (فِعْلُ المُقَارَبَةِ) b – 주어 (اِسْمُ أَوْشَكَ) c – 술어 (خَبَرُ أَوْشَكَ)	

→ 위의 술어 (خَبَرُ أَوْشَكَ)는 목적격 자리 (فِي مَحَلِّ نَصْبٍ)에 있다고 한다.

** كَرَبَ/يَكْرُبُ 동사가 사용된 예

كَرَبَ 동사가 임박동사의 의미로 사용된 예이다. 현대 표준 아랍어에서 거의 사용되지 않는다.

물이 막 얼려고 했다.	كَرَبَ المَاءُ يَجْمُدُ.
겨울이 막 지나가려고 했다.	كَرَبَ الشِّتَاءُ أَنْ يَنْقَضِي.

→ كَرَبَ/يَكْرُبُ 가 임박동사가 아닌 일반동사로 사용될 때는 '..를 걱정시키다'의 의미이다.

** 임박동사에서 أَنْ 의 사용에 대해

아래의 ① 과 ② 둘 다 사용된다. كَادَ/يَكَادُ 의 경우 أَنْ 없이 사용되는 경우가 대부분이며, أَوْشَكَ/يُوشِكُ 의 경우 أَنْ 과 함께 사용되는 경우가 대부분이다.

의미	① أَنْ 이 없는 경우	② أَنْ 을 사용하는 경우
그는 사고로 거의 죽을 뻔 했다.	كَادَ يَمُوتُ فِي الحَادِثِ. c + b + a	كَادَ أَنْ يَمُوتَ فِي الحَادِثِ. * c + a
태양이 막 떠오르려고 했다.	أَوْشَكَتِ الشَّمْسُ تَشْرُقُ.	أَوْشَكَتِ الشَّمْسُ أَنْ تَشْرُقَ.
a – 임박동사 (فِعْلُ المُقَارَبَةِ) b – 주어 (اِسْمُ كَادَ أَوِ اِسْمُ أَوْشَكَ) c – 술어 (خَبَرُ كَادَ أَوْ خَبَرُ أَوْشَكَ)		

→ 이 때의 'أَنْ + 접속법'은 풀어쓴 동명사에서 사용하는 'أَنْ + 접속법'과는 구별되는 것이다.

→ 위의 * 에서 주어 (اِسْمُ كَادَ)는 ضَمِيرٌ مُسْتَتِرٌ تَقْدِيرُهُ "هُوَ" 이다.

** 임박동사의 완료형과 미완료형의 의미의 차이

임박동사의 완료형과 미완료형의 시제 차이가 있다. ①은 지나간 과거의 시점을 기준으로 하여 그 때 당시의 임박한 동작을 의미하는 것이고, ②는 현재의 시점에서 곧 일어나려는 동작을 의미한다.

①	지금 막 새벽이 오려했다.	أَوْشَكَ الفَجْرُ يَظْهَرُ.
②	지금 막 새벽이 오려한다.	يُوشِكُ الفَجْرُ يَظْهَرُ.

3) 임박동사의 예문들
a. كَادَ/ يَكَادُ 동사의 예문들

كَادَ/ يَكَادُ 는 대개 أَنْ 없이 사용된다.

나는 배가 고파서 거의 죽을 뻔 했다. (실제로는 죽지 않음)	كِدْتُ أَمُوتُ جُوعًا.
	كَادَ الْوَلَدُ يَفْشَلُ فِي الاخْتِبَارِ لَكِنَّهُ نَجَحَ بِصُعُوبَةٍ.
그 소년이 시험에 떨어질 뻔 했으나 어렵게 합격했다.	
그 위기가 거의 해결되려고 했다.	كَادَتِ الأَزْمَةُ تَنْفَرِجُ.
그 기차는 그 정거장에 도착하려 했다.	كَادَ الْقِطَارُ يَصِلُ إِلَى الْمَحَطَّةِ.
그는 막 'نَعَمْ'라고 말하려고 했다.	كَادَ أَنْ يَقُولَ نَعَمْ.
나는 너희들을 방문하려고 했었다.	كِدْتُ أَزُورُكُمْ.
그는 그것을 거의 하려고 했다.	كَادَ يَفْعَلُ ذَلِكَ.
그 소년은 물에 빠질 뻔했다. 혹은 거의 빠져 죽을 뻔했다.	كَادَ الوَلَدُ يَغْرَقُ.

그들은 거의 그 수도에 도착하려 한다.	يَكَادُونَ يَصِلُونَ إِلَى الْعَاصِمَةِ.
번개가 막 그들의 시력을 빼앗아 가려고 한다. (꾸란 구절)	يَكَادُ الْبَرْقُ يَخْطَفُ أَبْصَارَهُمْ.
그것이 쉬울 것 같았다. (어렵지만 쉬운 것이나 다름없다.)	يَكَادُ أَنْ يَكُونَ سَهْلاً.

b. أَوْشَكَ/ يُوشِكُ 동사의 경우

أَوْشَكَ/ يُوشِكُ 는 대개 أَنْ 과 함께 사용된다. أَنْ 뒤에는 미완료형 접속법이 온다.

막 새벽이 오려했다.	أَوْشَكَ الْفَجْرُ أَنْ يَظْهَرَ.
밤이 막 끝나려 했다.	أَوْشَكَ اللَّيْلُ أَنْ يَنْجَلِيَ.
그 환자는 거의 나아가고 있었다.	أَوْشَكَ الْمَرِيضُ أَنْ يَبْرَأَ.
곧 비가 내리려 한다.	يُوشِكُ الْمَطَرُ أَنْ يَنْزِلَ.
한 해가 막 끝나려고 한다. 우리는 12월에 있다.	تُوشِكُ السَّنَةُ أَنْ تَنْتَهِيَ، فَنَحْنُ فِي دِيسَمْبِرَ.
여름이 막 끝나려 한다.	يُوشِكُ الصَّيْفُ أَنْ يَنْتَهِيَ.
그 광선이 막 사라지려한다.	يُوشِكُ الشُّعَاعُ أَنْ يَنْطَفِئَ.

종합 아랍어 문법 II

** 다음의 의미의 차이를 구분하라.

| ① | 그 대표팀이 이길 뻔 했다.(실제로 이기지 못했을 경우) 혹은 그 대표팀이 막 이기려 했다. | كَادَ الْمُنْتَخَبُ يَفُوزُ. |
| ② | 그 대표팀이 막 이기려 했다. (실제로 경기에 이겼음) | أَوْشَكَ الْمُنْتَخَبُ أَنْ يَفُوزَ. |

→그러나 실제 사용에 있어서는 위의 두 문장이 '그 대표팀이 막 이기려 했다'의 의미로 사용되는 경우가 많다.

** كَادَ 가 أَوْشَكَ 의 의미로 사용되는 경우

كَادَ 가 أَوْشَكَ 가 문맥에서 사용될 때 의미 차이가 있을 수 있다. 그 경우 كَادَ 는 발생할 뻔했던 동작에 대해 사용되고, أَوْشَكَ 는 실제로 일어난 동작의 발생이 임박한 것을 표현한다고 볼 수 있다. 그러나 현대 아랍어에서는 다음과 같이 كَادَ 와 أَوْشَكَ 가 동일한 의미로 사용된다.

①	태양이 막 사라지려 했다.	أَوْشَكَتِ الشَّمْسُ أَنْ تَغِيبَ.
②		كَادَتِ الشَّمْسُ تَغِيبُ.
①	태양이 떠오르려 한다.	تُوشِكُ الشَّمْسُ أَنْ تَشْرُقَ.
②		تَكَادُ الشَّمْسُ تَشْرُقَ.
①	경제위기가 끝나려 한다.	تُوشِكُ الْأَزْمَةُ الْاقْتِصَادِيَّةُ أَنْ تَنْتَهِيَ.
②		تَكَادُ الْأَزْمَةُ الْاقْتِصَادِيَّةُ تَنْتَهِي.

** 한편 위의 أَوْشَكَ/يُوشِكُ 동사를 아래와 같이 عَلَى وَشْكِ ... 의 유사문장으로 표현하기도 한다.

| 그 노동자들은 곧 파업하려고 하고 있었다. | كَانَ الْعُمَّالُ عَلَى وَشْكِ الْإِضْرَابِ. |
| 우리는 책을 곧 다 읽으려 한다. | نَحْنُ عَلَى وَشْكِ الْانْتِهَاءِ مِنْ قِرَاءَةِ الْكِتَابِ. |

2. 소망동사 (أَفْعَالُ الرَّجَاءِ)

유사 무효화 동사(كَادَ وَأَخَوَاتُهَا)의 두 번째 종류는 문장 술어의 동작이 일어나길 기대하거나 소망하는(رَجَاء وقُوع الْخَبَر) 소망동사 عَسَى 이다. 이 동사는 미완료형이나 명령형, 그리고 동명사형이 없고 인칭변화가 없는 불완전 활용 동사이다(فِعْلٌ جَامِدٌ). 이 동사도 유사 무효화 동사이기에 그 뒤에 일반적인 동사문이 아니라 주어(اسْمُ عَسَى)와 술어(خَبَرُ عَسَى)로 구성된 명사문이 사용되며, 그 술어에는 أَنْ 가 이끄는 풀어쓴 동명사(미완료형 접속법)가 온다.

의미	소망동사
제발 ..하기를 바란다(to hope) ; 아마도 ..하다(perhaps)	عَسَى أَنْ يَفْعَلَ ...

→ 이외에도 حَرَى 와 اخْلَوْلَقَ 와 같은 소망동사가 있지만 거의 사용되지 않는다.
→ 꾸란에서는 عَسَى 동사가 인칭변화를 한다. (2:246)

예문

그 전쟁이 끝나기를 바란다.	عَسَى الْحَرْبُ أَنْ تَنْتَهِيَ. c + b + a

a – 소망동사(فِعْلُ الرَّجَاءِ)   b – 주어(اسْمُ عَسَى)   c – 술어(خَبَرُ عَسَى)

→ 위의 술어(خَبَرُ عَسَى)는 목적격 자리(فِي مَحَلِّ نَصْبٍ)에 있다고 한다.

다른 예문들

알라신께서 그녀의 병을 낫게 해 주시길...	عَسَى الله أَنْ يَشْفِيَ مَرَضَهَا.
알라신께서 우리에게 자비를 베풀어 주시기를 바란다.	عَسَى الله أَنْ يَرْحَمَنَا.
날씨가 좋아지기를 바란다.	عَسَى الْجَوُّ أَنْ يَتَحَسَّنَ.
그 번영이 계속되기를 바란다.	عَسَى الرَّخَاءُ أَنْ يَدُومَ.
주님께서 너희에게 자비를 베푸시길 바란다. (꾸란 17:8)	عَسَى رَبُّكُمْ أَنْ يَرْحَمَكُمْ.

** 아주 드물게 ' أَنْ + 접속법'이 아닌 미완료형 직설법을 사용한 경우도 볼 수 있다. 새로운 용법이라 할 수 있다.

무함마드가 성공하길 바란다.	عَسَى مُحَمَّدٌ يَنْجَحُ.

** 소망동사 حَرَى 가 사용된 예문
다음 حَرَى 동사도 소망동사이지만 거의 사용되지 않는다.

그가 저녁에 오기를 바란다. (이 문장에서 주어는 감추어진(مُسْتَتِر) 주어 هُوَ 이다.)	حَرَى أَنْ يَأْتِيَ مَسَاءً.

**유사 무효화 동사 عَسَى 와 무효화 불변사 لَعَلَّ

عَسَى 와 لَعَلَّ 는 같은 의미로서, 실현 가능한 것을 기대하거나 소망하는 의미이다. 아래의 두 문장의 의미는 같고 구조도 이 두 단어 뒤에 명사문이 사용되지만 주의할 점이 있다. لَعَلَّ 구문은 무효화 불변사이기에 주어의 격이 목적격이어야 한다. 반면에 عَسَى 구문에 사용되는 주어(اسْمُ عَسَى)는 주격이다.

그 전쟁이 끝나기를 바란다. (a – 유사무효화동사(كَادَ (وَأَخَوَاتُهَا)) b – 주어(اسْمُ عَسَى) c – 술어(خَبَرُ عَسَى))	عَسَى الْحَرْبُ أَنْ تَنْتَهِيَ. c + b + a
그 전쟁이 끝나기를 바란다. (a – 무효화불변사(إِنَّ (وَأَخَوَاتُهَا)) b – 주어(اسْمُ لَعَلَّ) c – 술어(خَبَرُ لَعَلَّ))	لَعَلَّ الْحَرْبَ تَنْتَهِي. c + b + a

**풀어쓴 동명사(مَصْدَرُ الْمُؤَوَّلُ)가 사용된 문장의 구분

아래의 ①과 ② 문장에서 풀어쓴 동명사(أَنْ + 접속법)가 동일하게 사용되고 있다. 그러나 ①의 경우 유사 무효화 명사문이기 때문에 이 풀어쓴 동명사를 일반 동명사(الْمَصْدَرُ الصَّرِيحُ)로 바꿀 수 없는 경우이고, ②의 경우는 일반동사가 사용된 경우로서 풀어쓴 동명사를 일반 동명사(الْمَصْدَرُ الصَّرِيحُ)로 바꿀 수 있는 경우이다. 이와같이 유사 무효화 명사문은 일반 동명사 문장으로 전환이 불가능하다.

①	그 전쟁이 끝나기를 바란다.	عَسَى الْحَرْبُ أَنْ تَنْتَهِيَ.
	막 새벽이 오려했다.	أَوْشَكَ الْفَجْرُ أَنْ يَظْهَرَ.
②	나는 아랍어를 공부하길 좋아한다.	أُحِبُّ أَنْ أَدْرُسَ اللُّغَةَ الْعَرَبِيَّةَ.

위의 예문을 일반 동명사 문장으로 전환할 경우

	일반 동명사 문장 (الْمَصْدَرُ الصَّرِيحُ)	유사 무효화 명사문 & 풀어쓴 동명사 문장
①	عَسَى انْتِهَاءُ الْحَرْبِ. (×)	عَسَى الْحَرْبُ أَنْ تَنْتَهِيَ.
	أَوْشَكَ ظُهُورُ الْفَجْرِ. (×)	أَوْشَكَ الْفَجْرُ أَنْ يَظْهَرَ.
②	أُحِبُّ دِرَاسَةَ اللُّغَةِ الْعَرَبِيَّةِ.	أُحِبُّ أَنْ أَدْرُسَ اللُّغَةَ الْعَرَبِيَّةَ.

3. 시작동사 (أَفْعَالُ الشُّرُوعِ)

시작동사(أَفْعَالُ الشُّرُوعِ)란 문장 술어의 동작이 방금 시작되었음을 표현하는 동사(بَدْءُ وُقُوعِ الْخَبَرِ)를 말한다. 시작동사(أَفْعَالُ الشُّرُوعِ)는 항상 완료형 형태로 사용되며, 그 뒤의 명사문의 술어에 항상 미완료형 동사의 직설법이 와서 이 미완료형 동사의 동작이 방금 시작됨을 표현한다. ('أَنْ + 접속법' 형태는 사용되지 않는다.)

의미	시작동사
..하기 시작하다 (طَفِقَ, أَخَذَ, شَرَعَ, بَدَأَ 동사 뒤에 미완료 동사 직설법이 사용된다.)	بَدَأَ يَفْعَلُ
	شَرَعَ يَفْعَلُ
	أَخَذَ يَفْعَلُ
	طَفِقَ يَفْعَلُ

→ 이외에도 هَبَّ, أَنْشَأَ, جَعَلَ, رَاحَ, أَقْبَلَ, عَلِقَ, قَامَ 등은 시작동사로 사용될 수 있지만 거의 사용되지 않는다.
→ 위의 시작동사들은 완료형 형태만을 취하며, 그 뒤에 أَنْ 이 없는 형태로 사용된다.

얼음이 녹기 시작했다.	بَدَأَ الثَّلْجُ يَذُوبُ a + b + c
그 제자는 그의 수업(lesson)을 기록하기 시작했다.	شَرَعَ التِّلْمِيذُ يَكْتُبُ دَرْسَهُ. a + b + c

a – 시작동사(أَفْعَالُ الشُّرُوعِ) b – 주어 (اسْمُ بَدَأَ أَوْ اسْمُ شَرَعَ) c – 술어 (خَبَرُ بَدَأَ أَوْ خَبَرُ شَرَعَ)

→ 위에서 동사가 완료형 형태로 사용된 것을 확인하라.
→ 위에서 주어와 술어의 위치를 확인하라. 그리고 술어에 أَنْ 이 사용되지 않은 미완료 동사 직설법이 사용된 것을 확인하라.
→ 위의 술어(خَبَرُ بَدَأَ أَوْ خَبَرُ شَرَعَ)에 사용된 동사문은 목적격 자리(فِي مَحَلِّ نَصْبٍ)에 있다고 한다.

예문들

그녀는 책을 읽기 시작하였다.	بَدَأَتْ تَقْرَأُ الْكِتَابَ.
추위가 더 심해지기 시작하였다. 왜냐하면 우리는 지금 12월이다.	بَدَأَ الْبَرْدُ يَشْتَدُّ، فَنَحْنُ فِي دِيسَمْبِرَ.
그 아기는 울기 시작했다.	شَرَعَ الطِّفْلُ يَبْكِي.
그 학생들은 아랍어를 공부하기 시작하였다.	شَرَعَ الطُّلَّابُ يَدْرُسُونَ اللُّغَةَ الْعَرَبِيَّةَ.
그는 그녀의 혈압을 재기 시작했다.	أَخَذَ يَفْحَصُ ضَغْطَ دَمِهَا.
그 여학생이 그 문제에 대해 생각하기 시작했다.	أَخَذَتِ الطَّالِبَةُ تُفَكِّرُ فِي الْمُشْكِلَةِ.
그 천이 헤어지기 시작했다.	طَفِقَ الثَّوْبُ يَبْلَى.

** 아래 예문의 경우도 시작동사가 사용된 문장이지만 이 동사들은 실제 사용이 거의 없다.

	그가 노래하기 시작했다.	رَاحَ يُغَنِّي.
	그 건물이 무너지기 시작했다.	جَعَلَ الْبِنَاءُ يَنْهَارُ.
	하늘이 비를 내리기 시작했다.	أَنْشَأَتِ السَّمَاءُ تُمْطِرُ.
	천둥이 치기 시작했다.	هَبَّ الرَّعْدُ يَقْصِفُ.

**유사무효화 명사문과 상태절(جُمْلَةُ الْحَالِ) 문장의 비교

아래의 ①은 유사무효화 명사문 가운데 시작동사가 사용된 문장으로 그 뒤의 미완료형 동사의 동작이 방금 시작됨을 표현한다.

이에비해 아래의 ②는 상태절 문장으로 주절의 동작이 진행되는 순간 주절의 주어나 목적어 등의 상태를 묘사한 문장이다.

①	추위가 더 심해지기 시작하였다. (a - 시작동사 b - 주어(اسْمُ بَدَأَ) c - 술어(خَبَرُ بَدَأَ))	بَدَأَ الْبَرْدُ يَشْتَدُّ. c + b + a
②	그 남자 아이가 우는채로 걸었다. (a - 동사 b - 주어(فَاعِل) c - 상태절(جُمْلَةُ الْحَال))	سَارَ الْوَلَدُ يَبْكِي. c + b + a

아래는 상태절(جُمْلَةُ الْحَال)이 사용된 문장의 예이다.

	나는 사람들이 악들을 행하는 것을 보았다.	رَأَيْتُ النَّاسَ يَعْمَلُونَ شُرُورًا.
	그는 나를 때렸고 계속해서 나를 때렸다.	ضَرَبَنِي وَعَادَ يَضْرِبُنِي.
	그 부인은 통곡하며 일어났다.	قَامَتِ الْمَرْأَةُ تَنُوحُ.

** بَدَأَ 와 أَخَذَ 와 جَعَلَ 동사가 일반동사로 사용되었을 때의 의미와 문장구조

위의 بَدَأَ, أَخَذَ, جَعَلَ, أَنْشَأَ, هَبَّ 동사는 원래 시작동사가 아니라 일반동사이다. 다음은 이 동사들이 원래의 일반동사로 사용되는 예들이다. 그럴 경우 이 동사들은 목적어를 취하는 타동사로 사용되며 완료형 형태와 미완료형 형태 모두 사용가능하다.

	나는 시험을 준비하기 위해 복습을 시작하였다.	بَدَأْتُ الْمُرَاجَعَةَ اسْتِعْدَادًا لِلِامْتِحَانِ.
	나는 나의 손으로 그 책을 잡았다(취했다).	أَخَذْتُ الْكِتَابَ بِيَدِي.
	그 교사는 그 학생들을 행복하게 만든다.	يَجْعَلُ الْمُدَرِّسُ الطُّلَّابَ سُعَدَاءَ.
	하나님이 우주와 창조물을 지으셨다.	أَنْشَأَ اللَّهُ الْكَوْنَ وَالْخَلْقَ.

제 28 과 유사 무효화 동사와 유사 무효화 명사문에 대해

** 아래의 문장들에 사용된 بَدَأَ/يَبْدَأُ 동사를 비교하라.

①	그들은 언제 공부하는 것을 시작할 것입니까? (시작동사(فِعْلُ الشُّرُوعِ)이다.)	مَتَى سَيَبْدَؤُونَ يَدْرُسُونَ؟
②	그들은 언제 공부를 시작할 것입니까? (일반동사로 사용되었다.)	مَتَى سَيَبْدَؤُونَ الدِّرَاسَةَ؟

** 다음을 비교하자.

①		بَدَأَ الأستاذُ يَبْحَثُ الْمَوْضُوعَ أَمْسِ.
②	그는 어제 그 주제를 연구하기 시작했다.	بَدَأَ الأستاذُ بَحْثَ الْمَوْضُوعِ أَمْسِ.
③		بَدَأَ أَنْ يَبْحَثَ الْمَوْضُوعَ أَمْسِ. (×)

위의 ①은 بَدَأَ 가 시작동사로 사용된 문장이고, ②는 بَدَأَ 가 일반동사로 사용된 문장이며, ③은 사용되지 않는다.

** 시작동사(أَفْعَالُ الشُّرُوعِ) 문장의 문장전환

위의 시작동사(أَفْعَالُ الشُّرُوعِ) 문장은 다음과 같이 동명사 문장으로 전환할 수 있다. 이 때 전치사가 함께 사용된다.

시작동사 문장	동명사사용문장
بَدَأَ الثَّلْجُ يَذُوبُ	بَدَأَ الثَّلْجُ فِي الذَّوَبَانِ.
얼음이 녹기 시작했다.	
بَدَأَ يَقْرَأُ الْكِتَابَ.	بَدَأَ فِي قِرَاءَةِ الْكِتَابِ.
그는 책을 읽기 시작하였다.	
شَرَعَ التِّلْمِيذُ يَكْتُبُ دَرْسَهُ.	شَرَعَ التِّلْمِيذُ فِي كِتَابَةِ دَرْسِهِ.
그 제자는 그의 수업(lesson)을 기록하기 시작했다.	
شَرَعَ الطِّفْلُ يَبْكِي.	شَرَعَ الطِّفْلُ فِي الْبُكَاءِ.
그 아기는 울기 시작했다.	
أَخَذَ الرَّجُلُ يُفَكِّرُ فِي الْمُشْكِلَةِ.	أَخَذَ الرَّجُلُ فِي التَّفْكِيرِ فِي الْمُشْكِلَةِ.
그 남자가 그 문제에 대해 생각하기 시작했다.	

→ 위의 오른쪽 문장은 더 이상 시작동사문장이 아니고 일반 동사문장이 된다.

제 29 과 풀어쓴 동명사(الْمَصْدَرُ الْمُؤَوَّل)에 대해

1. 풀어쓴 동명사를 이끄는 불변사의 종류
2. 일반 동명사 문장과 풀어쓴 동명사 문장의 의미 차이
3. 풀어쓴 동명사(الْمَصْدَرُ الْمُؤَوَّل)의 문장에서의 기능
4. أَنْ을 사용할까? أَنَّ를 사용할까?
5. 동사가 사용되지 않은 명사문에서의 풀어쓴 동명사
6. 부정어가 사용된 풀어쓴 동명사 – أَلَّا 의 사용에 대해
7. 비인칭 동사와 함께 사용되는 풀어쓴 동명사
8. 'أَنَّ + 명사문' 형태의 문장을 일반 동명사 문장으로 바꾸기

제 29과 풀어쓴 동명사(اَلْمَصْدَرُ الْمُؤَوَّلُ)에 대해

우리는 제 I 권에서 동명사에 대해서 배웠다. 동명사(اَلْمَصْدَرُ)는 동사의 어근에서 파생되어 동사와 명사의 기능을 함께 하는 단어로서 시제(tense زَمَانٌ)가 없이 동작의 발생(اَلْحَدَثُ) 혹은 상태의 유지의 의미를 나타낸다고 하였다. 그리고 여러가지 일반적인 동명사의 용법에 대해서 공부를 하였고, 풀어쓴 동명사의 개념도 공부하였다.

풀어쓴 동명사(اَلْمَصْدَرُ الْمُؤَوَّلُ)란 일반 동명사가 사용된 문장이 'أَنْ + 미완료 동사의 접속법' 형태나 'أَنَّ + 명사문' 형태, 혹은 'مَا + 완료형 혹은 미완료형'로 풀어서 표현되었을 때를 말한다. 일반 동명사가 사용된 문장과 풀어쓴 동명사가 사용된 문장 둘 다 사용되므로 양쪽 다 공부를 해야 한다.

	일반 동명사(اَلْمَصْدَرُ الصَّرِيحُ) 문장		풀어쓴 동명사(اَلْمَصْدَرُ الْمُؤَوَّلُ) 문장
a	أُحِبُّ الدِّرَاسَةَ.	b	أُحِبُّ أَنْ أَدْرُسَ.
	나는 공부하는 것을 좋아한다. ↔ 나는 내가 공부하는 것을 좋아한다.		

→ 위의 a 문장에서 دِرَاسَة 는 동명사로서 문장의 목적어로 왔다. 이 دِرَاسَة 라는 동명사를 풀어서 문장을 만들 수 있다. أَحَبَّ/يُحِبُّ 동사는 풀어쓴 동명사로 사용될 때 'أَنْ + 미완료형 접속법 동사'를 취하는 동사이다. 따라서 b 문장 처럼 أَنْ 다음에 دِرَاسَة 동명사의 동사인 يَدْرُسُ 를 사용하되, 그 주어가 1인칭 단수이기에 أَدْرُسُ 를 사용하며, 그 접속법 형태인 أَدْرُسَ 를 사용하여 목적절을 만든다.

	일반 동명사(اَلْمَصْدَرُ الصَّرِيحُ) 문장		풀어쓴 동명사(اَلْمَصْدَرُ الْمُؤَوَّلُ) 문장
a	أَعْرِفُ ذَكَاءَكَ.	b	أَعْرِفُ أَنَّكَ ذَكِيٌّ.
	나는 당신의 총명(당신이 총명한 줄)을 안다. ↔ 나는 당신이 총명하다는 것을 안다.		

→ ذَكَاءٌ 란 동명사에 접미 인칭대명사 كَ 가 붙어서 أَعْرِفُ 동사의 목적어로 왔다. عَرَفَ/يَعْرِفُ 동사는 풀어쓴 동명사로 사용될 때 'أَنَّ + 명사문'을 취한다. 따라서 동명사 문장을 풀어서 أَنَّ 뒤에 명사문이 오는 목적절을 만든다.

이와같이 동명사로 구성된 a 형식의 문장을 일반 동명사 문장(اَلْمَصْدَرُ الصَّرِيحُ)이라 하고, 그것을 풀어서 설명한 b 형식의 문장을 풀어쓴 동명사 문장(اَلْمَصْدَرُ الْمُؤَوَّلُ)이라 한다. a 와 b 두 문장의 의미는 같다.

1. 풀어쓴 동명사를 이끄는 불변사의 종류

풀어쓴 동명사 문장을 이끄는 불변사(حَرْفٌ مَصْدَرِيٌّ)의 종류는 세 가지이다. 먼저는 أَنْ 이고, 두 번째는 أَنَّ 이며, 세 번째는 مَا 이다.

①	أَنْ 뒤에 미완료형 동사의 접속법(مَنْصُوبٌ)이 온다.	أَنْ
②	أَنَّ 뒤에 명사문이 온다. 그 명사문의 주어(اِسْمُ أَنَّ)가 목적격(مَنْصُوبٌ)이어야 하며, 술어(خَبَرُ أَنَّ)는 주격을 취한다.	أَنَّ
③	مَا 뒤에 완료형 동사 혹은 미완료형 동사의 직설법 둘 다 가능하다.	مَا
④	لَوْ 가 풀어쓴 동명사를 이끄는 경우 (لَوِ الْمَصْدَرِيَّةُ)	لَوْ

→ ④는 많이 사용되지 않는다. 이 책 '조건문에 대해' 부분에서 공부한다.

제29과 풀어쓴 동명사에 대해

① 'أَنْ + 미완료 동사의 접속법(مَنْصُوبٌ)'이 사용된 경우

	풀어쓴 동명사(المَصْدَرُ المُؤَوَّلُ) 문장		일반 동명사(المَصْدَرُ الصَّرِيحُ) 문장
b	أُرِيدُ أَنْ أَذْهَبَ إِلَى الْبَحْرِ.	a	أُرِيدُ الذَّهَابَ إِلَى الْبَحْرِ.
나는 바다에 가는 것을 원한다.			
b	يُمْكِنُ أَنْ تَنَامُوا فِي الْفَصْلِ.	a	يُمْكِنُ النَّوْمُ فِي الْفَصْلِ.
교실에서 잠자는 것이 가능하다. ↔ 당신들이 교실에서 잠자는 것이 가능하다.			
b	لَا بُدَّ مِنْ أَنْ نَنْتَظِرَ الْمُدَرِّسَ.	a	لَا بُدَّ مِنَ انْتِظَارِ الْمُدَرِّسِ.
반드시 선생님을 기다려야 한다. ↔ 우리는 반드시 선생님을 기다려야 한다.			
b	أَوَدُّ¹ أَنْ تُخْلِصَ² فِي عَمَلِكَ.	a	أَوَدُّ إِخْلَاصَكَ فِي عَمَلِكَ.
나는 당신이 일할 때 당신의 성실성을 원한다. ↔ 나는 당신이 일할 때 당신이 성실한 것을 원한다.			

② 'أَنَّ + 명사문'이 사용된 경우

	풀어쓴 동명사 문장		일반 동명사 문장
b	أَعْرِفُ أَنَّ الطُّلَّابَ مَجَانِينُ.	a	أَعْرِفُ جُنُونَ الطُّلَّابِ.
나는 그 학생들이 미친 것을 알고 있다.			
b	يُحْكَى أَنَّ جُحَا يَنَامُ كَثِيرًا.	a	يُحْكَى نَوْمُ جُحَا كَثِيرًا.
고하의 잠이 많다고 말해 진다. ↔ 고하는 잠을 많이 잔다고 말해 진다.			
b	أَرَى أَنَّهُ يَنْجَحُ فِي الْامْتِحَانِ.	a	أَرَى نَجَاحَهُ فِي الْامْتِحَانِ.
나는 그 시험에서 그가 합격할 것이라 생각한다. ↔ 나는 그가 그 시험에 합격할 것이라 생각한다.			
b	عُرِفَ أَنَّكَ كَرِيمٌ.	a	عُرِفَ كَرَمُكَ.
당신의 관대함은 알려져있다. ↔ 당신이 관대하다는 것은 알려져있다.			

③ 'مَا + 동사문'이 사용된 경우

مَا 뒤에는 완료형 동사나 미완료형 동사 둘 다 올 수 있다. 미완료형일 경우 직설법을 사용한다.

	풀어쓴 동명사 문장		일반 동명사 문장
b	أُحِبُّ مَا قُلْتَ. (= أُحِبُّ مَا تَقُولُ.)	a	أُحِبُّ قَوْلَكَ.
나는 당신의 말을 좋아한다. ↔ 나는 당신이 말한 것을 좋아한다.			
b	يَسُرُّنِي مَا عَمِلْتَ. (= يَسُرُّنِي مَا تَعْمَلُ.)	a	يَسُرُّنِي عَمَلُكَ.
당신의 일이 나를 기쁘게 한다. ↔ 당신이 일한 것이 나를 기쁘게 한다.			
b	أَعْجَبَ الْمُدِيرَ مَا كَتَبْتَ. (= مَا تَكْتُبُ.)	a	أَعْجَبَتِ الْمُدِيرَ كِتَابَتُكَ.
당신이 기록한 것이 사장의 마음에 들었다. (사장이 당신의 기록한 것을 마음에 들어 한다.)			
b	يُشَرِّفُنَا مَا قَالَتِ الْمُدِيرَةُ. (مَا تَقُولُ الْمُدِيرَةُ.)	a	يُشَرِّفُنَا قَوْلُ الْمُدِيرَةِ.
여자 사장의 말이 우리를 명예롭게 한다. ↔ 여자 사장이 말한 것이 우리를 명예롭게 한다.			

---

¹ ... وَدَّ / يَوَدُّ هـ أَوْ هـ ـ أَوْ أَنْ ...을 좋아하다(to like) ; 원하다 ; 사랑하다(to love)..

² إِخْلَاصٌ – أَخْلَصَ / يُخْلِصُ لـ أَوْ فِي ... 에게 성실성, 진실성, 충실성을 보이다..

** 풀어쓴 동명사를 이끄는 불변사 مَا (مَا الْمَصْدَرِيَّةُ)와 관계대명사 مَا (مَا الْمَوْصُولِيَّةُ)의 차이

풀어쓴 동명사를 이끄는 불변사 مَا (مَا الْمَصْدَرِيَّةُ)는 관계대명사 مَا (مَا الْمَوْصُولِيَّةُ)와 모양이 같고 용법도 비슷해 보인다. 아래의 문장들을 보자. 아래의 ①은 مَا를 사용한 풀어쓴 동명사 문장이다. 이 풀어쓴 동명사 문장은 ②와 ③의 두 가지로 전환할 수 있다. ②의 경우는 일반적인 동명사 문장이고, ③의 경우는 관계대명사 문장이다. 각각의 경우 약간의 의미 차이가 있을 수 있다.
①에서는 풀어쓴 동명사를 이끄는 불변사 'مَا (مَا الْمَصْدَرِيَّةُ)'가 사용되었고, ③에서는 관계대명사 'مَا (مَا الْمَوْصُولِيَّةُ)'가 사용되었다.

①	أُحِبُّ مَا كَتَبْتَ. 나는 당신의 기록을 좋아한다.(방식)/ 나는 당신이 기록한 것을 좋아한다.(내용)	②	أُحِبُّ كِتَابَتَكَ. 나는 당신의 기록을 좋아한다.(방식)
		③	أُحِبُّ الَّذِي كَتَبْتَهُ. (= أُحِبُّ مَا كَتَبْتَهُ.) 나는 당신이 기록한 것을 좋아한다.(내용)

→ 위의 ① 문장을 관계대명사 문장으로 볼 수도 있다. 그럴 경우 연결의 인칭대명사가 생략되었다고 보아야 한다. 관계대명사 مَا가 사용된 문장에서 연결의 인칭대명사가 관계종속절 동사의 목적어로 사용되는 경우 그 연결의 인칭대명사를 생략할 수 있기 때문이다. (이 책 제Ⅱ권 '관계대명사와 수식절에 대해'를 참조하라.)

다른 예들

①	أُحِبُّ مَا قُلْتَ. 나는 당신의 말(/ 당신이 말한 것)을 좋아한다.	②	أُحِبُّ قَوْلَكَ.
		③	أُحِبُّ الَّذِي قُلْتَهُ. (= أُحِبُّ مَا قُلْتَهُ.)
①	مَا تَقُولُ مُهِمٌّ. 당신의 말(/당신이 말하는 것)은 중요하다. (What you say is important.)	②	قَوْلُكَ مُهِمٌّ.
		③	الَّذِي تَقُولُهُ مُهِمٌّ. (= مَا تَقُولُهُ مُهِمٌّ.)
①	آكُلُ مَا تَطْبُخُ زَوْجَتِي. 나는 나의 아내가 요리하는 것을 먹는다. (I eat what my wife cooks.)	②	آكُلُ طَبْخَ (أَوْ طَبِيخَ) زَوْجَتِي.
		③	آكُلُ الَّذِي تَطْبُخُهُ زَوْجَتِي.(=.. مَا تَطْبُخُهُ..)

→ مَا가 이끄는 풀어쓴 동명사의 경우 동사가 미완료형일 때 직설법을 취한다. 위의 ①의 경우이다.

2. 일반 동명사 문장(الْمَصْدَرُ الصَّرِيحُ)과 풀어쓴 동명사(الْمَصْدَرُ الْمُؤَوَّلُ) 문장의 의미 차이

동명사 문장과 풀어쓴 동명사 문장은 같은 의미이지만 그 구체성에 있어서 차이가 있다. 아래의 예를 보면 동명사 문장을 풀어쓴 동명사로 바꿀 경우 동작의 주체가 말하는 사람의 상황에 따라 달라질 수 있음을 알 수 있다. 즉 풀어쓴 동명사 구문은 일반 동명사 구문보다 동작 혹은 상태의 주체를 더욱 분명히 한다.

a	يُمْكِنُ النَّوْمُ فِي الْفَصْلِ.	b	يُمْكِنُ أَنْ أَنَامَ فِي الْفَصْلِ. (أَوْ تَنَامَ/ تَنَامِي/ تَنَامُوا/ يَنَامَ/ تَنَامَ/ يَنَامُوا)
	교실에서 잠자는 것이 가능하다.	→	내가/ 당신이(m.)/ 당신이(f.)/당신들이/ 그가/ 그녀가/그들이 교실에서 잠자는 것이 가능하다.

3. 풀어쓴 동명사(الْمَصْدَرُ الْمُؤَوَّل)의 문장에서의 기능

우리는 이 책 제Ⅰ권 '동명사' 부분에서 동명사가 문장의 주어, 술어, 동사문의 주어(فَاعِل), 목적어, 소유격 명사 등 일반적인 명사의 기능을 하는 것을 보았다. 풀어쓴 동명사 문장은 동명사를 풀어서 기록한 것이기 때문에 동명사와 같은 기능을 한다. 따라서 풀어쓴 동명사 문장도 주어, 술어, 동사문의 주어(فَاعِل), 목적어 등으로 사용된다. 아래의 예들에서 풀어쓴 동명사 문장의 주어는 임의로 하나의 인칭을 선택한 것이다.

1) أَنْ 이 이끄는 풀어쓴 동명사

أَنْ 가 이끄는 풀어쓴 동명사 문장은 명사문의 주어와 명사문의 술어, 동사문의 주어, 목적어, 전치사 뒤의 소유격 명사, 수동태 문장의 주어로 사용된다.

(1) 풀어쓴 동명사가 명사문의 주어(الْمُبْتَدَأ)로 사용된 경우

	일반 동명사(الْمَصْدَرُ الصَّرِيح) 문장		풀어쓴 동명사(الْمَصْدَرُ الْمُؤَوَّل) 문장
a	الْعَمَلُ سَهْلٌ.	b	أَنْ أَعْمَلَ سَهْلٌ.
	일하는 것은 쉽다. ←→ 내가 일하는 것은 쉽다.		
a	الْقِرَاءَةُ مُهِمَّةٌ.	b	أَنْ تَقْرَأَ مُهِمٌّ.
	독서는 중요하다. ←→ 당신이 독서하는 것은 중요하다.		
a	كَوْنُكَ مُدِيرًا لَيْسَ مَعْنَاهُ السَّيْطَرَةَ عَلَيْنَا.	b	أَنْ تَكُونَ مُدِيرًا لَيْسَ مَعْنَاهُ السَّيْطَرَةَ عَلَيْنَا.
	당신이 사장으로 존재하는 것이 우리를 통제한다는 의미는 아니다		

→ 위의 두 번째 문장에서처럼 풀어쓴 동명사는 남성으로 취급하는 것에 주의해야 한다. 남성으로 취급되었기에 술어가 남성이 왔다. (مُهِمٌّ)

→ 위의 세 번째 문장은 كَانَ 가 완전동사(كَانَ التَّامَّة)로 사용된 경우의 문장이다.

2) 풀어쓴 동명사가 명사문의 술어(الْخَبَر)로 사용된 경우

a	الْحُبُّ مُسَاعَدَةُ النَّاسِ.	b	الْحُبُّ أَنْ تُسَاعِدِي النَّاسَ.
	사랑은 사람들을 돕는 것이다. ←→ 사랑은 당신이(f.) 사람들을 돕는 것이다.		
a	الذَّكَاءُ فَهْمُ كَلَامِ النَّاسِ.	b	الذَّكَاءُ أَنْ تَفْهَمَ كَلَامَ النَّاسِ.
	총명함은 사람들의 말을 이해하는 것이다. ←→ 총명함은 당신이 사람들의 말을 이해하는 것이다.		

3) 풀어쓴 동명사가 동사문의 주어(الْفَاعِل)로 사용된 경우

a	يَسُرُّنِي طَاعَةُ أَوْلَادِي.	b	يَسُرُّنِي أَنْ يُطِيعَنِي أَوْلَادِي.
	내 아이들의 순종이 나를 기쁘게 한다. ←→ 내 아이들이 나를 순종한 것이 나를 기쁘게 한다. (طَاعَة 대신에 طَاعَة 이 동명사로 사용)		
a	يَصْعُبُ عَلَيْهِمْ دِرَاسَةُ اللُّغَةِ الْعَرَبِيَّةِ.	b	يَصْعُبُ عَلَيْهِمْ أَنْ يَدْرُسُوا اللُّغَةَ الْعَرَبِيَّةَ.
	아랍어 공부가 그들에게 어렵다. ←→ 그들이 아랍어를 공부하는 것은 그들에게 어렵다.		

4) 풀어쓴 동명사가 동사문의 목적어(الْمَفْعُولُ بِهِ)로 사용된 경우

a	أُرِيدُ الذَّهَابَ إِلَى الْبَحْرِ.	b	أُرِيدُ أَنْ أَذْهَبَ إِلَى الْبَحْرِ.
	나는 바다에 가는 것을 원한다. ←→ 나는 내가 바다에 가는 것을 원한다.		
a	يُحِبُّ دِرَاسَةَ اللُّغَةِ الْكُورِيَّةِ.	b	يُحِبُّ أَنْ يَدْرُسَ اللُّغَةَ الْكُورِيَّةَ.
	그는 한국어를 배우길 좋아한다.		

** 풀어쓴 동명사가 동사의 제 2 목적어로 사용되는 경우

a	عَلَّمْتُهُمُ الْقِرَاءَةَ جَيِّدًا.	b	عَلَّمْتُهُمْ أَنْ يَقْرَؤُوا جَيِّدًا.
	나는 그들에게 읽는 것에 대해 잘 가르쳤다.		

→ 위의 문장에서 هُمْ 이 제 1 목적어이고 أَنْ 이하가 풀어쓴 동명사이다.

5) 풀어쓴 동명사가 유사문장(شِبْهُ الْجُمْلَةِ)으로 사용된 경우
a. 전치사 뒤의

a	دَعَا الْبَابَا إِلَى وَضْعِ حَدٍّ لِلْعُنْفِ.	b	دَعَا الْبَابَا إِلَى أَنْ يُوضَعَ حَدٌّ لِلْعُنْفِ.
	교황은 폭력을 그만둘 것을 촉구했다. ←→ 교황은 폭력이 멈추어지길 촉구했다.		
a	طَالَبَ الْمُتَظَاهِرُونَ بِرَفْعِ أُجُورِهِمْ.	b	طَالَبَ الْمُتَظَاهِرُونَ بِأَنْ تُرْفَعَ أُجُورُهُمْ.
	그 시위자들은 그들의 봉급을 인상할 것을 요청하였다. ←→ 그 시위자들은 그들의 봉급이 인상될 것을 요청했다.		

→ 위의 두 문장은 풀어쓴 동명사 문장이 수동형 문장으로 변환된 경우이다. 이와같이 문맥에 따라 풀어쓴 동명사 문장이 수동형 문장으로 변환되기도 한다. 이때 동명사의 목적어로 사용되었던 단어는 수동형 문장의 주어(نَائِبُ الْفَاعِلِ)로 사용 된다. '전치사 + أَنْ' 구문에 대해서는 이 책 '여러가지 소유격에 대해' 부분을 보라.

b. 부사 뒤의 후연결어로

a	كَلَّمْتُ أُمِّي قَبْلَ مُغَادَرَتِهَا.	b	كَلَّمْتُ أُمِّي قَبْلَ أَنْ تُغَادِرَ.
	나는 내 엄마가 떠나기 전에 그녀와 이야기했다.		
a	سَوْفَ تَرْجِعُ بَعْدَ حُصُولِهَا عَلَى شَهَادَةٍ.	b	سَوْفَ تَرْجِعُ بَعْدَ أَنْ تَحْصُلَ عَلَى شَهَادَةٍ.
	그녀는 학위를 얻은 후에 돌아올 것이다		

→ بَعْدَ أَنْ 과 قَبْلَ أَنْ 의 경우 그 뒤에 완료형이 오는 경우도 있다. 이에 대해서는 이 책 '여러가지 접속사들에 대해' 부분에서 공부하라.

→ 모든 부사 뒤에 أَنْ 이 이끄는 풀어쓴 동명사 절이 올 수 있는 것은 아니며, 시간의 부사 قَبْلَ 와 بَعْدَ 뒤에서만 가능하다.

6) 풀어쓴 동명사가 수동태 문장의 주어(نَائِبُ الْفَاعِلِ)로 사용된 경우

a	قُرِّرَ السَّفَرُ بَعْدَ الْامْتِحَانَاتِ.	b	قُرِّرَ أَنْ نُسَافِرَ بَعْدَ الْامْتِحَانَاتِ.
	시험 이후에 여행가는 것이 결정되었다. ←→ 시험 이후에 우리가 여행하는 것이 결정되었다.		
a	يُفَضَّلُ الْقِرَاءَةُ (أَوْ قِرَاءَتُكِ) أَكْثَرَ.	b	يُفَضَّلُ أَنْ تَقْرَئِي أَكْثَرَ.
	당신(f.)이 더 많이 읽는 것이 더 낫다.		

2) أَنَّ 가 이끄는 풀어쓴 동명사

أَنَّ 가 이끄는 풀어쓴 동명사 문장도 أَنْ 이 이끄는 문장과 같이 여러 가지 기능으로 사용된다. 아래를 보자. أَنَّ 의 경우 일반 동명사 문장보다 풀어쓴 동명사 형태로 주로 사용된다. 한편 여기서 أَنَّ 는 무효화 불변사이기에 أَنَّ 뒤에는 명사문이 오며 그 주어는 목적격 술어는 주격을 취한다.

1) 풀어쓴 동명사가 명사문의 술어(الْخَبَر)로 사용된 경우

	일반 동명사(الْمَصْدَر الصَّرِيح) 문장		풀어쓴 동명사(الْمَصْدَر الْمُؤَوَّل) 문장
a	사용안됨(×)	b	مَعْنَى كَلَامِي أَنَّكَ مَجْنُونٌ.
	내 말의 의미는 당신이 미쳤다는 것이다.		
a	불가능(×)	b	رَأْيُهُ أَنَّهَا جَمِيلَةٌ.
	그의 의견은 그녀가 아름답다는 것이다.		

2) 풀어쓴 동명사가 동사문의 주어(الْفَاعِل)로 사용된 경우

a	يَسُرُّنِي طَاعَتُكَ.	b	يَسُرُّنِي أَنَّكَ مُطِيعٌ.
	너의 순종이 나를 기쁘게 한다. ←→ 너가 순종하는 것이 나를 기쁘게 한다. طَاعَة 대신에 إِطَاعَة 이 동명사로 사용됨)		
a	يُؤْلِمُنِي كَثْرَةُ الْغُبَارِ.	b	يُؤْلِمُنِي أَنَّ الْغُبَارَ كَثِيرٌ.
	먼지가 많은 것이 나를 괴롭게 한다.		

3) 풀어쓴 동명사가 동사문의 목적어(الْمَفْعُول بِه)로 사용된 경우

a	عَلِمْتُ تَحَرُّكَ الْقِطَارِ.	b	عَلِمْتُ أَنَّ الْقِطَارَ مُتَحَرِّكٌ.
	나는 기차의 움직임을 알았다. ←→ 나는 기차가 움직이고 있음을 알았다.		
a	وَجَدْتُ ضَرَرَ التَّأْخِيرِ.	b	وَجَدْتُ أَنَّ التَّأْخِيرَ مُضِرٌّ.
	나는 지체함이 해롭다는 것을 알았다.		

4) 풀어쓴 동명사가 유사문장(شِبْهُ الْجُمْلَة)으로 사용된 경우
a. 전치사 뒤의 소유격 명사로

a	لَا شَكَّ فِي وُجُوبِ الْأَدَبِ.	b	لَا شَكَّ فِي أَنَّ الْأَدَبَ وَاجِبٌ.
	예절이 의무인 것은 의심의 여지가 없다.		
a	أَعْطَيْتُهُ نُقُودًا لِفَقْرِهِ.	b	أَعْطَيْتُهُ نُقُودًا لِأَنَّهُ فَقِيرٌ.
	나는 그의 가난으로 인해 그에게 돈을 주었다 ←→ 나는 그가 가난한 이유로 그에게 돈을 주었다. (لِ + أَنَّ)		

5) 풀어쓴 동명사가 수동태 문장의 주어(نَائِبُ الْفَاعِل)로 사용된 경우

a	عُرِفَ جَرَاءَةُ السَّارِقِ.	b	عُرِفَ أَنَّ السَّارِقَ جَرِيءٌ.
	(그) 도둑이 용감하다는 것은 알려져있다.		
a	ظُنَّ حُسْنُ النَّتِيجَةِ.	b	ظُنَّ أَنَّ النَّتِيجَةَ حَسَنَةٌ.
	그 결과가 좋다고 여겨졌다.		

4. أَنْ 을 사용할까? أَنَّ 를 사용할까?

동명사가 사용된 문장을 풀어쓴 동명사 형태로 문장 전환할 때, 동사 뒤에 'أَنْ + 미완료 동사의 접속법'을 사용할지, 아니면 'أَنَّ + 명사문'을 사용할지 고민하게 된다. 어떤 원칙이 있을까?

동사가 أَنْ 를 취하는지 혹은 أَنَّ 를 취하는지에 대해서는 동사의 특징에 속한다. 따라서 각각의 동사와 함께 그 동사의 풀어쓴 동명사 형태도 익혀나갈 필요가 있다.

일반적으로 생각과 확신의 동사(أَفْعَالُ الظَّنِّ وَالْيَقِينِ)와 진술을 전달하는 동사(أَفْعَالُ الْقَوْلِ), 그리고 아는 것, 이해하는 것, 인식 등의 지식과 관련한 동사(أَفْعَالُ الْعِلْمِ)들은 أَنَّ 를 취한다.

여기에 비해 أَنْ 을 취하는 동사들에 대한 범주를 정하기는 쉽지 않다. 아래의 설명을 보도록 하자.

여기서 أَنْ 와 أَنَّ 를 취하는 대표적인 동사들을 정리한다. 이외에도 أَنْ 혹은 أَنَّ 를 취하는 동사들이 많이 있다. 따라서 동사 뒤에 풀어쓴 동명사 문장이 사용될 때마다 이에 주의하며 동사를 익히도록 하자.

1) أَنْ 을 취하는 동사

아래의 동사들은 욕구, 기대, 희망 혹은 소망, 선호, 감정(기쁨, 증오, 두려움 등), 능력, 명령, 필요, 의무 등의 여러가지 의미로 사용되는 동사들이다. 아래의 동사들은 'أَنْ + 미완료 동사의 접속법'을 취한다.

..을 원하다(to want)	أَرَادَ/ يُرِيدُ أَنْ ...	..을 희망하다(to desire)	رَغِبَ/ يَرْغَبُ (فِي) أَنْ
소망하다, 희망하다 (to hope)	رَجَا/ يَرْجُو أَنْ ...	..을 소망하다, 희망하다 (to hope)	أَمَلَ/ يَأْمُلُ أَنْ ...
기다리다 ; 기대하다	اِنْتَظَرَ/ يَنْتَظِرُ أَنْ ...	..을 시도하다 (to try, attempt)	حَاوَلَ/ يُحَاوِلُ أَنْ ...
..하는 것을 좋아하다	أَحَبَّ/ يُحِبُّ أَنْ ...	..을 더 좋아하다 (to prefer)	فَضَّلَ/ يُفَضِّلُ أَنْ ...
..를 싫어하다, 증오하다	كَرِهَ/ يَكْرَهُ أَنْ ...	기쁘게 하다 ; 마음에 들다	أَعْجَبَ/ يُعْجِبُ هـ أَنْ
..를 기쁘게 하다	أَفْرَحَ/ يُفْرِحُ هـ أَنْ..	..을 두려워하다	خَشِيَ/ يَخْشَى مِنْ أَنْ
두려워하다	خَافَ/ يَخَافُ مِنْ أَنْ	..을 할 수 있다 (can, to be able to)	قَدَرَ/ يَقْدِرُ (عَلَى) أَنْ
..을 할 수 있다 (can, to be able to)	اِسْتَطَاعَ/ يَسْتَطِيعُ أَنْ	..을 할 수 있다 (to be able to)	تَمَكَّنَ/ يَتَمَكَّنُ مِنْ أَنْ
..을 요청하다	طَلَبَ/ يَطْلُبُ أَنْ ...	..을 명령하다	أَمَرَ/ يَأْمُرُ (بِ) أَنْ ..
제안하다(to suggest)	اِقْتَرَحَ/ يَقْتَرِحُ أَنْ ..	..하도록 돕는다	سَاعَدَ/ يُسَاعِدُ أَنْ ..
어쩔 수 없이 ...하다 (to be compelled to)	اُضْطُرَّ/ يُضْطَرُّ (إِلَى) أَنْ		

→ اُضْطُرَّ/ يُضْطَرُّ إِلَى 는 수동형 동사. 그 뒤에 أَنْ 이 올 경우 أَنْ 이하가 수동태 문장의 주어(نَائِبُ الْفَاعِلِ)가 됨.

→ 위의 동사들 이외에도 비인칭 동사(Impersonal Verb)인 يَجِبُ, يَنْبَغِي, يَلْزَمُ, يُمْكِنُ, يَجُوزُ, يَسْتَحِيلُ, 등은 동사 뒤에 أَنْ 을 사용한다. 비인칭 동사에 대한 자세한 내용은 이과에서 곧 공부한다.

예문들

	문장 (المَصْدَرُ الصَّرِيحُ) 일반 동명사		문장 (المَصْدَرُ المُؤَوَّلُ) 풀어쓴 동명사
a	أُحِبُّ اللَّعِبَ بِالشَّطْرَنْجِ.	b	أُحِبُّ أَنْ أَلْعَبَ بِالشَّطْرَنْجِ.
	나는 서양 장기 놀이하는 것을 좋아한다. ← 나는 내가 서양 장기 놀이하는 것을 좋아한다.		
a	يَكْرَهُ سَمِيرٌ قِرَاءَةَ الْقِصَصِ الطَّوِيلَةِ.	b	يَكْرَهُ سَمِيرٌ أَنْ يَقْرَأَ الْقِصَصَ الطَّوِيلَةَ.
	싸미르는 장편이야기를 읽는 것을 싫어한다.		
a	خَافَتْ مِنَ السَّفَرِ بِالطَّائِرَةِ.	b	خَافَتْ مِنْ أَنْ تُسَافِرَ بِالطَّائِرَةِ.
	그녀는 비행기로 여행하는 것을 무서워했다. ← 그녀는 그녀가 비행기로 여행하는 것을 무서워했다.		
a	اُضْطُرِرْتُ إِلَى الْعَوْدَةِ لِمِصْرَ بِسَبَبِ مَرَضِي.	b	اُضْطُرِرْتُ إِلَى أَنْ أَعُودَ لِمِصْرَ بِسَبَبِ مَرَضِي.
	나는 나의 질병 때문에 이집트로 어쩔 수 없이 돌아왔다.		

더 많은 예문들

나는 컨닝으로 합격하길 원했고 그래서 낙방했다.	أَرَدْتُ أَنْ أَنْجَحَ بِالْغِشِّ فَفَشِلْتُ.
나는 상받길 원했고 그래서 노력했다.	رَغِبْتُ أَنْ أَنَالَ الْجَائِزَةَ فَاجْتَهَدْتُ.
나는 나의 수입이 나아지길 바래서 직업을 찾았다.	رَجَوْتُ أَنْ يَتَحَسَّنَ دَخْلِي فَبَحَثْتُ عَنْ وَظِيفَةٍ.
사람은 관대한 삶을 살길 소망한다.	يَأْمُلُ الْمَرْءُ أَنْ يَحْيَا حَيَاةً كَرِيمَةً.
나는 내 아버지가 바깥에서 오시길 기다렸다.	انْتَظَرْتُ أَنْ يَأْتِيَ وَالِدِي مِنَ الْخَارِجِ.
그는 외국어 배우는 것을 시도했다.	حَاوَلَ أَنْ يَتَعَلَّمَ لُغَةً أَجْنَبِيَّةً.
나는 건강식들을 먹길 좋아한다.	أُحِبُّ أَنْ آكُلَ الْوَجَبَاتِ الصِّحِّيَّةَ.
나는 체력(fitness) 단련을 하는 것보다 구기종목을 하는 것을 좋아한다.	أُفَضِّلُ أَنْ أَلْعَبَ كُرَةً عَنْ أَنْ أَلْعَبَ تَمَارِينَ لِيَاقَةٍ.
나는 나에 대해 구두쇠라고 말해지는 것을 싫어했다.	كَرِهْتُ أَنْ يُقَالَ عَنِّي بَخِيلٌ.
사람들이 그들 속에 있는 것을 솔직하게 이야기 하는 것이 내 마음에 든다.	يُعْجِبُنِي أَنْ يَقُولَ النَّاسُ مَا بِدَاخِلِهِمْ صَرَاحَةً.
네가 합격한 것이 나를 기쁘게 한다.	يُفْرِحُنِي أَنْ تَنْجَحَ.
진실된 사람은 진리를 말하는 것을 두려워하지 않는다.	لَا يَخْشَى الصَّادِقُ مِنْ أَنْ يَقُولَ الْحَقَّ.
용감한 자는 새로운 것들을 시험해 보는 것을 두려워하지 않는다.	الشُّجَاعُ لَا يَخَافُ مِنْ أَنْ يُجَرِّبَ أُمُورًا جَدِيدَةً.
그 약한 사람은 역기를 드는 것이 불가능했다.	لَمْ يَقْدِرِ الضَّعِيفُ عَلَى أَنْ يَحْمِلَ الْأَثْقَالَ.
내 아들은 우수하게 합격할 수 있었다.	اسْتَطَاعَ ابْنِي أَنْ يَنْجَحَ بِتَفَوُّقٍ.

تَمَكَّنَ الْعَدَّاءُ مِنْ أَنْ يَحْصُلَ عَلَى الْمَرْكَزِ الْأَوَّلِ.	
그 육상선수는 1등을 획득할 수 있었다.	
나는 그 학생에게 대답할 것을 요청했다.	طَلَبْتُ مِنَ التِّلْمِيذِ أَنْ يُجِيبَ.
하나님은 우리에게 그의 계명에 순종하라고 명령하셨다.	أَمَرَنَا اللهُ أَنْ نُطِيعَ وَصَايَاهُ.
나는 우리가 겨울에 아스완 여행할 것을 제안한다.	أَقْتَرِحُ أَنْ نُسَافِرَ إِلَى أَسْوَانَ فِي الشِّتَاءِ.
내 친구는 내가 친절할 수 있도록 나를 돕는다.	يُسَاعِدُنِي صَدِيقِي أَنْ أَكُونَ لَطِيفًا.
핍박 때문에 나는 어쩔 수 없이 이민을 떠날 수 밖에 없었다.	اُضْطُرِرْتُ أَنْ أُهَاجِرَ بِسَبَبِ الِاضْطِهَادِ.

제 29 과 풀어쓴 동명사에 대해

2) أَنْ 를 취하는 동사

일반적으로 생각과 확신의 동사(أَفْعَالُ الظَّنِّ وَالْيَقِينِ)와 진술전달 동사(أَفْعَالُ الْقَوْلِ), 그리고 아는 것, 이해하는 것, 인식 등의 지식과 관련한 동사(أَفْعَالُ الْعِلْمِ)들은 أَنْ 를 취한다.

뜻	동사	뜻	동사
(A가 B라고) 여기다, 간주하다(to consider)	اعْتَبَرَ/ يَعْتَبِرُ أَنَّ ...	(A를 B라고) 생각하다 ; 믿다	اعْتَقَدَ/ يَعْتَقِدُ أَنَّ ...
(A를 B라고) 생각하다, 여기다(to consider)	حَسِبَ/ يَحْسَبُ (أَوْ يَحْسِبُ) أَنَّ	..(A를 B라고) 생각하다, 간주하다	ظَنَّ/ يَظُنُّ أَنَّ ...
(A를 B로) 여기다, 간주하다(to consider)	عَدَّ/ يَعُدُّ أَنَّ ...	(A를 B로) 여기다, 간주하다	رَأَى/ يَرَى أَنَّ ...
(A를 B라) 주장.단언하다(주로 아직 밝혀지지 않은 내용)	زَعَمَ/ يَزْعُمُ أَنَّ	(A를 B로) 여기다, 간주하다 ; 발견하다	وَجَدَ/ يَجِدُ أَنَّ ...
(A가 B라는 것)을 알다 (to know)	عَلِمَ/ يَعْلَمُ أَنَّ ...	(A가 B라는 것)을 알다 (to know)	عَرَفَ/ يَعْرِفُ أَنَّ ...
(A를 B라고) 발표하다, 선언하다(to declare)	أَعْلَنَ/ يُعْلِنُ أَنَّ ...	(A 를 B 라고) 밝히다, 발표.공언하다 ;진술하다	صَرَّحَ/ يُصَرِّحُ أَنَّ ...
(A를 B라고) 언급하다 (to mention)	ذَكَرَ/ يَذْكُرُ أَنَّ ...	(A를 B라고) 옮기다 (말, 발표 등)	نَقَلَ/ يَنْقُلُ أَنَّ ...
..에게 (A가 B라는 것을) 전하다, 알리다(to inform of)	أَخْبَرَ/ يُخْبِرُ ه (بِ) أَنَّ	..에게 (A 가 B 라는 것을) 전하다, 알리다(to inform of)	أَعْلَمَ/ يُعْلِمُ ه (بِ) أَنَّ
(A를 B라고) 이성적으로 인식하다(to perceive)	أَدْرَكَ/ يُدْرِكُ أَنَّ ...	(A 가 B 인 것을) 알아채다, 주목하다(to notice)	لَاحَظَ/ يُلَاحِظُ أَنَّ ...
(A가 B인 것을) 배우다	تَعَلَّمَ/ يَتَعَلَّمُ أَنَّ ...	(A 가 B 라는 것)을 이해하다(to understand)	فَهِمَ/ يَفْهَمُ أَنَّ ...
(A가 B한 것을) 기억하다	تَذَكَّرَ/ يَتَذَكَّرُ أَنَّ ...	(A 가 B 인 것을)..을 덧붙이다(to add)	أَضَافَ/ يُضِيفُ أَنَّ ..
(A가 B인 것을) 확실히 하다, 확인하다, 강조하다	أَكَّدَ/ يُؤَكِّدُ أَنَّ ...	(A 가 B 인 것이) 확증되다 ; ..을 확신하다	تَأَكَّدَ/ يَتَأَكَّدُ أَنَّ ...
(A가 B인 것을) 발견하다 (to discover)	اكْتَشَفَ/ يَكْتَشِفُ أَنَّ..	(A 가 B 라고) 가정하다 (to suppose, assume)	افْتَرَضَ/ يَفْتَرِضُ أَنَّ ..
(A가 B인 것이) 증명되다 (it is proven ...)	ثَبَتَ/ يَثْبُتُ أَنَّ ...	(A 가 B 인 것을) 쓰다, 적다(to write)	كَتَبَ/ يَكْتُبُ أَنَّ ...
(A가 B인 것을) 듣다	سَمِعَ/ يَسْمَعُ أَنَّ ...	(A 가 B 인 것을) 읽다	قَرَأَ/ يَقْرَأُ أَنَّ ...
(A가 B인 것을) 느끼다	حَسَّ/ يَحِسُّ بِ أَنَّ ..	(A 가 B 인 것을) 느끼다	شَعَرَ/ يَشْعُرُ بِ أَنَّ ..
(A가 B인 것을) 인정하다, 고백하다	اعْتَرَفَ/ يَعْتَرِفُ أَنَّ ..	(A가 B라는 것이) 잘 알려져 있다, ...라는 것이 분명하다	لَا يَخْفَى أَنَّ ...
(A가 B인 것을) 강조하다	شَدَّدَ/ يُشَدِّدُ عَلَى أَنَّ	(A 가 B 인 것을) 경고하다	حَذَّرَ/ يُحَذِّرُ مِنْ أَنَّ
(A가 B인 것을) 경고하다	نَبَّهَ/ يُنَبِّهُ إِلَى أَنَّ ...	(A 가 B 하다고) 위협하다	هَدَّدَ/ يُهَدِّدُ بِ أَنَّ ...
(A가 B인 것을) 부인하다	نَفَى/ يَنْفِي أَنَّ ...		

→위의 첫 번째 박스의 동사들이 생각과 확신의 동사이다. 이 책 '동사문에 대해'에서 공부했다. 위의 두 번째 박스의 동사들이 진술전달 동사이다. 이에 대해서는 필자의 책 '아랍어 신문 당신도 읽을 수 있다'에서 설명하고 있다.

종합 아랍어 문법 II

예문들 (아래의 b 문장들을 중심으로 공부하자)

	일반 동명사 (المَصْدَرُ الصَّرِيحُ) 문장		풀어쓴 동명사 (المَصْدَرُ المُؤَوَّلُ) 문장
a	أَعْرِفُ ذَكَاءَكَ.	b	أَعْرِفُ أَنَّكَ ذَكِيٌّ.
	나는 당신이 똑똑한 줄 안다. (to know)		
a	عَلِمْتُ قُرْبَ الْمَوْتِ فَتُبْتُ.	b	عَلِمْتُ أَنَّ الْمَوْتَ قَرِيبٌ فَتُبْتُ.
	나는 죽음이 가까운 것을 알았고 회개했다.		
a	نُعْلِنُ الِانْتِصَارَ (أَوْ انْتِصَارَنَا).	b	نُعْلِنُ أَنَّنَا انْتَصَرْنَا.
	우리는 승리를 선언한다. ↔ 우리는 우리가 승리한 것을 선언했다.		
a	ذَكَرَتْ نَجَاحَ أَخِيهَا فِي الِامْتِحَانِ.	b	ذَكَرَتْ أَنَّ أَخَاهَا قَدْ نَجَحَ فِي الِامْتِحَانِ.
	나는 그녀의 오빠(남동생)가 시험에 합격한 것을 언급(기억)했다.		
a	أَخْبَرْتُ أُخْتِي بِذَكَائِهَا.	b	أَخْبَرْتُ أُخْتِي بِأَنَّهَا ذَكِيَّةٌ.
	나는 내 누이에게 그녀가 똑똑하다는 것을 전했다.		
a	أَفْهَمُ حُبَّ الْأَطْفَالِ الْحَلْوَى.	b	أَفْهَمُ أَنَّ الْأَطْفَالَ يُحِبُّونَ الْحَلْوَى.
	나는 아이들이 사탕을 좋아하는 것을 이해한다.		

더 많은 예문들 (아래의 모든 문장이 위의 a 와 같이 일반 동명사 문장으로 전환되는 것은 아니다.)

강한 자는 우는 것이 약한 것이라 간주한다.	يَعْتَبِرُ الْقَوِيُّ أَنَّ الْبُكَاءَ ضَعْفٌ.
그 범죄자는 도망가는 것이 쉽다고 생각한다.	يَعْتَقِدُ الْجَانِي أَنَّ الْهُرُوبَ يَسِيرٌ.
내 친구는 시험이 쉽다고 생각하고 있다.	يَحْسَبُ صَدِيقِي أَنَّ الِامْتِحَانَ سَهْلٌ.
나는 성공이 쉬운것이라 간주했다.	ظَنَنْتُ أَنَّ النَّجَاحَ سَهْلٌ.
그 선생님은 그 학생들을 미치광이라고 간주했다.	عَدَّ الْمُدَرِّسُ أَنَّ الطُّلَّابَ مَجَانِينُ.
나는 견고함(steadfastness)이 가장 나은 것이라고 생각했다.	رَأَيْتُ أَنَّ الصُّمُودَ هُوَ الْأَفْضَلُ.
한 과학자가 아마존 강이 가장 긴 강이라고 주장했다.	زَعَمَ عَالِمٌ أَنَّ نَهْرَ الْأَمَازُونِ أَطْوَلُ نَهْرٍ.
그는 그 시험이 어렵다는 것을 발견했다.	وَجَدَ أَنَّ الِامْتِحَانَ صَعْبٌ.
나는 나의 어머니가 시련 가운데 있는 것을 알았다.	عَلِمْتُ أَنَّ أُمِّي فِي مِحْنَةٍ.
나는 승리가 임박했다는 것을 알았다.	عَرَفْتُ أَنَّ الِانْتِصَارَ وَشِيكٌ.
그 장관은 물 (공급)이 중단될 것이라고 발표했다.	أَعْلَنَ الْوَزِيرُ أَنَّ الْمِيَاهَ سَتَنْقَطِعُ.
대통령은 월급들이 인상될 것이라고 밝혔다.	صَرَّحَ الرَّئِيسُ أَنَّ الرَّوَاتِبَ سَتَزِيدُ.
(그) 신문들은 대통령이 나라를 떠났다고 언급했다(보도했다).	ذَكَرَتِ الصُّحُفُ أَنَّ الرَّئِيسَ غَادَرَ الْبِلَادَ.

제 29 과 풀어쓴 동명사에 대해

نَقَلَتِ الصُّحُفُ أَنَّ الْمُظَاهَرَاتِ سَتَنْدَلِعُ غَدًا.	(그) 신문들은 내일 시위가 일어날 것이라고 보도했다.
أَخْبَرَنِي وَالِدِي أَنَّ الْحَيَاةَ قَاسِيَةٌ.	내 아버지는 인생이 어렵다는 것을 나에게 알려주었다.
أَعْلَمَ الصَّحَافِيُّ الْمُدِيرَ أَنَّ الْوَزِيرَ يُسَافِرُ الْيَوْمَ.	그 기자는 그 책임자에게 그 장관이 오늘 여행할 것이라 알렸다.
يُدْرِكُ الْمَرْءُ أَنَّ الْحَيَاةَ صَعْبَةٌ.	사람은 삶이 어렵다고 인식한다.
لَاحَظْتُ أَنَّ أَخِي حَزِينٌ.	나는 내 남동생(형)이 슬프다는 것을 알게 되었다.
نَتَعَلَّمُ مِنَ الْمُعَلِّمِ أَنَّنَا يَجِبُ أَنْ نَقْرَأَ.	우리는 그 선생님으로 부터 우리도 반드시 독서를 해야 한다는 것을 배운다.
فَهِمَ التِّلْمِيذُ أَنَّ الْأَرْضَ كَرَوِيَّةٌ.	그 제자(학생)는 지구가 구(球)이다는 것을 이해했다.
فِي عِيدِ الْقِيَامَةِ نَتَذَكَّرُ أَنَّ يَسُوعَ قَامَ مِنَ الْمَوْتِ. 부활절에 우리는 예수님이 죽음에서 부활하신 것을 기억한다.	
أَضَافَ الصَّحَافِيُّ أَنَّ الْخَبَرَ غَيْرُ مُؤَكَّدٍ.	그 기자는 그 소식이 확실하지 않다고 덧붙였다.
أَكَّدَتِ الْأَخْبَارُ أَنَّ الرَّئِيسَ قَدْ تَنَحَّى.	(그) 뉴스는 대통령이 하야했다고 강조했다(확인했다).
تَأَكَّدَ الظَّابِطُ أَنَّ السَّارِقَ اعْتُقِلَ.	그 장교는 그 도둑이 체포되었다는 것을 확신했다.
الشُّرْطَةُ اكْتَشَفَتْ أَنَّ السَّجِينَ هَرَبَ.	경찰은 그 죄수가 도망갔다는 것을 발견했다.
لَا تَفْتَرِضُوا أَنَّنِي لَا أَفْهَمُ.	당신은 내가 이해하지 못한다고 가정하지 마세요.
ثَبَتَ أَنَّ الْحُكُومَةَ فَاسِدَةٌ.	정부가 부패한 것이 증명되었다.
كَتَبْتُ أَنَّ الْحَيَاةَ صِرَاعٌ.	나는 삶이 전투라고 적었다.
سَمِعْتُ أَنَّ فَرِيقَكَ خَسِرَ.	나는 당신의 팀이 (경기에서) 졌다는 것을 들었다.
قَرَأْتُ أَنَّ الْمُدِيرَ سَيَسْتَقِيلُ.	나는 사장이 사임할 것이라는 것을 읽었다.
تُحِسُّ الزَّوْجَةُ بِأَنَّ زَوْجَهَا مُخْتَلِفٌ.	그 부인은 그녀의 남편이 다르다는 것을 느낀다.
نَشْعُرُ بِأَنَّ الثَّوْرَةَ كَأَنَّهَا لَمْ تَكُنْ.	그 혁명이 없었던 것과 같이 느낀다.
اعْتَرِفْ أَنَّكَ عَمِلْتَهُ وَاعْتَذِرْ.	네가 그것을 행했다고 인정하고 사과하라.
لَا يَخْفَى أَنَّ اللهَ قَدِيرٌ عَلَى كُلِّ شَيْءٍ.	알라신께는 모든 것이 가능하다는 것은 명백하다.
شَدَّدَ الرَّئِيسُ عَلَى أَنَّ الْجَيْشَ يُمْكِنُهُ الدِّفَاعُ عَنِ النَّفْسِ. 대통령은 군대가 자기 방어가 가능하다는 것을 강조했다.	
حَذَّرَتْ كُورِيَا الشَّمَالِيَّةُ مِنْ أَنَّهَا سَتَنْتَقِمُ مِنَ الْمُحَاوَلَةِ الْمُعَادِيَةِ. 북한은 그 적대행위에 대해서 복수할 것이라고 경고했다.	

→ 'أَنَّ + 명사문'을 일반 동명사 문장으로 전환하는 것에 대해서는 이 과 맨 뒷 부분에서 다시 다룬다.

3) أَنْ 형태와 أَنَّ 의 형태 둘 다 취할 수 있는 동사

동사들 가운데 간혹 أَنْ 꼴과 أَنَّ 꼴 둘 다를 취할 수 있는 동사들이 있다. 이런 경우는 أَنْ 꼴을 취할 때와 أَنَّ 꼴을 취할 때 그 의미가 같을 수도 있고 그 의미가 다를 수도 있다. 아래의 예를 보라.

..하는 것이 ..를 기쁘게 하다	سَرَّ/ يَسُرُّ ه أَنْ ...	..을 의미하다(to mean)	عَنَى/ يَعْنِي أَنْ ...
	سَرَّ/ يَسُرُّ ه أَنَّ ...		عَنَى/ يَعْنِي أَنَّ ...
기대하다, 예상하다 (to expect, anticipate)	تَوَقَّعَ/ يَتَوَقَّعُ أَنْ ...	선호하다, 더 낫게 여기다 ; 거의 ..할 것 같다, 십중팔구 ..하다	رَجَّحَ/ يُرَجِّحُ أَنْ ...
	تَوَقَّعَ/ يَتَوَقَّعُ أَنَّ ...		رَجَّحَ/ يُرَجِّحُ أَنَّ ...
..가 ..의 마음에 들다 ; ..을 좋아하다(to like)	أَعْجَبَ/ يُعْجِبُ ه أَنْ	(어떤 행동)..하는 것에 합의하다	اتَّفَقَ/ يَتَّفِقُ عَلَى أَنْ
	أَعْجَبَ/ يُعْجِبُ ه أَنَّ	어떤 의견에 대해 생각의 일치를 보다	اتَّفَقَ/ يَتَّفِقُ عَلَى أَنَّ
..라 제안하다	رَأَى/ يَرَى أَنْ ...	..을 결정하다(to decide)	قَرَّرَ/ يُقَرِّرُ أَنْ ...
..을 ..라고 여기다, 간주하다	رَأَى/ يَرَى أَنَّ ...	규정·확정하다 ; 증명하다(to ensure or validate)	قَرَّرَ/ يُقَرِّرُ أَنَّ ...
희망하다, 바라다 (to wish)	تَمَنَّى/ يَتَمَنَّى أَنْ ...	..해야 한다	لَا بُدَّ (مِنْ) أَنْ ... *
희망하다, 바라다(과거에 일어난 사실에 대해)	تَمَنَّى/ يَتَمَنَّى أَنَّ ...	..임이 틀림없다(seem to be, must to be)	لَا بُدَّ أَنَّ ... *

→ * 의 경우는 동사가 사용되지 않은 명사문에서의 풀어쓴 동명사의 예이다. 곧 공부한다.

예문들

	일반 동명사(الْمَصْدَرُ الصَّرِيحُ) 문장		풀어쓴 동명사(الْمَصْدَرُ الْمُؤَوَّلُ) 문장
a	يَسُرُّنِي صِدْقُكَ.	b	يَسُرُّنِي أَنْ تَصْدُقَ.
	너가 진실된 것이 나를 기쁘게 한다.		
a	يَسُرُّنِي طَاعَتُكَ.	b	يَسُرُّنِي أَنَّكَ مُطِيعٌ.
	너가 순종하는 것이 나를 기쁘게 한다.(إِطَاعَةٌ 대신에 طَاعَةٌ 이 동명사로 사용됨)		
a	الْمُدَرِّسُ عَنَى بِكَلَامِهِ الْمُذَاكَرَةَ جَيِّدًا.	b	الْمُدَرِّسُ عَنَى بِكَلَامِهِ أَنْ نُذَاكِرَ جَيِّدًا.
	그 선생님은 그의 말에서 우리가 열심히 공부해야 한다는 의미로 말했다.		
a	مَا تَقُولُهُ يَعْنِي فَهْمَكَ.	b	مَا تَقُولُهُ يَعْنِي أَنَّكَ تَفْهَمُ.
	당신이 말한 바의 의미는 당신이 이해한다는 것이다.		
a	أَتَوَقَّعُ نَجَاحِي بِتَفَوُّقٍ.	b	أَتَوَقَّعُ أَنْ أَنْجَحَ بِتَفَوُّقٍ.
	나는 내가 우수하게 합격할 것으로 기대한다.		
a	أَتَوَقَّعُ جُنُونَهَا.	b	أَتَوَقَّعُ أَنَّهَا مَجْنُونَةٌ.
	나는 그녀가 미친 것이라고 예상한다.		

제29과 풀어쓴 동명사에 대해

	a		b	
	رَجَّحَ الْأَصْدِقَاءُ السَّفَرَ إِلَى مَدِينَةٍ دَافِئَةٍ.		رَجَّحَ الْأَصْدِقَاءُ أَنْ يُسَافِرُوا إِلَى مَدِينَةٍ دَافِئَةٍ.	
	그 친구들은 따뜻한 도시에 여행하는 것을 선호한다.			
	رَجَّحَتِ الْأَدِلَّةُ بَرَاءَةَ الْمُتَّهَمِ.		رَجَّحَتِ الْأَدِلَّةُ أَنَّ الْمُتَّهَمَ بَرِيءٌ.	
	그 증거들은 그 혐의자가 결백한 가능성이 많게 한다.			
	أَعْجَبَنِي فَوْزُكُمْ بِالْمُبَارَاةِ.		أَعْجَبَنِي أَنْ تَفُوزُوا بِالْمُبَارَاةِ.	
	당신들이 경기에 이긴 것이 나의 마음에 들었다.			
	أَعْجَبَهُ حُصُولُ ابْنِهِ عَلَى شَهَادَةٍ.		أَعْجَبَهُ أَنَّ ابْنَهُ حَصَلَ عَلَى شَهَادَةٍ.	
	그의 아들이 학위를 취득한 것이 그의 마음에 들었다.			
	اِتَّفَقْتُ مَعَ أَصْدِقَائِي عَلَى الذَّهَابِ فِي رِحْلَةٍ.		اِتَّفَقْتُ مَعَ أَصْدِقَائِي عَلَى أَنْ نَذْهَبَ فِي رِحْلَةٍ.	
	나는 나의 친구들과 소풍을 가는 것에 합의했다.			
	اِتَّفَقَ الْمُدَرِّسُونَ عَلَى صُعُوبَةِ الْاِمْتِحَانِ.		اِتَّفَقَ الْمُدَرِّسُونَ عَلَى أَنَّ الْاِمْتِحَانَ صَعْبٌ.	
	그 선생님들은 그 시험이 어렵다는 사실에 합의했다.			
	أَرَى السَّفَرَ إِلَى أَسْوَانَ.		أَرَى أَنْ نُسَافِرَ إِلَى أَسْوَانَ.	
	나는 우리가 아스완 여행을 할 것을 제안한다.			
	أَرَى حِمْلَكَ ثَقِيلاً.		أَرَى أَنَّ حِمْلَكَ ثَقِيلٌ.	
	나는 당신의 짐이 무겁다고 여긴다.			
	قَرَّرَتِ الْمَحْكَمَةُ حَبْسَ الْمُجْرِمِ سَنَةً.		قَرَّرَتِ الْمَحْكَمَةُ أَنْ يَتِمَّ حَبْسُ الْمُجْرِمِ سَنَةً.	
	법원은 그 죄인을 1년동안 투옥하기로 결정했다.			
	×		قَرَّرَتِ الْمَحْكَمَةُ أَنَّهُ مُذْنِبٌ.	
	법원은 그가 유죄라고 확정했다.			
	تَمَنَّيْتُ زَوَاجِي مِنْ فَتَاةٍ جَمِيلَةٍ.		تَمَنَّيْتُ أَنْ أَتَزَوَّجَ مِنْ فَتَاةٍ جَمِيلَةٍ.	
	나는 한 아름다운 젊은 여자와 결혼하길 희망했다. (تَزَوُّج 대신에 زَوَاج가 동명사로 사용됨)			
	أَتَمَنَّى عَدَمَ حُدُوثِ الثَّوْرَةِ.		أَتَمَنَّى أَنَّ الثَّوْرَةَ لَمْ تَحْدُثْ.	
	나는 혁명이 일어나지 않았기를 희망한다. (과거의 사건에 대해 '..했으면 좋았을 텐데')			
	لَا بُدَّ مِنَ انْتِظَارِ الْمُدَرِّسِ.*		لَا بُدَّ (مِنْ) أَنْ تَنْتَظِرَ الْمُدَرِّسَ.	
	너는 그 선생님을 기다려야 한다. (* 일반동명사 문장에서는 مِنْ을 반드시 사용해야 한다.)			
	×		لَا بُدَّ أَنَّكَ مُدَرِّسُ اللُّغَةِ الْعَرَبِيَّةِ.	
	너는 아랍어 선생님인것이 틀림없다.(You must be the Arabic teacher.)			
	×		لَا بُدَّ أَنَّكَ تَنْتَظِرُ الْمُدَرِّسَ.	
	너는 그 선생님을 기다리는 것이 틀림없다.(You seem to be waiting for the teacher)			

5. 동사가 사용되지 않은 명사문에서의 풀어쓴 동명사

앞에서 풀어쓴 동명사는 명사문의 주어(مُبْتَدَأ)나 술어(خَبَر), 동사문의 주어(فَاعِل)나 목적어, 그리고 수동태 문장의 주어(نَائِب فَاعِل)로 사용됨을 공부하였다. 동사문의 경우 동사로 문장이 시작되며, 그 뒤에 풀어쓴 동명사 절(節)이 온다. 여기서는 동사가 사용되지 않은 명사문에서 풀어쓴 동명사가 사용된 것에 대해서 따로 공부한다. 이 경우는 풀어쓴 동명사가 명사문의 주어(مُبْتَدَأ)나 술어(خَبَر)로 사용되는 경우이다. 아래의 ①은 풀어쓴 동명사가 술어(الْخَبَر)로 사용된 경우이고, ②는 풀어쓴 동명사가 주어(الْمُبْتَدَأ)로 사용된 경우이다.

①	사랑은 당신이 다른 사람들을 섬기는 것이다.	الْحُبُّ أَنْ تَخْدُمَ الْآخَرِينَ. (الْمُبْتَدَأ) 주어 + (الْخَبَر) 술어
②	당신이 다른 사람들을 섬기는 것은 중요하다.	مِنَ الْمُهِمِّ أَنْ تَخْدُمَ الْآخَرِينَ. (الْخَبَر) 술어 + (الْمُبْتَدَأ) 주어

1) 풀어쓴 동명사가 술어(الْخَبَر)로 사용된 경우

어떤 낱말에 대해 정의를 내릴 때 사용하는 구문이다. 즉 한정형태의 명사를 주어(مُبْتَدَأ)로 사용하고 그 뒤에 술어(خَبَر)로 أَنْ 가 이끄는 풀어쓴 동명사를 사용한다. 이 경우에 أَنَّ 가 이끄는 풀어쓴 동명사는 거의 사용되지 않는다.

사랑이란 당신이 용서하는 것이다. (분리의 대명사 هِيَ 를 사용하지 않아도 의미는 같다.)	الْمَحَبَّةُ هِيَ أَنْ تَغْفِرَ.
창의력이란 당신이 새로운 것을 가져오는 것이다.	الْإِبْدَاعُ أَنْ تَأْتِيَ بِشَيْءٍ جَدِيدٍ.
기독교란 당신이 다른 사람을 사랑하는 것이다.	الْمَسِيحِيَّةُ أَنْ تُحِبَّ الْآخَرِينَ.
이슬람이란 당신이 하나님께 복종하는 것이다.	الْإِسْلَامُ أَنْ تُسْلِمَ لله.
그의 목표는 그가 시험에서 합격하는 것이다.	هَدَفُهُ أَنْ يَنْجَحَ فِي الِامْتِحَانِ.

아래는 풀어쓴 동명사가 술어(خَبَر)으로 사용된 문장에서 أَنَّ 가 사용되는 예이다. 이런 경우는 흔하지 않은 경우로서 동사 عَنَى/يَعْنِي 와 رَأَى/يَرَى 가 أَنْ 와 أَنَّ 를 모두 취할 수 있기에 가능하다.

내 말의 의미는 네가 교실에서 나가라는 것이다.	مَعْنَى كَلَامِي أَنْ تَخْرُجَ مِنَ الْفَصْلِ.
내 말의 의미는 당신이 미쳤다는 것이다.	مَعْنَى كَلَامِي أَنَّكَ مَجْنُونٌ.
그의 생각은 그녀가 아름답다는 것이다.	رَأْيُهُ أَنَّهَا جَمِيلَةٌ.

2) 풀어쓴 동명사가 주어(الْمُبْتَدَأ)로 사용된 경우

다음 문장은 풀어쓴 동명사가 주어(مُبْتَدَأ)로 사용된 문장이다.

내가 일하는 것은 쉽다.	أَنْ أَعْمَلَ سَهْلٌ.
당신이 읽는 것은 중요하다.	أَنْ تَقْرَأَ مُهِمٌّ.

이러한 문장 이외에도 술어(خَبَر)로 사용된 유사문장이 먼저 오고 그 뒤에 주어(مُبْتَدَأ)로 풀어쓴 동명사가 오는 경우도 있다. 여기에 대해서 자세하게 살펴보자.

당신이 매일 언어를 공부하는 것이 중요하다.	مِنَ الْمُهِمِّ أَنْ تُذَاكِرَ اللُّغَةَ كُلَّ يَوْمٍ.
당신은 강의에 참석해야 한다.	مِنَ الْمَفْرُوضِ أَنْ تَحْضُرَ الْمُحَاضَرَةَ.

이 경우 앞에서 동사에 따라 أَنْ 와 أَنَّ 의 사용이 구분되듯이, 술어(خَبَر)로 사용된 유사문장에 따라 أَنْ 과 أَنَّ 의 사용이 구분된다. 즉 어떤 유사문장은 أَنْ 를 취하고, 어떤 유사문장은 أَنَّ 를 취하며, 어떤 유사문장은 양쪽 다 취할 수 있다. 따라서 각각의 경우를 일종의 숙어로 익혀두면 도움이 된다.
아래의 예들의 공통점은 대부분이 전치사 مِنْ 이후에 능동분사 혹은 수동분사 단어가 온다는 것이다.

..하는 것은 중요하다, 중요한 사실이다. (It is important that …)	مِنَ الْمُهِمِّ أَنْ …
..이(..하는 것이) 기대된다, 기대되는 사실이다 (It is expected that …)	مِنَ الْمُتَوَقَّعِ أَنْ (أَوْ أَنَّ) …
..이(..하는 것이) 예상된다, 기대된다, 예상되는 사실이다.(It is expected that …)	مِنَ الْمُنْتَظَرِ أَنْ …
…이라고 동의되어진다. 일치하는 사실이다 (It has been agreed that…)	مِنَ الْمُتَّفَقِ عَلَيْهِ أَنْ (أَوْ أَنَّ) …
반드시..해야한다, ..하는 것이 필요하다,	مِنَ اللَّازِمِ أَنْ …
반드시 ..해야 한다, ..하는 것이 필요하다	مِنَ الْوَاجِبِ أَنْ …
반드시 ..해야 한다 (لَا بُدَّ 를 붙여서 لَابُدَّ 로도 사용함)	لَا بُدَّ (مِنْ) أَنْ …
반드시 ..해야 한다.(ought to)	مِنَ الْمَفْرُوضِ أَنْ …
..하는 것이 필요하다(It is necessary that…), ..해야 한다	مِنَ الضَّرُورِيِّ أَنْ …
..했어야 한다(supposed to), ..하는 것이 마땅하다	مِنَ الْمُفْتَرَضِ أَنْ (أَوْ أَنَّ) …
..하는 것이 가능하다(It is possible that …)	مِنَ الْمُمْكِنِ أَنْ …
..가 ..하는 것이 가능하다(can)	بِوُسْعِهِ أَنْ …
아마도 ..할 것 같다.(perhaps)	مِنَ الْجَائِزِ أَنْ (أَوْ أَنَّ) …

مِنَ الْمُحْتَمَلِ أَنْ (أَوْ أَنَّ) ...	(아마도)...하다, ...인 것 같다. (It is possible that..., maybe)	
مِنَ الْمُرَجَّحِ أَنْ (أَوْ أَنَّ) ...	..가 ..할 가능성이 많다, ..을 비중있게 생각하다, 거의 ... 할 것 같다(It is most likely that...)	
مِنَ الْمُسْتَبْعَدِ أَنْ ...	가능성이 희박하다, ..할 것 같지 않다 (It is unlikely that ...)	
مِنَ الْمُسْتَحِيلِ أَنْ ...	..하는 것이 불가능하다 (It is impossible that ...)	
مِنَ الْمُفِيدِ أَنْ ...	..하는 것이 유익(useful)하다	
مِنَ الرَّائِعِ أَنْ ...	..하는 것은 훌륭하다, 멋지다	
مِنَ الْمُجْزِي أَنْ ...	..하는 것이 (금전적인) 이익(profitable)이 있다	
مِنَ الْمُقَرَّرِ أَنْ ...	..하는 것이 결정되었다 (It is determined that ...)	
مِنَ الْمُعْتَادِ أَنْ ...	...은 관례적인 것이다. 그렇게 해 왔다. (It is customary that ...)	
مِنَ النَّادِرِ أَنْ ...	..하는 것이 드물다	
مِنَ الْجَيِّدِ أَنْ (أَوْ أَنَّ) ...	..하는 것이 좋다, ..하는 것이 훌륭하다	
مِنَ الْجَمِيلِ أَنْ ...	..하는 것이 좋다	
مِنَ الْيَسِيرِ أَنْ ...	..하는 것이 쉽다	
مِنَ السَّهْلِ أَنْ ...	..하는 것이 쉽다	
مِنَ الصَّعْبِ أَنْ ...	..하는 것이 어렵다	
مِنَ الْمُسْتَحْسَنِ أَنْ ...	...하는 것이 더 낫다, 선호된다. (It is preferable that...)	
مِنَ الْمَعْقُولِ أَنْ ...	..하는 것이 합리적이다. (It is reasonable that...)	
مِنَ الْمُفَضَّلِ أَنْ ...	..하는 것이 더 낫다	
مِنَ الْمُؤَكَّدِ أَنْ ...	...한 것은 확실하다	
مِنَ الْخَطَأِ أَنْ ...	..하는 것은 잘못이다	
مِنَ الْخَطَرِ أَنْ ...	..하는 것은 위험하다	
مِنَ الْمَفْهُومِ أَنَّ ...	A가 B인 것은 이해되어 진다. 이해되어지는 사실이 다. (it is understood that...)	
مِنَ الْمَعْرُوفِ أَنَّ ...	A가 B인 것이 알려졌다, ..으로 알고 있다 (it is known that)	
مِنَ الْوَاضِحِ أَنَّ ...	A가 B인 것은 분명하다	
مِنَ الثَّابِتِ أَنَّ ...	A가 B인 것은 확실하다	

제29과 풀어쓴 동명사에 대해

A가 B인 것은 주목할만하다 (It is noticeable that …)	مِنَ الْمُلَاحَظِ أَنَّ …
A가 B인 것은 언급할 가치가 있다.	مِنَ الْجَدِيرِ بِالذِّكْرِ أَنَّ …
A가 B인 것은 의심의 여지가 없다.	لَا شَكَّ (فِي) أَنَّ …
..임이 틀림없다(seem to be, must to be)	لَا بُدَّ أَنَّ …
그것이 의미하는 바는 A가 B라는 것이다. (앞의 문장에 대해)	…، مِمَّا يَعْنِي أَنَّ …/ ….، بِمَعْنَى أَنَّ … …، بِفَحْوَى أَنَّ …

→ 위의 숙어들 대부분은 مِن 뒤에 'اﻟ + 능동분사', 'اﻟ + 수동분사' 혹은 'اﻟ + 유사형용사' 꼴이 사용되었다.

예문)

우리가 진지하게 일하는 것은 중요하다.	مِنَ الْمُهِمِّ أَنْ نَعْمَلَ بِجِدٍّ.
기온이 내려갈 것으로 기대된다.	مِنَ الْمُتَوَقَّعِ أَنْ تَنْخَفِضَ دَرَجَاتُ الْحَرَارَةِ.
대통령의 가두행진 호위대가 도착할 예정이다.	مِنَ الْمُنْتَظَرِ أَنْ يَصِلَ مَوْكِبُ الرَّئِيسِ.
이스라엘측과 팔레스타인 측이 휴전할 것이 동의되었다.	مِنَ الْمُتَّفَقِ عَلَيْهِ أَنْ تَقُومَ هُدْنَةٌ بَيْنَ الْجَانِبَيْنِ الْإِسْرَائِيلِيِّ وَالْفِلَسْطِينِيِّ.
아랍어가 세계에서 중요한 언어 중의 하나라는 것은 동의되는 사실이다.	مِنَ الْمُتَّفَقِ عَلَيْهِ أَنَّ الْعَرَبِيَّةَ هِيَ مِنَ اللُّغَاتِ الْهَامَّةِ فِي الْعَالَمِ.
우리는 서로 협력해야 한다.	مِنَ اللَّازِمِ أَنْ نَتَعَاوَنَ مَعًا.
우리는 서로 도와야 한다.	مِنَ الْوَاجِبِ أَنْ يُسَاعِدَ بَعْضُنَا بَعْضًا.
인간은 자신의 자유와 독립에 대해서 반드시 변호해야 한다.	مِنَ الْوَاجِبِ أَنْ يُدَافِعَ الْإِنْسَانُ عَنْ حُرِّيَّتِهِ وَاسْتِقْلَالِهِ.
평화가 세계를 지배해야 한다.	لَا بُدَّ مِنْ أَنْ يَسُودَ السَّلَامُ الْعَالَمَ.
나는 건강에 좋은 음식을 먹어야 한다.	مِنَ الْمَفْرُوضِ أَنْ آكُلَ طَعَامًا صِحِّيًّا.
나는 운동을 해야 할 필요가 있다.	مِنَ الضَّرُورِيِّ أَنْ أُمَارِسَ الرِّيَاضَةَ.
아랍 백성들은 하나가 되는 것이 마땅하다. (현재는 그렇지 못함)	مِنَ الْمُفْتَرَضِ أَنْ تَتَوَحَّدَ الشُّعُوبُ الْعَرَبِيَّةُ.
한 달 이후에 여행하는 것이 가능하다.	مِنَ الْمُمْكِنِ أَنْ أُسَافِرَ بَعْدَ شَهْرٍ.
그는 (그) 시험들에 우수하게 합격할 수 있다.	بِوُسْعِهِ أَنْ يَجْتَازَ الْاِمْتِحَانَاتِ بِتَفَوُّقٍ.
내 아버지는 여행에서 일찍 돌아올 것 같다.	مِنَ الْجَائِزِ أَنْ يَأْتِيَ أَبِي مِنْ سَفَرِهِ بَاكِرًا.
그 비행기는 늦게 도착할 것 같다.	مِنَ الْمُحْتَمَلِ أَنْ تَصِلَ الطَّائِرَةُ مُتَأَخِّرًا.

자유주의자들이 선거들에서 거의 승리할 것 같다.	مِنَ الْمُرَجَّحِ أَنْ يَنْجَحَ اللِّيبْرَالِيُونَ فِي الِانْتِخَابَاتِ.	
종파 분쟁이 일어날 가능성은 희박하다.	مِنَ الْمُسْتَبْعَدِ أَنْ تَقُومَ فِتْنَةٌ طَائِفِيَّةٌ.	
당신이 무지한 사람을 쉽게 확신시키는 것은 불가능하다.	مِنَ الْمُسْتَحِيلِ أَنْ تُقْنِعَ الْجَاهِلَ بِسُهُولَةٍ.	
당신이 새로운 기술들을 배우는 것은 유익하다.	مِنَ الْمُفِيدِ أَنْ تَتَعَلَّمَ مَهَارَاتٍ جَدِيدَةً.	
당신이 이 자동차를 사는 것은 아주 훌륭하다.	مِنَ الرَّائِعِ أَنْ تَشْتَرِيَ هَذِهِ السَّيَّارَةَ.	
내가 엔지니어링(engineering) 파트에서 일하는 것은 수익이 좋다.	مِنَ الْمُجْزِي أَنْ أَعْمَلَ فِي مَجَالِ الْهَنْدَسَةِ.	
새로운 (공공) 시설을 짓는 것이 결정되었다. (مِرْفَق/مَرَافِق)	مِنَ الْمُقَرَّرِ أَنْ يَتِمَّ بِنَاءُ مَرَافِقَ جَدِيدَةٍ.	
성공한 자는 다른 사람들로 부터 공격을 당하는 것이 보통이다. (وَجَدَ/يَجِدُ هُجُومًا 공격을 당하다)	مِنَ الْمُعْتَادِ أَنْ يَجِدَ النَّاجِحُ هُجُومًا مِنَ الْآخَرِينَ.	
당신이 사우디아라비아에서 기독교인을 발견하는 것은 아주 드물다.	مِنَ النَّادِرِ أَنْ تَجِدَ مَسِيحِيًّا فِي السَّعُودِيَّةِ.	
당신이 다른 문화들을 아는 것은 훌륭한 것이다. (비밀 등을) 알게되다, 정통하게 되다 (اطَّلَعَ/يَطَّلِعُ عَلَى - اطِّلَاع)	مِنَ الْجَيِّدِ أَنْ تَطَّلِعَ عَلَى الثَّقَافَاتِ الْأُخْرَى.	
내가 아침의 부드러운 공기를 호흡하는 것이 좋다.	مِنَ الْجَمِيلِ أَنْ أَشْتَمَّ نَسَمَاتِ الصَّبَاحِ الْعَلِيلَةَ.	
내가 이 문제를 해결하는 것은 쉽다.	مِنَ الْيَسِيرِ أَنْ أَحُلَّ هَذِهِ الْمَسْأَلَةَ.	
인간이 어떤 것을 바라는 것은 쉽지만 모든 것을 성취하는 것은 어려운 것이다.	مِنَ الْيَسِيرِ أَنْ يَتَمَنَّى الْإِنْسَانُ أَيَّ شَيْءٍ، وَلَكِنْ مِنَ الصَّعْبِ تَحْقِيقُ كُلِّ شَيْءٍ.	
내가 그 시합에서 이기는 것은 쉽다.	مِنَ السَّهْلِ أَنْ أَفُوزَ فِي الْمُسَابَقَةِ.	
내가 이탈리아 언어를 배우는 것은 어렵다.	مِنَ الصَّعْبِ أَنْ أَتَعَلَّمَ اللُّغَةَ الْإِيطَالِيَّةَ.	
당신이 아랍어를 공부하는 것이 더 낫다.	مِنَ الْمُسْتَحْسَنِ أَنْ تَدْرُسَ اللُّغَةَ الْعَرَبِيَّةَ.	
저녁까지 여기에 남아있는 것이 합리적이다	مِنَ الْمَعْقُولِ أَنْ تَبْقَى هُنَا حَتَّى اللَّيْلِ.	
당신의 일에 집중하는 것이 더 낫다	مِنَ الْمُفَضَّلِ أَنْ تُرَكِّزَ عَلَى عَمَلِكَ.	
그 길을 잃은 아이가 돌아오는 것은 확실하다.	مِنَ الْمُؤَكَّدِ أَنْ يَعُودَ الطِّفْلُ التَّائِهُ.	
당신이 하나님의 이름을 가볍게 생각하며 사용하는 것은 잘못이다.	مِنَ الْخَطَأِ أَنْ تَسْتَخْدِمَ اسْمَ اللهِ بِاسْتِخْفَافٍ.	
극단주의가 퍼지는 것은 위험하다.	مِنَ الْخَطَرِ أَنْ يَكُونَ التَّطَرُّفُ مُنْتَشِرًا.	
후진적인 국민들은 민주주의를 소화하지 못한다고 이해되어 진다.	مِنَ الْمَفْهُومِ أَنَّ الشُّعُوبَ الْمُتَأَخِّرَةَ لَا تَسْتَوْعِبُ الدِّيمُقْرَاطِيَّةَ.	
지식인은 그의 주위에서 발생하는 것에 대해 잘 알고 있는 것으로 알려져 있다.	مِنَ الْمَعْرُوفِ أَنَّ الْمُثَقَّفَ عَلَى دِرَايَةٍ وَاسِعَةٍ بِمَا يَدُورُ حَوْلَهُ.	

제29과 풀어쓴 동명사에 대해

...을 ...으로 부터 받다, 얻다, 획득하다 (اِسْتَمَدَّ / يَسْتَمِدُّ هـ مِنْ) 달이 태양으로 부터 광선을 획득한다는 것은 알려져 있다(알려진 사실이다).	مِنَ الْمَعْرُوفِ أَنَّ الْقَمَرَ يَسْتَمِدُّ أَشِعَّتَهُ مِنَ الشَّمْسِ.
연합은 어려운 생각임이 분명하다.	مِنَ الْوَاضِحِ أَنَّ الِاتِّحَادَ فِكْرَةٌ صَعْبَةٌ.
지구가 자전하는 것은 확실하다.	مِنَ الثَّابِتِ أَنَّ الْأَرْضَ تَدُورُ حَوْلَ نَفْسِهَا.
지구가 태양 주위를 돈다는 것은 과학적으로 그리고 지리적으로 확실하다(확실한 사실이다).	مِنَ الثَّابِتِ عِلْمِيًّا وَجُغْرَافِيًّا أَنَّ الْأَرْضَ تَدُورُ حَوْلَ الشَّمْسِ.
오늘 디렉터가 화가난 것을 주목할 필요가 있다.	مِنَ الْمُلَاحَظِ أَنَّ الْمُدِيرَ غَاضِبٌ الْيَوْمَ.
어제 그 범죄자가 체포되었다는 것은 언급할 가치가 있다.	مِنَ الْجَدِيرِ بِالذِّكْرِ أَنَّ الْجَانِيَ تَمَّ الْقَبْضُ عَلَيْهِ أَمْسِ.
내가 나의 결혼으로 인해 아주 기쁜 것은 의심할 여지가 없다.	لَا شَكَّ أَنَّنِي سَعِيدٌ جِدًّا بِزَوَاجِي.
너가 그 젊은 여자를 사랑하는 것이 틀림없다.	لَا بُدَّ أَنَّكَ تُحِبُّ الْفَتَاةَ.
....의 의미는 양쪽이 현재 일시적 휴전 상태라는 것이다.	...، مِمَّا يَعْنِي أَنَّ الْجَانِبَيْنِ الْآنَ فِي هُدْنَةٍ مُؤَقَّتَةٍ.
....의 의미는 심장이 자연적으로는 박동할 수 없다는 것이다.	...، بِمَعْنَى أَنَّ الْقَلْبَ لَا يَقْدِرُ عَلَى ضَخِّ الدَّمِ بِصُورَةٍ طَبِيعِيَّةٍ.
...의 의미는 부러진 팔이 두 달 이후에 치료될 것이라는 것이다.	...، بِفَحْوَى أَنَّ الذِّرَاعَ الْمُنْكَسِرَةَ سَتُشْفَى بَعْدَ شَهْرَيْنِ.

3) 풀어쓴 동명사 문장의 의미상 주어 만들기

위의 풀어쓴 동명사가 주어(مُبْتَدَأ)로 사용된 문장에 의미상 주어를 추가하고 싶을 경우 아래와 같이 لـ 을 추가한다. 아래의 ①은 일반 동명사(الْمَصْدَرُ الصَّرِيحُ) 문장이고 ② 와 ③과 ④ 문장이 의미상 주어를 추가한 문장이다.

①	시험을 치기 전에 공부를 하는 것이 낫다.	مِنَ الْمُسْتَحْسَنِ الْمُذَاكَرَةُ قَبْلَ الْاِمْتِحَانِ.
②	학생이 시험을 치기 전에 공부를 하는 것이 낫다.	مِنَ الْمُسْتَحْسَنِ لِلطُّلَّابِ الْمُذَاكَرَةُ قَبْلَ الْاِمْتِحَانِ.
③		مِنَ الْمُسْتَحْسَنِ لِلطُّلَّابِ أَنْ يُذَاكِرُوا قَبْلَ الْاِمْتِحَانِ.
④		مِنَ الْمُسْتَحْسَنِ أَنْ يُذَاكِرَ الطُّلَّابُ قَبْلَ الْاِمْتِحَانِ.
①	서로 서로 돕는 것은 중요하다.	مِنَ الْمُهِمِّ مُسَاعَدَةُ بَعْضِنَا بَعْضًا.
②	우리가 서로 서로 돕는 것은 중요하다.	مِنَ الْمُهِمِّ لَنَا مُسَاعَدَةُ بَعْضِنَا بَعْضًا.
③		مِنَ الْمُهِمِّ لَنَا أَنْ نُسَاعِدَ بَعْضَنَا بَعْضًا.
④		مِنَ الْمُهِمِّ أَنْ نُسَاعِدَ بَعْضَنَا بَعْضًا.

4) 술어에 مِن 이 생략된 형태

위의 여러가지 숙어들 가운데 مِن 을 생략하고도 같은 의미로 사용되는 경우들이 있다. مِن 이 생략될 경우 형용사는 비한정 형태를 취한다.

..하는 것이 좋다, ..하는 것이 훌륭하다.	... جَيِّدٌ أَنْ (أَوْ أَنَّ)
..하는 것이 좋다, ..하는 것이 아름답다.	... جَمِيلٌ أَنْ
..하는 것은 중요하다, 중요한 사실이다. (it is important that …)	... مُهِمٌّ أَنْ
..하는 것이 가능하다(it is possible that …)	... مُمْكِنٌ أَنْ
..하는 것이 필요하다(it is necessary that…)	... ضَرُورِيٌّ أَنْ

예문들

당신이 자유롭게 당신 자신을 표현하는 것은 좋다.	جَيِّدٌ أَنْ تُعَبِّرَ عَنْ نَفْسِكَ بِحُرِّيَّةٍ.
당신이 당신 삶을 즐기는 것은 아름답다.	جَمِيلٌ أَنْ تَسْتَمْتِعَ بِحَيَاتِكَ.
당신이 독서하는 것은 중요하다.	مُهِمٌّ أَنْ تَقْرَأَ.
그 이사회가 당신의 프로젝트에 대해 동의하는 것이 가능하다.	مُمْكِنٌ أَنْ يُوَافِقَ الْمَجْلِسُ عَلَى مَشْرُوعِكَ.
당신이 더 많은 책들을 읽을 필요가 있다.	ضَرُورِيٌّ أَنْ تَقْرَأَ الْمَزِيدَ مِنَ الْكُتُبِ.

5) 부정 의미 문장

위의 풀어쓴 동명사가 사용된 문장들에 대한 부정문을 만들 때 لَيْسَ 를 사용다.

우리가 부자를 증오하는 것은 좋지 못하다.	لَيْسَ مِنَ الْجَيِّدِ أَنْ نَكْرَهَ الْغَنِيَّ.
내가 이 일을 실행하는 것은 어렵지 않다.	لَيْسَ مِنَ الصَّعْبِ أَنْ أَقُومَ بِهَذَا الْعَمَلِ.
그들은 그 학생을 위한 재시험을 실행할 것 같지 않다.	لَيْسَ مِنَ الْمُرَجَّحِ أَنْ يُعِيدُوا الِامْتِحَانَ لِلطَّالِبِ.

제29과 풀어쓴 동명사에 대해

6) 일반 동명사 문장으로 전환하기

앞의 풀어쓴 동명사가 주어로 사용된 경우의 문장들을 일반 동명사 문장으로 전환할 수 있다.

	일반 동명사 (المَصْدَرُ الصَّرِيحُ) 문장		풀어쓴 동명사 (المَصْدَرُ المُؤَوَّلُ) 문장
a	مِنَ الْمُهِمِّ مُذَاكَرَةُ اللُّغَةِ كُلَّ يَوْمٍ.	b	مِنَ الْمُهِمِّ أَنْ تُذَاكِرَ اللُّغَةَ كُلَّ يَوْمٍ.
	당신이 매일 언어를 공부하는 것이 중요하다.		
a	مِنَ الْمَفْرُوضِ حُضُورُ الْمُحَاضَرَةِ.	b	مِنَ الْمَفْرُوضِ أَنْ تَحْضُرَ الْمُحَاضَرَةَ.
	당신은 강의에 참석해야 한다.		
a	مِنَ الْمُتَوَقَّعِ انْخِفَاضُ دَرَجَاتِ الْحَرَارَةِ.	b	مِنَ الْمُتَوَقَّعِ أَنْ تَنْخَفِضَ دَرَجَاتُ الْحَرَارَةِ.
	기온이 내려갈 것으로 기대된다.		
a	مِنَ الْمُنْتَظَرِ وُصُولُ مَوْكِبِ الرَّئِيسِ.	b	مِنَ الْمُنْتَظَرِ أَنْ يَصِلَ مَوْكِبُ الرَّئِيسِ.
	대통령의 가두행진 호위대가 도착할 예정이다.		
a	مِنَ اللَّازِمِ التَّعَاوُنُ مَعًا.	b	مِنَ اللَّازِمِ أَنْ نَتَعَاوَنَ مَعًا.
	우리는 서로 협력해야 한다.		
a	مِنَ الْوَاجِبِ مُسَاعَدَةُ بَعْضِنَا بَعْضًا.	b	مِنَ الْوَاجِبِ أَنْ يُسَاعِدَ بَعْضُنَا بَعْضًا.
	우리는 서로 도와야 한다.		
a	لَا بُدَّ مِنْ سِيَادَةِ السَّلَامِ الْعَالَمَ.	b	لَا بُدَّ مِنْ أَنْ يَسُودَ السَّلَامُ الْعَالَمَ.
	평화가 세계를 지배해야 한다.		
a	مِنَ الْمَفْرُوضِ أَكْلُ طَعَامٍ صِحِّيٍّ.	b	مِنَ الْمَفْرُوضِ أَنْ آكُلَ طَعَامًا صِحِّيًّا.
	나는 건강에 좋은 음식을 먹어야 한다.		
a	مِنَ الضَّرُورِيِّ مُمَارَسَةُ الرِّيَاضَةِ.	b	مِنَ الضَّرُورِيِّ أَنْ أُمَارِسَ الرِّيَاضَةَ.
	나는 운동을 해야 할 필요가 있다.		
a	مِنَ الْمُفْتَرَضِ تَوَحُّدُ الشُّعُوبِ الْعَرَبِيَّةِ.	b	مِنَ الْمُفْتَرَضِ أَنْ تَتَوَحَّدَ الشُّعُوبُ الْعَرَبِيَّةُ.
	아랍 백성들은 하나가 되는 것이 마땅하다. (현재는 그렇지 못함)		
a	مِنَ الْمُمْكِنِ السَّفَرُ بَعْدَ شَهْرٍ.	b	مِنَ الْمُمْكِنِ أَنْ أُسَافِرَ بَعْدَ شَهْرٍ.
	한 달 이후에 여행하는 것이 가능하다.		
a	بِوُسْعِهِ اجْتِيَازُ الِامْتِحَانَاتِ بِتَفَوُّقٍ.	b	بِوُسْعِهِ أَنْ يَجْتَازَ الِامْتِحَانَاتِ بِتَفَوُّقٍ.
	그는 (그) 시험들에 우수하게 합격할 수 있다.		
a	مِنَ الْجَائِزِ إِتْيَانُ أَبِي مِنْ سَفَرِهِ بَاكِرًا.	b	مِنَ الْجَائِزِ أَنْ يَأْتِيَ أَبِي مِنْ سَفَرِهِ بَاكِرًا.
	내 아버지는 여행에서 일찍 돌아올 것 같다.		

→ 다른 예문들도 일반 동명사 문장으로 만들어보자.

6. 부정어가 사용된 풀어쓴 동명사 - أَلاَّ 의 사용에 대해

أَنْ 이 이끄는 풀어쓴 동명사 문장을 부정문으로 바꿀 경우 أَلاَّ 가 사용된다. أَلاَّ 는 لاَ أَنْ 의 줄임말이므로 لاَ أَنْ 형태도 사용이 가능하다. 또한 부정문 형태의 풀어쓴 동명사 문장을 일반 동명사 문장으로 바꿀 경우 عَدَمَ 을 사용한다.

	일반 동명사 문장		부정문 형태의 풀어쓴 동명사 문장
a	قَرَّرْتُ عَدَمَ الْمُشَارَكَةِ فِي الْمُظَاهَرَاتِ.	b	قَرَّرْتُ أَلاَّ أُشَارِكَ فِي الْمُظَاهَرَاتِ.
	나는 시위들에 참가하지 않기로 결정했다.		
a	يَخَافُ عَدَمَ النَّجَاحِ فِي الاِمْتِحَانِ.	b	يَخَافُ أَلاَّ يَنْجَحَ فِي الاِمْتِحَانِ.
	그는 시험에 합격하지 못할까봐 두려워 한다. ↔ 그는 그가 시험에 합격하지 못할까봐 두려워 한다.		
a	يَجِبُ عَدَمُ الذَّهَابِ (أَوْ ذَهَابِكَ).	b	يَجِبُ أَلاَّ تَذْهَبَ. = يَجِبُ أَنْ لاَ تَذْهَبَ.
	가서는 안된다. ↔ 당신이 가서는 안된다.		
a	مِنَ الْأَفْضَلِ عَدَمُ مُعَامَلَةِ طِفْلِكَ بِعُنْفٍ.	b	مِنَ الْأَفْضَلِ أَلاَّ تُعَامِلَ طِفْلَكَ بِعُنْفٍ.
	당신의 아이를 폭력적으로 다루지 않는 것이 낫다.		

** يَجِبُ أَلاَّ 와 لاَ يَجِبُ 의 의미차이

يَجِبُ أَلاَّ 는 반드시 하지 않아야 하는 것에 사용한다. 법이나 종교, 윤리, 원칙 등에 반하는 내용들에 이 문장을 사용한다. 이에비해 لاَ يَجِبُ 는 해도되고 하지 않아도 되는 사항에 사용한다. 각자가 선택할 수 있는 사항으로 강요되는 것이 아닌 경우이다. 아래의 풀어쓴 동명사 문장을 보면서 두 가지 의미를 비교하라. 그리고 각각의 문장이 일반 동명사 문장으로 어떻게 전환되는지도 살펴보라.

	일반 동명사 문장		풀어쓴 동명사 문장
a	يَجِبُ عَدَمُ سَرِقَةِ نُقُودِ الْآخَرِينَ.	b	يَجِبُ أَلاَّ تَسْرِقَ نُقُودَ الْآخَرِينَ.
	당신은 다른 사람의 돈을 훔치지 않아야 한다.		
a	يَجِبُ عَدَمُ الْكَذِبِ.	b	يَجِبُ أَلاَّ تَكْذِبَ.
	당신은 거짓말을 하지 말아야 한다.		
a	يَجِبُ عَدَمُ مُسَاعَدَةِ مُحَمَّدٍ سَمِيرَةَ عَلَى الاِنْتِحَارِ.	b	يَجِبُ أَلاَّ يُسَاعِدَ مُحَمَّدٌ سَمِيرَةَ عَلَى الاِنْتِحَارِ.
	무함마드는 사미르가 자살하는 것을 돕지 않아야 한다.		

	일반 동명사 문장		풀어쓴 동명사 문장
a	لاَ يَجِبُ عَلَى مُنَى مُسَاعَدَةُ كُلِّ فُقَرَاءِ الْعَالَمِ.	b	لاَ يَجِبُ أَنْ تُسَاعِدَ مُنَى كُلَّ فُقَرَاءِ الْعَالَمِ.
	모나가 세계의 모든 가난한 사람을 돕지 않아도 된다.		
a	لاَ يَجِبُ عَلَى مَنْصُورٍ الْبَقَاءُ فِي إِسْبَانِيَا.	b	لاَ يَجِبُ أَنْ يَبْقَى مَنْصُورٌ فِي إِسْبَانِيَا.
	만수르가 스페인에 남아있지 않아도 된다.		
a	لاَ يَجِبُ عَلَى مُخْتَارٍ إِعْطَاءُ سَمِيرٍ نُقُودًا.	b	لاَ يَجِبُ أَنْ يُعْطِيَ مُخْتَارٌ سَمِيرَ نُقُودًا.
	무크타르가 사미르에게 돈을 주지 않아도 된다.		

7. 비인칭 동사(Impersonal Verb)와 함께 사용되는 풀어쓴 동명사

비인칭 동사(Impersonal Verb)란 문장에 사용된 동사가 인칭변화를 하지 않고 3인칭 남성 단수로만 사용되는 것을 말한다. 아래의 예문들에서 동사가 3인칭 남성 단수로 고정된 것을 확인하라.

비인칭 동사 용법에 대해서는 이 책 제Ⅰ권의 '동사의 일치' 단원과 '수동분사' 단원, 그리고 제Ⅱ권의 '수동태에 대해 Ⅱ' 단원 등에서 공부할 수 있다.

의미	비인칭 동사
..가 ..해야 한다(must, to be necessary)	... أَنْ (عَلَيْهِ) يَجِبُ /وَجَبَ
..가 ..해야 한다 (must, to be necessary)	... أَنْ (عَلَيْهِ أَوْ لَهُ) يَنْبَغِي /انْبَغَى
..가 ..해야 한다 (must, to be necessary)	... أَنْ يَلْزَمُ /لَزِمَ
..가 ..하는 것이 가능하다(can, it is possible that) (주로 미완료형을 사용)	... أَنْ (أَوْ لَهُ) يُمْكِنُهُ /أَمْكَنَهُ
...이 허락된다, ..이 가능하다 (to be permissible, allowable...)	... (أَوْ أَنَّ) أَنْ (لَهُ) يَجُوزُ /جَازَ
..하는 것이 더 낫다	... أَنْ (لَهُ) يُفَضَّلُ *
..하는 것이 적합하다, 적절하다 (to be fit for, suitable)	... أَنْ (بِهِ) يَحْسُنُ
..은 가능한 일이다, 할수도 있다. (It is not unlikely that)	... أَنْ يُسْتَبْعَدُ لَا *
...이 요구되어진다, 해야한다(It is required to)	... أَنْ (عَلَيْهِ) يَقْتَضِي
..했어야 한다, ..하는 것이 마땅하다(supposed to)	... أَنْ يُفْتَرَضُ *
..하는 것이 불가능하다 (It is impossible to)	... أَنْ يَسْتَحِيلُ
..하는 것이 이치에 맞지 않다	... أَنْ يُعْقَلُ لَا *
..라고 들려졌다, ..라고 알게 되었다. (was told, was informed) (미완료형은 거의 사용되지 않음)	... أَنَّ ه بَلَغَ
	... أَنَّ ه جَاءَ
(A가 B일) 것 같다. (It seems, It looks)	... أَنَّ يَظْهَرُ
	... أَنَّ يَبْدُو /بَدَا

→위의 파란색 부분은 의미상 주어가 표기되는 부분이다.   →위의 * 은 수동형 동사이다.

→위의 단어들에서 괄호 안은 비인칭 동사의 주어를 나타내고자 할 때 사용하는 방식이다. 즉 비인칭 동사 사용시 그 주어를 표시해야 할 경우 ـَ 나 عَلَى 혹은 بِـ 뒤의 소유격 명사를 사용하여 그 주어를 표시한다.

→위의 비인칭 동사들 가운데 완료형과 미완료형이 다 기록되어 있는 것은 완료형도 사용하는 것이다. 그러나 그 시제는 달라지며, 두 가지 가운데 주로 미완료형이 사용된다.

예문들

	문장 (اَلْمَصْدَرُ الصَّرِيحُ) 일반 동명사		문장 (اَلْمَصْدَرُ الْمُؤَوَّلُ) 풀어쓴 동명사
a	يَجِبُ عَلَيْهِ كِتَابَةُ الْوَاجِبِ.	b	يَجِبُ عَلَيْهِ أَنْ يَكْتُبَ الْوَاجِبَ.
	그는 숙제를 기록해야 한다.		
a	يَجِبُ انْتِخَابُ رَئِيسٍ جَدِيدٍ.	b	يَجِبُ أَنْ يَنْتَخِبُوا رَئِيسًا جَدِيدًا.
	새 대통령의 선거가 필요하다. ←→ 그들은 새 대통령을 뽑아야 한다.		
a	لَا يَجِبُ عَلَيْهِنَّ ارْتِدَاءُ النِّقَابِ.	b	لَا يَجِبُ عَلَيْهِنَّ أَنْ يَرْتَدِينَ النِّقَابَ.
	그녀들은 니깝을 착용하지 않아도 된다.		
a	يَنْبَغِي عَلَيْكَ الْقِرَاءَةُ بِانْتِظَامٍ.	b	يَنْبَغِي عَلَيْكَ أَنْ تَقْرَأَ بِانْتِظَامٍ.
	당신은 규칙적으로 읽기를 해야 한다.		
a	لَا يَنْبَغِي التَّدْخِينُ.	b	لَا يَنْبَغِي أَنْ تُدَخِّنَ.
	흡연을 하지 않아야 한다. ←→ 당신은 흡연을 하지 않아야 한다.		
a	يُمْكِنُ الِاتِّصَالُ بِالتِّلِيفُونِ هُنَا.	b	يُمْكِنُ أَنْ أَتَّصِلَ بِالتِّلِيفُونِ هُنَا.
	여기에서 전화연락이 가능하다. ←→ 여기에서 내가 전화 연락이 가능하다.		
a	لَا يُمْكِنُهَا الدِّرَاسَةُ.	b	لَا يُمْكِنُهَا أَنْ تَدْرُسَ.
	그녀가 공부하는 것이 불가능하다.		
a	يَجُوزُ لَكِ الْوُقُوفُ خَارِجَ الْفَصْلِ.	b	يَجُوزُ لَكِ أَنْ تَقِفِي خَارِجَ الْفَصْلِ.
	너(f.)가 교실 밖에서 서 있는 것이 허락된다.(가능하다)		
a	لَا يَجُوزُ لَهَا دُخُولُ الْفَصْلِ.	b	لَا يَجُوزُ لَهَا أَنْ تَدْخُلَ الْفَصْلَ.
	그녀가 교실에 들어오는 것이 허락되지 않는다.		
a	يُفَضَّلُ لَهُ الِاسْتِرَاحَةُ.	b	يُفَضَّلُ لَهُ أَنْ يَسْتَرِيحَ.
	그가 쉬는 것이 더 낫다.		
a	لَا يُفَضَّلُ شُرْبُ الْقَهْوَةِ مَسَاءً.	b	لَا يُفَضَّلُ أَنْ تَشْرَبَ الْقَهْوَةَ مَسَاءً.
	저녁에 커피를 마시는 것이 더 좋은 것이 아니다. ←→ 당신이 저녁에 커피를 마시는 것이 더 좋은 것이 아니다.		

더 많은 예문들

나는 그 거룩한 장소들을 방문해야 한다.	يَجِبُ أَنْ أَزُورَ الْأَمَاكِنَ الْمُقَدَّسَةَ.
인간은 그의 삶에서 부지런해야 한다.	يَجِبُ عَلَى الْإِنْسَانِ أَنْ يَجْتَهِدَ فِي حَيَاتِهِ.
우리는 그 선생님으로 부터 우리도 반드시 독서를 해야한다는 것을 배운다.	نَتَعَلَّمُ مِنَ الْمُعَلِّمِ أَنَّنَا يَجِبُ أَنْ نَقْرَأَ.
	وَجَبَ عَلَيْكَ أَنْ تُسَافِرَ مَعِي.(= كَانَ يَجِبُ عَلَيْكَ أَنْ تُسَافِرَ مَعِي.)*
당신은 나와함께 여행을 해야 했다.	
우리는 우리의 문제들의 해결책을 찾아야 한다.	يَنْبَغِي أَنْ نَجِدَ حُلُولًا لِمَشَاكِلِنَا.

제29과 풀어쓴 동명사에 대해

يَلْزَمُهُ أَنْ يَجِدَ عَمَلاً آخَرَ.	그는 다른 일을 찾아야 한다.
يُمْكِنُنِي أَنْ أَنْتَهِيَ مِنَ الْوَاجِبِ اللَّيْلَةَ.	나는 오늘 밤 숙제를 끝내는 것이 가능하다.
يُمْكِنُ لِأَخِي أَنْ يَجْتَازَ اخْتِبَارَاتِ اللِّيَاقَةِ بِمَهَارَةٍ.	내 동생(형)은 체력(fitness)테스트를 노련하게 통과할 수 있다.
أَمْكَنَكَ أَنْ تُسَاعِدَهُمْ.(= كَانَ يُمْكِنُكَ أَنْ تُسَاعِدَهُمْ)*	당신이 그들을 돕는 것은 가능했다.
يَجُوزُ أَنْ يُقَبِّلَ الْعَرِيسُ عَرُوسَهُ.	신랑이 그의 신부에게 키스하는 것이 허용된다. 키스할 수 있다.(결혼식 때 주례자가 하는 말)
يَجُوزُ أَنْ يَكُونَ الْأَبُ حَازِمًا فِي تَرْبِيَتِهِ.	아버지는 그가 교육할 때 엄격한 것이 허용된다. 엄격할 수 있다.
لَا يَجُوزُ أَنْ نَخْذُلَ الْوَطَنَ.	우리가 국가를 저버려서는 안된다. 우리는 국가를 저버리지 않아야 한다.
لَا يَجُوزُ أَنْ يَخْرُجَ الطَّالِبُ دُونَ إِذْنٍ.	학생은 허락없이 밖으로 나가서는 안된다.
جَازَ أَنْ يَقِفُوا خَارِجَ الْفَصْلِ.(= كَانَ يَجُوزُ أَنْ...)*	그들은 교실 밖에서 서 있는 것이 가능했다. 서있을 수 있다.(They might stand outside the class.)
يُفَضَّلُ أَنْ تَجْتَهِدَ كَيْ تَنْجَحَ.	당신은 합격하기 위해 노력하는 것이 좋다.
يَحْسُنُ بِكَ أَنْ تُكَافِئَ كُلَّ مُحْسِنٍ.	당신이 선을 행하는 모든 사람에게 보상하는 것은 적합하다(합당하다)
لَا يُسْتَبْعَدُ أَنْ يَتِمَّ تَمْوِيلُ الْجَمَاعَاتِ الْإِرْهَابِيَّةِ مِنَ الْخَارِجِ.	테러집단들이 외국 나라들에서 자금모금하는 것이 가능할수도 있다.
يَقْتَضِي عَلَيْكَ أَنْ تَدْرُسَ جَيِّدًا.	당신은 열심히 공부하는 것이 요구되어진다. (열심히 공부해야 한다.)
يُفْتَرَضُ أَنْ أَحْصُلَ عَلَى إِجَازَةٍ فِي أَغُسْطُسَ.	8월달에 내가 휴가를 얻는 것은 마땅하다.
يَسْتَحِيلُ أَنْ أَعْمَلَ طَبِيبًا.	내가 의사로서 일하는 것은 불가능하다
لَا يُعْقَلُ أَنْ يَمْشِيَ الطِّفْلُ الرَّضِيعُ.	젖먹이 아기가 걷는 것이 이치에 맞지 않다.
بَلَغَنِي أَنَّكَ اشْتَرَيْتَ السَّيَّارَةَ.	나는 네가 그 자동차를 샀다고 들었다(알게 되었다). (I was told, was informed)
بَلَغَ الْوَالِدَ أَنَّ ابْنَهُ نَجَحَ.	그 아버지는 그의 아들이 합격했다고 듣게 되었다. (어떤 사람이 아버지에게 이야기했다.)
بَلَغَنِي أَنَّ الْحُكُومَةَ سَتَتَغَيَّرُ.	나는 정부가 변화될 것이라고 들었다(알게 되었다).
جَاءَنِي أَنَّ أَخَاكَ غَادَرَ الْمَدِينَةَ.	나는 당신의 형제가 그 도시를 떠났다고 들었다(알게 되었다). (I was told, was informed)
جَاءَهُ أَنَّ زَوْجَتَهُ أَنْجَبَتْ طِفْلاً.	그는 그의 아내가 아기를 낳은 것을 알게 되었다.
يَظْهَرُ أَنَّ السَّمَاءَ سَتُمْطِرُ.	하늘에서 비가 올 것 같다. (It seems, It looks)
يَبْدُو أَنَّ حَيَاتِي سَتَتَغَيَّرُ قَرِيبًا.	내 삶이 곧 바뀌어 질 것 같다. (It seems, It looks)

→ 위의 * 표시 문장에서 비인칭동사의 완료형과 'كَانَ + 미완료형'이 같은 의미인 것을 알 수 있다.

→ 비인칭 동사 용법에 대해서는 이 책 제Ⅰ권의 '동사의 일치' 단원과 '수동분사' 단원, 그리고 제Ⅱ권의 '수동태에 대해 Ⅱ' 단원 등에서 공부할 수 있다.

8. 'أَنْ + 명사문' 형태의 풀어쓴 동명사 문장을 일반 동명사(الْمَصْدَرُ الْمُؤَوَّلُ) 문장으로 바꾸기

이 과에서 일반 동명사 문장을 풀어쓴 동명사 문장으로 전환하는 것에 대해 공부하였다. 여기서는 거꾸로 풀어쓴 동명사 문장을 일반 동명사 문장으로 바꾸는 것에 대해서 공부해 보자.

'أَنْ + 동사문' 형태의 풀어쓴 동명사 문장과 'أَنْ + 명사문' 형태의 풀어쓴 동명사 문장을 일반 동명사 문장으로 바꿀 수 있다. 'أَنْ + 동사문'의 경우 أَنْ 뒤의 접속법 동사를 동명사로 바꾸면 쉽게 일반 동명사 문장으로 바꿀 수 있다. 그러나 'أَنْ + 명사문' 형태의 풀어쓴 동명사 문장은 약간의 숙달을 요구한다. 여기서는 그 방법에 대해서 공부하도록 한다.

	풀어쓴 동명사(الْمَصْدَرُ الْمُؤَوَّلُ) 문장		일반 동명사(الْمَصْدَرُ الصَّرِيحُ) 문장
A	أَفْهَمُ أَنَّ الْأَطْفَالَ يُحِبُّونَ الْحَلْوَى. 술어 + 주어	B	أَفْهَمُ حُبَّ الْأَطْفَالِ الْحَلْوَى. 의미상목적어+의미상주어+동명사
	나는 아이들이 사탕을 좋아하는 것을 이해한다.		

→ 위의 일반 동명사 문장에서 사용된 동명사는 동명사의 동사적 용법(مَصْدَرٌ عَامِلٌ عَمَلَ فِعْلِهِ)으로 사용된 것이다. 이에 대해서는 '파생명사의 동사적 용법에 대해' 부분에서 공부한다.

→ 'أَنْ + 명사문'에 대한 일반 동명사 문장은 아랍 사람들이 많이 사용하지 않고 대부분 위의 풀어쓴 동명사 문장을 사용한다.

풀어쓴 동명사 문장을 일반 동명사 문장으로 바꾸는 방법 (أَنَّ가 사용된 경우)
1. A 문장의 أَنَّ 다음에 나오는 명사문의 술어(خَبَرُ أَنَّ)를 동명사(الْمَصْدَرُ الصَّرِيحُ) 형태로 바꾸어 B 문장 동사 뒤에 놓는다. (술어 가운데 동사가 있으면 그 동사를 동명사로 바꾸고 동사가 없으면 술어로 사용된 파생명사를 동명사로 바꾼다. 이렇게 동명사로 전환하는 것이 불가능한 경우라면 일반 동명사 문장으로 바꾸는 것이 불가능하다 하겠다.)
2. A 문장의 أَنَّ 다음에 나오는 명사문의 주어(اسْمُ أَنَّ)를 B 문장의 동명사 뒤에 놓는다. 이 때 이 단어는 동명사의 의미상 주어가 된다.
3. A 문장의 أَنَّ 다음에 문장의 목적어가 있을 경우 그 단어를 B 문장의 동명사의 의미상 주어 뒤에 놓는다. 이 때 이 단어는 동명사의 의미상 목적어가 된다.
4. A 문장의 나머지 단어를 B 문장의 동명상의 의미상 목적어 뒤에 놓는다.

다른 예들

A	عَرَفَ الْمُدِيرُ أَنَّ الْمُشْكِلَةَ انْتَهَتْ.	B	عَرَفَ الْمُدِيرُ انْتِهَاءَ الْمُشْكِلَةِ.
	그 사장은 그 문제가 끝났다는 것을 알았다.		
A	أَعْلَنَ الرَّئِيسُ أَنَّهُ سَيُكْمِلُ وِلَايَتَهُ الرِّئَاسِيَّةَ.	B	أَعْلَنَ الرَّئِيسُ إِكْمَالَهُ وِلَايَتَهُ الرِّئَاسِيَّةَ.
	대통령은 그가 대통령 임기를 계속할 것이라고 선언했다.		
A	يُدْرِكُ الْمَرْءُ أَنَّ الْحَيَاةَ صَعْبَةٌ.	B	يُدْرِكُ الْمَرْءُ صُعُوبَةَ الْحَيَاةِ.
	사람은 삶이 어렵다고 인식한다.		
A	ذَكَرَ الْأَبُ أَنَّ أَبْنَاءَهُ أَذْكِيَاءُ.	B	ذَكَرَ الْأَبُ ذَكَاءَ أَبْنَائِهِ.
	그 아버지는 그의 아들들이 총명하다는 것을 언급했다.		

제29과 풀어쓴 동명사에 대해

A	فَهِمَ التِّلْمِيذُ أَنَّ الأَرْضَ كُرَوِيَّةٌ.	B	فَهِمَ التِّلْمِيذُ كُرَوِيَّةَ الأَرْضِ.
	그 제자는 지구가 구(球)이다는 것을 이해했다.		
A	أَكَّدَ الْوَزِيرُ أَنَّ ارْتِدَاءَ النِّقَابِ مَحْظُورٌ عَلَى الطَّالِبَاتِ.		
B	أَكَّدَ الْوَزِيرُ حَظْرَ ارْتِدَاءِ النِّقَابِ عَلَى الطَّالِبَاتِ.		
	그 장관은 여학생들에 대한 니깝의 착용을 금지한 것을 강조했다.		

** 일반 동명사 문장으로 전환하는 것이 불가능한 경우

한편 أَنْ 가 사용된 풀어쓴 동명사 문장을 일반 동명사(الْمَصْدَرُ الصَّرِيحُ)로 바꾸는 것이 불가능한 경우들도 있다. 그러한 경우는 풀어쓴 동명사 문장의 술어에 사용된 단어가 파생명사(اسْمٌ مُشْتَقٌّ)가 아니기에 술어로 사용된 단어를 동명사로 바꿀 수 없기 때문이다. 아래의 예들을 보자.

	풀어쓴 동명사(الْمَصْدَرُ الْمُؤَوَّلُ) 문장		일반 동명사(الْمَصْدَرُ الصَّرِيحُ) 문장
A	نَعْرِفُ أَنَّ الْقَاهِرَةَ عَاصِمَةُ مِصْرَ.	B	×
	우리는 카이로가 이집트의 수도 임을 안다.		
A	نَعْرِفُ أَنَّ الْقَاهِرَةَ جَمِيلَةٌ.	B	نَعْرِفُ جَمَالَ الْقَاهِرَةِ.
	우리는 카이로가 아름다운 것을 안다.		

위의 첫 번째 문자의 경우 عَاصِمَةٌ 란 단어는 파생명사(اسْمٌ مُشْتَقٌّ)가 아니기에 그 동명사 형태가 없다. 따라서 이 문장은 일반 동명사 문장으로 전환할 수 없다. 그러나 두 번째 문장의 جَمِيلَةٌ 는 파생명사로서 그 동명사 형이 جَمَالٌ 이다. 따라서 일반 동명사 문장으로 전환이 가능하다.

전환이 불가능한 예

A	تَوَقَّعْتُ أَنَّهُ كُورِيٌّ.	B	×
	나는 그가 한국 사람인 것으로 생각했다(예상했다). (كُورِيٌّ은 파생명사가 아니다.)		
A	عَلِمْتُ أَنَّ أُمِّي فِي مِحْنَةٍ.	B	×
	나는 나의 어머니가 시련 가운데 있는 것을 알았다. (술어 فِي مِحْنَةٍ 는 동명사로 전환이 불가능)		

이렇게 전환한 일반 동명사 문장은 풀어쓴 동명사 보다 이해하기 어려울 때가 있다. 그럴 경우 일반 동명사 문장을 사용하지 않고 풀어쓴 동명사 문장을 사용하면 된다.

A	يَعْتَقِدُ الْجَانِي أَنَّ الْهُرُوبَ سَهْلٌ.	B	يَعْتَقِدُ الْجَانِي سُهُولَةَ الْهُرُوبِ.
	그 범죄자는 도망가는 것이 쉽다고 생각한다.		
A	عَرَفْتُ أَنَّ الْانْتِصَارَ قَرِيبٌ.	B	عَرَفْتُ قُرْبَ الْانْتِصَارِ.
	나는 승리가 임박했다는 것을 알았다.		

제 30 과 비교급과 최상급 문장에 대해

1. 비교급(Comparative) 문장에 대해
2. 최상급(Superlative) 문장에 대해
3. 명시목적어(التَّمْيِيزُ)가 사용된 비교급 혹은 최상급

제 30 과 비교급과 최상급 문장에 대해

우리는 이 책 제 I 권의 '우선급 명사에 대해 (اسْمُ التَّفْضِيلِ)' 에서 비교급과 최상급 문장에 사용되는 우선급 명사(اسْمُ التَّفْضِيلِ)에 대해 공부하였다. 여기서는 그 내용들을 기초로 그 우선급 명사가 사용되는 비교급 문장과 최상급 문장에 대해서 심도있게 공부하고자 한다.

1. 비교급(Comparative) 문장에 대해

비교급은 어떤 대상의 성질이나 상태의 정도를 비교할 때 사용하는 문장 형태이다.
비교급 문장의 기본적인 형태는 أَفْعَل 패턴의 우선급 명사 뒤에 전치사 مِنْ 을 사용한 것이다. 이 때 사용된 우선급 명사는 항상 비한정 형태를 취한다.

1) 비교급 문장에서 우선급 명사가 사용되는 기능

아랍어의 비교급 문장을 이해하기 위해 비교급 문장에서 우선급 명사가 사용된 기능을 살펴보는 것이 유익하다. 다음 네 가지로 구분할 수 있다. 먼저는 우선급 명사가 문장의 술어(خَبَر)로 사용되는 경우이고, 두 번째는 우선급 명사가 문장의 부동족 목적어로 사용되는 경우이며, 세 번째는 우선급 명사가 문장의 수식어로 사용되는 경우이고, 네 번째는 우선급 명사가 문장의 제 2 목적어로 사용되는 경우이다.

(1) 우선급 명사가 문장의 술어(خَبَر)로 사용되는 형태 – 기본적인 형태

이 문장은 أَفْعَل 형태의 우선급 명사가 문장의 술어(خَبَر)로 사용되는 것이 그 특징이다. 그래서 주어(مُبْتَدَأ)를 다른 대상과 비교하는 의미이다. 아래 문장에 사용된 우선급 명사는 자동사에서 파생된 것이고 그 우선급 명사가 문장의 술어로 사용되었다. (비교급 문장에 사용된 우선급 명사는 주어(비교의 주체مُفَضَّل)의 성과 수의 지배를 받지 않고 أَفْعَل 형태로 고정되며, 2 격명사이다.)

태양은 지구보다 더 크다. (أَكْبَر가 명사문의 술어(خَبَر)이다.)(자동사 كَبَر에서 أَكْبَر가 파생)	الشَّمْسُ أَكْبَرُ مِنَ الأَرْضِ. c + b + a
a – 비교의 주체(مُفَضَّل) b – 우선급 명사 اسْمُ التَّفْضِيل c – 비교의 객체(مُفَضَّل عَلَيْه)	

예문들

코끼리는 낙타보다 덩치가 더 크다. (أَضْخَم가 명사문의 술어(خَبَر)이다.)(자동사 ضَخْم에서 أَضْخَم가 파생)	الْفِيلُ أَضْخَمُ مِنَ الْجَمَلِ.
싸이드는 무함마드보다 키가 작다.(قَصَر에서 أَقْصَر 파생)	سَعِيدٌ أَقْصَرُ مِنْ مُحَمَّدٍ.
마리얌은 파티마보다 더 아름답다.(جَمَل에서 أَجْمَل 파생)	مَرْيَمُ أَجْمَلُ مِنْ فَاطِمَةَ.
사자는 표범보다 용감하다.(شَجَع에서 أَشْجَع 파생)	الأَسَدُ أَشْجَعُ مِنَ النَّمِرِ.
철은 금보다 더 유용하다.(نَفَع에서 أَنْفَع 파생)	الْحَدِيدُ أَنْفَعُ مِنَ الذَّهَبِ.
싸미르는 당신보다 나이가 더 많지 않습니까? (أَكْبَر가 لَيْسَ문장의 술어이다.(خَبَر لَيْسَ) 목적격)	أَلَيْسَ سَمِيرٌ أَكْبَرُ مِنْكَ فِي السِّنِّ؟

제30과 비교급과 최상급 문장에 대해

(2) 우선급 명사가 문장의 부동족 목적어(النَّائِبُ عَنِ الْمَفْعُولِ الْمُطْلَقِ)로 사용되는 형태

아래의 두 예문에 يَقْرَأُ 와 يَسْتَخْدِمُ 라는 동사가 사용되었다. 아래의 두 예문은 앞의 기본적인 비교급 문장과 비교해서 동사가 우선급 명사로 파생되지 않는 경우이다. 이 경우 동사의 우선급 명사를 사용하지 않고 동사의 내용 가운데 비교하고자 하는 특징을 나타내는 다른 우선급 명사를 문장의 부동족 목적어로 사용한다.

A. 우선급 명사로 파생되지 않는 3자음 원형동사가 사용된 비교급 문장

싸미르는 무함마드보다 더 많이 읽는다. (أَكْثَرُ 가 부동족 목적어, قِرَاءَةً 이 생략되었다고 본다.)	سَمِيرٌ يَقْرَأُ أَكْثَرَ مِنْ مُحَمَّدٍ.

→ 위의 يَقْرَأُ 동사는 그 형용사 형태가 유사형용사나 유사형용사적인 의미를 가진 능동분사가 아니다. 따라서 이 동사를 바로 우선급 명사로 바꾸지 않는다.
→ 이 경우 위와 같이 부동족 목적어가 사용된 비교급 문장을 만든다. (سَمِيرٌ يَقْرَأُ قِرَاءَةً أَكْثَرَ مِنْ مُحَمَّدٍ. 란 문장에서 قِرَاءَةً 이 생략된 것으로 본다. 따라서 부동족 목적어 문장)

B. 첨가동사가 사용된 비교급 문장

무함마드는 당신보다 컴퓨터를 잘 사용한다. (أَفْضَلَ 가 부동족 목적어, اسْتِخْدَامًا 이 생략되었다고 본다)	يَسْتَخْدِمُ مُحَمَّدٌ لِلْكَمْبِيُوتَرِ أَفْضَلَ مِنْكَ.

→ 동사 يَسْتَخْدِمُ 는 첨가동사이기에 우선급 명사 형태가 없다. 따라서 위와 같은 비교급 문장을 만든다.
→ (يَسْتَخْدِمُ مُحَمَّدٌ لِلْكَمْبِيُوتَرِ اسْتِخْدَامًا أَفْضَلَ مِنْكَ. 란 문장에서 اسْتِخْدَامًا 이 생략된 것으로 본다.)

이와같이 우선급 명사로 파생되지 않는 3자음 원형동사나 첨가동사가 사용된 비교급 문장에서는 أَفْضَلُ, أَصْغَرُ, أَكْبَرُ, أَشَدُّ, أَقَلُّ, أَكْثَرُ 등의 우선급 명사가 동사 뒤에 사용되어, 그 동사에 대한 특징을 비교하게 된다. 이 때 우선급 명사는 부동족 목적어(النَّائِبُ عَنِ الْمَفْعُولِ الْمُطْلَقِ)로 취급되어 목적격 격변화를 하며, 그 의미는 '..가 ...보다 더 ..하게 ..한다'가 된다.(부동족 목적어에 대해서는 이 책 '동족 목적어' 부분을 보라.)

A. 우선급 명사로 파생되지 않는 3자음 원형동사가 사용된 비교급 문장의 예

나는 내 동생보다 더 잠을 많이 잔다. (أَطْوَلَ 가 부동족 목적어, نَوْمًا 이 생략되었다고 본다.)	أَنَا أَنَامُ أَطْوَلَ مِنْ أَخِي.
그들은 그들의 친구들보다 더 적게 논다. (أَقَلَّ 가 부동족 목적어, لَعِبًا 이 생략되었다고 본다.)	هُمْ يَلْعَبُونَ أَقَلَّ مِنْ أَصْدِقَائِهِمْ.
카말은 마흐무드보다 더 빨리 뛴다. (أَسْرَعَ 가 부동족 목적어, جَرْيًا 이 생략되었다고 본다.)	كَمَالٌ يَجْرِي أَسْرَعَ مِنْ مَحْمُودٍ.
독수리는 참새보다 높이 난다. (طَيَرَانًا 이 생략됨)	يَطِيرُ النَّسْرُ أَعْلَى مِنَ الْعُصْفُورِ.
무함마드는 그의 아버지보다 더 아름답게 글을 적는다. (كِتَابَةً 이 생략됨)	يَكْتُبُ مُحَمَّدٌ أَجْمَلَ مِنْ أَبِيهِ.
나는 소설보다 시를 더 많이 읽는다. (قِرَاءَةً 이 생략됨)	أَقْرَأُ الشِّعْرَ أَكْثَرَ مِنَ الرِّوَايَةِ.
나는 나의 부친이 염려하는 것 보다 모친이 염려하는 것을 더 많이 느낀다. (شُعُورًا 이 생략됨)	أَشْعُرُ بِقَلَقِ أُمِّي أَكْثَرَ مِنْ قَلَقِ أَبِي.

B. 첨가동사가 사용된 비교급 문장의 예

우리는 너희들보다 더 많은 것을 배웠다. (أَكْثَر 가 부동족 목적어, تَعَلُّمًا 이 생략되었다고 본다)	تَعَلَّمْنَا أَكْثَرَ مِنْكُمْ.
이 학생은 부지런함에 있어서는 저 학생보다 더 부지런한다. (اجْتِهَادًا 이 생략되었다고 본다)	هَذَا الطَّالِبُ يَجْتَهِدُ أَكْثَرَ مِنْ ذَلِكَ.
그는 아침보다 저녁을 더 좋아한다. (أَكْثَر 가 부동족 목적어, حُبًّا 이 생략되었다고 본다)	يُحِبُّ الْمَسَاءَ أَكْثَرَ مِنَ الصَّبَاحِ.
나는 어른들보다 아이들을 더 많이 돕는다. (أَكْثَر 가 부동족 목적어, مُسَاعَدَةً 이 생략되었다고 본다)	أُسَاعِدُ الْأَوْلَادَ أَكْثَرَ مِنَ الْكِبَارِ.
사람들이 전화로 이전보다 더 적게 통화한다. (أَقَلّ 가 부동족 목적어, تَكَلُّمًا 이 생략되었다고 본다)	يَتَكَلَّمُ النَّاسُ بِالتِّلِيفُونِ أَقَلَّ مِنْ قَبْلُ.
무함마드는 다른 사람들 보다 더 준비가 되어있다. (أَكْثَر 가 부동족 목적어, اسْتِعْدَادًا 이 생략되었다고 본다)	مُحَمَّدٌ اسْتَعَدَّ لِلِامْتِحَانِ أَكْثَرَ مِنَ الْآخَرِينَ.
이 노래는 다른 남은 노래들보다 더 적게 들려진다. (수동분사) (اسْتِمَاعًا 이 생략되었다고 본다)	تُسْتَمَعُ هَذِهِ الْأُغْنِيَةُ أَقَلَّ مِنْ بَقِيَّةِ الْأَغَانِي.

** 동사 대신 분사가 사용된 비교급 문장

위의 B.문장은 그 동사를 아래와 같이 능동분사 혹은 수동분사로 바꿀 수 있는 경우가 많다. 이 경우 능동분사 혹은 수동분사가 문장의 술어로 사용되고 그 뒤에 우선급 명사가 부동족 목적어로 와서 목적격 격변화를 한다.

이 학생은 부지런함에 있어서는 저 학생보다 더 부지런한다. (اجْتِهَادًا 이 생략되었다고 본다)	هَذَا الطَّالِبُ مُجْتَهِدٌ أَكْثَرَ مِنْ ذَلِكَ.
그는 아침보다 저녁을 더 좋아한다. (أَكْثَر 가 부동족 목적어, حُبًّا 이 생략되었다고 본다)	هُوَ مُحِبٌّ لِلْمَسَاءِ أَكْثَرَ مِنَ الصَّبَاحِ.
이 노래는 다른 남은 노래들보다 더 적게 들려진다. (수동분사) (اسْتِمَاعًا 이 생략되었다고 본다)	هَذِهِ الْأُغْنِيَةُ مُسْتَمَعَةٌ أَقَلَّ مِنْ بَقِيَّةِ الْأَغَانِي.

다른 예들

이 단체는 저 단체보다 온건함에 있어 더 온건하다.	هَذِهِ الْجَمَاعَةُ مُعْتَدِلَةٌ أَكْثَرَ مِنْ تِلْكَ. *(≠ تَعْتَدِلُ)
그 의사는 그 환자보다 더 서두른다.	الطَّبِيبُ مُسْتَعْجِلٌ أَكْثَرَ مِنَ الْمَرِيضِ.
이 남자는 다른 어떤 사람보다 더 존경받는다.	هَذَا الرَّجُلُ مُحْتَرَمٌ أَكْثَرَ مِنْ أَيِّ شَخْصٍ.
부자들은 가난한 자보다 더 혁명으로부터 유익을 얻는다.	الْأَغْنِيَاءُ مُسْتَفِيدُونَ مِنَ الثَّوْرَةِ أَكْثَرَ مِنَ الْفُقَرَاءِ.
나는 공휴일을 당신보다 더 많이 기다린다.	أَنَا مُنْتَظِرٌ الْإِجَازَةَ أَكْثَرَ مِنْكَ.
그녀는 그녀의 선생님보다 그녀의 친구를 더 좋아한다.	هِيَ مُعْجَبَةٌ بِصَدِيقِهَا أَقَلَّ مِنْ مُدَرِّسِهَا.

→ 위의 * 문장에서 مُعْتَدِل 은 '온건한'의 의미로 사용되었고, 동사형인 اِعْتَدَلَ / يَعْتَدِلُ 의 의미는 주로 '곧바로 펴지다'의 의미로 사용된다. 이처럼 동사의 의미와 분사의 의미가 다르게 사용되는 경우도 있다.

제30과 비교급과 최상급 문장에 대해

** 첨가동사의 분사가 수식어로 사용된 비교급 문장

아래의 문장들은 분사가 수식어로 사용되고 그 뒤에 우선급 명사가 온 경우이다.

나는 이전 골짜기보다 낮은 한 골짜기를 걸었다. (مُنْخَفِضٌ 뒤에 انْخِفَاضًا 이 생략된 것으로 본다)	مَشَيْتُ بِوَادٍ مُنْخَفِضٍ أَقَلَّ مِنْ سَابِقِهِ.
이것은 어떤 책보다 더 널리퍼진 한 책이다. (مُنْتَشِرٌ 뒤에 انْتِشَارًا 이 생략된 것으로 본다)	هَذَا كِتَابٌ مُنْتَشِرٌ أَكْثَرُ مِنْ أَيِّ كِتَابٍ.
이것은 다른 것보다 더 강하게 폭발하는 폭탄이다. (مُنْفَجِرَةٌ 뒤에 انْفِجَارًا 이 생략된 것으로 본다)	هَذِهِ قُنْبُلَةٌ مُنْفَجِرَةٌ أَقْوَى مِنَ الْأُخْرَى.
	الْأَلْمَاسُ مَعْدِنٌ مُسْتَخْرَجٌ أَقَلَّ مِنَ الْمَعَادِنِ الْأُخْرَى.
다이아몬드는 다른 광물보다 덜 채취되는 광물이다. (مُسْتَخْرَجٌ 뒤에 اسْتِخْرَاجًا 이 생략된 것으로 본다)	

(3) 우선급 명사가 수식어(نَعْتٌ)로 사용된 형태

아래의 경우 비교급으로 사용된 우선급 명사가 문장에서 수식어로 사용되었다. 수식어로 사용된 우선급 명사는 수식어임에도 그 앞의 피수식어의 성과 수의 지배를 받지 않고 항상 남성 단수 형태를 취한다. 그러나 격은 앞의 피수식어의 지배를 받는다.

컴퓨터는 많은 것들보다 더 중요한 발명품이다. (أَهَمُّ 는 술어 اخْتِرَاعٌ 의 수식어, 주격, 2격명사)	الْكُمْبِيُوتِرُ اخْتِرَاعٌ أَهَمُّ مِنْ أَشْيَاءَ كَثِيرَةٍ.
엔지니어보다 더 솜씨좋은 한 학생이 왔다. (أَبْرَعُ 는 동사문의 주어 طَالِبٌ 의 수식어, 주격, 2격명사)	جَاءَ طَالِبٌ أَبْرَعُ مِنَ الْمُهَنْدِسِ.
나는 비행기보다 빠른 한 자동차를 보았다. (أَسْرَعُ 는 목적어 سَيَّارَةً 의 수식어, 목적격, 2격명사)	رَأَيْتُ سَيَّارَةً أَسْرَعَ مِنَ الطَّائِرَةِ.
나는 코끼리보다 덩치가 큰 한 친구를 환영했다. (أَضْخَمُ 는 صَدِيقٍ 의 수식어, 소유격, 2격명사)	رَحَّبْتُ بِصَدِيقٍ أَضْخَمَ مِنَ الْفِيلِ.
나는 내 친구의 자동차보다 더 비싼 한 자동차를 구입했다.	اشْتَرَيْتُ سَيَّارَةً أَغْلَى مِنْ سَيَّارَةِ صَدِيقِي.
우리는 알렉산드리아보다 더 큰 한 도시에 대해서 읽었다. (We read about a bigger city than Alexandria.)	قَرَأْنَا عَنْ مَدِينَةٍ أَكْبَرَ مِنَ الْإِسْكَنْدَرِيَّةِ.
이것은 큰 건물이다. 그러나 저것은 더 큰 건물이다.	هَذَا بِنَاءٌ كَبِيرٌ، لَكِنَّ ذَلِكَ بِنَاءٌ أَكْبَرُ.
내 집은 적고 내 친구는 더 작은 집을 가지고 있다.	بَيْتِي صَغِيرٌ وَعِنْدَ صَدِيقِي بَيْتٌ أَصْغَرُ.
	الْهَاتِفُ جَهَازٌ صَغِيرٌ، لَكِنَّ الْهَاتِفَ الْمَحْمُولَ جَهَازٌ أَصْغَرُ.
전화는 작은 제품이지만 핸드폰은 더 작은 제품(smaller device)이다.	
	الْإِسْكَنْدَرِيَّةُ مَدِينَةٌ كَبِيرَةٌ، لَكِنَّ الْقَاهِرَةَ مَدِينَةٌ أَكْبَرُ.
알렉산드리아는 큰 도시이지만 카이로는 더 큰 도시(bigger city)이다.	

(4) 우선급 명사가 제 2 목적어(مَفْعُولٌ بِهِ ثَانٍ)로 사용된 형태

우선급 명사가 생각과 확신의 동사가 문장의 동사로 사용된 문장의 제 2 목적어로 사용된다.

그는 그가 사랑하는 그 여인이 다른 모든 여자들보다 아름답다고 생각한다. (مَفْعُولٌ بِهِ ثَانٍ이 제 2 목적어 أَجْمَلُ).	يَرَى حَبِيبَتَهُ أَجْمَلَ مِنْ كُلِّ النِّسَاءِ.
그녀는 그녀의 등급(성적)이 그녀의 친구보다 더 높다고 생각했다. (مَفْعُولٌ بِهِ ثَانٍ가 제 2 목적어 أَعْلَى).	حَسِبَتْ دَرَجَتَهَا أَعْلَى مِنْ صَدِيقِهَا.
나는 카이로가 알렉산드리아보다 크다고 생각한다.	أَظُنُّ الْقَاهِرَةَ أَكْبَرَ مِنَ الْإِسْكَنْدَرِيَّةِ.
국민들은 빵을 모든 것보다 더 중요하게 생각한다.	يَعْتَبِرُ الْمُوَاطِنُونَ الْخُبْزَ أَهَمَّ مِنْ كُلِّ شَيْءٍ.

2) 특별한 형태의 우선급 명사가 사용된 비교급 문장

خَيْرٌ 과 شَرٌّ 는 أَفْعَلُ 패턴이 아닌 'أ'가 생략된 패턴의 우선급 명사이다. 이 단어들의 이론적인 우선급 형태는 أَشَرُّ, أَخْيَرُ 인데 이런 형태로 사용되지 않고 각각 شَرٌّ, خَيْرٌ 로 사용된다.

기도가 잠자는 것보다 낫다.	الصَّلَاةُ خَيْرٌ[1] مِنَ النَّوْمِ.
충성된 개는 개 같은 친구보다 낫다.	كَلْبٌ صَدِيقٌ خَيْرٌ مِنْ صَدِيقٍ كَلْبٍ.
너희는 사람들을 위해 생긴 가장 나은 공동체이다. (꾸란 3:110) (최상급의 의미)	كُنْتُمْ خَيْرَ أُمَّةٍ أُخْرِجَتْ لِلنَّاسِ.
거짓말이 살인보다 더 나쁘다.	الْكَذِبُ شَرٌّ[2] مِنَ الْقَتْلِ.
내가 알라신의 벌로써 그보다 더 악한 것을 너희들에게 알려줄까? (꾸란 5:60)	هَلْ أُنَبِّئُكُمْ بِشَرٍّ مِّن ذَٰلِكَ مَثُوبَةً عِندَ اللَّهِ؟

** 위의 خَيْرٌ 과 شَرٌّ 이외에 حَبَّ 도 특별한 형태의 우선급 명사라고 문법책에 기록되어 있지만 오늘날 حَبَّ 는 비교급으로 사용되지 않고 أَحَبُّ 가 사용된다.

내 아이들이 다른 모든 것 보다 내가 더 사랑하는 것이다.	أَوْلَادِي أَحَبُّ إِلَيَّ مِنْ كُلِّ شَيْءٍ.
아랍어는 영어보다 내가 더 사랑한다.	اللُّغَةُ الْعَرَبِيَّةُ أَحَبُّ إِلَيَّ مِنَ اللُّغَةِ الْإِنْجِلِيزِيَّةِ.
가장 나은 사람들은 사람들을 더 사랑하는 사람들이다. (The best people are the ones who love people more.)	أَفْضَلُ النَّاسِ أَحَبُّهُمْ لِلنَّاسِ.

---

[1] خَيْرٌ مِنْ = أَفْضَلُ مِنْ ...보다 나은(better than)   خَيْرٌ 선한(good) ; 선함
[2] شَرٌّ مِنْ = أَسْوَأُ مِنْ ...보다 나쁜, 악한(worse than)   شَرٌّ 악(evil)

제30과 비교급과 최상급 문장에 대해

3) مِن 뒤에 문장이 오는 경우

비교급 문장에 사용되는 مِن 뒤에는 주로 비교의 객체(مُفَضَّلٌ عَلَيْهِ) 명사가 온다. 그러나 때때로 그 자리에 명사 단어가 아닌 문장이 와야 할 경우에는 관계대명사 مَنْ 과 مَا 를 사용한다. 각각의 형태를 축약형으로 사용하여 مِمَّنْ 과 مِمَّا 형태로 사용한다.

الشَّخْصُ الْمَوْهُوبُ يَلْعَبُ أَفْضَلَ مِمَّنْ يَتَدَرَّبُ.	재능이 있는 사람이 훈련된 사람보다 더 운동을 잘한다.
أَنَا الْآنَ أَطْوَلُ مِمَّنْ وُلِدَ مَعِي.	나는 나와 함께 태어난 사람보다 더 키가 크다. (쌍둥이 중의 한 사람이 하는 말)
صَارَ مَارك زوكربرج أَغْنَى مِمَّنْ بَدَأَ فِكْرَةَ الْفِيسِ بُوك	마크 저크버그는 페이스 북의 아이디어를 시작한 사람보다 더 부자가 되었다.

مُحَمَّدٌ يُحِبُّ نُقُودَهُ أَكْثَرَ مِمَّا يُحِبُّ خَطِيبَتَهُ.	무함마드는 그의 약혼녀를 사랑함보다 그의 돈을 더 사랑한다.
أَصْبَحَ مَنْصُورٌ أَغْنَى مِمَّا ظَنَّ.	만수르는 그가 생각했던 것 보다 더 부자가 되었다.
أَعْطَتْ مَرْيَمُ خَالِدًا طَعَامًا أَقَلَّ مِمَّا يَحْتَاجُ إِلَيْهِ.	마리얌은 칼리드에게 그가 필요한 것보다 더 적은 음식을 주었다.
أَصْبَحَ الْبَطَلُ أَقْوَى مِمَّا كَانَ عَلَيْهِ.	그 챔피언은 그가 되곤했던 것보다 더 강하게 되었다. (여기서 كَانَ 는 일반동사(كَانَ التَّامَّة)이다.)
مَدِينَةُ الْقَاهِرَةِ فِيهَا ازْدِحَامٌ أَكْثَرَ مِمَّا فِي الْإِسْكَنْدَرِيَّةِ.	카이로 도시는 알렉산드리아에서의 복잡함보다 더 복잡함이 있다.
هَذَا الْأَسَدُ الْكَبِيرُ أَصْبَحَ أَضْعَفَ مِمَّا يَجِبُ عَلَى مَلِكِ الْغَابَةِ.	그 늙은 사자는 숲속의 왕이 마땅히 되어야 하는 것보다 더 약하게 되었다.

2. 최상급(Superlative) 문장에 대해

최상급을 만드는 방식은 크게 두 가지이다. 먼저는 우선급 명사(اسْمُ التَّفْضِيل)에 정관사 الـ 을 붙여서 최상급을 만드는 경우와 우선급 명사(اسْمُ التَّفْضِيل) 뒤에 후연결어(مُضَافٌ إِلَيْهِ)를 사용하여 최상급을 만드는 두 경우이다.

1) 우선급 명사(اسْمُ التَّفْضِيل)에 정관사 'الـ'을 붙여 최상급을 만드는 경우

이 경우 비교의 객체가 사용되지 않기에 일반적인 의미의 최상 즉, '가장 …한'의 의미를 가진다.
이 경우 الـ 뒤에 온 우선급 명사의 성과 수가 주어와 일치해야 한다.

그는 그의 집안 사람중에 가장 키가 크다. (남성) (He is the tallest in his family.)	هُوَ الأَطْوَلُ فِي أَهْلِهِ.
그녀는 그녀의 집안 사람중에 가장 키가 크다. (여성) (She is the tallest in her family.)	هِيَ الطُّولَى فِي أَهْلِهَا.
이것은 가장 큰 것이다. (남성) 이 사람은 가장 큰 사람이다.(나이 혹은 덩치)	هَذَا هُوَ الأَكْبَرُ.
이것은 가장 큰 것이다. (여성) 이 사람은 가장 큰 사람이다.(나이 혹은 덩치)	هَذِهِ هِيَ الكُبْرَى.

우선급 명사에 정관사 'الـ'을 붙여서 최상급을 만드는 방식은 기본적인 최상급 문장이다. 이 책 제Ⅰ권 '우선급 명사에 대해' 부분에서 기본적인 최상급 문장을 다루었다.

** 구어체 아랍어(암미야)식 표현법

구어체 아랍어(암미야)의 최상급 문장에서는 우선급 명사의 성과 수를 구분하지 않고 모두 남성 단수 형태를 사용한다. 오늘날 미디어 아랍어 등의 문어체 아랍어(푸스하)에서도 이러한 구어체 아랍어의 영향으로 우선급 명사의 성과 수를 구분하지 않고 사용하는 것을 볼 수 있다.

그 소녀가 가장 아름답다.	البِنْتُ هِيَ الأَجْمَلُ.
아랍어는 가장 어렵다.	اللُّغَةُ العَرَبِيَّةُ هِيَ الأَصْعَبُ.
기자의 피라미드는 가장 오래되었다.	الأَهْرَامَاتُ هِيَ الأَقْدَمُ.

** 'الـ' 이 없는 우선급 명사가 최상급의 의미를 가진 경우

한편 아래 문장들은 'الـ + 우선급 명사' 형태가 아니지만 최상급의 의미를 가질 수 있는 문장이다.
아래 문장은 괄호 안의 내용이 생략되었다고 보면 문장을 이해하기 쉽다.

알라신은 가장 위대하다 (God is the greatest.)	اللهُ أَكْبَرُ. (= اللهُ أَكْبَرُ مِنَ الكُلِّ.)
내 아들이 가장 낫다.(비교의 대상이 없기 때문에 문맥에 따라 비교급 혹은 최상급의 의미가 될 수 있다.)	ابْنِي أَحْسَنُ. (= ابْنِي أَحْسَنُ ابْنٍ فِي الوُجُودِ.)
그가 가장 똑똑하다.(비교의 대상이 없기 때문에 문맥에 따라 비교급 혹은 최상급의 의미가 될 수 있다.)	هُوَ أَذْكَى.

제30과 비교급과 최상급 문장에 대해

2) 우선급 명사(اسْمُ التَّفْضِيل) 뒤에 후연결어(مُضَافٌ إِلَيْه)가 와서 최상급의 의미가 되는 경우

우선급 명사 뒤에 후연결어가 와서 비교하고 싶은 사물(비교의 주체)을 그것이 속해 있는 종류 전체(비교의 객체) 가운데서 비교하는 의미이다. 즉 '그 종류 가운데서는 가장 …한' 의 의미를 가지며, 따라서 최상급의 의미가 된다. 이 경우의 문장은 후연결어의 한정 여부에 따라 두 경우로 나뉜다. 즉 ①과 같이 우선급 명사 뒤에 비한정 명사가 후연결어로 오는 경우(الْمُضَافُ إِلَى نَكِرَة)와, ②와 같이 우선급 명사 뒤에 한정명사가 후연결어로 오는 경우(الْمُضَافُ إِلَى مَعْرِفَة)로 나뉜다.

①	이것은(이 책은) 가장 나은 책이다. (This is the best book.)	هَذَا أَحْسَنُ كِتَابٍ.
②		هَذَا أَحْسَنُ الْكُتُبِ.

(1) 비한정 명사가 후연결어로 오는 경우 (الْمُضَافُ إِلَى نَكِرَة)

아래는 우선급 명사 뒤에 오는 후연결어(비교의 객체, مُفَضَّلٌ عَلَيْه)가 비한정 형태인 경우이다. 이 때의 우선급 명사는 주어의 성(性)과 수(數)에 관계없이 **항상 우선급의 남성 단수 형태를 취한다**. 우선급 명사는 변화하지 않지만 **후연결어**(비교의 객체, مُفَضَّلٌ عَلَيْه)는 **주어**(비교의 주체, مُفَضَّلٌ)의 성과 **수에 따라 변화한다**. 즉 비교의 객체가 여성이거나 쌍수 혹은 복수일 경우 아래에서 처럼 변화한다.

이것은(이 책은) 가장 나은 책이다. (This is the best book.) (كِتَابٌ 이 비한정 명사이다.)	هَذَا أَحْسَنُ كِتَابٍ. c + b + a
a – 비교의 주체 (مُفَضَّلٌ) b – 우선급 명사 اسْمُ التَّفْضِيل c – 비교의 객체 (مُفَضَّلٌ عَلَيْه)	

→ 위의 문장에서 أَحْسَنُ 는 명사문의 술어(خَبَر)로 사용되었다.
→ 위의 첫번째 문장의 배열이 هَذَا كِتَابٌ أَحْسَنُ 가 되면 '이것은 더 좋은 책이다.(a better book)'의 의미가 된다.

다른 예들

남성 단수	싸미르는 가장 작은 학생이다.	سَمِيرٌ أَصْغَرُ طَالِبٍ.
여성 단수	라일라는 가장 작은 여학생이다.	لَيْلَى أَصْغَرُ طَالِبَةٍ.
남성 쌍수	싸미르와 무함마드는 가장 작은 두 학생들이다.	سَمِيرٌ وَمُحَمَّدٌ أَصْغَرُ طَالِبَيْنِ.
여성 쌍수	라일라와 모나는 가장 작은 두 여학생들이다.	لَيْلَى وَمُنَى أَصْغَرُ طَالِبَتَيْنِ.
남성 복수	싸미르와 무함마드와 카말은 가장 작은 학생들이다.	سَمِيرٌ وَمُحَمَّدٌ وَكَمَالٌ أَصْغَرُ طُلَّابٍ.
여성 복수	라일라와 모나와 호다는 가장 작은 여학생들이다.	لَيْلَى وَمُنَى وَهُدَى أَصْغَرُ طَالِبَاتٍ.
남성 단수	그 책은 가장 좋은 친구이다.	الْكِتَابُ أَفْضَلُ صَدِيقٍ.
남성 쌍수	그 두 책은 가장 좋은 두 친구이다.	الْكِتَابَانِ أَفْضَلُ صَدِيقَيْنِ.
복수	그 책들은 가장 좋은 친구들이다.	الْكُتُبُ أَفْضَلُ أَصْدِقَاءَ.
남성 쌍수	빛과 소리가 가장 빠른 두 가지이다.	الضَّوْءُ وَالصَّوْتُ أَسْرَعُ شَيْئَيْنِ.

(2) 한정명사가 후연결어로 오는 경우 (الْمُضَافُ إِلَى مَعْرِفَةٍ)

아래는 우선급 명사 뒤에 오는 후연결어(비교의 객체, مُفَضَّلٌ عَلَيْهِ)가 한정 형태인 경우이다. 이 문장에서 후연결어(비교의 객체, مُفَضَّلٌ عَلَيْهِ)는 항상 한정 형태의 복수(남성 복수 혹은 여성 복수) 명사를 취한다.

여기서 주목할 것은 우선급 명사의 변화이다. 주어(비교의 주체, مُفَضَّلٌ)의 성이 여성일 경우 우선급 명사는 남성 형태 혹은 여성 형태 둘 다 가능하고, 주어가 쌍수나 복수일 경우 그 수에 따라 우선급 명사의 변화가 가능하다는 것이다. (단 주어가 사물 복수일 경우는 예외이다.)
하지만 비교의 객체는 항상 복수 한정형태를 취한다.(남성복수 혹은 여성복수)
(우선급 명사가 여성이나 쌍수 복수의 형태를 취할 수 있지만 많이 사용되는 것은 아니다. 따라서 우선급 명사의 단수형태를 중심으로 공부하도록 하자.)
 (우선급 명사의 여성형과 복수형 변화에 대해서는 이 책 제Ⅰ권 '우선급 명사에 대해' 부분에 기록하고 있다. 거기에서 다시 확인하라.)

이것은(이 책은) 가장 나은 책이다. (This is the best book.) (الْكُتُبِ 가 한정명사이다.)	هَذَا أَحْسَنُ الْكُتُبِ. C + b + a
a – 비교의 주체 (مُفَضَّلٌ) b – 우선급 명사 اسْمُ التَّفْضِيلِ c – 비교의 객체 (مُفَضَّلٌ عَلَيْهِ)	

→ 위의 문장에서 أَحْسَنُ 는 명사문의 술어(خَبَرٌ)로 사용되었다.

a. 주어가 사람인 경우의 예들

남성 단수	싸미르는 가장 작은 학생이다. (Samir is the smallest student.)	سَمِيرٌ أَصْغَرُ الطُّلَّابِ.
여성 단수	라일라는 가장 작은 여학생이다. (Laila is the smallest student.)	لَيْلَى أَصْغَرُ الطَّالِبَاتِ. لَيْلَى صُغْرَى الطَّالِبَاتِ.
남성 쌍수	싸미르와 무함마드는 가장 작은 두 학생들이다. (أَصْغَرَا 는 أَصْغَرُ의 쌍수 أَصْغَرَانِ 에서 نِ 이 탈락.)	سَمِيرٌ وَمُحَمَّدٌ أَصْغَرُ الطُّلَّابِ. سَمِيرٌ وَمُحَمَّدٌ أَصْغَرَا الطُّلَّابِ.
여성 쌍수	라일라와 모나는 가장 작은 두 여학생들이다. (صُغْرَيَا 는 صُغْرَى 의 쌍수 صُغْرَيَانِ 에서 نِ 이 탈락)	لَيْلَى وَمُنَى أَصْغَرُ الطَّالِبَاتِ. لَيْلَى وَمُنَى صُغْرَيَا الطَّالِبَاتِ.
남성 복수	싸미르와 무함마드와 카말은 가장 작은 학생들이다. (أَصْغَرُو 는 أَصْغَرُ 의 규칙복수형에서 نِ 이 탈락된 형태이고 أَصَاغِرُ 는 أَصْغَرُ 의 불규칙 복수형이다.)	سَمِيرٌ وَمُحَمَّدٌ وَكَمَالٌ أَصْغَرُ الطُّلَّابِ. سَمِيرٌ وَمُحَمَّدٌ وَكَمَالٌ أَصْغَرُو الطُّلَّابِ. سَمِيرٌ وَمُحَمَّدٌ وَكَمَالٌ أَصَاغِرُ الطُّلَّابِ.
여성 복수	라일라와 모나와 호다는 가장 작은 여학생들이다. (صُغْرَيَاتٌ 는 صُغْرَى 의 복수형이다.)	لَيْلَى وَمُنَى وَهُدَى أَصْغَرُ الطَّالِبَاتِ. لَيْلَى وَمُنَى وَهُدَى صُغْرَيَاتُ الطَّالِبَاتِ.

제30과 비교급과 최상급 문장에 대해

남성 단수	그는 가장 나은 남자이다. (He is the best man.)	هُوَ أَفْضَلُ الرِّجَالِ.
여성 단수	그녀는 가장 나은 여자이다. (She is the best woman.)	هِيَ أَفْضَلُ النِّسَاءِ.
		هِيَ فُضْلَى النِّسَاءِ.
남성 쌍수	그들 두 사람(m.)은 가장 나은 남자들이다. (أَفْضَلاَ 는 أَفْضَلُ 의 쌍수 أَفْضَلاَنِ 에서 ن 탈락형이다.)	هُمَا أَفْضَلُ الرِّجَالِ.
		هُمَا أَفْضَلاَ الرِّجَالِ.
여성 쌍수	그들 두 사람(f.)은 가장 나은 여자들이다. (فُضْلَيَا 는 فُضْلَى 의 쌍수 فُضْلَيَانِ 에서 ن 탈락형이다.)	هُمَا أَفْضَلُ النِّسَاءِ.
		هُمَا فُضْلَيَا النِّسَاءِ.
남성 복수	그들은(m.) 가장 나은 남자들이다. (أَفْضَلُو 는 أَفْضَلُ 의 규칙복수형에서 ن 탈락형이며, أَفَاضِلُ 는 أَفْضَلُ 의 규칙 복수형이다.)	هُمْ أَفْضَلُ الرِّجَالِ.
		هُمْ أَفْضَلُو الرِّجَالِ.
		هُمْ أَفَاضِلُ الرِّجَالِ.
여성 복수	그녀들은(f.) 가장 나은 여자들이다. (فُضْلَيَاتٌ 는 أَفْضَلُ 의 여성꼴 فُضْلَى 의 복수형이다.)	هُنَّ أَفْضَلُ النِّسَاءِ.
		هُنَّ فُضْلَيَاتُ النِّسَاءِ.

→ 위의 الرِّجَال 과 النِّسَاء 대신에 النَّاس 를 사용해도 된다.

b. 주어가 사물인 경우의 예들

남성 단수	그 책은 가장 좋은 친구이다.	الْكِتَابُ أَفْضَلُ الْأَصْدِقَاءِ.
남성 쌍수	그 두 책은 가장 좋은 두 친구이다. (أَفْضَلاَ 는 أَفْضَلُ 의 쌍수 أَفْضَلاَنِ 에서 ن 이 탈락.)	الْكِتَابَانِ أَفْضَلُ الْأَصْدِقَاءِ.
		الْكِتَابَانِ أَفْضَلاَ الْأَصْدِقَاءِ.
복수	그 책들은 가장 좋은 친구들이다. (사물복수에 대한 비교급 문장에서는 أَفْضَلُو 나 أَفَاضِل 혹은 فُضْلَى 형태를 사용하지 않는다.)	الْكُتُبُ أَفْضَلُ الْأَصْدِقَاءِ.
남성 쌍수	빛과 소리가 가장 빠른 두 가지이다.	الضَّوْءُ وَالصَّوْتُ أَسْرَعُ الْأَشْيَاءِ.
		الضَّوْءُ وَالصَّوْتُ أَسْرَعَا الْأَشْيَاءِ.
남성 쌍수	메카와 메디나는 가장 명예로운 두 도시이다.	مَكَّةُ وَالْمَدِينَةُ أَشْرَفُ الْمُدُنِ.
		مَكَّةُ وَالْمَدِينَةُ أَشْرَفَا الْمُدُنِ.

** 위의 최상급 표현방식이 복잡한 것이 사실이다. 위의 (1)과 (2)의 내용을 단순화 하면 '우선급 명사 + 비한정 단수', '우선급 명사 + 한정 복수'라고 할 수 있다. 즉 (1)의 방식이 후연결어가 비한정 단수로 사용된 경우이고 (2)의 방식이 후연결어가 한정 복수로 사용된 경우이다.

다른 예들

앞의 (1)과 (2)의 경우의 예를 각각 아래의 ①과 ②에 기록하였다. 여기에서 주어가 단수인 경우 술어에는 '우선급 명사 + 비한정 단수' 혹은 '우선급 명사 + 한정 복수'가 온다.

당신은 가장 머리 좋은 학생이다. (You are the most intelligent student.)	①	أَنْتَ أَذْكَى طَالِبٍ.
	②	أَنْتَ أَذْكَى الطُّلَّابِ.
그녀는 가장 아름다운 여자이다. (She is the most beautiful girl.)	①	هِيَ أَجْمَلُ بِنْتٍ.
	②	هِيَ أَجْمَلُ الْبَنَاتِ.
빛은 가장 빠른 것이다.	①	الضَّوْءُ أَسْرَعُ شَيْءٍ.
	②	الضَّوْءُ أَسْرَعُ الْأَشْيَاءِ.
메카는 무슬림들에게 가장 중요한 도시이다.	①	مَكَّةُ أَهَمُّ مَدِينَةٍ بِالنِّسْبَةِ لِلْمُسْلِمِينَ.
	②	مَكَّةُ أَهَمُّ الْمُدُنِ بِالنِّسْبَةِ لِلْمُسْلِمِينَ.

** '우선급 명사 + 후연결어'가 세 단어 연결형이 될 경우

아래의 ① 문장과 ② 문장은 같은 의미이다. ①은 비한정 연결형이 사용된 경우이고, ②는 한정형태 연결형이 사용되었다. ②는 첫 번째 후연결어(비교의 객체 مُفَضَّل عَلَيْه)에 복수 명사가 왔다. 이와같이 세 단어 연결형이 사용된 ②의 문장을 ①과 같이 'لِ'을 사용하여 후연결어(비교의 객체 مُفَضَّل عَلَيْه)가 비한정 형태의 문장으로 바꿀 수 있다.

한편 문장 ③은 한정형태의 연결형 문장에서 첫 번째 후연결어가 단수로 온 경우이기에 문장이 성립되지 못한다. '우선급 명사 + 후연결어'가 한정형태일 경우 그 후연결어는 항상 복수로 와야 한다.

아이샤는 그 선지자(무함마드)의 가장 중요한 아내이다. (②의 زَوْجَات의 경우 الـ이 붙어있지 않지만 그 뒤에 후연결어가 있기 때문에 한정형태가 된다.)	①	عَائِشَةُ أَهَمُّ زَوْجَةٍ لِلنَّبِيِّ. (o)
	②	عَائِشَةُ أَهَمُّ زَوْجَاتِ النَّبِيِّ. (o)
	③	عَائِشَةُ أَهَمُّ زَوْجَةِ النَّبِيِّ. (×)
아이샤와 카디자는 그 선지자(무함마드)의 가장 중요한 두 아내이다.	①	عَائِشَةُ وَخَدِيجَةُ أَهَمُّ زَوْجَتَيْنِ لِلنَّبِيِّ. (o)
	②	عَائِشَةُ وَخَدِيجَةُ أَهَمُّ زَوْجَاتِ النَّبِيِّ. (o)
	③	عَائِشَةُ وَخَدِيجَةُ أَهَمُّ زَوْجَةِ النَّبِيِّ. (×)
아이샤와 카디자와 하프사는 그 선지자(무함마드)의 가장 중요한 아내들이다.	①	عَائِشَةُ وَخَدِيجَةُ وَحَفْصَةُ أَهَمُّ زَوْجَاتٍ لِلنَّبِيِّ. (o)
	②	عَائِشَةُ وَخَدِيجَةُ وَحَفْصَةُ أَهَمُّ زَوْجَاتِ النَّبِيِّ. (o)
	③	عَائِشَةُ وَخَدِيجَةُ وَحَفْصَةُ أَهَمُّ زَوْجَةِ النَّبِيِّ. (×)

** مِنْ 이 사용된 최상급 문장

한편 아래와 같이 최상급 조합 앞에 مِنْ 이 사용된 경우 그 의미는 '가장 .. 한 .. 중의 하나'가 된다.

그것은 세계에서 가장 긴 강들 중의 하나이다. (one of the longest rivers)	①	هُوَ مِنْ أَطْوَلِ الأَنْهَارِ فِي الْعَالَمِ.
	②	هُوَ مِنْ أَطْوَلِ أَنْهَارِ الْعَالَمِ.
카이로는 아프리카에서 가장 큰 도시 중의 하나이다. (one of the biggest cities)	①	الْقَاهِرَةُ مِنْ أَكْبَرِ الْمُدُنِ فِي إِفْرِيقِيَا.
	②	الْقَاهِرَةُ مِنْ أَكْبَرِ مُدُنِ إِفْرِيقِيَا.
이것은 세계에서 가장 나은 사진들의 컬렉션이다.	①	هَذِهِ مَجْمُوعَةٌ مِنْ أَفْضَلِ الصُّوَرِ فِي الْبَلَدِ.
	②	هَذِهِ مَجْمُوعَةٌ مِنْ أَفْضَلِ صُوَرِ الْبَلَدِ.

** 우선급 명사 뒤에 복수 접미 인칭대명사가 붙은 경우

우선급 명사 뒤에 복수 인칭접미사가 붙으면 '..가운데서 가장 ..한' 의미의 최상급이 된다.

그는 그 학교의 그들 가운데서 가장 작다.	هُوَ أَصْغَرُهُمْ فِي الْمَدْرَسَةِ.
당신의 막내 누이가 그 여자들 중에서 가장 상냥하다.	أُخْتُكَ الصُّغْرَى هِيَ أَلْطَفُهُنَّ.
그녀가 그 학급의 여자들 중에서 가장 키가 크다.	هِيَ أَطْوَلُهُنَّ فِي الْفَصْلِ.
이 소년은 가장 똑똑한 학생이다.	هَذَا الْوَلَدُ أَذْكَى الطُّلَّابِ.
이 소년은 그들 가운데서 가장 똑똑하다.	هَذَا الْوَلَدُ أَذْكَاهُمْ.
아이샤는 여성들 가운데서 가장 낫다.	عَائِشَةُ أَفْضَلُ النِّسَاءِ.
아이샤는 그들 가운데서 가장 낫다.	عَائِشَةُ أَفْضَلُهُنَّ.
	عَائِشَةُ فُضْلَاهُنَّ.
그 일하고 있는 과학자들이 가장 나은 사람들이다.	الْعُلَمَاءُ الْعَامِلُونَ أَفْضَلُ النَّاسِ.
그 일하고 있는 과학자들이 그들 가운데 가장 나은 사람들이다.	الْعُلَمَاءُ الْعَامِلُونَ أَفْضَلُهُمْ.
	الْعُلَمَاءُ الْعَامِلُونَ أَفْضَلُوهُمْ.
	الْعُلَمَاءُ الْعَامِلُونَ أَفَاضِلُهُمْ.
مُحَمَّدٌ أَحْسَنُ قَوْمِهِ خُلُقًا، وَأَصْدَقُهُمْ حَدِيثًا، وَأَعْظَمُهُمْ أَمَانَةً.	
무함마드는 윤리적으로 그의 종족 가운데서 가장 나은 사람이고, 말에서 그들 가운데서 가장 진실하며, 성실함에서 그들 가운데 가장 위대하다.	

종합 아랍어 문법 II

** '우선급 명사 (اسْمُ التَّفْضِيلِ) + 후연결어 (مُضَافٌ إِلَيْهِ)' 구문의 격변화

비한정 명사가 후연결어로 오는 경우이든, 한정명사가 후연결어로 오는 경우이든 우선급 명사는 문장에서의 용법에 따라 격변화한다.

a. 주격(مَرْفُوعٌ)으로 사용된 경우

최상급의 의미로 사용된 우선급 명사가 문장의 술어로 사용되었다.

| ① | 싸미르는 가장 작은 학생이다.
(Samir is the smallest (youngest) student.) | سَمِيرٌ أَصْغَرُ طَالِبٍ. |
| ② | | سَمِيرٌ أَصْغَرُ الطُّلَّابِ. |

→ 위의 ①과 ②의 의미가 같다.

b. 목적격(مَنْصُوبٌ)으로 사용된 경우

최상급의 의미로 사용된 우선급 명사가 문장의 목적어로 사용되었다.

①	나는 가장 아름다운 소녀를 보았다. (I saw the most beautiful girl.)	رَأَيْتُ أَجْمَلَ بِنْتٍ.
②	나는 가장 아름다운 소녀/소녀들을 보았다. (I saw the most beautiful girl/girls.)	رَأَيْتُ أَجْمَلَ الْبَنَاتِ.
①	나는 가장 좋은 영화를 보았다. (I watched the best film.)	شَاهَدْتُ أَفْضَلَ فِيلْمٍ.
②	나는 가장 좋은 영화/영화들을 보았다. (I watched the best film/films.)	شَاهَدْتُ أَفْضَلَ الْأَفْلَامِ.

→ 위의 ② 문장의 의미가 두 가지로 번역되는 것에 주의하라.

c. 소유격(مَجْرُورٌ)으로 사용된 경우

최상급의 의미로 사용된 우선급 명사가 문장의 소유격 명사로 사용되었다.

①	나는 가장 큰 도시에 대해서 읽었다. (I read about the biggest city.)	قَرَأْتُ عَنْ أَكْبَرِ مَدِينَةٍ.
②	나는 가장 큰 도시/도시들에 대해서 읽었다. (I read about the biggest city/cities.)	قَرَأْتُ عَنْ أَكْبَرِ الْمُدُنِ.
①	나는 가장 어린 교수와 공부하고 있다. (I study with the youngest professor.)	أَدْرُسُ مَعَ أَصْغَرِ أُسْتَاذٍ.
②	나는 가장 어린 교수/교수들과 공부하고 있다. (I study with the youngest professor/professors.)	أَدْرُسُ مَعَ أَصْغَرِ الْأَسَاتِذَةِ.

→ 위의 ② 문장의 의미가 두 가지로 번역되는 것에 주의하라.

** 다음과 같이 후연결어에 동명사가 사용될 경우 단수나 복수에 상관없이 한정형태로 사용할 수 있다.

| 우리는 가장 아름답게 노래했고 제일 멋진 춤을 추었다. | غَنَّيْنَا أَجْمَلَ الْغِنَاءِ وَرَقَصْنَا أَفْضَلَ الرَّقْصِ. |

제30과 비교급과 최상급 문장에 대해

3) 최상급 문장에서 우선급 명사(اسْمُ التَّفْضِيلِ)가 사용되는 기능

최상급의 의미를 가진 우선급 명사는 일반적인 아랍어 명사와 같이 명사문의 주어(مُبْتَدَأ), 동사문의 주어(فَاعِل), 명사문의 술어(خَبَر), 목적어(مَفْعُول بِهِ), 소유격 명사(اسْم مَجْرُور), 연결형에서, 수식어(نَعْت), 부동족 목적어 등 문장에서 여러가지 기능으로 사용될 수 있다. 이에 대해서는 이 책 제Ⅰ권 '우선급 명사에 대해'의 '우선급 명사의 문장에서의 기능' 부분에서 정리하고 있다.

** 최상급의 의미를 가진 우선급 명사가 수식어(نَعْت)로 사용된 여러가지 예들

최상급의 의미를 가진 우선급 명사가 수식어로 사용된 예들을 좀 더 구체적으로 살펴보자. '피수식어 + 우선급 명사'가 한정형태이면 그 의미는 최상급의 의미가 된다. 이 때 수식어로 사용된 우선급 명사(اسْمُ التَّفْضِيلِ)는 일반 수식어와 같이 앞의 피수식어의 성과 수의 지배를 받는다.

이것은 가장 큰 강이다. (남성 단수)	هَذَا هُوَ النَّهْرُ الأَكْبَرُ.
이것은 가장 큰 도시이다. (여성 단수)	هَذِهِ هِيَ الْمَدِينَةُ الْكُبْرَى.

(1) 예문들

가장 큰 형(오빠)은 똑똑하다. (남성 단수)	الأَخُ الأَكْبَرُ ذَكِيٌّ.
가장 큰 두 형(오빠)은 똑똑하다. (쌍수)	الأَخَوَانِ الأَكْبَرَانِ ذَكِيَّانِ.
가장 큰 형(오빠)들은 똑똑하다.(남성 복수)	الإِخْوَةُ الأَكْبَرُونَ أَذْكِيَاءُ. = الإِخْوَةُ الأَكَابِرُ أَذْكِيَاءُ.
가장 큰 누나(언니)는 똑똑하다.(여성 단수)	الأُخْتُ الْكُبْرَى ذَكِيَّةٌ.
가장 큰 두 누나(언니)는 똑똑하다.(여성 쌍수)	الأُخْتَانِ الْكُبْرَيَانِ ذَكِيَّتَانِ.
가장 큰 누나들(언니들)은 똑똑하다. (여성 복수)	الأَخَوَاتُ الْكُبْرَيَاتُ ذَكِيَّاتٌ.
G2 두 국가가 합의했다. (여성 쌍수)	اتَّفَقَتِ الدَّوْلَتَانِ الْعُظْمَيَانِ.
강대국가들이 합의했다. (사물 복수) (여성 사물 복수는 여성 단수로 취급함)	اتَّفَقَتِ الدُّوَلُ الْعُظْمَى.
가장 키가 큰 학생들이 교실에 들어갔다. (남성 복수)	دَخَلَ الْفَصْلَ الطُّلَّابُ الأَطْوَلُونَ.

→ 위의 예들에서 수식어로 사용된 우선급 명사들은 피수식어로 사용된 명사들의 성 수 격의 지배를 받는다.

** 극히 일부 우선급 명사는 남성형과 여성형이 동일한 경우들이 있다. 예) أَشْرَفُ, أَظْرَفُ
그러나 이런 경우는 아주 예외적인 경우이다.

그 가장 존귀한 남자	الرَّجُلُ الأَشْرَفُ
그 가장 존귀한 여자	الْمَرْأَةُ الأَشْرَفُ

(2) 우선급 명사가 쌍수명사를 수식하는 문장의 예들

그들 둘은 가장 나은 학생들이다. (주격)	هُمَا الطَّالِبَانِ الأَفْضَلَانِ.
너희 둘(f.)은 교실에서 가장 작은 소녀이니? (주격)	هَلْ أَنْتُمَا البِنْتَانِ الصُّغْرَيَانِ فِي الْفَصْلِ؟
나는 그 가장 나은 두 소녀를 알고 있다. (목적격)	أَعْرِفُ البِنْتَيْنِ الفُضْلَيَيْنِ.
나는 그 가장 똑똑한 두 남자를 환영했다. (소유격)	رَحَّبْتُ بِالرَّجُلَيْنِ الأَذْكَيَيْنِ.

(3) 우선급 명사가 복수명사를 수식하는 문장의 예들

a. 우선급 명사가 사람 복수명사를 수식하는 경우

그들은 가장 큰(가장 나이가 많은) 학생들이다.	هُمُ الطُّلَّابُ الأَكْبَرُونَ.
나는 그 가장 큰(가장 나이가 많은) 학생들을 대하는 것을 좋아한다. (소유격)	أُحِبُّ التَّعَامُلَ مَعَ الطُّلَّابِ الأَكْبَرِينَ.
나는 그 가장 나은 여자들(f. pl.)을 보았다. (목적격)	رَأَيْتُ الْبَنَاتِ الفُضْلَيَاتِ.
우리들은 그 가장 아름다운 여자 선생님들과 함께 공부한다. (소유격)	دَرَسْنَا مَعَ الْمُدَرِّسَاتِ الحُسْنَيَاتِ.
나는 다른 여교수들의 가르침을 선호한다. (소유격)	أُفَضِّلُ تَدْرِيسَ الأُسْتَاذَاتِ الأُخْرَيَاتِ.

b. 우선급 명사가 사물 복수명사를 수식하는 경우

그 가장 작은 자동차들은 학교 앞에 있다. (주격)	السَّيَّارَاتُ الصُّغْرَى أَمَامَ الْمَدْرَسَةِ.
나는 그 가장 나은 책들을 읽었다. (목적격)	قَرَأْتُ الْكُتُبَ الفُضْلَى.
그들은 그 가장 위대한 도시들로 여행을 했다. (소유격)	سَافَرُوا إِلَى الْمُدُنِ العُظْمَى.

(4) 우선급 명사 (اسْمُ التَّفْضِيل)가 최상급 의미의 수식어로 사용된 일반 용어들

알렉산더 대제	الإِسْكَنْدَرُ الأَكْبَرُ
기자의 3대 피라미드의 이름 (각각 쿠푸 왕/ 카프레 왕 / 멘카우레 왕의 피라미드를 의미)	الْهَرَمُ الأَكْبَرُ/ الْهَرَمُ الأَوْسَطُ/ الْهَرَمُ الأَصْغَرُ
대법원	الْمَحْكَمَةُ الْعُلْيَا
대 카이로, 광역 카이로	الْقَاهِرَةُ الْكُبْرَى
중동	الشَّرْقُ الأَوْسَطُ
중세	الْقُرُونُ الْوُسْطَى
중부 유럽	أُورُوبَّا الْوُسْطَى
소아시아	آسْيَا الصُّغْرَى
강대국들/ 약소국들	الدُّوَلُ الْكُبْرَى/ الصُّغْرَى
강대국들(Powers)	الدُّوَلُ الْعُظْمَى
대영제국	بَرِيطَانِيَا الْعُظْمَى
대 모래 바다(사하라 사막의)	بَحْرُ الرِّمَالِ الأَعْظَمُ
최고기온	دَرَجَةُ الْحَرَارَةِ الْعُظْمَى
최저기온	دَرَجَةُ الْحَرَارَةِ الصُّغْرَى
중부 아메리카(Centeral America)	أَمْرِيكَا الْوُسْطَى
이 생(life in this world) (أَدْنَى 의 우선급 명사 여성형)	الْحَيَاةُ الدُّنْيَا

** 아래 문장들을 비교해 보라.

나는 한 아름다운 소녀를 보았다. (I saw a beautiful girl.)	رَأَيْتُ بِنْتًا جَمِيلَةً.
나는 더 아름다운 한 소녀를 보았다. (I saw a more beautiful girl.)	رَأَيْتُ بِنْتًا أَجْمَلَ.
나는 가장 아름다운 소녀를 보았다. (I saw the most beautiful girl.)	رَأَيْتُ الْبِنْتَ الْجُمْلَى.
나는 가장 아름다운 소녀를 보았다. (I saw the most beautiful girl.)	رَأَيْتُ أَجْمَلَ بِنْتٍ.
나는 가장 아름다운 소녀/ 소녀들을 보았다. (I saw the most beautiful girl/girls.)	رَأَيْتُ أَجْمَلَ الْبَنَاتِ.
나는 가장 아름다운 소녀들을 보았다. (I saw the most beautiful girls.)	رَأَيْتُ جُمْلَيَاتِ الْبَنَاتِ.

4) 우선급 명사(اسْمُ التَفْضِيل)뒤에 문장이 후연결어로 오는 경우

우선급 명사 뒤의 후연결어(مُضَافٌ إِلَيْهِ) 자리에 مَنْ 혹은 مَا 가 이끄는 관계대명사절(節)이 와서 최상급의 의미가 되는 경우이다. 이 때 مَنْ 과 مَا 가 후연결어(مُضَافٌ إِلَيْهِ)로 간주되고, 그 뒤의 관계대명사 절(節)은 관계종속절(جُمْلَةُ صِلَةٍ)이라 한다. 따라서 앞의 2)의 (2)에 나와있는 한정명사가 후연결어로 오는 경우와 문장의 원리가 같다. (한편 مَا 의 경우 그 뒤의 절(節)이 관계종속절이 아니라 풀어쓴 동명사 절로 보아야 할 경우도 있다.)

(1) '우선급 명사 + مَنْ 관계대명사절'

당신(f.)은 내 말을 이해하는 사람가운데서 (이해가) 가장 빠르다.	أَنْتِ أَسْرَعُ مَنْ يَفْهَمُ كَلَامِي.
가장 먼저 그렇게 요구한 사람은 카말이다.	أَوَّلُ مَنْ طَلَبَ ذَلِكَ كَمَالٌ.
우리는 혁명을 가장 먼저 촉구한 사람을 모른다. (أَوَّلَ 가 목적격으로 사용되었다.)	لَا نَعْرِفُ أَوَّلَ مَنْ دَعَا إِلَى الثَّوْرَةِ.
혁명 이전 이집트를 가장 마지막으로 통치한 사람은 무바락이다.	آخِرُ مَنْ حَكَمَ مِصْرَ قَبْلَ الثَّوْرَةِ كَانَ مُبَارَكَ.
모바일 폰을 만드는 가장 좋은 회사는 삼성이다.	أَفْضَلُ مَنْ يَصْنَعُ الْمَحْمُولَ شَرِكَةُ سَامْسُونج.
그 한국 소녀는 파티에 참석한 사람 가운데 가장 아름답다.	الْبِنْتُ الْكُورِيَّةُ هِيَ أَجْمَلُ مَنْ حَضَرَ الْحَفْلَةَ.

(2) '우선급 명사 + مَا 관계대명사 절'

이것은 내가 읽은 것 가운데 가장 어려운 것이다.	هَذَا أَصْعَبُ مَا قَرَأْتُهُ. (أَوْ مَا قَرَأْتُ).
내가 가장 먼저 행한 것은 일하러 가는 것이다.	أَوَّلُ مَا فَعَلْتُهُ الذَّهَابُ لِلْعَمَلِ.
룩소르는 우리가 이집트에서 방문한 곳 가운데 가장 좋은 곳이다.	الْأَقْصُرُ أَفْضَلُ مَا زُرْنَا فِي مِصْرَ.
아랍어는 내 인생에서 발견한 가장 아름다운 것이다.	اللُّغَةُ الْعَرَبِيَّةُ أَجْمَلُ مَا وَجَدْتُ فِي حَيَاتِي.
내가 공부한 것 가운데 가장 어려운 것은 아랍어이다. (أَصْعَبَ 가 목적격으로 사용되었다.)	إِنَّ أَصْعَبَ مَا دَرَسْتُ اللُّغَةُ الْعَرَبِيَّةُ.
그는 가장 완성된 모습으로 그의 숙제를 했다. (أَتَمِّ 가 소유격으로 사용되었다.)	كَتَبَ وَاجِبَاتِهِ عَلَى أَتَمِّ مَا يَكُونُ.

→ 위 문장 가운데 مَا 이하를 풀어쓴 동명사절로 볼 수 있는 문장도 있다.

→ 위의 مَا أَوَّلُ 구문이 접속사(Connector)로 사용되어 '..하자마자 ..하다'의 의미로 사용되는 경우는 이 책의 '여러가지 접속사들에 대해' 부분으로 가보라.

** 다음은 우선급 문장에 사용된 أَفْعَل 뒤에 관계대명사 مَا 문장이 온 경우이다. 위의 문장과 다르다.

무함마드는 그의 약혼녀를 사랑함보다 그의 돈을 더 사랑한다.	مُحَمَّدٌ يُحِبُّ نُقُودَهُ أَكْثَرَ مِمَّا يُحِبُّ خَطِيبَتَهُ.
만수르는 그가 생각했던 것 보다 더 부자가 되었다.	أَصْبَحَ مَنْصُورٌ أَغْنَى مِمَّا ظَنَّ.

5) 최상급의 의미를 가진 유사형용사

아래는 일반적인 유사형용사로 사용된 단어 뒤에 복수 한정명사가 와서 최상급의 의미를 가지는 경우이다. 이 때의 형태는 형용사 연결형 형태가 되며 아래와 같은 표현들에 사용된다. 현대 표준 아랍어(MSA)에 사용되는 용법이다.

고위 직원, 간부 직원(highest employer, senior)/ 고위 직원들	كَبِيرُ الْمُوَظَّفِينَ/ كِبَارُ الْمُوَظَّفِينَ
그들 중 가장 어린 사람/ 그들 중 가장 어린 사람들	صَغِيرُهُمْ/ صِغَارُهُمْ

예문

그는 가장 위대한 대통령이다.	هُوَ عَظِيمُ الرُّؤَسَاءِ.
이 남자는 그의 친척들 가운데 가장 높은 사람이다.	هَذَا الرَّجُلُ عَلِيُّ قَوْمِهِ.
나는 그 학교에서 가장 나이 어린 교사이다.	أَنَا صَغِيرُ الْمُدَرِّسِينَ فِي الْمَدْرَسَةِ.
모나는 그 학원에서 가장 예쁜 학생이다.	مُنَى جَمِيلَةُ الطَّالِبَاتِ فِي الْمَعْهَدِ.
나와 무함마드와 무스타파는 그 학교에서 가장 나이 어린 교사이다.	أَنَا وَمُحَمَّدٌ وَمُصْطَفَى صِغَارُ الْمُدَرِّسِينَ فِي الْمَدْرَسَةِ.

3. 명시목적어(التَّمْيِيز)가 사용된 비교급 문장과 최상급 문장

명시목적어(التَّمْيِيز)란 단어나 문장의 의미가 모호할 때 그 의미를 분명하게 밝혀주는 기능을 하는 목적격 명사를 말한다. 비교급 문장 혹은 최상급 문장에 이러한 명시목적어를 사용하여 비교의 내용을 분명히 한다. 명시목적어가 사용된 비교급 혹은 최상급 문장은 명사문이 많이 사용되며, 그 경우 우선급 명사가 문장의 술어로 사용된다.

1) 비교급 문장에 명시목적어가 사용된 경우

아래의 ①은 일반적인 비교급 문장 형태로서 3자음 원형동사에서 파생된 우선급 명사(اسْمُ التَّفْضِيل)가 술어로 사용되었다. 이때의 우선급 명사는 비교의 내용(여기서는 '똑똑한')이 된다. 이에비해 ②와 ③은 명시목적어가 사용된 문장이다. 이 명시목적어는 ①의 우선급 명사와 같은 어근에서 온 동명사로서 문장에서 비교의 내용(여기서는 '똑똑함')이 된다. 즉 '...에 있어서는 ..가 ..보다 더 낫다'라는 표현이 된다. 이러한 문장에 사용되는 우선급 명사는 비교의 내용인 명시목적어를 보조하는 보조 우선급 명사로서 أَكْثَر, أَقَل, أَشَدُّ, أَفْضَل 가 주로 사용된다.

싸미르는 무함마드보다 똑똑하다. (②과 ③ 문장이 명시목적어가 사용된 문장이다. 이 경우 '똑똑함에 있어서는 싸미르가 무함마드 보다 더 낫다'는 의미이다.)	①	سَمِيرٌ أَذْكَى مِنْ مُحَمَّدٍ.
	②	سَمِيرٌ أَكْثَرُ مِنْ مُحَمَّدٍ ذَكَاءً.
	③	سَمِيرٌ أَكْثَرُ ذَكَاءً مِنْ مُحَمَّدٍ.

→ ②에서는 명시목적어가 문장의 맨 나중에 왔고, ③에서는 명시목적어가 우선급 명사 바로 뒤에 왔다. 양쪽다 가능하다. →위에서 우선급 명사(빨간색 단어)가 문장의 술어로 사용되었다.

이와같은 비교급 문장을 명시목적어가 보통명사 혹은 원형동사의 동명사인 경우와, 명시목적어가 첨가동사에서 온 동명사인 경우, 그리고 명시목적어가 색깔과 신체 결함의 형용사에서 온 동명사인 경우로 나누어서 공부한다.

(1) 명시목적어가 보통명사 혹은 원형동사의 동명사인 경우

명시목적어로 사용된 단어가 보통명사이거나 혹은 원형동사에서 온 동명사인 경우이다.

나는 지성적으로/ 나이로/ 마음적으로 당신보다 더 낫다(많다, 크다).	أَنَا أَكْبَرُ مِنْكَ عَقْلًا / عُمْرًا (أَوْ سِنًّا) / قَلْبًا.
나는 당신보다 돈이 더 많다.(부자다) (꾸란 구절)	أَنَا أَكْثَرُ مِنْكَ مَالًا.
카말은 재정적으로/ 형제 수에서 그의 친구보다 더 많이 가지고 있다.	كَمَالٌ أَكْثَرُ مِنْ صَدِيقِهِ نُقُودًا / إِخْوَةً.
브라질은 미국보다 강을 더 많이 가지고 있다.	الْبَرَازِيلُ أَكْثَرُ مِنْ أَمْرِيكَا أَنْهَارًا.
싸미르는 무함마드보다 경험/ 똑똑함/ 능력이 더 많다.	سَمِيرٌ أَكْثَرُ مِنْ مُحَمَّدٍ خِبْرَةً/ ذَكَاءً/ قُدْرَةً.*
당신은 당신의 형(남동생) 보다 지식이 더 많다.	أَنْتَ أَكْبَرُ مِنْ أَخِيكَ عِلْمًا.*
바다는 푸르름에 있어서 하늘보다 더 푸르다.	الْبَحْرُ أَشَدُّ زُرْقَةً مِنَ السَّمَاءِ.*

제30과 비교급과 최상급 문장에 대해

(2) 명시목적어가 첨가동사에서 온 경우

우리는 이 책 제 I 권 '우선급 명사에 대해' 부분에서 첨가동사는 우선급 명사를 파생시킬 수 없다고 배웠다. 첨가동사가 우선급 명사를 파생시키지 못하기에 첨가동사의 의미를 비교급이나 최상급의 의미로 만들 경우 그 첨가동사의 동명사를 사용하여 명시목적어 형태로 만들어 준다.

첨가동사	명시목적어 형태	첨가동사	명시목적어 형태
تَقَدَّمَ/ يَتَقَدَّمُ	أَكْثَرُ تَقَدُّمًا	اعْتَدَلَ/ يَعْتَدِلُ	أَكْثَرُ اعْتِدَالًا
اسْتَمَعَ/ يَسْتَمِعُ	أَقَلُّ اسْتِمَاعًا	اسْتَخْدَمَ/ يَسْتَخْدِمُ	أَفْضَلُ اسْتِخْدَامًا

예문들

서양은 동양보다 발전에 있어서 더 많이 되어있다.	الْغَرْبُ أَكْثَرُ تَقَدُّمًا مِنَ الشَّرْقِ.
이 단체는 저 단체 보다 온건함에 있어 더 온건하다.	هَذِهِ الْجَمَاعَةُ أَكْثَرُ اعْتِدَالًا مِنْ تِلْكَ.
이 노래는 다른 남은 노래들보다 청취에 있어 더 적게 들려진다.	هَذِهِ الْأُغْنِيَةُ أَقَلُّ اسْتِمَاعًا مِنْ بَقِيَّةِ الْأَغَانِي.
그는 컴퓨터를 사용함에 있어서 당신보다 낫다.	هُوَ أَفْضَلُ مِنْكَ اسْتِخْدَامًا لِلْكُمْبِيُوتِرِ.
나는 이전 골짜기 보다 낮은 한 골짜기를 걸었다. (우선급 명사가 수식어로 사용)	مَشَيْتُ بِوَادٍ أَقَلَّ انْخِفَاضًا مِنْ سَابِقِهِ.
싸미르는 싸미라 보다 더 바쁜데 왜냐하면 그는 일과 공부를 동시에 하기 때문이다.	سَمِيرٌ أَشَدُّ انْشِغَالًا مِنْ سَمِيرَةَ لِأَنَّهُ يَعْمَلُ وَيَدْرُسُ فِي نَفْسِ الْوَقْتِ.

한편 위의 문장은 아래와 같이 동사나 분사가 사용된 일반적인 문장으로 전환할 수 있다.
(② 문장의 괄호 부분의 동사를 분사 자리에 사용해 주면 술어에 동사문이 오는 명사문이 된다.)

① 명시목적어(التَّمْيِيز)가 사용된 문장	② 동사 혹은 분사가 사용된 문장
الْغَرْبُ أَكْثَرُ تَقَدُّمًا مِنَ الشَّرْقِ.	الْغَرْبُ مُتَقَدِّمٌ أَكْثَرُ مِنَ الشَّرْقِ. (= يَتَقَدَّمُ)
서양은 동양보다 발전에 있어서 더 많이 되어있다.	
هَذِهِ الْجَمَاعَةُ أَكْثَرُ اعْتِدَالًا مِنْ تِلْكَ.	هَذِهِ الْجَمَاعَةُ مُعْتَدِلَةٌ أَكْثَرُ مِنْ تِلْكَ. *
이 단체는 저 단체 보다 온건함에 있어 더 온건하다.	
هَذِهِ الْأُغْنِيَةُ أَقَلُّ اسْتِمَاعًا مِنْ بَقِيَّةِ الْأَغَانِي.	هَذِهِ الْأُغْنِيَةُ مُسْتَمَعَةٌ أَقَلُّ مِنْ بَقِيَّةِ الْأَغَانِي. (= تُسْتَمَعُ)
이 노래는 다른 남은 노래들보다 청취에 있어 더 적게 들려진다.	
هُوَ أَفْضَلُ مِنْكَ اسْتِخْدَامًا لِلْكُمْبِيُوتِرِ.	هُوَ مُسْتَخْدِمٌ الْكُمْبِيُوتِرَ أَفْضَلُ مِنْكَ. (= يَسْتَخْدِمُ)
그는 컴퓨터를 사용함에 있어서 당신보다 낫다.	
مَشَيْتُ بِوَادٍ أَقَلَّ انْخِفَاضًا مِنْ سَابِقِهِ.	مَشَيْتُ بِوَادٍ مُنْخَفِضٍ أَقَلَّ مِنْ سَابِقِهِ.
나는 이전 골짜기 보다 낮은 한 골짜기를 걸었다. (우선급 명사가 문장의 수식어인 경우)	

→ 위의 ① ② 문장은 둘 다 명사문이다. 그러나 마지막 문장은 동사문이다.

→ 위의 ②의 * 문장 مُعْتَدِلَة 은 동사로는 사용되지 않는 경우이다.

(3) 명시목적어가 색깔 형용사에서 온 경우

색깔을 나타내는 형용사인 أَحْمَرُ , أَبْيَضُ , أَسْوَدُ 등은 그 패턴이 أَفْعَلُ 이기에 우선급 단어와 그 패턴이 같다. 때문에 이러한 단어는 أَفْعَلُ 패턴의 우선급 명사를 사용하지 않는다. 그렇다면 이런 경우의 비교급 문장은 어떻게 만들까?

이런 경우는 أَفْضَلُ , أَقَلُّ , أَشَدُّ , أَكْثَرُ 등의 보조 우선급 명사를 사용하고 그 뒤에 비교하고자 하는 형용사 단어의 동명사를 명시목적어(التَّمْيِيز)로 사용하여 비교급 문장을 만든다.

형용사	의미	명시목적어 형태	형용사	의미	명시목적어 형태
أَسْوَدُ	더/덜 검은	أَشَدُّ/ أَقَلُّ سَوَادًا	أَبْيَضُ	더/덜 흰	أَشَدُّ/ أَقَلُّ بَيَاضًا
أَحْمَرُ	더/덜 붉은	أَكْثَرُ/ أَقَلُّ حُمْرَةً	أَزْرَقُ	더/덜 푸른	أَكْثَرُ/ أَقَلُّ زُرْقَةً
أَخْضَرُ	더한/덜한 초록의	أَكْثَرُ/ أَقَلُّ خُضْرَةً	أَصْفَرُ	더한/덜한 노란색의	أَكْثَرُ/ أَقَلُّ صُفْرَةً

예문들

이 자동차는 당신의 자동차 보다 덜 검다. (색깔 형용사의 비교급 표현이다.)	هَذِهِ السَّيَّارَةُ أَقَلُّ سَوَادًا مِنْ سَيَّارَتِكَ.
바다는 푸르름에 있어서 하늘보다 더 푸르다.	الْبَحْرُ أَشَدُّ زُرْقَةً مِنَ السَّمَاءِ.
الطَّمَاطِمُ فِي الشِّتَاءِ أَكْثَرُ حُمْرَةً مِنَ الطَّمَاطِمِ فِي الصَّيْفِ.	
겨울 토마토는 여름토마토 보다 더 붉다.	
이것이 저것보다 희기에 있어서는 더 희다. (색깔 형용사의 비교급 표현이다.)	هَذَا أَشَدُّ بَيَاضًا مِنْ ذَلِكَ.

** 신체적 결함을 나타내는 형용사도 أَفْعَلُ 패턴의 우선급 명사를 만들 수 없다. 그래서 이론적으로는 위의 문장들과 같이 명시목적어가 사용된 비교급 문장을 만들 수 있다. 그러나 실제로는 거의 사용되지 않는다.

그는 그의 형보다 야맹증이 더 심하다.	هُوَ أَشَدُّ عَشَاوَةً مِنْ أَخِيهِ.

** 한편 위의 색깔과 신체결함의 형용사를 첨가동사 IX형 패턴의 동명사 형태로 바꾸어서 사용하는 것도 가능하다.

이 사과가 붉기에 있어서는 저 사과보다 덜 붉다.	هَذِهِ التُّفَّاحَةُ أَقَلُّ احْمِرَارًا/ حُمْرَةً مِنْ تِلْكَ.
هَذِهِ الشَّجَرَةُ أَكْثَرُ اخْضِرَارًا/ خُضْرَةً مِنْ تِلْكَ.	
이 나무는 저 나무보다 초록빛에 있어서는 더 푸르다.	
أَصْبَحَ وَجْهُ سَمِيرَةَ أَشَدَّ اصْفِرَارًا/ صُفْرَةً عِنْدَمَا مَرِضَتْ.	
사미라가 아팠을 때 그녀의 얼굴이 노란빛에 있어서는 더 노랗게 되었다.	

제30과 비교급과 최상급 문장에 대해

2) 최상급 문장에 명시목적어가 사용된 경우
(1) 우선급 명사(اسْمُ التَّفْضِيلِ)에 정관사 'الـ'을 붙여 최상급을 만드는 경우

아래의 ①은 우선급 명사(اسْمُ التَّفْضِيلِ)에 'الـ' 한정꼴이 와서 최상급을 이룬 문장 형태이다. 여기에 대해서는 이 책 제Ⅰ권 '우선급 명사에 대해' 부분에서 공부하였다. 아래의 ②에서는 'الـ'이 붙은 보조 우선급 명사 뒤에 명시목적어가 온 문장이다. 이때 이 명시목적어는 비교의 내용(여기서는 똑똑함)이 된다. 즉 '...에 있어서는 ..가 가장 낫다'라는 표현이 된다. 이 문장에 사용되는 우선급 명사는 비교의 내용인 명시목적어를 보조하는 보조 우선급 명사로서 أَفْضَلُ, أَكْثَرُ, أَكْبَرُ, أَشَدُّ, أَقَلُّ 등이 주로 사용된다.

싸미르는 가장 똑똑하다. (② 문장에 명시목적어가 사용되었다. '똑똑함'에 있어서 싸미르가 가장 뛰어나다'는 의미)	①	سَمِيرٌ الأَذْكَى.
	②	سَمِيرٌ الأَكْثَرُ ذَكَاءً.

다른 예들

그가 가장 목마르다.	هُوَ الأَشَدُّ عَطَشًا.
그 소년이 가장 배가 고프다.	الصَّبِيُّ الأَكْثَرُ جُوعًا.
그 경영자(director)는 인내심이 가장 길다.	المُدِيرُ الأَطْوَلُ صَبْرًا.
나는 말 수가 가장 적다.	أَنَا الأَقَلُّ كَلَامًا.
그들은 이 장소에 대해서 가장 많이 안다.	هُمُ الأَكْثَرُ مَعْرِفَةً بِهَذَا المَكَانِ.
마라도나는 축구에서 가장 성공한 사람이다.	مَارَادُونَا الأَعْظَمُ نَجَاحًا فِي كُرَةِ القَدَمِ.

(2) 우선급 명사(اسْمُ التَّفْضِيلِ) 뒤에 후연결어(مُضَافٌ إِلَيْهِ)가 와서 최상급의 의미가 되는 경우

아래의 ①은 우선급 명사(اسْمُ التَّفْضِيلِ) 뒤에 비교의 객체(مُفَضَّلٌ عَلَيْهِ) 명사가 후연결어로 온 최상급 문장 형태이다. 이때의 우선급 명사는 비교의 내용(여기서는 '똑똑한')이 된다. 이에비해 ②와 ③은 '우선급 명사 + 비교의 객체' 뒤에 명시목적어가 사용된 문장이다. 이 명시목적어는 ①의 우선급 명사와 같은 어근에서 온 동명사로서 문장에서 비교의 내용(여기서는 '똑똑함')이 된다. 즉 '...는 ...에 있어서 가장 뛰어난 ...이다' 라는 표현이 된다. 이 문장에 사용되는 우선급 명사는 비교의 내용인 명시목적어를 보조하는 우선급 명사로서 أَكْثَرُ, أَكْبَرُ, أَشَدُّ, أَقَلُّ 등이 주로 사용된다.

싸미르는 가장 똑똑한 학생이다. (②과 ③ 문장의 경우 '싸미르는 똑똑함에 있어서 가장 뛰어난 학생이다'는 의미이다.)	①	سَمِيرٌ أَذْكَى طَالِبٍ/ الطُّلَّابِ.
	②	سَمِيرٌ أَكْثَرُ طَالِبٍ ذَكَاءً.
	③	سَمِيرٌ أَكْثَرُ الطُّلَّابِ ذَكَاءً.

다른 예들

싸미르는 필체가 가장 좋은 학생이다.	سَمِيرٌ أَحْسَنُ طَالِبٍ خَطًّا.
	سَمِيرٌ أَحْسَنُ الطُّلَّابِ خَطًّا.
너는 가장 지식이 많은 제자이다.	أَنْتَ أَكْثَرُ تِلْمِيذٍ عِلْمًا.
	أَنْتَ أَكْثَرُ التَّلَامِيذِ عِلْمًا.
카이로는 가장 붐비는 도시이다.	القَاهِرَةُ أَكْثَرُ مَدِينَةٍ ازْدِحَامًا.
	القَاهِرَةُ أَكْثَرُ المُدُنِ ازْدِحَامًا.
로날도는 가장 기술이 좋은 선수이다.	رُونَالْدُو أَكْثَرُ لَاعِبٍ مَهَارَةً.
	رُونَالْدُو أَكْثَرُ اللَّاعِبِينَ مَهَارَةً.

세계의 도시들 가운데서 카이로는 깨끗함에 있어 가장 못한 도시이다. (깨끗하지 못하다는 의미)	القَاهِرَةُ أَقَلُّ مُدُنِ العَالَمِ نَظَافَةً.
독수리는 덩치가 가장 큰 포식 조류이다. (جَارِحَةٌ/جَوَارِحُ)	النَّسْرُ أَكْبَرُ الجَوَارِحِ حَجْمًا.

عَمْرُو مُوسَى أَقْوَى المُرَشَّحِينَ فُرَصًا لِلْفَوْزِ فِي انْتِخَابَاتِ الرِّئَاسَةِ.

아므루 무사는 대통령 선거에서 승리할 기회가 가장 많은 후보이다.

مُحَمَّدٌ أَحْسَنُ قَوْمِهِ خُلُقًا، وَأَصْدَقُهُمْ حَدِيثًا، وَأَعْظَمُهُمْ أَمَانَةً.

무함마드는 윤리적으로 그의 종족 가운데서 가장 나은 사람이고, 말에서 그들 가운데서 가장 진실하며, 성실함에서 그들 가운데 가장 위대하다.

제30과 비교급과 최상급 문장에 대해

3) 비교급 문장을 명시목적어 구문으로 전환

앞의 '1. 비교급 문장에 대해'에서 다룬 여러가지 비교급 문장을 명시목적어 문장으로 전환하는 것을 연습해 보자.

1) 기본적인 형태 – 우선급 명사가 문장의 술어(خبر)로 사용되는 형태

우선급 명사가 문장의 술어로 사용되는 문장도 명시목적어 문장으로 전환할 수 있다.

① 우선급 명사가 술어로 사용되는 형태	② 명시목적어(التَّمْيِيز)를 사용한 문장
الشَّمْسُ أَكْبَرُ مِنَ الأَرْضِ.	الشَّمْسُ أَكْبَرُ مِنَ الأَرْضِ حَجْمًا. *
태양은 지구보다 더 크다.	
الفِيلُ أَضْخَمُ مِنَ الجَمَلِ.	الفِيلُ أَكْثَرُ مِنَ الجَمَلِ ضَخَامَةً.
코끼리는 낙타보다 덩치가 더 크다.	
سَعِيدٌ أَقْصَرُ مِنْ مُحَمَّدٍ.	سَعِيدٌ أَقَلُّ مِنْ مُحَمَّدٍ طُولًا. *
싸이드는 무함마드보다 키가 작다.	
مَرْيَمُ أَجْمَلُ مِنْ فَاطِمَةَ.	مَرْيَمُ أَكْثَرُ مِنْ فَاطِمَةَ جَمَالًا.
마리얌은 파티마보다 더 아름답다.	
الأَسَدُ أَشْجَعُ مِنَ النَّمِرِ.	الأَسَدُ أَكْثَرُ مِنَ النَّمِرِ شَجَاعَةً.
사자는 표범보다 용감하다	
الحَدِيدُ أَنْفَعُ مِنَ الذَّهَبِ.	الحَدِيدُ أَكْثَرُ مِنَ الذَّهَبِ نَفْعًا.
철은 금보다 더 유용하다.	

→위의 * 표 문장에서 명시목적어 단어가 ①의 우선급 명사에서 오지 않았다. 이 경우는 أَكْبَرُ 나 أَقْصَرُ 등의 우선급 명사를 동명사로 바꿀 경우 그 앞의 우선급 단어와 의미가 중복되므로 사용하지 않았다. →위의 문장들의 어순을 الشَّمْسُ أَكْبَرُ حَجْمًا مِنَ الأَرْضِ. 와 같이 해도 된다.

2) 우선급 명사가 문장의 부동족 목적어로 사용되는 형태

우선급 명사로 파생되지 않는 3자음 원형동사와 첨가동사가 사용된 비교급 문장은 다음과 같이 명시목적어가 사용된 문장으로 전환할 수 있다.

a) 우선급 명사로 파생되지 않는 3자음 원형동사가 사용된 문장

① 우선급 명사로 파생되지 않는 3자음 원형동사 문장	② 명시목적어(التَّمْيِيز)를 사용한 문장
أَنَا أَنَامُ أَطْوَلَ مِنْ أَخِي.	أَنَا أَطْوَلُ نَوْمًا مِنْ أَخِي.
나는 내 동생보다 더 잠을 많이 잔다.	
هُمْ يَلْعَبُونَ أَقَلَّ مِنْ أَصْدِقَائِهِمْ.	هُمْ أَقَلُّ لَعِبًا مِنْ أَصْدِقَائِهِمْ.
그들은 그들의 친구들보다 더 적게 논다.	

كَمَالٌ أَسْرَعُ جَرْيًا مِنْ مَحْمُودٍ.	كَمَالٌ يَجْرِي أَسْرَعَ مِنْ مَحْمُودٍ.
카말은 마흐무드 보다 더 빨리 뛴다.	
النَّسْرُ أَعْلَى طَيَرَانًا مِنَ الْعُصْفُورِ.	يَطِيرُ النَّسْرُ أَعْلَى مِنَ الْعُصْفُورِ.
독수리는 참새보다 높이 난다.	
مُحَمَّدٌ أَجْمَلُ كِتَابَةً مِنْ أَبِيهِ. *	يَكْتُبُ مُحَمَّدٌ أَجْمَلَ مِنْ أَبِيهِ.
무함마드는 그의 아버지보다 더 아름답게 글을 적는다.	
أَنَا أَكْثَرُ قِرَاءَةً لِلشِّعْرِ مِنَ الرِّوَايَةِ. *	أَقْرَأُ الشِّعْرَ أَكْثَرَ مِنَ الرِّوَايَةِ.
나는 소설보다 시를 더 많이 읽는다.	
أَنَا أَكْثَرُ شُعُورًا بِقَلَقِ أُمِّي مِنْ قَلَقِ أَبِي. **	أَشْعُرُ بِقَلَقِ أُمِّي أَكْثَرَ مِنْ قَلَقِ أَبِي.
나는 나의 부친이 염려하는 것 보다 모친이 염려하는 것을 더 많이 느낀다.	

→ 위의 ① 문장에서는 우선급 명사가 부동족 목적어(النَّائِبُ عَنِ الْمَفْعُولِ الْمُطْلَقِ)로 사용되었다.

→ 위의 * 은 목적어를 가진 타동사 문장을 명시목적어 문장으로 전환시 ـِ 을 사용한 경우이다.

→ 위의 ** 은 '동사 + 전치사'와 문장을 명시목적어 문장으로 전환한 경우이다.

b) 첨가동사가 사용된 문장

① 첨가동사가 사용된 문장	② 명시목적어(التَّمْيِيزُ)를 사용한 문장
تَعَلَّمْنَا أَكْثَرَ مِنْكُمْ.	نَحْنُ أَكْثَرُ تَعَلُّمًا مِنْكُمْ.
우리는 너희들보다 더 많은 것을 배웠다.	
هَذَا الطَّالِبُ يَجْتَهِدُ أَكْثَرَ مِنْ مُحَمَّدٍ.	هَذَا الطَّالِبُ أَكْثَرُ اجْتِهَادًا مِنْ مُحَمَّدٍ.
이 학생은 무함마드보다 더 부지런하다.	
يُحِبُّ الْمَسَاءَ أَكْثَرَ مِنَ الصَّبَاحِ.	هُوَ أَكْثَرُ حُبًّا لِلْمَسَاءِ مِنَ الصَّبَاحِ. *
그는 아침보다 저녁을 더 좋아한다.	
أُسَاعِدُ الْأَوْلَادَ أَكْثَرَ مِنَ الْكِبَارِ.	أَنَا أَكْثَرُ مُسَاعَدَةً لِلْأَوْلَادِ مِنَ الْكِبَارِ. *
나는 어른들보다 아이들을 돕는다.	
يَتَكَلَّمُ النَّاسُ بِالتِّلِيفُونِ أَقَلَّ مِنْ قَبْلُ.	النَّاسُ أَقَلُّ تَكَلُّمًا بِالتِّلِيفُونِ مِنْ قَبْلُ. **
사람들은 이전보다 전화로 덜 이야기한다.	
تُسْتَمَعُ هَذِهِ الْأُغْنِيَةُ أَقَلَّ مِنْ بَقِيَّةِ الْأَغَانِي.	هَذِهِ الْأُغْنِيَةُ أَقَلُّ اسْتِمَاعًا مِنْ بَقِيَّةِ الْأَغَانِي.
이 노래는 다른 남은 노래들보다 청취에 있어 더 적게 들려진다.	

→ 위의 ① 문장에서는 우선급 명사가 부동족 목적어(النَّائِبُ عَنِ الْمَفْعُولِ الْمُطْلَقِ)로 사용되었다.

→ 위의 * 은 목적어를 가진 타동사 문장을 명시목적어 문장으로 전환시 ـِ 을 사용한 경우이다.

→ 위의 ** 은 '동사 + 전치사'와 문장을 명시목적어 문장으로 전환한 경우이다.

→ 위의 ② 문장은 모두 명사문을 이루었다.

제31과 수동태(الْمَبْنِيُّ لِلْمَجْهُولِ)에 대해 II

1. 수동태 문장(الْمَبْنِيُّ لِلْمَجْهُولِ)의 의미
2. 수동태 문장의 주어(نَائِبُ الْفَاعِلِ)의 종류
3. 목적어를 두 개 가지는 동사의 수동태
4. 수동태 문장의 비인칭 동사(Impersonal Verb) 용법
5. 신문에서 수동태가 사용된 예들
6. 수동적인 의미를 부여하는 'تَمَّ/يَتِمُّ + 동명사'

제31과 수동태(الْمَبْنِيُّ لِلْمَجْهُول)에 대해 II

우리는 이 책 제 I 권에서 수동태 동사의 형태를 배웠다. 여기서는 수동태 문장의 의미와 용법에 초점을 맞추어 공부하자.

1. 수동태 문장(الْمَبْنِيُّ لِلْمَجْهُول)의 의미

1) 수동태 문장(الْمَبْنِيُّ لِلْمَجْهُول)의 의미

아랍어에서 능동태를 'الْمَبْنِيُّ لِلْمَعْلُوم' 이라 하고 수동태를 'الْمَبْنِيُّ لِلْمَجْهُول'이라고 한다. 여기서 مَعْلُوم 은 '알려진'의 의미이고, مَجْهُول은 '알려지지 않은(unknown)'의 의미이다.

이 용어에서 보는대로 수동태 문장의 가장 큰 특징은 동사의 동작을 행한 주체가 표기되지 않는다는 것이다('알려지지 않게'된다). 수동태 문장에 주어(نَائِبُ الْفَاعِل)가 있긴 하지만 그것은 동사의 동작을 행한 주체(행위자)가 아니라 동사의 동작으로부터 영향을 받은 객체이다. 이와같이 아랍어 수동태는 동작의 행위자(주체)가 누구인지 모르거나 그 행위자가 중요하지 않을 경우, 혹은 그 행위자를 의도적으로 숨기고 싶은 경우 사용한다.

능동태 문장	수동태 문장
قَتَلَ الْمُسَلَّحُونَ رَئِيسَةَ الْوُزَرَاءِ بُوتُو.	قُتِلَتْ رَئِيسَةُ الْوُزَرَاءِ بُوتُو.
무장세력이 여자 수상 부토를 죽였다.	여자 수상 부토는 죽임을 당했다.(누가 죽였는지 모름)
هَزَمَ جَيْشُنَا الْعَدُوَّ.	هُزِمَ الْعَدُوُّ.
우리 군대가 적을 무찔렀다.	그 적은 패배당했다.(적이 누구에 의해 패배했는지 모름)
سَرَقَ اللِّصُّ تِلِيفِزْيُونِي.	سُرِقَ تِلِيفِزْيُونِي.
그 강도는 나의 텔레비전을 도둑질했다.	내 텔레비전은 도둑질 당했다.(누가 도둑질 했는지 모름)

→ 위의 수동태 문장에서 파란색 글자가 수동태 문장의 주어(نَائِبُ الْفَاعِل)이며, 빨간색 글자가 수동형 동사(فِعْلٌ مَبْنِيٌّ لِلْمَجْهُول)이다. 수동형 동사의 형태에 대해서는 이 책 제 I 권에서 공부하였다.

2) 수동태와 첨가동사 VII 형 동사의 의미 차이

아랍어 수동태 문장과 첨가동사 VII 형 동사가 사용된 문장은 의미의 유사점이 있지만 차이점도 존재한다. 아래를 보자.

		의미	예문
①	능동태 문장	그 남자 아이가 그 창문을 깼다.	كَسَرَ الْوَلَدُ الشُّبَّاكَ.
②	수동태 문장	그 창문이 깨어졌다. (누군가 사람에 의해 깸. 그러나 깬 사람이 누군지는 모름)	كُسِرَ الشُّبَّاكُ.
③	첨가동사 VII 형 문장	그 창문이 깨졌다. (창문 스스로, 혹은 바람 등에 의해 깨짐)	انْكَسَرَ الشُّبَّاكُ.

이와같이 수동태 문장의 경우 동작의 행위자가 있긴 하지만 그 사람이 누구인지 모르거나 밝히고 싶지 않을 경우에 사용하고, 능동태 첨가동사 VII 형의 경우 피동적인 의미이지만 동작의 주체가 사람이 아니라 외부적인 요인에 의해서 행해졌을 때 주로 사용한다.

다른 예문들

수동태 문장		첨가동사 Ⅶ형 문장	
그 문이 열려졌다. (누군가 사람에 의해)	فُتِحَ الْبَابُ.	그 문이 열려졌다. (스스로, 바람 등의 원인)	اِنْفَتَحَ الْبَابُ.
그 유리가 깨졌다. (누군가 사람에 의해)	كُسِرَ الزُّجَاجُ.	그 유리가 깨졌다. (스스로, 바람 등의 원인)	اِنْكَسَرَ الزُّجَاجُ.
전기가 끊겼다. (누군가 사람에 의해)	قُطِعَتِ الْكَهْرَبَاءُ	전기가 끊겼다. (스스로, 바람 등의 원인)	اِنْقَطَعَتِ الْكَهْرَبَاءُ
동작의 행위자가 있긴 하지만 그 사람을 모르거나 숨김		주어 스스로 동작을 수행하는 재귀적인 의미. 즉 사람이 아니라 주어 스스로 행하거나 아니면 외부적인 요인(예: 바람 등)에 의해 동작이 수행됨	

3) 영어의 수동태 문장과 아랍어의 수동태 문장의 차이

아랍어의 수동태 문장은 영어의 수동태 문장과도 차이점이 있다. 아래와 같이 영어 수동태 문장에서는 동작의 주체(행위자)가 기록되는 것이 일반적인 반면, 아랍어의 수동태 문장에서는 동작의 행위자가 표기되지 않는 것이 일반적이다.

	능동태	수동태
① 영어	Muhammad wrote the lesson. b a c 무함마드가 그 단원을 기록했다.	The lesson was written by Muhammad. c a b 그 단원은 무함마드에 의해 기록되었다.
② 아랍어	كَتَبَ مُحَمَّدٌ الدَّرْسَ. c + b + a 무함마드가 그 단원을 기록했다.	The lesson was written. كُتِبَ الدَّرْسُ. c + a 그 단원이 기록되었다. (누가 기록했는지 모름)

다른 예들

아래의 문장들에서 동사 동작의 행위자(주체)가 나타나 있지 않다. 또한 수동태 문장의 주어(نَائِبُ الْفَاعِلِ)는 동사 동작의 주체가 아니다. 수동태 문장의 주어는 이전 능동태 문장의 목적어에서 온 것이므로, 동사 동작의 객체이며, 동사 동작의 피동적인 영향을 받는다.

그 우유는 마셔졌다.	شُرِبَ الْحَلِيبُ.
그 음식은 먹혀졌다.	أُكِلَ الطَّعَامُ.
그 파티는 잘 조직되었다.	نُظِّمَ الْحَفْلُ جَيِّدًا.
그 학생이 학교에서 맞았다.	ضُرِبَ الطَّالِبُ فِي الْمَدْرَسَةِ.
그 이집트 비행기는 추락했는가? 아니면 격추되었는가? (신문 제목) أَسْقَطَ/يُسْقِطُ 떨어뜨리다, 떨어지게 하다)	هَلْ سَقَطَتِ الطَّائِرَةُ الْمِصْرِيَّةُ أَمْ أُسْقِطَتْ؟

4) 수동태 문장에서 동작의 행위자(주체)를 나타내는 방법

지금까지 설명한대로 원래 아랍어 수동태 문장에서는 동사 동작의 행위자(주체)가 표현되지 않는다. 그런데 영어 등의 외래어 수동태 문장의 영향으로 아랍어 수동태 문장에 수동형 동사 동작의 행위자를 표현하는 경우가 생겨났다. 여기에서 아랍어 수동태 문장에서 수동형 동사 동작의 행위자가 표현된 문장에 대해서 살펴본다.

특정 전치사 구를 사용하여 수동태 문장의 동작의 행위자(주체)를 나타낸다.

수동태 문장에 다음과 같은 전치사 구를 사용하여 수동형 동사 동작의 행위자를 표현한다.
즉 عَلَى يَدِ ... , عَنْ طَرِيقِ ... , بِوَاسِطَةِ ... , مِنْ خِلَالِ ... , مِنْ قِبَلِ ... , مِنْ ... 등의 전치사 구를 사용하는데, 이 전치사 구의 의미는 영어의 'by' 의 의미이다.

그 대통령은 백성들로부터 선출되었다.	اُنْتُخِبَ الرَّئِيسُ مِنَ الشَّعْبِ.
교양있는 사람은 사람들로 부터 존경을 받는다.	يُحْتَرَمُ الْمُثَقَّفُ مِنَ النَّاسِ.
내 형(남동생은) 유럽 사람들로부터 서신을 받는다. (서신교류를 한다)	يُرَاسَلُ أَخِي مِنْ أُورُوبِّيِّينَ.
그 사장은 그의 여비서에게서 도움을 받는다.	يُسَاعَدُ الْمُدِيرُ مِنْ قِبَلِ سِكْرِتِيرَتِهِ.
그 경주에 기술있는 자들이 참여된다.	يُشْتَرَكُ فِي الْمُسَابَقَةِ مِنْ قِبَلِ الْمَاهِرِينَ.
자연이 시인들에 의해 묵상된다.	يُتَأَمَّلُ فِي الطَّبِيعَةِ مِنْ قِبَلِ الشُّعَرَاءِ.
그 시위자는 그에게 가해진 공격으로 말미암아 모욕을 당했다.	أُهِينَ الْمُتَظَاهِرُ مِنْ خِلَالِ الِاعْتِدَاءِ عَلَيْهِ.
그 도둑은 경찰에 의해 잡혔다.	قُبِضَ عَلَى السَّارِقِ بِوَاسِطَةِ الشُّرْطَةِ.
나침반을 통해 방향이 정해진다.	يُحَدَّدُ الِاتِّجَاهُ عَنْ طَرِيقِ الْبُوصَلَةِ.
그 편지는 내 형(남동생)의 손으로 기록되었다.	كُتِبَتِ الرِّسَالَةُ عَلَى يَدِ أَخِي.

→ 위의 문장들은 모두 원래의 능동태 문장으로 바꿀 수 있다.

** 술어가 동사문 형태를 취하는 명사문의 경우

아래의 문장은 수동태 문장이 아니라 일반 능동태 문장으로 술어에 동사문이 오는 명사문이다. 이 문장에 사용된 문장 요소들과 그 의미가 영어의 수동태와 비슷한 점이 많다. 즉 문장에 사용된 동사는 능동형 동사이지만 문장의 구성이 동작의 행위자가 기록된 수동태 문장과 동일하다. 이 문장에 대해서는 이 책 '명사문에 대해'에서 공부하였다.

그 단원은 무함마드가 기록했다. (그 단원은 무함마드에 의해 기록되었다.) (كَتَبَ 동사의 주어는 مُحَمَّدٌ 이고, 목적어 ه 는 그 앞의 الدَّرْسُ 를 가리킨다) Muhammad wrote the lesson. The lesson was written by Muhammad	الدَّرْسُ كَتَبَهُ مُحَمَّدٌ. 주어 + (الْخَبَرُ) 술어

다른 예문들

그 뉴스는 싸미르가 읽었다. (그 뉴스는 싸미르에 의해 읽혀졌다.)	الْأَخْبَارُ قَرَأَهَا سَمِيرٌ.
그 문제는 그 사장이 끝냈다. (그 문제는 사장에 의해 끝내어졌다.)	الْأَمْرُ أَنْهَاهُ الْمُدِيرُ.
그 군인은 그 검이 죽였다. (그 군인은 그 검에 의해 죽임 당했다.)	الْجُنْدِيُّ قَتَلَهُ السَّيْفُ.

** 아래의 능동태와 수동태 문장을 비교하라.

능동태 문장	수동태 문장
كَتَبَ مُحَمَّدٌ الدَّرْسَ. 무함마드가 그 단원을 기록했다. Muhammad wrote the lesson.	الدَّرْسُ كُتِبَ بِوَاسِطَةِ مُحَمَّدٍ. الدَّرْسُ كُتِبَ عَنْ طَرِيقِ مُحَمَّدٍ. الدَّرْسُ كَتَبَهُ مُحَمَّدٌ. * 그 단원은 무함마드가 기록했다. The lesson was written by Muhammad.

→ كَتَبَ 동사의 경우 동작의 주체를 مِنْ 으로 표현하는 문장은 사용하지 않는다.
  الدَّرْسُ كُتِبَ مِنْ مُحَمَّدٍ. (×)

→ 위의 * 문장은 능동형 동사가 사용된 명사문이다. 어순이 영어의 수동태 문장과 비슷한 면이 있다.

2. 수동태 문장 주어(نَائِبُ الْفَاعِلِ)의 종류

수동태 문장에 사용되는 주어(نَائِبُ الْفَاعِلِ)를 종류별로 정리한다. 수동태 문장의 주어는 문장에 사용된 수동형 동사의 의미상 주어가 아니다. 수동태 문장의 주어(نَائِبُ الْفَاعِلِ)는 능동태 문장에서 목적어로 사용되던 단어가 수동태 문장이 되며 주어로 사용된 것이다.

(1) 보통명사 (한정꼴이 사용된다.)

그 소식은 전해졌다.	نُقِلَ الْخَبَرُ.
그 바나나는 팔려진다. 팔려지고 있다.	يُبَاعُ الْمَوْزُ.
당신의 음성은 잘 들려진다.	يُسْمَعُ صَوْتُكَ جَيِّدًا.
그 방은 정돈되었다.	رُتِّبَتِ الْغُرْفَةُ.
그 승리자는 칭송되었다(상 등을 통해).	كُرِّمَ الْفَائِزُ.
그 가구는 만들어졌다.	صُنِعَ الْأَثَاثُ.
그 상은 획득되었다.	نِيلَتِ الْجَائِزَةُ.

** 한편 위의 문장들이 명사문으로 전환되면 수동형 동사가 술어가 된다.

그 바나나는 팔려진다.	الْمَوْزُ يُبَاعُ. (الْمُبْتَدَأُ) 주어 + (الْخَبَرُ) 술어
당신의 음성은 잘 들려진다.	صَوْتُكَ يُسْمَعُ جَيِّدًا.
그 방은 정돈되었다.	الْغُرْفَةُ رُتِّبَتْ.

(2) 고유명사 (اسْمُ الْعَلَمِ)

무함마드가 사망하였다. (이 동사의 능동형 تَوَفَّى는 الله 만이 주어로 올 수 있다.)	تُوُفِّيَ مُحَمَّدٌ.
싸미르는 아랍어에 특출하다고 여겨진다.	يُعَدُّ سَمِيرٌ مُتَمَيِّزًا فِي اللُّغَةِ الْعَرَبِيَّةِ.
알바라다이는 그의 평화적인 수고로 인해 공로를 인정받았다.	كُرِّمَ الْبَرَادْعِي بِسَبَبِ جُهُودِهِ السِّلْمِيَّةِ.

(3) 지시대명사 (اسْمُ الْإِشَارَةِ)

이 죄인은 재판을 받는다.	يُحَاكَمُ هَذَا الْمُذْنِبُ.
이 말은 학교의 교재에 인용되었다.	ذُكِرَ هَذَا الْكَلَامُ فِي كِتَابٍ مَدْرَسِيٍّ.
이 여자 아이는 이전에 이곳에서 보여졌다.	شُوهِدَتْ هَذِهِ الْبِنْتُ هُنَا مِنْ قَبْلُ.

(4) 인칭대명사 (الضَّمِير)

수동태 문장의 주어가 인칭대명사가 되기도 한다. 이 때 수동형 동사의 주어는 동사에 포함되어 나타나기도 하고 (ضَمِيرٌ ظَاهِرٌ) 감춰지기(ضَمِيرٌ مُسْتَتِرٌ)도 한다. (괄호 안은 수동태 문장의 주어)

우리는 이해되었다. (نَحْنُ)	فُهِمْنَا.
우리가 이야기할 때 우리는 이해된다. (نَحْنُ)	نُفْهَمُ عِنْدَمَا نَتَكَلَّمُ.
나는 당신의 방문으로 인해 놀랐다. (أَنَا)	فُوجِئْتُ بِزِيَارَتِكَ.
그들은 선물을 받았다. (هُمْ)	أُعْطُوا هَدِيَّةً.

** 한편 다음 문장들은 수동형 동사가 사용된 명사문이다. 명사문의 술어에 수동형 동사가 왔다. 이 때 수동형 동사에 인칭대명사가 감추어져 있다. (ضَمِيرٌ مُسْتَتِرٌ).

그 적군이 패배했다. (هُوَ)	الْعَدُوُّ هُزِمَ.
내 여자 친구는 도둑질 당했다. (هِيَ)	صَدِيقَتِي سُرِقَتْ.
그 승리자는 상을 받았다(혹은 공로를 인정받았다). (هُوَ)	الْفَائِزُ كُرِّمَ.

(5) 관계대명사 (الاسْمُ الْمَوْصُولُ)

합격한 사람들은 보상을 받았다.	كُوفِئَ مَنْ نَجَحَ.
내 아내가 요리한 것은 먹혀진다. (사람들이 먹는다는 말)	يُؤْكَلُ مَا تَطْبُخُهُ زَوْجَتِي.
그 경기에서 이긴 사람은 알려졌다.	عُرِفَ مَنْ فَازَ بِالْمُبَارَاةِ.

(6) 풀어쓴 동명사 (الْمَصْدَرُ الْمُؤَوَّلُ)

아래 문장들에서 أَنْ 혹은 أَنَّ 가 이끄는 풀어쓴 동명사가 수동태 문장의 주어(نَائِبُ الْفَاعِلِ)가 된다.

당신들이 클럽에 가는 것이 더 낫다.	يُفَضَّلُ أَنْ تَذْهَبُوا إِلَى النَّادِي.
내가 내 직장에서 옮겨질 것이 결정되었다.	قُرِّرَ أَنْ أُنْقَلَ مِنْ عَمَلِي.
당신이 부지런한 것은 알려져 있다.	عُرِفَ أَنَّكَ مُجْتَهِدٌ.
이집트는 세상의 어머니라고 말해진다.	يُقَالُ إِنَّ مِصْرَ أُمُّ الدُّنْيَا.
아랍어는 어렵다고 여겨진다.	يُظَنُّ أَنَّ اللُّغَةَ الْعَرَبِيَّةَ صَعْبَةٌ.

(7) 유사문장이나 동족목적어 혹은 부사가 수동태 문장의 주어가 된 경우

대부분의 수동태 문장은 능동태 문장의 목적어(مَفْعُولٌ بِهِ)가 수동태 문장의 주어(نَائِبُ فَاعِلٍ)가 된다. 이 때 동사는 목적어를 취하는 타동사가 사용된다.

그러나 아래의 문장들은 목적어가 수동태 문장의 주어가 되는 것이 아니라 다른 단어가 수동태 문장의 주어가 되는 경우이다. 즉 자동사가 사용된 능동태 문장에 사용된 유사문장(شِبْهُ الْجُمْلَةِ)이 수동태 문장의 주어가 되거나, 능동태 문장에 사용된 동족목적어(مَفْعُولٌ مُطْلَقٌ) 혹은 부사(ظَرْفٌ)가 수동태 문장의 주어로 사용되는 경우이다.

a. 유사문장(شِبْهُ الْجُمْلَةِ)이 수동태 문장의 주어(نَائِبُ الْفَاعِلِ)가 된 문장

능동태 문장에서 '자동사 + 전치사' 구(句) 혹은 '자동사 + 부사' 구(句)가 사용된 문장이 수동태 문장으로 바뀔 경우 그 유사문장(전치사 + 소유격 명사, 혹은 부사 + 후연결어)이 수동태 문장의 주어(نَائِبُ الْفَاعِلِ)가 된다(아래의 빨간색 표기). 이 문장에 대해서는 조금 이후에 다시 자세히 다룬다.

a-1 '전치사 + 소유격 명사' 구(句)가 수동태 문장의 주어(نَائِبُ الْفَاعِلِ)가 된 문장

능동태 문장	수동태 문장
اِسْتَمَعْتُ إِلَى الْأَغَانِي. 나는 그 노래들을 들었다.	اُسْتُمِعَ إِلَى الْأَغَانِي. 그 노래들은 들려졌다.
حَكَمَ الْقَاضِي عَلَى الْقَاتِلِ بِالْإِعْدَامِ. 그 판사는 그 살인자에게 사형을 선고했다.	حُكِمَ عَلَى الْقَاتِلِ بِالْإِعْدَامِ. 그 살인자는 사형을 선고받았다.
أَخَذَ الْمُدِيرُ بِهَذَا الرَّأْيِ. 사장은 이 의견을 채택했다.	أُخِذَ بِهَذَا الرَّأْيِ. 이 의견은 채택되었다.

→ 수동태 문장의 주어(نَائِبُ الْفَاعِلِ)를 말할 때는 전치사까지 포함하여 말한다. (빨간색 표기 모두)
→ 위의 능동태 문장에서 소유격 명사가 의미상 문장의 목적어이며, 그것이 수동태 문장의 주어(نَائِبُ الْفَاعِلِ)가 되었다.

a-2 '부사 + 후연결어' 구(句)가 수동태 문장의 주어(نَائِبُ الْفَاعِلِ)가 된 문장

능동태 문장	수동태 문장
وَقَفَ أَمَامَ الْعِمَارَةِ. 그가 그 빌딩 앞에 서 있었다.	وُقِفَ أَمَامَ الْعِمَارَةِ. 빌딩 앞에서 (누군가가) 서 있었다.
يَجْلِسُ أَخِي فِي الْحَدِيقَةِ. 내 형(남동생)은 공원에 앉아있다.	يُجْلَسُ فِي الْحَدِيقَةِ. 그 공원에 (누군가가) 앉아있다.

→ 위의 '부사 + 후연결어' 구가 수동태 문장의 주어가 된 문장은 아랍어 문법책에서 소개하고 있지만 현대 표준 아랍어(MSA)에서는 거의 사용되지 않는다.

제31과 수동태에 대해 II

b. 동족목적어(مَفْعُول مُطْلَق)로 사용된 동명사가 수동태 문장의 주어(نَائِبُ الْفَاعِلِ)가 된 문장

동족목적어로 사용된 동명사가 수동태 문장의 주어(نَائِبُ الْفَاعِلِ)가 된다.

능동태 문장	수동태 문장
أَقْبَلَ الطُّلَّابُ إِقْبَالًا شَدِيدًا (عَلَى تَعَلُّمِ الْعَرَبِيَّةِ).	أُقْبِلَ إِقْبَالٌ شَدِيدٌ (عَلَى تَعَلُّمِ الْعَرَبِيَّةِ).
그 학생들은 (아랍어를 공부하는데) 많이 몰렸다.	(아랍어를 공부하는데) 많이 몰렸다.
أَنْصَتَ الْأَبْنَاءُ إِلَى أَبِيهِمْ إِنْصَاتًا مُرَكَّزًا.	أُنْصِتَ إِنْصَاتٌ مُرَكَّزٌ.
그 아들들이 그들의 아버지의 말씀을 아주 집중해서 들었다.	아주 집중해서 들려졌다.

c. 부사(الظَّرْف)로 사용된 단어가 수동태 문장의 주어(نَائِبُ الْفَاعِلِ)가 된 문장

부사로 사용된 단어가 수동태 문장의 주어(نَائِبُ الْفَاعِلِ)가 된다.

능동태 문장	수동태 문장
سَهِرْنَا لَيْلَةً جَمِيلَةً.	سُهِرَتْ لَيْلَةٌ جَمِيلَةٌ.
우리들은 아름다운 밤을 지새웠다.	아름다운 밤이 지새워졌다.
يَصُومُ الْمُسْلِمُونَ رَمَضَانَ.	يُصَامُ رَمَضَانُ.
무슬림들은 라마단 기간에 금식한다.	라마단 기간에 금식되어 진다.

위의 동명사나 부사가 수동태의 주어가 되는 문장은 흔한 문장은 아니고 문학적인 표현으로 사용되는 문장이다. 그러나 유사문장이 수동태의 주어가 된 문장은 비교적 많이 사용되는 것이다.

** 수동태 문장의 주어(نَائِبُ الْفَاعِلِ)의 수(數)의 변화

수동태 문장 가운데 그 주어(نَائِبُ الْفَاعِلِ)가 쌍수 혹은 복수인 문장들을 만날 수 있다. 이 경우도 그 문장의 능동태 문장과 비교하면 문장 이해에 도움이 된다. 아래는 수동태 문장의 주어가 쌍수인 경우, 복수인 경우, 그리고 수동태 문장의 주어가 다섯가지 명사(الْأَسْمَاءُ الْخَمْسَةُ)인 경우의 예문들이다.

능동태 문장	수동태 문장
يَكْتُبُ الطُّلَّابُ الْجُمْلَتَيْنِ.	تُكْتَبُ الْجُمْلَتَانِ.
그 학생들은 두 문장을 기록한다.	두 문장이 기록된다. (여성 쌍수)
أَخَذَتِ الْمُدَرِّسَةُ كِتَابَيِ الطَّالِبَةِ.	أُخِذَ كِتَابَا الطَّالِبَةِ.
그 학교는 그 여학생의 두 책을 취했다.	그 여학생의 두 책은 취해졌다. (남성 쌍수)
يُنَاقِشُ مُدِيرُ الْمَشْرُوعِ الْمُهَنْدِسِينَ.	يُنَاقَشُ الْمُهَنْدِسُونَ.
그 프로젝트 담당자는 그 기술자(engineer)들과 토론했다.	그 기술자들은 토론에 참여되었다. (규칙복수)
قَابَلْتُ مُرَشَّحِي الْانْتِخَابَاتِ.	قُوبِلَ مُرَشَّحُو الْانْتِخَابَاتِ.
나는 그 선거들의 출마자들을 만났다.	그 선거들의 출마자들은 만나졌다. (규칙복수)
نُحِبُّ الْبَنَاتِ.	تُحَبُّ الْبَنَاتُ.
우리는 그 딸들을 사랑한다.	그 딸들은 사랑받는다. (여성복수)

تُسَاعِدُ أُخْتِي أَبَا صَدِيقَتِهَا.	يُسَاعَدُ أَبُو صَدِيقَتِهَا.
내 누이는 그녀 여자 친구의 아버지를 돕는다.	그녀의 여자 친구의 아버지는 도와진다. (다섯가지 명사)
يَجِبُ أَنْ نُشَجِّعَ ذَا الذَّكَاءِ الْكَبِيرِ.	يَجِبُ أَنْ يُشَجَّعَ ذُو الذَّكَاءِ الْكَبِيرِ.
우리는 아주 똑똑한 사람을 격려해야 한다.	아주 똑똑한 사람은 격려되어져야 한다.(다섯가지 명사)

→ 위의 예문들 가운데 빨간색으로 표기된 단어들을 눈여겨 보자. 능동태 문장의 목적어가 수동태 문장의 주어가 된 것을 확인하고, 그 격변화가 어떻게 달라졌는지를 확인하라.

3. 목적어를 두 개 가지는 동사의 수동태

목적어를 두 개 가지는 동사는 생각과 확신의 동사, 전환동사, 수여동사, 사역동사와 그외의 동사라고 하였다. 또한 생각과 확신의 동사와 전환동사는 제 1 목적어와 제 2 목적어의 관계가 주어와 술어의 관계가 되지만, 수여동사와 사역동사의 경우는 그것이 주어와 술어의 관계가 될 수 없다고 하였다.

그렇다면 이러한 문장들의 수동태 문장은 어떻게 될까? 이 문장들의 수동태 문장을 두 형태로 나눌 수 있다. 먼저는 수여동사를 수동태로 만드는 경우와 그 외의 동사들을 수동태로 만드는 경우이다.

1) 수여동사를 수동태 문장으로 만들 경우

수여동사가 사용된 문장을 수동태 문장으로 바꿀 경우 두 가지 형태의 문장이 가능하다. 먼저는 제 1 목적어를 수동태 문장의 주어(نَائِبُ الْفَاعِلِ)로 삼고 제 2 목적어는 목적격 그대로 두는 방법이고, 두번째는 제 2 목적어를 수동태 문장의 주어로 삼고 제 1 목적어 앞에 전치사 لِـ을 두는 방법이다.

(1) 제 1 목적어를 수동태 문장의 주어(نَائِبُ الْفَاعِلِ)로 바꾼 경우

아래의 능동태 문장에서 제 1 목적어로 사용된 단어가 수동태 문장에서 수동태 문장의 주어(نَائِبُ الْفَاعِلِ)가 되었다. 제 2 목적어는 수동태 문장에서 변함이 없이 그대로 사용되었다.

능동태 문장	수동태 문장
أَعْطَى مُحَمَّدٌ الْفَقِيرَ نُقُودًا.	أُعْطِيَ الْفَقِيرُ نُقُودًا.
제2목적+제1목적+주어+ 동사	
무함마드는 그 가난한 사람에게 돈을 주었다.	그 가난한 사람은 돈을 받았다. (نُقُودًا이 제2목적어)

다른 예문들

능동태 문장	수동태 문장
أَعْطَى الْمُعَلِّمُ النَّاجِحَ جَائِزَةً. 그 교사는 그 합격자에게 상을 주었다.	أُعْطِيَ النَّاجِحُ جَائِزَةً. 그 합격자는 상을 받았다.
مَنَحَ الْمُدِيرُ الطَّالِبَةَ الْهَدِيَّةَ. 그 교장은 그 여학생에게 그 선물을 주었다.	مُنِحَتِ الطَّالِبَةُ الْهَدِيَّةَ. 그 여학생은 그 선물을 받았다.
مَنَحُوا الطُّلَّابَ حَقَّ الِانْتِخَابِ. 그들은 학생들에게 선거권을 부여했다.	مُنِحَ الطُّلَّابُ حَقَّ الِانْتِخَابِ. 그 학생들은 선거권을 부여받았다.
وَهَبَتْ أَوْلَادَهَا مَالًا. 그녀는 그녀의 아이들에게 돈을 주었다.	وُهِبَ أَوْلَادُهَا مَالًا. 그녀의 아이들은 돈을 받았다.
وَهَبَ اللهُ النَّاسَ الْعَقْلَ. 하나님은 사람들에게 이성을 선사했다.	وُهِبَ النَّاسُ الْعَقْلَ. 사람들은 이성을 선물받았다.

(2) 제 2 목적어를 수동태 문장의 주어(نَائِبُ الْفَاعِلِ)로 바꾼 경우

아래의 능동태 문장에서 제 2 목적어로 사용된 단어가 수동태 문장에서 수동태 문장의 주어(نَائِبُ الْفَاعِلِ)가 되었다. 그리고 제 1 목적어 앞에 '..에게'의 의미를 부여하는 전치사 لِ 을 사용하여 준다.

능동태 문장	수동태 문장
أَعْطَى مُحَمَّدٌ الْفَقِيرَ نُقُودًا. 제2목적+제1목적+주어+ 동사 무함마드는 그 가난한 사람에게 돈을 주었다.	أُعْطِيَتْ نُقُودٌ لِلْفَقِيرِ. 돈이 그 가난한 사람에게 주어졌다.

다른 예문들

능동태 문장	수동태 문장
أَعْطَى الْمُعَلِّمُ النَّاجِحَ جَائِزَةً. 그 교사는 그 합격자에게 상을 주었다.	أُعْطِيَتْ جَائِزَةٌ لِلنَّاجِحِ. 한 상이 그 합격자에게 주어졌다.
مَنَحَ الْمُدِيرُ الطَّالِبَةَ الْهَدِيَّةَ. 그 교장은 그 여학생에게 그 선물을 주었다.	مُنِحَتِ الْهَدِيَّةُ لِلطَّالِبَةِ. 그 선물이 그 여학생에게 주어졌다.
مَنَحُوا الطُّلَّابَ حَقَّ الِانْتِخَابِ. 그들은 학생들에게 선거권을 부여했다.	مُنِحَ حَقُّ الِانْتِخَابِ لِلطُّلَّابِ. 그 선거권이 학생들에게 부여되었다.
وَهَبَتْ أَوْلَادَهَا مَالًا. 그녀는 그녀의 아이들에게 돈을 주었다.	وُهِبَ مَالٌ لِأَوْلَادِهَا. 돈이 그녀의 아이들에게 주어졌다.
وَهَبَ اللهُ النَّاسَ الْعَقْلَ. 하나님은 사람들에게 이성을 선사했다.	وُهِبَ الْعَقْلُ لِلنَّاسِ. 이성이 사람들에게 선사되었다.

2) 생각과 확신의 동사와 전환 동사 문장을 수동태로 만들 경우

생각과 확신의 동사와 전환동사 문장을 수동태로 바꿀 경우 제 1 목적어를 수동태 문장의 주어(نَائِبُ الفَاعِلِ)로 삼고 제 2 목적어는 목적격 그대로 둔다. 이 문장들의 경우 능동태 문장의 제 1 목적어와 제 2 목적어의 관계가 주어와 술어의 관계이기에 제 2 목적어를 수동태 문장의 주어로 삼을 수 없다.

(1) 생각과 확신의 동사 문장

능동태 문장	수동태 문장
أَظُنُّ الْقِطَارَ مُتَأَخِّرًا. 나는 그 기차가 늦는다고 여긴다.	يُظَنُّ الْقِطَارُ مُتَأَخِّرًا. 그 기차는 늦는 것으로 여겨진다.
يَحْسَبُ صَدِيقِي الْامْتِحَانَ سَهْلًا. 내 친구는 시험을 쉽게 여긴다.	يُحْسَبُ الْامْتِحَانُ سَهْلًا. 그 시험이 쉽다고 여겨진다.
اعْتَبَرُوا سَمِيرًا قَائِدًا عَظِيمًا. 그들은 싸미르를 위대한 지도자로 여겼다.	اُعْتُبِرَ سَمِيرٌ قَائِدًا عَظِيمًا. 싸미르는 위대한 지도자로 여겨졌다.
عَدَدْتُ مِصْرَ بَلَدًا اسْتِرَاتِيجِيًّا. 나는 이집트를 전략적인 국가라고 간주했다.	عُدَّتْ مِصْرُ بَلَدًا اسْتِرَاتِيجِيًّا. 이집트는 전략적인 국가라고 간주되었다.
زَعَمَ صَدِيقِي نَهْرَ الْأَمَازُون أَطْوَلَ نَهْرٍ. 내 친구는 아마존 강이 가장 긴 강이라고 주장했다.	زُعِمَ نَهْرُ الْأَمَازُون أَطْوَلَ نَهْرٍ. 아마존 강은 가장 긴 강이라고 주장되었다.
وَجَدْتُ كَلَامَهُ صَادِقًا. 나는 그의 말이 진실한 것을 발견하였다.	وُجِدَ كَلَامُهُ صَادِقًا. 그의 말은 진실되다고 발견되었다.
تَعْلَمُ الْحَيَاةَ جِهَادًا. 당신은 삶이 투쟁이라는 것을 안다.	تُعْلَمُ الْحَيَاةُ جِهَادًا. 삶이 투쟁이라는 것이 알려져 있다.
يَعْرِفُ الْوَلَدُ الْحُبَّ مُهِمًّا. 그 남자 아이는 사랑이 중요하다는 것을 안다.	يُعْرَفُ الْحُبُّ مُهِمًّا. 사랑이 중요하다는 것이 알려져 있다.

(2) 전환동사 문장

능동태 문장	수동태 문장
جَعَلَ الْأُسْتَاذُ الطُّلَّابَ سُعَدَاءَ. 그 교수는 그 학생들을 행복하게 만들었다.	جُعِلَ الطُّلَّابُ سُعَدَاءَ. 그 학생들은 행복하게 되었다.
حَوَّلَ الْأُسْتَاذُ الطَّالِبَ مَاهِرًا. 그 교수는 그 학생을 솜씨좋은 사람으로 변화시켰다.	حُوِّلَ الطَّالِبُ مَاهِرًا. 그 학생은 솜씨좋게 변화되었다.
أَحْمِلُ الْجَمَلَ بِضَاعَةً كَثِيرَةً. 나는 그 낙타에 많은 상품을 싣는다.	يُحْمَلُ الْجَمَلُ بِضَاعَةً كَثِيرَةً. 그 낙타는 많은 상품이 실려진다.
حَرَمَتِ الْأُمُّ أَوْلَادَهَا اللَّعِبَ. 그 엄마는 그녀의 아들들이 노는 것을 금지하였다.	حُرِمَ أَوْلَادُهَا اللَّعِبَ. 그녀의 아이들이 노는 것이 금지되었다.
أَعْلَمَ الْمُدَرِّسُ عَلِيًّا الْيَأْسَ مُضِرًّا. 그 교사는 알리에게 절망이 해롭다는 것을 가르쳤다.	أُعْلِمَ عَلِيٌّ الْيَأْسَ مُضِرًّا. 알리는 절망이 해롭다는 것을 가르침받았다.

4. 수동태 문장의 비인칭 동사(Impersonal Verb) 용법

비인칭 동사(Impersonal Verb)란 문장에 사용된 동사가 인칭변화를 하지 않고 3인칭 남성 단수로 고정되어 사용되는 것을 말한다. 수동태 문장 가운데에서도 비인칭 동사가 사용될 때가 있는데, 이는 '자동사 + 유사문장(شِبْهُ الْجُمْلَةِ)' 형태의 문장이 수동태로 전환되면서 일어나는 현상이다. 즉 '자동사 + 전치사' 뒤에 소유격 명사가 오는 경우나 '자동사 + 부사' 뒤에 후연결어가 오는 문장이 수동태로 전환된 경우이다. 이에 대해서 공부해 보자.

1) '자동사 + 전치사' 구(句)가 수동태로 전환된 경우

앞에서 전치사를 배우며 전치사가 동사와 함께 사용될 때 그 전치사가 부가적으로 사용되는 경우(حَرْفُ الْجَرِّ الْإِضَافِيُّ)와 전치사가 필수적으로 사용되는 경우(حَرْفُ الْجَرِّ الْأَسَاسِيُّ)를 공부하였다. 동사와 함께 전치사가 필수적으로 사용되는 경우 그 조합은 대부분 '자동사 + 전치사' 구(句)의 조합이 된다. 이러한 '자동사 + 전치사' 구(句)가 사용된 문장이 수동태 문장으로 바뀔 때 비인칭 동사(Impersonal Verb)용법이 사용된다. 동사문 형태와 명사문 형태로 나누어서 공부하도록 한다.

(1) 동사문 형태의 비인칭 동사 용법

아래 예문의 능동태 문장을 보자. 이 문장에서 '자동사 + 전치사' 구(句)가 사용된 것을 확인하자 (빨간색 표기 부분). 사용된 동사가 자동사이기에 문장의 목적어는 존재하지 않지만 의미상으로는 전치사 뒤의 소유격 명사가 목적어가 된다. 이 문장을 수동태 문장으로 전환해 보자.

능동태 문장	수동태 문장
بَحَثَتِ الطَّالِبَةُ عَنِ الصُّورَةِ.	بُحِثَ عَنِ الصُّورَةِ.
그 여학생은 그 사진을 찾았다. ('그 사진을'이 의미상 목적어)	그 사진이 찾아졌다.
هَلْ نَظَرَتِ الْمُدِيرَةُ فِي هَذِهِ الْأُمُورِ؟	هَلْ نُظِرَ فِي هَذِهِ الْأُمُورِ؟
그 여자 사장이 이 문제를 고려하였니?	이 문제들이 고려되었니?

→ 위의 문장에서 능동태 문장의 동사는 بَحَثَتْ 과 نَظَرَتْ 였는데 수동태 문장에서는 بُحِثَ 와 نُظِرَ 가 되는 것을 확인하자. (수동태 문장의 동사가 3인칭 남성 단수로 고정되었다.)
→ 능동태 문장의 의미상 목적어인 소유격 명사가 수동태 문장의 주어(نَائِبُ الْفَاعِلِ)가 되는 것을 확인하자. ('전치사 + 소유격 명사'를 수동태 문장의 주어라고 한다. 즉 위 문장들에서는 عَنِ الصُّورَةِ 와 فِي هَذِهِ الْأُمُورِ 이 수동태 문장의 주어가 된다.)

다른 예들

능동태 문장	수동태 문장
رَحَّبُوا بِرَئِيسِ الْجُمْهُورِيَّةِ تَرْحِيبًا.	رُحِّبَ بِرَئِيسِ الْجُمْهُورِيَّةِ تَرْحِيبًا.
그들은 공화국 대통령을 열렬히 환영했다.	공화국 대통령은 열렬히 환영받았다.
سَمَحَتِ الْمُدَرِّسَةُ لَكَ بِالذَّهَابِ.	سُمِحَ لَكَ بِالذَّهَابِ. *
그 여선생님은 네가 가는 것을 허락했다.	네가 가는 것이 허락되었다.

جَاؤُوا بِهَا.	جِيءَ بِهَا.
그들은 그 여자를 데려왔다. (그들은 그것을 가지고 왔다.)	그 여자는 데려와졌다. (그것은 가져와 졌다.)

→ سَمَحَ 동사는 전치사 لـ과 بـ 둘을 동반할 수 있다.

수동태 문장의 비인칭 동사(Impersonal Verb) 용법 – 동사문일 경우

1. 비인칭 동사(Impersonal Verb) 용법은 '자동사 + 전치사' 구(句)가 사용된 수동태 문장에서 사용된다.
2. 동사를 수동태 문장의 주어(نَائِبُ الْفَاعِلِ)의 성과 수에 관계없이 3인칭 남성 단수형 동사로 놓는다.
   (완료형 혹은 미완료형)
3. 그 뒤에 유사문장(شِبْهُ الْجُمْلَةِ, 전치사 + 소유격 명사)을 그대로 사용한다.
4. 이 때 이 '전치사 + 소유격 명사'가 수동태 문장의 의미상 주어(نَائِبُ الْفَاعِلِ)가 된다.

(2) 명사문 형태의 비인칭 동사 용법

앞에서 다룬 수동태 문장을 명사문으로 만들어 보자. 즉 아래의 ① 문장은 동사로 시작된 수동태 문장이다. 이것을 ②와 같이 명사로 시작하는 명사문 형태로 바꿀 수 있다.

능동태 문장		수동태 문장
بَحَثَتِ الطَّالِبَةُ عَنِ الصُّورَةِ.	①	بُحِثَ عَنِ الصُّورَةِ.
	②	الصُّورَةُ بُحِثَ عَنْهَا.
그 여학생은 그 사진을 찾았다.		그 사진이 찾아졌다.
هَلْ نَظَرَتِ الْمُدِيرَةُ فِي هَذِهِ الْأُمُورِ؟	①	هَلْ نُظِرَ فِي هَذِهِ الْأُمُورِ؟
	②	هَلْ هَذِهِ الْأُمُورُ نُظِرَ فِيهَا.
그 여자 사장이 이 문제를 고려하였니?		이 문제들이 고려되었니?

→ 위 ①에서 의미상 주어였던 소유격 명사를 ②에서는 문장의 주어(الْمُبْتَدَأ)로 머리에 두었다. 이 경우 소유격 명사(الِاسْمُ الْمَجْرُورُ)가 문장의 주어(الْمُبْتَدَأ)로 앞으로 갔기에 원래의 소유격 명사 자리에는 연결의 인칭대명사(ضَمِيرُ الرَّبْطِ)를 사용해 준다.

다른 예들

능동태 문장		수동태 문장
رَحَّبُوا بِرَئِيسِ الْجُمْهُورِيَّةِ تَرْحِيبًا.	①	رُحِّبَ بِرَئِيسِ الْجُمْهُورِيَّةِ تَرْحِيبًا.
	②	رَئِيسُ الْجُمْهُورِيَّةِ رُحِّبَ بِهِ تَرْحِيبًا.
그들은 공화국 대통령을 열렬히 환영했다.		공화국 대통령은 열렬히 환영받았다.
سَمَحَتِ الْمُدَرِّسَةُ لَكَ بِالذَّهَابِ.	①	سُمِحَ لَكَ بِالذَّهَابِ.
(سَمَحَ는 전치사 لـ과 بـ 둘을 동반할 수 있다.)	②	الذَّهَابُ سُمِحَ لَكَ بِهِ.
그 여선생님은 네가 가는 것을 허락했다.		네가 가는 것이 허락되었다.

제31과 수동태에 대해 II

جَاؤُوا بِهَا.	①	جِيءَ بِهَا.
	②	هِيَ جِيءَ بِهَا.
그들은 그 여자를 데려왔다. (그들은 그것을 가지고 왔다.)		그 여자는 데려와졌다. (그것은 가져와 졌다.)

→ 위의 수동태 문장에서도 전치사 뒤의 소유격 명사의 성과 수에 관계없이 동사가 3 인칭 남성 단수형인 것을 확인하라.

→ 위의 ② 문장들의 경우 전치사 뒤에 연결의 인칭대명사(ضَمِيرُ الرَّبْطِ)가 사용된 것을 확인하라.

수동태 문장의 비인칭 동사(Impersonal Verb) 용법 – 명사문일 경우

1. 능동태 문장의 소유격 명사를 명사문의 주어(المُبْتَدَأ)로 놓는다.
2. 그 뒤에 동사를 주어(المُبْتَدَأ)의 성과 수에 상관없이 3인칭 남성 단수형(비인칭 동사)으로 바꾼다.
   (완료형 혹은 미완료형)
3. 그 뒤에 전치사를 놓는다.
4. 이 때 '비인칭 동사 + 전치사' 가 명사문의 술어(الخَبَر)가 된다.
5. 이 전치사 뒤에 반드시 연결의 인칭대명사(ضَمِيرُ الرَّبْطِ)를 사용한다.

(3) 비인칭 동사 용법으로 사용되는 동사들의 예

아래는 '자동사 + 전치사' 구(句)가 사용된 동사들의 예들이다.

능동태 동사		수동태 동사	
청취하다, 듣다	اِسْتَمَعَ/يَسْتَمِعُ إِلَى	들려지다	اُسْتُمِعَ/يُسْتَمَعُ إِلَى
..에게 ..을 허락.승낙.허용하다	سَمَحَ/يَسْمَحُ لـ ه بـ هـ	허락되다	سُمِحَ/يُسْمَحُ لـ ه بـ هـ
..을 찾다, 수색.검색하다	بَحَثَ/يَبْحَثُ عَنْ	찾아지다, 검색되다	بُحِثَ/يُبْحَثُ عَنْ
..를 환영하다	رَحَّبَ/يُرَحِّبُ بـ	환영받다	رُحِّبَ/يُرَحَّبُ بـ
희망하다, 마음에 들다	رَغِبَ/يَرْغَبُ فِي	마음에 들다	رُغِبَ/يُرْغَبُ فِي
몹시 싫어하다, 꺼려하다	رَغِبَ/يَرْغَبُ عَنْ	몹시 싫어지다, 꺼려지다	رُغِبَ/يُرْغَبُ عَنْ
..에 대해 동의하다, 찬동하다	وَافَقَ/يُوَافِقُ عَلَى	동의되다	وُوفِقَ/يُوَافَقُ عَلَى
신임하다, 신뢰하다	وَثِقَ/يَثِقُ بـ	신임되다, 신뢰되다	وُثِقَ/يُوثَقُ بـ
획득하다, 달성하다, 얻다	حَصَلَ/يَحْصُلُ عَلَى	획득되다	حُصِلَ/يُحْصَلُ عَلَى
(소송 등)을 재판하다	حَكَمَ/يَحْكُمُ فِي هـ	재판되다, 판결되다	حُكِمَ/يُحْكَمُ فِي هـ
..에게 선고하다, 언도하다	حَكَمَ/يَحْكُمُ عَلَى ه	선고되다	حُكِمَ/يُحْكَمُ عَلَى ه

의미	능동	의미 (수동)	수동
(형 등을) 선고하다	قَضَى/ يَقْضِي بِـ هـ	선고되다	قُضِيَ/ يُقْضَى بِـ هـ
..에게 해를 끼치다, 죄를 짓다	جَنَى/ يَجْنِي عَلَى ه	피해를 보다(범죄의)	جُنِيَ/ يُجْنَى عَلَى ه
..에게 화를 내다, 진노하다	غَضِبَ/ يَغْضَبُ عَلَى، مِنْ	화냄을 당하다, 진노를 당하다	غُضِبَ/ يُغْضَبُ عَلَى، مِنْ
..에 대해 유감스럽게 생각하다, 애석해 하다	أَسِفَ/ يَأْسَفُ عَلَى، مِنْ	유감스럽다	أُسِفَ/ يُؤْسَفُ عَلَى، مِنْ
..을 보다, 쳐다보다	نَظَرَ/ يَنْظُرُ إِلَى	쳐다보아지다	نُظِرَ/ يُنْظَرُ إِلَى
..을 깊이 고려하다, 숙고하다	نَظَرَ/ يَنْظُرُ فِي هـ	숙고되다, 깊이 고려되다	نُظِرَ/ يُنْظَرُ فِي هـ
절망하다	يَئِسَ/ يَيْأَسُ مِنْ، مِنْ	절망되다	يُئِسَ/ يُيْأَسُ مِنْ، مِنْ
..에 이견을 가지다	اِخْتَلَفَ/ يَخْتَلِفُ فِي	..에 이견이 있다.	اُخْتُلِفَ/ يُخْتَلَفُ فِي هـ
영감을 주다, 계시하다	أَوْحَى/ يُوحِي إِلَيْهِ بِـ هـ	(책 등이) 계시되다	أُوحِيَ/ يُوحَى بِـ هـ
의지하다, 의존하다	اِعْتَمَدَ/ يَعْتَمِدُ عَلَى	의지되다, 의존되다	اُعْتُمِدَ/ يُعْتَمَدُ عَلَى
채택하다, 승락하다	أَخَذَ/ يَأْخُذُ بِـ هـ	채택되다, 승낙되다	أُخِذَ/ يُؤْخَذُ بِـ هـ
..을 말하다, 진술하다	نَطَقَ/ يَنْطِقُ بِـ هـ	진술되다	نُطِقَ/ يُنْطَقُ بِـ هـ

→위의 نَطَقَ/ يَنْطِقُ هـ , أَخَذَ/ يَأْخُذُ هـ , 그리고 اِعْتَمَدَ/ يَعْتَمِدُ هـ 와 세 단어들은 직접 목적어를 취하는 문장으로 사용되기도 한다. 그럴 경우 각각 '비준하다, 승인하다'와 '..을 취하다', 그리고 '..을 발음하다' 의미가 된다. 그러나 위와 같이 전치사를 취할 때에는 자동사로 사용되어 각각 '의지하다'와 '채택하다', 그리고 '진술되다'의 의미를 가진다.

위 단어들의 예문들

파티에서 그 노래들이 들려진다.	يُسْتَمَعُ إِلَى الْأَغَانِي فِي الْحَفْلِ.
교실에 들어가는 것이 나에게 허락되었다.	سُمِحَ لِي بِدُخُولِ الْفَصْلِ.
잃어버린 보물이 찾아졌다.	بُحِثَ عَنِ الْكَنْزِ الْمَفْقُودِ.
우리 나라에서 방문자들은 환영받는다.	يُرَحَّبُ بِالزَّائِرِينَ فِي بَلَدِنَا.
그 아름다운 젊은 여자는 마음에 든다.	الْفَتَاةُ الْجَمِيلَةُ يُرْغَبُ فِيهَا.
악행들은 아주 꺼려진다. (The vices were disinclined.)	الرَّذَائِلُ[1] رُغِبَ عَنْهَا.
그 결정은 그 장관에 의해 동의되었다.	وُوفِقَ عَلَى الْقَرَارِ مِنْ قِبَلِ الْوَزِيرِ.

---

[1] رَذِيلَةٌ/ رَذَائِلُ 죄악, 악덕, 악행

기술 좋은 사람은 신뢰를 받는다.	الْمَاهِرُ يُوثَقُ بِهِ.
증권으로 많은 돈이 획득되어진다.	يُحْصَلُ عَلَى الْكَثِيرِ مِنَ الْمَالِ بِالْبُورْصَةِ.
이 소송은 판결되었다.	هَذِهِ الْقَضِيَّةُ حُكِمَ فِيهَا.
그 범죄자는 징역을 선고받았다.	حُكِمَ عَلَى الْجَانِي بِالسَّجْنِ.
벌금 1000 파운드가 선고되었다.	قُضِيَ بِغَرَامَةِ أَلْفِ جُنَيْهٍ.
그 억울함을 입는 사람은 (범죄의) 피해를 보았다.	قَدْ جُنِيَ عَلَى الْمَظْلُومِ.
불순종하는 아들은 진노를 받는다.	الِابْنُ الْعَاصِي يُغْضَبُ عَلَيْهِ.
잃어버린 기회들은 유감스런 것이다.	الْفُرَصُ الضَّائِعَةُ يُؤْسَفُ عَلَيْهَا.
아름다운 광경들은 쳐다보아 진다.	الْمَنَاظِرُ الْجَمِيلَةُ يُنْظَرُ إِلَيْهَا.
자연은 묵상가에 의해 묵상되어 진다. 묵상가는 자연을 묵상한다.	يُنْظَرُ فِي الطَّبِيعَةِ مِنْ قِبَلِ الْمُتَأَمِّلِ.
많은 실패는 절망되어진다.	يُيْأَسُ مِنْ كَثْرَةِ الْفَشَلِ.
이 생각은 이견이 없다.	هَذِهِ الْفِكْرَةُ لَا يُخْتَلَفُ فِيهَا.
복음서는 사도들에게 계시된 하나님의 말씀이다.	الْإِنْجِيلُ هُوَ كَلِمَةُ اللهِ الَّتِي أُوحِيَ بِهَا لِلرُّسُلِ.
복음서은 하나님이 사도들에게 계시한 말씀이다.	الْإِنْجِيلُ هُوَ كَلِمَةُ اللهِ الَّتِي أَوْحَى بِهَا لِلرُّسُلِ.
힘은 의지되어진다.	الْقَوِيُّ يُعْتَمَدُ عَلَيْهِ.
그 과학적인 증거들은 채택되어진다.	الدَّلَائِلُ[1] الْعِلْمِيَّةُ يُؤْخَذُ بِهَا.
그 진실이 진술되었다.(The truth is said.)	الْحَقُّ نُطِقَ بِهِ.

** 이 책 제Ⅰ권의 '수동태에 대해 Ⅰ' 부분에서 '수동형 동사가 사용된 예문들' 부분이 있다. 거기에 비인칭 동사 용법으로 사용된 문장들의 예가 많이 있다.

---

[1] دَلِيلٌ / دَلَائِلُ 증거(evidence)

** '타동사 + 전치사' 구(句)가 사용된 경우들

지금까지 우리는 '자동사 + 전치사' 구(句)가 숙어로 사용되는 구문이 수동태로 전환될 때를 공부하였다. 이와비슷한 경우로 '타동사 + 전치사' 구(句)가 숙어로 사용되는 경우가 있는데 이때는 어떻게 수동태 문장을 만들어 줄까?

이 책 제Ⅰ권의 수동분사 부분에서 성수(性數)불변 수동분사 문장을 공부하였고[1], 그 가운데 타동사에서 온 수동분사가 성수불변 수동분사 용법으로 사용되는 경우를 공부하였다. 타동사에서 온 수동분사가 성수불변 수동분사로 사용되는 경우 그 원래의 동사가 목적어를 취하는 타동사이지만 전치사를 동반하여 '수동분사 + 전치사' 구(句)가 되는 경우였다. 목적어를 취하는 타동사가 전치사를 취하여 '타동사 + 전치사'가 되는 경우의 문장도 이와 원리가 동일하다.

목적어를 취하는 타동사가 전치사를 취하는 경우의 문장을 수동태로 전환할 경우 그 문장은 두 가지 형태로 바꿀 수 있다. 즉 아래의 ①과 같이 목적어가 수동태 문장의 주어(نَائِبُ الفَاعِل)가 되는 문장과, 아래의 ②와 같이 전치사 뒤에 온 소유격 명사가 수동태 문장의 주어(نَائِبُ الفَاعِل)가 되는 문장 두 가지 경우이다. ① 형태의 수동태 문장은 앞에서 배운 일반적인 수동태 문장과 같이 변화하고, ② 형태의 수동태 문장은 앞에서 배운 '자동사 + 전치사' 구(句) 문장과 같은 방식 즉 '비인칭 동사(Impersonal Verb)' 용법으로 변화한다(이 경우가 성수불변 수동분사 용법과 원리가 같다.).

능동태 문장 (المَبْنِيُّ لِلمَعْلُوم)	① 수동태 문장 (المَبْنِيُّ لِلمَجْهُول)	② 수동태 문장 (المَبْنِيُّ لِلمَجْهُول)	
وَعَدْتُ الأَوْلَادَ بِالرِّحْلَةِ.	وُعِدَ الأَوْلَادُ بِالرِّحْلَةِ.	وُعِدَ بِالرِّحْلَةِ (لِلأَوْلَادِ).	A
제2목적+제1목적+주어+동사	수. 주어 + 수. 동사	الرِّحْلَةُ وُعِدَ بِهَا.	B
나는 그 아이들에게 여행을 약속했다.	그 아이들은 여행을 약속받았다.	그 여행은 약속되어졌다.	

→위의 ①의 경우 능동태 문장의 제 1 목적어가 수동태 문장의 주어로 온 문장이고, ②의 경우 의미상의 능동태 문장의 제 2 목적어(전치사 + 소유격 명사)가 수동태 문장의 주어로 온 문장이다.

→위의 ② 문장에서 사용된 수동형 동사 وُعِدَ 는 비인칭 동사(Impersonal verb)이다.

→위의 ② 의 A 문장은 동사문이고, B 문장은 이 동사문을 명사문으로 바꾼 것이다. 아래를 보자.

A 문장 - 동사문	B 문장 - 명사문
وُعِدَ بِالرِّحْلَةِ (لِلأَوْلَادِ).	الرِّحْلَةُ وُعِدَ بِهَا.

위의 B 명사문은 앞에서 배운 '자동사 + 전치사' 구(句)의 문장과 같이 주어(مُبْتَدَأ)의 성과 수는 뒤의 전치사에 붙은 접미 인칭대명사(파란색 글자)와 일치한다. 이 접미 인칭대명사는 연결의 인칭대명사(ضَمِيرُ الرَّبْط)이다.

위의 ① 수동태 문장을 일반적으로 많이 사용하며, ② 수동태 문장은 상대적으로 적게 사용하는 문장이다.

---

[1] 수동분사에서 '성수불변 수동분사'가 있다면 수동태 문장에서는 '비인칭 동사(Impersonal Verb)'가 있다. 성수불변 수동분사란 문장에서 '수동분사 + 전치사'의 형태로 사용되는 수동분사가 남성 단수로만 사용되는 경우를 말하는 것이고, '비인칭 동사'란 동사가 인칭변화 없이 3 인칭 남성 단수로만 사용되는 것을 말한다

단어의 예들

능동태 동사		수동태 동사	
A 에게 B를 약속하다 (A는 사람, B는 사물)	وَعَدَ / يَعِدُ A بِـ B	약속되어지다	وُعِدَ / يُوعَدُ بِـ
A 에게 B 를 명령하다 (A는 사람, B는 사물)	أَمَرَ / يَأْمُرُ A بِـ B	명령되다, 명령을 받다	أُمِرَ / يُؤْمَرُ بِـ
A가 B하는 것을 막다 (A는 사람, B는 동명사)	مَنَعَ / يَمْنَعُ A مِنْ B	금지되다	مُنِعَ / يُمْنَعُ مِنْ
A를 B로 명중시키다, 부상을 입히다 (A는 사람, B는 사물)	أَصَابَ / يُصِيبُ A بِـ B	부상을 입다; 병들다	أُصِيبَ / يُصَابُ بِـ
B 에게 A를 용서하다 (B는 사람, A는 죄 등의 사물)	غَفَرَ / يَغْفِرُ A لِـ B	용서받다	غُفِرَ / يُغْفَرُ لِـ
A를 B로 바쁘게 하다, 몰두하게 하다 (A는 사람, B는 사물)	شَغَلَ / يَشْغَلُ A بِـ B	...에 바쁘다 (to be occupied)	شُغِلَ / يُشْغَلُ بِـ

예문들

아래의 ①은 능동태 문장이고 ②와 ③은 수동태 문장이다. 아래의 ②는 ① 문장의 제 1 목적어(위 단어에서 A)를 수동태 문장의 주어로 삼은 경우이고, ③은 ① 문장의 의미상 제 2 목적어(전치사 뒤에 온 소유격 명사, 위 단어에서 B)를 수동태 문장의 주어로 삼고 제 1 목적어는 생략한 경우이다. ③ 문장의 첫번째 문장은 동사문이고, 두번째 문장은 그것을 명사문으로 바꾼 것이다. 수동태 문장인 ②와 ③ 가운데 ② 문장이 더 많이 사용되며, ③ 문장의 형태는 동사에 따라 사용되지 않는 경우도 있다.

①	나는 내 딸에게 그녀가 시험에 합격하면 자전거를 약속했다.	وَعَدْتُ ابْنَتِي بِدَرَّاجَةٍ إِنْ نَجَحَتْ.
②	내 딸은 그녀가 시험에 합격하면 자전거를 받기로 약속을 받았다.	وُعِدَتِ ابْنَتِي بِدَرَّاجَةٍ إِنْ نَجَحَتْ.
③	(한) 자전거는 내 딸이 시험에 합격하면 선물로 주기로 약속되었다.	وُعِدَ بِدَرَّاجَةٍ (لِابْنَتِي) إِنْ نَجَحَتْ.
		الدَّرَّاجَةُ وُعِدَ بِهَا (لِابْنَتِي) إِنْ نَجَحَتْ.

①	그 지휘관은 그 군인에게 그 적들 사살을 명령했다.	أَمَرَ الْقَائِدُ الْجُنْدِيَّ بِقَتْلِ الْأَعْدَاءِ.
②	그 군인은 그 적들을 사살하라는 명령을 받았다.	أُمِرَ الْجُنْدِيُّ بِقَتْلِ الْأَعْدَاءِ.
③	그 적들을 사살하라는 명령이 (그 군인에게) 내려졌다.	أُمِرَ بِقَتْلِ الْأَعْدَاءِ (لِلْجُنْدِيِّ).
		قَتْلُ الْأَعْدَاءِ أُمِرَ بِهِ (لِلْجُنْدِيِّ).

①	그 아버지는 그 아들에게 노는 것을 금했다.	مَنَعَ الْأَبُ الِابْنَ مِنَ اللَّعِبِ.
②	그 아들은 노는 것이 금지되었다.	مُنِعَ الِابْنُ مِنَ اللَّعِبِ.
③	노는 것은 금지되었다.	مُنِعَ مِنَ اللَّعِبِ.
		اللَّعِبُ مُنِعَ مِنْهُ.

①	그 추운 날씨는 우리를 병들게 했다.	أَصَابَنَا الْبَرْدُ الشَّدِيدُ بِالْمَرَضِ.
②	우리는 아주 추운 날씨로 인해 병이 들었다.	أُصِيْنَا[1] بِالْمَرَضِ بِسَبَبِ الْبَرْدِ الشَّدِيدِ.
③	병이 들어졌다.	أُصِيبَ بِالْمَرَضِ.
		الْمَرَضُ أُصِيبَ بِهِ.

①	하나님은 회개하는 자들에게 그 죄들을 용서했다.	اللهُ غَفَرَ الذُّنُوبَ لِلتَّائِبِينَ.
②	회개하는 자들에게 그 죄들이 용서되었다.	غُفِرَتِ الذُّنُوبُ لِلتَّائِبِينَ.
③	회개하는 자들은 용서되었다.	غُفِرَ لِلتَّائِبِينَ.
		التَّائِبُونَ غُفِرَ لَهُمْ.

①	삶은 가난한 자가 그것을 걱정하게 한다.	شَغَلَتِ الْحَيَاةُ الْفَقِيرَ بِهُمُومِهَا.
②	가난한 자는 삶의 걱정에 지배된다.	شُغِلَ الْفَقِيرُ بِهُمُومِ الْحَيَاةِ.
③	삶의 걱정이 지배된다.	شُغِلَ بِهُمُومِ الْحَيَاةِ.
		هُمُومُ الْحَيَاةِ شُغِلَ بِهَا.

→ 위 ①의 능동태 문장은 شَغَلَتْ هُمُومُ الْحَيَاةِ الْفَقِيرَ 로 표현할 경우 그 의미가 같다.

---

[1] أُصِيبَ فُلَانٌ بِالْمَرَضِ ..가 병에 걸리다

2) '자동사 + 부사' 구(句)가 수동태로 전환된 경우

이는 '자동사 + 유사문장(شِبْهُ الْجُمْلَةِ)' 형태의 문장이 비인칭 동사(Impersonal Verb)가 사용된 수동태로 전환되는 두 번째의 경우가 '자동사 + 부사' 구(句)의 문장이다. 이러한 문장은 아랍어 문법책에서 소개하고 있지만 현대 표준 아랍어(MSA)에서는 거의 사용되지 않는다.

앞에서 다룬대로 능동태 문장을 수동태 문장으로 만들고, 또 그것을 명사문으로 만들어 보자. 즉 아래의 ① 문장은 동사로 시작된 수동태 문장이고, ②는 그것을 명사문으로 전환한 것이다.

능동태 문장		수동태 문장
وَقَفَ أَخِي أَمَامَ الْعِمَارَةِ.	①	وُقِفَ أَمَامَ الْعِمَارَةِ.
	②	الْعِمَارَةُ وُقِفَ أَمَامَهَا.
내 형(남동생)은 그 건물 앞에 서 있었다.		그 건물 앞에 (사람이) 서 있었다.
تَجْلِسُ أُخْتِي تَحْتَ الشَّجَرَةِ.	①	يُجْلَسُ تَحْتَ الشَّجَرَةِ.
	②	الشَّجَرَةُ يُجْلَسُ تَحْتَهَا.
내 여동생(누이)는 그 나무 아래에 앉아 있다.		그 나무 아래에 (사람이) 앉아져 있다.

→위의 수동태 문장에서도 부사 뒤의 후연결어의 성과 수에 관계없이 동사가 3인칭 남성 단수형인 것을 확인하라.
→위의 ② 문장들의 경우 부사 뒤에 연결의 인칭대명사(ضَمِيرُ الرَّبْطِ)가 사용된 것을 확인하라.

수동태 문장의 비인칭 동사(Impersonal Verb) 용법 – '자동사 + 부사' 문장인 경우

1. 동사를 수동태 문장의 주어(نَائِبُ الْفَاعِلِ)의 성과 수에 관계없이 3인칭 남성 단수형 동사로 놓는다.
 (완료형 혹은 미완료형 두 가지 경우 모두)
2. 그 뒤에 유사문장(شِبْهُ الْجُمْلَةِ, 부사 + 후연결어)를 그대로 사용한다.
3. 이 때 이 '부사 + 후연결어'가 수동태 문장의 의미상 주어(نَائِبُ الْفَاعِلِ)가 된다.

동사문을 명사문으로 전환할 경우

1. 능동태 문장의 후연결어를 명사문의 주어(الْمُبْتَدَأ)로 놓는다.
2. 그 뒤에 동사를 주어(الْمُبْتَدَأ)의 성과 수에 상관없이 3인칭 남성 단수형(비인칭 동사)으로 바꾼다.
 (완료형 혹은 미완료형 두 가지 경우 모두)
3. 그 뒤에 부사를 놓는다.
4. 이 때 '비인칭 동사 + 부사' 가 명사문의 술어(الْخَبَرُ)가 된다.
5. 이 부사 뒤에는 반드시 연결의 인칭대명사(ضَمِيرُ الرَّبْطِ)를 사용한다.

다른 예문들

아래 예문은 이 책 제 I 권 '수동분사' 부분의 성수불변 '수동분사 + 부사' 부분에 있는 예문들이다.

의미	동사문	명사문
그 나무 아래에 (누가) 앉아져 있다.	يُجْلَسُ تَحْتَ الشَّجَرَةِ.	الشَّجَرَةُ يُجْلَسُ تَحْتَهَا.
그 경기장 주위에 (사람이) 둘러싸여 있다.	يُلْتَفُّ حَوْلَ الْمَلْعَبِ.	الْمَلْعَبُ يُلْتَفُّ حَوْلَهُ.
그 학교를 향하여 뛰어진다.	يُرْكَضُ نَحْوَ الْمَدْرَسَةِ.	الْمَدْرَسَةُ يُرْكَضُ نَحْوَهَا.
사람들 중앙에서 걸어진다.	يُمْشَى وَسْطَ النَّاسِ.	النَّاسُ يُمْشَى وَسْطَهُمْ.
그 아이들 가운데서 웃어진다.	يُضْحَكُ بَيْنَ الْأَطْفَالِ.	الْأَطْفَالُ يُضْحَكُ بَيْنَهُمْ.
그 나무들 뒤에서 춤이 추어진다.	يُرْقَصُ خَلْفَ الْأَشْجَارِ.	الْأَشْجَارُ يُرْقَصُ خَلْفَهَا.
그 이맘 뒤에서 (사람들이) 절을 한다.	يُسْجَدُ وَرَاءَ الْإِمَامِ.	الْإِمَامُ يُسْجَدُ وَرَاءَهُ.
그 두 건물들 앞에서 놀아진다.	يُلْعَبُ أَمَامَ الْمَنْزِلَيْنِ.	الْمَنْزِلَانِ يُلْعَبُ أَمَامَهُمَا.
그 나무가지 위에 앉혀져있다.	يُقْعَدُ فَوْقَ الْغُصْنِ.	الْغُصْنُ يُقْعَدُ فَوْقَهُ.

5. 신문에서 수동태가 사용된 예들

방송 뉴스에서는 아나운서가 수동형 동사를 그대로 읽어 주기 때문에 수동태의 의미 파악에 어려움이 없다. 그러나 신문에서는 모음부호가 표기되지 않기에 동사만 보고는 능동형인지 수동형인지 파악하기 힘든 경우들이 많다. 이런 문장들의 경우 수동태 문장에 익숙해 지는 것 외에는 방법이 없다.

아래의 문장들을 읽어보면 수동태 문장인 것을 파악할 수 있다. 아래 문장들에서 사용된 동사들은 모두 목적어를 가지는 타동사들인데, 이 문장들에선 그 목적어를 찾을 수 없다. 따라서 이 문장들이 주어(نَائِبُ الْفَاعِل)와 동사만 존재하는 수동태 문장임을 알 수 있다.

مُنِعَ الرَّئِيسُ الْمِصْرِيُّ الْمَخْلُوعُ¹ حُسْنِي مُبَارَك مِنَ السَّفَرِ.
축출된 이집트 대통령 호스니 무바락은 여행(해외로의 출국)이 금지되었다.

رُشِّحَ بَان كِي مُون وَزِيرُ خَارِجِيَّةِ كُورِيَا الْجَنُوبِيَّةِ رَسْمِيًّا أَمِينًا² عَامًا لِلْأُمَمِ الْمُتَّحِدَةِ.
반기문 대한민국 외무부장관은 유엔의 사무총장 후보에 공식적으로 추천되었다.

قُتِلَ ٣٠٠ شَخْصٍ عَلَى الْأَقَلِّ نَتِيجَةَ³ زِلْزَالٍ فِي شَمَالَ⁴ غَرْبَ الصِّينِ.
중국 북서부에서 있었던 지진의 결과로 최소 300명이 사망했다.

انْتُخِبَ الزَّعِيمُ اللِّيبِيُّ مُعَمَّر الْقَذَّافِي رَئِيسًا لِلِاتِّحَادِ⁵ الْإِفْرِيقِيِّ.
리비아의 지도자 무암마르 카다피는 아프리카 연합의 의장으로 선출되었다. (رَئِيسًا은 명시목적어이다.)

افْتُتِحَتْ فِي الْعَاصِمَةِ⁶ الْأَمْرِيكِيَّةِ وَاشِنْطُن الْيَوْمَ قِمَّةُ مَجْمُوعَةِ⁷ الْعِشْرِينَ.
오늘 미국의 수도 워싱턴에서 G20 정상회담이 열렸다.

اخْتُطِفَ عَامِلُ إِغَاثَةٍ⁸ إِيطَالِيٌّ فِي قِطَاعِ غَزَّةَ الثُّلَاثَاءَ.
화요일 가자 지구에서 한 이탈리아 구호요원이 납치되었다.

حُكِمَ عَلَى مُوَاطِنٍ مِصْرِيٍّ بِالسَّجْنِ ثَلَاثَ سَنَوَاتٍ.
한 이집트 시민에게 3년의 징역형이 선고되었다.

نَقِيبُ الصَّحْفِيِّينَ يُحَاكَمُ جِنَائِيًّا وَلَيْسَ فِي قَضِيَّةِ رَأْيٍ أَوْ حُرِّيَّاتٍ.
언론협회 회장은 형사적으로 기소되었고(being trialed), 개인의 의견이나 자유에 대한 이슈로 기소된 것이 아니다.

---

¹ خَلَعَ/يَخْلَعُ هـ – خَلْعٌ – خَالِعٌ – مَخْلُوعٌ (옷, 신발 따위를) 벗다 ; (이를) 뽑다 ; مَخْلُوعٌ 뽑힌, 벗어진 ; 해임된, 축출된
² أَمِينٌ/أُمَنَاءُ 충실한, 성실한, 믿음직한 ; 서기(secretary), 관리인 الْأَمِينُ الْعَامُّ 사무총장 الْأَمِينُ الْأَوَّلُ 의전실장
³ نَتِيجَةَ كَذَا = نَتِيجَةً لِكَذَا ..의 결과로(as a result of) زِلْزَالٌ/زَلَازِلُ 지진
⁴ شَمَالَ غَرْبَ 북서부 **부사 두 단어가 연이어서 올 때 불격변화이다.
⁵ اتَّحَدَ/يَتَّحِدُ – اتِّحَادٌ 연합하다 ; 일치하다
⁶ عَاصِمَةٌ/عَوَاصِمُ 수도(capital)
⁷ مَجْمُوعَةُ الْعِشْرِينَ G 20 قِمَّةُ مَجْمُوعَةِ الْعِشْرِينَ G 20 정상회담
⁸ أَغَاثَ/يُغِيثُ ه – إِغَاثَةٌ ..을 도와주다, 구제.구원.구출.구호하다 عَامِلُ إِغَاثَةٍ 구호요원, 국제구호원(aid worker)

6. 수동적인 의미를 부여하는 'تَمَّ/يَتِمُّ + 동명사'

تَمَّ 동사 뒤에 문장의 주어(فَاعِل)로 동사의 동명사를 사용하면 수동태 문장과 의미가 같아진다. 이러한 'تَمَّ + 동명사' 문장은 미디어 아랍어 등에서 많이 사용된다.

تَمَّ 동사가 사용된 문장	수동태 문장
تَمَّ تَنْظِيفُ الشَّارِعِ.	نُظِّفَ الشَّارِعُ.
그 길이 청소되었다.	

예문

تَمَّتْ كِتَابَةُ الْوَاجِبَاتِ.	كُتِبَتِ الْوَاجِبَاتُ.
그 숙제들이 기록되었다.	
يَتِمُّ عَرْضُ هَذِهِ الْبَرَامِجِ كُلَّ يَوْمٍ.	تُعْرَضُ هَذِهِ الْبَرَامِجُ كُلَّ يَوْمٍ.
이 프로그램들은 매일 상연된다.	
تَمَّ سُؤَالُ الْمُجْرِمِ فِي الْمَحْكَمَةِ.	سُئِلَ الْمُجْرِمُ فِي الْمَحْكَمَةِ.
법원에서 그 범죄자의 심리가 열렸다.	
تَمَّتْ تَرْجَمَةُ الْمَقَالَةِ إِلَى الْإِنْجِلِيزِيَّةِ.	تُرْجِمَتِ الْمَقَالَةُ إِلَى الْإِنْجِلِيزِيَّةِ.
그 논설은 영어로 번역되었다.	
يَتِمُّ بَحْثُ مُشْكِلَةِ الْإِرْهَابِ فِي الْمُؤْتَمَرِ.	تُبْحَثُ مُشْكِلَةُ الْإِرْهَابِ فِي الْمُؤْتَمَرِ.
그 컨퍼런스에서 테러 문제가 논의된다.	
تَمَّ اسْتِقْبَالُ الْمَلِكِ الْأُرْدُنِيِّ فِي الْقَاهِرَةِ.	اُسْتُقْبِلَ الْمَلِكُ الْأُرْدُنِيُّ فِي الْقَاهِرَةِ.
요르단 국왕은 카이로에서 영접되어졌다.	
لَمْ تَتِمَّ مُقَابَلَةُ الرَّئِيسِ بِالتَّرْحِيبِ الْمُتَوَقَّعِ.	لَمْ يُقَابَلِ الرَّئِيسُ بِالتَّرْحِيبِ الْمُتَوَقَّعِ.
대통령은 기대한 환영을 받지 못했다.	
لَنْ يَتِمَّ تَصْلِيحُ الْغَسَّالَةِ الْيَوْمَ.	لَنْ تُصْلَحَ الْغَسَّالَةُ الْيَوْمَ.
그 세탁기는 오늘 고쳐지지 않을 것이다.	
لَا يَتِمُّ انْتِخَابُ الرَّئِيسِ كُلَّ سَنَتَيْنِ.	لَا يُنْتَخَبُ الرَّئِيسُ كُلَّ سَنَتَيْنِ.
대통령은 매 2년마다 선출되지 않는다.	

제 32 과 조건문(أُسْلُوبُ الشَّرْطِ)에 대해

1. 조건사의 종류와 조건문에 대해
   1) 조건절과 조건 결과절에 단축법 동사가 사용되는 조건사(أَدَوَاتُ الشَّرْطِ الْجَازِمَةِ)
   2) 조건절과 조건 결과절에 단축법 동사가 사용될 수 없는 조건사(أَدَوَاتُ الشَّرْطِ غَيْرُ الْجَازِمَةِ)
   3) 가정법(الشَّرْطُ الِافْتِرَاضِيُّ)을 이끄는 조건사
   4) أَمَّا 가 이끄는 조건문
   5) 조건문의 고려사항
2. 조건 결과절에 대해 – 조건 결과절에 사용하는 فَ 와 لَ 에 대해
3. 다른 형태의 조건문
   1) 조건절(جُمْلَةُ الشَّرْطِ)이 생략된 조건문 - وَإِلَّا 가 사용된 조건문
   2) 조건 결과절(جَوَابُ الشَّرْطِ)이 생략된 조건문
   3) 조건절과 조건 결과절 둘 다 생략된 조건문
   4) 요청문(أُسْلُوبُ الطَّلَبِ)과 함께 사용된 조건문
4. 조건문과 관련한 추가적인 내용

제 32 과 조건문(أُسْلُوبُ الشَّرْطِ)에 대해

조건문이란 어떤 조건에 근거하여 결과가 결정되는 내용의 문장이다. 아랍어에 조건사가 많고 각 조건사의 용법이 독특하기 때문에 조건문이 어렵게 느껴진다. 찬찬히 공부하도록 하자.
아랍어의 조건문은 세 가지 구성요소로 구성된다. 즉 조건사(أَدَاةُ الشَّرْطِ)와 조건절(جُمْلَةُ الشَّرْطِ)과 조건 결과절(جَوَابُ الشَّرْطِ)이 그것이다. 아래에서 세 가지 구성요소를 살펴보자.

만일 당신이 공부한다면 성공할 것이다. ('당신이 공부하는 것'이 조건이고, '성공할 것'이 조건의 결과이다.)(동사에 미완료 단축법 사용)	إِنْ تَدْرُسْ تَنْجَحْ. c + b + a
만일 그가 공부한다면 그는 성공할 것이다. ('그가 공부하는 것'이 조건이고, '성공하는 것'이 조건의 결과이다.)(동사에 완료형 사용)	إِذَا دَرَسَ نَجَحَ. c + b + a
a - 조건사(أَدَاةُ الشَّرْطِ) b - 조건절(جُمْلَةُ الشَّرْطِ) c - 조건 결과절(جَوَابُ الشَّرْطِ)	

아랍어 조건문 전체를 이해하기 위해 고려되어야 할 세 가지가 있다. 먼저는 조건문의 구성 요건에 대해서이고, 두 번째는 조건문에 사용된 조건사의 종류에 대해서이며, 세 번째는 조건절과 조건 결과절에 사용된 동사의 시제와 격변화와 관련해서이다.
먼저 조건문은 위의 예문에서처럼 세 가지 구성 요소, 즉 조건사(أَدَاةُ الشَّرْطِ)와 조건절(جُمْلَةُ الشَّرْطِ)과 조건 결과절(جَوَابُ الشَّرْطِ)로 이루어진다. 일반적으로 조건절과 조건 결과절에 동사문이 주로 사용되지만 명사문이 사용되는 경우도 있다.
두 번째로 고려할 것은 조건사의 종류이다. 조건문에 사용되는 조건사는 다양하며 사용되는 조건사에 따라 조건의 의미가 달라진다. 이 책에서는 조건사들을 '조건절과 조건 결과절에 단축법 동사가 사용되는 조건사(أَدَوَاتُ الشَّرْطِ الْجَازِمَةِ)'와, '조건절과 조건 결과절에 단축법 동사가 사용될 수 없는 조건사(أَدَوَاتُ الشَّرْطِ غَيْرُ الْجَازِمَةِ)'로 나누어서 공부한다.
이 두 종류의 조건사(أَدَاةُ الشَّرْطِ)들을 모두를 품사적으로 구분하면 두 가지로 나눌 수 있다. إِنْ 과 لَوْ 와 لَوْلَا 와 أَمَّا 등은 조건 불변사(حَرْفُ الشَّرْطِ)이고, إِذَا, إِذْ, مَنْ, مَا, مَتَى, أَيُّ, مَهْمَا, كُلَّمَا, لَمَّا 등은 조건 명사(اسْمُ الشَّرْطِ)이다. 조건 명사 가운데는 إِذَا, لَمَّا, كُلَّمَا, مَتَى 등과 같이 부사(الظَّرْفُ)로 사용되는 단어들도 있다.
세 번째로 고려할 것은 조건문에서 조건절과 조건 결과절에 사용된 동사들의 시제와 격변화와 관련해서이다. 이 동사들의 시제와 격변화는 조건문에 사용된 조건사에 따라 결정되는데, 그것이 미완료 단축법일 경우도 있고, 완료형일 경우도 있으며, 간혹 미완료 직설법일 경우도 있다.
지금부터 아랍어의 조건문을 위의 두 번째 고려사항인 조건사의 종류를 중심으로 살펴보도록 한다.

1. 조건사의 종류와 조건문에 대해

여기에서 조건문을 1) 조건절과 조건 결과절에 단축법 동사가 사용되는 조건사, 2) 조건절과 조건 결과절에 단축법 동사가 사용될 수 없는 조건사(أَدَوَاتُ الشَّرْطِ غَيْرُ الْجَازِمَةِ)로 나뉘어서 먼저 공부한다. 그뒤에 조건문의 의미적인 내용을 고려하여 '3) 가정법을 이끄는 조건사'를 공부한다. 그뒤 다른 조건사와 문장의 구조가 다른 أَمَّا 를 '4) أَمَّا 가 이끄는 조건문'에서 공부하도록 한다.

제32과 조건문에 대해

1) 조건절과 조건 결과절에 단축법 동사가 사용되는 조건사 (أَدَوَاتُ الشَّرْطِ الْجَازِمَةِ)

조건절과 조건 결과절에 **단축법**(مَجْزُوم) 형태의 동사가 사용되는 조건사이다. 아래의 조건사들은 기본적으로 단축법 동사를 취한다. 그러나 때때로 조건절과 조건 결과절에 완료형 동사가 오기도 하고, 조건절은 완료형태를 취하지만 조건 결과절은 미완료 단축법(مَجْزُوم)을 취하는 경우도 있다.

이 조건사를 사용할 경우 기본적으로 조건절과 조건 결과절에 동사문이 와야 한다. 그러나 간혹 조건 결과절에 명사문이 오기도 하는데, 이 경우에는 فَ 를 사용하여 명사문이 온 것을 나타낸다.

아래는 조건절과 조건 결과절에 단축법 동사가 사용될 수 있는 조건사들을 나열한 것이다. 아래의 조건사들 가운데 إِنْ 은 일반적인 조건문(Conditional Clause)에 사용되는 조건사이며, 그 외 다른 조건사들은 조건사의 역할과 함께 관계대명사 혹은 관계부사의 역할도 함께 하여 조건의 의미와 양보의 의미(Concessive Clause)를 함께 가진다.

	용법	의미	조건사
①	일반적인 조건문에 사용됨	만일 ... 한다면 ... 할 것이다(if) (일반적인 조건문)	إِنْ ... ...
②	사람에 대한 조건 양보절을 이끔 (إِنْ + أَيُّ شَخْصٍ)	누가 ...을 하더라도 ...하다 (...하는 사람은 누구든지 ...하다) (whoever)	مَنْ ... ...
③	사물에 대한 조건 양보절을 이끔 (إِنْ + أَيُّ شَيْءٍ)	무엇을 ...하더라도 ...하다 (whatever)	مَا ... ...
④	사람/사물에 대한 조건 양보절을 이끔 (إِنْ + أَيُّ شَخْصٍ/ أَيُّ شَيْءٍ)	어떤 ...가 ... 하더라도 ...하다 (whichever, whoever)	أَيّ ... ...
⑤	시간에 대한 조건 양보절을 이끔 (إِنْ + أَيُّ وَقْتٍ)	언제 ...을 하더라도 ...하다 (whenever)	مَتَى ... ...
⑥	시간에 대한 조건 양보절을 이끔 (إِنْ + أَيُّ وَقْتٍ)	언제 ...을 하더라도 ...하다 (whenever)	أَيَّانَ ... ...
⑦	장소에 대한 조건 양보절을 이끔 (إِنْ + أَيُّ مَكَانٍ)	어디에서 ..를 하더라도 ...하다, 어떤 장소에서 ...하더라도 ...하다 (wherever)	أَيْنَمَا ... ...
⑧	장소에 대한 조건 양보절을 이끔 (إِنْ + أَيُّ مَكَانٍ)	어디에서 ..를 하더라도 ...하다, 어떤 장소에서 ...하더라도 ...하다 (wherever)	حَيْثُمَا ... ...
⑨	장소에 대한 조건 양보절을 이끔 (إِنْ + أَيُّ مَكَانٍ)	어디에서 ..를 하더라도 ...하다, 어떤 장소에서 ...하더라도 ...하다 (wherever)	أَنَّى ... ...
⑩	방법에 대한 조건 양보절을 이끔 (إِنْ + أَيَّةُ حَالَةٍ)	어떻게 ..을 하더라도...하다, 어떤 방법으로 ... 을 하더라도 ...하다 (however)	كَيْفَمَا ... ...
⑪	상황, 상태에 대한 조건 양보절을 이끔 (إِنْ تَفْعَلْ فِي أَيَّةِ ظُرُوفٍ وَبِأَيَّةِ كَيْفِيَّةٍ)	무엇을 ...하더라도 ...하다 어떤 일을 ...하더라도 ...하다 (no matter what, whatsoever)	مَهْمَا ... ...

→ أَيْنَ 도 조건절과 조건 결과절에 단축법(مَجْزُوم) 형태의 동사가 사용되는 조건사로 사용된다.

(1) 조건사 إنْ 의 예문

일반적이고 실현가능한 조건에 대해서 사용하며, '만일 ...한다면 ...할 것이다'의 의미가 된다. 아래의 문장들에서 조건절과 조건결과절에 미완료 단축법이 사용된 것을 확인하라.

만일 당신이 공부한다면 당신은 성공할 것이다.	إِنْ تَدْرُسْ تَنْجَحْ.
만일 당신들이 많이 먹는다면 당신들은 잠을 많이 잘 것이다. (تَنَامُونَ × → تَنَامُوا , تَأْكُلُونَ × → تَأْكُلُوا)	إِنْ تَأْكُلُوا كَثِيرًا تَنَامُوا كَثِيرًا.
만일 당신이 아랍어를 공부한다면 아주 즐길 것이다.	إِنْ تَدْرُسِ اللُّغَةَ الْعَرَبِيَّةَ تَسْتَمْتِعْ كَثِيرًا.
만일 당신이 정직하게 말을 한다면 사람들이 당신을 좋아할 것이다.	إِنْ تَقُلْ كَلَامًا صَادِقًا يُحْبِبْكَ النَّاسُ.
만일 그가 아침에 알렉산드리아를 떠난다면 저녁에 여기에 있을 것이다.	إِنْ يَتْرُكِ الْإِسْكَنْدَرِيَّةَ صَبَاحًا يَكُنْ هُنَا مَسَاءً.
만일 우리가 아침에 (그) 거리를 걷는다면 일출을 볼 것이다.	إِنْ نَمْشِ فِي الشَّارِعِ صَبَاحًا نَرَ شُرُوقَ الشَّمْسِ.

→ 위에서 조건문의 세 가지 구성요소와, 조건절과 조건 결과절에 사용된 동사들의 시제와 격변화를 살펴보자.

** 조건사 إنْ 의 다른 용법들

a. 조건사 إنْ 구문의 조건절과 조건 결과절에 완료형이 사용된 경우

위의 문장들을 아래와 같이 동사의 완료형이 사용된 문장으로 바꾸어 사용하기도 한다. 즉 단축법 동사를 사용해도 되고 완료형 동사를 사용해도 된다. 이때 조건의 의미는 동일하다.

만일 당신이 공부했다면(혹은 한다면) 당신은 성공할 것이다.	إِنْ دَرَسْتَ نَجَحْتَ (أَوْ تَنْجَحْ).
만일 당신이 많이 먹었다면(혹은 먹는다면) 당신은 잠을 많이 잘 것이다.	إِنْ أَكَلْتُمْ كَثِيرًا نِمْتُمْ (أَوْ تَنَامُوا) كَثِيرًا.
만일 당신이 아랍어를 공부했다면(혹은 한다면) 아주 즐길 것이다.	إِنْ دَرَسْتَ اللُّغَةَ الْعَرَبِيَّةَ اسْتَمْتَعْتَ (أَوْ تَسْتَمْتِعْ) كَثِيرًا.

b. 동사가 미완료 단축법인 경우와 완료형인 경우의 의미의 차이

아래의 ①과 ②는 둘 다 일반적인 조건문이다. ①은 조건절과 조건 결과절의 동사가 미완료 단축법 형태이고, ②는 완료형 형태이다. 이 둘의 일반적인 조건문으로서의 의미는 동일하다고 하겠다. 차이가 난다면 ①의 경우 사용된 동사가 미완료형이기에 조건절과 조건 결과절의 시제가 현재 혹은 미래의 의미일 수 있고, ②의 경우 완료형이기에 조건절의 시제가 과거일 수 있다는 것이다.

만일 당신이 공부한다면 당신은 성공할 것이다. (If you study, you will succeed.)	①	إِنْ تَدْرُسْ تَنْجَحْ.
만일 당신이 공부했다면(혹은 공부한다면) 성공할 것이다. (If you studied, you succeeded. Or If you study, you will succeed.)	②	إِنْ دَرَسْتَ نَجَحْتَ.
만일 당신들이 많이 먹는다면 당신들은 잠을 많이 잘 것이다.	①	إِنْ تَأْكُلُوا كَثِيرًا تَنَامُوا كَثِيرًا.
만일 당신들이 많이 먹었다면(혹은 먹는다면) 당신들은 잠을 많이 잘 것이다.	②	إِنْ أَكَلْتُمْ كَثِيرًا نِمْتُمْ كَثِيرًا.

제32과 조건문에 대해

c. 조건사 إِنْ 이 사용된 조건문 문장의 시제에 대해

조건절과 조건 결과절에 완료형이 사용된 조건문 문장의 경우 그 의미상의 시제가 아래의 ①②중의 하나가 될 수 있다. 그러나 ①의 의미가 기본적인 의미이다.

①	만일 그가 그것을 말했다면, 그는 거짓말을 했다. (과거) (If he said that, he lied.)	إِنْ قَالَ ذَلِكَ كَذَبَ.
②	만일 그가 그것을 말한다면, 그는 거짓말을 하고 있다. (현재) (If he says that, he lies.)	

그러나 현재나 미래시제를 표현할 때는 아래와 같은 단축법 동사가 많이 사용된다.

③	만일 그가 그것을 말한다면, 그는 거짓말을 하고 있다. (혹은 거짓말을 할 것이다.) (위의 ②와 의미가 같음)	إِنْ يَقُلْ ذَلِكَ يَكْذِبْ.

d. 아래를 비교하라.

다음의 세 문장의 일반적인 조건문으로서의 의미는 같다.

무크타르가 한 여왕과 결혼한다면 그는 왕이 될 것이다.	إِنْ يَتَزَوَّجْ مُخْتَارٌ مَلِكَةً يُصْبِحْ مَلِكًا.
	إِنْ تَزَوَّجَ مُخْتَارٌ مَلِكَةً أَصْبَحَ مَلِكًا.
	إِنْ تَزَوَّجَ مُخْتَارٌ مَلِكَةً فَسَوْفَ يُصْبِحُ مَلِكًا.

e. 조건 결과절에 فَ 가 오는 경우

아래와 같이 조건 결과절에 فَ 가 오는 구문도 가능하다. 여기에 대해서는 이후에 다시 다룬다.

만일 그가 가지 않았다면 나는 그를 만나지 못할 것이다.	إِنْ لَمْ يَذْهَبْ فَلَنْ أُقَابِلَهُ.
만일 그가 참석하지 않았다면 우리는 그 모임을 연기할 것이다.	إِنْ لَمْ يَحْضُرْ فَسَنُؤَجِّلُ الِاجْتِمَاعَ.
만일 그가 성실한 교수라면 그는 우리를 도울 것이다. (조건절이 명사문이다.)	إِنْ كَانَ أُسْتَاذًا مُخْلِصًا فَسَوْفَ يُسَاعِدُنَا.
만일 그가 마음이 넓은 사람이라면 그가 당신을 용서할 것이다.	إِنْ كَانَ وَاسِعَ الصَّدْرِ فَسَيُسَامِحُكَ.

f. إِنْ 의 부정형

조건사 إِنْ 의 부정형은 إِلَّا 혹은 إِنْ لَمْ 을 사용한다. 여기서 إِلَّا 는 لَا + إِنْ 의 줄임 형태이다.

당신이 사람들을 돕지 않는다면 그들은 당신을 좋아하지 않을 것이다.	إِلَّا تُسَاعِدِ النَّاسَ لَا يُحِبُّوكَ.
당신들이 나의 말을 경청하지 않으면 당신들은 실패(낙방)할 것이다.	إِلَّا تَسْتَمِعُوا إِلَيَّ تَفْشَلُوا.
만일 그가 가지 않았다면 나는 그를 만나지 않을 것이다.	إِنْ لَمْ يَذْهَبْ فَلَنْ أُقَابِلَهُ.
만일 그가 집에 없다면 그는 학교에 있을 것이다.	إِنْ لَمْ يَكُنْ فِي الْبَيْتِ فَهُوَ فِي الْمَدْرَسَةِ.

(2) 조건사 مَنْ 의 예문

사람에 대한 조건문에 사용되며 '…하는 사람은 누구든지 …하다(whoever)', '누가 …을 하더라도 …하다', '…하는 사람은 …한다(if someone …)'의 의미로 사용된다.

질문하는 사람은 누구든지 알게된다. (Whoever asks, he will know.) 질문을 하는 사람은 알게 된다.(If someone asks, he will know.)	مَنْ يَسْأَلْ يَعْرِفْ.
공기를 심는 자는 누구든지 폭풍을 거둔다. (아랍 속담)	مَنْ يَزْرَعِ الْهَوَاءَ يَحْصُدِ الْعَاصِفَةَ.
사람들을 돕는 자는 누구든지 하나님이 그를 돕는다.	مَنْ يُسَاعِدِ النَّاسَ يُسَاعِدْهُ اللهُ.
누구든지 잘 집중하면 나의 말을 이해한다.	مَنْ يُرَكِّزُوا جَيِّدًا يَفْهَمُوا كَلَامِي.
누구든지 원칙없이 행하는 자는 잃게 된다. 원칙없이 행하는 자는 누구든지 잃게 된다.	مَنْ يَسْتَغْنِ¹ عَنْ مَبَادِئِهِ يَضِعْ.
내가 함께 공부하는 사람은 누구든지 나는 그로부터 유익을 얻는다.	مَنْ أُذَاكِرْ مَعَهُ أَسْتَفِدْ مِنْهُ.
나는 생명의 빵이라. 누구든지 나에게 오는 자는 주리지 않을 것이다. (성경 구절)	أَنَا هُوَ خُبْزُ الْحَيَاةِ. مَنْ يُقْبِلْ إِلَيَّ فَلَا يَجُوعُ.
누구든지 시도하면 성공한다. 혹은 시도하는 자는 누구든지 성공할 것이다.	مَنْ حَاوَلَ نَجَحَ.
의롭게 행한 자는 누구든지 낙원에 들어간다. 들어갈 것이다.	مَنْ عَمِلَ صَالِحًا دَخَلَ الْجَنَّةَ.
인도함을 받는 자들은 누구든지 자신을 위해서 인도함을 받는 것이다. (꾸란 10:108)	فَمَنِ اهْتَدَىٰ فَإِنَّمَا يَهْتَدِي لِنَفْسِهِ.

→ 위의 مَنْ 에는 관계대명사적인 역할과 양보의 의미가 포함되어 있다. 그러나 의문사 مَنْ 과는 다르다.

→ 마지막 두 문장은 조건절과 조건결과절에 완료형이 사용된 경우이다.

(3) 조건사 مَا 의 예문

사물에 대한 조건문에 사용되며, '무엇을 …하든지 …하다(whatever)', '무엇을 …하더라도 …하다'의 의미로 사용된다.

당신이 무엇을 심든지 당신이 거둔다. (당신이 심는 것이라면 무엇이든지…)	مَا تَزْرَعْ تَحْصُدْ.
내 아내가 무엇을 요리하든지 나는 먹는다. (내 아내가 요리하는 것은 무엇이든지…)	مَا تَطْبُخْ زَوْجَتِي آكُلْ.
밤에 아이들이 무엇을 행하든지 그것은 나를 화나게 한다. (아이들이 행한 것이라면 무엇이든지…)	مَا يَفْعَلْهُ الْأَوْلَادُ لَيْلًا يُغْضِبْنِي.
당신이 무슨 이야기를 하든지 나는 이해한다.	مَا نَقُلْ أَفْهَمْ.
그 선생님이 무엇을 말하든지 이해되지 않는다.(그 선생님이 무엇을 이야기 하든지…)	مَا يَقُلِ الْمُدَرِّسُ لَا يُفْهَمْ.
당신이 명확한 필체로 무엇을 기록하든지 나는 그것을 쉽게 본다. (당신이 명확한 필체로 기록한 것이라면 무엇이든지…)	مَا تَكْتُبُوا بِخَطٍّ وَاضِحٍ أَرَهُ بِسُهُولَةٍ.

→ 위의 مَا 에는 관계대명사적인 역할과 양보의 의미가 포함되어 있다. 그러나 의문사 مَا 와는 다르다.

---

[1] اسْتَغْنَى/ يَسْتَغْنِي عَنْ … 이 필요없다…없이도 할수있다..

(4) 조건사 أَيّ 의 예문

사람 혹은 사물에 대한 조건문에 사용되며, '어떤 ...가 ... 하든지 ...하다 (whichever)', '어떤 ..가 ...하더라도 ...하다', 혹은 '누가 ...하든지 ...하다(whoever)' 의미로 사용된다. 하다

어떤 남자가 사람들을 도와준다하더라도 그는 행복할 것이다. أَيّ 가 주어(مُبْتَدَأ)로 사용됨	أَيُّ رَجُلٍ يُسَاعِدِ النَّاسَ يَكُنْ سَعِيدًا.
어떤 아이가 그 교실에 들어가더라도 그 수업(lesson)을 이해할 것이다. أَيّ 가 주어(مُبْتَدَأ)로 사용됨	أَيُّ وَلَدٍ دَخَلَ الْفَصْلَ فَهِمَ الدَّرْسَ.
당신이 어느 설교자에게 듣던지 당신은 같은 말들을 들을 것이다. أَيّ 가 주어(مُبْتَدَأ)로 사용됨	أَيُّ وَاعِظٍ تَسْتَمِعْ إِلَيْهِ تَسْمَعْ الْكَلِمَاتِ نَفْسَهَا.
어떤 책이라도 내가 읽으면 내가 유익을 얻을 것이다. أَيّ 가 목적어(مَفْعُولٌ بِهِ)로 사용됨	أَيَّ كِتَابٍ أَقْرَأْ أَسْتَفِدْ مِنْهُ.
그가 어떤 일을 시작하더라도 그것을 끝낼 것이다. أَيّ 가 목적어로 사용됨	أَيَّ عَمَلٍ يَبْدَأْ يُنْهِهِ.
당신이 어느날 공부하더라도 당신은 합격할 것이다. أَيّ 가 부(副) 부사(نَائِبُ ظَرْفٍ)로 사용됨	أَيَّ يَوْمٍ تَدْرُسْ تَنْجَحْ.
그들 둘이 어떤 곳에 앉더라도 (그들 둘이 앉는 곳은 어디든지) 우리는 앉을 것이다. أَيّ 가 부(副) 부사로 사용됨	أَيَّ مَكَانٍ يَجْلِسَا نَجْلِسْ.
너희들이 어떤식으로 이야기하더라도 너희의 말들은 분명하다. أَيّ 가 소유격 명사(اسْمٌ مَجْرُورٌ)로 사용됨	بِأَيِّ طَرِيقَةٍ تَتَكَلَّمُوا فَكَلاَمُكُمْ وَاضِحٌ.
당신이 어떤 거리 앞에 멈추더라도 나는 멈출 것이다. أَيّ 가 후연결어(مُضَافٌ إِلَيْهِ)로 사용됨	أَمَامَ أَيِّ شَارِعٍ تَقِفْ أَقِفْ.
당신이 어떤 식으로 읽더라도 나는 읽을 것이다. أَيّ 가 부동족 목적어(النَّائِبُ عَنِ الْمَفْعُولِ الْمُطْلَقِ)로 사용됨	أَيَّ قِرَاءَةٍ تَقْرَأْ أَقْرَأْ.
그가 어떤 말을 하더라도 당신은 말할 것이다. أَيّ 가 부동족 목적어(النَّائِبُ عَنِ الْمَفْعُولِ الْمُطْلَقِ)로 사용됨	أَيَّ قَوْلٍ يَقُلْ تَقُلْ.
당신이 어디를 가든지 나는 가겠다. (أَيًّا) 가 장소의 부사(ظَرْفُ مَكَانٍ)로 사용됨	أَيًّا تَذْهَبْ أَذْهَبْ.
그들이 어떤 상태(어떤 방식)으로 여행하든지 우리는 여행할 것이다. 이 상태목적어(حَال)로 사용됨	أَيًّا يُسَافِرُوا إِلَى أَسْوَانَ نُسَافِرْ.
당신(f.)이 무엇을 먹든지 나는 먹을 것이다. (مَفْعُولٌ بِهِ) 이 목적어(أَيًّا)로 사용됨	أَيًّا (مَا) تَأْكُلِي آكُلْ.

→ 위의 أَيّ 는 의문사 أَيّ 와는 다른 조건사 أَيّ 이다. 여기에서 의문사 أَيّ 와 같이 조건사 أَيّ 이후에 비한정 형태의 후연결어가 사용되는 점에 주의하라.

(5) 조건사 مَتَى 예문

시간에 대한 조건문에 사용되며, '언제 ...을 하든지 ...하다(whenever)', '언제 ..을 하더라도 ...하다'의 의미로 사용된다.

당신이 언제 집중을 하든지 당신은 이해한다.	مَتَى تُرَكِّزْ تَفْهَمْ.
언제 여름이 오더라도(여름이 올 때면 언제든지) 사람들은 여름 휴양지로 여행을 떠난다.	مَتَى يَأْتِ الصَّيْفُ يُسَافِرِ النَّاسُ إِلَى الْمَصَايِفِ.

언제 당신들이 이야기하더라도 나는 듣는다.	مَتَى تَتَكَلَّمُوا أَسْمَعْ.
너가(f.) 언제 학교에서 돌아오더라도 우리는 클럽에 간다.	مَتَى تَرْجِعِي مِنَ الْمَدْرَسَةِ نَذْهَبْ إِلَى النَّادِي.
너희들 두사람이 언제 이야기하더라도 사람들이 웃는다.	مَتَى تَتَكَلَّمَا يَضْحَكِ النَّاسُ.

(6) 조건사 أَيَّانَ 의 예문

시간에 대한 조건문에 사용되며, '언제 ...을 하든지 ...하다(whenever)'의 의미로 사용된다. 조건사 أَيَّانَ 가 사용된 문장은 많이 사용되지 않는다.

당신이 당신의 시험들을 언제 끝내든지 우리는 우리의 나라로 돌아갈 것이다.	أَيَّانَ تَنْتَهِ مِنَ امْتِحَانَاتِكَ نَعُدْ إِلَى بَلَدِنَا.
언제 당신이 그에게 오든지 그가 환영하는 것을 당신이 발견할 것이다.	أَيَّانَ تَأْتِهِ تَجِدْهُ مُرَحِّبًا.
당신이 언제 공부하든지 당신은 집중해야 한다.	أَيَّانَ تُذَاكِرْ يَجِبْ أَنْ تُرَكِّزَ.

(7) 조건사 أَيْنَمَا 의 예문

장소에 대한 조건문에 사용되며, '어디에서 ..를 하든지 ...하다', 혹은 '어떤 장소에서 ...하든지 ...하다(wherever)'의 의미로 사용된다.

우리가 어디를 가든지 우리는 사랑을 발견한다.	أَيْنَمَا نَذْهَبْ نَجِدِ الْحُبَّ.
당신(f.)이 어디를 가든지 나는 당신을 찾을 것이다.	أَيْنَمَا تَذْهَبِي أَجِدْكِ.
내가 어디에 앉든지 내 딸이 (거기에) 앉는다.	أَيْنَمَا أَجْلِسْ تَجْلِسْ ابْنَتِي.
당신이 어디에서 사람들에게 선행을 요청하든지 그들이 당신에게 응답할 것이다.	أَيْنَمَا تَدْعُ النَّاسَ إِلَى الْخَيْرِ يَسْتَجِيبُوا لَكَ.

(8) 조건사 حَيْثُمَا 의 예문

장소에 대한 조건문에 사용되며, '어디에서 ..를 하든지 ...하다', 혹은 '어떤 장소에서 ...하든지 ...하다(wherever)'의 의미로 사용된다.

당신이 어디를 여행하든지 새로운 것들을 목격할 것이다.	حَيْثُمَا تُسَافِرْ تُشَاهِدْ أَشْيَاءَ جَدِيدَةً.
당신이 어디에서 선행을 하든지 친구를 발견할 것이다.	حَيْثُمَا تَعْمَلِ الْخَيْرَ تَجِدِ الصَّدِيقَ.
나일강이 어디를 흐르든지 땅이 비옥하게 된다.	حَيْثُمَا يَجْرِ النِّيلُ تَخْصَبِ الْأَرْضُ.
내가 어디에서 잠을 자든지 내 동생(형)이 거기에서 논다.	حَيْثُمَا أَنَمْ يَلْعَبْ أَخِي.
당신이 어디를 갔든지 나는 당신과 함께 했다. 당신이 어디를 가든지 나는 당신과 함께 할 것이다.	حَيْثُمَا ذَهَبْتَ رَافَقْتُكَ.

→ 마지막 문장은 조건절과 조건 결과절에 완료형이 사용된 문장이다.

제32과 조건문에 대해

(9) 조건사 أنَّى 의 예문

장소에 대한 조건문에 사용되며, '어디에서 ..를 하든지 ...하다', 혹은 '어떤 장소에서 ...하든지 ...하다(wherever)'의 의미로 사용된다. 조건사 أنَّى 가 사용된 문장은 많이 사용되지 않는다.

당신이 어디를 여행하든지 나는 당신과 함께 여행할 것이다.	أنَّى تُسَافِرْ أُسَافِرْ مَعَكَ.
당신이 어디에서 찾든지 당신은 이익을 발견할 것이다.	أنَّى تَبْحَثْ تَجِدْ فَائِدَةً.
당신이 어디를 걷든지 당신은 시위들을 발견할 것이다.	أنَّى تَمْشِ تَجِدْ تَظَاهُرَاتٍ.

(10) 조건사 كَيْفَمَا 의 예문

방법에 대한 조건문에 사용되며, '어떻게 ..을 하든지...하다', 혹은 '어떤 방법으로 ...을 하든지 ...하다(however)'의 의미로 사용된다.

내가 어떻게 학교에 가든지 나는 늦을 것이다.	كَيْفَمَا أَذْهَبْ إِلَى الْمَدْرَسَةِ أَصِلْ مُتَأَخِّرًا.
우리가 어떻게 우리의 단원들을 공부하든지 우리는 그것을 잘 이해할 것이다.	كَيْفَمَا نُذَاكِرْ دُرُوسَنَا نَفْهَمْهَا جَيِّدًا.
네(f.)가 어떻게 읽든지 나는 너를 이해하지 못할 것이다.	كَيْفَمَا تَقْرَئِي لَا أَفْهَمْكِ.
네가 사람들을 어떻게 대하든지 간에 그들이 너를 (그대로) 대할 것이다.	كَيْفَمَا تُعَامِلِ النَّاسَ يُعَامِلُوكَ.
네가 아무리 노력해도 너는 성공하지 못할 것이다.	كَيْفَمَا اجْتَهَدْتَ فَلَنْ تَنْجَحَ.

→ 마지막 문장은 조건절에 완료형이 사용된 문장이다.

(11) 조건사 مَهْمَا 의 예문

상황, 상태에 대한 조건문에 사용되며 '어떤 일을 ...하든지(하더라도) ...하다(no matter what)' 혹은 '무엇을 ...하든지(하더라도) ...하다(whatsoever)'의 의미로 사용된다. (إِنْ تَفْعَلْ فِي أَيَّةِ ظُرُوفٍ وَبِأَيَّةِ كَيْفِيَّةٍ) 나 مَهْمَا يَكُنْ الْحَالُ 나 مَهْمَا يَكُنْ مِنْ أَمْرٍ 의 의미이다.)

당신이 무엇을 읽는다 하더라도 (그것이) 당신에게 지식을 증가시킬 것이다.	مَهْمَا تَقْرَأْ يُزِدْكَ مَعْرِفَةً.
당신이 무엇을 읽든지 당신은 지식적으로 늘어날 것이다.	مَهْمَا تَقْرَأْ تَزْدَدْ عِلْمًا.
당신이 무엇을 하든지 나는 화내지 않을 것이다.	مَهْمَا تَفْعَلْ لَا أَغْضَبْ.
지식이 아무리 발전한다고 하더라도 그것이 모든 것에 이를 수는 없다.	مَهْمَا يَتَقَدَّمِ الْعِلْمُ لَا يَصِلْ إِلَى كُلِّ شَيْءٍ.
나의 부모가 무엇을 명령하든지 나는 순종한다.	مَهْمَا يَأْمُرْ أَبَوَايَ أُطِعْ.

→ مَهْمَا 조건문의 조건 결과절에 자동사와 타동사가 모두 올 수 있다.

** 조건사 مَهْمَا 와 مَا 차이

조건사 مَهْمَا 와 مَا 는 둘 다 조건 양보절을 이끈다. 차이는 مَهْمَا 는 관계대명사적인 역할은 하지 않는 반면 مَا 는 조건사로서의 역할과 함께 관계대명사로서의 역할도 함께 한다. 따라서 아래의 문장의 빨간색 표기 부분에서와 같이 조건사 مَا 가 사용된 문장에서는 연결의 인칭대명사가 사용된다.
의미적으로 مَهْمَا 는 문장의 사건(حَدَث)에 더 집중을 하는 반면 مَا 는 관계대명사로 사용되기에 문장에서 مَا 가 가리키는 그 내용에 집중한다.

①	내 아들이 어떤 행동을 하든지 나는 화나지 않는다. (조건 결과절에 자동사가 사용된 문장)	مَهْمَا يَفْعَلْ ابْنِي لاَ أَغْضَبْ. (o)
②	내 아들이 무슨 행동을 하든지 나는 그것으로부터 화나지 않는다. (조건 결과절에 자동사 사용. مِنْهُ 의 هُ 가 연결의 인칭대명사로서 앞의 مَا 이하를 받는다.)	مَا يَفْعَلْ ابْنِي لاَ أَغْضَبْ. (×) مَا يَفْعَلْ ابْنِي لاَ أَغْضَبْ مِنْهُ. (o)
①	내 아들이 어떤 행동을 하더라도 그가 나를 화내게 하지 않는다. (조건 결과절에 타동사가 사용된 문장)	مَهْمَا يَفْعَلْ ابْنِي لاَ يُغْضِبْنِي. (o)
②	내 아들이 행하는 것들은 나를 화나게 하지 않는다. (조건 결과절에 타동사 사용. يُغْضِبْنِي 의 감추어진 주어 هُوَ 가 연결의 인칭대명사로서 앞의 مَا 이하를 받는다.)	مَا يَفْعَلْ ابْنِي لاَ يُغْضِبْنِي. (o)
①	당신이 어떤 것을 읽더라도 당신은 지식적으로 늘어날 것이다. (조건 결과절에 자동사. اِزْدَادَ / يَزْدَادُ)	مَهْمَا تَقْرَأْ تَزْدَدْ عِلْمًا. (o)
②	당신이 읽는 것은 무엇이든지 당신이 그로부터 지식적으로 증가한다. (조건 결과절에 자동사 사용. مِنْهُ 의 هُ 가 연결의 인칭대명사)	مَا تَقْرَأْ تَزْدَدْ عِلْمًا. (×) مَا تَقْرَأْ تَزْدَدْ مِنْهُ عِلْمًا. (o)
①	당신이 어떤 것을 읽는다 하더라도 그것이 당신에게 지식을 증가시킬 것이다. (조건결과절에 타동사)	مَهْمَا تَقْرَأْ يُزِدْكَ عِلْمًا. (o)
②	당신이 읽는 것은 무엇이든지 그것이 당신에게 지식을 증가시킬 것이다. (يَزِدْ 의 감추어진 주어 هُوَ 가 연결의 인칭대명사로서 앞의 مَا 이하를 받는다.)	مَا تَقْرَأْ يُزِدْكَ عِلْمًا. (o)

2) 조건절과 조건 결과절에 단축법 동사가 사용될 수 없는 조건사(أَدَوَاتُ الشَّرْطِ غَيْرُ الْجَازِمَةِ)

이 종류의 조건사들이 사용된 조건문에서는 미완료형 단축법이 올 수 없다. لَمَّا 와 كُلَّمَا 와 لَوْ 의 경우 조건절과 조건 결과절의 동사가 항상 완료형으로 사용된다. إِذَا 의 경우 조건절의 동사는 항상 완료형으로 사용되지만, 조건 결과절의 경우 완료형, 현재형(미완료 직설법), 미래형 그리고 명사문도 가능하다. إِذَا 가 사용된 구문에서는 조건의 의미가 있고, 현재 진행하는 조건을 통해 미래에 결과가 나타나는 의미이다. لَمَّا 와 كُلَّمَا 은 조건의 의미가 없이 부사절을 이끄는 역할을 한다. لَوْ 는 과거나 현재 사실의 반대인 가정법을 이끈다.

이 네 가지 조건사의 경우 기본적으로 조건절과 조건 결과절에 동사문이 와야 한다. 간혹 조건 결과절에 명사문이 오기도 하는데, 이 경우에는 فَ 를 사용하여 명사문이 온 것을 표시한다. (여기에 대해서는 다시 공부한다.)

	의미	용법	조건사
①	...하면 ...할 것이다.	조건절이 항상 완료형이어야 한다. 조건 결과절은 완료형, 현재형(미완료 직설법), 미래형 중 어떤 것이든 가능하다. 조건의 의미를 가지며, 현재의 조건이 미래에 영향을 미치는 내용이다. (조건사 إِذَا 가 이끄는 조건문은 항상 미래의 의미이다.)	إِذَا ... ...
②	...할 때(when ...) عِنْدَمَا 의 의미	조건절과 조건결과절 둘 다 항상 완료형이어야 하며, 그 의미에는 조건의 의미가 없다. 시간의 부사절을 이끄는 부사어로 사용되며, 과거의 의미를 가진다.	لَمَّا ... ...
③	...하면 할수록 더욱 ...하다 (the more ... the more ...)	조건절과 조건결과절 둘 다 항상 완료형이어야 하며, 그 의미에는 조건의 의미가 없다. '...하면 할수록 더욱 ...하다'의 의미	كُلَّمَا ... ...
④	'만일 ...했다면 ...했을 것이다.', '만일 ...라면(하다면) ...하였을 텐데(...할텐데)'	가정법을 이끄는 조건사 조건절과 조건 결과절은 반드시 완료형 동사를 취하며, 조건 결과절은 주로 불변사 لَ 이 이끈다.	لَوْ ... لَـ ...
⑤	만일 ...가 없었다면 ...하였을 것이다. (할 것이다.) (Were it not for)	어떤 것이 존재하지 않음을 가정하는 가정법 문장 (لَوْلَا 와 لَوْمَا 뒤의 조건절에 문장이 오지 않고 단어가 온다)	لَوْلَا ... لَـ ...
⑥			لَوْمَا ... لَـ ...
⑦	'...에 대해 말하자면 ...이다'	(أَمَّا 뒤의 조건절에 문장이 오지 않고 단어가 온다)	أَمَّا ... فَـ ...

** 위의 إِذَا 와 لَمَّا 와 كُلَّمَا 는 품사적으로 시간의 부사(ظَرْفُ زَمَانٍ يُفِيدُ الشَّرْطَ)이다. 따라서 그 문장을 분해할 경우 시간의 부사 뒤에 온 문장을 후연결어 문장(جُمْلَةُ الْمُضَافِ إِلَيْهِ)으로 분해한다. 후연결어에 문장이 오는 경우는 이 책 '여러가지 목적격에 대해 – 시간의 부사와 장소의 부사' 부분을 보라.

(1) 조건사 إِذَا 의 예문

현재나 미래의 실현 가능한 조건의 의미이다. 주로 미래적인 의미로 사용된다. '…한다면', '…할 때에는'의 의미이다.

만일 그가 공부한다면 그는 성공할 것이다. (If he studies, he will succeed.)	إِذَا دَرَسَ نَجَحَ.
만일 그가 아침에 알렉산드리아를 떠나면 저녁에 여기에 있을 것이다.	إِذَا تَرَكَ الإِسْكَنْدَرِيَّةَ صَبَاحًا كَانَ هُنَا مَسَاءً.
만일 당신(f.)이 많이 먹는다면 뚱뚱해질 것이다.	إِذَا أَكَلْتِ كَثِيرًا أَصْبَحْتِ سَمِينَةً.
만일 당신이 진지하게 공부한다면 합격할 것이다.	إِذَا ذَاكَرْتَ بِجِدٍّ تَنْجَحُ.
만일 우리가 고하를 만난다면 우리는 웃을 것이다.	إِذَا قَابَلْنَا جُحَا نَضْحَكُ.
만일 당신이 사랑하지 않는다면 하나님을 알수 없을 것이다.	إِذَا لَمْ تُحِبَّ لَا تَعْرِفُ الله.

→ 조건사 إِذَا 구문에서 조건 결과절은 완료형, 미완료형, 미래형 모두가 가능하지만 조건절은 반드시 완료형이어야 한다.

** 조건사 إِذَا 구문에서 아래와 같이 조건결과절에 فَ 를 많이 사용한다.

만일 당신이 공부를 한다면 합격할 것이다. (조건결과절이 미래)	إِذَا ذَاكَرْتَ فَسَتَنْجَحُ.
만일 당신이 그 파티에 간다면 나를 볼 것이다. (조건결과절이 미래)	إِذَا ذَهَبْتَ إِلَى الْحَفْلَةِ فَسَتَرَانِي.
너희 두 사람이 교실에 들어가면 너희 두 사람에게 사탕을 주겠다. (조건결과절이 미래)	إِذَا دَخَلْتُمَا الْفَصْلَ فَسَأُعْطِيكُمَا حَلْوَى.
만일 당신이 사랑하지 않는다면 당신은 하나님을 알수 없을 것이다. (조건결과절이 미래부정)	إِذَا لَمْ تُحِبَّ فَلَنْ تَعْرِفَ الله.
만일 당신이 병들었다면 의사에게로 가라. (조건결과절이 명령형)	إِذَا مَرِضْتَ فَاذْهَبْ إِلَى الطَّبِيبِ.
만일 당신이 신실하다면 우리를 도와라. (조건결과절이 명령형)	إِذَا كُنْتَ مُخْلِصًا فَسَاعِدْنَا.
만일 당신이 이집트에서 일찍 잠자리에 든다면 당신은 미친사람이다. (조건결과절이 명사문)	إِذَا نِمْتَ مُبَكِّرًا فِي مِصْرَ فَأَنْتَ مَجْنُونٌ.

→ 조건 결과절에 사용되는 فَ 에 대해서는 나중에 다시 다룬다.

(2) 조건사 لَمَّا 예문

조건절과 조건 결과절 둘 다 항상 완료형이어야 하며, 조건의 의미가 없고, 과거 시제의 시간의 부사절을 이끄는 부사어로 사용된다. 문장의 의미는 과거 시제로서, 첫 번째 문장의 내용이 발생하거나 존재했을 때 두 번째 문장의 내용이 발생하거나 존재하는 의미를 가진다. 즉 '…했을 때(when) …했다'의 의미이다.

내가 그에게 갔을 때 그가 병들어 있는 것을 발견했다.	لَمَّا ذَهَبْتُ إِلَيْهِ وَجَدْتُهُ مَرِيضًا.

لَمَّا كَتَبَ الْمُدَرِّسُ الْمِثَالَ فَهِمَهُ الطُّلَّابُ.	그 선생님이 그 예를 기록했을 때 그 학생들은 그것을 이해했다.
لَمَّا انْتَهَتِ الْإِجَازَةُ سَافَرْنَا.	휴일이 끝났을 때 우리는 여행을 떠났다.
لَمَّا سَمِعُوا الْأَخْبَارَ السَّعِيدَةَ فَرِحُوا.	그들이 그 기쁜 소식을 들었을 때 그들은 기뻐했다.
لَمَّا أَمْطَرَتِ السَّمَاءُ رَجَعُوا إِلَى الْبَيْتِ.	하늘에서 비가왔을 때 그들은 집에 돌아갔다.
لَمَّا جَاءَ الْإِسْلَامُ تَغَيَّرَ الْعَالَمُ.	이슬람이 왔을(발생했을) 때 세계는 변화되었다.

(3) 조건사 كُلَّمَا 의 예문

조건절과 조건 결과절 둘 다 항상 완료형이어야 하며, '…하면 …할수록 더욱 …하다(the more …, the more …)'의 의미를 가진다.

كُلَّمَا دَرَسْتُمْ فَهِمْتُمْ.	당신들이 공부를 하면 할수록 당신들은 더 이해를 많이 한다.
كُلَّمَا صَارَ الذَّهَبُ قَدِيمًا غَلَا.	금이 오래되면 오래될 수록 더 비싸진다.
كُلَّمَا فَهِمَ كُلٌّ مِنَّا الْآخَرَ تَسَامَحْنَا.	우리 모두가 다른 사람을 더 이해하면 할수록 우리는 더 많이 용서한다.
كُلَّمَا دَرَسْتُ الْقَوَاعِدَ فَهِمْتُ الْجُمَلَ أَكْثَرَ.	내가 문법을 공부하면 할수록 나는 문장들을 더 많이 이해한다.
كُلَّمَا تَقَدَّمْتُ فِي اللُّغَةِ الْعَرَبِيَّةِ ازْدَادَ فَهْمِي لِلْإِسْلَامِ.	
	내가 아랍어 수준에 진보가 있을수록 나의 이슬람에 대한 이해가 늘어난다.
يَشْعُرُ ابْنِي بِالْخَوْفِ كُلَّمَا حَلَّ الظَّلَامُ. *	내 아들은 어둠이 내릴수록 두려움을 느낀다.

→ * 문장에서 주절에 동사의 미완료형이 사용되었다. 이 문장의 경우 كُلَّمَا 이후에 조건 결과절이 생략되었다.

** عِنْدَمَا 와 لَمَّا 와 إِذَا 의 비교

إِذَا 와 لَمَّا 는 조건절을 이끄는 조건사이고, عِنْدَمَا 는 시간의 부사절을 이끄는 접속사이다. إِذَا 가 사용된 문장은 조건의 의미가 있고, لَمَّا 가 사용된 문장은 조건문 문장이긴 하지만 조건의 의미는 없다. 여기에 비해 عِنْدَمَا 는 시간의 부사절로 사용된다. لَمَّا 가 이끄는 문장과 عِنْدَمَا 에 완료형이 사용된 문장은 같은 의미이다. 여기에 비해 عِنْدَمَا 는 완료형, 미완료형, 미래형 모두에 사용될 수 있다.

إِذَا ذَهَبْتَ إِلَى الْحَفْلَةِ رَأَيْتَ كُلَّ أَصْدِقَائِي.	만일 당신이 그 파티에 간다면 당신은 내 친구 모두를 볼 것이다. (If you go to the party, you'll see all my friends.)
لَمَّا ذَهَبْتَ إِلَى الْحَفْلَةِ رَأَيْتَ كُلَّ أَصْدِقَائِي.	당신이 그 파티에 갔을 때 당신은 내 친구 모두를 보았다.(When you went to the party, you saw all my friends.)
عِنْدَمَا ذَهَبْتَ إِلَى الْحَفْلَةِ رَأَيْتَ كُلَّ أَصْدِقَائِي.	당신이 그 파티에 갔을 때 당신은 내 친구 모두를 보았다. (When you went to the party, you saw all my friends.)
عِنْدَمَا تَذْهَبُ إِلَى الْحَفْلَةِ تَرَى كُلَّ أَصْدِقَائِي.	당신이 그 파티에 갈 때 당신은 내 친구 모두를 볼 것이다. (현재 혹은 아주 가까운 미래) (When you go to the party, you see all my friends.)
عِنْدَمَا سَتَذْهَبُ إِلَى الْحَفْلَةِ سَتَرَى كُلَّ أَصْدِقَائِي.	당신이 그 파티에 갈 때 당신은 내 친구 모두를 볼 것이다. (먼 미래, 예 : 오늘 저녁, 내일, 그 이후)(When you will go to the party, you will see all my friends.)

** 조건사 إِنْ 과 إِذَا 의 부정문

지금까지 다룬 주요 조건사인 إِنْ 과 إِذَا 조건사의 부정문을 살펴보도록 하자.

조건사	용법	의미	
... إِذَا لَمْ	(조건문에 대한 부정) (①은 إِذَا 가 사용되었기에 미래의 의미, ②도 미래의 의미로 사용된다.)	만일 ...하지 않는다 면 ...할 것이다	①
... إِنْ لَمْ			②
... إِلَّا ...	(إِلَّا 는 부정의 조건사로 لَا + إِنْ 의 의미) (③은 문장의 처음에 오고, ④⑤는 문장 의 중간에 온다.) (④⑤는 조건절(جُمْلَةُ الشَّرْطِ)이 생략된 조 건문)	만일 ...하지 않는다 면 ...하다(otherwise)	③
... وَإِلَّا ...			④
... وَإِلَّا فَـ ...			⑤
... إِلَّا إِذَا ...	إِلَّا 는 except의 의미이며 إِذَا 는 except if 가 되어 unless와 의미가 같게 된다. 따라 서 여기서 إِلَّا 는 조건사가 아니다.	...하지 않는다면 (unless), ..하지 않는 한, ...은 제외하고 (except if)	⑥

예문들

①	إِذَا لَمْ تُمْطِرِ السَّمَاءُ قُمْنَا بِالرِّحْلَةِ.	하늘에서 비가오지 않는다면 여행을 떠날 것 이다.
	إِذَا لَمْ تَحْضُرِ الِاجْتِمَاعَ فَلَنْ أَحْضُرَهُ كَذَلِكَ.	당신이 모임에 참석하지 않는다면 나도 그처 럼 모임에 참석하지 않을 것이다.
②	إِنْ لَمْ تَقُمْ بِهَذِهِ الْمُهِمَّةِ قُمْتُ بِهَا أَنَا.	만일 당신이 이 미션을 수행하지 않았다면 내 가 그것을 수행할 것이다.
	إِنْ لَمْ تُسَاعِدْنِي فَلَنْ أُسَاعِدَكَ مُطْلَقًا.	만일 당신이 나를 돕지 않았다면 나는 절대로 당신을 돕지 않을 것이다.
③	إِلَّا تُذَاكِرْ تَفْشَلْ.	당신이 공부하지 않았다면 당신은 낙방(시험 에 실패)할 것이다. (إِلَّا 가 문장 처음에 옴)
	إِلَّا تَسْتَمِعْ إِلَى كَلَامِي فَلَنْ تَفْهَمَ.	만일 당신이 나의 말을 듣지 않았다면 당신은 이해하지 못할 것이다. (إِلَّا 가 문장 처음에 옴)
④	ذَاكِرْ وَإِلَّا تَفْشَلْ. = ذَاكِرْ وَإِلَّا فَشِلْتَ.	공부하라. 그렇지 않으면 당신은 낙방할 것이 다. (وَإِلَّا 가 문장 중간에 옴)
	مِنَ الْجَائِزِ أَنْ أُسَافِرَ غَدًا وَإِلَّا أَحْضُرُ الِاجْتِمَاعَ.	내일 내가 여행을 떠날 가능성이 있는데, 그렇지 않다면 그 모임에 참석할 것이다.
⑤	يَجِبُ أَنْ يَعْتَذِرَ لِي وَإِلَّا فَلَنْ أُصَالِحَهُ.	그가 나에게 사과해야 한다. 만일 그렇지 않다 면 나는 그와 화해하지 않을 것이다.
	مِنَ الْجَائِزِ أَنْ أُسَافِرَ غَدًا وَإِلَّا فَسَأَحْضُرُ الِاجْتِمَاعَ.	내일 내가 여행을 떠날 가능성이 있는데, 그렇지 않다면 그 모임에 참석할 것이다.
⑥	لَنْ أُصَالِحَهُ إِلَّا إِذَا اعْتَذَرَ.	만일 그가 사과하지 않는다면(unless) 나는 그 와 화해하지 않을 것이다.
	سَنَذْهَبُ إِلَى الْحَدِيقَةِ غَدًا إِلَّا إِذَا أَمْطَرَتِ السَّمَاءُ.	만일 내일 비가오지 않는다면(unless) 우리는 내일 공원에 갈 것이다.

3) 가정법(الشَّرْطُ الافْتِرَاضِيُّ)을 이끄는 조건사

조건문은 일반적인 조건과 그 결과에 대해서 서술하는 일반적인 조건문과, 어떤 사실의 반대나 실현 불가능한 일을 상상하는 가정법 조건문이 그것이다. 가정법(الشَّرْطُ الافْتِرَاضِيُّ)이란 어떤 사실에 대해 반대적인 가정을 하거나 실현 불가능한 일을 상상하는 문장을 말한다. 아랍어에서 가정법을 이끄는 대표적인 조건사는 لَوْ 이며, 이는 앞에서 다룬 조건절과 조건 결과절에 단축법 동사가 사용될 수 없는 조건사들(أَدَوَاتُ الشَّرْطِ غَيْرُ الْجَازِمَةِ)에 속한다. 다음으로 가정법 문장을 만들 수 있는 조건사는 إِنْ 이 있다. إِنْ 은 조건절과 조건 결과절에 단축법 동사가 사용될 수 있는 조건사(أَدَوَاتُ الشَّرْطِ الْجَازِمَةُ)이다.) 어떤 것이 존재하지 않음을 가정하는 가정법 문장을 이끄는 لَوْلَا 와 لَوْمَا 가 이끄는 문장에 대해서도 공부한다.

(1) 가정법을 이끄는 조건사 لَوْ (حَرْفُ امْتِنَاعٍ لِامْتِنَاعٍ)

لَوْ 조건사는 어떤 사실에 대한 반대나 실현 불가능한 사실을 상상할 때 사용한다. 즉 실제로 그렇게 되지 않았던 과거나 현재의 사실에 대해 '만일 …했다면 …했을텐데…'는 의미로 사용되든지, 실현 불가능한 사실을 상상하며 '만일 …라면(하다면) …하였을 텐데(혹은 …할텐데)'의 의미로 사용된다. 과거나 현재 사실의 반대의 의미이기에 조건 결과절이 일어나지 않았던 것은 조건절이 일어나지 않았기에 그렇다는 의미(امْتِنَاعٌ لِامْتِنَاعٍ)가 된다. 이 때 لَوْ 뒤의 조건절과 조건 결과절은 반드시 완료형 동사를 취하며, 조건 결과절은 주로 불변사 لَـ 이 이끈다.

'만일 …했다면 …했을 것이다.', '만일 …라면(하다면) …하였을 텐데(…할텐데)'. 실제 의미는 '…하지 않았기 때문에 …하지 못했다'의 의미(가정법 과거 혹은 가정법 과거 완료)	لَوْ … لَـ …
만일 그가 일했다면 그는 성공했을 것이다. (실제의 의미는 '그는 일하지 않았기 때문에 성공하지 못했다.'이다.)	لَوْ عَمِلَ لَنَجَحَ.

과거나 현재 사실에 대한 반대의 가정법 예들

만일 그가 그녀를 사랑했다면 그녀와 결혼했을 것이다. (실제로는 그가 그녀를 사랑하지 않았고, 그래서 그녀와 결혼하지 않았다는 의미)	لَوْ أَحَبَّهَا لَتَزَوَّجَهَا.
만일 당신이 부지런했다면 성공했을 것이다. (실제로 당신은 부지런하지 않았고, 그래서 성공하지 못했다는 의미)	لَوِ اجْتَهَدْتَ لَنَجَحْتَ
네가 만일 그 선생님의 말을 들었다면 이해했을 것이다.	لَوْ سَمِعْتَ الْمُدَرِّسَ لَفَهِمْتَ.
만일 그 환자가 치료를 받았다면 그는 나았을 것이다.	لَوْ عُولِجَ الْمَرِيضُ لَشُفِيَ.
만일 그 노동자가 침착하게 행했다면 그는 후회하지 않았을 것이다.	لَوْ تَأَنَّى الْعَامِلُ لَمَا نَدِمَ.
만일 당신이 그 의사에게 갔다면 당신은 병에 걸리지 않았을 것이다.	لَوْ ذَهَبْتَ لِلطَّبِيبِ لَمَا مَرِضْتَ.

만일 시간이 나에게 주어졌다면 나는 유럽을 여행했을 것이다.	لَوْ سَمَحَ لِي الْوَقْتُ لَزُرْتُ أُورُوبًّا.
만일 나에게 천 달러가 있다면 내일 그 여자와 결혼할 텐데...	لَوْ كَانَ مَعِي أَلْفُ دُولَارٍ لَتَزَوَّجْتُهَا غَدًا.

실현 불가능한 사실을 가정하는 가정법 예들

	لَوْ كَانَ عِنْدِي جَنَاحَانِ لَكُنْتُ طِرْتُ وَهَرَبْتُ.
만일 나에게 (두) 날개가 있다면 날아서 도망갔을 텐데... (혹은 도망갈텐데...)	
내가 만일 물고기였다면 바다에서 살았을 텐데... (혹은 물고기라면 바다에서 살텐데...)	لَوْ كُنْتُ سَمَكَةً لَعِشْتُ فِي الْبَحْرِ.
만일 내가 두개의 심장을 소유하였다면 두 개의 삶을 살았을 텐데... (두 개의 삶을 살텐데...)	لَوْ امْتَلَكْتُ قَلْبَيْنِ لَعِشْتُ حَيَاتَيْنِ.
만일 지구에 사랑이 없었다면 우리가 그것을 발명했을 것인데... (그것을 발명할 텐데...)	لَوْ لَمْ يَكُنِ الْحُبُّ عَلَى الْأَرْضِ لَاخْتَرَعْنَاهُ.

** 가정법 과거인가? 가정법 과거완료인가?

영어 문법의 가정법엔 가정법 과거와 가정법 과거완료가 있다. 가정법 과거란 현재 사실에 반대되는 가정 또는 상상에 대해 표현할 때 사용하는 것이라면, 가정법 과거완료란 과거 사실에 반대되는 가정 또는 상상에 대해 표현할 때 사용하는 것이다.

그러나 아랍어 가정법에서는 이 두 가지를 거의 구분하지 않는다. 일반적으로 아랍어에서는 가정법 과거와 가정법 과거완료를 구분하지 않고 단지 어떤 사실에 대한 반대 혹은 불가능한 상상에 대한 가정법을 표현할 때 لَوْ ...لَـ ... 라는 문장형태를 사용하는 것이다.

아래 예문들을 보자. 아래에서 لَوْ 가 이끄는 문장들이 가정법 과거로도 해석되고 가정법 과거완료로도 해석됨을 확인하자. 따라서 대부분의 문장에서 가정법 과거와 가정법 과거완료의 구분은 문맥에서 결정된다고 하겠다.

내가 만일 당신이라면(당신이었다면) 나는 그들의 초청을 받아들였을 것이다(받아들였을텐데)... (If I were you, I would accept their invitation. Or If I had been you, I would have accepted their invitation.)	لَوْ كُنْتُ مَكَانَكَ لَقَبِلْتُ دَعْوَتَهُمْ.
내가 만일 돈이 더 많다면(많았다면) 나는 자동차를 샀을 것이다.(샀을텐데)... (If I had more money, I could buy a car. Or If I had had more money, I could have bought a car.)	لَوْ كَانَ لَدَيَّ نُقُودٌ أَكْثَرُ لَاشْتَرَيْتُ سَيَّارَةً.
내가 만일 새라면(새였다면) 당신에게 날아갔을 것이다.(날아갔을텐데)... (If I were a bird, I could fly to you. Or If I had been a bird, I could have flied to you.)	لَوْ كُنْتُ طَائِرًا لَطِرْتُ إِلَيْكَ.
	لَوْ تَخَرَّجْتُ مِنْ جَامِعَةِ هَارْفَارْد لَكُنْتُ الْآنَ أَعْمَلُ فِي شَرِكَةِ اسْتِشَارَةٍ.
내가 만약 하버드 대학을 졸업했다면 나는 지금 컨설팅 회사에서 일하고 있을 것이다.(일할 텐데...) (If I had graduated from Harvard University, I would have been working for a consulting company.)	

****가정법 과거완료의 의미를 강조하기 위해서 아래의 두 번째 문장과 같이 كَانَ قَدْ 를 사용할 수 있다.

내가 만일 당신이라면 나는 그들의 초청을 받아들였을 것이다. (If I were you, I would accept their invitation.) (If I had been you, I would have accepted their invitation.)	لَوْ كُنْتُ مَكَانَكَ لَقَبِلْتُ دَعْوَتَهُمْ.
내가 만일 당신이었다면 나는 그들의 초청을 받아들였을 것이다. (If I had been you, I would have accepted their invitation.)	لَوْ كُنْتُ مَكَانَكَ لَكُنْتُ قَدْ قَبِلْتُ دَعْوَتَهُمْ.

** لَوْ 가정법 문장에서 لَ 의 생략에 대해

일반적으로 لَوْ 가정법 문장의 조건 결과절에 لَ 을 사용한다. 그러나 반드시 لَ 을 사용해야 하는 것은 아니며 아래와 같이 لَ 을 생략하는 경우도 있다. 특히 조건 결과절에 مَا 나 لَمْ 이 사용되어 조건 결과절이 부정문이 되는 경우 لَ 을 사용하지 않는 경향이 있다. 조건 결과절의 부정어가 مَا 일 경우 لَ 을 사용하는 경우보다 사용하지 않는 경우가 더 많으며, 조건 결과절의 부정어가 لَمْ 일 경우 لَ 을 전혀 사용하지 않는다. (부정어 لَمْ 에 لَ 까지 사용할 경우 같은 자음이 겹치기 때문이다.)

만일 내가 대통령이었다면 그 혼란을 근절했을 것이다. (근절할텐데...)	لَوْ كُنْتُ رَئِيسًا قَضَيْتُ عَلَى الاِضْطِرَابَاتِ.
만일 그 노동자가 침착하게 행하였다면 그는 후회하지 않았을 것이다. (후회하지 않을텐데...)	لَوْ تَأَنَّى الْعَامِلُ مَا نَدِمَ.
만일 당신이 그 의사에게 갔다면 당신은 병에 걸리지 않았을 것이다. (병에 걸리지 않을텐데...)	لَوْ ذَهَبْتَ لِلطَّبِيبِ مَا مَرِضْتَ.
만일 당신이 당신의 건강에 관심을 가졌다면 병들지 않았을 것이다. (병들지 않을텐데...)	لَوِ اهْتَمَمْتَ بِصِحَّتِكَ مَا مَرِضْتَ.
만일 내 아들이 합격했다면 나는 슬프지 않을 것이다. (않을 텐데...)	لَوْ نَجَحَ ابْنِي لَمْ أَحْزَنْ.
لَوْ شَاهَدْنَا الْفِيلْمَ فِي الْبَيْتِ لَمْ نَذْهَبْ إِلَى النَّادِي.	
만일 우리가 영화를 집에서 보았다면 그 클럽에 가지 않았을 것이다. (않을 텐데...)	

(2) 가정법을 이끄는 조건사 إِنْ

조건사 إِنْ 은 조건절과 조건 결과절에 단축법 동사가 사용될 수 있는 조건사(أَدَوَاتُ الشَّرْطِ الْجَازِمَةُ)이다. 앞에서 그 조건사 إِنْ 이 일반적인 조건문에 사용되는 것을 보았다. 그 조건사 إِنْ 이 아래와 같은 조건을 갖추면 가정법 문장이 된다. 앞의 لَوْ 가 이끄는 가정법 문장(لَوْ ... لَـ ...)과 의미가 같게 된다.

إِنْ + كَانَ + (قَدْ) + كَانَ + 완료형(과거동사) + (قَدْ) + 완료형(과거동사) ←

예문들

إِنْ كَانَ مُحَمَّدٌ (قَدْ) مَاتَ كَانَ صَدِيقُهُ (قَدْ) عَلِمَ ذَلِكَ.
만일 무함마드가 죽었다면 그의 친구가 그것을 알았을 것이다. (실제로는 무함마드가 죽지 않았음)

إِنْ كَانَ مَحْمُودٌ (قَدْ) سَرَقَ مَصْرِفًا كَانَ (قَدْ) أَخْبَرَ زَوْجَتَهُ.
만일 마흐무드가 은행을 훔쳤다면 그의 아내에게 보고했을 것이다. (실제로는 훔치지 않았음)

إِنْ كَانَتْ مَرْيَمُ قَدْ أَحَبَّتْ مُخْتَارًا حَقًّا مَا كَانَتْ قَدْ طَلَبَتْ مِنْهُ نُقُودًا.
만일 마리얌이 무크타르를 진심으로 사랑했다면 그에게 돈을 요구하지 않았을 것이다. (진심으로 사랑하지 않았음)

إِنْ كُنْتُ قَدِ اشْتَرَيْتُ السَّيَّارَةَ كُنْتُ قَدْ أَصْبَحْتُ سَعِيدًا.
만일 내가 자동차를 구입했다면 나는 기쁘게 되었을텐데. (자동차를 구입하지 않았음)

إِنْ كُنْتَ قَدْ ذَاكَرْتَ جَيِّدًا كُنْتَ قَدْ حَصَلْتَ عَلَى تَقْدِيرٍ جَيِّدٍ.
만일 당신이 공부를 열심히 했다면 당신은 좋은 성적을 거두었을텐데. (공부를 열심히 하지 않았음)

إِنْ كَانَ جَاك قَدْ عَطَّلَ السَّيَّارَتَيْنِ فَلِمَاذَا أَصْلَحَهُمَا؟
잭이 그 두 자동차를 고장내었다면 왜 그것을 고쳤겠니? (고장내지 않았음)

فَإِنْ كَانَ الشَّيْطَانُ يُخْرِجُ الشَّيْطَانَ فَقَدِ انْقَسَمَ عَلَى ذَاتِهِ. (= كَانَ قَدِ انْقَسَمَ عَلَى ذَاتِهِ.)
만일 사탄이 사탄을 쫓아내면 그는 스스로 분열된 것이다. (사탄이 사탄을 쫓아내지 않았음)(성경 마12:26)

** لَوْ 가정법과 إِنْ 가정법의 문장전환

إِنْ 가정법 문장	لَوْ 가정법 문장
إِنْ كَانَ عَمِلَ كَانَ قَدْ نَجَحَ.	لَوْ عَمِلَ لَنَجَحَ.
만일 그가 일했다면 그는 성공했을 것이다. (실제로 그는 일하지 않았다)	
إِنْ كَانَ أَحَبَّهَا كَانَ قَدْ تَزَوَّجَهَا.	لَوْ أَحَبَّهَا لَتَزَوَّجَهَا.
만일 그가 그녀를 사랑했다면 그녀와 결혼했을 것이다. (실제로 그가 그녀를 사랑하지 않았다.)	
إِنْ كُنْتَ اجْتَهَدْتَ كُنْتَ قَدْ نَجَحْتَ.	لَوِ اجْتَهَدْتَ لَنَجَحْتَ.
만일 당신이 부지런했다면 성공했을 것이다. (실제로 당신은 부지런하지 않았다)	

제32과 조건문에 대해

(3) 가정법 문장의 부정

가정법 문장을 부정하는 형태에는 두 가지가 있다. 먼저는 조건절에 사용된 동사를 부정하는 가정법으로 ... لَمْ لَوْ을 사용하는 문장이 있고, 두 번째는 어떤 것이 존재하지 않음을 가정하는 لَوْلَا를 사용하는 가정법 문장이 있다.

①	부정 의미의 가정법을 이끄는 조건사	만일 ...하지 않았다면 ...하였을 것이다.	لَوْ لَمْ ... لَـ ...
②		만일 ...가 없었다면 ...하였을 것이다. (할 것이다.) (존재의 부정 حَرْفُ امْتِنَاعٍ لِوُجُودٍ)	لَوْلَا ... لَـ ...

a. 조건절의 동사를 부정하는 가정법 문장 – لَوْ لَمْ ... لَـ ...

조건절에 사용된 동사를 부정하는 가정법 즉 '만일 ...하지 않았다면 ...하였을 것을(..할 것을) ...' 의미의 문장을 만들 경우 لَوْ 뒤에 لَمْ을 추가하면 된다. 이 때 조건절의 동사를 부정하기에 조건절에 사용된 어떤 동사의 동작에 대한 부정적인 가정이 된다.

만일 ...하지 않았다면 ...하였을 것이다. (실제의 의미는 '...했기 때문에 ...하지 않았다.'가 된다)	لَوْ لَمْ ... لَـ ...

예문들

내가 만약 당신의 팔을 잡지 않았다면 내가 땅에 넘어졌을 것이다.(If I had not gripped your hand, you might have fallen on the ground.)	لَوْ لَمْ أُمْسِكْ يَدَكَ لَوَقَعْتَ عَلَى الْأَرْضِ.
만일 지구에 사랑이 없었다면 우리가 그것을 발명했을 것이다.	لَوْ لَمْ يَكُنِ الْحُبُّ عَلَى الْأَرْضِ لَاخْتَرَعْنَاهُ.
만일 댐이 존재하지 않았다면 그 마을은 물에 잠겼을 것이다.	لَوْ لَمْ يَكُنِ السَّدُّ مَوْجُودًا لَغَرِقَتِ الْبَلْدَةُ.
내가 만약 얼음위에서 미끄러지지 않았다면 나의 팔을 부러뜨리지 않았을 것이다. (If I hadn't slipped on the ice, I wouldn't have broken my arm.)	لَوْ لَمْ أَتَزَحْلَقْ عَلَى الْجَلِيدِ مَا كَسَرْتُ ذِرَاعِي.
만일 그가 교수가 아니었다면 그가 우리를 도와주지 않았을 것이다.	لَوْ لَمْ يَكُنْ أُسْتَاذًا مَا سَاعَدَنَا.
만일 내가 공부하지 않았다면 합격하지 않았을 것이다.	لَوْ لَمْ أُذَاكِرْ مَا نَجَحْتُ.
만일 그녀가 일찍 떠나지 않았다면 내가 그녀를 알 수 있었을 것이다.	كُنْتُ سَأَتَعَرَّفُ عَلَيْهَا لَوْ لَمْ تَرْحَلْ مُبَكِّرًا.

→ 위에서 조건 결과절이 مَا로 시작하는 문장들은 조건 결과절을 이끄는 لَـ이 생략된 문장이다.

한편 앞에서도 보았듯이 조건 결과절을 부정문으로 만들 경우 'مَا + 완료형' 혹은 'لَمْ + 미완료 단축법'으로 부정문을 만든다.

만일 내가 당신의 상황이라면 내가 그렇게 행하지 않았을 것이다. (조건 결과절에 부정어 مَا가 왔다.)	لَوْ كُنْتُ مَكَانَكَ مَا فَعَلْتُ ذَلِكَ.
만일 내 아들이 합격하였다면 나는 슬프지 않았을 것이다.(조건 결과절에 부정어 لَمْ이 왔다.)	لَوْ نَجَحَ ابْنِي لَمْ أَحْزَنْ.

b. 어떤 것이 존재하지 않음을 가정하는 가정법 문장 - لَوْلاَ (حَرْفُ امْتِنَاعٍ لِوُجُودٍ)의 사용에 대해

어떤 사람이나 사물이 존재하지 않음을 가정하여 문장을 만들 경우 조건절에 لَوْلاَ 를 사용한다. 가정법 조건사 لَوْلاَ 는 '만일 ...가 없었다면 ...하였을 것이다'(امْتِنَاعُ شَيْءٍ لِوُجُودِ غَيْرِهِ)의 의미로 사용된다.

만일 ...가 없었다면 ...하였을 것이다. (할 것이다.) (Were it not for)	لَوْلاَ ... لَـ ...
(لَوْمَا 는 거의 사용되지 않는다.)	لَوْمَا ... لَـ ...
만일 내 아내가 없었다면 나는 죽었을 것이다. (실제 의미는 '아내가 있어서 죽지 않았다'는 말이다.) (조건절에 زَوْجَتِي 란 명사 한 단어가 왔고, 조건결과절에 مُتُّ 라는 완료형 동사가 왔다.)	لَوْلاَ زَوْجَتِي لَمُتُّ.
	لَوْمَا زَوْجَتِي لَمُتُّ.

이 때 조건사 لَوْلاَ 뒤의 조건절에 반드시 술어(الْخَبَرُ)가 생략된 명사문(الْجُمْلَةُ الاسْمِيَّةُ)이 와야하고, 조건 결과절(جَوَابُ الشَّرْطِ)에 완료형 동사가 사용된 동사문이 온다. 조건절에는 한정명사가 사용된다.

예문

만일 사랑이 없었다면 삶은 부패했을 것이다. (부패할 것이다.)	لَوْلاَ الْحُبُّ لَفَسَدَتِ الْحَيَاةُ.
만일 불운이 없었다면 그 팀이 경기에서 이겼을텐데...	لَوْلاَ سُوءُ الْحَظِّ لَفَازَ الْفَرِيقُ بِالْمُبَارَاةِ.
만일 전기가 없다면 세계는 여전히 어둠에 있었을 것이다. (어둠에 있을 것이다.)	لَوْلاَ الْكَهْرُبَاءُ لَظَلَّ الْعَالَمُ فِي ظَلَامٍ.
만일 불의가 없었다면 우리는 정의의 가치를 느끼지 못했을 것이다. (못할 것이다.)	لَوْلاَ الظُّلْمُ لَمَا شَعَرْنَا بِقِيمَةِ الْعَدْلِ.
만일 그 의사가 없었다면 그 환자의 상태는 더 악화되었을 것이다. (악화될 것이다.)	لَوْلاَ الطَّبِيبُ لَسَاءَتْ حَالَةُ الْمَرِيضِ.
만일 공부가 없었다면 나는 알렉산드리아에 여행을 갔을 것이다. (여행을 갈 것이다.)	لَوْلاَ الدِّرَاسَةُ لَسَافَرْتُ إِلَى الْإِسْكَنْدَرِيَّةِ.
만일 경찰의 개입이 없었다면 희생자 숫자가 엄청나게 늘었을 것이다.	لَوْلاَ تَدَخُّلِ الشُّرْطَةِ لَارْتَفَعَ عَدَدُ الضَّحَايَا بِشَكْلٍ رَهِيبٍ.

또한 아래와 같이 لَوْلاَ 뒤에 인칭대명사를 접미시켜 사용하기도 한다.

만일 당신이 없었다면 나는 행복하게 살지 못했을 것이다. (살지 못할 것이다.)	لَوْلاَكَ لَمَا عِشْتُ سَعِيدًا.
만일 그가 없었다면 나는 여행을 계속하지 못했을 것이다. (못할 것이다.)	لَوْلاَهُ لَمَا أَكْمَلْتُ الرِّحْلَةَ.
만일 그녀가 없었다면 맛있는 음식을 먹지 못했을 것이다. (못할 것이다.)	لَوْلاَهَا لَمَا أَكَلْتُ طَعَامًا لَذِيذًا.

조건절에 비한정 명사가 사용될 수 있는가? - 위에서 조건절에는 한정명사가 사용된다고 하였다. 만일 조건절에 비한정 명사가 사용될 경우 한정적 비한정명사(النَّكِرَةُ الْمُحَدَّدَةُ)(파란색 부분)가 와야 한다.

만일 당신의 주님으로부터 먼저 있었던 말씀이 없었더라면 그들 사이에 판결되었으리라.(꾸란 10:19)	وَلَوْلاَ كَلِمَةٌ سَبَقَتْ مِنْ رَبِّكَ لَقُضِيَ بَيْنَهُمْ.

b-1 لَوْلاَ 가정법 문장에서 لَ의 생략

앞에서 لَوْ 가정법 문장에서 조건 결과절에 لَ을 생략할 수 있다고 했다. لَوْلاَ가 사용된 가정법 구문에서도 لَ을 생략할 수 있다. 아래의 예들을 보자.

만일 공부의 시작이 없었다면 우리는 바다로 여행을 했을 것이다. (여행을 할 것이다.)	لَوْلاَ بِدَايَةُ الدِّرَاسَةِ كُنَّا سَافَرْنَا إِلَى الْبَحْرِ.
만일 그의 아버지가 별세하지 않았다면 그는 작년에 미국으로 사는 곳을 옮기려했을 것이다.	لَوْلاَ وَفَاةُ وَالِدِهِ كَانَ سَيَنْتَقِلُ لِلسَّكَنِ فِي أَمْرِيكَا الْعَامَ الْمَاضِيَ.

** 아래와 같이 لَوْلاَ 조건절이 문장 머리에 오지 않고 문장 뒤로 가는 것도 가능하다.

만일 그가 사과하지 않았다면 나는 화를 냈을 것이다.	كُنْتُ سَأَغْضَبُ لَوْلاَ اعْتِذَارُهُ.
만일 걱정이 없었다면 싸미라는 일찍 잠을 자려고 했을 것이다.	كَانَتْ سَمِيرَةُ سَتَنَامُ مُبَكِّرًا لَوْلاَ الْقَلَقُ.
만일 내가 일찍오지 않았다면 나는 하루종일 줄을 서 있었을 것이다.	كُنْتُ سَأَقِفُ طُولَ الْيَوْمِ بِالطَّابُورِ لَوْلاَ مَجِيئِي مُبَكِّرًا.

b-2 조건 결과절에 부정어가 올 경우

لَوْ가 이끄는 가정법에서와 같이 조건 결과절에 مَا 나 لَمْ이 올 경우 لَ을 사용하지 않는 경향이 있다. 조건 결과절의 부정어가 مَا 일 경우 لَ을 사용하는 경우 보다 아래와 같이 사용하지 않는 경우가 더 많으며, 조건 결과절의 부정어가 لَمْ일 경우 لَ을 전혀 사용하지 않는다.

만일 불의가 없었다면 우리는 정의의 가치를 느끼지 못했을 것이다.	لَوْلاَ الظُّلْمُ مَا شَعَرْنَا بِقِيمَةِ الْعَدْلِ.
만일 그 선생님이 없었다면 나는 그 단원을 이해하지 못했을 것이다.	لَوْلاَ الْمُدَرِّسُ مَا فَهِمْتُ الدَّرْسَ.
만일 그 의사가 없었다면 그 환자는 낫지 못했을 것이다.	لَوْلاَ الطَّبِيبُ مَا شُفِيَ الْمَرِيضُ.
만일 나의 선생님이 없었다면 나는 합격하지 못했을 것이다.	لَوْلاَ مُدَرِّسِي لَمْ أَنْجَحْ.
만일 1월 25일 혁명이 없었다면 이집트는 변화되지 않았을 것이다.	لَوْلاَ ثَوْرَةُ ٢٥ يَنَايِرَ لَمْ تَتَغَيَّرْ مِصْرُ.
만일 악이 없었다면 우리는 선의 가치를 몰랐을 것이다.	لَوْلاَ الشَّرُّ لَمْ نَعْرِفْ قِيمَةَ الْخَيْرِ.

** لَوْمَا 문장의 예 – لَوْمَا는 لَوْلاَ와 동일한 용법과 의미로 사용됨. 현대 아랍어에는 거의 사용되지 않음

만일 수고함이 없었다면 쉼이 없었을 것이다.	لَوْمَا التَّعَبُ مَا كَانَتِ الرَّاحَةُ.
만일 일이 없었다면 지식에는 유익함이 없었을 것이다.	لَوْمَا الْعَمَلُ لَمْ تَكُنْ لِلْعِلْمِ فَائِدَةٌ.
일군들에게 보상이 없었다면 그 열정들이 미지근했을 것이다.	لَوْمَا ثَوَابُ الْعَامِلِينَ لَفَتَرَتِ الْهِمَمُ.

b-3 ... لَوْ لَمْ 구문과 لَوْلَا ... ـَ 구문의 비교

'لَوْ لَمْ ...' 구문은 가정법을 이끄는 لَوْ 에 대한 부정 구문으로 '만일 ...하지 않았다면 ..하였을 것이다(had ...not)'의 의미이다. 이에 비해 'لَوْلَا ... ـَ' 구문은 '만일 ...가 없었다면 ...하였을 것이다(Were it not for)'의 가정법 문장이다. 전자의 경우 조건절에 동사가 사용되지만, 후자의 경우 조건절에 동사가 사용되지 않고 술어(الْخَبَر)가 생략된 명사문(즉 조건절에 한정명사가 옴)이 사용되며, 그 의미는 어떤 것이 존재하지 않음을 가정하는 가정법 문장이 된다.

①	만일 당신이 나를 도와주지 않았다면 내가 당신을 도와주지 않았을 것이다.(상대방이 자신을 도와 주었기에 그것에 대한 가정)	لَوْ لَمْ تُسَاعِدْنِي لَمَا سَاعَدْتُكَ.(مَا سَاعَدْتُكَ)
	만일 내가 이집트 사람이 아니었다면 나는 이집트인이 되길 좋아했을 것이다.(현재 자신이 이집션이기에 그것에 대한 가정)	لَوْ لَمْ أَكُنْ مِصْرِيًّا لَوَدِدْتُ أَنْ أَكُونَ مِصْرِيًّا.
②	만일 그 의사가 없었다면 그 환자는 죽었을 것이다. (의사가 존재하지 않음을 가정함)	لَوْلَا الطَّبِيبُ لَمَاتَ الْمَرِيضُ.

** ... لَوْ لَمْ 구문을 لَوْلَا ... ـَ 구문으로 전환하기

위의 ... لَوْ لَمْ 구문은 다음과 같이 لَوْلَا ... ـَ 구문으로 전환할 수 있다.

... لَوْ لَمْ 사용 구문	لَوْلَا ... 사용 구문
لَوْ لَمْ تُسَاعِدْنِي لَمَا سَاعَدْتُكَ.	لَوْلَا مُسَاعَدَتُكَ لِي لَمَا سَاعَدْتُكَ.
만일 당신이 나를 도와주지 않았다면 내가 당신을 도와주지 않았을 것이다.	
لَوْ لَمْ أَكُنْ مِصْرِيًّا لَوَدِدْتُ أَنْ أَكُونَ مِصْرِيًّا.	لَوْلَا كَوْنِي مِصْرِيًّا لَوَدِدْتُ أَنْ أَكُونَ مِصْرِيًّا.
만일 내가 이집트인이 아니었다면 나는 이집트인이 되길 좋아했을 것이다.	

다음은 앞에서 다룬 ... لَوْ لَمْ 문장을 لَوْلَا ... ـَ 문장으로 전환한 것이다.
아래에서 لَوْ لَمْ 구문에 사용된 동사가 لَوْلَا 구문에서 동명사로 바뀌었다.

... لَوْ لَمْ 사용 구문	لَوْلَا ... 사용 구문
لَوْ لَمْ أَتَزَحْلَقْ عَلَى الْجَلِيدِ مَا كَسَرْتُ ذِرَاعِي.	لَوْلَا التَّزَحْلُقُ عَلَى الْجَلِيدِ مَا كَسَرْتُ ذِرَاعِي.
내가 만약 얼음위에서 미끄러지지 않았다면 나의 팔을 부러뜨리지 않았을텐데...	
لَوْ لَمْ إِمْسَاكِي يَدَكَ لَوَقَعْتُ عَلَى الْأَرْضِ.	لَوْلَا إِمْسَاكِي يَدَكَ لَوَقَعْتُ عَلَى الْأَرْضِ.
내가 만약 당신의 팔을 잡지 않았다면 내가 땅에 넘어졌을텐데...	
لَوْ لَمْ يَكُنْ أُسْتَاذًا مَا سَاعَدَنَا.	لَوْلَا كَوْنُهُ أُسْتَاذًا مَا سَاعَدَنَا.
만일 그가 교수가 아니었다면 그가 우리를 돕지 않았을 것이다.	
لَوْ لَمْ يَكُنْ الْحُبُّ عَلَى الْأَرْضِ لَاخْتَرَعْنَاهُ.	لَوْلَا كَوْنُ الْحُبِّ عَلَى الْأَرْضِ لَاخْتَرَعْنَاهُ.
만일 지구에 사랑이 없었다면 우리가 그것을 발명했을 것인데...	
كُنْتُ سَأَتَعَرَّفُ عَلَيْهَا لَوْ لَمْ تَرْحَلْ مُبَكِّرًا.	كُنْتُ سَأَتَعَرَّفُ عَلَيْهَا لَوْلَا رَحِيلُهَا مُبَكِّرًا.
만일 그녀가 일찍 떠나지 않았다면 내가 그녀를 알 수 있었을 텐데...	

4) أَمَّا 가 이끄는 조건문

조건사 أَمَّا 가 이끄는 조건문은 그 뒤에 فَ 를 동반한다. 이 구문은 일반적인 조건문 문장의 구조와 달리 조건절과 조건 결과절의 구조가 아니다. 때문에 어떤 문법학자들은 이 구문이 조건문이 아니라고 한다. 그러나 일반적으로 أَمَّا 뒤에 조건절(جُمْلَةُ الشَّرْطِ)이 생략되었다고 보며, أَمَّا 와 그 뒤에 오는 فَ 사이에 조건 결과절의 일부 단어가 자리를 하고, فَ 는 조건 결과절의 중간 위치에 온다고 본다.

이 구문의 원래 의미는 조건적인 의미로서 '어떤 상황에서도 …은 …이다(مَهْمَا يَكُنْ مِنْ شَيْءٍ Whatever happens)'의 의미이다. 그러나 현대 표준 아랍어에서 실제로 사용되는 의미는 논의의 중심이 되는 주제어에 대한 설명을 하는 의미로서 '…에 대해 말하자면 …이다' 혹은 '…에 관해서는 …이다' (أَمَّا فِي مَا يَتَعَلَّقُ بِ أَوْ أَمَّا بِالنِّسْبَةِ لِـ, as for)의 의미로 사용된다. 이 때의 أَمَّا 는 사람들의 주의를 환기시키는 역할을 한다. 후자의 의미를 익히도록 하자.

①	'어떤 상황이 발생한다 하더라도 …은 …이다.', '어떤 상황에서도 …은 …이다.'의 의미 조건절 부분에서 'مَهْمَا يَكُنْ مِنْ شَيْءٍ (Whatever happens)'이 생략되었다고 본다.	أَمَّا … فَـ …
②	현대 표준 아랍어에서 사용되는 의미 '…에 대해 말하자면 …이다', '…에 관해서는 …이다. (as for)'의 의미로 사용됨 أَمَّا فِي مَا يَتَعَلَّقُ بِ أَوْ أَمَّا بِالنِّسْبَةِ لِـ	

예문

① 어떤 상황에서도 당신이 아기를 죽이지 말아라. (Whatever happens, don't kill the child.) ② 그 아기에 대해서 말할 것 같으면 당신은 그를 죽이지 마라. (الطِّفْلَ 가 주어(مُبْتَدَأ)이고, تَقْتُلْ 이하는 술어(خَبَر)이다.)	أَمَّا الطِّفْلَ فَلَا تَقْتُلْهُ.
① 어떤 상황에서도 나는 술을 절대로 마시지 않겠다. ② 나로 말할 것 같으면 술을 절대로 마시지 않을 것이다. (أَنَا 는 주어이고 لَنْ 이하는 술어이다.)	أَمَّا أَنَا فَلَنْ أَشْرَبَ الْخَمْرَ أَبَدًا.
① 어떤 상황에서도 하나님은 그의 자비가 넓다. ② 하나님에 관해서는 그의 자비는 넓다. (اللهُ 는 주어이고, رَحْمَتُهُ وَاسِعَةٌ 는 술어이다.)	أَمَّا اللهُ فَرَحْمَتُهُ وَاسِعَةٌ.
① 어떤 상황에서도 혁명은 성공하지 못했다. ② 혁명에 대해서 말하자면 그것은 성공하지 못했다. (الثَّوْرَةُ 는 주어이고, لَمْ تَنْجَحْ 는 술어이다.)	أَمَّا الثَّوْرَةُ فَلَمْ تَنْجَحْ.
① 어떤 상황에서도 그녀는 미친 여자이다. ② 그녀로 말하자면 그녀는 미친 여자이다. (هِيَ 는 주어이고, مَجْنُونَةٌ 은 술어이다.)	أَمَّا هِيَ فَمَجْنُونَةٌ.
① 어떤 상황에서도 사랑은 모든 장소에 존재한다. ② 사랑에 관해서는 그것은 모든 장소에 존재한다. (الْحُبُّ 는 주어이고 فِي كُلِّ مَكَانٍ 은 술어이다.)	أَمَّا الْحُبُّ فَفِي كُلِّ مَكَانٍ.
① 어떤 상황에서도 새로운 숙제는 우리가 이해하는 것이 불가능하다. ② 새로운 숙제에 대해 말하자면 우리가 그것을 이해하는 것이 불가능하다.	أَمَّا الْوَاجِبُ الْجَدِيدُ فَلَا نَسْتَطِيعُ فَهْمَهُ.

أَمَّا الْيَتِيمَ فَلَا تَقْهَرْ. *	① 어떤 상황에서도 당신은 고아를 억압하지 말아라. ② 그 고아에 관해서는 당신은 그 고아를 억압하지 말아라. (الْيَتِيمَ 는 동사 تَقْهَرْ 의 목적어이다.)
أَمَّا كَلَامَكُمْ فَلَا أَفْهَمُ. *	① 어떤 상황에서도 당신들의 말을 나는 이해하지 못한다. ② 당신들의 말에 관해서는 나는 그것을 이해하지 못한다. (كَلَامَكُمْ 는 동사 أَفْهَمُ 의 목적어이다.)
أَمَّا الْحَقِيقَةَ فَلَنْ تَجِدِي. *	① 어떤 상황에서도 당신(f.)은 그 진실을 발견하지 못할 것이다. ② 그 진실에 대해서는 당신(f.)은 그것을 발견하지 못할 것이다. (الْحَقِيقَةَ 는 동사 تَجِدِي 의 목적어이다.)
أَمَّا بِنِعْمَةِ رَبِّكَ فَحَدِّثْ. **	① 어떤 상황에서도 당신의 주님의 은혜에 의지하여 말하라. ② 당신 주님의 은혜에 관해서는 당신이 그것을 말하라. (بِنِعْمَةِ رَبِّكَ 는 동사 حَدِّثْ 뒤에 온 유사문장이다.)

→ 위의 예문들에서 أَمَّا ... فَ ... 의 두 가지 의미로 번역을 하였다. ①의 의미가 어원적인 의미라면 실제로 사용되는 의미는 ②의 의미이다. 따라서 ②의 의미로 익히도록 하자.

→ 위의 * 표 문장은 أَمَّا ... فَ 사이에 문장의 목적어가 왔고, ** 표 문장에서는 أَمَّا ... فَ 사이에 유사문장이 온 경우이다.

** أَمَّا ... فَ 가 문장의 중간에 올 경우

한편 현대 표준 아랍어에서 조건사 ' أَمَّا ... فَ ' 가 아래와 같이 문장의 중간에 사용되는 경우가 많다. 즉 앞의 문장의 내용에 대한 역접(but)의 의미로 주로 사용된다. 그럴 경우 لَكِنَّ 의 의미가 된다.

أَنَا مَغْرِبِيٌّ أَمَّا هُوَ فَمِصْرِيٌّ. = أَنَا مَغْرِبِيٌّ لَكِنَّهُ مِصْرِيٌّ.	나는 모로코 사람이지만 그는 이집트인이다. (but) (هُوَ 는 주어이고 مِصْرِيٌّ 는 술어이다.)
عَاصِمَةُ مِصْرَ الْقَاهِرَةُ أَمَّا السُّودَانُ فَعَاصِمَتُهُ الْخُرْطُومُ. = عَاصِمَةُ مِصْرَ الْقَاهِرَةُ لَكِنَّ السُّودَانَ عَاصِمَتُهُ الْخُرْطُومُ.	이집트의 수도는 카이로이지만, 수단은 그 수도가 카르툼이다. (السُّودَانَ 이 주어, عَاصِمَتُهُ 이후가 술어)

다른 예문들

خَرَجَ الْأُسْتَاذُ مِنْ قَاعَةِ الْمُحَاضَرَاتِ، أَمَّا الطُّلَّابُ فَقَدْ ظَلُّوا هُنَاكَ.	
그 교수는 강의실 밖으로 나갔지만 학생들은 여전히 거기에 남아있다.	
فُنْدُقُ شِيرَاتُون بَعِيدٌ عَنْ وَسَطِ الْمَدِينَةِ، أَمَّا هَذَا الْفُنْدُقُ فَقَرِيبٌ جِدًّا.	
쉐라톤 호텔은 도심으로 부터 멀지만 이 호텔은 아주 가깝다.	
الثَّوْرَةُ الْفَرَنْسِيَّةُ نَجَحَتْ، أَمَّا الثَّوْرَةُ الْمِصْرِيَّةُ فَفَشِلَتْ.	
프랑스 혁명은 성공했으나 이집트 혁명은 실패하였다.	
الْمَعِيشَةُ فِي مِصْرَ رَخِيصَةٌ، أَمَّا فِي أُورُوبَّا فَغَالِيَةٌ جِدًّا.	
이집트에서의 생활비는 싸지만 유럽에서는 아주 비싸다.	
أَنْتُمْ مَجَانِينٌ، أَمَّا نَحْنُ فَعُقَلَاءُ.	당신들은 미친 사람들이지만 우리들은 이성적인 사람들이다.
كَانَتْ سُورِيَا مَرْكَزًا ثَقَافِيًّا، أَمَّا الْآنَ فَقَدْ تَدَمَّرَتْ.	
시리아는 문화의 중심지였지만 지금은 파괴되었다.	

5) 조건문의 고려사항

(1) إِذَا 와 إِنْ 과 لَوْ 의 비교

지금까지 다룬 조건사들 가운데 إِذَا 와 إِنْ 과 لَوْ 를 구분할 필요가 있다. 이 세 조건사는 아랍 현지인들도 혼동되게 사용하는 경향이 있다. 그러나 사용되는 시제와 조건의 강도, 의미와 사용법이 약간씩 다르다. 그 의미와 용법의 차이를 구별해 보자.

①	만일 그가 공부한다면 그는 합격할 것이다. (If he studies well, he will succeed.)(일반적인 조건문) (미래의 일. 실제로 일어날 가능성이 많음)	합격 가능성이 많음	إِذَا ذَاكَرَ جَيِّدًا نَجَحَ.
②	만일 그가 공부한다면 그는 합격할 것이다. (If he studies well, he will succeed.)(일반적인 조건문) (현재 혹은 미래의 일. 실제로 일어날 가능성이 적거나 의심이 있을 수 있음)	합격 가능성이 있음 (إِذَا 보다 가능성이 낮음)	إِنْ يُذَاكِرْ جَيِّدًا يَنْجَحْ.
	만일 그가 공부했다면 합격할 것이다. If he studied well, he succeeded. (시험은 쳤지만 아직 결과가 발표되지 않은 상황)		إِنْ ذَاكَرَ جَيِّدًا نَجَحَ.
③	만일 그가 공부했다면 그는 합격했을 것이다(합격할 텐데...). (If he had studied well, he would have succeeded.)(가정법 과거 혹은 과거완료, 과거의 일에 대한 반대, 반대적인 상상, 후회)	이미 불합격한 상황	لَوْ ذَاكَرَ جَيِّدًا لَنَجَحَ.

→ ① إِذَا 는 일반적인 조건문에 사용되는 조건사로서 조건절은 반드시 완료형이 오지만, 조건 결과절은 과거형, 현재형, 미래형 모두 가능하다. 시제는 미래를 가리키고, 의미의 실현 가능성은 아주 많은 반면 조건의 정도는 약하다.

→ ② إِنْ 는 일반적인 조건문에 사용되는 조건사로서 조건절과 조건 결과절이 단축법(مَجْزُوم)을 취할 수도 있고 완료형을 취할 수도 있다. 시제는 단축법일 경우 현재나 미래를 가리키고, 완료형일 경우 현재나 미래도 가능하지만 주로 과거를 의미한다. 조건의 정도는 많지만 의미의 실현 가능성이 적거나 의심이 있을 수 있다.

→ ③ لَوْ 는 가정법 조건문에 사용되는 조건사로서 조건절과 조건 결과절 모두 완료형 동사가 사용된다. 과거나 현재의 사실에 대한 반대나 실현 불가능한 일에 대한 상상의 의미이다. 가정법 과거 혹은 가정법 과거완료의 의미이며, 의미는 '만일 ...했다면 ...했을텐데(할텐데)...', '만일 ...라면(하다면) ...하였을 텐데(할텐데)'이다.

위의 ①의 경우 아래와 같이 조건 결과절을 과거형, 현재형, 미래형으로 바꾸어도 같은 의미이다.

①	만일 그가 공부한다면 그는 합격할 것이다. (If he studies well, he will succeed.)(일반적인 조건문) (미래의 일. 실제로 일어날 가능성이 많음)	إِذَا ذَاكَرَ جَيِّدًا نَجَحَ. = إِذَا ذَاكَرَ جَيِّدًا يَنْجَحُ. = إِذَا ذَاكَرَ جَيِّدًا فَيَنْجَحُ. = إِذَا ذَاكَرَ جَيِّدًا فَسَوْفَ يَنْجَحُ.

종합 아랍어 문법 II

다른 예문

①	만일 내가 간다면 그를 만날 것이다. (If I go, I will meet him.)(일반적인 조건문) (지금 가거나 곧 갈 예정임. 실제로 갈 가능성이 많음)	إِذَا ذَهَبْتُ قَابَلْتُهُ. = إِذَا ذَهَبْتُ أُقَابِلُهُ. = إِذَا ذَهَبْتُ فَسَأُقَابِلُهُ.
②	만일 내가 간다면 그를 만날 텐데… (If I go, I will meet him.) (일반적인 조건문) (실제로 갈 가능성이 적거나 의심이 있음)	إِنْ أَذْهَبْ أُقَابِلْهُ.
	만일 내가 갔다면 그를 만날 것이다. (If I went, I would meet him.)	إِنْ ذَهَبْتُ قَابَلْتُهُ.
③	만일 내가 갔다면 그를 만났을 것이다. (If I had gone, I would have met him.) (실제로는 가지 않았음)(가정법 과거 혹은 과거완료)	لَوْ ذَهَبْتُ لَقَابَلْتُهُ.

** 조건사 إِذَا 와 إِنْ 과 لَوْ 의 현대적인 용법 -

지금까지 현대 표준 아랍어(MSA)에서 조건사의 일반적인 용법을 공부하였다. 조건사 إِذَا 는 미래적인 의미에 방점이 있고, إِنْ 은 일반적인 조건사 문장에 사용되며, لَوْ 은 가정법을 이끄는 조건사라고 공부했다.

그러나 현대 아랍어의 최근 추세는 조건사 إِذَا 와 إِنْ 과 لَوْ 가 혼용되어 사용되는 경향이 있다. 아래의 예를 보자. 시험을 준비하는 학생에게 격려하는 말을 해야 할 때 إِذَا 와 إِنْ 그리고 لَوْ 가 같은 의미로 사용되는 것을 확인할 수 있다. 이러한 경향은 구어체 아랍어의 영향이라 할 수 있다.

①		إِذَا ذَاكَرْتَ بِجِدٍّ تَنْجَحُ.
②	만일 네가 진지하게 공부한다면 합격할 것이다.	إِنْ ذَاكَرْتَ بِجِدٍّ تَنْجَحُ.
③		لَوْ ذَاكَرْتَ بِجِدٍّ فَسَوْفَ تَنْجَحُ.

(2) 조건절에 명사문이 오는 경우

지금까지 우리는 조건문의 조건절에 동사문이 오는 경우들을 주로 다루었다. 그러나 조건절에 아래와 같이 명사문이 오는 것도 가능하다.

다음은 조건절이 명사로 시작하는 명사문이고, 그 술어에 동사가 사용된 경우이다.

만일 그 의사가 당신에게 충고하거든 그 충고대로 행하라.	إِذَا الطَّبِيبُ نَصَحَكَ فَاعْمَلْ بِنَصْحِهِ.
만일 하늘에서 비가온다면 나는 집 밖에 나가지 않겠다.	إِذَا السَّمَاءُ أَمْطَرَتْ لَا أَخْرُجُ مِنَ الْبَيْتِ.
만일 어느날(one day) 백성이 삶을 원한다면(자유를 원한다면) 반드시 운명이 응답할 것이다. (아랍 시)	إِذَا الشَّعْبُ يَوْمًا أَرَادَ الْحَيَاةَ فَلَا بُدَّ أَنْ يَسْتَجِيبَ الْقَدَرُ.
만일 (그) 판사가 당신을 억울하게 한다면 하나님께 불평을 하라. (اشْتَكَى/ يَشْتَكِي ه، إِلَى ه، مِنْ ه.)	إِنِ الْقَاضِي ظَلَمَكَ فَاشْتَكِ إِلَى الله.
만일 당신의 아버지가 당신을 꾸짖는다면 그의 말을 들어라. (أَنْصَتَ/ يُنْصِتُ لـ)	إِنْ أَبُوكَ وَبَّخَكَ فَأَنْصِتْ لَهُ.
만일 삶이 어렵다면 그것에 도전하라.	إِنِ الْحَيَاةُ صَعُبَتْ فَتَحَدَّهَا.

→ 위 문장들의 조건절을 동사로 시작하는 동사문으로 바꾸는 것도 가능하다.

** 조건절에 무효화 동사 كَانَ 가 사용된 명사문

아래는 조건절에 일반 동사가 사용되지 않아 대신 무효화 동사 كَانَ 가 사용된 명사문들이다.

만일 당신이 충실하다면 우리를 도와라.	إِذَا كُنْتَ مُخْلِصًا فَسَاعِدْنَا.
만일 그들이 행복하다면 우리가 알게 될 것이다.	إِذَا كَانُوا سُعَدَاءَ فَسَنَعْرِفُ.
만일 혁명이 성공적이라면 사람들이 변화될 것이다.	إِذَا كَانَتِ الثَّوْرَةُ نَاجِحَةً يَتَغَيَّرُ النَّاسُ.
만일 여성들의 위치가 남성들의 위치와 동등하다면 발전이 이루어질 것이다.	إِذَا كَانَتْ مَكَانَةُ الْمَرْأَةِ مُسَاوِيَةً لِمَكَانَةِ الرَّجُلِ يَتَحَقَّقُ التَّطَوُّرُ.
만일 그가 마음이 넓은 사람이라면 그가 당신을 용서할 것이다.	إِنْ كَانَ وَاسِعَ الصَّدْرِ فَسَيُسَامِحُكَ.
만일 당신이 지루하다면 즐거운 것을 찾으라.	إِنْ كُنْتَ سَئِمًا فَابْحَثْ عَنْ تَسْلِيَةٍ.
만일 제가 약하다면 저를 강하게 해 주십시오. (기도문 등)	إِنْ كُنْتُ ضَعِيفًا فَقَوِّنِي.
만일 하나님이 우리와 함께 하시면 누가 우리를 대적하리요(성경 롬8:31)	إِنْ كَانَ اللهُ مَعَنَا، فَمَنْ عَلَيْنَا!
당신이 부지런하다면 당신은 합격할 것이다.(성공할 것이다.)	إِنْ كَانَ مُجْتَهِدًا فَسَوْفَ يَنْجَحُ.
그들이 이집트에서 왔다면(출신) 그들은 당신을 도울 것이다.	إِنْ كَانُوا مِنْ مِصْرَ فَسَيُسَاعِدُونَكَ.

** 아래와 같이 동사가 사용된 조건절 문장에서도 무효화 동사 كَانَ 를 사용하기도 한다.

만일 네 오른 눈이 너로 실족하게 하거든 빼어 내버리라. (성경 마 5:29)	إِنْ كَانَتْ عَيْنُكَ الْيُمْنَى تُعْثِرُكَ فَاقْلَعْهَا.

2. 조건 결과절에 대해 – 조건 결과절에 사용되는 فَ 와 لَ 에 대해

1) 조건 결과절에 사용되는 (الْفَاءُ الرَّابِطَةُ لِجَوَابِ الشَّرْطِ) فَ 에 대해

조건 결과절 서두에 오는 فَ 는 불변사로서 조건 결과절의 시작을 알리는 기능을 하고 의미에는 아무런 영향을 미치지 않는다. 아래는 조건 결과절에 فَ 가 사용된 예이다.

| ① | 일하는 사람이라면 누구든지 성공한다. | مَنْ يَعْمَلْ يَنْجَحْ. |
| ② | 일하는 사람이라면 누구든지 성공할 것이다. | مَنْ يَعْمَلْ فَسَوْفَ يَنْجَحُ. |

위의 ① 문장에 سَوْفَ 란 단어가 추가되면서 조건 결과절에 فَ 가 왔다. 이와같이 조건 결과절에 فَ 가 오는 경우들이 언제인지 살펴보도록 하자.

(1) 조건 결과절이 명사문일 경우

조건 결과절이 명사문일 경우 조건 결과절 서두에 فَ 가 붙는다.

열심히 일하는 사람은 누구든지 상이 그를 기다리고 있다.	مَنْ يَجْتَهِدْ فَالْجَائِزَةُ تَنْتَظِرُهُ.
선행을 행하는 누구든지 그는 진정코 사람이다.	مَنْ يَعْمَلْ الْخَيْرَ فَهُوَ إِنْسَانٌ حَقًّا.
누구든지 진지하게 일한다면 성공이 그의 협력자가 될 것이다.	مَنْ جَدَّ فَالنَّجَاحُ حَلِيفُهُ.
만일 그 학생이 열심히 공부한다면 그의 성공은 확실하다.	إِذَا ذَاكَرَ الطَّالِبُ بِجِدٍّ فَنَجَاحُهُ أَكِيدٌ.
만일 당신이 나를 돕는다면 당신은 나의 친구이다.	إِنْ تُسَاعِدْنِي فَأَنْتَ صَدِيقِي.
만일 당신이 이집트에서 일찍 잠자리에 든다면 당신은 미친사람이다.	إِذَا نِمْتَ مُبَكِّرًا فِي مِصْرَ فَأَنْتَ مَجْنُونٌ.
만일 우리가 하나님을 보지 못했다면 하나님이 우리를 보신다.	إِنْ لَمْ نَكُنْ نَرَى اللهَ فَاللهُ يَرَانَا.
만일 우리가 살든지 죽든지 우리는 주를 위한 것이다.(성경 롬14:8)	إِنْ عِشْنَا وَإِنْ مُتْنَا فَلِلرَّبِّ نَحْنُ.

(2) 조건 결과절에 요청문(الْجُمْلَةُ الطَّلَبِيَّةُ)이 올 경우

아랍어에서 요청문(الْجُمْلَةُ الطَّلَبِيَّةُ)이란 명령문(أَمْرٌ), 부정명령문(نَهْيٌ), 의문문(اِسْتِفْهَامٌ), 기원문(دُعَاءٌ) 등을 말한다. 이러한 요청문이 조건결과절에 올 때 فَ 를 사용한다. 아래 ①은 명령문의 경우이고, ②는 부정명령문의 경우이며, ③은 의문문의 경우이다.

①	만일 당신이 충실하다면 우리를 도와라.	إِذَا كُنْتَ مُخْلِصًا فَسَاعِدْنَا.
	만일 당신이 병들었다면 의사의 충고를 따르라.	إِذَا مَرِضْتَ فَاتَّبِعْ نُصْحَ الطَّبِيبِ.
	만일 어떤 사람이 당신에게 어떤 도움을 요청한다면 그를 도우라.	إِذَا طَلَبَ مِنْكَ شَخْصٌ مَا مُسَاعَدَةً فَسَاعِدْهُ.

제32과 조건문에 대해

②		مَهْمَا يَفْعَلْ أَبَوَاكَ فَلَا تَقُلْ لَهُمَا شَيْئًا يُغْضِبُهُمَا.
	당신의 부모님이 어떤 행동을 하더라도 그들을 화나게 하는 어떤 것을 말하지 마라.	
	만일 당신에게 일이 맡겨지면 그것에 부주의하지 말아라.	إِنْ كُلِّفْتَ بِعَمَلٍ فَلَا تُقَصِّرْ فِيهِ.
		إِنِ احْتَرَمَكَ النَّاسُ فَاحْتَرِمْهُمْ وَإِنْ لَمْ يَحْتَرِمُوكَ فَلَا تَحْتَرِمْهُمْ.
	만일 사람들이 당신을 존경하거든 그들을 존경하고, 당신을 존경하지 않거든 그들을 존경하지 마라.	
③	만일 내가 하나님께 도움을 요청하지 않았다면 내가 누구에게 요청하겠는가?	إِنْ لَمْ أَسْأَلِ اللهَ الْعَوْنَ فَمَنْ أَسْأَلُ؟
	만일 내가 당신에게 비밀로 이야기 한다면 당신은 그 비밀을 지키겠는가?	إِنْ حَدَّثْتُكَ بِالسِّرِّ فَهَلْ تَكْتُمُهُ؟
	만일 그 선생님이 죽었다면 누가 아랍어를 가르치겠는가?	لَوْ مَاتَ الْمُدَرِّسُ فَمَنْ يُعَلِّمُ اللُّغَةَ الْعَرَبِيَّةَ؟ *

→ 위의 * 문장에서 조건사가 لَوْ 일 경우 조건 결과절에 فَ 가 사용되는 경우는 아주 드물다.

→ 요청문에 대해서는 이 책 '여러가지 접속사에 대해' 부분에서 공부하라.

(3) 조건 결과절에 불완전 활용동사(الْفِعْلُ الْجَامِدُ) 가 사용될 경우

불완전 활용동사는 시제와 인칭에 따른 변화가 제한적인 동사를 말하는 것으로 لَيْسَ 와 عَسَى, نِعْمَ, بِئْسَ, لَا حَبَّذَا 등이 있다. 이 동사들이 조건 결과절에 사용되면 그 서두에 فَ 가 사용된다. 불완전 활용동사에 대해서는 이 책 제 I 권의 '심화학습 - 동사의 구분' 부분에서 공부하라.

만일 그가 교수라면 그는 부자가 아니다.	إِنْ كَانَ أُسْتَاذًا فَلَيْسَ غَنِيًّا.
비밀을 유포시키는 자는 누구든지 믿음직하지 않다.	مَنْ أَفْشَى السِّرَّ فَلَيْسَ بِأَمِينٍ.
	إِذَا لَمْ يَكُنِ الْعِلْمُ مُفِيدًا لِلنَّاسِ كُلِّهِمْ فَلَيْسَ فِيهِ خَيْرٌ.
만일 지식이 모든 사람을 위해 유익하지 않다면 그것에는 선한 것이 없다.	
열심히 공부하는 사람은 누구든지 그가 합격할 수 있을 것이다.(합격할 수도 있다.)	مَنْ يُذَاكِرْ جَيِّدًا فَعَسَى أَنْ يَنْجَحَ.
일하는 사람은 누구든지 그가 원한 것을 얻을 것이다 (얻을 수도 있다.)	مَنْ يَعْمَلْ فَعَسَى أَنْ يَنَالَ مُبْتَغَاهُ.
	إِنْ كَانَتْ خَطَايَانَا عَظِيمَةً فَعَسَى اللهُ أَنْ يَرْحَمَنَا.
만일 우리 죄들이 크다면 하나님이 우리에게 자비를 베푸실 것이다.	
만일 당신이 정직을 말한다면 당신의 말은 참으로 훌륭하다.	إِذَا قُلْتَ الصِّدْقَ فَنِعْمَ كَلَامُكَ.
공부하는 자는 누구든지 학생이 참으로 훌륭하다.	مَنْ يَدْرُسْ فَنِعْمَ الطَّالِبُ.
만일 당신(f.)이 당신의 공부에 관심이 없다면 당신(f.)이 행하는 것은 참으로 좋지 않다.	إِنْ لَا تَهْتَمِّي بِدِرَاسَتِكِ فَبِئْسَ مَا تَفْعَلِينَ.
누가 사람들을 돕든지 그의(돕는 사람의) 윤리는 참으로 훌륭하다.	مَنْ يُسَاعِدِ النَّاسَ فَحَبَّذَا أَخْلَاقُهُ.
당신이 어디에서 어떤 것을 잃더라도 이 장소는 아주 좋지 않다.	أَيْنَمَا تَخْسَرْ شَيْئًا فَلَا حَبَّذَا هَذَا الْمَكَانُ.

→ 위의 نِعْمَ, بِئْسَ, حَبَّذَا, لَا حَبَّذَا 동사에 대해서는 이 책 '칭찬과 비난의 문장(أُسْلُوب الْمَدْحِ وَالذَّمِّ)'을 참고하라.

(4) 조건 결과절이 다음 불변사들에 의해 시작될 때 – قَدْ , مَا , لَنْ , سَـ , سَوْفَ

조건 결과절에 불변사 قَدْ, مَا, لَنْ, سَـ, سَوْفَ 가 사용될 경우 아래와 같이 그 서두에 فَ 가 사용된다. 여기에서 سَـ 와 سَوْفَ 그리고 لَنْ 은 모두 미래시제이고, مَا 는 부정어이다.

① قَدْ	만일 당신이 공부한다면 합격할 수도 있다.(If you study, you may succeed.)		إِنْ تُذَاكِرْ فَقَدْ تَنْجَحُ.
		إِذَا خَسِرَ الْفَرِيقُ هَذِهِ الْمُبَارَاةَ فَقَدْ خَسِرَ الْبُطُولَةَ كُلَّهَا.	
	만일 그 팀이 이 경기에서 진다면 선수권 전체를 잃게 된다.		
	그의 일에 부주의한 사람은 누구든지 그의 조국에 해를 끼치게 된다.		مَنْ أَهْمَلَ فِي عَمَلِهِ فَقَدْ أَسَاءَ إِلَى وَطَنِهِ.
② مَا	만일 당신이 공부한다면 당신은 실패자가 아니다.		إِنْ تَدْرُسْ فَمَا أَنْتَ خَائِبٌ.
		إِنْ لَمْ يَفْهَمْ طُلاَّبِي الدَّرْسَ فَمَا أَنَا بِمُدَرِّسٍ مَاهِرٍ.	
	만일 내 학생들이 그 수업을 이해하지 못한다면 나는 재능있는 선생이 아니다.		
	만일 당신이 부지런하지 않다면 나는 당신에게 보상을 줄 수 없다.		إِنْ لاَ تَجْتَهِدْ فَمَا أُعْطِيكَ مُكَافَأَةً.
③ لَنْ	만일 당신이 내일 여행을 떠난다면 올해는 내가 당신을 보지 못할 것이다.		إِذَا سَافَرْتَ غَدًا فَلَنْ أَرَاكَ هَذِهِ السَّنَةَ.
	만일 당신이 내 명령에 불순종한다면 당신은 나의 사랑을 받지 못할 것이다.		إِنْ عَصَيْتَ أَمْرِي فَلَنْ تَنَالَ مَحَبَّتِي.
	만일 당신이 사랑하지 않는다면 하나님을 알수 없을 것이다.		إِذَا لَمْ تُحِبَّ فَلَنْ تَعْرِفَ اللهَ.
④ سَـ	만일 당신이 공부한다면 합격할 것이다.		إِنْ تُذَاكِرْ فَسَتَنْجَحُ.
	만일 당신이 그 파티에 간다면 나를 볼 것이다.		إِذَا ذَهَبْتَ إِلَى الْحَفْلَةِ فَسَتَرَانِي.
	너희 두 사람이 교실에 들어가면 나는 너희 두 사람에게 사탕을 주겠다.		إِذَا دَخَلْتُمَا الْفَصْلَ فَسَأُعْطِيكُمَا حَلْوَى.
⑤ سَوْفَ	만일 당신이 이민을 간다면 당신은 후회할 것이다.		إِنْ تُهَاجِرْ فَسَوْفَ تَنْدَمُ.
	사람들을 억압하는 사람은 누구든지 후회할 것이다.		مَنْ ظَلَمَ النَّاسَ فَسَوْفَ يَنْدَمُ.
		إِذَا تَعَلَّمْتَ اللُّغَةَ الْعَرَبِيَّةَ فَسَوْفَ تَعْرِفُ الْكَثِيرَ عَنِ الْإِسْلاَمِ.	
	만일 당신이 아랍어를 배운다면 이슬람에 대해서 많은 것을 알 것이다.		

그외 조건 결과절에 فَ 가 사용된 문장들을 보자.

만일 그녀가 그 모임에 참석한다면, 그녀는 정말 관대한 것이다.(조건 결과절이 감탄문인 경우)	إِنْ حَضَرَتِ الِاجْتِمَاعَ فَمَا أَكْرَمَهَا.
만일 그가 우상들을 숭배한다면, 그는 실로 이교도이다.(إِنَّ 가 사용되었을 때)	إِنْ عَبَدَ الْأَصْنَامَ فَإِنَّهُ كَافِرٌ.
만일 당신이 나를 방문한다면 아마도 나는 당신을 관대하게 대할 것이다.	إِذَا زُرْتَنِي فَرُبَّمَا أَكْرِمُكَ.
당신이 나를 방문했다면 그것은 당신이 나를 환대하는 것과 같았을 것이다.(가정법)	لَوْ زُرْتَنِي فَكَأَنَّمَا أَكْرَمْتَنِي.

** 조건사에 따른 'فَ + 조건결과절'의 사용 빈도

아래와 같이 'فَ + 조건결과절'의 사용이 조건사가 إِذَا 일 때 가장 많이 사용되고, 그 다음에 조건사가 إِنْ, مَنْ... 등일 때 많이 사용되며, 그 다음으로 조건사가 كُلَّمَا 나 لَمَّا 일 때 많이 사용되며, 조건사가 لَوْ 나 لَوْلاَ 일 때는 아주 가끔 사용된다.

조건사에 따른 'فَ + 조건결과절'의 사용 빈도	
조건사	فَ 의 사용빈도
① إِذَا 일 때	가장 많이 사용됨
② إِنْ, مَنْ, مَا, مَتَى, أَيْنَمَا, حَيْثُمَا, كَيْفَمَا, مَهْمَا 일 때	많이 사용됨
③ كُلَّمَا, لَمَّا 일 때	가끔씩 사용됨
④ لَوْ, لَوْلاَ 일 때	아주 가끔 사용됨

2) 조건 결과절에 사용되는 لَـ(لاَمُ الْجَوَابِ)에 대해

조건사가 لَوْ 혹은 لَوْلاَ 인 가정법 조건문의 조건 결과절에 لَـ 이 사용된다. 이 لَـ 은 불변사로서 조건 결과절의 시작을 알리는 기능을 하고 의미에는 아무런 영향을 미치지 않는다. 대부분의 가정법 문장에 이 لَـ 이 사용되지만 생략되는 경우도 있는데 거기에 대해서는 لَوْ 와 لَوْلاَ 부분에서 다루었다.

3. 다른 형태의 조건문

지금까지는 조건사와 조건절, 그리고 조건결과절이 사용되는 일반적인 조건문들을 살펴보았다. 여기에서는 다른 형태의 조건문을 살펴본다.

1) 조건절(جملة الشرط)이 생략된 조건문 - وَإِلَّا 가 사용된 조건문

아래의 조건문들에는 وَإِلَّا 가 사용되었으며, 그 뒤에 조건절이 생략되어 있다. وَإِلَّا 는 'وَ + إِنْ + لَا'의 줄임말이다. 아래에서 وَإِلَّا 뒤에 조건절이 생략되어 있지만 문맥을 통해 조건절이 이해되는 경우이다.

공부하라. 그렇지 않으면 당신은 낙방할 것이다.	ذَاكِرْ، وَإِلَّا تَفْشَلْ.
나는 내일 당신을 볼 것이다. 그렇지 않으면 모레 볼 것이다.	سَأَرَاكَ غَدًا، وَإِلَّا فَبَعْدَ غَدٍ.
진리를 말하라 그렇지 않으면 잠잠히 있으라.	قُلِ الْحَقَّ، وَإِلَّا فَاسْكُتْ.
우리는 한 시간 뒤에 영화관에 갈 것이다. 그렇지 않으면 축구를 할 것이다.	نَذْهَبُ إِلَى السِّينِمَا بَعْدَ سَاعَةٍ، وَإِلَّا نَلْعَبْ كُرَةَ الْقَدَمِ.
너(f.)는 숙제를 할 것이니? 그렇지 않으면 내가 너에게 벌을 줄 것이다.	هَلْ تَكْتُبِينَ وَاجِبَاتِكِ، وَإِلَّا عَاقَبْتُكِ؟

위의 문장들을 문맥에서 이해되는 내용으로 바꾸면 아래와 같다. 아래의 파란색 부분이 생략된 조건절이다. '조건사 + 조건절 + 조건 결과절'의 형태에서 조건절이 생략되었다고 본다.

공부하라. 그렇지 않으면 당신은 낙방할 것이다.	ذَاكِرْ، وَإِنْ لَا (تُذَاكِرْ) تَفْشَلْ.
나는 내일 당신을 볼 것이다. 그렇지 않으면 모레 볼 것이다.	سَأَرَاكَ غَدًا، وَإِنْ لَا (أَرَكَ غَدًا) فَبَعْدَ غَدٍ.
진리를 말하라 그렇지 않으면 잠잠히 있으라.	قُلِ الْحَقَّ، وَإِنْ لَا (تَقُلِ الْحَقَّ) فَاسْكُتْ.
우리는 한 시간 뒤에 영화관에 갈 것이다. 그렇지 않으면 축구를 할 것이다.	نَذْهَبُ إِلَى السِّينِمَا بَعْدَ سَاعَةٍ، وَإِنْ لَا (نَذْهَبْ إِلَى السِّينِمَا) نَلْعَبْ كُرَةَ الْقَدَمِ.
너(f.)는 숙제를 할 것이니? 그렇지 않으면 내가 너에게 벌을 줄 것이다.	هَلْ تَكْتُبِينَ وَاجِبَاتِكِ، وَإِنْ لَا (تَكْتُبِي) عَاقَبْتُكِ؟

2) 조건 결과절(جَوَابُ الشَّرْطِ)이 생략된 조건문

아래의 문장들을 보면 의미적인 조건 결과절이 먼저 오고 그 뒤에 조건사와 조건절이 왔다. 문장에서 먼저 사용된 것이 의미적으로는 조건 결과절이지만 그러나 아랍어 문법에서는 이것을 조건 결과절이라 하지 않는다. 아랍어 문법에서 조건문은 조건사가 사용된 이후에 시작된다고 본다. 따라서 아래의 문장들에서 의미적인 조건 결과절은 있지만 문법적으로는 조건 결과절이 생략되었다고 보는 것이다.

그가 성공할 것이다. 만일 그가 정직하면 …(아랍 속담)	أَفْلَحَ[1] إِنْ صَدَقَ.
나는 그들을 볼 것이다. 만일 그들이 파티에 오면 …	سَأَرَاهُمْ إِذَا جَاؤُوا الْحَفْلَ.
내가 당신을 이해할 수 있었을 것이다. 만일 당신이 나에게 당신의 생각을 잘 설명했다면…	كَانَ يُمْكِنُ أَنْ أَفْهَمَكَ لَوْ شَرَحْتَ لِي فِكْرَتَكَ جَيِّدًا.
그가 선거에 가담했다. 민주주의를 원하는 사람은 누구든지…	شَارَكَ فِي الْاِنْتِخَابَاتِ مَنْ أَرَادَ الدِّيمُقْرَاطِيَّةَ.
나는 더 많이 알게되었다. 내가 여러 분야에 대해 읽으면 읽을 수록 …	عَرَفْتُ أَكْثَرَ كُلَّمَا قَرَأْتُ فِي مَجَالَاتٍ مُخْتَلِفَةٍ.
나는 계속할 것이다. 하늘이 무너져도 …	سَوْفَ أَسْتَمِرُّ وَإِنْ سَقَطَتِ السَّمَاءُ.

→ 위의 예문들에서 조건 결과절의 의미가 있는 내용이 문장에서 사용되고 있음에도 그 문장에서 '조건 결과절이 생략되었다'고 하는 이유는 무엇일까? 그것은 아랍어의 정형화된 조건문의 형태인 '조건사 + 조건절 + 조건 결과절'의 형태를 이 문장이 갖추고 있지 못하기 때문이다. 따라서 문장의 순서가 바뀌었다고 보지 않고 조건절 뒤에 조건 결과절이 생략되었다고 본다.

아래의 문장은 조건 결과절이 생략된 가장 대표적인 조건문이다.

알라신의 뜻이라면 …	إِنْ شَاءَ اللهُ.

3) 조건절과 조건 결과절 둘 다 생략된 조건문

아래 문장에서는 وَإِلَّا 뒤에 조건절과 조건 결과절 둘 다 생략되어 있다.

만일 당신이 공부한다면 성공할 것이다. 만일 그렇지 않다면 성공하지 못할 것이다.	إِذَا ذَاكَرْتَ نَجَحْتَ وَإِلَّا فَلَا.
이것이 바로 여성이라는 거지… 만일 그렇지 않다면 여성이 아니지…(여성에 대해서 감탄한 사람이 하는 말)	هَكَذَا النِّسَاءُ وَإِلَّا فَلَا.
공부해. 그렇지 않으면 …(알아서 해, 너를 때릴 거야 … 등) (위협하는 문장)	ذَاكِرْ وَإِلَّا …
집 밖에서 늦지 마라. 그렇지 않으면 …(알아서 해, 돌아오지 마라, 혼낼 거야 등) (위협하는 문장)	لَا تَتَأَخَّرْ خَارِجَ الْبَيْتِ وَإِلَّا …
나는 내가 사랑하는 사람과 결혼하겠다. 그렇지 않다면 결혼하지 않겠다.	سَأَتَزَوَّجُ مَنْ أُحِبُّهَا وَإِلَّا فَلَا.

[1] أَفْلَحَ/ يُفْلِحُ 성공하다, 목적을 달성하다 ; 잘 살다

4) 요청문(أُسْلُوبُ الطَّلَبِ)과 함께 사용된 조건문

아랍어에서 요청문(الْجُمْلَةُ الطَّلَبِيَّةُ)이란 명령문(أَمْرٌ), 부정명령문(نَهْيٌ), 의문문(اِسْتِفْهَامٌ), 기원문(دُعَاءٌ)등을 말한다. 이러한 요청문 문장들이 조건문 문장과 함께 사용되는 경우들이 있다. 이러한 요청문(أُسْلُوبُ الطَّلَبِ)이 사용된 조건문을 조건사(أَدَاةُ الشَّرْطِ)가 생략된 조건문(أُسْلُوبُ الشَّرْطِ)이라 한다.

(1) 명령문이 사용된 조건문

아래 예문은 첫 번째 동사가 명령형이고, 두 번째 동사는 조건문에 사용된 미완료 단축법 동사이다. 문장의 의미를 보면 조건문의 의미를 가지고 있으며, 각각의 동사는 요청절(جُمْلَةُ الطَّلَبِ)과 요청 결과절(جُمْلَةُ جَوَابِ الطَّلَبِ)을 이루게 되는 것을 알 수 있다.

열심히 공부하라 그러면 당신은 합격할 것이다. (If you study well, you will succeed. or Study hard and you will succeed.)	اُدْرُسْ جَيِّدًا تَنْجَحْ.
복종하라 (혹은 무슬림이 되라) 그러면 당신이 안전하게 거할 것이다. (If you resign, you will get safe. or Resign and you will get safe.)	أَسْلِمْ[1] تَسْلَمْ[2].
(적을) 분리시켜라 그러면 당신이 다스릴 것이다. (If you devide, you will conquer. Devide and you will conquer.)	فَرِّقْ تَسُدْ[3].
구하라 그러면 찾을 것이다.	اُطْلُبُوا تَجِدُوا.
함께 기도합시다.(Let us pray.) (وَدَعَ/يَدَعُ) (문자적 번역 If you leave us, we will pray.)	دَعُونَا نُصَلِّ.
당신이 읽는 것을 나에게 말하라. 그러면 당신이 누구인지 당신에게 말하겠다.	قُلْ لِي مَا تَقْرَأُ أَقُلْ لَكَ مَنْ أَنْتَ.
만족하게 살아라. 그리하면 너는 재물의 부족함을 느끼지 못할 것이다.	عِشْ قَانِعًا لا تَشْعُرْ بِعَدَمِ الثَّرْوَةِ.

→ 위의 요청문의 경우 요청절을 جُمْلَةُ الطَّلَبِ 라고 하고 요청 결과절을 جَوَابُ الطَّلَبِ 라고 한다.

(2) 부정 명령문이 사용된 조건문

아래 예문은 첫 번째 동사가 부정 명령형이고, 두 번째 동사는 조건문에 사용된 미완료 단축법 동사이다. 문장의 의미를 보면 조건문의 의미를 가지고 있으며, 각각의 동사는 요청절과 요청 결과절을 이루게 되는 것을 알 수 있다.

게으르지 마라. 그러면 성공할 것이다.	لا تَكْسَلْ تَنْجَحْ.
거짓말 하지 마라. 그러면 사람들이 당신을 좋아할 것이다.	لا تَكْذِبْ يُحِبَّكَ النَّاسُ.
لا تَخْرُجُوا مِنَ الْفَصْلِ تَسْتَمِعُوا إِلَى كَلامٍ مُفِيدٍ.	
교실에서 나가지 마라. 그러면 유익한 말들을 들을 것이다.	

---

[1] أَسْلَمَ/يُسْلِمُ – إِسْلامٌ 무슬림이 되다 أَسْلَمَ/يُسْلِمُ أَمْرَهُ (نَفْسَهُ) إِلَى الله 문제를 신에게 맡기다, 자신을 신에게 헌신하다
[2] سَلِمَ/يَسْلَمُ – سَلامَةٌ 무사하다, 안전하다 سَلِمَ/يَسْلَمُ مِنْ ... ...에서 벗어나다, 자유로워지다
[3] سَادَ/يَسُودُ – سِيَادَةٌ 다스리다, 지배하다

(3) 의문문이 사용된 조건문

아래의 예문은 문장의 시작이 의문문으로 시작되며, 두번째 동사는 조건문에 사용된 미완료 단축법 동사임을 알 수 있다. 이 문장은 두 번째 동사가 사용된 요청 결과절(جُمْلَةُ جَوَابِ الطَّلَبِ)이 '...하기 위해(so that)'로 번역된다. 이 문장도 조건절과 조건 결과절을 이루는 조건문이다.

당신(f.)은 성공하기 위해 열심히 공부하니?	هَلْ تُذَاكِرِي جَيِّدًا تَنْجَحِي؟
당신은 아름다운 기후를 즐기기 위해 아스완으로 여행할 것이니?	أَسَتُسَافِرُ إِلَى أَسْوَانَ تَسْتَمْتِعْ بِجَوِّهَا الْجَمِيلِ؟

→ 한편 위의 명령문, 부정 명령문, 의문문이 사용된 문장에 '이유 접속사(فَاءُ السَّبَبِيَّةِ)' فَ 를 첨가하여 조건이 아닌 이유 혹은 목적을 의미하는 문장을 만들 수 있다.

항복하라(혹은 무슬림이 되라). 당신이 안전하게 거하 하기위해 (Surrender so that you get safe.)	أَسْلِمْ فَتَسْلَمَ.
거짓말하지 마라. 사람들이 당신을 싫어하지않도록	لَا تَكْذِبْ فَيَكْرَهَكَ النَّاسُ.
열심히 공부하니? 당신(f.)이 성공하기위해	هَلْ تُذَاكِرِي جَيِّدًا فَتَنْجَحِي؟

→ 이유접속사(فَاءُ السَّبَبِيَّةِ)에 대해서는 이 책 '여러가지 접속사들(أَدَوَاتُ الرَّبْطِ)에 대해' 부분에서 공부하라.

4. 조건문과 관련한 추가적인 내용

1) إِذَا 의 여러가지 용법 에 대해

지금까지 우리는 아래의 1)과 같이 조건사(إِذَا" الشَّرْطِيَّةُ")로 사용된 إِذَا 를 배웠다. إِذَا 는 주로 조건사로 사용되지만 아래의 2)와 같이 뜻밖의 일에 대한 표현(إِذَا" الْفُجَائِيَّةُ")으로도 사용된다.

(1) 조건사로 사용되는 إِذَا ("إِذَا" الشَّرْطِيَّةُ)

إِذَا 가 조건문에서 사용된 경우이다. إِذَا 이후에 조건절과 조건결과절이 왔다.

만일 그가 공부한다면 그는 성공할 것이다. (If he studies, he will succeed.)	إِذَا دَرَسَ نَجَحَ.
만일 우리가 고하를 만난다면 우리는 웃을 것이다.	إِذَا قَابَلْنَا جُحَا نَضْحَكُ.
만일 당신이 충실하다면 우리를 도와라.	إِذَا كُنْتَ مُخْلِصًا فَسَاعِدْنَا.

(2) 놀람이나 뜻밖의 일(surprise)에 대한 표현으로 사용되는 إِذَا ("إِذَا" الْفُجَائِيَّةُ)

이 구문에서 فَإِذَا 이후에 명사문이 사용된다. إِذَا 앞에 فَـ 가 사용될 수도 있고 사용되지 않을 수도 있다. 이야기체 문장에서 이야기를 전개하는 가운데 놀람이나 뜻밖의 일을 표현할 때 사용된다.

모세가 그의 지팡이를 던졌는데, 놀랍게도 그것이 갑자기 뱀이 되었다. (꾸란 7:107)	أَلْقَى مُوسَى عَصَاهُ فَإِذَا هِيَ حَيَّةٌ.
교실에 들어갔는데 놀랍게도 거기에 교수가 있었다.	دَخَلْتُ الْفَصْلَ فَإِذَا الْأُسْتَاذُ.
나는 집 밖으로 나갔는데 놀랍게도 한 작은 사자가 나를 쳐다보고 있었다.	خَرَجْتُ مِنَ الْبَيْتِ فَإِذَا أَسَدٌ صَغِيرٌ يَنْظُرُ إِلَيَّ.
나는 카말의 가족을 방문하러 갔는데, 당황스럽게도 그들은 여행을 가버렸다.	ذَهَبْتُ لِزِيَارَةِ أُسْرَةِ كَمَالٍ فَإِذَا هُمْ مُسَافِرُونَ.
دَقَّ بَابِي فَفَتَحْتُ الْبَابَ فَإِذَا هُوَ صَدِيقِي الَّذِي لَمْ أَرَهُ مِنْ سَنَةٍ.	
그가 나의 문을 두드려서 내가 문을 열었는데, 놀랍게도 그 사람은 지난 1년 동안 보지못했던 내 친구였다.	

إِذَا 앞에 فَـ 가 사용되지 않은 경우

إِذَا مَلَاكٌ مِنَ الرَّبِّ قَدْ ظَهَرَ لَهُ فِي حُلْمٍ يَقُولُ : يَا يُوسُفُ ابْنَ دَاوُدَ! لَا تَخَفْ
주님으로부터 온 천사가 꿈에서 갑자기 그에게 나타나 말하길 : 다윗의 자손 요셉아! 두려워 말라(성경 마1:20)
وَفِيمَا كَانُوا يَشْخَصُونَ إِلَى السَّمَاءِ وَهُوَ مُنْطَلِقٌ، إِذَا رَجُلَانِ قَدْ وَقَفَا بِهِمْ بِلِبَاسٍ أَبْيَضَ.
그가 올라가실 때에 그들이 자세히 하늘을 쳐다보고 있는데 흰 옷 입은 두 사람이 그들 곁에 서서 (성경 행1:10)

** 조건사("إِذَا" الشَّرْطِيَّةُ)로 사용되거나 놀람이나 뜻밖의 일("إِذَا" الْفُجَائِيَّةُ)에 대한 표현으로 사용되는 إِذَا 는 접속법을 이끌거나 일반적인 접속사로 사용되는 إِذَا (혹은 إِذَنْ) 과는 구분되는 것이다. 후자에 대해서는 이 책 제 I 권 '동사의 격변화 – 동사의 서법 변화' 부분을 보라.

2) لَوْ 의 여러가지 용법에 대해

지금까지 우리는 아래의 (1)과 같이 가정법을 이끄는 조건사로 사용된 لَوْ("لَوْ" الشَّرْطِيَّةُ)를 배웠다. لَوْ는 주로 가정법을 이끄는 조건사로 사용되지만 다음과 같은 다른 용법에도 사용된다.

(1) 가정법을 이끄는 조건문에 사용되는 لَوْ ("لَوْ" الشَّرْطِيَّةُ)

가정법 문장에 사용되는 경우이다.

만일 그가 일했다면 성공했을 것이다.	لَوْ عَمِلَ لَنَجَحَ.
만일 그가 그녀를 사랑했다면 그녀와 결혼했을 것이다.	لَوْ أَحَبَّهَا لَتَزَوَّجَهَا.
네가 만일 그 선생님의 말을 들었다면 이해했을 것이다.	لَوْ سَمِعْتَ الْمُدَرِّسَ لَفَهِمْتَ.

(2) 풀어쓴 동명사 (مَصْدَرٌ مُؤَوَّلٌ) 문장에 사용되는 لَوْ ("لَوْ" الْمَصْدَرِيَّةُ)

아래에 사용된 لَوْ 문장은 조건문 문장이 아니다. 가정법 조건문 문장이 되기 위해서는 لَوْ 뒤에 완료형 동사가 와야 하는데 아래에서는 미완료 직설법 (مَرْفُوع) 동사 혹은 명사문이 왔다. 또한 그 의미가 풀어쓴 동명사가 사용된 경우와 동일하다. 따라서 아래는 لَوْ 가 이끄는 풀어쓴 동명사 문장이다. 동사가 미완료형 직설법을 취하는 것에 주의하라.

나는 우리가 알렉산드리아에 가는 것을 원한다(/희망한다).	أَوَدُّ لَوْ نَذْهَبُ إِلَى الْإِسْكَنْدَرِيَّةِ.
아이들은 많이 놀기를 좋아한다.	الْأَوْلَادُ يُحِبُّونَ لَوْ يَلْعَبُونَ كَثِيرًا.
나는 내가 전 세계를 방문하길 원한다.	أُرِيدُ لَوْ أَزُورُ كُلَّ الْعَالَمِ.
나는 내가 여행하길 소망한다. (I hope to travel.)	أَتَمَنَّى لَوْ أُسَافِرُ.
나는 그들이 이곳으로 오는 것을 더 좋아한다.	أُفَضِّلُ لَوْ أَنَّهُمْ جَاؤُوا هُنَا.

→ 마지막 문장에서 لَوْ 뒤에 أَنَّ 가 이끄는 명사문이 왔다.

위의 문장을 أَنْ 혹은 أَنَّ 가 사용된 풀어쓴 동명사 구문으로 바꾸면 아래와 같다.

나는 우리가 알렉산드리아에 가는 것을 원한다(/희망한다).	أَوَدُّ أَنْ نَذْهَبَ إِلَى الْإِسْكَنْدَرِيَّةِ.
아이들은 많이 놀기를 좋아한다.	الْأَوْلَادُ يُحِبُّونَ أَنْ يَلْعَبُوا كَثِيرًا.
나는 전 세계를 방문하길 원한다.	أُرِيدُ أَنْ أَزُورَ كُلَّ الْعَالَمِ.
나는 여행하길 소망한다.	أَتَمَنَّى أَنْ أُسَافِرَ.
나는 그들이 이곳으로 오는 것을 더 좋아한다.	أُفَضِّلُ أَنَّهُمْ جَاؤُوا هُنَا.

→ 이와같이 풀어쓴 동명사 문장에 사용되는 لَوْ 는 본동사가 أَرَادَ, فَضَّلَ, وَدَّ, أَحَبَّ 가 사용될 때 많이 사용된다.

(3) 소망을 나타내는 لَوْ ("لَوْ" التَّمَنِّي)

아래의 문장들은 조건절과 조건 결과절이 사용된 문장이 아니다. 또한 문장에 사용된 لَوْ 뒤에 온 동사들이 완료형이 아니라 미완료 직설법(مَرْفُوع)들이기에 여기서 لَوْ는 조건사가 아니란 것을 알 수 있다. 뿐만 아니라 풀어쓴 동명사 문장도 아니다. 여기에서의 의미는 소원 혹은 기대의 의미이다.

나는 나의 아들이 시험에서 합격하길 소망한다.	لَوْ يَنْجَحُ ابْنِي فِي الِامْتِحَانِ.
나는 큰 직책을 발견하길 소망한다.	لَوْ أَجِدُ وَظِيفَةً كَبِيرَةً.
나는 당신들이 내가 당신들을 얼마나 사랑하는지 알 길 소망한다.	لَوْ تَعْرِفُونَ كَمْ أُحِبُّكُمْ.
나는 당신이 와서 우리가 밤을 지새우길 소망한다.	لَوْ تَأْتِي فَنَسْهَرَ.
나는 우리가 영화관에 갈 수 있길 소망한다.	لَوْ نَذْهَبُ إِلَى السِّينِمَا.

→ لَوْ가 소망의 의미를 나타낼 경우 그 번역을 '나는 소망한다(I hope)', 혹은 '우리가 소망한다(We hope)'으로 번역한다.

(4) 양보의 의미를 가진 لَوْ (لَوْ الَّتِي لِلتَّقْلِيلِ)

아래 문장에서 لَوْ는 양보(아랍어 용어의 의미는 양의 줄임)을 나타내며 وَ와 함께 وَلَوْ의 형태로 사용된다. (영어 번역으로는 even의 의미를 가진다.). 이 때 وَلَوْ 뒤에는 목적격이 와야 하는데 그 이유는 이 문장들에 생략된 부분이 있기 때문이다. (이 때의 لَوْ를 لَوْ الَّتِي لِلتَّقْلِيلِ라고 한다.)

나에게 1파운드 만이라도(even) 주세요.	أَعْطِنِي وَلَوْ جُنَيْهًا.
그는 한 문장도(even) 적는 것을 원하지 않는다.	لَا يُرِيدُ أَنْ يَكْتُبَ وَلَوْ جُمْلَةً.
당신들은 대추야자 한 조각이라도 (가지고) 구제하라.	تَصَدَّقُوا وَلَوْ بِشَقِّ تَمْرَةٍ.

위 문장에서 생략된 부분은 아래와 같다.

나에게 1파운드 만이라도(even) 주세요.	أَعْطِنِي وَلَوْ كَانَ مَا سَتُعْطِينِي جُنَيْهًا. = أَعْطِنِي وَلَوْ كَانَتْ عَطِيَّتُكَ جُنَيْهًا.
그는 한 문장도 적는 것을 원하지 않는다.	لَا يُرِيدُ أَنْ يَكْتُبَ وَلَوْ كَانَ مَا سَيَكْتُبُهُ جُمْلَةً. = لَا يُرِيدُ أَنْ يَكْتُبَ وَلَوْ كَانَتْ كِتَابَتُهُ جُمْلَةً.
당신들은 대추야자 한 조각이라도 (가지고) 구제하라.	تَصَدَّقُوا وَلَوْ كَانَ مَا سَتَتَصَدَّقُونَ بِهِ شَقَّ تَمْرَةٍ. = تَصَدَّقُوا وَلَوْ كَانَ تَصَدُّقُكُمْ بِشَقِّ تَمْرَةٍ.

3) لَوْلَا 의 여러가지 용법에 대해

앞에서 우리는 아래의 (1)과 같이 어떤 것이 존재하지 않음을 가정하는 문장을 이끄는 لَوْلَا 에 대해서 공부하였다. لَوْلَا 가 다른 의미로 사용되는 경우에 대해서 촛점을 맞추어서 공부해 보자. 아래의 (2)와 (3)의 경우 권유문(أَدَوَاتُ التَّحْضِيضِ)에 사용되는 것으로 꾸란 등의 고전 아랍어 용법이라 할 수 있다.

(1) 어떤 것이 존재하지 않음을 가정하는 가정법 문장 - لَوْلَا (حَرْفُ امْتِنَاعٍ لِوُجُودٍ)의 사용에 대해

لَوْلَا 가 존재의 없음에 대한 가정법을 이끌어 '만일 ...가 없었다면 ...하였을 것이다'(امْتِنَاعُ شَيْءٍ لِوُجُودٍ) (غَيْرِهِ)의 의미로 사용된다. 조건절에 술어(الْخَبَرُ)가 생략된 명사문(الْجُمْلَةُ الاسْمِيَّةُ)이 온다.

만일 그 선생님이 없었다면 나는 그 단원을 이해하지 못했을 것이다. (이해하지 못할 것이다.)	لَوْلَا الْمُدَرِّسُ لَمَا فَهِمْتُ الدَّرْسَ.
만일 그 의사가 없었다면 그 환자는 낫지 못했을 것이다. (낫지 못할 것이다.)	لَوْلَا الطَّبِيبُ لَمَا شُفِيَ الْمَرِيضُ.
만일 그 시위들이 없었다면 경제적인 상황은 개선되었을 것이다. (개선될 것이다.)	لَوْلَا الْمُظَاهَرَاتُ لَتَحَسَّنَ الْوَضْعُ الْاقْتِصَادِيُّ.

(2) 권유문에 사용되는 불변사 – 권유의 의미 (حَرْفُ تَحْضِيضٍ)

권유와 제안(لِلتَّحْضِيضِ وَالْعَرْضِ)의 의미를 가진 부정 의문문에 사용된다. 이때 لَوْلَا 뒤에는 동사문이 오며 현재형 동사가 주로 사용된다. '왜 ...를 하지 않느뇨(why don't ...?)' 혹은 '왜 ...이지 않느뇨?(why not?)'의 의미를 가지며, 주로 권유 혹은 제안의 의미를 가진다

왜 알라신께 용서를 빌지 않느뇨? 너희들이 자비를 받을 수 있을 것이다.(27:46) (용서를 빌라고 권유함)	لَوْلَا تَسْتَغْفِرُونَ اللهَ لَعَلَّكُمْ تُرْحَمُونَ.
왜 알라신은 우리에게 말씀하지 않는가? 혹은 왜 예표가 우리에게 오지 않는가? (2:118)	لَوْلَا يُكَلِّمُنَا اللهُ أَوْ تَأْتِينَا آيَةٌ.
왜 그들은 그것에 대해서 분명한 권위를 가지고 오지 않느뇨?(18:15) (여기서는 책망과 비평에 가깝다)	لَوْلَا يَأْتُونَ عَلَيْهِمْ بِسُلْطَانٍ بَيِّنٍ.
나의 주님! 왜 저를 약간만 저를 연기해 주시지 않습니까?(63:10) (간구의 의미)(과거 동사가 사용되었다)	رَبِّي! لَوْلَا أَخَّرْتَنِي إِلَى أَجَلٍ قَرِيبٍ.

(3) 권유문에 사용되는 불변사 - 책망의 의미 (حَرْفُ تَوْبِيخٍ)

책망과 비판(لِلتَّوْبِيخِ وَالتَّنْدِيمِ)의 의미를 가진 부정 의문문에 사용된다. 이때 لَوْلَا 뒤에는 동사문이 오며 과거형 동사가 주로 사용된다. '왜 ...를 하지 않았느뇨(why didn't ....?)' 혹은 '왜 ...이지 않았느뇨?(why not?)'의 의미를 가지며, 주로 책망 혹은 비판의 의미를 가진다

왜 그들은 그것에 대해 네 명의 증인을 데리고 오지 않았느뇨?(24:13) (책망 혹은 비판)	لَوْلَا جَاءُوا عَلَيْهِ بِأَرْبَعَةِ شُهَدَاءَ.
왜 그의 주님으로부터 그에게 예표가 내리지 않았느뇨?(13:7)	لَوْلَا أُنْزِلَ عَلَيْهِ آيَةٌ مِنْ رَبِّهِ.
우리의 주님! 왜 당신께서 저희에게 한 선지자를 보내시지 않았습니까?(20:134) (불평, 평계)	رَبَّنَا! لَوْلَا أَرْسَلْتَ إِلَيْنَا رَسُولًا.

** 위의 (2)와 (3)에 사용된 لَوْلَا 는 이 책 37과의 '권유와 책망의 문장에 대해' 부분의 هَلَّا 나 أَلَّا 와 같은 의미이다.

4) 조건문 문장과 의문문 문장의 비교

조건사 مَنْ 과 مَا 와 مَتَى 는 의문사에서의 그것과 모양이 같다. 그러나 문장 구성은 뚜렷하게 차이난다.

조건문 문장은 조건절, 조건 결과절로 절이 두 개이고, 의문문 문장은 절이 하나이다. 또한 여기에 사용된 조건문 문장의 동사는 미완료 단축법(مَجْزُومٌ)이지만 의문문 문장에서는 미완료 직설법으로 사용되었다.

의문문 (أُسْلُوبُ الاسْتِفْهَامِ)	조건문 (أُسْلُوبُ الشَّرْطِ)
مَنْ يَسْأَلُ الْمُدَرِّسَ عَنْ وَاجِبِنَا؟	مَنْ يَسْأَلْ يَعْرِفْ.
누가 그 선생에게 우리의 숙제에 대해 질문하는가?	질문하는 사람은 누구든지 알게된다.
مَا تَزْرَعُ فِي الأَرْضِ؟	مَا تَزْرَعْ تَحْصُدْ.
당신은 땅에 무엇을 심는가?	당신이 심는것이 무엇이든지 당신이 거둔다.
مَتَى تُرَكِّزُ عَلَى الدَّرْسِ؟	مَتَى تُرَكِّزْ تَفْهَمْ.
당신은 언제 그 수업(lesson)에 대해 집중하는가?	당신이 집중을 하면 언제든지 당신은 이해한다.

5) 조건문 문장(أُسْلُوبُ الشَّرْطِ)과 관계대명사(الاسْمُ الْمَوْصُولُ) 문장의 비교

조건사들 가운데 مَنْ 과 مَا 는 관계대명사로도 사용된다. 문장에서 어떤 차이가 있을까?

아래의 ①의 문장은 조건사 مَنْ 이 사용된 조건문 문장이고, ②는 관계대명사 مَنْ 이 사용된 문장이며, ③은 관계대명사 الَّذِي 가 사용된 문장이다.

①의 조건문 문장에서는 조건절과 조건 결과절로 두 개의 절이 사용되었다. 그러나 ②와 ③에서는 관계대명사가 사용된 문장에서는 문장이 주어와 술어로 구성되었다.

①	심는이는 누구든지 거둔다. (Whoever plants, he will harvest. or If someone plants, he will harvest.)	مَنْ يَزْرَعْ يَحْصُدْ. 조건 결과절 + 조건절
②	심고 있는 사람은 내 친구이다. (Who plants is my friend.)	مَنْ يَزْرَعُ صَدِيقِي. 술어 + 주어(혹은 주절)
③	그 땅에 심는 사람은 거둔다. (Who plants, harvests.)	الَّذِي يَزْرَعُ يَحْصُدُ. 술어 + 주어(혹은 주절)

아래의 ①은 مَنْ 과 مَا 가 조건사로 사용된 조건문 문장이고, ②는 관계대명사가 사용된 문장이다. 각각의 문장에서 동사의 격변화에 주목하라.

①	질문하는 자는 누구든지 알게 된다. (미완료형 단축법)	مَنْ يَسْأَلْ يَعْرِفْ.
②	질문하는 자가 알게 된다. (일반적인 관계대명사 문장. 미완료형 직설법) (연결의 인칭대명사가 يَسْأَلُ 의 감추어진 인칭대명사 هُوَ 이다.)	الَّذِي يَسْأَلُ يَعْرِفُ. 술어 + 주어(혹은 주절)

제32과 조건문에 대해

①	당신이 무엇을 심든지 당신이 거둔다. (당신이 심는 것이라면 무엇이든지...) (미완료형 단축법)	مَا تَزْرَعْ تَحْصُدْ.
②	당신이 심는 것을 당신이 거둔다. (일반적인 관계대명사 문장. 미완료형 직설법) (연결의 인칭대명사가 تَزْرَعُهُ 의 목적어 ه 이다.)	الَّذِي تَزْرَعُهُ تَحْصُدُهُ. 술어 + 주어(혹은 주절)

** 아래에서 조건문 문장과 관계대명사 문장을 비교하라.

조건문 문장

심는 사람이라면 누구든지 거둔다.	مَنْ يَزْرَعْ يَحْصُدْ. 조건 결과절 + 조건절
나의 아내가 요리하는 것이라면 무엇이든 나는 먹는다.	مَا تَطْبُخْ زَوْجَتِي آكُلْ. 조건 결과절 + 조건절

관계대명사 문장

그 교실에서 놀고 있는 사람은 내 친구이다. (Who plays in the class is my friend.)	مَنْ يَلْعَبُ فِي الْفَصْلِ صَدِيقِي. 술어 + 주어(혹은 주절)
내가 가져간 것은 그 선생의 책이다. (What I took is the teacher's book.)	مَا أَخَذْتُهُ كِتَابُ الْمُدَرِّسِ. 술어 + 주어(혹은 주절)

위의 관계대명사 문장을 아래와 같이 조건문 문장으로 만들 수 있다.

그 교실에서 놀고 있는 사람이라면 누구든지 내 친구이다. (Whoever plays in the class, he is my friend.)	مَنْ يَلْعَبُ فِي الْفَصْلِ فَهُوَ صَدِيقِي. 조건 결과절 + 조건절
내가 가져간 것이라면 무엇이든지 그 선생님의 책이다. (Whatever I take, it is the teacher's book.)	مَا أَخَذْتُهُ فَهُوَ كِتَابُ الْمُدَرِّسِ. 조건 결과절 + 조건절

→ 위에서는 그 앞의 관계대명사 문장을 조건문으로 만들기 위해 그 앞의 관계대명사 문장의 술어 부분을 명사문으로 만든 경우이다. (فَهُوَ كِتَابُ الْمُدَرِّسِ 와 فَهُوَ صَدِيقِي) 조건 결과절에 명사문이 왔기 때문에 조건 결과절에 فَ 가 왔다.

제 33 과 동명사와 파생명사의 동사적 용법(اَلْعَامِلُ عَمَلَ فِعْلِهِ)에 대해

1. 동명사의 동사적 용법 (اَلْمَصْدَرُ الْعَامِلُ عَمَلَ فِعْلِهِ)
2. 능동분사의 동사적 용법 (اِسْمُ الْفَاعِلِ الْعَامِلُ عَمَلَ فِعْلِهِ)
3. 유사형용사(الصِّفَةُ الْمُشَبَّهَةُ)의 동사적 용법
4. 과장형용사(صِيغَةُ الْمُبَالَغَةِ)의 동사적 용법
5. 수동분사의 동사적 용법 (اِسْمُ الْمَفْعُولِ الْعَامِلُ عَمَلَ فِعْلِهِ)

제 33 과 동명사와 파생명사의 동사적 용법(اَلْعَامِلُ عَمَلَ فِعْلِهِ)에 대해

우리는 이 책 제 I 권에서 동명사와 여러가지 파생명사(اَلْاِسْمُ الْمُشْتَقُّ)에 대해서 공부하였다. 파생명사는 능동분사, 수동분사, 유사형용사, 과장형용사 등을 말한다. 동명사와 파생명사의 공통점은 단어가 어근 혹은 동사에서 파생되어 어근 혹은 동사와 의미의 연관성을 가진다는 것이다. 이 과에서 동명사와 파생명사(능동분사, 수동분사, 유사형용사, 과장형용사)의 또 다른 하나의 특징을 공부하는데 그것은 이 단어들이 동사적 용법(اَلْعَامِلُ عَمَلَ فِعْلِهِ)으로 사용된다는 것이다.

동사적 용법이란 문장에서 주어나 술어, 목적어나 수식어 등으로 사용된 동명사나 파생명사 단어가 그 문장에서 동사적인 역할을 하여 자체적인 의미상의 주어(فَاعِلٌ)나 목적어(مَفْعُولٌ بِهِ) 혹은 수동태의 주어(نَائِبُ فَاعِلٍ) 등을 취하는 것을 말한다. 이렇게 동사적 용법 문장을 사용하는 이유는 아랍어 문장을 축약해서 효과적으로 사용하기 위함이다. 동명사나 파생명사가 문장에서 동사적 역할을 할 수 있는 이유는 이 단어들이 동사(/어근)에서 파생되었기 때문이다.

1. 동명사의 동사적 용법 (اَلْمَصْدَرُ الْعَامِلُ عَمَلَ فِعْلِهِ)

동명사의 동사적 용법은 세 가지로 나뉜다. 먼저는 동명사가 자체의 의미상 주어와 목적어를 취하는 경우와, 비한정 형태의 동명사가 목적어를 취하는 경우, 형용사 연결형의 후연결어에 동명사가 오고 그 뒤에 목적어를 취하는 경우이다. 이 세 가지 가운데 첫 번째 것이 동명사의 동사적 용법으로 가장 널리 사용되며, 두 번째와 세 번째는 사용 빈도가 많지 않다. 따라서 첫 번째 경우를 중심으로 공부하도록 한다.

1) 동명사가 자체의 의미상 주어(فَاعِلٌ)와 목적어(مَفْعُولٌ بِهِ)를 취하는 경우

동명사가 자체의 의미상 주어(فَاعِلٌ)와 목적어(مَفْعُولٌ بِهِ)를 동시에 취하는 경우이다. 이 때 동명사는 전연결어(مُضَافٌ)가 되고, 그 의미상의 주어는 후연결어로 사용되어 소유격을 취하며, 그 뒤에 오는 의미상 목적어는 목적격을 취한다. 아래의 문장을 보자.

| 학생들이 문법을 공부하는 것은 중요하다. (a – 동명사, b – 동명사의 의미상 주어(동명사의 동작을 행한 주체), c – 동명사의 의미상 목적어(동명사의 동작의 객체) | دِرَاسَةُ الطُّلَّابِ الْقَوَاعِدَ مُهِمَّةٌ.
    c + b + a
술어 +   주어 |

위의 문장에서 동명사 دِرَاسَةُ 는 문장에서 주어이다. 그리고 문장의 술어는 مُهِمَّةٌ 이다. 그런데 문장의 주어로 사용된 دِرَاسَةُ 에 의미상 주어 الطُّلَّابِ 와 의미상 목적어 الْقَوَاعِدَ 가 사용되었다. 동명사 دِرَاسَةُ 가 자체적인 주어와 목적어를 동시에 가졌기 때문에 동사적 기능을 한다고 보는 것이다.

위의 문장에서 동명사의 의미상의 주어는 동명사 단어의 후연결어로 사용되어 소유격을 취하며, 동명사의 의미상 목적어는 목적격을 취한다.

위의 동사적 용법의 문장은 아래와 같은 풀어쓴 동명사(مَصْدَرٌ مُؤَوَّلٌ) 구문과 같은 의미이다.

풀어쓴 동명사 문장	동명사가 동사적 용법으로 사용된 문장
أَنْ يَدْرُسَ الطُّلَّابُ الْقَوَاعِدَ مُهِمٌّ.	دِرَاسَةُ الطُّلَّابِ الْقَوَاعِدَ مُهِمَّةٌ.
그 학생들이 문법을 공부하는 것은 중요하다.	

제33과 동명사와 파생명사의 동사적 용법에 대해

(1) 동사적 용법으로 사용된 동명사의 문장에서의 기능
동사적 용법으로 사용된 동명사구가 문장에서 어떤 기능을 하는지 살펴보자. (밑줄 부분)

a. 명사문의 주어(مُبْتَدَأ)로 사용된 경우

내가 사람들을 사랑하는 것은 중요하다.	حُبِّي النَّاسَ مُهِمٌّ.
그 학생이 바이얼린을 연주하는 것은 아름답다.	عَزْفُ الطَّالِبِ الْكَمَنْجَةَ جَمِيلٌ.
당신이 그 학생들을 가르치는 것은 유익하다.	تَعْلِيمُكَ الطُّلَّابَ مُفِيدٌ.
너가 지식을 얻는 것은 너를 위해 좋은 것이었다.	كَانَ اكْتِسَابُكَ عِلْمًا خَيْرًا لَكَ.

b. 동사문의 주어(فَاعِل)로 사용된 경우

그 소년이 그의 아버지에게 순종하는 것이 나를 기쁘게 한다.	يَسُرُّنِي طَاعَةُ الصَّبِيِّ أَبَاهُ.
그 교수가 문법을 가르치는 것이 그들의 마음에 들었다.	أَعْجَبَهُمْ تَدْرِيسُ الْأُسْتَاذِ الْقَوَاعِدَ.
당신이 그 책을 잃은 것이 나를 슬프게 했다.	سَاءَنِي فَقْدُكَ الْكِتَابَ.
당신이 수학을 배우는 것이 나의 마음에 들었다.	يُعْجِبُنِي تَعَلُّمُكَ الْحِسَابَ.

c. 목적어(مَفْعُول بِهِ)로 사용된 경우

나는 그 교수가 역사를 가르치는 것을 좋아한다.	أُحِبُّ تَدْرِيسَ الْأُسْتَاذِ التَّارِيخَ.
나는 사람들이 일을 무시하는 것을 좋아하지 않는다.	لَا أُحِبُّ إِهْمَالَ النَّاسِ الْعَمَلَ.
우리는 그가 전화를 사용하는 것을 보았다.	رَأَيْنَا اسْتِخْدَامَهُ الْهَاتِفَ.
나는 당신이 그 걸인에게 적선을 주는 것을 선호한다. (동사적 용법의 동명사가 목적어를 두 개 취한 경우)	أُفَضِّلُ إِعْطَاءَكَ السَّائِلَ صَدَقَةً.

d. 유사문장(شِبْهُ الْجُمْلَة)에 사용된 경우

우리는 그들이 새로운 도시들을 건설한 것에 대해 공부했다.	دَرَسْنَا عَنْ بِنَائِهِمْ مُدُنًا جَدِيدَةً.
나는 내 친구가 아랍어를 공부하는 것이 기뻤다.	سَعِدْتُ بِدِرَاسَةِ صَدِيقِي اللُّغَةَ الْعَرَبِيَّةَ.
무함마드가 그의 형(남동생)을 때리는 것에 놀랐다.	عَجِبْتُ مِنْ ضَرْبِ مُحَمَّدٍ أَخَاهُ.
나는 내가 박물관을 방문한 뒤에 편지를 적었다.	كَتَبْتُ رِسَالَةً بَعْدَ زِيَارَتِي الْمَتْحَفَ.
그 교장이 그의 사무실에 도착하기 전에 나는 학교에 도착했다.	وَصَلْتُ الْمَدْرَسَةَ قَبْلَ وُصُولِ الْمُدِيرِ مَكْتَبَهُ.

→ 이와같이 동명사의 의미상 주어와 목적어를 함께 표기할 경우 동명사의 의미상 목적어를 '목적격'으로 표시하는 것을 명심하라.

** 앞의 문장들을 풀어쓴 동명사 형태로 전환하면 아래와 같다.

a. 명사문의 주어(مُبْتَدَأ)로 사용된 경우

내가 사람들을 사랑하는 것은 중요하다.	أَنْ أُحِبَّ النَّاسَ مُهِمٌّ.
그 학생이 바이얼린을 연주하는 것은 아름답다.	أَنْ يَعْزِفَ الطَّالِبُ الْكَمَنْجَةَ شَيْءٌ جَمِيلٌ.
당신이 그 학생들을 가르치는 것은 유익하다.	أَنْ تُعَلِّمَ الطُّلَّابَ مُفِيدٌ.

b. 동사문의 주어(فَاعِل)로 사용된 경우

그 소년이 그의 아버지에게 순종하는 것이 나를 기쁘게 한다.	يَسُرُّنِي أَنْ يُطِيعَ الصَّبِيُّ أَبَاهُ.
그 교수가 문법을 가르치는 것이 그들의 마음에 들었다.	أَعْجَبَهُمْ أَنْ يُدَرِّسَ الْأُسْتَاذُ الْقَوَاعِدَ.
당신이 그 책을 잃은 것이 나를 슬프게 했다.	سَاءَنِي أَنْ تَفْقِدَ الْكِتَابَ.

c. 목적어(مَفْعُول بِهِ)로 사용된 경우

나는 그 교수가 역사를 가르치는 것을 좋아한다.	أُحِبُّ أَنْ يُدَرِّسَ الْأُسْتَاذُ التَّارِيخَ.
나는 사람들이 일을 무시하는것을 좋아하지 않는다.	لَا أُحِبُّ أَنْ يُهْمِلَ النَّاسُ الْعَمَلَ.
우리는 그가 전화를 사용하는 것을 보았다.	رَأَيْنَا أَنَّهُ يَسْتَخْدِمُ الْهَاتِفَ.

d. 유사문장(شِبْهُ الْجُمْلَةِ)에 사용된 경우

우리는 그들이 새로운 도시를 건설한 것에 대해 공부했다.	دَرَسْنَا عَنْ أَنَّهُمْ بَنَوْا مُدُنًا جَدِيدَةً.*
나는 내 친구가 아랍어를 공부하는 것이 기뻤다.	سَعِدْتُ بِأَنَّ صَدِيقِي يَدْرُسُ اللُّغَةَ الْعَرَبِيَّةَ.
나는 내가 박물관을 방문한 뒤에 편지를 적었다.	كَتَبْتُ رِسَالَةً بَعْدَ أَنْ زُرْتُ الْمَتْحَفَ.*

➔ * 와 같이 풀어쓴 동명사 구문에서 문맥의 시제에 따라 완료형 동사를 사용할 수도 있다.

** 위의 동사적 용법으로 사용된 동명사 구문을 아래와 같이 전치사 ـِلـ 을 사용하여 같은 의미로 표현하기도 한다. 이러한 문장이 더 쉬우며 더 많이 사용되는 문장이다.

내가 사람들을 사랑하는 것은 중요하다.	حُبِّي لِلنَّاسِ مُهِمٌّ.
그 학생이 바이얼린을 연주하는 것은 아름답다.	عَزْفُ الطَّالِبِ لِلْكَمَنْجَةِ جَمِيلٌ.
그 소년이 그의 아버지에게 순종하는 것이 나를 기쁘게 한다.	يَسُرُّنِي طَاعَةُ الصَّبِيِّ لِأَبِيهِ.
나는 그 교수가 역사를 가르치는 것을 좋아한다.	أُحِبُّ تَدْرِيسَ الْأُسْتَاذِ لِلتَّارِيخِ.

제33과 동명사와 파생명사의 동사적 용법에 대해

나는 사람들이 일을 무시하는 것을 싫어한다.	لَا أُحِبُّ إِهْمَالَ النَّاسِ لِلْعَمَلِ.
우리는 그가 전화를 사용하는 것을 보았다.	رَأَيْنَا اسْتِخْدَامَهُ لِلْهَاتِفِ.
나는 내가 박물관을 방문한 뒤에 편지를 적었다.	كَتَبْتُ رِسَالَةً بَعْدَ زِيَارَتِي لِلْمُتْحَفِ.
우리는 그들이 새로운 도시들을 건설한 것에 대해 공부했다.	دَرَسْنَا عَنْ بِنَائِهِمْ لِمُدُنٍ جَدِيدَةٍ.
나는 내 친구가 아랍어를 공부하는 것이 기뻤다.	سَعِدْتُ بِدِرَاسَةِ صَدِيقِي لِلُّغَةِ الْعَرَبِيَّةِ.

** 아래의 문장을 비교하라.

①	나는 그 교수가 역사를 가르치는 것을 좋아한다.(그 교수가 역사 교수인지 아니면 다른 과목 교수인지 모른다.)	أُحِبُّ تَدْرِيسَ الْأُسْتَاذِ التَّارِيخَ.
②	나는 그 역사 교수의 가르침을 좋아한다. (그 교수는 역사 교수이다.)	أُحِبُّ تَدْرِيسَ أُسْتَاذِ التَّارِيخِ.

→ ①은 تَدْرِيس 가 동사적 용법으로 사용된 경우이다. 이에반해 ②는 일반적인 세 단어 연결형이 사용된 문장이다.

** 신문에서의 예

신문에서 동명사가 동사적 용법으로 사용되는 경우를 종종 볼 수 있다. 아래의 예문들을 보자.

رَئِيسُ الْوُزَرَاءِ الْبِرِيطَانِيُّ لَيْسَ نَادِمًا[1] عَلَى قَرَارِهِ الْمُشَارَكَةَ فِي اجْتِيَاحِ[2] الْعِرَاقِ.
영국 수상은 그가 이라크 침공에 동참하기로 결정한 것에 대해 후회하지 않는다.
동명사 قَرَار 의 후연결어인 인칭대명사 هِ 가 동명사의 의미상 주어, الْمُشَارَكَة 가 의미상 목적어이다.

قَامَتْ وَزِيرَةُ الْخَارِجِيَّةِ الْأَمْرِيكِيَّةُ بِزِيَارَةٍ إِلَى الصِّينِ بَعْدَ تَسَلُّمِهَا[3] مَنْصِبَهَا الْجَدِيدَ.
미국 여자 국무 장관은 그녀의 새로운 직임을 인수하고 난 뒤 중국을 방문했다.
동명사 تَسَلُّم 의 후연결어인 인칭대명사 هَا 가 동명사의 의미상 주어, مَنْصِب 가 의미상 목적어이다.

أَثَارَ إِعْلَانُ كَنِيسَةٍ أَمْرِيكِيَّةٍ صَغِيرَةٍ عَزْمَهَا عَلَى إِحْرَاقِ نُسْخَةٍ مِنَ الْقُرْآنِ حَمْلَةَ إِدَانَاتٍ وَاسِعَةً.
한 작은 미국 교회가 꾸란을 불사르겠다는 결심을 공표한 것은 광범위한 비난을 야기하였다.
كَنِيسَةٍ أَمْرِيكِيَّةٍ صَغِيرَةٍ 가 동명사 إِعْلَان 의 의미상 주어, عَزْمَ 가 의미상 목적어이다.

---

[1] نَدِمَ / يَنْدَمُ عَلَى ... – نَدَمَ – نَادِمٌ .. 을 후회하다 نَادِم = نَدْمَان 후회하는

[2] اِجْتَاحَ / يَجْتَاحُ – اِجْتِيَاحٌ – غَزَا = اِجْتِيَاح 침공하다, 침범하다 ; 쓸어버리다, 휩쓸다

[3] تَسَلَّمَ / يَتَسَلَّمُ هـ – تَسَلُّم ..을 받다, 인수하다, 수령.영수하다

725

(2) 동사적 용법의 동명사가 목적어를 두 개 취하는 경우

우리는 앞에서 목적어를 두 개 취하는 수여동사와 전환동사 그리고 생각과 확신의 동사에 대해 공부하였다. (이 책 제Ⅱ권 '동사문에 대해' 부분을 참고하라.) 문장에서 이러한 동사들의 동명사들이 동사적 용법으로 사용될 경우 그 동명사는 목적어를 두 개 취할 수 있다.

a. 수여동사의에서 온 동명사인 경우

a-1 동명사의 의미상 주어가 동사의 주어와 같을 때

문장에서 사용된 동명사의 의미상 주어가 주동사의 주어와 같을 때에는 동명사의 제 1 목적어는 동명사의 후연결어로 와서 소유격을 취하고, 제 2 목적어는 목적격을 취한다.

나는 (내가) (그) 학생들에게 읽기를 가르치는 것을 더 좋아한다.	أُفَضِّلُ تَعْلِيمَ الطُّلَّابِ الْقِرَاءَةَ.
동사 أُفَضِّلُ 의 주어인 أَنَا 가 동명사 تَعْلِيم 의 의미상 주어이고, تَعْلِيم 의 후연결어로 온 الطُّلَّاب 이 تَعْلِيم 의 제1목적어이며, الْقِرَاءَة 이 تَعْلِيم 의 제2목적어이다.	
나는 (내가) (그) 학생들에게 숙제를 더 내어주길 원한다.	أُرِيدُ إِعْطَاءَ الطُّلَّابِ وَاجِبًا أَكْثَرَ.
동사 أُرِيدُ 의 주어인 أَنَا 가 동명사 إِعْطَاء 의 의미상 주어이고, إِعْطَاء 의 후연결어로 온 الطُّلَّاب 이 إِعْطَاء 의 제1목적어이며, وَاجِبًا 이 إِعْطَاء 의 제2목적어이다.	
그 교장은 (그가) (그) 제자들에게 그들의 우수함에 대한 상들을 주는 것을 좋아한다.	يُحِبُّ الْمُدِيرُ مَنْحَ التَّلَامِيذِ جَوَائِزَ لِتَفَوُّقِهِمْ.
동사 يُحِبُّ 의 주어인 الْمُدِير 가 동명사 مَنْح 의 의미상 주어이고, مَنْح 의 후연결어로 온 التَّلَامِيذ 이 مَنْح 의 제1목적어이며, جَوَائِز 이 مَنْح 의 제2목적어이다.	

a-2 동명사의 의미상 주어가 동사의 주어와 다를 때

문장에서 동명사의 후연결어로 사용된 의미상 주어가 주동사의 주어와 다를 때에는 동명사의 의미상 주어는 동명사의 후연결어에 오고, 그 뒤에 동명사의 제 1 목적어와 제 2 목적어가 온다. 이 때 제 1 목적어와 제 2 목적어는 둘 다 목적격을 취한다.

나는 그가 (그) 학생들에게 읽기를 가르치는 것을 더 좋아한다.	أُفَضِّلُ تَعْلِيمَهُ الطُّلَّابَ الْقِرَاءَةَ.
동명사 تَعْلِيم 의 후연결어인 هـ 가 تَعْلِيم 의 의미상 주어이고, الطُّلَّاب 이 تَعْلِيم 의 제1목적어이며 الْقِرَاءَة 이 تَعْلِيم 의 제2목적어이다.	
나는 당신이 (그) 학생들에게 숙제를 더 내어주길 원한다.	أُرِيدُ إِعْطَاءَكَ الطُّلَّابَ وَاجِبًا أَكْثَرَ.
동명사 إِعْطَاء 의 후연결어인 كَ 가 إِعْطَاء 의 의미상 주어이고, الطُّلَّاب 이 إِعْطَاء 의 제1목적어이며 وَاجِبًا 이 إِعْطَاء 의 제2목적어이다.	
그 교장은 그 선생님들이 (그) 제자들에게 그들의 우수함에 대한 상을 주는 것을 좋아한다.	يُحِبُّ الْمُدِيرُ مَنْحَ الْمُدَرِّسِينَ التَّلَامِيذَ جَوَائِزَ لِتَفَوُّقِهِمْ.
동명사 مَنْح 의 후연결어인 الْمُدَرِّسِين 이 مَنْح 의 의미상 주어이고, التَّلَامِيذ 가 مَنْح 의 제1목적어이며 جَوَائِز 가 مَنْح 의 제2목적어이다.	

제33과 동명사와 파생명사의 동사적 용법에 대해

b. 사역동사에서 온 동명사의 경우

문장에 사용된 동명사가 사역동사에서 온 동명사인 경우 동명사의 제 1 목적어는 동명사의 후연결어로 와서 소유격을 취하고, 제 2 목적어는 목적격을 취한다.

그 판매인은 그 자동차에 많은 상품을 실었다.	قَامَ الْبَائِعُ بِتَحْمِيلِ السَّيَّارَةِ بَضَائِعَ كَثِيرَةً.
그 아버지는 그의 아들을 과학대학에 들어가게 하는 것을 좋아한다.	يُفَضِّلُ الْأَبُ إِدْخَالَ ابْنِهِ جَامِعَةً لِلْعُلُومِ.

→ 파란색 글자가 동명사의 제 1 목적어이고, 그 뒤의 빨간색 글자가 동명사의 제 2 목적어이다.

c. 전환동사에서 온 동명사의 경우

문장에 사용된 동명사가 전환동사에서 온 동명사인 경우 동명사의 제 1 목적어는 동명사의 후연결어로 와서 소유격을 취하고, 제 2 목적어는 목적격을 취한다.

나는 내 아들을 정의로운 판사로 만들기 원한다.	أُرِيدُ تَحْوِيلَ ابْنِي قَاضِيًا عَادِلاً.
교황은 예루살렘을 두 나라의 미래 수도로 삼기 위해 노력을 다해 줄 것을 촉구하다.	يَدْعُو الْبَابَا إِلَى بَذْلِ جُهُودٍ لِجَعْلِ الْقُدْسِ الْعَاصِمَةَ الْمُقْبِلَةَ لِدَوْلَتَيْنِ.

→ 파란색 글자가 동명사의 제 1 목적어이고, 그 뒤의 빨간색 글자가 동명사의 제 2 목적어이다.

d. 생각과 확신의 동사에서 온 동명사의 경우

문장에 사용된 동명사가 생각과 확신의 동사에서 온 동명사인 경우 동명사의 의미상 주어는 동명사의 후연결어로 소유격을 취하고, 동명사의 제 1 목적어와 제 2 목적어는 목적격을 취한다.

당신이 그 시험이 쉽다고 비평한 것은 틀렸다.	اعْتِقَادُكَ الِامْتِحَانَ سَهْلاً كَانَ خَطَأً.
그 디렉터가 그 자동차가 빠르다고 생각한 것은 맞았다.	اعْتِبَارُ الْمُدِيرِ السَّيَّارَةَ سَرِيعَةً كَانَ صَحِيحًا.
나는 그가 자신을 다르다고 생각하는 것이 이상하다고 여겼다.	أَرَى اعْتِبَارَهُ نَفْسَهُ مُخْتَلِفًا شَيْئًا غَرِيبًا.
이집트인들이 그 혁명이 성공했다고 주장하는 것은 거짓이다. (= زَعْمُ الْمِصْرِيِّينَ نَجَاحَ الثَّوْرَةِ كَذِبٌ.)	زَعْمُ الْمِصْرِيِّينَ الثَّوْرَةَ نَاجِحَةً كَذِبٌ.

e. 무효화 동사 كَانَ 의 경우

무효화 동사 كَانَ 의 동명사 كَوْنُ 가 동사적 용법으로 사용된다. 이 경우 아래에서 처럼 كَانَ 의 의미상 주어는 소유격을 취하고 كَانَ 의 의미상 술어는 목적격을 취한다.

약은 달아야 된다.	مِنَ اللَّازِمِ كَوْنُ الدَّوَاءِ حُلْوًا!
내 아내가 이집트 여인인 것이 훌륭하다.	كَوْنُ زَوْجَتِي مِصْرِيَّةً شَيْءٌ رَائِعٌ!
극단주의가 퍼지는 것이 위험하다.	مِنَ الْخَطَرِ كَوْنُ التَّطَرُّفِ مُنْتَشِرًا!

→ 위의 문장들에서 كَوْنُ 는 كَانَ 에서 온 동명사이다. 이 문장들에 사용된 كَوْنُ 는 의미적으로 완전동사(كَانَ التَّامَّةُ)이다('존재'의 의미). 그러나 이 문장이 كَانَ 문장으로 전환될 경우 그 격변화는 무효화 동사(كَانَ النَّاقِصَةُ, 즉 불완전동사)의 격변화를 취한다. (다음페이지 e. 무효화 동사 كَانَ 의 경우를 보라)

** 앞의 문장들을 풀어쓴 동명사 형태로 전환하면 아래와 같다.

동사적 용법의 동명사가 목적어를 두 개 취하는 문장은 풀어쓴 동명사 문장으로 전환할 수 있다.

a. 수여동사의 경우

أُفَضِّلُ تَعْلِيمَ الطُّلَّابِ الْقِرَاءَةَ.	أُفَضِّلُ أَنْ أُعَلِّمَ الطُّلَّابَ الْقِرَاءَةَ.
나는 (내가) (그) 학생들에게 읽기를 가르치는 것을 더 좋아한다.	
أُرِيدُ إِعْطَاءَ الطُّلَّابِ وَاجِبًا أَكْثَرَ.	أُرِيدُ أَنْ أُعْطِيَ الطُّلَّابَ وَاجِبًا أَكْثَرَ.
나는 (내가) (그) 학생들에게 숙제를 더 내어주길 원한다.	
يُحِبُّ الْمُدِيرُ مَنْحَ التَّلَامِيذِ جَوَائِزَ لِتَفَوُّقِهِمْ.	يُحِبُّ الْمُدِيرُ أَنْ يَمْنَحَ التَّلَامِيذَ جَوَائِزَ لِتَفَوُّقِهِمْ.
그 교장은 (그가) (그) 제자들에게 그들의 우수함에 대한 상들을 주는 것을 좋아한다.	
أُفَضِّلُ تَعْلِيمَهُ الطُّلَّابَ الْقِرَاءَةَ.	أُفَضِّلُ أَنْ يُعَلِّمَ الطُّلَّابَ الْقِرَاءَةَ.
나는 그가 (그) 학생들에게 읽기를 가르치는 것을 더 좋아한다.	

b. 사역동사의 경우

يُفَضِّلُ الْأَبُ إِدْخَالَ ابْنِهِ جَامِعَةً لِلْعُلُومِ.	يُفَضِّلُ الْأَبُ أَنْ يُدْخِلَ ابْنَهُ جَامِعَةً لِلْعُلُومِ.
그 아버지는 그의 아들을 과학대학에 들어가게 하는 것을 좋아한다.	

→ 앞의 첫 번째 예문인 ... قَامَ الْبَائِعُ بِتَحْمِيلِ 문장은 풀어쓴 동명사로 사용되지 않는다.

c. 전환동사의 경우

أُرِيدُ تَحْوِيلَ ابْنِي قَاضِيًا عَادِلًا.	أُرِيدُ أَنْ أُحَوِّلَ ابْنِي قَاضِيًا عَادِلًا.
나는 내 아들을 정의로운 판사로 만들기 원한다.	

d. 생각과 확신의 동사의 경우

اعْتِقَادُكَ الِامْتِحَانَ سَهْلًا كَانَ خَطَأً.	أَنْ تَعْتَقِدَ الِامْتِحَانَ سَهْلًا كَانَ خَطَأً.
당신이 그 시험이 쉽다고 비평한 것은 틀렸다.	
اعْتِبَارُ الْمُدِيرِ السَّيَّارَةَ سَرِيعَةً كَانَ صَحِيحًا.	أَنْ يَعْتَبِرَ الْمُدِيرُ السَّيَّارَةَ سَرِيعَةً كَانَ صَحِيحًا.
그 디렉터가 그 자동차가 빠르다고 생각한 것은 맞았다.	
أَرَى اعْتِبَارَهُ نَفْسَهُ مُخْتَلِفًا شَيْئًا غَرِيبًا.	أَرَى أَنَّهُ يَعْتَبِرُ نَفْسَهُ مُخْتَلِفًا شَيْئًا غَرِيبًا.
나는 그가 자신을 다르다고 생각하는 것이 이상하다고 여겼다.	

e. 무효화 동사 كَانَ 의 경우

مِنَ اللَّازِمِ كَوْنُ الدَّوَاءِ حُلْوًا!	مِنَ اللَّازِمِ أَنْ يَكُونَ الدَّوَاءُ حُلْوًا!
약은 달아야 된다.	
كَوْنُ زَوْجَتِي مِصْرِيَّةً شَيْءٌ رَائِعٌ!	أَنْ تَكُونَ زَوْجَتِي مِصْرِيَّةً شَيْءٌ رَائِعٌ!
내 아내가 이집트 여인인 것이 훌륭하다.	
مِنَ الْخَطَرِ كَوْنُ التَّطَرُّفِ مُنْتَشِرًا!	مِنَ الْخَطَرِ أَنْ يَكُونَ التَّطَرُّفُ مُنْتَشِرًا!
극단주의가 퍼지는 것이 위험하다.	

제33과 동명사와 파생명사의 동사적 용법에 대해

(3) 본동사와 목적어에 사용된 동명사 둘 다 2개의 목적어를 취하는 경우

아주 드문 경우이지만 본동사가 2개의 목적어를 취하는 동사이고, 그 동사의 제 1 목적어로 사용된 동명사가 2개의 목적어를 취하는 경우가 있다.

아래에서 رَأَى 는 생각과 확신의 동사로서 목적어를 두 개 취한다. 이 동사의 제 1 목적어로 사용된 동명사 سُؤَال 이 동사적 용법으로 사용되어 의미상 주어와 의미상 목적어를 취하는 경우이다.

그 교장은 당신이 학생들에게 어려운 질문을 하는 것을 이상한 것이라 여겼다.	رَأَى الْمُدِيرُ سُؤَالَكَ التَّلَامِيذَ أَسْئِلَةً صَعْبَةً شَيْئًا غَرِيبًا. 제2목적어 + 제1목적어
رَأَى 동사가 취한 제1목적어와 제2목적어를 확인하라. 그리고 제1목적어로 사용된 동명사 سُؤَال 이 취한 목적어 2개도 확인하라. 동명사 سُؤَال 의 후연결어인 كَ 가 سُؤَال 의 의미상 주어이고, التَّلَامِيذَ 가 سُؤَال 의 제1목적어이며, أَسْئِلَة 가 سُؤَال 의 제2목적어이다.	
나는 그가 아이들에게 단원들을 이해시키는 것이 훌륭하다는 것을 발견했다.	وَجَدْتُ تَفْهِيمَهُ الْأَطْفَالَ الدُّرُوسَ رَائِعًا. 제2목적어 + 제1목적어
وَجَدْتُ 동사가 취한 제1목적어와 제2목적어를 확인하라. 그리고 제1목적어로 사용된 동명사 تَفْهِيم 이 취한 목적어 2개도 확인하라. 동명사 تَفْهِيم 의 후연결어인 هُ 가 تَفْهِيم 의 의미상 주어이고, الْأَطْفَال 이 تَفْهِيم 의 제1목적어이며, الدُّرُوس 가 تَفْهِيم 의 제2목적어이다.	

** 위의 두 문장을 풀어쓴 동명사 문장으로 바꾸면 아래와 같다.

رَأَى الْمُدِيرُ أَنَّ سُؤَالَكَ التَّلَامِيذَ أَسْئِلَةً صَعْبَةً شَيْءٌ غَرِيبٌ.
그 교장은 당신이 학생들에게 어려운 질문을 하는 것을 이상한 것이라 여겼다.
وَجَدْتُ أَنَّ تَفْهِيمَهُ الْأَطْفَالَ الدُّرُوسَ رَائِعٌ.
나는 그가 아이들에게 단원들을 이해시키는 방법이 훌륭하다는 것을 발견했다.

** 위의 문장의 동명사가 후연결어로 온 문장이다.

나는 그가 아이들에게 단원들을 이해시키는 방법이 훌륭하다는 것을 발견했다.	وَجَدْتُ طَرِيقَةَ تَفْهِيمِهِ الْأَطْفَالَ الدُّرُوسَ رَائِعَةً. 제2목적어 + 제1목적어

2) 비한정 형태의 동명사가 목적어를 취하는 경우

비한정 형태의 동명사 단어가 동사적 용법으로 사용되어 그 뒤에 의미상 목적어를 취하는 경우이다. 아래의 문장을 보자.

동사적 용법 문장
우리는 모든 우등생을 영예롭게 해야 한다.(상을 주는 등) (a- 동명사, b- 동명사의 의미상 목적어)	يَجِبُ عَلَيْنَا تَكْرِيمُ كُلِّ مُتَفَوِّقٍ. b + a

위의 동사적 용법의 문장은 아래와 같이 일반적인 연결형 문장과 풀어쓴 동명사 문장으로 바꿀 수 있다. 이 경우 일반적으로 많이 사용하는 문장이 된다.

연결형 문장	풀어쓴 동명사 문장
يَجِبُ عَلَيْنَا تَكْرِيمُ كُلِّ مُتَفَوِّقٍ.	يَجِبُ عَلَيْنَا أَنْ نُكَرِّمَ كُلَّ مُتَفَوِّقٍ.
우리는 모든 우등생을 영예롭게 해야 한다.(상을 주는 등)	

연결형 문장	동사적 용법 문장	풀어쓴 동명사 문장
يَجِبُ عَلَيْهِ كِتَابَةُ الْوَاجِبِ.	يَجِبُ عَلَيْهِ كِتَابَةُ الْوَاجِبَ.	يَجِبُ عَلَيْهِ أَنْ يَكْتُبَ الْوَاجِبَ.
	그가 숙제를 기록해야 한다.	

다른 예들

당신이 모든 선을 행하는 사람들에게 보상하는 것은 적당.	يَحْسُنُ بِكَ مُكَافَأَةُ كُلِّ مُحْسِنٍ.
우리는 모든 노력하는 사람을 격려해야 한다.	وَاجِبٌ عَلَيْكَ تَشْجِيعُ كُلِّ مُجْتَهِدٍ.
사람들을 돕는 것은 중요하다.	مِنَ الْمُهِمِّ مُسَاعَدَةُ النَّاسِ.
가난한 사람에게 옷을 주는 것은 아름답다.	مِنَ الْجَمِيلِ إِعْطَاءُ فَقِيرًا ثَوْبًا.
나는 그 이야기를 읽는 것을 좋아한다.	أُحِبُّ قِرَاءَةَ الْقِصَّةِ.
우리는 부모를 존경하길 원한다.	نُرِيدُ إِكْرَامًا الْأَبَوَيْنِ.
우리는 우체국의 소식들을 기다리고 있다.	نَحْنُ فِي انْتِظَارِ أَنْبَاءِ الْبَرِيدِ.
우리는 물에 빠진 자를 구한 것에 기뻐한다.	نَفْرَحُ بِإِنْقَاذِ الْغَرِيقِ.
우리는 아랍어를 가르친다.	نَقُومُ بِتَدْرِيسِ اللُّغَةِ الْعَرَبِيَّةِ.
우리는 그 가이드를 따라야 한다.	نَلْتَزِمُ بِاتِّبَاعِ الْمُرْشِدِ.
사람들의 머리들을 칼로써 치며 (أَلْفِيَّةُ ابْنِ مَالِك)	بِضَرْبٍ بِالسُّيُوفِ رُؤُوسَ قَوْمٍ ...
심한 배고픔의 날에 가까운 고아를 먹이며.. (꾸란 90:14-15)	إِطْعَامٌ فِي يَوْمٍ ذِي مَسْغَبَةٍ يَتِيمًا ذَا مَقْرَبَةٍ ...

→ 위의 문장들을 동명사가 사용된 연결형 문장 혹은 풀어쓴 동명사 문장으로 전환해보자.
(예 : أُحِبُّ قِرَاءَةَ الْقِصَّةِ. = أُحِبُّ أَنْ أَقْرَأَ الْقِصَّةَ. = أُحِبُّ قِرَاءَةَ الْقِصَّةِ.)

제33과 동명사와 파생명사의 동사적 용법에 대해

3) 형용사 연결형의 후연결어에 동명사가 오는 경우

우리는 앞의 '연결형에 대해 Ⅱ'에서 형용사 연결형(الْإِضَافَةُ الْوَصْفِيَّةُ)을 공부하였다. 형용사 연결형의 후연결어에 타동사에서 온 동명사가 사용될 경우 그 동명사는 의미상 목적어를 취할 수 있다. 형용사 연결형에 대해서는 '연결형에 대해 Ⅱ'에서 다루었고, 곧 배우게 되는 '연결형에 대해 Ⅲ - 음가적 연결형(الْإِضَافَةُ اللَّفْظِيَّةُ)'에서 자세하게 다루게 된다.

신자는 그의 주님을 사랑하는 것이 많다. (a- 동명사, b- 동명사의 의미상 목적어)	الْمُؤْمِنُ كَثِيرُ الْحُبِّ رَبَّهُ. b + a

다른 예들

당신의 삼촌은 그의 아들들에게 예절교육을 잘한다.	عَمُّكَ حَسَنُ التَّهْذِيبِ أَبْنَاءَهُ.
이성적인 사람은 그의 나라를 많이 사랑한다.	الْعَاقِلُ شَدِيدُ الْحُبِّ وَطَنَهُ.
당신의 형(남동생)은 그의 일을 아주 숙련되게 잘 한다.	أَخُوكَ كَثِيرُ الْإِتْقَانِ عَمَلَهُ.
그 선생님은 그의 레슨들을 아주 숙련되게 한다.	الْمُعَلِّمُ شَدِيدُ الْإِتْقَانِ دُرُوسَهُ.
그는 그의 원수들을 쳐부수는 것이 약하다. (أَلْفِيَّةُ ابْنِ مَالِكٍ)	هُوَ ضَعِيفُ النِّكَايَةِ أَعْدَاءَهُ.

한편 위의 문장들을 아래와 같이 전치사 لـ 이 사용된 문장으로 바꿀 수 있다. 아래의 문장들이 일반적인 문장이며 많이 사용되는 문장이다.

신자는 그의 주님을 사랑하는 것이 많다.	الْمُؤْمِنُ كَثِيرُ الْحُبِّ لِرَبِّهِ.
당신의 삼촌은 그의 아들들에게 예절교육을 잘한다.	عَمُّكَ حَسَنُ التَّهْذِيبِ لِأَبْنَائِهِ.
이성적인 사람은 그의 나라를 많이 사랑한다.	الْعَاقِلُ شَدِيدُ الْحُبِّ لِوَطَنِهِ.
당신의 형(남동생)은 그의 일을 아주 숙련되게 잘 한다.	أَخُوكَ كَثِيرُ الْإِتْقَانِ لِعَمَلِهِ.

2. 능동분사의 동사적 용법 (اسْمُ الْفَاعِلِ الْعَامِلُ عَمَلَ فِعْلِهِ)

능동분사의 동사적 용법도 앞의 동명사가 동사적 용법으로 사용된 경우와 원리가 같다. 즉 문장에서 주어나 술어 혹은 목적어 등으로 사용되는 능동분사 단어가 동사의 기능을 하여 1)자체의 목적어를 취하거나, 2)자체의 두 개의 목적어를 취하거나, 3)자체의 주어와 목적어를 함께 취하거나, 4)자체의 주어를 취하는 경우를 말한다. 이 가운데 가장 많이 사용되는 것은 능동분사가 자체의 목적어를 취하는 용법이다. 따라서 이 경우를 중심으로 하나씩 공부해 보자. 동사적 용법에 사용되는 능동분사는 자체의 목적어를 취하기에 반드시 타동사에서 파생된 능동분사가 사용된다.

1) 능동분사가 자체의 목적어를 취하는 경우

문장에 사용된 능동분사 단어가 동사의 기능을 하여 자체의 목적어를 취하는 경우이다. 능동분사의 동사적 용법 가운데 가장 대표적이며 많이 사용되는 용법이다. 아래에서와 같이 능동분사가 한정형태로 사용되는 경우와 비한정형태로 사용되는 경우로 나뉜다.

아래의 A.와 같이 동사적 용법으로 사용된 **능동분사가 ﻟـ 한정형태로** 사용되는 경우 그 의미는 '..한 사람/ ..하고 있는 사람/ ..할 사람(the one who...)' 중의 하나가 되어 현재나 미래 혹은 과거의 의미를 가진다. 이에비해 아래의 B.와 같이 동사적 용법으로 사용된 **능동분사가 비한정형태로** 사용되는 경우(ﻟـ 이 붙지 않은 경우) 그 의미는 '..하고 있는(현재)/..할(미래)' 중의 하나가 되어 현재 혹은 미래의 의미를 가진다. 이 경우 과거의 의미로는 사용되지 않는다

A. 능동분사가 한정형태로 사용되는 경우

하나님은 힘을 주신/ 주시는/ 주실 분이다.	اللهُ هُوَ الْمُعْطِي الْقُوَّةَ. c + b + a
능동분사 الْمُعْطِي 는 문장에서 술어로 사용됨. 또한 الْمُعْطِي 는 الْقُوَّةَ 를 자체의 목적어로 취함 능동분사 الْمُعْطِي 에 ﻟـ 이 붙었기에 한정형태이다. 능동분사가 한정형태인 경우 그 시제가 과거나 현재 혹은 미래가 가능하다. (a – 주어, b – 술어, c – 술어로 사용된 능동분사의 목적어)		

B. 능동분사가 비한정형태로 사용되는 경우

카다피는 그의 백성을 죽이고 있다/ 죽일 것이다 (Qadhafi is killing/will kill his people.)	الْقَذَافِي قَاتِلٌ شَعْبَهُ. c + b + a
능동분사 قَاتِلٌ 는 문장에서 술어로 사용됨. 또한 قَاتِلٌ 은 شَعْبَهُ 을 자체의 목적어로 취함. 능동분사 قَاتِلٌ 은 비한정형태. 능동분사가 비한정형태인 경우이기에 그 시제가 현재 혹은 미래의 의미이다. (a – 주어, b – 술어, c – 술어로 사용된 능동분사의 목적어) (مَفْعُولٌ بِهِ لِاسْمِ الْفَاعِلِ)		

→ 위의 예문에서 قَاتِلٌ شَعْبَهُ 를 연결형 형태인 قَاتِلُ شَعْبِهِ 로 사용하는 문장도 가능하다. 즉 الْقَذَافِي قَاتِلُ شَعْبِهِ 로 읽을 경우 '카다피는 그의 백성을 죽였다.' 혹은 '카다피는 그의 백성의 살인자이다.' 의 의미가 된다. 이러한 의미의 차이는 곧 나오는 '** 능동분사가 동사적 용법으로 사용될 때와 연결형에서 사용될 때의 의미와 시제의 차이' 부분에서 공부하라.

제33과 동명사와 파생명사의 동사적 용법에 대해

아래는 술어로 사용된 능동분사가 동사적 용법으로 사용되는 경우의 의미를 아랍어로 풀이한 것이다. A는 한정형태의 능동분사이고, B는 비한정 형태의 능동분사이다.

	동사적 용법의 문장	문장의 의미
A	هُوَ الدَّاخِلُ الْعِمَارَةَ.	= هُوَ مَنْ يَدْخُلُ الْعِمَارَةَ أَوْ هُوَ مَنْ سَيَدْخُلُ الْعِمَارَةَ. أَوْ هُوَ مَنْ دَخَلَ الْعِمَارَةَ.
	그는 그 빌딩에 들어가는 / 들어갈 / 들어간 그 사람이다. (He is the one who enters/who will enter/ who entered the building.)	
B	هُوَ دَاخِلٌ الْعِمَارَةَ.	= هُوَ يَدْخُلُ الْعِمَارَةَ. أَوْ هُوَ سَيَدْخُلُ الْعِمَارَةَ.
	그는 그 빌딩에 들어간다/ 들어갈 것이다(enter/will enter). (He will enter the building.)	
A	هِيَ الْكَاتِبَةُ الدَّرْسَ.	= هِيَ مَنْ يَكْتُبُ الدَّرْسَ. أَوْ هِيَ مَنْ سَيَكْتُبُ الدَّرْسَ. أَوْ هِيَ مَنْ كَتَبَ الدَّرْسَ.
	그녀는 그 단원을 기록하고있는/ 기록할/ 기록한 그 사람이다.	
B	هِيَ كَاتِبَةٌ الدَّرْسَ.	= هِيَ تَكْتُبُ الدَّرْسَ. أَوْ هِيَ سَتَكْتُبُ الدَّرْسَ.
	그녀는 그 단원을 기록하고 있다/ 기록할 것이다.	
A	الله هُوَ الْمُعْطِي الْقُوَّةَ.	= الله هُوَ مَنْ يُعْطِي الْقُوَّةَ. أَوِ الله هُوَ مَنْ سَيُعْطِي الْقُوَّةَ. أَوِ الله هُوَ مَنْ أَعْطَى الْقُوَّةَ.
	하나님은 힘을 주신/ 주시는/ 주실 분이다.	
B	الله مُعْطٍ الْقُوَّةَ.	= الله يُعْطِي الْقُوَّةَ. أَوِ الله سَيُعْطِي الْقُوَّةَ.
	하나님은 힘을 주신다/ 주실 것이다.	

** 이러한 동사적 용법 문장에 시간의 부사를 사용하여 시간적인 의미를 분명히 한다.

A. 한정형태의 능동분사

그는 지금 엔지니어링을 공부하고 있는 그 사람이다. (현재진행)(He is the one who is studying engineering now.)	هُوَ الدَّارِسُ الْهَنْدَسَةَ الْآنَ.
그는 미래에 엔지니어링을 공부할 그 사람이다. (미래) (He is the one who will study engineering in the future.)	هُوَ الدَّارِسُ الْهَنْدَسَةَ فِي الْمُسْتَقْبَلِ.
그는 과거에 엔지니어링을 공부한 그 사람이다. (과거) (He is the one who studied engineering in the past.)	هُوَ الدَّارِسُ الْهَنْدَسَةَ فِي الْمَاضِي.

B. 비한정 형태의 능동분사

그는 지금 엔지니어링을 공부하고 있다. (현재진행) (He is studying engineering now.)	هُوَ دَارِسٌ الْهَنْدَسَةَ الْآنَ.
그는 내일 엔지니어링을 공부할 것이다. (미래) (He will study engineering in the future.)	هُوَ دَارِسٌ الْهَنْدَسَةَ غَدًا.

능동분사가 비한정 형태인 경우 그 시제가 현재 혹은 미래이어야 한다. 아래 문장은 أَمْسِ 라는 과거 시제 부사가 있으므로 성립될 수 없는 문장이다.

مُحَمَّدٌ حَاصِدٌ زَرْعَهُ أَمْسِ.	(×)

종합 아랍어 문법 II

(1) 동사적 용법으로 사용된 능동분사의 문장에서의 기능

동사적 용법으로 사용된 능동분사는 그것의 한정형태에 따라 의미와 기능에 차이가 있다.

동사적 용법으로 사용된 능동분사가 ال 한정형태인 경우 문장에서 여러가지 기능을 제한없이 수행할 수 있다. 즉 명사문의 주어, 술어, 동사문의 주어, 목적어, 후연결어, 수식어 등의 일반적인 문장의 기능을 수행할 수 있다. 이 때 그 의미는 '..한 사람/ ..하고 있는 사람/ ..할 사람(the one who…)' 중의 하나가 되어 현재나 미래 혹은 과거의 의미를 가질 수있다.

이에 비해 동사적 용법으로 사용된 능동분사가 비한정 형태인 경우(ال 이 붙지 않은 경우)는 두 가지 특징이 있다. 먼저는 그 시제가 현재 혹은 미래로 사용되며, 과거 시제로는 사용되지 않는다. 이럴 때 그 의미는 '..하고 있는(현재)/..할(미래)' 중의 하나가 된다.

두 번째 특징은 동사적 용법으로 사용된 비한정 형태의 능동분사 앞에는 명사문의 주어(مُبْتَدَأ)가 와서 그 능동분사가 술어(خَبَر)로 사용되든지, 그것이 수식어(نَعْت)로 사용되든지, 그 앞에 부정어(نَفْي)가 먼저 오든지, 그 앞에 의문사(اِسْتِفْهَام)가 먼저 오든지, 그 앞에 호격사(نِدَاء)가 먼저 와야 한다. (** 아래의 문장들의 번역은 주로 현재 시제에 맞춘 것이다.)

a. 명사문의 주어(الْمُبْتَدَأ)로 사용된 경우

a-1 한정형태의 능동분사

진리를 말한/ 말하고 있는/ 말할 자는 용감하다.	الْقَائِلُ الْحَقَّ شُجَاعٌ.
그의 손님을 잘 대접하는 자는 감사를 받는다.	الْمُكْرِمُ ضَيْفَهُ مَشْكُورٌ.
(그) 사람들을 존경하고 있는 자는 사랑받고 있다.	الْمُحْتَرِمُ النَّاسَ مَحْبُوبٌ.
(그) 음식을 먹고 있는 자들은 나의 친구들이다.	الْآكِلُونَ الطَّعَامَ أَصْدِقَائِي.

a-2 비한정 형태의 능동분사

명사문의 주어가 비한정 형태의 능동분사가 온 경우는 능동분사 앞에 의문사가 와서 의문문이 된 경우 혹은 부정어가 와서 부정문이 된 경우이다.(즉 요청문인 الْجُمْلَة الطَّلَبِيَّة 이다) 이 때 능동분사가 동사적 용법으로 사용되며, 그 뒤에 능동분사의 의미상 주어가 오고, 그 뒤에 능동분사의 목적어가 온다.

a-2-1 능동분사 앞에 의문사(الاِسْتِفْهَام)가 온 경우 – 의문사 أ 혹은 هَلْ 이 사용되었다.

당신은 지금 당신의 일을 두고 떠납니까?	أَتَارِكٌ أَنْتَ عَمَلَكَ الْآنَ؟
당신들이 당신들의 약속을 지키십니까?	أَمُنْجِزُونَ أَنْتُمْ وَعْدَكُمْ؟
그 선행을 하는 사람은 가난한 사람들에게 선행을 하십니까?	أَمَانِحٌ الْمُحْسِنُ الْفَقِيرَ إِحْسَانًا؟
당신(f.)은 당신 어머니의 말씀을 듣고 있습니까?	هَلْ سَامِعَةٌ أَنْتِ كَلَامَ أُمِّكِ؟

734

a-2-2 능동분사 앞에 부정어(يَسْبِقُهُ النَّفْيُ)가 온 경우 – 능동분사 앞에 부정어가 왔다.

나는 당신의 말을 잘 듣고 있지 않다.	مَا سَامِعٌ أَنَا كَلَامَكَ جَيِّدًا.
팔레스타인 사람들을 죽이는 자는 유대인들 이외에는 없다.	مَا قَاتِلٌ الْفِلَسْطِينِيِّينَ إِلَّا الْيَهُودَ.
시장(market)을 찬양하는 사람은 이익을 얻는 사람이 외에는 없다.	مَا حَامِدٌ السُّوقَ إِلَّا مَنْ رَبِحَ.
영광을 얻는 자는 부지런한 사람 이외에는 없다.	مَا نَائِلٌ الْمَجْدَ إِلَّا الْمُجْتَهِدُ.

**위의 문장 분해 (سَدَّ مَسَدَّ الْخَبَرِ에 대한 이해)

위의 a-2-1 의 능동분사 앞에 의문사(الْاِسْتِفْهَام)가 사용된 문장과 위의 a-2-2 의 능동분사 앞에 부정어(النَّفْي)가 사용된 문장에 사용된 단어들의 기능을 어떻게 이해하며 그것을 어떻게 분해할까?

당신은 지금 당신의 일을 두고 떠납니까?	أَتَارِكٌ أَنْتَ عَمَلَكَ الآنَ؟ c + b + a

a – 주어(مُبْتَدَأ) b – 능동분사(تَارِك)의 주어(فَاعِل) c – 능동분사의 목적어(مَفْعُول بِهِ)
이때 능동분사 تَارِك 의 의미상 주어(فَاعِل)인 أَنْتَ 는 문장에서 술어(خَبَر) 자리에 위치해 있다.
그래서 이것을 فَاعِل سَدَّ مَسَدَّ الْخَبَرِ 혹은 فَاعِل عَوَّضَ غِيَابَ الْخَبَرِ 라 표현한다.

→ سَدَّ مَسَدَّ الْخَبَرِ 는 동사적 용법으로 사용된 능동분사를 문장의 주어(مُبْتَدَأ)로 간주할 경우 그 뒤에 술어(خَبَر)가 와야 하는데 술어가 오지 않고 능동분사의 의미상 주어가 오게되므로 문제가 생긴 경우이다. 이 문장은 능동분사나 수동분사 앞에 의문사 혹은 부정어가 올 경우(즉 요청문인 الْجُمْلَة الطَّلَبِيَّة)에만 해당된다.

b. 동사문의 주어(الْفَاعِل)로 사용된 경우

b-1 한정형태의 능동분사

대화하기를 좋아하는 사람이 왔다.	جَاءَ الْمُحِبُّ الْمُحَادَثَةَ.
그 도구들을 판매하고 있는 사람이 지나갔다.	مَرَّ الْبَائِعُ الْأَدَوَاتِ.
그 충고를 거부하는 자가 나를 쫓아내었다.	طَرَدَنِي الرَّافِضُ النَّصِيحَةَ.
그의 주님을 경외하는 자는 위대한 상을 받는다.	يَفُوزُ الْمُتَّقِي رَبَّهُ بِالْجَزَاءِ الْعَظِيمِ.

b-2 비한정 형태의 능동분사

동사문의 주어(فَاعِل)에 비한정 형태의 능동분사가 사용된 경우는 동사적 용법으로 사용된 능동분사 앞에 شَخْص 란 단어가 생략된 경우로 본다. 즉 능동분사가 수식어로 사용된 셈이다.

대화하기를 좋아하는 한 사람이 왔다.	جَاءَ مُحِبٌّ الْمُحَادَثَةَ. = جَاءَ شَخْصٌ مُحِبٌّ الْمُحَادَثَةَ.
그 도구들을 판매하고 있는 한 사람이 지나갔다.	مَرَّ بَائِعٌ الْأَدَوَاتِ. = مَرَّ شَخْصٌ بَائِعٌ الْأَدَوَاتِ.
그 충고를 거부하는 한 사람이 나를 쫓아내었다.	طَرَدَنِي رَافِضٌ النَّصِيحَةَ. = طَرَدَنِي شَخْصٌ رَافِضٌ النَّصِيحَةَ.

c. 술어(الْخَبَرُ)로 사용된 경우

c-1 한정형태의 능동분사

제가 당신의 은혜를 감사하고 있는/ 감사한/ 감사할 그 사람입니다. (기도할 때 신의 은혜에 감사)	أَنَا الشَّاكِرُ نِعْمَتَكَ.
이 사람이 (그) 억울한 사람/억울함을 당한 사람을 돕고 있는 그 사람이다.	هَذَا هُوَ النَّاصِرُ الْمَظْلُومَ.
그녀가 그 단원을 읽고 있는/읽은/ 읽을 그 사람이다.	هِيَ الْقَارِئَةُ الدَّرْسَ.
우리가 이집트 박물관을 방문하고 있는/방문한/ 방문할 그 사람들이다.	نَحْنُ الزَّائِرُونَ الْمَتْحَفَ الْمِصْرِيَّ.

c-2 비한정 형태의 능동분사

카다피는 그의 백성을 죽이고 있다./ 죽일 것이다.	الْقَذَّافِي قَاتِلٌ شَعْبَهُ.
이성이 있는 자는 진리의 소리를 듣는다./들을 것이다	الْعَاقِلُ سَامِعٌ صَوْتَ الْحَقِّ.
참으로 군대는 영웅들을 만든다/만들 것이다.	إِنَّ الْجَيْشَ صَانِعٌ الْأَبْطَالَ.
그 대통령은 여전히 그 판결에 대한 서명을 거부하고 있다./거부할 것이다.	مَازَالَ الرَّئِيسُ رَافِضًا التَّوْقِيعَ عَلَى الْحُكْمِ.
나는 그 제안된 해결책이 불가능하다는 것을 알고 있다./알것이다.	أَنَا مُدْرِكٌ اسْتِحَالَةَ الْحَلِّ الْمَطْرُوحِ.
당신의 형(남동생)은 그의 단원을 읽고 있다./ 읽을 것이다.	أَخُوكَ قَارِئٌ دَرْسَهُ.
믿는 자는 그의 주님을 예배한다./ 예배할 것이다.	الْمُؤْمِنُ عَابِدٌ رَبَّهُ.

d. 목적어(الْمَفْعُولُ بِهِ)로 사용된 경우

d-1 한정형태의 능동분사

나는 (그) 사람들을 도왔던/ 돕는/ 도울 (그) 사람을 좋아한다. (I like the one who was/ is/ will be helping people.)	أُحِبُّ الْمُسَاعِدَ النَّاسَ.
당신은 다른 사람의 생각을 거부하고 있는 그 자들과 토론하지 말아라.	لَا تُنَاقِشِ الرَّافِضِينَ رَأْيَ الْآخَرِينَ.
나는 사람들에게 윤리를 가르치고 있는 그 자를 존경한다. (الْمُعَلِّم의 파생동사 عَلَّمَ는 두 개의 목적어를 취함)	أَحْتَرِمُ الْمُعَلِّمَ النَّاسَ الْأَخْلَاقَ.
그 아이들은 그들에게 사탕을 주고 있는 그 사람을 더 좋아한다. (مُعْطِ의 파생동사 أَعْطَى는 두 개의 목적어를 취함)	يُفَضِّلُ الْأَطْفَالُ الْمُعْطِيهِمْ حَلْوَى.

d-2 비한정형태의 능동분사

여기서도 동사적 용법으로 사용된 능동분사 앞에 شَخْص란 단어가 생략된 것으로 간주한다.

나는 (그) 사람들을 돕는/ 도울 사람을 좋아한다. (I like a man who was/ is/ will be helping people.)	أُحِبُّ مُسَاعِدًا النَّاسَ. = أُحِبُّ شَخْصًا مُسَاعِدًا النَّاسَ.
당신은 다른 사람의 생각을 거부하고 있는 자들과 토론하지 말아라.	لَا تُنَاقِشْ رَافِضِينَ رَأْيَ الْآخَرِينَ. = لَا تُنَاقِشْ أَشْخَاصًا رَافِضِينَ رَأْيَ الْآخَرِينَ.

e. 수식어(النَّعْت)로 사용된 경우

e-1 한정형태의 능동분사

동사적 용법으로 사용된 한정형태의 능동분사가 그 앞에 나오는 명사를 수식하는 형용사로 사용될 경우 '..하고 있는 자(the one who…)'의 의미가 되지 않고 일반적인 수식의 의미가 된다.

그의 아버지를 돕고 있는 그 아들은 사랑을 받는다. (الْمُسَاعِدُ 는 문장의 주어를 수식. أَبَاهُ 를 목적어로 취함)	الِابْنُ الْمُسَاعِدُ أَبَاهُ مَحْبُوبٌ.
(그)단원들을 스스로 공부하고 있는 그 학생은 훌륭하다. (الدَّارِسُ 는 문장의 주어를 수식. دُرُوسَهُ 를 목적어로 취함)	الطَّالِبُ الدَّارِسُ دُرُوسَهُ بِنَفْسِهِ مُمْتَازٌ.
나는 단원을 잘 설명하고 있는 그 여선생님을 좋아한다. (الشَّارِحَةَ 는 문장의 목적어를 수식. الدَّرْسَ 를 목적어로 취함)	أُحِبُّ الْمُدَرِّسَةَ الشَّارِحَةَ الدَّرْسَ جَيِّدًا.
나는 하나님을 예배하고 있는 그 신자를 신뢰한다. (الْعَابِدِ 는 소유격 명사 الْمُؤْمِنِ 을 수식. الله 를 목적어로 취함)	أَثِقُ فِي الْمُؤْمِنِ الْعَابِدِ الله.
나는 나의 펜들을 훔치고 있는 그 학생을 쳐다보았다. (السَّارِقِ 는 소유격 명사 التِّلْمِيذِ 을 수식. أَقْلَامِي 를 목적어로 취함)	نَظَرْتُ إِلَى التِّلْمِيذِ السَّارِقِ أَقْلَامِي.

e-2 비한정 형태의 능동분사

동사적 용법으로 사용된 비한정 능동분사 앞에 수식어가 온 경우이다.

나는 문법 단원들을 이해하고 있는 한 학생을 보았다.	رَأَيْتُ طَالِبًا فَاهِمًا دُرُوسَ النَّحْوِ.
그의 나라를 사랑하는 한 대통령이 대통령직을 이어 받았다.	تَوَلَّى الرِّئَاسَةَ رَئِيسٌ مُحِبٌّ بَلَدَهُ.
나는 모든 상대를 물리치고 있는 한 팀을 응원한다.	أُشَجِّعُ فَرِيقًا هَازِمًا كُلَّ خُصُومِهِ.
우리는 한 낙타를 운전하는 한 남자를 보고 있다.	نَرَى رَجُلًا قَائِدًا بَعِيرًا.
나는 개인 소지품들을 싸고 있는 한 남자를 지나갔다.	مَرَرْتُ بِرَجُلٍ حَازِمٍ أَمْتِعَتَهُ.
나는 모든 역사책들을 읽고 있는 한 선생님으로 부터 그 정보들을 얻었다.	أَخَذْتُ الْمَعْلُومَاتِ مِنْ مُدَرِّسٍ قَارِئٍ كُتُبَ التَّارِيخِ كُلَّهَا.

f. 상태목적어(الْحَال)로 사용된 경우

상태목적어로 사용된 능동분사는 항상 비한정형태이다.

나는 말할 것이 있다고 요청하며 나의 손을 들었다.	رَفَعْتُ يَدِي طَالِبًا الْكَلِمَةَ.
그 학생이 한 책을 들고 교실에 들어갔다. (The student entered the class holing a book.)	دَخَلَ الطَّالِبُ الْفَصْلَ حَامِلاً كِتَابًا.
내 형(남동생)이 그의 생각들을 바꾼 채로 여행에서 돌아왔다.	عَادَ أَخِي مِنَ السَّفَرِ مُغَيِّرًا أَفْكَارَهُ.
나는 그녀의 남편을 때리는 그 여자를 보았다.	شَاهَدْتُ الْمَرْأَةَ ضَارِبَةً زَوْجَهَا.
그는 우리를 위해 유산을 남기고 1991년 세상을 떠났다.	تُوُفِّيَ عَامَ ١٩٩١ تَارِكًا لَنَا تُرَاثًا.
우리는 한 자동차를 타고 여행을 떠났다. (We traveled riding a car.)	سَافَرْنَا رَاكِبِينَ سَيَّارَةً.

종합 아랍어 문법 II

قَالَ الرَّئِيسُ إِنَّ هُنَاكَ اهْتِمَامًا بِتَوْطِيدِ عَلَاقَاتِ الْبَلَدَيْنِ مُؤَكِّدًا حَفَاوَةَ الاسْتِقْبَالِ مِنَ الشَّعْبِ.

대통령은 국민으로부터 열렬한 환영을 받았다는 것을 강조하며, 두 나라의 관계 증진에 관심이 있다고 말했다.

g. 유사문장(شِبْهُ الْجُمْلَةِ)에 사용된 경우

동사적 용법으로 사용된 능동분사가 문장의 본동사와 함께 사용된 전치사나 부사 뒤에 와서 유사문장을 이루는 경우이다.

나는 나의 아들들에게 충고하고 있는 그 자에게 들었다.	اِسْتَمَعْتُ إِلَى النَّاصِحِ أَبْنَائِي.
우리는 가난한 사람들을 돕고 있는 (그) 사람들을 환영했다.	رَحَّبْنَا بِالْمُسَاعِدِينَ الْفُقَرَاءَ.
나는 여러분들의 호의를 부정하는(감사하지 않는) 사람이 아니다.	لَسْتُ بِالْجَاحِدِ فَضْلَكُمْ.
우리는 그 음식을 사고 있는 그 사람과 함께 먹었다.	أَكَلْنَا مَعَ الْمُشْتَرِي الطَّعَامَ.
내 친구는 사람들에게 집들을 제공하고 있는 그 사람 집에서 잤다. (الْمَانِحُ는 2 개의 목적어를 취했다.)	نَامَ صَدِيقِي عِنْدَ الْمَانِحِ النَّاسَ بُيُوتًا.

** 비한정 형태의 능동분사가 사용된 경우 – شَخْص 가 생략된 것으로 간주하는 경우

اِسْتَمَعْتُ إِلَى نَاصِحٍ أَبْنَائِي. = اِسْتَمَعْتُ إِلَى شَخْصٍ نَاصِحٍ أَبْنَائِي.

나는 나의 아들들에게 충고하고 있는 한 사람에게 들었다.

h. 후연결어(الْمُضَافُ إِلَيْهِ)에 사용된 경우

그의 나라를 배신하는 (그) 자를 처벌해야 한다.	يَجِبُ مُعَاقَبَةُ الْخَائِنِ وَطَنَهُ.
나는 그 은행들을 털고 있는 그 사람들의 장소를 안다.	أَعْرِفُ مَكَانَ السَّارِقِينَ الْبُنُوكَ.
(그) 교수는 (그) 단원을 이해하고 있는 (그)자에게 질문하는 것을 더 좋아한다. (سُؤَال 은 의 의미상 주어이고, الدَّرْسَ 을 목적어로 취한다.)	يُفَضِّلُ الْأُسْتَاذُ سُؤَالَ الْفَاهِمِ الدَّرْسَ.

** 비한정 형태의 능동분사가 사용된 경우 – شَخْص 가 생략된 것으로 간주하는 경우

يَجِبُ مُعَاقَبَةُ خَائِنٍ وَطَنَهُ. = يَجِبُ مُعَاقَبَةُ شَخْصٍ خَائِنٍ وَطَنَهُ.

그의 나라를 배신하는 한 사람을 처벌해야 한다.

i. 호격사(النِّدَاءُ) 문장에 사용된 경우

능동분사 앞에 호격사(نِدَاء)가 올 경우 비한정 형태의 능동분사가 사용 가능하다.

선행을 행하는 자여! 그것의 실행을 늦추지 마라. (تَوَانَى/يَتَوَانَى - تَوَانٍ)	يَا صَانِعًا الْمَعْرُوفَ، لَا تَتَوَانَ عَنْ فِعْلِهِ.
공부들을 게을리하는 자여, 실패를 획득할 것이다.	يَا مُهْمِلًا دُرُوسَهُ، سَتَحْصُدُ الْفَشَلَ.

제33과 동명사와 파생명사의 동사적 용법에 대해

** 능동분사가 동사적 용법으로 사용될 때와 연결형에서 사용될 때의 의미와 시제의 차이

동사적 용법으로 사용된 능동분사(اسْمُ الْفَاعِلِ الْعَامِلُ عَمَلَ فِعْلِهِ) 문장과 연결형(الْإِضَافَةُ) 형태의 전연결어에 능동분사가 사용된 문장은 그 형태가 비슷하다. 특히 일상 생활에서 이 문장들이 사용될 때는 모음부호가 표기되지 않기에 외국인의 입장에서 두 문장의 차이를 발견하기가 쉽지 않다. 아래의 ①과 ② 문장을 비교해 보자.

예문들

①	나는 그 단원을 기록하고 있다. 기록할 것이다. (I am writing/going to write the lesson.) (현재 진행 혹은 미래시제)	أَنَا كَاتِبٌ الدَّرْسَ. (= أَنَا أَكْتُبُ الدَّرْسَ. أَوْ أَنَا سَأَكْتُبُ الدَّرْسَ.)
②	내가 그 단원을 기록한 사람이다. 혹은 내가 그 단원을 기록했다.(I am the writer of the lesson. or I wrote the lesson.) (이미 기록함)	أَنَا كَاتِبُ الدَّرْسَ. (= أَنَا كَتَبْتُ الدَّرْسَ. أَوْ أَنَا مَنْ كَتَبَ الدَّرْسَ.)
①	그는 무함마드를 죽이고 있다/ 죽일 것이다. (He is killing/ going to kill Mohammad) (현재 진행 혹은 미래 시제)	هُوَ قَاتِلٌ مُحَمَّدًا. (= هُوَ يَقْتُلُ مُحَمَّدًا. أَوْ هُوَ سَيَقْتُلُ مُحَمَّدًا.)
②	그는 무함마드를 죽였다/ 그는 무함마드를 죽인 사람이다. (He killed Mohammad/ He is the one who killed Mohammad. He is the killer of Mohammad.)	هُوَ قَاتِلُ مُحَمَّدٍ. (= هُوَ قَتَلَ مُحَمَّدًا. أَوْ هُوَ مَنْ قَتَلَ مُحَمَّدًا.)

위의 ①과 같이 비한정 형태의 능동분사가 **동사적 용법**으로 사용될 때에는 그 의미가 동작의 진행의 의미이며 그 시제는 현재 진행(Present Continuous) 혹은 미래(Future)의 의미가 된다. 즉 '..하고 있다' 혹은 '..할 것이다'의 의미가 된다.

이에 반해 아래의 ②와 같이 능동분사가 **연결형**의 전연결어로 사용될 때에는 그 의미가 '..한 사람이다' 혹은 '...했다'의 의미가 된다. 즉 '..한 사람이다'와 같이 어떤 행위자의 성질이나 정체를 나타내거나, 혹은 '...했다'와 같이 과거에 어떤 행위를 하였다는 의미를 나타낸다.

** 아래의 경우를 보자. 아래 ②의 سَائِقُ السَّيَّارَةِ 의 경우 위와는 달리 과거적인 '나는 ..이다'라는 현재적 의미의 정체성을 나타낸다. 이 경우는** 한편 위에서 사용된 연결형은 음가적 연결형(الْإِضَافَةُ اللَّفْظِيَّةُ)의 경우이다. 아래의 سَائِقُ السَّيَّارَةِ 와 같이 의미적 연결형(الْإِضَافَةُ الْمَعْنَوِيَّةُ)로도 사용되는 경우 그 의미에 현재의 의미도 가해질 수 있다.

음가적 연결형과 의미적 연결형(الْإِضَافَةُ الْمَعْنَوِيَّةُ)에 대해서는 이어지는 과에서 공부한다.

①	나는 그 그 자동차를 운전하고 있다/ 운전할 것이다. (I am driving/going to drive the car.) (현재 진행 혹은 미래시제)	أَنَا سَائِقٌ السَّيَّارَةَ. (= أَنَا أَسُوقُ السَّيَّارَةَ. أَوْ أَنَا سَأَسُوقُ السَّيَّارَةَ.)

②	나는 자동차 운전수이다/ 나는 (그) 자동차를 운전했다 / 운전한 사람이다. (I am a car driver/ I drove the car./ I am the one who drove the car.)	أَنَا سَائِقُ السَّيَّارَةِ. (= أَنَا مَنْ يَسُوقُ السَّيَّارَةَ. أَوْ أَنَا سُقْتُ السَّيَّارَةَ. أَوْ أَنَا مَنْ سَاقَ السَّيَّارَةَ.)

다른 예문들

아래에서 ①은 비한정 형태 능동분사가 동사적 용법으로 사용된 문장이고, ②는 능동분사가 연결형으로 사용된 문장이다.

①	그 남자는 공학을 공부하고 있다/ 공부할 것이다. (현재 진행나 미래 시제)	الرَّجُلُ دَارِسٌ الْهَنْدَسَةَ.
②	그는 공학을 공부한 사람이다/ 그 남자는 공학을 공부했다. (이미 공학을 공부함)	الرَّجُلُ دَارِسُ الْهَنْدَسَةِ.
①	나는 그의 형제를 죽이려는 사람을 두려워한다. (현재나 미래. 살인자가 그의 형제를 죽이려고 함)	أَخَافُ مِنْ قَاتِلٍ أَخَاهُ.
②	나는 그의 형제를 죽인 사람을 두려워한다. (살인자가 그의 형제를 이미 죽였음)	أَخَافُ مِنْ قَاتِلِ أَخِيهِ.
①	그는 여행을 결심하고 있다/ 결심할 것이다. (그가 결심을 하려고 함)	هُوَ عَاقِدٌ الْعَزْمَ عَلَى السَّفَرِ.
②	그는 여행할 것을 결심한 사람이다/ 그는 여행할 것을 결심했다. (그가 이미 결심함)	هُوَ عَاقِدُ الْعَزْمِ عَلَى السَّفَرِ.
①	그 선생님은 그의 학생들에게 지식을 제공하고 있다./ 제공할 것이다.	إِنَّ الْمُعَلِّمَ مُقَدِّمٌ الْعِلْمَ لِطُلَّابِهِ.
②	선생님은 그의 학생들에게 지식의 제공자이다./ 제공했다.	إِنَّ الْمُعَلِّمَ مُقَدِّمُ الْعِلْمِ لِطُلَّابِهِ.
①	무함마드는 내일 그가 농사한 것을 추수할 것이다.	مُحَمَّدٌ حَاصِدٌ زَرْعَهُ غَدًا.
②	무함마드는 어제 그가 농사한 것을 추수했다./ 어제 추수한 사람이다	مُحَمَّدٌ حَاصِدُ زَرْعِهِ أَمْسِ.
①	그 죄수는 은행을 훔치고 있다/ 훔칠 것이다. (He is robbing/ going to rob the bank) (현재 진행 혹은 미래 시제)	الْمُجْرِمُ سَارِقٌ الْبَنْكَ. (= الْمُجْرِمُ يَسْرِقُ الْبَنْكَ. أَوْ سَيَسْرِقُ الْبَنْكَ.)
②	그 죄수는 은행을 도둑질 한 사람이다/ 은행을 도둑질 했다. (The criminal is the one who robbed the bank/The criminal robbed the bank.)	الْمُجْرِمُ سَارِقُ الْبَنْكِ. (= هُوَ سَرَقَ الْبَنْكَ. أَوْ هُوَ مَنْ سَرَقَ الْبَنْكَ.)
①	하나님은 모든 것을 창조하고 있다/ 창조할 것이다. (God is creating/going to creat all things.) (현재 진행 혹은 미래 시제)	اللهُ خَالِقٌ كُلَّ شَيْءٍ. (= اللهُ يَخْلُقُ كُلَّ شَيْءٍ. أَوِ اللهُ سَيَخْلُقُ كُلَّ شَيْءٍ.)
②	하나님은 모든 것을 창조하셨다/ 모든 것을 창조하신 분이다. (God created all things/ God is the one who created/ God is the creator of all things.)	اللهُ خَالِقُ كُلِّ شَيْءٍ. (=اللهُ مَنْ خَلَقَ كُلَّ شَيْءٍ. أَوِ اللهُ خَلَقَ كُلَّ شَيْءٍ.)

제33과 동명사와 파생명사의 동사적 용법에 대해

(2) 동사적 용법으로 사용된 능동분사 문장을 관계대명사절 혹은 수식절로 전환하기

앞의 (1) 에 나온 예문들을 관계대명사절 혹은 수식절(جُمْلَةُ النَّعْتِ)로 전환할 수 있다. 이렇게 문장을 전환해 보면 동사적 용법으로 사용된 능동분사의 의미가 더 명확해 진다.

문장을 전환할 때 사용된 능동분사가 한정형태일 경우 관계대명사 الَّذِي 혹은 مَنْ 을 사용하여 그 의미가 '...하는 이(the one who...)'가 되도록 전환한다.

사용된 능동분사가 비한정 형태일 경우 대부분 شَخْص/ امْرَأَة 을 사용하여 전환한다. 사용된 능동분사가 수식어로 사용되었을 경우 그 뒤의 문장은 수식절(جُمْلَةُ النَّعْتِ)로 전환되며, 사용된 능동분사가 상태목적어로 사용되었을 경우 그 뒤의 문장이 상태문으로 전환된다.

아래의 ①은 동사적 용법으로 사용된 능동분사 문장이고, ②는 관계대명사절 혹은 수식절로 전환된 문장이다.

a. 명사문의 주어(الْمُبْتَدَأ) 로 사용된 경우

a-1 한정형태의 능동분사

①	الْمُكْرِمُ ضَيْفَهُ مَشْكُورٌ.	②	مَنْ يُكْرِمُ ضَيْفَهُ مَشْكُورٌ.
	그의 손님을 잘 대접하는 자는 감사를 받는다.		
①	الْمُحْتَرِمُ النَّاسَ مَحْبُوبٌ.	②	مَنْ يَحْتَرِمُ النَّاسَ مَحْبُوبٌ.
	(그) 사람들을 존경하고 있는 (그) 자는 사랑받고 있다.		

→ 위의 문장에서 مَنْ 대신 الَّذِي 를 사용하는 것도 가능하다.

a-2 비한정 형태의 능동분사

아래의 경우는 관계대명사 الَّذِي 가 사용되지 않고 능동분사가 주동사로 바뀌어 사용된다.

①	أَتَارِكٌ أَنْتَ عَمَلَكَ الْآنَ؟	②	أَتَتْرُكُ أَنْتَ عَمَلَكَ الْآنَ؟
	당신은 지금 당신의 일을 두고 떠납니까?		
①	هَلْ سَامِعَةٌ أَنْتِ كَلَامَ أُمِّكِ؟	②	هَلْ تَسْمَعِينَ أَنْتِ كَلَامَ أُمِّكِ؟
	당신(f.)은 당신 어머니의 말씀을 듣고 있습니까?		
①	مَا سَامِعٌ أَنَا كَلَامَكَ جَيِّدًا.	②	مَا أَسْمَعُ أَنَا كَلَامَكَ جَيِّدًا.
	나는 당신의 말을 잘 듣고 있지 않다.		

b. 동사문의 주어(الْفَاعِل) 로 사용된 경우

b-1 한정형태의 능동분사

①	جَاءَ الْمُحِبُّ الْمُحَادَثَةَ.	②	جَاءَ مَنْ يُحِبُّ الْمُحَادَثَةَ.
	그 대화하기를 좋아하는 (그) 사람이 왔다.		
①	مَرَّ الْبَائِعُ الْأَدَوَاتِ.	②	مَرَّ مَنْ يَبِيعُ الْأَدَوَاتِ.
	그 도구들을 판매하고 있는 (그) 사람이 지나갔다.		

a-2 비한정형태의 능동분사

①	جَاءَ شَخْصٌ مُحِبٌّ الْمُحَادَثَةَ.	②	جَاءَ شَخْصٌ يُحِبُّ الْمُحَادَثَةَ.
	대화하기를 좋아하는 한 사람이 왔다.		
①	مَرَّ شَخْصٌ بَائِعٌ الْأَدَوَاتِ.	②	مَرَّ شَخْصٌ يَبِيعُ الْأَدَوَاتِ.
	그 도구들을 판매하고 있는 한 사람이 지나갔다.		

c. 술어(الْخَبَر)로 사용된 경우

c-1 한정형태의 능동분사

①	أَنَا الشَّاكِرُ نِعْمَتَكَ.	②	أَنَا مَنْ يَشْكُرُ نِعْمَتَكَ.
	제가 당신의 은혜를 감사하고 있는 (그) 사람입니다. (기도할 때 신의 은혜에 감사)		
①	هَذَا هُوَ النَّاصِرُ الْمَظْلُومَ.	②	هَذَا هُوَ مَنْ يَنْصُرُ الْمَظْلُومَ.
	이 사람이 억울한 사람을 돕고 있는 (그) 사람이다.		

c-2 비한정 형태의 능동분사

아래의 경우는 관계대명사 الَّذِي 가 사용되지 않고 술어로 사용된 능동분사가 주동사로 바뀌어 사용된다.

①	الْقَذَّافِي قَاتِلٌ شَعْبَهُ.	②	الْقَذَّافِي يَقْتُلُ شَعْبَهُ.
	카다피는 그의 백성을 죽이고 있다./ 죽일 것이다.		
①	الْعَاقِلُ سَامِعٌ صَوْتَ الْحَقِّ.	②	الْعَاقِلُ يَسْمَعُ صَوْتَ الْحَقِّ.
	이성이 있는 자는 진리의 소리를 듣는다./ 들을 것이다.		

d. 목적어(الْمَفْعُول بِه)로 사용된 경우

d-1 한정형태의 능동분사

①	أُحِبُّ الْمُسَاعِدَ النَّاسَ.	②	أُحِبُّ مَنْ يُسَاعِدُ النَّاسَ.
	나는 (그) 사람들을 돕고 있는 (그) 자를 좋아한다.		
①	لَا تُنَاقِشْ الرَّافِضِينَ رَأْيَ الْآخَرِينَ.	②	لَا تُنَاقِشْ مَنْ يَرْفُضُونَ رَأْيَ الْآخَرِينَ.
	당신은 다른 사람의 생각을 거부하고 있는 그 자들과 토론하지 말아라.		

d-2 비한정형태의 능동분사

①	أُحِبُّ شَخْصًا مُسَاعِدًا النَّاسَ.	②	أُحِبُّ شَخْصًا يُسَاعِدُ النَّاسَ.
	나는 (그) 사람들을 돕는/ 도울 사람을 좋아한다.		
①	لَا تُنَاقِشْ أَشْخَاصًا رَافِضِينَ رَأْيَ الْآخَرِينَ.	②	لَا تُنَاقِشْ أَشْخَاصًا يَرْفُضُونَ رَأْيَ الْآخَرِينَ.
	당신은 다른 사람의 생각을 거부하고 있는 자들과 토론하지 말아라.		

제33과 동명사와 파생명사의 동사적 용법에 대해

e. 수식어(النَّعْت)로 사용된 경우

e-1 한정형태의 능동분사

①	الِابْنُ الْمُسَاعِدُ أَبَاهُ مَحْبُوبٌ.	②	الِابْنُ الَّذِي يُسَاعِدُ أَبَاهُ مَحْبُوبٌ.
	그의 아버지를 돕고 있는 그 아들은 사랑을 받는다.		
①	أُحِبُّ الْمُدَرِّسَةَ الشَّارِحَةَ الدَّرْسَ جَيِّدًا.	②	أُحِبُّ الْمُدَرِّسَةَ الَّتِي تَشْرَحُ الدَّرْسَ جَيِّدًا.
	나는 단원을 잘 설명하고 있는 그 여선생님을 좋아한다.		

e-2 비한정 형태의 능동분사

능동분사가 형용사로 사용된 문장들에서는 능동분사 이후의 구문이 수식절(جُمْلَةُ النَّعْت)로 전환된다. 수식절에 대한 공부는 이 책 '관계대명사와 수식절에 대해' 부분에서 공부하라.

①	رَأَيْتُ طَالِبًا فَاهِمًا دُرُوسَ النَّحْوِ.	②	رَأَيْتُ طَالِبًا يَفْهَمُ دُرُوسَ النَّحْوِ.
	나는 문법 단원들을 이해하고 있는 한 학생을 보았다.		
①	تَوَلَّى الرِّئَاسَةَ رَئِيسٌ مُحِبٌّ بَلَدَهُ.	②	تَوَلَّى الرِّئَاسَةَ رَئِيسٌ يُحِبُّ بَلَدَهُ.
	그의 나라를 사랑하는 한 대통령이 대통령직을 이어받았다.		

f. 상태목적어(الْحَال)로 사용된 경우

능동분사가 상태목적어로 사용된 문장들에서는 능동분사 이후의 구문이 상태절(جُمْلَةُ الْحَال)로 전환된다. 상태절에 대한 자세한 내용은 이책 상태목적어 부분에서 공부하도록 하라.

①	رَفَعْتُ يَدِي طَالِبًا الْكَلِمَةَ.	②	رَفَعْتُ يَدِي أَطْلُبُ الْكَلِمَةَ.
	나는 말할 것이 있다고 요청하며 나의 손을 들었다.		
①	دَخَلَ الطَّالِبُ الْفَصْلَ حَامِلًا كِتَابًا.	②	دَخَلَ الطَّالِبُ الْفَصْلَ يَحْمِلُ كِتَابًا.
	그 학생이 한 책을 들고 교실에 들어갔다.		

g. 유사문장(شِبْهُ الْجُمْلَة)에 사용된 경우

①	اِسْتَمَعْتُ إِلَى النَّاصِحِ أَبْنَائِي.	②	اِسْتَمَعْتُ إِلَى مَنْ يَنْصَحُ أَبْنَائِي.
	나는 나의 아들들에게 충고하는 그 자에게 들었다.		
①	أَكَلْنَا مَعَ الْمُشْتَرِي الطَّعَامَ.	②	أَكَلْنَا مَعَ مَنْ يَشْتَرِي الطَّعَامَ.
	우리는 그 음식을 사고 있는 그 사람과 함께 먹었다.		

** 비한정 형태의 능동분사가 사용된 경우

①	اِسْتَمَعْتُ إِلَى نَاصِحٍ أَبْنَائِي.	②	اِسْتَمَعْتُ إِلَى شَخْصٍ يَنْصَحُ أَبْنَائِي.
	나는 나의 아들들에게 충고하고 있는 한 사람에게 들었다.		

종합 아랍어 문법 II

h. 후연결어(الْمُضَافُ إِلَيْهِ)에 사용된 경우

①	يَجِبُ مُعَاقَبَةُ الْخَائِنِ وَطَنَهُ.	②	يَجِبُ مُعَاقَبَةُ مَنْ يَخُونُ وَطَنَهُ.
	그의 나라를 배신하는 (그) 자를 처벌해야 한다.		
①	أَعْرِفُ مَكَانَ السَّارِقِينَ الْبُنُوكَ.	②	أَعْرِفُ مَكَانَ مَنْ سَرَقُوا الْبُنُوكَ.
	나는 그 은행들을 털고 있는 그 사람들의 장소를 안다.		

** 비한정 형태의 능동분사가 사용된 경우

①	يَجِبُ مُعَاقَبَةُ خَائِنٍ وَطَنَهُ.	②	يَجِبُ مُعَاقَبَةُ شَخْصٍ يَخُونُ وَطَنَهُ.
	그의 나라를 배신하는 한 사람을 처벌해야 한다.		

i. 호격사(النِّدَاءُ) 문장에 사용된 경우

①	يَا صَانِعًا الْمَعْرُوفَ، لَا تَتَوَانَ عَنْ فِعْلِهِ.	②	يَا شَخْصًا يَصْنَعُ الْمَعْرُوفَ، ...
	선행을 행하는 자여! 그것의 실행을 늦추지 마라.		
①	يَا مُهْمِلًا دُرُوسَهُ، سَتَحْصُدُ الْفَشَلَ.	②	يَا شَخْصًا يُهْمِلُ دُرُوسَهُ، ...
	공부들을 게을리하는 자여, 실패를 획득할 것이다.		

→ 위의 ①의 경우는 호격문 가운데 호격대상이 전연결형의 전연결어와 유사한 경우(الْمُنَادَى الشَّبِيهُ بِالْمُضَافِ)이다. 이에 반해 ②가 될 경우 호격문 가운데 호격 대상이 불특정한 비한정 명사의 경우(الْمُنَادَى النَّكِرَةُ غَيْرُ الْمَقْصُودَةِ)가 된다. 이 책 '호격문에 대해' 부분에서 공부하라.

2) 능동분사가 두 개의 목적어(الْمَفْعُولُون بِه)를 취하는 경우

우리는 이 책 전반부에서 동사문을 공부하며 두 개의 목적어를 취하는 동사에 대해 공부하였다. 두 개의 목적어를 취하는 타동사가 능동분사 형태로 사용되고 그 능동분사가 동사적 용법으로 사용될 때 그 능동분사는 두 개의 목적어를 취한다.

(1) 수여동사에서 온 능동분사의 경우

아래와 같이 수여 동사에서 온 능동분사가 동사적 용법으로 사용될 경우 제1 목적어가 목적격을 취할 수도 있고(아래의 ①), 제1목적어가 후연결어로 간주되어 소유격을 취할 수도 있다(아래의 ②).

하나님은 인간에게 많은 선물들을 주신다/ 주실 것이다(God grants the man many gifts.) (a – 능동분사, b – 제 1 목적어, c – 제 2 목적어)	①	وَاهِبٌ اللهُ الإِنْسَانَ الْكَثِيرَ مِنَ الْعَطَايَا. c + b + a
	②	وَاهِبُ اللهِ الإِنْسَانِ الْكَثِيرَ مِنَ الْعَطَايَا. c + b + a

→위의 وَاهِبٌ 은 수여동사 وَهَبَ 에서 파생된 능동분사이다. وَهَبَ 가 목적어를 두 개 취하는 동사이기에 그 능동분사도 목적어를 두 개 취하는 동사적 용법으로 사용될 수 있다. 위의 ①에서 두 개의 목적어를 목적격으로 처리하였다. 이 때 능동분사는 비한정 형태를 취하였다.

→위의 ②는 능동분사 뒤의 제 1 목적어를 후연결어로 간주하여 소유격을 취하며, 능동분사는 전연결어가 된다. 이는 '동사적 용법의 동명사가 목적어를 두 개 취하는 경우'와 구조가 같다. ②의 문장이 ① 문장 보다 더 많이 사용된다.

(2) 생각과 확신의 동사(أَفْعَالُ الظَّنِّ وَالْيَقِينِ)에서 온 능동분사의 경우

위의 수여동사와 같은 용법이다. 즉 생각과 확신의 동사에서 온 능동분사가 동사적 용법으로 사용될 경우 제1 목적어가 목적격을 취할 수도 있고, 제1목적어가 후연결어로 간주되어 소유격을 취할 수도 있다.

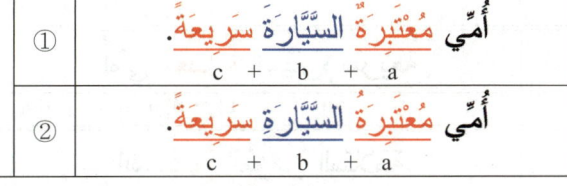

나의 어머니는 그 자동차가 빠르다고 여긴다. (a – 능동분사, b – 제 1 목적어, c – 제 2 목적어)	①	أُمِّي مُعْتَبِرَةٌ السَّيَّارَةَ سَرِيعَةً. c + b + a
	②	أُمِّي مُعْتَبِرَةُ السَّيَّارَةِ سَرِيعَةً. c + b + a

→위의 مُعْتَبِرَةٌ 은 생각과 확신의 동사 اعْتَبَرَ 에서 파생된 능동분사이다. اعْتَبَرَ 가 목적어를 두 개 취하는 동사이기에 그 능동분사도 목적어를 두 개 취하는 동사적 용법으로 사용될 수 있다. 위의 ①에서 두 개의 목적어를 목적격으로 처리하였다. 이 때 능동분사는 비한정 형태를 취하였다.

→위의 ②는 능동분사 뒤의 제 1 목적어를 후연결어로 간주하여 소유격을 취하며, 능동분사는 전연결어가 된다. 이는 '동사적 용법의 동명사가 목적어를 두 개 취하는 경우'와 비슷한 용법이라 하겠다. ②의 문장이 ① 문장 보다 더 많이 사용된다.

(1) 수여동사에서 온 능동분사의 예들

اللهُ مَانِحُ الْمُؤْمِنَ السَّلَامَةَ. = اللهُ مَانِحُ الْمُؤْمِنِ السَّلَامَةَ.	
하나님은 믿는 자에게 평화를 주신다./주실 것이다	
أَخُوكَ مُعْطٍ النَّاسَ حُقُوقَهُمْ. = أَخُوكَ مُعْطِي النَّاسِ حُقُوقَهُمْ.	
당신의 형은 사람들에게 그들의 권리를 준다./줄 것이다	
الْمُعَلِّمُ مُعْطٍ التِّلْمِيذَ مَفَاتِيحَ الْإِجَابَةِ. = الْمُعَلِّمُ مُعْطِي التِّلْمِيذِ مَفَاتِيحَ الْإِجَابَةِ.	
그 선생님은 그의 제자에게 해답의 실마리들을 준다.	
الدَّوْلَةُ مَانِحَةٌ الشَّبَابَ فُرَصَ عَمَلٍ. = الدَّوْلَةُ مَانِحَةُ الشَّبَابِ فُرَصَ عَمَلٍ.	
국가는 젊은이들에게 일의 기회들을 준다.	
그 교장(사장)은 그 부지런한 사람에게 한 상을 주고 있다./줄 것이다.	الْمُدِيرُ مَانِحٌ الْمُجِدَّ جَائِزَةً.

(2) 생각과 확신의 동사(أَفْعَالُ الظَّنِّ وَالْيَقِينِ)에서 온 능동분사의 예들

أَخِي مُعْتَقِدٌ الثَّوْرَةَ نَاجِحَةً. = أَخِي مُعْتَقِدُ الثَّوْرَةِ نَاجِحَةً.	
내 남동생(형)은 그 혁명이 성공했다고 여긴다.	
لَسْتُ مُعْتَبِرًا السِّيَاسَةَ شَيِّقَةً. = لَسْتُ مُعْتَبِرَ السِّيَاسَةِ شَيِّقَةً.	
나는 정치가 흥미롭다고 여기지 않는다.	
الْمُدَرِّسُ عَادٌّ الطُّلَّابَ مَجَانِينَ. = الْمُدَرِّسُ عَادُّ الطُّلَّابِ مَجَانِينَ.	
그 선생님은 그 학생들이 미쳤다고 여긴다.	
لَسْتُ حَاسِبًا اللهَ غَافِلًا عَنِ الظُّلْمِ. = لَسْتُ حَاسِبَ اللهِ غَافِلًا عَنِ الظُّلْمِ.	
나는 하나님이 불의에 대해 신경을 쓰지않는다고 생각하지 않는다.	

** 위의 문장들을 동사가 사용된 문장으로 전환하면 다음과 같다. (②가 동사가 사용된 문장이다.)

①	اللهُ وَاهِبٌ الْإِنْسَانَ الْكَثِيرَ مِنَ الْعَطَايَا.	②	اللهُ يَهَبُ الْإِنْسَانَ الْكَثِيرَ مِنَ الْعَطَايَا.
	하나님은 인간에게 많은 선물들을 주신다.		
①	أُمِّي مُعْتَبِرَةٌ السَّيَّارَةَ سَرِيعَةً.	②	أُمِّي تَعْتَبِرُ السَّيَّارَةَ سَرِيعَةً.
	나의 어머니는 그 자동차가 빠르다고 여긴다.		
①	اللهُ مَانِحٌ الْمُؤْمِنَ السَّلَامَةَ.	②	اللهُ يَمْنَحُ الْمُؤْمِنَ السَّلَامَةَ.
	하나님은 믿는 자에게 평화를 주시는 분이다.		
①	أَخُوكَ مُعْطٍ النَّاسَ حُقُوقَهُمْ	②	أَخُوكَ يُعْطِي النَّاسَ حُقُوقَهُمْ.
	당신의 형은 사람들에게 그들의 권리를 준다.(나눠주는 사람이다.)		
①	أَخِي مُعْتَقِدٌ الثَّوْرَةَ نَاجِحَةً.	②	أَخِي يَعْتَقِدُ الثَّوْرَةَ نَاجِحَةً.
	내 남동생(형)은 그 혁명이 성공했다고 여긴다.		
①	لَسْتُ حَاسِبًا اللهَ غَافِلًا عَنِ الظُّلْمِ.	②	لَسْتُ أَحْسِبُ اللهَ غَافِلًا عَنِ الظُّلْمِ.
	나는 하나님이 불의에 대해 신경을 쓰지않는다고 생각하지 않는다.		

3) 능동분사가 자체의 주어(الْفَاعِل)와 목적어(الْمَفْعُول بِه)를 취하는 경우

능동분사가 자체의 주어와 목적어를 취하는 경우는 문장에 사용된 능동분사가 자체의 주어와 목적어 둘 다 취하는 경우이다. 이 문장의 형태는 지금까지 다룬 다른 문장들과는 다른 형태로서 앞으로 배우게 될 '관계적 수식어(النَّعْتُ السَّبَبِي)' 문장과 비슷한 점이 있다. (관계적 수식어 문장 가운데 관계적 수식어가 주어와 목적어를 취하는 경우와 비슷하다.) 다음 예들을 보자.

그 아버지의 딸은 그 빌딩에 들어간다/ 들어갈 것이다. (The father's daughter enters the building.)	الْأَبُ دَاخِلَةٌ ابْنَتُهُ الْعِمَارَةَ. c + b + a
a – 술어(خَبَرٌ) b – 능동분사의 주어(فَاعِلٌ لِاسْمِ الْفَاعِلِ) c – 능동분사의 목적어(مَفْعُولٌ بِه لِاسْمِ الْفَاعِلِ)	
그 농부의 소는 쟁기로 땅을 갈고 있다./ 갈 것이다. (The farmer's ox is plowing the land.)	الْفَلَّاحُ حَارِثٌ ثَوْرُهُ الْأَرْضَ. c + b + a
a – 술어(خَبَرٌ) b – 능동분사의 주어(فَاعِلٌ لِاسْمِ الْفَاعِلِ) c – 능동분사의 목적어(مَفْعُولٌ بِه لِاسْمِ الْفَاعِلِ)	

다른 예문들

그 아이들의 아버지는 아이들의 우수함을 좋아한다/ 좋아할 것이다. (The Children's father loves their superiority.)	الْأَطْفَالُ مُحِبٌّ أَبُوهُمْ تَفَوُّقَهُمْ.
그 교수의 딸은 그 음식을 먹고 있다./ 먹을 것이다. (The professor's daughter is eating the food.)	الْأُسْتَاذُ آكِلَةٌ ابْنَتُهُ الطَّعَامَ.
그 아버지의 딸은 음식을 요리한다/ 요리할 것이다	الْأَبُ طَابِخَةٌ ابْنَتُهُ الطَّعَامَ.

아래 문장은 능동분사의 목적어 자리에 전치사와 소유격 명사가 왔다.

그 코치의 팀은 그 경기에서 이겼다/이긴다/이길 것이다	الْمُدَرِّبُ فَائِزٌ فَرِيقُهُ بِالْمُبَارَاةِ.

** 위의 문장을 일반적인 동사가 사용된 문장으로 전환하면 다음과 같다.

	الْأَبُ دَاخِلَةٌ ابْنَتُهُ الْعِمَارَةَ.		الْأَبُ تَدْخُلُ ابْنَتُهُ الْعِمَارَةَ.
	그 아버지의 딸은 그 빌딩에 들어간다. / 들어갈 것이다.		
①	الْفَلَّاحُ حَارِثٌ ثَوْرُهُ الْأَرْضَ.	②	الْفَلَّاحُ يَحْرُثُ ثَوْرُهُ الْأَرْضَ.
	그 농부의 소는 쟁기로 땅을 갈고 있다./ 갈 것이다.(The farmer's ox is plowing the land.)		
①	الْأَطْفَالُ مُحِبٌّ أَبُوهُمْ تَفَوُّقَهُمْ.	②	الْأَطْفَالُ يُحِبُّ أَبُوهُمْ تَفَوُّقَهُمْ.
	그 아이들의 아버지는 아이들의 우수함을 좋아한다/ 좋아할 것이다. (The Children's father loves their superiority.)		
①	الْأُسْتَاذُ آكِلَةٌ ابْنَتُهُ الطَّعَامَ.	②	الْأُسْتَاذُ تَأْكُلُ ابْنَتُهُ الطَّعَامَ.
	그 교수의 딸은 그 음식을 먹고 있다./ 먹을 것이다.(The professor's daughter is eating the food.)		
	الْأُمُّ طَابِخَةٌ ابْنَتُهَا الطَّعَامَ.		الْأُمُّ تَطْبُخُ ابْنَتُهَا الطَّعَامَ.
	그 어머니의 딸은 음식을 요리한다/ 요리할 것이다		

➔ 위의 전환된 ② 문장은 이 책 '명사문에 대해' 부분의 '술어 자리에 문장이 오는 형태' 부분에 나오는 문장이다.

** 능동분사가 관계적 수식어(النَّعْتُ السَّبَبِيّ)에 사용된 경우

한편 '관계적 수식어(النَّعْتُ السَّبَبِيّ)' 문장에서도 능동분사가 자체의 주어와 목적어를 함께 취한다. 관계적 수식어 문장은 위의 문장들과 흡사한데 이에 대해서는 곧 공부하게 된다.

a. 한정형태의 능동분사

이 사람은 그의 딸이 그 빌딩에 들어가는 그 남자이다.(This is the man whose daughter will enter the building.)	هَذَا هُوَ الرَّجُلُ الدَّاخِلَةُ ابْنَتُهُ الْعِمَارَةَ.

b. 비한정 형태의 능동분사

이 사람은 그의 딸이 그 빌딩에 들어가는 남자이다.(This is a man whose daughter will enter the building.)	هَذَا رَجُلٌ دَاخِلَةٌ ابْنَتُهُ الْعِمَارَةَ.

** 위의 관계적 수식어 문장을 일반적인 동사문으로 전환하면 다음과 같다.

a. 한정형태의 능동분사

①	هَذَا هُوَ الرَّجُلُ الدَّاخِلَةُ ابْنَتُهُ الْعِمَارَةَ.	②	هَذَا هُوَ الرَّجُلُ الَّذِي تَدْخُلُ ابْنَتُهُ الْعِمَارَةَ.
이 사람은 그의 딸이 그 빌딩에 들어가는 그 남자이다. (This is the man whose daughter enters/will enter the building.)			

b. 비한정 형태의 능동분사

①	هَذَا رَجُلٌ دَاخِلَةٌ ابْنَتُهُ الْعِمَارَةَ.	②	هَذَا رَجُلٌ تَدْخُلُ ابْنَتُهُ الْعِمَارَةَ.
이 사람은 그의 딸이 그 빌딩에 들어가는 남자이다. (This is a man whose daughter enters/will enter the building.)			

4) 능동분사가 자체의 주어(الْفَاعِل)를 취하는 경우

능동분사가 자체의 주어를 취하는 경우는 문장에 사용된 능동분사가 그 뒤에 의미상의 주어를 가지는 경우를 말한다. 이 경우는 능동분사가 자동사에서 파생된 경우에만 해당되며 유사형용사가 동사적 용법으로 사용된 경우 혹은 수동분사의 동사적 용법으로 사용된 경우와 용법이 같다.

이 상점은 그 가격이 비싸다.	هَذَا الْمَتْجَرُ غَالٍ سِعْرُهُ.
그의 형제가 고귀한 그 남자가 왔다.(The man whose brother is noble, has come.)	جَاءَ الرَّجُلُ الْفَاضِلُ أَخُوهُ. *
생각이 균형잡힌 한 남자가 왔다.	جَاءَ رَجُلٌ رَاجِحٌ عَقْلُهُ. *
나는 의견이 옳은 한 학생을 보았다.	رَأَيْتُ طَالِبًا صَائِبًا رَأْيُهُ. *
나는 신체가 똑바른 남자를 좋아한다.	أُحِبُّ رَجُلًا مُعْتَدِلَةً قَامَتُهُ. *

→ 위의 • 문장은 '관계적 수식어(النَّعْتُ السَّبَبِيّ)' 문장이다. 곧 공부한다.

3. 유사형용사(الصِّفَةُ الْمُشَبَّهَةُ)의 동사적 용법

유사형용사가 동사적 용법으로 사용되는 경우도 있다. 유사형용사는 동작의 의미가 없고 상태적인 의미를 나타내는 자동사에서 파생되었기 때문에 목적어를 가지는 동사적 용법으로는 사용되지 않는다. 그러나 유사형용사가 수동분사의 동사적 용법처럼 그 뒤에 의미상의 주어를 가지는 동사적 용법으로는 사용된다. 이 때 유사형용사 뒤에 온 단어는 동사적 용법으로 사용된 유사형용사의 주어가 (فَاعِلٌ لِلصِّفَةِ الْمُشَبَّهَةِ الْعَامِلَةِ عَمَلَ فِعْلِهَا)라 한다. 이 용법은 수동분사의 동사적 용법을 먼저 공부하고 공부하면 이해가 쉽다.

한편 유사형용사가 동사적 용법으로 사용된 문장의 경우 관계적 수식어(النَّعْتُ السَّبَبِيُّ) 문장과 어순이 같다. 이에 대해서는 곧 공부하게 된다.

이 여자는 그녀의 아들이 관대한 그 여자이다. (This woman's son is generous.)	هَذِهِ الْمَرْأَةُ كَرِيمٌ ابْنُهَا. c + b + a
a - 주어 (مُبْتَدَأٌ) b - 술어 (خَبَرٌ) c - 유사형용사의 주어 (فَاعِلٌ لِلصِّفَةِ الْمُشَبَّهَةِ) 유사형용사 كَرِيمٌ 은 문장에서 술어로 사용되었다. 그 뒤의 ابْنُهَا 는 كَرِيمٌ 의 의미상의 주어가 된다. 이 문장을 일반문장으로 전환하면 هَذِهِ الْمَرْأَةُ ابْنُهَا كَرِيمٌ 이 된다.	

다른 예들

이 사람은 말이 아름다운 남자이다. (This man's speech is good.)	هَذَا الرَّجُلُ حَسَنٌ كَلَامُهُ.
그의 인성이 훌륭한 그 선생님이 오셨다. (The teacher whose ethics is good, has come.)	جَاءَ الْمُدَرِّسُ الْحَسَنَةُ أَخْلَاقُهُ. *
이것은 맛이 단 음식이다. (This is a food whose taste is sweet.)	هَذَا طَعَامٌ حُلْوٌ مَذَاقُهُ. *
나는 머리카락이 긴 한 소녀를 보았다. (I saw a girl whose hair is long.)	رَأَيْتُ بِنْتًا طَوِيلًا شَعْرُهَا. *
나는 이해가 쉬운 그 규칙을 공부했다. (I studied the rule which understanding is easy.)	دَرَسْتُ الْقَاعِدَةَ السَّهْلَ فَهْمُهَا. *
나는 생각이 용감한 한 친구를 알게되었다. (I got to know a friend whose thought is brave.)	تَعَرَّفْتُ عَلَى صَدِيقٍ شُجَاعٍ فِكْرُهُ. *

→ 위의 * 문장은 유사형용사가 관계적 수식어(النَّعْتُ السَّبَبِيُّ)로 사용된 문장이다.

유사형용사가 호격문에 사용된 경우

다음은 동사적 용법으로 사용된 유사형용사와 능동분사가 호격문에 사용된 경우이다.

성격이 좋은 자여! 당신의 행적이 얼마나 유쾌한지!!	يَا حَسَنًا خُلُقُهُ ! ، مَا أَطْيَبَ سِيرَتَكَ !!
이빨이 웃고 있는 자여! 당신이 당신의 미소와함께 우리를 기쁘게 했다. (능동분사 사용 문장)	يَا ضَاحِكًا سِنُّهُ ، قَدْ أَسْعَدْتَنَا بِابْتِسَامِكَ

** 능동분사가 유사 형용사 의미로 사용된 경우

아래는 형태적으로 능동분사 형태이지만 의미상 유사형용사적인 의미를 가지고 있는 단어가 동사적 용법으로 사용된 경우이다. 이러한 능동분사들은 자동사에서 파생된 단어들이다. 앞에서 능동분사가 자체의 주어(فَاعِل)를 취하는 경우와 동일한 경우이다.

이 상점은 그 가격이 비싸다.	هَذَا الْمَتْجَرُ غَالٍ سِعْرُهُ.
그의 형제가 고귀한 그 남자가 왔다. (The man whose brother is noble, has come.)	جَاءَ الرَّجُلُ الْفَاضِلُ أَخُوهُ.
나는 말이 균형잡힌 한 친구를 알고 있다.	أَعْرِفُ صَدِيقًا رَاجِحًا كَلَامُهُ.

** 수동분사가 유사 형용사 의미로 사용된 경우

아래는 형태적으로 수동분사 형태이지만 의미상 유사형용사적인 의미를 가지고 있는 단어가 동사적 용법으로 사용된 경우이다. 이러한 수동분사들은 자동사에서 파생된 단어들이다.

이 식당은 그 음식이 유명하다.	هَذَا الْمَطْعَمُ مَشْهُورٌ أَكْلُهُ.
나는 생각들이 유별스런(미친) 사람을 좋아한다. (I love the person whose thoughts are crazy.)	أُحِبُّ الشَّخْصَ الْمَجْنُونَةَ أَفْكَارُهُ.
나는 지위가 저명한 한 친구를 알고 있다.	أَعْرِفُ صَدِيقًا مَرْمُوقَةً مَكَانَتُهُ.

** 연고형용사가 유사형용사 의미로 사용된 경우

연고형용사는 파생명사가 아니다. 따라서 동사적 용법의 조건에 맞지 않다. 그러나 연고형용사가 때때로 유사형용사적인 기능과 의미로 사용된다(يَعْمَلُ الْمَنْسُوبُ عَمَلَ الصِّفَةِ الْمُشَبَّهَةِ).

그는 그의 교육받은 것이 이집트이다.	هُوَ مِصْرِيٌّ تَعْلِيمُهُ.
그녀는 그녀의 태생이 레바논 계이다.	هِيَ لُبْنَانِيٌّ أَصْلُهَا.
الْحَدِيقَةُ أَنْدَلُسِيٌّ نِظَامُهَا وَلَكِنَّ أَشْجَارَهَا مِصْرِيَّةٌ.	
그 공원의 시스템은 안달로시아 시스템이지만 그 나무들은 이집트 것이다.	

제33과 동명사와 파생명사의 동사적 용법에 대해

4. 과장형용사(صِيغَةُ الْمُبَالَغَةِ)의 동사적 용법

과장형용사가 동사적 용법으로 사용될 경우 능동분사의 동사적 용법과 같이 과장형용사가 의미상 목적어를 취하는 경우와, 수동분사의 동사적 용법과 같이 과장형용사가 의미상 주어를 취하는 두 가지 경우 모두 사용된다.

1) 과장형용사가 자체의 목적어를 취하는 경우

아래는 문장에 사용된 과장형용사가 능동분사의 동사적 용법과 같이 그 뒤에 자체의 목적어를 취하는 경우이다. 이 때 과장형용사 뒤에 온 단어를 동사적 용법으로 사용된 과장형용사의 목적어(مَفْعُولٌ بِهِ لِصِيغَةِ الْمُبَالَغَةِ الْعَامِلَةِ عَمَلَ فِعْلِهَا)라 한다.

은혜를 베푼 자의 호의에 많이 감사하는 그 사람이 나의 마음에 든다. (과장형용사가 문장의 주어로 사용됨)	يُعْجِبُنِي الشَّكُورُ فَضْلَ الْمُنْعِمِ.
그는 꾸란을 많이 듣는다./ 많이 들을 것이다. (과장형용사가 문장의 술어로 사용됨)	هُوَ سَمِيعٌ الْقُرْآنَ.
이 아이는 우유를 많이 마신다./많이 마실 것이다. (과장형용사가 문장의 술어로 사용됨)	هَذَا الطِّفْلُ شِرِّيبٌ اللَّبَنَ.
나는 나의 수업들을 잘 이해한다. (과장형용사가 문장의 술어로 사용됨)	أَنَا فَهِمٌ دُرُوسِي.
겁쟁이는 적들을 만나는 것을 많이 겁낸다. (إِنَّ .....لَـ... 강조 문장)	إِنَّ الْجَبَانَ لَهَيَّابٌ لِقَاءَ الْعَدُوِّ.
이 사람은 그의 과목을 아주 잘 아는(박식한) 선생이다. (과장형용사가 관계적 수식어(النَّعْتُ السَّبَبِيُّ)로 사용됨)	هَذَا مُدَرِّسٌ عَلِيمٌ مَادَّتَهُ.
나는 그의 형(동생)을 마구때리는 남자 아이와 함께 논다. (I am playing with a boy who beats his brother.)	أَلْعَبُ مَعَ صَبِيٍّ ضَرَّابٍ أَخَاهُ.

→ 위의 빨간색 표기가 된 과장 형용사를 각각 ضَارِبٌ، عَالِمٌ، فَاهِمٌ، شَارِبٌ، سَامِعٌ، شَاكِرٌ 과 같이 능동분사로 바꿀 수 있다. 능동분사가 사용될 경우 과장의 의미는 없어진다.

2) 과장형용사가 자체의 주어를 취하는 경우

아래는 문장에 사용된 과장형용사가 수동분사의 동사적 용법과 같이 그 뒤에 자체의 주어를 취하는 경우이다. 이 때 과장형용사 뒤에 온 단어를 동사적 용법으로 사용된 과장형용사의 주어(فَاعِلٌ لِصِيغَةِ الْمُبَالَغَةِ الْعَامِلَةِ عَمَلَ فِعْلِهَا)라 한다.

이 여자는 그녀의 오빠(남동생)가 거짓말쟁이(f.)이다. (This is a woman whose brother lies a lot.)	هَذِهِ امْرَأَةٌ كَذَّابٌ أَخُوهَا.
나는 행동들이 진실한 (그) 친구를 좋아한다. (I like the friend whose acts are very truthful.)	أُحِبُّ الصَّدِيقَ الصِّدِّيقَةَ أَفْعَالُهُ.
나는 말들이 매우 진실된 사람들과 함께 일한다. (I work with persons whose words are very truthful.)	أَعْمَلُ مَعَ أَشْخَاصٍ صِدِّيقٍ كَلَامُهُمْ.
나는 행동이 아주 조심스러운 한 사람을 알게 되었다. (I got to know a person whose behavior is very careful.)	تَعَرَّفْتُ عَلَى شَخْصٍ حَذِرٍ سُلُوكُهُ.
이분은 양심이 깨어있는 여자이다. (This is a woman whose conscience is so awake.)	هَذِهِ امْرَأَةٌ يَقِظٌ ضَمِيرُهَا. *
나는 마음에 걱정을 하는 (그) 남자를 안심시켰다.	طَمْأَنْتُ الرَّجُلَ الْقَلِقَ بَالُهُ. *

→ 위의 문장들은 모두 과장형용사가 관계적 수식어(النَّعْتُ السَّبَبِيُّ)로 사용된 문장이다.

→ 위의 * 문장들에 사용된 قَلِقٌ 과 يَقِظٌ 단어를 유사형용사로 보기도 한다.

5. 수동분사의 동사적 용법 (اسْمُ الْمَفْعُولِ الْعَامِلُ عَمَلَ فِعْلِهِ)

수동분사의 동사적 용법은 두 가지 종류가 있다. 즉 수동분사가 문장의 주어나 술어 혹은 목적어 등으로 사용됨과 동시에 그 수동분사가 자체의 주어(نَائِبُ فَاعِلٍ لِاسْمِ الْمَفْعُولِ)를 따로 취하는 경우와, 그 수동분사가 자체의 제 2 목적어를 따로 취하는 경우가 있다.

수동분사의 동사적 용법은 한글 어순과 많이 달라서 다루기가 쉽지 않다. 그러나 고급 아랍어 문장에서 종종 사용되므로 천천히 공부할 필요가 있다.

1) 수동분사가 자체의 주어(نَائِبُ فَاعِلٍ لِاسْمِ الْمَفْعُولِ)를 취하는 경우

그 선생의 목소리가 들려진다. (The teacher's voice is heard.)	الْمُدَرِّسُ مَسْمُوعٌ صَوْتُهُ. 술어 + 주어
수동분사 مَسْمُوعٌ 는 문장에서 술어로 사용되었다. 또한 مَسْمُوعٌ 는 그 뒤에 صَوْتُهُ 를 의미상의 주어(نَائِبُ فَاعِلٍ لِاسْمِ الْمَفْعُولِ)로 취하여 동사적 용법을 수행한다. 일반문장으로 전환하면 الْمُدَرِّسُ يُسْمَعُ صَوْتُهُ. 혹은 الْمُدَرِّسُ سُمِعَ صَوْتُهُ.	
권리가 빼앗겨진 사람은 나약하다. (The one whose right is stolen, is weak.)	الْمَسْرُوقُ حَقُّهُ ضَعِيفٌ. 술어 + 주어
수동분사 الْمَسْرُوقُ 는 문장에서 주어로 사용되었다. 또한 الْمَسْرُوقُ 는 그 뒤에 حَقُّهُ 를 의미상의 주어(نَائِبُ فَاعِلٍ لِاسْمِ الْمَفْعُولِ)로 취하여 동사적 용법을 수행한다. 일반문장으로 전환하면 الَّذِي سُرِقَ/يُسْرَقُ حَقُّهُ ضَعِيفٌ.	
나는 대화가 사랑받는 그 사람을 만났다. (I met the one whose talk was beloved.)	قَابَلْتُ الْمَحْبُوبَ حَدِيثُهُ. 목적어 + 동사
수동분사 الْمَحْبُوبَ 는 문장에서 목적어로 사용되었다. 또한 الْمَحْبُوبَ 는 그 뒤에 حَدِيثُهُ 를 의미상의 주어(نَائِبُ فَاعِلٍ) 로 취하여 동사적 용법을 수행한다. 일반문장으로 전환하면 قَابَلْتُ الَّذِي يُحَبُّ حَدِيثُهُ. 혹은 قَابَلْتُ الَّذِي أُحِبُّ حَدِيثَهُ.	

위의 문장들에서 사용된 수동분사는 문장에서 주어나 술어 혹은 목적어로 사용되었으며, 자체의 주어를 취하고 있다.(파란색 글자) 이 때 이 의미상의 주어는 원래의 수동태 동사의 주어(نَائِبُ الْفَاعِلِ)가 된다. 위의 예문 아래에 전환된 문장(작은 글자로 표기된 문장)을 보면 사용된 동사가 수동형이며, 그 뒤에 수동태의 주어(نَائِبُ الْفَاعِلِ)가 오는 것을 알 수 있다.

이러한 수동분사의 용법을 수동분사의 동사적 용법(اسْمُ الْمَفْعُولِ الْعَامِلُ عَمَلَ فِعْلِهِ)이라고 한다.

** 수동분사의 동사적 용법 문장에서 수동분사의 성의 일치

아래 문장에서 주어와 술어의 성(性)과 수(數)의 일치에 주목하라. 수동분사의 동사적 용법 문장에서 수동분사의 성과 수는 그 뒤에 오는 수동태의 주어(نَائِبُ الْفَاعِلِ)의 성과 수와 일치한다.

그는 말들이 사랑받는 사람이다. (He is the one whose words are/were beloved.) (الْمَحْبُوبَةُ 는 كَلِمَاتُ 와 성과 수가 일치한다.)	هُوَ الْمَحْبُوبَةُ كَلِمَاتُهُ. 술어 + 주어(مُبْتَدَأٌ)
그 자동차의 유리창은 깨졌다. (The glass of the car is/was broken.) (مَكْسُورٌ 은 زُجَاجٌ 와 성과 수가 일치한다.)	السَّيَّارَةُ مَكْسُورٌ زُجَاجُهَا. 술어 + 주어(مُبْتَدَأٌ)

→ 위의 문장에서 주어(مُبْتَدَأٌ)의 성과 수는 수동태의 주어(نَائِبُ الْفَاعِلِ)에 붙은 접미 인칭대명사와 일치한다.

(1) 동사적 용법으로 사용된 수동분사의 문장에서의 기능

동사적 용법으로 사용된 수동분사도 동사적 용법으로 사용된 능동분사와 같이 그것의 한정형태에 따라 의미와 기능에 차이가 있다.

동사적 용법으로 사용된 **수동분사가 اﻟـ 한정형태인 경우** 명사문의 주어, 술어, 동사문의 주어, 목적어, 후연결어, 수식어 등 일반적인 문장의 기능들을 제한없이 수행한다.

동사적 용법으로 사용된 **수동분사가 비한정형태인 경우** 그 비한정형태의 수동분사 앞에 명사문의 주어(مُبْتَدَأ)가 먼저 오든지, 부정어(نَفْي)가 먼저 오든지, 의문사(اِسْتِفْهَام)가 먼저 오든지, 피수식어(مَوْصُوف)가 먼저 오든지, 호격사(نِدَاء)가 먼저 와야 한다.

a. 명사문의 주어(الْمُبْتَدَأ)로 사용된 경우

a-1 한정형태의 수동분사

권리가 빼앗겨진 사람은 나약하다. (The one whose right is/was stolen, is weak.)	الْمَسْرُوقُ حَقُّهُ ضَعِيفٌ.
그의 말이 들려지는 사람이 항상 옳은 것은 아니다. (The one whose words are/were heard, is not always right.)	لَيْسَ الْمَسْمُوعُ كَلَامُهُ عَلَى حَقٍّ دَائِمًا.
참으로, 그의 설명이 이해되는 사람이 문법 선생님이다. (Indeed, the one whose explanation is/was understood, is the grammar teacher.)	إِنَّ الْمَفْهُومَ شَرْحُهُ هُوَ أُسْتَاذُ الْقَوَاعِدِ.
그녀의 생각들이 알려진 여자는, 그녀의 애인이 그녀를 더 사랑한다. (The one whose thoughts are/were known, her lover loves her more.)	الْمَعْرُوفَةُ أَفْكَارُهَا يُحِبُّهَا حَبِيبُهَا أَكْثَرَ.*

a-2 비한정 형태의 수동분사
a-2-1 수동분사 앞에 의문사(الاِسْتِفْهَام)가 온 경우

학생들! 내 말이 이해됩니까? (Students! Are/Were my words understood?)	أَمَفْهُومٌ كَلَامِي يَا طُلَّابُ؟
그 미친 사람의 의견이 법원에서 받아들여지지 않았니?	أَمَقْبُولٌ رَأْيُ الْمَجْنُونِ فِي الْمَحْكَمَةِ؟
그 필요한 자에게 한 디르함이 주어졌니?	أَمَمْنُوحٌ الْمُحْتَاجُ دِرْهَمًا؟
그 선생님의 목소리가 들리니? (Is/Was the teacher's voice heard?)	هَلْ مَسْمُوعٌ صَوْتُ الْمُدَرِّسِ؟

a-2-2 수동분사 앞에 부정어(النَّفْي)가 온 경우

오늘 내 집에서 음식이 요리되지 않았다. (There is/was no food cooked at my house today.)	مَا مَطْبُوخٌ طَعَامٌ فِي بَيْتِي الْيَوْمَ.
요청하는 권리는 빼앗기지 않는다.	مَا مَسْلُوبَةٌ حُقُوقٌ وَرَاءَهَا مُطَالِبٌ.
(그) 일하는 사람의 월급은 잃지 않는다.	مَا مُضَاعٌ أَجْرُ الْعَامِلِ.

→ 위의 문장에서 مَفْهُومٌ 나 مَسْمُوعٌ 혹은 مَطْبُوخٌ 을 각각 주어(الْمُبْتَدَأ)로 보고, 그 뒤의 كَلَامِي 와 صَوْتُ 와 طَعَامٌ 를 각각 의미상 수동태 주어(نَائِبُ فَاعِلٍ)로 본다. نَائِبُ فَاعِلٍ عَوَضَ غِيَابِ الْخَبَرِ. 혹은 نَائِبُ فَاعِلٍ سَدَّ مَسَدَّ الْخَبَرِ.

**위의 문장 분해(سَدَّ مَسَدَّ الْخَبَرِ 에 대한 이해)

위의 a-2-1 의 수동분사 앞에 의문사(الِاسْتِفْهَام)가 사용된 문장과 위의 a-2-2 의 수동분사 앞에 부정어(النَّفْي)가 사용된 문장에 사용된 단어들의 기능을 어떻게 이해하며 그것을 어떻게 분해할까?

학생들! 내 말이 이해됩니까? (Students! Are/Were my words understood?)	أَمَفْهُومٌ كَلَامِي يَا طُلَّابُ؟ b + a
a - 주어(مُبْتَدَأ) b – 수동분사 مَفْهُومٌ 의 수동태의 주어(نَائِبُ فَاعِل) 이때 수동분사의 의미상 주어(نَائِبُ فَاعِل)인 كَلَامِي 는 문장에서 술어 자리에 위치해 있다. 그래서 이것을 نَائِبُ فَاعِل سَدَّ مَسَدَّ الْخَبَرِ 혹은 نَائِبُ فَاعِل عَوْضٌ غِيَابَ الْخَبَرِ 라 표현한다.	

→ سَدَّ مَسَدَّ الْخَبَر 는 동사적 용법으로 사용된 수동분사를 문장의 주어(مُبْتَدَأ)로 간주할 경우 그 뒤에 술어(خَبَر)가 와야 하는데 술어가 오지 않고 수동분사의 의미상 주어가 오게되므로 문제가 생긴 경우이다. 이 문장은 능동분사나 수동분사 앞에 의문사 혹은 부정어가 올 경우(즉 요청문(الْجُمْلَة الطَّلَبِيَّة)에만 해당된다.

b. 동사문의 주어(الْفَاعِل)로 사용된 경우

b-1 한정형태의 수동분사

그들의 설명이 이해되는 그 사람이 왔다. (The one whose explanation is understood, has come.)	جَاءَ الْمَفْهُومُ شَرْحُهُ.
그의 권리가 빼앗겨진 그 사람이 출석했다.	حَضَرَ الْمَسْرُوقُ حَقُّهُ.
그녀의 생각이 사랑받는 그 여자가 나에게 이야기 했다.	كَلَّمَتْنِي الْمَحْبُوبَةُ أَفْكَارُهَا.

b-2 비한정 형태의 수동분사
비한정 수동분사가 동사문의 주어로 사용된 경우는 그 앞에 شَخْص 란 단어가 생략되었다고 본다.

그들의 설명이 이해되는 한 사람이 왔다.	جَاءَ مَفْهُومٌ شَرْحُهُ. = جَاءَ شَخْصٌ مَفْهُومٌ شَرْحُهُ.
그의 권리가 빼앗겨진 한 사람이 출석했다.	حَضَرَ مَسْرُوقٌ حَقُّهُ. = حَضَرَ شَخْصٌ مَسْرُوقٌ حَقُّهُ.

c. 술어(الْخَبَر)로 사용된 경우

c-1 한정형태의 수동분사

그는 목소리가 사랑을 받는 그 사람이다. (He is the one whose voice is/was loved.)	هُوَ الْمَحْبُوبُ صَوْتُهُ.
그녀는 그녀의 시가 낭송되는 그 사람이다. (She is the one whose poetry is/was sung.)	هِيَ الْمُغَنَّى شِعْرُهَا.
이 사람이 그녀의 책이 사용되는 그 여인이다. (She is the one whose book is/was used.)	هَذِهِ هِيَ الْمُسْتَخْدَمُ كِتَابُهَا.
우리는 우리의 일들이 알려져 있는 그 사람들이다. (We are the ones whose works are/were known.)	نَحْنُ الْمَعْرُوفَةُ أَعْمَالُنَا.*

→ * 문장에서 الْمَعْرُوفَةُ 가 여성형이 된 것은 이 단어의 수동형 주어(نَائِبُ الْفَاعِل)인 أَعْمَالُنَا 가 사물복수이기 때문이다.

제33과 동명사와 파생명사의 동사적 용법에 대해

c-2 비한정 형태의 수동분사

그 교사의 목소리는 들려지고 그의 말은 이해되어 진다. (The teacher's voice is/was heard and his speech is/was understood.)	الْمُدَرِّسُ مَسْمُوعٌ صَوْتُهُ وَمَفْهُومٌ كَلَامُهُ.
그 사장의 요청은 실행되어진다. (The director's order is/was carried out.)	الْمُدِيرُ مُنَفَّذٌ طَلَبُهُ.
약자의 권리는 빼앗겨진다. (The right of the weak is/was stolen.)	الضَّعِيفُ مَسْرُوقٌ حَقُّهُ.
그 자동차의 유리창은 깨졌다. (The glass of the car is/was broken.)	السَّيَّارَةُ مَكْسُورٌ زُجَاجُهَا.
믿는 이는 그의 행적이 찬양을 받는다.	الْمُؤْمِنُ مَحْمُودٌ سِيرَتُهُ.
정말 당신은 당신의 옆구리가 풍부하다. (당신은 관대하다는 표현)	إِنَّكَ مَوْقُورٌ جَانِبُكَ.

→ 마지막 문장에서 주어가 여성형인 السَّيَّارَةُ 인데 그 뒤의 수동분사가 남성꼴이 온 것은 수동분사 مَكْسُور 의 수동형 주어(نَائِبُ الْفَاعِل)인 زُجَاجُهَا 가 남성형이기 때문이다.

d. 목적어(الْمَفْعُولُ بِهِ)로 사용된 경우

d-1 한정형태의 수동분사

나는 말이 사랑받는 그 사람을 만났다. (I met the one whose speech is/was beloved.)	قَابَلْتُ الْمَحْبُوبَ حَدِيثُهُ.
나는 의견들이 존경받는 그 여인과 결혼했다. (I married the one whose opinions are/were respected.)	تَزَوَّجْتُ الْمُحْتَرَمَةَ آرَاؤُهَا.
우리는 권리를 잃은 그 사람들을 도왔다. (We helped the one whose rights are/were lost.)	سَاعَدْنَا الْمُضَيَّعَةَ حُقُوقُهُمْ.
나는 생각들이 받아들여지는 그 사람과 이야기했다. (I talked to the one whose thoughts are/were accepted.)	كَلَّمْتُ الْمَقْبُولَةَ أَفْكَارُهُ.
شَاهَدْتُ الْمَسْرُوقَةَ حَقِيبَتُهَا تَصْرُخُ وَتُمْسِكُ بِاللِّصِّ. 나는 가방을 도난당한 그 여인이 소리를 지르며 강도를 붙드는 것을 목격했다. (I watched the lady whose bag is/was stolen, screaming and holding the thief.)	

d-2 비한정형태의 수동분사

비한정 수동분사가 목적어로 사용된 경우는 그 앞에 شَخْصٌ 란 단어가 생략되었다고 본다.

그들은 형(남동생)이 납치된 한 사람을 방문했다.(They visited a man whose brother is/was kidnapped.)	زَارُوا مَخْطُوفًا أَخُوهُ. = زَارُوا شَخْصًا مَخْطُوفًا أَخُوهُ.
그녀는 미쳤다고 알려진 어떤 사람을 사랑한다. (She loves somebody whose madness is/was known.)	تُحِبُّ مَعْرُوفًا جُنُونُهُ. = تُحِبُّ شَخْصًا مَعْرُوفًا جُنُونُهُ.
나는 의견들이 존경받는 한 여인과 결혼했다.(I married a woman whose opinions are/were respected.)	تَزَوَّجْتُ مُحْتَرَمَةً آرَاؤُهَا. = تَزَوَّجْتُ امْرَأَةً مُحْتَرَمَةً آرَاؤُهَا.

e. 유사문장(شِبْهُ الْجُمْلَةِ)에 사용된 경우

e-1 한정형태의 수동분사

나는 권리를 도둑맞은 사람을 소개받지 못했다.	لَمْ أَتَعَرَّفْ بِالْمَسْرُوقَةِ حُقُوقُهُ.

أَخَذْتُ كِتَابِي مِنَ الْمَعْرُوفِ كَذِبُهُ.	나는 (그의) 거짓말이 알려진 그 사람으로 부터 내 책을 취했다.

e-2 비한정 형태의 수동분사
여기서도 수동분사 앞에 شَخْص 란 단어가 생략되었다고 본다.

ذَهَبُوا إِلَى مَعْرُوفٍ كَرَمُهُ. = ذَهَبُوا إِلَى شَخْصٍ مَعْرُوفٍ كَرَمُهُ.	
그들은 관대함이 알려져있는 어떤 사람에게 갔다.(They went to somebody whose generousity is known.)	
سَلَّمْتُ عَلَى مَعْرُوفٍ ذَكَاؤُهَا. = سَلَّمْتُ عَلَى بِنْتٍ مَعْرُوفٍ ذَكَاؤُهَا.	
나는 총명함이 알려져 있는 한 소녀와 인사를 나누었다.(I greeted with a man whose intelligence is known.)	

f. 후연결어(الْمُضَافُ إِلَيْهِ)에 사용된 경우

f-1 한정형태의 수동분사

هَذِهِ سَيَّارَةُ الْمَسْرُوقِ بَيْتُهُ.	이것은 집이 도둑맞은 그 사람의 자동차이다.
تَكَلَّمْتُ مَعَ الْمَفْهُومِ حَدِيثُهُ.	나는 대화가 이해되는 그 사람과 함께 이야기했다.

f-2 비한정형태의 수동분사
여기서도 수동분사 앞에 شَخْص 란 단어가 생략되었다고 본다.

رَكِبْتُ سَيَّارَةَ مَحْبُوبٍ صَدَاقَتُهُ. = رَكِبْتُ سَيَّارَةَ شَخْصٍ مَحْبُوبٍ صَدَاقَتُهُ.	
나는 친구관계가 사랑받는 한 사람의 한 자동차에 탔다. (I rode a car of a man whose friendship is known.)	
تَنَاقَشْنَا مَعَ مَقْبُولَةٍ أَفْكَارُهَا. = تَنَاقَشْنَا مَعَ امْرَأَةٍ مَقْبُولَةٍ أَفْكَارُهَا.	
우리는 생각들이 납득되는 어떤 사람과 함께 논의했다.(We discussed with someone whose thoughts are acceptable.)	

g. 수식어(النَّعْت)로 사용된 경우

동사적 용법으로 사용된 수동분사가 문장에서 수식어로 사용되는 경우는 관계적 수식어(النَّعْتُ السَّبَبِيُّ) 용법으로 사용되는 경우이다. 관계적 수식어에 대해서는 곧 공부하게 된다.

g-1 한정형태의 수동분사

الطَّالِبُ الْمَفْهُومُ كَلَامُهُ مَشْهُورٌ.	그의 말이 이해되는 그 학생은 유명하다.
الْمَرْأَةُ الْمَسْرُوقَةُ حَقِيبَتُهَا ذَهَبَتْ إِلَى الشُّرْطَةِ.	가방을 도난당한 그 여자는 경찰서에 갔다.
أَعْرِفُ الطَّالِبَ الْمَأْخُوذَةَ بِطَاقَتُهُ.	나는 주민등록증이 빼앗겨진 그 학생을 알고 있다.
عُدِّلَ تَارِيخُ الْمُؤْتَمَرِ الْمُقَرَّرِ عَقْدُهُ بِالْقَاهِرَةِ.	카이로에서 열기로 결정되어 있던 그 컨퍼런스 날짜가 변경되었다.

g-2 비한정 형태의 수동분사

비한정으로 사용된 수동분사 앞에 피수식어가 온 경우이다.

이 남자는 관대함이 알려진 사람이다. (This is a man whose generosity is known.)	هَذَا رَجُلٌ مَعْرُوفٌ كَرَمُهُ.
나는 이름이 유명한 한 여자를 만났다. (I met a woman whose name was famous.)	قَابَلْتُ امْرَأَةً مَشْهُورًا اسْمُهَا.
이 사람은 가엾고 그의 힘이 약한 사람이다.	هَذَا مِسْكِينٌ مَهْدُودَةٌ قُوَّتُهُ.
그는 그의 인성이 칭찬받는 사람이다. (خَصْلَة/خِصَال)	هُوَ شَخْصٌ مَحْمُودَةٌ خِصَالُهُ.

h. 상태목적어(الحَال)로 사용된 경우

그 기사(horseman)는 그의 다리가 부러진채로 도착했다.	وَصَلَ الْفَارِسُ مَكْسُورَةً قَدَمُهُ.
내 아들은 학교에서 그의 돈들이 빼앗겨진 채로 돌아왔다.	عَادَ ابْنِي مِنَ الْمَدْرَسَةِ مَأْخُوذَةً نُقُودُهُ.
그 학생은 그의 책이 도둑맞은채로 그 교실을 나갔다.	خَرَجَ الطَّالِبُ مِنَ الْفَصْلِ مَسْرُوقًا كِتَابُهُ.
그 자동차는 문이 열린채로 멈추었다.	وَقَفَتِ السَّيَّارَةُ مَفْتُوحًا بَابُهَا.

i. 호격문(النِّداء)에 사용된 경우

비한정으로 사용된 수동분사 앞에 호격사가 온 경우이다.

권리가 잃어진 자여! 인내하라.	يَا مَسْلُوبًا حَقُّهُ! اصْبِرْ.
그의 행위가 찬양받는 자여! 겸손하라.	يَا مَحْمُودًا فِعْلُهُ! تَوَاضَعْ.

→ 이 책 '호격문에 대해'의 '호격문의 형태' 부분에서 이와같은 다른 문장들을 볼 수 있다.

** 앞에서 능동분사가 한정형태로 사용되어질 경우는 그 시제적인 의미가 과거와 현재와 미래 모두가 가능하지만, 비한정 형태로 사용될 경우 현재와 미래적인 의미로만 사용된다고 하였다. 그런데 수동분사의 경우는 비한정 형태의 경우도 과거적인 의미를 가질 수 있다.

(3) 동사적 용법으로 사용된 수동분사 문장을 관계대명사절 혹은 수식절로 전환하기

능동분사의 문장전환과 마찬가지로 동사적 용법으로 사용된 수동분사 문장을 관계대명사절 혹은 수식절 문장으로 전환할 수 있다. 이 때 한정형태의 수동분사는 관계대명사 الَّذِي 혹은 مَنْ 을 사용하여 전환하며, 그 의미는 '...되는 사람(the one whose…)'이 된다. 비한정 형태의 수동분사는 대게 شَخْص/ امْرَأَة 을 사용하여 전환하며, 서술적인 문장이 되든지 아니면 수식절을 이끄는 문장이 된다.

a. 명사문의 주어(الْمُبْتَدَأ)로 사용된 경우

a-1 한정형태의 수동분사

①	الَّذِي سُرِقَ/ يُسْرَقُ حَقُّهُ ضَعِيفٌ.	②	الْمَسْرُوقُ حَقُّهُ ضَعِيفٌ.	
	권리가 빼앗겨진 사람은 나약하다. (The one whose right is/was stolen, was weak.)			
①	لَيْسَ الَّذِي سُمِعَ/ يُسْمَعُ كَلَامُهُ عَلَى حَقٍّ دَائِمًا.	②	لَيْسَ الْمَسْمُوعُ كَلَامُهُ عَلَى حَقٍّ دَائِمًا.	
	그의 말이 들려지는 사람이 항상 옳은 것은 아니다. (The one whose words are/were heard, is not always true.)			

a-2 비한정 형태의 수동분사

①	أَفْهِمَ/ يُفْهَمُ كَلَامِي يَا طُلَّابٌ؟	②	أَمَفْهُومٌ كَلَامِي يَا طُلَّابٌ؟	
	학생들! 내 말이 이해됩니까? (Students! Are/were my words understood?)			
①	هَلْ سُمِعَ/ يُسْمَعُ صَوْتُ الْمُدَرِّسِ؟	②	هَلْ مَسْمُوعٌ صَوْتُ الْمُدَرِّسِ؟	
	그 선생님의 목소리가 들리니? (Is/was the teacher's voice heard?)			
①	مَا طُبِخَ طَعَامٌ فِي بَيْتِي الْيَوْمَ.	②	مَا مَطْبُوخٌ طَعَامٌ فِي بَيْتِي الْيَوْمَ.	
	오늘 내 집에서 음식이 요리되지 않았다. (There is no food cooked at my house today.)			

b. 동사문의 주어(الْمُبْتَدَأ)로 사용된 경우

b-1 한정형태의 수동분사

①	جَاءَ الَّذِي فُهِمَ/ يُفْهَمُ شَرْحُهُ.	②	جَاءَ الْمَفْهُومُ شَرْحُهُ.	
	그들의 설명이 이해되는 그 사람이 왔다. (The one whose explanation is understood, have come.)			
①	كَلَّمَتْنِي الَّتِي أُحِبَّتْ/ تُحَبُّ أَفْكَارُهَا.	②	كَلَّمَتْنِي الْمَحْبُوبَةُ أَفْكَارُهَا.	
	그녀의 생각이 사랑받는 그 여자가 나에게 이야기 했다.			

b-1 비한정형태의 수동분사

①	جَاءَ شَخْصٌ فُهِمَ/ يُفْهَمُ شَرْحُهُ.	②	جَاءَ مَفْهُومٌ شَرْحُهُ.	
	그들의 설명이 이해되는 한 사람이 왔다.			
①	حَضَرَ شَخْصٌ سُرِقَ/ يُسْرَقُ حَقُّهُ.	②	حَضَرَ مَسْرُوقٌ حَقُّهُ.	
	그의 권리가 빼앗겨진 한 사람이 출석했다.			

c. 술어(الْخَبَر)로 사용된 경우

c-1 한정형태의 수동분사

①	هُوَ الْمَحْبُوبُ صَوْتُهُ.	②	هُوَ الَّذِي أُحِبَّ/ يُحَبُّ صَوْتُهُ
	그는 목소리가 사랑을 받는 그 사람이다. (He is the one whose voice is/was loved.)		
①	هَذِهِ هِيَ الْمُسْتَخْدَمُ كِتَابُهَا.	②	هَذِهِ هِيَ الَّتِي اسْتُخْدِمَ/ يُسْتَخْدَمُ كِتَابُهَا.
	이 사람이 그녀의 책이 사용되는 그 여인이다. (She is the one whose book is/was used.)		
①	نَحْنُ الَّذِينَ الْمَعْرُوفَةُ أَعْمَالُنَا.	②	نَحْنُ الَّذِينَ عُرِفَتْ/ تُعْرَفُ أَعْمَالُنَا.
	우리는 우리의 일들이 알려져 있는 그 사람들이다. (We are the ones whose works are/were known.)		

→ 위의 문장들에서 사용된 관계대명사는 동사 뒤에 사용된 동사의 의미상 주어의 인칭과 일치한다.

c-2 비한정 형태의 수동분사
술어로 사용된 수동분사가 주동사로 전환된다.

①	الْمُدَرِّسُ مَسْمُوعٌ صَوْتُهُ وَمَفْهُومٌ كَلَامُهُ.	②	الْمُدَرِّسُ سُمِعَ/ يُسْمَعُ صَوْتُهُ وَفُهِمَ/ يُفْهَمُ كَلَامُهُ.
	그 교사의 목소리는 들려지고 그의 말은 이해되어 진다. (The teacher's voice is/was heard and his speech is/was understood.)		
①	الْمُدِيرُ مُنَفَّذٌ طَلَبُهُ.	②	الْمُدِيرُ نُفِّذَ/ يُنَفَّذُ طَلَبُهُ.
	그 사장의 요청은 실행되어진다. (The director's order is/was performed.)		

d. 목적어(الْمَفْعُول بِهِ)로 사용된 경우

d-1 한정 형태의 수동분사

①	قَابَلْتُ الْمَحْبُوبَ حَدِيثُهُ.	②	قَابَلْتُ الَّذِي أُحِبَّ/ يُحَبُّ حَدِيثُهُ.
	나는 말이 사랑받는 그 사람을 만났다. (I met the one whose speech is/was beloved.)		
①	تَزَوَّجْتُ الْمُحْتَرَمَةَ آرَاؤُهَا.	②	تَزَوَّجْتُ الَّتِي احْتُرِمَتْ/ تُحْتَرَمُ آرَاؤُهَا.
	나는 의견들이 존경받는 그 여인과 결혼했다. (I married the one whose opinions are/were respected.)		
①	سَاعَدْنَا الْمُضَيَّعَةَ حُقُوقُهُمْ.	②	سَاعَدْنَا الَّذِينَ ضُيِّعَتْ/ تُضَيَّعُ حُقُوقُهُمْ.
	우리는 권리를 잃은 그 사람들을 도왔다. (We helped the ones whose rights are/were lost.)		

d-2 비한정 형태의 수동분사

①	قَابَلْتُ شَخْصًا مَحْبُوبًا حَدِيثُهُ.	②	قَابَلْتُ شَخْصًا أُحِبَّ/ يُحَبُّ حَدِيثُهُ.
	나는 말이 사랑받는 어떤 사람을 만났다. (I met someone whose speech is/was beloved.)		
①	زَارُوا شَخْصًا مَخْطُوفًا أَخُوهُ.	②	زَارُوا شَخْصًا خُطِفَ أَخُوهُ.
	그들은 형(남동생)이 납치된 어떤 사람을 방문했다. (They visited somebody whose brother is/was kidnapped.)		

e. 유사문장(شِبْهُ الْجُمْلَةِ)에 사용된 경우

e-1 한정형태의 수동분사

①	لَمْ أَتَعَرَّفْ بِالْمَسْرُوقَةِ حُقُوقُهُ.	②	لَمْ أَتَعَرَّفْ بِالَّذِي سُرِقَتْ/ تُسْرَقُ حُقُوقُهُ.

나는 권리를 도둑맞은 사람과 소개받지 못했다.

①	أَخَذْتُ كِتَابِي مِنَ الْمَعْرُوفِ كَذِبُهُ.
②	أَخَذْتُ كِتَابِي مِنَ الَّذِي عُرِفَ/ يُعْرَفُ كَذِبُهُ.

나는 (그의) 거짓말이 알려진 그 사람으로 부터 내 책을 취했다.

e-2 비한정 형태의 수동분사

①	ذَهَبُوا إِلَى مَعْرُوفٍ كَرَمُهُ.	②	ذَهَبُوا إِلَى شَخْصٍ عُرِفَ/ يُعْرَفُ كَرَمُهُ.

그들은 관대함이 알려진 어떤 사람에게 갔다.(They went to somebody whose generousity is known.)

①	سَلَّمْتُ عَلَى مَعْرُوفٍ ذَكَاؤُهَا.
②	سَلَّمْتُ عَلَى امْرَأَةٍ عُرِفَ/ يُعْرَفُ ذَكَاؤُهَا.

나는 총명함이 알려져 있는 한 여자와 인사를 나누었다.(I greeted with a woman whose intelligence is known.)

f. 후연결어(الْمُضَافُ إِلَيْهِ)에 사용된 경우

f-1 한정형태의 수동분사

①	هَذِهِ سَيَّارَةُ الْمَسْرُوقِ بَيْتُهُ.	②	هَذِهِ سَيَّارَةُ الَّذِي سُرِقَ/ يُسْرَقُ بَيْتُهُ.

이것은 집이 도둑맞은 그 사람의 자동차이다.

①	تَكَلَّمْتُ مَعَ الْمَفْهُومِ حَدِيثُهُ.	②	تَكَلَّمْتُ مَعَ الَّذِي فُهِمَ/ يُفْهَمُ حَدِيثُهُ.

나는 대화가 이해되는 그 사람과 함께 이야기했다.

f-2 비한정형태의 수동분사

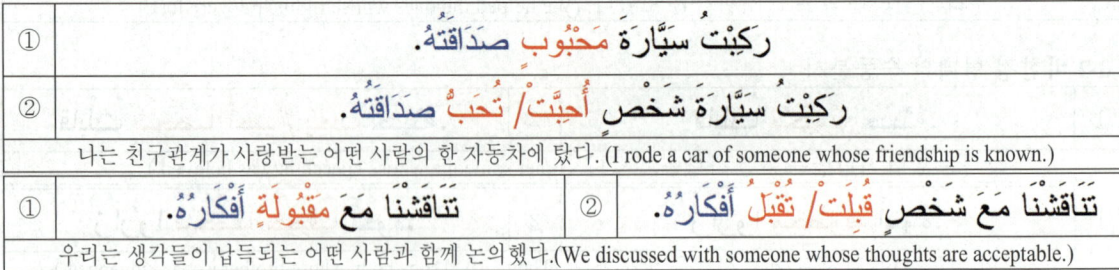

①	رَكِبْتُ سَيَّارَةَ مَحْبُوبٍ صَدَاقَتُهُ.
②	رَكِبْتُ سَيَّارَةَ شَخْصٍ أُحِبَّتْ/ تُحَبُّ صَدَاقَتُهُ.

나는 친구관계가 사랑받는 어떤 사람의 한 자동차에 탔다.(I rode a car of someone whose friendship is known.)

①	تَنَاقَشْنَا مَعَ مَقْبُولَةٍ أَفْكَارُهُ.	②	تَنَاقَشْنَا مَعَ شَخْصٍ قُبِلَتْ/ تُقْبَلُ أَفْكَارُهُ.

우리는 생각들이 납득되는 어떤 사람과 함께 논의했다.(We discussed with someone whose thoughts are acceptable.)

제33 과 동명사와 파생명사의 동사적 용법에 대해

g. 수식어(النَّعْت)로 사용된 경우

g-1 한정형태의 수동분사

①	الطَّالِبُ الْمَفْهُومُ كَلَامُهُ مَشْهُورٌ.	②	الطَّالِبُ الَّذِي فُهِمَ/ يُفْهَمُ كَلَامُهُ مَشْهُورٌ.
	그의 말이 이해되는 그 학생은 유명하다.		
①	أَعْرِفُ الطَّالِبَ الْمَأْخُوذَةَ بِطَاقَتُهُ.	②	أَعْرِفُ الطَّالِبَ الَّذِي أُخِذَتْ/ تُؤْخَذُ بِطَاقَتُهُ.
	나는 주민등록증이 빼앗겨진 그 학생을 알고 있다.		
①	عُدِّلَ تَارِيخُ الْمُؤْتَمَرِ الْمُقَرَّرِ عَقْدُهُ بِالْقَاهِرَةِ.		
②	= عُدِّلَ تَارِيخُ الْمُؤْتَمَرِ الَّذِي قُرِّرَ عَقْدُهُ بِالْقَاهِرَةِ.		
	카이로에서 열기로 결정되어 있던 컨퍼런스 날짜가 변경되었다.		
①	مِسَاحَةُ الْكَنِيسَةِ الْمَطْلُوبِ التَّرْخِيصُ بِبِنَائِهَا تَتَنَاسَبُ مَعَ عَدَدِ الْمَسِيحِيِّينَ فِي الْمِنْطَقَةِ.		
②	مِسَاحَةُ الْكَنِيسَةِ الَّتِي طُلِبَ/ يُطْلَبُ التَّرْخِيصُ بِبِنَائِهَا تَتَنَاسَبُ مَعَ عَدَدِ الْمَسِيحِيِّينَ فِي الْمِنْطَقَةِ.		
	건축 허가가 요청되는 교회의 면적은 그 지역의 기독교인의 숫자와 맞아야 한다.		

g-2 비한정 형태의 수동분사

①	هَذَا رَجُلٌ مَعْرُوفٌ كَرَمُهُ.	②	هَذَا رَجُلٌ عُرِفَ/ يُعْرَفُ كَرَمُهُ.
	이 남자는 관대함이 알려진 사람이다. (This is a man whose generosity is known.)		
①	قَابَلْتُ امْرَأَةً مَشْهُورًا اسْمُهَا.	②	قَابَلْتُ امْرَأَةً شُهِرَ/ يُشْهَرُ اسْمُهَا.
	나는 이름이 유명한 한 여자를 만났다. (I met a woman whose name was famous.)		

i. 호격문(النِّدَاء)에 사용된 경우

①	يَا مَسْلُوبًا حَقُّهُ! اصْبِرْ.	②	يَا شَخْصًا سُلِبَ/ يُسْلَبُ حَقُّهُ! اصْبِرْ.
	권리가 잃어진 자여! 인내하라.		
①	يَا مَحْمُودًا فِعْلُهُ! تَوَاضَعْ.	②	يَا شَخْصًا حُمِدَ/ يُحْمَدُ فِعْلُهُ! تَوَاضَعْ.
	그의 행위가 찬양받는 자여! 겸손하라.		

→ 위의 ①의 경우는 호격문 가운데 호격대상이 전연결형의 전연결어와 유사한 경우(الْمُنَادَى الشَّبِيهُ بِالْمُضَافِ)이다. 이에 반해 ②의 전환된 문장의 경우 호격문 가운데 호격 대상이 불특정한 비한정 명사의 경우(الْمُنَادَى النَّكِرَةُ غَيْرُ الْمَقْصُودَةِ)가 된다. 이 책 '호격문에 대해' 부분에서 공부하라.

2) 수동분사가 자체의 제 2 목적어를 취하는 경우 (مَفْعُولٌ بِهِ ثَانٍ لِاسْمِ الْمَفْعُولِ)

수동분사가 문장의 주어나 술어 혹은 목적어 등으로 사용됨과 동시에 그 수동분사가 자체의 제 2 목적어를 따로 취하는 경우이다. 이 때 사용되는 수동분사는 반드시 두 개의 목적어를 취하는 동사에서 파생된 것이어야 한다.

그 승리자는 상을 받았다. (그 승리자에게 한 상이 주어졌다.) (The winner is/was given a prize.)	الْفَائِزُ مُعْطًى جَائِزَةً.
위의 문장에서 جَائِزَةً 은 مُعْطًى 의 제2목적어이다. 제1목적어는 능동형 문장에서 الْفَائِزُ 였다.	

위의 문장이 어떻게 만들어졌는지 살펴보자. 위의 문장은 아래의 능동태 문장에서부터 왔다. 그것이 수동태 문장으로 바뀌었고, 그것이 다시 명사문으로 바뀌었다. (수동태 문장에 대해서는 곧 공부한다.) 명사문 가운데서 ①은 원래의 명사문이고 ②는 명사문에 사용된 수동태 동사를 수동분사(수동분사가 사용된 명사문)로 바꾼 것이다.

능동태 문장	수동태 문장	명사문	
أَعْطَيْتُ الْفَائِزَ جَائِزَةً.	أُعْطِيَ الْفَائِزُ جَائِزَةً.	الْفَائِزُ أُعْطِيَ جَائِزَةً.	①
		الْفَائِزُ مُعْطًى جَائِزَةً.	②
나는 그 승리자에게 상을 주었다.	그 승리자는 상을 받았다.	그 승리자는 상을 받았다.	

أَعْطَى / يُعْطِي ه ه 는 두 개의 목적어를 취하는 동사이다. 이 동사가 수동형으로 전환될 경우 أَعْطَى 가 사용된 문장의 제1목적어가 수동태 문장의 주어(نَائِبُ الْفَاعِلِ)로 온다. 그 뒤에 제2목적어(파란색 글자)가 사용되었다.

다른 예들 아래는 수동분사가 문장의 술어로 사용된 경우이다.

그 성적이 우수한 여학생은 뛰어난 성적이 주어졌다. (The superior student is/was granted an excellent degree.)	الطَّالِبَةُ الْمُتَفَوِّقَةُ مَمْنُوحَةٌ تَقْدِيرًا مُمْتَازًا.
그 부자들은 가난한 사람들을 위한 기부에 책임이 있다. (Rich people are/were asked donations for poor people.)	الْأَغْنِيَاءُ مَسْؤُولُونَ تَبَرُّعَاتٍ لِلْفُقَرَاءِ.
그 천재는 아주 특별한 이성(머리)이 주어졌다. (The genius is/was blessed a unique mind.)	الْعَبْقَرِيُّ مَوْهُوبٌ عَقْلًا فَرِيدًا.
그 학생은 그 수업이 잘 가르쳐졌다. (The student is/was taught the lesson well.)	الطَّالِبُ مُفَهَّمٌ الدَّرْسَ جَيِّدًا.
그 난민들은 그들의 권리들과 의무들에 대해 알게되어졌다. (The refugees are/were informed their rights and duties.)	اللَّاجِئُونَ مُعَرَّفُونَ حُقُوقَهُمْ وَوَاجِبَاتِهِمْ.

아래는 수동분사가 수식어로 사용된 경우이다.

나는 경찰서에 데려가진(투옥된) 한 여인을 보았다. I saw a woman was being brought in the police station.	رَأَيْتُ امْرَأَةً مُدْخَلَةً قِسْمَ الشُّرْطَةِ.
한 상이 주어진 한 학생이 왔다.	أَقْبَلَ طَالِبٌ مَمْنُوحٌ جَائِزَةً.

→ 위의 문장들의 번역이 쉽지는 않다. 문장들을 한글로 번역할 때 제 2 목적어로 사용된 단어가 주어로 번역되기도 하고 목적어로 번역되기도 한다.

제33과 동명사와 파생명사의 동사적 용법에 대해

(1) 동사적 용법으로 사용된 수동분사의 문장에서의 기능

수동분사가 자체의 제 2 목적어를 취하는 동사적 용법 문장에서 수동분사 자체가 어떤 기능을 하는지 살펴본다. (이 부분은 난이도가 있는 내용들이므로 어렵게 여겨지면 나중에 공부해도 된다.)

a. 명사문의 주어(الْمُبْتَدَأ)로 사용된 경우

a-1 한정형태의 수동분사

상이 주어지는 그 자는 부지런한 사람이다. (The one, who is /was given a prize, is a diligent person.)	الْمُعْطَى جَائِزَةً شَخْصٌ مُجْتَهِدٌ.
히샴이라 이름지어진(불리어진) 그 사람은 내 형(남동생)이다.	الْمُسَمَّى هِشَامًا أَخِي.
그 단원이 여러번 가르쳐진 사람은 바보가 아니다. (The one, who is /was taught the lesson many times, is not stupid.)	لَيْسَ الْمُفَهَّمُ الدَّرْسَ مَرَّاتٍ كَثِيرَةً غَبِيًّا.
나는 존경의 메달이 주어지는 그 여자는 특별한 여자라고 생각한다. (I think the one, who is /was granted a decoration, is a special woman.)	أَظُنُّ أَنَّ الْمَمْنُوحَةَ وِسَامًا امْرَأَةٌ مُتَمَيِّزَةٌ.

a-2 비한정 형태의 수동분사

그 천재들은 특별한 이성들을 축복으로 받았습니까? (Are/were the genius people blessed with special minds?)	هَلْ مَوْهُوبٌ الْعَبَاقِرَةُ عُقُولًا خَاصَّةً؟
그 여자 아기는 그녀의 이유식이 (다른 사람에 의해) 먹혀지고 있습니까? (Is/was the baby fed her food?)	أَمُؤَكَّلَةٌ الطِّفْلَةُ طَعَامَهَا؟
오늘은 아무에게 어떤 것도 주어지지 않았다. (Nobody is given anything today.)	مَا مُعْطَى أَحَدٌ شَيْئًا الْيَوْمَ.

→ 위의 문장들에서 مَوْهُوبٌ 와 مُؤَكَّلَةٌ 과 مُعْطَى 을 각각 주어(مُبْتَدَأ)로 보고, الْعَبَاقِرَةُ 와 الطِّفْلَةُ 와 أَحَدٌ 을 각각 의미상 수동태 주어(نَائِبُ فَاعِلٍ سَدَّ مَسَدَّ الْخَبَرِ) 로 본다.

b. 동사문의 주어(الْفَاعِل)로 사용된 경우

b-1 한정형태의 수동분사

상이 제공된 그 사람이 도착했다.	وَصَلَ الْمَمْنُوحُ جَائِزَةً.
아버지로부터 돈이 주어진 그 여자가 왔다.	جَاءَتِ الْمُعْطَاةُ نُقُودًا مِنْ أَبِيهَا.

b-2 비한정형태의 수동분사

비한정 수동분사가 동사문의 주어로 사용된 경우는 그 앞에 شَخْص (혹은 여자일 경우 امْرَأَة)란 단어가 생략되었다고 본다.

상이 제공된 한 사람이 도착했다.	وَصَلَ مَمْنُوحٌ جَائِزَةً. = وَصَلَ شَخْصٌ مَمْنُوحٌ جَائِزَةً.
	جَاءَتْ مُعْطَاةٌ نُقُودًا مِنْ أَبِيهَا. = جَاءَتِ امْرَأَةٌ مُعْطَاةٌ نُقُودًا مِنْ أَبِيهَا.
아버지로부터 돈이 주어진 한 여자가 왔다.	

c. 술어(الْخَبَر)로 사용된 경우

c-1 한정형태의 수동분사

그녀는 그녀의 약이 투약되는 그 사람이다. (She is the one who is /was given her medicine to drink.)	هِيَ الْمُشَرَّبَةَ دَوَاءَهَا.
그는 우등상이 주어진 그 사람이다. (He is the one who is /was given the superiority prize.)	هُوَ الْمُعْطَى جَائِزَةَ التَّفَوُّقِ.
이 사람은 행정부로부터 도움이 주어진 그 사람이다. (This is the one who is /was granted help by the administration.)	هَذَا هُوَ الْمَمْنُوحُ مُسَاعَدَةً مِنَ الْإِدَارَةِ.

c-2 비한정 형태의 수동분사

그 우등생은(에게) 큰 선물이 주어졌다. (The superior is /was granted a great prize.)	الْمُتَفَوِّقُ مَمْنُوحٌ هَدِيَّةً عَظِيمَةً.
그녀의 여자 친구는 그녀의 아버지로 부터 돈이 주어졌다. (Her friend is /was given money by her father.)	صَدِيقَتُهَا مُعْطَاةٌ نُقُودًا مِنْ أَبِيهَا.
그 환자는 제 시간에 약이 복용되어진다. (The patient is /was given the medicine to drink on time.)	الْمَرِيضُ مُشَرَّبٌ الدَّوَاءَ فِي مَوْعِدِهِ.

d. 목적어(الْمَفْعُولُ بِهِ)로 사용된 경우

d-1 한정형태의 수동분사

우리는 독특한 이성적 특징이 부여된 그 사람(f.)을 보았다. (We saw the one who is /was blessed with unique mental characteristics.) خَصِيصَة/خَصَائِص 특성, 속성	رَأَيْنَا الْمَوْهُوبَةَ خَصَائِصَ عَقْلِيَّةً فَرِيدَةً.
그 제자들은 그 교실에 폭력적으로 들여보내진 여자들을 보았다. (The pupils have watched the ones who are /were violently being brought in the class.)	شَاهَدَ التَّلَامِيذُ الْمُدْخَلَاتِ الْفَصْلَ بِعُنْفٍ.

d-2 비한정 형태의 수동분사   여기서도 수동분사 앞에 شَخْص/أَشْخَاص 란 단어가 생략되었다고 본다.

그 사장은 그들의 문제들에 대해 도움이 주어지는 어떤 사람들과 논의를 한다. (The director is arguing with somebodies, who are /were granted help, about their problems.)	يُنَاقِشُ الْمُدِيرُ مَمْنُوحِينَ مُسَاعَدَةً فِي مَشَاكِلِهِمْ.
나는 그녀의 남편으로 부터 지참금으로 비행기가 주어진 한 여인을 만났다.(I met someone who is /was presented with a plane as a dowry from her husband.)	قَابَلْتُ مُهْدَاةً طَائِرَةً كَمَهْرٍ مِنْ زَوْجِهَا.

e. 유사문장(شِبْهُ الْجُمْلَةِ)에 사용된 경우

e-1 한정형태의 수동분사

나는 이 펜을 많은 상들이 주어진 그 사람으로 부터 취했다. (I took this pen from the one who is /was granted many rewards.)	أَخَذْتُ هَذَا الْقَلَمَ مِنَ الْمَمْنُوحَةِ جَوَائِزَ كَثِيرَةً.
	اسْتَمَعَ الْقَاضِي إِلَى الْمُعْطَى حَقَّ الدِّفَاعِ عَنْ نَفْسِهِ.
그 판사는 자신에 대한 변호의 권리가 주어진 그 사람의 말을청취했다. (The judge listened to the one who is /was given the right to defend himself.)	

e-2 비한정형태의 수동분사
여기서도 수동분사 앞에 **شَخْص** 란 단어가 생략되었다고 본다.

나는 선물로 한 자동차가 주어진 어떤 사람을 알게 되었다. (I got to know somebody who is /was granted a car as a present.)	تَعَرَّفْتُ إِلَى مَمْنُوحٍ سَيَّارَةً كَهَدِيَّةٍ.
	ذَهَبُوا إِلَى مَوْهُوبٍ الْقُدْرَةَ عَلَى مُعَالَجَةِ السِّحْرِ.
그들은 주술 행위에 대한 능력이 주어진 어떤 사람에게 갔다. (They went to someone who is /was blessed with the ability to treat magic.)	

f. 후연결어(الْمُضَاف إِلَيْهِ)에 사용된 경우

f-1 한정형태의 수동분사

나는 장학금이 주어진 그 사람과 함께 공부했다. (I studied with the one who is /was given a scholarship.)	دَرَسْتُ مَعَ الْمُعْطَى مِنْحَةً دِرَاسِيَّةً.
우리는 그의 범죄들로 인해 감옥에 들여보내진 그 사람의 집에 있었다. (We were in the house of the one who is /was brought in prison because of his crimes.)	كُنَّا فِي بَيْتِ الْمُدْخَلِ السِّجْنَ بِسَبَبِ جَرَائِمِهِ.

f-2 비한정형태의 수동분사
여기서도 수동분사 앞에 **شَخْص** 란 단어가 생략되었다고 본다.

이것은 지혜와 똑똑함이 주어진 어떤 사람의 특징들이다. (These are attributes of someone who is /was blessed with wisdom and smartness.)	هَذِهِ صِفَاتُ مَوْهُوبٍ حِكْمَةً وَذَكَاءً.
	حَلَلْتُ الْمُشْكِلَةَ بَيْنَ مُعْطَى حَلْوَى وَآخَرَ أَقَلَّ مِنْهُ.
나는 사탕이 주어진 어떤 사람과 그 보다 덜 주어진 다른 사람과의 사이에서 그 문제를 해결했다. (I solved the problem between someone who is /was given a sweet and another is/ was given less than him.)	

g. 수식어(النَّعْت)로 사용된 경우

동사적 용법으로 사용된 수동분사가 문장에서 수식어로 사용되는 경우는 일반적인 수식어(النَّعْت)로 사용된 경우와 관계적 수식어(النَّعْت السَّبَبِيُّ) 용법으로 사용되는 경우가 있다.

g-1 일반적인 수식어(النَّعْت)로 사용된 경우
g-1-1 한정형태의 수동분사

너는 그 단원이 많이 가르쳐진 그 소녀를 보았니? (Did you see the girl who is/was taught the lesson a lot?)	هَلْ رَأَيْتَ الْبِنْتَ الْمُفَهَّمَةَ الدَّرْسَ كَثِيرًا؟
한 무료 티켓이 주어진 이 여행자는 이상하다. (This passenger, who is/was given a free ticket, is weird.)	هَذَا الْمُسَافِرُ الْمُعْطَى تَذْكِرَةً مَجَّانِيَّةً غَرِيبٌ.
나는 승진이 주어진 그 엔지니어에게 나를 도와줄 것을 요청했다. (I asked the engineer who is/was granted a promotion to help me.)	طَلَبْتُ مِنَ الْمُهَنْدِسِ الْمَمْنُوحِ تَرْقِيَةً مُسَاعَدَتِي.
우리는 그 프로젝트에 대한 책임이 주어진 그 여자 엔지니어를 만났다.	قَابَلْنَا الْمُهَنْدِسَةَ الْمُعْطَاةَ مَسْؤُولِيَّةَ الْمَشْرُوعِ.

g-1-2 비한정 형태의 수동분사

그는 똑똑함이 희귀하게 주어진 남자이다. (He is a man blessed with a rare smartness.)	هُوَ رَجُلٌ مَوْهُوبٌ ذَكَاءً نَادِرًا.
나는 정치적 망명이 주어진 한 사람을 때렸다. (I have beaten a person granted the right of asylum.)	ضَرَبْتُ شَخْصًا مَمْنُوحًا لُجُوءًا سِيَاسِيًّا.
نَدْرُسُ مَعَ بِنْتٍ مَسْؤُولَةٍ وَاجِبَاتٍ أَكْثَرَ لِأَنَّهَا كَسْلَانَةٌ. 우리는 게으르기 때문에 더 많은 숙제들이 요구되어지는 한 소녀와 함께 공부하고 있다. (We study with a girl asked for more assignments because she is lazy.)	

g-2 관계적 수식어 (النَّعْتُ السَّبَبِي) 용법으로 사용된 경우

동사적 용법으로 사용된 수동분사가 관계적 수식어로 사용되는 경우로서 그 뒤에 수동형의 주어(نَائِبُ الفَاعِل)가 온다. 여기에 사용되는 수동분사들은 모두 목적어를 두 개 취하는 동사에서 온 것들이다. 관계적 수식어는 곧 공부하게 된다.

g-2-1 한정형태의 수동분사

나는 그의 도움이 모든 학생들에게 주어진 그 교장을 만났다.(I met the director whose help is/was granted to every student.)	قَابَلْتُ الْمُدِيرَ الْمَمْنُوحَةَ مُسَاعَدَتُهُ لِكُلِّ طَالِبٍ.
سَلَّمْتُ عَلَى الْمَرْأَةِ الْمُعْطَاةِ ابْتِسَامَتُهَا لِمَنْ حَوْلَهَا. 나는 미소들이 그녀의 주위의 사람들에게 주어지는 그 여자와 인사를 나누었다. (I greeted the woman whose smile is/was given for those around her.)	
هَذَا الْمُدَرِّسُ الْمُعَرَّفَةُ طَرِيقَةُ تَدْرِيسِهِ فِي جَامِعَاتٍ كَثِيرَةٍ مُمْتَازٌ.* 가르치는 방법이 많은 대학들에 알려진 이 선생님은 훌륭하다. (This teacher, whose teaching method is/was defined in many universities, is excellent.)	

→위의 * 문장은 관계적 수식어 문장 가운데 그 연결의 인칭대명사가 후연결어에 붙은 관계적 수식어 문장이다.

g-2-2 비한정 형태의 수동분사

이 사람은 그녀의 돈이 가난한 사람들에게 주어지는 여자이다. (This is a lady whose money is/was given to the poor.)	هَذِهِ سَيِّدَةٌ مُعْطَاةٌ نُقُودُهَا لِلْفُقَرَاءِ.
나는 그의 저작들이 모든 세상에 가르쳐지는 한 외국 작가를 만났다. (I met a foreign author whose compilations are/were taught all over the world.)	قَابَلْتُ كَاتِبًا أَجْنَبِيًّا مُفْهَمَةً مُؤَلَّفَاتُهُ لِكُلِّ الْعَالَمِ.
나는 그의 책이 학생들에게 주어진 한 선생님과 인사를 나누었다. (I greeted a teacher whose book is/was given to the students.)	سَلَّمْتُ عَلَى مُدَرِّسٍ مُعْطَى كِتَابُهُ لِلطُّلَّابِ.

제33과 동명사와 파생명사의 동사적 용법에 대해

(2) 동사적 용법으로 사용된 수동분사 문장을 관계대명사절 혹은 수식절로 전환하기

동사적 용법으로 사용된 수동분사 문장을 관계대명사절 혹은 수식절 문장으로 전환할 수 있다. 이 때 한정형태의 수동분사는 관계대명사 الَّذِي 혹은 مَنْ 을 사용하여 전환하며, 그 의미는 '...되는 사람(the one whose...)'이 된다. 비한정 형태의 수동분사는 대개 شَخْص/ امْرَأَة 을 사용하여 전환하며, 서술적인 문장이 되든지 아니면 수식절을 이끄는 문장이 된다.

a. 명사문의 주어(الْمُبْتَدَأ)로 사용된 경우

a-1 한정형태의 수동분사

①	الْمُعْطَى جَائِزَةً شَخْصٌ مُجْتَهِدٌ.
②	الَّذِي أُعْطِيَ/ يُعْطَى جَائِزَةً شَخْصٌ مُجْتَهِدٌ.
	상이 주어지는 자는 부지런한 사람이다. (The one, who is /was given a prize, is a diligent person.)
①	لَيْسَ الْمُفَهَّمُ الدَّرْسَ مَرَّاتٍ كَثِيرَةً غَبِيًّا.
②	لَيْسَ الَّذِي فُهِّمَ/ يُفَهَّمُ الدَّرْسَ مَرَّاتٍ كَثِيرَةً غَبِيًّا.
	그 단원이 여러번 가르쳐진 사람은 바보가 아니다. (The one, who is /was taught the lesson many times, is not stupid.)

a-2 비한정 형태의 수동분사

①	هَلْ مَوْهُوبٌ الْعَبَاقِرَةُ عُقُولاً خَاصَّةً؟	②	هَلْ وُهِبَ/ يُوهَبُ الْعَبَاقِرَةُ عُقُولاً خَاصَّةً؟
	그 천재들은 특별한 이성들을 축복으로 받았습니까? (Are/were the genius people blessed with special minds?)		
①	أَمُوَكَّلَةٌ الطِّفْلَةُ طَعَامَهَا؟	②	أَأُكِلَتِ/ تُوَكَّلُ الطِّفْلَةُ طَعَامَهَا؟
	그 여자 아기는 그녀의 이유식이 (다른 사람에 의해) 먹혀지고 있습니까? (Is/was the child fed her food?)		

b. 동사문의 주어(الْفَاعِل)로 사용된 경우

b-1 한정형태의 수동분사

①	وَصَلَ الْمَمْنُوحُ جَائِزَةً.	②	وَصَلَ الَّذِي مُنِحَ/ يُمْنَحُ جَائِزَةً.
	상이 제공된 그 사람이 도착했다.		
①	جَاءَتِ الْمُعْطَاةُ نُقُودًا مِنْ أَبِيهَا.	②	جَاءَتِ الَّتِي أُعْطِيَتْ/ تُعْطَى نُقُودًا مِنْ أَبِيهَا.
	아버지로부터 돈이 주어진 그 여자가 왔다.		

b-2 비한정형태의 수동분사

①	وَصَلَ مَمْنُوحٌ جَائِزَةً.	②	وَصَلَ شَخْصٌ مُنِحَ/ يُمْنَحُ جَائِزَةً.
	상이 제공된 한 사람이 도착했다.		
①	جَاءَتْ مُعْطَاةٌ نُقُودًا مِنْ أَبِيهَا.	②	جَاءَتِ امْرَأَةٌ أُعْطِيَتْ/ تُعْطَى نُقُودًا مِنْ أَبِيهَا.
	아버지로부터 돈이 주어진 한 여자가 왔다.		

c. 술어(الخَبَرُ)로 사용된 경우

c-1 한정형태의 수동분사

①	هِيَ الْمُشَرَّبَةُ دَوَاءَهَا.	②	هِيَ الَّتِي شُرِّبَتْ/ تُشْرَبُ دَوَاءَهَا.

그녀는 그녀의 약이 투약되는 그 사람이다. (She is the one who is /was given her medicine to drink.)

①	هُوَ الْمُعْطَى جَائِزَةَ التَّفَوُّقِ.	②	هُوَ الَّذِي أُعْطِيَ/ يُعْطَى جَائِزَةَ التَّفَوُّقِ.

그는 우등상이 주어진 그 사람이다. (He is the one who is /was given the superiority prize.)

c-2 비한정 형태의 수동분사

①	الْمُتَفَوِّقُ مَمْنُوحٌ هَدِيَّةً عَظِيمَةً.	②	الْمُتَفَوِّقُ مُنِحَ/ يُمْنَحُ هَدِيَّةً عَظِيمَةً.

그 우등생은(에게) 큰 선물이 주어졌다. (The superior is /was granted a great prize.)

①	صَدِيقَتُهَا مُعْطَاةٌ نُقُودًا مِنْ أَبِيهَا.	②	صَدِيقَتُهَا أُعْطِيَتْ/ تُعْطَى نُقُودًا مِنْ أَبِيهَا.

그녀의 여자 친구는 그녀의 아버지로 부터 돈이 주어졌다. (Her friend is /was given money by her father.)

d. 목적어(الْمَفْعُولُ بِهِ)로 사용된 경우

d-1 한정형태의 수동분사

①	رَأَيْنَا الْمَوْهُوبَةَ خَصَائِصَ عَقْلِيَّةً فَرِيدَةً.
②	رَأَيْنَا الَّتِي وُهِبَتْ/ تُوهَبُ خَصَائِصَ عَقْلِيَّةً فَرِيدَةً.

우리는 독특한 이성적 특징이 부여된 그 사람(f.)을 보았다.
(We saw the one who is /was blessed with unique mental characteristics.)

①	شَاهَدَ التَّلَامِيذُ الْمُدْخَلَاتِ الْفَصْلَ بِعُنْفٍ.
②	شَاهَدَ التَّلَامِيذُ اللَّاتِي دُخِّلْنَ/ يُدَخَّلْنَ الْفَصْلَ بِعُنْفٍ.

그 제자들은 그 교실에 폭력적으로 들여보내진 여자들을 보았다.
(The pupils have watched the ones who are /were violently being brought in the class.)

d-2 비한정형태의 수동분사

①	يُنَاقِشُ الْمُدِيرُ مَمْنُوحِينَ مُسَاعَدَةً فِي مَشَاكِلِهِمْ.
②	يُنَاقِشُ الْمُدِيرُ أَشْخَاصًا مُنِحُوا/ يُمْنَحُونَ مُسَاعَدَةً فِي مَشَاكِلِهِمْ.

그 사장은 그들의 문제들에 대해 도움이 주어지는 어떤 사람들과 논의를 한다.
(The director is arguing with somebodies, who are /were granted help, about their problems.)

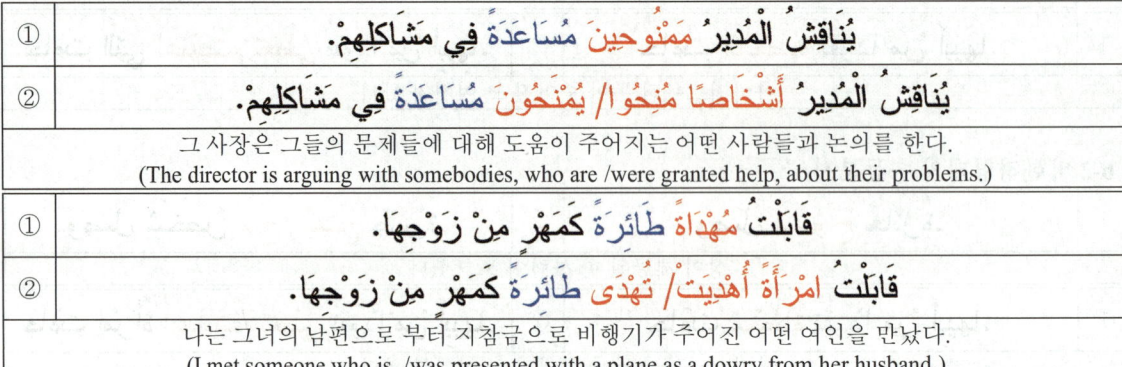

①	قَابَلْتُ مُهْدَاةً طَائِرَةً كَمَهْرٍ مِنْ زَوْجِهَا.
②	قَابَلْتُ امْرَأَةً أُهْدِيَتْ/ تُهْدَى طَائِرَةً كَمَهْرٍ مِنْ زَوْجِهَا.

나는 그녀의 남편으로 부터 지참금으로 비행기가 주어진 어떤 여인을 만났다.
(I met someone who is /was presented with a plane as a dowry from her husband.)

e. 유사문장(شِبْهُ الْجُمْلَةِ)에 사용된 경우
e-1 한정형태의 수동분사

①	أَخَذْتُ هَذَا الْقَلَمَ مِنَ الْمَمْنُوحَةِ جَوَائِزَ كَثِيرَةً.
②	أَخَذْتُ هَذَا الْقَلَمَ مِنَ الَّتِي مُنِحَتْ/ تُمْنَحُ جَوَائِزَ كَثِيرَةً.
	나는 이 펜을 많은 상들이 주어진 그 사람으로 부터 취했다. (I took this pen from the one who is /was granted many rewards.)
①	اسْتَمَعَ الْقَاضِي إِلَى الْمُعْطَى حَقَّ الدِّفَاعِ عَنْ نَفْسِهِ.
②	اسْتَمَعَ الْقَاضِي إِلَى الَّذِي أُعْطِيَ/ يُعْطَى حَقَّ الدِّفَاعِ عَنْ نَفْسِهِ.
	그 판사는 자신에 대한 변호의 권리가 주어진 그 사람의 말을 청취했다. (The judge listened to the one who is /was given the right to defend himself.)

e-2 비한정형태의 수동분사

①	تَعَرَّفْتُ إِلَى مَمْنُوحٍ سَيَّارَةً كَهَدِيَّةٍ.
②	تَعَرَّفْتُ إِلَى شَخْصٍ مُنِحَ/ يُمْنَحُ سَيَّارَةً كَهَدِيَّةٍ.
	나는 선물로 한 자동차가 주어진 어떤 사람을 알게 되었다. (I got to know somebody who is /was granted a car as a present.)
①	ذَهَبُوا إِلَى مَوْهُوبٍ الْقُدْرَةَ عَلَى مُعَالَجَةِ السِّحْرِ.
②	ذَهَبُوا إِلَى شَخْصٍ وُهِبَ/ يُوهَبُ الْقُدْرَةَ عَلَى مُعَالَجَةِ السِّحْرِ.
	그들은 주술 행위에 대한 능력이 주어진 어떤 사람에게 갔다. (They went to someone who is /was blessed with the ability to treat magic.)

f. 후연결어(الْمُضَافُ إِلَيْهِ)에 사용된 경우
f-1 한정형태의 수동분사

①	دَرَسْتُ مَعَ الْمُعْطَى مِنْحَةً دِرَاسِيَّةً.
②	دَرَسْتُ مَعَ الَّذِي أُعْطِيَ/ يُعْطَى مِنْحَةً دِرَاسِيَّةً.
	나는 장학금이 주어진 그 사람과 함께 공부했다. (I studied with the one who is /was given a scholarship.)
①	كُنَّا فِي بَيْتِ الْمُدَخَّلِ السِّجْنَ بِسَبَبِ جَرَائِمِهِ.
②	كُنَّا فِي بَيْتِ الَّذِي دُخِّلَ/ يُدَخَّلُ السِّجْنَ بِسَبَبِ جَرَائِمِهِ.
	우리는 그의 범죄들로 인해 감옥에 들여보내진 그 사람의 집에 있었다. (We were in the house of the one who is /was brought in prison because of his crimes.)

f-2 비한정형태의 수동분사

①	هَذِهِ صِفَاتُ مَوْهُوبٍ حِكْمَةً وَذَكَاءً.
②	هَذِهِ صِفَاتُ شَخْصٍ وُهِبَ/ يُوهَبُ حِكْمَةً وَذَكَاءً.
	이것은 지혜와 똑똑함이 주어진 어떤 사람의 특징들이다. (These are attributes of someone who is /was blessed with wisdom and smartness.)
①	حَلَلْتُ الْمُشْكِلَةَ بَيْنَ مُعْطَى حَلْوَى وَآخَرَ أَقَلَّ مِنْهُ.
②	حَلَلْتُ الْمُشْكِلَةَ بَيْنَ شَخْصٍ أُعْطِيَ/ يُعْطَى حَلْوَى وَآخَرَ أَقَلَّ مِنْهُ.
	나는 사탕이 주어진 어떤 사람과 그 보다 덜 주어진 다른 사람과의 사이에서 그 문제를 해결했다. (I solved the problem between someone who is /was given a sweet and another is/ was given less than him.)

g. 수식어(النَّعْت)로 사용된 경우

동사적 용법으로 사용된 수동분사가 문장에서 수식어로 사용되는 경우는 일반적인 수식어(النَّعْت)로 사용된 경우와 관계적 수식어(النَّعْت السَّبَبِي) 용법으로 사용되는 경우가 있다.

g-1 일반적인 수식어(النَّعْت)로 사용된 경우

g-1-1 한정형태의 수동분사

①	هَلْ رَأَيْتَ الْبِنْتَ الْمُفَهَّمَةَ الدَّرْسَ كَثِيرًا؟
②	هَلْ رَأَيْتَ الْبِنْتَ الَّتِي فُهِّمَتِ/ تُفَهَّمُ الدَّرْسَ كَثِيرًا؟
	너는 그 단원이 많이 가르쳐진 그 소녀를 보았니? (Did you see the girl who is/was taught the lesson a lot?)
①	هَذَا الْمُسَافِرُ الْمُعْطَى تَذْكِرَةً مَجَّانِيَّةً غَرِيبٌ.
②	هَذَا الْمُسَافِرُ الَّذِي أُعْطِيَ/ يُعْطَى تَذْكِرَةً مَجَّانِيَّةً غَرِيبٌ.
	한 무료 티켓이 주어진 이 여행자는 이상하다. (This passenger, who is/was given a free ticket, is weird.)

g-1-2 비한정 형태의 수동분사

①	هُوَ رَجُلٌ مَوْهُوبٌ ذَكَاءً نَادِرًا.	②	هُوَ رَجُلٌ وُهِبَ/ يُوهَبُ ذَكَاءً نَادِرًا.
	그는 똑똑함이 희귀하게 주어진 남자이다. (He is a man blessed with a rare smartness.)		

①	ضَرَبْتُ شَخْصًا مَمْنُوحًا لُجُوءًا سِيَاسِيًّا.
②	ضَرَبْتُ شَخْصًا مُنِحَ/ يُمْنَحُ لُجُوءًا سِيَاسِيًّا.
	나는 정치적 망명이 주어진 한 사람을 때렸다. (I have beaten a person granted the right of asylum.)

g-2 관계적 수식어 (النَعْتُ السَّبَبِيُّ) 용법으로 사용된 경우
g-2-1 한정형태의 수동분사

①	قَابَلْتُ الْمُدِيرَ الْمَمْنُوحَةَ مُسَاعَدَتُهُ لِكُلِّ طَالِبٍ.
②	قَابَلْتُ الْمُدِيرَ الَّذِي مُنِحَتْ/ تُمْنَحُ مُسَاعَدَتُهُ لِكُلِّ طَالِبٍ.
	나는 그의 도움이 모든 학생들에게 주어진 그 교장을 만났다. (I met the director whose help is/was granted to every student.)
①	سَلَّمْتُ عَلَى الْمَرْأَةِ الْمُعْطَاةِ ابْتِسَامَتُهَا لِمَنْ حَوْلَهَا.
②	سَلَّمْتُ عَلَى الْمَرْأَةِ الَّتِي أُعْطِيَتْ/ تُعْطَى ابْتِسَامَتُهَا لِمَنْ حَوْلَهَا.
	나는 미소들이 그녀의 주위의 사람들에게 주어지는 그 여자와 인사를 나누었다. (I greeted the woman whose smile is/was given for those around her.)

g-2-2 비한정 형태의 수동분사

①	هَذِهِ سَيِّدَةٌ مُعْطَاةٌ نُقُودُهَا لِلْفُقَرَاءِ.	②	هَذِهِ سَيِّدَةٌ أُعْطِيَتْ/ تُعْطَى نُقُودُهَا لِلْفُقَرَاءِ.
	이 사람은 그녀의 돈이 가난한 사람들에게 주어지는 여자이다. (This is a lady whose money is/was given to the poor.)		
①	قَابَلْتُ كَاتِبًا أَجْنَبِيًّا مُفَهَّمَةً مُؤَلَّفَاتُهُ لِكُلِّ الْعَالَمِ.		
②	قَابَلْتُ كَاتِبًا أَجْنَبِيًّا فُهِّمَتْ/ تُفَهَّمُ مُؤَلَّفَاتُهُ لِكُلِّ الْعَالَمِ.		
	나는 그의 저작들이 모든 세상에 가르쳐지는 한 외국 작가를 만났다. (I met a foreign author whose compilations are/were taught all over the world.)		

제 34 과 연결형(الإضافة)에 대해 Ⅲ

1. 음가적 연결형(الإضافة اللّفظيّة)의 개념
2. 음가적 연결형의 종류
3. 음가적 연결형의 문장에서의 기능
4. 음가적 연결형의 성과 수의 일치
5. 음가적 연결형의 한정형태 일치에 대해

제 34 과 연결형(الإضَافَة)에 대해 III - 음가적 연결형(الإضَافَة اللَّفْظِيَّة)에 대해

아랍어의 연결형에는 두 가지 종류가 있다. 의미적 연결형(الإضَافَة الْمَعْنَوِيَّة)과 음가적 연결형(الإضَافَة اللَّفْظِيَّة)이 그것이다. 우리가 지금까지 '연결형에 대해 I'과 '연결형에 대해 II'에서 공부한 연결형은 의미적 연결형이다('연결형에 대해 II'에서 공부한 '형용사 연결형(الإضَافَة الْوَصْفِيَّة)'은 음가적 연결형이다). 여기에서는 아직 공부하지 못한 독특한 연결형인 음가적 연결형에 대해 공부하도록 한다.

1. 음가적 연결형(الإضَافَة اللَّفْظِيَّة)의 개념

아래에서 의미적 연결형과 음가적 연결형을 비교해 보자.

음가적 연결형 (الإضَافَة اللَّفْظِيَّة)	의미적 연결형 (الإضَافَة الْمَعْنَوِيَّة)
• 전연결어(الْمُضَاف)와 후연결어(الْمُضَاف إِلَيْه)로 구성됨	• 전연결어(الْمُضَاف)와 후연결어(الْمُضَاف إِلَيْه)로 구성됨
• 연결형을 사용하는 목적이 전연결어와 후연결어 사이의 탄윈이나 ن의 발음(음가)을 가볍게 하기 위해 사용된다. (لِغَرَضِ التَّخْفِيفِ بِحَذْفِ تَنْوِينِهِ أَوْ نُونِهِ) (예: طَالِبُ الْعِلْم (지식을 구하는), صَانِعُ الْمَعْرُوف (선행을 하는))	• 연결형을 사용하는 목적이 후연결어가 전연결어의 의미를 한정하거나 구체화하는 것이다. (لِغَرَضِ التَّعْرِيفِ أَوِ التَّخْصِيصِ) (그 의미가 소유나 소속, 정체성, 성분 등의 다양한 의미를 가지게 된다)
• 전연결어에 파생명사가 사용된다. (즉 유사형용사, 능동분사, 과장형용사, 수동분사, 그리고 파생명사는 아니지만 유사형용사화된 연고형용사가 사용된다.)	• 전연결어에 보통명사나 동명사가 주로 사용된다. (예: فَهْمُ دُرُوس (수업을 이해함), طَالِبُ الْجَامِعَة (대학생))
	• 지금까지의 일반적인 연결형은 모두 의미적 연결형

아래를 보고 음가적 연결형의 개념을 이해하자. 아래의 ①은 능동분사와 수동분사, 그리고 유사형용사의 동사적 용법 문장이다. 이에비해 ②는 ① 문장을 음가적 연결형 문장으로 전환한 것이다. ①의 동사적 용법 문장에서는 파란색 부분에 탄윈 담마나 쌍수의 ن이나 규칙 복수의 ن이 있어 그 발음이 세게 발음된다. ②에서는 음가적 연결형이 사용되어 탄윈 혹은 쌍수나 복수의 ن이 사라졌다. 이때 ②의 음가적 연결형은 형태적으로는 연결형 조합이지만 연결형의 원래 의미인 후연결어가 전연결어를 한정하거나 구체화하는 의미는 없으며, 각각의 동사적 용법에서의 의미와 흡사하다. 이와같이 연결형의 원래 목적이 아니라 음가를 가볍게 하기 위해서 사용되는 연결형을 음가적 연결형이라 한다.

② 음가적 연결형 문장	① 능동분사의 동사적 용법 문장
هَذَا الرَّجُلُ صَانِعُ الْمَعْرُوفِ.	هَذَا الرَّجُلُ صَانِعٌ الْمَعْرُوفَ.
이 남자는 선한 일을 행한다. (صَانِعُ الْمَعْرُوفِ 에 탄윈이 없다)	
الْحَافِظَا دُرُوسِهِمَا نَاجِحَانِ.***	الْحَافِظَانِ دُرُوسَهُمَا نَاجِحَانِ.*
레슨들을 암송하는 그 두 사람은 합격한다. (الْحَافِظَا دُرُوسِهِمَا가 연결형으로 사용되어 전연결어에 ن 탈락)	
الْمُتْقِنُو أَعْمَالَهُمْ رَابِحُونَ.***	الْمُتْقِنُونَ أَعْمَالَهُمْ رَابِحُونَ.**
일들을 완벽하게 하는 그 사람들은 이익을 얻는다. (الْمُتْقِنُو أَعْمَالَهُمْ가 연결형으로 사용되어 전연결어에 ن 탈락)	

→ * 의 الْحَافِظَانِ 은 쌍수 ** 의 الْمُتْقِنُونَ 는 규칙복수. 각각의 ② 문장에서 ن 탈락하는 것을 확인하라.

→ *** 음가적 연결형의 가장 큰 특징은 전연결어에 الـ 이 붙을 수 있다는 것이다. 곧 공부한다.

2. 음가적 연결형(الإضَافَةُ اللَفْظِيَّةُ)의 종류

지금까지 공부한 의미적 연결형의 전연결어에는 보통명사나 동명사가 주로 사용된다. 그러나 음가적 연결형의 전연결어에는 반드시 파생명사(الاسْمُ الْمُشْتَقُّ)가 사용된다. 즉 전연결어에 능동분사(اِسْمُ الْفَاعِلِ), 유사형용사(الصِّفَةُ الْمُشَبَّهَةُ), 과장형용사(صِيغَةُ الْمُبَالَغَةِ), 수동분사(اِسْمُ الْمَفْعُولِ)가 사용되며 동사의 원래의 의미를 담아낸다. 연고형용사(النَّسَبُ)는 파생명사가 아니지만 음가적 연결형의 전연결어로 사용될 수 있는데, 이는 연고형용사가 유사형용사적인 의미로 사용될 수 있기 때문이다.

1) 전연결어가 유사형용사(الصِّفَةُ الْمُشَبَّهَةُ)인 경우

우리는 이 책 Ⅱ권 '연결형에 대해 Ⅱ'에서 '형용사 연결형(الإِضَافَةُ الْوَصْفِيَّةُ)'에 대해 공부하였다. 형용사 연결형이란 유사형용사나 유사형용사의 의미를 가진 능동분사 혹은 수동분사, 그리고 연고형용사가 전연결어로 사용된 경우이다. 예를 들어 유사형용사의 경우 '유사형용사 + الـ 한정명사' 순서가 된 경우이다. 이 때의 의미는 전연결어로 사용된 유사형용사가 후연결어로 사용된 한정명사를 서술(وَصَفَ)하는 의미를 가진다. 다시말해 후연결어는 의미상 주어가 되고, 전연결어는 의미상 술어가 된다.

| 얼굴이 아름다운
(beautiful faced) | جَمِيلُ الْوَجْهِ | 얼굴이 못생긴
(ugly faced) | قَبِيحُ الْوَجْهِ |

→위에 사용된 두 단어는 각각 '유사형용사 + الـ 한정명사'의 꼴이며, 그 의미가 앞에 오는 유사형용사가 뒤에 오는 한정명사를 서술(묘사 وَصَفَ)하는 의미이다. 즉 '얼굴이 아름다운', '얼굴이 못생긴'의 의미가 된다.

위의 연결형 조합의 단어를 사용하여 만든 일반적인 명사문과 동사적 용법의 문장, 그리고 음가적 연결형 문장을 비교해 보자. 유사형용사가 동사적 용법의 문장으로 사용되는 것은 이 책 '동명사와 파생명사의 동사적 용법에 대해' 부분에서 공부하였다. 이와같이 ②의 동사적 용법의 문장의 경우 탄윈이 사용되는데, 이 탄윈 발음을 약화시켜 쉽게 발음하게 하기 위해 ③의 음가적 연결형 문장을 사용한다.

① 일반적인 명사문	② 동사적 용법 문장	③ 음가적 연결형 문장
هُوَ وَجْهُهُ قَبِيحٌ.	هُوَ قَبِيحٌ وَجْهُهُ.	هُوَ قَبِيحُ الْوَجْهِ.
	그는 얼굴이 못생겼다.	
هِيَ وَجْهُهَا جَمِيلٌ.	هِيَ جَمِيلَةٌ وَجْهُهَا.	هِيَ جَمِيلَةُ الْوَجْهِ.
	그녀는 얼굴이 아름답다.	

→위의 ③ 문장이 '연결형에 대해 Ⅱ'에서 배운 '형용사 연결형' 문장이다.
→위의 각각의 문장에서 주어와 술어의 성과 수의 일치를 유념해서 살펴보라.
→위의 ② 동사적 용법의 문장의 경우 유사형용사가 동사적 용법(فَاعِلٌ لِلصِّفَةِ الْمُشَبَّهَةِ الْعَامِلَةِ عَمَلَ فِعْلِهَا)으로 사용된 경우이다. 이 책 '동명사와 파생명사의 동사적 용법'에서 공부하라.

이 책 '연결형에 대해 Ⅱ' 부분의 '형용사 연결형(الإِضَافَةُ الْوَصْفِيَّةُ)'에서 다양한 예들을 볼 수 있다.

2) 전연결어가 과장형용사(صِيغَةُ الْمُبَالَغَةِ)인 경우

과장형용사 가운데는 목적어를 취하는 타동사에서 파생된 단어들이 있다. 이러한 과장형용사가 음가적 연결형에 사용된 경우 후연결어가 전연결어의 의미상 목적어로 사용된다.

꿀을 많이 먹는	شِرِّيبُ الْعَسَلِ	아이들을 많이 때리는	ضَرَّابُ الْأَوْلَادِ

위의 연결형 조합의 단어를 사용하여 만든 일반적인 명사문과 동사적 용법의 문장, 그리고 음가적 연결형 문장을 비교해 보자. 과장형용사가 동사적 용법의 문장으로 사용되는 것은 이 책 '파생명사의 동사적 용법에 대해' 부분에서 공부하였다. 여기서도 ②의 동사적 용법의 문장에서 사용된 탄원 발음을 약화시켜 쉽게 발음하게 하기 위해 ③의 음가적 연결형 문장을 사용한 것을 볼 수 있다.

① 일반적인 명사문	② 동사적 용법 문장	③ 음가적 연결형 문장
هُوَ يَشْرَبُ الْعَسَلَ كَثِيرًا.	هُوَ شِرِّيبٌ الْعَسَلَ.	هُوَ شِرِّيبُ الْعَسَلِ.
	그는 꿀을 많이 마신다.	
هِيَ تَضْرِبُ الْأَوْلَادَ كَثِيرًا.	هِيَ ضَرَّابَةٌ الْأَوْلَادَ.	هِيَ ضَرَّابَةُ الْأَوْلَادِ.
	그녀는 그 아이들을 많이 때린다.	

단어의 예들

과장형용사가 전연결어로 사용된 음가적 연결형은 대부분 후연결어가 전연결형의 의미상 목적어로 해석된다. 그 의미가 '…을 하는' 으로 번역된다.

술을 많이 마시는	شِرِّيبُ الْخَمْرِ	꾸란을 많이 듣는	سَمِيعُ الْقُرْآنِ
돈을 주는, 적선하는	مِعْطَاءُ الْمَالِ	실패를 주의하는	حَذِرُ الْفَشَلِ
죄를 많이 용서하는 (신적인 존재)	غَفُورُ الذَّنْبِ	이성이 깨어있는	يَقِظُ الْعَقْلِ
보이지 않는 것을 아는 (신적인 존재)	عَلَّامُ الْغُيُوبِ	(그의) 약속을 믿을만한	صَدُوقُ الْوَعْدِ

예문들

술을 많이 마시는 사람은 미쳤다.	شِرِّيبُ الْخَمْرِ مَجْنُونٌ.
그는 꾸란을 많이 듣는 사람이다.	هُوَ سَمِيعُ الْقُرْآنِ.
뛰어난 사람은 실패를 주의하는 사람이다.	الْمُتَفَوِّقُ حَذِرُ الْفَشَلِ.
믿는 이(신자)는 그의 약속을 믿을만하다. (약속을 지킨다.)	الْمُؤْمِنُ صَدُوقُ الْوَعْدِ.

3) 전연결어가 수동분사(اسْمُ الْمَفْعُولِ)인 경우

음가적 연결형의 전연결어에 수동분사가 오는 경우는 의미적으로 후연결어가 수동태 문장의 주어(نَائِبُ الْفَاعِلِ)가 된다. 이는 수동분사가 동사적 용법으로 사용된 문장에서 수동분사가 그 뒤에 수동태 문장의 주어를 취하는 경우와 의미상 어순이 같다.

인성(윤리)이 칭찬받는 (خِصلَةٌ/ خِصَالٌ)	مَحْمُودُ الْخِصَالِ	간구가 응답되는	مُسْتَجَابُ الدُّعَاءِ

위의 연결형 조합의 단어를 사용하여 만든 일반적인 명사문과 동사적 용법의 문장, 그리고 음가적 연결형 문장을 비교해 보자. 수동동분사가 동사적 용법의 문장으로 사용되는 것은 이 책 '파생명사의 동사적 용법에 대해' 부분에서 공부하였다. 여기서도 ②의 동사적 용법의 문장에서 사용된 탄원 발음을 약화시켜 쉽게 발음하게 하기 위해 ③의 음가적 연결형 문장을 사용한 것을 볼 수 있다.

① 일반적인 명사문	② 동사적 용법 문장	③ 음가적 연결형 문장
هُوَ خِصَالُهُ مَحْمُودَةٌ.	هُوَ مَحْمُودَةٌ خِصَالُهُ.	هُوَ مَحْمُودُ الْخِصَالِ.
그는 그의 인성(윤리)이 칭찬받는다.		
هِيَ دُعَاؤُهَا مُسْتَجَابٌ.	هِيَ مُسْتَجَابٌ دُعَاؤُهَا.	هِيَ مُسْتَجَابَةُ الدُّعَاءِ.
그녀는 그녀의 간구가 응답받는다		

단어의 예들

수동분사가 전연결어로 사용된 음가적 연결형은 후연결어가 의미상 주어, 전연결어가 의미상 술어로 해석된다.

말이 이해가 되는	مَفْهُومُ الْكَلَامِ	말이 들려지는 (다른 사람들이 그의 말을 듣는)	مَسْمُوعُ الْكَلِمَةِ
윤리가 칭찬을 받는	مَحْمُودُ الْأَخْلَاقِ	자비가 없는	مَعْدُومُ الرَّحْمَةِ
근육이 강한	مَفْتُولُ الْعَضَلَاتِ	두 팔이 강한	مَفْتُولُ الذِّرَاعَيْنِ
윤리가 사랑을 받는	مَحْبُوبُ الْخُلُقِ	인성(윤리)이 비난받는	مَذْمُومُ الْخِصَالِ
머리가 잘린	مَقْطُوعُ الرَّأْسِ	머리가 (끈 등으로) 매여진, 씌워진	مَعْصُوبُ الرَّأْسِ
두 눈이 뜨여진	مَفْتُوحُ الْعَيْنَيْنِ	두 눈이 (안대 등으로) 가리어진	مَعْصُوبُ الْعَيْنَيْنِ
두 눈이 감긴	مُغْلَقُ الْعَيْنَيْنِ	두 손이 묶여진	مَكْتُوفُ الْيَدَيْنِ
지위가 저명한	مَرْمُوقُ الْمَكَانَةِ	간구가 응답되는	مُسْتَجَابُ الدُّعَاءِ

마음이 공포에 눌린	مُرَوَّعُ الْقَلْبِ	운전이 안전한	مَأْمُونُ الْقِيَادَةِ
자유가 빼앗겨진	مَسْلُوبُ الْحُرِّيَّةِ	인성(윤리)이 유전된	مَوْرُوثُ الْخِصَالِ
면역력이 약해진	مُثَبَّطُ الْمَنَاعَةِ	지위가 무시되는	مَجْهُولُ الْقَدْرِ

예문들

이 아이는 말이 사랑을 받는다. (술어)	هَذَا الطِّفْلُ مَحْبُوبُ الْكَلَامِ.
억울한 사람은 기도를 응답받는다. (술어)	الْمَظْلُومُ مُسْتَجَابُ الدُّعَاءِ.
믿는 이는 행적이 찬양을 받는다. (술어)	الْمُؤْمِنُ مَحْمُودُ السِّيرَةِ.
테러분자들은 자비가 없다. (술어)	الْإِرْهَابِيُّونَ مَعْدُومُو الرَّحْمَةِ.
역기를 드는 선수는 두 팔이 강하다. (술어)	لَاعِبُ رَفْعِ الْأَثْقَالِ مَفْتُولُ الذِّرَاعَيْنِ.
나는 근육이 강한 한 친구가 있다. (수식어)	لِي صَدِيقٌ مَفْتُولُ الْعَضَلَاتِ.
나는 지위가 저명한 한 친구를 알고 있다. (수식어)	أَعْرِفُ صَدِيقًا مَرْمُوقَةً مَكَانَتُهُ.
성격이 사랑을 받는 사람이 교실에 들어갔다. (동사문의 주어)	دَخَلَ الْفَصْلَ مَحْبُوبُ الْخُلُقِ.
أَسْتَطِيعُ الْكِتَابَةَ عَلَى الْحَاسُوبِ الْإِلِكْتُرُونِيِّ وَأَنَا مَعْصُوبُ الْعَيْنَيْنِ.	
나는 나의 두 눈을 가린 채 컴퓨터에 글을 적을 수 있다. (상태절의 술어)	
늑대는 두 눈을 뜬 채로 잠을 잔다. (상태목적어)	يَنَامُ الذِّئْبُ مَفْتُوحَ الْعَيْنَيْنِ.*
그 죄수는 법원에 머리가 (형겊 등으로) 감긴 채로 들어갔다. (상태목적어)	دَخَلَ الْمُجْرِمُ الْمَحْكَمَةَ مَعْصُوبَ الرَّأْسِ.*
그 피해자는 머리가 잘린 채로 나타났다. (상태목적어)	ظَهَرَتِ الضَّحِيَّةُ مَقْطُوعَةَ الرَّأْسِ.*

→위의 * 문장은 수동분사가 상태목적어로 사용되었다. 위의 단어들이 음가적 연결형이기에 후연결어에 ⌐ 이 붙어도 비한정의 의미가 되며, 따라서 상태목적어 뒤에 한정형태의 후연결어가 사용되었다.

제34과 연결형에 대해 III – 음가적 연결형에 대해

4) 전연결어가 연고형용사(النَّسَب)인 경우

연고형용사는 파생명사가 아니다. 따라서 음가적 연결형의 조건에 맞지 않다. 그러나 연고형용사가 때때로 유사형용사적인 기능과 의미로 사용된다(يَعْمَلُ الْمَنْسُوبُ عَمَلَ الصِّفَةِ الْمُشَبَّهَةِ). 따라서 아래와 같은 음가적 연결형이 가능하다.

| 교육을 이집트에서 받은 | مِصْرِيُّ التَّعْلِيمِ | 혈통(혹은 태생)이 레바논의 | لُبْنَانِيُّ الْأَصْلِ |

위의 연결형 조합의 단어를 사용하여 만든 일반적인 명사문과 동사적 용법의 문장, 그리고 음가적 연결형 문장을 비교해 보자. 여기서도 ②의 동사적 용법의 문장에서 사용된 탄윈 발음을 약화시켜 쉽게 발음하게 하기 위해 ③의 음가적 연결형 문장을 사용한 것을 볼 수 있다.

① 일반적인 명사문	② 동사적 용법 문장	③ 음가적 연결형 문장
هُوَ تَعْلِيمُهُ مِصْرِيٌّ.	هُوَ مِصْرِيٌّ تَعْلِيمُهُ.	هُوَ مِصْرِيُّ التَّعْلِيمِ.
그는 교육이 이집트 교육이다.(이집트에서 교육을 받았다는 의미)		
هِيَ أَصْلُهَا لُبْنَانِيٌّ.	هِيَ لُبْنَانِيَّةٌ أَصْلُهَا.	هِيَ لُبْنَانِيَّةُ الْأَصْلِ.
그녀는 태생이 레바논계이다.		

단어의 예들

연고형용사가 전연결어로 사용된 음가적 연결형은 후연결어가 의미상 주어, 전연결어가 의미상 술어로 해석된다.

국적이 한국인	كُورِيُّ الْجِنْسِيَّةِ	원산지가 중국인, 태생이 중국계인	صِينِيُّ الْمَنْشَأ
억양이 이집트인	مِصْرِيُّ اللَّهْجَةِ	혈통이 그리스계의	يُونَانِيُّ الْعِرْقِ
신체가 잘 단련된 (운동에 의해)	رِيَاضِيُّ الْقَوَامِ	성질이 신경질을 잘 내는	عَصَبِيُّ الطَّبْعِ
교리가 기독교적인	مَسِيحِيُّ الْعَقِيدَةِ	등이 굽은, 꼽추의	مَحْنِيُّ الظَّهْرِ
성격이 민주적인	دِيمُقْرَاطِيُّ الطَّابَعِ	소속이 무슬림 형제단인	إِخْوَانِيُّ الِانْتِمَاءِ
경험이 초보적인	ابْتِدَائِيُّ الْخِبْرَةِ	정책이 외교적인	دِبْلُومَاسِيُّ السِّيَاسَةِ
정권이 독재적인	دِكْتَاتُورِيُّ الْحُكْمِ	가격이 경제적인	اقْتِصَادِيُّ الثَّمَنِ
체제가 내각제인	بَرْلَمَانِيُّ النِّظَامِ	체제가 왕정인	مَلَكِيُّ النِّظَامِ
사상이 마르크스적인	مَارْكِسِيُّ الْفِكْرِ	4륜 구동의	رُبَاعِيَّةُ الدَّفْعِ
이중 언어를 하는 (bilingual)	ثُنَائِيُّ اللُّغَةِ	하나의 언어를 사용하는 (monolingual)	أَحَادِيُّ اللُّغَةِ

예문들

혁명 이후 세계는 이집트 국적의 사람을 좋아한다. (명사문의 주어)	مِصرِيُّ الْجِنْسِيَّةِ يُحِبُّهُ الْعَالَمُ بَعْدَ الثَّوْرَةِ.
이 제품은 가격이 경제적이다. (술어)	هَذَا الْجِهَازُ اقْتِصَادِيُّ الثَّمَنِ.
삼성 핸드폰은 경제적인 가격이다. (술어)	هَوَاتِفُ سَامْسُونْج اقْتِصَادِيَّةُ الثَّمَنِ.
요르단은 왕정체제이다. (술어)	الأُرْدُنُ مَلَكِيَّةُ النِّظَامِ.
북한은 독재정권이다. (술어)	كُورِيَا الشَّمَالِيَّةُ دِكْتَاتُورِيَّةُ الْحُكْمِ.
카나다 사람은 이중 언어를 구사한다. (술어)	الْكَنَدِيُّونَ ثُنَائِيُّو اللُّغَةِ.
대부분의 이집트 제품은 그 원산지가 중국이다. (술어)	مُعْظَمُ الْبِضَاعَةِ الْمِصْرِيَّةِ صِينِيَّةُ الْمَنْشَأ.
사상이 마르크스적인 사람들은 함께 공부한다. (동사문의 주어)	يَدْرُسُ مَارْكِسِيُّو الْفِكْرِ مَعًا.
나는 4륜 구동 자동차를 좋아한다. (수식어)	أُفَضِّلُ سَيَّارَةً رُبَاعِيَّةَ الدَّفْعِ.
한국 국적의 내 친구는 아주 똑똑하다. (수식어)	صَدِيقِي الْكُورِيُّ الْجِنْسِيَّةِ ذَكِيٌّ جِدًّا. *

→ 위의 * 문장의 경우 음가적 연결형의 전연결어에 الـ 이 붙은 경우이다. 곧 공부한다.

** 음가적 연결형의 전연결어에 유사형용사, 과장형용사, 수동분사, 연고형용사가 사용된 더 많은 예들은 이 책 제 II 권 '연결형에 대해 II'의 '형용사 연결형에 대해' 부분을 보라.

제34과 연결형에 대해 III – 음가적 연결형에 대해

5) 전연결어가 능동분사(اسْمُ الْفَاعِل)인 경우

음가적 연결형의 전연결어에 능동분사가 오는 경우는 사용된 능동분사가 자동사에서 파생된 경우와 타동사에서 파생된 경우 두 가지로 나뉜다.

(1) 능동분사가 자동사에서 파생된 경우

능동분사가 자동사에서 파생된 경우 앞에서 배운 유사형용사의 용법과 동일하다. 즉 전연결어로 사용된 능동분사사가 후연결어로 사용된 한정명사를 서술(묘사(وَصَفَ)하는 의미를 가진다. 다시 말해 후연결어는 의미상 주어가 되고, 전연결어는 의미상 술어가 된다.

의견이 옳은	صَائِبُ الرَّأْي	신체가 똑바른	مُعْتَدِلُ الْقَامَةِ

위의 연결형 조합의 단어를 사용하여 만든 일반적인 명사문과 동사적 용법의 문장, 그리고 음가적 연결형 문장을 비교해 보자. 여기서도 ②의 동사적 용법의 문장에서 사용된 탄원 발음을 약화시켜 쉽게 발음하게 하기 위해 ③의 음가적 연결형 문장을 사용한 것을 볼 수 있다.

① 일반적인 명사문	② 동사적 용법 문장	③ 음가적 연결형 문장
هُوَ قَامَتُهُ مُعْتَدِلَةٌ.	هُوَ مُعْتَدِلَةٌ قَامَتُهُ.	هُوَ مُعْتَدِلُ الْقَامَةِ.
	그는 신체가 똑바르다	
هِيَ رَأْيُهَا صَائِبٌ.	هِيَ صَائِبٌ رَأْيُهَا.	هِيَ صَائِبَةُ الرَّأْي.
	그녀는 의견이 옳다.	

단어의 예들 (이 책 제 6과 연결형에 대해 II에서 더 많은 예들을 보라)

경험이 풍부한	وَاسِعُ الْخِبْرَةِ	똑똑함이 예리한, 똑똑한	حَادُّ الذَّكَاءِ
두뇌를 집중하는 (quick-witted)	حَاضِرُ الذِّهْنِ	아름다움이 매혹적인	فَاتِنُ الْجَمَالِ
두 손이 깨끗한	طَاهِرُ الْيَدَيْنِ	마음이 겸손한	مُتَوَاضِعُ الْقَلْبِ

예문들

이 사람은 얼굴이 둥글다. (술어)	هَذَا مُسْتَدِيرُ الْوَجْهِ.
나는 신체가 똑바른 남자를 좋아한다. (수식어)	أُحِبُّ رَجُلًا مُعْتَدِلَ الْقَامَةِ.
나는 의견이 옳은 한 학생을 보았다. (수식어)	رَأَيْتُ طَالِبًا صَائِبَ الرَّأْي.
생각이 균형잡힌 한 남자가 왔다. (수식어)	جَاءَ رَجُلٌ رَاجِحُ الْعَقْلِ.
وَصَلَتْ قُوَّاتٌ مُتَعَدِّدَةُ الْجِنْسِيَّاتِ وَمَعَهَا أَسْلِحَةٌ مُتَوَسِّطَةُ الْمَدَى.	
여러 국적의 군대들이 도착하였고 그리고 그들은 중거리 무기들을 가지고 있었다. (수식어)	

(2) 능동분사가 타동사에서 파생된 경우

능동분사가 타동사에서 파생된 경우 후연결어가 전연결어의 의미상 목적어로 사용되는 경우이다. 즉 전연결어가 상태가 아닌 동작의 의미이며 그 동작이 후연결어를 객체로 하는 경우이다.

| 지식을 구하는 | طَالِبُ الْعِلْمِ | 단원을 기록하는 | كَاتِبُ الدَّرْسِ |

위에서 전연결어 طَالِب 와 كَاتِب 는 각각 '..을 구하는(asking)'과 '..을 기록하는'의 의미가 되며, 후연결어는 의미상 목적어로 사용된다.

위의 연결형 조합의 단어를 사용하여 만든 일반적인 명사문과 동사적 용법의 문장, 그리고 음가적 연결형 문장을 비교해 보자. 여기서도 ②의 동사적 용법의 문장에서 사용된 탄원 발음을 약화시켜 쉽게 발음하게 하기 위해 ③의 음가적 연결형 문장을 사용한 것을 볼 수 있다.

① 일반적인 명사문	② 동사적 용법 문장	③ 음가적 연결형 문장
هُوَ يَطْلُبُ الْعِلْمَ.	هُوَ طَالِبٌ الْعِلْمَ.	هُوَ طَالِبُ الْعِلْمِ.
	그는 지식을 구하고 있다.	
أُقَابِلُ شَخْصًا يَكْتُبُ الدَّرْسَ.	أُقَابِلُ كَاتِبًا الدَّرْسَ.	أُقَابِلُ كَاتِبَ الدَّرْسِ.
	나는 단원을 기록하고 있는 한 사람을 만난다.	

a. 음가적 연결형(الْإِضَافَةُ اللَّفْظِيَّةُ)의 예들

다음은 타동사에서 파생된 능동분사가 음가적 연결형으로 사용될 수 있는 예들이다.

지식을 구하는	طَالِبُ الْعِلْمِ	그 도시를 지키는	حَارِسُ الْمَدِينَةِ
상업을 공부하는	دَارِسُ التِّجَارَةِ	법을 공부하는	دَارِسُ الْحُقُوقِ
단원을 기록하는	كَاتِبُ الدَّرْسِ	평화를 창조하는	صَانِعُ السَّلَامِ
선행을 하는	صَانِعُ الْمَعْرُوفِ	기쁨을 창조하는	صَانِعُ الْبَهْجَةِ
레슨을 기억하는	حَافِظُ الدُّرُوسِ	비밀을 간직하고 있는	حَافِظُ الْأَسْرَارِ
단원을 기록하는	كَاتِبُ الدَّرْسِ	책을 읽고 있는	قَارِئُ الْكِتَابِ
손님을 관대하게 대하는	مُكْرِمُ الضَّيْفِ	일들을 잘 하는	مُتْقِنُ الْأَعْمَالِ
가난한 자를 존중하는	مُكْرِمُ الْفَقِيرِ	억울한 자를 정의롭게 하는	مُنْصِفُ الْمَظْلُومِ
선한 행위를 좋아하는	مُحِبُّ فِعْلِ الْخَيْرِ	국가를 섬기는	خَادِمُ الْوَطَنِ
팀을 구하는	مُنْقِذُ الْفَرِيقِ	원수들과 싸우는	مُقَاتِلُ الْأَعْدَاءِ

제34과 연결형에 대해 III – 음가적 연결형에 대해

지식을 가지고 있는	حَامِلُ الْعِلْمِ	필름을 보고 있는	مُشَاهِدُ الْفِيلْمِ
발음을 정확하게 못하는	فَاقِدُ النُّطْقِ	..하려고 결심하고 있는	عَاقِدُ الْعَزْمِ (عَلَى)
레슨을 암송하고 있는	حَافِظُ الدُّرُوسِ	약한 자를 돕는	مُسَاعِدُ الضَّعِيفِ
사람들을 돕는	مُسَاعِدُ النَّاسِ	억울한 사람을 돕는	نَاصِرُ الْمَظْلُومِ

→위의 예들 가운데는 경우에 따라 의미적 연결형으로 사용되는 단어도 있을 수 있다.

예문들

아래에서 능동분사가 전연결어로 사용된 음가적 연결형은 그 의미가 현재 혹은 미래의 의미이어야 한다.

인간은 가난한 사람을 관대하게 대하는 사람을 좋아한다. (주어)	مُكْرِمُ الْفَقِيرِ يُحِبُّهُ الْإِنْسَانُ.
이 사람은 팀을 구한다. (술어)	هَذَا مُنْقِذُ الْفَرِيقِ.
그들은 자동차를 운전한다. (술어)	هَؤُلَاءِ سَائِقُو السَّيَّارَةِ.
사람들은 약한 자를 도운 자를 존경한다. (목적어)	يَحْتَرِمُ النَّاسُ مُسَاعِدَ الضَّعِيفِ.
사회는 적들과 전투한 사람들을 평가한다. (목적어)	يُقَدِّرُ الْمُجْتَمَعُ مُقَاتِلَ الْأَعْدَاءِ.
나는 선한 일을 행하는 한 사람과 인사를 나누고 있다. (소유격 명사)	أَسَلِّمُ عَلَى صَانِعِ الْمَعْرُوفِ.
나는 그 집을 사는 사람과 말하고 있다. (소유격 명사)	أَتَكَلَّمُ مَعَ مُشْتَرِي الْبَيْتِ.
나는 조국을 섬기는 한 사람을 존경한다. (수식어)	أَحْتَرِمُ شَخْصًا خَادِمَ الْوَطَنِ.
이 사람은 지금/ 내일 강을 건너는 남자이다. (수식어)	هَذَا رَجُلٌ عَابِرُ النَّهْرِ الْآنَ/ غَدًا.
그 사장(디렉터)은 일들을 완벽하게 한 그 사람을 선호한다. (수식어)	يُفَضِّلُ الْمُدِيرُ الشَّخْصَ الْمُتْقِنَ الْأَعْمَالِ.*

→위의 * 문장에 사용된 음가적 연결형은 전연결어에 ـالـ 이 사용되었다.

b. 음가적 연결형(الْإِضَافَةُ اللَّفْظِيَّةُ)인가? 의미적 연결형(الْإِضَافَةُ الْمَعْنَوِيَّةُ)인가?

능동분사가 타동사에서 파생된 경우 음가적 연결형과 의미적 연결형의 구분이 쉽지 않다. 즉 아래에서 ①의 음가적 연결형의 전연결어는 후연결어를 대상으로 실행하는 의미(지식을 구하는, 도시를 지키는)를 가진다. 이에비해 ②의 의미적 연결형은 일반적인 보통명사의 의미를 가진다. 즉 후연결어가 전연결어의 의미를 한정하거나 구체화하는 의미이다.

① 음가적 연결형 (الْإِضَافَةُ اللَّفْظِيَّةُ)		② 의미적 연결형 (الْإِضَافَةُ الْمَعْنَوِيَّةُ)	
지식을 구하는	طَالِبُ الْعِلْمِ	대학생(a student) (طَالِبٌ جَامِعِيٌّ)	طَالِبُ جَامِعَةٍ
도시를 지키는	حَارِسُ الْمَدِينَةِ	골키퍼	حَارِسُ مَرْمًى

→ 위 ①의 음가적 연결형의 경우 '능동분사 + الـ 한정명사'의 꼴이 비한정 형태의 경우이다. 한정형태의 경우는 각각 الْحَارِسُ الْمَدِينَةِ, الْكَاتِبُ الدَّرْسَ, الطَّالِبُ الْعِلْمَ 로 사용된 경우이다. 곧 다시 배운다.

→ 위 ②의 의미적 연결형의 경우 비한정 형태의 연결형이다. 이 단어들의 후연결어에 الـ 이 붙어서 حَارِسُ الْمَرْمَى, كَاتِبُ الْمَحْضَرِ, طَالِبُ الْجَامِعَةِ 로 사용되면 한정형 단어가 된다.

예문들 (아래의 ①은 음가적 연결형의 예이고 ②는 의미적 연결형의 예이다.)

①	그는 지식을 구하고 있다.	هُوَ طَالِبُ الْعِلْمِ.
②	그는 대학생이다.	هُوَ طَالِبُ جَامِعَةٍ.
①	나는 도시를 지키는 한 사람을 보고 있다.	أَرَى حَارِسَ الْمَدِينَةِ.
②	나는 어제 한 골키퍼를 보았다.	رَأَيْتُ حَارِسَ مَرْمًى أَمْسِ.

또 다른 예를 보자.

앞에서 능동분사가 전연결어로 사용된 음가적 연결형은 그 의미가 현재 혹은 미래의 의미이어야 한다고 했다. 아래의 ①에서와 같이 음가적 연결형은 현재와 미래의 의미로 사용된다. 그러나 ②에서와 같이 의미적 연결형은 과거의 의미로 사용된다. 타동사에서 온 능동분사가 사용된 문장에서 시제가 과거인 것이 명백한 경우 그 연결형은 의미적 연결형이 된다.

①	이 사람은 지금/내일 강을 건너는 남자이다. (음가적 연결형)	هَذَا رَجُلٌ عَابِرُ النَّهْرِ الْآنَ/ غَدًا.
②	어제 그 강을 건넌 사람이 왔다. (의미적 연결형)	جَاءَ عَابِرُ النَّهْرِ أَمْسِ.

아래의 예들과 같이 과거의 의미가 명백한 경우 의미적 연결형이 된다.

어제 그 아이를 익사에서 건진 사람이 왔다.	جَاءَ مُنْقِذُ الطِّفْلِ مِنَ الْغَرَقِ أَمْسِ.
그 돈을 훔친 사람이 감옥에 갖혔다.	سُجِنَ سَارِقُ الْمَصْرِفِ.
그 노상강도가 체포되었다.	اعْتُقِلَ قَاطِعُ الطَّرِيقِ.
알라신을 찬미할지니, 그분은 하늘과 땅의 창조자이시니라(꾸란 35:1)	الْحَمْدُ لِلَّهِ فَاطِرِ السَّمَاوَاتِ وَالْأَرْضِ

제34과 연결형에 대해 III - 음가적 연결형에 대해

** 의미적 연결형 (الإضَافَةُ الْمَعْنَوِيَّةُ) 으로 사용되는 단어들

아래의 단어들은 위의 음가적 연결형으로 사용된 단어들과 흡사한 조합이지만 의미적 연결형으로 사용되는 경우이다. 아래 표에서 사용된 단어들은 후연결어에 الـ 이 없는 연결형 단어이기에 의미적 연결형이 확실하다. 또한 그 의미가 직업을 묘사하는 보통명사이다.

그러나 이 단어들도 단어에 따라 혹은 문장에 따라 음가적 연결형으로도 사용될 수 있다는 것을 기억하자. (예 : سَائِقُ السَّيَّارَةِ 자동차를 운전하는, قَائِدُ الْجَيْشِ 군대를 지휘하는)

자동차 운전수	سَائِقُ سَيَّارَةٍ	군대 지휘관	قَائِدُ جَيْشٍ
대학생	طَالِبُ جَامِعَةٍ	골키퍼	حَارِسُ مَرْمَى
조서 기록관 (경찰서 등에서)	كَاتِبُ مَحْضَرٍ	결정권자 (decision maker)	صَانِعُ قَرَارٍ
선장(captin)	قَائِدُ سَفِينَةٍ	비행기 조종사	قَائِدُ طَائِرَةٍ
성화 봉송자	حَامِلُ شُعْلَةٍ	스튜어디스(stewardess)	مُضِيفَةُ طَيَرَانٍ
법원서기	كَاتِبُ جَلْسَةٍ	기수(flag carrier)	حَامِلُ عَلَمٍ
대표단 영접자	مُسْتَقْبِلُ وَفْدٍ	넝마주의	جَامِعُ قُمَامَةٍ
프로그램 사회자	مُقَدِّمُ بَرْنَامَجٍ	파티 등의 사회자	مُقَدِّمُ حَفْلٍ
사무실 심부름꾼 (office boy)	عَامِلُ مَكْتَبٍ	공장장	مُدِيرُ مَصْنَعٍ
파티 기획자	مُنَظِّمُ حَفْلٍ	선수	لَاعِبُ كُرَةٍ

→ 위의 단어들은 의미적 연결형 단어의 비한정 형태이다. 한정형태는 후연결어에 الـ 을 사용하면 된다. (قَائِدُ الْجَيْشِ)

** 이와같이 능동분사가 전연결어로 사용된 연결형의 경우 의미적 연결형인지 음가적 연결형인지 구분이 애매한 경우가 종종 있다. 그럴 경우 문장에서의 의미를 고려해야 한다.

3. 음가적 연결형의 문장에서의 기능

음가적 연결형이 문장에서 사용되는 기능은 의미적 연결형과 동일하다. 즉 명사문의 주어와 술어로, 동사문의 주어와 목적어로, 그리고 소유격 명사와 수식어와 상태목적어로 사용된다. 이 가운데서 수식어로 사용되는 경우가 가장 많다.

(1) 명사문의 주어 (الْمُبْتَدَأ)

인간은 나이 많은 사람을 존경한다.	كَبِيرُ السِّنِّ يَحْتَرِمُهُ الْبَشَرُ.
선한 일을 행하는 자는 감사를 받는다.	صَانِعُ الْمَعْرُوفِ مَشْكُورٌ.

(2) 명사문의 술어 (الْخَبَر)

싸미르는 말이 많다.	سَمِيرٌ كَثِيرُ الْكَلَامِ.
왜냐하면 나는 마음이 겸손하다. (성경 마태복음 11:29)	لِأَنِّي مُتَوَاضِعُ الْقَلْبِ.
이 사람은 자신을 사랑하는 사람이다.	هَذَا مُحِبٌّ نَفْسِهِ.

(3) 동사문의 주어 (الْفَاعِل)

가난한 자를 관대하게 대하는 사람이 참석했다.	حَضَرَ مُكْرِمُ الْفَقِيرِ.
마음씨가 따뜻한 사람은 그의 아들들을 사랑한다.	يُحِبُّ طَيِّبُ الْقَلْبِ أَبْنَاءَهُ.
한 키 큰 사람이 농구를 한다.	يَلْعَبُ طَوِيلُ الْقَامَةِ كُرَةَ السَّلَّةِ.
한 근육이 좋은 사람이 그 무거운 것들을 든다.	يَرْفَعُ مَفْتُولُ الْعَضَلَاتِ الْأَوْزَانَ الثَّقِيلَةَ.

(4) 목적어 (الْمَفْعُولُ بِهِ)

나는 선을 촉구하는 사람에게 들었다.	سَمِعْتُ دَاعِيَ الْخَيْرِ.
사람들은 예절 바른(인성이 있는) 사람을 존경한다.	يَحْتَرِمُ النَّاسُ حَسَنَ الْأَخْلَاقِ.
사람들은 아주 총명한 사람을 존경한다.	يُبَجِّلُ الْبَشَرُ حَادَّ الذَّكَاءِ.

(5) 소유격 명사 (الِاسْمُ الْمَجْرُور)

(그) 젊은이는 (한) 용모가 아름다운 여자를 마음에 들어한다.	يُعْجَبُ[1] الشَّابُّ بِجَمِيلَةِ الْمَظْهَرِ.
나는 얼굴이 아름다운 한 여인을 쳐다보는 것을 멈추었다.	تَوَقَّفْتُ عَنِ النَّظَرِ إِلَى حَسْنَاءِ الْوَجْهِ.

---

[1] أَعْجَبَ / يُعْجَبُ بِـ ..을 마음에 들다, ..에 감탄하다

나는 말이 유창한 한 사람으로부터 한 말을 인용하였다.	اِقْتَبَسْتُ كَلَامًا مِنْ فَصِيحِ اللُّغَةِ.
나는 꿀을 많이 마시는 사람을 쳐다보았다.	نَظَرْتُ إِلَى شَرِّيبِ الْعَسَلِ.

(6) 수식어 (النَّعْتُ)

음가적 연결형이 앞에 오는 다른 명사를 수식한다.

이 사람은 국가를 섬기는 사람이다. (주격)	هَذَا شَخْصٌ خَادِمُ الْوَطَنِ.
이 사람은 통찰력이 좋은 남자이다. (주격)	هَذَا رَجُلٌ قَوِيُّ الْبَصِيرَةِ.
나는 두 눈이 푸른 한 젊은 여자를 보았다. (목적격)	رَأَيْتُ فَتَاةً زَرْقَاءَ الْعَيْنَيْنِ.
나는 근력이 강한 남자를 좋아한다. (목적격)	أُحِبُّ رَجُلًا مَفْتُولَ الْعَضَلَاتِ.
나는 직위가 높은(고위 관계자) 한 남자와 인사를 나누었다. (소유격)	سَلَّمْتُ عَلَى رَجُلٍ رَفِيعِ الْمُسْتَوَى. *
나는 경험이 풍부한 선생님들과 이야기를 나누었다. (소유격)	تَكَلَّمْتُ مَعَ مُدَرِّسِينَ وَاسِعِي الْخِبْرَةِ. *

다음은 피수식어가 ـل 한정형태가 된 경우이다. 이 때 음가적 연결형의 전연결어에 ال 이 사용된다. 이에 대해서는 다시 공부한다.

이 사람은 지식을 가지고 있는 그 사람이다.	هَذَا هُوَ الشَّخْصُ الْحَامِلُ الْعِلْمِ.
나는 신체가 강한 그 남자를 때렸다.	ضَرَبْتُ الرَّجُلَ الْقَوِيَّ الْبِنْيَةِ. *
나는 어제 얼굴이 예쁜 그 젊은 여자와 이야기를 나누었다.	تَحَدَّثْتُ أَمْسِ إِلَى الْفَتَاةِ الْجَمِيلَةِ الْوَجْهِ. *

→ 위의 * 표가 있는 문장의 시제는 과거이다. 그러나 이 경우는 문장의 시제를 보기보다 연결형 자체를 보아야 한다. 이 연결형은 전연결어가 유사형용사인 음가적 연결형이다.

(7) 상태목적어 (الْحَالُ)

전연결어가 유사형용사이거나 유사형용사적인 의미를 가진 능동분사 혹은 수동분사이다.

그 여학생은 아름다운 용모로 참석했다.	حَضَرَتِ الطَّالِبَةُ جَمِيلَةَ الْمَظْهَرِ.
그는 유창하게 설교를 했다.	أَلْقَى خِطَابًا فَصِيحَ اللُّغَةِ.
그 학생은 두뇌를 집중하여 공부한다. (학생이 공부할 때의 일시적인 상태)	يُذَاكِرُ الطَّالِبُ حَاضِرَ الذِّهْنِ.
늑대는 두 눈을 뜬 채로 잠을 잔다.	يَنَامُ الذِّئْبُ مَفْتُوحَ الْعَيْنَيْنِ.
그 죄수는 법원에 머리가 (헝겊 등으로) 감긴채로 들어갔다.	دَخَلَ الْمُجْرِمُ الْمَحْكَمَةَ مَعْصُوبَ الرَّأْسِ.
그 피해자는 두 눈이 가리어진채로 나타났다.	ظَهَرَتِ الضَّحِيَّةُ مَعْصُوبَ الْعَيْنَيْنِ.

4. 음가적 연결형(الْإِضَافَةُ اللَّفْظِيَّةُ)의 성과 수의 일치

음가적 연결형의 전연결어로 사용된 단어는 문장에서의 용법에 따라 성과 수의 일치를 이루어야 한다. 다음 예문에서 전연결어로 사용된 단어가 성과 수의 일치를 이루는 것을 확인하라. 음가적 연결형도 의미적 연결형에서와 같이 쌍수와 규칙복수에서 전연결어에 ن 이 탈락한다.

아래에서 ① 문장들은 음가적 연결형이 술어로 사용된 문장이고, ② 문장들은 음가적 연결형이 수식어로 사용된 문장이다.

a. 전연결어가 남성 단수일 때

①	그 남자는 근시이다. 혹은 근시안적이다(미래 전망등). (음가적 연결형이 주격이다)	الرَّجُلُ قَصِيرُ النَّظَرِ.
	그는 선한 일을 행하는 사람이다.	هُوَ صَانِعُ الْمَعْرُوفِ.
②	이집트 국적인 한 선수가 참석했다.	حَضَرَ لَاعِبٌ مِصْرِيُّ الْجِنْسِيَّةِ.
	나는 자전거를 타고 있는 한 소년을 보고 있다.	أَنْظُرُ إِلَى وَلَدٍ رَاكِبِ الدَّرَّاجَةِ.

b. 전연결어가 여성 단수일 때

①	그 여자는 근시이다. 혹은 근시안적이다. (미래 전망 등)	الْمَرْأَةُ قَصِيرَةُ النَّظَرِ.
	그녀는 레슨들을 암기하고 있는 사람이다.	هِيَ حَافِظَةُ الدُّرُوسِ.
②	아름다움이 매혹적인 한 아가씨가 왔다.	جَاءَتْ فَتَاةٌ فَاتِنَةُ الْجَمَالِ.
	나는 얼굴이 예쁜 한 여학생을 보았다.	رَأَيْتُ طَالِبَةً حَسَنَةَ الْوَجْهِ.

c. 전연결어가 쌍수일 때

①	평화를 만드는 두 사람은 기뻐하고 있다. (주격)	صَانِعَا السَّلَامِ يَفْرَحَانِ.
	나는 군대를 지휘하는 두 사람을 본다. (목적격)	أَرَى قَائِدَيِ الْجَيْشِ.
②	나는 얼굴이 잘 생긴 두 남학생을 보았다. (목적격)	رَأَيْتُ طَالِبَيْنِ حَسَنَيِ الْوَجْهِ.
	나는 지식을 보유하고 있는 두 사람과 이야기한다. (소유격)	أَتَكَلَّمُ مَعَ شَخْصَيْنِ حَامِلَيِ الْعِلْمِ.

d. 전연결어가 복수일 때

①	이 사람들은 지식의 보유자들이다. (규칙복수 주격)	هَؤُلَاءِ حَامِلُو الْعِلْمِ.
	그 남자들은 근시이다. 혹은 근시안적이다. (불규칙 복수 주격)	الرِّجَالُ قِصَارُ النَّظَرِ.
②	나는 일들을 완벽하게 하는 사람들을 좋아한다. (규칙복수 목적격)	أُحِبُّ مُتْقِنِي الْأَعْمَالِ.
	나는 얼굴이 잘 생긴 남학생들을 보았다. (불규칙 복수 목적격)	رَأَيْتُ طُلَّابًا حِسَانَ الْوَجْهِ.

제34과 연결형에 대해 III – 음가적 연결형에 대해

5. 음가적 연결형의 한정형태 일치에 대해 - 전연결어에 الـ 이 붙는 경우

우리는 이 책 제 I 권에서 연결형을 공부하며 전연결어에 الـ 이 올 수 없다는 내용을 공부하였다. 제 I 권에서 배운 의미적 연결형(الْإِضَافَةُ الْمَعْنَوِيَّةُ)에서는 전연결어에 الـ 이 절대로 올 수 없다.[1] 그러나 음가적 연결형에서는 전연결어에 الـ 이 붙는 것이 가능하다. 이것이 음가적 연결형의 가장 큰 특징이라 할 수 있다. 음가적 연결형의 경우 후연결어에 الـ 이 있지만 그 의미가 한정(التَّعْرِيفُ)의 의미는 아니다. 따라서 음가적 연결형의 의미가 한정형을 취하여야 할 경우 그 전연결어에 الـ 을 붙여서 한정형태를 만들어 준다.

음가적 연결형의 한정형태는 전연결어에 붙는 الـ 에 따라 달라진다. 즉 전연결어로 사용된 단어에 الـ 이 있으면 음가적 연결형은 한정형태가 되고, الـ 이 없으면 음가적 연결형은 비한정 형태가 된다.

①	이 사람은 선한 일을 행하는 남자이다. (비한정 형태)	هَذَا رَجُلٌ صَانِعُ الْمَعْرُوفِ.
②	이 사람은 선한 일을 행하는 그 남자이다. (한정 형태)	هَذَا هُوَ الرَّجُلُ الصَّانِعُ الْمَعْرُوفِ.
①	두 팔이 강한 한 사람이 농구를 하고 있다. (비한정 형태)	يَلْعَبُ مَفْتُولُ الذِّرَاعَيْنِ كُرَةَ السَّلَّةِ.
②	두 팔이 강한 그 사람이 농구를 하고 있다. (한정 형태)	يَلْعَبُ الْمَفْتُولُ الذِّرَاعَيْنِ كُرَةَ السَّلَّةِ.
①	나는 자비가 없는 한 남자를 만났다. (비한정 형태)	قَابَلْتُ رَجُلاً مَعْدُومَ الرَّحْمَةِ.
②	나는 자비가 없는 그 남자를 만났다. (한정 형태)	قَابَلْتُ الرَّجُلَ الْمَعْدُومَ الرَّحْمَةِ.

→ 위의 ②의 경우와 같이 음가적 연결형이 한정형태의 의미일 경우 그 전연결어에 الـ 이 붙는다.

(1) 다른 예들

사람들을 정의롭게 대하는 그 사람은 사랑받는다.	الْمُنْصِفُ النَّاسِ مَحْبُوبٌ.
그 키가 큰 사람이 농구를 하고 있다.	يَلْعَبُ الطَّوِيلُ الْقَامَةِ كُرَةَ السَّلَّةِ.
나는 키가 크고 머리가 곱슬 머리인 그 학생을 만났다. (두 개의 음가적 연결형이 수식어로 사용)	قَابَلْتُ الطَّالِبَ الطَّوِيلَ الْقَامَةِ الْجَعْدَ الشَّعْرِ.

→ 위에서 빨간색 부분의 단어가 연결형이지만 그 전연결어에 الـ 이 붙어있는 것을 확인하라.

(2) 전연결어가 쌍수일 경우

사고를 목격하는 그 두 사람은 슬프다.	الشَّاهِدَا الْحَادِثِ حَزِينَانِ.
나는 조국을 섬기고 있는 그 두 사람을 보고 있다.	أَرَى الْخَادِمَيِ الْوَطَنِ.

---

[1] 의미적 연결형에서 전연결어에 الـ 이 붙을 수 없다. 뿐만 아니라 의미적 연결형의 전연결어에 고유명사도 오지 않는다. 아주 간혹 고유명사가 의미적 연결형의 전연결어에 오는 경우가 있는데 قَاهِرَةُ الْمُعِزّ (무잇즈의 카이로) 나 أَمْرِيكَا تِرَامْب (트럼프의 미국) 등의 경우이다. 이 경우도 전연결어의 الـ 은 탈락하였다. (×) الْقَاهِرَةُ الْمُعِزّ

나는 칼리드를 관대하게 대하는 그 두 사람과 당신의 아버지를 방문한 그 두 방문자를 지나간다.	أَمُرُّ بِالْمُكْرِمَيْ خَالِدٍ وَبِالزَّائِرَيْ أَبِيكَ.

(3) 전연결어가 남성규칙복수일 경우

사고를 목격하는 그 사람들은 슬프다.	الشَّاهِدُو الْحَادِثِ حُزَنَاءُ.
나는 조국을 섬기고 있는 그 사람들을 보고 있다.	أَرَى الْخَادِمِي الْوَطَنِ.
나는 팀을 구하는 그 사람들과 이야기 하고 있다.	أَتَكَلَّمُ مَعَ الْمُنْقِذِي الْفَرِيقِ.

(4) 후연결어에 붙은 접미인칭대명사가 그 앞의 전연결어를 받을 경우

레슨들을 기억하는 그 두 사람은 보상받는다.	الْحَافِظَا دُرُوسِهِمَا مُكَافَآنِ.
그들의 일들을 완벽하게 하는 그 사람들은 이익을 얻는다.	الْمُتْقِنُو أَعْمَالِهِمْ رَابِحُونَ.
부모들을 공경하는 그 사람들은 부활의 날 죄를 용서 받는다.	الْمُكْرِمُو آبَائِهِمْ مَغْفُورٌ لَهُمْ يَوْمَ الْقِيَامَةِ.
나는 그의 조국을 섬기고 있는 그 사람을 본다.	أَرَى الْخَادِمَ وَطَنِهِ.
나는 그의 조국을 섬기고 있는 그 두 사람을 본다.	أَرَى الْخَادِمَيْ وَطَنِهِمَا.
나는 그들의 조국을 섬기고 있는 그 사람들을 본다.	أَرَى الْخَادِمِي وَطَنِهِمْ.

(5) 세 단어 이상 연결형의 경우

선한 일을 행하는 것을 좋아하는 그 사람은 기쁘다.	الْمُحِبُّ فِعْلَ الْخَيْرِ سَعِيدٌ.
콘테스트의 상들을 받는 그 사람은 이집트 사람이다.	الْحَاصِدُ جَوَائِزَ الْمُسَابَقَةِ مِصْرِيٌّ.
시골의 가난한 사람들을 돕는 그 사람은 사랑을 받는다.	الْمُسَاعِدُ فُقَرَاءَ الْقَرْيَةِ مَحْبُوبٌ.
이 사람은 도덕이 좋고 아버지 쪽의 가계가 관대한 당신의 형이다.	هَذَا أَخُوكَ الْحَسَنُ الْخُلُقِ الْكَرِيمُ أَصْلِ الْأَبِ.
파리 테러 사고를 보고 있는 그 사람은 슬프다. (네 단어 연결형)(음가적 연결형)	الشَّاهِدُ حَادِثِ إِرْهَابِ بَارِيسَ كَئِيبٌ.

→위의 문장에서 세 단어(혹은 네 단어) 연결형의 중간 단어에는 الـ 을 붙이지 않고 맨 앞 단어(전연결어)에만 الـ 을 붙인다.

위의 마지막 문장을 아래와 같이 사용하면 의미적 연결형이 된다.

파리 테러 사고를 목격한 그 사람은 그가 본 것을 말했다. (네 단어의 의미적 연결형이다. 시제가 과거임)	شَاهِدُ حَادِثِ إِرْهَابِ بَارِيسَ رَوَى مَا رَآهُ.

제 35 과 관계적 수식어(النَّعْتُ السَّبَبِيّ)에 대해

1. 관계적 수식어(النَّعْتُ السَّبَبِيّ)의 개념
2. 관계적 수식어(النَّعْتُ السَّبَبِيّ)의 격변화
3. 관계적 수식어 단어의 유형들
4. 관계적 수식어 문장의 전환
5. 연결의 인칭대명사가 후연결어에 붙는 관계적 수식어

제 35과 관계적 수식어(النَّعْتُ السَّبَبِيُّ)에 대해

아랍어 수식어에는 두 가지 종류가 있는데 실제적 수식어(النَّعْتُ الْحَقِيقِيُّ)와 관계적 수식어(النَّعْتُ السَّبَبِيُّ)가 그것이다. 지금까지 우리가 다루어서 알고 있는 수식어는 실제적 수식어이다.

이 과에서 관계적 수식어를 공부한다. 관계적 수식어 용법은 고전 문학이나 꾸란 등에 수사학적 표현으로 주로 사용된다.

1. 관계적 수식어(النَّعْتُ السَّبَبِيُّ)의 개념

1) 실제적 수식어(النَّعْتُ الْحَقِيقِيُّ)와 관계적 수식어(النَّعْتُ السَّبَبِيُّ)

아랍어에서 수식어는 원래 명사 뒤에 와서 앞에 있는 명사를 수식한다. 아래의 실제적 수식어가 바로 이러한 용법이다. 이 때 뒤에 오는 수식어(نَعْتٌ)는 그 앞의 피수식 명사의 전부(혹은 전체로서의 피수식 명사)를 수식하며, 따라서 피수식 명사와 성, 수, 격, 그리고 한정 형태의 일치를 이룬다.

(1) 실제적 수식어(النَّعْتُ الْحَقِيقِيُّ)

아랍어의 일반적인 수식어(نَعْتٌ) 용법이다. 수식어가 피수식어 뒤에 위치한다.

그 고귀한(noble) 남자가 왔다. a – 피수식어(مَنْعُوتٌ) b – 수식어(نَعْتٌ)	جَاءَ الرَّجُلُ الْفَاضِلُ. b + a
나는 그 키가 큰 소녀를 보았다. a – 피수식어(مَنْعُوتٌ) b – 수식어(نَعْتٌ)	رَأَيْتُ بِنْتًا طَوِيلَةً. b + a

(2) 관계적 수식어(النَّعْتُ السَّبَبِيُّ)

아랍어 문장 가운데 수식어가 피수식어 앞에 오는 경우가 있다. (아래 ① 문장에서 수식하는 형용사는 الْفَاضِلُ 이며 피수식어(مَنْعُوتٌ)는 الرَّجُلُ 가 아니라 أَخُوهُ 이다.) 이때 피수식 명사인 أَخُوهُ 는 그 앞에 오는 명사인 الرَّجُلُ 과 관계가 있는 다른 명사이다. 즉 이 문장에서 '그 남자'가 존경을 받는 것이 아니라 '그 남자'와 관계가 있는 '그 남자의 형(아우)이 존경을 받는' 의미이다. 이와같이 수식하는 형용사가 그 앞에 오는 명사를 수식하는 것이 아니라 그 앞에 오는 명사와 관계가 있는 다른 명사(뒤에 오는 명사)를 수식할 때 이를 관계적 수식어(نَعْتٌ سَبَبِيٌّ)라 한다.

관계적 수식어는 그 한정 형태와 격변화는 앞의 단어(선행명사)와 일치하고, 성의 변화는 뒤의 피수식 명사와 일치한다. 또한 피수식 명사에는 항상 연결의 인칭대명사(ضَمِيرُ الرَّبْطِ)가 사용되며 이 연결의 인칭대명사는 관계적 수식어 앞에 온 명사를 받는다.

①	그의 형(아우)이 고귀한 그 남자가 왔다. (The man whose brother is noble, has come.)	جَاءَ الرَّجُلُ الْفَاضِلُ أَخُوهُ. c + b + a
②	나는 (그녀의) 머리카락이 긴 한 소녀를 보았다.	رَأَيْتُ بِنْتًا طَوِيلًا شَعْرُهَا. c + b + a

a – 주어(فَاعِلٌ) b – 관계적 수식어(نَعْتٌ سَبَبِيٌّ) c – 관계적 수식어의 피수식어, 동사적 용법으로 사용된 능동분사/혹은 유사형용사의 의미상 주어(فَاعِلٌ لِاسْمِ الْفَاعِلِ/ أَوْ لِلصِّفَةِ الْمُشَبَّهَةِ الْعَامِلِ عَمَلَ فِعْلِهِ),

→ ①에서 أَخُوهُ 는 الرَّجُلُ 과 관계가 있는 다른 명사이다. أَخُوهُ 의 ه 가 연결의 인칭대명사로서 앞의 الرَّجُلُ 을 받는다.
→ ①에서 الْفَاضِلُ 은 그 앞의 الرَّجُلُ 을 수식하는 것이 아니라 그 뒤의 أَخُوهُ 를 수식. 즉 أَخُوهُ 는 الْفَاضِلُ 의 피수식어.

2) 관계적 수식어(النَّعْتُ السَّبَبِيُّ)의 예문들

나는 말이 근사한 한 남자를 보았다. (I saw a man whose speech was good.)	رَأَيْتُ رَجُلاً حَسَنًا كَلَامُهُ.
유사 형용사 حَسَنًا 이 관계적 수식어로 사용되어 뒤에 오는 كَلَامُ를 수식. 한정형태의 변화와 격변화는 앞에 오는 단어인 رَجُلاً의 지배를 받고, 성은 수식하는 단어인 كَلَام의 지배를 받음. كَلَامُهُ에 붙은 인칭대명사 هُ는 앞의 رَجُلاً을 가리킴.	
나는 얼굴이 아름다운 한 소녀를 보았다. (I saw a girl whose face was beautiful.)	رَأَيْتُ بِنْتًا جَمِيلًا وَجْهُهَا.
유사 형용사 جَمِيلًا 이 관계적 수식어로 사용되어 뒤에 오는 وَجْهُهَا를 수식. 한정형태의 변화와 격변화는 앞에 오는 단어인 بِنْتًا의 지배를 받고, 성은 수식하는 단어인 وَجْه의 지배를 받음. وَجْهُهَا에 붙은 인칭대명사 هَا는 앞의 بِنْتًا을 가리킴.	
이 사람은 도덕성이 있는 남자이다. (This is a man whose morality is good.)	هَذَا رَجُلٌ حَسَنَةٌ أَخْلَاقُهُ.
유사 형용사 حَسَنَةٌ 이 관계적 수식어로 사용되어 뒤에 오는 أَخْلَاقُهُ를 수식. 한정형태의 변화와 격변화는 앞에 오는 단어인 رَجُلٌ의 지배를 받고, 성은 수식하는 단어인 أَخْلَاق의 지배를 받음. أَخْلَاقُهُ에 붙은 인칭대명사 هُ는 앞의 رَجُلٌ을 가리킴.	
이 사람은 그의 아들이 관대한 여자이다. (This is a woman whose son is generous.)	هَذِهِ امْرَأَةٌ كَرِيمٌ ابْنُهَا.
유사 형용사 كَرِيمٌ 이 관계적 수식어로 사용되어 뒤에 오는 ابْنُهَا를 수식. 한정형태의 변화와 격변화는 앞에 오는 단어인 امْرَأَةٌ의 지배를 받고, 성은 수식하는 단어인 ابْن의 지배를 받음. ابْنُهَا에 붙은 인칭대명사 هَا는 앞의 امْرَأَةٌ을 받음.	
이것은 거래가 믿을만한 그 회사이다. (This is the company which treatments are guaranteed.)	هَذِهِ هِيَ الشَّرِكَةُ الْمَضْمُونَةُ مُعَامَلَاتُهَا.
수동분사 الْمَضْمُونَةُ 이 관계적 수식어로 사용되어 뒤에 오는 مُعَامَلَاتُهَا를 수식. 한정형태의 변화와 격변화는 앞에 오는 단어인 الشَّرِكَة의 지배를 받고, 성은 수식하는 단어인 مُعَامَلَات의 지배를 받음. مُعَامَلَاتُهَا에 붙은 인칭대명사 هَا는 앞의 الشَّرِكَة을 받음.	
이 사람은 그의 딸이 그 빌딩에 들어가는 그 남자이다. (This is the man whose daughter is entering the building.)	هَذَا هُوَ الرَّجُلُ الدَّاخِلَةُ ابْنَتُهُ الْعِمَارَةَ.
능동분사 الدَّاخِلَةُ 이 관계적 수식어로 사용되어 뒤에 오는 ابْنَتُهُ를 수식. 한정형태의 변화와 격변화는 앞에 오는 단어인 الرَّجُل의 지배를 받고, 성은 수식하는 단어인 ابْنَة의 지배를 받음. ابْنَتُهُ에 붙은 인칭대명사 هُ는 앞의 الرَّجُل을 받음. 한편 이 문장에서 사용된 능동분사는 주어와 목적어를 함께 취하는 동사적 용법의 능동분사이다.	

관계적 수식어(النَّعْتُ السَّبَبِيُّ)의 용법 정리

1. 관계적 수식어는 남성 단수 혹은 여성 단수 형태의 한 단어로 구성된다. (단수 형태로만 사용)
2. 관계적 수식어는 바로 뒤에 오는 단어를 수식한다.
3. 한정 형태와 격변화는 바로 앞의 단어(선행명사)와 일치하고, 성의 변화는 바로 그 뒤의 단어와 일치한다.
4. 관계적 수식어 바로 뒤에 오는 단어는 관계적 수식어의 의미상 주어(فَاعِل)가 되거나, 혹은 관계적 수식어가 수동분사인 경우 수동형의 주어(نَائِبُ فَاعِل)가 된다. 관계적 수식어 바로 뒤의 단어는 주어(فَاعِل)나 수동형의 주어(نَائِبُ فَاعِل)가 되기 때문에 반드시 주격을 취한다.
5. 관계적 수식어 바로 뒤에 오는 단어에 반드시 그 앞의 명사(선행명사)를 가르키는 연결의 인칭대명사(ضَمِيرُ الرَّبْط)가 사용된다.
6. 유사 형용사, 과장 형용사, 능동분사, 수동분사가 관계적 수식어로 사용된다.

3) 관계적 수식어(النَّعْتُ السَّبَبِيُّ)와 관련한 여러가지 비교들

** 관계적 수식어인가? 일반적인 술어인가?

아래 ① 문장에서 붉은색으로 표기된 단어는 관계적 수식어가 아니라 일반적인 술어(الْخَبَرُ)이며, ② 문장에서 붉은색으로 표기된 단어가 관계적 수식어(النَّعْتُ السَّبَبِيُّ)이다. 두 문장의 차이는 관계적 수식어 앞에 사용된 선행명사(볼드체)의 유무이다. ② 문장에서 관계적 수식어 앞에 관계적 수식어의 피수식어(푸른색)에 붙는 연결의 인칭대명사가 가르키는 선행명사가 따로 존재함을 확인하라.

①	이 사람은 그의 아들이 그 빌딩에 들어간다. (능동분사가 동사적 용법으로 사용된 문장)	هَذَا دَاخِلٌ ابْنُهُ الْعِمَارَةَ.
②	이 사람은 그의 아들이 그 빌딩에 들어가는 남자이다.(This is a man whose son is entering the building.)	هَذَا رَجُلٌ دَاخِلٌ ابْنُهُ الْعِمَارَةَ.
①	그는 그의 목소리가 사랑을 받는 그 사람이다. (He is the one whose voice is beloved.) (수동분사가 동사적 용법으로 사용된 문장)	هُوَ الْمَحْبُوبُ صَوْتُهُ.
②	그는 그의 목소리가 사랑을 받는 그 사람이다. (He is the person whose voice is beloved.)	هُوَ الشَّخْصُ الْمَحْبُوبُ صَوْتُهُ.
①	이 사람은 그의 관대함이 알려져있다. (This, his generosity is known.) (수동분사가 동사적 용법으로 사용된 문장)	هَذَا مَعْرُوفٌ كَرَمُهُ.
②	이 사람은 그의 관대함이 알려진 남자이다. (This is a man whose generosity is known.)	هَذَا رَجُلٌ مَعْرُوفٌ كَرَمُهُ.

** 관계적 수식어가 아닌 다른 예들(مَا لَيْسَ نَعْتًا سَبَبِيًّا)

아래의 문장들은 관계적 수식어와 모양이 비슷하지만 관계적 수식어가 아닌 예문들이다. 아래 예문들에서 밑줄 부분이 문장의 술어(الْخَبَرُ)이다.

그 선생님의 목소리가 들려진다. (The teacher's voice is heard.)	الْمُدَرِّسُ مَسْمُوعٌ صَوْتُهُ.
그의 권리를 빼앗긴 사람은 약하다. (The one whose right is stolen, is weak.)	الْمَسْرُوقُ حَقُّهُ ضَعِيفٌ.
그녀는 그녀의 시가 낭송되는 그 사람이다. (She is the one whose poetry is sung.) (한정형태)	هِيَ الْمُغَنَّى شِعْرُهَا.
이 사람이 그녀의 책이 사용되는 그 여인이다. (She is the one whose book is used.) (한정형태)	هَذِهِ هِيَ الْمُسْتَخْدَمُ كِتَابُهَا.
나의 여자 선생님의 설명이 이해가 된다. (My teacher's explanation is understood.)	مُدَرِّسَتِي مَفْهُومٌ شَرْحُهَا.
그는 그의 목소리가 사랑을 받는 그 사람이다. (He is the one whose voice is beloved.) (한정형태)	هُوَ الْمَحْبُوبُ صَوْتُهُ.
이 본문은 그의 말이 기록되어 있다. (The words of this text are written.)	هَذَا النَّصُّ مَكْتُوبٌ كَلَامُهُ.
그 아이들의 아버지는 아이들의 우수함을 좋아한다/ 좋아할 것이다. (The children's father loves their superiority.)	الْأَطْفَالُ مُحِبٌّ أَبُوهُمْ تَفَوُّقَهُمْ. *
그 교수의 딸은 그 음식을 먹고 있다./ 먹을 것이다. (The professor's daughter is eating the food.)	الْأُسْتَاذُ آكِلَةٌ ابْنَتُهُ الطَّعَامَ. *

→ 위의 문장들은 수동분사가 동사적 용법으로 사용된 문장들이다. * 표 문장은 동사적 용법으로 사용된 능동분사가 자체의 주어(الْفَاعِلُ)와 목적어(الْمَفْعُولُ بِهِ)를 취한 경우이다.

제 35 과 관계적 수식어에 대해

** 다음을 비교하라.

아래의 ①은 비한정 형태의 관계적 수식어가 사용된 문장이고, ②는 그것을 일반적인 수식절(جُمْلَةُ النَّعْتِ)로 바꾼 문장이다.

| ① | 이 사람은 도덕성이 있는 남자이다.
(هَذَا 가 주어, رَجُلٌ 이 술어, حَسَنَةٌ 이 관계적 수식어) | هَذَا رَجُلٌ حَسَنَةٌ أَخْلَاقُهُ. |
| ② | 이 사람은 도덕성이 있는 남자이다.
(أَخْلَاقُهُ حَسَنَةٌ 이 رَجُلٌ 을 수식하는 수식절) | هَذَا رَجُلٌ أَخْلَاقُهُ حَسَنَةٌ. |

아래의 ①은 한정형태의 관계적 수식어구가 술어로 사용된 문장이고, ②는 '지시대명사 + 대용어'가 주어인 문장이며, ③은 한정형태의 관계적 수식어구가 주어로 사용된 문장이다.

①	이 사람은 도덕성이 있는 그 남자이다. (هَذَا 가 주어이고, الرَّجُلُ الْحَسَنَةُ أَخْلَاقُهُ 가 술어)	هَذَا هُوَ الرَّجُلُ الْحَسَنَةُ أَخْلَاقُهُ.
②	이 남자는 도덕성이 있다. (هَذَا الرَّجُلُ 이 주어, أَخْلَاقُهُ حَسَنَةٌ 이 술어)	هَذَا الرَّجُلُ أَخْلَاقُهُ حَسَنَةٌ.
③	이 도덕성이 있는 남자는 훌륭하다. (هَذَا الرَّجُلُ الْحَسَنَةُ أَخْلَاقُهُ 가 주어, مُمْتَازٌ 이 술어)	هَذَا الرَّجُلُ الْحَسَنَةُ أَخْلَاقُهُ مُمْتَازٌ.

** 관계적 수식어의 문장전환 (수식절(جُمْلَةُ النَّعْتِ) 혹은 관계대명사절(جُمْلَةُ الصِّلَةِ)로)

아래와 같이 관계적 수식어 문장을 일반적인 수식절 혹은 관계대명사절이 사용된 문장으로 전환할 수 있다. 관계적 수식어가 사용된 문장이 일반적인 수식절이나 관계대명사절이 사용된 문장보다 사람들의 관심을 더 끄는 효과가 있다.

관계적 수식어 (النَّعْتُ السَّبَبِيُّ)	일반적인 수식절 & 관계대명사절
رَأَيْتُ رَجُلًا حَسَنًا كَلَامُهُ.	رَأَيْتُ رَجُلًا كَلَامُهُ حَسَنٌ.
나는 말이 근사한 한 남자를 보았다. (I saw a man whose speech was good.)	
رَأَيْتُ بِنْتًا جَمِيلًا وَجْهُهَا.	رَأَيْتُ بِنْتًا وَجْهُهَا جَمِيلٌ.
나는 얼굴이 아름다운 한 소녀를 보았다. (I saw a girl whose face was beautiful.)	
هَذَا رَجُلٌ حَسَنَةٌ أَخْلَاقُهُ.	هَذَا رَجُلٌ أَخْلَاقُهُ حَسَنَةٌ.
이 사람은 도덕성이 있는 남자이다. (This is a man whose speech is good.)	
هَذِهِ امْرَأَةٌ كَرِيمٌ ابْنُهَا.	هَذِهِ امْرَأَةٌ ابْنُهَا كَرِيمٌ.
이 사람은 그의 아들이 관대한 여자이다. (This is a woman whose son is generous.)	
هَذَا هُوَ الرَّجُلُ الدَّاخِلَةُ ابْنَتُهُ الْعِمَارَةَ.	هَذَا هُوَ الرَّجُلُ الَّذِي تَدْخُلُ ابْنَتُهُ الْعِمَارَةَ. *
이 사람은 그의 딸이 그 빌딩에 들어가는 그 남자이다. (This is the man whose daughter is entering the building.)	
هَذِهِ هِيَ الشَّرِكَةُ الْمَضْمُونَةُ مُعَامَلَاتُهَا.	هَذِهِ هِيَ الشَّرِكَةُ الَّتِي تُضْمَنُ مُعَامَلَاتُهَا. *
이것은 거래가 믿을만한 그 회사이다. (This is the company which treatments are guaranteed.)	

→ 위에서 * 표가 있는 문장은 관계대명사절로 전환된 문장이다.

2. 관계적 수식어(النَّعْتُ السَّبَبِيُّ)의 격변화

관계적 수식어의 한정 형태 변화와 격변화는 바로 그 앞의 단어(선행명사)와 일치하고, 성의 변화는 바로 그 뒤의 단어와 일치한다고 배웠다. 따라서 관계적 수식어는 그 앞에 온 단어(즉 관계적 수식어의 의미상 주어가 가리키는 명사)가 문장에서 수행하는 역할에 따라 관계적 수식어도 그 격변화가 달라진다. 아래의 문장들에서 관계적 수식어의 의미상 주어가 가리키는 명사(관계적 수식어 바로 앞에 온 단어)가 문장에서 어떤 역할을 하는지와 그 격에 대해서 주의 깊게 살펴보라.

1) 관계적 수식어가 주격(مَرْفُوع)을 취하는 경우

(1) 관계적 수식어 앞의 선행명사가 명사문의 주어(مُبْتَدَأ)인 경우

말이 이해되는 그 학생은 사랑을 받는다.	الطَّالِبُ الْمَفْهُومُ كَلَامُهُ مَحْبُوبٌ.
목차가 잘 나누어진 그 책은 좋다.	الْكِتَابُ الْمُقَسَّمَةُ أَبْوَابُهُ جَيِّدٌ.
재림이 기다려지는 그리스도, 그가 우리의 구원자이다. (The Christ whose coming is waited for, is our savior.)	الْمَسِيحُ الْمُنْتَظَرُ مَجِيئُهُ هُوَ مُخَلِّصُنَا.

→관계적 수식어 앞의 선행명사가 명사문의 주어로 사용되기에 비한정 형태는 불가능하다.

(2) 관계적 수식어 앞의 선행명사가 동사문의 주어(فَاعِل)인 경우

a. 한정형태

그의 선생님들이 관대한 그 남자가 왔다. (The man whose teachers are generous, has come.)	جَاءَ الرَّجُلُ الْكَرِيمُ مُعَلِّمُوهُ.
그들의 어머니가 현명한 두 소년들이 참석했다. (The two boys whose mother is wise, have attended.)	حَضَرَ الْوَلَدَانِ الْعَاقِلَةُ أُمُّهُمَا.
그들의 설명이 이해되는 그 선생님들이 왔다. (The teachers whose explanation is understood, have come.)	جَاءَ الْمُدَرِّسُونَ الْمَفْهُومُ شَرْحُهُمْ.

b. 비한정형태

그의 설명이 이해가 잘 되는 한 선생님이 그 교실에 들어갔다.	دَخَلَ الْفَصْلَ مُدَرِّسٌ مَفْهُومٌ شَرْحُهُ.
세상에는 그들의 권리가 빼앗겨진 사람들이 살고 있다.	يَعِيشُ فِي الْعَالَمِ نَاسٌ مَأْخُوذَةٌ حُقُوقُهُمْ.
그의 합리성이 많은 한 사람이 아랍어를 공부하고 있다.	يَدْرُسُ اللُّغَةَ الْعَرَبِيَّةَ شَخْصٌ كَبِيرٌ عَقْلُهُ.

(3) 관계적 수식어 앞의 선행명사가 명사문의 술어(خَبَر)인 경우

a. 한정형태

이것은 그 거래들이 신뢰받는 그 가게이다. (This is the shop which treatments are guaranteed.)	هَذَا هُوَ الْمَحَلُّ الْمَضْمُونَةُ مُعَامَلَاتُهُ.
나는 계획들이 실행된 그 장관이다.	أَنَا الْوَزِيرُ الْمُنَفَّذَةُ خُطَطُهُ.
우리는 혁명으로 유명한 그 백성이다.	نَحْنُ الشَّعْبُ الْمَشْهُورَةُ ثَوْرَتُهُ.

b. 비한정형태

이것은 끝이 찢어진 옷이다.	هَذَا ثَوْبٌ مُمَزَّقَةٌ أَطْرَافُهُ.
이것은 사건들이 흥미로운 이야기이다.	هَذِهِ قِصَّةٌ مُشَوِّقَةٌ أَحْدَاثُهَا.
이 두 남자는 합리성이 많은 두 남자들이다.	هَذَانِ رَجُلَانِ كَبِيرٌ عَقْلَاهُمَا.
이 사람은 아들이 그 빌딩에 들어가는 남자이다. (This is a man whose son is entering the building.)	هَذَا رَجُلٌ دَاخِلٌ ابْنُهُ الْعِمَارَةَ.

2) 관계적 수식어가 목적격(مَنْصُوب)을 취하는 경우

(1) 관계적 수식어 앞의 선행명사가 동사문의 목적어(مَفْعُول بِهِ)인 경우

a. 한정형태

나는 합리성이 발달된 그 학생들을 좋아한다. (I love the students whose minds are developed.)	أُحِبُّ الطُّلَّابَ الْمُتَطَوِّرَةَ عُقُولُهُمْ.
나는 그들의 일들이 칭찬을 받는 그 사람들을 존경한다. (I respect the people whose works are praiseworthy.)	أَحْتَرِمُ النَّاسَ الْمَحْمُودَةَ أَعْمَالُهُمْ.
우리는 냄새가 좋은 그 음식을 먹었다.	أَكَلْنَا الطَّعَامَ الْجَمِيلَةَ رَائِحَتُهُ.

b. 비한정형태

나는 이해가 쉬운 한 규칙을 공부했다. (I studied a rule which understanding was easy.)	دَرَسْتُ قَاعِدَةً سَهْلاً فَهْمُهَا.
나는 얼굴들이 아름다운 소녀들을 보았다. (I saw girls whose faces were beautiful.)	رَأَيْتُ بَنَاتٍ جَمِيلَةً وُجُوهُهُنَّ.
우리는 색깔이 이상한 한 홍차를 마셨다.	شَرِبْنَا شَايًا غَرِيبًا لَوْنُهُ.

3) 관계적 수식어가 소유격(مَجْرُور)을 취하는 경우

(1) 관계적 수식어 앞의 선행명사가 소유격 명사(اسْمٌ مَجْرُور)인 경우

a. 한정형태

나는 표지들이 예쁜 그 잡지들에 반했다.	أُعْجِبْتُ بِالْمَجَلَّاتِ الْجَمِيلَةِ أَغْلِفَتُهَا.
나는 눈이 파란 그 소녀와 인사를 나누었다.	سَلَّمْتُ عَلَى الْبِنْتِ الزَّرْقَاءِ عَيْنُهَا.
우리는 말이 분명한 그 학생을 알게되었다.	تَعَرَّفْنَا بِالطَّالِبِ الْوَاضِحِ كَلَامُهُ.

b. 비한정형태

나는 말이 아주 조심스러운 한 사람을 알게 되었다. (I got to know a person whose words were very careful.)	تَعَرَّفْتُ عَلَى شَخْصٍ حَذِرٍ كَلَامُهُ.
우리는 대화가 이해되는 두 남자와 이야기를 나누었다. (We talked to two men whose speech was understood.)	تَكَلَّمْنَا إِلَى رَجُلَيْنِ مَفْهُومٍ حَدِيثُهُمَا.
나는 그 의미들이 분명한 말들을 기뻐한다.	أَسْعَدُ بِكَلَامٍ وَاضِحَةٍ مَعَانِيهِ.

(2) 관계적 수식어 앞의 선행명사가 후연결어(مُضَاف إِلَيْهِ)인 경우

a. 한정형태

이것은 가방이 도둑맞은 그 소년의 책이다.	هَذَا كِتَابُ الْوَلَدِ الْمَسْرُوقَةِ حَقِيبَتُهُ.
나는 문명화가 깊은(유서깊은) 그 나라의 도시들을 방문했다.	زُرْتُ مُدُنَ الْبَلَدِ الْعَرِيقَةِ حَضَارَتُهُ.
카이로에서 개최하기로 결정된 그 대회의 날짜가 변경되었다. (The date of the conference which is decided to be held in Cairo, was changed.)	عُدِّلَ تَارِيخُ الْمُؤْتَمَرِ الْمُقَرَّرِ عَقْدُهُ بِالْقَاهِرَةِ.

b. 비한정형태

지식이 부족한 사람을 가르치는 것은 훌륭한 일이다.	تَعْلِيمُ شَخْصٍ قَلِيلٍ عِلْمُهُ شَيْءٌ جَيِّدٌ.
حُبُّ بِنْتٍ مُتَفَتِّحٍ عَقْلُهَا أَفْضَلُ مِنْ حُبِّ مَلِكَةِ جَمَالٍ.	
마음이 열린(open minded) 소녀를 사랑하는 것은 미의 여왕을 사랑하는 것보다 낫다.	
مُوَاجَهَةُ عَدُوٍّ مَعْرُوفَةٍ أَهْدَافُهُ أَسْهَلُ مِنْ مُعَاوَنَةِ حَلِيفٍ خَائِفٍ.	
목적들이 알려진 적을 대면함이 무서워하는 동맹자를 돕는 것보다 쉽다. (Facing an enemy whose aims are known is easier than helping a frightened ally.)	

3. 관계적 수식어(النَّعْتُ السَّبَبِيُّ) 단어의 유형들

앞에서 유사 형용사, 과장 형용사, 능동분사, 수동분사가 관계적 수식어로 사용된다고 하였다. 여기서는 그 예들을 살펴본다.

1) 유사 형용사(الصِّفَةُ المُشَبَّهَةُ)일 경우

a. 한정 형태일 경우

그의 선생님들이 관대한 그 남자가 왔다. (The man whose teachers are generous, has come.)	جَاءَ الرَّجُلُ الْكَرِيمُ مُعَلِّمُوهُ.
나는 입구가 아름다운 그 집에 들어갔다. (I entered the house which enterance was good.)	دَخَلْتُ الْبَيْتَ الْحَسَنَ مَدْخَلُهُ.

b. 비한정 형태일 경우

이것은 맛이 단 한 음식이다. (This is a food which taste is sweet.)	هَذَا طَعَامٌ حُلْوٌ مَذَاقُهُ.
나는 머리카락이 긴 한 소녀를 보았다. (I saw a girl whose hair was long.)	رَأَيْتُ بِنْتًا طَوِيلًا شَعْرُهَا.
내 친구는 감정이 부드러운 한 여자와 결혼했다. (I got to know a friend whose thoughts were brave.)	تَزَوَّجَ صَدِيقِي امْرَأَةً رَقِيقَةً مَشَاعِرُهَا.
나는 생각들이 용감한 한 친구를 알게되었다. (I got to know a friend whose thoughts were brave.)	تَعَرَّفْتُ عَلَى صَدِيقٍ شُجَاعَةٍ أَفْكَارُهُ.

2) 과장 형용사(صِيغَةُ الْمُبَالَغَةِ)일 경우

a. 한정 형태일 경우

나는 말이 진실한 그 친구를 좋아한다. (I like the friend whose word is very truthful.)	أُحِبُّ الصَّدِيقَ الصِّدِّيقَ كَلَامُهُ.
이 여자분은 마음이 항상 깨어있는 그 여자이다. (This is a woman whose mind is very awake.)	هَذِهِ الِامْرَأَةُ الْيَقِظُ قَلْبُهَا.

b. 비한정 형태일 경우

이분은 그의 형(남동생)이 거짓말쟁이 남자이다. (This is a man whose brother is very liar.)	هَذَا رَجُلٌ كَذَّابٌ أَخُوهُ.
나는 말이 진실한 사람들과 함께 일한다. (I work with persons whose words are very truthful.)	أَعْمَلُ مَعَ أَشْخَاصٍ صِدِّيقٍ كَلَامُهُمْ.

3) 능동분사(اسْمُ الْفَاعِلِ)일 경우

a. 한정 형태의 능동분사

나는 이성이 발달된 그 학생들을 좋아한다. (I love the students whose minds are developed.)	أُحِبُّ الطُّلَّابَ الْمُتَطَوِّرَةَ عُقُولُهُمْ.
나는 부인이 나의 아이들을 돕는 그 남편을 만났다. (I met the husband whose wife had been helping my kids.)	قَابَلْتُ الزَّوْجَ الْمُسَاعِدَةَ زَوْجَتُهُ أَبْنَائِي.
그의 선생님이 여행중인 그 남자가 왔다. (The man whose teacher has been travelling, has come.)	جَاءَ الرَّجُلُ الْمُسَافِرُ مُعَلِّمُهُ.

b. 비한정 형태의 능동분사

이 사람은 아들이 그 건물에 들어가는 남자이다. (This is a man whose son enters the building.)	هَذَا رَجُلٌ دَاخِلٌ ابْنُهُ الْعِمَارَةَ.
그 교장은 합격한 학생들의 선생님과 이야기했다. (The director talked with a teacher whose students had succeeded.)	تَحَدَّثَ الْمُدِيرُ مَعَ مُدَرِّسٍ نَاجِحٍ طُلَّابُهُ.
내 아이들은 어머니가 기술자(engineer)로 일하는 아이들과 함께 논다. (My children play with boys whose mother works as an engineer.)	يَلْعَبُ أَطْفَالِي مَعَ أَوْلَادٍ عَامِلَةٍ أُمُّهُمْ مُهَنْدِسَةً.

4) 수동분사(اِسْمُ الْمَفْعُولِ)일 경우

a. 한정형태의 수동분사

나는 그의 돈이 도난당한 그 학생을 돕는다. (I help the student whose money was stolen.)	أُسَاعِدُ الطَّالِبَ الْمَسْرُوقَةَ نُقُودُهُ.
이름이 적혀있는 학생들은 교장에게 가야한다.(The students whose names are written have to go to the director.)	عَلَى الطُّلَّابِ الْمَكْتُوبَةِ أَسْمَاؤُهُمُ الذَّهَابُ إِلَى الْمُدِيرِ.

b. 비한정 형태의 수동분사

이 사람은 그의 관대함이 알려진 남자이다. (This is a man whose generosity is known.)	هَذَا رَجُلٌ مَعْرُوفٌ كَرَمُهُ.
나는 이름이 유명한 한 여자를 만났다. (I met a woman whose name was famous.)	قَابَلْتُ امْرَأَةً مَشْهُورًا اسْمُهَا.
나는 말이 사랑을 받는 한 쉐이크의 말에 귀를 기울였다. (I listened to an old man whose speech was beloved.)	اِسْتَمَعْتُ إِلَى شَيْخٍ مَحْبُوبٍ كَلَامُهُ.

→ 관계적 수식어가 수동분사인 경우 수동분사의 동사적 용법이 되며, 따라서 그 뒤에 오는 단어가 의미상 수동형의 주어(نَائِبُ فَاعِلٍ)가 된다.

** 아래는 연결의 인칭대명사가 전치사에 붙은 경우이다.

그것은 사람들이 모이는 날이다(꾸란11:103)	ذَلِكَ يَوْمٌ مَجْمُوعٌ لَهُ النَّاسُ.

제35과 관계적 수식어에 대해

4. 관계적 수식어(النَّعْتُ السَّبَبِيُّ) 문장의 전환

문장에 사용된 관계적 수식어가 한정형태일 경우 관계대명사 الَّذِي 를 사용하여 선행사를 수식하는 관계대명사절로 전환할 수 있다. 이에 비해 사용된 관계적 수식어가 비한정 형태일 경우 그 뒤의 문장을 수식절(جُمْلَةُ النَّعْتِ)로 전환할 수 있다. 이렇게 할 경우 더 쉬운 문장이 된다.

문장에서 사용된 관계적 수식어가 능동분사인 경우 능동형 동사로, 수동분사인 경우 수동형 동사로 변경하면 된다.

아래의 예문들은 앞의 '관계적 수식어의 격변화' 부분에서 다룬 문장들이다. 아래 예문들의 ②의 A 는 관계종속절 혹은 수식절이 동사문의 경우이고, B 는 관계종속절 혹은 수식절이 명사문의 경우이다.

1) 관계적 수식어가 주격(مَرْفُوع)을 취하는 경우

(1) 관계적 수식어 앞의 선행명사가 명사문의 주어(مُبْتَدَأ)인 경우

①	الطَّالِبُ المَفْهُومُ كَلَامُهُ مَحْبُوبٌ.	②	A	الطَّالِبُ الَّذِي يُفْهَمُ كَلَامُهُ مَحْبُوبٌ.
			B	الطَّالِبُ الَّذِي كَلَامُهُ يُفْهَمُ مَحْبُوبٌ.
	말이 이해되는 그 학생은 사랑을 받는다.			

①	الكِتَابُ المَقَسَّمَةُ أَبْوَابُهُ جَيِّدٌ.	②	A	الكِتَابُ الَّذِي تُقَسَّمُ أَبْوَابُهُ جَيِّدٌ.
			B	الكِتَابُ الَّذِي أَبْوَابُهُ تُقَسَّمُ جَيِّدٌ.
	목차가 잘 나누어진 그 책은 좋다.			

(2) 관계적 수식어 앞의 선행명사가 동사문의 주어(فَاعِل)인 경우

a. 한정형태

①	جَاءَ الرَّجُلُ الكَرِيمُ مُعَلِّمُوهُ.	②	B	جَاءَ الرَّجُلُ الَّذِي مُعَلِّمُوهُ كُرَمَاءُ.
	그의 선생님들이 관대한 그 남자가 왔다. (The man whose teachers are generous, has come.)			

①	جَاءَ المُدَرِّسُونَ المَفْهُومُ شَرْحُهُمْ.	②	A	جَاءَ المُدَرِّسُونَ الَّذِينَ فُهِمَ/ يُفْهَمُ شَرْحُهُمْ.
			B	جَاءَ المُدَرِّسُونَ الَّذِينَ شَرْحُهُمْ فُهِمَ/ يُفْهَمُ.
	그들의 설명이 이해되는 그 선생님들이 왔다. (The teachers whose explanation is/was understood, have come.)			

b. 비한정형태

①	دَخَلَ الفَصْلَ مُدَرِّسٌ مَفْهُومٌ شَرْحُهُ.	②	A	دَخَلَ الفَصْلَ مُدَرِّسٌ فُهِمَ/ يُفْهَمُ شَرْحُهُ.
			B	دَخَلَ الفَصْلَ مُدَرِّسٌ شَرْحُهُ فُهِمَ/ يُفْهَمُ.
	그의 설명이 이해가 잘 되는 한 선생님이 그 교실에 들어갔다.			

①	يَدْرُسُ اللُّغَةَ العَرَبِيَّةَ شَخْصٌ كَبِيرٌ عَقْلُهُ.	②	B	يَدْرُسُ اللُّغَةَ العَرَبِيَّةَ شَخْصٌ عَقْلُهُ كَبِيرٌ.
	그의 합리성이 많은 한 사람이 아랍어를 공부하고 있다.			

(3) 관계적 수식어 앞의 선행명사가 명사문의 술어(خَبَر)인 경우

a. 한정형태

①	هَذَا هُوَ الْمَحَلُّ الْمَضْمُونَةُ مُعَامَلَاتُهُ.	②	A	هَذَا هُوَ الْمَحَلُّ الَّذِي ضُمِنَتْ/ تُضْمَنُ مُعَامَلَاتُهُ.
			B	هَذَا هُوَ الْمَحَلُّ الَّذِي مُعَامَلَاتُهُ ضُمِنَتْ/ تُضْمَنُ.
	이것은 그 거래들이 신뢰받는 그 가게이다.			
①	أَنَا الْوَزِيرُ الْمُنَفَّذَةُ خُطَطُهُ.	②	A	أَنَا الْوَزِيرُ الَّذِي نُفِّذَتْ/ تُنَفَّذُ خُطَطُهُ.
			B	أَنَا الْوَزِيرُ الَّذِي خُطَطُهُ نُفِّذَتْ/ تُنَفَّذُ.
	나는 계획들이 실행된 그 장관이다.			

b. 비한정형태

①	هَذَا ثَوْبٌ مُمَزَّقَةٌ أَطْرَافُهُ.	②	A	هَذَا ثَوْبٌ مُزِّقَتْ/ تُمَزَّقُ أَطْرَافُهُ.
			B	هَذَا ثَوْبٌ أَطْرَافُهُ مُزِّقَتْ/ تُمَزَّقُ.
	이것은 끝이 찢어진 옷이다.			
①	هَذِهِ قِصَّةٌ مُشَوَّقَةٌ أَحْدَاثُهَا.	②	A	هَذِهِ قِصَّةٌ تُشَوِّقُ أَحْدَاثُهَا.
			B	هَذِهِ قِصَّةٌ أَحْدَاثُهَا تُشَوِّقُ.
	이것은 사건들이 흥미로운 이야기이다.			
①	هَذَا رَجُلٌ دَاخِلٌ ابْنُهُ الْعِمَارَةَ.	②	A	هَذَا رَجُلٌ يَدْخُلُ ابْنُهُ الْعِمَارَةَ.
			B	هَذَا رَجُلٌ ابْنُهُ يَدْخُلُ الْعِمَارَةَ.
	이 사람은 아들이 그 빌딩에 들어가는 남자이다. (This is a man whose son is entering the building.)			

2) 관계적 수식어가 목적격(مَنْصُوب)을 취하는 경우
(1) 관계적 수식어 앞의 선행명사가 동사문의 목적어(مَفْعُول بِهِ)인 경우
a. 한정형태

①	أُحِبُّ الطُّلَّابَ الْمُتَطَوِّرَةَ عُقُولُهُمْ.	②	A	أُحِبُّ الطُّلَّابَ الَّذِينَ تَطَوَّرَتْ عُقُولُهُمْ.
			B	أُحِبُّ الطُّلَّابَ الَّذِينَ عُقُولُهُمْ تَطَوَّرَتْ.
	나는 합리성이 발달된 그 학생들을 좋아한다. (I love the students whose minds are developed.)			
①	أَحْتَرِمُ النَّاسَ الْمَحْمُودَةَ أَعْمَالُهُمْ.	②	B	أَحْتَرِمُ النَّاسَ الَّذِينَ تُحْمَدُ أَعْمَالُهُمْ.
				أَحْتَرِمُ النَّاسَ الَّذِينَ أَعْمَالُهُمْ تُحْمَدُ.
	나는 그들의 일들이 칭찬을 받는 그 사람들을 존경한다. (I respect the people whose works are praiseworthy.)			

b. 비한정형태

①	دَرَسْتُ قَاعِدَةً سَهْلًا فَهْمُهَا.	②	A	دَرَسْتُ قَاعِدَةً سَهُلَ / يَسْهُلُ فَهْمُهَا.
			B	دَرَسْتُ قَاعِدَةً فَهْمُهَا سَهُلَ / يَسْهُلُ.
	나는 이해가 쉬운 한 규칙을 공부했다. (I studied a rule which understanding was easy.)			
①	رَأَيْتُ بَنَاتٍ جَمِيلَةً وُجُوهُهُنَّ.	②	B	رَأَيْتُ بَنَاتٍ وُجُوهُهُنَّ جَمِيلَةٌ.
	나는 얼굴들이 아름다운 소녀들을 보았다. (I saw girls whose faces were beautiful.)			

3) 관계적 수식어가 소유격(مَجْرُور)을 취하는 경우
(1) 관계적 수식어 앞의 선행명사가 소유격 명사(اسْم مَجْرُور)인 경우
a. 한정형태

①	أُعْجِبْتُ بِالْمَجَلَّاتِ الْجَمِيلَةِ أَغْلِفَتُهَا.	②	B	أُعْجِبْتُ بِالْمَجَلَّاتِ الَّتِي أَغْلِفَتُهَا جَمِيلَةٌ.
	나는 표지들이 예쁜 그 잡지들에 반했다.			
①	سَلَّمْتُ عَلَى الْبِنْتِ الزَّرْقَاءِ عَيْنَاهَا.	②	B	سَلَّمْتُ عَلَى الْبِنْتِ الَّتِي عَيْنَاهَا زَرْقَاءُ.
	나는 눈이 파란 그 소녀와 인사를 나누었다.			

b. 비한정형태

①	تَعَرَّفْتُ عَلَى شَخْصٍ حَذِرٍ كَلَامُهُ.	②	B	تَعَرَّفْتُ عَلَى شَخْصٍ كَلَامُهُ حَذِرٌ.
	나는 말이 아주 조심스러운 한 사람을 알게 되었다. (I got to know a person whose word was very careful.)			
①	تَكَلَّمْنَا إِلَى رَجُلَيْنِ مَفْهُومٍ حَدِيثُهُمَا.	②	A	تَكَلَّمْنَا إِلَى رَجُلَيْنِ فُهِمَ / يُفْهَمُ حَدِيثُهُمَا.
			B	تَكَلَّمْنَا إِلَى رَجُلَيْنِ حَدِيثُهُمَا فُهِمَ / يُفْهَمُ.
	우리는 대화가 이해되는 두 남자와 이야기를 나누었다. (We talked to two men whose speech was understood.)			

(2) 관계적 수식어 앞의 선행명사가 후연결어(مُضَافٌ إِلَيْهِ)인 경우

a. 한정형태

①	هَذَا كِتَابُ الْوَلَدِ الْمَسْرُوقَةِ حَقِيبَتُهُ.	②	A	هَذَا كِتَابُ الْوَلَدِ الَّذِي سُرِقَتْ حَقِيبَتُهُ.
			B	هَذَا كِتَابُ الْوَلَدِ الَّذِي حَقِيبَتُهُ سُرِقَتْ.
	이것은 가방이 도둑맞은 그 소년의 책이다.			
①	زُرْتُ مُدُنَ الْبَلَدِ الْعَرِيقَةِ حَضَارَتُهُ.	②	B	زُرْتُ مُدُنَ الْبَلَدِ الَّذِي حَضَارَتُهُ عَرِيقَةٌ.
	나는 문명화가 깊은(유서깊은) 그 나라의 도시들을 방문했다.			

b. 비한정형태

①	تَعْلِيمُ شَخْصٍ قَلِيلٍ عِلْمُهُ شَيْءٌ جَيِّدٌ.	②	B	تَعْلِيمُ شَخْصٍ عِلْمُهُ قَلِيلٌ شَيْءٌ جَيِّدٌ.
	지식이 부족한 사람을 가르치는 것은 훌륭한 일이다.			
①	حُبُّ بِنْتٍ مُتَفَتِّحٍ عَقْلُهَا أَفْضَلُ مِنْ حُبِّ مَلِكَةِ جَمَالٍ.			
②	B	حُبُّ بِنْتٍ عَقْلُهَا مُتَفَتِّحٌ أَفْضَلُ مِنْ حُبِّ مَلِكَةِ جَمَالٍ.		
	마음이 열린(open minded) 소녀를 사랑하는 것은 미의 여왕을 사랑하는 것보다 낫다.			

5. 연결의 인칭대명사가 후연결어에 붙는 관계적 수식어

다음은 관계적 수식어 바로 뒤에 두 단어 연결형 혹은 세 단어 연결형을 취하고 그 후연결어에 연결의 인칭대명사(ضَمِيرُ الرَّبْطِ)가 붙는 경우이다. 이 경우 관계적 수식어는 바로 뒤에 온 단어를 수식하지만 선행명사를 받는 연결의 인칭대명사는 그 뒤의 후연결어에 붙는다. 관계적 수식어의 한정 형태와 격변화는 바로 앞의 단어(선행명사)와 일치하고 성의 변화는 바로 뒤의 단어와 일치한다. 아래에서 두 번째 밑줄 부분이 관계적 수식어 뒤에 사용된 연결형 단어이다.

هَذَا الْمُدَرِّسُ الْمُعَرَّفَةُ طَرِيقَةُ تَدْرِيسِهِ فِي جَامِعَاتٍ كَثِيرَةٍ مُمْتَازٌ.
많은 대학들에서 그의 가르치는 방법이 알려진 이 선생님은 훌륭하다. (This teacher, whose teaching method is/was defined in many universities, is excellent.)
위의 문장에서 الْمُعَرَّفَةُ 는 그 뒤에 온 طَرِيقَةُ 를 수식한다. 그러나 관계적 수식어 바로 앞의 단어(선행명사)를 가리키는 연결의 인칭대명사는 연결형 단어의 후연결어인 تَدْرِيسِهِ 에 붙어있다.

다른 예들

هَذِهِ مُهَنْدِسَةٌ مُبَاعَةٌ تَصْمِيمَاتُ أَبْنِيَتِهَا[1].	이 여자는 그녀의 빌딩들의 설계들이 판매된 기술자이다. (This is an engineer whose buildings designs are/were sold.)
أَحَبَّتْ رَجُلًا مَعْرُوفًا صِدْقُ كَلَامِهِ.	그녀는 말의 진실성이 알려진 한 남자를 사랑한다. (She loved a man whose speech honesty is/was known.)
رَأَوْا لُصُوصًا مُطَارَدَةً سَيَّارَةُ قَائِدِهِمْ.	그들은 두목의 자동차가 쫓김을 받는 강도들을 보았다. (They saw thieves whose boss's car is/was pursued.)
يَدْرُسْنَ مَعَ طُلَّابٍ مَحْبُوبٍ نُبْلُ أَخْلَاقِهِمْ.	그 여자들은 그들의 도덕의 고귀함이 사랑을 받는 학생들과 함께 공부한다. (They study with students whose morals nobility is/was beloved.)
اشْتَرَى صَدِيقِي بَيْتَ امْرَأَةٍ مَشْهُورٍ جُنُونُ زَوْجِهَا.	내 친구는 남편이 미친 것으로 유명한 한 여자의 집을 구입했다. (My friend bought a house of a woman whose husband's madness is/was famous.)
أَذْهَبُ إِلَى مَكْتَبَةٍ مَشْرُوحٍ نِظَامُ اسْتِخْدَامِ كُتُبِهَا.	나는 책들의 사용 체계에 대해 설명된 한 도서관에 간다. (연결의 인칭대명사가 세 단어 연결형 뒤에 붙었다.) (I go to a library whose system of using its books is/was explained.)

---

[1] بِنَاءٌ/أَبْنِيَةٌ 건설, 건축 ; 건물, 건축물

제 36 과 맹세문(أُسْلُوبُ الْقَسَمِ)에 대해

1. 맹세문의 종류
2. 맹세문을 강조하기 위한 용법
3. 맹세문과 조건문이 결합될 때
4. 맹세에 대한 여러 표현들
5. 꾸란의 맹세문

제 36과 맹세문(أَسْلُوبُ الْقَسَمِ)에 대해

맹세는 자신의 말이 진실하다는 것을 증명하기위해 신 혹은 신적인 대상의 명예를 걸고 상대방에게 약속하는 것을 말한다. 아랍 사람들은 자신의 말의 진실성을 강조하기 위해, 그리고 자신의 요구를 상대방에게 관철시키기 위해 그들의 신에게 맹세한다. 맹세는 아랍 사람들의 뿌리깊은 문화이며 일상에서 아주 많이 사용되고 있기에 맹세문 사용법을 알아둘 필요가 있다. 다음 문장을 보자.

신에게 맹세코, 우리의 권리는 잃어지지 않을 것이다.	وَاللهِ لَنْ يَضِيعَ[1] حَقُّنَا. 　　　c　　+ b+a
a – 맹세사(أَدَاةُ الْقَسَمِ) b – 맹세의 대상(الْمُقْسَمُ بِهِ) c – 맹세 결과절(جَوَابُ الْقَسَمِ)	

이와같이 맹세문은 맹세사(أَدَاةُ الْقَسَمِ)와 맹세의 대상(الْمُقْسَمُ بِهِ), 그리고 맹세 결과절(جَوَابُ الْقَسَمِ)로 구성된다. (맹세사와 맹세의 대상이 사용되면 그 뒤에 반드시 맹세 결과절이 오게 된다. 또한 반대로 맹세 결과절이 사용될 경우 그 앞에 맹세사와 맹세의 대상이 반드시 존재한다. 그것이 생략될 경우 문맥에서 그것이 무엇인지 이해된다.)
맹세사로 사용되는 것은 아래의 4 가지 전치사(تَ, لِ, بِ, وَ)이며 이 가운데 وَ 가 가장 많이 사용된다. 맹세사 뒤에 오는 맹세의 대상은 주로 신이나 신적인 대상이 사용된다. 일반적으로 الله 을 대상으로 맹세를 하지만, 때로는 상대방(حَقَّكَ)이나 상대방의 목숨(حَيَاتَكَ) 등을 대상으로 맹세하기도 한다. (꾸란에서 알라신 스스로가 맹세할 경우 모든 자연만물이 맹세의 대상으로 사용될 수 있다.)
이 때 맹세의 대상(الْمُقْسَمُ بِهِ)에는 반드시 소유격 명사(اسْمٌ مَجْرُورٌ)가 오며 소유격이 사용된다.
맹세 결과절에는 명사문이나 동사문 둘 다 올 수 있으며, 맹세문의 의미를 더욱 강조하기 위해 맹세 결과절에 لَـ, لَقَدْ, قَدْ, إِنَّ 을 사용하거나 동사의 강세형 (نُونُ التَّوْكِيدِ)을 사용하기도 한다.

맹세문에 사용되는 맹세사 (حَرْفُ الْقَسَمِ, أَدَاةُ الْقَسَمِ)			
وَ	بِ	لِ	تَ

아래는 위의 맹세사를 사용하여 알라(الله) 신을 대상으로 맹세할 경우이다.

وَاللهِ ...	بِاللهِ ...	لِلهِ[2] ...	تَاللهِ ...
	신에게 맹세코 ... (I swear by God...)		

→ 위에서 사용된 لِ, تَ, بِ, وَ 이 맹세의 전치사(حَرْفٌ لِلْقَسَمِ)들이다. 그 뒤에 온 단어는 소유격 명사로 사용되었다. 이 때 각각의 전치사를 각각 تَاءُ الْقَسَمِ, لَامُ الْقَسَمِ, بَاءُ الْقَسَمِ, وَاوُ الْقَسَمِ 라 한다.

---

[1] ضَاعَ/ يَضِيعُ (to be lost)이 잃어지다.. ضَاعَ الْمِفْتَاحُ 열쇠가 잃어졌다.
[2] لِلهِ = لِ + اللهِ

1. 맹세문의 종류

아랍 사람들의 맹세를 그 의미에 따라 두 가지 종류로 나눌 수 있다. 먼저는 자신의 말이 진실하다는 것을 강조하기 위해 하는 것이고, 두번째는 상대방이 자신의 요구를 그대로 실행하도록 요구하기 위해 하는 것이다.

1) 자신의 말이 진실하다는 것을 강조하기 위한 맹세

대화 예문 I

A:	이 냉장고가 얼마입니까?	بِكَمْ هَذِهِ الثَّلَّاجَةُ؟
B:	3천 파운드입니다.	بِثَلَاثَةِ آلَافِ جُنَيْهِ.
A:	너무 비싼데요.	إِنَّهَا غَالِيَةٌ جِدًّا.
B:	신에게 맹세코, 이것이 그것의 실제 가격입니다.	وَاللهِ/ تَاللهِ/ بِاللهِ/ للهِ هَذَا ثَمَنُهَا الْحَقِيقِيُّ.

→ 위의 예문에서 밑줄친 부분은 맹세결과절(جَوَابُ الْقَسَم)이다.

대화예문 II

A:	내가 시험에서 합격했어.	لَقَدْ نَجَحْتُ فِي الِامْتِحَانِ.
B:	너는 공부를 하지 않았는데 그것이 어떻게 가능하니? 너 거짓말하지!?	كَيْفَ هَذَا وَأَنْتَ لَمْ تُذَاكِرْ، أَنْتَ تَكْذِبُ!؟
A:	신에게 맹세코, 나는 합격했어.	وَاللهِ/ تَاللهِ/ بِاللهِ/ للهِ نَجَحْتُ.

→ 위의 예문에서 밑줄친 부분은 맹세결과절(جَوَابُ الْقَسَم)이다.

다른 예들

신에게 맹세코, 나는 그렇게 하지 않을 것이다.	للهِ/ وَاللهِ لَا أَفْعَلُ كَذَا.
신에게 맹세코, 나는 열심히 (그) 노력하는 사람을 보상할 것이다.	للهِ/ وَاللهِ سَأُكَافِئُ[1] الْمُجْتَهِدَ.
신에게 맹세코, 우리는 우리의 권리들에 대해 소홀히 하지 않을 것이다.	بِاللهِ لَنْ نُفَرِّطَ[2] فِي حُقُوقِنَا.

→ 위의 예문에서 밑줄친 부분은 맹세결과절(جَوَابُ الْقَسَم)이다.

한편 아래에서와 같이 بِ ـ أَقْسَمَ/ يُقْسِمُ 동사를 사용할 경우 맹세의 의미를 더욱 분명하게 나타낸다.

신에게 맹세코, 나는 그 시계를 훔치지 않았다.	أُقْسِمُ بِاللهِ أَنِّي لَمْ أَسْرِقِ السَّاعَةَ.
신에게 맹세코, 나는 나의 돈에있어 정직하다.	أُقْسِمُ بِاللهِ أَنَا أَمِينٌ فِي مَالِي.

---

[1] كَافَأَ/ يُكَافِئُ ه أَوْ هـ بِـ – مُكَافَأَةً 보상하다, 갚다

[2] فَرَّطَ/ يُفَرِّطُ فِي 부주의하다, 소홀히 하다

2) 요청하기 위한 맹세

이 맹세는 상대방이 자신의 요청을 듣고 실행하도록 맹세하는 경우이다. 가족이나 친구 등 가까운 사람에게 많이 사용하며, 대개 강제성이 없이 사용되지만 만일 자신의 아내 등 의무를 부여할 수 있는 사람에게 하게 되면 요청의 강도가 높아진다. 실제 사용에 있어서는 맹세의 의미없이 '제발(please)' 등의 간구의 의미로 많이 사용된다.

제발 (please!) (문자적인 의미. '당신을 신의 맹세에 올려놓고.' (I put you upon oath.))	بِاللهِ عَلَيْكَ، ...
	بِرَبِّكَ، ...

→ 위의 표현에 사용된 بِ 가 맹세의 전치사이다. 그 뒤에 온 단어가 소유격 명사이다.

대화 예문 I – 친구간의 대화

A :	친구야! 우리 함께 영화보러 가자.	يَا صَدِيقِي، هَيَّا نَذْهَبُ إِلَى السِّينَمَا.
B :	아니 나는 몸이 안좋아. 집에서 머물고 싶어.	لَا أَنَا تَعْبَانُ. أُرِيدُ أَنْ أَظَلَّ فِي الْبَيْتِ.
A :	제발! 나랑 함께 가자. 나는 나혼자 가는 것을 원하지 않아.	بِاللهِ عَلَيْكَ، تَعَالَ مَعِي. لَا أُرِيدُ الذَّهَابَ وَحْدِي.

대화예문 II – 남편과 아내의 대화

남편 :	나의 사랑하는 아내여, 나는 먹기를 원해.	زَوْجَتِي الْعَزِيزَةَ، أُرِيدُ أَنْ آكُلَ.
아내 :	제가 아주 피곤해요. 그래서 음식을 할 수가 없어요.	أَنَا مُتْعَبَةٌ جِدًّا وَلَا أَقْدِرُ أَنْ أَطْبُخَ.
남편 :	제발! 내가 먹을 수 있는 어떤 것이라도 요리 해줘.	بِاللهِ عَلَيْكِ، اُطْبُخِي لِي أَيَّ شَيْءٍ آكُلُهُ.

2. 맹세문을 강조하기 위한 용법

맹세문 자체는 강조(التَّوْكِيد)의 의미를 가지고 있다. 그럼에도 맹세의 의미를 더욱 강조하기 위해 맹세 결과절(جَوَابُ القَسَم)에 إِنَّ, لَقَدْ, قَدْ, ـلَ 을 사용하는데 그 용법을 살펴보자.

1) 맹세 결과절이 명사문일 경우

맹세 결과절이 명사문일 경우 무효화 불변사 إِنَّ를 사용하며 그 뒤의 술어에 ـلَ 를 사용해도 되고 사용하지 않아도 된다.

신에게 맹세코, 선을 행하는 자는 사랑받는다.	وَاللهِ إِنَّ فَاعِلَ الْخَيْرِ لَمَحْبُوبٌ. = وَاللهِ إِنَّ فَاعِلَ الْخَيْرِ مَحْبُوبٌ.
신에게 맹세코, 악인은 증오를 받는다.	وَاللهِ إِنَّ الشِّرِّيرَ لَمَكْرُوهٌ. = وَاللهِ إِنَّ الشِّرِّيرَ مَكْرُوهٌ.
신에게 맹세코, 낙천적인 사람은 기쁘다.	وَاللهِ إِنَّ الْمُتَفَائِلَ مُبْتَهِجٌ.
신에게 맹세코, 자비를 베푸는 사람은 신이 그에게 자비를 베푼다.	اللهِ إِنَّ الرَّحِيمَ يَرْحَمُهُ اللهُ.

2) 맹세 결과절이 동사문이고 그 동사가 완료형일 경우

맹세 결과절이 동사문이고 그 동사가 완료형이면 قَدْ 혹은 لَقَدْ를 사용하여 강조한다.

신에게 맹세코, 나는 당신의 명령을 순종했다.(أَطَاعَ)	وَاللهِ لَقَدْ (أَوْ قَدْ) أَطَعْتُ أَمْرَكَ.
신에게 맹세코, 나의 단원들을 공부했다.	تَاللهِ لَقَدْ (أَوْ قَدْ) ذَاكَرْتُ دُرُوسِي.
신에게 맹세코, 나는 그와 함께 앉았다.	بِاللهِ لَقَدْ (أَوْ قَدْ) جَلَسْتُ مَعَهُ.
신에게 맹세코, 나는 나의 최선을 다했다.	تَاللهِ لَقَدْ (أَوْ قَدْ) فَعَلْتُ مَا بِوُسْعِي.

3) 맹세 결과절이 동사문이고 그 동사가 미완료형일 경우

맹세 결과절이 동사문이고 그 동사가 미완료형이면 맹세 결과절에 맹세 불변사 ـلَ (لَامُ الْقَسَم) (파트하가 붙음)을 사용하고 동사의 미완료형에 동사의 강세형 (نُونُ التَّوْكِيد)을 붙여 강조한다.

신에게 맹세코, 나는 그 태만한 사람에게 책임을 지우겠다.(처벌하겠다는 의미)	وَاللهِ لَأُحَاسِبَنَّ الْمُقَصِّرَ.
신에게 맹세코, 나는 당신으로 부터 나의 권리를 찾을 것이다.	بِاللهِ لَآخُذَنَّ حَقِّي مِنْكَ.
당신의 목숨에 맹세코, 나는 너를 잔인하게 때려줄 것이다.	وَحَيَاتِكَ لَأَضْرِبَنَّكَ ضَرْبًا مُبْرِحًا.
신에게 맹세코, 나의 원수에게 복수하겠다.	بِاللهِ لَأَنْتَقِمَنَّ مِنْ عَدُوِّي.

→미완료형 동사의 강세형에 대해서는 이 책 제 I 권 '동사의 강세형에 대해'를 보라

4) 맹세 결과절이 부정문일 경우

맹세문이 부정문일 경우 강조의 용법을 사용하지 않고 일반적인 맹세문을 만든다.

당신 자신에게 맹세코, 어떤 것을 계속하겠다는 고집 없이는 성공도 없다. (맹세 결과절이 명사문이다.)	وَحَقِّكَ لَا نَجَاحَ إِلَّا بِالْمُثَابَرَةِ.
신에게 맹세코, 당신의 수고는 잃어지지 않을 것이다. (맹세 결과절이 동사문이다.)	وَاللهِ مَا يَضِيعُ مَجْهُودُكَ.
신에게 맹세코, 하나님과 함께 하지 않고는 승리도 없다.	وَاللهِ لَا نُصْرَةَ إِلَّا بِاللهِ.
신에게 맹세코, 패배 이후에는 존엄도 없다.	تَاللهِ لَا كَرَامَةَ مِنْ بَعْدِ الْهَزِيمَةِ.

3. 맹세문과 조건문이 결합될 때

맹세문과 조건문은 둘 다 결과절을 가지고 있다. 즉 맹세문에는 맹세결과절(جَوَابُ الْقَسَم)이 있고, 조건문에는 조건 결과절(جَوَابُ الشَّرْط)이 있다. 조건 결과절은 경우에 따라 단축법이 사용될 수도 있고, فَ 가 선행하는 조건 결과절이 되기도 하는데, 맹세문과 조건문이 결합될 경우 문장이 어떻게 될까?

①	당신이 일을 뛰어나게 잘 하면, 신에게 맹세코, 당신은 성공할 것이다.	إِنْ أَتْقَنْتَ الْعَمَلَ وَاللهِ تَنْجَحْ.
②	신에게 맹세코, 당신이 일을 뛰어나게 잘 하면 당신은 성공할 것이다.	وَاللهِ إِنْ أَتْقَنْتَ الْعَمَلَ لَتَنْجَحَنَّ.

①에서는 조건문이 맹세사 앞에 왔다. 따라서 تَنْجَحْ 가 조건 결과절로 사용되어 تَنْجَحْ 에 단축법이 왔다. (مَجْزُومٌ لِأَنَّ فِعْلَ الشَّرْطِ سَابِقٌ لِلْقَسَمِ.)

②에서는 맹세사가 조건문 앞에 와 있다. 따라서 لَتَنْجَحَنَّ 는 맹세 결과절로 사용되었다.(أُكِّدَ بِاللَّام) (وَالنُّونِ لِأَنَّ الْقَسَمَ سَابِقٌ عَلَى الشَّرْطِ.)

다른 예들

①	만일 당신이 열심히 노력하면, 신에게 맹세코, 당신은 가장 높은 자리들에 다다를 것이다.	إِنِ اجْتَهَدْتَ وَاللهِ تَصِلْ لِأَعْلَى الْمَرَاتِبِ.
②	신에게 맹세코, 만일 당신이 열심히 노력하면, 당신은 가장 높은 자리에 다다를 것이다.	وَاللهِ إِنِ اجْتَهَدْتَ لَتَصِلَنَّ لِأَعْلَى الْمَرَاتِبِ.

①	만일 당신이 훈련받는다면, 신에게 맹세코, 당신은 승리할 것이다.	إِنْ تَمَرَّنْتَ وَاللهِ تَنْتَصِرْ.
②	신에게 맹세코, 만일 당신이 훈련받는다면 당신은 승리할 것이다.	وَاللهِ إِنْ تَمَرَّنْتَ لَتَنْتَصِرَنَّ.

4. 맹세에 대한 여러 표현들

맹세문에서 맹세의 대상은 알라(ﷲ)신이다. 아랍 사람들은 이 맹세의 대상을 다음과 같이 변형하여 맹세하는 경우도 많다.

카아바의 주인에게 맹세코 ...	... وَرَبِّ الْكَعْبَةِ
나 자신이 그 손에 있는 자에게 맹세코 ...	... وَالَّذِي نَفْسِي بِيَدِهِ
하늘을 드는 존재에게 맹세코 ...	... وَالَّذِي رَفَعَ السَّمَاءَ
기둥들 없이 하늘을 드는 존재에게 맹세코 ...	... وَالَّذِي رَفَعَ السَّمَاءَ بِغَيْرِ عَمَدٍ [1]

** 구어체 아랍어(암미야)로 표현되는 여러 맹세의 표현들

맹세에 대한 이슬람의 가르침을 간단히 살펴보자. 꾸란을 보면 알라(ﷲ)신이 무화과 나무, 올리브 나무, 말(horse), 아침, 밤 등에게 맹세하는 것을 볼 수 있다. 이와 같이 알라(ﷲ)신에게는 맹세의 대상에 한계가 없다.

그러나 인간에게는 맹세의 대상에 한계가 있다. 인간은 맹세의 대상이 알라(ﷲ)신 뿐이어야 하고 다른 대상에게 맹세해서는 안된다. 그런데 실제 생활에서 사람들이 맹세하는 것을 보면 그들은 선지자 무함마드, 꾸란, 상대방의 목숨이나 인격, 나이 혹은 자신의 목숨 혹은 인격을 걸고 맹세하곤 한다.

아래는 구어체 아랍어(암미야)에서 많이 사용되는 맹세 관련 표현들이다. (이집트 구어체 아랍어 형태의 모음부호 표기이다.)

제발(please!) (문자적으로 '선지자(무함마드)께 맹세코 ...')	... وِالنَّبِي
제발(please!) (문자적으로 '선지자의 목숨에 맹세코 ...')	... وِحَيَاة النَّبِي
제발(please!) (문자적으로 '선지자의 자비에 맹세코 ...')	... وِرَحْمَة النَّبِي
제발(please!) (문자적으로 '꾸란에 맹세코 ...')	... وِالْمُصْحَف الشَّرِيف
제발(please!) (문자적으로 '꾸란에 맹세코 ...')	... وِالْقُرآن
제발(please!) (문자적으로 '당신의 목숨에 맹세코...')	... وِحَيَاتَك
제발(please!) (문자적으로 '나의 생명에 맹세코...')	... وِحَيَاتِي (عَنْدَك)
제발(please!) (문자적으로 '나에게 있어 당신의 존귀함에 맹세코 ...')	... وِغَلْوَتَك عَنْدِي
제발(please!) (문자적으로 '나를 보아서라도...') 간청(رَجَّ)의 의미이지만 맹세로 볼 수도 있다.	... عَشَان خَاطْرِي

---

[1] عَمُود/ أَعْمِدَة أَو عَمَد 기둥

5. 꾸란의 맹세문

지금까지 맹세문에서 맹세의 대상은 주로 알라(ﷲ)신이었다. 꾸란을 보면 알라신이 계시할 때 자신이 맹세하는 경우가 자주 등장한다. 그런 경우 알라신이 창조한 자연만물 모두가 맹세의 대상이 될 수 있다. 다음 예문들에서 맹세의 대상이 세월, 하늘, 새벽, 밤 등임을 확인하라.

세월을 두고 맹세하사 실로 모든 인간은 멸망케 되니라(꾸란 103:1-2)	وَالْعَصْرِ إِنَّ الْإِنْسَانَ لَفِي خُسْرٍ
별들의 궤도를 둔 하늘을 두고 맹세하사 함정을 만든 그들에게 저주가 있으리라(꾸란 85:1,4)	وَالسَّمَاءِ ذَاتِ الْبُرُوجِ قُتِلَ أَصْحَابُ الْأُخْدُودِ

وَالْفَجْرِ وَلَيَالٍ عَشْرٍ وَالشَّفْعِ وَالْوَتْرِ وَاللَّيْلِ إِذَا يَسْرِ هَلْ فِي ذَٰلِكَ قَسَمٌ لِّذِي حِجْرٍ
새벽의 여명기를 두고 맹세하사 열흘 동안의 밤을 두고 맹세하사 짝수와 홋수를 두고 맹세하사 사라지는 밤을 두고 맹세하니 실로 그 안에는 이해하는 자들을 위한 예증이 있노라(꾸란89:1-5)

→ 위의 예문들에서 밑줄친 부분은 맹세결과절(جَوَابُ الْقَسَمِ)이다.
→ 위의 마지막 문장에서 وَاللَّيْلِ, وَالْوَتْرِ, وَالشَّفْعِ, وَلَيَالٍ 에 사용된 و는 대등접속사이다.

제 37 과 기타 독특한 아랍어 문장들에 대해

A. 칭찬과 비난의 문장(أُسْلُوبُ الْمَدْحِ وَالذَّمِّ)에 대해
 – نِعْمَ 와 بِئْسَ 의 사용에 대해
B. 선동과 경고의 문장(أُسْلُوبُ الإِغْرَاءِ وَالتَّحْذِيرِ)에 대해
C. 구체화 문장(أُسْلُوبُ الاخْتِصَاصِ)에 대해
D. 구조요청문(أُسْلُوبُ الاسْتِغَاثَةِ)에 대해
E. 권유문(أَدَوَاتُ التَّحْضِيضِ)에 대해
 – هَلاَّ 와 أَلاَّ 의 사용에 대해

제 37 과 기타 독특한 아랍어 문장들에 대해

이 과에서는 아랍어의 독특한 문장이라고 할 수 있는 칭찬과 비난의 문장(أُسْلُوبُ الْمَدْحِ وَالذَّمِّ), 선동과 경고의 문장(أُسْلُوبُ الْإِغْرَاءِ وَالتَّحْذِيرِ), 구체화 문장(أُسْلُوبُ الْاِخْتِصَاصِ), 구조요청문(أُسْلُوبُ الْاِسْتِغَاثَةِ), 그리고 권유문(جُمْلَةُ التَّحْضِيضِ)을 공부한다.

A. 칭찬과 비난의 문장(أُسْلُوبُ الْمَدْحِ وَالذَّمِّ)에 대해 – نِعْمَ 와 بِئْسَ 의 사용에 대해

어떤 행위에 대해 칭찬이나 비난의 의미를 표현할 때 نِعْمَ 와 بِئْسَ 동사를 사용하여 다음과 같은 문장을 만든다. 꾸란이나 고전 아랍어에서 사용되고 현대 표준 아랍어(MSA)에서 사용이 많지 않다.

자이드는 참으로 훌륭한 남자이다. (Zaid is an excellent man.)	نِعْمَ الرَّجُلُ زَيْدٌ.
거짓말은 참으로 나쁜 특징이다. (Lying is a bad characteristic.)	بِئْسَ الصِّفَةُ الْكَذِبُ.

앞에서 배운 감탄문은 놀람에 촛점이 있다면, 칭찬과 비난의 문장에서는 어떤 행위가 칭찬받을 일인지 아니면 비난받을 일인지에 촛점이 있다. 때문에 نِعْمَ 와 بِئْسَ 동사의 주어(فَاعِل)로 사용되는 단어(위의 검은색 단어)에는 가치가 포함된 추상명사나 보통명사가 오는 경우가 많다.

1. 칭찬과 비난의 문장의 특징

칭찬과 비난의 문장은 각각 نِعْمَ 과 بِئْسَ 동사로 시작하지만 전체 문장 구조는 명사문과 같이 '명사문의 주어(مُبْتَدَأ)'와 '술어(خَبَر)'로 구성된다. 이 때 نِعْمَ 혹은 بِئْسَ 동사로 시작하는 술어(خَبَر)가 선행하고 주어(مُبْتَدَأ)가 나중에 온다.

1) 문장의 주어(مُبْتَدَأ)와 술어가 도치된다.

칭찬과 비난의 대상이 되는 주어(مُبْتَدَأ)가 문장에서 술어보다 뒤에 온다. 주어(مُبْتَدَأ)가 뒤로 가고 술어가 앞에 오는 도치된 명사문 구조이다. (주어(مُبْتَدَأ)를 칭찬과 비난의 대상(المخصوص بالمدح أو الذم)이라 한다)

책은 참으로 좋은 친구이다.	نِعْمَ الصَّدِيقُ الْكِتَابُ.
	b + a

b – 명사문의 주어 (الْمُبْتَدَأ) a – 술어 (الْخَبَر) ** b를 칭찬과 비난의 대상 (المخصوص بالمدح أو الذم)이라 한다.
a 부분인 نِعْمَ الصَّدِيقُ 가 문장의 술어(خَبَر)로서 선행한다. (فِي مَحَلِّ رَفْعٍ خَبَرٌ مُقَدَّمٌ)
이 때 الصَّدِيقُ 는 불완전 활용동사 نِعْمَ 의 주어(فَاعِل)이다. 여기서 نِعْمَ 동사는 (فِعْلٌ جَامِدٌ)이다.
칭찬과 비난의 대상인 الْكِتَابُ 가 주어(مُبْتَدَأ)로서 술어 뒤에 왔으며 주격을 취한다. (مُبْتَدَأٌ مُؤَخَّرٌ مَرْفُوعٌ وَعَلَامَةُ الرَّفْعِ الضَّمَّةُ)

아래와 같이 주어(مُبْتَدَأ)가 먼저 오는 문장도 가능하지만 흔하지는 않다.

책은 참으로 좋은 친구이다.	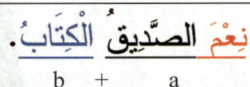

이 경우는 술어에 동사문이 온 명사문 문장과 그 구조가 같다.

(2) نِعْمَ 와 بِئْسَ 는 불완전 활용 동사(فَعْلٌ جَامِدٌ)이다.

نِعْمَ 와 بِئْسَ 는 불완전 활용 동사(فَعْلٌ جَامِدٌ)이다. 즉 완료형 형태로만 사용되며 동사의 인칭변화가 3 인칭 남성 단수로 사용된다. (즉 미완료 형태로 사용되지 않고, 2 인칭이나 1 인칭 형태로 변화하지도 않는다)

아므루는 참으로 훌륭한 정복자이다.	نِعْمَ الْفَاتِحُ عَمْرٌو[1].
자유는 참 좋은 혁명의 목적이다.	نِعْمَ هَدَفَ الثَّوْرَةِ الْحُرِّيَّةُ.

간혹 3 인칭 여성 단수 형태로 표기된 것을 볼 수 있으나 주로 남성 단수 형태로 사용된다.

국가를 사랑하는 것은 참으로 훌륭한 특징이다.	نِعْمَ (نِعْمَتْ) الصِّفَةُ حُبُّ الْوَطَنِ.
증오는 참으로 나쁜 감정이다.	بِئْسَ (بِئْسَتْ) الْعَاطِفَةُ الْكُرْهُ.

2. 칭찬과 비난 문장의 종류

칭찬과 비난의 문장은 문장의 주어(مُبْتَدَأ)와 술어 부분의 주어(فَاعِل)에 사용되는 단어에 따라 아래와 같이 3 종류로 나눌 수 있다.

1) 주어와 술어에 ‍ال 이 붙은 보통명사 혹은 연결형이 오는 경우

아래의 예들에서 파란색 글자가 칭찬과 비난 문장의 주어(مُبْتَدَأ)이다.

진실함은 참으로 좋은 윤리이다.	نِعْمَ الْخُلُقُ الصِّدْقُ.
거짓은 참으로 나쁜 윤리이다.	بِئْسَ الْخُلُقُ الْكَذِبُ.
감옥들은 악인들의 운명(가야할 곳)이다.	بِئْسَ مَصِيرُ الْأَشْرَارِ السُّجُونُ.
실패는 참 나쁜 소홀함의 결과이다.	بِئْسَ نَتِيجَةُ الْإِهْمَالِ الْفَشَلُ.
위증은 참 나쁜 말이다. (The false testimony is a bad saying.)	بِئْسَ الْقَوْلُ شَهَادَةُ الزُّورِ.
국가를 사랑하는 것은 참으로 훌륭한 특징이다.	نِعْمَ الصِّفَةُ حُبُّ الْوَطَنِ.
믿은 이후에 배교하는 것은 참 나쁜 죄이다.	بِئْسَ الْإِثْمُ الْفُسُوقُ بَعْدَ الْإِيمَانِ.
영광을 만드는 사람은 참 좋은 남자이다.	نِعْمَ الرَّجُلُ الصَّانِعُ الْمَجْدَ.

---

[1] عَمْرٌو 주격 مِنْ عَمْرٍو 소유격 كَلَّمْتُ عَمْرًا. 목적격.. 나는 아므루와 이야기했다.

2) 동사의 주어(الفَاعِل) 자리에 명시목적어(التَّمْيِيز)가 오는 경우

술어에 사용된 동사의 주어(الفَاعِل) 자리(검은색 글자)에 명시목적어가 사용된다.(الفَاعِل ضَمِيرٌ مُسْتَتِرٌ)

성실(정직)은 참으로 훌륭한 도덕이다.	نِعْمَ خُلُقًا الأَمَانَةُ.
배신은 아주 나쁜 특징이다.	بِئْسَ صِفَةً الْخِيَانَةُ.
컴퓨터는 아주 좋은 발명품이다.	نِعْمَ اخْتِرَاعًا الْحَاسِبُ الآلِيُّ.

3) 동사의 주어(الفَاعِل) 자리에 관계대명사(الاِسْمُ الْمَوْصُول)가 오는 경우

술어에 사용된 동사의 주어(الفَاعِل)로 관계대명사 مَا 혹은 مَنْ 가 이끄는 절(검은색 글자)이 사용되는 경우이다.

도둑질은 아주 나쁜 행동이다. (Stealing is a bad thing to do.)	بِئْسَ مَا تَفْعَلُ السَّرِقَةُ.
진실은 참으로 훌륭히 말하는 것이다. (Saying the truth is a good thing to do.)	نِعْمَ مَا تَقُولُونَ الصِّدْقُ.
증오심은 참으로 나쁜 숨겨진 것이다.	بِئْسَ مَا تُخْفِي الْحِقْدُ.

4) 주어(مُبْتَدَأ) 즉, 칭찬과 비난의 대상(المخصوص بالمدح أو الذم)이 생략된 문장

꾸란 등에서 사용된 칭찬과 비난 문장을 보면 많은 경우 아래의 ① 문장에서와 같이 칭찬과 비난의 대상(المخصوص بالمدح أو الذم)(혹은 주어(مُبْتَدَأ)) 단어가 생략되어 있는 것을 볼 수 있다. 이 경우 생략된 칭찬과 비난의 대상(المخصوص بالمدح أو الذم)은 문맥에서 이해되어진다.

| ① | (천국은) 참으로 일군들을 위한 좋은 보상이니라.(꾸란 3:136) | وَنِعْمَ أَجْرُ الْعَامِلِينَ. |
| ② | | وَنِعْمَ أَجْرُ الْعَامِلِينَ (الْجَنَّةُ). |

다음은 다른 예들이다. 아래에서 파란색 글자가 생략된 칭찬과 비난의 대상 단어이다.

	هُوَ مَوْلَاكُمْ فَنِعْمَ الْمَوْلَى (هُوَ) وَنِعْمَ النَّصِيرُ (هُوَ).
그(알라신)는 너희들의 보호자라. (그는) 참으로 좋은 보호자이고 (그는) 참으로 좋은 돕는 자이다.(꾸란 22:78)	
	وَلِلَّذِينَ كَفَرُوا بِرَبِّهِمْ عَذَابُ جَهَنَّمَ وَبِئْسَ الْمَصِيرُ (جَهَنَّمُ).
주님을 불신한 자들에게 지옥의 형벌이 있나니 (지옥은) 참으로 나쁜 운명이다. (꾸란 67:6)	
마지막 집(심판의 날 이후의 집)이 경건한 사람들을 위한 참으로 좋은 집이다. (꾸란 16:30)	وَلَنِعْمَ دَارُ الْمُتَّقِينَ (الدَّارُ الآخِرَةُ).

3. حَبَّذَا 와 لَا حَبَّذَا 도 동일한 용법으로 사용된다

حَبَّذَا 는 نِعْمَ 와 동일한 의미로 사용되고, لَا حَبَّذَا 는 بِئْسَ 와 동일한 의미로 사용된다.

솜씨좋은 의사는 참으로 훌륭하다.	حَبَّذَا الطَّبِيبُ الْمَاهِرُ. = نِعْمَ الطَّبِيبُ الْمَاهِرُ.
신실한 친구는 참으로 훌륭하다.	حَبَّذَا الصَّدِيقُ الْوَفِيُّ. = نِعْمَ الصَّدِيقُ الْوَفِيُّ.

위선은 참으로 나쁘다.	لَا حَبَّذَا النِّفَاقُ. = بِئْسَ النِّفَاقُ.
거짓말은 참으로 나쁘다.	لَا حَبَّذَا الْكَذِبُ. = بِئْسَ الْكَذِبُ.

نِعْمَ 나 بِئْسَ, 혹은 حَبَّذَا 나 لَا حَبَّذَا 는 옳고 그름이 분별되는 추상명사와 함께 많이 사용된다. 때문에 옳고 그름이 분별되지 않는 보통명사가 주어로 사용될 경우 그 뒤에 형용사가 오곤한다.

부지런한 학생은 참으로 훌륭하다.	نِعْمَ الطَّالِبُ الْمُجْتَهِدُ. = حَبَّذَا الطَّالِبُ الْمُجْتَهِدُ.
잘못 인도하는 책은 참으로 나쁘다.	بِئْسَ الْكِتَابُ الْمُضَلِّلُ. = لَا حَبَّذَا الْكِتَابُ الْمُضَلِّلُ.

한편 حَبَّذَا 를 다음과 같이 사용하면 미래의 기대 혹은 소망(التَّمَنِّي)를 의미하는 문장이 된다.
미래의 기대 혹은 소망(التَّمَنِّي)을 표현할 때 يَا حَبَّذَا لَوْ 뒤에 완료형 동사가 온다.

그가 나를 방문하면 좋을텐데…	يَا حَبَّذَا لَوْ زَارَنِي. = أَتَمَنَّى أَنْ يَزُورَنِي.
내가 여행을 떠날 수 있다면 좋을텐데…	يَا حَبَّذَا لَوْ سَافَرْتُ.
그녀가 "나는 너를 사랑해"라고 말한다면 좋을텐데…	يَا حَبَّذَا لَوْ قَالَتْ : أُحِبُّكَ.

** يَا حَبَّذَا لَوْ 와 لَعَلَّ 와 لَيْتَ 의 비교

يَا حَبَّذَا لَوْ 가 기대나 소망의 의미로 사용되기 때문에 아래의 لَعَلَّ 와 비슷한 의미로 사용된다.

내가 합격(성공)하길 바란다. (I wish I could succeed.) (어려운 소망)	لَيْتَنِي أَنْجَحُ.
내가 합격(성공)하길 소망한다. (I hope I succeed.)	لَعَلَّنِي أَنْجَحُ.
내가 합격(성공)하길 소망한다.(I hope I succeed.) (더 적게 사용되는 문장)	يَا حَبَّذَا لَوْ أَنْجَحُ.

B. 선동과 경고의 문장(أُسْلُوبُ الإِغْرَاءِ والتَّحْذِيرِ)에 대해

아래의 예문은 이집트의 민주화 시위 현장에서 시위대가 가장 많이 외친 구호이다. 아래의 문장의 의미는 무엇이며 이 단어에 목적격이 붙은 이유는 무엇일까?

자유를, 자유를! (자유를 주시오!)	الْحُرِّيَّةَ الْحُرِّيَّةَ!

위의 문장에는 동사가 사용되지 않았지만 الْزَمْ 동사가 생략된 것으로 보며, 따라서 الْحُرِّيَّةَ 는 الْزَمْ 의 목적어로 취급되어 목적격이 붙은 것이다. 그 의미는 '자유를 지켜라' 혹은 '자유를 달라'는 의미가 된다.

이와같은 표현은 모스크에서 설교를 할 때나 시위에서 구호를 외치는 등 많은 군중들을 선동하거나 경고의 구호를 외칠 때 사용하는 용법이다. 군중을 선동하기 위해 긴 문장 보다는 핵심 단어만을 반복하여 사용한다. 따라서 문장의 동사가 생략되고 선동 혹은 경고의 단어는 목적격을 취한다.

1. 선동과 경고의 문장의 구성

자유를, 자유를! (자유를 주시오!)	الْحُرِّيَّةَ الْحُرِّيَّةَ!
	b + a
A – 선동어(مُغْرًى بِهِ) b - 강조어(تَوْكِيدٌ لَفْظِيٌّ)	
첫번째 الْحُرِّيَّةَ 앞에 الْزَمْ 동사가 생략되었다고 본다.(مَفْعُولٌ بِهِ لِفِعْلٍ مَحْذُوفٍ وُجُوبًا تَقْدِيرُهُ الْزَمْ)	
두번째 الْحُرِّيَّةَ 는 첫번째 الْحُرِّيَّةَ 의 강조어로 본다.(تَوْكِيدٌ لَفْظِيٌّ)	

배신을 배신을! (배신을 하지 말라 혹은 다른 사람의 배신을 조심하라는 경고) (Stay away from betrayal.)	الْغَدْرَ الْغَدْرَ!
	b + a
a- 경고어(مُحَذَّرٌ مِنْهُ) b-강조어(تَوْكِيدٌ لَفْظِيٌّ)	
첫번째 الْغَدْرَ 앞에 اِحْذَرْ 동사가 생략되었다고 본다.(مَفْعُولٌ بِهِ لِفِعْلٍ مَحْذُوفٍ وُجُوبًا تَقْدِيرُهُ اِحْذَرْ)	
두번째 الْغَدْرَ 는 첫번째의 강조어로 본다.(تَوْكِيدٌ لَفْظِيٌّ)	

2. 선동과 경고의 문장의 종류

선동과 경고의 문장은 사용된 단어들에 따라 한 단어로 구성된 문장과 두 단어로 구성된 문장, 유사문장이 포함된 문장, 그리고 대등접속사로 연결된 문장으로 나눌 수 있다.

1) 한 단어로 구성된 문장

진실됨을! (진실되라는 권유)	الصِّدْقَ!
활동을! (활동을 하라는 권유)	النَّشَاطَ!
거짓말을! (거짓말을 하지 말라는 경고 혹은 다른 사람의 거짓말을 조심하라.)	الْكَذِبَ!
게으름을! (게으름을 조심하라.)	الْكَسَلَ!

→ 선동과 경고의 문장들은 위와 같이 한 단어로 구성될 수도 있지만 주로 아래와 같이 두 단어 이상으로 구성된다.

2) 두 단어로 구성된 문장

합법성을, 합법성을! (혹은 정통성을, 정통성을!)	الشَّرْعِيَّةَ الشَّرْعِيَّةَ!
성실을 성실을! (혹은 정직을 정직을!)	الْأَمَانَةَ الْأَمَانَةَ!
노동을 노동을!	الْعَمَلَ الْعَمَلَ!
실패를 실패를 (조심해!)	الْفَشَلَ الْفَشَلَ!

3) 유사문장이 포함된 문장

모든 사람을 사랑하라. (Stick to love for everyone.)	الْحُبَّ لِكُلِّ النَّاسِ!
이유없이 무서워하지 마라. (Stay away from fear without reason.)	الْخَوْفَ دُونَ دَاعٍ!

4) 대등접속사로 연결된 문장

정직과 성실을!	الصِّدْقَ وَالْإِخْلَاصَ!
위선과 배신을! (위선과 배신을 하지 말라 혹은 다른 사람의 위선과 배신을 조심하라)	النِّفَاقَ وَالْخِيَانَةَ!

→ 위의 예문들에서 대등접속사 وَ 뒤의 단어는 접속명사(اسْمٌ مَعْطُوفٌ)이다.

3. 목적격 독립 인칭대명사를 사용한 경고의 문장

목적격 독립 인칭대명사의 2인칭 형태를 사용하여 선동 혹은 경고의 문장을 만들 수 있다. 목적격 독립 인칭대명사(ضَمَائِرُ النَّصْبِ الْمُنْفَصِلَةِ)란 'إِيَّا'를 줄기로 사용하고 그 뒤에 접미 인칭대명사가 붙는 형태를 말한다. 이 목적격 독립 인칭대명사의 2인칭을 사용하여 선동의 문장 혹은 경고의 문장을 만들 수 있다. 특히 이 문장들은 구어체 아랍어(암미야)에서 강한 경고의 의미로 많이 사용된다.[1]

목적격 독립 인칭대명사를 사용한 경고의 문장은 아래의 세 가지 형태이다. 즉 목적격의 한 단어를 사용하는 형태, 대등접속사 و를 첨가하는 형태, 전치사 مِنْ 을 첨가하는 형태가 그것이다. 이 때 목적격의 단어는 동명사를 많이 사용한다.

거짓말 하지 마라.	①	إِيَّاكَ الْكَذِبَ.
	②	إِيَّاكَ وَالْكَذِبَ.
	③	إِيَّاكَ مِنَ الْكَذِبِ.

→위의 예들에서 동사 أَحَذِّرُ 가 생략되었다고 본다. (ضَمِيرٌ مُنْفَصِلٌ فِي مَحَلِّ نَصْبِ مَفْعُولٍ بِهِ لِفِعْلٍ مَحْذُوفٍ تَقْدِيرُهُ "أَحَذِّرُ")

다른 예문들

불을 조심해.	إِيَّاكَ وَالنَّارَ.
무시하지 마.	إِيَّاكَ وَالتَّهَاوُنَ.
(너는 f.) 자동차를 조심해.	إِيَّاكِ وَالسَّيَّارَةَ.
(너희들은) 부주의하지마.	إِيَّاكُمْ وَالْإِهْمَالَ.
사람들을 상처나게 하지마.	إِيَّاكُمْ وَإِيذَاءَ النَّاسِ.
(너희들은) 배신하지마.	إِيَّاكُمْ مِنَ الْخِيَانَةِ.
교만하지 마.	إِيَّاكَ مِنَ الْغُرُورِ.
나쁜 행동을 하지마.	إِيَّاكَ مِنْ عَمَلِ الشَّرِّ.

아래의 두 문장을 비교하라.

①	거짓말을 하지마라! 혹은 다른 사람의 거짓말을 조심하라.	الْكَذِبَ الْكَذِبَ!
②	거짓말 하지마라! (더 강한 의미이다)	إِيَّاكِ الْكَذِبَ!

---

[1] إِيَّاكَ تِعْمِلْ كِدَه! (ع) 그렇게 하지 마! (이집트 구어체에서)

C. 구체화 문장(أُسْلُوبُ الاِخْتِصَاصِ) 에 대해

인칭대명사 뒤에 와서 그 인칭이 누구인지를 구체적으로 밝히는 문장을 구체화 문장(أُسْلُوبُ الاِخْتِصَاصِ)이라 한다. 이 때 구체화하는 내용을 표시하기 위해 ' — ' 기호를 사용하며, 구체화하는 내용 명사에 목적격을 붙인다. 목적격을 붙이는 이유는 인칭대명사와 그 뒤의 구체화하는 내용 명사 사이에 أَعْنِي 나 أَخُصُّ 혹은 أَقْصِدُ 가 생략되었다고 보기 때문이다.

우리, 군인들은, 나라를 방어한다.	نَحْنُ – الْجُنُودَ – نُدَافِعُ عَنِ الْوَطَنِ.
위의 الْجُنُودَ 는 생략된 동사의 목적어로 간주(مَفْعُولٌ بِهِ لِفِعْلٍ مَحْذُوفٍ وُجُوبًا تَقْدِيرُهُ : أَعْنِي أَوْ أَخُصُّ أَوْ أَقْصِدُ)하며 따라서 목적격이 왔다.	

대개 1인칭의 주격 독립 인칭대명사(ضَمَائِرُ الرَّفْعِ الْمُنْفَصِلَةِ)가 주어(مُبْتَدَأ)로 사용된 문장에서 그 인칭이 누구인지를 분명히 하는 역할을 한다.

나, 학생은, 지식을 습득한다.	أَنَا – الطَّالِبَ – أَتَلَقَّى الْعِلْمَ.

나, 교사는, 나의 제자들을 돕는다.	أَنَا – الْمُدَرِّسَ – أُسَاعِدُ تَلَامِيذِي.
우리, 이집트 사람들은, 자유를 추구한다.	نَحْنُ – الْمِصْرِيِّينَ – نَسْعَى إِلَى الْحُرِّيَّةِ.
우리, 한국 사람들은, 우리 나라를 사랑한다.	نَحْنُ – الْكُورِيِّينَ – نُحِبُّ وَطَنَنَا.

간혹 소유격 접미 인칭대명사(ضَمَائِرُ الْجَرِّ الْمُتَّصِلَةُ)를 사용하는 경우도 있다. 주로 자신이 포함된 그룹에게 이야기 할 때 이 용법을 사용한다.

우리, 아랍 사회는, 오랜 영광을 소유하고 있다.	لَنَا – مَعْشَرَ الْعَرَبِ – مَجْدٌ قَدِيمٌ.
우리, 학생들은, 많은 생각들을 가지고 있다.	عِنْدَنَا – الطُّلَّابَ – أَفْكَارٌ كَثِيرَةٌ.

종합 아랍어 문법 II

** أَيُّهَا 혹은 أَيَّتُهَا 를 사용한 구체화 문장

인칭대명사의 구체화 문장에서 더욱 주의를 끌기 위해 أَيُّهَا 혹은 أَيَّتُهَا 형태의 호격문을 함께 사용한다. 여기서 목적격 부호가 오지 않고 주격 부호인 담마가 오는데 그 이유는 أَيُّهَا 혹은 أَيَّتُهَا 에 항상 주격 기호가 사용되기 때문이다. 그러나 목적격 자리에 있다고 말한다. (مَبْنِيٌّ عَلَى الضَّمِّ فِي مَحَلِّ نَصْب)

이 문장은 연설 등에서 사용되는데 많이 사용되지는 않는다.

우리, 의사들은, 환자들을 치료한다.	إِنَّنَا – أَيُّهَا الْأَطِبَّاءُ – نُعَالِجُ الْمَرْضَى.
أَيُّهَا –목적격 자리에 있음(مَبْنِيٌّ عَلَى الضَّمِّ فِي مَحَلِّ نَصب)	

우리, 교사들은, 나아져야 한다.	نَحْنُ – أَيُّهَا الْمُدَرِّسُونَ – يَجِبُ أَنْ نَتَحَسَّنَ.
	إِنَّنَا – أَيَّتُهَا الْعَامِلَاتُ – لَا نَحْصُلُ عَلَى نُقُودٍ كَافِيَةٍ.
우리, 노동자들은(f.), 충분한 돈(월급)을 받지 않고 있다.	

** 위의 أَيّ 를 사용한 인칭대명사의 구체화 문장과 호격문 문장을 비교해 보자.
아래의 ①은 구체화 문장이며 ②는 일반적인 호격문 문장이다.

①	우리, 학생들은, 열심히 노력해야 한다.	نَحْنُ – أَيُّهَا الطُّلَّابُ – يَجِبُ أَنْ نَجْتَهِدَ.
②	학생들이여! 열심히 노력하라.	أَيُّهَا الطُّلَّابُ! إِجْتَهِدُوا.

D. 구조요청문(أُسْلُوبُ الاِسْتِغَاثَةِ)에 대해

구조요청문은 호격문과 비슷한 문장으로 위기의 상황에 있는 사람에 대해 구조를 요청하는 문장 형식이다. 그러나 실제로 위기 상황에서 사용되는 문장은 아니며 주로 문학적인 표현에 사용되어 일반적인 의미를 부여한다. 현대 표준 아랍어에서 사용빈도가 낮다.

구조요원들이여! 길을 잃은 사람을 구하라. (O rescue man, rescue the lost.)	يَا لَرِجَالِ الإِنْقَاذِ لِلتَّائِهِينَ. c + b + a
a – 구조사 (أَدَاةُ الاِسْتِغَاثَةِ) b – 구조의 주체 (الْمُسْتَغَاثُ بِهِ) c – 구조의 객체 (الْمُسْتَغَاثُ لَهُ)	

위 문장에서 구조사(أَدَاةُ الاِسْتِغَاثَةِ)로서 يَا 가 사용되었다. 구조의 주체(الْمُسْتَغَاثُ بِهِ)는 لَ 뒤에 사용되며 소유격을 취한다. 이에 비해 구조의 객체(الْمُسْتَغَاثُ لَهُ)는 لِ 뒤에 사용되며 역시 소유격을 취한다.

예문들

적선을 베푸는 자여! 가난한 사람에게 적선을 베풀라. (O charity giver, give the poor.)	يَا لَلْمُحْسِنِ لِلْفَقِيرِ.
기쁨을 주는 자여! 불행에 있는 자를 기쁘게 하라.	يَا لَلْمُبْهِجِ لِلتَّعِيسِ.
읽기를 가르치는 자여! 무지한 사람을 가르쳐라.	يَا لَمُعَلِّمِ الْقِرَاءَةِ لِلْجَاهِلِ.
마음을 기쁘게 하는자여! 슬픈자를 위로하라.	يَا لَمُفْرِحِ الْقَلْبِ لِلْحَزِينِ.
삶을 사랑하는 자여! 절망한 사람에게 소망을 주라.	يَا لَمُحِبِّ الْحَيَاةِ لِلْمُتَشَائِمِ.

구조의 객체(الْمُسْتَغَاثُ لَهُ)는 주로 لِ 뒤에 소유격 명사가 사용되지만 아래와 같이 مِن 이 올 수도 있다.

개혁가들이여, 부패로 부터 개혁하라. (O reformer, reform from the corruption.)	يَا لَلْمُصْلِحِينَ مِنَ الْفَسَادِ.
청소부들이여, 쓰레기를 제거하라.	يَا لَعُمَّالِ النَّظَافَةِ مِنَ الْقُمَامَةِ.

** 감탄의 의미로 사용되는 구조요청문

많은 경우 위의 구조문 형태의 문장을 아래와 같은 감탄문의 의미로 사용한다. 이와같은 형태의 감탄문 형태는 이 책 '감탄문(أُسْلُوبُ التَّعَجُّبِ)에 대해' 부분에서 공부하였다.

구조요청문 형태의 감탄문 (يَا + لَ + 감탄의 대상)	يَا + لَ + الْمُتَعَجَّبُ مِنْهُ !

정말 놀랍게도! (What a wonder!)	يَا لَلْعَجَبِ!
꽃들이 얼마나 아름다운지!	يَا لَجَمَالِ الزُّهُورِ!
이런 행운이! (What a good luck!)	يَا لَحُسْنِ الْحَظِّ!

E. 권유와 책망의 문장(أَدَوَاتُ التَّحْضِيضِ أَو التَّوبِيخِ)에 대해 - هَلَّا 와 أَلَّا 의 사용에 대해

هَلَّا 와 أَلَّا 뒤에 일반적인 동사문을 사용하여 권유 혹은 책망의 의미를 가진 문장을 만들 수 있다. 이때 هَلَّا 와 أَلَّا 를 권유 불변사(حَرْفُ تَحْضِيضٍ)라 한다. هَلَّا 와 أَلَّا 뒤에 완료형 동사를 사용하면 실행하지 않은 행동에 대해 '왜 ..하지 않았느냐?(Why didn't you...?)'라는 책망의 의미(to blame for not doing ...)가 된다. هَلَّا 와 أَلَّا 뒤에 미완료형 동사를 사용하면 '..을 해 주겠니(Why don't you?)'라는 권유 혹은 제안(to urge to do, التَّحْضِيضُ)의 의미가 된다.

너(f.)는 왜 내 옆에 앉지 않았니? (책망)	هَلَّا جَلَسْتِ بِجِوَارِي؟
당신들(f.)은 왜 금연을 하지 않았습니까? (책망)	هَلَّا تَوَقَّفْتُنَّ عَنِ التَّدْخِينِ.
모나가 왜 참석하지 않았습니까? (책망) (Why didn't Mona attend!)	هَلَّا حَضَرَتْ مُنَى؟
당신이 그 창문을 열어 주시겠어요. (권유) (Why don't you open the window.)	هَلَّا تَفْتَحُ النَّافِذَةَ!
당신이 나에게 한 컵의 물을 전달해 줄래. (권유)	هَلَّا تُنَاوِلُنِي كُوبَ مَاءٍ!
딸들이여! 그의 숙제를 도와주지 않을래. (권유)	يَا بَنَاتُ! هَلَّا تُسَاعِدْنَهُ فِي وَاجِبَاتِهِ.

→ 문법학자들 가운데는 هَلَّا 라는 단어는 هَلْ 이 부정불변사 لَا 와 결합된 경우라고 설명하는 사람도 있다.

너는 너의 부모님의 충고들을 왜 듣지 않았니? (책망)	أَلَّا اسْتَمَعْتَ إِلَى نَصَائِحِ أَبَوَيْكَ.
당신들 둘은 왜 우리와 함께 아스완 여행을 하지 않았습니까? (책망)	أَلَّا سَافَرْتُمَا مَعَنَا إِلَى أَسْوَانَ.
당신들은 왜 시위들을 멀리하지 않습니까? (책망)	أَلَّا ابْتَعَدْتُمْ عَنِ التَّظَاهُرَاتِ.
너희들은 장원이 되기 위해 노력해 줄래. (권유)	أَلَّا تَسْعَوْنَ إِلَى التَّفَوُّقِ!
너희들은 너희들의 공부에 더 많은 노력을 해줄래. (권유)	أَلَّا تَبْذُلُونَ مَجْهُودًا أَكْثَرَ فِي دِرَاسَتِكُمْ.
너는 너의 이상한 행동을 바꾸도록 노력해 줄래. (권유)	أَلَّا تُحَاوِلُ أَنْ تُغَيِّرَ مِنْ سُلُوكِكَ الْغَرِيبِ.

أَلَّا تُقَاتِلُونَ قَوْمًا نَكَثُوا أَيْمَانَهُمْ وَهَمُّوا بِإِخْرَاجِ الرَّسُولِ.
너희들은 맹세를 위반하고 선지자를 추방하려 음모한 사람들에게 전쟁하지 않느뇨(꾸란 9:13) (전쟁하라고 강권한다)

** 위의 권유문에 사용된 هَلَّا 와 أَلَّا 는 이 책 제32과 '조건문에 대해'에서 공부한 لَوْلَا 의 용법과 같다. 이 책 제32과 '조건문에 대해'에서 '조건문과 관련한 추가적인 내용' 부분에서 공부하라.

제 38 과 아랍어 절(節)의 종류와 그 격변화에 대해

1. 절(節)이 가상의 격변화를 하는 경우
2. 절(節)이 가상의 격변화를 하지 않는 경우

제 38과 아랍어 절(節)의 종류와 그 격변화에 대해

지금까지 우리는 아랍어 문장에 사용된 수많은 단어와 구(句) 그리고 절(節)에 대해 공부하였다. 이 과에서는 격변화 형태를 중심으로 아랍어 문장의 절(節)의 종류에 대해서 다시한 번 정리하려고 한다.

앞에서 아랍어 단어의 품사를 다루며 아랍어 명사와 아랍어 동사의 미완료형은 대부분 격변화를 하며(مُعْرَب), 아랍어 동사의 완료형과 불변사는 격변화를 하지 않는 불격변화(مَبْنِيّ)라고 하였다.

아랍어의 절(節)도 격변화를 기준으로 둘로 구분할 수 있다. 즉 아랍어의 절을 가상의 격변화를 하는 절(節)과 가상의 격변화를 하지 않는 절(節)로 나눌 수 있다.

1. 절(節)이 가상의 격변화를 하는 경우 (الْجُمَلُ الَّتِي لَهَا مَحَلٌّ مِنَ الْإِعْرَابِ)

아랍어 명사는 문장에서 사용되는 기능에 따라 격변화를 한다. 이와 같이 절(節)이 가상의 격변화를 한다는 말은 문장에 사용된 절(節)이 술어나 제 2 목적어(제 2 목적절), 상태목적어(상태절), 후연결어(후연결절), 수식어(수식절) 등의 명사적 기능을 하는 것을 말한다.

아래의 예들을 보자. 아래에서 빨간색으로 표기된 부분이 명사적 기능으로 사용된 절(節) 부분이며, 그 가상의 격변화는 각각의 경우에 따라 주격 자리, 혹은 목적격 자리, 혹은 소유격 자리에 있게 된다. 가상의 격변화이기에 '주격', '목적격', '소유격'이라고 하지 않고 '주격 자리에 있다(فِي مَحَلِّ رَفْعٍ)', '목적격 자리에 있다(فِي مَحَلِّ نَصْبٍ)', '소유격 자리에 있다(فِي مَحَلِّ جَرٍّ)'고 한다.

1) 절(節)이 술어(الْخَبَر)로 사용된 경우

(1) 절(節)이 명사문(الْجُمْلَةُ الاسْمِيَّةُ)의 술어(خَبَر)로 사용된 경우

이 경우의 절(節)은 일반적인 술어 자리에 있기 때문에 주격 자리에 있다.(فِي مَحَلِّ رَفْعٍ)

그 아이들은 축구를 하고 있다. (빨간색으로 표시된 술어가 동사문이다.)	الْأَوْلَادُ يَلْعَبُونَ كُرَةَ الْقَدَمِ.
그 학생들은 아랍어를 공부한다. (빨간색으로 표시된 술어가 동사문이다.)	الطُّلَّابُ يَدْرُسُونَ اللُّغَةَ الْعَرَبِيَّةَ.
그녀는 이름이 싸미라이다. (빨간색으로 표시된 술어가 명사문이다.)	هِيَ اسْمُهَا سَمِيرَةُ.
내 친구는 그의 집이 크다. (빨간색으로 표시된 술어가 명사문이다.)	صَدِيقِي بَيْتُهُ كَبِيرٌ.

(2) 절(節)이 무효화 불변사(إِنَّ وَأَخَوَاتُهَا, الْحُرُوفُ النَّاسِخَةُ)의 술어(خَبَر)로 사용된 경우

이 경우의 절(節)은 무효화 불변사의 술어 자리에 있기 때문에 주격 자리에 있다.(فِي مَحَلِّ رَفْعٍ)

하나님은 모든 것을 할 수 있다. (빨간색으로 표시된 술어가 동사문이다.)	إِنَّ اللهَ يَقْدِرُ عَلَى كُلِّ شَيْءٍ.
대통령은 나라를 위해 모든 노력을 다할 것이라고 선언했다. (술어가 동사문이다.)	أَعْلَنَ الرَّئِيسُ أَنَّهُ سَيَبْذُلُ جُهُودَهُ لِلْبِلَادِ.
카이로의 거리가 깨끗해 지길 소망한다. (빨간색으로 표시된 술어가 명사문이다.)	لَيْتَ الْقَاهِرَةَ شَوَارِعُهَا نَظِيفَةٌ.
달의 모양이 매일 달라지는 것 같다. (빨간색으로 표시된 술어가 명사문이다.)	كَأَنَّ الْقَمَرَ شَكْلُهُ يَتَغَيَّرُ كُلَّ يَوْمٍ.

제38과 아랍어 절의 종류와 그 격변화에 대해

(3) 절(節)이 무효화 동사(كَانَ وَأَخَوَاتُهَا, الأَفْعَالُ النَّاسِخَةُ)의 술어(خَبَر)로 사용된 경우

이 경우의 절(節)은 무효화 동사의 술어 자리에 있기 때문에 목적격 자리에 있다(فِي مَحَلِّ نَصْبٍ).

아랍사람들은 상업에 종사하고 있었다. (빨간색으로 표시된 술어가 동사문이다.)	كَانَ الْعَرَبُ يَعْمَلُونَ بِالتِّجَارَةِ.
그 학생은 영어를 공부하지 않는다. (빨간색으로 표시된 술어가 동사문이다.)	لَيْسَ الطَّالِبُ يَتَعَلَّمُ الإِنْجِلِيزِيَّةَ.
그 선생님의 학생들이 계속해서 똑똑하다. (빨간색으로 표시된 술어가 명사문이다.)	ظَلَّ الْمُدَرِّسُ طُلَّابُهُ أَذْكِيَاءُ.
혁명의 결과들은 여전히 제한적이다. (빨간색으로 표시된 술어가 명사문이다.)	مَا زَالَتِ الثَّوْرَةُ نَتَائِجُهَا مَحْدُودَةٌ.

2) 절(節)이 목적어를 두 개 가지는 동사의 제 2 목적어(الْمَفْعُولُ بِهِ الثَّانِي)로 사용되었을 경우

두 개의 목적어를 가지는 동사들은 생각과 확신의 동사, 전환동사, 수여동사이었다. 이 가운데 생각과 확신의 동사들은 제 2 목적어 부분에 절(節)이 올 수 있다.(제 2 목적절이라 할 수 있다.) 이 때 사용된 절(節)들은 제 2 목적어 대신에 사용되었기에 목적격 자리에 있다(فِي مَحَلِّ نَصْبٍ).

그는 그 아기가 잠자고 있다고 간주한다. (빨간색으로 표시된 제2목적어가 동사문이다.)	يَحْسَبُ الطِّفْلَ يَنَامُ.
그 사람들은 부자가 행복하게 산다고 생각한다. (빨간색으로 표시된 제2목적어가 동사문이다.)	يَظُنُّ النَّاسُ الْغَنِيَّ يَعِيشُ سَعِيدًا.
그들은 싸미르가 그 팀을 잘 이끈다고 여겼다. (빨간색으로 표시된 제2목적어가 동사문이다.)	اعْتَبَرُوا سَمِيرًا يَقُودُ الْفَرِيقَ جَيِّدًا.
나는 파티마의 이성(합리성)이 큰 것을 알았다. (빨간색으로 표시된 제2목적어가 명사문이다.)	عَلِمْتُ فَاطِمَةَ عَقْلُهَا كَبِيرٌ.
그 선생님은 그 여학생들의 수준이 더 낫다고 여긴다. (빨간색으로 표시된 제2목적어가 명사문이다.)	يَرَى الْمُدَرِّسُ الطَّالِبَاتِ مُسْتَوَاهُنَّ أَفْضَلُ.

3) 절(節)이 목적어를 두 개 가지는 동사의 풀어쓴 동명사로 사용된 경우

아래를 مَصْدَرٌ مُؤَوَّلٌ سَدَّ مَسَدَّ الْمَفْعُولَيْنِ الأَوَّلِ وَالثَّانِي 혹은 جُمْلَةٌ اسْمِيَّةٌ مَنْسُوخَةٌ سَدَّتْ مَسَدَّ الْمَفْعُولَيْنِ الأَوَّلِ وَالثَّانِي 라고 한다. 이 경우도 목적격 자리에 있다(فِي مَحَلِّ نَصْبٍ).

나는 혁명이 실패했다고 생각한다.	أَظُنُّ أَنَّ الثَّوْرَةَ فَاشِلَةٌ.
그들은 내가 미쳤다는 것을 알고 있다.	يَعْرِفُونَ أَنَّنِي مَجْنُونٌ.
나는 그 선생님들이 그 교실에 있다고 알고 있었다.	عَلِمْتُ أَنَّ الْمُدَرِّسِينَ مَوْجُودُونَ فِي الْفَصْلِ.

4) 절(節)이 상태절(جُمْلَةُ الْحَالِ)로 사용되었을 경우

아래의 절(節)은 상태를 나타내는 상태절로 사용된 것으로 목적격 자리에 있다(فِي مَحَلِّ نَصْبٍ).

나는 홍차를 마시면서 텔레비전을 본다.	أُشَاهِدُ التِّلِيفِزْيُونَ وَأَنَا أَشْرَبُ الشَّايَ.
그 남자는 웃으며 그 문을 열었다.	فَتَحَ الرَّجُلُ الْبَابَ يَضْحَكُ.
그 아기는 울다가 잠이 들었다.	نَامَ الطِّفْلُ وَقَدْ بَكَى.

5) 절(節)이 후연결어(جُمْلَةُ الْمُضَافُ إِلَيْهِ)로 사용된 경우

아래는 시간의 부사(ظَرْفُ الزَّمَانِ)나 장소의 부사(ظَرْفُ الْمَكَانِ) 뒤에 후연결어로 절(節)이 사용된 경우와 조건문에서 조건명사(اسْمُ الشَّرْطِ) 뒤에 후연결어로 절(節)이 사용된 경우이다.(후연결절이라 할 수 있다.) 이 때의 절(節)은 후연결어로 사용되었기에 소유격 자리에 있다.(فِي مَحَلِّ جَرٍّ) 자세한 설명은 이 책 '연결형에 대해 II' 부분과 '여러가지 목적격에 대해 – 시간의 부사와 장소의 부사' 부분, '여러가지 소유격에 대해' 부분에서 볼 수 있으며, 조건문에 대한 문장들은 '조건문에 대해'에서 볼 수 있다.

공부가 끝나는 날 우리는 여행할 것이다.	سَنُسَافِرُ يَوْمَ تَنْتَهِي الدِّرَاسَةُ.
내가 내 형(남동생)을 보았을 때 아주 기뻤다.	حِينَ رَأَيْتُ أَخِي فَرِحْتُ جِدًّا.
나는 내 친구들이 앉은 그곳에 앉았다.	جَلَسْتُ حَيْثُ يَجْلِسُ أَصْدِقَائِي.
만일 당신들이 협력한다면 당신들은 뛰어나게 될 것이다.	إِذَا تَعَاوَنْتُمْ فَسَوْفَ تَتَفَوَّقُونَ.
내가 나의 이웃을 방문하면 할 수록 나는 더 기뻐졌다.	كُلَّمَا زُرْتُ جَارِي فَرِحْتُ أَكْثَرَ.
누구든지 심는자는 거둔다.	مَنْ يَزْرَعْ يَحْصُدْ.

➜ 위의 إِذَا 와 كُلَّمَا 그리고 مَنْ 은 조건불변사(حَرْفُ الشَّرْطِ)가 아니라 조건명사(اسْمُ الشَّرْطِ)이다.

6) 절(節)이 다른 명사를 수식하는 수식절(جُمْلَةُ النَّعْتِ)로 사용된 경우

아래는 비한정 명사를 수식절이 수식하는 경우이다. 이 때 수식절은 피수식명사의 문장에서의 기능에 따라 주격 자리, 목적격 자리, 혹은 소유격 자리에 있다고 한다.

(1) 피수식 명사가 주격 자리인 경우
수식절이 주격 자리에 있다.(فِي مَحَلِّ رَفْعٍ)

나에게 아랍어를 공부하는 한 친구가 있다. (수식절이 수식하는 피수식 명사가 명사문의 주어)	لِي صَدِيقٌ يَدْرُسُ اللُّغَةَ الْعَرَبِيَّةَ.
머리카락이 긴 한 교사가 왔다. (수식절이 수식하는 피수식 명사가 동사문의 주어)	جَاءَ مُدَرِّسٌ شَعْرُهُ طَوِيلٌ.
이것은 훌륭한 학생들이 있는 한 학교이다. (수식절이 수식하는 피수식 명사가 술어이다)	هَذِهِ مَدْرَسَةٌ فِيهَا طُلَّابٌ مُمْتَازُونَ.
이 사람은 하나님을 믿는 남자이다. (수식절이 수식하는 피수식 명사가 술어이다)	هَذَا رَجُلٌ يُؤْمِنُ بِاللَّهِ.

(2) 피수식 명사가 목적격 자리인 경우
수식절이 목적격 자리에 있다.(فِي مَحَلِّ نَصْبٍ)

나는 아랍어를 좋아하는 한 학생을 만났다. (수식절이 수식하는 피수식 명사가 목적어이다)	قَابَلْتُ طَالِبًا يُحِبُّ اللُّغَةَ الْعَرَبِيَّةَ.
나는 영어를 아주 잘 말하는 한 의사를 보았다. (수식절이 수식하는 피수식 명사가 목적어이다)	رَأَيْتُ طَبِيبًا يَتَكَلَّمُ اللُّغَةَ الْإِنْجِلِيزِيَّةَ جَيِّدًا.
나는 두 개의 문이 있는 한 집을 샀다. (수식절이 수식하는 피수식 명사가 목적어이다)	اشْتَرَيْتُ بَيْتًا لَهُ بَابَانِ.
나는 가사가 슬픈 한 노래를 들었다. (수식절이 수식하는 피수식 명사가 목적어이다)	سَمِعْتُ أُغْنِيَةً كَلِمَاتُهَا حَزِينَةٌ.

(3) 피수식 명사가 소유격 자리인 경우
수식절이 소유격 자리에 있다(في مَحَلِّ جَرٍّ).

나는 나에게 가까이 다가오는 한 젊은이를 쳐다보았다.(수식절이 수식하는 피수식 명사가 소유격 명사)	نَظَرْتُ إِلَى شَابٍّ يَقْتَرِبُ مِنِّي.
나는 아버지가 의사인 한 사람에 대해서 들었다.(수식절이 수식하는 피수식명사가 소유격 명사)	سَمِعْتُ عَنْ شَخْصٍ أَبُوهُ طَبِيبٌ.
이것은 공부를 좋아하는 한 학생의 책이다.(수식절이 수식하는 피수식명사가 후연결어이다.)	هَذَا كِتَابُ طَالِبٍ يُحِبُّ الدِّرَاسَةَ.
나는 사상이 이상한 한 여작가의 이야기(소설)를 샀다.(수식절이 수식하는 피수식명사가 후연결어이다.)	اشْتَرَيْتُ قِصَّةَ كَاتِبَةٍ أَفْكَارُهَا غَرِيبَةٌ.

7) 절(節)이 가상 격변화가 있는 문장의 후속문장(الْجُمْلَةُ التَّابِعَةُ)으로 사용된 경우

선행하는 낱말 뒤에 와서 앞의 단어와 '성(性)', '수(數)','격(格)' 그리고 '한정형태'가 동일하게 되는 단어를 아랍어 문법에서 '후속어(التَّوَابِعُ)'라고 한다. 우리는 후속어의 네 가지 종류인 '수식어(النَّعْتُ)', '대용어(الْبَدَلُ)', '강조어(التَّوْكِيدُ)', '접속명사(الاسْمُ الْمَعْطُوفُ)'에 대하여 공부하였다.

절(節)이 가상 격변화가 있는 후속문장(الْجُمْلَةُ التَّابِعَةُ)으로 사용되는 경우는 두 가지가 있는데, 절(節)이 대등접속사(الْعَطْفُ) 뒤의 접속명사 자리에 오는 경우와, 반복되는 절(節)이 강조절(التَّوْكِيدُ)로 사용되는 경우가 그것이다. 이 때의 후속문장의 가상의 격은 그 앞에 사용된 문장의 격과 동일하다.

하나님은 살리기도 하시고 죽이기도 하신다. (대등관계절. 피접속절(جُمْلَةٌ مَعْطُوفٌ عَلَيْهَا)가 술어이기에 주격자리에 있다. 따라서 후속문장 يُمِيتُ도 주격 자리에 있다. (في مَحَلِّ رَفْعٍ).	اللهُ يُحْيِي وَيُمِيتُ. 대등관계절
그 학생들이 대화하며 웃으며 서 있었다. (대등관계절. 피접속절(جُمْلَةٌ مَعْطُوفٌ عَلَيْهَا)가 상태절로서 목적격자리에 있다. 따라서 후속문장 يَضْحَكُونَ도 목적격 자리에 있다. (في مَحَلِّ نَصْبٍ).	وَقَفَ الطُّلَّابُ يَتَكَلَّمُونَ وَيَضْحَكُونَ. 대등관계절
그 똑똑한 학생은 공부를 열심히 하고 지치지 않는다. (강조절이다. 앞의 يُذَاكِرُ가 술어(خَبَرُ إِنَّ)이므로 주격자리에 있다. 따라서 강조절로 사용된 يُذَاكِرُ도 주격 자리에 있다. (في مَحَلِّ رَفْعٍ).	إِنَّ الطَّالِبَ الذَّكِيَّ يُذَاكِرُ يُذَاكِرُ وَلَا يَتْعَبُ. 강조절

8) 인용절(جُمْلَةُ مَقُولِ الْقَوْلِ)로 사용된 경우

아랍어에도 인용문(جُمْلَةُ مَقُولِ الْقَوْلِ)이 있다. 동사 قَالَ 이 사용되든지, 아니면 هَتَفَ, حَدَّثَ, ذَكَرَ, صَرَخَ, صَاحَ, نَادَى 등의 동사가 사용될 경우 그 뒤에 인용절(혹은 인용문)이 오게 된다. 이럴 경우 인용하는 내용의 인용절은 동사의 목적어 역할을 하므로 목적격 자리에 있다.(فِي مَحَلِّ نَصْبٍ)

아래의 절(節)은 قَالَ 동사와 هَتَفَ 동사의 목적어 자리에 와 있다. 따라서 이 때의 절(節)은 **목적격 자리에 있다**.(فِي مَحَلِّ نَصْبٍ)

그 선생님이 말하길 "이 단원은 쉽다"고 했다.	قَالَ الْمُدَرِّسُ : "هَذَا الدَّرْسُ سَهْلٌ"
"하나님은 한 분이다"라고 말하라.	قُلْ : "هُوَ اللهُ أَحَدٌ"
"똑같은 상황에 계속있는 것은 불가능하다."라고 격언이 말한다.	يَقُولُ الْمَثَلُ : "دَوَامُ الْحَالِ مِنَ الْمُحَالِ"[1]
군인들이 "승리는 우리의 것이다"라고 외쳤다.	هَتَفَ الْجُنُودُ : "النَّصْرُ لَنَا"

아래의 절(節)은 수동태의 주어(نَائِبُ الْفَاعِلِ) 자리에 와 있다. 따라서 이 때의 인용절은 주격 자리에 있다.(فِي مَحَلِّ رَفْعٍ)

"삶은 어렵다"고 말해진다.	قِيلَ : "الْحَيَاةُ صَعْبَةٌ"

9) 단축법을 취하는 조건사가 사용된 문장의 조건 결과절에 فَ 가 사용된 경우

단축법을 취하는 조건사가 사용된 조건문에서 조건 결과절에 فَ 가 사용되었을 경우 그 뒤에 오는 절(節)은 **단축법의 자리**(فِي مَحَلِّ جَزْمٍ)에 있다. (جُمْلَةُ جَوَابِ الشَّرْطِ الْمُقْتَرِنَةِ بِالْفَاءِ بَعْدَ أَدَاةِ شَرْطٍ جَازِمَةٍ)

당신(f)이 열심히 공부하면 성공은 보장된다. (جُمْلَةٌ اسْمِيَّةٌ فِي مَحَلِّ جَزْمٍ جَوَابِ الشَّرْطِ)	إِنْ تُذَاكِرِي جَيِّدًا فَالنَّجَاحُ مَضْمُونٌ.
사람들을 돕는 자는 누구든지 후회하지 않을 것이다. (جُمْلَةٌ فِعْلِيَّةٌ فِي مَحَلِّ جَزْمٍ جَوَابِ الشَّرْطِ)	مَنْ يُسَاعِدِ النَّاسَ فَلَنْ يَنْدَمَ.

→ 아랍어 문법에서 조건절은 시작절(الْجُمْلَةُ الابْتِدَائِيَّةُ)로 본다. 따라서 가상의 격변화가 없다.(لَا مَحَلَّ لَهَا مِنَ الْإِعْرَابِ) 한편 조건결과절이 فَ 로 연결되지 않을 경우는 조건결과절에 완료형이 오거나, 미완료형 단축법이 온다.

---

[1] 불가능한(impossible) مِنَ الْمُحَالِ = مِنَ الْمُسْتَحِيلِ

2. 절(節)이 가상의 격변화를 하지 않는 경우 (الْجُمَلُ الَّتِي لَا مَحَلَّ لَهَا مِنَ الْإِعْرَابِ)

아랍어 품사 가운데 불변사(حَرْف)를 예로 들어보자. 불변사는 격변화를 하지 않는 불격변화(مَبْنِي) 단어이며 그것은 격변화의 자리가 없다(لَا مَحَلَّ لَهُ مِنَ الْإِعْرَابِ).

이와같이 절(節)이 가상의 격변화를 하지 않는 경우는 불변사와 같이 가상의 격변화가 없을 때를 말한다. 가상의 격변화가 없는 절(節)들을 아랍어 문법에서 표기할 때 '격변화의 자리가 없다' (لَا مَحَلَّ لَهُ (أَوْ لَهَا) مِنَ الْإِعْرَابِ) '고 표현한다. 아래는 가상의 격변화가 없는 절(節)의 종류들이다.

1) 시작절 (الْجُمْلَةُ الِابْتِدَائِيَّةُ)

어떤 문단의 맨 처음에 와서 문장을 시작하는 절(節)을 말한다. 문단에서 처음 시작하는 문장 혹은 이전 문단을 끝내고 난 뒤 다시 시작되는 문단의 첫 문장이 시작절이다. 한 개의 절(節)로서 끝나는 문장일 경우 그 절(節)이 바로 시작절이 된다. 이 시작절은 격변화의 자리가 없다(لَا مَحَلَّ لَهَا مِنَ الْإِعْرَابِ). 문단에서 아래의 문장들이 처음 시작하는 문장으로 사용되거나 혹은 마침표 뒤 처음으로 사용되는 문장으로 사용될 경우에 이 문장은 시작절이 된다.

그는 아랍어를 공부한다.	هُوَ يَدْرُسُ اللُّغَةَ الْعَرَبِيَّةَ.
그녀는 간호사로 일했다.	كَانَتْ تَعْمَلُ مُمَرِّضَةً.
그의 삶에서 열심히 내는 사람은 누구든지 그가 원하는 것을 얻는다. (밑줄 부분이 조건절로서 시작절이다.)	مَنْ يَجْتَهِدْ فِي حَيَاتِهِ يَحْصُلْ عَلَى مَا يُرِيدُ.*
당신(f)이 열심히 공부하면 성공은 보장된다. (밑줄 부분이 조건절로서 시작절이다.)	إِنْ تُذَاكِرِي جَيِّدًا فَالنَّجَاحُ مَضْمُونٌ.

→ 위의 * 표가 있는 문장에서 يَحْصُلْ 뒤는 술어이다. 때문에 주격자리에 있다.

هُوَ كُورِيٌّ يَدْرُسُ اللُّغَةَ الْعَرَبِيَّةَ، حَضَرَ إِلَى مِصْرَ مِنْ سَنَتَيْنِ.
그는 아랍어를 공부하는 한국 사람이다. 그는 2년전에 이집트에 왔다.
إِذَا جَاءَ نَصْرُ اللهِ وَالْفَتْحُ وَرَأَيْتَ النَّاسَ يَدْخُلُونَ فِي دِينِ اللهِ أَفْوَاجًا.
알라신의 승리와 정복이 다가오고, 많은 사람들이 무리지어 알라의 종교로 귀의하는 것을 너가 볼 때에(꾸란 110:1-2)

→ 위의 두 문장에서 먼저 온 절이 시작절이다.

2) 관계종속절 (جُمْلَةُ الصِّلَةِ)

관계종속절(جُمْلَةُ الصِّلَةِ)은 관계대명사 뒤에 와서 관계대명사와 함께 선행사를 수식하는 절(節)을 말한다. 이 관계종속절은 가상의 격변화를 하지 않으며 격변화의 자리가 없다(لَا مَحَلَّ لَهَا مِنَ الْإِعْرَابِ).

문법을 설명하는 그 선생님이 내 형이다.	الْمُدَرِّسُ الَّذِي يَشْرَحُ الْقَوَاعِدَ أَخِي.
나는 홍차를 마시는 그 남학생을 보았다.	رَأَيْتُ الطَّالِبَ الَّذِي يَشْرَبُ الشَّايَ.
모든 오는 것은 온다(올 것은 어쩔 수 없이 온다.)	كُلُّ مَا هُوَ آتٍ آتٍ.

→ 관계종속절에 대해서는 이 책 '관계대명사와 관계종속절 & 수식절에 대해' 부분을 보라.

3) 재개절 (الجُمْلَةُ الاسْتِئْنَافِيَّةُ)

앞의 문장과 의미의 전개가 다른 문장을 시작하려고 할 때 재개절이 사용된다. 재개절을 시작하며 재개의 접속사가 ثُمَّ ، فَـ ، و 를 사용하는 경우도 있고, (الْحُرُوفُ الاسْتِئْنَافِيَّةُ) 재개의 접속사가 없는 경우도 있다. 재개절은 가상의 격변화를 하지 않으며 따라서 **격변화의 자리가 없다**(لَا مَحَلَّ لَهَا مِنَ الْإِعْرَابِ).

صَحَا كَمَالٌ وَغَسَلَ وَجْهَهُ، ثُمَّ تَنَاوَلَ إِفْطَارَهُ. وَوَصَلَ بَاصُ الْمَدْرَسَةِ أَمَامَ بَابِ الْمَنْزِلِ، فَنَزَلَ كَمَالٌ.

카말은 일어나서 그의 얼굴을 씻었다. 그리고 그의 아침을 먹었다. 그리고 학교 버스가 집 문앞에 도착하여 카말은 내려갔다.

دَرَسْتُ فِي الْجَامِعَةِ سَنَتَيْنِ وَحَصَلْتُ عَلَى شَهَادَةٍ فِي اللُّغَةِ الْعَرَبِيَّةِ. ثُمَّ بَعْدَ عَامٍ بَدَأْتُ أَدْرُسُ لُغَةً جَدِيدَةً.

나는 대학에서 2년을 공부하여 아랍어 자격증을 취득했다. 그 뒤 1년 뒤 새로운 언어를 공부하기 시작했다.

إِنَّا أَعْطَيْنَاكَ الْكَوْثَرَ فَصَلِّ لِرَبِّكَ وَانْحَرْ إِنَّ شَانِئَكَ هُوَ الْأَبْتَرُ

알라신이 당신에게 풍성한 은혜를 주셨나니 주님께 기도하고 희생을 드려라. 당신을 증오하는 자가 단절된 자이니라.(꾸란 108:1-3)

قَالُوا لَوْ نَعْلَمُ قِتَالًا لَاتَّبَعْنَاكُمْ هُمْ لِلْكُفْرِ يَوْمَئِذٍ أَقْرَبُ مِنْهُمْ لِلْإِيمَانِ

그들이 말하길 우리가 적과 싸운다는 것을 알았더라면 우리는 너희를 따랐을 것이다고 말하더라. 그날 그들은 믿음보다는 불신에 가까웠으니 (꾸란 3:167) (이와 같이 특정 접속사 없이도 재개의 절이 사용된다.)

إِنَّ اللَّهَ لَا يَغْفِرُ أَنْ يُشْرَكَ بِهِ وَيَغْفِرُ مَا دُونَ ذَلِكَ لِمَنْ يَشَاءُ وَمَنْ يُشْرِكْ بِاللَّهِ فَقَدِ افْتَرَى إِثْمًا عَظِيمًا

실로 알라신은 그를 다른 신과 함께 믿는 자를 용서하지 않으시고 그이외에는 그의 뜻에 따라 용서하신다. 알라신과 함께 다른 신을 믿는 자는 큰 죄를 조성하는 것이다.(꾸란 4:48)

→바로 위의 문장에서 첫 번째 사용된 و 는 대등접속사이고, 두 번째 사용된 و 는 재개의 접속사이다. 대등접속사는 앞 뒤의 문장을 대등하게 연결해 주기 때문에 문장의 의미가 완전하게 이어지지만 재개의 접속사는 앞 문장의 의미의 전개가 일단 멈추고 그 다음 새로운 의미의 문장이 이어진다.

4) 해설절 (الجُمْلَةُ التَّفْسِيرِيَّةُ)

앞에 오는 내용을 해설하는 절(節)을 말한다. 앞의 내용을 해설하며 '... أَيْ (즉 ...)' 라고 하는 경우에 해당된다. 해설절은 **격변화의 자리가 없다**(لَا مَحَلَّ لَهَا مِنَ الْإِعْرَابِ).

اخْتَلَفَتْ قُرَيْشٌ : هَلْ هَذَا الْقُرْآنُ نَثْرٌ أَوْ شِعْرٌ؟

꾸라이쉬 족은 의견이 달랐는데, 즉 '이 꾸란이 산문인가? 시인가?'에 대해서 의견이 달랐다.

أَعْجَبَنِي رَأْيُ طَهَ حُسَيْنٍ فِي الْقُرْآنِ : هُوَ لَيْسَ شِعْرًا وَلَا نَثْرًا وَلَا غَيْرَهُمَا بَلْ هُوَ قُرْآنٌ.

따 후세인의 꾸란에 대한 의견이 내 마음에 든다. 즉 그 의견은 '그것은 시도 아니고 산문도 아니며 그 둘과 다른 것도 아니며 단지 그것은 꾸란이다'라는 것이다.

تَسِيرُ حَيَاتِي عَلَى وَتِيرَةٍ وَاحِدَةٍ ... أَعْمَلُ لَيْلَ نَهَارَ.

내 인생은 한결같이 진행되는데 즉 '나는 밤낮으로 일한다' 것이 한결같다.

يَا أَيُّهَا الَّذِينَ آمَنُوا هَلْ أَدُلُّكُمْ عَلَى تِجَارَةٍ تُنْجِيكُمْ مِّنْ عَذَابٍ أَلِيمٍ، تُؤْمِنُونَ بِاللَّهِ وَرَسُولِهِ

믿는 자들이여! 내가 너희들에게 고통스러운 형벌로부터 당신들을 구할 상업을 가르쳐 줄까? 즉 그것은 너희가 알라신과 그의 선지자를 믿는 것이다(꾸란 61:10~11)

→위의 해설절은 그 앞에 나온 문장의 내용을 해설하고 있다.

5) 이유 설명절 (الْجُمْلَةُ التَّعْلِيلِيَّةُ)

그 앞 문장의 이유나 목적을 설명하는 절을 말한다. 주로 명령이나 부정 명령 등의 요청문(الْجُمْلَةُ الطَّلَبِيَّةُ) 뒤에 사용되며 이유 접속사가 사용될 수도 있다. 이유 설명절은 격변화의 자리가 없다.

너는 오늘 바깥에 나가지 마라. 너는 (참으로) 아프다.(너는 참으로 아프기 때문이다).	لَا تَخْرُجْ الْيَوْمَ مِنَ الْبَيْتِ إِنَّكَ مَرِيضٌ.
너는 건덕을 유지하라. 왜냐하면 그것이 합리적인 사람들의 장식품이기 때문이다.	تَمَسَّكْ بِالْفَضِيلَةِ فَإِنَّهَا زِينَةُ الْعُقَلَاءِ. *
그들을 위해 간구하라. 그대의 간구는 그들을 위한 안정이 되느니라(되기 때문이니라)(꾸란 9:103)	وَصَلِّ عَلَيْهِمْ، إِنَّ صَلَاتَكَ سَكَنٌ لَهُمْ.
قُلْ لَا تَعْتَذِرُوا لَنْ نُؤْمِنَ لَكُمْ قَدْ نَبَّأَنَا اللَّهُ مِنْ أَخْبَارِكُمْ.	
일러가로되 변명치 말라. 우리는 너희를 믿지 않을 것이라. 알라신은 이미 우리에게 너희의 소식을 알려주셨느니라(주셨기 때문이다).	

→ * 문장에서 접속사로 사용된 فـ 는 이유를 설명하는 접속사(الْفَاءُ التَّعْلِيلِيَّةُ)이다.

6) 삽입절 (الْجُمْلَةُ الِاعْتِرَاضِيَّةُ)

그 이전의 단어나 문장과 연관되어 습관적으로 덧붙여 사용하는 관용구나 관용절(節)을 말한다. 이 때 ' — ' 로서 표시를 해 준다. 이 절은 문장 전체의 의미와는 아무 관련이 없기 때문에 생략해도 무관하다. 삽입절은 가상의 격변화를 하지 않으며 따라서 격변화의 자리가 없다(لَا مَحَلَّ لَهَا مِنَ الْإِعْرَابِ).

كَانَ النَّبِيُّ مُحَمَّدٌ – صَلَّى اللَّهُ عَلَيْهِ وَسَلَّمَ – قُرَشِيًّا.	
예언자 무함마드 – 알라신이 그에게 복을 주고 그에게 평안의 인사를 해 주길 기원하는 – 는 꾸라이쉬 족이었다.	
أَبُو بَكْرٍ وَعُمَرُ وَعُثْمَانُ وَعَلِيٌّ – رَضِيَ اللَّهُ عَنْهُمْ – هُمُ الْخُلَفَاءُ الرَّاشِدُونَ.	
아부 바카르와 오마르와 오스만과 알리 – 알라신이 그들을 기뻐했다 – 는 초기 칼리프였다.	
قَالَ اللَّهُ – تَعَالَى – وَاعْتَصِمُوا بِحَبْلِ اللَّهِ جَمِيعًا وَلَا تَفَرَّقُوا.	
알라신이 말씀하시길 알라신의 밧줄에 너희 모두가 붙어 있고 분리되지 마라. (꾸란 3:103)	
كَانَ الْقُرْآنُ – لَا شَكَّ فِي هَذَا – مَرْكَزَ الثَّقَافَةِ الْعَرَبِيَّةِ.	
꾸란은 – 의심할 것 없이 – 아랍의 문화적 센터였다.	

→위의 삽입절들은 무슬림이 무함마드나 꾸란 혹은 그들의 신 등에 대해 말할 때 습관적으로 덧붙여서 사용하는 삽입절이다.

7) 맹세 결과절 (جُمْلَةُ جَوَابِ الْقَسَمِ)

맹세문에 사용된 맹세 결과절(جُمْلَةُ جَوَابِ الْقَسَمِ)은 가상의 격변화를 하지 않는다(لَا مَحَلَّ لَهَا مِنَ الْإِعْرَابِ). 맹세 결과절에 대해서는 '기타 독특한 아랍어 문장들과 그 격변화'를 보라.

신에게 맹세코 너희들은 미친 사람들이다.	وَاللَّهِ إِنَّكُمْ لَمَجَانِينُ.
신에게 맹세코 나는 다시는 그것을 하지 않을 것이다.	تَاللَّهِ لَنْ أَفْعَلَنَّ ذَلِكَ مَرَّةً أُخْرَى.
새벽을 두고 맹세하사 … 실로 당신의 주님은 감시하고 계시니라.(89:1, 14)	وَالْفَجْرِ … إِنَّ رَبَّكَ لَبِالْمِرْصَادِ.

8) 호격 결과절(جُمْلَةُ جَوَابِ النِّدَاءِ)

호격문에 사용된 호격 결과절(جَوَابُ النِّدَاءِ)은 가상의 격변화를 하지 않는다. (لَا مَحَلَّ لَهَا مِنَ الْإِعْرَابِ) 호격 결과절에 대해서는 '호격문에 대해'를 보라.

하나님! 나의 기도를 들어주세요.	يَا اللهُ! اِسْمَعْ دُعَائِي.
엔지니어님! 조금만 기다려 주십시오.	يَا مُهَنْدِسُ! اِنْتَظِرْ قَلِيلاً.
믿는 자들의 사령관이시여! 알라신을 경외하시오.	يَا أَمِيرَ الْمُؤْمِنِينَ! اتَّقِ اللهَ.

9) 절(節)이 가상 격변화가 없는 문장의 후속문장(الْجُمْلَةُ التَّابِعَةُ)으로 사용된 경우

절(節)이 가상의 격변화가 없는 문장(لَا مَحَلَّ لَهَا مِنَ الْإِعْرَابِ)의 후속문장으로 사용된 경우는 아래와 같이 시작절(الْجُمْلَةُ الِابْتِدَائِيَّةُ) 뒤에 후속문장이 오는 경우, 관계종속절(جُمْلَةُ الصِّلَةِ) 뒤에 후속문장이 오는 경우, 설명절(الْجُمْلَةُ التَّفْسِيرِيَّةُ) 뒤에 후속문장이 오는 경우, 그리고 절(節)을 반복함으로 해서 문자적인 강조를(التَّوْكِيدُ اللَّفْظِيُّ) 하는 경우가 있다. 이 경우들은 가상의 격변화를 하지 않는다. (لَا مَحَلَّ لَهَا مِنَ الْإِعْرَابِ)

나는 선생님이고 내 친구는 의사이다. (시작절(الْجُمْلَةُ الِابْتِدَائِيَّةُ) 뒤에 온 후속문장)	أَنَا مُدَرِّسٌ وَصَدِيقِي طَبِيبٌ.
그녀는 그 음식을 먹은 사람이고 그 홍차를 마신 사람이다. (관계종속절 뒤에 온 후속문장)	هِيَ مَنْ أَكَلَتِ الطَّعَامَ وَشَرِبَتِ الشَّايَ.
나는 '당신이 여행을 떠난 다는 말입니까? 아닙니까? 그리고 만일 떠난다면 누가 당신과 함께 갑니까?' 라는 당신의 말을 이해하지 못했다. (설명절(الْجُمْلَةُ التَّفْسِيرِيَّةُ) 뒤에 온 후속문장)	لَمْ أَفْهَمْ كَلَامَكَ : هَلْ سَتُسَافِرُ أَمْ لَا؟ وَمَنْ سَيُرَافِقُكَ إِذَا سَافَرْتَ؟
공부하라, 공부하라, 학생들이여! (같은 문장이 반복되는 문자적인 강조(التَّوْكِيدُ اللَّفْظِيُّ) 문장이다. ذَاكِرُوا가 시작절(الْجُمْلَةُ الِابْتِدَائِيَّةُ)이다.	ذَاكِرُوا ذَاكِرُوا يَا طُلَّابُ!

10) 권유문(جُمْلَةُ التَّحْضِيضِ)에서

권유를 위해 사용된 권고사(أَدَوَاتُ التَّحْضِيضِ)나 هَلَّا 뒤의 문장(الْجُمْلَةُ الْوَاقِعَةُ بَعْدَ أَدَوَاتِ التَّحْضِيضِ)은 가상의 격변화가 없다. 권유문에 대해서는 이 책 '기타 독특한 아랍어 문장들과 그 격변화' 부분을 보라.

내일 나를 방문해 줄래!	هَلَّا تَزُورُنِي غَدًا!
너희들은 장원이 되기위해 노력해 줄래!	أَلَّا تَسْعَوْنَ إِلَى التَّفَوُّقِ!
모나가 왜 참석하지 않았습니까? (Why didn't Mona attend?)	هَلَّا حَضَرَتْ مُنَى؟

11) 단축법 동사가 사용될 수 없는 조건사가 사용된 문장의 조건 결과절에서

조건절과 조건 결과절에 단축법 동사가 사용될 수 없는 조건사들(أَدَوَاتُ الشَّرْطِ غَيْرُ الْجَازِمَةِ)이 사용된 경우 조건절과 조건 결과절에 완료형이 오게 된다. 이 경우 조건 결과절(جُمْلَةُ جَوَابِ الشَّرْطِ)도 가상의 격변화를 하지 않는다. (لَا مَحَلَّ لَهَا مِنَ الإِعْرَابِ)

그녀가 잘 들었을 때 그녀는 이해했다.	لَمَّا اسْتَمَعَتْ جَيِّدًا فَهِمَتْ.
그가 열심히 공부했다면 모든 시험들에서 합격했을 텐데…	لَوْ ذَاكَرَ جَيِّدًا لَنَجَحَ فِي كُلِّ الاِمْتِحَانَاتِ.
혁명이 없었다면 이 숫자의 젊은이들이 죽지 않았을 텐데…	لَوْلَا الثَّوْرَةُ لَمَا قُتِلَ هَذَا الْعَدَدُ مِنَ الشَّبَابِ.

→ 이에비해 아랍어의 조건절은 시작절(الْجُمْلَةُ الاِبْتِدَائِيَّةُ)로 보며 따라서 가상의 격변화가 없다. (لَا مَحَلَّ لَهَا مِنَ الإِعْرَابِ)

제 39 과 여러 가지 접속사(أدواتُ الرَّبْطِ)에 대해

1. 대등 접속사(حُرُوفُ الْعَطْفِ)
2. 무효화 불변사(إنَّ وَأَخَوَاتُهَا)
3. 역접 접속사(Adversative Particle, الاسْتِدْرَاكُ)
4. 상태접속사(وَاوُ الْحَالِ)
5. 무효화 동사(كَانَ وَأَخَوَاتُهَا)
6. 관계대명사(الاسْمُ الْمَوْصُولُ)
7. 시간의 부사구와 시간의 부사절을 이끄는 접속사
8. 장소의 부사절을 이끄는 접속사
9. 연관성을 표현하는 접속사
10. 추가의 의미를 표현하는 접속사
11. 비유(التَّشْبِيهُ)의 의미를 표현하는 접속사
12. 종속관계(التَّبَعِيَّةُ)를 표현하는 접속사
13. 원인(السَّبَبُ)을 나타내는 접속사
14. 결과(النَّتِيجَةُ)를 나타내는 접속사
15. 목적(الْغَرَضُ أَوِ الْهَدَفُ)을 나타내는 접속사
16. 글 시작 구문을 이끄는 접속사
17. 양보 구문 접속사
18. 조건 접속사(أَدَوَاتُ الشَّرْطِ)
19. 선택의 접속사
20. 의무의 접속사
21. 양편을 구분하는 접속사
22.. 양쪽의 정도를 비교하는 표현
23. 하는 만큼 많이 (as much as)
24. 주의집중을 위한 문장 표현

제 39 과 여러 가지 접속사(أَدَوَاتُ الرَّبْطِ)에 대해

단어와 단어를 연결하거나 문장과 문장을 연결하는 기능을 하는 단어를 '접속사(أَدَوَاتُ الرَّبْطِ)'라 한다 ('접속사'에 해당하는 أَدَوَاتُ الرَّبْطِ를 직역하면 '연결의 도구(Connector)'라 할 수 있다). 아랍어에서 '접속사(Connector)'의 기능을 하는 단어들은 독립된 하나의 장(chapter)에 속해있지 않고 여러 다른 문법의 장(chapter)들에 분산되어 존재한다. 예를 들어 접속사 가운데 '대등 접속사(حَرْفُ الْعَطْفِ)'는 아랍어 문법에서 '후속어(التَّوَابِعُ)'에서 다루고 있고, '상태접속사(وَاوُ الْحَالِ)'는 상태목적어(الْحَالُ)에서 다루고 있다. 이처럼 접속사가 여러 문법의 장(chapter)들에 분산되어 있는 이유는 접속사의 역할을 하는 단어들이 접속사의 역할과 함께 다른 일차적인 역할을 하고 있기 때문이며, 아랍어 문법에서 그 일차적인 역할을 우선하여 문법 내용을 다루고 있기 때문이다. 따라서 아랍어의 여러 접속사를 공부하기 위해서는 '무효화 불변사(إِنَّ وَأَخَوَاتُهَا)', '무효화 동사(كَانَ وَأَخَوَاتُهَا)', '조건 접속사(أَدَوَاتُ الشَّرْطِ)', '이유접속사(فَاءُ السَّبَبِيَّةِ)', '후속어' 등에 흩어져 분포하는 접속사들을 하나하나 추적하여 공부해야 한다. 이 과에서 우리는 여러 장(chapter)들에 흩어져있는 접속사들을 한 자리에 모아서 예문과 함께 공부하도록 한다. 여기서는 문장과 문장을 연결하는 접속사들을 중점적으로 다룬다.

이 장에서 아랍어의 접속사를 문법적인 기능에 따라 분류하거나 그 의미에 따라 분류하여 공부한다. 예를들어 '대등접속사(حَرْفُ الْعَطْفِ)', '무효화 불변사(إِنَّ وَأَخَوَاتُهَا)', '상태접속사(وَاوُ الْحَالِ)', '무효화 동사(كَانَ وَأَخَوَاتُهَا)' 가운데 일부, '관계대명사(الاسْمُ الْمَوْصُولُ)' 등은 문법적인 기능에 따라 접속사를 분류한 것이다. 이러한 문법적인 분류 이외에 '추가의 의미', '종속관계의 의미', '원인의 의미', '결과의 의미', '목적의 의미' 등은 접속사들을 의미에 따라 분류한 것이다.

1. 대등 접속사(حَرْفُ الْعَطْفِ)

아랍어에서 대등 접속사(حُرُوفُ الْعَطْفِ)는 아래와 같다.

의미	용법	접속사
① '그리고(and)'의 의미	피접속명사(الاسْمُ الْمَعْطُوفُ عَلَيْهِ)에 접속명사(الاسْمُ الْمَعْطُوفُ)가 공동으로 참여하는 의미이다. 단어와 단어, 유사문장과 유사문장, 문장과 문장을 연결한다.	وَ
② '그리고 그 다음에(then, and then)'의 의미	피접속명사(الاسْمُ الْمَعْطُوفُ عَلَيْهِ)와 접속명사(الاسْمُ الْمَعْطُوفُ) 사이의 동작의 발생순서를 정하며 단어와 단어, 문장과 문장을 연결한다. 유사문장과 유사문장의 연결은 사용되지 않는다.	فَ
③ '그리고 그 이후에(after that)'의 의미	피접속명사(الاسْمُ الْمَعْطُوفُ عَلَيْهِ)와 접속명사(الاسْمُ الْمَعْطُوفُ) 사이의 동작의 발생순서와 함께 얼마동안의 시간 간격이 있음을 나타낸다. 단어와 단어, 유사문장과 유사문장, 문장과 문장을 연결한다.	ثُمَّ
④ '혹은(or)'의 의미	피접속명사(الاسْمُ الْمَعْطُوفُ عَلَيْهِ)와 접속명사(الاسْمُ الْمَعْطُوفُ) 둘 중의 하나를 선택하거나 두 개 중 어떤 것인지 확신이 없을 때 사용한다. 단어와 단어, 유사문장과 유사문장, 문장과 문장을 연결한다.	أَوْ
⑤ '혹은(or)'의 의미	의문문에서 피접속명사(الاسْمُ الْمَعْطُوفُ عَلَيْهِ)와 접속명사(الاسْمُ الْمَعْطُوفُ) 둘 중의 하나를 선택. 단어와 단어, 유사문장과 유사문장, 문장과 문장을 연결한다.	أَمْ

⑥	'..한 것은 아니다'의 의미	لَا 이전의 문장에 대한 부분 부정의 의미이다. 즉 لَا 이전에 온 문장의 의미에 대해 일부를 부정하는 내용이 لَا 이후에 온다. 단어와 단어, 유사문장과 유사문장, 문장과 문장을 연결한다.	لَا
⑦	'but', 'however'의 의미	부정문에 대한 역접의 의미이다. 즉 앞에 온 부정문의 내용을 수정하거나 반대하는 의미이다. 단어와 단어, 유사문장과 유사문장, 문장과 문장을 연결한다.	لَكِنْ
⑧	'but', 'however'의 의미	역접의 의미. 즉 앞의 문장의 내용을 철회하거나 수정하는 의미. 앞에 긍정문과 부정문 모두 가능하다. 문장과 문장으로만 연결된다.	بَلْ

위의 접속사들은 단어와 단어, 유사문장과 유사문장, 그리고 문장과 문장을 연결한다. 이 대등 접속사들이 문장과 문장을 연결할 때는 아래와 같다. 단어와 단어, 유사문장과 유사문장을 연결하는 경우, 그리고 각 접속사들의 의미의 차이들은 이 책 대등접속사 부분에서 공부하자.

①	그는 모든 사람을 사랑하고 그들을 돕는다.	يُحِبُّ كُلَّ النَّاسِ وَيُسَاعِدُهُمْ.
②	나의 친구가 나를 불러서 내가 그에게로 나갔다.	نَادَانِي صَدِيقِي فَخَرَجْتُ إِلَيْهِ.
③	나는 내 숙제를 하고 나서 (얼마 이후) 잠을 잤다.	كَتَبْتُ وَاجِبِي ثُمَّ نِمْتُ.
④	나는 나의 집으로 가든지 혹은 아스완으로 여행을 떠날 것이다.	سَأَذْهَبُ إِلَى بَيْتِي أَوْ أُسَافِرُ إِلَى أَسْوَانَ.
⑤	당신은 식사를 하실래요 아니면 당신의 일터로 가실래요?	هَلْ سَتَأْكُلُ أَمْ سَتَذْهَبُ إِلَى عَمَلِكَ؟
⑥	나는 문법을 공부하고 읽기는 공부하지 않는다.	أَدْرُسُ الْقَوَاعِدَ لَا (أَوْ وَلَا) أَدْرُسُ الْقِرَاءَةَ.
⑦	알리는 성공한 것이 아니라 실패했다.	مَا نَجَحَ عَلِيٌّ لَكِنْ فَشِلَ.
⑧	나는 커피를 마시는 것이 아니라 홍차를 마신다.	لَا أَشْرَبُ الْقَهْوَةَ بَلْ أَشْرَبُ الشَّايَ.

** not A but B 구문 - '…가 아니라 …이다'

①		لَمْ … بَلْ …
②		مَا … بَلْ …
③	…가 아니라 …이다(not A but B)	لَا … بَلْ …
④		لَيْسَ … بَلْ …
⑤		لَنْ … بَلْ …

→ 위에 구문에 사용된 بَلْ 대신에 لَكِنْ 을 사용하는 경우도 있다. 그러나 بَلْ 을 사용하는 것이 더 낫다.

예문들

①	우리는 유럽을 여행하지 않고 아시아를 여행했다.	لَمْ نُسَافِرْ إِلَى أُورُوبَّا بَلْ سَافَرْنَا إِلَى آسْيَا.
②	그들은 교사들이 아니라 학생들이다.	مَا هُمْ مُدَرِّسُونَ بَلْ إِنَّهُمْ طُلَّابٌ.
③	나는 홍차를 마시는 것이 아니라 커피를 마신다.	لَا أَشْرَبُ الشَّايَ بَلْ أَشْرَبُ الْقَهْوَةَ.
④	그 소녀는 미국에서 오지 않았고 한국에서 왔다.	لَيْسَتِ الْبِنْتُ مِنْ أَمْرِيكَا بَلْ هِيَ مِنْ كُورِيَا.
⑤	그녀는 교실을 나가지 않고 앉아서 경청할 것이다.	لَنْ تَخْرُجَ مِنَ الْفَصْلِ بَلْ سَتَجْلِسُ وَتَسْتَمِعُ.

** not only A but also B 구문 - '…일 뿐만 아니라 …도 역시(not only A but also B)'

①		لَمْ ... فَقَطْ(أَوْ فَحَسْبُ)، بَلْ ... أَيْضًا (أَوْ كَذَلِكَ).
②		مَا ... فَقَطْ(أَوْ فَحَسْبُ)، بَلْ ... أَيْضًا (أَوْ كَذَلِكَ).
③	…일 뿐만 아니라 …도 역시(not only A but also B)	لَا ... فَقَطْ(أَوْ فَحَسْبُ)، بَلْ ...أَيْضًا (أَوْ كَذَلِكَ)
④		لَيْسَ ... فَقَطْ(أَوْ فَحَسْبُ)، بَلْ ...أَيْضًا (أَوْ كَذَلِكَ)
⑤		لَنْ ... فَقَطْ(أَوْ فَحَسْبُ)، بَلْ ...أَيْضًا (أَوْ كَذَلِكَ)

예문들

①	그가 그 파티에서 노래를 부를 뿐만 아니라 춤까지 추었다.	لَمْ يُغَنِّ فِي الْحَفْلَةِ فَقَطْ، بَلْ رَقَصَ أَيْضًا.
	그들은 그 사고를 목격하였을 뿐만 아니라 거기에 동참까지 했다.	لَمْ يُشَاهِدُوا الْحَادِثَ فَحَسْبُ، بَلْ إِنَّهُمْ اشْتَرَكُوا فِيهِ أَيْضًا.
②	나는 교사일 뿐만 아니라 기술자(engineer)이다.	مَا أَنَا مُدَرِّسًا فَقَطْ، بَلْ مُهَنْدِسٌ أَيْضًا.
	나는 배관공으로 일했을 뿐만 아니라 목수로도 일했다.	مَا عَمِلْتُ سَبَّاكًا فَحَسْبُ، بَلْ عَمِلْتُ نَجَّارًا كَذَلِكَ.
③	나는 오리엔탈 음악을 좋아할 뿐만 아니라 서양 음악도 좋아한다.	لَا أُحِبُّ الْمُوسِيقَى الشَّرْقِيَّةَ فَقَطْ، بَلْ الْغَرْبِيَّةَ كَذَلِكَ.
	그는 시를 공부하는데 관심이 있을 뿐만 아니라 시를 쓰기도 한다.	هُوَ لَا يَهْتَمُّ بِدِرَاسَةِ الشِّعْرِ فَحَسْبُ، بَلْ يَكْتُبُهُ أَيْضًا.
④	파티마는 이 호텔의 주인일 뿐만 아니라 다른 두 호텔도 가지고 있다.	لَيْسَتْ فَاطِمَةُ صَاحِبَةَ هَذَا الْفُنْدُقِ فَقَطْ، بَلْ لَهَا فُنْدُقَانِ آخَرَانِ كَذَلِكَ.
	당신이 책들을 많이 사는 것이 중요할 뿐만 아니라 당신이 그것을 읽는 것도 중요하다.	لَيْسَ الْمُهِمُّ أَنْ تَشْتَرِيَ كُتُبًا كَثِيرَةً فَقَطْ، بَلْ أَنْ تَقْرَأَهَا أَيْضًا.
⑤	나는 미국을 여행할 뿐만 아니라 캐나다까지 여행할 것이다.	لَنْ أُسَافِرَ إِلَى أَمْرِيكَا فَقَطْ، بَلْ إِلَى كَنَدَا كَذَلِكَ.
	그들은 생선을 먹을 뿐만 아니라 육고기도 먹을 것이다.	لَنْ يَأْكُلُوا السَّمَكَ فَقَطْ، بَلْ سَيَأْكُلُونَ اللَّحْمَ أَيْضًا.

2. 무효화 불변사(إنَّ وأَخَواتُها)

무효화 불변사 가운데 문장과 문장을 연결하는 접속사 기능을 하는 단어는 إِنَّ 와 أَنَّ, كَأَنَّ, لَكِنَّ 가 있다. 이 단어들은 문장의 중간에 사용되어 후속절을 이끈다. 이때 후속절은 반드시 명사문이어야 한다.

	의미	용법	무효화 불변사
①	영어의 that 절 참으로, 참으로 (indeed)	→ قَالَ + إِنَّ + 명사문 - (...라고 말하다(to say that...) 문장의 맨 처음에 와서 문장 전체를 강조 (لِلتَّوْكِيد)	إِنَّ
②	영어의 that 절	→ 동사(혹은 명사구) + أَنَّ + 명사문	أَنَّ
③	..와 같다	비유(لِلتَّشْبِيه)의 의미 – '..같은(like)'의 의미, 혹은 '마치 ..하는 것 처럼 ..하다(as if 가정법)'의 의미	كَأَنَّ
④	그러나, 하지만 (but, however)	앞의 내용과 반대되는 의미이거나 수정하는 의미 (لِلاسْتِدْرَاك).	لَكِنَّ

** 위의 무효화 불변사들과 아래의 أَنْ 을 구분하라.

	의미	용법	
*	영어의 that 절	풀어쓴 동명사를 이끄는 불변사 (حَرْفٌ مَصْدَرِيٌّ) → 동사(*명사, 형용사, 관용구도 가능) + أَنْ + 미완료형 접속법 동사 →	أَنْ

예문들

①	그 장관은 슬픔을 느낀다고 말했다.	قَالَ الْوَزِيرُ إِنَّهُ يَشْعُرُ بِالْحُزْنِ.
	나는 어제 파티에서 본 모든 사람들과 이야기를 했는데, 그들은 정말 친절한 남자들이었다.	تَكَلَّمْتُ مَعَ كُلِّ مَنْ رَأَيْتُهُمْ فِي الْحَفْلَةِ أَمْسِ، إِنَّهُمْ رِجَالٌ طَيِّبُونَ.
②	나는 아랍어가 어렵다는 것을 안다.	أَعْرِفُ أَنَّ اللُّغَةَ الْعَرَبِيَّةَ صَعْبَةٌ.
	나는 아이들이 사탕을 좋아하는 것을 이해한다.	أَفْهَمُ أَنَّ الْأَطْفَالَ يُحِبُّونَ الْحَلْوَى.
③	당신이 사장인 것 처럼 일하라. (as if) (실제로는 그가 사장이 아니다.)	اِعْمَلْ كَأَنَّكَ مُدِيرٌ.
	우리는 전문 선수처럼 축구를 한다. (as if) (실제로는 전문 선수가 아니다.)	نَلْعَبُ كُرَةَ الْقَدَمِ كَأَنَّنَا مُحْتَرِفُونَ.
④	그 길은 넓지만 복잡하다.	الشَّارِعُ وَاسِعٌ لَكِنَّهُ مُزْدَحِمٌ.
	한국은 작지만 발달하였다.	كُورِيَا الْجَنُوبِيَّةُ صَغِيرَةٌ لَكِنَّهَا مُتَقَدِّمَةٌ.

→위의 كَأَنَّ 가 비유의 의미 접속사로 사용되어 as if 가정법의 의미로 사용되는 문장에 대해서는 이 책 '여러 가지 소유격(الْمَجْرُورَات)에 대해' 부분의 '심화학습 – 비유의 표현들에 대해' 에서 자세히 공부하라.

3. 역접 접속사(Adversative Particle, الاستدراك)

역접 접속사는 연결된 두 문장의 의미가 서로 반대되거나 뒤의 문장이 앞의 문장을 수정하는 의미(الاستدراك)로 사용되는 접속사를 말한다. 아랍어에서 역접의 의미를 가진 대표적인 접속사는 아래의 네 가지이다.

①	대등접속사(حَرْفُ عَطْفٍ)	لَكِنْ
②	대등접속사(حَرْفُ عَطْفٍ)	بَلْ
③	무효화 불변사(إِنَّ وَأَخَوَاتُهَا)	لَكِنَّ
④	무효화 불변사 إِنَّ + 추가불변사(حَرْفٌ زَائِدٌ) مَا 의 형태. (مَا الْكَافَّة 라 하기도 한다.) إِنَّ 의 영향을 받지 않고, إِنَّمَا 이후에 명사문과 동사문 모두 가능하며 주격을 취한다.	إِنَّمَا

예문들

①	싸이드는 참석을 했지만 알리는 참석하지 않았다.	حَضَرَ سَعِيدٌ لَكِنْ عَلِيٌّ لَمْ يَحْضُرْ.
②	나는 그를 개인적으로 만나지는 못했지만 그의 여비서와 이야기하였다.	لَمْ أُقَابِلْهُ شَخْصِيًّا بَلْ تَحَدَّثْتُ مَعَ سِكْرِتِيرَتِهِ.
	너는 악한 자들과 친구를 삼지 말고 선한 사람들과 친구를 삼아라.	لَا تُصَاحِبِ الأَشْرَارَ بَلِ الأَخْيَارَ.[1]
③	싸이드는 참석을 했지만 알리는 참석하지 않았다.	حَضَرَ سَعِيدٌ لَكِنَّ عَلِيًّا لَمْ يَحْضُرْ.
	나는 그를 개인적으로 만나지는 못했지만 그의 여비서와 이야기하였다.	لَمْ أُقَابِلْهُ شَخْصِيًّا لَكِنِّي تَحَدَّثْتُ مَعَ سِكْرِتِيرَتِهِ.
④	나는 그를 개인적으로 만나지는 못했지만 그의 여비서와 이야기하였다.	لَمْ أُقَابِلْهُ شَخْصِيًّا إِنَّمَا تَحَدَّثْتُ مَعَ سِكْرِتِيرَتِهِ.
	그 아이는 닭을 먹지 않지만 사탕은 먹는다.	لَا يَأْكُلُ الطِّفْلُ الدَّجَاجَ إِنَّمَا يَأْكُلُ الْحَلْوَى.
	الْجَامِعَةُ الأَمْرِيكِيَّةُ مَشْهُورَةٌ إِنَّمَا جَامِعَةُ الْقَاهِرَةِ غَيْرُ مَعْرُوفَةٍ. AUC(American University in Cairo) 대학은 유명하지만 카이로 대학은 알려지지 않았다.(إِنَّمَا 뒤에 명사문이 옴)	
	أَنَا أَلْعَبُ كُرَةَ الْقَدَمِ إِنَّمَا يَلْعَبُ صَدِيقِي كُرَةَ السَّلَّةِ. 나는 축구를 하지만 내 친구는 농구를 한다.	

[1] خَيِّرٌ/ أَخْيَارٌ 선량한, 착한

** إِنَّمَا 가 إِنَّ 의 의미로 사용된 경우 – '실로', '참으로'의 의미

إِنَّمَا 는 무효화 불변사 إِنَّ 와 같은 의미로 사용될 수도 있다. 아래의 문장들에서 إِنَّمَا 는 إِنَّ 와 같이 문장 전체의 내용을 강조하는 의미를 가진다. 그러나 무효화 불변사 إِنَّ 와 같이 문장의 주어(اِسْم)에 목적격이 오지 않고 주격이 오는데, 그 이유는 مَا 가 사용되면서 무효화 불변사의 기능을 상쇄시키기 때문이다. 이렇게 무효화 기능을 멈추게 하는 مَا 를 مَا كَافَّة 라 한다.

참으로 구제는 가난한 사람들을 위한 것이다. (indeed, truly)	إِنَّمَا الصَّدَقَاتُ لِلْفُقَرَاءِ.
올해는 정말로 날씨가 아주 이상하다. (indeed, truly)	إِنَّمَا الْجَوُّ غَرِيبٌ جِدًّا هَذِهِ السَّنَةَ.

→ 위의 إِنَّمَا 는 배타적 제한의 의미를 가진 문장(الْحَصْر)을 만든다고도 볼 수 있다. 이 책 '예외문에 대해'의 '심화학습 – 배타적 제한 문장에 대해'를 보라.

** 역접 접속사에 وَ 가 붙을 경우

위의 역접 접속사 لَكِنْ 과 لَكِنَّ 그리고 إِنَّمَا 는 종종 وَ 와 함께 사용된다. 이 때 사용되는 وَ 를 추가 불변사(وَاوُ زَائِدَة)라 하며 그 의미에는 아무런 영향을 주지 않는다. بَلْ 은 وَ 와 함께 사용되지 않는다.

나는 그녀를 도와줄 수 없었지만 그녀를 불쌍히 여겼다.	لَمْ أَسْتَطِعْ أَنْ أُسَاعِدَهَا وَلَكِنِّي تَعَاطَفْتُ مَعَهَا.
이 책은 작지만 그 유용성은 크다.	هَذَا الْكِتَابُ صَغِيرٌ وَلَكِنَّ نَفْعَهُ كَبِيرٌ.
	هَذَا الْكِتَابُ صَغِيرٌ وَلَكِنْ نَفْعُهُ كَبِيرٌ.
나는 그를 만나지 못했지만 그에게 편지를 보내었다.	لَمْ أُقَابِلْهُ وَإِنَّمَا أَرْسَلْتُ لَهُ رِسَالَةً.

4. 상태접속사 (وَاوُ الْحَال)

وَ	..하는 동안에 (while)

상태접속사 وَ 가 문장과 문장을 연결하는 경우는 아래의 두 가지가 있다.

1) 상태절(حَال جُمْلَة)이 주절에 있는 상태주체(주어나 목적어 등)의 상태를 묘사하는 경우

나는 그 소녀가 뛰어가고 있을 때 그녀를 보았다. (I saw the girl while she was running.)	رَأَيْتُ الْبِنْتَ وَهِيَ تَجْرِي.
나는 그 소녀가 뛰어갔을 때 그녀를 보았다. (뛰어가는 동작의 끝모습을 봄)	رَأَيْتُ الْبِنْتَ وَقَدْ جَرَتْ.

2) 상태절(حَال جُمْلَة)이 주절 동작의 배경이 되는 경우

태양이 떠오르는 동안 나는 그 소녀를 보았다. (I saw the girl while the sun was rising.)	رَأَيْتُ الْبِنْتَ وَالشَّمْسُ تُشْرِقُ.

자세한 내용은 이 책 '여러 가지 목적격에 대해'의 상태목적어 부분에서 공부하라.

5. 무효화 동사 (كَانَ وأَخَوَاتُهَا) 가운데 مَا دَامَ

무효화 동사 가운데 مَا دَامَ 동사가 문장과 문장을 연결하는 접속사 역할을 한다.

..하는 한(as long as)	مَا دَامَ ...
인간이 배우는 한 삶은 나아진다.	الْحَيَاةُ تَتَحَسَّنُ مَا دَامَ الْإِنْسَانُ يَتَعَلَّمُ.
당신이 노력하는 한 절망하지 마세요.	لَا تُحْبِطْ مَا دُمْتَ تَجْتَهِدُ.

** 접속사 طَالَمَا - '...하는 한'

طَالَمَا 는 무효화 동사는 아니지만 مَادَامَ 와 같은 의미인 '...하는 한'의 의미를 가진 접속사이다.

...하는 한(as long as)	طَالَمَا ...

طَالَمَا 는 동사 طَالَ 와 مَا 가 조합되어 부사적 용법으로 사용되는 접속사이다. 무효화 동사는 아니지만 مَا دَامَ 와 같은 의미로 사용되며 그 뒤에 동사문이 많이 온다. (명사문도 가능)

하늘에서 비가 오는 한 나는 집에서 나가지 않는다.	لَا أَخْرُجُ مِنَ الْبَيْتِ طَالَمَا تُمْطِرُ السَّمَاءُ.
우리가 우리의 권리를 아는 한 우리는 그것을 얻을 수 있을 것이다.	طَالَمَا نَعْرِفُ حُقُوقَنَا، يُمْكِنُنَا الْحُصُولُ عَلَيْهَا.

위의 문장을 مَادَامَ 가 들어가는 문장으로 바꾸면 아래와 같다.

하늘에서 비가 오는 한 나는 집에서 나가지 않는다. (مَادَامَ 는 무효화 불변사이므로 그 뒤에 명사문이 옴)	لَا أَخْرُجُ مِنَ الْبَيْتِ مَا دَامَتِ السَّمَاءُ تُمْطِرُ.
우리가 우리의 권리를 아는 한 우리는 그것을 얻을 수 있을 것이다. (مَادَامَ 뒤의 명사문의 주어가 نَا 이다.)	مَا دُمْنَا نَعْرِفُ حُقُوقَنَا، يُمْكِنُنَا الْحُصُولُ عَلَيْهَا.

** '...하지 않는 한' – مَا لَمْ ...

'..하지 않는 한, as long as ..not'	مَا لَمْ + 단축법
위의 'مَا دَامَ ... '나 'طَالَمَا'의 부정의 의미이다.	

당신이 앉지 않는 한 나도 앉지 않는다.	لَا أَجْلِسُ مَا لَمْ تَجْلِسْ أَنْتَ أَيْضًا.
당신이 나를 인도하지 않는 한 나는 걷지 않을 것이다.	مَا لَمْ تُرْشِدِينِي لَنْ أَسِيرَ.
당신이 공부하지 않는 한 합격하지 못할 것이다.	مَا لَمْ تُذَاكِرْ لَنْ تَنْجَحَ.
당신(f.)이 요리하지 않는 한 나는 식당에서 먹을 것이다.	مَا لَمْ تَطْبُخِي سَوْفَ آكُلُ فِي الْمَطْعَمِ.
우리는 매일 놀지 않는 한 우리는 따분함을 느낀다.	نَشْعُرُ بِالْمَلَلِ مَا لَمْ نَلْعَبْ يَوْمِيًّا.

제39과 여러 가지 접속사에 대해

6. 관계대명사 (الاسْمُ الْمَوْصُولُ)

관계대명사도 두 문장을 연결하는 역할을 하므로 접속사(أَدَوَاتُ الرَّبْطِ)에 속한다. 아랍어의 관계대명사는 الَّذِي 와 그 변화형, 그리고 مَنْ 과 مَا 가 있다. 여기에 대한 자세한 예는 이 책의 관계대명사 부분에서 공부하도록 하라.

				남성	여성
① الَّذِي	사람과 사물에 모두 사용된다. 옆의 표와 같이 성과 수에 따른 격변화가 있다.	단수		الَّذِي	الَّتِي
		쌍수	주격	اللَّذَانِ	اللَّتَانِ
			소유격 & 목적격	اللَّذَيْنِ	اللَّتَيْنِ
		복수		الَّذِينَ	اللَّاتِي، اللَّوَاتِي، اللَّائِي
② مَنْ	사람에 사용			مَنْ	
		성이나 수에 따른 격변화가 없다. 선행명사가 사용되지 않는다.			
③ مَا	사물에 사용			مَا	
		성이나 수에 따른 격변화가 없다. 선행명사가 사용되지 않는다.			

①	나는 홍차를 마시는 그 남학생을 보았다.	رَأَيْتُ الطَّالِبَ الَّذِي يَشْرَبُ الشَّايَ.
②	나는 공부하는 사람을 좋아한다. (I love who studies.)	أُحِبُّ مَنْ يَدْرُسُ.
③	나는 하늘에서 날고 있는 것을 보았다.	رَأَيْتُ مَا يَطِيرُ فِي السَّمَاءِ.

** 관계대명사와 결합되어 사용되는 접속사들

①	..하는 사람은 누구든지(everyone who)	كُلُّ مَنْ ...
②	..하는 것은 무엇이든지(everything that)	كُلُّ مَا ...
③	مِمَّا 는 'مِنْ + مَا' 가 합성된 단어로서, 주로 أَدَّى إِلَى, اضْطَرَّ إِلَى, سَاعَدَ, أَجْبَرَ, جَعَلَ 등의 동사들과 함께 사용되어 '그로인해 ...하다'는 의미를 가진다. 그 예를 '이유를 나타내는 접속사' 부분에서 확인하라.	← مِمَّا ... ← 동사 +
④	그 이유로, 그래서(that's why), مِمَّا 와 같은 의미 '이유를 나타내는 접속사' 부분에서 확인하라.	← الْأَمْرُ الَّذِي ... ← 동사 +

종합 아랍어 문법 II

예문들

①	تَكَلَّمْتُ مَعَ كُلِّ مَنْ رَأَيْتُهُمْ فِي الْحَفْلَةِ أَمْسِ، إِنَّهُمْ رِجَالٌ طَيِّبُونَ.
	나는 어제 파티에서 본 모든 사람들과 이야기를 했는데, 그들은 정말 친절한 남자들이었다.
	كُلُّ مَنْ يَعْمَلُ فِي هَذِهِ الْمَدْرَسَةِ مُدَرِّسُونَ جَيِّدُونَ.
	이 학교에서 일하는 모든 사람들은 훌륭한 선생님들이다.
②	كُلُّ مَا قَالَهُ الْمُدِيرُ يَجِبُ أَنْ يُنَفَّذَ. 그 사장이 말한 모든 것은 실행되어져야 한다.
	لَقَدْ عَمِلْتُ بِكُلِّ مَا اقْتَرَحْتَهُ عَلَيَّ فَشُكْرًا لَكَ.
	나는 당신이 나에게 조언한 모든 것을 그대로 행했다. 그래서 당신께 감사한다.
③	لَمْ يَسْتَطِعْ تَسْدِيدَ دُيُونِهِ مِمَّا اضْطَرَّهُ لِلْهَرَبِ.
	그는 그의 빚 갚는 것이 가능하지 않아서 그것이 그를 도망가게 했다.(그로인해 어쩔 수 없이 도망가게 되었다.)
	أَعْمَلُ إِلَى جَانِبِ دِرَاسَتِي مِمَّا يَجْعَلُنِي مَشْغُولًا جِدًّا.
	나는 공부하는 것과 함께 일을 하고 있는데, 그것이 나를 아주 바쁘게 만든다.(그로 인해 아주 바쁘다.)
④	لَمْ يَسْتَطِعْ تَسْدِيدَ دُيُونِهِ الْأَمْرُ الَّذِي اضْطَرَّهُ لِلْهَرَبِ.
	그는 그의 빚 갚는 것이 가능하지 않아서 그것이 그를 도망가게 했다.(그로인해 어쩔 수 없이 도망가게 되었다.)
	أَعْمَلُ إِلَى جَانِبِ دِرَاسَتِي الْأَمْرُ الَّذِي يَجْعَلُنِي مَشْغُولًا جِدًّا.
	나는 공부하는 것과 함께 일을 하고 있는데, 그것이 나를 아주 바쁘게 만든다.(그로 인해 아주 바쁘다.)

제39과 여러 가지 접속사에 대해

7. 시간의 부사구와 시간의 부사절을 이끄는 접속사

1) قَبْلَ 와 بَعْدَ 의 사용에 대해

①	... 이전에 (قَبْلَ 이후에 명사, 대명사, 동명사, 후연결 인칭대명사가 올 수 있다.)	قَبْلَ ...
②	... 이후에 (بَعْدَ 이후에 명사, 대명사, 동명사, 후연결 인칭대명사가 올 수 있다.)	بَعْدَ ...
③	قَبْلَ +A + بِـ +B (시간 혹은 장소의 길이) = A 보다 B 만큼 이전에	قَبْلَ ... بِـ
④	بَعْدَ +A + بِـ +B (시간 혹은 장소의 길이) = A 보다 B 만큼 이후에	بَعْدَ ... بِـ
⑤	그 다음에 ...하다	وَبَعْدَ ذَلِكَ ...
⑥	...하기 이전에 ...했다/ ...한다/ ...할 것이다 (주절 동사의 시제에 따라 과거, 현재, 미래의 의미가 가능하다.)	قَبْلَ مَا ...
⑦	(주절에 완료형과 미완료형, 부사절에 완료형과 미완료형이 올 수 있다.) قَبْلَ أَنْ 뒤에 미완료형이 올 경우 접속법 동사를 취한다.	قَبْلَ أَنْ ...
⑧	...한 이후에 ...했다/ ...한다(습관)/ ...할 것이다 (주절 동사의 시제에 따라 과거, 현재, 미래의 의미가 가능하다.)	بَعْدَ مَا ...
⑨	(주절에 완료형과 미완료형, 부사절에 완료형과 미완료형이 올 수 있다.) بَعْدَ أَنْ 뒤에 미완료형이 올 경우 접속법 동사를 취한다.	بَعْدَ أَنْ ...

예문들

①	무함마드는 알리 이전에(알리 보다 먼저) 여행을 떠났다. (قَبْلَ 뒤에 고유명사가 왔다.)	سَافَرَ مُحَمَّدٌ قَبْلَ عَلِيٍّ.
	무함마드는 공부가 시작되기 이전에 여행을 떠났다. (قَبْلَ 뒤에 동명사가 왔다.)	سَافَرَ مُحَمَّدٌ قَبْلَ بَدْءِ الدِّرَاسَةِ.
②	무함마드는 알리 다음에(알리 보다 나중에) 여행을 떠났다. (بَعْدَ 뒤에 고유명사가 왔다.)	سَافَرَ مُحَمَّدٌ بَعْدَ عَلِيٍّ.
	나는 숙제들을 한 뒤에 음식을 먹었다. (بَعْدَ 뒤에 동명사가 왔다.)	تَنَاوَلْتُ طَعَامًا بَعْدَ كِتَابَةِ الْوَاجِبَاتِ.
③	무함마드는 알리보다 이틀 먼저 여행을 떠났다.	سَافَرَ مُحَمَّدٌ قَبْلَ عَلِيٍّ بِيَوْمَيْنِ.
	무함마드는 공부가 시작되기 한 달 전에 여행을 떠났다.	سَافَرَ مُحَمَّدٌ قَبْلَ بَدْءِ الدِّرَاسَةِ بِشَهْرٍ.
	싸미르는 알리보다 2미터 이전에 도착했다.	وَصَلَ سَمِيرٌ قَبْلَ عَلِيٍّ بِمِتْرَيْنِ.
④	무함마드는 알리보다 일주일 이후에 여행을 떠났다.	سَافَرَ مُحَمَّدٌ بَعْدَ عَلِيٍّ بِأُسْبُوعٍ.
	그는 나의 1킬로 미터 뒤에서 걷고 있다.	يَمْشِي بَعْدِي بِكِيلُومِتْرٍ.
⑤	무함마드가 여행을 떠났고, 그 후에 알리가 여행을 떠났다.	سَافَرَ مُحَمَّدٌ وَبَعْدَ ذَلِكَ سَافَرَ عَلِيٌّ.
	무함마드는 음식을 먹었고, 그 후에 그의 숙제를 했다.	تَنَاوَلَ مُحَمَّدٌ طَعَامَهُ وَبَعْدَ ذَلِكَ كَتَبَ وَاجِبَهُ.
	무함마드는 음식을 먹었고, 그 후에 알리도 먹었다.	تَنَاوَلَ مُحَمَّدٌ طَعَامَهُ وَبَعْدَ ذَلِكَ تَنَاوَلَ عَلِيٌّ.

** بَعْدَ أَنْ و بَعْدَ مَا 그리고 قَبْلَ أَنْ و قَبْلَ مَا 의 사용에 대해

'..이전에'의 의미를 가진 قَبْلَ مَا 혹은 قَبْلَ أَنْ 과 '..이후에'의 의미를 가진 بَعْدَ مَا 혹은 بَعْدَ أَنْ 은 주절과 부사절 동사의 시제 사용에 주의해야 한다. 아래 도표에서 주절과 부사절의 시제의 가능 여부에 대해 살펴본 뒤 예문에서 각각의 경우들을 공부하자.

(1) قَبْلَ مَا 혹은 قَبْلَ أَنْ 의 경우

	\multicolumn{4}{c}{قَبْلَ مَا/ قَبْلَ أَنْ}	
	주절	부사절	가능여부	의미
A	완료형	미완료형	O	단순과거
B	완료형	완료형	×	×
C	미완료형	미완료형	O	단순현재, 현재습관, 현재진행
D	미완료형	완료형	×	×

➜ قَبْلَ مَا/ قَبْلَ أَنْ 뒤에 이어진 절이 부사절이다.

a. 주절이 완료형으로 시작하는 경우

주절이 완료형으로 시작하는 경우 부사절에 완료형과 미완료형을 모두 사용할 수 있으며 그 의미도 같다.

A	나는 홍차를 마시기 전에 육고기를 먹었다. (I ate meat before I drank a tea.) (단순과거 Past Simple)	أَكَلْتُ لَحْمًا قَبْلَ مَا أَشْرَبَ شَايًا. أَكَلْتُ لَحْمًا قَبْلَ أَنْ أَشْرَبَ شَايًا.
B	사용되지 않음	أَكَلْتُ لَحْمًا قَبْلَ مَا شَرِبْتُ شَايًا. (×) أَكَلْتُ لَحْمًا قَبْلَ أَنْ شَرِبْتُ شَايًا. (×)

b. 주절이 미완료형으로 시작하는 경우

주절이 미완료형인 경우 부사절에도 미완료형이 와야한다.

C	나는 홍차를 마시기 전에 육고기를 먹는다. (I eat meat before I drink a tea.) (단순현재 Present Simple, 현재습관 Present Habitual, 현재진행 Present Continuous)	آكُلُ لَحْمًا قَبْلَ مَا أَشْرَبَ شَايًا. آكُلُ لَحْمًا قَبْلَ أَنْ أَشْرَبَ شَايًا.
D	사용되지 않음	آكُلُ لَحْمًا قَبْلَ مَا شَرِبْتُ شَايًا. (×) آكُلُ لَحْمًا قَبْلَ أَنْ شَرِبْتُ شَايًا. (×)

(2) بَعْدَ مَا 혹은 بَعْدَ أَنْ 의 경우

بَعْدَ مَا/ بَعْدَ أَنْ				
	주절	부사절	가능여부	의미
A	완료형	완료형	O	단순과거
B	완료형	미완료형	×	×
C	미완료형	미완료형	O	단순현재, 현재습관
D	미완료형	완료형	O	현재진행

→ قَبْلَ مَا/ قَبْلَ أَنْ 뒤에 이어진 절이 부사절이다.

a. 주절이 완료형으로 시작하는 경우

주절이 완료형으로 시작하면, 부사절도 완료형이어야 한다.

A	나는 육고기를 먹은 이후 홍차를 마셨다. (I drank a tea after I ate meat.) (단순과거, Past Simple)	شَرِبْتُ شَايًا بَعْدَ مَا أَكَلْتُ لَحْمًا. شَرِبْتُ شَايًا بَعْدَ أَنْ أَكَلْتُ لَحْمًا.
B	사용되지 않음	شَرِبْتُ شَايًا بَعْدَ مَا آكُلُ لَحْمًا. (×) شَرِبْتُ شَايًا بَعْدَ أَنْ آكُلُ لَحْمًا. (×)

b. 주절이 미완료형으로 시작하는 경우

주절이 미완료형으로 시작하는 경우 부사절에 미완료형이 올 수도 있고 완료형이 올 수도 있다. 주절과 부사절이 모두 미완료형인 경우는 단순현재의 의미 혹은 현재의 습관의 의미가 된다. 반면 주절이 미완료형이고 부사절이 완료형인 경우 현재 진행의 의미가 된다.

C	나는 육고기를 먹은 이후 홍차를 마신다. 혹은 마시곤 한다. (I drink a tea after I eat meat.) (단순현재 Present Simple, 현재습관 Present Habitual)	أَشْرَبُ شَايًا بَعْدَ مَا آكُلُ لَحْمًا. أَشْرَبُ شَايًا بَعْدَ أَنْ آكُلُ لَحْمًا.
D	나는 육고기를 먹은 이후 (지금) 홍차를 마시고 있다. (I am drinking a tea after I ate meat.)(현재진행 Present Continuous) (육고기를 먹은 것은 과거 시제이다.)	أَشْرَبُ شَايًا بَعْدَ مَا أَكَلْتُ لَحْمًا. أَشْرَبُ شَايًا بَعْدَ أَنْ أَكَلْتُ لَحْمًا.

다른 예들

⑥	무함마드는 알리가 여행을 떠나기 전에 여행을 떠났다. (주절에 완료형 부사절에 미완료형, 단순과거)	سَافَرَ مُحَمَّدٌ قَبْلَ مَا يُسَافِرُ عَلِيٌّ.
	무함마드는 알리가 여행을 떠나기 전에 여행을 떠난다.(단순현재, 현재습관, 현재진행)	يُسَافِرُ مُحَمَّدٌ قَبْلَ مَا يُسَافِرُ عَلِيٌّ.
	무함마드는 알리가 여행을 떠나기 전에 여행을 떠날 것이다.(미래시제)	سَيُسَافِرُ مُحَمَّدٌ قَبْلَ مَا يُسَافِرُ عَلِيٌّ.

⑦	무함마드는 알리가 여행을 떠나기 전에 여행을 떠났다.(주절에 완료형 부사절에 미완료형, 단순과거)	سَافَرَ مُحَمَّدٌ قَبْلَ أَنْ يُسَافِرَ عَلِيٌ.
	무함마드는 알리가 여행을 떠나기 전에 여행을 떠난다. (단순현재, 현재습관, 현재진행의 의미)	يُسَافِرُ مُحَمَّدٌ قَبْلَ أَنْ يُسَافِرَ عَلِيٌ.
	무함마드는 알리가 여행을 떠나기 전에 여행을 떠날 것이다.(미래시제)	سَيُسَافِرُ مُحَمَّدٌ قَبْلَ أَنْ يُسَافِرَ عَلِيٌ.
⑧	무함마드는 알리가 여행을 떠난 뒤에 여행을 떠났다. (주절과 부사절에 완료형, 단순과거의 의미)	سَافَرَ مُحَمَّدٌ بَعْدَ مَا سَافَرَ عَلِيٌ.
	무함마드는 알리가 여행을 떠난 뒤에 여행을 떠난다.(단순현재, 현재습관의 의미)	يُسَافِرُ مُحَمَّدٌ بَعْدَ مَا يُسَافِرُ عَلِيٌ.
	무함마드는 알리가 여행을 떠난 뒤에 여행을 떠나고 있다.(주절에 미완료형 부사절에 완료형, 현재진행)	يُسَافِرُ مُحَمَّدٌ بَعْدَ مَا سَافَرَ عَلِيٌ.
	무함마드는 알리가 여행을 떠난 뒤에 여행을 떠날 것이다.(미래시제)	سَيُسَافِرُ مُحَمَّدٌ بَعْدَ مَا يُسَافِرُ عَلِيٌ.
⑨	무함마드는 알리가 여행을 떠난 다음에 여행을 떠났다. (주절과 부사절에 완료형. 단순과거의 의미)	سَافَرَ مُحَمَّدٌ بَعْدَ أَنْ سَافَرَ عَلِيٌ.
	무함마드는 알리가 여행을 떠난 뒤에 여행을 떠난다. (단순현재, 현재습관의 의미)	يُسَافِرُ مُحَمَّدٌ بَعْدَ أَنْ يُسَافِرَ عَلِيٌ.
	무함마드는 알리가 여행을 떠난 뒤에 여행을 떠나고 있다.(주절에 미완료형 부사절에 완료형, 현재진행)	يُسَافِرُ مُحَمَّدٌ بَعْدَ أَنْ سَافَرَ عَلِيٌ.
	무함마드는 알리가 여행을 떠난 뒤에 여행을 떠날 것이다.(미래시제)	سَيُسَافِرُ مُحَمَّدٌ بَعْدَ أَنْ يُسَافِرَ عَلِيٌ.

⑥		أَخَذْتُ إِجَازَةً طَوِيلَةً قَبْلَ مَا أَبْدَأَ عَمَلِي الْجَدِيدَ.
	나는 나의 새로운 일을 시작하기 전에 긴 휴가를 얻었다. (단순과거)	
		قَبْلَ مَا نُسَافِرَ إِلَى مَدِينَةٍ جَدِيدَةٍ، نَشْتَرِي كُلَّ شَيْءٍ نَحْتَاجُهُ.
	우리가 새로운 도시로 여행을 떠나기 전 우리는 필요한 모든 것을 구입한다.(단순현재, 현재습관, 현재진행)	
⑦	내가 졸업하기 전 나는 많은 문제들에 직면했다. (단순과거)	قَبْلَ أَنْ أَتَخَرَّجَ، وَاجَهَتْنِي مُشْكِلَاتٌ كَثِيرَةٌ.
		الطَّالِبُ الْمُمْتَازُ لَا يَنَامُ قَبْلَ أَنْ يَكْتُبَ كُلَّ وَاجِبَاتِهِ.
	그 뛰어난 학생은 그가 모든 숙제를 하기 전에 잠을 자지 않는다.(단순현재, 현재습관, 현재진행의 의미)	
⑧	그 남자 아이는 여행에서 돌아온 뒤 밤 내내 잠을 잤다. (단순과거)	نَامَ الْوَلَدُ طَوَالَ اللَّيْلِ بَعْدَ مَا عَادَ مِنَ الرِّحْلَةِ.
		بَعْدَ مَا خَرَجَتِ الزَّوْجَةُ مِنَ الْبَيْتِ، فَرِحَ الزَّوْجُ.
	그 부인이 집을 나간 뒤 그 남편이 기뻐했다. (단순과거)	
⑨	그 아버지는 그의 아들들이 합격한 뒤에 행복함을 느꼈다. (단순과거)	شَعَرَ الْأَبُ بِالسَّعَادَةِ بَعْدَ أَنْ نَجَحَ أَبْنَاؤُهُ.
		بَعْدَ أَنْ تَعُودِي مِنَ الْمَدْرَسَةِ، يَجِبُ أَنْ تَنَامِي قَلِيلاً.
	너는(f.)학교에서 돌아온 뒤에 반드시 조금 잠을 자야한다.	

제39과 여러 가지 접속사에 대해

** 다음 문장을 비교하자.

①	그 시험이 끝난 뒤 우리는 축구를 한다. (단순현재 Present Simple, 현재습관 Present Habitual) (We play football after we finish exams.)	نَلْعَبُ كُرَةَ الْقَدَمِ بَعْدَ مَا تَنْتَهِي الِامْتِحَانَاتُ.
②	그 시험이 끝난 뒤 우리는 (지금) 축구를 하고 있다. (현재진행 Present Continuous) We are playing football after we finished exam.	نَلْعَبُ كُرَةَ الْقَدَمِ بَعْدَ مَا انْتَهَتْ الِامْتِحَانَاتُ.

→주절이 미완료형이고 بَعْدَ 다음에 완료형이 오면 오면 주절의 의미는 현재 진행의 의미가 된다.

** بَعْدَ ذَلِكَ 와 بَعْدَ 의 비교

아래 두 문장의 의미는 같다. 즉 숙제를 먼저 기록하고 그 뒤에 잠을 잔 것을 묘사한 문장이다. 그러나 بَعْدَ 와 بَعْدَ ذَلِكَ 를 사용할 때 각각의 문장에서 동작을 기록한 순서가 다르다. 이렇게 동작을 기록한 순서가 달라지는 이유는 وَبَعْدَ ذَلِكَ 의 ذَلِكَ 가 앞에서 일어난 동작의 내용을 받기 때문이다.

나는 숙제를 기록한 이후 잠을 잤다. (잠을 잔 것이 먼저 기록됨)	نِمْتُ بَعْدَ كِتَابَةِ الْوَاجِبِ.
나는 숙제를 기록하였고, 그 후에 잠을 잤다. (숙제를 한 것이 먼저 기록됨)	كَتَبْتُ الْوَاجِبَ وَبَعْدَ ذَلِكَ نِمْتُ.

→두번째 문장에서 ذَلِكَ 가 그 앞의 숙제를 기록한 것을 받는다.

** 부사절과 주절의 문장 형태

다음 문장을 보면 بَعْدَ مَا 와 حِينَمَا 가 부사절을 이끌고 그 뒤에 밑줄 부분에 주절이 왔다. مَا 가 이끄는 부사절은 반드시 동사문이 사용되지만 주절은 아래와 같이 동사문이나 명사문 둘 다 가능하다. ①의 경우가 더 일반적인 문장이다.

무함마드가 이집트로 들아온 뒤 그의 아버지가 여행을 떠났다.	①	بَعْدَ مَا رَجَعَ مُحَمَّدٌ إِلَى مِصْرَ، سَافَرَ أَبُوهُ.
	②	بَعْدَ مَا رَجَعَ مُحَمَّدٌ إِلَى مِصْرَ، أَبُوهُ سَافَرَ.
그 교사가 교실에 들어갔을 때 그 학생들은 조용히 했다.	①	حِينَمَا دَخَلَ الْمُدَرِّسُ الْفَصْلَ، سَكَتَ الطُّلَّابُ.
	②	حِينَمَا دَخَلَ الْمُدَرِّسُ الْفَصْلَ، الطُّلَّابُ سَكَتُوا.

2) 부대상황(동시동작 التَّزَامُن)을 표현하는 접속사

1	...하는 순간에, ...하는 시점에	لَحْظَةَ + 동명사 ← ... ← لَحْظَةَ أَنْ + 접속법 동사
2	...하는 동안(during) (뒤에 동명사가 옴)	أَثْنَاءَ ...
3	...하는 동안(during) (뒤에 동명사가 옴)	خِلَالَ ...
4	..할 때, ..하는 날 (when) (시간의 부사(ظَرْفُ زَمَانٍ). يَوْمَ 뒤의 문장전체를 후연결 문장(مُضَافٌ إِلَيْهِ)이라고 함.)	يَوْمَ ...
5	..할 때 (when) (시간의 부사(ظَرْفُ زَمَانٍ)이다. حِينَ 뒤의 문장 전체를 مُضَافٌ إِلَيْهِ)이라고 한다.)	حِينَ ...
6	..할 때 (when), ...하는 동안(while) (시간의 부사(ظَرْفُ زَمَانٍ) 이다. إِذْ 뒤의 문장 전체 후연결 문장(مُضَافٌ إِلَيْهِ))	إِذْ ...
7	...할 때(when), ...하는 동안(while) (حِينَ + مَا 의 조합. حِينَمَا 뒤의 문장 전체는 후연결 문장(مُضَافٌ إِلَيْهِ))	حِينَمَا ...
8	...할 때(when), ...하는 동안(while) (عِنْدَ + مَا 의 조합. عِنْدَمَا 뒤의 문장 전체는 후연결 문장(مُضَافٌ إِلَيْهِ))	عِنْدَمَا ...
9	...하는 동안(while) (بَيْنَ + مَا 의 조합. بَيْنَمَا 뒤의 문장 전체를 후연결 문장(مُضَافٌ إِلَيْهِ)이라고 한다.)	بَيْنَمَا ...
10	...하는 동안(while) (فِي + مَا 의 조합이다. فِيمَا 뒤의 문장 전체를 소유격 명사(اسْمٌ مَجْرُورٌ) 문장이라고 한다.)	فِيمَا ...
11	...하는 동시에 ...하다	... وَفِي الْوَقْتِ نَفْسِهِ ... (أَوْ ... فِي نَفْسِ الْوَقْتِ ...)
12	...하는 동시에 ...하다	... فِي الْوَقْتِ نَفْسِهِ الَّذِي ... فِيهِ ...
13	그러는 동안에 (뒤에 동사문이 옴)	... وَفِي غُضُونِ ذَلِكَ ...
14	...하는 반면에(when on the other hand, while on the contrary) (뒤에 동사문이 옴)	... فِي حِينِ ...
15	...하는 반면에(when on the other hand, while on the contrary) (뒤에 명사문이 옴)	... فِي حِينِ أَنَّ ...
16	이전에 ...하다. (سَبَقَ 는 완료형으로 사용. أَنْ 뒤에도 완료형이 옴)	سَبَقَ أَنْ ...

→ 시간의 부사나 장소의 부사에 مَا 가 붙는 경우 – 위의 بَيْنَمَا , عِنْدَمَا , حِينَمَا 와 앞으로 올 حَيْثُمَا 등은 시간의 부사 혹은 장소의 부사에 مَا 가 첨가된 꼴이다. 이 때의 مَا 는 مَصْدَرِيَّةٌ ظَرْفِيَّةٌ 이며 특별한 의미는 없다. 단지 مَا 가 첨가되면 반드시 그 뒤에 동사가 이끄는 절이 오며, 이 때의 절은 후연결 문장(مُضَافٌ إِلَيْهِ)이 된다. 그러나 فِيمَا 뒤에 온 절의 경우는 فِي 가 전치사이므로 소유격 명사(اسْمٌ مَجْرُورٌ) 문장이라 한다.

예문들

1		عُدْتُ إِلَى الْبَيْتِ لَحْظَةَ بَدْءِ مُبَارَاةِ كُرَةِ الْقَدَمِ.	축구 경기가 시작되는 순간에 나는 집에 돌아왔다.
		لَحْظَةَ انْتِهَاءِ الدَّرْسِ أَخْرُجُ مِنَ الْفَصْلِ.	수업이 끝나는 순간에 나는 교실을 나온다.
		عُدْتُ إِلَى الْبَيْتِ لَحْظَةَ أَنْ بَدَأَتْ مُبَارَاةُ كُرَةِ الْقَدَمِ.	
		축구 경기가 시작되는 순간에 나는 집에 돌아왔다. (عُدْتُ 가 과거 시제이기에 بَدَأَتْ 도 과거시제이다.)	
		لَحْظَةَ أَنْ يَنْتَهِيَ الدَّرْسُ، أَخْرُجُ مِنَ الْفَصْلِ.	
		수업이 끝나는 순간에 나는 교실을 나온다.	
2		يُحِبُّ الْأَطْفَالُ أَنْ يَلْعَبُوا أَثْنَاءَ تَنَاوُلِهِمِ الطَّعَامَ.	(그) 아이들은 음식을 먹는 동안(먹으며) 노는 것을 좋아한다.(during) أَثْنَاءَ 뒤에 동명사가 왔다.)
		أَلْعَبُ كُرَةَ الْقَدَمِ أَثْنَاءَ إِجَازَتِي.	나는 나의 휴일 기간 동안 축구를 한다. إِجَازَةٌ 는 동명사적인 의미로 사용되었다.)
		أَثْنَاءَ سَفَرِي إِلَى الْفَيُّومِ كَانَ هُنَاكَ حَادِثَةٌ كَبِيرَةٌ عَلَى الطَّرِيقِ.	
		내가 페윰을 여행하는 동안 길에서 큰 사고가 있었다.(during) أَثْنَاءَ 뒤에 동명사 سَفَرْ가 왔다.)	
3		سَأَكْتُبُ وَاجِبَاتِي خِلَالَ إِعْدَادِ أُمِّي الْعَشَاءَ.	나는 내 어머니가 저녁을 준비하는 동안 나의 숙제들을 기록할 것이다. خِلَالَ 뒤에 동명사가 옴)
		سَيَعُودُ أَبِي مِنَ السَّفَرِ خِلَالَ امْتِحَانَاتِي.	내 아버지는 내가 시험들을 치르는 동안 여행에서 돌아올 것이다. خِلَالَ 뒤에 동명사가 옴)
4		بَدَأْتُ عَمَلِي يَوْمَ تَخَرَّجْتُ مِنَ الْجَامِعَةِ.	나는 대학을 졸업한 날 나의 일을 시작했다. (تَخَرَّجْتُ مِنَ الْجَامِعَةِ 가 후연결 문장이다.)
		سَيَكُونُ الْمِصْرِيُّونَ سُعَدَاءَ يَوْمَ يَعُودُ الْأَمْنُ.	이집트 사람들은 치안이 회복되는 날 기뻐할 것이다. (يَعُودُ الْأَمْنُ 가 후연결 문장이다.)
5		أَمْطَرَتِ السَّمَاءُ حِينَ كُنَّا نَلْعَبُ فِي الشَّارِعِ.	우리가 거리에서 놀고 있을 때 하늘에서 비가 왔다. (كُنَّا نَلْعَبُ فِي الشَّارِعِ 가 후연결 문장)
		يَفُوزُ اللَّاعِبُ الْمُجْتَهِدُ حِينَ يَتَدَرَّبُ جَيِّدًا.	(그) 부지런한 선수는 열심히 연습할 때 이긴다. (يَتَدَرَّبُ جَيِّدًا 이 후연결 문장이다.)
6		زُرْتُ صَدِيقِي إِذْ هُوَ فِي بَيْتِهِ.	나는 내 친구가 그의 집에 있을 때 그를 방문했다.
		حَيَّيْتُ[1] رَفِيقِي إِذْ كَانَ يَعْمَلُ.	나는 내 동료가 일을 하고 있는 동안 그에게 인사했다. (while)
7		كُنْتُ مُتْعَبًا جِدًّا حِينَمَا انْتَهَيْتُ مِنْ وَاجِبَاتِي.	내가 나의 숙제들을 끝냈을 때 나는 아주 피곤했다.(when)
		حِينَمَا دَخَلَ الْمُدَرِّسُ الْفَصْلَ، سَكَتَ الطُّلَّابُ.	그 선생이 교실에 들어갔을 때 그 학생들은 조용히 했다.(when)
		نُحِبُّ أَنْ نَمْشِيَ فِي الشَّارِعِ حِينَمَا تُمْطِرُ السَّمَاءُ.	
		우리는 하늘에서 비가오는 동안 거리를 걷는 것을 좋아한다.(while)	
8		سَتَنْتَهِي الْمُشْكِلَةُ عِنْدَمَا يَتَحَدَّثَانِ.	그 두 사람이 대화할 때 그 문제가 끝날 것이다.(when)

---

[1] حَيَّا/ يُحَيِّي ه - تَحِيَّةٌ = سَلَّمَ عَلَى.. ..에게 인사하다

#	한국어 해석	아랍어
	우리가 파티에 있었을 때 우리는 춤을 많이 추었다.(when)	عِنْدَمَا كُنَّا فِي الْحَفْلَةِ، رَقَصْنَا كَثِيرًا.
	(그) 군중이 운동장에 있는 동안 그들의 팀을 열렬하게 응원한다.(while)	يُشَجِّعُ الْجُمْهُورُ فَرِيقَهُ بِحَرَارَةٍ عِنْدَمَا يَكُونُونَ فِي الْمَلْعَبِ.
9	아이들이 놀고 있는 동안 그 엄마는 집에서 일한다. (while)	تَعْمَلُ الْأُمُّ فِي الْبَيْتِ بَيْنَمَا أَوْلَادُهَا يَلْعَبُونَ.
	내가 영화를 보는 동안 나는 내 음식을 먹는다.(while)	بَيْنَمَا أُشَاهِدُ الْفِيلْمَ، أَتَنَاوَلُ طَعَامِي.
10	나의 어머니가 점심을 준비하는 동안 나는 페이스북을 사용한다.(while)	أَسْتَخْدِمُ الْفَيْسَ بُوكَ فِيمَا تُجَهِّزُ أُمِّي الْغَدَاءَ.
	그 아이들이 잠을 자는 동안 그들의 엄마는 집안일들을 한다. (while)	فِيمَا يَنَامُ الْأَطْفَالُ، تَقُومُ أُمُّهُمْ بِأَعْمَالِ الْمَنْزِلِ.
11	그 소녀는 텔레비전을 보는 동시에 숙제들을 한다. (숙제를 하는 것이 주된 문장이다.)	تَكْتُبُ الْبِنْتُ وَاجِبَاتِهَا وَفِي الْوَقْتِ نَفْسِهِ تُشَاهِدُ التِّلْفَازَ.
	나는 영어를 배우는 동시에 아랍어 선생으로 일한다.(아랍어 선생으로 일하는 것이 주된 문장이다)	أَعْمَلُ مُدَرِّسًا لِلْغَةِ الْعَرَبِيَّةِ وَفِي الْوَقْتِ نَفْسِهِ أَدْرُسُ الْإِنْجِلِيزِيَّةَ.
12	그 소녀는 텔레비전을 보는 동시에 숙제들을 한다.(فيه 의 대명사 ه 는 앞의 الْوَقْتِ 를 받는다.)	تَكْتُبُ الْبِنْتُ وَاجِبَاتِهَا فِي الْوَقْتِ نَفْسِهِ الَّذِي تُشَاهِدُ فِيهِ التِّلْفَازَ.
	나는 영어를 배우는 동시에 아랍어 선생으로 일한다. (فيه 의 대명사 ه 는 앞의 الْوَقْتِ 를 받는다.)	أَعْمَلُ مُدَرِّسًا لِلْغَةِ الْعَرَبِيَّةِ فِي الْوَقْتِ نَفْسِهِ الَّذِي أَدْرُسُ فِيهِ الْإِنْجِلِيزِيَّةَ.
13	나는 숙제들을 할 것이고, 그러는 동안 나의 어머니는 저녁을 준비할 것이다.	سَأَكْتُبُ وَاجِبَاتِي، وَفِي غُضُونِ ذَلِكَ سَتُعِدُّ أُمِّي الْعَشَاءَ.
	무바락 대통령이 감옥에 갇혀있고, 그러는 동안 헌법이 바뀌었다.	سُجِنَ الرَّئِيسُ مُبَارَك، وَفِي غُضُونِ ذَلِكَ تَغَيَّرَ الدُّسْتُورُ.
14	내 친구는 아스완을 여행했고, 반면에 나는 알렉산드리아를 여행했다.	سَافَرَ صَدِيقِي إِلَى أَسْوَانَ فِي حِينِ سَافَرْتُ إِلَى الْإِسْكَنْدَرِيَّةِ.
	그녀는 화학을 공부하고, 반면에 그녀의 오빠는 역사를 공부한다.	هِيَ تَدْرُسُ الْكِيمْيَاءَ فِي حِينِ يَدْرُسُ أَخُوهَا التَّارِيخَ.
15	나는 AUC(American University in Cairo) 대학에서 일하는데, 반면에 내 친구는 GUC (German University in Cairo) 대학에서 일한다.	أَعْمَلُ فِي الْجَامِعَةِ الْأَمْرِيكِيَّةِ فِي حِينِ أَنَّ صَدِيقِي يَعْمَلُ فِي الْجَامِعَةِ الْأَلْمَانِيَّةِ.
	나의 공부(여기서는 '학기'의 의미)는 한 주 이후에 끝나고, 반면에 내 친구의 공부(학기)는 두 주 이후에 끝날 것이다.	سَوْفَ تَنْتَهِي دِرَاسَتِي بَعْدَ أُسْبُوعٍ فِي حِينِ أَنَّ دِرَاسَةَ صَدِيقِي تَنْتَهِي بَعْدَ أُسْبُوعَيْنِ.
16	경제가 나아질 것이라고 대통령이 이전에 말했다.	سَبَقَ أَنْ قَالَ الرَّئِيسُ إِنَّ الِاقْتِصَادَ سَيَتَحَسَّنُ.
	나는 너에게 나를 도와 달라고 이전에 요청했다.	سَبَقَ أَنْ طَلَبْتُ مِنْكَ أَنْ تُسَاعِدَنِي.

** بَيْنَمَا 와 عِنْدَمَا 와 حِينَمَا 그리고 فِيمَا 의 시제의 일치

시간의 부사절을 이끄는 위의 접속사들이 사용된 문장에서 주절과 부사절은 그 시제가 일치해야 한다. 이 접속사들 가운데 حِينَمَا 와 عِنْدَمَا 는 주로 '...할 때(when, 부사절이 단순시제에 사용)'의 의미로 사용되고, بَيْنَمَا 와 فِيمَا 는 주로 '..하는 동안(while, 부사절이 진행시제에 사용)'의 의미로 사용된다.

우리말 해석	아랍어
우리 어머니는 그 선물을 보자 기뻐했다.(when) (동사가 감정에 대한 것이기에 단순과거 시제) (주절과 부사절이 단순과거시제)	فَرِحَتْ وَالِدَتُنَا عِنْدَمَا رَأَتِ الْهَدِيَّةَ.
	فَرِحَتْ وَالِدَتُنَا عِنْدَمَا تَرَى الْهَدِيَّةَ. (×)
나는 한 선물을 볼 때 기뻐한다.(when) (주절과 부사절이 단순현재시제)	أَفْرَحُ عِنْدَمَا أَرَى هَدِيَّةً.
나는 학교에서 돌아올 때 나의 숙제들을 한다. (when, 부사절이 단순현재)	أَكْتُبُ وَاجِبَاتِي عِنْدَمَا أَعُودُ مِنَ الْمَدْرَسَةِ.
그가 집에 돌아왔을 때 그는 그의 친구가 그를 기다리고 있음을 발견했다. (when, 주절과 부사절이 단순과거시제)	حِينَمَا عَادَ إِلَى الْبَيْتِ وَجَدَ صَدِيقَهُ يَنْتَظِرُهُ.
나는 그가 잠자고 있는 동안 그를 방문했다. (while, 주절이 단순과거이고, 부사절이 과거진행)	زُرْتُهُ حِينَمَا كَانَ نَائِمًا.
내 어머니가 점심을 준비하는 동안 내 아버지는 한 책을 읽고 있다. (while, as, 주절과 부사절이 현재진행시제)	يَقْرَأُ أَبِي كِتَابًا بَيْنَمَا تُجَهِّزُ أُمِّي الْغَدَاءَ.
나는 텔레비전을 보는 동안 신문을 읽고 있었다. (while, as, 주절과 부사절이 과거진행시제)	قَرَأْتُ الْجَرِيدَةَ بَيْنَمَا كُنْتُ أُشَاهِدُ التِّلْفَازَ.
나의 누이가 공부하고 있는 동안 나는 음식을 먹었다. (while, as, 부사절이 과거진행시제)	أَكَلْتُ الطَّعَامَ فِيمَا كَانَتْ أُخْتِي تُذَاكِرُ.
그 아이들이 공원에 들어가는 것을 기다리고 있는 동안 그들은 놀고 있다. (while, as, 주절과 부사절이 현재진행)	يَلْعَبُ الْأَطْفَالُ فِيمَا يَنْتَظِرُونَ دُخُولَ الْحَدِيقَةِ.

** 시제의 일치의 예외

아래는 주절과 부사절의 시제가 일치된 문장이다.

우리말 해석	아랍어
그 비행기가 이륙하는 동안 내가 공항에 도착했다.(while)	وَصَلْتُ الْمَطَارَ بَيْنَمَا كَانَتِ الطَّائِرَةُ تُقْلِعُ.
그 벨이 울리는 동안 그 아이들이 학교에 들어갔다. (while)	دَخَلَ الْأَوْلَادُ الْمَدْرَسَةَ فِيمَا كَانَ الْجَرَسُ يَدُقُّ.
나는 내 동료가 일을 하고 있는 동안 나는 그에게 인사했다. (while)	حَيَّيْتُ رَفِيقِي إِذْ كَانَ يَعْمَلُ.

간혹 위의 문장이 아래와 같이 표현되는 경우도 있다.

우리말 해석	아랍어
그 비행기가 이륙하는 동안 내가 공항에 도착했다. (혹은 막 도착했다, have arrived)(while)	وَصَلْتُ الْمَطَارَ بَيْنَمَا تُقْلِعُ الطَّائِرَةُ.
그 벨이 울리는 동안 그 아이들이 학교에 들어갔다. (혹은 막 들어갔다) (while)	دَخَلَ الْأَوْلَادُ الْمَدْرَسَةَ فِيمَا يَدُقُّ الْجَرَسُ.
나는 내 동료가 일을 하고 있는 동안 나는 그에게 인사했다.(막 인사했다.) (while)	حَيَّيْتُ رَفِيقِي إِذْ يَعْمَلُ.

→ 위의 경우 주절과 부사절의 시제가 일치하지 않는데, 이에 대해서 주절의 동사가 과거가 아닌 현재완료의 의미를 가지고 있다고 설명한다. 이러한 용법으로는 إِذْ, فِيمَا, بَيْنَمَا 가 사용된다.

종합 아랍어 문법 II

** إِذْ 의 용법에 대해

1) 시간의 부사로(إِذْ الظَّرْفِيَّةُ)

إِذْ 는 시간의 부사이고 إِذْ 뒤에는 동사문 혹은 명사문이 오는데 이 때 إِذْ 뒤에 온 문장이 후연결어가 된다.

나는 공부를 하는동안 영화를 보고 있었다(혹은 보곤 했다).(while)	كُنْتُ أُشَاهِدُ فِيلْمًا إِذْ كُنْتُ أُذَاكِرُ.
내가 설명을 하고있을 때 한 아이가 막 교실에 들어왔다.(while, 주절이 현재완료이고, 부사절이 현재진행)	دَخَلَ طِفْلٌ الْفَصْلَ إِذْ أَنَا أَشْرَحُ.
나는 내 친구가 일하는 동안 그에게 인사했다.	حَيَّيْتُ رَفِيقِي إِذْ يَعْمَلُ.

→ 관계부사로 사용되는 장소 부사 حَيْثُ 와 용법이 같다. 조금 이후에 다루는 '장소의 부사 حَيْثُ 의 용법' 부분을 참고하라.

2) 놀람이나 뜻밖의 일의 의미로(إِذْ الْفُجَائِيَّةُ)

뜻밖의 일이나 놀라는 일이 일어난 경우의 의미이다. 문학적인 표현에 사용되며 فَجْأَةً 의 의미이다.

내가 글을 적고 있을 때 자이드가 나를 뜻밖에 방문했다.	بَيْنَمَا أَنَا أَكْتُبُ إِذْ زَارَنِي زَيْدٌ.
내가 공부하고 있을 때 갑자기 벨이 울렸다.	فِيمَا أَنَا أَدْرُسُ إِذْ دَقَّ الْجَرَسُ.
그가 텔레비전을 시청하고 있었을 때 그의 아버지가 갑자기 그를 불렀다.	حِينَ كَانَ يُشَاهِدُ التِّلْفَازَ إِذْ نَادَاهُ أَبَاهُ.
나는 그 집에 들어갔는데 내 아버지가 문 옆에 서 있었다.	دَخَلْتُ الْبَيْتَ إِذْ أَبِي بِالْبَابِ وَاقِفٌ.

3) 이유를 설명하는 의미로(إِذْ التَّعْلِيلِيَّةُ)

아래 문장에서 إِذْ 는 선행하는 문장의 이유를 설명하는 경우로서경우로서 for, because, since 로 해석된다. لِأَنَّ 와 같은 의미이다.

나는 자이드를 때렸는데 왜냐하면 그가 도둑질을 했기 때문이다. (for)	ضَرَبْتُ زَيْدًا إِذْ سَرَقَ.
나는 나의 아들에게 상을 주었는데 왜냐하면 그가 시험에 합격했기 때문이다. (for)	كَافَأْتُ ابْنِي إِذْ نَجَحَ.
그 범죄자는 사형에 처해졌는데 왜냐하면 그가 살인을 했기 때문이다. (for)	أَعْدِمَ الْجَانِي إِذْ قَتَلَ.
우리는 밖에 나가지 않았는데 왜냐하면 비가 쏟아졌기 때문이다. (for)	لَمْ نَخْرُجْ إِذْ الْأَمْطَارُ هَطَلَتْ.
그들은 그를 두려워했는데 왜냐하면 그의 가르침에 그들 모두가 놀랐기 때문이다. (성경 마가복음 11:18)	لِأَنَّهُمْ خَافُوهُ، إِذْ بُهِتَ الْجَمْعُ كُلُّهُ مِنْ تَعْلِيمِهِ.

4) 해설(التَّفْسِيرِ)의 إِذْ

아래의 문장에서 사용된 إِذْ 는 앞의 문장의 의미를 해설하는 의미로 신문 등에서 많이 사용된다. 아래와 같이 앞 문장의 의미를 해설하는 경우 as 로 해석된다.

تَصَاعَدَتْ أَزْمَةُ نَقْصِ أَنَابِيبِ الْبُوتَاجَازِ أَمْسِ، إِذْ تَسَبَّبَتْ فِي تَوَقُّفِ عَدَدٍ كَبِيرٍ مِنَ الْمَخَابِزِ الْبَلَدِيَّةِ.
어제 부탄가스통의 결핍 위기가 고조되었는데, 그래서(as) 그것이 많은 지역의 빵굽는 장소(bakehouse)가 멈추는 원인이 되었다.

3) 그외 시간관계 접속사

①	…이내에(within) (뒤에 시간관계 부사가 옴)	فِي غُضُونِ …
②	시간의 부사, …이내에(within) (뒤에 시간관계 부사가 옴) ; …하는 동안(during) (뒤에 동명사가 옴)	خِلَالَ …

** عِنْدَ , سَاعَةَ , وَقْتَ 등의 시간의 부사(ظَرْفُ زَمَانٍ)들이 시간을 나타내는 부사구로 사용되는 경우들에 대해서는 이 책의 '여러 가지 목적격에 대해 – 시간의 부사 부분'에서 공부하도록 하라.

①	나는 일년 이내에 대학을 졸업할 것이다. (within)	سَأَتَخَرَّجُ مِنَ الْجَامِعَةِ فِي غُضُونِ سَنَةٍ.
	내 아버지는 3일 이내에 여행에서 돌아올 것이다. (within)	سَيَعُودُ أَبِي مِنَ السَّفَرِ فِي غُضُونِ ثَلَاثَةِ أَيَّامٍ.
②	나는 일년 이내에 대학을 졸업할 것이다. (within)	سَأَتَخَرَّجُ مِنَ الْجَامِعَةِ خِلَالَ سَنَةٍ.
	내 아버지는 3일 이내에 여행에서 돌아올 것이다. (within)	سَيَعُودُ أَبِي مِنَ السَّفَرِ خِلَالَ ثَلَاثَةِ أَيَّامٍ.

** أَثْنَاءَ 그리고 خِلَالَ 과 فِي غُضُونِ 의 비교

'..이내에(within)'의 의미와 '..하는 동안(during)'의 의미의 차이

①	내 아버지는 3일 이내에 여행에서 돌아올 것이다. (فِي غُضُونِ 뒤에 시간 표현이 와서 within 의 의미를 지님)	سَيَعُودُ أَبِي مِنَ السَّفَرِ فِي غُضُونِ ثَلَاثَةِ أَيَّامٍ.
②	내 아버지는 3일 이내에 여행에서 돌아올 것이다. (خِلَالَ 뒤에 시간 표현이 오면 within 의 의미를 지님)	سَيَعُودُ أَبِي مِنَ السَّفَرِ خِلَالَ ثَلَاثَةِ أَيَّامٍ.
	내 아버지는 내가 시험치는 동안 돌아올 것이다. (خِلَالَ 뒤에 동명사가 오면 during의 의미를 지님)	سَيَعُودُ أَبِي مِنَ السَّفَرِ خِلَالَ امْتِحَانَاتِي.
③	내 아버지는 내가 시험치는 동안 돌아올 것이다. (أَثْنَاءَ 뒤에 동명사가 와서 during의 의미를 지님)	سَيَعُودُ أَبِي مِنَ السَّفَرِ أَثْنَاءَ امْتِحَانَاتِي.

4) 동작의 순서적 발생(التعاقب)을 표현하는 접속사

아래의 فَوْرَ 와 عَقِبَ 는 시간의 부사이다.

①	... 직후에 ...바로 다음에(immediately after) (첫 동작 이후 다음 동작이 바로 이어질 때)	فَوْرَ ... (أَوْ فَوْرَ أَنْ ...)
②	... 이후에, ...다음에(after) (첫 동작 이후 짧은 시간 이후에 다음 동작이 이어질 때)	عَقِبَ ... (أَوْ عَقِبَ أَنْ ...)
③	그 이후에, 그 다음에	... وَعَقِبَ ذَلِكَ ...

예문들

①	그 교사가 들어간 직후 내가 그 교실에 들어갔다. (바로 직후 들어감)	دَخَلْتُ الْفَصْلَ فَوْرَ دُخُولِ الْمُدَرِّسِ.
		بَدَأَ الْمُسَلَّحُ بِإِطْلَاقِ النَّارِ فَوْرَ رُكُوبِهِ السَّيَّارَةَ.
		= بَدَأَ الْمُسَلَّحُ بِإِطْلَاقِ النَّارِ فَوْرَ أَنْ رَكِبَ السَّيَّارَةَ.
	그 무장한 사람은 그 차를 탄 직후 총을 쏘기 시작했다. (바로 직후 총을 쏨)	
②		أَتَمَنَّى أَنْ أَجِدَ وَظِيفَةً عَقِبَ تَخَرُّجِي. = أَتَمَنَّى أَنْ أَجِدَ وَظِيفَةً عَقِبَ أَنْ أَتَخَرَّجَ.
	내가 졸업하고 난 직후 일자리를 찾길 희망한다.	
		وَجَدْتُ وَظِيفَةً عَقِبَ تَخَرُّجِي. = وَجَدْتُ وَظِيفَةً عَقِبَ أَنْ تَخَرَّجْتُ.
	나는 졸업하고 난 직후 일자리를 찾았다.	
		جَاءَتْ سَيَّارَةُ الْإِسْعَافِ عَقِبَ وُقُوعِ الْحَادِثَةِ.
		= جَاءَتْ سَيَّارَةُ الْإِسْعَافِ عَقِبَ أَنْ وَقَعَتِ الْحَادِثَةُ.
	사고가 발생하고 난 이후(직후) 구급차가 왔다.	
③		ذَهَبُوا إِلَى السِّينِمَا وَعَقِبَ ذَلِكَ لَعِبُوا كُرَةَ الْقَدَمِ.
	그들은 영화관에 갔고, 그 다음(직후)에 축구를 했다.	
		بَدَأَتِ الْمُظَاهَرَاتُ فِي كُلِّ مَكَانٍ وَعَقِبَ ذَلِكَ تَنَحَّى الرَّئِيسُ.
	모든 곳에서 시위가 시작되었고, 그 다음(직후)에 대통령이 하야하였다.	

→위의 ①② 예들에서 فَوْرَ أَنْ 과 عَقِبَ أَنْ 뒤의 동사가 주절과의 시제의 일치의 원리에 따라 미완료형 혹은 완료형이 올 수 있다. 미완료형이 올 경우 접속법을 취한다.

제39과 여러 가지 접속사에 대해

** فَوْرَ 와 عَقِبَ 와 بَعْدَ 의 비교

①	그 교사가 들어간 직후 나는 교실에 들어갔다. (교사가 들어간 이후 바로 이어서 들어감)	دَخَلْتُ الْفَصْلَ فَوْرَ دُخُولِ الْمُدَرِّسِ.
②	나는 숙제를 한 이후(직후)에 잠을 잤다. (숙제를 한 것과 잠을 잔 것의 간격이 짧음)	نِمْتُ عَقِبَ كِتَابَةِ الْوَاجِبِ.
③	나는 숙제를 한 이후 잠을 잤다. (숙제를 한 것과 잠을 잔 것의 간격이 길 수 있음)	نِمْتُ بَعْدَ كِتَابَةِ الْوَاجِبِ.

위의 문장을 풀어쓴 동명사로 바꾸면 아래와 같다.

①	나는 그 교사가 들어간 직후 교실에 들어갔다. (바로 이어서 들어감)	دَخَلْتُ الْفَصْلَ فَوْرَ أَنْ دَخَلَ الْمُدَرِّسُ.
②	나는 숙제를 한 이후(직후) 잠을 잤다. (숙제를 한 것과 잠을 잔 것의 간격이 짧음)	نِمْتُ عَقِبَ أَنْ كَتَبْتُ الْوَاجِبَ.
③	나는 숙제를 한 뒤 잠을 잤다. (숙제를 한 것과 잠을 잔 것의 간격이 길 수 있음)	نِمْتُ بَعْدَ أَنْ كَتَبْتُ الْوَاجِبَ.

→ 위의 문장들에서 주절의 시제가 완료형이기 때문에 부사절에 미완료형이 올 수 없다.

위의 ②와 ③ 문장을 아래와 같이 전환할 수 있다.

②	나는 숙제를 하고 그 이후(직후)에 잠을 잤다. (숙제를 한 것과 잠을 잔 것의 간격이 짧음)	كَتَبْتُ الْوَاجِبَ وَعَقِبَ ذَلِكَ نِمْتُ.
③	나는 숙제를 한 뒤 잠을 잤다. (숙제를 한 것과 잠을 잔 것의 간격이 길 수 있음)	كَتَبْتُ الْوَاجِبَ وَبَعْدَ ذَلِكَ نِمْتُ.

** عَقِبَ (بَعْدَ ذَلِكَ 혹은 فَوْرَ ذَلِكَ 혹은 عَقِبَ ذَلِكَ) 와 (بَعْدَ 혹은 فَوْرَ 혹은 عَقِبَ)의 비교

아래 ①과 ② 문장은 위에서 다룬대로 시간적인 미묘한 차이가 있긴 하지만 일반적인 의미는 같다. 즉 폭발이 먼저 일어나고 그 뒤에 시위가 일어난 것을 묘사한 문장이다. 그러나 عَقِبَ (혹은 فَوْرَ 혹은 بَعْدَ)와 عَقِبَ ذَلِكَ (혹은 فَوْرَ ذَلِكَ 혹은 بَعْدَ ذَلِكَ)를 사용할 때 각각의 문장에서 사용된 동사의 순서가 다르다. (وَقَعَ 와 اِنْدَلَعَت 동사 가운데 어떤 동사가 먼저 왔는지 확인하라)

두번째 문장에 사용된 عَقِبَ ذَلِكَ (혹은 فَوْرَ ذَلِكَ 혹은 بَعْدَ ذَلِكَ)의 ذَلِكَ 는 앞에서 일어난 동작의 내용을 받는다.

①	اِنْدَلَعَتِ الْمُظَاهَرَاتُ عَقِبَ (أَوْ فَوْرَ أَوْ بَعْدَ) وُقُوعِ انْفِجَارٍ.
	폭발이 일어난 **직후**에 시위가 일어났다.

②	وَقَعَ انْفِجَارٌ وَعَقِبَ ذَلِكَ (أَوْ وَفَوْرَ ذَلِكَ أَوْ وَبَعْدَ ذَلِكَ) اِنْدَلَعَتِ الْمُظَاهَرَاتُ.
	폭발이 일어났고, **바로 그 이후**에 시위가 일어났다.

8. 장소의 부사절을 이끄는 접속사

①	...한 장소에 (영어의 관계부사 where와 비슷한 의미), حَيْثُ 는 장소의 부사(ظَرْفُ مَكَانٍ)이며 불격변화(مَبْنِيٌّ)이다. 그 뒤에 오는 문장을 후연결 문장(مُضَافٌ إِلَيْهِ)이라 한다. 뒤에 동사문 혹은 명사문이 온다.)	... حَيْثُ ...
②	...하는 장소에서 ...하다 (حَيْثُمَا 뒤에 동사문이 온다.)	... حَيْثُمَا ...

→ 장소의 부사 حَيْثُ 가 사용되는 접속사로 حَيْثُ إِنَّ ... 와 ... بِحَيْثُ 도 있다. 이 접속사들은 원인을 나타내는 접속사와 결과를 나타내는 접속사 부분에서 다룬다.

예문들

①	우리는 우리 친구 무함마드가 살고 있는 베이루트에 여행을 했다.	سَافَرْنَا إِلَى بَيْرُوتَ حَيْثُ يَعِيشُ صَدِيقُنَا مُحَمَّدٌ.
	나는 한 달 동안 바다를 즐긴 알렉산드리아를 여행했다. (혹은 나는 알렉산드리아를 여행했는데, 거기에서 한달 동안 바다를 즐겼다.)	سَافَرْتُ إِلَى الْإِسْكَنْدَرِيَّةِ حَيْثُ تَمَتَّعْتُ بِالْبَحْرِ لِمُدَّةِ شَهْرٍ.
	그 아기는 그가 놀았던 곳에서 잠을 잤다.	نَامَ الطِّفْلُ حَيْثُ كَانَ يَلْعَبُ.
	나는 내 형제들이 태어난 곳에서 태어났다. (حَيْثُ 뒤에 명사문이 오는 경우)	وَلِدْتُ حَيْثُ إِخْوَتِي وُلِدُوا.
②	나는 내가 잠자는 곳에서 나의 단원들을 공부한다.	أَسْتَذْكِرُ دُرُوسِي حَيْثُمَا أَنَامُ.
	그녀의 아버지가 일하는 곳에는 많은 직원들이 있다.	حَيْثُمَا يَعْمَلُ أَبُوهَا، هُنَاكَ مُوَظَّفُونَ كَثِيرُونَ.

** حَيْثُ 의 용법에 대해

1) 장소의 관계부사로 사용된 حَيْثُ

حَيْثُ 는 불격변화(مَبْنِيّ) 장소의 부사로서 '...하는 곳에서', '거기에서' , فِي الْمَكَانِ الَّذِي, or الْمَكَانُ الَّذِي or (وَهُنَاكَ)의 의미를 가지고 있다. حَيْثُ 뒤에는 항상 문장이 오며(동사문 혹은 명사문), 이 때 그 문장이 후연결어 문장(جُمْلَةُ الْمُضَافِ إِلَيْهِ)이 된다. حَيْثُ 는 관계대명사가 아니며 영어의 관계부사 where 와 같은 용법이다. حَيْثُ 는 그 앞에 선행사를 취하는 경우도 있고 취하지 않는 경우도 있다.

그는 바그다드에서 살았는데, 거기에서 그는 태어났다.	عَاشَ حَيَاتَهُ فِي بَغْدَادَ حَيْثُ وُلِدَ.
당신의 보물이 있는 곳에 당신의 마음도 있다.(성경 구절)	حَيْثُ يَكُونُ كَنْزُكَ هُنَاكَ يَكُونُ قَلْبُكَ أَيْضًا.

حَيْثُ 가 문장에서 사용되는 형태는 아래의 네 가지로 정리해 볼 수 있다. 아래의 ①②③은 حَيْثُ 뒤에 동사문이 온 경우이고, ④는 حَيْثُ 뒤에 명사문이 온 경우이다.
아래 ①의 حَيْثُ 는 관계대명사 'الَّذِي/ الَّتِي ... فِيهِ/فِيهَا'로 대체할 수 있으며, ③④의 حَيْثُ 는 'فِي الْمَكَانِ الَّذِي ... فِيهِ' 로 대체할 수 있다.

①		ذَهَبْتُ الْعَامَ الْمَاضِيَ إِلَى بَارِيسَ حَيْثُ تَعَلَّمْتُ اللُّغَةَ الْفَرَنْسِيَّةَ. (= ذَهَبْتُ الْعَامَ الْمَاضِيَ إِلَى بَارِيسَ الَّتِي تَعَلَّمْتُ فِيهَا اللُّغَةَ الْفَرَنْسِيَّةَ.)
	나는 작년에 파리에 갔었는데, 거기에서 프랑스어를 배웠다. (حَيْثُ 바로 앞에 حَيْثُ 가 가리키는 장소의 한정명사(선행사)가 오는 경우)	
②	나는 많은 동물들이 살고 있는 한 장소를 방문했다. (حَيْثُ 바로 앞에 حَيْثُ 가 가리키는 장소의 비한정명사(선행사)가 오는 경우)	زُرْتُ مَكَانًا حَيْثُ تَعِيشُ فِيهِ حَيَوَانَاتٌ كَثِيرَةٌ.
③	나는 내 형이 공부한 곳에서 공부했다. (حَيْثُ 바로 앞에 حَيْثُ 가 가리키는 장소의 명사(선행사)가 없는 경우)	دَرَسْتُ حَيْثُ دَرَسَ أَخِي. (= دَرَسْتُ فِي الْمَكَانِ الَّذِي دَرَسَ أَخِي فِيهِ.)
④	나의 아버지는 나의 어머니가 일하는 곳에서 일하신다. (حَيْثُ 바로 앞에 حَيْثُ 가 가리키는 장소의 명사(선행사)가 없고, 또한 حَيْثُ 뒤에 동사문이 아닌 명사문이 오는 경우)	يَعْمَلُ أَبِي حَيْثُ أُمِّي تَعْمَلُ. (= يَعْمَلُ أَبِي فِي الْمَكَانِ الَّذِي أُمِّي تَعْمَلُ فِيهِ.)

→ حَيْثُ 는 부사이기에 그 뒤에 연결의 인칭대명사가 필요없다. 그러나 이 문장을 관계대명사가 들어간 فِي الْمَكَانِ الَّذِي 문장으로 바꿀 경우 연결의 인칭대명사 فِيهِ 혹은 فِيهَا 를 사용해 주어야 한다.

2) 이유를 설명하는 의미로 (حَيْثُ التَّعْلِيلِيَّةُ)

이 경우의 حَيْثُ 는 'حَيْثُ إِنَّ' 의 형태로 사용되며 선행하는 문장의 이유를 설명하는 경우로서 for, because, since 로 해석된다. لِأَنَّ 와 같은 의미이다.

나는 일하러 가지 않을 것인데, 왜냐하면 내가 아프기 때문이다. (for)	لَنْ أَذْهَبَ إِلَى الْعَمَلِ حَيْثُ إِنَّنِي مَرِيضٌ. (= لَنْ أَذْهَبَ إِلَى الْعَمَلِ لِأَنَّنِي مَرِيضٌ.)
나는 당신에게 전화를 하지 않았는데, 왜냐하면 나의 전화가 나에게 없었기 때문이다. (for)	لَمْ أَتَّصِلْ بِكَ حَيْثُ إِنَّ تِلِفُونِي لَمْ يَكُنْ مَعِي.
그는 합격하지 못했는데, 왜냐하면 그가 열심히 공부하지 않았기 때문이다. (for)	لَمْ يَنْجَحْ حَيْثُ إِنَّهُ لَمْ يُذَاكِرْ جَيِّدًا.
	لَمْ أَذْهَبْ إِلَى الْعَمَلِ حَيْثُ إِنَّ الْأَمْطَارَ قَدْ هَطَلَتْ.
나는 일하러 가지 않았는데, 왜냐하면 비가 퍼부었기 때문이다.	
그 아이가 폭력적인데 왜냐하면 그의 아버지가 그를 때리기 때문이다.	الطِّفْلُ عَنِيفٌ حَيْثُ إِنَّ وَالِدَهُ يَضْرِبُهُ.

→ ... حَيْثُ إِنَّ 에 대해서는 '원인을 나타내는 접속사' 부분에서 확인하라.

3) 해설 (التَّفْسِيرِ)의 حَيْثُ

아래의 문장에서 사용된 حَيْثُ 는 앞의 문장의 의미를 해설하는 의미로 신문 등에서 많이 사용된다.

아래와 같이 앞 문장의 의미를 해설하는 경우 as 로 해석된다. 앞에서 공부한 해설의 의미로 사용되는 إِذْ 의 경우와 그 용법이 같다.

غَدًا سَيَكُونُ الْعَالَمُ عَلَى مَوْعِدٍ مَعَ حَدَثٍ فَلَكِيٍّ لَمْ يَحْدُثْ مُنْذُ 50 أَلْفَ عَامٍ حَيْثُ سَيَكُونُ الْمِرِّيخُ فِي أَقْرَبِ مَسَافَةٍ مِنَ الْأَرْضِ.
내일 세상은 5만년 동안 일어나지 않았던 천체행사가 일어날 것인데, 그래서(as) 화성이 지구에 가장 가까운 거리에 있게 된다.

4) 그외 다른 의미로 사용되는 حَيْثُ

(1) ... مِنْ حَيْثُ 에 대해

a. مِنْ حَيْثُ 뒤에 동사가 오는 경우 - ...에서 부터 (from where)

그들은 왔던 곳으로 부터 돌아갔다.	رَجَعُوا مِنْ حَيْثُ جَاؤُوا.
나는 내가 끝내었던 거기서 부터 공부를 시작할 것이다.	سَأَبْدَأُ دِرَاسَتِي مِنْ حَيْثُ انْتَهَيْتُ.

b. مِنْ حَيْثُ 뒤에 명사가 오는 경우 - ...에 있어서는, ...와 관련하여서는(in terms of)

여기서는 مِنْ حَيْثُ 뒤에 동사가 아닌 명사가 왔다. 'مِنْ حَيْثُ + 명사' 꼴에 사용된 명사를 명시목적어로 바꾸어서 같은 의미의 문장으로 만들 수 있다.

카이로는 인구 면에 있어 가장 큰 아랍 도시이다.	الْقَاهِرَةُ أَكْبَرُ الْمُدُنِ الْعَرَبِيَّةِ مِنْ حَيْثُ السُّكَّانِ. (= الْقَاهِرَةُ أَكْبَرُ الْمُدُنِ الْعَرَبِيَّةِ سُكَّاناً.)
이집트는 면화를 생산함에 있어 가장 큰 아랍 나라이다.	مِصْرُ أَكْثَرُ الْبُلْدَانِ الْعَرَبِيَّةِ مِنْ حَيْثُ إِنْتَاجُ الْقُطْنِ. (= مِصْرُ أَكْثَرُ الْبُلْدَانِ الْعَرَبِيَّةِ إِنْتَاجًا لِلْقُطْنِ.)

(2) ... إِلَى حَيْثُ - ...한 곳으로 (to where)

그는 그가 태어난 곳으로 돌아가길 원한다.	يَوَدُّ أَنْ يَرْجِعَ إِلَى حَيْثُ وُلِدَ.
나는 내 아버지가 일하는 곳으로 여행하길 소망한다.	أَتَمَنَّى أَنْ أُسَافِرَ إِلَى حَيْثُ يَعْمَلُ أَبِي.

(3) ... بِحَيْثُ (أَوْ بِحَيْثُ إِنَّ ...)...(너무)..해서 (그 결과)..하다 (so that, so as, so ... that)

بِحَيْثُ 뒤에는 동사문이 온다.

나는 분명한 글씨체로 필기하여서 그 결과 내가 읽는 것이 가능하다.	أَكْتُبُ بِخَطٍّ وَاضِحٍ بِحَيْثُ يُمْكِنُنِي الْقِرَاءَةُ.
	بَعْدَ وَفَاةِ وَالِدِهَا أَصْبَحَتْ فَقِيرَةً جِدًّا بِحَيْثُ كَانَتْ تَتَسَوَّلُ فِي الطُّرُقَاتِ.
그녀의 아버지가 사망하고 난뒤 그녀는 아주 가난해 져서, 그 결과 길들에서 구걸하곤 하였다.	

→ ... بِحَيْثُ (أَوْ بِحَيْثُ إِنَّ ...) 문장에 대해서는 '결과를 나타내는 접속사' 부분에서 확인하라.

9. 연관성을 표현하는 접속사

①	..와 관련하여(concerning, with regard to)	فِيمَا يَخُصُّ ... فَـ (أَوْ قَدْ) ...
②		فِيمَا يَتَعَلَّقُ بِـ ... فَـ (أَوْ قَدْ) ...
③		بِالنِّسْبَةِ إِلَى (أَوْ لِـ) ... (فَـ) ...

예문들

①	당신의 시험과 관련하여서 당신은 우수한 성적을 거두었다.	فِيمَا يَخُصُّ امْتِحَانَكَ فَقَدْ حَصَلْتَ عَلَى امْتِيَازٍ.
	급료와 관련하여서 사장은 노동자들에게 보너스를 지불할 것을 명했다.	فِيمَا يَخُصُّ الْأُجُورَ قَدْ أَمَرَ الْمُدِيرُ بِصَرْفِ عِلَاوَاتٍ لِلْعَامِلِينَ.
	교육과 관련하여서 그 발전은 세계적인 커리큘럼과 일치하는 것이어야 한다.	فِيمَا يَخُصُّ التَّعْلِيمَ يَجِبُ تَطْوِيرُهُ بِمَا يَتَوَافَقُ مَعَ الْمَنَاهِجِ الْعَالَمِيَّةِ.
②	치안과 관련하여서 우리는 한 경비원을 채용하였다.	فِيمَا يَتَعَلَّقُ بِالْأَمْنِ فَقَدْ وَظَّفْنَا حَارِسًا.
	직원들의 문제들과 관련하여서 이것은 나의 전문 분야가 아니다.	فِيمَا يَتَعَلَّقُ بِشُؤُونِ الْمُوَظَّفِينَ فَهَذَا لَيْسَ اخْتِصَاصِي.
	그 실종자들과 관련하여서 수색팀들이 그들을 찾고 있다.	فِيمَا يَتَعَلَّقُ بِالْمَفْقُودِينَ فَإِنَّ فِرَقَ الْبَحْثِ تَبْحَثُ عَنْهُمْ.
③	그 새로운 과제와 관련하여 나는 그것을 성공적으로 완수했다.	بِالنِّسْبَةِ لِلْمُهِمَّةِ الْجَدِيدَةِ فَقَدْ أَتْمَمْتُهَا بِنَجَاحٍ.
	나와 관련하여 나는 어떤 종류의 음식을 먹는 것도 마다하지(반대하지) 않는다.	بِالنِّسْبَةِ لِي، لَا أُمَانِعُ مِنْ تَنَاوُلِ أَيِّ نَوْعِ طَعَامٍ.
	나의 마음으로 말하면 그녀를 사랑하지만 나의 이성으로 말할 것 같으면 '아니오' 라고 말한다.	بِالنِّسْبَةِ لِقَلْبِي يُحِبُّهَا، أَمَّا عَقْلِي فَيَقُولُ: "لَا". *

→ 위의 * 문장의 أَمَّا 뒤에는 بِالنِّسْبَةِ لِـ 가 생략되었다고 볼 수 있다.

10. 추가의 의미를 표현하는 접속사

①	..도 또한(and also)	... وَأَيْضًا ...
②	..도 또한, ..도 마찬가지로(and also)	... وَكَذَلِكَ ...
③	..도 또한, ..도 마찬가지로(and also)	كَمَا ... ← 동사문
④		كَمَا أَنَّ ... ← 명사문
⑤	..에 더하여, 추가하여(in addition to) (⑤⑥⑦의 경우 بِالإِضَافَةِ إِلَى 뒤에 오는 내용이 주된 것이고 그 앞에 오는 내용이 부수적인 것이다. 그러나 ⑧의 경우 وَبِالإِضَافَةِ إِلَى هَذَا(أَوْ ذَلِكَ) 앞에 오는 내용이 주된 것이고, 그 뒤에 오는 것이 부수적인 것이다.)	بِالإِضَافَةِ إِلَى ... ← 동명사
⑥		بِالإِضَافَةِ إِلَى أَنَّ ... ← 명사문
⑦		بِالإِضَافَةِ إِلَى ... فَـ ← 동명사
⑧		وَبِالإِضَافَةِ إِلَى هَذَا(أَوْ ذَلِكَ) فَـ ...
⑨	게다가, 더구나, 더욱이(besides, moreover) (⑨⑩⑪의 경우 إِلَى جَانِبِ 뒤에 오는 내용이 주된 것이고 그 앞에 오는 내용이 부수적인 것이다. 그러나 ⑫의 경우 وَإِلَى جَانِبِ هَذَا(أَوْ ذَلِكَ) 앞에 오는 내용이 주된 것이고, 그 뒤에 오는 것이 부수적인 것이다.)	إِلَى جَانِبِ ... ← 동명사
⑩		إِلَى جَانِبِ أَنَّ ... ← 명사문
⑪		إِلَى جَانِبِ ... فَـ ← 동명사
⑫		وَإِلَى جَانِبِ هَذَا(أَوْ ذَلِكَ) فَـ ...
⑬	더구나, 더욱이, ..할 뿐만 아니라 ..도 (moreover, beyond that, فَـ 뒤의 것이 더 중요한 내용)	وَفَوْقَ هَذَا(أَوْ ذَلِكَ) فَـ ...
⑭	더구나, 더욱이, ..할 뿐만 아니라 ..도 (moreover, beyond that, فَـ 뒤의 것이 더 중요한 내용)	وَفَوْقَ هَذَا(أَوْ ذَلِكَ) فَإِنَّ ...

예문들

①	그는 음악을 공부했고, 또한 엔지니어링도 공부했다. (الْهَنْدَسَة 는 فَنَّ 와 대등관계이다.)	لَقَدْ دَرَسَ فَنَّ الْمُوسِيقَى وَأَيْضًا الْهَنْدَسَةَ.
	내 친구는 유럽으로 이민갈 것이고, 내 동생(형)도 마찬가지이다. (أَخِي 는 صَدِيقِي 와 대등관계이다.)	سَيُهَاجِرُ صَدِيقِي إِلَى أُورُوبًا وَأَيْضًا أَخِي.
②	나는 그들을 점심식사에 초대하였고 또한(마찬가지로) 저녁식사에도 초대했다.	دَعَوْتُهُمْ إِلَى الْغَدَاءِ وَكَذَلِكَ إِلَى الْعَشَاءِ.
	우리는 외국 영화를 보았고 또한 아랍 영화도 보았다.	شَاهَدْنَا فِيلْمًا أَجْنَبِيًّا وَكَذَلِكَ فِيلْمًا عَرَبِيًّا.
③	그들은 물리를 공부하고 또한 화학도 공부한다.	يَدْرُسُونَ الْفِيزِيَاءَ كَمَا يَدْرُسُونَ الْكِيمْيَاءَ.
	우리는 아스완을 방문했고 또한 알렉산드리아도 방문했다.	زُرْنَا أَسْوَانَ كَمَا زُرْنَا الْإِسْكَنْدَرِيَّةَ.
	나는 그를 위해 가는 표를 사고 또한 돌아오는 표도 산다.	أَشْتَرِي لَهُ تَذْكِرَةَ الذَّهَابِ كَمَا أَشْتَرِي لَهُ تَذْكِرَةَ الْعَوْدَةِ.

④	그들은 물리를 공부하고 또한 화학도 공부한다.	يَدْرُسُونَ الْفِيزِيَاءَ كَمَا أَنَّهُمْ يَدْرُسُونَ الْكِيمْيَاءَ.
	그녀는 아름답고 예절이 바르며 또한 아주 똑똑하다.	إِنَّهَا جَمِيلَةٌ وَمُؤَدَّبَةٌ كَمَا أَنَّهَا ذَكِيَّةٌ جِدًّا.
	그들은 공을 차는데 아주 기술이 좋으며 또한 달리기에도 기술이 좋다.	هُمْ بَارِعُونَ فِي لَعِبِ الْكُرَةِ كَمَا أَنَّهُمْ بَارِعُونَ فِي الرَّكْضِ.
⑤	내 동생(형)은 공부를 할 뿐만 아니라 일도 한다. (공부하는 것이 주된 것이고, 일하는 것이 부수적인 것이다.)	يَعْمَلُ أَخِي بِالْإِضَافَةِ إِلَى دِرَاسَتِهِ.
	나는 밥을 먹을 뿐만아니라 고기도 먹는다.	أَكَلْتُ لَحْمًا بِالْإِضَافَةِ إِلَى الْأُرْزِّ.
	그는 이탈리아를 여러번 여행할 뿐만 아니라 미국을 방문하였다.	زَارَ أَمْرِيكَا بِالْإِضَافَةِ إِلَى سَفَرِهِ إِلَى إِيطَالِيَا عِدَّةَ مَرَّاتٍ.
⑥	내 동생은 공부를 할 뿐만 아니라 일도 한다. (공부하는 것이 주된 것이고, 일하는 것이 부수적인 것이다.)	يَعْمَلُ أَخِي بِالْإِضَافَةِ إِلَى أَنَّهُ يَدْرُسُ.
	나는 의류 디자인과 더불어 그림도 그린다.	أَرْسُمُ بِالْإِضَافَةِ إِلَى أَنَّنِي أُصَمِّمُ الْأَزْيَاءَ.[1]
	그는 이탈리아를 여러번 여행할 뿐만 아니라 미국을 방문하였다.	زَارَ أَمْرِيكَا بِالْإِضَافَةِ إِلَى أَنَّهُ سَافَرَ إِلَى إِيطَالِيَا عِدَّةَ مَرَّاتٍ.
⑦	내 동생은 공부를 할 뿐만 아니라 일도 한다. (공부하는 것이 주된 것, 일하는 것이 부수적인 것.)	بِالْإِضَافَةِ إِلَى دِرَاسَةِ أَخِي (أَوْ أَنَّ أَخِي يَدْرُسُ) فَهُوَ يَعْمَلُ.
	들려지는 것과 더불어 제가 시범을 보여드리겠습니다.	بِالْإِضَافَةِ إِلَى مَا قِيلَ فَسَوْفَ أَعْرِضُ بَيَانًا عَمَلِيًّا.
	그는 이탈리아를 여러번 여행할 뿐만 아니라 미국을 방문하였다.	بِالْإِضَافَةِ إِلَى سَفَرِهِ (أَوْ أَنَّهُ سَافَرَ) إِلَى إِيطَالِيَا عِدَّةَ مَرَّاتٍ فَهُوَ زَارَ أَمْرِيكَا.
⑧	내 동생은 일을 할 뿐만아니라 게다가 공부도 한다. (일하는 것이 주된 것, 공부하는 것이 부수적인 것)	يَعْمَلُ أَخِي وَبِالْإِضَافَةِ إِلَى هَذَا(ذَلِكَ) فَهُوَ يَدْرُسُ.
	나는 체육을 좋아하고 게다가 독서도 좋아한다.	أُحِبُّ الرِّيَاضَةَ وَبِالْإِضَافَةِ إِلَى ذَلِكَ أُحِبُّ الْقِرَاءَةَ.
	그는 미국을 방문하였고, 게다가 이탈리아를 여러번 여행하였다.	زَارَ أَمْرِيكَا وَبِالْإِضَافَةِ إِلَى ذَلِكَ فَقَدْ سَافَرَ إِلَى إِيطَالِيَا عِدَّةَ مَرَّاتٍ.
⑨	내 동생은 공부를 하면서 일도 한다. (공부하는 것이 주된 것이고, 일하는 것이 부수적인 것)	يَعْمَلُ أَخِي إِلَى جَانِبِ دِرَاسَتِهِ.
	내 동생은 미국 문학에 대해 관심을 가지고 있을 뿐만 아니라 아랍 문학에 대해서도 관심을 가지고 있다.	أَخِي مُهْتَمٌّ بِالْأَدَبِ الْعَرَبِيِّ إِلَى جَانِبِ اهْتِمَامِهِ بِالْأَدَبِ الْأَمْرِيكِيِّ.
	나는 연기를 할 뿐만 아니라 노래도 한다.	أُغَنِّي إِلَى جَانِبِ التَّمْثِيلِ.

[1] زِيّ / أَزْيَاءَ : 옷, 의복 : 패션, 모오드

⑩	내 동생은 공부를 하면서 일도 한다. (공부하는 것이 주된 것이고, 일하는 것이 부수적인 것)	يَعْمَلُ أَخِي إِلَى جَانِبِ أَنَّهُ يَدْرُسُ.
	내 동생은 미국 문학에 대해 관심을 가지고 있을 뿐만 아니라 아랍 문학에 대해서도 관심을 가지고 있다.	أَخِي مُهْتَمٌّ بِالْأَدَبِ الْعَرَبِيِّ إِلَى جَانِبِ أَنَّهُ مُهْتَمٌّ بِالْأَدَبِ الْأَمْرِيكِيِّ.
	그 학생은 이해도 하고 암기도 한다.	يَحْفَظُ التِّلْمِيذُ إِلَى جَانِبِ أَنَّهُ يَفْهَمُ.
⑪	내 동생은 공부를 하면서 일도 한다. (공부하는 것이 주된 것이고, 일하는 것이 부수적인 것)	إِلَى جَانِبِ دِرَاسَةِ أَخِي (أَوْ أَنَّ أَخِي يَدْرُسُ) فَهُوَ يَعْمَلُ.
	나는 연기를 하면서 게다가 춤도 춘다.	إِلَى جَانِبِ التَّمْثِيلِ فَإِنَّنِي أَرْقُصُ.
⑫	내 동생은 일을 하면서 게다가 공부도 한다. (일이 주된 것이고, 공부하는 것이 부수적인 것)	يَعْمَلُ أَخِي وَإِلَى جَانِبِ هَذَا (أَوْ ذَلِكَ) فَهُوَ يَدْرُسُ.
	나는 고기들을 좋아할 뿐만 아니라 게다가 채소들도 좋아한다.	أُحِبُّ اللُّحُومَ وَإِلَى جَانِبِ هَذَا آكُلُ الْخَضْرَوَاتِ.
	그는 일간 신문들에 여러 논설들을 적었고, 게다가 여러 책들을 저술했다.	لَقَدْ كَتَبَ عِدَّةَ مَقَالَاتٍ فِي الْجَرَائِدِ الْيَوْمِيَّةِ وَإِلَى جَانِبِ هَذَا فَقَدْ أَلَّفَ كُتُبًا كَثِيرَةً.
⑬	내 동생은 일을 할 뿐만 아니라 공부도 한다. (공부하는 것이 더 중요한 것)	يَعْمَلُ أَخِي وَفَوْقَ هَذَا (ذَلِكَ) فَهُوَ يَدْرُسُ.
	내 누이는 달리기를 좋아할 뿐만 아니라 그녀는 큰 챔피언이다.	تُحِبُّ أُخْتِي الْعَدْوَ وَفَوْقَ هَذَا فَهِيَ بَطَلَةٌ كُبْرَى.
	그들은 그를 공장에서 내쫓았고, 보상을 받지 못하게 했으며 게다가 그에게 월급도 주지 않았다.	لَقَدْ طَرَدُوهُ مِنَ الْمَصْنَعِ وَحَرَمُوهُ مِنْ مُكَافَآتِهِ وَفَوْقَ هَذَا فَلَمْ يُعْطُوهُ مُرَتَّبَهُ.
⑭	내 동생은 일을 할 뿐만 아니라 공부도 한다. (공부하는 것이 더 중요한 것)	يَعْمَلُ أَخِي وَفَوْقَ هَذَا (ذَلِكَ) فَإِنَّهُ يَدْرُسُ.
	나는 많은 재산을 가지고 있을뿐만 아니라 많은 사업들을 관리하고 있다.	لَدَيَّ الْكَثِيرُ مِنَ الْأَمْلَاكِ[1] وَفَوْقَ هَذَا فَإِنِّي أُدِيرُ أَعْمَالًا عَدِيدَةً.

** 다음의 문장의 우선순위를 비교하라.

①	내 동생은 공부를 할 뿐만 아니라 일도 한다. (공부하는 것이 주된 것이고, 일하는 것이 부수적인 것이다.)	يَعْمَلُ أَخِي بِالْإِضَافَةِ إِلَى دِرَاسَتِهِ.
		يَعْمَلُ أَخِي بِالْإِضَافَةِ إِلَى أَنَّهُ يَدْرُسُ.
		بِالْإِضَافَةِ إِلَى دِرَاسَةِ أَخِي فَهُوَ يَعْمَلُ.
②	내 동생은 일을 할 뿐만 아니라 공부도 한다. (일하는 것이 주이고 공부하는 것이 부이다.)	يَعْمَلُ أَخِي وَبِالْإِضَافَةِ إِلَى هَذَا فَهُوَ يَدْرُسُ.

→ ② 문장에 사용된 هَذَا وَبِالْإِضَافَةِ إِلَى 의 هَذَا 는 앞의 절에 사용된 동사의 동작의 내용을 받는다.

→ 앞의 ⑤⑥⑦⑧ 뿐만 아니라 ⑨⑩⑪⑫ 예들도 위의 예들과 그 우선순위의 원리가 동일하다.

---

[1] مِلْكٌ / أَمْلَاكٌ 재산, 소유물

11. 비유(التَّشْبِيهِ)의 의미를 표현하는 접속사

①	'..처럼 ..하다(like)',	← 동사문 + كَمَا ... ←
②	'..하는 대로 ..하다(as, just as)'	← 동사문 + مِثْلَمَا ... ←

① كَمَا 의 의미

전치사 كَـ 뒤에 절을 이끄는 관계대명사 مَا 가 온 형태인 كَمَا 는 몇 가지 의미로 사용된다. 먼저는 비유의 의미로서 '..처럼 ..하다(like)'의 의미를 가지며, 두번째로는 '..대로 ..하다(as, just as)'의 의미로 사용된다. 두 가지의 의미가 거의 흡사하다.

a. '..처럼 ..하다(like)'

كَمَا 전후에 같은 동사가 두 번 사용되면 그 의미는 '..처럼 ..하다(like)'의 의미와 '..대로 ..하다(as, just as)'의 두 가지 의미로 사용될 수 있다.

내가 너를 도운 것처럼 나를 도와라.(like) 내가 너를 도운 그대로 나를 도와라.(just as)	سَاعِدْنِي كَمَا سَاعَدْتُكَ.
우리가 당신들을 기억한 것처럼(기억한 그대로) 당신들도 우리를 기억해 주시오.	اُذْكُرُونَا كَمَا ذَكَرْنَاكُمْ.
우리가 숙제를 한 것처럼 너희들도 숙제를 기록하라.(like) 우리가 숙제를 한 그대로 너희들도 숙제를 기록하라.(just as)	اُكْتُبُوا وَاجِبَاتِكُمْ كَمَا كَتَبْنَاهَا.

b. '..하는대로 ..하다 (as, just as)'

كَمَا 전후의 동사가 다를 경우 그 의미는 '..하는대로 ..하다(as, just as)'의 의미를 가진다.

그는 그가 희망했던대로 결혼했다.	هُوَ تَزَوَّجَ كَمَا تَمَنَّى.
당신이 원하는대로 하라.	إِعْمَلْ كَمَا تَشَاءُ.
나는 나의 사장이 나에게 요청한대로 여행을 떠났다.	سَافَرْتُ كَمَا طَلَبَ مِنِّي مُدِيرِي.

② مِثْلَمَا 의 의미

위의 a 와 b 의 كَمَا 는 아래와 같이 مِثْلَمَا 로 바꾸어서 사용해도 그 의미가 같다.

내가 너를 도운 것처럼 나를 도와라.(like) 내가 너를 도운 그대로 나를 도와라.(just as)	سَاعِدْنِي مِثْلَمَا سَاعَدْتَكَ.
우리가 당신들을 기억한 것처럼(그대로) 당신들도 우리를 기억해 주시오.	اُذْكُرُونَا مِثْلَمَا ذَكَرْنَاكُمْ.
그는 그가 희망했던대로 결혼했다.	هُوَ تَزَوَّجَ مِثْلَمَا تَمَنَّى.
당신이 원하는대로 하라.	إِعْمَلْ مِثْلَمَا تَشَاءُ.

** كَمَا 의 세 가지 의미

전치사 كَـ 뒤에 절을 이끄는 관계대명사 مَا 가 온 형태인 كَمَا 는 '전치사 ك + مَا'의 구조이지만 كَمَا 자체를 하나의 접속사(connector)로 보는 것이 낫다. كَمَا 는 다음 세 가지 의미로 정리할 수 있다.

a. '..처럼 ..하다(like)' 의미

아래의 كَمَا 는 비유의 의미로 사용되는 것으로 كَمَا 전후에 같은 동사가 두 번 사용된다. 그 의미는 '..처럼 ..하다(like)'의 의미와 '..대로 ..하다(as, just as)'의 두 가지 의미로 사용될 수 있다.

그는 선생님이 읽는 것처럼 읽는다. (like) 혹은 그는 그 선생님이 읽는 그대로 읽는다.(just as)	هُوَ يَقْرَأُ كَمَا يَقْرَأُ الْمُدَرِّسُ.
우리는 기술있는 자들이 노는 것 처럼 놀 것이다.(like) 우리는 그 기술있는 자들이 노는 그대로 놀 것이다.(just as)	سَنَلْعَبُ كَمَا يَلْعَبُ الْمَاهِرُونَ.
너는 너의 형(남동생)이 먹는 것처럼 먹어야 한다.(like) 너는 너의 형(남동생)이 먹는 그대로 먹어야 한다.(just as)	يَجِبُ أَنْ تَأْكُلَ كَمَا يَأْكُلُ أَخُوكَ.
내가 너를 도운 것처럼 나를 도와라.(like) 내가 너를 도운 그대로 나를 도와라.(just as)	سَاعِدْنِي كَمَا سَاعَدْتُكَ.
우리가 당신들을 기억한 것처럼(기억한 그대로) 당신들도 우리를 기억해 주시오.	اُذْكُرُونَا كَمَا ذَكَرْنَاكُمْ.
우리가 숙제를 한 것처럼 너희들도 숙제를 기록하라.(like) 우리가 숙제를 한 그대로 너희들도 숙제를 기록하라.(just as)	اُكْتُبُوا وَاجِبَاتِكُمْ كَمَا كَتَبْنَاهَا.
당신은 당신의 형(남동생)이 아랍어를 공부하는 것처럼(그대로) 당신도 아랍어를 공부한다.	أَنْتَ تَدْرُسُ اللُّغَةَ الْعَرَبِيَّةَ كَمَا يَدْرُسُهَا أَخُوكَ.
그는 그의 친구가 결혼한 것처럼 결혼했다.(like) 그는 그의 친구가 결혼한 그대로 결혼했다.(just as)	هُوَ تَزَوَّجَ كَمَا تَزَوَّجَ صَدِيقُهُ.

b. '..하는 대로 ..하다(as, just as)'의 의미

كَمَا 전후의 동사가 다를 경우 그 의미는 '..하는대로 ..하다(as, just as)'의 의미를 가진다.

당신이 원하는대로 하라.	اِعْمَلْ كَمَا تَشَاءُ.
우리는 당신이 원하는대로 말할 것이다.	سَنَتَكَلَّمُ كَمَا تُرِيدُ.
(그) 학생은 그가 마땅히 해야하는대로 공부한다.	الطَّالِبُ يُذَاكِرُ كَمَا يَجِبُ.
그는 그가 희망했던대로 결혼했다.	هُوَ تَزَوَّجَ كَمَا تَمَنَّى.
나는 당신이 나에게 충고해준 그대로 아랍어를 공부할 것이다.	سَأَدْرُسُ اللُّغَةَ الْعَرَبِيَّةَ كَمَا نَصَحْتَنِي.
그 대통령은 기대한 그대로 무죄선고를 받았다.	حَصَلَ الرَّئِيسُ عَلَى الْبَرَاءَةِ كَمَا كَانَ مُتَوَقَّعًا.
나는 그 선생님이 나에게 요청한대로 숙제를 기록했다.	كَتَبْتُ الْوَاجِبَ كَمَا طَلَبَ الْمُدَرِّسُ مِنِّي.

c. '그리고 또한(and also)'의 의미

이 경우 كَمَا 는 وَأَيْضًا 의 의미로서 이전의 사건과 이후의 사건의 발생순서는 알 수 없고 단지 두 사건을 대등하게 연결하는 역할을 한다. 신문에서 많이 사용된다.

우리는 아스완을 방문했고, 또한 알렉산드리아도 방문했다.	زُرْنَا أَسْوَانَ كَمَا زُرْنَا الإِسْكَنْدَرِيَّةَ.
	دَرَسْتُ اللُّغَةَ الْعَرَبِيَّةَ كَمَا دَرَسْتُ اللُّغَةَ الإِنْجِلِيزِيَّةَ.
나는 아랍어를 공부했고, 또한 영어도 공부했다.	
우리는 고기를 먹고, 또한 쥬스도 마셨다.	أَكَلْنَا لَحْمًا كَمَا شَرِبْنَا عَصِيرًا.
우리는 이집트로 여행을 떠났고, 또한 한국으로도 여행을 떠났다.	سَافَرْنَا لِمِصْرَ كَمَا سَافَرْنَا لِكُورِيَا.
나는 축구를 아주 좋아했고, 또한 테니스도 좋아했다.	عَشِقْتُ كُرَةَ الْقَدَمِ كَمَا أَحْبَبْتُ كُرَةَ الْمَضْرِبِ.
나는 교사로 가르쳤고, 또한 관광업에도 종사했다.	اِشْتَغَلْتُ بِالتَّدْرِيسِ كَمَا اشْتَغَلْتُ بِالسِّيَاحَةِ.

** 한편 위의 a 와 b 의 كَمَا 는 아래와 같이 مِثْلَمَا 로 바꾸어서 사용해도 그 의미가 같다.

내가 너를 도운 것처럼 나를 도와라.(like) 내가 너를 도운 그대로 나를 도와라.(just as)	سَاعِدْنِي مِثْلَمَا سَاعَدْتُكَ.
우리가 당신들을 기억한 것처럼(그대로) 당신들도 우리를 기억해 주시오.	اُذْكُرُونَا مِثْلَمَا ذَكَرْنَاكُمْ.
그는 그가 희망했던대로 결혼했다.	هُوَ تَزَوَّجَ مِثْلَمَا تَمَنَّى.
당신이 원하는대로 하라.	اِعْمَلْ مِثْلَمَا تَشَاءُ.

12. 종속의 의미(التَّبَعِيَّة)를 표현하는 접속사 (according to, on the basis of)

①	…에 따라(according to) (구를 이끈다.)	… حَسَبَ، عَلَى حَسَبِ …
②	…에 따라, …에 따르면 (절을 이끈다.)	… حَسْبَمَا …
③	…에 따라, …에 따르면,..에 의하면 (구 혹은 절을 이끈다)	وَفْقَ (أَوْ وَفْقًا لِـ) + 구 → … وَفْقَ مَا (أَوْ وَفْقًا لِمَا) + 절(동사문) →
④	…에 따라, …에 따르면,..에 의하면 (구 혹은 절을 이끈다)	طِبْقًا لِـ + 구 → … طِبْقَ مَا (أَوْ طِبْقًا لِمَا) + 절(동사문) →
⑤		تَبَعًا لِـ (أَوْ تِبْعًا لِـ) + 구 → … تَبَعًا لِمَا (أَوْ تِبْعًا لِمَا) + 절(동사문) →

→ 위의 تَبَعًا لِـ ، طِبْقًا لِـ ، وَفْقًا لِـ 는 동사가 생략된 동족목적어(الْمَفْعُولُ الْمُطْلَقُ لِفِعْلٍ مَحْذُوفٍ)로 본다.

예문들

①	أَصِلُ إِلَى عَمَلِي حَسَبَ (أَوْ عَلَى حَسَبِ) ازْدِحَامِ الطَّرِيقِ. 나는 길의 복잡함에 따라 나의 일터에 도착한다. (복잡한 정도에 따라 도착시간이 달라짐) يَفْهَمُ الأَجَانِبُ كَلَامِي حَسَبَ (أَوْ عَلَى حَسَبِ) سُرْعَتِهِ. 외국인들은 내 말의 속도에 따라 내 말을 이해한다.(말의 속도에 따라 이해도가 달라짐) يُمْكِنُ أَنْ يَتَغَيَّرَ نِظَامُ الدِّرَاسَةِ فِي الْجَامِعَةِ حَسَبَ (عَلَى حَسَبِ) قَرَارِ رَئِيسِهَا. 대학에서 커리큘럼은 대학 총장의 결정에 따라 변화될 수 있다.
②	دَرَسْتُ اللُّغَةَ الْعَرَبِيَّةَ حَسْبَمَا نَصَحَنِي صَدِيقِي. 내 친구가 나에게 충고한 것에 따라 나는 아랍어를 공부했다. سَأَرْجِعُ إِلَى الْبَيْتِ مُبَكِّرًا حَسْبَمَا طَلَبَتْ زَوْجَتِي. 내 아내가 요청한 것에 따라 나는 집에 일찍 돌아올 것이다.
③	سَأُقَرِّرُ مَوْعِدَ سَفَرِي وَفْقَ (أَوْ وَفْقًا لِـ) انْتِهَاءِ الْامْتِحَانَاتِ. 나는 내 여행의 날짜를 그 시험들이 끝나는 것에 따라 결정할 것이다. وَفْقًا لِمَا (أَوْ وَفْقَ مَا) قَالَهُ الرَّئِيسُ، فَإِنَّهُ سَيَتَنَحَّى عَنِ الْحُكْمِ. 대통령이 말한 것에 따르면 그는 하야할 것이다.
④	سَيُعْقَدُ الِاجْتِمَاعُ غَدًا طِبْقًا لِقَرَارِ الْمُدِيرِ. (= طِبْقَ مَا قَرَّرَهُ الْمُدِيرُ.) 사장의 결정에 따라 내일 회의가 열릴 것이다. نَظَّمَتِ الْجَامِعَةُ رِحْلَةً إِلَى أَسْوَانَ طِبْقَ مَا (أَوْ طِبْقًا لِمَا) أَعْلَنَتْهُ. 그 대학은 고지한 내용에 따라 아스완으로의 소풍을 조직했다.

종합 아랍어 문법 II

⑤	سَأَدْرُسُ الطِّبَّ تَبَعًا لِمَا أَرَادَهُ أَبِي. (= تَبَعًا لِإِرَادَةِ أَبِي.)
	내 아버지가 원하는 것에 따라 나는 의학을 공부할 것이다.
	اِشْتَرَيْتُ سَيَّارَةً جَدِيدَةً تَبَعًا لِنَصِيحَةِ صَدِيقِي. (= تَبَعًا لِمَا نَصَحَنِي بِهِ صَدِيقِي.)
	나는 내 친구의 충고에 따라 새로운 자동차 한 대를 구입했다.

→ 위의 ③의 قَالَهُ 과 ④의 قَرَّرَهُ 와 أَعْلَنْتَهُ, 그리고 ⑤의 أَرَادَهُ 와 بِهِ نَصَحَنِي 에서 사용된 인칭대명사 هـ 는 그 앞에 관계대명사 مَا 를 받는 연결의 인칭대명사(ضَمِيرُ الرَّبْطِ)이다.

** 아래의 문장들의 의미는 동일하다. 문장들을 비교하라.

①	나는 내 아버지의 뜻에 따라 의학을 공부했다.	وِفْقًا لـ 뒤에 구가 왔다.	دَرَسْتُ الطِّبَّ وِفْقًا لِإِرَادَةِ أَبِي.
		وِفْقَ 뒤에 후연결어 구가 왔다.	دَرَسْتُ الطِّبَّ وِفْقَ إِرَادَةِ أَبِي.
		وِفْقًا لِمَا 뒤에 절(동사문)이 왔다.	دَرَسْتُ الطِّبَّ وِفْقًا لِمَا أَرَادَهُ أَبِي. *
		وِفْقَ مَا 뒤에 절(동사문)이 왔다. (مَا 이후의 문장이 وِفْقَ 의 후연결어로 왔다고 보면 된다.)	دَرَسْتُ الطِّبَّ وِفْقَ مَا أَرَادَهُ أَبِي. *
②		طِبْقًا لـ 뒤에 구가 왔다.	دَرَسْتُ الطِّبَّ طِبْقًا لِإِرَادَةِ أَبِي.
		طِبْقَ 뒤에 후연결어 구가 왔다.	دَرَسْتُ الطِّبَّ طِبْقَ إِرَادَةِ أَبِي.
		طِبْقًا لِمَا 뒤에 절(동사문)이 왔다.	دَرَسْتُ الطِّبَّ طِبْقًا لِمَا أَرَادَهُ أَبِي. *
		طِبْقَ مَا 뒤에 절(동사문)이 왔다. (مَا 이후의 문장이 طِبْقَ 의 후연결어로 왔다고 보면 된다.)	دَرَسْتُ الطِّبَّ طِبْقَ مَا أَرَادَهُ أَبِي.
③		تَبَعًا 은 그 뒤에 전치사 لـ 와 함께 사용된다.	دَرَسْتُ الطِّبَّ تَبَعًا لِإِرَادَةِ أَبِي.
			دَرَسْتُ الطِّبَّ تَبَعًا لِمَا أَرَادَهُ أَبِي. *
④		حَسْبَمَا 는 مَا 가 있기에 그 뒤에 절(동사문)이 온다.	دَرَسْتُ الطِّبَّ حَسْبَمَا أَرَادَ أَبِي.
⑤		كَمَا 는 '…처럼(as, just as)'의 의미인데, 여기서 위의 문장들과 같은 의미.	دَرَسْتُ الطِّبَّ كَمَا أَرَادَ أَبِي.

→ 위의 ①②③ 문장의 * 표가 있는 문장에서 사용된 مَا 는 관계대명사(مَا مَوْصُولَةٌ)로 볼 수 있다. 따라서 각각의 문장들에 파란색으로 표기된 인칭대명사는 연결의 인칭대명사(ضَمِيرُ الرَّبْطِ)라고 할 수 있다. 만일 이 문장들의 مَا 를 풀어쓴 동명사를 이끄는 مَا (مَا مَصْدَرِيَّةٌ)로 본다면 이 연결의 인칭대명사를 탈락시킬 수 있다.

→ 위의 ④⑤ 문장의 حَسْبَمَا 와 كَمَا 의 مَا 는 추가불변사(حَرْفٌ زَائِدٌ)이다.

13. 원인(السَبَب)을 나타내는 접속사

①	...때문에, ...로 인해(because of, by reason of) (긍정적인 이유, 부정적인 이유) (بِسَبَب 뒤에 일반명사, 동명사, 후연결 인칭대명사가 가능) (구(句)를 이끎)	بِسَبَبِ ... (أَوْ ... بِسَبَبِ أَنَّ ...)
②	...로 인해, ...덕택에(thanks to, due to) (긍정적인 이유로만 사용) (بِفَضْل 뒤에 일반명사, 동명 사, 후연결 인칭대명사가 가능) (구(句)를 이끎)	بِفَضْلِ ... (أَوْ ... بِفَضْلِ أَنَّ ...)
③	..로 인해 ; ..한 이후 (عَلَى أَثَرِ 뒤에 주로 동명사)	عَلَى أَثَرِ ... (أَوْ إِثْرَ ...)
④	...로 인해, ...때문에, ...을 고려해서(due to, in view of)	نَظَرًا لِ + 동명사 ← (أَوْ نَظَرًا لِأَنَّ ... ←)
⑤	...로 인해 ...하다, ...때문에 ..하다, ...을 고려해서 ... 하다(due to, on the grounds that) (절(節)을 이끎)	← فَ ... + لِ + 동명사 ← نَظَرًا (أَوْ نَظَرًا لِأَنَّ ... + فَ ←)
	...때문에 ...하다 (in view of, due to)	بِالنَّظَرِ إِلَى (أَنَّ) ...
⑥	왜냐하면 ...때문이다(because) (절(節)을 이끎)	... لِأَنَّ ...
⑦	왜냐하면 ...때문이다(because, since) (절(節)을 이끎)	* ... حَيْثُ إِنَّ ...
⑧	왜냐하면 ...때문이다(because, since) (절(節)을 이끎)	* ... إِذْ إِنَّ ...
⑨	...하기 때문에 ...하다 (because, since)(항상 문장의 처 음에 옴) (절(節)을 이끎)	بِمَا أَنَّ ... فَـ ...
⑩	그로 인해 ...하게 되다 (thus, that's why) (결과적인 의미로도 해석이 가능. '그 결과 ...하다')	... مِمَّا أَدَّى إِلَى ...، ... مِمَّا اضْطَرَّ إِلَى ...، ... مِمَّا جَعَلَ ...، ... مِمَّا أَجْبَرَ ...، ... مِمَّا سَاعَدَ ...
⑪	그 이유로, 그래서(that's why, the thing that)), مِمَّا 와 같 은 의미	... الْأَمْرُ الَّذِي جَعَلَ(أَوْ اضْطَرَّ أَوْ أَدَّى إِلَى) ...

→ *의 단어들은 현대 미디어 아랍어 등에서 각각 حَيْثُ أَنَّ 와 إِذْ أَنَّ 로 많이 표기되지만 바른 표기는 إِذْ إِنَّ 와 حَيْثُ إِنَّ 이다.

예문들

①	فَشِلَ فِي الْاِمْتِحَانِ بِسَبَبِ كَسَلِهِ. (= فَشِلَ فِي الْاِمْتِحَانِ بِسَبَبِ أَنَّهُ كَسْلَانُ.) 그는 그의 게으름 때문에 시험에 떨어졌다. كَانَتْ مُتْعَبَةً بِسَبَبِ عَمَلِهَا كَثِيرًا. (= كَانَتْ مُتْعَبَةً بِسَبَبِ أَنَّهَا عَمِلَتْ كَثِيرًا.) 그녀는 그녀가 많이 일한 것 때문에 피곤했다. اِزْدَادَتْ مِسَاحَةُ الْأَرَاضِي الزِّرَاعِيَّةِ فِي مِصْرَ بِسَبَبِ بِنَاءِ السَّدِّ الْعَالِي. (= اِزْدَادَتْ مِسَاحَةُ الْأَرَاضِي الزِّرَاعِيَّةِ فِي مِصْرَ بِسَبَبِ أَنَّ السَّدَّ الْعَالِي بُنِيَ.) 아스완 하이댐 건설로 인해 이집트의 농지면적이 넓어졌다.
②	نَجَحَ فِي الْاِمْتِحَانِ بِفَضْلِ مُسَاعَدَةِ أُمِّهِ. (= نَجَحَ فِي الْاِمْتِحَانِ بِفَضْلِ أَنَّ أُمَّهُ سَاعَدَتْهُ.) 그는 그의 어머니의 도움 덕택으로 시험에 합격했다. أَصْبَحَتِ اللُّغَةُ الْعَرَبِيَّةُ بِفَضْلِ الْإِسْلَامِ لُغَةَ حَضَارَةٍ كُبْرَى. 아랍어는 이슬람 덕택에 최대 문명의 언어가 되었다. اِزْدَادَتْ مِسَاحَةُ الْأَرَاضِي الزِّرَاعِيَّةِ فِي مِصْرَ بِفَضْلِ بِنَاءِ السَّدِّ الْعَالِي. (= اِزْدَادَتْ مِسَاحَةُ الْأَرَاضِي الزِّرَاعِيَّةِ فِي مِصْرَ بِفَضْلِ أَنَّ السَّدَّ الْعَالِي بُنِيَ.) 아스완 하이댐 건설로 인해 이집트의 농지면적이 넓어졌다.
③	نَجَحَ الطَّالِبُ فِي الْاِمْتِحَانِ عَلَى أَثَرِ مُذَاكَرَتِهِ جَيِّدًا. (= نَجَحَ الطَّالِبُ فِي الْاِمْتِحَانِ إِثْرَ مُذَاكَرَتِهِ جَيِّدًا.) 그 학생은 그가 열심히 공부함으로 인해 시험에 합격했다. أَصْبَحَتْ مُدِيرَةَ الشَّرِكَةِ عَلَى أَثَرِ إِخْلَاصِهَا فِي الْعَمَلِ. (= أَصْبَحَتْ مُدِيرَةَ الشَّرِكَةِ إِثْرَ إِخْلَاصِهَا فِي الْعَمَلِ.) 그녀는 일에 대한 성실함으로 인해 그 회사의 사장이 되었다.
④	أَجَّلَ الرَّئِيسُ الْاِجْتِمَاعَ نَظَرًا لِمَرَضِهِ. (= أَجَّلَ الرَّئِيسُ الْاِجْتِمَاعَ نَظَرًا لِأَنَّهُ مَرِيضٌ.) 대통령은 그의 병으로 인해 그 모임을 연기했다. عُدْنَا مُبَكِّرًا إِلَى الْبَيْتِ نَظَرًا لِإِلْغَاءِ الْمُحَاضَرَةِ. (= عُدْنَا مُبَكِّرًا إِلَى الْبَيْتِ نَظَرًا لِأَنَّ الْمُحَاضَرَةَ أُلْغِيَتْ.) 그 강의가 취소되어서 우리는 집에 일찍 돌아왔다.
⑤	نَظَرًا لِمَرَضِ الرَّئِيسِ فَقَدْ أُجِّلَ الْاِجْتِمَاعُ. (= نَظَرًا لِأَنَّ الرَّئِيسَ مَرِيضٌ فَقَدْ أُجِّلَ الْاِجْتِمَاعُ.) 대통령의 병 때문에 그 모임이 취소되었다. نَظَرًا لِبِنَاءِ السَّدِّ الْعَالِي فَقَدِ ازْدَادَتْ مِسَاحَةُ الْأَرَاضِي الزِّرَاعِيَّةِ فِي مِصْرَ. (= نَظَرًا لِأَنَّ السَّدَّ الْعَالِي بُنِيَ فَقَدِ ازْدَادَتْ مِسَاحَةُ الْأَرَاضِي الزِّرَاعِيَّةِ فِي مِصْرَ.) 아스완 하이댐 건설로 인해 이집트의 농지면적이 넓어졌다.

제39과 여러 가지 접속사에 대해

		بِالنَّظَرِ إِلَى أَنَّنِي عَمِلْتُ مُدَرِّسًا لِلُّغَةِ الْعَرَبِيَّةِ فَلَا أَسْتَطِيعُ أَنْ أَعْمَلَ شَيْئًا آخَرَ.
		내가 아랍어 교사로 일을 하였기에(in view of) 다른 일을 하는 것이 불가능하다.
		بِالنَّظَرِ إِلَى كَوْنِكَ كُورِيًّا فَمُسْتَوَاكَ فِي اللُّغَةِ الْعَرَبِيَّةِ أَفْضَلُ مِنَ الْمُتَوَقَّعِ.
		당신이 한국인이기 때문에(in view of) 당신의 아랍어 수준이 기대하는 것 보다 낫다.
⑥	그녀는 내일 여행을 가지 않을 것인데, 왜냐하면 그녀의 아들이 아프기 때문이다.	لَنْ تُسَافِرَ غَدًا لِأَنَّ ابْنَهَا مَرِيضٌ.
	현재 그가 그녀를 만날 수 없는데, 왜냐하면 그가 바쁘기 때문이다.	لَا يَسْتَطِيعُ مُقَابَلَتَهَا الْآنَ لِأَنَّهُ مَشْغُولٌ.
⑦	그녀는 어제 여행을 가지 않았는데, 왜냐하면 그녀의 아들의 병이 그녀의 여행을 막았기 때문이다.	لَمْ تُسَافِرْ أَمْسِ حَيْثُ إِنَّ مَرَضَ ابْنِهَا قَدْ مَنَعَهَا.
	그는 현재 그녀를 만나는 것이 불가능한데, 왜냐하면 그가 바쁘기 때문이다.	لَا يَسْتَطِيعُ مُقَابَلَتَهَا الْآنَ حَيْثُ إِنَّهُ مَشْغُولٌ.
⑧	그녀는 어제 여행을 가지 않았는데, 왜냐하면 그녀의 아들의 병이 그녀의 여행을 막았기 때문이다.	لَمْ تُسَافِرْ أَمْسِ إِذْ إِنَّ مَرَضَ ابْنِهَا قَدْ مَنَعَهَا.
	그는 현재 그녀를 만나는 것이 불가능한데, 왜냐하면 그가 바쁘기 때문이다.	لَا يَسْتَطِيعُ مُقَابَلَتَهَا الْآنَ إِذْ إِنَّهُ مَشْغُولٌ.
⑨		بِمَا أَنَّنِي مَشْغُولَةٌ جِدًّا فَلَنْ أُسَافِرَ غَدًا. (= لَنْ أُسَافِرَ غَدًا بِمَا أَنَّنِي مَشْغُولَةٌ جِدًّا.)
		내가(f.) 아주 바쁘기 때문에 내일 여행을 가지 않을 것이다.
		بِمَا أَنَّ الْأَوْلَادَ نَجَحُوا فَلَهُمْ هَدِيَّةٌ. (= لِلْأَوْلَادِ هَدِيَّةٌ بِمَا أَنَّهُمْ نَجَحُوا.)
		그 아이들이 합격했기 때문에 그들에게 선물이 있다.
		بِمَا أَنَّكَ كُورِيٌّ فَسَتَتَعَلَّمُ اللُّغَةَ الْعَرَبِيَّةَ بِسُهُولَةٍ. (= سَتَتَعَلَّمُ اللُّغَةَ الْعَرَبِيَّةَ بِسُهُولَةٍ ...)
		당신이 한국인이기 때문에 당신은 아랍어를 쉽게 배울 것이다.
⑩		نِمْتُ مُتَأَخِّرًا أَمْسِ مِمَّا أَدَّى إِلَى تَأَخُّرِي عَلَى الْعَمَلِ.
		어제 나는 늦게까지 잠을 자서 그로인해(혹은 그 결과로) 내가 직장에 늦었다.
		مَرِضَ مَرَضًا شَدِيدًا مِمَّا اضْطَرَّهُ إِلَى الِاعْتِذَارِ عَنِ الْحَفْلَةِ.
		그는 병이 나서 그것이 그가 파티 참석에 양해를 구하게 했다.(그로인해 파티에 못가게 되었다.)
	그는 오랜 기간 늦어서 그것이 상을 잃게 만들었다.(thus, that's why)	تَأَخَّرَ مُدَّةً طَوِيلَةً مِمَّا جَعَلَهُ يَخْسَرُ الْجَائِزَةَ.
		لَمْ يُذَاكِرِ الطُّلَّابُ جَيِّدًا مِمَّا جَعَلَهُمْ يَفْشَلُونَ.
		그 학생들은 열심히 공부하지 않았는데 그것이 그들을 낙방하게 했다.(그로인해 낙방하게 되었다.)
		كَانَ الْفَرِيقُ يُدَافِعُ، فَدَخَلَ هَدَفٌ فِي مَرْمَاهُ مِمَّا أَجْبَرَهُ عَلَى الْهُجُومِ.
		그 팀은 수비를 하고 있었고 그래서 골문에 한 골이 들어갔는데 그것이 공격을 하게 했다. (그로인해 공격을 하게 했다.)
		دَرَسْتُ لُغَاتٍ كَثِيرَةً مِمَّا سَاعَدَنِي عَلَى الْعَمَلِ فِي وَظِيفَةٍ مُمْتَازَةٍ.
		나는 여러개의 언어들을 공부했는데 그것이 내가 아주 좋은 직업에서 일하도록 도왔다.(그로인해 ...)
⑪	그는 급한 상태였는데 그것이 그를 뛰게 만들었다.(the thing that)	كَانَ مُسْتَعْجِلًا الْأَمْرُ الَّذِي جَعَلَهُ يَرْكُضُ.
		لَمْ يَسْتَطِعْ تَسْدِيدَ دُيُونِهِ الْأَمْرُ الَّذِي اضْطَرَّهُ لِلْهَرَبِ.
		그는 그의 빚을 갚을 능력이 없어서 그것이 그를 도망가게 했다.(그로인해 도망가게 되었다.)

종합 아랍어 문법 II

أَعْمَلُ إِلَى جَانِبِ دِرَاسَتِي الأَمْرُ الَّذِي يَجْعَلُنِي مَشْغُولاً جِدًّا.	
나는 공부와 함께 일을 하고 있는데, 그것이 나를 아주 바쁘게 만든다.(그로 인해 아주 바쁘다.)	
كَانَتِ الْمَرْأَةُ تَقُودُ سَيَّارَتَهَا بِسُرْعَةٍ الأَمْرُ الَّذِي أَدَّى إِلَى اصْطِدَامِهَا بِالرَّصِيفِ.	
그 여자가 그녀의 자동차를 과속으로 운전하고 있었는데, 그것이 자동차가 보도(pavement)와 충돌하게 하였다.(그로인해 충돌하게 되었다.)	
أُرِيدُ أَنْ أَدْرُسَ اللُّغَةَ الْعَرَبِيَّةَ الأَمْرُ الَّذِي جَعَلَنِي أُسَافِرُ إِلَى مِصْرَ لِدِرَاسَتِهَا.	
나는 아랍어를 공부하길 원하는데, 그것이 내가 그것을 공부하기 위해 이집트로 여행하게 만들었다.(그로인해 이집트로 여행하도록 했다.)	

** 아래를 비교하라.

نَظَرًا لـِ 와 بِالنَّظَرِ إِلَى 는 거의 같은 의미로 사용되지만 نَظَرًا لـِ 문맥이 원인과 결과의 인과관계가 더 분명하게 나타난다. بِالنَّظَرِ إِلَى 는 문장의 처음에 사용된다.

혁명이 실패한 관계로 아무도 미래를 볼 수 없다.	لاَ أَحَدَ يَرَى الْمُسْتَقْبَلَ نَظَرًا لِفَشَلِ الثَّوْرَةِ.
	بِالنَّظَرِ إِلَى فَشَلِ الثَّوْرَةِ فَلاَ أَحَدَ يَرَى الْمُسْتَقْبَلَ.

** '...하는 것이 두려워 ...하다'의 의미를 가진 접속사

①	...하는 것이 두려워 ...하다 (명사나 동명사가 후연결어로 온다.) (이유목적어로 사용)	... خَشْيَةَ
②		... مَخَافَةَ
③		... خَوْفًا مِنْ
④	...하는 것이 두려워 (for fear that...) ...하다 (미완료형 접속법 동사를 이끈다.)	... خَشْيَةَ أَنْ ...
⑤		... مَخَافَةَ أَنْ ...
⑥		... خَوْفًا مِنْ أَنْ ...
⑦	...하지 않는 것이 두려워 ...하다 (for fear that ...may/might not) (미완료형 접속법 동사를 이끈다.)	... خَشْيَةَ أَلاَّ ...
⑧		... مَخَافَةَ أَلاَّ ...
⑨		... خَوْفًا مِنْ أَلاَّ ...

예문들

①	그는 실수들이 발생할까 두려워 그것을 끝냈다.	لَقَدْ أَنْهَاهَا¹ خَشْيَةَ الْوُقُوعِ فِي أَخْطَاءٍ.
		لَقَدْ أَنْهَيْنَا الْمُنَاقَشَةَ الْحَادَّةَ خَشْيَةَ غَضَبِ رَئِيسِ الاِجْتِمَاعِ.
	우리는 의장이 화낼 것을 두려워하여 예리한 논쟁을 끝냈다.	
②	그는 실수들이 발생할까 두려워 그것을 끝냈다.	لَقَدْ أَنْهَاهَا مَخَافَةَ الْوُقُوعِ فِي أَخْطَاءٍ.
		لَقَدْ أَنْهَيْنَا الْمُنَاقَشَةَ الْحَادَّةَ مَخَافَةَ غَضَبِ رَئِيسِ الاِجْتِمَاعِ.
	우리는 의장이 화낼 것을 두려워하여 예리한 논쟁을 끝냈다.	
③	그는 실수들이 발생할까 두려워 그것을 끝냈다.	لَقَدْ أَنْهَاهَا خَوْفًا مِنَ الْوُقُوعِ فِي أَخْطَاءٍ.
		لَقَدْ أَنْهَيْنَا الْمُنَاقَشَةَ الْحَادَّةَ خَوْفًا مِنْ غَضَبِ رَئِيسِ الاِجْتِمَاعِ.
	우리는 의장이 화낼 것을 두려워하여 예리한 논쟁을 끝냈다.	
④	그는 실수들이 발생할까 두려워 그것을 끝냈다.	لَقَدْ أَنْهَاهَا خَشْيَةَ أَنْ يَقَعَ فِي أَخْطَاءٍ.
		لَقَدْ أَنْهَيْتُ الْمُنَاقَشَةَ الْحَادَّةَ مَعَ صَدِيقِي خَشْيَةَ أَنْ يُسِيءَ² أَحَدُنَا إِلَى الآخَرِ.
	나는 우리 가운데 한 사람이 다른 사람에게 나쁜 행동을 할까 무서워 나의 친구와의 예리한 논쟁을 끝냈다.	
⑤	그는 실수들이 발생할까 두려워 그것을 끝냈다.	لَقَدْ أَنْهَاهَا مَخَافَةَ أَنْ يَقَعَ فِي أَخْطَاءٍ.
		لَقَدْ أَنْهَيْتُ الْمُنَاقَشَةَ الْحَادَّةَ مَعَ صَدِيقِي مَخَافَةَ أَنْ يُسِيءَ أَحَدُنَا إِلَى الآخَرِ.
	나는 우리 가운데 한 사람이 다른 사람에게 나쁜 행동을 할까 무서워 나의 친구와의 예리한 논쟁을 끝냈다.	
⑥	그는 실수들이 발생할까 두려워 그것을 끝냈다.	لَقَدْ أَنْهَاهَا خَوْفًا مِنْ أَنْ يَقَعَ فِي أَخْطَاءٍ.
		لَقَدْ أَنْهَيْتُ الْمُنَاقَشَةَ الْحَادَّةَ مَعَ صَدِيقِي خَوْفًا مِنْ أَنْ يُسِيءَ أَحَدُنَا إِلَى الآخَرِ.
	나는 우리 가운데 한 사람이 다른 사람에게 나쁜 행동을 할까 무서워 나의 친구와의 예리한 논쟁을 끝냈다.	
⑦	나는 합격하지 못할까 두려워 열심히 공부했다.	ذَاكَرْتُ جَيِّدًا خَشْيَةَ أَلاَّ أَنْجَحَ.
		اعْتَذَرَ الْمُدِيرُ عَنِ الاِجْتِمَاعِ بِالصُّحُفِيِّينَ خَشْيَةَ أَلاَّ يَسْتَطِيعَ الإِجَابَةَ عَنْ أَسْئِلَتِهِمْ.
	그 사장은 기자들의 질문들에 답을 못할까 두려워 기자회견에 대해(참석못한다고) 양해를 구했다.	
⑧	나는 합격하지 못할까 두려워 열심히 공부했다.	ذَاكَرْتُ جَيِّدًا مَخَافَةَ أَلاَّ أَنْجَحَ.
		اعْتَذَرَ الْمُدِيرُ عَنِ الاِجْتِمَاعِ بِالصُّحُفِيِّينَ مَخَافَةَ أَلاَّ يَسْتَطِيعَ الإِجَابَةَ عَنْ أَسْئِلَتِهِمْ.
	그 사장은 기자들의 질문들에 답을 못할까 두려워 기자회견에 대해(참석못한다고) 양해를 구했다.	
⑨	나는 합격하지 못할까 두려워 열심히 공부했다.	ذَاكَرْتُ جَيِّدًا خَوْفًا مِنْ أَلاَّ أَنْجَحَ.
		اعْتَذَرَ الْمُدِيرُ عَنِ الاِجْتِمَاعِ بِالصُّحُفِيِّينَ خَوْفًا مِنْ أَلاَّ يَسْتَطِيعَ الإِجَابَةَ عَنْ أَسْئِلَتِهِمْ.
	그 사장은 기자들의 질문들에 답을 못할까 두려워 기자회견에 대해(참석못한다고) 양해를 구했다.	

---

[1] أَنْهَى/يُنْهِي هـ – إِنْهَاءٌ ..을 끝내다

[2] أَسَاءَ/يُسِيءُ إِلَى ه – إِسَاءَةٌ ..에게 나쁜짓을 하다 (to offend, hurt)

14. 결과(النَتِيجَة)를 나타내는 접속사

①		... وَلِهَذَا (أَوْ لِهَذَا)
②	그래서 ...하다, 그러므로 ...하다 (so, therefore)	... وَلِذَلِكَ (أَوْ لِذَلِكَ)
③		... وَبِذَلِكَ (أَوْ بِذَلِكَ)
④		... وَلِهَذَا السَّبَب (أَوْ لِهَذَا السَّبَب)
⑤	그래서 ...하다, 그러므로 ...하다, 그 이유로 ...하다(thus, therefore, for this reason)	... وَبِسَبَب ذَلِكَ (أَوْ بِسَبَب ذَلِكَ)
⑥		... وَعَلَى هَذَا (أَوْ وَعَلَى ذَلِكَ)
⑦	그래서 ...하다, 이러한 방법으로 ...하다 (so, in this way)	... وَبِهَذِهِ الطَّرِيقَة
⑧	그래서 ...하다, 그 결과 ...하다(hence)	... وَمِنْ ثَمَّ
⑨	그래서 ...하다, 그 이유(결과)로 ...하다(hence)	... وَمِنْ هُنَا
⑩	..의 결과로(as a result of) (구(句)를 이끔) (نَتِيجَة 이후 동명사가 온다)	نَتِيجَةَ ... (أَوْ نَتِيجَةً لِـ ...)
⑪	그 결과 ...하다(as a result, consequently) (절(節)을 이끔)	... وَنَتِيجَةً لِهَذَا (أَوْ وَنَتِيجَةً لِذَلِكَ)
⑫	..의 결과로(as a result of) (구(句)를 이끔) (إِثْر 이후 동명사가 온다)	إِثْرَ ... (أَوْ عَلَى إِثْرِ ...)
⑬	그 결과 ; 그 직후 (절(節)을 이끔)	... إِثْرَ ذَلِكَ (أَوْ وَإِثْرَ ذَلِكَ)
⑭		... عَلَى أَثَرِ ذَلِكَ (أَوْ وَعَلَى أَثَرِ ذَلِكَ)

→ 위의 ④⑤⑥⑦⑧⑨⑪뒤에 فـ 가 올 수 있다.

15		... بِحَيْثُ ...
16	(너무)..해서 (그 결과)..하다 (so that, so as, so ... that)	... بِحَيْثُ إِنَّ ...
17		... لِدَرَجَةِ أَنَّ ...
18		... حَتَّى أَنَّ ...

19	그렇다면, 그러면 (therefore, then)	... إِذَنْ
20		... إِذًا

예문들

①	حِينَ كُنْتُ طِفْلاً كِدْتُ أَغْرَقُ وَلِهَذَا أَكْرَهُ الْبَحْرَ.	내가 아이였을 때 익사할 뻔했는데, 그래서 나는 바다를 싫어한다.
	الأَمْطَارُ تَهْطِلُ وَلِهَذَا لاَ يُوجَدُ شَخْصٌ بِالشَّارِعِ.	비들이 쏟아붓고 있고 그래서 거리에 아무도 없었다.
	لَقَدْ فَشِلَ فِي تِجَارَتِهِ وَخَسِرَ كُلَّ شَيْءٍ وَلِهَذَا فَقَدْ قَرَّرَ أَنْ يُهَاجِرَ مِنْ بَلَدِهِ.	그는 장사에 실패하고 모든 것을 잃었다. 그래서 그의 나라로부터 이민을 갈 것을 결정했다.
②	أَرَادَ الطَّرَفَانِ الشَّرَاكَةَ لِذَلِكَ أَبْرَمَا عَقْدًا.	그 쌍방은 동업하는 것을 원했고, 그래서 쌍방은 계약을 맺었다.
	نَجَحَتْ أُخْتِي لِذَلِكَ سُرَّ قَلْبِي.	나의 여동생(누나)은 시험에 합격했고, 그래서 나의 마음은 기뻤다.
	كَانَ لَدَيْهَا إِجَازَةُ شَهْرٍ وَلِذَلِكَ سَافَرَتْ إِلَى الإِسْكَنْدَرِيَّةِ.	그녀에게 한 달간의 휴가가 있어서 그녀는 알렉산드리아에 여행을 갔다.
③	تَخَرَّجْتُ بِدَرَجَاتٍ مُمْتَازَةٍ وَبِذَلِكَ أَسْتَطِيعُ الْحُصُولَ عَلَى عَمَلٍ جَيِّدٍ.	나는 우수한 등급으로 졸업하였는데 그래서 나는 한 좋은 직장을 얻을 수 있다.
	تَزَوَّجَ أَخِي، وَبِذَلِكَ أَصْبَحَ مَسْؤُولاً عَنْ أُسْرَةٍ.	내 형(남동생)은 결혼했는데 그래서 그는 가족에 대한 책임을 가지게 되었다.
④	يُعَامِلُنِي الْمُدِيرُ بِقَسْوَةٍ لِهَذَا السَّبَبِ لاَ أُصَادِقُهُ.	사장이 나를 천대하여서 나는 그를 친구로 대하지 않는다.
	الْمُوَاصَلاَتُ مُزْدَحِمَةٌ لِهَذَا السَّبَبِ أُفَضِّلُ رُكُوبَ سَيَّارَتِي.	교통이 복잡하여서 나는 나의 자동차를 타는 것을 선호한다.
⑤	كَانَتْ هُنَاكَ بَرَاكِينُ، وَمَاتَ الْعَدِيدُ بِسَبَبِ ذَلِكَ.	화산폭발들이 있었고, 그래서 많은 사람들이 죽었다.
	شَهَادَتِي بِلاَ قِيمَةٍ، وَبِسَبَبِ ذَلِكَ أَرْغَبُ فِي الْحُصُولِ عَلَى أُخْرَى.	나의 학위는 가치가 없다. 그래서 나는 다른 학위를 받길 희망한다.
⑥	نَصَحَتِ الأُمُّ أَبْنَاءَهَا بِالْقِرَاءَةِ وَعَلَى هَذَا فَقَدِ اشْتَرَوْا كُتُبًا كَثِيرَةً.	그 엄마가 그녀의 아들들에게 책 읽기를 충고했는데, 그래서 그들은 많은 책을 구입했다.
	يَحْتَلُّ الْمَسْرَحُ مَكَانًا هَامًّا فِي الدُّوَلِ الْمُتَقَدِّمَةِ وَعَلَى هَذَا فَقَدْ بَدَأَ الْمُجْتَمَعُ الْعَرَبِيُّ يَهْتَمُّ بِهِ أَيْضًا.	선진국가들에서 연극은 중요한 위치를 차지한다. 그래서 아랍 사회도 그것에 관심을 가지기 시작했다.
⑦	أَعْمَلُ فِي وَظِيفَتَيْنِ، وَبِهَذِهِ الطَّرِيقَةِ يُمْكِنُنِي ادِّخَارُ نُقُودٍ أَكْثَرَ.	나는 두 개의 직장에서 일을 하고 있는데 이러한 방법으로 나는 더 많은 돈을 저축하는 것이 가능하다.
	يَتَعَاوَنُونَ مَعَ بَعْضِهِمْ، وَبِهَذِهِ الطَّرِيقَةِ يُنْهُونَ عَمَلَهُمْ سَرِيعًا.	그들은 서로서로 협력한다. 이러한 방법으로 그들의 일을 빠르게 끝마친다.
⑧	وَبَّخْتُ ابْنِي عَلَى كَسَلِهِ وَمِنْ ثَمَّ وَجَدْتُهُ يَجْتَهِدُ.	나는 나의 아들의 게으름에 대해 그를 꾸짖었고 그 결과 나는 그가 부지런한 것을 발견했다.
	ارْتَطَمَ رَأْسِي بِحَجَرٍ وَمِنْ ثَمَّ فَقَدْتُ الْوَعْيَ.	내 머리가 돌에 맞아 부서졌고 그 결과 나는 의식을 잃었다.
⑨	أُرِيدُ دِرَاسَةَ الْقَوَاعِدِ الْعَرَبِيَّةِ وَمِنْ هُنَا يَجِبُ أَنْ أَبْحَثَ عَنْ مُدَرِّسٍ جَيِّدٍ.	나는 아랍어 문법을 공부하길 원한다. 그래서 나는 좋은 선생님을 찾아야 한다.

종합 아랍어 문법 II

	حَاوَلَ أَنْ يَضُمَّ فِي بَحْثِهِ كُلَّ مَا كُتِبَ عَنِ الْمَوْضُوعِ وَمِنْ هُنَا فَقَدْ قَرَأَ الْمَصَادِرَ الْمَطْبُوعَةَ وَالْمَخْطُوطَةَ بِدِقَّةٍ.
	그는 그의 연구에서 그 주제에 대해 기록된 모든 것을 조합하는 시도를 했는데 그래서 그는 출판된 자료들과 수기된 자료들을 세밀하게 읽었다.
⑩	نَجَحَ الطَّالِبُ فِي الِامْتِحَانِ نَتِيجَةَ اجْتِهَادِهِ (أَوْ نَتِيجَةً لِاجْتِهَادِهِ).
	그 학생은 그의 노력의 결과로 시험에 합격했다.
	عُيِّنْتُ فِي وَظِيفَةٍ مُهِمَّةٍ نَتِيجَةَ تَفَوُّقِي (أَوْ نَتِيجَةً لِتَفَوُّقِي) فِي الدِّرَاسَةِ.
	나는 공부에서 성적이 뛰어난 결과로 중요한 직책에 임명되었다.
	طُرِدَتْ نَتِيجَةَ تَرْكِ عَمَلِهَا (أَوْ نَتِيجَةً لِتَرْكِ عَمَلِهَا) قَبْلَ الْمَوْعِدِ.
	그녀는 퇴근시간 이전 그녀의 일자리를 떠난 결과로 해직당했다.
⑪	اجْتَهَدَ الطَّالِبُ فِي الِامْتِحَانِ وَنَتِيجَةَ لِذَلِكَ نَجَحَ.
	그 학생은 시험(준비)에 열심히 노력하였는데, 그 결과 합격했다.
	تَفَوَّقْتُ فِي الدِّرَاسَةِ وَنَتِيجَةَ لِذَلِكَ عُيِّنْتُ فِي وَظِيفَةٍ مُهِمَّةٍ.
	나는 공부에서 성적이 뛰어났는데, 그 결과로 중요한 직책에 임명되었다.
⑫	نَجَحَ الطَّالِبُ فِي الِامْتِحَانِ إِثْرَ (أَوْ عَلَى أَثَرِ) مُذَاكَرَتِهِ جَيِّدًا.
	그 학생은 그가 열심히 공부함으로 인해 시험에 합격했다.
	عُيِّنْتُ فِي وَظِيفَةٍ مُهِمَّةٍ إِثْرَ تَفَوُّقِي (أَوْ عَلَى أَثَرِ تَفَوُّقِي) فِي الدِّرَاسَةِ.
	나는 공부에서 성적이 뛰어난 결과로 중요한 직책에 임명되었다.
⑬	تَرَكَتْ عَمَلَهَا قَبْلَ الْمَوْعِدِ، إِثْرَ ذَلِكَ طُرِدَتْ.
	그녀는 퇴근 시간 이전에 그녀의 일자리를 떠나서, 그 결과로 해직되었다.
	بَعْدَ وَفَاةِ وَالِدِهَا أَصْبَحَتْ فَقِيرَةً جِدًّا وَإِثْرَ ذَلِكَ كَانَتْ تَتَسَوَّلُ فِي الطُّرُقَاتِ.
	그녀의 아버지가 사망하고 난 뒤 그녀는 아주 가난해 졌고, 그 결과로 거리들에서 구걸하였다.
⑭	ذَاكَرَ الطَّالِبُ جَيِّدًا، عَلَى أَثَرِ ذَلِكَ نَجَحَ فِي الِامْتِحَانِ.
	그 학생은 열심히 공부하였고, 그 결과 시험에 합격하였다.
	أَخْلَصَتْ فِي الْعَمَلِ وَعَلَى أَثَرِ ذَلِكَ أَصْبَحَتْ مُدِيرَةَ الشَّرِكَةِ.
	그녀는 일에서 성실하였고, 그 결과 회사의 사장이 되었다.

15	나는 분명한 글씨체로 필기하므로 그 결과 내가 읽는 것이 가능해졌다.	أَكْتُبُ بِخَطٍّ وَاضِحٍ، بِحَيْثُ يُمْكِنُنِي الْقِرَاءَةُ.
	그는 매일 밤을 지새는 것에 익숙한 나머지, 그의 건강이 나빠졌다.	لَقَدْ تَعَوَّدَ عَلَى السَّهَرِ كُلَّ لَيْلَةٍ، بِحَيْثُ سَاءَتْ صِحَّتُهُ.
	내 이웃은 매일 축구를 한 결과 아주 뛰어난 기술의 소유자가 되었다.	يَلْعَبُ جَارِي كُرَةَ الْقَدَمِ يَوْمِيًّا بِحَيْثُ صَارَ ذَا مَهَارَاتٍ مُمْتَازَةٍ.

882

16	أَكَلْنَا أَكْثَرَ مِنَ اللاَّزِمِ فِي الْعَشَاءِ بِحَيْثُ إِنَّنَا لَمْ نَسْتَطِعْ أَنْ نَنَامَ.	
	우리는 저녁을 필요이상으로 너무 많이 먹은 나머지 우리는 잠을 이룰 수가 없었다.	
	كَانَ أَبِي مُتْعَبًا جِدًّا بِحَيْثُ إِنَّهُ نَامَ فِي السَّيَّارَةِ.	
	내 아버지는 너무 피곤했던 나머지 차안에서 잠을 잤다.	
17	كَانَ التَّصَادُمُ شَدِيدًا لِدَرَجَةِ أَنَّ كُلَّ الرُّكَّابِ قَدْ مَاتُوا.	
	그 충돌이 너무 심한 결과 모든 승객들이 사망하였다.	
	أُحِبُّ الأَفْلاَمَ الْكُومِيدِيَّةَ لِدَرَجَةِ أَنِّي أُشَاهِدُ فِيلْمًا كُلَّ يَوْمٍ.	
	나는 코미디 영화들을 좋아한 결과 매일 영화를 본다.	
	그는 그의 아들에게 화가 많이 나서 그를 쫓아내기 까지 하였다.	غَضِبَ مِنَ ابْنِهِ بِشِدَّةٍ لِدَرَجَةِ أَنَّهُ طَرَدَهُ.
18	كَانُوا يَسْمَعُونَ ذَلِكَ وَيَضْحَكُونَ لَهُ حَتَّى أَنَّ جُنُوبَهُمْ لَتَكَادُ تَنْقَدُّ¹ مِنَ الضَّحِكِ.	
	그들은 그것을 듣고 그것에 대해서 웃은 나머지 그들의 옆구리들이 웃음에 의해 거의 떨어져나갈뻔했다.	
	يَلْعَبُ جَارِي كُرَةَ الْقَدَمِ يَوْمِيًّا حَتَّى أَنَّهُ صَارَ ذَا مَهَارَاتٍ مُمْتَازَةٍ.	
	내 이웃은 매일 축구를 한 결과 아주 뛰어난 기술의 소유자가 되었다.	

19	A : 나는 내 공부에 부지런했다. B : 그러면 너는 합격할 것이다.	أ : اجْتَهَدْتُ فِي دُرُوسِي. ب : إِذَنْ تَنْجَحَ.
	A : 나는 진실하다. B : 그렇다면 사람들이 당신을 존경할 것이다.	أ : أَنَا صَادِقٌ. ب : إِذَنْ يَحْتَرِمُكَ النَّاسُ.
	A : 나는 밤낮으로 일한다. B : 그렇다면 당신은 당신의 목적에 다다를 것이다.	أ : أَعْمَلُ لَيْلَ نَهَارَ. ب : إِذَنْ تَصِلَ إِلَى هَدَفِكَ.
	A : 나는 일요일 밤에 당신을 방문할 것이다. B : 그렇다면 나는 당신을 기다릴 것이다.	أ : سَأَزُورُكَ نَهَارَ الأَحَدِ. ب : إِذَنْ أَنْتَظِرَكَ.
	A : 나는 당신의 실수들을 용서하겠다. B : 그렇다면 나는 너에게 그것들을 반복하지 않겠다고 약속할게	أ : أُسَامِحُكَ عَلَى أَخْطَائِكَ. ب : إِذَنْ أَعِدُكَ بِعَدَمِ تَكْرَارِهَا.
20	진실된 자는 사랑을 받는다.	الصَّادِقُ إِذَا مَحْبُوبٌ.
	만일 당신의 말들이 많아진다면 당신의 말을 듣는 사람들은 지루해질 것이다.	إِنْ يَكْثُرْ كَلاَمُكَ إِذَا يَسْأَمْ² سَامِعُوكَ.
	만일 사람들이 서로서로 옳게 행한다면 그들은 기쁠 것이다.	إِذَا أَنْصَفَ النَّاسُ بَعْضُهُمْ بَعْضًا إِذَا يَسْعَدُونَ.
	A : 나는 오늘 공부하지 않을 것이다. B : 그러면 당신은 게으름을 피우고 있다.	أ : لَنْ أَدْرُسَ الْيَوْمَ. ب : إِذَا أَنْتَ تَتَكَاسَلُ.
	A : 나는 채소들을 좋아한다. B : 그러면 당신(f.)은 채식주의자이다.	أ : أَنَا أُحِبُّ الْخُضْرَوَاتِ. ب : إِذَا أَنْتِ نَبَاتِيَّةٌ.

---

¹ اِنْقَدَّ/ يَنْقَدُّ = اِنْشَقَّ 갈기갈기 찢어지다, 토막으로 잘리우다

² سَئِمَ/ يَسْأَمُ هـ أَوْ مِنْ – سَأْمٌ ...으로부터 지루해지다, 지치다

إِذَنْ 과 إِذًا 의 비교

إِذَنْ 과 إِذًا 두 단어는 발음이 동일하고, 의미가 원인과 결과의 의미 즉 لِهَذَا السَّبَبِ '그렇다면', '그래서'의 의미를 가진다. 그러나 용법에서 차이점이 있다.

إِذَنْ 의 용법	إِذًا 의 용법
1. 두 사람의 대화 가운데 먼저 말한 사람의 말에 '그렇다면 …' 하고 답변을 하는 문장에 사용된다. 2. إِذَنْ 뒤에는 미완료 동사의 접속법이 온다. 3. إِذَنْ 이전의 문장에는 현재나 과거 시제가 가능하고, إِذَنْ 이후의 문장은 주로 미래의 의미가 된다. 4. إِذَنْ 과 그 뒤의 접속법 동사 사이에 부정어 لَا 와 맹세어가 오는 경우 이외에는 다른 단어가 올 수 없다.	1. 두 사람의 대화 가운데 사용도 가능하고, 한 사람이 말한 한 문장에서도 가능하다. 2. إِذًا 뒤에 미완료 직설법 혹은 완료형 동사가 오거나, إِذًا 과 동사 사이에 다른 단어가 오거나, إِذًا 뒤에 명사가 올 수도 있다. 4. إِذَنْ 은 많이 사용되지 않지만 إِذًا 은 많이 사용된다.

إِذَنْ 이 사용된 예문

A : 나는 밖으로 나갈 것이다. B : 그렇다면 나도 너와 함께 갈 것이다.	أ : سَأَخْرُجُ. ب : إِذَنْ أُرَافِقُكَ.
A : 그는 관대하다. B : 그렇다면 사람들이 그를 좋아할 것이다.	أ : هُوَ كَرِيمٌ. ب : إِذَنْ يُحِبُّهُ النَّاسُ.
A : 내가 내일 너에게 갈게. B : 그렇다면 내가 너를 대접할 것이다.	أ : أَنَا آتِيكَ غَدًا. ب : إِذَنْ أُكْرِمُكَ.

** إِذَنْ 이 문장에서 사용될 때 إِذَنْ 과 그 뒤의 접속법 동사 사이에 다른 단어가 올 수 없다. 그러나 아래와 같이 그 사이에 부정사 لَا 가 오는 경우와 맹세문이 오는 것은 가능하다.

A : 한 시간뒤에 여행을 떠날 것이다. B : 그러면 나는 당신을 방문하지 못한다. (부정사 لَا 가 왔다.)	أ : سَأُسَافِرُ بَعْدَ سَاعَةٍ. ب : إِذَنْ لَا أَزُورُكَ.
A : 우리의 원수가 폭탄들로 우리를 공격하고 있다. B : 그렇다면 신에게 맹세코 우리는 그들과 싸울 것이다.	أ : عَدُوُّنَا يَضْرِبُنَا بِالْقَنَابِلِ. ب : إِذَنْ وَاللهِ نُقَاتِلُهُمْ.

إِذًا 이 사용된 예문

당신이 관용을 지나치게 베푼다면 당신은 약하다고 비난받을 것이다.	إِنْ تُسْرِفْ فِي التَّسَامُحِ، إِذًا تُتَّهَمْ بِالضَّعْفِ.
당신이 내가 이 일을 하도록 강요했기 때문에 나는 비난받지 않는다.	أَنْتَ دَفَعْتَنِي إِلَى هَذَا الْعَمَلِ، فَأَنَا إِذًا غَيْرُ مَلُومٍ.
A : 우리의 친구가 병원에 있다. B : 그렇다면 우리 같이 그를 방문하자.	أ : صَدِيقُنَا فِي الْمُسْتَشْفَى. ب : إِذًا فَلْنَزُرْهُ[1].
A : 그는 지리과목을 좋아하지 않는다. B : 그렇다면 왜 그가 그것을 공부하니?	أ : هُوَ لَا يُحِبُّ الْجُغْرَافِيَا. ب : إِذًا لِمَاذَا يَدْرُسُهَا؟
A : 그는 시험에 떨어졌다. B : 그래서 그의 친구와 함께 가지 않을 것이다.	أ : فَشِلَ فِي الامْتِحَانِ. ب : إِذًا فَلَنْ يَذْهَبَ مَعَ أَصْدِقَائِهِ.

---

[1] لـِ + فَـ + <간접명령> نَزُرْ + <단축법> + ه ← زَارَ/يَزُورُ ه أو هـ - زِيَارَةً ..을 방문하다

** ... إِثْرَ 와 إِثْرَ ذَلِكَ 의 비교 (혹은 ... عَلَى أَثَرِ 와 عَلَى أَثَرِ ذَلِكَ 의 비교) **

여기서도 ذَلِكَ의 영향으로 ① 문장과 ② 문장의 순서가 달라진다.

①	نَجَحَ الطَّالِبُ فِي الاِمْتِحَانِ إِثْرَ (أَوْ عَلَى أَثَرِ) مُذَاكَرَتِهِ جَيِّدًا.
	그 학생은 그가 열심히 공부함으로 인해 시험에 합격했다. (결과절이 먼저 오고 원인절이 나중에 옴)
②	ذَاكَرَ الطَّالِبُ جَيِّدًا، إِثْرَ ذَلِكَ (أَوْ عَلَى أَثَرِ ذَلِكَ) نَجَحَ فِي الاِمْتِحَانِ.
	그 학생은 열심히 공부하였고, 그 결과 시험에 합격하였다. (원인절이 먼저 오고 결과절이 나중에 옴)

** ... نَتِيجَةَ 와 ... وَنَتِيجَةً لِهَذَا 의 비교 **

여기서도 ذَلِكَ의 영향으로 ① 문장과 ② 문장의 순서가 달라진다.

①	طُرِدَتْ نَتِيجَةَ تَرْكِ عَمَلِهَا قَبْلَ الْمَوْعِدِ.
	그녀는 퇴근시간 이전 그녀의 일자리를 떠난 결과로 해직당했다. (결과절이 먼저 옴)
②	تَرَكَتْ عَمَلَهَا قَبْلَ الْمَوْعِدِ وَنَتِيجَةً لِذَلِكَ طُرِدَتْ.
	그녀는 퇴근 시간 이전에 그녀의 일자리를 떠나서, 그 결과로 해직되었다. (원인절이 먼저 옴)

15. 목적(الْغَرَضُ أَوِ الْهَدَفُ)을 나타내는 접속사

아래의 ①②③④ 접속사들은 그 뒤에 구(句)가 오며 ⑤⑥⑦⑧⑨ 접속사들은 그 뒤에 절(節)이 온다.
특히 ⑤⑥⑦⑧접속사 뒤에는 미완료 동사의 접속법이 온다.
لِـ, كَيْ, لِكَيْ, حَتَّى, فَـ(فَاءُ السَّبَبِيَّةِ)는 접속법 불변사(حُرُوفُ نَصْبٍ)이다.

①	..하기 위해, ..할 목적으로 (구(句)를 이끔) (بِغَرَضِ 뒤에 동명사가 주로 온다)	بِغَرَضِ ... (أَوْ بِغَرَضِ أَنْ ...)
②	..하기 위해, ..할 목적으로 (구(句)를 이끔) (بِهَدَفِ 뒤에 동명사가 주로 온다)	بِهَدَفِ ... (أَوْ بِهَدَفِ أَنْ ...)
③	..하기 위해, ..할 목적으로 (구(句)를 이끔) (مِنْ أَجْلِ 뒤에 동명사, 명사, 대명사가 온다)	مِنْ أَجْلِ ... (أَوْ مِنْ أَجْلِ أَنْ ...)
④	..하기 위해, ..할 목적으로 (구(句)를 이끔) (لِـ 뒤에 동명사가 온다)	... لِـ + 동명사 →
⑤	..하기 위해, ..할 목적으로 (절(節)을 이끔) (لَامُ التَّعْلِيلِ) (미완료 동사의 접속법이 온다)	... لِـ + 미완료 접속법 동사 →
⑥	..하기 위해, ..할 목적으로 (절(節)을 이끔) (미완료 동사의 접속법이 온다)	... كَيْ (لِكَيْ) + 미완료 접속법 동사 →
⑦	..하기 위해, ..할 목적으로 (절(節)을 이끔) (미완료 동사의 접속법이 온다)	... حَتَّى + 미완료 접속법 동사 →
⑧	...하지 않기 위해 (절(節)을 이끔) (미완료 동사의 접속법이 온다) (لِكَيْ + لَا)	... لِكَيْلَا (أَوْ كَيْلَا) + 미완료 접속법 동사 →
⑨	이유접속사 (فَاءُ السَّبَبِيَّةِ) 목적절((節)을 이끔	... فَـ + 미완료 접속법 동사 →
⑩	여러 가지 이유목적어 (الْمَفْعُولُ لَهُ) 이유목적어가 목적의 의미를 표현하는 경우들에 대해서는 이 책 '여러 가지 목적격에 대해 – 이유목적어' 부분에서 공부하도록 하라.	

예문들

①	그는 아랍어를 공부할 목적으로 이집트에 왔다.	حَضَرَ إِلَى مِصْرَ بِغَرَضِ دِرَاسَةِ الْعَرَبِيَّةِ.
		= حَضَرَ إِلَى مِصْرَ بِغَرَضِ أَنْ يَدْرُسَ الْعَرَبِيَّةَ.
		تَعَرَّفْتُ عَلَى زَمِيلَتِي فِي الْجَامِعَةِ بِغَرَضِ طَلَبِ الزَّوَاجِ مِنْهَا.
		= تَعَرَّفْتُ عَلَى زَمِيلَتِي فِي الْجَامِعَةِ بِغَرَضِ أَنْ أَطْلُبَ الزَّوَاجَ مِنْهَا.
	나는 대학에서 청혼할 목적으로 내 여자 동기를 사귀었다.	
②	그는 아랍어를 공부할 목적으로 이집트에 왔다.	حَضَرَ إِلَى مِصْرَ بِهَدَفِ دِرَاسَةِ الْعَرَبِيَّةِ.
		= حَضَرَ إِلَى مِصْرَ بِهَدَفِ أَنْ يَدْرُسَ الْعَرَبِيَّةَ.
		يَعْمَلُ الْآبَاءُ كَثِيرًا بِغَرَضِ تَوْفِيرِ حَيَاةٍ جَيِّدَةٍ لِأُسَرِهِمْ.
		= يَعْمَلُ الْآبَاءُ كَثِيرًا بِغَرَضِ أَنْ يُوَفِّرُوا حَيَاةً جَيِّدَةً لِأُسَرِهِمْ.
	아버지들은 그의 가족들에게 좋은 삶을 제공할 목적으로 일을 많이 한다.	

제39과 여러 가지 접속사에 대해

③	그는 아랍어를 공부하기 위해 이집트에 왔다.	حَضَرَ إِلَى مِصْرَ مِنْ أَجْلِ دِرَاسَةِ الْعَرَبِيَّةِ.
		= حَضَرَ إِلَى مِصْرَ مِنْ أَجْلِ أَنْ يَدْرُسَ الْعَرَبِيَّةَ.
	나는 좋은 공부를(공부를 잘 하기) 위해 그 사전을 샀다.	اِشْتَرَيْتُ الْقَامُوسَ مِنْ أَجْلِ دِرَاسَةٍ جَيِّدَةٍ.
		= اِشْتَرَيْتُ الْقَامُوسَ مِنْ أَجْلِ أَنْ أَدْرُسَ جَيِّدًا.
④	그는 아랍어를 공부하기 위해 이집트에 왔다. (لِ 뒤에 동명사가 왔다.)	حَضَرَ إِلَى مِصْرَ لِدِرَاسَةِ الْعَرَبِيَّةِ.
	우리는 선진국들을 보기 위해 여행을 했다. (لِ 뒤에 동명사가 왔다.)	سَافَرْنَا لِرُؤْيَةِ بِلَادٍ مُتَقَدِّمَةٍ.
⑤	그는 아랍어를 공부하기 위해 이집트에 왔다.	حَضَرَ إِلَى مِصْرَ لِيَدْرُسَ الْعَرَبِيَّةَ.
	나는 살기 위해 먹는데, 너는 먹기 위해 산다.	آكُلُ لِأَعِيشَ إِنَّمَا تَعِيشُ لِتَأْكُلَ.
⑥	حَضَرَ إِلَى مِصْرَ كَيْ (أَوْ لِكَيْ) يَدْرُسَ الْعَرَبِيَّةَ.	
	그는 아랍어를 공부하기 위해 이집트에 왔다.	
	أَدْرُسُ اللُّغَةَ الْعَرَبِيَّةَ كَيْ (أَوْ لِكَيْ) أَعْمَلَ في مِصْرَ.	
	나는 이집트에서 일하기 위해 아랍어를 공부한다.	
⑦	그는 아랍어를 공부하기 위해 이집트에 왔다.	حَضَرَ إِلَى مِصْرَ حَتَّى يَدْرُسَ الْعَرَبِيَّةَ.
	عَادُوا سَرِيعًا مِنَ الرِّحْلَةِ حَتَّى يَسْتَعِدُّوا لِلِامْتِحَانَاتِ.	
	그들은 그 시험들을 준비하기위해 여행에서 빨리 돌아왔다.	
⑧	그는 아랍어를 잊어버리지 않기 위해 이집트에 왔다.	حَضَرَ إِلَى مِصْرَ لِكَيْلَا يَنْسَى اللُّغَةَ الْعَرَبِيَّةَ.
	나는 나의 일에(직장에) 늦지 않기 위해 일찍 잠을 잔다.	أَنَامُ مُبَكِّرًا كَيْلَا أَتَأَخَّرَ عَلَى عَمَلِي.
⑨	복종하라.(포기하라, 무슬림이 되라) 당신이 안전하게 거할 수 있도록	أَسْلِمْ[1] فَتَسْلَمْ[2].
	게으르지 마라. 실패하지 않기위해	لَا تَكْسَلْ فَتَفْشَلَ.
	열심히 공부하니? 당신(f.)이 성공하기 위해	هَلْ تُذَاكِرِي جَيِّدًا فَتَنْجَحِي؟
	일군들을 격려하기 위해 보상들을 주어라.	اِصْرِفِ الْمُكَافَآتِ تَشْجِيعًا لِلْعَامِلِينَ.
⑩	그는 그 책을 찾기 위하여 그의 집으로 돌아왔다.	عَادَ إِلَى بَيْتِهِ بَحْثًا عَنِ الْكِتَابِ.
	나는 그 시험들을 준비하려고 공부한다.	أُذَاكِرُ اسْتِعْدَادًا لِلِامْتِحَانَاتِ.

→ 위의 ⑤⑥⑦ 문장에 사용된 세 가지 접속사를 서로 바꾸어 사용해도 같은 의미이다.

---

[1] أَسْلَمَ / يُسْلِمُ – إِسْلَامٌ 무슬림이 되다   أَسْلَمَ / يُسْلِمُ 포기.단념하다   أَسْلَمَ / يُسْلِمُ عَنْ 떠나다, 배반하다

[2] سَلِمَ / يَسْلَمُ – سَلَامَةٌ 무사하다, 안전하다   سَلِمَ / يَسْلَمُ مِنْ ... ...에서 벗어나다, 자유로워지다

** 이유접속사 فَ(فَاءُ السَّبَبِيَّة)에 대해

فَ 는 여러 가지 의미로 사용되는 접속사인데 그 가운데 요청문이나 부정문 뒤에 사용되어 접속법을 취하는 경우를 이유접속사 فَاءُ السَّبَبِيَّة 라 한다.

이유접속사로 사용되는 فَ 앞에는 요청문(الْجُمْلَةُ الطَّلَبِيَّةُ)과 부정문(النَّفْي)이 오는데, 아랍어의 요청문에는 명령문(الْأَمْرُ), 부정명령문(النَّهْي), 의문문(الِاسْتِفْهَام), 실현하기 어려운 소원(التَّمَنِّي), 실현 가능한 기대(الرَّجَاءُ), 기원문(الدُّعَاءُ), 권유문(التَّحْضِيضُ)이 모두 요청문이다.

이렇게 فَ 가 이유접속사로 사용될 경우 فَ 이전과 이후가 각각 원인(이유)과 결과를 나타내며, فَ 이후의 절이 강조되는 문장이 된다. 이 문장의 해석은 목적(التَّعْلِيل)의 의미로 '...하도록(so that)'로 해석된다. 이 때 فَ 이후에 오는 동사는 반드시 동사의 미완료 접속법이 온다. 다음 문장을 보자.

당신이 합격하도록 열심히 공부해. (/ 열심히 공부해, 당신이 합격하도록.) (Study hard so that you will succeed.)	اُدْرُسْ جَيِّدًا فَتَنْجَحَ. = اُدْرُسْ جَيِّدًا لِكَيْ تَنْجَحَ.
문장의 어순대로 의미를 번역하면 '열심히 공부해, 당신이 합격하도록'이 된다.	

a. 명령문(الْأَمْرُ) 뒤에 올 경우

아래 문장에서 명령문 뒤에 فَ 가 오고 그 뒤에 미완료 접속법이 왔다. 또한 괄호속의 표현은 لِـ 으로 시작하는 간접명령문(لَامُ الْأَمْرِ) 문장이다.

당신이 합격하도록 열심히 공부해. (Study hard so that you will succeed.)	اُدْرُسْ جَيِّدًا فَتَنْجَحَ. (= لِتَدْرُسْ فَتَنْجَحَ.)
우리가 일어나도록 당신이 일어나라. (Get up so that we will get up.)	قُمْ فَنَقُومَ. (= لِتَقُمْ فَنَقُومَ.)
당신이 안전하게 거할 수 있도록 복종하라.(포기하라, 무슬림이되라) (Resign so that you will get safe.)	أَسْلِمْ فَتَسْلَمَ. (= لِتُسْلِمْ فَتَسْلَمَ.)
كُونُوا يَدًا وَاحِدَةً فَتَفُوزُوا. (= لِتَكُونُوا يَدًا وَاحِدَةً فَتَفُوزُوا.)	
당신들이 이길 수 있도록 손을 하나되게 하라(서로 손을 잡으라).	
우리가 함께 이야기할 수 있도록 나의 집에 와라.	تَعَالَ إِلَى بَيْتِي فَنَتَحَدَّثْ مَعًا.

** 다음 문장을 비교하라.

① 문장은 이유접속사 فَ(فَاءُ السَّبَبِيَّة)가 사용된 문장이다. ② 문장은 요청문(أُسْلُوبُ الطَّلَبِ)이 사용된 조건문 가운데 명령문이 사용된 조건문이다. 아래의 ① ② 문장의 실제적인 의미는 크게 차이가 없다고 하겠다.

①	당신이 합격하도록 열심히 공부하라. (Study hard so that you will succeed.)	اُدْرُسْ جَيِّدًا فَتَنْجَحَ. = اُدْرُسْ جَيِّدًا لِكَيْ تَنْجَحَ.
②	열심히 공부하라 그러면 당신은 합격할 것이다. (If you study well, you will succeed. or Study hard and you will succeed.)	اُدْرُسْ جَيِّدًا تَنْجَحْ. = إِنْ تَدْرُسْ جَيِّدًا تَنْجَحْ.
①	우리가 일어나도록 당신이 일어나라. (Get up so that we will get up.)	قُمْ فَنَقُومَ. = قُمْ لِكَيْ نَقُومَ.
②	일어나라. 그러면 우리가 일어날 것이다. (If you get up, we will get up. Or Get up and we will get up.)	قُمْ نَقُمْ.

제39과 여러 가지 접속사에 대해

①	당신이 안전하게 거할 수 있도록 (하나님께) 복종하라. (Resign so that you will get safe.)	أَسْلِمْ فَتَسْلَمَ. = أَسْلِمْ لِكَيْ تَسْلَمَ.
②	(하나님께) 복종하라. 그러면 안전하게 거할 것이다. (If you resign, you will get safe. Or Resign and you will get safe.)	أَسْلِمْ تَسْلَمْ.

b. 부정명령문(النَّهْيُ) 뒤에 올 경우

부정명령문 뒤에 사용되는 이유접속사의 경우 그 뒤에 부정어가 하나 더 있다고 보고 해석하면 된다.

실패하지 않도록 게으르지 마라. (Don't be lazy so that you will not fail.)	لَا تَكْسَلْ فَتَفْشَلَ.
사람들이 당신을 싫어하지 않도록 거짓말을 하지마라.	لَا تَكْذِبْ فَيَكْرَهَكَ النَّاسُ.
당신들이 지지 않도록 흩어지지 마라.	لَا تَتَفَرَّقُوا فَتَنْكَسِرُوا.
너가 (f.) 집중력을 잃지 않도록 내가 설명할 동안 너(f.)는 말하지 마라.	لَا تَتَكَلَّمِي أَثْنَاءَ شَرْحِي فَتَفْقِدِي تَرْكِيزَكِ.

** 위의 문장을 아래의 요청문(أُسْلُوبُ الطَّلَبِ)이 사용된 조건문과 비교하라.
(요청문의 이유접속사 فَ 뒤에 부정어가 하나 더 있다고 생각하고 해석하면 된다.)

①	실패하지 않도록 게으르지 마라. (Don't be lazy so that you will not fail.)	لَا تَكْسَلْ فَتَفْشَلَ.
②	게으르지 마라 그러면 성공할 것이다. (If you study well, you will succeed. or Study hard and you will succeed.)	لَا تَكْسَلْ تَنْجَحْ.

①	사람들이 당신을 싫어하지 않도록 거짓말을 하지마라.	لَا تَكْذِبْ فَيَكْرَهَكَ النَّاسُ.
②	거짓말을 하지 마라 그러면 사람들이 당신을 좋아할 것이다.	لَا تَكْذِبْ يُحْبِبْكَ النَّاسُ.

c. 의문문(الاِسْتِفْهَامُ) 뒤에 올 경우

당신(f.)이 성공하도록 당신(f.)이 열심히 공부하니?	هَلْ تُذَاكِرِي جَيِّدًا فَتَنْجَحِي؟
당신들이 한 선물을 받기 위해 당신들의 숙제들을 하니?	أَتَقُومُوا بِوَاجِبَاتِكُمْ فَتَحْصُلُوا عَلَى هَدِيَّةٍ؟
우리 영화를 보러 가기위해 언제 숙제들을 끝낼 것이니?	مَتَى نَنْتَهِي مِنَ الْوَاجِبَاتِ فَنَذْهَبَ إِلَى السِّينِمَا؟
그들이 우리를 위해 중재하도록 우리에게 중재자들이 있는가?	فَهَلْ لَنَا مِنْ شُفَعَاءَ[1] فَيَشْفَعُوا[2] لَنَا؟

---

[1] شَفِيعٌ / شُفَعَاءُ 비호자, 변호자 ; 중재자

[2] شَفَعَ / يَشْفَعُ لـ ه – شَفَاعَةٌ ...를 비호하다, 편들다 ; 중재하다

d. 실현하기 어려운 소원(التَّمَنِّي)을 나타내는 동사 뒤에 올 경우

무효화 불변사(الْحُرُوفُ النَّاسِخَةُ)인 لَيْتَ 나 소망을 나타내는 تَمَنَّى 혹은 أَمَلَ 등의 동사 뒤에 이유접속사가 온다.

내가 거리에 나갈 수 있도록 날씨가 좋아지길 소원한다.	لَيْتَ الْجَوَّ يَتَحَسَّنُ فَأَخْرُجَ إِلَى الشَّارِعِ.
일부를 희사할 수 있도록 나에게 돈이 있으면 좋을텐데..	لَيْتَ لِي مَالاً فَأَتَصَدَّقَ مِنْهُ.
내가 크게 승리할 수 있도록 내가 그들과 함께 하였다면 좋았을 텐데...	يَا لَيْتَنِي كُنْتُ مَعَهُمْ فَأَفُوزَ فَوْزًا عَظِيمًا.
그들이 합격할 수 있도록 그 학생들은 쉬운 시험을 소망한다.	يَتَمَنَّى الطُّلَّابُ امْتِحَانَاتٍ سَهْلَةً فَيَنْجَحُوا.
تَأْمُلُ أُسَرُ الشُّهَدَاءِ فِي مُحَاكَمَةٍ عَادِلَةٍ لِلْقَتَلَةِ[1] فَيَشْعُرُوا بِالرَّاحَةِ.	
그들이 편안할 수 있도록 순교자들의 가족들은 살해자들에 대해 정의로운 재판을 소망한다.	

e. 실현 가능한 기대(الرَّجَاءُ)를 나타내는 동사 뒤에 올 경우

무효화 불변사(الْحُرُوفُ النَّاسِخَةُ)인 لَعَلَّ 나 불완전 활용 동사(الْفِعْلُ الْجَامِدُ)인 عَسَى 그리고 기대를 나타내는 رَجَا 동사 뒤에 이유접속사가 온다.

이집트가 변화될 수 있도록 혁명이 성공하길 기대한다.	لَعَلَّ الثَّوْرَةَ تَنْجَحُ فَتَتَغَيَّرَ مِصْرُ.
우리가 우리의 목적들을 달성할 수 있도록 우리가 협력하길 기대한다.	لَعَلَّنَا نَتَعَاوَنُ فَنُحَقِّقَ أَهْدَافَنَا.
عَسَى الِانْتِخَابَاتُ أَنْ تَنْجَحَ فَيَكُونَ لِمِصْرَ رَئِيسٌ.	
이집트에 대통령이 있도록 선거가 성공하길 소망한다.	
우리가 다르지 않도록 당신이 나를 잘 이해하길 바란다.	أَرْجُو أَنْ تَفْهَمَنِي جَيِّدًا فَلَا نَخْتَلِفَ.

f. 기원문(الدُّعَاءُ)에 올 경우

기원하는 문장에 이유접속사가 온다.

제가 더 나은 삶을 살 수 있도록 주님! 저에게 공급해주십시오.	يَا رَبُّ! ارْزُقْنِي[2] فَأَعِيشَ حَيَاةً أَفْضَلَ.
제가 천국에 들어갈 수 있도록 하나님! 저를 용서하십시오.	اللَّهُمَّ[3]! اغْفِرْ لِي فَأَدْخُلَ الْجَنَّةَ.
يَا اللهُ! انْصُرْ[4] الْمِصْرِيِّينَ فَيَحْصُلُوا عَلَى حُقُوقِهِمْ.	
그들이 그들의 권리들을 얻을 수 있도록 하나님! 이집트 사람들을 도우소서.	

---

[1] قَاتِلٌ/ قَاتِلُونَ أَوْ قَتَلَةٌ 살해자
[2] رَزَقَ/ يَرْزُقُ هـ - رِزْقٌ ..에게 생존수단을 마련해주다, 먹여살리다
[3] اللَّهُمَّ = يَا اللهُ 오 하나님!
[4] نَصَرَ/ يَنْصُرُ هـ - نَصْرٌ ..를 돕다

g. 권유문(التَّحْضِيضُ)에 올 경우

어떤 것에 대해 강하게 격려 혹은 권유(التَّحْضِيضُ)하는 내용으로 هَلاَّ 가 사용될 때 이유접속사가 온다..

내가 그 수업을 이해할 수 있도록 네가 나를 도와주겠니. (why don't you? Or you should)	هَلاَّ تُسَاعِدُنِي فَأَفْهَمَ الدَّرْسَ.
너희들이 세상을 볼 수 있도록 너희들이 여행을 하는 것이 어떠니.	هَلاَّ تُسَافِرُونَ فَتُشَاهِدُوا الْعَالَمَ.
너희들이 자유를 얻기 위해 너희들은 혁명을 해야해. (ثَارَ/ يَثُورُ - ثَوْرَةٌ)	هَلاَّ تَثُورُونَ فَتَحْصُلُوا عَلَى الْحُرِّيَّةِ.

→ هَلاَّ 를 사용한 권유문에 대해서는 이 책 '기타 독특한 아랍어 문장들과 그 격변화'에서 다룬다.

h. 부정문(النَّفْيُ) 뒤에 올 경우

부정문 뒤에 사용되는 이유접속사의 경우 그 뒤에 부정어가 하나 더 있다고 보고 해석하면 된다. 이 문장을 아래와 같이 'وَلِذَلِكَ ... لاَ' 문장으로 바꿀 수 있다. 이 경우는 의미는 결과의 의미가 된다.

لَمْ نَتَعَلَّمْ جَيِّدًا فَنَعْرِفَ حُقُوقَنَا. (= لَمْ نَتَعَلَّمْ جَيِّدًا وَلِذَلِكَ نَحْنُ لاَ نَعْرِفُ حُقُوقَنَا.)
우리는 잘 배우지 못해서 우리의 권리들을 모른다. (We didn't learn well so that we can not know our rights.)
لَنْ أَدْرُسَ هَذِهِ السَّنَةَ فَأَتَخَرَّجَ. (= لَنْ أَدْرُسَ هَذِهِ السَّنَةَ وَلِذَلِكَ أَنَا لَنْ أَتَخَرَّجَ.)
나는 올해 공부를 하지 않을 것이기에 졸업하지 않을 것이다.
لَمْ يَحْضُرِ الْمُدِيرُ الْحَفْلَةَ فَيَسْتَمْتِعَ بِالْمُوسِيقَى. (= لَمْ يَحْضُرِ الْمُدِيرُ الْحَفْلَةَ وَلِذَلِكَ هُوَ لَمْ يَسْتَمْتِعْ ..)
그 사장은 파티에 오지않아서 그는 음악을 즐기지 못했다.
لَيْسَ كَمَالٌ مِصْرِيًّا فَيَفْهَمَ الْعَرَبِيَّةَ بِسُهُولَةٍ. (= لَيْسَ كَمَالٌ مِصْرِيًّا وَلِذَلِكَ هُوَ لاَ يَفْهَمُ الْعَرَبِيَّةَ بِسُهُولَةٍ.)
카말은 이집트 사람이 아니기 때문에 아랍어를 쉽게 이해하지 못한다.
مَا قَصَّرْتُ فِي السَّعْيِ فَأَنْدَمَ. (= مَا قَصَّرْتُ فِي السَّعْيِ وَلِذَلِكَ أَنَا لاَ أَنْدَمُ.)
나는 노력을 태만하게 하지 않았기 때문에 나는 후회하지 않는다. (نَدِمَ/ يَنْدَمُ - نَدَمٌ)
لَيْسَ اللهُ إِنْسَانًا فَيَكْذِبَ، وَلاَ ابْنَ إِنْسَانٍ فَيَنْدَمَ.
하나님은 사람이 아니시니 거짓말을 하지않으시고 인생이 아니시니 후회가 없으시도다 (민수기 23:19)

** 이유접속사 فَـ(مَا لَيْسَ فَاءَ السَّبَبِيَّةِ)가 아닌 경우

아래의 문장은 فَـ 뒤에 완료형 동사가 왔기 때문에 이유접속사 فَـ 가 아닌 문장들이다. فَـ 이전에 원인의 절이 왔고 فَـ 이후가 결과의 절이 왔다.

나의 친구가 나를 불러서 나는 그에게 나갔다.	نَادَانِي صَدِيقِي فَخَرَجْتُ إِلَيْهِ.
나는 컨닝으로 합격하길 원했고 그래서(therefore) 낙방했다.	أَرَدْتُ أَنْ أَنْجَحَ بِالْغِشِّ فَفَشِلْتُ.
나는 상받길 원했고 그래서(therefore) 노력했다.	رَغِبْتُ أَنْ أَنَالَ الْجَائِزَةَ فَاجْتَهَدْتُ.
나는 나의 수입이 나아지길 바래서(therefore) 나는 직업을 찾았다.	رَجَوْتُ أَنْ يَتَحَسَّنَ دَخْلِي فَبَحَثْتُ عَنْ وَظِيفَةٍ.

→위의 문장들도 이유접속사 문장과 그 의미는 대동소이하다.

16. 근시작 구문을 이끄는 접속사

1) ...하자마자 ...하다(as soon as)

아래의 접속사들은 부정어와 임박동사(أَفْعَالُ الْمُقَارَبَةِ) 그리고 접속법 불변사 حَتَّى 가 함께 사용되어 한 동작이 끝나자마자 다음 동작이 시작되는 의미의 문장을 만든다. 여기서의 حَتَّى 는 حَرْفٌ لِانْتِهَاءِ الْغَايَةِ 라고 하며, 그 뒤에 미완료형 동사가 올 경우 접속법을 취한다.

1) 과거의 동작에 대해

①	...하자마자 ...했다 (as soon as, no sooner than)	← 미완료 직설법 동사 + حَتَّى ... 완료형 동사 + مَا كَادَ/ لَمْ يَكَدْ
②		← 완료형 동사 + حَتَّى ... 완료형 동사 + مَا إِنْ

2) 현재의 습관 혹은 미래의 동작에 대해

③	...하자마자 ...하다 (as soon as)(습관)	← 미완료 직설법 동사 + حَتَّى ... 미완료 접속법 동사 + لَا يَكَادُ
④		← 미완료 단축법 동사 + حَتَّى ... 미완료 접속법 동사 + مَا إِنْ

** '...하자마자 ...하다'의 다른 표현들

⑤	...하자마자 ...하다 (as soon as)	← ... بِمُجَرَّدِ أَنْ
⑥		← ... فَوْرَ أَنْ
⑦		← ... أَوَّلَ مَا

예문들

①	مَا كَادَ/ لَمْ يَكَدْ يَصِلُ إِلَى الْبَيْتِ حَتَّى نَامَ.	그는 집에 도착하자 마자 잠을 잤다.
	مَا كَادَ/ لَمْ يَكَدْ الشَّاعِرُ يَبْدَأُ فِي إِلْقَاءِ الْقَصِيدَةِ حَتَّى صَفَّقَ لَهُ الْحَاضِرُونَ.	그 시인이 시 구절을 낭송하기 시작하자 마자 그 참석자들이 박수를 쳤다.
	مَا كَادَ/ لَمْ يَكَدْ الْمُجْرِمُ يَخْرُجُ مِنَ السِّجْنِ حَتَّى ارْتَكَبَ جَرِيمَةً أُخْرَى.	그 범인이 출옥하자 마자 그는 다른 범죄를 저질렀다.
②	مَا إِنْ سَمِعَتِ الْأُمُّ بُكَاءَ طِفْلِهَا حَتَّى سَارَعَتْ إِلَيْهِ.	그 엄마가 그녀의 아기의 울음소리를 듣자마자 그에게 달려갔다.
	وَمَا إِنْ طَلَعَ الْفَجْرُ حَتَّى أَذَّنَ الْمُؤَذِّنُ.	새벽이 오자마자 기도시간을 알리는 사람이 아잔을 하였다(기도시간을 알렸다).
③	لَا تَكَادُ الْمُدَرِّسَةُ تَدْخُلُ الْفَصْلَ حَتَّى يَفْتَحَ الطُّلَّابُ دَفَاتِرَهُمْ اسْتِعْدَادًا لِكِتَابَةِ الدَّرْسِ.	그 여선생님이 교실에 들어가자마자 그 학생들은 그 단원 기록을 준비하기 위해 노트들을 편다.
	لَا يَكَادُ الضَّابِطُ يَأْمُرُ الْجُنُودَ بِالِانْسِحَابِ حَتَّى يُسْرِعُوا بِتَنْفِيذِ أَمْرِهِ.	그 장교가 군인들에게 철수를 명령하자 마자 그들은 서둘러 그의 명령을 실행한다.

④	이 유명한 배우가 무대에 나타나자마자 관중들은 박수를 친다.	مَا إِنْ يَظْهَرْ هَذَا المُمَثِّلُ المَشْهُورُ عَلَى المَسْرَحِ حَتَّى يُصَفِّقَ الجُمْهُورُ.
	그 선생님이 교실에 들어가자마자 그 학생들은 그들의 책들을 편다.	مَا إِنْ يَدْخُلْ المُدَرِّسُ الفَصْلَ حَتَّى يَفْتَحَ الطُّلَّابُ كُتُبَهُمْ.
⑤	내가 대학에 도착하자마자 나는 한 책을 구입했다.	بِمُجَرَّدِ أَنْ وَصَلْتُ إِلَى الجَامِعَةِ اشْتَرَيْتُ كِتَابًا.
	내가 나의 일을 끝내자 마자 나에게 새로운 미션들이 주어진다.	بِمُجَرَّدِ أَنْ أَنْتَهِيَ مِنْ عَمَلِي تَجِيءُ لِي مَهَامٌ أُخْرَى.
⑥	나는 집에 도착하자 마자 나는 나의 숙제를 한다.	أَكْتُبُ وَاجِبِي فَوْرَ أَنْ أَصِلَ إِلَى البَيْتِ.
	그의 외과수술이 진행되자마자 그는 즉시로 사망하였다.	فَوْرَ أَنْ أُجْرِيَتْ لَهُ العَمَلِيَّةُ الجِرَاحِيَّةُ مَاتَ فِي الحَالِ.
⑦	내가 대학에 도착하자마자 나는 한 책을 구입했다.	أَوَّلَ مَا وَصَلْتُ إِلَى الجَامِعَةِ اشْتَرَيْتُ كِتَابًا.
	나는 집에 도착하자 마자 나는 나의 숙제를 한다.	أَكْتُبُ وَاجِبِي أَوَّلَ مَا أَصِلَ إِلَى البَيْتِ.
	학기가 끝나자마자 외국인 학생들은 그들의 나라들과 그들의 가족들에게 돌아간다.	أَوَّلَ مَا يَنْتَهِي العَامُ الدِّرَاسِيُّ يَرْجِعُ الطُّلَّابُ الأَجَانِبُ إِلَى أَوْطَانِهِمْ وَأَهْلِيهِمْ.

مَا إِنْ ... حَتَّى ... 인가? مَا أَنْ ... حَتَّى ... 인가?

사람들이 مَا أَنْ ... حَتَّى ... 로 많이 사용한다. 그러나 이는 많이 사용되는 오류이며, مَا إِنْ ... حَتَّى ... 로 사용해야 한다. 그 이유는 여기서 사용된 مَا 가 부정의 추가불변사(مَا نَافِيَةٌ تَكُونُ زَائِدَةً)이기 때문이다. (출처 : معجم تصحيح لغة الإعلام العربي)

a. 많이 사용되는 오류

학기가 끝나자마자 외국인 학생들은 그들의 나라들과 그들의 가족들에게 돌아갔다.	مَا أَنْ انْتَهَى العَامُ الدِّرَاسِيُّ حَتَّى عَادَ الطُّلَّابُ الأَجَانِبُ إِلَى أَوْطَانِهِمْ وَأَهْلِيهِمْ.
우리가 접속사를 공부하자 마자 우리의 대화에 그것을 사용한다.	مَا أَنْ نَدْرُسَ أَدَوَاتِ الرَّبْطِ حَتَّى نَسْتَعْمِلَهَا فِي حِوَارِنَا.

b. 맞는 표현

학기가 끝나자마자 외국인 학생들은 그들의 나라들과 그들의 가족들에게 돌아갔다.	مَا إِنْ انْتَهَى العَامُ الدِّرَاسِيُّ حَتَّى عَادَ الطُّلَّابُ الأَجَانِبُ إِلَى أَوْطَانِهِمْ وَأَهْلِيهِمْ.
우리가 접속사를 공부하자 마자 우리의 대화에 그것을 사용한다.	مَا إِنْ نَدْرُسَ أَدَوَاتِ الرَّبْطِ حَتَّى نَسْتَعْمِلَهَا فِي حِوَارِنَا.

2) ...한지 얼마 지나지 않아 ...하게 되다, ... 이후 오래지 않아 ...하다 (It did not take long before)

①	...한지 얼마지나지 않아 ..하게 되었다. ...이후 오래지 않아 ...했다	... مَا لَبِثَ(أَوْ لَمْ يَلْبَثْ) حَتَّى ← + 완료형 동사 ←
②		... مَا لَبِثَ أَنْ(أَوْ لَمْ يَلْبَثْ أَنْ) ← + 완료형 동사 ←
③	...한지 얼마지나지 않아 ..하게 되다. ...이후 오래지 않아 ...하다	لَا يَلْبَثُ ... حَتَّى(أَوْ أَنْ) ← + 미완료 접속법 동사 ←
④		لَنْ يَلْبَثَ ... حَتَّى(أَوْ أَنْ) ← + 미완료 접속법 동사 ←

→ 앞의 1)에서 사용된 'مَا كَادَ ... حَتَّى' 등의 구문과 2)의 'مَا لَبِثَ ... حَتَّى' 구문은 모두 이어지는 사건에 대한 시간의 차이를 묘사한다. 전자의 문장들은 이어지는 사건의 시간적인 차이가 아주 가까워서 '...하자마자 ...하다'의 의미가 되고, 두번째 문장들은 이어지는 두 사건이 어느 정도 시간적인 간격을 두고 발생하였기에 '...한지 얼마지나지 않아 ..하게 되다' 의미가 된다.

예문들

①	بَدَأَتْ بِدِرَاسَةِ اللُّغَةِ الْعَرَبِيَّةِ وَمَا لَبِثَتْ حَتَّى أَتْقَنَتْهَا.[1]
	그녀는 아랍어 공부를 시작한 뒤 얼마지나지 않아 아랍어에 정통하게 되었다.
	كُنْتُ لَا أَعْرِفُ الْعَوْمَ وَمَا لَبِثْتُ بَعْدَ التَّدْرِيبِ حَتَّى أَصْبَحْتُ عُضْوًا مُهِمًّا فِي نَادِي السِّبَاحَةِ.
	전에 나는 수영할 줄 몰랐는데, 연습한 지 얼마지나지 않아 수영클럽의 중요한 회원이 되었다.
②	تَعَلَّمَ كَيْفِيَّةَ لَعِبِ كُرَةِ الْقَدَمِ وَمَا لَبِثَ أَنْ أَصْبَحَ لَاعِبًا مَشْهُورًا.
	그는 축구 경기하는 방법을 배운 뒤 얼마지나지 않아 유명한 선수가 되었다.
	لَمْ يَكُنْ يُحِبُّ الشِّعْرَ الْقَدِيمَ وَمَا لَبِثَ أَنْ أُعْجِبَ بِهِ بَعْدَ مُسَاعَدَةِ أُسْتَاذِهِ لَهُ عَلَى فَهْمِهِ.
	그는 고전 시를 좋아하지 않았는데 그의 교수가 그가 시를 이해하도록 도운 이후 시를 좋아하게 되었다.
③	لَا تَلْبَثُ الِامْتِحَانَاتُ تَنْتَهِي حَتَّى نُسَافِرَ إِلَى مَكَانٍ جَمِيلٍ.
	시험들이 끝난 뒤 얼마지나지 않아 우리는 멋진 장소로 여행을 간다.
④	لَنْ يَلْبَثَ صَدِيقِي يَدْرُسُ الْفَرَنْسِيَّةَ حَتَّى يَتَكَلَّمَهَا جَيِّدًا.
	내 친구가 프랑스어를 공부한 이후 얼마지나지 않아 그것을 아주 잘 구사한다.

** 위의 표현이 مَا كَادَ ... حَتَّى 구문과 같은 의미로 사용되기도 한다.

لَا تَلْبَثُ تَسْمَعُ الْمُوسِيقَى حَتَّى تَبْدَأَ فِي الرَّقْصِ.
그녀가 음악을 듣자 마자 춤을 추기 시작했다.
لَمْ يَلْبَثِ الْمُجْرِمُ يَخْرُجُ مِنَ السِّجْنِ حَتَّى ارْتَكَبَ جَرِيمَةً أُخْرَى.
그 범인이 출옥하자 마자 그는 다른 범죄를 저질렀다.
لَا يَلْبَثُ الضَّابِطُ يَأْمُرُ الْجُنُودَ بِالِانْسِحَابِ حَتَّى يُسْرِعُوا بِتَنْفِيذِ أَمْرِهِ.
그 장교가 군인들에게 철수를 명령하자 마자 그들은 서둘러 그의 명령을 실행한다.

---

[1] أَتْقَنَ/ يُتْقِنُ هـ – إِتْقَانٌ ..을 잘하다, 정통하다, 능통하다 أَتْقَنَ التَّكَلُّمَ بِاللُّغَةِ الْعَرَبِيَّةِ 아랍어를 유창하게 하다

3) (...한 이후) ...하기 까지 ...밖에 걸리지 않다.

①	(...한이후)...하기까지 ...밖에 걸리지 않았다.	← 완료형 동사 + حَتَّى + 시간관련 + (동명사 + عَلَى) لَمْ يَمْضِ
②		← 완료형 동사 + حَتَّى (동명사 + عَلَى) + 시간관련 + لَمْ يَمْضِ
③	(...한 이후) ...하기 까지 ...밖에 걸리지 않을 것이다.	← 미.접속법 동사 + حَتَّى + 시간관련 + (동명사 + عَلَى) لَنْ يَمْضِيَ
④		← 미.접속법 동사 + حَتَّى (동명사 + عَلَى) + 시간관련 + لَنْ يَمْضِيَ

→ 괄호안은 있어도 되고 없어도 된다.
→ 위의 구문에서 각각의 문장에 시간관련 표현이 반드시 들어가야 한다. (아래 예문에서 파란색)

예문들

①	لَمْ يَمْضِ عَلَى تَأْسِيسِ بَغْدَادَ وَقْتٌ طَوِيلٌ حَتَّى أَصْبَحَتْ مَرْكَزًا حَضَارِيًّا وَثَقَافِيًّا هَامًّا.
	바그다드가 세워지고 난 뒤 문명과 중요한 문화의 중심지가 되는데 오랜 시간이 걸리지 않았다.
	لَمْ يَمْضِ عَلَى الِتحَاقِهِ[1] بِالْجَامِعَةِ شَهْرَانِ حَتَّى تَعَرَّفَ عَلَى مُعْظَمِ الطَّلَبَةِ.
	그가 대학에 진학하여 대부분의 학생들과 알게되기 까지 두 달 밖에 걸리지 않았다.
②	لَمْ يَمْضِ وَقْتٌ طَوِيلٌ عَلَى تَأْسِيسِ بَغْدَادَ حَتَّى أَصْبَحَتْ مَرْكَزًا حَضَارِيًّا وَثَقَافِيًّا هَامًّا.
	바그다드가 세워지고 난 뒤 문명과 중요한 문화의 중심지가 되는데 오랜 시간이 걸리지 않았다.
	لَمْ يَمْضِ شَهْرٌ عَلَى بِنَاءِ الْعِمَارَةِ حَتَّى صَارَتْ مَأْهُولَةً بِالسُّكَّانِ.
	그 건물을 짓고 난 뒤 거주민들이 거주하기 까지 한 달 밖에 걸리지 않았다.
③	لَنْ تَمْضِيَ عَلَى تَخَرُّجِي سَنَةٌ حَتَّى أَعْمَلَ.
	내가 졸업하고 난 뒤 일하기 까지 1년이 걸리지 않을 것이다.
	لَنْ يَمْضِيَ عَلَى تَعَلُّمِي اللُّغَةَ سِتَّةُ أَشْهُرٍ حَتَّى أَبْرَعَ فِيهَا.
	내가 언어를 공부하고 난 뒤 숙련되기 까지 6개월이 걸리지 않을 것이다.
④	لَنْ تَمْضِيَ سَنَةٌ عَلَى تَخَرُّجِي حَتَّى أَعْمَلَ.
	내가 졸업하고 난 뒤 일하기까지 1년이 걸리지 않을 것이다.
	لَنْ يَمْضِيَ يَوْمٌ عَلَى تَدَرُّبِي عَلَى الْقِيَادَةِ حَتَّى أَقُودَ.
	내가 운전을 연습한 뒤 운전하기 까지 하루가 걸리지 않을 것이다.

---

[1] الِتحَاقٌ – بـ يَلْتَحِقُ /الِتحَقَ   가입하다, 들어가다, 구성원이 되다

17. 양보 구문 접속사

양보구문이란 실제로 일어난 사실(fact)을 근거로 하여 '...함에도 불구하고 ...하다'의 의미를 가진 문장을 말한다.

1) 양보의 구

①	..에도 불구하고(in spite of) (각각의 접속사 뒤에 동명사가 주로 사용된다.)	رَغْمَ ... بِالرَّغْمِ مِنْ ... عَلَى الرَّغْمِ مِنْ ...
②	..에도 불구하고(in spite of) (각각의 접속사 뒤에 동명사가 주로 사용된다.)	رَغْمَ ... فَـ ... بِالرَّغْمِ مِنْ ... فَـ ... عَلَى الرَّغْمِ مِنْ ... فَـ ...
③		بِغَضِّ النَّظَرِ عَنْ ...
④	..에 상관없이(regardless of) ..을 개의치 않고	بِصَرْفِ النَّظَرِ عَنْ ...
⑤		بِقَطْعِ النَّظَرِ عَنْ ...

예문들

①	그 시험이 어려움에도 불구하고 내 친구는 그것에 합격했다.	رَغْمَ صُعُوبَةِ الِامْتِحَانِ نَجَحَ صَدِيقِي فِيهِ.
	그 시험이 어려움에도 불구하고 내가 합격할 희망이 있다.	بِالرَّغْمِ مِنْ صُعُوبَةِ الِامْتِحَانِ هُنَاكَ أَمَلٌ فِي نَجَاحِي.
	그 시험이 어려움에도 불구하고 나는 그 시험에 합격하길 예상한다.	رَغْمَ صُعُوبَةِ الِامْتِحَانِ مِنَ الْمُتَوَقَّعِ أَنْ أَنْجَحَ فِيهِ.
	그 시험이 어려움에도 불구하고 나는 두려워하지 않았다.	عَلَى الرَّغْمِ مِنْ صُعُوبَةِ الِامْتِحَانِ لَمْ أَكُنْ خَائِفًا.
②	그 시험이 어려움에도 불구하고 나는 그것에 합격할 수도 있다.	رَغْمَ صُعُوبَةِ الِامْتِحَانِ فَقَدْ أَنْجَحُ فِيهِ.
	그 시험이 어려움에도 불구하고 나는 모든 문제들에 답을 달았다.	رَغْمَ صُعُوبَةِ الِامْتِحَانِ فَقَدْ أَجَبْتُ عَلَى جَمِيعِ الْأَسْئِلَةِ.
	그 시험이 어려움에도 불구하고 나는 모든 문제들에 답을 달았다.	رَغْمَ صُعُوبَةِ الِامْتِحَانِ فَإِنِّي أَجَبْتُ عَلَى جَمِيعِ الْأَسْئِلَةِ.
	그 시험이 어려움에도 불구하고 나는 합격할 것이라 확신한다.	بِالرَّغْمِ مِنْ صُعُوبَةِ الِامْتِحَانِ فَأَنَا وَاثِقٌ مِنَ النَّجَاحِ.
	그 시험이 어려움에도 불구하고 나는 시험에서 떨어지지 않을 것이다.	عَلَى الرَّغْمِ مِنْ صُعُوبَةِ الِامْتِحَانِ فَلَنْ أَرْسُبَ[1] فِيهِ.
③	나는 당신의 결정에 개의치 않고 여행을 떠날 것이다.	سَأُسَافِرُ بِغَضِّ النَّظَرِ عَنْ قَرَارِكَ.

---

[1] رَسَبَ/يَرْسُبُ فِي الِامْتِحَانِ - رُسُوبٌ = سَقَطَ فِي الِامْتِحَانِ 시험에서 떨어지다

		그것의 장소가 어디이든지 너희들은 그것을 잘 찾아야 한다.	بِغَضِّ النَّظَرِ عَنْ مَكَانِهِ يَجِبُ عَلَيْكُمُ الْبَحْثُ جَيِّدًا.
④		경기의 어려움에 상관없이 우리는 승리를 원한다.	نَحْنُ نُرِيدُ الْفَوْزَ بِغَضِّ النَّظَرِ عَنْ صُعُوبَةِ الْمُنَافَسَةِ.
		사람들은 그들의 자신의 봉급에 상관없이 고통을 당한다.	النَّاسُ يُعَانُونَ بِصَرْفِ النَّظَرِ عَنْ مُرَتَّبَاتِهِمْ.
		모두를 위한 정부의 서비스들은 인종에 상관없이 존재한다.	تَتَوَفَّرُ خَدَمَاتُ الْحُكُومَةِ لِلْجَمِيعِ بِصَرْفِ النَّظَرِ عَنِ الْعِرْقِ.
		극단주의는 그것의 출처와 상관없이 추방되어야 한다.	يَجِبُ نَبْذُ التَّطَرُّفِ بِصَرْفِ النَّظَرِ عَنْ مَصْدَرِهِ.
⑤		일어난 일에 개의치 않고 나는 그녀를 여전히 사랑한다.	بِقَطْعِ النَّظَرِ عَنْ مَا حَدَثَ أَنَا مَازِلْتُ أُحِبُّهَا.
		모든 나라는 그 크기에 상관없이 주권을 가지고 있다.	كُلُّ دَوْلَةٍ لَهَا سِيَادَتُهَا بِقَطْعِ النَّظَرِ عَنْ حَجْمِهَا.

** 한편 위의 접속사들이 문장의 중간에 오는 것도 가능하다.

내 친구는 내가 그를 도와주었음에도 불구하고 그 시험에서 떨어졌다.	فَشِلَ صَدِيقِي فِي الْامْتِحَانِ رَغْمَ مُسَاعَدَتِي لَهُ.
그녀가 아랍어를 공부했음에도 불구하고 그녀는 아랍어를 말하지 못한다.	هِيَ لَا تَتَكَلَّمُ اللُّغَةَ الْعَرَبِيَّةَ بِالرَّغْمِ مِنْ دِرَاسَتِهَا لَهَا.

→ 위의 두번째 문장에서 دِرَاسَتِهَا 의 هَا 는 주어인 هِيَ 를 가리키고, لَهَا 의 هَا 는 اللُّغَةَ الْعَرَبِيَّةَ 를 가리킨다.

2) 양보의 절

절과 절을 연결하는 구문이다.

①	..함에도 불구하고 ..하다(in spite of the fact that, although, even though)	رَغْمَ أَنَّ (أَوْ بِالرَّغْمِ مِنْ أَنَّ، أَوْ عَلَى الرَّغْمِ مِنْ أَنَّ) ... ...
②		رَغْمَ أَنَّ (أَوْ بِالرَّغْمِ مِنْ أَنَّ، أَوْ عَلَى الرَّغْمِ مِنْ أَنَّ) ... فَ ...
③		رَغْمَ أَنَّ (أَوْ بِالرَّغْمِ مِنْ أَنَّ، أَوْ عَلَى الرَّغْمِ مِنْ أَنَّ) ... إِلَّا أَنَّ ...
④		رَغْمَ أَنَّ (أَوْ بِالرَّغْمِ مِنْ أَنَّ، أَوْ عَلَى الرَّغْمِ مِنْ أَنَّ) ... لَكِنَّ ...
⑤		مَعَ أَنَّ ... ...
⑥		مَعَ أَنَّ ... فَ ...
⑦		مَعَ أَنَّ ... إِلَّا أَنَّ ...
⑧		مَعَ أَنَّ ... لَكِنَّ ...

→ 위의 ③과 ⑦의 إِلَّا أَنَّ 의 إِلَّا 는 조건사 إِنْ 의 의미가 아니다. '...을 제외하고(except)'의 의미이다.

예문들

①	우리는 잠자고 있었음에도 불구하고 지진을 느꼈다.	رَغْمَ أَنَّنَا كُنَّا نَائِمِينَ، شَعَرْنَا بِالزِّلْزَالِ.
		بِالرَّغْمِ مِنْ أَنَّ الْجَوَّ مُعْتَدِلٌ، يَبْدُو أَنَّ السَّمَاءَ سَتُمْطِرُ.
	날씨가 온화함에도 불구하고 하늘에서 비가올 것 같다.	

②	رَغْمَ أَنَّ الدِّكْتَاتُورِيَّةَ انْتَهَتْ، فَالطَّرِيقُ مَازَالَ طَوِيلاً لِلدِّيمُقْرَاطِيَّةِ.	
	독재가 끝났음에도 불구하고 민주주의를 향한 길은 여전히 길다.	
	رَغْمَ أَنَّنِي أَحْصُلُ عَلَى نُقُودٍ كَثِيرَةٍ مِنْ عَمَلِي، فَأَنَا لاَ أُحِبُّهُ.	
	나는 직장으로인해 많은 돈을 벌었음에도 불구하고 나는 그 일을 좋아하지 않는다.	
	عَلَى الرَّغْمِ مِنْ أَنَّهُ مَرِيضٌ فَقَدْ قَرَّرَ أَنْ يَحْضُرَ الاِجْتِمَاعَ.	
	그가 아픔에도 불구하고 그는 그 모임에 참석하는 것을 결정했다.	
③	رَغْمَ أَنَّهَا مَجْنُونَةٌ، إِلاَّ أَنَّهَا ذَكِيَّةٌ جِدًّا.	그녀는 미쳤음에도 불구하고 그녀는 아주 똑똑하다.
	بِالرَّغْمِ مِنْ أَنَّ الرَّئِيسَ دِكْتَاتُورِيٌّ، إِلاَّ أَنَّ الْفَوْضَى مُنْتَشِرَةٌ فِي كُلِّ مَكَانٍ.	
	그 대통령은 독재자임에도 불구하고 혼란은 모든 지역으로 확산되었다.	
④	رَغْمَ أَنَّهَا مَجْنُونَةٌ لَكِنَّهَا ذَكِيَّةٌ جِدًّا.	그녀는 미쳤음에도 불구하고 그녀는 아주 똑똑하다.
	بِالرَّغْمِ مِنْ أَنَّ الثَّوْرَةَ قَامَتْ، لَكِنَّ الْفَسَادَ مُنْتَشِرٌ فِي كُلِّ مَكَانٍ.	
	혁명이 일어났음에도 불구하고 부패는 모든 지역에 퍼졌다.	
⑤	مَعَ أَنَّ الْفَاكِهَةَ كَثِيرَةٌ، أَسْعَارُهَا غَالِيَةٌ جِدًّا.	과일이 많음에도 불구하고 그 가격은 아주 비싸다.
	لاَ أَلْعَبُ كُرَةَ الْقَدَمِ كَثِيرًا مَعَ أَنَّنِي أُحِبُّهَا.	나는 축구를 좋아함에도 불구하고 많이 축구를 하지는 않는다.
⑥	مَعَ أَنَّهُ مُدِيرِي، فَأَنَا لاَ أُحِبُّهُ.	그는 나의 사장(director)임에도 불구하고 나는 그를 좋아하지 않는다.
	مَعَ أَنَّ الْبَيْتَ ضَخْمٌ، فَيَعِيشُ فِيهِ شَخْصَانِ فَقَطْ.	그 집이 아주 큼에도 불구하고 두 사람만 거기에 살고 있다.
⑦	مَعَ أَنَّ الْجَامِعَةَ كَبِيرَةٌ، إِلاَّ أَنَّ مَكْتَبَتَهَا صَغِيرَةٌ جِدًّا.	그 대학이 큼에도 불구하고 그 도서관은 아주 작다.
	مَعَ أَنَّهَا جَمِيلَةٌ كَالْبَدْرِ[1]، إِلاَّ أَنَّهَا لَمْ تَتَزَوَّجْ حَتَّى الآنَ.	그녀가 만월처럼 아름다움에도 불구하고 아직 그녀는 결혼하지 않았다.
⑧	مَعَ أَنَّهُ مِصْرِيُّ الأَصْلِ، لَكِنَّهُ لاَ يَتَكَلَّمُ الْعَرَبِيَّةَ.	그는 이집트 태생임에도 불구하고 아랍어를 말할줄 모른다.
	مَعَ أَنَّ الطُّلاَّبَ نَجَحُوا فِي الاِمْتِحَانِ، لَكِنَّ دَرَجَاتِهِمْ لَيْسَتْ جَيِّدَةً.	그 학생들이 시험에 합격하였음에도 불구하고 그들의 등수는 좋지 않다.

---

[1] بَدْرٌ/ بُدُورٌ أَوْ أَبْدَارٌ 보름달, 만월

18. 조건 접속사 (أَدَوَاتُ الشَّرْطِ)

조건의 의미를 가진 접속사들은 이미 이 책의 '조건문에 대해' 부분에서 자세하게 공부하였다. 여기서는 그 내용 전체를 간략하게 정리하고, 앞에서 다루지 않았던 부분을 다룬다.

1) 조건문 문장

조건 접속사(혹은 조건사)는 모두 조건절 서두에 사용되어 조건의 의미를 부여한다.
아래의 ① - ⑪ 조건사들은 조건절과 조건 결과절에 단축법 동사인 (أَدَوَاتُ الشَّرْطِ الْجَازِمَةُ)가 사용되는 조건사들이며 ⑫ - ⑭ 조건사들은 조건절과 조건 결과절에 미완료 단축법 동사가 사용될 수 없는 조건사들인 (أَدَوَاتُ الشَّرْطِ غَيْرُ الْجَازِمَةِ)이다. 이 책 조건문 부분에서 상세하게 다룬 내용들이므로 여기서는 간략하게 하고 넘어간다. 가정법 의미의 조건사인 لَوْ에 대해서는 조금 이후에 따로 다룬다.

	용법	의미	조건사
①	일반적인 조건문에 사용됨	만일 ... 한다면 ... 할 것이다(if) (일반적인 조건문)	إِنْ ... ...
②	사람에 대한 조건, 양보절을 이끔 (إِنْ + أَيُّ شَخْصٍ)	누가 ...을 하더라도 ...하다 (...하는 사람은 누구든지 ...하다) (whoever)	مَنْ ... ...
③	사물에 대한 조건, 양보절을 이끔 (إِنْ + أَيُّ شَيْءٍ)	무엇을 ...하더라도 ...하다 (whatever)	مَا ... ...
④	사람/사물에 대한 조건 양보절을 이끔 (إِنْ + أَيُّ شَخْصٍ/ أَيُّ شَيْءٍ)	어떤 ...가 ... 하더라도 ...하다 (whichever, whoever)	أَيُّ ... ...
⑤	시간에 대한 조건, 양보절을 이끔 (إِنْ + أَيُّ وَقْتٍ)	언제 ...을 하더라도 ...하다 (whenever)	مَتَى ... ...
⑥	시간에 대한 조건, 양보절을 이끔 (إِنْ + أَيُّ وَقْتٍ)	언제 ...을 하더라도 ...하다 (whenever)	أَيَّانَ ... ...
⑦	장소에 대한 조건, 양보절을 이끔 (إِنْ + أَيُّ مَكَانٍ)	어디에서 ..를 하더라도 ...하다, 어떤 장소에서 ...하더라도 ...하다 (wherever)	أَيْنَمَا ... ...
⑧	장소에 대한 조건, 양보절을 이끔 (إِنْ + أَيُّ مَكَانٍ)	어디에서 ..를 하더라도 ...하다, 어떤 장소에서 ...하더라도 ...하다 (wherever)	حَيْثُمَا ... ...
⑨	장소에 대한 조건, 양보절을 이끔 (إِنْ + أَيُّ مَكَانٍ)	어디에서 ..를 하더라도 ...하다, 어떤 장소에서 ...하더라도 ...하다 (wherever)	أَنَّى ... ...
⑩	방법에 대한 조건, 양보절을 이끔 (إِنْ + أَيَّةُ حَالَةٍ)	어떻게 ...을 하더라도...하다, 어떤 방법으로 ...을 하더라도 ...하다 (however)	كَيْفَمَا ... ...
⑪	상황, 상태에 대한 조건, 양보절을 이끔 (إِنْ تَفْعَلْ فِي أَيَّةِ ظُرُوفٍ وَبِأَيَّةِ كَيْفِيَّةٍ)	무엇을 ...하더라도 ...하다 어떤 일을 ...하더라도 ...하다 (no matter what, whatsoever)	مَهْمَا ... ...
⑫	조건절이 항상 완료형이어야 한다. 조건 결과절은 완료형, 현재형(미완료 직설법(مَرْفُوعٌ)), 미래형 중 어떤 것이든 가능하다.	...하면 ...할 것이다.	إِذَا ... ...

⑬	조건절과 조건결과절 둘 다 항상 완료형이어야 하며, 그 의미에는 조건의 의미가 없다. 시간의 부사절을 이끄는 부사어로 사용되며, 과거의 의미를 가진다.	...할 때(when ...) عِنْدَمَا 의 의미	... لَمَّا ...
⑭	조건절과 조건결과절 둘 다 항상 완료형이어야 하며, 그 의미에는 조건의 의미가 없다. '...하면 할수록 더욱 ...하다'의 의미	...하면 할수록 더욱 ...하다 (the more ... the more ...)	... كُلَّمَا ...
⑮	أَمَّا 뒤에 조건절(جُمْلَةُ الشَّرْطِ)이 생략된 조건문	...에 대해 말할 것 같으면 ...이다, ...은 ...이다. (as for)	... فَـ ... أَمَّا
*	...한다면(on condition that) (여기서 عَلَى أَنْ 과 بِشَرْطِ أَنْ 등은 조건문은 아니지만 조건적인 의미를 지니는 접속사이다.)		... عَلَى أَنْ ... ... بِشَرْطِ أَنْ ... ... عَلَى شَرْطِ أَنْ ... ... شَرْطَ أَنْ ...

예문들

①	만일 당신이 공부한다면 당신은 성공할 것이다.	إِنْ تَدْرُسْ تَنْجَحْ.
②	질문하는 사람은 누구든지 알게된다.	مَنْ يَسْأَلْ يَعْرِفْ.
③	당신이 무엇을 심든지 당신이 거둔다. (당신이 심는 것이라면 무엇이든지...)	مَا تَزْرَعْ تَحْصُدْ.
④	어떤 남자가 사람들을 도와준다 하더라도 그는 행복할 것이다. (أَيُّ 가 주어로 사용됨)	أَيُّ رَجُلٍ يُسَاعِدِ النَّاسَ يَكُنْ سَعِيدًا.
⑤	당신이 언제 집중을 하더라도 당신은 이해한다.	مَتَى تُرَكِّزْ تَفْهَمْ.
⑥	언제 당신이 그에게 오더라도 그가 환영하는 것을 당신이 발견할 것이다.	أَيَّانَ تَأْتِهِ تَجِدْهُ مُرَحِّبًا.
⑦	우리가 어디를 가든지 우리는 사랑을 발견한다.	أَيْنَمَا نَذْهَبْ نَجِدِ الْحُبَّ.
⑧	당신이 어디를 여행하든지 새로운 것들을 목격할 것이다.	حَيْثُمَا تُسَافِرْ تُشَاهِدْ أَشْيَاءَ جَدِيدَةً.
⑨	당신이 어디를 여행하든 나는 당신과 함께 여행할 것이다.	أَنَّى تُسَافِرْ أُسَافِرْ مَعَكَ.
⑩	너(f.)가 어떻게 읽든지 나는 너를(너의 읽는 것을) 이해하지 못한다.	كَيْفَمَا تَقْرَئِي لَا أَفْهَمْكِ.
⑪	당신이 무엇을 읽는다 하더라도 당신은 지식적으로 늘어날 것이다.	مَهْمَا تَقْرَأْ تَزْدَدْ[1] عِلْمًا.
⑫	만일 당신(f.)이 많이 먹는다면 뚱뚱해질 것이다.	إِذَا أَكَلْتِ كَثِيرًا أَصْبَحْتِ سَمِينَةً.

---

[1] ازْدَادَ / يَزْدَادُ – ازْدِيَادٌ (to increase) 늘다, 증가하다

제39과 여러 가지 접속사에 대해

⑬	내가 그에게 갔을 때 그가 병들어 있는 것을 발견했다.	لَمَّا ذَهَبْتُ إِلَيْهِ وَجَدْتُهُ مَرِيضًا.
⑭	내가 문법을 공부하면 할수록 나는 문장들을 더 많이 이해한다.	كُلَّمَا دَرَسْتُ الْقَوَاعِدَ فَهِمْتُ الْجُمَلَ أَكْثَرَ.
⑮	그 아기에 대해서 말할 것 같으면 당신은 그를 죽이지 마라. 혹은 어떤 상황에서도 당신이 아기를 죽이지 말아라.	أَمَّا الطِّفْلُ فَلَا تَقْتُلْهُ.

	سَأَشْرَحُ مَرَّةً أُخْرَى عَلَى أَنْ (أَوْ بِشَرْطِ أَنْ) تُرَكِّزَ مَعِي.
	당신이 나에게 집중한다는 조건으로(on condition that) 다시 한번 설명할 것이다.
*	سَنَتَنَاوَلُ الْغَدَاءَ مَعًا عَلَى أَنْ (أَوْ بِشَرْطِ أَنْ) تَدْفَعَ الْحِسَابَ.
	당신이 비용을 지불한다는 조건으로 우리는 함께 점심식사를 할 것이다.
	تَسْتَطِيعُ أَنْ تَغِيبَ عَنِ الْمَكْتَبِ الْيَوْمَ عَلَى أَنْ (أَوْ بِشَرْطِ أَنْ) تَعُودَ غَدًا صَبَاحًا.
	당신이 내일 아침 돌아온다는 조건으로 오늘 사무실에 결석할 수 있다.

→ 위의 각각의 문장들에 أَنْ عَلَى 대신에 شَرْطَ أَنْ 이나 شَرْطَ 을 사용해도 같은 의미이다.

** أَمَّا ... فَـ ... 의 다른 의미

أَمَّا 가 문장의 중간에 사용되어 لَكِنْ 와 같은 의미로 사용되는 경우이다. (역접의 의미)

	سَأُسَافِرُ أَنَا إِلَى الْإِسْكَنْدَرِيَّةِ، أَمَّا أَنْتَ فَيَجِبُ أَنْ تَبْقَى فِي الْقَاهِرَةِ.
	나는 알렉산드리아로 여행을 떠날 것이지만 당신은 반드시 카이로에 남아있어야 한다.
⑮	سَافَرَتْ فَاطِمَةُ وَحْدَهَا أَمْسِ، أَمَّا صَدِيقَتُهَا فَلَمْ تَسْتَطِعِ السَّفَرَ.
	어제 파티마는 혼자 여행을 떠났지만 그녀의 여자 친구는 여행을 떠날 수 없었다.
	نَجِيب مَحْفُوظ كَاتِبٌ مِصْرِيٌّ، أَمَّا شِكِسْبِير فَهُوَ كَاتِبٌ إِنْجِلِيزِيٌّ.
	나집 마흐푸즈는 이집트 작가이지만 쉐익스피어는 영국 작가이다.

** إِذَا 와 لَمَّا 와 عِنْدَمَا 의 비교
이 책 조건사 부분에서 확인하라.

** إِذَا 와 إِنْ 과 لَوْ 의 비교
이 책 조건사 부분에서 확인하라.

2) 조건문 문장의 부정

①	만일 ...하지 않는다면 ...할 것이다 (조건문에 대한 부정)	... إِذَا لَمْ ...
②	(①은 إِذَا 가 사용되었기에 미래의 의미, ②도 미래의 의미로 사용된다.)	... إِنْ لَمْ ...
③	만일 ...하지 않는다면 ...하다(otherwise) (إِلَّا 는 부정의 조건사로 لا + إِنْ 의 의미)	إِلَّا ... ...
④	(③은 문장의 처음에 오고, ④⑤는 문장의 중간에 온다.)	... وَإِلَّا ...
⑤	(④⑤는 조건절(جُمْلَةُ الشَّرْطِ)이 생략된 조건문)	... وَإِلَّا فَـ ...
⑥	...하지 않는다면, ..하지 않는 한, ...은 제외하고 (unless, except if)	... إِلَّا إِذَا ...

예문들

①	하늘에서 비가오지 않는다면 우리는 여행을 떠날 것이다.	إِذَا لَمْ تُمْطِرِ السَّمَاءُ قُمْنَا بِالرِّحْلَةِ.
②	만일 당신이 이 미션을 수행하지 않았다면 내가 그것을 수행할 것이다.	إِنْ لَمْ تَقُمْ بِهَذِهِ الْمُهِمَّةِ قُمْتُ بِهَا أَنَا.
③	당신이 공부하지 않는다면 당신은 낙방(시험에 실패)할 것이다. (إِلَّا 가 문장 처음에 옴)	إِلَّا تُذَاكِرْ تَفْشَلْ.
④	공부하라. 그렇지 않으면 당신은 낙방할 것이다. (وَإِلَّا 가 문장 중간에 옴)	ذَاكِرْ وَإِلَّا تَفْشَلْ. = ذَاكِرْ وَإِلَّا فَشِلْتَ.
⑤	그가 나에게 사과해야 한다. 만일 그렇지 않다면 나는 그와 화해하지 않을 것이다.	يَجِبُ أَنْ يَعْتَذِرَ لِي وَإِلَّا فَلَنْ أُصَالِحَهُ.
⑥	만일 그가 사과하지 않는다면(않는 한, unless) 나는 그와 화해하지 않을 것이다.	لَنْ أُصَالِحَهُ إِلَّا إِذَا اعْتَذَرَ.
	لَا أَلْعَبُ كُرَةَ الْقَدَمِ إِلَّا إِذَا انْتَهَيْتُ مِنْ كُلِّ وَاجِبَاتِي.	
	나는 나의 모든 숙제들을 끝내지 않는다면(unless) 나는 축구를 하지 않는다.	
	سَنَذْهَبُ إِلَى الْحَدِيقَةِ غَدًا إِلَّا إِذَا أَمْطَرَتِ السَّمَاءُ.	
	만일 내일 비가오지 않는다면(unless) 우리는 공원에 갈 것이다. 내일 비가오는 것을 제외하면(except if) 우리는 내일 공원에 갈 것이다.	
	أَذْهَبُ إِلَى الْمَدْرَسَةِ كُلَّ يَوْمٍ إِلَّا إِذَا كُنْتُ مَرِيضًا.	
	나는 내가 아픈 것을 제외하고(except if)는 매일 학교에 간다.	

→ 조건문 문장의 부정에 대한 더 많은 예문은 이 책 '조건문에 대해' 부분에서 볼 수 있다.

3) 가정법 문장

가정법은 어떤 사실에 대한 반대나 실현 불가능한 사실에 대해 상상하는 의미의 문장이다. 가정법으로 사용할 수 있는 아랍어 접속사는 لَوْ 와 إِنْ 두 가지이다. 이 때 조건절과 조건 결과절에 반드시 완료형 동사가 오며, لَوْ 의 경우 조건 결과절이 일반적으로 لَ 로 시작한다.

| ① | 만일 …하였다면 …하였을 텐데…. (가정법 과거 혹은 가정법 과거 완료) | لَوْ … لَ … |
| ② | 실제적인 의미는 '…하지 않았기 때문에 …하지 않았다.' 이다. | إِنْ كَانَ (قَدْ) …. كَانَ (قَدْ) … |

예문들

①	만일 그가 그녀를 사랑했다면 그녀와 결혼했을 것이다. (실제는 사랑하지 않았고 결혼하지도 않았음)	لَوْ أَحَبَّهَا لَتَزَوَّجَهَا.
	만일 당신이 부지런했다면 성공했을 것이다. (실제는 부지런하지 않았고 성공하지도 못했음)	لَوِ اجْتَهَدْتَ لَنَجَحْتَ
②	만일 무함마드가 죽었다면 그의 친구가 그것을 알았을 것이다. (무함마드가 죽지 않았음)	إِنْ كَانَ مُحَمَّدٌ (قَدْ) مَاتَ كَانَ صَدِيقُهُ (قَدْ) عَلِمَ ذَلِكَ.
	만일 내가 자동차를 구입했다면 나는 기쁘게 되었을텐데. (자동차를 구입하지 않았음)	إِنْ كُنْتُ قَدِ اشْتَرَيْتُ السَّيَّارَةَ كُنْتُ قَدْ أَصْبَحْتُ سَعِيدًا.

→ 자세한 예문들과 설명은 이 책 '조건문에 대해' 부분에서 공부하라.

4) 가정법 문장의 부정

가정법 문장을 부정하는 형태는 두 가지이다. 먼저는 조건절에 사용된 동사를 부정하는 가정법으로 … لَوْ لَمْ 을 사용하는 문장이 있고, 두번째는 어떤 존재의 없음에 대한 가정을 하는 لَوْلَا 를 사용하는 가정법 문장이 있다.

| ① | 만일 …하지 않았다면 …하였을 것을…, 만일 …가 아니었다면 …하였을 것을…(Had … not) (가정법에 대한 부정) (조건절과 조건 결과절에 완료형 동사가 온다.) | لَوْ لَمْ … لَ … |
| ② | 만일 …가 없었다면 …하였을 것이다. (Were it not for)(لَوْلَا 뒤에 반드시 명사 혹은 동명사 혹은 대명사가 옴) | لَوْلَا … لَ … |

예문들

①	만일 내가 이집트인이 아니었다면 나는 이집트인이되길 좋아했을 것인데… (실제로 자신이 이집트 사람일 경우)	لَوْ لَمْ أَكُنْ مِصْرِيًّا لَوَدَدْتُ[1] أَنْ أَكُونَ مِصْرِيًّا.
	만일 당신이 나를 도와주지 않았다면 내가 당신을 도와주지 않았을 텐데… (실제로 자신을 도와 주었기에 자신도 상대방을 도와 줌)	لَوْ لَمْ تُسَاعِدْنِي لَمَا سَاعَدْتُكَ.(مَا سَاعَدْتُكَ)
②	만일 그 의사가 없었다면 그 환자는 죽었을 것이다.	لَوْلَا الطَّبِيبُ لَمَاتَ الْمَرِيضُ.
	만일 그가 시험에서 나를 돕는 것이 없었다면 나는 우수한 성적으로 합격하지 못했을 것이다.	لَوْلَا مُسَاعَدَتُهُ لِي فِي الِامْتِحَانِ لَمَا(أَوْ مَا) نَجَحْتُ بِتَفَوُّقٍ.
	만일 그가 없었다면 나는 여행을 계속하지 못했을 것이다.	لَوْلَاهُ لَمَا(أَوْ مَا) أَكْمَلْتُ الرِّحْلَةَ.

5) 가정법 양보구문에 대해

앞에서 양보구문에 대해 공부했다. 앞의 양보구문이 실제로 일어난 사실(fact)에 근거하여 '…함에도 불구하고 …하다(even though)'의 의미라면 가정법 양보구문은 실제로 일어나지 않은 가정에 근거하여 '설령 …할지라도 …할 것이다(even if)'의 의미를 가진 문장이다.

①	설령(비록) …할지라도 …하겠다, 비록 …라고 하더라도 …할 것이다 (even if) (문장 서두 혹은 중간)	حَتَّى إِذَا … …
②	설령(비록) …할지라도 …하겠다, 비록 …라고 하더라도 …할 것이다 (even if) (문장 중간)	… وَإِنْ …
③	설령(비록) …할지라도 …하겠다, 비록 …라고 하더라도 …할 것이다(even if) (문장 서두 혹은 문장 중간)	حَتَّى إِنْ (أَوْ حَتَّى وَإِنْ) …
④	설령(비록) …할지라도 …하겠다, 비록 …라고 하더라도 …할 것이다 (even if) (문장 중간) (가정법 문장에 사용)	… وَلَوْ …
⑤	설령(비록) …할지라도 …하겠다, 비록 …라고 하더라도 …할 것이다 (even if) (문장 서두 혹은 중간) (가정법 문장에 사용)	حَتَّى لَوْ(أَوْ حَتَّى وَلَوْ) …

예문들

①	내일 비가온다 하더라도 우리는 아스완에 여행을 떠날 것이다.	سَنُسَافِرُ أَسْوَانَ غَدًا حَتَّى إِذَا أَمْطَرَتِ السَّمَاءُ.
	비록 내가 피곤하다고 하더라도 나는 축구를 할 것이다.	سَأَلْعَبُ كُرَةَ الْقَدَمِ حَتَّى إِذَا كُنْتُ مُتْعَبًا.
	당신이 설령 공부를 한다고 하더라도 당신은 낙방할 것이다.	سَتَفْشَلُ حَتَّى إِذَا ذَاكَرْتَ.
	설령 당신이 공부한다고 하더라도 당신은 낙방자이다.	حَتَّى إِذَا ذَاكَرْتَ فَأَنْتَ فَاشِلٌ.

---

[1] وَدَّ – هـ أَوْ هـ يَوَدُّ /وَدًّا ; 사랑하다 ; …을 좋아하다..

②	سَنُسَافِرُ أَسْوَانَ غَدًا وَإِنْ تُمْطِرِ السَّمَاءُ.	내일 비가온다 하더라도 우리는 내일 아스완에 여행을 떠날 것이다. (의심이 있을 수 있음)
	سَأَلْعَبُ كُرَةَ الْقَدَمِ وَإِنْ أَكُنْ مُتْعَبًا.	비록 내가 피곤하다고 하더라도 나는 축구를 할 것이다. (의심이 있을 수 있음)
	سَيَسْتَمِرُّ الِاحْتِفَالُ وَإِنْ كَانَ الْعَمِيدُ غَيْرَ حَاضِرٍ (أَوْ لَيْسَ حَاضِرًا).	학장이 참석하지 않는다 하더라도 축제는 계속될 것이다. (의심이 있을 수 있음)
③	سَنُسَافِرُ أَسْوَانَ غَدًا حَتَّى وَإِنْ تُمْطِرِ السَّمَاءُ.	내일 비가온다 하더라도 우리는 내일 아스완 여행을 할 것이다. (의심이 있을 수 있음)
	سَأَلْعَبُ كُرَةَ الْقَدَمِ حَتَّى وَإِنْ أَكُنْ مُتْعَبًا.	비록 내가 피곤하다고 하더라도 나는 축구를 할 것이다. (의심이 있을 수 있음)
	حَتَّى إِنْ حَصَلَ عَلَى شَهَادَةٍ فَقَدْ لَا يَجِدُ وَظِيفَةً مُنَاسِبَةً.	그가 설령 자격증(졸업장)을 취득했다 하더라도 그가 적절한 직업을 찾지 못할 수 있다. (even if)
④	كُنْتُ سَأَدْرُسُ اللُّغَةَ الْعَرَبِيَّةَ وَلَوْ كُنْتُ أَجْنَبِيًّا.	내가 설령 외국인이었다 하더라도 아랍어를 공부했을 것이다. (본인이 현재 외국인이 아니라 아랍어를 사용하는 아랍 사람인 경우) (가정법 문장)
	كَانَتِ الثَّوْرَةُ سَتَسْتَمِرُّ وَلَوْ ظَلَّ الرَّئِيسُ فِي الْحُكْمِ.	설령 그 대통령이 계속해서 통치했다고 하더라도 혁명은 계속되었을 것이다. (실제로는 대통령이 바뀌었음)
	إِسْبَانْيَا كَانَتْ سَتَفُوزُ بِكَأْسِ الْعَالَمِ وَلَوْ لَعِبَتْ هُولَنْدَا أَفْضَلَ مِنْهَا.	설령 네덜란드가 더 낫게 경기를 했다고 하더라도 스페인이 월드컵에 우승했을 것이다. (실제로는 스페인이 네덜란드 보다 더 낫게 경기를 하였음)
⑤	حَتَّى لَوْ كَانَ عِنْدِي جَنَاحَانِ مَا اسْتَطَعْتُ الطَّيَرَانَ.	설령 내가 (두) 날개를 가졌다 하더라도 나는 것은 불가능했을 것이다. (가정법 문장. 불가능한 일)
	حَتَّى لَوْ تَدَمَّرَتِ الْأَرْضُ غَدًا زَرَعْتُ الْيَوْمَ بَذْرَةَ الْخَيْرِ.	지구가 내일 멸망한다 할지라도 나는 오늘 선한 씨앗을 심겠다. (가정법 문장. 불가능한 일)
	صَمَّمَ عَلَى أَنْ يَشْتَرِيَ هَذَا الْبَيْتَ حَتَّى لَوْ بَلَغَ ثَمَنُهُ مَلْيُونَ جُنَيْهٍ.	이 집의 가격이 설령 백만 파운드에 이른다 하더라도 그는 이 집을 살 것을 주장했을 것이다. (실제로는 그 집이 백만 파운드에 이르지 아니하였음. 가정법 문장)

** 조건사 إِذَا 와 إِنْ 그리고 لَوْ 는 조건사의 용법과 시제 그리고 그 의미에서 차이가 있다. 이 조건사들이 حَتَّى 와 결합하여 양보의 의미를 가질 경우 모두가 '비록 …일지라도(even if)'의 같은 의미로 사용된다고 할 수 있다. 특히 현대 미디어 아랍어에서는 حَتَّى إِذَا 와 حَتَّى إِنْ 그리고 حَتَّى لَوْ 가 동일한 의미로 사용되는 경향이 있다. 그러나 حَتَّى لَوْ 의 경우 어떤 반대되는 가정이나 실현 불가능한 사실 (즉 가정법의 의미)을 말할 때 사용된다고 볼 수 있다.

** 양보 구문과 가정법 양보 구문의 차이

양보 구문에서 사용된 رَغْمَ أَنَّ 나 مَعَ أَنَّ 와 가정법 양보 구문에서 사용된 إِذَا حَتَّى 나 إِنْ حَتَّى 혹은 لَوْ حَتَّى 의 구별이 쉽지 않을 수 있다. 아래의 예문을 보고 의미의 차이를 분명히 하라.

전자는 실제로 일어난 사건(fact)을 근거로 하여 '..함에도 불구하고 ..이다'의 의미가 된다. 그러나 후자는 실제로 일어나지 않았거나 실현 불가능한 일을 가정하여서 '설령 ..한다고 할지라도 ..할 것이다' 혹은 '설령 ...했다고 하더라도 ...했을 것이다' 라는 의미가 된다. 문장 구조도 차이가 있다. مَعَ أَنَّ 와 رَغْمَ أَنَّ 뒤에는 명사문이 오고, إِذَا حَتَّى 나 إِنْ حَتَّى 그리고 لَوْ حَتَّى 뒤에는 동사문이 온다.

a. مَعَ أَنَّ 와 رَغْمَ أَنَّ 의 의미 – 양보구문

실제로 일어난 사건(fact)을 근거로 하여 '..함에도 불구하고 ..이다'의 의미가 된다. رَغْمَ أَنَّ 와 مَعَ أَنَّ 에 무효화 불변사 أَنَّ 가 사용되었기에 그 뒤에 명사문이 온다.

①	그녀는 공부를 하지 않았음에도 불구하고 그녀는 아주 똑똑하다. (although, though)	رَغْمَ أَنَّهَا لَمْ تَدْرُسْ لَكِنَّهَا ذَكِيَّةٌ جِدًّا.
	그가 그녀를 사랑했음에도 불구하고 그녀와 결혼하지 않았다. (although, though)	رَغْمَ أَنَّهُ أَحَبَّهَا لَمْ يَتَزَوَّجْهَا.
②	하늘에서 비가왔음에도 불구하고 나는 아스완 여행을 했다. (although, though)	سَافَرْتُ أَسْوَانَ مَعَ أَنَّ السَّمَاءَ أَمْطَرَتْ.
	과일이 많음에도 불구하고 그것의 가격은 아주 비싸다.(although, though)	مَعَ أَنَّ الْفَاكِهَةَ كَثِيرَةٌ، أَسْعَارُهَا غَالِيَةٌ جِدًّا.

b. إِذَا حَتَّى 와 إِنْ حَتَّى 그리고 لَوْ حَتَّى 의 의미 – 가정법 양보 구문

실제로 일어나지 않았거나 실현 불가능한 일을 가정하여서 '설령 ..한다고 할지라도 ..할 것이다' 혹은 '설령 ...했다고 하더라도 ...했을 것이다' 라는 의미가 된다. 이 때 이들 조건사 뒤에는 동사문이 오는데, إِذَا 와 لَوْ 의 경우 반드시 완료형 동사가 사용되며, إِنْ 의 경우 완료형 혹은 미완료형 단축법 둘 다 가능하다. 이는 조건사 إِذَا 와 لَوْ 의 경우 조건절에 단축법 동사가 사용될 수 없는 조건사이며, 조건사 إِنْ 의 경우 조건절에 단축법 동사를 취할 수 있는 조건사이기 때문이다.

③	설령 비가 온다 할찌라도 우리는 내일 아스완 여행을 떠날 것이다. (even if)	سَنُسَافِرُ أَسْوَانَ غَدًا حَتَّى إِذَا أَمْطَرَتِ السَّمَاءُ.
	설령 그들의 의견들이 다르다 하더라도 그들은 친구들이다. (even if)	حَتَّى إِذَا اخْتَلَفَتْ آرَاؤُهُمْ فَهُمْ أَصْدِقَاءُ.
④	이방 나라에서의 삶은 설령 우리가 그것에 적응했다 하더라도 어렵다. (even if)	الْحَيَاةُ فِي بَلَدٍ غَرِيبٍ صَعْبَةٌ حَتَّى إِنْ تَعَوَّدْنَا عَلَيْهَا.
	내일 비가온다 하더라도 우리는 내일 아스완 여행을 할 것이다. (تُمْطِرْ 미완료형)	سَنُسَافِرُ أَسْوَانَ غَدًا حَتَّى إِنْ تُمْطِرِ السَّمَاءُ.
⑤	그녀는 설령 새로운 직업을 찾는다 하더라도 그녀의 나라를 떠날 것이다. (even if)	سَتَتْرُكُ بَلَدَهَا حَتَّى لَوْ وَجَدَتْ وَظِيفَةً جَدِيدَةً.
	그녀가 설령 나를 증오한다 하더라도 나는 그녀를 증오하지 않을 것이다. (even if)	حَتَّى لَوْ كَرِهَتْنِي فَلَنْ أَكْرَهَهَا.

19. 선택의 접속사

1) A 혹은 B, A 아니면 B (either ... or ...)

둘 중의 하나를 선택할 때 사용하는 접속사이다. 이 때 사용된 وَ 와 أَوْ 는 대등접속사(حَرْفُ الْعَطْفِ)이다. 따라서 وَ 와 أَوْ 를 중심으로 양쪽이 단어와 단어, 유사문장과 유사문장, 혹은 문장과 문장의 대칭을 이루는 것을 기억하라.

①	A 혹은 B, A 아니면 B (either ... or)	إِمَّا ... وَإِمَّا ...
②	A 혹은 B, A 아니면 B (either ... or)	إِمَّا ... أَوْ ...
③	A 혹은 B, A 아니면 B (either ... or) (أَنْ 뒤에 동사의 미완료형 접속법이 왔다.)	إِمَّا أَنْ ... وَإِمَّا أَنْ ...
④	A 혹은 B, A 아니면 B (either ... or) (أَنْ 뒤에 동사의 미완료형 접속법이 왔다.)	إِمَّا أَنْ ... أَوْ أَنْ ...
⑤	A 혹은 B, A 아니면 B (either ... or) (أَنَّ 뒤에 명사문이 왔다.)	إِمَّا أَنَّ ... وَإِمَّا أَنَّ ...
⑥	A 혹은 B, A 아니면 B (either ... or) (أَنَّ 뒤에 명사문이 왔다.)	إِمَّا أَنَّ ... أَوْ أَنَّ ...

예문들

①	당신이 가든지 아니면 내가 갈 것이다. (وَإِمَّا 는 문장과 문장을 연결)	إِمَّا تَذْهَبُ وَإِمَّا أَذْهَبُ أَنَا.
	그 모임을 대통령이 인도하든지 아니면 부통령이 인도할 것이다. (وَإِمَّا 는 단어와 단어를 연결)	سَيَرْأَسُ الاِجْتِمَاعَ إِمَّا الرَّئِيسُ وَإِمَّا نَائِبُهُ.
②	당신이 가든지 아니면 내가 갈 것이다. (أَوْ 는 문장과 문장을 연결)	إِمَّا تَذْهَبُ أَوْ أَذْهَبُ أَنَا.
	당신은 기차를 타든지 혹은 자동차를 탈 것이다. (단어와 단어를 연결)	إِمَّا تَرْكَبُ الْقِطَارَ أَوِ السَّيَّارَةَ.
	당신은 카이로에 거주하든지 혹은 알렉산드리아에 거주한다. (유사문장과 유사문장연결)	إِمَّا تَسْكُنُ فِي الْقَاهِرَةِ أَوْ فِي الْإِسْكَنْدَرِيَّةِ.
③	당신이 가든지 아니면 내가 갈 것이다.	إِمَّا أَنْ تَذْهَبَ وَإِمَّا أَنْ أَذْهَبَ أَنَا.
	너희들이 먹든지 아니면 우리가 먹을 것이다.	إِمَّا أَنْ تَأْكُلُوا وَإِمَّا أَنْ نَأْكُلَ نَحْنُ.
④	당신이 가든지 아니면 내가 갈 것이다.	إِمَّا أَنْ تَذْهَبَ أَوْ أَنْ أَذْهَبَ أَنَا.
	당신이 신문을 읽든지 아니면 내가 그것을 읽을 것이다.	إِمَّا أَنْ تَقْرَأَ الْجَرِيدَةَ أَوْ أَنْ أَقْرَأَهَا أَنَا.
⑤	사장이 그를 모르는 것 아니면 사장이 그를 무시하는 것이다.	إِمَّا أَنَّ الْمُدِيرَ لَا يَعْرِفُهُ وَإِمَّا أَنَّهُ يَتَجَاهَلُهُ.
	당신이 미쳤든지 아니면 당신은 아무것도 이해하지 못한다.	إِمَّا أَنَّكَ مَجْنُونٌ وَإِمَّا أَنَّكَ لَا تَفْهَمُ شَيْئًا.
⑥	사장이 그를 모르는 것 아니면 사장이 그를 무시하는 것이다.	إِمَّا أَنَّ الْمُدِيرَ لَا يَعْرِفُهُ أَوْ أَنَّهُ يَتَجَاهَلُهُ.
	내 마음이 그녀를 사랑하든지 아니면 내가 속았다.	إِمَّا أَنَّ قَلْبِي يُحِبُّهَا أَوْ أَنَّنِي مَخْدُوعٌ.

2) A도 아니고 B도 아닌(neither ... nor...)

양쪽을 모두 부정할 때 사용하는 접속사이다. 이 때 사용된 وَ 와 는 대등접속사(حَرْفُ الْعَطْفِ)이다. 따라서 وَ를 중심으로 양쪽이 단어와 단어 혹은 유사문장과 유사문장, 혹은 문장과 문장의 대칭을 이루는 것을 기억하라.

①	A도 아니고 B도 아닌(neither ... nor...) (현재)	لَا ... وَلَا ...
②	A도 아니고 B도 아닌(neither ... nor...) (과거)	لَمْ ... وَلَا ...
③	A도 아니고 B도 아닌(neither ... nor...) (과거)	لَمْ ... وَلَمْ ...
④	A도 아니고 B도 아닌(neither ... nor...) (미래)	لَنْ ... وَلَا ...
⑤	A도 아니고 B도 아닌(neither ... nor...) (미래)	لَنْ ... وَلَنْ ...

예문들

①	파티마는 시를 좋아하지도 않고 음악을 좋아하지도 않는다. (وَلَا는 단어와 단어를 연결)	فَاطِمَةُ لَا تُحِبُّ الشِّعْرَ وَلَا الْمُوسِيقَى.
	무함마드는 카이로에 살지도 않고 알렉산드리아에 살지도 않는다. (وَلَا는 유사문장과 유사문장을 연결)	مُحَمَّدٌ لَا يَعِيشُ فِي الْقَاهِرَةِ وَلَا فِي الْإِسْكَنْدَرِيَّةِ.
	나는 한 문맹 친구가 있는데, 그는 읽지도 못하고 쓰지도 못한다. (وَلَا는 문장과 문장을 연결)	لِي صَدِيقٌ أُمِّيٌّ : لَا يَقْرَأُ وَلَا يَكْتُبُ.
②	그는 노래경연에 참석하지 않았고 춤경연에도 참석하지 않았다. (단어와 단어의 연결)	لَمْ يَشْتَرِكْ فِي مُسَابَقَةِ الْغِنَاءِ وَلَا الرَّقْصِ.
	그는 이 연극에서도 연기를 하지 않았고 저 영화에서도 연기를 하지 않았다. (وَلَا는 유사문장과 유사문장을 연결)	لَمْ يُمَثِّلْ فِي هَذِهِ الْمَسْرَحِيَّةِ وَلَا فِي ذَلِكَ الْفِيلْمِ.
③	그들이 단식을 하고 있어서 그들은 먹지도 않고 마시지도 않았다. (وَلَمْ는 문장과 문장을 연결)	لَقَدْ أَضْرَبُوا عَنِ الطَّعَامِ فَلَمْ يَأْكُلُوا وَلَمْ يَشْرَبُوا.
	그는 읽지도 않고 기록하지도 않았는데 왜냐하면 그가 게으르기 때문이다.	لَمْ يَقْرَأْ وَلَمْ يَكْتُبْ لِأَنَّهُ كَسْلَانُ.
④	그는 전혀 오지 않을 것인데, 내일도 오지 않고 10년 뒤에도 오지 않을 것이다.	لَنْ يَأْتِيَ أَبَدًا لَا غَدًا وَلَا بَعْدَ عَشْرِ سَنَوَاتٍ.
	그들은 이번주에도 여행하지 않을 것이고 그 다음주도 여행하지 않을 것이다.	لَنْ يُسَافِرُوا هَذَا الْأُسْبُوعَ وَلَا الَّذِي بَعْدَهُ.
⑤	오늘 나는 음식을 요리하지도 않고 먹지도 않을 것이다.	لَنْ أَطْبُخَ طَعَامًا الْيَوْمَ وَلَنْ آكُلَ.
	그는 연기하지도 않고 이 연극을 연출하지도 않을 것이다.	لَنْ يُمَثِّلَ وَلَنْ يُخْرِجَ هَذِهِ الْمَسْرَحِيَّةَ.

제39과 여러 가지 접속사에 대해

3) A 이든 혹은 B 이든 간에, A 이든 혹은 B 일찌라도(whether ... or...) – 선택에 대한 양보 구문

양쪽 중에 어느 것이든지 상관이 없을 때 사용하는 구문이다(선택에 대한 양보 구문이다). 이 때 사용된 أَمْ 이나 أَوْ 는 대등접속사(حَرْفُ الْعَطْفِ)이다. 따라서 이 대등접속사를 중심으로 양쪽이 단어와 단어 혹은 유사문장과 유사문장, 혹은 문장과 문장의 대칭을 이루는 것을 기억하라.

A이든 혹은 B이든 간에, A 이든 혹은 B일찌라도(whether ... or...)	سَوَاءَ ... أَمْ ... (أَوْ سَوَاءَ ... أَمْ ...)
	سَوَاءَ ... أَوْ ... (أَوْ سَوَاءَ ... أَوْ ...)
	سَوَاءَ كَانَ ... أَمْ ... (أَوْ سَوَاءَ كَانَ ... أَمْ ...)
	سَوَاءَ كَانَ ... أَوْ ... (أَوْ سَوَاءَ كَانَ ... أَوْ ...)

예문들

أُحِبُّ الشِّعْرَ الْعَرَبِيَّ سَوَاءَ حَدِيثٌ أَمْ(أَوْ) قَدِيمٌ.

나는 현대 아랍시이든지 혹은 고대 아랍시이든지 간에 아랍시를 좋아한다. (أَمْ 이 단어와 단어를 연결)

إِنَّهُ يَهْتَمُّ بِأَخْبَارِ الْأَدَبِ سَوَاءَ شَرْقِيٌّ أَمْ(أَوْ) غَرْبِيٌّ.

그는 근동문학이든지 혹은 서방문학이든지 간에 문학소식에 관심이 많다. (أَمْ 이 단어와 단어를 연결)

أَنَا لَا أَلُومُهَا عَلَى التَّأْخِيرِ سَوَاءَ شَرَحَتِ السَّبَبَ أَمْ لَمْ تَشْرَحْهُ.

나는 그녀가 이유를 설명했든지 하지않았든지간에 그녀가 늦은 것에 대해 비난하지 않는다. (أَمْ 이 문장과 문장을 연결)

سَأَتْرُكُ مِصْرَ سَوَاءَ وَجَدْتُ وَظِيفَةً أَوْ لَمْ أَجِدْ.

나는 직업을 찾았든지 못찾았든지 이집트를 떠날 것이다.

أُحِبُّ الشِّعْرَ الْعَرَبِيَّ سَوَاءَ كَانَ حَدِيثًا أَمْ(أَوْ) قَدِيمًا.

나는 현대 아랍시이든지 혹은 고대 아랍시이든지 간에 아랍시를 좋아한다. (أَمْ 이 단어와 단어를 연결)

إِنَّهُ يَهْتَمُّ بِأَخْبَارِ الْأَدَبِ سَوَاءَ كَانَ شَرْقِيًّا أَمْ(أَوْ) غَرْبِيًّا.

그는 근동문학이든지 혹은 서방문학이든지 간에 문학소식에 관심이 많다. (أَمْ 이 단어와 단어를 연결)

يُرَحِّبُ الرَّئِيسُ دَائِمًا بِالصُّحُفِيِّينَ سَوَاءَ كَانُوا مِصْرِيِّينَ أَمْ(أَوْ) أَجَانِبَ.

대통령은 이집트인들이든지 외국인들이든지 간에 언론인들을 항상 환영한다. (أَمْ 이 단어와 단어를 연결)

تُحِبُّ الِاسْتِمَاعَ إِلَى الْمُوسِيقَى سَوَاءَ كَانَ ذَلِكَ فِي الصَّبَاحِ أَمْ(أَوْ) فِي الْمَسَاءِ.

아침이든지 저녁이든지 간에 그녀는 음악 듣기를 좋아한다. (أَمْ 이 유사문장과 유사문장을 연결)

أَنَا لَا أَلُومُهَا[1] عَلَى التَّأْخِيرِ سَوَاءَ كَانَ بِسَبَبِهَا أَوْ لِظَرْفٍ طَارِئٍ.

나는 그녀 자신이 원인이든지 아니면 긴급한 상황 때문이든지 그녀가 늦은 것에 대해 비난하지 않는다.

---

[1] لَوَمَ - يَلُومُ ٥ عَلَى ٠ لَأْمٌ/لَوْمٌ ..에 대하여 ..을 비난하다, 꾸짖다, 책망하다

** 아래와 같이 سَوَاءٌ 이 كَانَ 와 함께 사용될 때 سَوَاءٌ كَانَ 도 가능하고, كَانَ سَوَاءٌ 도 가능하다.

나는 현대시이든지 혹은 고대시이든지 간에 시를 좋아한다.	أُحِبُّ الشِّعْرَ سَوَاءٌ كَانَ حَدِيثًا أَمْ قَدِيمًا.
	أُحِبُّ الشِّعْرَ سَوَاءٌ كَانَ حَدِيثًا أَمْ قَدِيمًا.

** 아래의 ①과 ②와 ③은 같은 의미이다. ②문장은 سَوَاءٌ كَانَ 가 생략된 구문이다.

①	나는 현대 아랍시이든지 혹은 고대아랍시이든지 간에 아랍시를 좋아한다.	أُحِبُّ الشِّعْرَ الْعَرَبِيَّ سَوَاءٌ كَانَ حَدِيثًا أَمْ(أَوْ) قَدِيمًا.
②		أُحِبُّ الشِّعْرَ الْعَرَبِيَّ حَدِيثًا أَمْ(أَوْ) قَدِيمًا.
③		أُحِبُّ الشِّعْرَ الْعَرَبِيَّ حَدِيثًا كَانَ أَمْ(أَوْ) قَدِيمًا.

①	아랍 사람들은 베두인이건 도시 사람들이건 아랍 반도에 살고 있다.	يَسْكُنُ الْعَرَبُ الْجَزِيرَةَ الْعَرَبِيَّةَ سَوَاءٌ كَانُوا بَدْوًا أَمْ(أَوْ) حَضَرًا[1].
②		يَسْكُنُ الْعَرَبُ الْجَزِيرَةَ الْعَرَبِيَّةَ بَدْوًا أَمْ(أَوْ) حَضَرًا.
③		يَسْكُنُ الْعَرَبُ الْجَزِيرَةَ الْعَرَبِيَّةَ بَدْوًا كَانُوا أَمْ(أَوْ) حَضَرًا.

4) A 가 아니라 B 이다. Not A but B 구문

'...가 아니라 ...이다' 구문도 선택의 접속사라 할 수 있다. 자세한 예문들은 이 과 앞 부분에 있는 1. 대등 접속사 부분으로 돌아가서 확인하라.

①		لَمْ ... بَلْ ...
②		مَا ... بَلْ ...
③	...가 아니라 ...이다(not A but B)	لَا ... بَلْ ...
④		لَيْسَ ... بَلْ ...
⑤		لَنْ ... بَلْ ...

→ 위에 구문에 사용된 بَلْ 대신에 لَكِنْ 을 사용하는 경우도 있다. 그러나 بَلْ 을 사용하는 것이 더 낫다.

---

[1] حَضَرٌ 도시생활(urbanism) ; 도시주민(urban)

제39과 여러 가지 접속사에 대해

20. 의무의 접속사

의미가 '반드시 ..해야한다' 인 문장을 만드는 구문들이다.

1) لَا بُدَّ 가 사용된 여러 가지 경우

①	반드시 ...해야 한다 (동명사가 후연결어로 온다.)	لَا بُدَّ مِنْ ...
②	반드시 ...이 있어야 한다. (보통명사가 후연결어로 온다.)	لَا بُدَّ مِنْ ... فِي ...
③	반드시 ...해야 한다, ... 하는 것이 틀림없다 (미완료 접속법 문장을 이끈다)	لَا بُدَّ أَنْ ... (أَوْ لَا بُدَّ مِنْ أَنْ ...)
④	..하는 것이 틀림없다 (명사절을 이끈다)	لَا بُدَّ أَنَّ ... (أَوْ لَا بُدَّ مِنْ أَنَّ ...)

위의 구문의 의미상 주어를 사용할 경우 لِ을 사용하여 의미상 주어를 나타낸다.

⑤	반드시 ...해야 한다 (لِ 뒤에 사람이 오고, مِنْ 뒤에 동명사가 온다)	لَا بُدَّ لِ ... مِنْ ...
⑥	반드시 ...해야 한다 (لِ 뒤에 사람이 오고, أَنْ 뒤에 미완료 접속법이 온다)	لَا بُدَّ لِ ... أَنْ ... (أَوْ لَا بُدَّ لِ ... مِنْ أَنْ ...)

→ لَا بُدَّ لِ ... أَنَّ 는 사용되지 않는다.

예문들

①	반드시 잠을 잘 자야 한다.(행위의 주체는 문맥의 상황에서 파악할 수 있음)	لَا بُدَّ مِنَ النَّوْمِ جَيِّدًا.
	지금 사장(director)을 만나야 한다. (행위의 주체는 문맥의 상황에서 파악할 수 있음)	لَا بُدَّ مِنْ مُقَابَلَةِ الْمُدِيرِ الْآنَ.
②	모든 집에는 반드시 냉장고가 있어야 한다.	لَا بُدَّ مِنَ الثَّلَّاجَةِ فِي كُلِّ بَيْتٍ.
	언어들을 공부할 때에는 반드시 사전이 있어야 한다.	لَا بُدَّ مِنَ الْقَامُوسِ فِي دِرَاسَةِ اللُّغَاتِ.
③	당신은 나의 말을 잘 들어야 한다.	لَا بُدَّ أَنْ تَسْمَعَنِي جَيِّدًا.
	이것이 그 원인이 틀림이 없다.	لَا بُدَّ أَنْ يَكُونَ هَذَا هُوَ السَّبَبَ.
	كَانَ لَا بُدَّ مِنْ أَنْ أُقَابِلَ الْمُدِيرَ أَمْسِ وَلَكِنَّهُ لَمْ يَحْضُرْ إِلَى الْمَكْتَبِ.	
	어제 내가 사장을 면담해야 했었는데, 하지만 그가 사무실에 오지 않았다.	
④	내가 많은 실수들을 저질렀음이 틀림없다.	لَا بُدَّ أَنِّي ارْتَكَبْتُ كَثِيرًا مِنَ الْأَخْطَاءِ.
	틀림없이 기후가 좋아질 것이다.	لَا بُدَّ أَنَّ الْجَوَّ سَيَتَحَسَّنُ.
	당신은 담배를 피우는 것이 틀림이 없는데, 왜 냐하면 당신의 치아들이 노랗기 때문이다.	لَا بُدَّ مِنْ أَنَّكَ تُدَخِّنُ لِأَنَّ أَسْنَانَكَ صَفْرَاءُ.

⑤		모든 인간은 (반드시) 일을 해야 한다.	كُلُّ إِنْسَانٍ لَا بُدَّ لَهُ مِنْ عَمَلٍ.
		모든 문장은 (반드시) 특정한 순서가 있어야 한다.	كُلُّ جُمْلَةٍ لَا بُدَّ لَهَا مِنْ تَرْتِيبٍ مُعَيَّنٍ.
		모든 인간은 (두) 눈을 가지고 있다.	كُلُّ إِنْسَانٍ لَا بُدَّ لَهُ مِنْ عَيْنَيْنِ.
		모든 나라는 (반드시) 대통령이 있어야 한다.	كُلُّ بَلَدٍ لَا بُدَّ لَهُ مِنْ رَئِيسٍ.
		언어를 공부하는 사람은 (반드시) 사전을 가지고 있어야 한다.	دَارِسُ اللُّغَةِ لَا بُدَّ لَهُ مِنْ قَامُوسٍ.
⑥		나는 반드시 아랍어를 배워야 한다.	لَا بُدَّ لِي (مِنْ) أَنْ أَتَعَلَّمَ اللُّغَةَ الْعَرَبِيَّةَ.
		그 학생들은 이 책을 반드시 공부해야 한다.	لَا بُدَّ لِلطُّلَّابِ (مِنْ) أَنْ يَدْرُسُوا هَذَا الْكِتَابَ.
		아이들은 그들의 부모님들께 순종해야 한다.	لَا بُدَّ لِلْأَوْلَادِ (مِنْ) أَنْ يُطِيعُوا وَالِدَيْهِمْ.

** لَا بُدَّ أَنْ ... 와 لَا بُدَّ أَنْ ...의 의미 차이 **

لَا بُدَّ 뒤에는 명사절이 오고 لَا بُدَّ أَنْ 뒤에는 동사절(접속법)이 온다.

①	미국은 부자 나라임이 틀림없다. (No way that …)	لَا بُدَّ أَنَّ أَمْرِيكَا بَلَدٌ غَنِيٌّ.
	미국은 이전에 부자나라이었음이 틀림없다. (No way that …)	لَا بُدَّ أَنَّ أَمْرِيكَا كَانَتْ بَلَدًا غَنِيًّا.
②	미국은 부자나라이어야 한다.(should) 미국은 부자 나라임이 틀림없다.(No way that …)	لَا بُدَّ أَنْ تَكُونَ أَمْرِيكَا بَلَدًا غَنِيًّا.

→ 위의 ②는 두 가지 의미 모두 가능하다.

아래의 문장은 같은 의미이다.

①	이것이 그 원인이 틀림이 없다.(No way that)	لَا بُدَّ أَنَّ هَذَا هُوَ السَّبَبُ.
②		لَا بُدَّ أَنْ يَكُونَ هَذَا هُوَ السَّبَبُ.

2) 의무를 나타내는 여러 가지 표현들

①	반드시 ...해야 한다 (عَلَى 뒤에는 사람이 온다)	مِنَ اللَّازِمِ أَنْ ...
②		يَجِبُ (عَلَى ...) أَنْ ...
③		مِنَ الْوَاجِبِ (عَلَى ...) أَنْ ...
④		يَنْبَغِي (عَلَى ...) أَنْ ...
⑤	반드시 ...해야 한다 (عَلَى 뒤에 보통명사나 인칭대명사가 온다.)	عَلَى ... أَنْ ...

예문들

①	나는 나의 일을 빨리 마쳐야 한다.	مِنَ اللَّازِمِ أَنْ أَنْتَهِيَ مِنْ عَمَلِي سَرِيعًا.
	당신은 잘 쉬어야 한다.	مِنَ اللَّازِمِ أَنْ تَسْتَرِيحَ جَيِّدًا.
②	나는 열심히 공부해야 한다.	يَجِبُ عَلَيَّ أَنْ أُذَاكِرَ جَيِّدًا.
	정부는 그 절차들을 완성해야 한다.	يَجِبُ عَلَى الْحُكُومَةِ أَنْ تُتِمَّ إِجْرَاءَاتِهَا.
③	운전자는 법을 지키면서 그의 자동차를 운전해야 한다.	مِنَ الْوَاجِبِ عَلَى السَّائِقِ أَنْ يَقُودَ سَيَّارَتَهُ مُلْتَزِمًا بِالْقَانُونِ.
	아이들은 그들의 부모의 충고들을 경청해야 한다.	مِنَ الْوَاجِبِ عَلَى الْأَوْلَادِ أَنْ يَسْتَمِعُوا إِلَى نَصَائِحِ وَالِدَيْهِمْ.
④	너는 일찍 자야 한다.	يَنْبَغِي عَلَيْكَ أَنْ تَنَامَ مُبَكِّرًا.
	학생은 공부해야 한다.	يَنْبَغِي عَلَى الطَّالِبِ أَنْ يُذَاكِرَ.
⑤	모든 인간은 일해야 한다.	عَلَى كُلِّ إِنْسَانٍ أَنْ يَعْمَلَ.
	모든 남편은 그의 아내를 사랑해야 한다.	عَلَى كُلِّ زَوْجٍ أَنْ يُحِبَّ زَوْجَتَهُ.
	모든 학생은 공부해야 한다.	عَلَى كُلِّ طَالِبٍ أَنْ يُذَاكِرَ.
	선생님은 열심히 노력해야 한다.	عَلَى الْمُدَرِّسِ أَنْ يَجْتَهِدَ.

21. 양편을 구분하는 접속사

두 개체나 두 집단 이상의 여러 개체가 선호도나 이해관계에 따라 편이 두 개로 구분될 때 사용하는 표현이다.

①	한편으로는 ...이고 다른 한편으로는 ...이다,	... مِنْ جَانِبٍ ... مِنْ جَانِبٍ آخَرَ
②	...이 한편이 되고 ...이 다른 한편이 되어 ...하다	... مِنْ جِهَةٍ ... مِنْ جِهَةٍ أُخْرَى
③	(from one side ... from the other side)	... مِنْ نَاحِيَةٍ ... مِنْ نَاحِيَةٍ أُخْرَى

예문들

①	مَا زَالَ إِرْثُ حَرْبِ أُكْتُوبَرَ عَامَ ١٩٧٣ بَيْنَ مِصْرَ وَسُورِيَا مِنْ جَانِبٍ وَإِسْرَائِيلَ مِنْ جَانِبٍ آخَرَ يَتَرَدَّدُ صَدَاهُ بَعْدَ مُرُورِ ٤ عُقُودٍ.
	이집트와 시리아가 한편이 되고 이스라엘이 다른 한편이 된 1973년 10월의 전쟁의 유산은 40년이 지난 뒤에도 여전히 그 메아리가 반복된다.
②	الْعَالَمُ يُعَانِي الْحَرَارَةَ الشَّدِيدَةَ مِنْ جِهَةٍ وَالسُّيُولَ وَالْأَمْطَارَ الْغَزِيرَةَ مِنْ جِهَةٍ أُخْرَى.
	세계는 한편으로는 높은 온도에 의해, 다른 한편으로는 홍수와 폭우에 의해 고통을 당한다.
	أَفَادَ مُرَاسِلُنَا أَنَّ اشْتِبَاكَاتٍ عَنِيفَةً تَدُورُ فِي هَذِهِ الْأَثْنَاءِ بَيْنَ الْجَيْشِ اللُّبْنَانِيِّ وَحِزْبِ اللهِ مِنْ جِهَةٍ وَمَجْمُوعَاتٍ مُسَلَّحَةٍ تَابِعَةٍ لِجَبْهَةِ النُّصْرَةِ وَلِوَاءِ الْإِسْلَامِ مِنْ جِهَةٍ أُخْرَى.
	우리 특파원은, 지금 이 시간에 레바논 군대와 헤즈볼라가 한편이 되고, 승리연합과 이슬람의 깃발을 따르는 무장단체가 한 편이 되어 극렬한 충돌이 발생하고 있다고 보고했다.
	شَهِدَتْ مَسِيرَاتُ أَنْصَارِ جَمَاعَةِ الْإِخْوَانِ الْمُسْلِمِينَ بِالْقَاهِرَةِ، اشْتِبَاكَاتٍ دَامِيَةً بَيْنَ الْمُتَظَاهِرِينَ مِنْ جِهَةٍ، وَقُوَّاتِ الْأَمْنِ وَالْأَهَالِي مِنْ جِهَةٍ أُخْرَى.
	카이로에서 무슬림 형제단 지지자들의 가두행진은 시위대들 한편과 보안 경찰 및 시민들 다른 한편이 유혈충돌하는 것을 목격했다.
③	السِّيسِي فِي مَأْزِقٍ بِسَبَبِ النِّدَاءِ الشَّعْبِيِّ مِنْ نَاحِيَةٍ، وَانْتِمَائِهِ الْعَسْكَرِيِّ مِنْ نَاحِيَةٍ أُخْرَى.
	앗시시는 한편으로 국민적인 요청으로 인해 딜레마에 빠져있고, 다른 한편으로는 그가 군대에 속해있는 것으로 인해 딜레마에 빠져있다.
	اشْتَدَّ الصِّرَاعُ بَيْنَ مُؤَسَّسَةِ الرِّئَاسَةِ وَتَنْظِيمِ الْإِخْوَانِ مِنْ نَاحِيَةٍ، وَالْقُضَاةِ مِنْ نَاحِيَةٍ أُخْرَى.
	대통령 기관과 무슬림 형제단 조직이 한편이 되고 판사들이 다른 한편이 되어 갈등이 심화되었다.

→ 한편 위의 مِنْ جِهَةٍ أُخْرَى 나 مِنْ نَاحِيَةٍ أُخْرَى 그리고 مِنْ جَانِبٍ آخَرَ 등은 아랍어 신문에서 단락이 바뀐 뒤 기사의 주제가 달라졌을 때 사용되어 '다른 한편'으로 번역되기도 한다. 자세한 내용은 필자가 저술한 '아랍어 신문, 당신도 읽을 수 있다'를 참고하라.

22. 양쪽의 정도를 비교하는 표현

앞의 내용과 비교해서 뒤의 내용이 훨씬 정도가 더한 것을 나타내는 표현할 때 다음과 같이 표현한다.

A가 …하다면 B는 얼마나 더 ..하겠습니까!!, A가 …한데 B는 오죽하겠습니까!!,	… فَمَا بَالُكَ …

겨울에 날씨가 좋은데, 봄에는 얼마나 더 좋겠습니까!!	الْجَوُّ جَمِيلٌ بِالشِّتَاءِ فَمَا بَالُكَ بِالرَّبِيعِ.
언어를 배우는 것이 어려운데 그것을 다른 사람에게 가르치는 것은 얼마나 더 어렵겠습니까!!	تَعَلُّمُ اللُّغَةِ صَعْبٌ فَمَا بَالُكَ تَعْلِيمُهَا لِأَحَدٍ.
당신의 친구와 함께 앉아있는 것이 달콤한데 당신이 사랑하는 이와 함께 앉아있는 것이 얼마나 달콤하겠습니까!!	الْجُلُوسُ مَعَ صَدِيقِكَ حُلْوٌ فَمَا بَالُكَ مَعَ حَبِيبِكَ.
카이로를 방문하는 것이 흥미로운데 룩소르를 방문하는 것이 얼마나 더 흥미롭겠습니까!!	زِيَارَةُ الْقَاهِرَةِ مُمْتِعَةٌ فَمَا بَالُكَ زِيَارَةُ الْأُقْصُرِ.
الْجَوُّ حَارٌّ فِي الْمَدِينَةِ فَمَا بَالُكَ فِي الصَّحْرَاءِ.	
도시에서 기후가 더운데 사막에서는 얼마나 더 덥겠습니까!! 사막에서는 오죽하겠습니까!!	
الشَّوَارِعُ مُزْدَحِمَةٌ فِي الْأَيَّامِ الْعَادِيَّةِ فَمَا بَالُكَ بِالْأَعْيَادِ وَالْمُنَاسَبَاتِ.	
거리들이 보통날들에 복잡한데 명절과 절기에는 얼마나 더 복잡하겠습니까!! 오죽하겠습니까!!	

→ 위의 بَالُكَ 는 말하는 상대방을 가르킨다. بَال 은 '정신', '주의' 등의 의미이다.

23. ..하는 만큼 많이 (as much as)

①	..하는 만큼 많이 (as much as)	… قَدْرَ مَا …
②		… بِقَدْرِ مَا …
③		… عَلَى قَدْرِ مَا …

①	당신들은 열심히 노력하는 만큼 뛰어나게 될 것이다.	سَتَتَفَوَّقُونَ قَدْرَ مَا تَجْتَهِدُونَ.
	당신은 가능한만큼 사람들을 존경하라.	اِحْتَرِمِ النَّاسَ قَدْرَ مَا تَسْتَطِيعُ.
②	그녀는 내가 그녀를 도와준 만큼 나를 도왔다.	سَاعَدَتْنِي بِقَدْرِ مَا سَاعَدْتُهَا.
	배고픈 자는 음식을 발견하는 만큼 많이 먹는다.	الْجَائِعُ يَأْكُلُ بِقَدْرِ مَا يَجِدُ مِنْ طَعَامٍ.
③	그는 그의 애인이 그를 사랑했던 만큼 그 애인을 사랑했다.	أَحَبَّ عَشِيقَتَهُ عَلَى قَدْرِ مَا أَحَبَّتْهُ.
	그 아들은 그의 아버지가 그에게 유언한 만큼 그의 아내를 극진히 돌보았다.	أَكْرَمَ الِابْنُ زَوْجَتَهُ عَلَى قَدْرِ مَا أَوْصَاهُ وَالِدُهُ.

24. 주의집중을 위한 문장 표현

말을 하며 다른 사람의 관심을 불러 일으키거나 어떤 것을 소개하며 시선을 집중시킬 때, 혹은 다른 사람을 깜짝 놀라게 소개할 때 사용하는 표현이다.

...은 바로 ..	... أَلَا وَهَوَ (وَهِيَ، وَهُمْ ...) .....

예문들

سَنُقَابِلُ الْيَوْمَ شَخْصًا مُهِمًّا نَعْرِفُهُ جَمِيعًا بِالْكَرَمِ، أَلَا وَهُوَ الدُّكْتُورُ مُصْطَفَى جَمَال.
오늘 우리는 우리 모두가 관대하다고 알고 있는 한 중요한 사람을 만날 것입니다. 그분이 바로 무스타파 자말 박사이십니다. (무스타파 자말 박사를 소개하며)
تَكَلَّمْنَا الْأُسْبُوعَ الْمَاضِيَ فِي مَوْضُوعٍ شَيِّقٍ وَمُهِمٍّ، أَلَا وَهُوَ التَّشْبِيهُ فِي اللُّغَةِ الْعَرَبِيَّةِ.
우리는 지난 주에 흥미롭고 중요한 주제에 대해 이야기했습니다. 그것은 바로 '아랍어에서 비유'입니다.
يُرِيدُ الْمُتَظَاهِرُونَ مَطَالِبَ مُحَدَّدَةً أَلَا وَهِيَ الْعَدَالَةُ الِاجْتِمَاعِيَّةُ وَحَيَاةٌ سَهْلَةٌ.
시위자들은 제한적인 요구사항들을 원하는데, 그것은 바로 사회적인 평등과 편안한 삶이다.
الِاسْتِعَارَةُ لَوْنٌ مِنَ الْمَجَازِ عَلَاقَتُهُ ثَابِتَةٌ وَمُحَدَّدَةٌ أَلَا وَهِيَ الْمُشَابَهَةُ بَيْنَ الْمَعْنَى الْحَقِيقِيِّ وَالْمَعْنَى الْمَجَازِيِّ.
은유는 비유의 다른 하나의 색깔로서 그것의 관계는 확실하고 정해져있다. 그것은 바로 사실적인 의미와 비유적인 의미 사이에 있는 상관성이다.

제 40 과 여러 가지 다른 용법으로 사용되는 단어들

1. وَ 의 용법에 대해
2. فَ 의 용법에 대해
3. مَا 의 용법에 대해
4. لَا 의 용법에 대해
5. قَدْ 의 용법에 대해
6. حَتَّى 의 용법에 대해
7. لِـ 의 용법에 대해
8. لَوْ 의 용법에 대해
9. إِذَا 의 용법에 대해
그외 여러 단어들

지금까지 수많은 아랍어 단어들의 다양한 용법들을 공부하였다. 여기서는 한 단어가 여러 가지 다른 용법으로 사용되는 경우에 주목하여 그 용법들을 한 곳에 모아서 정리한다.

1. و 용법에 대해

1) 대등접속사 (حَرْفُ عَطْفٍ, الْوَاوُ الْعَاطِفَةُ)

우리들은 노아와 아브라함을 보내었다.	وَلَقَدْ أَرْسَلْنَا نُوحًا وَإِبْرَاهِيمَ.
당신은 남학생이고 나는 여학생이다.	أَنْتَ طَالِبٌ وَأَنَا طَالِبَةٌ.
아흐마드와 싸이드가 왔고(참석했고) 그리고 그들 둘이 공원에 갔다.	حَضَرَ أَحْمَدُ وَسَعِيدٌ وَذَهَبَا إِلَى الْحَدِيقَةِ.

2) 상태접속사 (وَاوُ الْحَالِ)   이 때 상태접속사 و 는 불변사(حَرْفٌ)이다.

나는 그 소녀가 뛰어가는 것을 보았다.	رَأَيْتُ الْبِنْتَ وَهِيَ تَجْرِي.
그 학생들이 웃고있는 상태에(동안, 순간) 그 교사가 교실에 들어갔다.	دَخَلَ الْمُدَرِّسُ الْفَصْلَ وَالطُّلَّابُ يَضْحَكُونَ.
나는 그 소녀가 뛰어 간 것을 보았다. (그 소녀가 뛰어 간 마지막 무렵에 그녀를 봄)	رَأَيْتُ الْبِنْتَ وَقَدْ جَرَتْ.

3) 동반접속사 و (وَاوُ الْمَعِيَّةِ)   이 때 동반접속사 و 는 불변사(حَرْفٌ)이다.

나는 강변을 따라 걸었다.	سِرْتُ وَشَاطِئَ النَّهْرِ.
나는 새벽이 올 때 잠에서 깨었다.	اسْتَيْقَظْتُ وَطُلُوعَ الْفَجْرِ.
그 선생님이 단원을 설명하고 있을 때 내가 교실에 들어갔다.	دَخَلْتُ الْفَصْلَ وَشَرْحَ الْمُدَرِّسِ.

4) 맹세사 (وَاوُ الْقَسَمِ, حَرْفُ جَرٍّ)

신에게 맹세코, 나는 (그) 부지런한 자에게 보상을 하겠다.	وَاللهِ لَأُكَافِئَنَّ الْمُجْتَهِدَ.
당신 자신에게 맹세코, 내가 당신을 관대하게 대하겠다.	وَحَقِّكَ لَأُكْرِمَنَّكَ.
신에게 맹세코, 나는 그렇게 하지 않을 것이다.	وَاللهِ لَا أَفْعَلُ كَذَا.

5) 재개의 접속사, 새로운 문장 재개를 위해 (الْوَاوُ الِاسْتِئْنَافِيَّةُ, حَرْفُ اسْتِئْنَافٍ)

비교적 긴 문장을 끝내고 다른 문장을 시작하려고 할 때나 혹은 문장을 마침표로 끝내고 난 뒤 다른 문장을 시작하려고 할 때 و 를 사용하여 새로운 문장을 시작하게 된다. 이때의 و 를 재개의 접속사(الْوَاوُ الِاسْتِئْنَافِيَّةُ)라고 하며 '그리고(and)'의 의미를 가진다.

싸미르가 오고 그 교사가 들어갔다. (짧은 문장이지만 이것도 재개의 접속사이다.)	جَاءَ سَمِيرٌ. وَدَخَلَ الْمُعَلِّمُ.
카멜은 일어나서 그의 얼굴을 씻었다. 그리고 그의 아침을 먹었다. 그리고 학교 버스가 집 문앞에 도착하여 카말은 내려갔다.	صَحَا كَمَالٌ وَغَسَلَ وَجْهَهُ، ثُمَّ تَنَاوَلَ إِفْطَارَهُ. وَوَصَلَ بَاصُ الْمَدْرَسَةِ أَمَامَ بَابِ الْمَنْزِلِ، فَنَزَلَ كَمَالٌ.

6) 동반 대등접속사 (وَاوُ الْمَعِيَّةِ الْعَاطِفَةُ)

و 앞 뒤에 미완료형 형태의 동사문이 오며, 연결된 두 미완료형 동사의 동작이 함께 진행되는 의미이다. 이러한 문장은 주로 부정문이나 요청문 뒤에 사용되며, و 뒤에는 접속법 동사가 온다. 고전 아랍어의 용법이지만 구어체 아랍어에서도 사용된다.

당신이 거짓을 말하면서 당신이 사람들에게 진실하라고 명령할 수 있느냐?	أَتَكْذِبُ وَتَأْمُرَ النَّاسَ بِالصِّدْقِ؟
담배를 피우면서 다른 사람들에게 담배를 피우지 마라고 명령하지 마라.	لَا تُدَخِّنْ وَتَأْمُرَ الْآخَرِينَ بِعَدَمِ التَّدْخِينِ.
당신이 간음을 하면서 다른 사람들에게 정결할 것을 요구할 수 있니?	أَتَزْنِي وَتُطَالِبَ النَّاسَ بِالطَّهَارَةِ؟

7) 삽입절에 사용되는 و (الْوَاوُ الِاعْتِرَاضِيَّةُ)

앞의 단어를 설명하기 위해 삽입된 절(節)을 말한다. 이 때 ' — ' 로서 표시를 해 준다. 이 절은 문장의 근본 의미와는 아무 관련이 없기 때문에 제거해도 문제가 없다. 이 삽입절은 격변화의 자리가 없다(لَا مَحَلَّ لَهَا مِنَ الْإِعْرَابِ). 이 삽입절에서 و 는 생략될 수 없으며 و 뒤에는 주로 인칭대명사가 온다.

무함마드, 정직한 메신저인, 그는 용감했다.	كَانَ مُحَمَّدٌ – وَهُوَ الرَّسُولُ الْأَمِينُ – شُجَاعًا.
당신을 사랑한 나는, 당신을 사랑하는것으로 부터 고통스러워 했다.	كُنْتُ – وَأَنَا أَهْوَاكَ[1] – أَتَأَلَّمُ مِنْ غَرَامِكِ.
내 누이, 부지런한 그녀,는 그녀의 학교에서 수석이었다.	كَانَتْ أُخْتِي – وَهِيَ الْمُجْتَهِدَةُ – الْأُولَى فِي مَدْرَسَتِهَا.

8) رُبَّ 의 의미로 사용되는 و (وَاوُ رُبَّ)

문장 머리에 와서 그 뒤에 비한정 소유격 명사를 취하며 رُبَّ 와 같은 의미를 취한다. 이 때의 و 를 추가 전치사(حَرْفُ جَرٍّ زَائِدٌ)라 한다. (그 뒤에 오는 명사는 اِسْمٌ نَكِرَةٍ مَجْرُورٌ لَفْظًا مَرْفُوعٌ مَحَلًّا 이라 한다.) رُبَّ 가 올 자리에 و 가 대신 사용되었다고 보면 이해하기 쉽다. 고전 아랍어의 용법으로 시 등의 문학적인 표현에 주로 사용된다.

어쩌면 밤이 바다의 파도와 같아서, 나는 그것의 커튼을 내린다.	وَلَيْلٍ كَمَوْجِ الْبَحْرِ أَرْخَى سُدُولَهُ. = رُبَّ لَيْلٍ كَمَوْجِ الْبَحْرِ أَرْخَى سُدُولَهُ.
어쩌면 (나의) 마음이 당신을 사랑한다 때문에 그것을 포기하지 마라.	وَقَلْبٍ هَامَ فِي هَوَاكَ فَلَا تَنْبِذِيهِ. = رُبَّ قَلْبٍ هَامَ فِي هَوَاكَ فَلَا تَنْبِذِيهِ.
어쩌면 (나의) 영이 당신의 영을 사랑했기에 당신이 그것과 일치되게 하라.	وَرُوحٍ عَشِقَتْ رُوحَكَ فَاتَّحِدِي مَعَهَا. = رُبَّ رُوحٍ عَشِقَتْ رُوحَكَ فَاتَّحِدِي مَعَهَا.

---

[1] هَوِيَ / يَهْوَى ه أَوْ هـ – هَوًى (음악 등을) 좋아하다, (사람을) 사랑하다

2. فـ 의 용법

1) 대등접속사 (الفَاءُ العَاطِفَةُ)

대등접속사로서 명사와 명사, 구와 구, 문장과 문장을 연결하여 앞뒤 순서를 정하는 역할을 한다. فـ 가 문장과 문장을 연결할 경우 이유와 그 결과의 의미를 나타내기도 한다.

무함마드가 오고 다음에 싸미르가 왔다. (온 순서를 말함. فـ 는 단어와 단어를 연결)	جَاءَ مُحَمَّدٌ فَسَمِيرٌ.
나의 친구가 나를 불러서 내가 그에게로 나갔다. (فـ 는 문장과 문장을 연결)	نَادَانِي صَدِيقِي فَخَرَجْتُ إِلَيْهِ.
내 형(남동생)은 지름길로 가서 빨리 도착한다. (فـ 는 문장과 문장을 연결)(이유와 결과의 의미)	يَخْتَصِرُ أَخِي الطُّرُقَ فَيَصِلُ سَرِيعًا.
عَمِلَ الوَالِدُ كَثِيرًا طَوَالَ اليَوْمِ فَعَادَ إِلَى بَيْتِهِ مُتْعَبًا. 그 아버지는 오늘 내내 일을 많이하여서 그의 집에 지쳐서 돌아갔다. (이유와 결과의 의미)	

→ 위의 문장에서 사용된 대등접속사 فـ 의 의미는 '그리고(and)', '그래서' 등으로 번역된다. 세 번째와 네 번째 문장에서 처럼 فـ 이하가 결과절을 이끌기도 한다.

2) 재개의 접속사, 새로운 문장의 재개를 위해 (الفَاءُ الاسْتِئْنَافِيَّةُ, حَرْفُ اسْتِئْنَافٍ)

긴 문장 혹은 문단을 마침표로 끝내고 난 뒤 다른 문장을 시작하려고 할 때 فـ 를 사용하여 새로운 문장을 시작하게 된다. 이때의 فـ 를 재개의 접속사(الفَاءُ الاسْتِئْنَافِيَّةُ)라고 한다. 의미는 '그래서(and)'로 번역할 수 있는데 거기에는 이유와 그 결과의 의미도 있다.

خَرَجْتُ اليَوْمَ مُبَكِّرًا مِنْ بَيْتِي وَذَهَبْتُ إِلَى مَيْدَانِ التَّحْرِيرِ لِأُشَارِكَ فِي التَّظَاهُرَاتِ ضِدَّ الظُّلْمِ. فَتَعِبْتُ جِدًّا وَضَعُفَ صَوْتِي بِسَبَبِ الهُتَافِ. 나는 오늘 일찍 집에서 나와서, 불의에 대해 시위하는 것에 동참하기 위해 타흐리르 광장에 갔다. 그래서 아주 피곤했고 구호를 외친 이유로 내 목도 약해졌다.

3) 강조를 위해 (فَاءُ التَّوْكِيدِ)

여기서 사용되는 فـ 는 '참으로(indeed)', 확실히(for sure) 등의 의미로 해석된다. 이 때 فـ 이후에 명사문도 가능하고 동사문도 가능하다

성적이 우수한 그 학생에게는 확실히 상이 있다.	الطَّالِبُ الَّذِي يَتَفَوَّقُ فَلَهُ جَائِزَةٌ.
당신이 게으른 상황에서는 당신은 확실히 합격하지 못할 것이다.	فِي حَالِ تَتَكَاسَلُ فَإِنَّكَ لَنْ تَنْجَحَ.
이분이 우리의 하나님이기에 우리는 그분께 영광돌린다.	هَذَا إِلَهُنَا فَنُمَجِّدُهُ.
선을 행하는 사람에게는 확실히 보상이 있다.	الشَّخْصُ الَّذِي يَعْمَلُ الخَيْرَ فَلَهُ مُكَافَأَةٌ.

4) 이유를 설명하기 위해 (الفاءُ التَّعْلِيلِيَّةُ)

فَ 이후에 이유를 설명하는 절이 온다. 이때 فَ 이후에는 항상 명사문이 온다.

أَنَا جَائِعٌ، فَأَنَا لَمْ آكُلْ مُنْذُ الصَّبَاحِ. (= أَنَا جَائِعٌ لِأَنَّنِي لَمْ آكُلْ مُنْذُ الصَّبَاحِ.)
나는 배가 고프다. 왜냐하면 아침부터 먹지 않았기 때문이다.

يَنَامُ الْآنَ، فَهُوَ يَشْعُرُ بِالتَّعَبِ. (= يَنَامُ الْآنَ لِأَنَّهُ يَشْعُرُ بِالتَّعَبِ.)
그는 지금 잠을 잔다. 왜냐하면 그가 피곤을 느끼기 때문이다.

سَاعِدْ سَمِيرًا فَهُوَ صَدِيقُكَ. (= سَاعِدْ سَمِيرًا لِأَنَّهُ صَدِيقُكَ.)
싸미르를 도와라. 왜냐하면 그가 당신의 친구이기 때문이다.

أُحِبُّ الْمُوسِيقَى فَهِيَ تُسَاعِدُنِي عَلَى التَّرْكِيزِ. (= أُحِبُّ الْمُوسِيقَى لِأَنَّهَا ...)
나는 음악을 좋아하는데 왜냐하면 그것이 내가 집중하는데 도움을 주기 때문이다.

قَامَ الْمِصْرِيُّونَ بِثَوْرَةٍ كَبِيرَةٍ فَالظُّلْمُ وَالْفَسَادُ فِي كُلِّ مَكَانٍ. (= ... لِأَنَّ الظُّلْمَ ...)
이집트 사람들은 큰 혁명을 일으켰는데, 왜냐하면 불의와 부패가 모든 곳에 만연하기 때문이다.

5) 뜻밖의 일(surprise)을 표현할 때 사용되는 إِذَا ("إِذَا" الْفُجَائِيَّةُ)와 함께

뜻밖의 일이나 깜짝 놀라는 일에 대해 표현할 때 'فَ + إِذَا'를 사용한다. 이 구문에서 فَإِذَا 이후의 문장은 항상 명사문이 온다.

فَتَحْتُ بَابَ الْمَنْزِلِ فَإِذَا الْأَسَدُ أَمَامِي.	내가 집 문을 열었는데, 놀랍게도 내 앞에 그 사자가 있었다.
دَخَلْتُ الْفَصْلَ فَإِذَا الْأُسْتَاذُ.	내가 교실에 들어갔는데 놀랍게도 거기에 교수가 있었다.
أَلْقَى مُوسَى عَصَاهُ فَإِذَا هِيَ حَيَّةٌ.	모세가 그의 지팡이를 던졌는데, 놀랍게도 그것이 갑자기 뱀이 되었다.
دَقَّ بَابِي فَفَتَحْتُ الْبَابَ فَإِذَا هُوَ صَدِيقِي الَّذِي لَمْ أَرَهُ مِنْ سَنَةٍ.	그가 나의 문을 두드려서 내가 문을 열었는데, 놀랍게도 그 사람은 지난 1년전 부터 보지못했던 내 친구이었다.

→ 한편 조건문의 조건사로 사용된 إِذَا 뒤에는 동사문이 와야 한다.

6) 조건문의 조건 결과절에 사용 (الْفَاءُ الْوَاقِعَةُ فِي جَوَابِ الشَّرْطِ 혹은 الْفَاءُ الرَّابِطَةُ لِجَوَابِ الشَّرْطِ)

إِنْ تُسَاعِدْنِي فَأَنْتَ صَدِيقِي.	만일 당신이 나를 돕는다면 당신은 나의 친구이다. (조건 결과절이 명사문일 경우)
إِذَا كُنْتَ مُخْلِصًا فَسَاعِدْنَا.	만일 당신이 충실하다면 우리를 도와라. (조건 결과절에 요청문이 올 경우. 여기서는 명령문)
إِنْ كَانَ أُسْتَاذًا فَلَيْسَ غَنِيًّا.	만일 그가 교수라면 그는 부자가 아니다. (조건 결과절에 불완전 활용동사가 사용된 경우)
مَنْ ظَلَمَ النَّاسَ فَسَوْفَ يَنْدَمُ.	사람들을 억압하는 사람은 후회할 것이다. (조건 결과절이 سَوْفَ، سَ، لَنْ، قَدْ، مَا 등의 불변사에 의해 시작될 때)

→ 자세한 내용은 이 책 조건문 부분에서 공부하도록 하라.

7) 이유접속사 فَـ (فَاءُ السَّبَبِيَّة)

이유의 의미로 사용되는 경우를 (فَاءُ السَّبَبِيَّة) فَـ 라 한다. 즉 فَـ 가 이유접속사로 사용될 경우 فَـ 이전과 이후가 원인(이유)과 결과를 나타내며, فَـ 이후의 절이 강조되는 문장이 된다. 이 때 فَـ 뒤에 오는 동사는 반드시 동사의 미완료 접속법이 오며, 그 의미는 목적의 의미 즉 '…하도록(so that)'의 의미로 해석된다. 이유접속사에 대한 자세한 내용은 이 책 '여러가지 접속사들에 대해'에서 자세하게 다루고 있다.

열심히 공부하라, 당신이 합격하도록(Study hard so that you will succeed.)(/ 그러면 당신은 합격할 것이다.)	اُدْرُسْ جَيِّدًا فَتَنْجَحَ.
게으르지 마라, 당신이 실패하지 않도록	لَا تَكْسَلْ فَتَفْشَلَ.
열심히 공부하니? 당신(f.)이 성공하기 위해	هَلْ تُذَاكِرِينَ جَيِّدًا فَتَنْجَحِي؟

3. مَا의 용법에 대해

1) 의문사 (اسْمُ اسْتِفْهام، مَا الاسْتِفْهامِيَّة)

당신 이름이 무엇입니까?	مَا اسْمُكَ؟
그 선거들의 결과는 무엇입니까?	مَا نَتِيجَةُ الانْتِخَابَاتِ؟

2) 관계대명사 (اسْمُ مَوْصُولٍ، مَا الْمَوْصُولِيَّة)

네가 말하는 것은 중요하다. (What you say is important.)	مَا تَقُولُهُ مُهِمٌّ.
나는 하늘에서 날고 있는 것을 보았다.	رَأَيْتُ مَا يَطِيرُ فِي السَّمَاءِ.

3) 풀어쓴 동명사 (مَا الْمَصْدَرِيَّة، حَرْفٌ مَصْدَرِي)

당신이 기록한 것이 사장의 마음에 들었다.	أَعْجَبَ الْمُدِيرَ مَا كَتَبْتَ.
여자 사장이 말한 것이 우리를 영광스럽게 한다.	يُشَرِّفُنَا مَا قَالَتْهُ الْمُدِيرَةُ.

4) 조건사 (اسْمُ شَرْطٍ، مَا الشَّرْطِيَّة)

당신이 무엇을 심던지 당신이 거둔다. (당신이 심는 것이라면 무엇이든지...)	مَا تَزْرَعْ تَحْصُدْ.
내 아내가 무엇을 요리하던지 나는 먹는다.(내 아내가 요리하는 것은 무엇이든지...)	مَا تَطْبُخْ زَوْجَتِي آكُلْ.

5) 감탄사 (اسْمٌ نَكِرَةٌ، مَا التَّعَجُّبِيَّة)

아랍어가 얼마나 어려운지!	مَا أَصْعَبَ اللُّغَةَ الْعَرَبِيَّةَ!
겨울의 태양이 얼마나 아름다운지!	مَا أَجْمَلَ شَمْسَ الشِّتَاءِ!

6) 부정어 (حَرْفُ نَفْيٍ، مَا النَّافِيَة)

(1) 명사문을 부정할 때 (مَا النَّافِيَةُ لِلْجُمْلَةِ الاسْمِيَّة)

a. 일반적인 مَا النَّافِيَة 부정 명사문

مَا 뒤에 오는 명사문의 주어(مُبْتَدَأ)와 술어(خَبَر)가 주격을 취하는 경우이다. (حَرْفُ نَفْيٍ لَا عَمَلَ لَهُ) 주어에 한정명사 혹은 비한정 명사 둘 다 가능하다.

그 교실에 한 학생도 없다. (There is no student in the class.)	مَا طَالِبٌ فِي الْفَصْلِ.
교사가 무식한 사람은 없다. (There is no teacher ignorant.)	مَا مُدَرِّسٌ جَاهِلٌ.

그 교사는 무지하지 않다. (The teacher is not ignorant.)	مَا الْمُدَرِّسُ جَاهِلٌ.
그 학생이 그 교실에 없다. (The student is not in the class.)	مَا الطَّالِبُ فِي الْفَصْلِ.

b. النَّافِيَةُ الْعَامِلَةُ عَمَلَ لَيْسَ 용법의 مَا 부정 명사문)

مَا 뒤에 오는 명사문의 주어(اسم "مَا")와 술어(خبر "مَا")가 무효화 동사 لَيْسَ (كَانَ وَأَخَوَاتُهَا)와 같은 격변화를 한다. 즉 주어는 주격을 취하고 술어는 목적격을 취한다. 주어에 한정형태 혹은 비한정형태 둘 다 사용 가능하며, 문장의 의미는 앞의 일반적인 مَا (النَّافِيَةُ) 부정 명사문 문장과 같다.

교사가 무식한 사람은 없다.	مَا مُدَرِّسٌ جَاهِلاً.
책을 읽는 사람이 실패한 사람은 없다.	مَا قَارِئٌ فَاشِلاً.
이 분은 사람이 아니다.	مَا هَذَا بَشَرًا.
무함마드는 학생이 아니다.	مَا مُحَمَّدٌ طَالِبًا.

(2) 동사를 부정하는 경우 (مَا النَّافِيَةُ لِلْفِعْلِ)

a. 완료형과 함께 사용될 경우 (did not) مَعَ الْمَاضِي لِنَفْي الْفِعْلِ

고전 아랍어에서는 완료형과 함께 사용되어 강한 부정의 의미를 나타내지만 현대 표준 아랍어에서는 그 의미가 لَمْ 과 같이 과거시제에 대한 단순 부정의 의미로 사용된다.

나는 이탈리아를 방문하지 않았다.	مَا زُرْتُ إِيطَالِيَا.
그 선생님이 오지 않았다.	مَا حَضَرَ الْمُعَلِّمُ.

** 과거 부정 시제를 강조(التَّوْكِيد)하여 '전혀 ...하지 않았다'의 의미를 표현하고자 하는 경우 مَا 뒤에 قَطُّ를 첨가해 준다.

나는 이탈리아를 전혀 방문하지 않았다.	مَا زُرْتُ إِيطَالِيَا قَطُّ.
정말로 그 선생님은 오지 않았다.	مَا حَضَرَ الْمُعَلِّمُ قَطُّ.

b. 미완료형 주격(مَرْفُوع)과 함께 사용될 경우 (can not) مَعَ الْمُضَارِعِ لِنَفْي إِمْكَانِيَّةِ الْفِعْلِ

이 경우는 부정어 مَا에 대한 현대적인 용법이라 할 수 있다. 그 의미는 불가능(can not)을 의미한다.

나는 중국어를 이해할 수 없다.	مَا أَفْهَمُ اللُّغَةَ الصِّينِيَّةَ.
나는 축구를 할 수 없다.	مَا أَلْعَبُ كُرَةَ الْقَدَمِ.

7) 추가불변사 (حَرْفُ زَائِدٌ مَا الزَّائِدَةُ)

مَا가 비한정 형태의 보통명사 뒤에 오거나 비한정 목적격으로 사용되는 단어들 뒤에 오는 경우이다. 이때의 مَا는 특별한 의미가 없기 때문에 생략해도 의미는 통한다.

(1) مَا가 비한정 형태의 보통명사 함께 사용된 경우

추가불변사 مَا가 비한정 형태의 보통명사와 함께 사용될 경우 문장의 기능에 따라 사용되며, 그 의미는 '어떤 …(some)'의 의미가 된다. 이 때의 مَا를 앞의 비한정 명사의 수식어(النَّعْت)로 보는 경우도 있다.

어떤 책, 한 책 (some book, a book)	كِتَابٌ مَا …	어떤 남자, 한 남자 (some man, a man)	رَجُلٌ مَا …
어떤 도시, 한 도시	مَدِينَةٌ مَا …	어떤 여자, 한 여자	اِمْرَأَةٌ مَا …
어떤 나라, 한 나라	بَلَدٌ مَا …	어떤 것	شَيْءٌ مَا …
어떤 동물, 한 동물	حَيَوَانٌ مَا …	어떤 생각, 한 생각	فِكْرَةٌ مَا …
어떤 사람, 한 사람 (someone, somebody)	شَخْصٌ مَا …	어떤 장소, 한 장소	مَكَانٌ مَا …
어떤 방법 (some way)	طَرِيقَةٌ مَا …	때때로 (sometime)	وَقْتٌ مَا …

예문들

제가 읽을 어떤 책을 원합니다. (여기서 مَا는 명사 뒤에 와서 some의 의미를 가진다)	مِنْ فَضْلِكَ، أُرِيدُ كِتَابًا مَا لِأَقْرَأَهُ.
그 자동차 안에 어떤 남자가 있다.	فِي السَّيَّارَةِ رَجُلٌ مَا.
나는 그 강도와 함께있는 어떤 여인을 보았다.	رَأَيْتُ اِمْرَأَةً مَا مَعَ اللِّصِّ.
당신(f.)은 어떤 것이 필요하니?	هَلْ تَحْتَاجِينَ شَيْئًا مَا؟
나는 우리의 소풍을 위한 한 생각을 가지고 있다.	لَدَيَّ فِكْرَةٌ مَا لِرِحْلَتِنَا.
우리는 한 도시에서 이것을 구입했다.	اِشْتَرَيْنَا هَذَا مِنْ مَدِينَةٍ مَا.

(2) مَا가 목적격 비한정 명사와 함께 사용되는 경우

아래 단어들의 경우 목적격 비한정 명사가 추가불변사 مَا와 결합하여 부사적인 의미를 나타낸다. 이 단어들은 문장의 처음에 사용되며 그 뒤에 동사절이 온다. مَا 가 특별한 의미가 없기 때문에 생략해도 된다.(여기서 مَا 앞에 온 단어는 부동족 목적어(النَّائِبُ عَنِ الْمَفْعُولِ الْمُطْلَقِ)의 기능으로 사용되었다고 볼 수 있다. '여러가지 목적격에 대해 Ⅲ - 동족목적어에 대해-'을 참고하라.)

항상	دَائِمًا مَا …	많게	كَثِيرًا مَا …
보통	عَادَةً مَا …	적게, 조금	قَلِيلًا مَا …
때때로 (sometimes)	أَحْيَانًا مَا …	드물게	نَادِرًا مَا …

대개	غَالبًا مَا ...	빨리	سَرِيعًا مَا ...
오랫동안	طَوِيلاً مَا ...		

예문들

나는 항상 축구를 한다.	دَائمًا مَا أَلْعَبُ كُرَةَ الْقَدَمِ.
대개 나는 아침에 홍차를 마신다.	غَالبًا مَا أَشْرَبُ شَايًا فِي الصَّبَاحِ.
보통 이집트 사람들은 일하러 늦게 간다.	عَادَةً مَا يَذْهَبُ الْمِصْرِيُّونَ إِلَى عَمَلِهِمْ مُتَأَخِّرِينَ
학기가 빨리 끝났다.	سَرِيعًا مَا انْتَهَى الْعَامُ الدِّرَاسِيُّ.
여성들이 많이 먹는 경우는 드물다.	نَادِرًا مَا تَأْكُلُ السَّيِّدَاتُ كَثِيرًا.
나는 오랫동안 앉아서 텔레비전을 본다.	طَوِيلاً مَا أَجْلِسُ أُشَاهِدُ التِّلْفَازَ.

한편 아래의 경우들은 문장의 어느 장소에서나 사용이 가능하며 مَا를 생략할 수 없는 경우들이다.

약간(somewhat) more or less,	نَوْعًا مَا ...	어느날 (one day)	يَوْمًا مَا ...
어떤 방법으로 (some way, somehow)	بِطَرِيقَةٍ مَا ...	다소, 어느정도 (more or less, somewhat)	إِلَى حَدٍّ مَا ...

어느날 나는 한국으로 여행을 갈 것이다. (يَوْمًا مَا가 문장 뒤로 가도 된다.)	سَأُسَافِرُ يَوْمًا مَا إِلَى كُورِيَا.
그들은 어떤 방법으로 그들의 나라를 떠날 것이다.	بِطَرِيقَةٍ مَا سَيُغَادِرُونَ بَلَدَهُمْ.
나는 그 수업을 어느정도 이해했다.	فَهِمْتُ الدَّرْسَ إِلَى حَدٍّ مَا.
나는 체육을 약간 좋아한다.(somewhat)	أُحِبُّ الرِّيَاضَةَ نَوْعًا مَا.

8) 기능을 멈추는 추가불변사 (مَا الْكَافَّةُ 혹은 مَا زَائِدَةٌ كَافَّةٌ عَنِ الْعَمَلِ)

이 때의 مَا 는 إِنَّ 나 أَنَّ, كَأَنَّ, لَيْتَ 와 같은 무효화 불변사 (إِنَّ وَأَخَوَاتُهَا) 뒤에 오거나, رُبَّ 뒤에 와서 그것의 고유의 역할을 멈추게 하는 추가불변사(مَا زَائِدَةٌ)이다.

① 원래 문장	② 기능을 멈추는 추가불변사 مَا 사용
إِنَّ الطَّالِبَ ذَكِيٌّ.	إِنَّمَا الطَّالِبُ ذَكِيٌّ.
정말로 그 학생은 똑똑하다. (①의 الطَّالِبَ 는 إِنَّ 로서 목적격. 그러나 ②의 الطَّالِبُ 는 إِنَّ 의 기능이 멈춰 주어(مُبْتَدَأٌ)가 됨)	
لَيْتَ الْعَدْلَ سَائِدٌ.	لَيْتَمَا الْعَدْلُ سَائِدٌ. (أَوْ لَيْتَمَا الْعَدْلَ سَائِدٌ.)*
정의가 지배할 수 있기를... (* لَيْتَ 의 경우 مَا 가 사용되어도 무효화 불변사의 기능을 할 수도 있다.)	
رُبَّ صَدِيقٍ أَنْفَعُ مِنْ شَقِيقٍ.	رُبَّمَا صَدِيقٌ أَنْفَعُ مِنْ شَقِيقٍ.
친구가 형제보다 더 유익할 수 있다.	

4. لا의 용법에 대해

1) 현재 시제의 동사 부정 (حَرْفُ نَفْيٍ, لَا النَّافِيَةُ)

현재 시제의 동사를 부정할 경우 불변사 لا를 사용한다. 이 때 동사는 미완료형 직설법(مَرْفُوع)형태를 취한다.

우리는 그 수업(lesson)을 이해하지 못한다.	لَا نَفْهَمُ الدَّرْسَ.
나는 홍차를 많이 마시지 않는다.	لَا أَشْرَبُ الشَّايَ كَثِيرًا.
태양은 밤에 나타나지 않는다.	لَا تَظْهَرُ الشَّمْسُ لَيْلًا.

2) 부정 명령의 لا (حَرْفُ نَفْيٍ, "لَا" النَّاهِيَةُ)

부정명령문을 사용할 때 لا를 사용한다. 이 때 동사는 미완료 단축법(مَجْزُوم)을 취한다.

(너는) 잠자기 전에는 먹지 마라.	لَا تَأْكُلْ قَبْلَ النَّوْمِ.
(너는) 큰 소리로 이야기 하지 마라.	لَا تَتَكَلَّمْ بِصَوْتٍ عَالٍ.

3) 대등접속사 (حَرْفُ عَطْفٍ)

대등접속사로 사용된 لا 는 접속명사(الاسْمُ الْمَعْطُوفُ)를 부정하는 것으로 단어 혹은 앞 문장을 부정한다. 'not'의 의미를 가지며 단어와 단어, 문장과 문장을 연결한다.

나는 커피가 아닌 홍차를 좋아한다. (단어와 단어를 연결. الْقَهْوَة 와 الشَّاي 를 연결)	أُحِبُّ الشَّايَ لَا الْقَهْوَةَ.
포도가 아닌 수박이 익었다. (단어와 단어를 연결. الْعِنَب 와 الْبِطِّيخ 을 연결)	نَضِجَ الْبِطِّيخُ لَا الْعِنَبَ.

4) 종류부정문 ("لَا" النَّافِيَةُ لِلْجِنْسِ)

종류부정문이란 주어로 사용되는 명사의 종류 전체를 부정하는 문장을 말하는 것으로 종류부정이라고도 한다.

이 때 사용되는 부정어인 'لا' 를 종류부정문(لَا" النَّافِيَةُ لِلْجِنْسِ")의 'لا' 라 한다. 이 때 부정어 'لا' 뒤에는 명사문이 오며, 'لا' 뒤의 주어는 반드시 탄원이 없는 비한정형태의 목적격이 온다. 자세한 내용은 이 책 '무효화 불변사(إِنَّ وَأَخَوَاتُهَا, الْحُرُوفُ النَّاسِخَةُ)에 대해' 부분에서 공부하라.

부지런한 자 가운데 실패하는 사람은 아무도 없다.	لَا مُجْتَهِدَ فَاشِلٌ.
시험 가운데 쉬운 시험은 전혀 없다.	لَا امْتِحَانَ سَهْلٌ.
배고픈 사람이 이성적인 사람은 아무도 없다.	لَا جَائِعَ عَاقِلٌ.

5) 명사문을 부정하는 경우 - لاَ 'لَيْسَ 용법의 (لَا النَّافِيَةُ الْعَامِلَةُ عَمَلَ 'لَيْسَ)

부정어 لاَ 가 لَيْسَ 용법으로 사용된 경우이다.(لَا النَّافِيَةُ الْعَامِلَةُ عَمَلَ لَيْسَ) 이 용법의 لاَ 가 이끄는 명사문은 현대 표준 아랍어에서 사용되지 않지만 꾸란 등의 고전 아랍어에서 많이 사용된다.

거리가 깨끗한 곳은 없다. There is no clean street.	لَا شَارِعٌ نَظِيفًا.
시대가 평화로운 적은 없다. There is no peaceful age.	لَا زَمَانٌ مُسَالِمًا.
아무도 너에대해 공격하지 않는다.	لَا عَلَيْكَ أَحَدٌ مُعْتَدِيًا.

6) 첨가부정어 لاَ (حَرْفُ نَفْيٍ زَائِدٌ)

대등접속사 وَ 를 중심으로 양쪽의 한정명사 모두를 부정할 경우 아래와 같이 첨가부정어 لاَ 를 두 번 사용해 준다. 이때 첫번째 لاَ 는 일반적인 부정어(حَرْفُ نَفْيٍ)이고, 두번째 لاَ 는 첨가부정어((حَرْفُ نَفْيٍ زَائِدٌ يَدْخُلُ عَلَى اسْمٍ مَعْرِفَةٍ)이다.

그 학생도 그 교수도 교실에 있지 않다.	لَا الطَّالِبُ وَلَا الْأُسْتَاذُ فِي الْفَصْلِ.
나는 홍차도 커피도 좋아하지 아니한다.	لَا الشَّايَ وَلَا الْقَهْوَةَ أُحِبُّ.
나는 무지한 사람도 환영하지 않고 거짓말하는 사람도 환영하지 않는다. (유사문장과 유사문장)	لَا أُرَحِّبُ بِالْجَاهِلِ وَلَا بِالْكَاذِبِ.

한편 아래와 같이 전치사 بِ 뒤에 사용되는 لاَ 도 첨가 부정어(حَرْفُ نَفْيٍ زَائِدٌ)이다.

그 군인은 겁없이 걷는다.	يَسِيرُ الْجُنْدِيُّ بِلَا خَوْفٍ.
나는 의심할 것 없이 합격할 것이다.	سَأَنْجَحُ بِلَا شَكٍّ.

5. قَدْ의 용법에 대해

1) 미완료형 앞에서

추측(حَرْفُ شَكٍّ)의 의미로 사용

قَدْ 가 미완료형 앞에서 사용되면 رُبَّمَا 의 의미인 '아마도(perhaps, maybe)', '..일 수도 있다(may, might)'의 의미로 사용된다.

아마도 그 혁명이 성공할 수도 있다.	قَدْ تَنْجَحُ الثَّوْرَةُ.
아마 우리는 내일 아스완으로 여행할 수 있다.	قَدْ نُسَافِرُ غَدًا إِلَى أَسْوَانَ.
아마도 그들은 똑똑할 수도 있다.	قَدْ يَكُونُونَ أَذْكِيَاءَ.
아마 그 범죄자는 그의 친구와 함께 살 수도 있다.	قَدْ يَسْكُنُ الْمُجْرِمُ مَعَ صَدِيقِهِ.
구두쇠가 너그러울 수도 있다.	قَدْ يَتَكَرَّمُ[1] الْبَخِيلُ.
절름발이가 앞서 갈 수도 있다.	قَدْ تَسْبِقُ الْعَرْجَاءُ[2].

2) 완료형 앞에서

a. 강조(حَرْفُ تَوْكِيدٍ, التَّوْكِيدُ)의 의미

아래의 두 문장을 비교하자.

①	그들은 아랍어를 공부하였다.	دَرَسُوا اللُّغَةَ الْعَرَبِيَّةَ.
②	그들은 아랍어를 공부한 것이 확실하다 (surely).	قَدْ دَرَسُوا اللُّغَةَ الْعَرَبِيَّةَ.
①	تَأَثَّرَتْ حَيَاةُ مِصْرَ الْاِقْتِصَادِيَّةُ تَأَثُّرًا كَبِيرًا بِقَنَاةِ السُّوَيْسِ.	
	이집트의 경제적 생활은 수에즈 운하에 의해 큰 영향을 받았다.	
②	قَدْ تَأَثَّرَتْ حَيَاةُ مِصْرَ الْاِقْتِصَادِيَّةُ تَأَثُّرًا كَبِيرًا بِقَنَاةِ السُّوَيْسِ.	
	이집트의 경제적 생활은 수에즈 운하에 의해 확실하게 큰 영향을 받았다.	

→ 위의 문장에 사용된 'قَدْ + 완료형 동사'는 과거완료의 의미로도 사용될 수 있다. 따라서 그 정확한 의미는 문맥에서 파악된다.

---

[1] تَكَرَّمَ/ يَتَكَرَّمُ 너그럽다, 아량있다

[2] أَعْرَجُ/ عَرْجَاءُ 절름발이의

** لَقَدْ 의 사용에 대해

강조의 의미로 قَدْ 를 사용하는 경우 그 앞에 لَـ 을 포함시켜 لَقَدْ 로 사용하기도 한다.

그는 음악을 배웠고, 또한 엔지니어링도 배웠다.	لَقَدْ دَرَسَ فَنَّ الْمُوسِيقَى وَأَيْضًا الْهَنْدَسَةَ.
그는 일간 신문들에 여러 논설을 적었고, 게다가 여러 책들을 저술했다.	لَقَدْ كَتَبَ عِدَّةَ مَقَالَاتٍ فِي الْجَرَائِدِ الْيَوْمِيَّةِ وَإِلَى جَانِبِ هَذَا فَقَدْ أَلَّفَ كُتُبًا كَثِيرَةً.

b. 과거완료를 나타냄

'كَانَ قَدْ' 뒤에 완료형이 오면 과거완료를 나타낸다. (كَانَ قَدْ + 완료형)

내가 그를 만났을 때 그는 그 편지를 (이미) 기록했다.	عِنْدَمَا قَابَلْتُهُ كَانَ قَدْ كَتَبَ الرِّسَالَةَ.
그 소녀는 그들의 도착을 내게 (이미) 알려주었다.	كَانَتِ الْبِنْتُ قَدْ أَخْبَرَتْنِي بِوُصُولِهِمْ.
내가 도착했을 때 그 방문객들은 커피를 (이미) 다 마셨다.	عِنْدَمَا وَصَلْتُ كَانَ الزُّوَّارُ قَدْ شَرِبُوا الْقَهْوَةَ.

** 다음을 비교하라.

그는 그 단원을 이해한 것이 확실하다. (강조) 그는 그 단원을 (이미) 이해하였다. (과거완료)	قَدْ فَهِمَ الدَّرْسَ.
아마 그는 그 단원을 이해할 수도 있다. (추측)	قَدْ يَفْهَمُ الدَّرْسَ.

c. 미래완료를 나타냄

سَيَكُونُ قَدْ 뒤에 완료형이 와서 미래완료의 의미를 나타낸다. (سَيَكُونُ قَدْ + 완료형)

내가 일을 끝냈을 때 그녀는 이미 도착했을 것이다.	عِنْدَمَا أُنْهِي الْعَمَلَ سَتَكُونُ قَدْ وَصَلَتْ.
일년 이후 나는 이집트를 이미 떠났을 것이다.	بَعْدَ سَنَةٍ سَأَكُونُ قَدْ غَادَرْتُ مِصْرَ.
당신(f.)은 다음 달 이미 졸업을 했을 것이다.	سَتَكُونِينَ قَدْ تَخَرَّجْتِ الشَّهْرَ الْقَادِمَ.

6. حَتَّى 의 용법에 대해

حَتَّى 는 불변사(حَرْف)로서 여러 가지 용법으로 사용된다.

1) 소유격 불변사(حَتَّى الْجَارَّة)로 사용된 경우

소유격 불변사(حَتَّى الْجَارَّة) حَتَّى 는 일반적인 전치사(حَرْف جَرّ)로 사용되는 경우와 문장과 문장을 연결하는 접속사로 사용되는 두 가지로 나뉜다. 둘 다 '..까지(until)'(اِنْتِهَاءُ الْغَايَة)의 의미를 가진다.

(1) 일반적인 전치사(حَرْف جَرّ)로 사용되는 경우

일반적인 전치사(حَرْف جَرّ)와 같이 حَتَّى 도 그 뒤에 소유격 명사가 온다. 목적하는 장소와 목적하는 시간의 끝지점(اِنْتِهَاءُ الْغَايَة زَمَانِيًّا وَمَكَانِيًّا)을 말한다. '..까지(until)'의 의미이다.

나는 그 생선을 머리까지 먹었다.(until) (حَتَّى 가 전치사)	أَكَلْتُ السَّمَكَةَ حَتَّى رَأْسِهَا.
나는 그 책을 끝부분까지 읽었다.	قَرَأْتُ الْكِتَابَ حَتَّى آخِرِهِ.
우리는 10시까지 놀았다.	لَعِبْنَا حَتَّى السَّاعَةِ الْعَاشِرَةِ.
나는 어둠이 내릴 때까지 공부할 것이다.	سَأَدْرُسُ حَتَّى حُلُولِ الظَّلَامِ.

(2) 문장과 문장을 연결하는 접속사로 사용되는 경우 (حَرْف غَايَة)

동사 앞에 사용되어 '...하기까지(until)(اِنْتِهَاءُ الْغَايَة)'의 의미이며 동사문과 동사문을 연결하는 접속사로 사용된다.

문장과 문장을 연결하는 접속사를 어떻게 전치사(حَتَّى الْجَارَّة)라 할 수 있을까? 사실 حَتَّى 의 이 용법에 대해 몇 가지 견해가 있는 것이 사실이다. 가장 일반적인 견해는 حَتَّى 뒤에 풀어쓴 동명사를 이끄는 불변사 أَنْ(أَنْ الْمُضْمَرَة)이 생략된 것으로 간주하는 것이다.(تُجَرّ الْمَصْدَرُ الْمُؤَوَّل مِنْ "أَنْ" الْمُضْمَرَة وجوبًا بعدها). 이 때 حَتَّى 뒤에는 완료형과 미완료형 모두 올 수 있고, 미완료형이 오게 되면 أَنْ 이 생략되었기 때문에 접속법을 취하게 되는 것이다. 이 문장은 إِلَى 이 이끄는 문장과 의미가 같다.

a. حَتَّى 이전과 이후에 완료형이 올 경우

그들은 해가 뜰 때까지 걸었다.	سَارُوا حَتَّى طَلَعَتِ الشَّمْسُ.
그 학생들은 대학 총장이 나갈 때 까지 기다렸다.	اِنْتَظَرَ الطُّلَّابُ حَتَّى خَرَجَ رَئِيسُ الْجَامِعَةِ.
그는 잠을 잘 때 까지 공부했다.	ذَاكَرَ حَتَّى نَامَ. = ذَاكَرَ إِلَى أَنْ نَامَ.
\multicolumn{2}{c}{عَمِلْتُ كَثِيرًا حَتَّى تَعِبْتُ. = عَمِلْتُ كَثِيرًا إِلَى أَنْ تَعِبْتُ.}	
나는 피곤해 질 때까지 일을 많이 했다.	
그 부인은 그녀의 남편이 직장에서 돌아올 때까지 잠을 잤다.	نَامَتِ الزَّوْجَةُ حَتَّى عَادَ زَوْجُهَا مِنَ الْعَمَلِ.

b. حَتَّى 이전과 이후에 미완료형이 올 경우

حَتَّى 뒤에 미완료형이 오게 되면 أَنْ(أَنْ الْمُضْمَرَة)이 생략되었기 때문에 접속법을 취하게 되며, 그 의미는 '..하기까지(until)'의 의미이다. 접속법 불변사의 '..하기위해(in order to)'와는 의미가 다르다.

나는 어둠이 내릴 때 까지 공부할 것이다.	سَأَدْرُسُ حَتَّى يَحِلَّ الظَّلَامُ.
내가 너에게 떠나라고 명령할 때 까지 거기에 있으라.	كُنْ هُنَاكَ حَتَّى آمُرَكَ بِالْمُغَادَرَةِ.
그 아이들은 피곤할 때까지 공을 가지고 논다.	يَلْعَبُ الْأَوْلَادُ بِالْكُرَةِ حَتَّى يَتْعَبُوا.
우리는 여전히 우리가 불의를 정의로 바꿀 수 있을 때 까지 계속해서 노력한다.	سَنَظَلُّ نُحَاوِلُ حَتَّى نُغَيِّرَ الظُّلْمَ إِلَى عَدْلٍ.
سَأُذَاكِرُ دُرُوسِي حَتَّى تَنْتَهِيَ أُمِّي مِنْ إِعْدَادِ الْغَدَاءِ. (= سَأُذَاكِرُ دُرُوسِي إِلَى أَنْ تَنْتَهِيَ ...) 내 어머니가 점심 준비를 끝낼 때까지 나는 공부를 할 것이다.	
불신앙이 없을 때 까지 그들과 전쟁하라. (꾸란 2:193)	قَاتِلُوهُمْ حَتَّى لَا تَكُونَ فِتْنَةٌ.

** 아래의 문장의 의미는 같다.

나는 어둠이 내릴 때 까지 공부할 것이다. (حَتَّى가 전치사로 사용되었다.)	سَأَدْرُسُ حَتَّى حُلُولِ الظَّلَامِ.
나는 어둠이 내릴 때 까지 공부할 것이다.	سَأَدْرُسُ حَتَّى يَحِلَّ الظَّلَامُ.

2) 대등접속사(حَتَّى الْعَاطِفَة)로 사용된 경우

حَتَّى가 단어와 단어를 연결하는 대등접속사(حَرْفُ عَطْفٍ)로 사용된다. 대등접속사이기에 حَتَّى 앞의 단어와 뒤의 단어의 격이 같아야 한다. '..까지도(even)'의 의미이다.

원수가 도망갔는데 그 지도자 까지도 도망갔다. (الْقَائِدُ 와 الْعَدُوُّ 가 같은 주격이다)	فَرَّ الْعَدُوُّ حَتَّى الْقَائِدُ.
나는 그 생선을 머리까지도 먹었다. (머리도 먹음) (السَّمَكَةَ 와 رَأْسَهَا 가 같은 목적격이다)	أَكَلْتُ السَّمَكَةَ حَتَّى رَأْسَهَا.
그는 권세를 가지고 영들에게까지 명령하기 때문이다. (성경 막1:27) (목적어가 생략되었음)	لِأَنَّهُ بِسُلْطَانٍ يَأْمُرُ حَتَّى الْأَرْوَاحَ.
يَعِيشُونَ فِي أَيِّ مَكَانٍ حَتَّى حَظَائِرِ الْحَيَوَانَاتِ. 그들은 어떤 장소에서나 살고 있는데 심지어 동물들의 곳간들에서도 살고 있다.	

** 다음을 비교하라.

아래의 ①에서는 حَتَّى 가 전치사로 사용된 경우이고, ②에서는 حَتَّى 가 대등접속사로 사용된 경우이다. ② 문장에서 وَطَنَهُ 와 الْمَوْتَ 는 의미적으로 대등관계가 될 수 없다.

①	그는 죽기까지 그의 조국을 봉사했다.	خَدَمَ وَطَنَهُ حَتَّى الْمَوْتِ. (o)
②	×	خَدَمَ وَطَنَهُ حَتَّى الْمَوْتَ. (×)

3) 접속법 불변사 (حَتَّى النَّاصِبَة، حَتَّى التَّعْلِيلِيَّة) – 목적절을 이끔

حَتَّى 뒤에 미완료형 접속법 동사가 오며 의미는 목적을 나타내는 '..하기 위해(in order to)'의 의미가 된다. 접속법 접속사이다.

카맬은 그가 그 안에 살기 위해서 한 집을 샀다.	اِشْتَرَى كَمَالٌ بَيْتًا حَتَّى يَعِيشَ فِيهِ.
그녀는 시험에 합격하기 위해서 열심히 공부했다.	ذَاكَرَتْ كَثِيرًا حَتَّى تَنْجَحَ.
그들은 행복하게 살기위해 열심히 노력한다.	يَجْتَهِدُونَ حَتَّى يَعِيشُوا سُعَدَاءَ.
나는 회복되기 위해 약을 먹었다.	شَرِبْتُ الدَّوَاءَ حَتَّى أَصِحَّ.
그들은 행복하게 살기위해 열심히 노력한다.	يَجْتَهِدُونَ حَتَّى يَعِيشُوا سُعَدَاءَ.
그들 두 사람은 이집트에서 일하기 위해 아랍어를 공부한다.	يَدْرُسَانِ اللُّغَةَ الْعَرَبِيَّةَ حَتَّى يَعْمَلاَ فِي مِصْرَ.
내가 너에게 네가 원하는 것을 알려주기 위해 거기에 있으라	كُنْ هُنَاكَ حَتَّى أُخْبِرَكَ مَا تُرِيدُ.

** 다음을 비교하라.

그들은 죽이기 위해 그를 때렸다. (in order to) (죽었는지 모름)	ضَرَبَهُ حَتَّى يَقْتُلَهُ.
그들은 죽을 때 까지 그를 때렸다. (until) (죽었음)	ضَرَبَهُ حَتَّى قَتَلَهُ.

4) 시작절을 이끄는 불변사 (حَتَّى الاِبْتِدَائِيَّة)

이전 문장을 끝내고 새로운 문장을 시작하는 역할을 한다. '그래서 심지어(even)', '그 결과(so that)'의 의미이다.

나는 열심히 공부했고, 그래서 그 단원들을 완전하게 이해하기 까지 한다.	ذَاكَرْتُ جَيِّدًا حَتَّى إِنَّنِي أَفْهَمُ الدُّرُوسَ تَمَامًا.
	صَارَ الإِنْتَرْنِتْ ضَرُورَةً حَتَّى لاَ يَسْتَغْنِي عَنْهُ أَحَدٌ الآنَ.
인터넷은 꼭 필요한 것이 되었는데, 그래서 지금은 심지어 모두에게 절대 필요한 것이다.	

** 아래의 경우도 앞의 1)의 소유격 불변사(حَتَّى الْجَارَّة)로 사용된 경우에서 문장과 문장으로 연결된 경우라 하겠다. مَا كَادَ 뒤에 와서 근 시작구문을 이끈다. 자세한 내용은 이 책 '여러가지 접속사들에 대해' 부분에서 공부하라.

내 남동생(형)이 도착하자마자 나는 떠났다. (as soon as)	مَا كَادَ أَخِي يَصِلُ حَتَّى غَادَرْتُ.
	مَا كَادَتِ الثَّوْرَةُ تَنْتَهِي حَتَّى عُرِفَ الصَّادِقُ وَالْكَذَّابُ.
혁명이 끝나자마자 정직한 사람과 거짓말장이는 알려지게 되었다. (as soon as)	

5) إذا 와 함께 사용되어 양보적인 의미 – حَتَّى إِذَا

حَتَّى إِذَا 가 접속사로 사용되어 '설령 ...할지라도 ...할 것이다(even if)'의 의미를 가진다.

내일 비가온다 하더라도 우리는 아스완에 여행을 떠날 것이다.	سَنُسَافِرُ أَسْوَانَ غَدًا حَتَّى إِذَا أَمْطَرَتِ السَّمَاءُ.
비록 내가 피곤하다고 하더라도 나는 축구를 할 것이다.	سَأَلْعَبُ كُرَةَ الْقَدَمِ حَتَّى إِذَا كُنْتُ مُتْعَبًا.
حَتَّى إِذَا أَقْبَلَ اللَّيْلُ اجْتَمَعُوا حَلَقًا فِي الْمَسْجِدِ. (حَلْقَةٌ / حَلَقَاتٌ أَو حَلَقٌ) 저녁이 다가왔음에도 사람들은 모스크에서 둘러앉아 모임을 가졌다.	
그들이 주어진 것으로 인해 기뻐하였음에도 우리는 갑자기 그들을 잡아갈 것이다.(꾸란 6:44)	حَتَّى إِذَا فَرِحُوا بِمَا أُوتُوا أَخَذْنَاهُمْ بَغْتَةً.

→ 이 책 '여러가지 접속사에 대해' 부분의 '가정법 양보 구문에 대해' 부분을 보라.

6) 부정어와 함께 사용되어 '...하자마자 ...하다'(as soon as)의 의미

부정어와 임박동사(أَفْعَالُ الْمُقَارَبَةِ) 그리고 접속법 불변사 حَتَّى 가 함께 사용되어 한 동작이 끝나자마자 다음 동작이 시작되는 의미의 접속사로 사용된다.

그는 집에 도착하자 마자 잠을 잤다.	لَمْ يَكَدْ يَصِلُ إِلَى الْبَيْتِ حَتَّى نَامَ.
مَا كُدْتُ أَدْخُلُ حَتَّى اسْتَقْبَلَنِي أَخِي بِالتَّرْحِيبِ. 내가 들어가자 마자 내 형이 나를 환영하며 맞았다.	
مَا إِنْ سَمِعَتِ الْأُمُّ بُكَاءَ طِفْلِهَا حَتَّى سَارَعَتْ إِلَيْهِ. 그 엄마가 그녀의 아기의 울음소리를 듣자마자 그에게 달려갔다.	
مَا إِنْ هَمَّ اللِّصُّ بِالْفِرَارِ حَتَّى قَبَضَ عَلَيْهِ الشُّرْطِيُّ. 그 강도가 도망하려하자 경찰이 그를 체포했다.	

→ 이 책 '여러가지 접속사에 대해' 부분의 '근시작 구문을 이끄는 접속사' 부분을 보라.

7) أَنْ 절과 함께 사용되어 '너무 ...해서 ...하다'(لِدَرَجَةِ أَنْ)의 의미

حَتَّى أَنْ 가 접속사로 사용되어(너무) ..해서 (그 결과) ..하다(so that, so as, so ... that) 의 의미로 사용된다. لِدَرَجَةِ أَنْ 와 의미가 같다.

كَانُوا يَضْحَكُونَ لَهُ حَتَّى أَنَّ جُنُوبَهُمْ لَتَكَادُ تَنْقَدُّ مِنَ الضَّحِكِ. 그들은 그에 대해 웃은 나머지 그들의 옆구리들이 웃음에 의해 거의 떨어져 나갈 뻔했다.	
يَلْعَبُ جَارِي كُرَةَ الْقَدَمِ يَوْمِيًّا حَتَّى أَنَّهُ صَارَ ذَا مَهَارَاتٍ مُمْتَازَةٍ. 내 이웃은 매일 축구를 한 결과 아주 뛰어난 기술의 소유자가 되었다.	

→ 이 책 '여러가지 접속사에 대해' 부분의 '결과를 나타내는접속사' 부분을 보라.

7. ـِ 용법에 대해

1) 전치사 (حَرْفُ جَرٍّ, لَامُ الْجَرِّ)

그 자동차는 당신의 것이다. (혹은 당신을 위한 것이다.)	السَّيَّارَةُ لَكَ.
나는 당신을 영예롭게 하기 위해 왔다.	جِئْتُ لِإِكْرَامِكَ.
나는 내가 일하는 장소까지 걸었다.	مَشَيْتُ لِمَكَانِ عَمَلِي.
그는 무함마드에게 그가 기술이 좋다고 말했다.	قَالَ لِمُحَمَّدٍ إِنَّهُ مَاهِرٌ.

2) 간접명령 (حَرْفُ جَزْمٍ, لَامُ الْأَمْرِ) - 단축법 불변사

단축법(مَجْزُومٌ)을 이끄는 불변사 ـِ 을 사용해서 간접적으로 명령하는 문장이다. 간접 명령문은 1인칭, 2인칭 그리고 3인칭 모두에 사용되며, 제안이나 권유, 제 3자에 대한 사역적인 명령, 간구 혹은 탄원 등의 의미로 사용된다.

당신의 숙제들을 지금 하세요.	لِتَكْتُبْ وَاجِبَاتِكَ الْآنَ.
애들아, 우리 영화관에 가자.	يَا أَوْلَادُ، لِنَذْهَبْ إِلَى السِّينِمَا.
그들이 모임을 시작하게 하세요. (Let them start the meeting.)	لِيَبْدَؤُوا الِاجْتِمَاعَ الْآنَ.

3) 접속법 불변사 (حَرْفُ نَصْبٍ, لَامُ التَّعْلِيلِ)

접속법 동사와 함께 사용되어 '..하기 위해(in order to)'의 의미를 가진다.

카말은 그가 그 안에 살기 위해서 한 집을 샀다.	اِشْتَرَى كَمَالٌ بَيْتًا لِيَعِيشَ فِيهِ.
너(f.)는 시험에 합격하기 위해서 많이 공부한다.	أَنْتِ تُذَاكِرِينَ كَثِيرًا لِتَنْجَحِي فِي الِامْتِحَانِ.
그들 두 사람은 이집트에서 일하기 위해 아랍어를 공부한다.	يَدْرُسَانِ اللُّغَةَ الْعَرَبِيَّةَ لِيَعْمَلَا فِي مِصْرَ.

4) 강한 부정의 접속법 불변사 (حَرْفُ نَصْبٍ, لَامُ الْجُحُودِ)

강하게 부정할 때 사용하는 용법이다. 이 용법으로 사용되기 위해서는 먼저 كَانَ 동사의 부정형이 먼저 와야 하는데 لَمْ يَكُنْ 혹은 مَا كَانَ 형태가 사용된다. 그 뒤에 ـِ 이 오고 그 뒤에 동사의 미완료형 접속법이 온다. لَمْ يَكُنْ 과 مَا كَانَ 가 과거 부정이지만 주로 현재 혹은 미래의 의미로 사용된다. 이 용법은 꾸란에 많이 사용되는 것으로 현대 표준 아랍어(MSN)에서는 거의 사용되지 않는다.

믿는 자는 그의 형제를 절대로 험담하지 않는다.	لَمْ يَكُنِ الْمُؤْمِنُ لِيَغْتَابَ أَخَاهُ.
우리 군대는 절대로 패배당하지 않는다.	مَا كَانَ جَيْشُنَا لِيُهْزَمَ.
알라신은 그들을 절대로 용서하지 않을 것이다. (꾸란 4:137)	لَمْ يَكُنِ اللهُ لِيَغْفِرَ لَهُمْ.

5) 조건사가 لَوْ 혹은 لَوْلاَ 인 조건문에서 (اللاَّمُ الْمَوْجُودَةُ فِي الْجَوَابِ الشَّرْطِ)

조건사가 لَوْ 혹은 لَوْلاَ 인 가정법 조건문의 조건 결과절에 ـَ 을 흔히 볼 수 있다. 이 ـَ 은 불변사로서 특별한 의미가 없기 때문에 사용하지 않아도 무방하지만 대부분의 لَوْ 혹은 لَوْلاَ 가정법 문장에서 ـَ 이 사용된 것을 볼 수 있다.

만일 당신이 진지하게 공부했다면 합격하였을 텐데…	لَوْ ذَاكَرْتَ بِجِدٍّ، لَنَجَحْتَ.
만일 당신이 당신의 건강에 관심을 가졌다면 병들지 않았을 텐데…	لَوِ اهْتَمَمْتَ بِصِحَّتِكَ، لَمَا مَرِضْتَ.
만일 사랑이 없었다면 삶은 진부했을 것이다.	لَوْلاَ الْحُبُّ، لَفَسَدَتِ الْحَيَاةُ.
만일 불운이 없었다면 그 팀이 그 경기에서 이겼을텐데…	لَوْلاَ سُوءُ الْحَظِّ لَفَازَ الْفَرِيقُ بِالْمُبَارَاةِ.

6) 강조의 لاَمْ (حَرْفُ تَوْكِيدٍ, لاَمُ الاِبْتِدَاءِ 혹은 لاَمُ التَّوْكِيدِ)

강조의 لاَمْ 은 명사 앞에 ـَ 이 붙는 경우와 동사 앞에 ـَ 이 붙는 경우가 있다. 일반적으로 명사 앞에 ـَ 이 붙는 경우가 대부분이지만 동사 앞에 붙는 경우도 있다. 동사 앞에 붙을 경우 동사는 미완료형 직설법(مَرْفُوعٌ)을 취한다.

참으로 무함마드는 똑똑하다.	لَمُحَمَّدٌ ذَكِيٌّ. *
참으로 삶은 더 어렵게 되었다.	لَلْحَيَاةُ أَصْبَحَتْ أَصْعَبَ. *
참으로 무함마드는 똑똑하다.	إِنَّ مُحَمَّدًا لَذَكِيٌّ. **
참으로 무함마드는 알라신의 선지자이다.	إِنَّ مُحَمَّدًا لَرَسُولُ اللهِ. **
참으로 역사는 스스로를 반복한다.	إِنَّ التَّارِيخَ لَيُعِيدُ نَفْسَهُ. ***
참으로 당신의 주님은 그들의 마음이 감추는 것도 아시나니(꾸란 27:74)	إِنَّ رَبَّكَ لَيَعْلَمُ مَا تُكِنُّ صُدُورُهُمْ. ***

→ 위의 * 에서 처럼 문장의 주어(مُبْتَدَأٌ) 앞에 사용된 ـَ 을 لاَمُ الاِبْتِدَاءِ 라 한다.
→ 위의 ** 에서 처럼 술어(خَبَرٌ) 앞에 사용된 ـَ 을 اللاَّمُ الْمُزَحْلَقَةُ 라 한다.
→ 위의 *** 는 ـَ 뒤에 동사가 온 경우이다. 이 경우 동사는 미완료형 직설법(مَرْفُوعٌ)을 취한다.
→ 자세한 내용은 이 책 제II권 '심화학습 - 아랍어 문장에서 강조의 의미를 가지는 경우들'을 참고하라.

7) 감탄문장 (لاَمُ التَّعَجُّبِ)

호격문을 사용해서 감탄문장을 만들 때 아래와 같이 … يَا لَـ 형태를 취한다. 흔하지 않은 감탄문이다.

오, 자연의 아름다움이여!	يَا لَجَمَالِ الطَّبِيعَةِ!
이런 행운이! (What a good luck!)	يَا لَحُسْنِ الْحَظِّ!
오! 당신이 얼마나 미쳤는지!!	يَا لَجُنُونِكَ!

8) 맹세 결과절에 사용되는 맹세 불변사(لَامُ القَسَمِ)

맹세 결과절이 동사문이고 그 동사가 미완료형일 때 맹세 결과절에 맹세 불변사 لَـ (لَامُ القَسَمِ) (파트하가 붙음)을 사용하고 동사의 미완료형에 동사의 강세형(نُونُ التَّوكِيدِ)을 붙인다. 꾸란에 많이 사용된다.

신에게 맹세코, 나는 그 태만한 사람에게 책임을 지우겠다.(처벌하겠다는 의미)	وَاللهِ لَأُحَاسِبَنَّ الْمُقَصِّرَ.
신에게 맹세코, 나는 당신으로 부터 나의 권리를 찾을 것이다.	بِاللهِ لَآخُذَنَّ حَقِّي مِنكَ.
당신의 목숨에 맹세코, 나는 너를 잔인하게 때려줄 것이다.	وَحَيَاتِكَ لَأَضْرِبَنَّكَ ضَرْبًا مُبَرِّحًا.
신에게 맹세코, 나의 원수에게 복수하겠다.	بِاللهِ لَأَنْتَقِمَنَّ مِنْ عَدُوِّي.

→ 제 36 과 '맹세문에 대해' 부분을 보라

8) لَو 의 용법에 대해
이 책 제 32 과 '조건문에 대해' 부분의 '조건문과 관련한 추가적인 내용' 부분에서 공부하라.

9) إذَا 의 용법에 대해
이 책 제 32 과 '조건문에 대해' 부분의 '조건문과 관련한 추가적인 내용' 부분에서 공부하라.

10) لَولَا 의 용법에 대해
이 책 제 32 과 '조건문에 대해' 부분의 '조건문과 관련한 추가적인 내용' 부분에서 공부하라.

11) إذْ 의 용법에 대해
이 책 제39 과 '여러가지 접속사들에 대해' 부분을 보라.

12) حَيثُ 의 용법에 대해
이 책 제39 과 '여러가지 접속사들에 대해' 부분을 보라.

13) كَمَا 의 용법에 대해
이 책 제39 과 '여러가지 접속사들에 대해' 부분을 보라.

14) بَعض 의 용법에 대해
이 책 제 8 과 '후속어 Ⅱ – 대용어에 대해' 부분을 보라.

15) كُلّ 의 용법에 대해
이 책 제 8 과 '후속어 Ⅱ – 대용어에 대해' 부분을 보라.

16) كِلَا 의 용법에 대해
이 책 제 8 과 '후속어 Ⅱ – 대용어에 대해' 부분을 보라.

17. جَمِيع 의 용법에 대해
이 책 제 8 과 '후속어 Ⅱ – 대용어에 대해' 부분을 보라.

18. عَامَّة 의 용법에 대해
이 책 제 8 과 '후속어 Ⅱ – 대용어에 대해' 부분을 보라.

19. كَافَّة 의 용법에 대해
이 책 제 8 과 '후속어 Ⅱ – 대용어에 대해' 부분을 보라.

20. نَفْس 의 용법에 대해
이 책 제 8 과 '후속어 Ⅱ – 대용어에 대해' 부분을 보라.

21. مِثْل 의 용법에 대해
이 책 제 21 과 '여러 가지 소유격에 대해' 부분을 보라.

22. إِذَنْ 과 إِذَا 의 용법에 대해
이 책 제39 과 '여러 가지 접속사들에 대해' 부분을 보라.

23. نِعْمَ 와 بِئْسَ 의 용법에 대해
이 책 제37 과 '기타 독특한 아랍어 문장들과 그 격변화' 부분을 보라.

24. حَبَّذَا 와 لَا حَبَّذَا 의 용법에 대해
이 책 제37 과 '기타 독특한 아랍어 문장들과 그 격변화' 부분을 보라.

25. أَلَا 와 هَلَا 의 용법에 대해
이 책 제37 과 '기타 독특한 아랍어 문장들과 그 격변화' 부분을 보라.

색인(한글 알파벳 순)
(Ⅰ-제Ⅰ권, Ⅱ-제Ⅱ권)

ㄱ

가인칭대명사 (ضَمِيرُ الشَّأْنِ) Ⅰ311, Ⅱ85
가정법 (الشَّرْطُ الافْتِرَاضِي) Ⅱ693
간약동사 (الفِعْلُ الأَجْوَفُ) Ⅰ741
간접명령문 (لَامُ الأَمْرِ) Ⅰ660, Ⅰ817, Ⅱ520
감탄동사 (فِعْلُ التَّعَجُّبِ) Ⅱ430
감탄문 (أُسْلُوبُ التَّعَجُّبِ) Ⅱ430
감탄사 (اسْمٌ نَكِرَةٌ,مَا التَّعَجُّبِيَّةُ) Ⅱ430
감탄대상 (المُتَعَجَّبُ مِنْهُ) Ⅱ430
감탄의 의미를 가진 كَمْ ("كَمْ" الخَبَرِيَّةُ) Ⅱ439
강동사 (الفِعْلُ الصَّحِيحُ) Ⅰ611, Ⅰ616
강동사 미완료형 (الفِعْلُ المُضَارِعُ, 현재 시제) Ⅰ623
강동사 완료형 (الفِعْلُ المَاضِي, 과거 시제) Ⅰ616
강세형 동사 (نُونُ التَّوْكِيدِ) Ⅰ805
강자음 (الحُرُوفُ الصَّحِيحَةُ) Ⅰ31
강조어 (التَّوْكِيدُ) Ⅱ209
　문자적인 강조 (التَّوْكِيدُ اللَّفْظِيُّ) Ⅱ210
　의미적인 강조 (التَّوْكِيدُ المَعْنَوِيُّ) Ⅱ210
강조의 인칭대명사 (ضَمِيرُ التَّوْكِيدِ) Ⅰ307, Ⅱ112
강조절 Ⅱ831
격변화 (الإِعْرَابُ) Ⅰ190, Ⅰ238, Ⅰ650, Ⅱ28
격변화 (المُعْرَبُ) 단어 Ⅰ238, Ⅱ28
격변화 명사 (الاسْمُ المُعْرَبُ) Ⅱ29
겹친 알리프 (أَلِفُ المَدِّ) Ⅰ86, Ⅰ94
고유명사 (اسْمُ العَلَمِ) Ⅰ100
과거시제 (الفِعْلُ المَاضِي) Ⅰ616, Ⅱ573
과장형용사 (صِيغَةُ المُبَالَغَةِ) Ⅰ457
관계대명사 (الاسْمُ المَوْصُولُ) Ⅰ322, Ⅱ252, Ⅱ847
관계종속절 (جُمْلَةُ الصِّلَةِ) Ⅰ324, Ⅱ257, Ⅱ833
관계적 수식어 (النَّعْتُ السَّبَبِيُّ) Ⅱ791
구문론 (النَّحْوُ, Syntax) Ⅰ99
구조사 (أَدَاةُ الاسْتِغَاثَةِ) Ⅱ825
구조요청문 (أُسْلُوبُ الاسْتِغَاثَةِ) Ⅱ825
구조의 객체 (المُسْتَغَاثُ لَهُ) Ⅱ825
구조의 주체 (المُسْتَغَاثُ بِهِ) Ⅱ825
구체화 문장 (أُسْلُوبُ الاخْتِصَاصِ) Ⅱ823
군집명사 (اسْمُ الجَمْعِ) Ⅰ129
권유와 책망의 문장 (جُمْلَةُ التَّحْضِيضِ) Ⅱ826
규칙 복수 (جَمْعُ السَّالِمِ) Ⅰ114
기능을 멈추는 추가 불변사 مَا الكَافَّةُ Ⅱ926
기수 (العَدَدُ الأَصْلِيُّ) Ⅰ330

ㄴ

남성 (مُذَكَّرٌ) Ⅰ102
능동분사 (اسْمُ الفَاعِلِ) Ⅰ401

ㄷ

다섯 동사 (الأَفْعَالُ الخَمْسَةُ) Ⅰ301, Ⅰ624, Ⅰ652, Ⅰ658
다섯 명사 (الأَسْمَاءُ الخَمْسَةُ) Ⅰ275
단수 (المُفْرَدُ) Ⅰ112
단모음 (الحَرَكَةُ القَصِيرَةُ) Ⅰ41
단음절 Ⅰ60
단절함자 (هَمْزَةُ القَطْعِ) Ⅰ75
단축법 (مَجْزُومٌ) Ⅰ658
단축법 불변사 (حُرُوفُ الجَزْمِ) Ⅰ659, Ⅰ817
달문자 (الحُرُوفُ القَمَرِيَّةُ) Ⅰ135
담마 (ضَمَّةٌ) Ⅰ40
대등 관계절 Ⅱ831
대등 접속사 (حُرُوفُ العَطْفِ) Ⅰ820, Ⅱ235, Ⅱ840
대용어 (البَدَلُ) Ⅰ317, Ⅱ193
데거(dagger) 알리프 (أَلِفٌ مُضْمَرَةٌ) Ⅰ54, Ⅰ94
도구명사 (اسْمُ الآلَةِ) Ⅰ521
독립 인칭대명사 (الضَّمَائِرُ المُنْفَصِلَةُ) Ⅰ283
동명사 (المَصْدَرُ) Ⅰ527

일반 동명사 문장 (الْمَصْدَرُ الصَّرِيحُ) Ⅱ 600
풀어쓴 동명사 문장 (الْمَصْدَرُ الْمُؤَوَّلُ) Ⅰ 559, Ⅱ 599
동명사적 명사 Ⅰ 572
동반목적어 (الْمَفْعُول مَعَهُ) Ⅱ 405
동반접속사 و (وَاوُ الْمَعِيَّةِ) Ⅱ 406
동사 (الْفِعْلُ) Ⅰ 607
동사문 (الْجُمْلَةُ الْفِعْلِيَّةُ) Ⅰ 185, Ⅰ 637, Ⅱ 115
동사성 명사 (اسْمُ الْفِعْلِ) Ⅰ 823
동사의 강세형 (نُونُ التَّوْكِيدِ) Ⅰ 805
동사의 격변화 (إِعْرَابُ الْفِعْلِ) Ⅰ 650
동사의 서법 변화 (إِعْرَابُ الْفِعْلِ) Ⅰ 650
동사적 용법 (الْعَامِلُ عَمَلَ فِعْلِهِ) Ⅱ 721
동족목적어 (الْمَفْعُولُ الْمُطْلَقُ) Ⅱ 361

ㄹ

램 알리프 (lām ʼalif) (لَامُ أَلِفٍ) Ⅰ 31

ㅁ

막수르 명사 (الاسْمُ الْمَقْصُورُ) Ⅰ 239
만꾸스 명사 (الاسْمُ الْمَنْقُوصُ) Ⅰ 249, Ⅰ 53
말약동사 (الْفِعْلُ النَّاقِصُ) Ⅰ 750
맘두드 명사 (الاسْمُ الْمَمْدُودُ) Ⅰ 257
맹세 결과절 (جَوَابُ الْقَسَمِ) Ⅱ 808, Ⅱ 835
맹세문 (أُسْلُوبُ الْقَسَمِ) Ⅱ 807
맹세사 (أَدَاةُ الْقَسَمِ) Ⅱ 808
맹세의 대상 (الْمُقْسَمُ بِهِ) Ⅱ 808
명령문 (فِعْلُ الْأَمْرِ) Ⅰ 663, Ⅱ 519
 간접명령문 (لَامُ الْأَمْرِ) Ⅱ 520
 부정명령문 ("لَا" النَّاهِيَةُ) Ⅱ 524
명사 (الاسْمُ) Ⅰ 97, Ⅰ 100
명사문 (الْجُمْلَةُ الاسْمِيَّةُ) Ⅰ 177, Ⅰ 634, Ⅱ 37
명사의 격변화 (إِعْرَابُ الاسْمِ) Ⅰ 189
명사의 성(性) Ⅰ 101
명사목적어 (التَّمْيِيزُ) Ⅱ 379
모음 (الْحَرَكَةُ) Ⅰ 40
모음부호 (التَّشْكِيلُ) Ⅰ 40

목적격 (مَنْصُوبٌ) Ⅰ 190, Ⅱ 288
목적어 (الْمَفْعُول بِهِ) Ⅰ 186, Ⅱ 116
무효화 동사 (كَانَ وَأَخَوَاتُهَا, الْأَفْعَالُ النَّاسِخَةُ) Ⅱ 93, Ⅱ 846
무효화 불변사 (إِنَّ وَأَخَوَاتُهَا) Ⅰ 299, Ⅰ 813, Ⅱ 81, Ⅱ 843
무효화 명사문 (الْجُمْلَةُ الاسْمِيَّةُ الْمَنْسُوخَةُ) Ⅱ 82, Ⅱ 94
미래 시제 (الْفِعْلُ الْمُسْتَقْبَلُ) Ⅰ 631, Ⅱ 578
미완료형 (الْفِعْلُ الْمُضَارِعُ), 현재 시제 Ⅰ 623
'ㅁ'시작 동명사 (الْمَصْدَرُ الْمِيمِيُّ) Ⅰ 560

ㅂ

배타적 제한 문장 (الْقَصْرُ 혹은 الْحَصْرُ) Ⅱ 71, Ⅱ 450
복수 (الْجَمْعُ) Ⅰ 114
부(副)동족목적어 (النَّائِبُ عَنِ الْمَفْعُولِ الْمُطْلَقِ) Ⅱ 366
부사 (الظَّرْفُ) Ⅰ 173, Ⅱ 289
부(副) 부사 (نَائِبُ ظَرْفٍ) Ⅱ 315
부정명령문 ("لَا" النَّاهِيَةُ) Ⅱ 524
부정문 Ⅱ 545
부정어 Ⅱ 545
분리문자 (الْحُرُوفُ الْمُنْفَصِلَةُ) Ⅰ 33
분리의 인칭대명사 (ضَمِيرُ الْفَصْلِ) Ⅰ 303, Ⅱ 42
불격변화 (الْمَبْنِيُّ) 단어 Ⅰ 238
불격변화 명사 (الاسْمُ الْمَبْنِيُّ) Ⅰ 238, Ⅱ 33
불규칙 복수 (جَمْعُ التَّكْسِيرِ) Ⅰ 119
불변사 (الْحَرْفُ) Ⅰ 811
불완전 동사 (الْأَفْعَالُ النَّاقِصَةُ) Ⅰ 614
불완전 파생명사 (الاسْمُ الْجَامِدُ) Ⅰ 402
비교급 Ⅰ 599, Ⅱ 629
비유 (التَّشْبِيهُ) Ⅱ 494
비유적 여성명사 (مُؤَنَّثٌ مَجَازِيٌّ) Ⅰ 644
비인칭 동사 (Impersonal Verb) Ⅰ 647, Ⅱ 623
비한정 명사 (النَّكِرَةُ) Ⅰ 131, Ⅱ 63

ㅅ

4 자음 원형동사 Ⅰ 723
사역동사 Ⅱ 136
삽입절 (الْجُمْلَةُ الاعْتِرَاضِيَّةُ) Ⅱ 835
상태구 (الْحَالُ شِبْهُ الْجُمْلَةِ) Ⅱ 346

상태목적어 (اَلْحَال) II 330
상태접속사 (وَاوُ الْحَالِ) II 348, II 845
상태절 (الْحَالُ الْجُمْلَةُ، جُمْلَةُ الْحَالِ) II 348, II 829
상태주체 II 331
생각과 확신의 동사 (أَفْعَالُ الظَّنِّ وَالْيَقِينِ) II 126
샷다 (الشَّدَّةُ) I 49
서수 (الْعَدَدُ التَّرْتِيبِيُّ) I 362
선동과 경고의 문장 (أُسْلُوبُ الْإِغْرَاءِ وَالتَّحْذِيرِ) II 820
선행명사(선행사) II 252
성문 폐쇄음 (glottal stop) I 74
셈할 대상 (الْمَعْدُودُ) I 330
소망동사 (أَفْعَالُ الرَّجَاءِ) II 593
소유격 (مَجْرُورٌ) I 190, II 455
소유문 II 514
수동분사 (اسْمُ الْمَفْعُولِ) I 467
수동태 (الْمَبْنِيُّ الْمَجْهُولُ) I 784, II 655
수식어 (النَّعْتُ) II 181
수식절 (جُمْلَةُ النَّعْتِ) II 190, II 275, II 830
수약동사 (الْفِعْلُ الْمِثَالُ) I 740
수여동사 II 133
수쿤 (السُّكُونُ) I 47
술어 (الْخَبَرُ) I 177, II 42
숫자 (الْعَدَدُ) I 330
시간명사 (اسْمُ الزَّمَانِ) I 513
시간의 부사 (ظَرْفُ الزَّمَانِ) I 173, II 290
시작동사 (أَفْعَالُ الشُّرُوعِ) II 595
시작절 (الْجُمْلَةُ الِابْتِدَائِيَّةُ) II 833
시제 (الزَّمَنُ فِي الْجُمْلَةِ) II 569
실제적 수식어 (النَّعْتُ الْحَقِيقِيُّ) II 792
실제적 여성명사 (مُؤَنَّثٌ حَقِيقِيٌّ) I 643
쌍수 (الْمُثَنَّى) I 112

ㅇ

악센트 (النَّبْرُ) I 62
알리프 막수라 (أَلِفٌ مَقْصُورَةٌ) I 94
알리프 맘두다 (أَلِفٌ مَمْدُودَةٌ) I 107
알리프 맏드 (أَلِفُ الْمَدِّ) I 86, I 94
알리프 무드마라 (أَلِفٌ مُضْمَرَةٌ) I 94

알리프 아래의 함자 (هَمْزَةٌ تَحْتَ أَلِفٍ) I 94
알리프 위의 함자 (هَمْزَةٌ عَلَى أَلِفٍ) I 94
알파벳 (الْحُرُوفُ الْأَبْجَدِيَّةُ) I 30
약동사 변화 (الْفِعْلُ الْمُعْتَلُّ) I 729
약자음 (حُرُوفُ الْعِلَّةِ) I 31, I 72, I 737
어근 (root, الْجِذْرُ) I 68
어형론 (الصَّرْفُ, Morphology) I 99
여성 (مُؤَنَّثٌ) I 102
역접 접속사 (Adversative Particle الِاسْتِدْرَاكُ) II 844
연결문자 (الْحُرُوفُ الْمُتَّصِلَةُ) I 33
연결의 인칭대명사 (ضَمِيرُ الرَّبْطِ) I 309, I 324, II 253
연결함자 (هَمْزَةُ الْوَصْلِ) I 87
연결형 (الْإِضَافَةُ) I 216, II 145, II 773
　의미적 연결형 (الْإِضَافَةُ الْمَعْنَوِيَّةُ) II 774
　음가적 연결형 (الْإِضَافَةُ اللَّفْظِيَّةُ) II 774
연고형용사 (النَّسَبُ) I 381
예외명사 (الْمُسْتَثْنَى) II 444
예외문 (أُسْلُوبُ الِاسْتِثْنَاءِ) II 443
예외사 (حَرْفُ الِاسْتِثْنَاءِ) I 814, II 444
완료형 (الْفِعْلُ الْمَاضِي, 과거 시제) I 616
완전동사 (الْأَفْعَالُ التَّامَّةُ) I 614
요청문 (الْجُمْلَةُ الطَّلَبِيَّةُ, أُسْلُوبُ الطَّلَبِ) II 712, II 888
우선급 명사 (اسْمُ التَّفْضِيلِ) I 591, II 630
유사 무효화 동사 (كَادَ وَأَخَوَاتُهَا) II 587
유사문장 (شِبْهُ الْجُمْلَةِ) I 172, I 187, II 40
유사형용사 (الصِّفَةُ الْمُشَبَّهَةُ) I 445
음가적 연결형 (الْإِضَافَةُ اللَّفْظِيَّةُ) II 774
의문대명사 (اسْمُ الِاسْتِفْهَامِ) I 320, II 531
의문문 (جُمْلَةُ الِاسْتِفْهَامِ) I 320, II 488, II 527
의문불변사 (حَرْفُ الِاسْتِفْهَامِ) I 821, II 528
의미적 연결형 (الْإِضَافَةُ الْمَعْنَوِيَّةُ) II 774
2격 명사 (الْمَمْنُوعُ مِنَ الصَّرْفِ) I 264
이유목적어 (الْمَفْعُولُ لِأَجْلِهِ) II 393
이유설명절 (الْجُمْلَةُ التَّعْلِيلِيَّةُ) II 835
이유접속사 (فَاءُ السَّبَبِيَّةِ, فَـ) II 888

이중 약동사(الْفِعْلُ اللَّفِيفُ) Ⅰ 758
인용절(جُمْلَةُ مَقُولِ الْقَوْلِ) Ⅱ 832
인칭대명사(الضَّمِيرُ) Ⅰ 281
임박동사(أَفْعَالُ الْمُقَارَبَةِ) Ⅱ 589

ㅈ

자동사(الْفِعْلُ اللَّازِمُ) Ⅱ 116
자세 동명사(مَصْدَرُ الْهَيْئَةِ) Ⅰ 568
작아짐 명사(اسْمُ التَّصْغِيرِ) Ⅰ 523
장모음(الْحَرَكَةُ الطَّوِيلَةُ) Ⅰ 43
장소명사(اسْمُ الْمَكَانِ) Ⅰ 514
장소의 부사(ظَرْفُ الْمَكَانِ) Ⅰ 173, Ⅱ 304
장음절 Ⅰ 60
재개절(الْجُمْلَةُ الاسْتِئْنَافِيَّةُ) Ⅱ 834
전연결어(الْمُضَافُ) Ⅰ 216, Ⅱ 146
전체명사(전체, الْمُسْتَثْنَى مِنْهُ) Ⅱ 444
전치사(حُرُوفُ الْجَرِّ) Ⅰ 172, Ⅰ 812, Ⅱ 457
전환동사(أَفْعَالُ التَّحْوِيلِ) Ⅱ 131
정상동사(الْفِعْلُ السَّالِمُ) Ⅰ 611, Ⅰ 730
접미 인칭대명사(الضَّمَائِرُ الْمُتَّصِلَةُ) Ⅰ 289
접속명사(الاسْمُ الْمَعْطُوفُ) Ⅱ 236
접속법(مَنْصُوبٌ) Ⅰ 652
접속법 불변사(حُرُوفُ النَّصْبِ) Ⅰ 653, Ⅰ 816
접속사(أَدَوَاتُ الرَّبْطِ) Ⅱ 839
조건 결과절(جَوَابُ الشَّرْطِ) Ⅱ 680, Ⅱ 711
조건문(أُسْلُوبُ الشَّرْطِ) Ⅱ 679
조건사(أَدَوَاتُ الشَّرْطِ) Ⅱ 680
조건절(جُمْلَةُ الشَّرْطِ) Ⅱ 680, Ⅱ 710
존재문 Ⅱ 510
종류명사(اسْمُ الْجِنْسِ) Ⅰ 125
종류부정문(لَا النَّافِيَةُ لِلْجِنْسِ) Ⅱ 90
주격(مَرْفُوعٌ) Ⅰ 190
주어
   명사문의 주어(الْمُبْتَدَأُ) Ⅰ 177, Ⅱ 38
   동사문의 주어(الْفَاعِلُ) Ⅰ 185, Ⅱ 116
   수동태 문장의 주어(نَائِبُ الْفَاعِلِ) Ⅰ 784, Ⅱ 656
중복 자음(샷다, الشَّدَّةُ) Ⅰ 49

중복자음 동사(الْفِعْلُ الْمُضَعَّفُ) Ⅰ 611, Ⅰ 735
지시대명사(اسْمُ الْإِشَارَةِ) Ⅰ 314
직설법(مَرْفُوعٌ) Ⅰ 651

ㅊ

첨가동사(الْأَفْعَالُ الْمَزِيدَةُ) Ⅰ 675
첨가자음(حُرُوفُ الزِّيَادَةِ) Ⅰ 68
최상급 Ⅰ 601, Ⅱ 636
추가 인칭대명사(الضَّمِيرُ الزَّائِدُ) Ⅰ 303
추가 전치사(حَرْفُ الْجَرِّ الزَّائِدُ) Ⅱ 480
추상명사(الاسْمُ الْمَعْنَوِيُّ) Ⅱ 518
칭찬과 비난의 문장(أُسْلُوبُ الْمَدْحِ وَالذَّمِّ) Ⅱ 816

ㅋ

카스라(كَسْرَةٌ) Ⅰ 41

ㅌ

타동사(الْفِعْلُ الْمُتَعَدِّي) Ⅱ 116
탄윈(التَّنْوِينُ) Ⅰ 50
테마르부타(تَاءٌ مَرْبُوطَةٌ)에 대해 Ⅰ 32, Ⅰ 53

ㅍ

파생명사(الاسْمُ الْمُشْتَقُّ) Ⅰ 402
파생어(كَلِمَةٌ مُشْتَقَّةٌ) Ⅰ 68
파트하(فَتْحَةٌ) Ⅰ 41
패턴(pattern, الْوَزْنُ) Ⅰ 70
풀어쓴 동명사(الْمَصْدَرُ الْمُؤَوَّلُ) Ⅰ 559, Ⅱ 599

ㅎ

한정명사(الْمَعْرِفَةُ) Ⅰ 133
한정명사 접두어(أَدَاةُ التَّعْرِيفِ) Ⅰ 135, Ⅱ 499
한차례 동명사(مَصْدَرُ الْمَرَّةِ) Ⅰ 562
한차례 명사(اسْمُ الْمَرَّةِ) Ⅰ 562
함자(الْهَمْزَةُ) Ⅰ 73
   알리프 아래의 함자(هَمْزَةٌ تَحْتَ أَلِفٍ) Ⅰ 75, Ⅰ 94
   알리프 위의 함자(هَمْزَةٌ عَلَى أَلِفٍ) Ⅰ 75, Ⅰ 94
   선 위의 함자(هَمْزَةٌ عَلَى السَّطْرِ) Ⅰ 75
   예(ياء) 위의 함자(هَمْزَةٌ عَلَى يَاءٍ) Ⅰ 75

함자동사 (اَلْفِعْلُ الْمَهْمُوزُ) Ⅰ611, Ⅰ730
함자 약동사 Ⅰ765
합성동명사 (اَلْمَصْدَرُ الصِّنَاعِيُّ) Ⅰ561
해문자 (اَلْحُرُوفُ الشَّمْسِيَّةُ) Ⅰ136
해설절 (اَلْجُمْلَةُ التَّفْسِيرِيَّةُ) Ⅱ834
현재시제 (اَلْفِعْلُ الْمُضَارِعُ) Ⅰ623, Ⅱ571
형용사 Ⅰ141
형용사 연결형 (اَلْإِضَافَةُ الْوَصْفِيَّةُ) Ⅱ167
형용사절 → 수식절
호격대상 (اَلْمُنَادَى) Ⅱ418
호격문 (أُسْلُوبُ النِّدَاءِ) Ⅱ417
호격사 (حُرُوفُ النِّدَاءِ) Ⅰ814, Ⅱ418
후속어 (اَلتَّوَابِعُ) Ⅱ182
후속문장 (اَلْجُمْلَةُ التَّابِعَةُ) Ⅱ831, Ⅱ836
후연결어 (اَلْمُضَافُ إِلَيْهِ) Ⅰ216, Ⅱ492
후연결절 (جُمْلَةُ الْمُضَافُ إِلَيْهِ) Ⅱ178, Ⅱ319, Ⅱ830

색인 (아랍어 알파벳 순)
(Ⅰ – 제Ⅰ권, Ⅱ – 제Ⅱ권)

أ

أَدَاةُ الاِسْتِغَاثَةِ Ⅱ825 구조사
أَدَاةُ التَّعْرِيفِ Ⅰ135, Ⅱ499 한정명사 접두어
أَدَاةُ القَسَمِ Ⅱ808 맹세사
أَدَوَاتُ الرَّبْطِ Ⅱ839 접속사
أَدَوَاتُ الشَّرْطِ Ⅱ680 조건사
الاِسْتِدْرَاكُ Ⅱ844 역접접속사
أُسْلُوبُ الاِخْتِصَاصِ Ⅱ823 구체화 문장
أُسْلُوبُ الاِسْتِثْنَاءِ Ⅱ443 예외문
أُسْلُوبُ الاِسْتِغَاثَةِ Ⅱ825 구조요청문
أُسْلُوبُ الإِغْرَاءِ وَالتَّحْذِيرِ Ⅱ820 선동과 경고의 문장
أُسْلُوبُ التَّعَجُّبِ Ⅱ429 감탄문
أُسْلُوبُ الشَّرْطِ Ⅰ679 조건문
أُسْلُوبُ الطَّلَبِ Ⅱ712, Ⅱ888 요청문
أُسْلُوبُ القَسَمِ Ⅱ807 맹세문
أُسْلُوبُ المَدْحِ وَالذَّمِّ Ⅱ816 칭찬과 비난의 문장
أُسْلُوبُ النِّدَاءِ Ⅱ417 호격문
الاِسْمُ Ⅰ97, Ⅰ100 명사
اسْمُ الاِسْتِفْهَامِ Ⅰ320, Ⅱ531 의문대명사
اسْمُ الإِشَارَةِ Ⅰ314 지시대명사
اسْمُ الآلَةِ Ⅰ521 도구명사
اسْمُ التَّصْغِيرِ Ⅰ523 작아짐 명사
اسْمُ التَّفْضِيلِ Ⅰ591, Ⅱ630 우선급 명사
الاِسْمُ الجَامِدُ Ⅰ402 불완전 파생명사
اسْمُ الجَمْعِ Ⅰ129 군집명사
اسْمُ الجِنْسِ Ⅰ125 종류명사
اسْمُ الزَّمَانِ Ⅰ513 시간 명사
اسْمُ العَلَمِ Ⅰ100 고유명사
اسْمُ الفَاعِلِ Ⅰ401 능동분사
اسْمُ الفِعْلِ Ⅰ823 동사성 명사
الاِسْمُ المَبْنِيُّ Ⅰ238, Ⅱ33 불격변화 명사
اسْمُ المَرَّةِ Ⅰ562 한차례 명사
الاِسْمُ المُشْتَقُّ Ⅰ402, Ⅱ331 파생명사
اسْمُ المَصْدَرِ Ⅰ572 동명사적 명사
الاِسْمُ المُعْرَبُ Ⅱ29 격변화 명사
الاِسْمُ المَعْطُوفُ Ⅱ236 접속명사
الاِسْمُ المَعْنَوِيُّ Ⅱ518 추상명사
اسْمُ المَفْعُولِ Ⅰ467 수동분사
الاِسْمُ المَقْصُورُ Ⅰ239 막수르 명사
اسْمُ المَكَانِ Ⅰ514 장소 명사
الاِسْمُ المَمْدُودُ Ⅰ257 맘두드 명사
الاِسْمُ المَنْقُوصُ Ⅰ249, Ⅰ53 만꾸스 명사
الاِسْمُ المَوْصُولُ Ⅰ322, Ⅱ251, Ⅱ847 관계대명사
اسْمُ الهَيْئَةِ Ⅰ568 자세명사
الأَسْمَاءُ الخَمْسَةُ Ⅰ275 다섯 명사
الإِضَافَةُ Ⅰ216, Ⅱ145, Ⅱ773 연결형
الإِضَافَةُ اللَّفْظِيَّةُ Ⅱ774 음가적 연결형
الإِضَافَةُ المَعْنَوِيَّةُ Ⅱ774 의미적 연결형
الإِضَافَةُ الوَصْفِيَّةُ Ⅱ167 형용사 연결형
الإِعْرَابُ Ⅰ189, Ⅰ238, Ⅰ649, Ⅱ27 격변화
إِعْرَابُ الاِسْمِ Ⅰ189 명사의 격변화
إِعْرَابُ الفِعْلِ Ⅰ650 동사의 격변화
الأَفْعَالُ التَّامَّةُ Ⅰ614 완전동사
الأَفْعَالُ الخَمْسَةُ Ⅰ301, Ⅰ624, Ⅰ652, Ⅰ658 다섯 동사
الأَفْعَالُ النَّاقِصَةُ Ⅰ614 불완전 동사
أَلِفُ المَدِّ Ⅰ86, Ⅰ94 겹친 알리프, 알리프 맏드
أَلِفٌ مُضْمَرَةٌ Ⅰ54, Ⅰ94 데거(dagger) 알리프
أَلِفٌ مَقْصُورَةٌ Ⅰ94 알리프 막수라
أَلِفٌ مَمْدُودَةٌ Ⅰ107 알리프 맘두다
امْتِنَاعٌ لِامْتِنَاعٍ Ⅱ693 가정법
إِنَّ وَأَخَوَاتُهَا Ⅰ299, Ⅰ813, Ⅱ81, Ⅱ843 무효화 불변사

الْجُمْلَةُ الطَّلَبِيَّةُ 요청문 II 888, II 712	ب
الْجُمْلَةُ الْفِعْلِيَّةُ 동사문 I 185, I 637, II 115	الْبَدَلُ 대용어 I 317, II 193
جُمْلَةُ الْمُضَافُ إِلَيْهِ 후연결절 II 178, II 319, II 830	بَدَلُ الِاشْتِمَالِ 내포된 것을 나타내는 대용어 II 203
جُمْلَةُ مَقُولِ الْقَوْلِ 인용절 II 832	بَدَلُ الْبَعْضِ مِنَ الْكُلِّ 전체의 일부를 나타내는 대용어 II 200
جُمْلَةُ النَّعْتِ 수식절 II 190, II 275, II 830	
جَوَابُ الشَّرْطِ 조건 결과절 II 680, II 711	ت
جَوَابُ الْقَسَمِ 맹세 결과절 II 808, II 835	تَاءٌ مَرْبُوطَةٌ 테마르부타 I 32, I 53
	التَّشْبِيهُ 비유 II 494
ح	التَّشْكِيلُ 모음부호 I 40
الْحَالُ 상태목적어 II 330	التَّمْيِيزُ 명시목적어 II 379
الْحَالُ الْجُمْلَةُ 상태절 II 348, II 829	التَّنْوِينُ 탄윈 I 50
الْحَالُ شِبْهُ الْجُمْلَةِ 상태구 II 346	التَّوَابِعُ 후속어 II 182
الْحَرْفُ 불변사 I 811	التَّوْكِيدُ 강조어 II 209
حَرْفُ الِاسْتِثْنَاءِ 예외사 I 814, II 444	التَّوْكِيدُ اللَّفْظِيُّ 문자적인 강조 II 210
حَرْفُ الِاسْتِفْهَامِ 의문불변사 I 821, II 528	التَّوْكِيدُ الْمَعْنَوِيُّ 의미적인 강조 II 210
حَرْفُ الْجَرِّ 전치사 I 172, I 812, II 457	
حَرْفُ الْجَرِّ الزَّائِدُ 추가 전치사 II 480	ج
حَرْفُ الْجَزْمِ 단축법 불변사 I 659, I 817	الْجَذْرُ 어근(root) I 68
حَرْفُ الْعَطْفِ 대등 접속사 I 820, II 235, II 840	الْجَمْعُ 복수 I 114
الْحَرَكَةُ 모음 I 40	جَمْعُ التَّكْسِيرِ 불규칙 복수 I 119
الْحَرَكَةُ الطَّوِيلَةُ 장모음 I 43	جَمْعُ السَّالِمِ 규칙 복수 I 114
الْحَرَكَةُ الْقَصِيرَةُ 단모음 I 41	الْجُمْلَةُ الِابْتِدَائِيَّةُ 시작절 II 833
الْحُرُوفُ الْأَبْجَدِيَّةُ 알파벳 I 30	الْجُمْلَةُ الِاسْتِئْنَافِيَّةُ 재개절 II 834
حُرُوفُ الزِّيَادَةِ 첨가자음 I 68	جُمْلَةُ الِاسْتِفْهَامِ 의문문 I 320, II 488, II 527
الْحُرُوفُ الشَّمْسِيَّةُ 해문자 I 136	الْجُمْلَةُ الِاسْمِيَّةُ 명사문 I 177, I 634, II 37
الْحُرُوفُ الصَّحِيحَةُ 강자음 I 31	الْجُمْلَةُ الِاسْمِيَّةُ الْمَنْسُوخَةُ 무효화 명사문 II 82, II 94
حُرُوفُ الْعِلَّةِ 약자음 I 31, I 72, I 737	الْجُمْلَةُ الِاعْتِرَاضِيَّةُ 삽입절 II 835
الْحُرُوفُ الْقَمَرِيَّةُ 달문자 I 135	الْجُمْلَةُ التَّابِعَةُ 후속문장 II 831, II 836
الْحُرُوفُ الْمُتَّصِلَةُ 연결문자 I 33	الْجُمْلَةُ التَّفْسِيرِيَّةُ 해설절 II 834
الْحُرُوفُ الْمُنْفَصِلَةُ 분리문자 I 33	جُمْلَةُ التَّحْضِيضِ 권유와 책망의 문장 II 826
حُرُوفُ النِّدَاءِ 호격사 I 814, I 418	الْجُمْلَةُ التَّعْلِيلِيَّةُ 이유설명절 II 835
حُرُوفُ النَّصْبِ 접속법 불변사 I 653, I 816	جُمْلَةُ جَوَابِ الْقَسَمِ 맹세결과절 II 808, II 835
الْحَصْرُ 배타적 제한 문장 II 71, II 450	جُمْلَةُ الْحَالِ 상태절 II 348, II 829
	جُمْلَةُ الشَّرْطِ 조건절 II 680, II 710
خ	جُمْلَةُ الصِّلَةِ 관계종속절 I 324, II 257, II 833
الْخَبَرُ 술어 I 177, II 42	

ز

الزَّمَنُ في الْجُمْلَةِ　Ⅱ569　문장의 시제

س

السُّكُونُ　Ⅰ47　수쿤

ش

شِبْهُ الْجُمْلَةِ　Ⅰ172, Ⅰ187, Ⅱ40　유사문장
الشَّدَّةُ　Ⅰ49　샷다
الشَّرْطُ (أُسْلُوبُ الشَّرْطِ)　Ⅱ679　조건문
الشَّرْطُ الاِفْتِرَاضِيُّ　Ⅱ693　가정법

ص

الصَّرْفُ　Ⅰ99　어형론(Morphology)
الصِّفَةُ　Ⅰ141　형용사
الصِّفَةُ الْمُشَبَّهَةُ　Ⅰ445　유사형용사
صِيغَةُ الْمُبَالَغَةِ　Ⅰ457　과장형용사

ض

الضَّمِيرُ　Ⅰ281　인칭대명사
ضَمِيرُ التَّوْكِيدِ　Ⅰ307, Ⅱ112　강조의 인칭대명사
ضَمِيرُ الرَّبْطِ　Ⅰ309, Ⅰ324, Ⅱ253　연결의 인칭대명사
الضَّمِيرُ الزَّائِدُ　Ⅰ303　추가인칭대명사
ضَمِيرُ الشَّأْنِ　Ⅰ311, Ⅱ85　가인칭대명사
ضَمِيرُ الْفَصْلِ　Ⅰ303, Ⅱ42　분리의 인칭대명사
الضَّمِيرُ الْمُتَّصِلُ　Ⅰ289　접미 인칭대명사
الضَّمِيرُ الْمُنْفَصِلُ　Ⅰ283　독립 인칭대명사
الضَّمَّةُ　Ⅰ40　담마

ظ

ظَرْفُ الزَّمَانِ　Ⅰ173, Ⅱ290　시간의 부사
ظَرْفُ الْمَكَانِ　Ⅰ173, Ⅱ304　장소의 부사

ع

الْعَامِلُ عَمَلَ فِعْلِهِ　Ⅱ721　동사적 용법
الْعَدَدُ　Ⅰ330　숫자
الْعَدَدُ الْأَصْلِيُّ　Ⅰ330　기수
الْعَدَدُ التَّرْتِيبِيُّ　Ⅰ362　서수

ف

فَاءُ السَّبَبِيَّةِ　Ⅱ888　이유접속사
الْفَاعِلُ　Ⅰ185, Ⅱ116　동사문의 주어
فَتْحَةٌ　Ⅰ41　파트하
الْفِعْلُ　Ⅰ607　동사
الْفِعْلُ الْأَجْوَفُ　Ⅰ741　간약동사
فِعْلُ الْأَمْرِ　Ⅰ663, Ⅱ519　명령문
الْفِعْلُ التَّامُّ　Ⅰ614　완전동사
فِعْلُ التَّحْوِيلِ　Ⅱ131　전환동사
فِعْلُ التَّعَجُّبِ　Ⅱ430　감탄동사
فِعْلُ الرَّجَاءِ　Ⅱ593　소망동사
الْفِعْلُ السَّالِمُ　Ⅰ611, Ⅰ730　정상동사
فِعْلُ الشُّرُوعِ　Ⅱ595　시작동사
الْفِعْلُ الصَّحِيحُ　Ⅰ611, Ⅰ616　강동사
فِعْلُ الظَّنِّ وَالْيَقِينِ　Ⅱ126　생각과 확신의 동사
الْفِعْلُ اللَّازِمُ　Ⅱ116　자동사
الْفِعْلُ اللَّفِيفُ　Ⅰ758　이중 약동사
الْفِعْلُ الْمَاضِي　Ⅰ616, Ⅱ573　강동사 완료형(과거시제)
الْفِعْلُ الْمُتَعَدِّي　Ⅱ116　타동사
الْفِعْلُ الْمِثَالُ　Ⅰ740　수약동사
الْفِعْلُ الْمَزِيدُ　Ⅰ675　첨가동사
الْفِعْلُ الْمُسْتَقْبَلُ　Ⅰ631, Ⅱ578　미래 시제 동사
الْفِعْلُ الْمُضَارِعُ　Ⅰ623, Ⅱ571　강동사 미완료형(현재 시제)
الْفِعْلُ الْمُضَعَّفُ　Ⅰ611, Ⅰ735　중복자음 동사
الْفِعْلُ الْمُعْتَلُّ　Ⅰ729　약동사 변화
فِعْلُ الْمُقَارَبَةِ　Ⅱ589　임박동사
الْفِعْلُ الْمَهْمُوزُ　Ⅰ611, Ⅰ730　함자동사
الْفِعْلُ النَّاسِخُ　Ⅱ93, Ⅱ846　무효화 동사
الْفِعْلُ النَّاقِصُ　Ⅰ614, Ⅰ750　말약동사, 불완전 동사

946

اَلْمُسْتَثْنَى	II 444 예외명사
اَلْمُسْتَثْنَى مِنْهُ	II 444 전체명사
اَلْمُسْتَغَاثُ بِهِ	II 825 구조의 주체
اَلْمُسْتَغَاثُ لَهُ	II 825 구조의 객체
اَلْمُسْتَقْبَلُ	I 631, II 578 미래 시제
اَلْمَصْدَرُ	I 527 동명사
اَلْمَصْدَرُ الصَّرِيحُ	II 600 일반 동명사 문장
اَلْمَصْدَرُ الصِّنَاعِيُّ	I 561 합성동명사
اَلْمَصْدَرُ الْمُؤَوَّلُ	I 559, II 599 풀어쓴 동명사 문장
مَصْدَرُ الْمَرَّةِ	I 562 한차례 동명사
اَلْمَصْدَرُ الْمِيمِيُّ	I 560 'ㅁ'시작 동명사
مَصْدَرُ الْهَيْئَةِ	I 568 자세동명사
اَلْمُضَارِعُ	I 623, II 571 현재 시제
اَلْمُضَافُ	I 216, II 146 전연결어
اَلْمُضَافُ إِلَى يَا الْمُتَكَلِّمِ	I 230, I 292
اَلْمُضَافُ إِلَيْهِ	I 216, II 492 후연결어
اَلْمَعْدُودُ	I 330 셈할 대상
اَلْمُعْرَبُ	I 238, II 29 격변화 단어
اَلْمَعْرِفَةُ	I 133 한정명사
اَلْمُفْرَدُ	I 112 단수
اَلْمَفْعُولُ بِهِ	I 186, II 116 목적어
مَفْعُولٌ فِيهِ	II 289 시간과 장소의 부사
اَلْمَفْعُولُ لِأَجْلِهِ	II 393 이유목적어
اَلْمَفْعُولُ الْمُطْلَقُ	II 361 동족목적어
اَلْمَفْعُولُ مَعَهُ	II 405 동반목적어
اَلْمُقْسَمُ بِهِ	II 808 맹세의 대상
اَلْمَمْنُوعُ مِنَ الصَّرْفِ	I 264 2격 명사
اَلْمُنَادَى	II 418 호격대상
مَنْصُوبٌ	I 190, II 288 명사의 목적격
مَنْصُوبٌ	I 652 동사의 접속법

ن

نَائِبُ الظَّرْفِ	II 315 부(副) 부사
اَلنَّائِبُ عَنِ الْمَفْعُولِ الْمُطْلَقِ	II 366 부(副)동족목적어
نَائِبُ الْفَاعِلِ	I 784, II 656 수동태 문장의 주어
اَلنَّبْرُ	I 62 악센트

ق

اَلْقَصْرُ	II 71, II 450 배타적 제한 문장

ك

كَادَ وَأَخَوَاتُهَا	II 587 유사 무효화 동사
كَافَّةٌ وَمَكْفُوفَةٌ	II 926 기능을 멈추는 추가불변사
كَانَ التَّامَّةُ	II 103
كَانَ وَأَخَوَاتُهَا	II 93, II 846 무효화 동사
كَسْرَةٌ	I 41 카스라
كَلِمَةٌ مُشْتَقَّةٌ	I 68 파생어
"كَمْ" الْخَبَرِيَّةُ	II 439

ل

"لَا" النَّاهِيَةُ	II 524 부정명령문
"لَا" النَّافِيَةُ لِلْجِنْسِ	II 90 종류부정문
لَامُ أَلِف	I 31 람 알리프(lām 'alif)
لَامُ الْأَمْرِ	I 660, I 817, II 520 간접명령문

م

مَا التَّعَجُّبِيَّةُ	II 430 감탄사
مَا الْكَافَّةُ	II 926 기능을 멈추는 추가불변사
اَلْمَاضِي	I 616, II 573 과거 시제
مُؤَنَّثٌ	I 102 여성
مُؤَنَّثٌ حَقِيقِيٌّ	I 643 실제적 여성명사
مُؤَنَّثٌ مَجَازِيٌّ	I 644 비유적 여성명사
اَلْمُبْتَدَأُ	I 177, II 38 명사문의 주어
اَلْمَبْنِيُّ	I 238 불격변화 단어
اَلْمَبْنِيُّ الْمَجْهُولُ	I 784, II 655 수동태
اَلْمُتَعَجَّبُ مِنْهُ	II 430 감탄대상
اَلْمُثَنَّى	I 112 쌍수
مَجْرُورٌ	I 190, II 455 소유격
مَجْزُومٌ	I 658 동사의 단축법
اَلْمُذَكَّرُ	I 102 남성
مَرْفُوعٌ	I 190 명사의 주격
مَرْفُوعٌ	I 651 동사의 직설법

اَلنَّحْوُ	I 99	구문론(Syntax)
اَلنَّسَبُ	I 381	연고형용사
اَلنَّعْتُ	II 181	수식어
اَلنَّعْتُ الْحَقِيقِيُّ	II 791	실제적 수식어
اَلنَّعْتُ السَّبَبِيُّ	II 791	관계적 수식어
اَلنَّكِرَةُ	I 131, II 63	비한정 명사
نُونُ التَّوْكِيدِ	I 805	강세형 동사
نُونُ النِّسْوَةِ	I 624	

ه

اَلْهَمْزَةُ	I 73	함자
هَمْزَةٌ تَحْتَ أَلِفٍ	I 75, I 94	알리프 아래의 함자
هَمْزَةٌ عَلَى أَلِفٍ	I 75, I 94	알리프 위의 함자
هَمْزَةٌ عَلَى السَّطْرِ	I 75	선위의 함자
هَمْزَةٌ عَلَى يَاءٍ	I 75	예 위의 함자
هَمْزَةُ الْقَطْعِ	I 75	단절함자
هَمْزَةُ الْوَصْلِ	I 87	연결함자

و

وَاوُ الْجَامِعَةِ	I 624	
وَاوُ الْحَالِ	II 348, II 845	상태접속사
وَاوُ الْمَعِيَّةِ	II 406	동반접속사
اَلْوَزْنُ	I 70	패턴(pattern)